代"愚公"

8位普普通通的村民用31年的时……生态林场，累计承包工程造林……的王小苗、王家寿、王长取、……最大83岁，最小72岁。他们的……体报道后，产生了广泛影响，

省委书记、省人大常委会主任秦光荣2012年4月专程赴陆良县……木山林场，看望慰问八位老人，……赞陆良八老是"当代愚公"，是……原情怀、大山品质的典型代表，……号召全省干部群众向"八老"学习，为推动云南科学发展、和谐发展、跨越发展贡献自己的智慧和力量。

2012

云南经济年鉴

YUNAN ECONOMY YEARBOOK

图书在版编目（CIP）数据

云南经济年鉴，第 21 卷 / 云南经济年鉴编辑部编．—昆明：云南人民出版社，2012.12

ISBN 978-7-222-10488-4

Ⅰ.①云… Ⅱ.①云… Ⅲ.①区域经济—云南省—2012—年鉴 Ⅳ.①F127.74-54

中国版本图书馆 CIP 数据核字(2012)第 312253 号

责任编辑：段兴民　范可

责任校对：赵红

责任印制：段金华

装帧设计：昆明天泰彩印包装有限公司

云南经济年鉴（第 21 卷）

云南省人民政府研究室
编
云南经济年鉴编辑委员会

出版发行：云南出版集团公司
云南人民出版社
（昆明市环城西路 609 号）
印　刷：昆明天泰彩印包装有限公司
开　本：889mm×1194mm　1/16
印　张：35
字　数：1000 千
版　次：2012 年 12 月第一版
印　次：2012 年 12 月第 1 次印刷
印　数：1~2000
书　号：ISBN 978-7-222-10488-4
定　价：480.00 元

编 辑 说 明

1.《云南经济年鉴》是由云南省人民政府研究室主管，云南经济年鉴编辑委员会主办，云南省各有关部门共同参与编纂的一部全面反映云南省经济和社会发展全貌的大型资料性工具书，创办于1992年，每年出版一卷，国内外公开发行。本书全面、系统、准确、详实地反映云南省经济和社会各项事业的基本情况，到2012年已连续出版21卷。

2.《云南经济年鉴》采用分类编辑法。内容按篇目—类目—分目—条目四级结构层次编辑，分设16个篇目。篇目由辑封导入，下设若干类目、分目，以条目为表现内容的基本形式。在少数分目中，增加了子分目的层次。全书条目标题统一用黑体加【】表示，内容较多的条目另加楷体字插题，便于进一步细分资料。与条目有关的图表直接插于文中；为减少某些部类所占篇幅的比重，一些大型图表集中放置在文中，有利于读者专门查阅相关资料。

3.《云南经济年鉴》以出版年号为卷次名称，2012年卷主要载录云南省2011年经济社会发展的基本资料，全书设16个篇目：(1) 特载；(2) 云南概况；(3) 经济大事记；(4) 国民经济和社会发展；(5) 各行业发展概况；(6) 地区经济；(7) 市县区经济选介；(8) 专题报告；(9) 经济研究；(10) 法规·文件；(11) 公报；(12) 国民经济统计资料；(13) 表彰·奖励；(14) 人物；(15) 大中型企业选介；(16) 附录。

4.《云南经济年鉴》2012年卷在保持基本框架相对稳定的前提下，对部分内容进行调整、充实，主要目的是记录云南2011年的大事、要事，反映云南的历史发展风貌。

5.《云南经济年鉴》2012年卷收录内容以2011年12月末为限。部分篇目如“云南省科技统计公报”等数据截止到2010年12月末；不一致的地方在书中已标注。

6. 全书所载录的内容和数据，分别由云南省各有关行政管理机构和业务单位的工作人员撰写，部分内容组织专家编辑、整理，并经领导和有关方面审核。由于行业和地区统计口径的原因，个别数据不一致的地方，以云南省统计局提供的资料数据为准。

7. 本年鉴的编辑出版工作得到全省各级党委、政府的大力支持和各有关单位的通力合作，谨此致谢。由于时间仓促，加之水平有限，不足之处在所难免，本书疏漏之处，敬请广大读者提出宝贵意见。

云南经济年鉴编辑委员会

云南经济年鉴编辑部

地　址：昆明市五华山省政府大楼 7 楼

邮　编：650021

电　话：（0871）63628948　63648425

传　真：（0871）63648425

电子邮箱（E-mail）：ynjjnj@163.com

《云南经济年鉴》各编写组主要撰稿人

国民经济和社会发展

李　曦　省发展改革委
赖晓榕　省政府研究室
张　鹏　省政府研究室
何植敏　省工业和信息化委
粟俊杰　省工业和信息化委
吴荣桃　省工业和信息化委
张云江　省工业和信息化委
李建明　省财政厅
刘　云　省国资委
王海月　省国资委

各行业发展概况

何　湘　省农业厅
王　锐　省林业厅
陈　葵　云南农垦集团
杨家国　省水利厅
肖义贵　省扶贫办
曾永春　省烟草公司
付　晖　省工业和信息化委
何瑜琳　云南电网公司
苏燕妮　省工业和信息化委
赖庆华　省工业和信息化委
杞耀光　省工业和信息化委
张坤华　省工业和信息化委
徐莉萍　省国防科技工业局
段雪梅　省机械工业行业协会
吴　刚　省工业和信息化委
徐秀华　省工业和信息化委
吴立群　昆明铁路局
杨斌斌　省交通运输厅
蒲　雯　省交通运输厅
刘书含　省交通运输厅
李海赟　省工业和信息化委
张礼孔　省住房城乡建设厅
关世敏　省住房城乡建设厅
李　璟　省住房城乡建设厅
李　莉　省工业和信息化委
何永盛　省工业和信息化委
高长华　省邮政公司
赵　飞　省旅游局
杨　明　省商务厅
聂汉堂　省供销社
吉　永　昆明海关
洪应松　云南出入境检验检疫局
李　峰　中国人民银行昆明中心支行
冉玉兰　省国土资源厅
陈　丽　省环境保护厅
刘天才　省教育厅
杨红琼　省教育厅
黄云刚　省教育厅
姜　华　省科技厅
秦　穆　省科技厅
李常有　省科技厅
冯　颖　省气象局
彭丽红　省测绘局
蔡　玲　省人口计生委
周海波　省人力资源社会保障厅
邱　玮　省民政厅
邹睿佳　省质监局
彭颖睿　省国税局
罗松全　省地税局

杜立基　省工商局
白　静　省工商局
张　凤　省工业和信息化委

地区经济

方玉红　昆明市地方志办公室
沈璐娟　曲靖市委政策研究室
杞兆昌　玉溪市政府研究室
王文蓉　保山市政府研究室
邹　蓉　昭通市统计局
杨智远　丽江市政府研究室
刀继民　普洱市政府研究室
左映莲　临沧市政府研究室
王文书　楚雄州发展改革委
张云微　楚雄州发展改革委
李　雁　红河州政府研究室
胡廷汉　文山州政府研究室
周亮生　西双版纳州政策研究室
赵秀元　大理州地方志办公室
黄艳芳　德宏州政府办公室
关建涛　怒江州政府研究室
李燕兰　迪庆州发展研究中心

市县区经济选介

杨连国　五华区地方志办公室
吴焰红　盘龙区地方志办公室
加三益　官渡区史志办公室
刀培凤　西山区地方志办公室
刘　荣　东川区史志办公室
张丽华　安宁市史志办公室
余俊柏　宣威市地方志办公室
邹　瑾　红塔区史志办公室
张永香　古城区史志办公室
奎中凌　思茅区地方志办公室
胡荣莉　临翔区地方志办公室
王　熹　蒙自市地方志办公室
何少华　个旧市政府办公室
李学慧　文山市委党史研究室
杨　艳　大理市地方志办公室
李天义　芒市党史研究办公室
何春城　泸水县地方志办公室
李俊成　香格里拉县地方志办公室

经济研究

谭启彬　省社科联
罗荣淮　省社科院
杨桂敏　省政府研究室

法规·文件

胡江天　省法制办

国民经济统计资料

李朝阳　省统计局

大中型企业选介

张劲锋　云铜集团
黄绕生　云铜集团
范瑶瑶　云南冶金集团公司
赵　月　云南冶金集团公司
李艳梅　云南物流产业集团公司
彭　怡　太平洋人寿保险公司云南分公司

鸣谢单位

（排名不分先后）

云南省人民政府国有资产监督管理委员会

普洱市人民政府

德宏州人民政府

保山市人民政府

昆明市人民政府救助管理站

富源县人民政府

云南省军区

云南省高级人民法院

云南省林业厅

云南省总工会

云南出入境检疫检验局

云南省地质矿产勘查开发局

宣威市煤炭工业局

云南欣农科技有限责任公司

云南锡业股份有限责任公司

云南省烟草公司

云南物流产业集团有限公司

云南海棠煤业投资有限公司

云南省城市建设投资有限公司

云南云景林纸股份有限公司

学成世纪（北京）信息有限公司

富滇银行

中国农业发展银行云南省分行

中国农业银行股份有限公司云南省分行

云南省农村信用社联合社

中国邮政储蓄银行有限责任公司云南省分行

云南省传染病专科医院

云南省中医医院

西双版纳天海复合肥厂

云南省行政区划表

（资料截至时间：2011 年 12 月 31 日）

市、州	所辖县、市、区	129 县市区
昆明市	盘龙区 五华区 官渡区 西山区 东川区 安宁市 呈贡区 晋宁县 富民县 宜良县 嵩明县 石林彝族自治县 禄劝彝族苗族自治县 寻甸回族彝族自治县	6 区 7 县 1 市
曲靖市	麒麟区 宣威市 马龙县 陆良县 师宗县 罗平县 富源县 会泽县 沾益县	1 区 7 县 1 市
玉溪市	红塔区 江川县 澄江县 通海县 华宁县 易门县 峨山彝族自治县 新平彝族傣族自治县 元江哈尼族彝族傣族自治县	1 区 8 县
保山市	隆阳区 施甸县 腾冲县 龙陵县 昌宁县	1 区 4 县
昭通市	昭阳区 鲁甸县 巧家县 盐津县 大关县 永善县 绥江县 镇雄县 彝良县 威信县 水富县	1 区 10 县
丽江市	古城区 永胜县 华坪县 玉龙纳西族自治县 宁蒗彝族自治县	1 区 4 县
普洱市	思茅区 宁洱哈尼族彝族自治县 墨江哈尼族自治县 景东彝族自治县 景谷傣族彝族自治县 镇沅彝族哈尼族拉祜族自治县 江城哈尼族彝族自治县 孟连傣族拉祜族佤族自治县 澜沧拉祜族自治县 西盟佤族自治县	1 区 9 县
临沧市	临翔区 凤庆县 云县 永德县 镇康县 双江拉祜族佤族布朗族傣族自治县 耿马傣族佤族自治县 沧源佤族自治县	1 区 7 县
楚雄彝族自治州	楚雄市 双柏县 牟定县 南华县 姚安县 大姚县 永仁县 元谋县 武定县 禄丰县	9 县 1 市
红河哈尼族彝族自治州	蒙自市 个旧市 开远市 建水县 石屏县 弥勒县 泸西县 元阳县 红河县 绿春县 屏边苗族自治县 金平苗族瑶族傣族自治县 河口瑶族自治县	10 县 3 市
文山壮族苗族自治州	文山市 砚山县 西畴县 麻栗坡县 马关县 丘北县 广南县 富宁县	7 县 1 市
西双版纳傣族自治州	景洪市 勐海县 勐腊县	2 县 1 市
大理白族自治州	大理市 祥云县 宾川县 弥渡县 永平县 云龙县 洱源县 剑川县 鹤庆县 漾濞彝族自治县 南涧彝族自治县 巍山彝族回族自治县	11 县 1 市
德宏傣族景颇族自治州	芒市 瑞丽市 梁河县 盈江县 陇川县	3 县 2 市
怒江傈僳族自治州	泸水县 福贡县 贡山独龙族怒族自治县 兰坪白族普米族自治县	4 县
迪庆藏族自治州	香格里拉县 德钦县 维西傈僳族自治县	3 县

总　目

目　　录

Contents

特载
Special Editing

云南概况
Overview of Yunnan Province

经济大事记
Important Events of Economy

国民经济和社会发展

National Economy & Social Development

各行业发展概况

The Development Of the Industry Overvierview

• 第一产业 •

Primary Industry

• 第二产业 •

Secondary Industry

• 第三产业 •

Tertiary Industry

劳动和社会保障

Labor and Social Security

社会管理

Social Management

地区经济

Regional Economy

8 个省辖市

8 Cities Administered by Province

8 个民族自治州
8 Ethnic Autonomous Prefectures

市县区经济选介

Introdutction of Economy in Selective Cities (Districts and Counties)

曲靖市县区经济选介
Economic Situation of Selective City (County) of Qujing City

玉溪市县区经济选介
Economic Situation of Selective County (District) of Yuxi City

大理州市县区经济选介
Economic Situation of Selective City Country (District) of Dali Prefecture

德宏州市县区经济选介
Economymic Situation of Selective City County (District) of Dehong Prefecture

怒江州县区经济选介
Economic Situation of Selective County of Nujiang Prefecture

迪庆州县区经济选介
Economic Situation of Selective County of Diqing Prefecture

专题报告
Special Report

经济研究
Economic Research

重要学术活动
Important Academic Activities

研究机构选介
Introduction of Selective Research Institutions

法规·文件
Document Laws & Regulations

法规
Regulations & Laws

文件
Document

公　报
Bulletin

国民经济统计资料

National Economy Statistics

表彰・奖励

Honors & Rewards

人　物

Figures

大中型企业选介

Brief Introduction of Selective Large and Medium–sized Enterprises

附　录

Attachment

主题索引

Subiect Index

云南省城市建设投资有限公司

云南省城市建设投资有限公司（简称：省城投公司）成立于2005年4月，是经云南省人民政府批准组建的现代大型国有企业，是云南省人民政府授权的城建投资项目出资人代表及实施机构。2009年2月，正式纳入省国资委监管。

省城投公司以“政府引导、市场机制、企业运作”为指导思想，围绕云南省委、省政府关于城镇化建设的战略部署，实现政府意图。通过建立科学高效的投融资体系，在政府重点关注的产业区域发挥种子资金的积极引导和多级放大作用，以有限的直接投入带动大量社会资金参与，促进云南省城市化建设与发展。

经过六年的发展，公司总资产已逾300亿元，拥有10多个控股子公司，按照集团化管控模式进行管理。由公司投资建设的省市重点项目有：北京云南大厦、云南海埂会议中心、部分驻昆高校呈贡新校区建设、西双版纳避寒山庄、云南省两污治理、滇池北岸环湖东路沿线土地一级开发、昆明第一人民医院北市区医院、昆明“城中村”改造等。

目前，省城投公司已形成以“城市开发”和“城市水务”为主业，以教育、医疗、酒店、金融、循环经济为城市功能配套业务的发展战略格局。其中，城市开发是核心主业。2007年，省城投公司通过收购重组，控股了上市公司云南城投置业股份有限公司（股票简称“云南城投”，股票代码：600239）。上市公司作为公司经营性城市开发业务的主要操作实施平台，将通过复合型房地产开发模式，对公司的“房”（房屋开发与销售）、“地”（土地一级开发和二级储备）、“产”（酒店、医院、学校等城市经营性配套物业）相关资源进行系统整合，充分发挥协同效应。城市水务是公司第二主业。2009年4月，在云南省委、省政府及省建设厅、省国资委等部门的大力支持下，由公司出资组建的云南省水务产业投资公司（简称：省水务公司）正式成立。公司将省水务公司作为实施平台，推进全省范围内水务资源整合和治污项目的建设。

云南大厦外景

云南城投大厦

围绕主营业务，公司在完善城市配套功能方面进行了有效性投资和差异化投资，在教育、医疗等领域实现了突破性进展，由公司投资的昆明理工大学津桥学院已发展成为云南省唯一具有理工特色和双语教学特色的知名独立学院。作为全国第一个并购三级甲等公立医院的成功案例，由公司投资建设的“昆明市第一人民医院北市区医院”正稳步推进中。借助从国内外引进的相关先进技术和“废弃物资源化国家工程中心”的研发能力，由公司组建的循环经济公司，正着力于建立循环经济产业集群，建设“国家级循环经济示范基地”，推动循环经济的产业化发展。同时，按照市场化运作机制，公司还在金融方面进行了相关拓展，由公司牵头组建的云南省地方保险公司筹建工作正有序推进。

作为省属城市建设领域的专业投资公司，在新一轮经济形势下，公司正积极响应省委省政府号召，按照建设面向西南开放的桥头堡所蕴含的“完善功能，优化环境，提高品位”的城市建设要求，积极推进全省的城市化进程，提升城市的品质和竞争力。

海埂会堂

云南欣农科技有限责任公司

欣农科技有限责任公司董事长李美瑛

云南欣农科技有限责任公司（以下简称公司），成立于2004年，是经云南省工商行政管理局登记注册的集科、工、贸于一体的高科技民营企业，注册资金2000万元。公司经过多年的创业和发展，近年来开始实现转型升级，正逐步向以从事高科技洋葱素研发为核心，以蔬菜经销贸易和医药物流配送为重点，集生物资源研发和加工、农产品产业化发展、医药物流配送和经销、冷链物流运输、休闲旅游开发、园林绿化和国际贸易在内的大型高科技民营企业集团发展。

昆明市政协主席田云翔为李美瑛董事长颁奖

欣农科技有限责任公司形象宣传图

李美瑛董事长荣获“中国优秀民营企业家”荣誉称号

中泰国际贸易物流合作启动庆典（蔬菜换石油）

云南名欣药业有限公司

公司成立于2008年12月，注册资金1000万元，系由欣农公司收购兴元堂药业有限公司改制而成，并通过国家GSP认证。现有医药仓库3万平方米，主要从事医药物流和配送业务。目前，该公司产品基本覆盖除毒麻类外的所有医药品种，并根据客户需要和订单进行配送。配送业务主要与省药品配送中心合作，范围覆盖云南省各地及全国部分省区。随着公司业务扩大，2010年3月成立了云南名欣药业有限公司第一分公司，该公司是严格按照现代化企业制度和《药品经营质量管理规范》组建而成的现代医药企业，已经通过GSP认证。公司主要采取省外代理和省内代理模式，从事OTC非处方医药物流和配送，目前已拥有全国总代理医药品种10多个，云南省代理医药品种100多个。公司规划打造一流的医药物流配送体系、建立完整的销售网络，发展成为350个药品代理，省外代理销售商达2000家的医药公司，最终目标是成为云南医药流通企业的前五名。

时任省委常委、昆明市委书记仇和视察公司洋葱胶囊生产基地

“福星康”洋葱胶囊

医药物流

深圳委托加工厂房

玉溪欣农投资发展有限公司

公司成立于2009年，注册资金为1000万元，主要是“中国东盟国际农产品物流贸易中心”的筹建。2008年“中国东盟国际农产品物流贸易中心”正式向云南省商务厅报批，受到玉溪市红塔区政府的重视和支持，公司经过选址的可行性研究，最终选址在玉溪市北城镇九龙工业园区。2009年3月公司与红塔区政府签署了正式协议，使“中国东盟国际农产品物流贸易中心”成为发改委“三个一百”重点项目之一。同年5月，公司完成控制性详细规划，9月完成环境评价规划。该项目占地3000亩，总投资62亿元，建成后具有农产品批发交易、农产品信息收集与发布、农产品物流配送服务、冷链加工配送服务、电子商务交易、农产品检验检测、国际农产品文化交流等主要功能。将聚集和带动云南省、中国各地及东南亚各国的农产品生产流通企业和商户进驻，进行交易和农产品物流配送，以通过大网络、大平台、大贸易、大流通的高标准优势，搭建中国西南唯一的国际农产品物流贸易“桥头堡”基地。目前，该项目已经开始进行土地规划、征地等前期工作。

中国东盟国际农产品贸易物流中心项目签字仪式

中国东盟国际农产品物流贸易中心会展中心

中国东盟国际农产品物流贸易中心办公楼

玉溪欣农物流有限公司

公司成立于2009年，注册资本为500万元，是以“蔬菜换成品油项目”为契机，在收购玉溪古城车队基础上成立的，具有国际运输牌照，主要为“蔬菜换成品油”项目提供冷链物流运输。公司现有重型运输车辆20辆，外围挂靠合作车辆接近100辆，并与国内外著名运输企业东方海外、铁龙物流、东方航空公司等形成战略合作关系，物流网络覆盖全国大部分地区。此外，公司还依托欣农公司持有的泰国邦纳坡运输公司20%的股权，依托邦纳坡运输公司拥有的冷链物流运输车辆180辆，油罐车100辆等开展国际物流运输。

中泰“蔬菜换石油”项目启动

中泰油罐车驳接

云南欣锦房地产开发有限公司

公司成立于2007年，注册资本为1000万元。已购买了西山区团结乡小墨雨片区860亩土地使用权，并规划由欣农公司和泰国国家成品油有限公司（PTT）共同投资31亿元人民币，将该区打造成为集新型生态农业、生态旅游、郊野运动、休闲度假、商务会议、养生养老为一体的复合型高端农业生态旅游区。目前，该项目正在开展总体规划等前期工作。

神农药肥销售中心

中心成立于1994年，主要从事农资、化肥的销售。目前，主要是向欣农公司基地农户提供和销售农资产品和化肥，并指导基地农户进行科学种植，促进农产品的产业化发展。

云南欣农园林绿化有限公司

公司成立于2007年，是专门为欣锦房地产开发有限公司项目提供配套绿化工程服务，同时对外承接绿化业务。目前鉴于小墨雨片区项目还未动工，因此该公司的有关业务和工作暂时由欣农公司有关人员兼任。2009年，该公司对外承接园林绿化业务，实现经营收入186万元。

云南省军区

彩云之南勇担当

——云南省民兵预备役人员抢险救灾剪影

近年来，云南省军区各级军事机关在地方党委、政府的领导下，充分发挥广大民兵预备役人员寓军于民、分布面广、就地就近的优势，广泛参与社会治安综合治理，积极参加地方经济建设，勇于担当抢险救灾等急难险重任务，在富民兴边和中国面向西南开放重要桥头堡建设中发挥了重要作用。仅“十一五”时期，就先后参与完成“3·29”安宁森林灭火、“抗击雨雪冰冻灾害”“5·12”汶川抗震救灾、“2·25”楚雄抗震救灾、抗击云南特大旱灾、“8·08果敢事件”处置、“8·18”贡山泥石流灾害救援等重大任务590余次。五年来，成建制组织民兵预备役人员110余万人次，参与道路交通、农田水利、生态环保和重点工程建设等项目800多个，协助完成国防光缆施工200余公里，维修乡村道路1000余公里，开挖水渠400余公里，加固河堤150余公里，植树30余万亩。通过发动民兵参与“禁毒防艾”，查获毒品近400公斤，捣毁吸毒窝点143个。广大民兵预备役人员克服困难，不怕疲劳，不畏艰险，勇于奋战在第一线的顽强作风和完成任务的出色表现，受到了地方党委政府和人民群众的充分肯定及高度赞誉。

省军区张肖南司令员亲自检查战备物资

省军区杨成熙政委检查军分区作战值班室

2008年楚雄“11.2”特大自然灾害发生后
组织民兵挺进重灾区抢险

玉溪民兵连夜扑救山火

迪庆军分区组织应急民兵在雪中进行森林防火技能培训。

2009年，在“2·21”中缅边境大火、“3·23”云天化高压管爆炸、“4·1”景谷抗旱保苗、“4·26”威信山体滑坡、“5·15”茶山煤矿瓦斯爆炸、“7·09”姚安抗震救灾、“11·2”大理宾川抗震救灾等重大抢险救灾行动中，省军区所属民兵预备役人员充分发挥情况熟、行动快的优势，出色地完成了任务。中缅边境“2·21”特大森林火灾发生后，腾冲县人武部和预备役1团共出动1000余名官兵和民兵预备役人员，奋战6天，开挖隔离带10公里，运送救灾物资80余吨。在应对姚安“7·09”地震中，民兵预备役人员抢运受灾物资461吨，转移安置灾民8293人，抢修道路27公里，守护受损水库、物资发放点等重要目标34个。在应对缅北果敢地区“8·08”事件中，先后动用民兵上万人次，协助边防部队和公安武警，截获强行涌入我境武装人员1400余人，收缴、查获各类武器装备1000余件，各类弹药20余万发（枚）；查获涉毒案件3起，抓捕嫌犯9人，缴获冰毒303克、各型车辆4辆；协助安置边民3万余人次，劝返边民2万余人次，实现了“零伤亡”、“零消耗”、“零违纪”、“零事故”的目标，彰显了领土主权和国家尊严，有效捍卫了中缅边境稳定。

组织民兵为旱灾地区群众送生活用水.

马关县应急民兵分队在大旱后为驻地百姓抢栽水稻

富源人武部组织民兵清淤创卫

民兵预备役人员积极投入驻地抗旱救灾行动。

面对2010年云南罕见旱情，全省先后出动民兵预备役人员14.8万人次、各型车辆1200余台次、高炮120余门次。参加扑火救灾400余起，运水送水2.2万余吨，运送救灾物资460余吨，铺设水管53.21公里，开挖沟渠500余公里，打小水井、修建小水窖370余口，灌溉农田2.1万余亩次，实施人工增雨作业280余次；为灾区捐献大量抽水机、水管、水桶等救灾装具和大米、饮用水等生活物资，捐款240余万元，有力地支援了全省抗旱救灾工作，受到了国务院温总理、军委徐副主席和军区首长的充分肯定。

民兵在抗震救援中遂行人员搜救任务

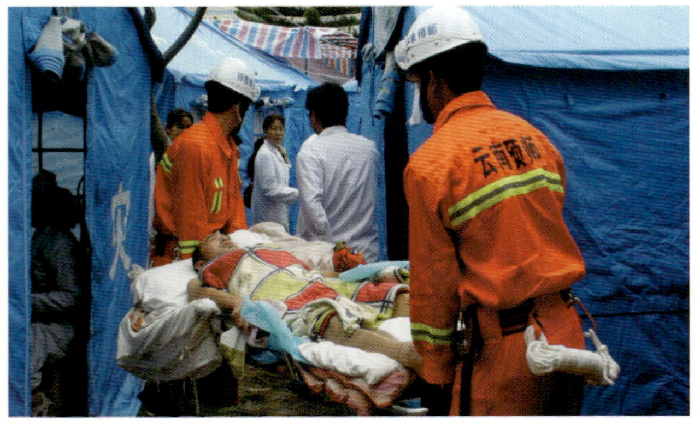

云南陆军预备役步兵师参加楚雄州姚安“7.9”抗震救灾。

当年4月，孟连县民兵两次协助公安机关查获毒品15.05公斤，捕获犯罪嫌疑人4名，受到国家禁毒委和总参谋部表彰。“8·18”贡山泥石流灾害中，怒江军分区迅速启动应急预案，派出贡山县45名民兵第一时间赶赴灾区，经过5天6夜的连续奋战，共出动官兵和民兵预备役人员1120人次、医疗人员36人次、车辆60台次，解救受困群众63人，紧急疏散1100余人，搜寻遇难人员遗体31具，为群众提供医疗服务189人次，运送物资50吨，安全圆满的完成了救援任务。

曲靖民兵投入马龙县特大洪涝灾害抢险救灾。

民兵在洪灾中抢救群众财产

2011年，共出动民兵预备役人员32万余人次，参加抗震救灾、灭火救灾、抗洪抢险、维稳处突、应急救援等急难险重任务。圆满完成了“3·7”富宁者桑河纯苯泄漏事件、“3·10”盈江地震、“4·9”香格里拉森林火灾、“6·23”贡山泥石流灾害、“8·24”勐海洪涝灾害、“11·10”师宗煤矿矿难和抗旱救灾等重大抢险救灾任务，广大民兵预备役人员的积极参与与主动作为再次受到军地广泛赞誉。

文山民兵在抗击洪灾中转移群众

为有效确保边防稳定，组织民兵配合边防部队加强对敏感区域、重点地段管控，全年先后上报情况信息2000余条，参与处置边境情况120余起，并参与完成中老边界第一次联检野外作业。在“3·10”盈江地震救援期间，德宏州共出动民兵35000人次，搜救伤员16人，转移伤员48人，转移安置群众20538人，搭建帐篷3366顶，搭建板房86间，平整场地5200平方米，清理废墟2950吨，打扫卫生和消毒8000平方米，拆除危房34660平方米、危墙4750米，抢运物资5688吨，帮助群众抢收甘蔗9400余吨。师宗矿难发生后，曲靖军分区第一时间启动预案，组织出动民兵545人次、车辆25台次参与救援行动，协助运送和清洗遇难人员遗体33具，搭建帐篷15顶，有力配合和支援了地方政府救援行动。

应对雪灾，民兵进行线路抢修维护

民兵抢修通往泥石流重灾区的塌方路段

云南锡业集团（控股）有限责任公司

2011年，云南锡业集团（控股）有限责任公司（以下简称云锡控股公司）以科学发展为主题，以转方式调结构为主线，全面贯彻落实云锡第九次党代会确立的“1188656”发展纲要，推进实施“十二五”规划，体制机制改革深入推进，管理水平有效提升，企业转型升级进一步加快，各大产业板块加快发展，资源拓展成效显著，市场营销工作进一步加强，科技创新能力不断提升，人才队伍建设不断加强，人力资源结构进一步优化，企业发展能力、竞争能力和综合实力大幅度提升，企业凝聚力、执行力和自主发展能力进一步增强。在全司干部职工的共同努力下，较好地完成了2011年各项生产经营目标和任务，继续保持了快速发展的良好势头，企业发展迈上了一个新台阶。

2011年12月6日，云南省委副书记、代省长李纪恒到云锡控股公司指导工作

主要产品产量持续增长。完成有色金属总产量24.56万吨，同比增长45.3%。完成产品锡5.62万吨，锡材1.81万吨，锡化工1.43万吨。完成贵金属369吨。

主要经济指标完成情况。实现营业收入205亿元，利税总额21亿元。

云南省委副书记仇和到云锡控股公司指导工作

深化体制改革，全面推进转方式调结构。深入推进集团化管控体制改革，构建了以云锡股份公司为核心企业的有色金属产业板块组织管理模式，充实调整了云锡控股公司和云锡股份公司的管理职能，促进有色金属产业板块更好更快发展。构建了管理高效、运作有序，适应产业多元化、产权多元化、经营国际化新特点的集团化组织管控架构，为云锡控股公司打造国际一流矿业企业奠定了坚实的基础。

2011年4月27日，云南省委常委、副省长李江到云锡控股公司指导工作

按照转方式调结构总体要求，紧紧围绕产业、产品、资产、资金、组织、人力资源六个方面的结构调整，全力推动企业发展方式的转变。以建设资源节约型、环境友好型企业为着力点，大力发展循环经济、低碳经济和绿色经济，不断拓展云锡特色新型工业化发展道路，企业转型升级达到了一个新高度。云锡控股公司被国家列为云南个旧多金属“矿产资源综合利用示范基地”。

通过斯坦福大学专家评审团组织的学习专题论文答辩

持续推进“双创一加强”工作，管理创新成效显著。认真开展了“管理水平提升年”活动，各项管理工作取得了新进展。铅业分公司、贵研催化剂公司等单位的整体管理水平达到了国际同行业先进水平，一大批企业进入了国内、省内、州内的先进企业，企业整体管理水平迈上了一个新台阶。

积极拓展融资渠道，优化资产资本资金结构，提升企业多元化资本运作能力，为重点产业项目建设提供资金保障。锡业股份12亿元公司债券发行工作已完成；40亿元非公开发行股票中国证监会已正式受理。贵研铂业2.7亿元再融资工作已完成。

加快信息化建设步伐，以信息化促进管理现代化，进一步提高管理运行效率。

2011年10月17日，云南省委常委、组织部部长刘维佳到云锡指导工作

夯实产业发展平台，加快打造各大产业板快——有色金属产业板块。个旧东部区域矿山主体框架工程基本形成。1800、1600、1360三大平台建设顺利推进，老厂分矿三个500吨/日硫化矿生产基地、大屯选矿厂8000吨/日硫化矿选厂改扩建工程等矿山采选生产基地建设加快推进，生产力布局不断优化。华联锌铟210万吨/年采矿扩建项目和8000吨/日选矿扩建项目各项工作加快推进。

10万吨/年铅熔炼系统达产达标，10万吨/年铜项目即将竣工投产，10万吨/年锌项目有序推进。加快锡精深加工产品提质提级。郴州锡材深加工产业基地投入试生产。

云锡控股公司着力打造世界一流矿业企业的学习考察之旅赴美国斯坦福大学“战略经营管理EMBA专题研修班”学习考察

老厂分矿羊坝底3000吨/日硫化矿选厂

——贵金属产业板块。400万升催化剂产业项目、“多品种、小批量军用贵金属新材料科研生产基地”和“稀贵金属综合利用新技术国家重点实验室”等项目的申报和建设有序推进。

——新能源产业板块。“100兆瓦多晶硅片建设项目”稳步推进；云锡同乐太阳能公司光热一期项目建成投产，正加快市场拓展。圣比和公司被省科技厅认定为“云南省动力电池材料工程技术研究中心”。

云锡同乐太阳能公司生产的真空管

——建筑房地产产业板块。沉着应对国家宏观政策调整，寻找机遇，顺势而谋，做好项目推进和项目储备工作；严格资金管理，化解项目风险，提高项目运营质量。

——传统优势特色产业板块。结合传统优势特色产业的实际和特点，系统全面地对传统优势特色产业进行调研，科学分析产业现状及发展优势。

——大力实施资源战略，不断提升资源保障能力。加大力度推进实施资源拓展战略，初步搭建起了省内、红河州、玉溪地区、滇西资源平台，深化了四川、内蒙、新疆、湖南、澳洲等资源拓展工作。加大资源项目的并购和整合力度，在资源拓展上取得重大突破，在资源平台搭建和资源项目拓展方面取得进展。

个旧矿区找矿持续取得好效果，新增有色金属资源18.7万吨。老厂东铜锡矿接替资源勘查等三个全国危机矿山项目圆满完成，云锡控股公司被国土资源部评为“全国危机矿山接替资源找矿先进集体”。西区资源整合取得实质突破，整装勘查工作正顺利推进。

即将建成投产的10万吨/年铜冶炼厂

红河州内资源整合取得重大突破，与六个县市签订资源整合框架协议。省内资源拓展工作正在积极推进，与文山州人民政府签订战略合作协议，为拓展滇东南资源创造了更加有利的条件。积极拓展省外资源项目。组织了多支专业技术队伍对美国、俄罗斯、玻利维亚等海外资源考察和论证工作。

评选表彰2010年度“感动云锡”十大人物

加强和改进科研工作，较好发挥科技的支撑和带动作用。荣获国家科技进步奖二等奖1项，中国有色金属工业科学技术奖二等奖2项，省级科技进步奖二等奖1项、三等奖2项。被云南省政府授予“十一五”省科技计划组织管理先进集体。

优化人力资源结构，提升人力资源管理水平。编制了《2011～2020年人力资源规划》，明确了“十二五”期间人才工作的目标，全力打造适应云锡跨越式可持续发展需要的人才队伍。加大人才培养力度，加快人才队伍建设，不断提高培训的针对性和实效性。荣获“有色金属行业职教先进单位”称号。认真做好安全、环保和质量工作，企业社会形象全面提升。云锡控股公司被国家安监总局确定为“安全生产标准化建设示范企业”。完成了《氧化亚锡》《焦磷酸亚锡》等8个企业标准的制订和修订，云锡为主修订的《铸造锡铅焊料》国家标准被评为“云南省标准化技术创新奖”。质量管理QC小组活动持续有效开展，再次荣获“全国质量管理小组活动优秀企业”称号。被评为“中国质量诚信企业”、“云南省企业标准化良好行为4A级示范企业”，荣获“云南省质量效益型先进企业特别奖”。环境保护工作进一步强化，编制了《重金属污染综合防治“十二五”规划》。

“十二五”期间，云锡控股公司将按照新一届省委领导班子提出的“三年倍增、五年跨越”发展目标要求，走云锡特色新型工业化道路，推动新的跨越式可持续发展，打造国际一流矿业企业。

云锡郴州公司锡深加工项目竣工投产

云锡控股公司庆祝中国共产党建党九十周年职工大型演唱会

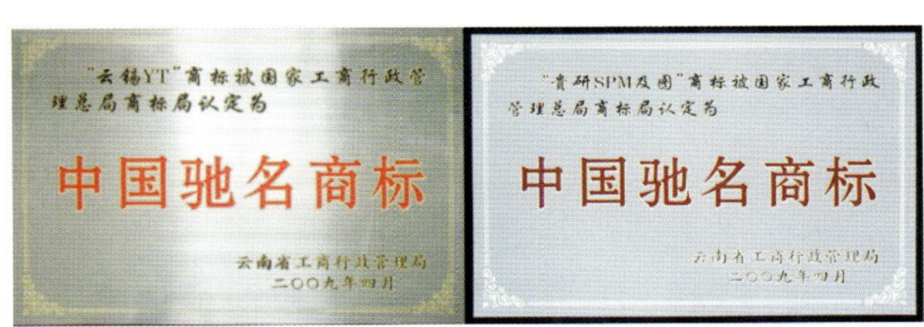
“云锡YT”商标被国家工商行政管理总局商标局认定为
中国驰名商标
云南省工商行政管理局
二〇〇九年四月

“贵研SPM及图”商标被国家工商行政管理总局商标局认定为
中国驰名商标
云南省工商行政管理局
二〇〇九年四月

“云锡YT”商标和“贵研SPM及图”商标被国家工商总局认定为“中国驰名商标”

云南锡业集团（控股）有限责任公司：

你单位在全国危机矿山接替资源找矿专项组织管理工作中贡献突出，被评为先进集体。

特发此证，以资鼓励。

二〇一一年十月

云锡控股公司荣获“全国危机矿山接替资源找矿先进集体”称号

中华人民共和国
国家科学技术奖励
证书

国家科学技术进步奖
证书
为表彰国家科学技术进步奖获得者，特颁发此证书。
项目名称：矽卡岩型极低品位难选多金属共伴生矿高效综合回收新技术
奖励等级：二等
获奖者：高文翔
证书号：2010-J-252-2-12-R02

云锡控股公司“矽卡岩型极低品位难选多金属共伴生矿高效综合回收新技术项目”荣获国务院授予的“国家科学技术进步二等奖”

普洱——
务实创新求发展 古老茶乡换新姿

2011年，全市各族人民紧紧抓住国家实施新一轮西部大开发和云南建设“两强一堡”重大战略机遇，坚定不移转方式、调结构，千方百计保增长、稳物价，竭尽全力惠民生、促和谐，经济社会发展实现了“十二五”开门红。全年完成地区生产总值301.2亿元，增长14.2%，增幅居全省第六位；全社会固定资产投资305.2亿元，增长29.8%；社会消费品零售总额86.2亿元，增长18.7%；农民人均纯收入4338元，增长18.8%；城镇居民人均可支配收入14877元，增长10.4%。

特色节庆活动让普洱知名度、美誉度显著提高

固定资产投资实现新突破。全社会固定资产投资超计划完成17.2亿元，实施项目建设1724个，其中新开工1479个，增长91.1%。完成综合交通投资58.4亿元，磨思高速公路和澜西路、思江路等8条二级公路建成通车。完成电站及电网投资116.3亿元，全市水电装机容量达354.9万千瓦。糯扎渡电站提前两年下闸蓄水，800千伏直流输电工程和500千伏交流送出工程开工建设。完成城镇基础设施及房地产投资61.8亿元、社会事业投资17.2亿元。

绿色产业建设取得新成效。加快支柱产业优化升级，培植壮大骨干特色产业，实现工业总产值165亿元，增长22.9%，规模以上工业增加值54.2亿元，增长26.8%。茶、林、电、矿产业实现工业产值115.8亿元，占工业总产值的70.2%。接待国内游客556.43万人次、海外游客3.8万人次，实现旅游总收入29.6亿元，增长72.8%，接待国内游客和旅游总收入增幅居全省第一。普洱工业园区入园企业137户，建成投产98户，实现工业总产值22.3亿元。全市咖啡种植面积43.9万亩，产值8.5亿元。收购烟叶115.8万担，烟农收入10.9亿元。橡胶产值10.8亿元，蚕桑产值2.3亿元，生物药业产值5.1亿元，渔牧业产值41.4亿元，非公经济增加值占全市生产总值比重达39%。

景迈山万亩古茶园申报世界文化遗产通过专家论证评审

“三农”工作再上新台阶。全年实现农业总产值147.3亿元，增长8.4%。粮食总产量95.5万吨，连续8年增产。完成中低产田地改造31.2万亩、中低产林改造40万亩、生态茶园覆荫树种植57.6万亩。完成水利投资12.1亿元，新增和改善灌溉面积25.1万亩。农业产业化经营组织发展到760个，各类农业龙头企业发展到172家。88个省级重点村和54个市级新农村试点村建设全面启动。投入各类扶贫开发资金8.1亿元，

优质咖啡产品吸引国内外客商驻足　石斛产业引领生物药业快步前行

安全生态畜牧业成为发展新亮点　海王渔业年产10万吨生鱼片生产线建成投产

完成730个自然村整村推进等项目。澜沧拉祜族聚居区扶贫开发取得阶段性成效，聚居区2.6万群众初步摆脱贫困。

勐康口岸获批为国家一类口岸

中华普洱茶博览苑成为最吸引游人目光的景点之一

普洱队勇夺梦想合唱团桂冠　中央电视台心连心艺术团走进普洱

城镇化进程迈出新步伐。积极探索实践城镇上山、农民进城的城镇化发展新路子，创造了特色城镇化发展“普洱模式”。加大中心城区提升改造力度，妙曼城市品质明显提升，先后荣获2011中国魅力城市、EMBA中国最具投资价值城市、可再生能源建筑应用示范城市、中国十大特色休闲城市称号。西盟等特色县城风貌改造和澜沧惠民旅游小镇、孟连娜允古镇、镇沅哀牢小镇等一批特色小城镇加快建设。累计完成7355个村庄规划编制工作。全市城镇化率达32.3%，比上年提高2个百分点。

改革开放展现新局面。积极构建以保障和改善民生为重点的财政支出体系，深入推进农村综合改革、集体林权制度等改革，土地流转服务体系初步形成，信用担保体系逐步完善，医药卫生体制五项重点改革取得新进展，新一轮政府机构改革顺利完成。新引进加拿大嘉汉林业、中国建材、广东核电、深圳永丰源等一大批企业，实现各类经济合作项目182项，实际到位市外资金131.4亿元，增长70.7%，

增幅居全省第六位。

文化事业和文化产业发展取得新业绩。“两馆一站”、文化信息资源共享等文化基础设施建设稳步推进，市文化中心等一批重大标志性文化工程建成使用。实施普洱茶科技创新和文化推广，在昆明建设普洱茶科技文化中心。推出了《妙曼普洱》、《茶马古道》、《阿佤山》等一批文化艺术精品力作。中央电视台“心连心”艺术团首次走进普洱，“妙曼普洱、养生天堂”全国摄影大赛作品在国内巡回展出。我市参加央视年度大型公益励志电视活动《梦想合唱团》荣获冠军。成功举办了以“书画普洱”为主题的第十一届中国普洱茶节，开展首届“感动普洱人物、普洱道德模范、普洱美德少年”评选表彰活动。实现各县城所在地的数字电视整体转换和移动广播电视信号全覆盖。景迈山万亩古茶园被批准为国家级重点文物保护单位，荣获2011年中国十大休闲胜地称号，申报世界文化遗产通过专家评估论证。

和谐社会建设呈现新气象。民生投入达101.4亿元，占地方财政一般预算支出的72.3%。全面协调发展各级各类教育，投入教育经费21亿元，增长20.8%。全市高中阶段毛入学率55.2%，比上年提高5.2个百分点，高考上线率91.8%，创历史新高。思茅师专组建普洱学院获得成功，普洱从此有了第一所本科大学。完成112个卫生基础设施项目建设，市人民医院被列为云南省州市级区域卫生中心。组织各类实用技术

国家普洱茶产品质量监督检验中心建成使用

城市风貌改造让西盟县城焕然一新

思茅师专组建普洱学院获得成功

新农村建设做美普洱农村

培训4000余期30万人次，科技对经济增长的贡献率达30.2%。国家普洱亚高原体育基地建设项目列入省规划。全面推进“乡村流通工程”建设，建立1143个农村综合服务社。深入实施全民创业就业工程，发放小额担保贷款总量连续三年居全省第一位。基本养老、医疗、失业、工伤、生育保险参保总人数80.8万人次；新型农村和城镇居民社会养老保险参保人数114.2万人。开工建设5540套廉租房和公租房。投入城乡社会救助资金6.5亿元。新增公益林250万亩，生物多样性保护扎实有效，人民群众对城市环境满意率从上年的73%提高到80%。全国做好新形势下群众工作经验交流会在普洱召开，“孟连事件”转变为“孟连经验”在全国推广。

古老的普洱茶乡正在以生机勃勃、欣欣向荣的新姿，自信、豪迈地站在新的历史起点上。我们坚信，经普洱256万人民的艰苦努力，一个破茧成蝶的新普洱必将更加令世人刮目相看，一个和谐妙曼的养生天堂必将更加令世人流连忘返，普洱这颗璀璨的绿海明珠必将更加光彩夺目！

车在林中行人在画中游

糯扎渡水电站提前两年下闸蓄水

云南省地质矿产勘查开发局

云南省地质矿产勘查开发局主要职责是：承担地质勘查、矿产开发、地质科学研究等工作，组织所属地质勘查单位发展经济，逐步实现企业化经营。按照上级要求，推行事业单位企业化管理，内部实行事企分体运行的体制。目前，全局下设20个单位，其中管理类事业单位19个，云南地矿总公司（集团）1个，集团公司所属全资和控股企业15个。截止2011年底，全局职工总数为16882人，其中在职4413人，离退休12469人。

云南省地质矿产勘查开发局办公楼

近年来，面对复杂多变的国内外经济形势，在省委省政府的正确领导下，地矿局以服务云南经济社会发展和矿业支柱产业建设为己任，以解放思想、转变观念为先导，以加快发展为主题，以深化改革和科技进步为动力，以提高干部职工生活水平为根本出发点，紧紧抓住国家“五年找矿行动计划”、西部大开发、云南“两强一堡”战略和“三年找矿

国土资源部部长徐绍史（前左二）和云南省委书记秦光荣（前左三，时任省长）等部省领导，在云南省地矿局党委书记、局长付军（前左四）陪同下视察云南地勘参与承办单位。

地矿局党委书记、局长付军（左二）会见东盟客人

行动计划”的重要历史机遇，大力实施“勘查立局，开发强局，科技兴局，以人为本，和谐发展”战略，较好地完成了各项目标任务，总收入、利润创历史最好水平，开创了经济快速发展、干部风清气正，全局和谐稳定的良好局面。

干部职工思想观念不断更新。地勘单位长期在事业体制下运行，一些干部职工“等靠要”思想浓厚，“小富即安”观念突出，对外交往少、自我封闭。针对干部职工存在的陈旧观念，多次开展“解放思想、转变观念、深化改革、加快发展”大讨论活动，倡导自立、开放、创新、竞争、发展理念，反对封闭、狭隘、斗争、自满、安于现状思想。通过解放思想大讨论，干部职工发展意识、市场意识、法治意识、开放意识、竞争意识、责任意识进一步增强，闯市场、谋发展、实现新跨越的良好思想氛围正在全局形成。

地勘经济快速增长。局党委始终坚持发展这一强局富民的第一要务，一心一意谋发展，聚精会神

中外合作地质找矿

搞建设，以做强做大产业、增强企业化经营实力为目标，努力开拓市场，进一步理顺体制、激活机制，强化管理。“十一五”末，全局总收入为“十五”末的4.8倍，利润为“十五”末的8倍多。2011年，全局又实现了跨越发展，经营收入比上年增长27.79%，利润比上年增长121.69%。

地质找矿成果丰硕。认真贯彻落实《国务院关

野外地质调查

于加强地质工作的决定》和全国、全省地质工作会议精神，以为国家和我省经济社会发展提供资源保障和基础支撑为目标，创新地质工作运行体制和机制，全面加强地质工作。“十一五”期间，累计新增资源储量：金110.49吨，铜62.70万吨，铅锌143.35万吨，伴生银1761吨，铁矿石8334万吨，钼0.08万吨，钨0.11万吨，铂钯21.74吨和石膏2.04亿吨。

2011年，局组织实施了12项国家、省整装勘查、地质调查评价、重点勘查项目。完成地勘费投资约2.4亿元，其中企业投入2亿元，基金投入4000万元，各整装区勘查工作均取得重要进展。全年新增资源量（含黄金集团）：铜25万吨，铅锌30万吨，金62吨，铁矿石0.10亿吨；鹤庆北衙、保山西邑、香格里拉红牛、金坪长安、元阳大平等矿区的地质找矿取得重大突破。

地质工作领域不断拓展。按照“地质工作更加紧密与经济社会发展相结合，更加主动为经济社会发展服务”的工作思路，发挥自身优势，广泛服务于全国第二轮土地调查、汶川地震抗震救灾、滇池治理、昆明新机场建设、现代新昆明建设和云桂铁路、沪昆铁路、成贵铁路、玉蒙铁路、昆明地铁建设等经济社会发展各个领域。2010年在云南百年不遇的抗旱救灾地下找水打井突击行动中，我局充分发挥技术、人才、地质成果优势，按照省国土厅的统一布置和安排，在楚雄、红河、曲靖、昆明、保山等重旱区成井710口，占全省安排打井1000口的71%，解决了100多万人的饮水困难，创造了打出第一口出

矿业开发－北衙采矿区（露天开采坑）

野外矿山勘探

水井、打出第一口深水井、打出全省出水量最大的自流井、打井数量最多、出水量最大、解决饮水困难人口最多等多项全省第一的优异成绩，为夺取抗旱救灾胜利发挥重要作用，受到省委、省政府和国土资源部的表彰。

体制机制不断创新。坚持以人为本，促进人的全面发展，下功夫解决制约加快发展的体制机制障碍。根据国务院和省委、省政府关于推进国有地勘单位企业化改革的要求，按照事企分开、稳妥推进的原则，划开职能、机构和人员编制，实施了局和集团公司分体运行，做实了集团公司；针对股份公司存在负债率高、国有股独大和管理落后问题，按照上级关于推进国有企业的股份制改造的精神，实施了股份公司增资扩股；深化干部人事制度改革，大胆打破长期事业单位管理体制下选人用人一些传统的观念和做法，坚持“公开、平等、竞争、择优”的原则，变“伯乐相马”为“赛场选马”，公开选拔处级干部和青年后备干部；建立健全干部考核评价体系。事业类单位推行预算管理考核办法，企业类单位推行年度经营目标责任制考核办法，把考核结果作为干部任用、奖惩的重要依据，建立“能者上、平者让、庸者下”的用人制度。

和谐地矿建设成效明显。始终把实现好、维护好、发展好最广大职工的根本利益作为工作的出发点和落脚点，着力解决职工最关心、最直接、最现实的利益问题，把发展的成果更多地体现到改善民生上。在普洱816队抗震救灾恢复重建工作，健全职工养老、医疗、工伤等保险制度，完善以内退、待岗最低基本生活保障费为基础，送温暖、医疗互助、特困救助、献爱心为补充的帮扶体系，解决职工超集资建房款退还、住房维修资金、住房补贴、无房户住房等历史遗留问题以及认真做好新形势下群众工作等方面取得显著成绩，和谐地矿建设得到进一步巩固。

承办第一届全国地勘钻探职业技能大赛，获得二金一银好成绩。

蒙自市雨过铺新光村的村民们敲锣打鼓，感谢党和政府的关怀，感谢地质队员为他们找到了水源。

灾后重建的普洱816地质队--基地面貌焕然一新

按照省第九次党代会推进科学发展和谐发展跨越发展的指导思想和“四个翻番”、“两个倍增”的奋斗目标，局结合实际，开展了新一轮解放思想、转变观念大讨论，认真分析研究面临的新形势新任务，以更大的气魄和胆略、更加开放的思维重新谋划局跨越发展的宏伟目标，制定了构建内部找矿新机制等一系列改革发展措施。局“十二五”后四年经济发展目标是：经营收入实现“三年倍增”、“五年双倍增”，即2013年经营收入为2010年的两倍；2015年经营收入为2013年的两倍、2010年的四倍。

西双版纳天海复合肥厂

一、企业基本情况

西双版纳天海复合肥厂隶属于勐养农场管委会下属二级法人企业。是一家依靠热区天然橡胶、经济林木、农作物的生产，应用科学配方施肥生产成果的专业复混肥生产厂家。主营产品“林海”牌橡胶及各种热区作物配方系列专用复混肥。

企业始建于1994年，1995年8月正式投产，设计规模2万吨。2001年、2010年，企业先后两次对设备、产房等进行更新改造。本着持续发展、提高国企效益、节能降耗、环保节约的目标，2010年1月启动新改扩建项目计划。项目经立项审批，为西双版纳州重点工程。项目符合国家复混肥制造产业政策，为同类型制造设备先进水平，计划2010~2012年实现全面改造。项目投资3000万元，将生产规模由每年 2万吨提升到每年10万吨产能。

二、企业管理和生产经营情况

企业自建厂16年以来，始终秉承“创新永无止境”的经营理念，本着“诚信经营、质量第一”的经营信条，时刻把握在建设中积极探索企业的可持续发展之路，通过不断的学习借鉴复混肥生产制造的先进技术，在实践中总结积累大量复混肥专业生

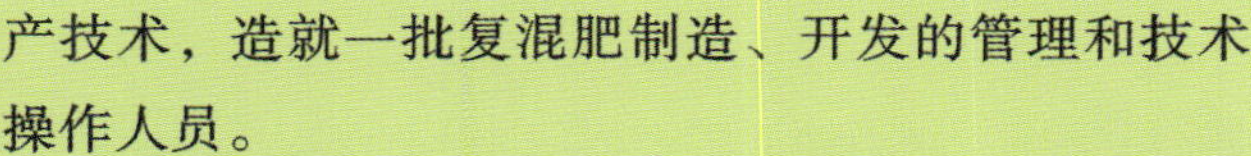

产技术，造就一批复混肥制造、开发的管理和技术操作人员。

企业发展至今，生产厂区占地66.47亩，固定资产1000万元，职工70人，其中高、中级专业技术人员18人，拥有年产10万吨复混肥全套先进生产线，具备国家复混肥二级质监认定资质，同时配备有规范农化服务，具有测土配方生产和较强的产品开发能力。

企业生产的“林海”牌橡胶、茶叶、水稻、蔬菜、瓜果、甘蔗、咖啡、香蕉等系列专用复混肥自投放市场以来，产品具有增产增收明显，价廉质优，可与进口同类产品相媲美等优点，受到客户的一致好评。产品先后多次通过国家和云南省化肥质量及州质量技术部门的统检和抽检，质量均符合国家行业部门颁布标准。2009年，企业所持有的“林海”牌商标被云南省工商行政管理局认定为“云南省著名商标”，2010年产品被中国中轻产品质量保障中心评为“全国质量信得过产品”。

依托垦区植胶生产用肥科学生产的成果，由我厂依据科学配方施肥所推出系列的橡胶专用肥，成为热区植胶用肥的主导产品。产品投放市场以来增产节约明显，受到广大胶农的欢迎，配方产品已成为各复混肥生产企业普遍仿造产品的对象，多年来企业的生产制造水平得到了同行的好评和认可。目前，企业已成为西双版纳州最大的一家集复混肥产品研发、生产、销售、服务于一体的生产销售企业。近年来，企业产品销售量平均以18□的速度增长，2009~2011年总产值分别达到3238、2595、3700万元。

凝心聚力 攻坚克难
在推介昆明中连创招商引资佳绩
—— 昆明无锡招商分局工作纪实

2009年至2012年，昆明无锡招商分局坚决贯彻市委、市政府关于“必须坚定不移地把招商引资作为经济工作的主旋律、作为推动发展的主抓手、作为各级干部建功立业的主战场”的指示精神，连续4年超额完成市招商引资工作指挥部下达的内外资目标任务，4年来共引进内资27.3亿元、外资910万美元，其中：2009年完成内资引进任务数的414%、完成外资引进任务数的114%；2010年

▲中共昆明市委副书记李邑飞与昆明无锡招商分局局长魏立功和无锡企业家路振华在一起

▲ 昆明无锡招商分局在无锡湖滨太湖饭店召开2010年招商引资座谈会

▲昆明市委常委金志伟、市人大副主任董利华和无锡招商分局人员在“无锡当家易”听取公司领导介绍情况

▲昆明市人民政府副市长刘光溪2010年在无锡检查招商工作和拜访企业时与招商分局部分人员及企业家代表合影

完成内资引进任务数的189%、完成外资引进任务数的153%；2011年完成内资引进任务数的265%、完成外资引进任务数的201%；2012年完成内资引进任务数的333%、完成外资引进数350万美元（当年市级未下达任务指标）。无锡招商分局及局长、副局长分别被授予"昆明市招商引资工作先进集体"、"昆明市招商引资工作先进个人"称号。其主要做法：一是职能招商与产业招商相结合；二是驻点招商与机动招商相结合；三是领导招商与群众招商相结合；四是独立招商与合作招商相结合；五是登门招商与中介招商相结合；六是以情招商与以商招商相结合；七是内资招商与外资招商相结合。

▲市领导见证无锡招商分局、富民县领导在2011昆明（无锡）招商引资推介会上与无锡企业家代表签订项目合作协议书

▲昆明无锡招商分局局长魏立功与无锡企业家代表在一起

▲无锡非凡市政设施工程有限公司董事长沈军女士代表无锡企业家在昆明市无锡招商引资推介会上发言

▲市领导和无锡招商分局领导到"无锡宝龙"公司拜访

▲无锡招商分局参会人员在招商推介会后合影留念

▲无锡招商分局人员在江苏阳光集团农林开发有限公司考察

▲2012年昆明无锡招商分局人员在招商引资动员会后合影

花蕾经风雨 绽放更艳丽

——昆明市人民政府救助管理站流浪未成年人保护中心工作简介

流浪未成年人救助保护的重要性、紧迫性

儿童是祖国的未来，民族的希望，是21世纪振兴中华的主力军。儿童能否健康成长，肩负起历史赋予的重任，是关系到国家存亡，民族兴衰，社会主义是否后继有人的大问题。流浪儿童作为流浪乞讨人员中的未成年人,其经济地位、政治地位更为低下,他们是弱势群体中的弱势群体,常被人们所忽视或漠视,处于社会的边缘,甚至被主流社会排除在外。他们食不果腹、露宿街头,以捡垃圾、卖花、卖艺等求生，有的甚至被教唆偷窃、抢夺,成为犯罪集团的工具,被人们称为“犯罪后备军”。这种边缘的生存状态,不仅不利于他们自身的生存和发展,同时也给城市形象、社会治安带来许多不利的影响,与我国当前构建和谐社会的目标不相协调。因此,进一步发展流浪儿童救助事业、给予流浪儿童必要的救助和保护刻不容缓。

流浪未成年人救助保护的程序

因流浪未成年人是一群特殊的群体，我站首创了“校家式保护”救助管理模式，对进入未成年人保护中心的儿童，我们的干部职工要象父母对待孩子一样关爱他们，象老师对待学生一样教育他们，让儿童在中心有在家的感觉，在校的感觉，以便于孩子重新融入家庭，回归社会。

（一）家庭式的关心

流浪儿童所处的流浪生活环境非常恶劣，很多流浪儿童进入中心时，衣着褴褛、污秽不堪，身上肮脏难闻。进入中心后，工作人员除组织他们洗澡，找来干净衣服给他们换上外，工作人员还为他们理发和修剪指甲。对于有智障生活不能自理的孩子，给他喂饭。中心根据流浪儿童身体正在成长发育的特点，按高于昆明市城市居民最低生活保障标准提供给他们的饮食营养需求，使其身体能健康成长。

（二）学校式的教育

中心对进入的流浪未成年人实行的是关爱教育为主、强制性管理为辅的管理方式，对他们开展了有利于促进未成年人身心健康、行为矫正的传统文化教育管理活动（对轻微违法行为的矫正、心理矫治、基本生活技能培训、基本法律、国学教育、文化常识教育、美德教育等），使他们在接受中心的管理教育后能尽快的回归社会、融入社会。

并且中心还建立了儿童回访制度，对回归家庭后的儿童进行定期回访，了解回归儿童的学习生活情况、督促家庭认真履行监护职责，确保儿童不再离家流浪，能够健康成长。

流浪未成年人救助保护的显著社会效应

自实施《城市生活无着的流浪乞讨人员救助管理办法》以来，在市委、市政府的正确领导和各有关部门的大力支持配合下，昆明市人民政府救助管理站始终坚持民政工作“上为党和政府分忧，下为百姓解愁”的宗旨，牢固树立社会救助“以人为本，为民解困，服务社会”的工作理念，切实履行社会救助的工作职责，积极主动地对流落城市生活无着的流浪乞讨人员特别是流浪未成年人给予救助和保护。

自2003年8月以来共救助流浪未成年人6672人次，其中男童4000余人次，女童2000余人次，其中属被拐卖外国儿童100人。

通过不断加强对流浪儿童的救助、教育、保护，使他们一方面避免受到各种伤害；另一方面阻止他们走向社会的对立面，减少他们反社会人格的养成，预防犯罪，对维护社会稳定起到了应有的作用。

关心我们的未成年人，就是关心我们的未来，那么救助、教育、保护好流浪未成年人就是关心我们整个社会、国家的未来。

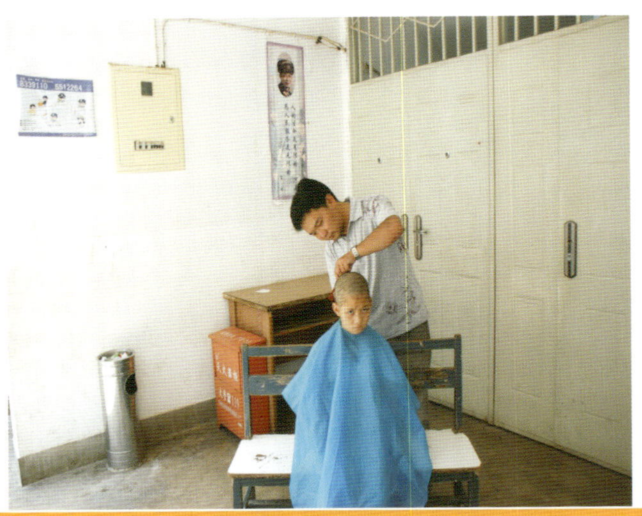

肩负使命 不辱重托 云南国资监管迈上新台阶

省委召开全省国有企业党建工作会议

2011年，是全省上下实施“十二五”规划的第一年，也是省属企业改革发展十分关键的一年。在省委、省政府的坚强领导下，在社会各界的关心支持下，省国资委与省属企业积极应对复杂多变的经济形势，紧紧围绕转方式调结构这一主线，抢抓桥头堡建设机遇，不断完善监管体制，着力提高管理水平，努力提升核心竞争力，国有经济在全省经济社会发展中的地位和作用进一步凸显，为实现新的跨越发展奠定了坚实基础。

企业发展迈上新台阶

2011年，全球经济增速放缓，市场需求下跌，通胀压力加大，央行三次加息，铜、铝等大宗商品价格大幅波动，给省属企业发展带来了极大的困难和挑战，企业营业收入增幅下降、利息支出增大（省属企业财务费用同比上升54%）、存货大幅上升，面对严峻形势，省国资委和省属企业积极应对，多次召开经济运行分析会，分析判断形势，采取了一系列有效措施，取得了明显成效，省属企业生产经营继续保持了平稳较快增长，主要指标再创历史新高。

资产规模快速增长

据快报统计，2011年，18户省属企业资产总额5294.28亿元，同比增长16%；净资产总额1650.88亿元，同比增长12.9%；云天化、云投、昆钢、冶金、云铜五户企业资产超500亿元，煤化工、机场等6户企业超200亿元。

经营效益持续向好

省属企业实现收入2776亿元，同比增长24%。其中，昆钢、云天化、云铜超过400亿元，冶金、云锡首次突破200亿元，物流、十四冶首次突破100亿元，云投首次突破50亿元。

赢利能力大幅提升

全年实现利润100.3亿元，同比增长27.9%，为历史最好水平。其中，云天化、云铜、昆钢3户企业利税总额超过30亿元。

竞争实力不断增强

涌现出一批在国内外有影响力的企业集团，云天化、建工、煤化工、昆钢、冶金、云铜、云锡7户企业进入全国500强，云天化在磷复肥企业中位居亚洲第一、世界第二；云锡成为全球最大的锡生产制造商；机场集团规模排名全国第4位；云白药名列首届中药企业传统品牌榜十强第一。

经济贡献率持续提升

全年完成固定资产投资571亿元，同比增长46%。实现增加值442亿元，同比增长19%，对全省经济增长贡献率明显上升。

昆钢重型装备产品

转方式调结构取得新突破

国资委始终把转方式调结构作为重点工作着力推进，突出主业、做强相关多元、努力发展新兴产培业，育现代产业体系成效明显。从产业结构看，国有资本进一步向优势行业、优势企业和新兴产业集聚，有色、冶金、化工等传统产业继续保持快速发展，新材料、新能源、高端制造业、现代服务业等新兴产业发展迅猛。省属企业相关多元和新兴产业投资增长率超过传统产业10%。从区域布局看，省属企业以资源聚集地、物流集散地、交通枢纽地、沿边开放地为重点，在16个州市进行战略布局。“走出去”战略初见成效，省属企业在周边国家概算投资128亿元，云天化、冶金、云锡等企业在重庆、内蒙、新疆、东北、湖南进行战略布局取得重大进展，建工、昆钢进入东南亚、南亚国家的步伐明显加快，不少企业走出国门到非洲、澳洲、美洲拓展发展空间。从项目规划看，在企业新建项目中，相关多元和新兴产业项目比重大幅增加。云天化利用炼油附产品发展石油化工项目，预计投资150亿元。昆钢集团的新材料、装备制造，建工集团的钢结构、房地产，物流集团的现代物流业，云白药的大健康系列项目等，已经成为企业持续发展的重要支撑。从利润构成看，传统产业逐步成为稳定的利润源，相关多元和新兴产业正成为新的利润增长点，重化工业占营业收入比重过大的局面已初步改观。昆钢的相关多元产业实现增幅98%，占利润总额的比例已达74%；云锡的锡深加工产品销量比重达到43%；云白药逐渐从单一医药生产向综合医药经营服务企业转型。

核心竞争力得到新提升

坚持把提升核心竞争力作为企业实现跨越发展的关键环节来抓，推进管理创新和科技创新，促使企业着力降低资产负债率、提高资本证券化率、提升管理效率、强化融资创新，取得明显成效。

管理水平持续提升

通过扎实开展管理水平提升年活动，着力强化企业发展战略规划、重大投资管理、风险控制等工作，省属企业管理水平整体得到提升。基础管理进一步完善，战略管理不断优化，风险管控制，一步加强，管理效益逐渐显现，成本得到有效控制成本费用利润率实现连续三年提高。昆钢、云天化、机场集团被评为管理提升优秀企业。

科技创新成效明显

继续加大科技投入，实施重大科技项目，深入开展创新型企业试点工作。褐煤液化、多晶硅冶炼等一批关键技术的开发取得新突破。现省属企业拥有国家级研发中心、技术中心和工程中心增加到34个；拥有知识产权数量大幅增加，有中国驰名商标10个、国家专利547项。云天化被评为首批国家技术创新示范企业，昆钢股份等9户企业被确定为云南省首批创新型企业。

资本运作再创佳绩

累计完成直接融资305亿元，同比增加38%，是省政府下达目标的1.7倍，企业资本证券化率达到30.9%，比上年增加2.4个百分点。资本运作工作取得新进展，构建新型融资平台迈出新步伐，昆钢煤焦化成功重组ST马龙，云投控股ST大地，成功组建了我省首家省属股权投资公司云南圣乙投资公司。

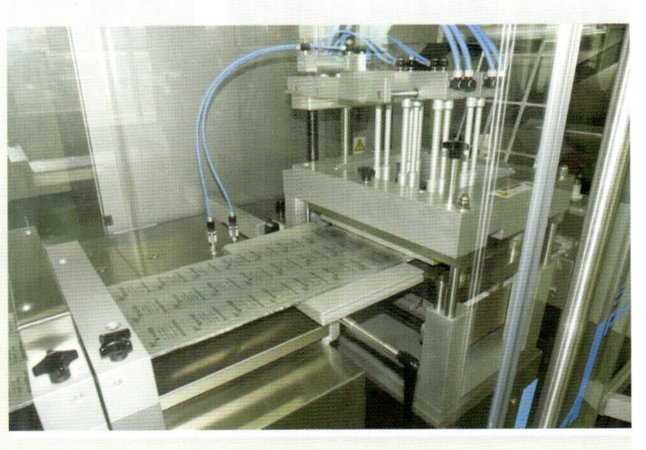

云南白药生产线

党的建设形成新优势

坚持不懈地把国有企业党组织的政治优势转化为竞争优势。深入开展创先争优活动。培养和涌现了一批先进典型，昆钢动力能源分公司党委被中组部评为“全国先进基层党组织”，省国资委党委系统3个单位、8名个人受到省委表彰，6户企业被省委组织部命名为“全省基层党建工作示范点”。扎实推进学习型党组织建设，着力建设学习型企业。认真组织省国资委党委系统庆祝建党90周年大会系列活动，深入开展向杨善洲同志学习，先进典型的示范引领作用在企业得到彰显。不断加强思想政治建设。以省委、省政府文件形式下发了《关于加强和改进新形势下我省国有及国有控股企业思想政治工作的实施意见》，着力打造促进企业科学发展的“软实力”。重视加强企业领导班子和人才队伍建设。顺利完成了5户管理体制调整企业领导人员选配工作，在企业内部和省直机关提拔交流企业领导人员36名，省属企业领导班子的年龄结构、专业结构等得到了进一步优化。大力推进董事会建设，全面推进《云南省省属企业人才发展规划纲要（2010 2015年）》的贯彻落实，进一步完善企业选人用人机制。扎实推进反腐倡廉建设。强化企业领导人员廉洁从业教育，加强“三重一大”决策制度的监督检查，深入开展“小金库”和工程建设项目专项治理。省国资委和5户省属企业被省委表彰为党风廉政建设责任制优秀单位。5户省属企业被省纪委监察厅确定为第一批省级廉政文化示范点。全年开展效能监察项目520项，节约资金9919万元。积极履行社会责任。2011年，监管企业在岗职工达到23.3万人，比上年同期增加5.9%，吸纳下岗分流人员再就业和

云天化集团玻璃纤维生产线车间

大学毕业生就业同步增长。带头节能减排，提高资源综合利用效率。落实安全生产责任制，预防和严控重大安全责任事故发生。2011年省国资委和云天化等8户企业被评为“安全生产管理省级优秀单位”、“节能降耗、节能减排省级先进单位”。筹集资金参与保障住房建设，着力推进工矿棚户区改造，力争到“十二五”末，职工生活条件得到较大改善。积极创新扶贫形式，支持地方经济建设。开展对企业重大事项社会稳定风险评估工作，积极推动“平安企业”创建活动，及时排查化解各种矛盾纠纷，切实维护企业稳定。

国资监管开创新局面

继续推进完善国资监管体制，着力改进监管方式，规范监管行为，提高监管效率。监管体制进一步完善，省委省政府对国资监管工作更加重视和支持，向省“两会”报告国资监管工作制度逐步形成。进一步明晰出资人代表职责和企业法人独立自主经营权，取消了60%的审批事项。州市国资委职能定位进一步明确，监管效率进一步提高。监管重点进一步突出，重点做好资产评估、资产处置、产权登

云投集团下属大理旅游集团崇圣寺景区

大红山铜矿选厂夜景

昆明新机场模拟图

记界定等监管工作，2011年省属企业资产交易，全部实现了挂牌交易，涉及总资产30.65亿元，增值率达到29%。大力构建新的薪酬管理体系，进一步引导企业做大、做强、做优、做久。加大监事会监督检查力度，有效防范风险。监管能力进一步提升，按照在监管中服务、在服务中监管的和谐监管理念，积极协调解决省属企业发展中的各种难题，努力争取将省属企业的政策建议纳入国务院桥头堡建设意见，得到省委、省政府职能部门支持。

省第九次党代会，描绘了云南经济社会发展的蓝图，提出了“三个发展”以及“四个翻番、两个倍增”的目标，十分鼓舞人心。未来35年，云南要跨越，重点在产业；产业要跨越，关键在企业。作为云南工业发展的中坚力量，省属企业必须勇挑重担，有所作为。

总体思路

今后几年，省国资委和省属企业将围绕省第九次党代会提出的工业“三年倍增”、打造“三个10”（10户千亿企业、10个千亿园区、10个千亿产业）的跨越发展目标，按照“稳中求进、好中求快、变中求新”的总体要求，坚持以科学发展为主题，以转方式、调结构为主线，继续实施转型升级、创新驱动、走出去和人才强企“四大战略”，深入推进“四个转变”，全面实现“三年倍增”“五年跨越”的发展目标。

世博集团昆明禄劝轿子雪山景区

发展目标

2012年，是实现工业“三年倍增”的开局之年，也是实现“十二五”跨越发展的关键之年，省属企业要努力实现主要经济指标新的突破，力争资产总额、净资产分别达到5900亿元、2000亿元，实现销售收入3500亿元、利税总额280亿元，完成增加值560亿元。2014年，完成“三年倍增”目标任务，资产总额突破万亿元大关，净资产达到3400亿元，收入、利税和增加值分别达到5600亿元、460亿元和900亿元。到“十二五”末，总资产达到1.2万亿元，净资产4200亿元，收入、利税和增加值分别达到7000亿元、580亿元和1100亿元，争取有35户企业营业收入超千亿元，在打造我省有色、化工、建筑、生物医药等千亿产业中发挥主力作用，全面推动省属企业进入跨越发展的快车道。

富滇银行
FUDIAN BANK

2007年底，原昆明市商业银行更名重组为富滇银行。重组三年多来，在全球金融危机冲击中国银行业的背景下，富滇银行紧紧抓住云南“两强一堡”战略的历史机遇，坚持效益、质量、规模的协调发展，遵循“调结构、强管理、促发展”的工作思路，不仅整体经营管理水平快速提高，迈上了新的台阶，在我省经济和社会发展以及金融改革中的地位和作用日益突出，同时积极探索“走出去”战略，为下一步的国际化发展铺就了道路。

截至2011年9月末，富滇银行本外币资产总额达749.55亿元，全口径存款余额610.1亿元，各项贷款余额397.12亿元，实现利润总额7.81亿元，不良贷款率1.18%。全行业务发展逐年稳步、积极推进，资产总量及存、贷款总量持续稳健增长，盈利水平显著提高，资金运行总体平稳，不良贷款及不良贷款率实现“双降”。

三年来，富滇银行不断通过产品创新、服务创新、科技创新、制度创新和机制创新等，打造亮点产品和特色服务，以创新促发展，以创新建品牌，以创新全面提升整体竞争力。2008年，富滇银行在省内同业中第一家推出通过发行金融信托产品募集市政建设资金的理财产品富滇银行新昆明信托人民币理财产品，在市场上引起极大反响。2009年，富滇银行在全国同业中第二家、全国城商行中第一家开办上海黄金交易所个人黄金、白银现货延期交收业务，受到市民的热情追捧。2009年，富滇银行小企业信贷专营中心成立，成为昆明地区首家面向小企业信贷的专营金融机构，为中小企业开辟了一条新的融资渠道。2010年，富滇银行在省内同业中首家成立针对科技创新型企业提供金融服务的专业化金融机构科技创新金融服务中心，为科创企业的发展提供了融资、融智服务。2011年，富滇银行成立矿业金融服务中心，为矿业企业提供专业化、差异化的特色服务。2011年，富滇银行对老挝基普兑人

富滇银行成立大会

富滇银行赞助并冠名的“东盟之行富滇之举——2011东南亚自行车信使活动”新闻发布会

重庆市人民政府副市长凌月明、云南省人民政府副省长高峰为富滇银行重庆分行开业揭牌

富滇银行与中国进出口银行云南省分行签署战略合作协议

心致远 富泽滇

民币汇率进行挂牌，成为全国140多家城商行中第二家获批开展毗邻国家货币挂牌的城商行。

三年来，富滇银行始终围绕省委省政府“两强一堡”的战略目标，积极推进“立足云南、辐射西南、放眼全国、走向泛亚”的跨区域发展战略。截至目前，富滇银行已在云南省大部分州市和重庆市成立分支机构，成为在省内同业中第一家到省外设立分支机构的城市商业银行；在老挝成立代表处，成为全国145家城商行中首家到境外设置分支机构的

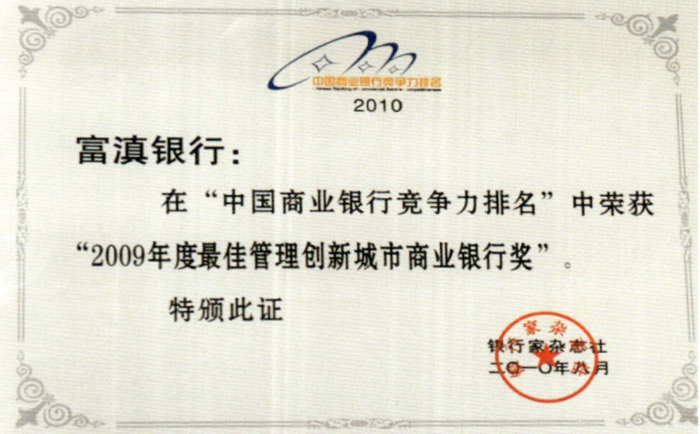
中国商业银行竞争力排名

2010

富滇银行：

在“中国商业银行竞争力排名”中荣获“2009年度最佳管理创新城市商业银行奖”。

特颁此证

银行家杂志社

二〇一〇年八月

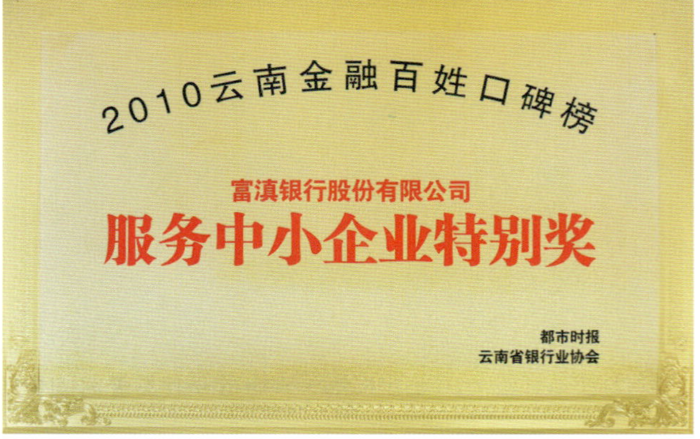
2010云南金融百姓口碑榜

富滇银行股份有限公司

服务中小企业特别奖

都市时报

云南省银行业协会

城市商业银行；发起设立4家村镇银行，不断深化金融体制改革与创新，着力解决农村地区金融服务缺

三年来，富滇银行曾荣获"全国支持中小企业发展十佳商业银行"、"中国十大最佳城市商业银行"等荣誉称号，荣获"最佳管理创新城市商业银行奖"、"最佳公司治理城市商业银行奖"、"中国管理学院奖"等全国性重要奖项，在英国《银行家》杂志所评选的全球前1000家银行中，排名第758位；探索了一条中小银行特色化、差异化发展之路，日益凸显出在我省经济和社会发展以及金融改革中的地位和作用。

心以致远，行于维新。富滇银行将继续按照"成为具有核心竞争力、可持续经营、泛区域发展的现代商业银行"愿景，秉承"富滇、致远、服务、卓越"使命，树立"以战略规划为先导、风险控制为基础、市场营销为中心、规范管理为手段、金融创新为动力"的企业经营理念，实现从传统经营模式向现代商业银行转型。同时紧紧抓住云南"两强一堡"战略的历史机遇，积极探索"走出去"战略，为云南省经济社会实现又好又快发展贡献出更大力量。

罗平县阿岗镇扎塘煤矿

罗平县阿岗镇扎塘煤矿初建于1984年，位于罗平县阿岗镇法郎村委会法郎村，距罗平县城52公里，是一个六证齐全的私营企业，以开采无烟煤为主，原设计年生产能力3万吨，2007年以前一直未能实现生产能力，甚至陷入了负债累累的困境。2008年，在罗平县委、县政府的关心支持下，在县行业主管部门的直接指导下，由现在的投资人重新组建，同时增加资金投入1400万元，生产能力提高到年产6万吨。

2008年，在县煤炭局党委的指导下，成立了扎塘煤矿党支部，原有正式党员7人，现有党员总数15人，培养积极分子6人。在现有党员中，矿领导和中层管理人员占50%。全矿现有员工180多人，其中：矿领导40多人，井下工人150多人。为强化安全生产，2011年，党支部成立了扎塘煤矿安全生产先锋队，支部书记任队长，有先锋队员15人，全体共产党员同企业一道以煤矿安全发展、科学发展、和谐发展为主题，以筑坚强堡垒，树先锋形象为主线，以诚实守信、优质服务、提高效益为宗旨扎实开展各项工作。党支部和矿领导密切配合，相互支持，带头实施安全放心工程，推进党员责任区，保证做到自己身边不违章，身边无“三违”现象，责任区内无事故。在2011年的安全生产培训中，煤矿重点加强了对井下工人的采、掘、机、运、通五大工种及管理人员的培训。除组织学习煤矿安全生产相关法律法规外，还学习了《煤矿新工人》《煤矿安全规程》、质量标准化建设、矿井灾害预防与处理、水灾事故隐患及应急处理措施、火攻品管理知识及隐患排查与治理、综合防尘措施、防治水计划、探放水安全措施、提升运输及机电管理、采煤、掘进、支护方法及措施等安全知识。通过培训学习，不仅提高了工人的生产技术和劳动技能，也确保了煤矿的安全生产。

扎塘煤矿历来重视矿村和谐关系，积极预防和依法及时处理矿村关系，刚刚重组煤矿不久，矿村关系极不正常，给煤矿安全生产带来了很多不利因素，严重制约了工作的正常开展。煤矿一直坚持以人为本，牢固树立民生意识和稳定意识，解决了洒谷村的水、电、路、学校等建设以及村民房屋受损近50余件，涉及调解资金300多万元，从源头上预防和减少了大量的热点难点和突出矛盾，为矿井发展创造了稳定和谐的发展环境，使煤矿的各项工作呈

现出快速发展、安全发展、和谐发展的良好局面。

2011年生产原煤6万余吨，实现销售产值近3300万元，缴纳税费500多万元，文明矿山建设的各项工作稳步推进，安全生产事故连续4年为零的好成绩。2011年7月，根据煤炭发展的总体趋势，扎塘煤矿引进国内资金联合办矿，引导煤矿向公司型发展，逐步做强做大煤炭企业，成立了云南海棠煤业投资有限公司，对扎塘煤矿进行技术改造，扎塘煤矿成为公司下属的骨干生产矿井。公司力争通过增层扩界将生产能力扩大到15万吨，年产值实现1千亿元，为罗平的煤碳发展迈出新的更大的步伐，实现“十二.五”罗平煤炭发展规划的目标。

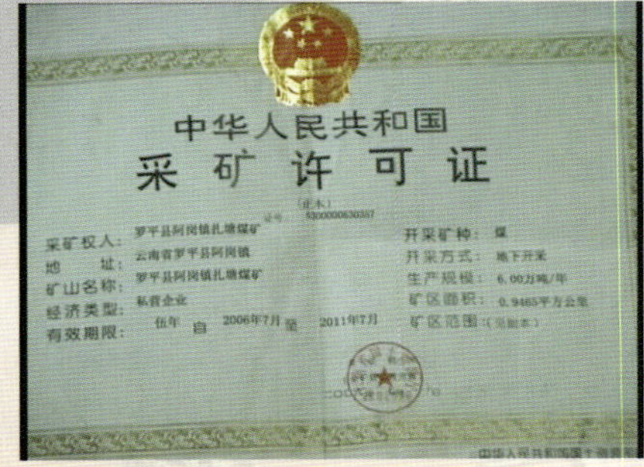

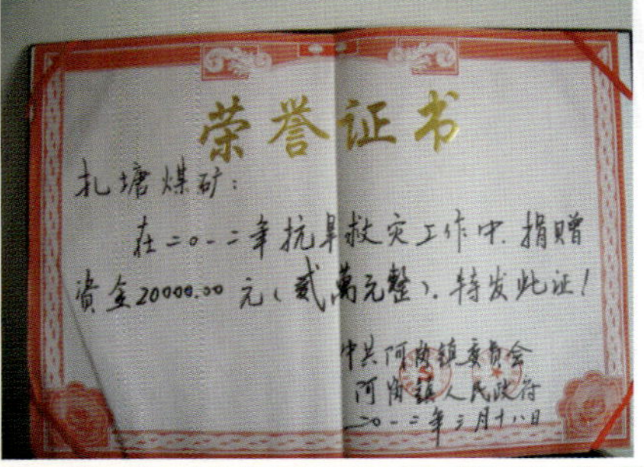

中国农业发展银行 AGRICULTURAL DEVELOPMENT BANK OF CHINA 云南省分行 Yunnan Provincial Branch

2011年，农发行云南省分行坚持科学发展观，贯彻执行党和国家关于经济金融及“三农”工作的大政方针，继续强化信贷支农,深入推进“两基”建设,着力防控信贷风险,深化自身改革,全面加强队伍建设,圆满完成各项工作目标任务,为云南农业和农村经济发展发挥了积极作用。一年来，该分行坚持巩固粮油信贷业务，突出新农村建设贷款，突出水利建设贷款，突出农村流通体系建设贷款，择优支持农业特色产业，全行业务经营实现了有效发展，各项工作取得新的进展，主要体现在：一是信贷支农成效明显。全行各项贷款余额突破500亿元，达540亿元，创历史新高，比年初增加110亿元。贷款结构趋向优化，其中：政策性贷款（含准政策性贷款）462亿元，占比86%；商业性贷款78亿元，占比14%。存款和中间业务稳步增长。各项存款余额(含同业存款)159亿元，比年初增加12亿元。中间业务收入1806万元，比年初增加948万元，增幅110%。信贷资产质量持续良好，不良贷款比例0.13%，在全国农发行系统处于较低水平。经营效益明显增长，实现帐面利润12亿元。党建、队伍建设和企业文化建设全面提升，全行上下团结进取，和谐有效发展，全年未出现安全责任事故和重大经济、刑事案件，基本实现了“四无”目标，进一步巩固了“风正、气顺、心齐、劲足、绩优”的良好局面。

中国农业发展银行云南省分行党委书记、行长段云翔

【业务发展】

坚持政策性银行办行方向不动摇，认真履行政策性金融职能，始终把粮油信贷业务作为重要基础业务来抓，切实把支持粮油收购、储备、调销工作抓细抓实，为农民增收、粮食安全发挥了积极作用。年末，粮油类贷款余额111亿元，占各项贷款余额的19%，有力地支持了全省粮油经济和农业经济的发展。一是积极做好跨年收购及夏秋两季粮收购资金供应管理的各项工作。2011年投放4亿元贷款支持跨年收购；全年收购环节累计发放粮油收购贷款32亿元。二是大力支持国家粮油宏观调控政策的实施。支持完成各级粮油储备任务，支持完成中储直属企业（公司）自主轮换收购工作、国家临时存储粮食跨省移库计划执行及贷款划转工作、2011年国家临时存储油菜籽收购计划贷款的执行等。三是以农业产业化龙头加工企业为着力点,以科技贷款为突破口,努力形成对粮油全产业链的信贷支持格局。全年发放粮油商业性贷款及科技贷款24亿元，支持产业化龙头加工企业60户。

农发行云南省分行黄金客户授牌仪式暨银企座谈会

突出新农村建设，突出水利建设，突出农村流通体系建设，择优支持农业特色产业，充分体现农业政策性银行的职能作用。一是加大对化肥、蔗糖等产业的支持力度。累计发放化肥储备贷款11亿元，累计发放食糖储备贷款6亿元。二是优先支持能够显著改善农民生产生活条件、增加有效耕地面积、提高农业综合生产能力、优化城乡用地结构的项目。全年发放贷款72亿元支持农村土地整治贷款项目46个，发放贷

农发行云南省分行与云南物流产业集团有限公司战略合作协议签字仪式

款8亿元支持农民集中住房贷款项目4个。三是积极支持公路、新能源、信息网、供水、排水、供热、供气、污水处理、垃圾处理等县域公共基础设施建设项目和水利建设项目。全年发放农村公路建设贷款11亿元，圆满完成50亿元云南省农村重点公路建设专项贷款投放工作；发放贷款15亿元支持农村基础设施建设贷款项目20个；发放贷款3亿元支持农业综合开发贷款项目3个、县域城镇建设项目2个。四是支持农村流通体系建设。与云南物流产业集团有限公司签署了战略合作协议，积极拓展农村流通体系信贷业务，全年累计发放农村流通体系建设贷款5亿元。五是择优支持特色优势产业发展。累计发放非粮油产业化龙头企业贷款38亿元，加大对我省生物药、畜产品、木本油料、花卉、蔬菜、茶叶、薯类、蔗糖、水果、橡胶、木材加工及浆纸、咖啡、蚕桑等12类特色优势生物产业的扶持力度，有效支持了我省农业特色产业的健康发展。六是贷款2亿元，支持农业小企业发展。

存款和中间业务。一是坚持把履行职责、执行支农政策放在首位，严格按照总行要求把握信贷计划投放方向，充分结合我省省情加大对重点项目的规模倾斜力度。二是坚持小额勤调和头寸监测制度，力保资金安全及时供应。全年从总行请调并下拨资金1646笔、金额381亿元，支持云南发展。三是多措并举，有效开展存款组织工作，积极吸收企业存款、财政存款和同业存款。四是有序推进中间业务健康发展，代理保险业务、咨询顾问业务、国际结算业务有新进展。五是配合财政部门做好财政补贴资金筹措和拨付工作。全年综合财政拨补到位率99%；汇划种粮农民直补、农资综合补贴、退耕还林补贴等支农资金35亿元，保障了国家支农惠农政策的及时落实，保护了农民的利益。

【金融服务和创新】

按照打造现代农业政策性银行的要求，结合业务发展需求，积极转变思想观念，创新营销方式和业务品种，改善结算服务水平，满足客户多元化的结算和融资需求。全面推进票据业务，全年有51个营业机构开办承兑汇票承兑、贴现、保函等票据业务；继续推进银行卡、网银业务发展，全省通过网银划出划入资金388亿元；顺利上线云南省支付结算综合业务系统，提高了票据交换资金结算效率。认真履行反洗钱义务，进一步加强结算账户管理。

【风险管理和内控制度建设】

进一步强化信贷基础管理，有效防控信贷风险。制定下发了一系列信贷管理的实施细则、操作办法等，推行《客户经理尽职记录》，提高了贷后管理的针对性和实效性；加强信贷CM2006系统、人行征信系统、综合报表平台、信贷信息核查系统、应收账款抵质押系统的管理和维护，保证运行正常；加强对政府融资平台贷款管理，有效防控和化解存量信贷风险，12月末，政府融资平台贷款抵质押率达到37%；开展贷款客户风险排查工作，共排查贷款客户563家，涉及贷款400亿元；开展中长期贷款后评价工作，对19个项目、32亿元贷款进行了贷款后评价，为消除中长期贷款风险隐患、健全完善制度管理体系和提高决策管理水平提供有力依据。加强内控机制建设，强化整合会计监督、条线管理和审计检查的职能作用，稳步形成“三位一体”的内控格局。

农发行云南省分行支持的景洪至大勐龙二级公路建成通车

农发行云南省分行支持的企业生产车间

农发行云南省分行支持的迪庆香格里拉城区集中供热一期建设项目

务实创新谋发展 开拓进取谱新篇

——宣威市煤炭工业局

[基本情况]宣威市煤炭工业局现有在职职工755人，其中公务员21人，事业编制人员179人（其中煤管所90人），临时工61人，局属企业在职职工494人，先养后退人员13人，离退休人员97人。党员总人数226人（其中女党员53人，少数民族党员23人，预备党员3人），党员总数占职工总数的29.7%。市煤炭局下辖电煤开发公司（集体）、煤炭供销公司、煤炭运输公司、矿山机械总厂、煤炭经贸公司（集体）5个企业、15个产煤乡（镇、街道）的煤管所。局党委下设机关：开发服务中心、矿山救护中队、调度科、老年党支部、煤炭供销公司、煤炭运输公司、矿山机械总厂、煤炭经贸公司共9个党支部。

[产业发展现状]宣威市煤炭产量占云南省煤炭总产量的1/8，曲靖市的1/4多，是云南省的重要电煤基地，是全国100个重点产煤县（市）之一。全市煤炭资源现有储量37.8亿吨，已探明储量11.64亿吨，主要分布在宣威市的宝山、阿直、倘塘、谷兴、来宾、羊场、得来、卡居8个矿区。全市现有158对矿井，其中"六证"齐全生产矿井143对，设计生产能力1026万吨/年，核定生产能力842万吨/年；建设矿井15对，设计生产能力291万吨/年；选煤厂22户，生产能力985万吨/年。全市乡镇煤矿共建成单体液压支柱工作面120个，急倾斜煤层柔性掩护支架工作面8个，实现机械化掘井矿井2对，连续机械化运输矿井12对，实现机械化运送人员矿井6对，矿井全面实行锚喷、锚网、工字钢支护或砌碹翻拱支护。"十一五"期间，全市乡镇煤矿年均生产原煤1000万吨左右，年均工业产值21.8亿元，占全市工业总产值的30%以上；2011年，煤炭行业从业人员近2万人，生产原煤821.78万吨，实现工业产值35.83亿元，实现税费7.54亿元（其中税收5.7亿元，规费1.84亿元），煤炭产业对财政贡献率达50%以上。煤炭产业已发展成为宣威市的基础产业、支柱产业、龙头产业。煤炭产业对提升宣威市地方经济、壮大工业经济、增加财政收入、繁荣农村经济、提供就业岗位、推动各项社会事业进步和发展做出了重要贡献。

[制度改革]近年来，宣威市煤炭局在以局长朱家灿为核心的领导班子带领下，全体干部职工团结一致，共同努力从制度建设入手，不断加大制度改革和创新工作力度，通过加强制度建设，规范行业管理，促进煤炭产业健康有序发展。主要措施：一是不断完善学习制度，每季度组织全局所有监管人员进行一次培训和考试：把系统内广大党员干部职工学习政策理论和提高业务水平作为提高全员素质的重要工作来抓。通过集中学习、以会代训、专题培训开展文化下乡活动、六月安全生产月活动、百日创安活动、创先争优活动等形式，让广大干部职工全面系统了解党和国家关于煤炭产业发展的新政策、新要求、新指示，从而增强信心，提高认识。二是不断完善安全生产监管机制，逐步健全安全生产责任体系，全面实行领导班子"一岗双责"责任制，定期工作情况交流汇报制和督查检查制度。每年年初市煤炭局与各煤管所、各煤管所与各煤矿、各煤矿与班组和职工都必须签订安全生产目标责任状，严格考核。安全监管人员实行聘选制度，挂片班子成员聘挂片组长，挂片组长聘监管人员，年终实行目标考核奖惩。实行每月24日挂片安全监管人员会议及25日煤管所所长调度会议制度，专题分析研究安全生产工作。每月组织开展不少于3次全面安全大检查，并适时开展夜查、跟踪复查等检查。市煤炭局每月组织一次夜查，煤管所每月组织开展夜查矿井不少于辖区矿井数的30%。三是不断创新煤矿安全监管机制，重点完善矿领导带班下井制、特员跟班作业制、矿领导外出请假制、职工持证上岗制等，要求煤矿管理人员尤其是矿领导必须轮流下井带班指挥生产，矿领导外出必须请假，所有特员必须跟班作业，凡不按规定执行的一律从严从重处罚，所有工作人员必须持证方可上岗，无证上岗者，一律重处重罚。四是加强党风廉政建设。为有效遏制腐败，确保整个产业健康发展，近年来，宣威市煤炭局相继建立和完善了廉政执法监督卡制、双向承诺制、监管人员问责制、部门负责人戒勉谈话制、党风廉政建设责任考核制、重大事项报告制度、信访举报制度等，有力促进了行业的健康、和谐发展。

[工作思路]以邓小平理论和"三个代表"重要思想为指导，深入贯彻落实科学发展观，紧紧围绕"科学

发展、安全发展、和谐发展、跨越发展”的目标，坚持“预防为主、安全第一、综合治理”的煤炭安全生产方针，强化政府监管，落实企业主体责任，建立健全煤矿安全生产投入及管理长效机制，加大煤炭资源勘探力度，科学规划开发煤炭资源，合理布局煤炭企业，实施资源整合战略，加快推进煤矿改扩建和新建步伐，鼓励支持煤炭企业兼并、重组、联合，培育壮大大中型、骨干型、区域型煤炭集团企业，推进煤炭产业扩能提速增效，促进煤炭产业集群化、集约化、规模化发展，提高产业集中度。强力推广煤炭开采新工艺、新技术、新设备，提高煤矿开采机械化程度，促进煤炭经济发展方式的根本转变。大力发展循环经济，促进煤炭深加工，延长煤炭产业链，提高煤炭附加值，打造与全市经济社会协调发展的新型煤炭工业，努力实现速度和结构、质量、效益相统一，走资源利用率高、安全有保障、经济效益好、环境污染小和可持续发展的煤炭工业发展道路，努力实现煤炭产业的跨越发展。

[“十二五”规划]在2012年基础上，原煤产量年均增长20%，到2015年达2000万吨以上，煤炭百万吨死亡率控制在1以内，所有9万吨/年以下的矿井改造提升为9万吨/年以上，小型机械化采煤率达50%，资源回采率达80%，基本实现“十二五”末“原煤产量翻番、产值和税费倍增、基本建成安全质量标准化矿井”的目标。2012年，生产原煤1000万吨，煤炭生产百万吨死亡率控制在2以内，实现工业总产值38亿元，实现税费11亿元。2013年，生产原煤1500万吨，煤炭生产百万吨死亡率控制在1.5以内，实现工业总产值45亿元，实现税费13.5亿元。2014年，生产原煤1800万吨，煤炭生产百万吨死亡率控制在1.2以内，实现工业总产值54亿元，实现税费16.2亿元。2015年，生产原煤2000万吨，煤炭生产百万吨死亡率控制在1以内，实现工业总产值60亿元，实现税费18亿元。

[党建工作]为确保宣威市煤炭产业健康发展，宣威煤炭局立足现实，紧紧围绕“抓发展必须抓党建，抓党建就是抓发展”这一主线，以安全发展为核心，以邓小平理论、“三个代表”重要思想和科学发展观为指导，全面贯彻落实党的十七大、十七届六中、七中全会和省党代会会议精神。以“筑坚强堡垒、树先锋形象，保煤矿安全、促科学发展”为工作目标，突出抓好“生命保障、提质增效、制度创新、素质提升、管理强矿”五大工程。统筹推进党的思想建设、队伍建设、制度建设、作风建设和廉政建设，有力地推动了全市煤炭产业科学发展、安全发展、和谐发展和跨越发展。主要方针：一是不断加强思想建设，提高广大党员干部的政治素养和党性修养。按照关于学习型党组织建设的要求，以提高全体党员干部的思想政治理论水平和综合素养为目标，以开展创先争优活动为契机，在全行业掀起学习党的理论、方针政策、市场经济、安全生产知识和煤炭产业相关法律法规的热潮。一是在干部思想建设中突出“学习”主题，在工作实践中贯穿“创新”理念，从根本上加强和改进党员干部的思想工作作风；二是加强组织建设，打造坚强的领导班子。为确保整个产业有一支过硬的领导班子，宣威市煤炭局从制度建设入手，在逐步建立健全行业内部管理制度的同时，认真贯彻落实党的民主集中制、党建工作责任制，确保党的先进性建设长效机制得到有效落实。以创先争优活动为契机，通过开展“四强四优四促进，五抓五好五提高”活动，努力打造“五好班子”，全力实现强化素质、提升能力、增进团结、改进作风、推动工作的目标。三是加强党的队伍建设，为全市煤炭产业发展提供强有力的人才支撑。始终认真贯彻落实“人才兴市”战略，把加强人才建设尤其是党员队伍建设作为工作的重中之重，不断地加大党员发展工作力度。把能力强、有进取心、责任心以及在监管一线工作成绩突出的同志纳入发展对象，吸收到组织中来，壮大组织队伍，增强组织活力。四是加强制度建设，努力为全市煤炭产业发展提供强有力的保障机制。在抓好煤炭行业内部阳光组织“三会一课”制、目标管理制度、民主评议党员制度、党务公开制度、干部联系群众制度等一系列制度的同时，还从煤炭产业发展的实际出发，在行业内部相继建立了“一岗双责”责任制、领导分片挂钩负责制、安全生产目标考核责任制、定期工作情况交流汇报制、廉政执法监督卡制、双向承诺制、监管人员问责制等一系列制度，通过健全完善相关制度，使全市煤炭产业工作逐步步入规范化、制度化的管理轨道。五是扎实“四群教育”活动。宣威市煤炭局机关及所属企业按照“一帮一”方式，73名党员干部职工与双河乡葛姑村、杨家村、豁噶村及大桥村四个行政村结成对子，制定帮村工作方案，实施帮村措施，切实把党的利民惠民政策落实到基层。共筹集资金四万余元，帮助村民解决实际困难和发展中遇到的困难和问题。对促进村民生产和生活环境的改善，帮助化解社会矛盾，促进社会和谐稳定发展起到积极的推动作用。

森林云南谱华章

云南林业建设成效显著

2011年是“十二五”开局之年。云南省林业系统紧紧围绕桥头堡和森林云南建设目标任务，进一步解放思想、深化改革，扎实工作，奋力创新，推动林业建设突飞猛进，圆满完成了各项目标任务。在2012年1月10日森林云南建设推进大会上，云南省委书记秦光荣高度评价：“全省林业改革发展取得显著成效。”

云南省地处长江、珠江、澜沧江、红河、怒江、伊洛瓦底江等6大水系源头或上游，是东南亚国家和我国南方大部分省区的绿色“水塔”，是我国乃至世界生物多样性富集区和物种遗传基因库，是外来有害生物、疫病的天然阻隔屏障，是我国重要的碳库，生态区位和生态功能极为重要。胡锦涛总书记视察云南时提出，把云南建设成为我国面向西南开放的重要桥头堡，云南省委、省政府制定了桥头堡建设战略。云南省林业厅紧紧抓住这个战略机遇，深入研究林业在桥头堡建设中的功能定位、特色优势、建设重点、拓展方向、政策需求，向省委省政府提出把“生物多样性宝库”和“生态安全屏障”建设列入桥头堡建设战略目标。在国务院组织起草支持云南桥头堡建设意见过程中，先后陪同中央财经领导小组、国务院联合调研组开展了专题调研活动，主动参与课题研究，积极反映云南省森林生态建设的重大意义和发展潜力。同时，组织编制了《云南省生物多样性宝库和生态安全屏障建设规划》，并专程到国家林业局汇报规划编制情况。通过努力，国发〔2011〕11号文件明确把“建设我国重要的生物多样性宝库和西南生态安全屏障”作为桥头堡建设的5大战略定位之一。2011年11月召开的云南省第九次党代会报告也明确把“建设森林云南，推进生态安全屏障和生物多样性宝库建设”作为今后5年全省经济社会发展6大目标之一。国家林业局还将与省政府签订部省战略合作协议，明确林业支持桥头堡建设的目标任务和政策措施。这样，云南森林生态建设上升成了国家战略，云南省林业改革发展在抢抓机遇中又赢得了新的机遇。

云南省委书记、省人大常委会主任秦光荣（前排左3），副省长孔垂柱（前排左2）在云南省林业厅厅长陈玉侯（前排右二）陪同下，深入昆明市重点火险林区调研指导森林防火工作。

云南省广南县油茶育苗基地的技术工人在嫁接油茶苗

普洱市退耕还林后种植的万亩桉树林

随着云南省林业改革力度加大，许多深层次问题也集中凸现出来。云南林业系统采取深入研究、大胆探索、积极争取支持的办法，取得了一些重大突破。一是省级以上公益林实现了同等标准补偿和管护补助全覆盖。全省1.78亿亩国家级和省级公益林全部纳入了生态效益补偿或天保工程森林管护补助的范围；从2011年开始，省级公益林补偿标准由5元提高到10元，达到了国家的补偿标准。二是森林政策性保险范围大幅扩展。森林火灾保险试点由昆明等5州市扩大到了全省16个州市中的15个，投保林地面积达到3.26亿亩，涉及林业经营者820余万户，全省95%的林农家庭纳入了保险范围。野生动物公众责任保险由西双版纳、普洱、临沧3个州市6个县扩大到保山、迪庆5个州市14个县。三是森工企业职工生产生活得到保障。云南省积极争取国家支持，出台了天保二期的政策措施，将资金、任务、责任落实到了山头地块和单位，使11980名森工企业职工得到妥善安置，17374名离退休人员纳入基本养老和医疗保险，确保养老金按时足额发放。四是陡坡地生态治理工程即将启动。目前云南省25度以上陡坡地面积还有1200万亩，水土流失较为严重，生态治理和恢复任务十分艰巨。云南省政府第68次常务会决定用10年时间，在生态脆弱区实施1000万亩25度以上陡坡地生态治理工程，2012年启动实施80万亩已列入省政府20项重点督查工作。五是自然保护区管理体制改革即将实施。云南省自然保护区管理体制长期不顺，编制和经费保障困难。经多方调研协调，报请省政府批准，出台了《关于加强自然保护区建设和管理的意见》，明确了自然保护区管理体制、人员编制、经费保障方式，为有效解决自然保护区管理问题提供了政策依据。

2011年云南林业建设实现了“十二五”开门红。下达中央、省级林业投资52.1亿元，同比增长11.6%；完成营造林1060万亩，为计划的1.63倍；实现林业产值670亿元，同比增长16.5%。林业建设重点工作成绩突出：一是集体林权制度配套改革迈出新步伐。组建了省级林权交易中心，州县林权管理服务中心已达117家，流转林地779万亩，流转金额24亿元。成立森林资源资产评估机构67家，认证评估咨询人员700多名。林权抵押贷款余额突破70亿元，连续第二年居全国第一位。成立林农专业合作社2024个，14个县市区成功申报为国家林业专业合社示范县。二是林业生态建设保护成效明显。完成天保工程公益林建设、石漠化治理、防护林建设、退耕还林及巩固成果造林469万亩。新建农村户用沼气池15.5万户、节柴改灶12万户，分别比计划增0.5万户和2万户。完成湿地恢复工程5项，新增国家公园3个、国家湿地公园2个、生物多样性保护教育基地8个。在全国率先开展了自然保护区生态服务功能价值评估。森林火灾当日扑灭率达98.3%，火案查处率88%，受害率0.3‰，各项防控指标均创历史最好水平。林业有害生物防治率达89.8%，成灾率5.8‰，被国家林业局评为有害生物防治先进单位。受理各类林业案件19779起，查处19498起，查处率达98.58%。特别是在云南省连续3年遭受严重旱灾的情况下，全省上下连续奋战，连续3年历史性地营造林突破1000万亩。三是林业产业发展质量进一步提升。投放林业贴息贷款8.54亿元。完成木本油料基地建设560万亩、占年计划的124%。以桉树、竹材等为主的速生丰产林基地达到2000万亩，建成珍贵用材林基地300万亩。完成中低产林改造407万亩，比上年翻了一番。林业企业超过1万户，其中省级龙头企业252户、产值达269.4亿元。一批产业园区开工建设，林产品交易市场初步形成。四是基层基础建设进一步夯实。全面完成了2010年跨年度实施棚户区改造建设任务，2011年4560户建设任务已全面开工。完成良种审（认）定74个，推广新技术、新品种82项。科技推广示范面积1.6万亩，带动推广面积32.4万亩。出台了《云南省林地管理条例》、《云南省林木种苗管理规定》。办理行政许可事项1500多件。林业宣传工作获国家林业局考评第一名。

云南省委、省政府2012年1月10日召开的森林云南建设推进大会，进一步指明了云南林业改革发展的方向和目标任务，全省林业干部职工十分振奋，也更加感到责任重大，誓将切实担负起历史赋予的重任，以更新的举措、更实的作风，掀起森林云南建设热潮，为构建我国生物多样性宝库和西南生态安全屏障，建设开放富裕文明幸福新云南作出更大的贡献。

香格里拉普达措国家公园之属都湖秋色

生活在云南省西双版纳的亚洲象

滇金丝猴家族

一切依靠职工　一切为了职工

云南省总工会

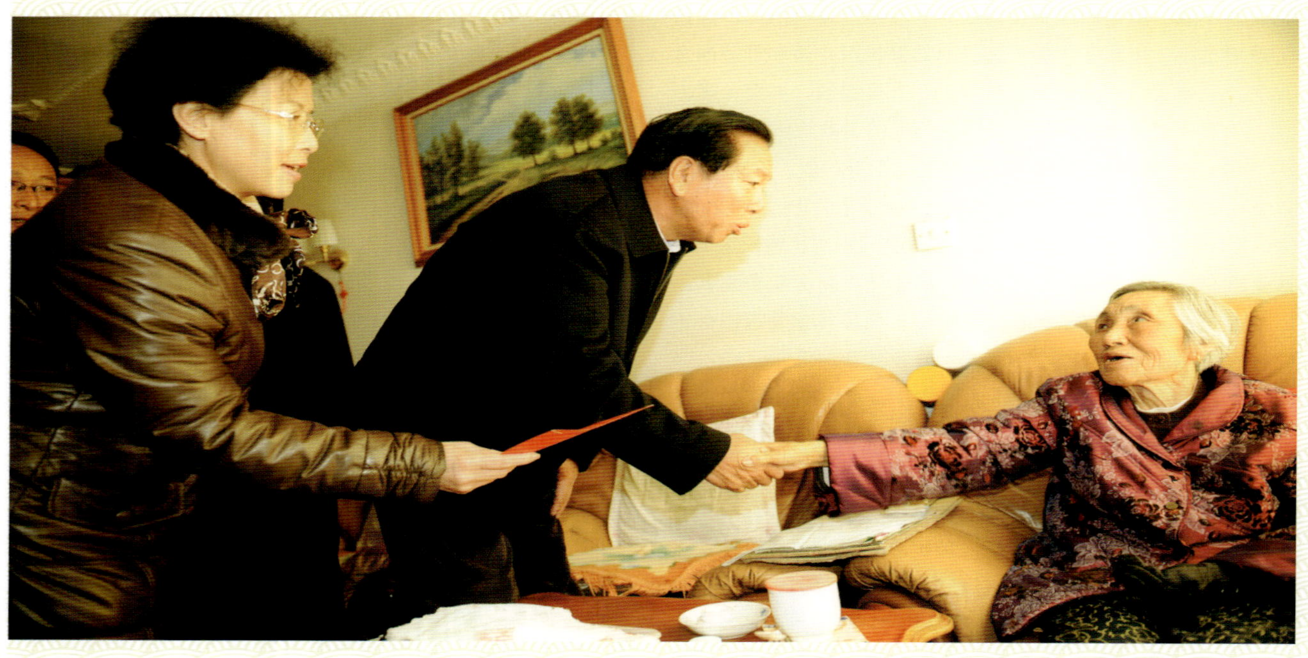

云南省人大常委会副主任、省总工会主席江巴吉才慰问困难职工

云南省第20届劳模表彰大会

2011年，省总工会紧紧围绕科学发展这个主题和加快转变经济发展方式这条主线，突出重点、强化措施、狠抓落实，团结动员广大职工为加快推进“两强一堡”战略目标做出了新贡献。一是大力弘扬劳模精神和工人阶级的伟大品格，动员职工为推动“十二五”良好开局作贡献。召开云南省第20届劳动模范和先进工作者表彰大会，开展云南省劳动模范先进事迹报告团巡回报告和“劳动者风采”宣传月活动，奏响了“劳动光荣、奉献伟大”的时代凯歌。恢复成立了云南省劳动竞赛委员会，在昆明新机场等“桥头堡”重点建设项目中开展社会主义劳动竞赛活动。制定了《云南省职工技术协作活动20112015年工作规划》，下发了《关于加强班组建设的指导意见》。启动全省第八轮职工技术技能大赛，举办第五期全省高技能人才培训班，扶持援建75个省级“职工书屋”，抓好20个“劳模创新工作室”试点工作。二是以贯彻落实《云南省企业工会条例》为契机，扎实推进“两个普遍”工作。抓住今年5月1日《云南省企业工会条例》正式实施的契机，制定实施了工会组建和工资集体协商规划。大力开展“广普查、深组建、全覆盖”集中建会行动，扎实推进企业普遍建立工会组织。截止9月30日，全省非公企业工会组建率82.7%、职工入会率70.2%。促成省政府办公厅下发了《关于进一步推进企业工资集工作的实施意见》，推动省人大将体协商《云南省企业工资集体协商条例》纳入一档立法计划，扎实推进企业普遍开展工资集体协商。三是大力发展和谐劳动关系，切实维护职工队伍和社会政治稳定。加强工会信访工作，协助政府处置了多起职工群体性上访事件，依法表达了职工的利益诉求。在部分重点行业、企业试点推广《大型企业职业卫生检查表》，开展职业病防治宣传教育。四是大力开展困难帮扶服务工作，为困难职工办实事做好事解难事。元旦春节筹集送温暖资金9519.4万元，慰问困难职工11.6万人。“七一”慰问了2000名困难老职工党员。组织276万职工参加第8期职工医疗互助活动。加强包括就业援助、法律援助、困难帮扶、生活救助、医疗民工援助行动计划”和“贷免扶补”工作，完成3万名互助在内“五位一体”帮扶中心建设。实施“千万农农民工培训任务。开展“金秋助学”和“一封家书”活动。五是深入开展党工共建创先争优活动，推动工会自身建设取得新成效。抓好党群共建创先争优示范点建设，联合省委组织部下发了《关于加强新形势下基层党建带工建工作的意见》，制定《20112015年云南省工会干部教育培训规划》，举办云南省工会领导干部清华大学研修班以及州市总工会和县级工会主席培训班，提高了广大工会干部的素质。

职工学习十七届六中全会精神座谈会

省总十届六次全委会

ABC 中国农业银行 AGRICULTURAL BANK OF CHINA 云南省分行

2011年，在总行党委和省委省政府的正确领导下，农行云南省分行积极主动融入国家新一轮西部大开发和云南省“两强一堡”发展战略，以科学发展观为指导，以“3510”发展战略目标为总纲，以提升价值创造力和可持续发展能力为核心，紧紧围绕“横向提升、纵向进位”的总体目标，突出“发展、改革、控险”主题，积极实施“发展、转型、创新、控险、强管、增效”的业务经营方针，大力加强产品与服务创新，不断深化服务“三农”工作和业务经营转型，加强企业文化建设和内部管理，积极履行社会责任，为云南经济持续健康发展和社和谐稳定提供了强力金融支持。

主要业务指标再创新高

农行云南省分行始终坚持把发展作为第一要务。截至2011年末，各项存款余额为2524亿元，比年初增加231亿元，存款存量、增量在全省四大行中分别排第1位和第2位；各项贷款余额为1687亿元,净增126亿元，贷款存量、增量在全省四大行中分别列第1位和第3位；实现中间业务收入14.4亿元,在全省四大行中排名第1位；拨备前利润居全省四大行之首；有效巩固和提升了农行的省内主流银行地位。

农行三大集中上线

农行“春天行动”启动仪式

提升“三农”金融服务水平

继续实施县域“蓝海”市场发展战略，确定“抓两头、带中间”的县域业务发展思路，完善“三农”金融事业部制，切实加大对“三农”和县域的信贷投入，不断提升对“三农”的金融服务水平。一是在信贷规模偏紧的形势下，立足县域特色产业和小微企业融资需求，积极调整优化信贷结构，重点保障对其资金支持，有力促进农村社会经济的发展。农业产业化贷款、农村城镇化建设贷款、县域中小企业贷款、农村基础设施建设贷款共增加71.4亿元；累计发放支持春耕生产贷款26.2亿元；林权抵押贷款余额达13.5亿元，被省政府授予“云南省‘十一五’森林建设先进集体”；国定、省定扶贫县贷款增加49.7亿元受到社会各界好评。二是以惠农卡和农户贷款为抓手，做好强农惠农富农工作。截至年末，累计发放惠农卡250万张，农户覆盖率达28%；农户贷款余额达44.6亿元，贷款户数为14.3万户。三是积极开展新农保、新农合代理工作。新农保、新农合当年共归集资金 12.5亿元。四是大力推进农村支付服务环境建设，使广大农村群众体验到了安全、便捷、高效的现代金融支付服务。截至年末，共建设惠农支付服务点458个，占全省惠农支付点的60.3%，实现各类交易12万余笔，金额2900余万元，分别占全省惠农支付业务交易量和交易金额的40.2%和45.8%，在省内四家参与机构中均居第一。

着力推进业务经营转

型坚持统筹兼顾，以城带乡，进一步加大对城市行的综合扶持力度，继续实施“大中小客户并举、传统和新兴业务并重”的经营方针，业务经营转型成效明显。在城市业务发展上，制定加快城市行发展指导意见，出台系列综合扶持政策，着力提升竞争能力；在客户及信贷结构优化上，重点支持省内优质大客户和大项目，择优支持中小企业和微型企业，大力发展优质个人业务。截至年末，全行新发放BBB级及以上法人客户贷款占全行新发放法人客户贷款总额的90%以上，个人贵宾客户总量达35.6万户，小企业贷款增速高于全行法人贷款增速。在业务结构优化上，借记卡、代理保险、人民币结算、投资银行、代收代付等五项主要中间业务收入在全省四大行的市场份额均排名第一，边贸结算量市场份额连续16年稳居同业首位。在产品创新上，云南省交警罚没款代收系统、住房公积金金穗卡、公务卡报账还款系统、企业网银收费程序等18个项目已陆续研发并投入使用，使农行产品更加多元丰富。在网点转型上，坚持“硬转型”和“软转型”并重，网点改造建设全面开工，外部形象焕然一新，网点服务和营销技能导入、神秘人检查、内训师队伍建设、大堂经理培训等活动持续开展，不断提升网点服务质量和水平。

多措提高风险管控能力

农行支持水果种植获丰收

农行参加建党90周年活动

全行上下始终坚持“抓合规、控风险、促发展”的管理理念，以基础管理为抓手，多措并举夯实管理基础，不断提升内控管理水平。结合实际制定《2011年风险管理指引》、《临柜业务操作风险指引》等管理办法，深入开展合规文化建设活动、“基础管理提升年”活动、“三化三铁”单位创建活动、“学规定、强素质、做表率”和员工违反规章制度处理办法学习等一系列活动，并与企业文化深植和创先争优活动等相结合；切实加快“三大集中”推广步伐，在农行系统内率先实现运营监控平台和授权管理全网点覆盖；加强对“两高一剩”行业、房地产和政府融资平台贷款等重点领域的风险监测、评估与预警，退出潜在风险贷款，提高到期贷款现金收回率；着力强化问题整改及责任追究。全年未发生重大经济、刑事案件和事故，风险评价等级上升为A级行，内控综合评价进入一类行。

加强党建、队伍建设和企业文化建设

在党建和队伍建设上，继续在三级行深入开展创先争优活动、合规文化建设活动、领导班子和领导干部“学规定、强素质、做表率”学习教育等系列活动；深入实施省分行、二级分行党委成员党建联系点制度，加强对联系点党建工作的督导；严格党风廉政建设责任制考核，有效提升领导干部履行“一岗双责”的能力和水平；加大班子结构调整、干部交流等工作力度；开展各类培训近百期，参训员工达1.6万人次；积极组织员工参加系统内外各类考试，有效提升各专业条线员工的综合素质。在企业文化建设上，围绕建行60周年，深入推进企业文化核心理念宣贯和深植工作，让广大员工对农行使命、愿景、核心价值观认知认同、入脑入心和自觉执行。

中国面向西南开放桥头堡的黄金口岸

德宏傣族景颇族自治州

在祖国西南边陲，有一个美丽的地方，她的名字叫“德宏”。

“德宏”，系傣语，意为怒江下游之地。德宏傣族景颇族自治州地处云南西部，位于东径97° 31′ ～98° 43′、北纬23° 50′ ～25° 20′之间，全州土地面积11526平方千米，瑞丽江、大盈江国家级景区几乎囊括了德宏全境。德宏是块风水宝地，属南亚热带气候，风景如画，土地肥美，物产丰富，特别适宜人类居住，在所辖2市3县中，就拥有瑞丽、潞西两个中国优秀旅游城市。2011年，全州总人口122.5万人，其中少数民族人口60余万人（主要聚居傣、景颇、阿昌、德昂、傈僳等少数民族）。德宏南、西和西北三面与缅甸接壤，边境线长达503.8公里，曾是古代“西南丝绸之路”的出口、滇缅公路的出口，现拥有瑞丽、畹町两个国家一级口岸，盈江、章凤两个国家二级口岸，至今仍然是中国面向西南通往南亚、东南亚的黄金口岸。

2011年，德宏州全年实现生产总值172亿元，比上年增15.5%，增速居全省前列；完成外贸进出口总额13.5亿美元，完成固定资产投资总额171亿元，实现财政总收入30.9亿元，城镇居民人均可支配收入达1.52万元，农民人均纯收入达4090元，全州呈现出经济发展、社会进步、文化繁荣、民族团结、边疆安宁以及生态文明建设和党的建设全面加强的良好局面。

长势喜人的烤烟

电网安全关系千家万户

2012年3月24日，正式签字

2012年5月20日，举行签约仪式

2011年12月28日，出席仪式的领导为项目培土奠基

咖啡长势喜人

2009年7月，胡锦涛总书记在云南考察工作时提出“使云南成为我国向西南开放的重要桥头堡”。德宏处于云南对外开放的前沿，处于中国经济区、东南亚经济区、南亚经济区的交汇点，是中国陆地连接东南亚、南亚，走向印度洋的最佳结合部和最便捷通道，在融入“桥头堡”建设，扩大对外开放中最具优势。州委五届十一次全会及时提出要把德宏建设成为中国面向西南开放桥头堡的黄金口岸，继续把促进经济平稳较快发展作为首要任务，把加强基础设施建设作为重中之重，把发展特色产业作为主攻方向，全力抓住大瑞铁路、龙瑞高速公路和腾陇、潞梁二级公路等交通重点工程项目建设，大力实施“五个百亿元工程”，即以竹子、咖啡、坚果、柠檬、油菜、核桃、番麻为重点的生物特色产业工程；以大盈江四级、东方硅谷等为重点的水能电冶工程；以外贸为依托、经济合作区为平台的对外贸易工程；以“一都三城”（美丽德宏，中国玉都；瑞丽东方珠宝城；芒市黄龙玉石城；盈江翡翠毛料集散城）为重点的珠宝玉石产业工程；以休闲度假、康体养生为重点的旅游文化产业工程。

目前，德宏正面临国家深入实施西部大开发、建设中国向西南开放重要桥头堡、把瑞丽确定为重点开发开放试验区三个千载难逢的历史机遇，德宏州委、州政府将团结带领全州各族人民，在省委、省政府的坚强领导下，在国家的大力支持帮助下，以科学发展观为统领，牢牢把握发展第一要务，实施生态立州、科教兴州、产业富州、开放强州、和谐稳州五大战略，把德宏建设成为富裕开放、和谐安宁的社会主义边疆，中国面向西南开放桥头堡的黄金口岸！

丰　收

云南省出入境检验检疫局——

抢抓机遇 主动作为
努力服务桥头堡建设实现事业跨越发展

国家质检总局与云南省人民政府合作备忘录联席会议在昆明召开。
国家质检总局孙大伟副局长，云南省委常委、李江副省长出席会议并做重要讲话。

国家质检总局杨刚副局长深入到云南河口访民情、解民忧，对检验检疫工作进行调研指导。

国家质检总局孙大伟副局长考察云南检验检疫局烟草实验室情况。

2011年，云南出入境检验检疫局认真贯彻国家质检总局“抓质量、保安全、促发展、强质检”的工作方针，围绕云南“两强一堡”战略，努力在“提高六个方面有效性”上下功夫见实效，有力促进了云南外贸的快速发展，事业呈现出良好发展势头。工作成绩主要体现在四个“明显提高”上。

一是抓质量有平台，依法把关与科学监管的有效性明显提高。全局深入推进“依靠政府，联合部门、抓住企业、监管产品”的大质量工作机制建设，抓质量获得了强有力的机制保障。大质量工作机制建设深入推进，合作不断扩大和深化；合作成效显著，事业发展获得多方支持；严格执法，社会质量意识进一步增强。二是保安全有推手，风险预警与长效机制的有效性明显提高。全局通过强化风险分析，着力推动“3＋1”防线建设，疫情疫病防控长效机制基本建立。“3+1”防线建设理论和实践得到广泛认同；

云南检验检疫局与云南省科技厅签署《关于提升科技合作与交流水平合作备忘录》。云南检验检疫局范国珍局长和云南省科技厅龙江厅长代表两方签字。

云南检验检疫局与昆明市人民政府签署《关于共同提升昆明市对外开放水平合作备忘录》。云南检验检疫局范国珍局长和昆明市张祖林市长代表双方签字。

常态化防控长效机制初步形成；应急防控机制运行有力。三是促发展有作为，服务云南经济社会发展的有效性明显提高。全局积极融入云南经济社会发展战略，主动支持云南特色、优势产业发展。服务层次不断提高；政策和技术支持力度不断加大；应急处置能力不断增强；通关效率不断提高。四是强质检有举措，发挥参谋作用、推行问责制和加强自身建设的有效性明显提高。全局不断强化法治质检、科技质检、和谐质检建设，深入推行“一岗双责”责任制和绩效管理，充分发挥和调动了全局干部职工的工作积极性。法治质检建设不断强化；科技质检建设扎实推进；和谐质检建设蓬勃开展。

2012年1月11日，云南省顾朝曦副省长在听取云南出入境检验检疫局工作汇报时，对全2011年的工作给予了“成绩显著、功不可没”的高度评价，提出了“要在‘保重点、树样板’方面下功夫，要高度重视人才的培养和使用，要把总结工作经验和借鉴工作方法结合好，在新的一年取得新的更大的成绩”的要求。作为质量工作的管理者，云南出入境检验检疫局将充分发挥检验检疫职能作用，深入贯彻落实全国质检工作会议、云南省第九次党代会和“两会”精神，以“抓质量、保安全、促发展、强质检”十二字方针为主题，以在服务云南桥头堡建设进程中同步推进检验检疫事业向前发展为主线，坚持“在提高六个方面有效性上下功夫见实效”的工作思路，大力推进法治质检、科技质检、和谐质检建设，为云南经济社会实现科学发展、和谐发展、跨越发展做出积极的贡献，以优异的成绩迎接党的十八大的胜利召开。

云南出入境检验检疫局党组书记、局长范国珍。

云南检验检疫局、云南省工商局和云南省食品药品监督管理局，联合共同开展打击假冒侵权进口酒类产品和进口餐料的专项执法检查行动。

检验检疫人员将日常工作与“为民服务 创先争优”活动紧密结合。

强基 提速 跨越

保山市“十一五”成就辉煌

云南省委书记、省人大常委会主任秦光荣
视察嘉华水泥厂（新建平摄）

保山市委书记李正阳
率队调研施甸烤烟产业发展情况

“十一五”以来，面对全球金融危机和持续干旱等各种自然灾害的影响，保山全市上下深入贯彻落实科学发展观，抢抓桥头堡建设和西部大开发机遇，为实现经济跨越发展、开创社会和谐新局面而不懈努力。六年来，经济社会发展成就辉煌，成为改革以来发展最快的时期，为开创科学发展、和谐发展、跨越发展新局面打下了坚实的基础。

经济发展跃上新水平

坚持调整产业结构与促进经济增长相结合，努力壮大经济实力，实现了增长提速、结构优化、效益提高三个同步。生产总值、全社会固定资产投资、工业总产值、财政收支、金融存贷款余额等11个主要经济指标翻一番以上。与2005年相比，全市生产总值从117.9亿元增到319亿元，年均增13.2%，比“十五”期间快4个百分点，高于全省1.3个百分点。人均生产总值从4954元增加到12600元。全社会固定资产投资从60.2亿元增加到266亿元，年均增28.3%。社会消费品零售总额从36亿元增加到101亿元，年均增18.8%。财政总收入从12.3亿元增加到47.4亿元，年均增25.2%，其中，一般预算收入从6.5亿元增加到28.2亿元，年均增27.6%；财政总支出从24.7亿元增加到119.7亿元，年均增30%，其中一般预算支出从22.8亿元增加到106.4亿元，年均增29.4%。金融机构存贷款余额分别从亿元和103.7亿元增加到422亿元和271亿元，年均分别增23.9%和18%。三次产业结构由36.4:24.2:39.4调整为30:33.1:36.9，二产比重上升8.9个百分点。重点产业培育成效显著。粮食总产连续8年增长，人均占有粮食连续6年位列全省第一。“两烟”和畜牧业成为农业主导产业，核桃、红花油茶、茶叶、蚕桑、咖啡、石斛产业发展力度加大。烤烟收购量从77.5万担增加到137万担，跨入全省重点骨干烟区行列；收购香料烟27.2万担，继续保持了全国最大生产基地的地位。保山猪、腾冲槟榔江奶水牛、龙陵黄山羊入选“云南六大名畜”。工业园区建设已见成效，电矿一体化有力推进，初步形成以电力、冶金、建材及农产品加工为骨干的产业发展格局，工业经济发展明显加快，主导地位日渐显现。工业总产值从46.6亿元增加到223亿元，增2.8倍，年均增24.8%。旅游文化产业快速发展，腾冲成为全省旅游新兴热点亮点地区，黄龙玉进入国家珠宝玉石名录，龙陵黄龙玉雕成功注册地理标志证明商标。柏联和顺公司成为西部省份唯一的全国十大最具影响力文化产业示范基地。

基础设施条件得到新改善

交通建设取得历史性突破，腾冲机场建成通航，保山成为全国拥有2个民用机场的极少数州市之一；有9条二级公路建成通车，保腾高速公路和大瑞铁路大保段开工建设，全市公路通车里程达12254公里，新增2318公里。水电开发成就辉煌，电网建设明显加强，全市水电装机容量达140万千瓦，累计增加101.5万千瓦。农田水利基础设施建设力度加大，建成2座中型水库，新开工4座中型水库，完成了4座中型和110座小型病险水库除险加固和“五小水利”工程，新增库容2.6亿立方米，新增有效灌溉面积25万亩，解决了61万农村人口饮水安全问题。城镇规划建设管理进一步加强，建成区面积扩大15.7平方公里，累计达60平方公里，城镇化率31.7%，比“十五”末提高9.9个百分点。

改革开放取得新突破

不断深化重点领域各项改革，集体林权制度主体改革全省优秀表彰，腾冲获全国林改先进百县表彰。桥头堡建设正式启动实施，猴桥边境经济合作区规划建设等43个重大项目的相关工作相继展开。腾冲至缅甸密支那和板瓦两条二级公路建成通车，猴桥口岸联检设施建设项目开工建设，缅甸甘拜地口岸实现对等开放，与密支那缔结为友好城市。招商引资成绩斐然，云南煤化、云天化、云冶、昆钢等省属大型企业相继入驻保山，引进了海螺、雨润等17家国内500强企业及世纪金源、路华、茂华、鼎基、凯达、雅居乐等一批著名民营企业，累计引进市外到位资金由“十五”期间的36亿元增加到364亿元，增9.1倍，实际利用外资由860万美元增加到1.46亿美元，增15.9倍。

生态文明建设迈出新步伐

累计造林355万亩，森林覆盖率达61.9%，比“十五”末提高5.8个百分点，被评为全省唯一的“绿化模范市”，腾冲获“全国绿化模范单位”殊荣。切实加强生物多样性保护和生态文明建设，深入贯彻《丽江宣言》，认真落实《腾冲纲领》，全面推进生态市创建工程，建成全国生态乡镇1个、省级生态乡镇23个。资源环境保护进一步加强，生态环境稳步改善。

生活水平实现新提高

全市财政累计投入民生领域资金241亿元，占一般预算支出的66.5%。城镇居民人均可支配收入从9040元增加到16222元，增79%，年均增10.2%；农

工业上山，产业集聚水长工业园区前景

民人均纯收入从1879元增加到4439元，增1.4倍，年均增15.4%。人民群众的住房、通信、家电、小汽车等消费显著增长。

社会事业取得新进步

实施“创新型保山”行动计划，全民科技意识和创新能力逐步增强。教育基础设施建设成绩卓著，排除中小学危房74万平方米、新建85万平方米；城乡免费义务教育全面实施，“两基”通过国家验收；高中毛入学率达58%，比2005年提高19.3个百分点，高考上线率达97.8%，比2005年提高35.5个百分点；保山师专和卫校分别升格为本科学院和专科学校。《杨善洲》、《中国远征军》、《滇西1944》等一批保山题材的影视剧赢得广泛赞誉，提高了保山知名度。成功承办了省第六届城运会，举办两届市运会，群众性体育活动和竞技体育健康发展。

展望未来，保山将深入贯彻落实党的十八大、省第九次党代会和市第三次党代会精神，以桥头堡建设为契机，立志赶超、奋力跨越，强势突破、乘势而上，着力推进农业产业化、新型工业化、特色城镇化和旅游国际化，加强区域经济协调发展、加强项目投资和基础设施建设、加强改革开放、加强生态文明建设和改善民生、加强民主法制建设，全力推进科学发展、和谐发展、跨越发展。到“十二五”末把保山基本建成全省重要的清洁载能产业基地、优势生物资源基地、进出口加工和商贸物流基地、国际休闲度假健康旅游目的地、滇西边境经济社会发展中心和中国走向南亚第一市，成为桥头堡建设排头兵。

电影《杨善洲》于2011年5月1日在施甸开机（陈世装摄）

2011年12月18日，保山义乌国际商贸城”奠基仪式。

云南省农村信用社联合社

古城区联社为古城区捐赠10个信合书屋共计10万册图书

自1952年云南首家农村信用社成立至今，云南省农村信用社已经走过60年的风雨历程。从最初的农村合作组织，到并入人民公社，农村信用社发展经历严重挫折。从1980年农村信用社交由农业银行管理，到1996年先后由人民银行和银监局实施金融监管和行业管理，农村信用社重新走上了艰苦的改革之路。

起伏的命运没有阻挡农村信用社改革前进的步伐，2003年，国务院进行深化农村信用社改革试点，决定将农村信用社交由省政府管理，并成立省级联社具体管理农村信用社。

农信社支持的农业产业化养鸡场

2005年3月28日，云南省农村信用社联合社（以下简称省联社）正式成立，辖16个州市办事处（2个市联社）、125个县级联社，4个县级农合行，2413个营业网点，2.15万名员工。省联社成立7年多来，认真履行管理、协调、服务、指导职能，带领全省农村信用社按照“立足‘三农’，服务城乡，支持中小企业，促进地方经济社会健康发展”的市场定位，通过实施“金农网工程”、“双基本工程”、“服务创优工程”，深入推行“三项制度改革”，全省农村信用社改革和发展实现了质的飞跃：掀开了云南省农村信用社改革发展的崭新篇章，农村信用社走上改革发展的快车道。从“各自为政”到“大兵团作战”，从粗放管理到规范管理、合规经营，从案件高发到发案率为零，从亏损严重到社社盈余，从手工记帐到“网上银行”，从存款550亿到3000亿，全省规模第一……

农信社支持的现代农业

怒江州贡山县独龙族群众来到信用社贷款准备种植草果和养猪。

六年来，省联社领导班子和全省农村信用社两万一千多名干部员工，肩负着省委、省政府的重托，凭执着的信念和顽强的意志，以改革为动力，以科技为支持，以创新求发展，以管理防风险，以服务塑形象，打破了阻碍发展的一个个“瓶颈”，在各级、各地党委、政府、社会各界和农民心中树起了“农村金融主力军”的丰碑，云南省农村信用社完成了凤凰涅槃的浴火重生。

截止2011年11月末，全省农村信用社（含农村合作银行，下同）资产总额3778.53亿元，为改革前的4.31倍;存款余额3050.05亿元，贷款余额1935.73亿元，分别为2004年改革前的5.53倍和5.05倍,存贷款规模跃居全省金融机构第一位，居西部农信社第二位。2011年1-10月，实现财务收入157亿元，净利润31.8亿,为改革前的79.5倍；不良贷款占比3.54%，自2006年净下降66.7亿元；财务收入同比增48.98%;利润同比增40.05%,净利润同比增33.33%。；股本金75.2亿元；资本充足率达到12.55%；拨备覆盖率221.7%，其中，贷款损失准备充足率达286.61%，抗风险能力大幅增强，各项综合指标列全国农信系统第十一位；与烟草、移民等优势支柱产业签订战略合作协议，支持国家重点建设项目，大幅提升了农信社形象。129个县实现县县盈利，历年亏损挂帐9.53亿元全部消化完毕;股本金68.4亿元,资本充足率达到10.36%，拨备覆盖率190.61%,其中，贷款损失准备充足率达251.96%，抗风险能力大幅增强，各项综合指标排列全国农信系统第十一位……成绩的取得，是云南省委、省政府正确领导的结果，是省金融办、财政、人行、银监、各级地方党委政府及有关部门大力关心、支持和帮助的结果，也是全省二万一千名信合员工开拓进取、努力工作的结果。

2011年11月，为表彰农村信用社为地方经济发展做出的贡献，省委书记秦光荣、省长李纪恒为云南省农村信用社存款率先突破3000亿元专门致信祝贺，省委省政府在召开高规格大会庆祝表彰。2011年农信社先后获得支农先进集体、支农先进个人、最佳农户金融产品创新、最佳微型创业金融产品创新、最佳农村金融服务银行、服务三农突出贡献奖、服务中小企业创新大奖等10多个国家级、省级荣誉，农信社的创新、服务得到社会各界的广泛认可。

云南农信社贷免扶补小额创业贷款被中国银监会、中国银行业协会评为最佳微型创业金融产品创新奖（十个）

云南农信社金碧惠农卡被中国银监会、中国银行业协会评为最佳农户金融产品创新奖

自助银行开到农村方便了广大人民群众的生活

回望过去的六年，是全省农村信用社开辟崭新历史的六年，通过艰苦努力和奋勇的拼搏，我们创造了无愧于时代，无愧于历史的辉煌业绩。

但是，我们也清醒地认识到：世代生活在红土高原上的边疆各族群众脱贫致富的任务依然十分艰巨，农村金融的改革发展之路依然任重道远，与建设现代商业银行的标准相比，农村信用社的发展依然存在不少困难。

为了把云南省农信社建成真正的“现代金融企业”，云南省农村信用社将以科学发展观为指导，坚持“立足‘三农’，服务城乡，支持中小企业，促进地方经济社会发展”的市场定位，根据“三农”和地方经济发展的多样化服务需求，努力加大产品和服务创新力度，扎扎实实打基础、深化改革建机制、加强管理促规范、完善内控降风险、审慎经营提质量、创新开拓提效益、突出重点抓支农、以人为本谋发展，推动农村信用社实现科学发展、和谐发展和跨越发展，为支持我省“三农”和建设面向西南开放桥头堡建设再立新功！

社会责任

双江农村信用社投入信贷资金，大力支持忙乐村布朗族群众建成生态文明村

省委、省政府在昆明召开庆祝云南省农村信用社存款突破3000亿元庆祝大会

云南物流产业集团有限公司

云南物流产业集团（以下简称“集团”）是2006年1月经云南省政府批准，依托原云南物资集团整合部分国有流通企业组建的省属大型综合性物流集团，是云南省国资委监管的17户省属大型企业之一，是云南省商贸物流龙头骨干企业。集团拥有全资和控股子企业19户，截至2012年2月，集团资产总额84.57亿元，所有者权益21.39亿元。

集团秉承“发展物流、服务社会、创造价值”的企业理念，着力打造“立足云南、连接全国、服务泛珠、面向东盟”的现代物流服务网络，已成功构建20业物流平台和13络信息平台，经营网点达到172个，辐射云南省内16个州市和全国12个大中城市。集团拥有经营场所面积178万平方米，铁路专用线16条，总长5600米。

“十一五”期间，集团坚持“物流+贸易+资本运作”的运营模式，经营业务发展迅猛，省外入省的钢材物流总量占全省的70%；摩配交易及物流市场份额占全省的50%；二手车交易量占全省30%的市场份额；白糖交易量占全省25%的市场份额；标准砂经营占全省100%的市场份额；回收报废车业务占昆明市52%的市场份额；长安品牌微型车销售占昆明市50%的市场份额；家电物流配送占昆明地区1／3的市场份额；物流金融业务占昆明市场份额的60%以上。

集团积极推进13大物流项目建设，规划用地面积5570亩，总投资超过100亿元，预计可拉动全省物流总额2000亿元。目前已有2项目列入国家物流业调整振兴规划国债贴息项目，有1项目列入国家“十二五”科技支撑计划，有7项目列入云南省“三个一百”重点新建、在建、拟建项目。

云南物流产业集团总部

2011年集团实现营业收入110亿元，同比增长46%，成为我省首家营业收入超百亿元的商贸物流企业集团；实现物流总额373亿元，同比增长21%；实现利税总额1.67亿元，同比增长18%。20062011年，集团连续六年跻身中国服务业企业500强，6年间提升了198位；列全国物流、仓储、运输、配送服务业50强第10位；列云南省100强企业第17位。

“十二五”期间，集团将紧紧围绕“1654”发展规划，即：以昆明为中心；打通广西出海，瑞丽、磨憨、河口出境，昭通、曲靖连接国内的六条物流通道；做强“商贸流通、物流服务、物流金融、信息服务、资产经营”五大核心业务板块；实现“商流、物流、资金流、信息流”四流融合。力争到2015年进入中国企业500强、中国服务业企业百强和云南省企业十强。

第八届中国国际物流节上，十届人大常委会副委员长成思危参观云南物流产业集团展位

5月6日集团参加第八届中国国际物流节

2011年是中国邮政储蓄银行云南省分行（简称“邮储银行云南省分行”）夯实基础，锐意改革，实现盈利的关键一年。在总行、云南银监局和人行昆明中支行的领导和帮助下，邮储银行云南省分行以科学发展为主题，以加快转变发展方式为主线，以提升经营效益为核心，以强化风险管理为保障，以提升效益管理为支撑，以提高员工素质为根本，以“错位经营、特色发展”为重点，深入推进“一加强、二加快、三调整”工作，积极开展各项管理和经营发展工作。经过全体员工的共同努力，经营业绩大幅提高，各项业务工作快速稳步发展。截至年末，实现银行自营收入51764万元，同比增长38.4 %，（其中，个人业务完成18142.01万元，同比增长17.15%；公司业务完成12369.39万元，同比增长3.3 %；信贷业务完成20114万元，同比增长72.08%）。实现利润1882万元，同比增长205.52%，完成年计划的125.47%。全省邮政储蓄余额406.49亿元，其中自营网点储蓄余额81.74亿元，邮政网点储蓄余额324.75亿元。

信贷业务

2011年信贷业务迅猛发展,信贷资产规模增长迅速。倡导健康、稳健、合规的信贷文化，加强人员队伍和机构能力建设，以信贷技术为核心，重点发展优质、高效客户。截至年末，全行授信业务余额突破50亿大关，达到542984.8万元。其中，零售信贷余额达到419675.56万元，比上年增加200144.35万元，同比增长91.17 %；公司信贷余额72000万元，实现自营性公司信贷的突破。全年实现信贷业务收入20114万元，完成预算目标的114.94%，比上年增收8425万元，同比增长72.08%。其中，零售贷款业务收入16685万元，比上年增收7218.37万元，增长75.63 %。信贷业务收入占全行业务收入的39.73%，比上年提高13.95个百分点，成为全行第一大收入业务。调整信贷结构，合理分配信贷规模，优先支持零售信贷业务，确保了小额贷款、小企业贷款的发展。重点发展“两小一商”，有力支持了农户、商户、小微企业和部分支柱行业企业的生产经营需求。至年末，小额贷款结余104547.03万元，较年初增长1倍，占全部贷款的21.26 %；小企业贷款取得突破性增长，结余占比10.67 %。认真梳理全行业务及产品流程，深化“业务行为规范年”活动，提高全行经营行为规范性。资产质量控制较好，新发放贷款总体质量优良。

公司业务

2011年，邮储银行云南省分行进一步拓宽公司业务营销领域，加大营销力度，创新业务推进方式，强化经营管理和基础管理工作。依托遍布城乡的邮政金融服务网络，将公司业务与储蓄、理财、结算、代收付、小额信贷等业务统一整合营销，结合POS、商易通等金融机具的布放，为公司客户提供“一揽子”的金融服务解决方案。继续做好烟草、中石化、邮政、物流等大型客户的资金归集和客户维护工作，公司业务市场不断拓展，重点项目营销取得实质性进展。为客户提供各类新型公司业务服务，在全省推广票据直贴业务，全年共完成票据转贴现业务 126笔，交易金额 254.08亿元，实现转贴现业务利润3346.29万元。组织开展了“云南省分行2011年公司业务排名活动”、“云南省分行公司业务网点余额上台阶”、“低效网点整治”等多项活动，对收入完成情况排名后三位的州市进行约见谈话，为公司业务发展提供了有力支撑。截至年末，全省共开立公司业务账户5939户，日均存款余额49.15亿元，较2010年增加15.56亿元，同比增长97.31%；年末时点余额40.81亿元。1-12月实现业务收入12369.39万元，其中，公司存款实现收入8181.42万元，票据业务实现收入4187.97万元，完成全年计划的117.80%。公司业务账户较2010年末增长69.78%。

个人业务

按照“错位经营、特色化发展”的战略转型发展要求，从“整合优势资源、错位经营、实现特色化的发展模式”入手，全面提高个人金融业务盈利能力，全面提升银行网点营运效益。以支付结算品牌的打造，创新卡业务的发展；以理财业务的发展调整业务结构、客户结构和收入结构；以信用卡业务的发展带动个人金融资产业务的发展；以电子银行等电子化手段，完善客户服务渠道，使客户体验全新的服务方式，全面提升我行个人金融业务的市场竞争能力。突出抓好结算、理财、银行卡及电子银行等重点业务，推动个人金融业务发展方式的转变。加快推进示范网点建设工作，以示范网点经营转型促进网点经营转型。2011年在全省建成4个总行示范点，17个省行示范点、26个州市行示范点，并引入了文明单位逐级创建的理念，形成“层级晋升”机制，逐步使支行经营管理实现全面转型，全面提升支行的服务能力。截至年末，全省储蓄余额规模406.49亿元。其中，自营网点余额81.74亿元；邮政网点余额324.75亿元。储蓄存款活期比重47.29%，其中银行网点活期比重58.56%，较年初提高了9.89个百分点。卡业务。借记卡发卡116.83万张，其中自营网点29.64万张。绿卡通发卡14.57万张，其中，自营网点7.19万张。商易通客户6151户。理财类业务：全省累计销售599366.81万元，同比增长157%；银行网点销售448079.25万元，同比增长117.45%，银行销量占全省的74.75%。

风险管理

开展了大风险管理框架体系和运行机制建设工作，搭建了一个全面整合风险管理资源的平台，将全行的风险控制能力从点到面，从单一走向系统，确保全面风险管理工作落实到基层。把审计、风险、纪检、监察、党群、工会几个部门整合在一起形成合力，形成大风险的管理模式，使一、二、三道防线相互有机结合起来，建立有协调、有交流、有沟通、有监督、有检查的风险管理运行机制，提升了风险管理能力。认真开展风险经理派驻制的推广工作，实施风险联络员制度，在每个支行配备了专职或兼职的风险联络员，加强对风险联络员的管理、培训和考核。建立了条与条之间整合的联席会议制度，把审计、风险一道防线业务部门在条条上整合起来，进一步加强三道防线队伍建设，增强履职能力。落实机构的风险评级、风险管理培训、风险管理考核三项制度，实现风险管理“横向到边、纵向到底”，打牢二级支行的风险管理基础，提升了其经营发展和内控管理能力。明确二级分行各部门、一级支行及网点负责人风险管理责任，实行风险管理责任制双线报告、双线考核，条块结合、督促各业务条线建立业务制度执行及风险环节监测定期自评估机制，实现了制度管人、流程管事，全面提升风险管控能力。

内控建设

对全省金融业务内控风险进行了梳理、检查和规范，在全省范围内组织开展了“邮储基层网点重点风险排查活动”。对大理、丽江、楚雄、昭通四家分行进行了零售信贷业务现场专项审计工作。对辖内所有机构综合执法情况及执行中国人民银行政策情况开展了自查、自评、自纠工作。开展“内控和案防制度执行年”活动、加大邮储网点和安防设施更新改造力度，开展储蓄非实名账户相关风险排查等各类检查评价工作。重点对信贷业务、公司业务、个人理财、信用卡业务进行检查。开展对市县分支机构主要负责人的经济责任审计、邮政储蓄银行各类业务和会计的内控评价工作、银行机构各层级风险管控履职评价和风险评级工作；加大对风险程度较高和增收不增效的基层网点及管理机构检查的频次和力度；深入开展案件风险排查，做好案件专项治理工作。开展信贷业务、公司业务、个人业务、反洗钱以及邮储网点经济效益专项审计活动。对财务预算、成本效益、人均创利水平、信贷贡献率、公司业务和个人理财、信用卡业务收益率进行审计调查；对人工成本、业务营销费用管理、使用的合理性、合规性及效益性进行审计监督和评价，开展人工成本审计调查和业务营销费用审计调查。认真开展了邮政金融机构安全评估等工作，深入排查安全隐患，进一步解决部分网点基础设施薄弱的问题。强化案件防控工作，加强员工合规意识教育，提高柜员风险防范意识，严格执行各项规章制度。建立健全网点风险管理考核激励机制，加强全员安全教育培训工作，开展安防、消防知识、法律法规教育，增强营业场所人员安全防范意识，根据营业场所实际情况，完善应急预案和演练，有效提高应对和处置各类突发事件的能力。

十年登峰再启程

关注成长每一天

学大教育”创立于2001年9月，一直以来专注于利用优质的教育资源和先进的信息技术，服务于中国教育服务领域，是目前国内个性化教育的领导者，总部设在北京，已在60多个城市开设了近300所个性化学习中心，在全国拥有16000多名员工，其中专职教师占8000余人。

昆明学大分公司成立于2008年6月16日，成立之初建立了新迎和环西路两个校区，至2011年底，昆明学大分公司已经把经营规模扩大到了环西路、国贸、小花园、北市区、玉溪和曲靖共六个校区，在职教师及行政管理人员合计360多人，在读学生合计达1400多人。2011年的中高考，学大昆明分公司共有1400余名学生参加考试，最终取得了87%的上线和录取率，其中上线人数为：环西路校区439人、小花园校区315人、国贸校区193人、玉溪校区174人、国贸校区281人，北市区校区第一次参加中高考即取得75人上线录取的可喜成绩。环西路校区一名考生最终以637分（理工）的优异成绩最后被天津南开大学录取，小花园校区一名女生以618分（文史）的优异成绩考取了清华大学。

学大教育在业内率先推出“个性化”创新教育理念，推出一个学生一个教学团队、一个学生定制一套教学计划的因材施教模式，最大程度地尊重和关注学生的个性差异，通过对学生的全程个性化服务流程，为学生定制个性的辅导内容。包括：校内各科目个性化1对1同步辅导，6对1服务模式，面向基础知识薄弱的考生提供的个性化委托辅导，考试串讲与模考，暑假的预科课程辅导，优等生单科或全科强化，小升初培优等。通过授课、陪读、答疑3种辅导方式，获得知识、能力、习惯3种提升结果的“133”提升计划。

学大除了在教学方面精益求精，孜孜以求之外，更把奉献爱心、回报社会作为提升自身品牌价值和

学大教育昆明分公司总经理楚斌

精神高度作为一种神圣的使命。学大一直坚信，把参与爱心公益事业当做企业的责任和光荣。

1、四川灾区教育重建，学大教育呼吁爱心接力

学大教育作为国内课外辅导的第一品牌，一直关注公益事业：地震第二天就宣布捐资百万用于灾区希望工程，并号召员工捐款达十几万元；学大老师第一时间身赴灾区一线参与抗震救灾工作；组织抗震救灾义演、捐募图书文具、搭建帐篷学校，还为来京的灾区孩子暑期义教等。

2、2010年3月23日，学大教育向革命老区赠送书籍

学大教育个性化学习中心以及媒体记者一行专程驱车来到平山县回舍中学，向该校的初高中同学现场赠送了上千本《赢在中高考》书。

3、学大携手《开心词典》特别公益实现山区孩子世博梦

2010年7月，学大教育组织并由《开心词典》主持人王小丫带领山区孩子们游览世博园的公益活动，和王小丫一起游世博的十个贫困孩子均来自玉树、汶川地震灾区以及西南干旱山区等地。他们有地震发生时仍十分坚强并给救援人员做翻译，帮助大家自救的普措求让；云南大理积极倡导节约用水和抗旱保教的赵雅……

前进中的云南省传染病专科医院/云南省艾滋病关爱中心/云南省心理卫生中心

云南省委书记、省人大常委会主任秦光荣慰问医务人员

云南省传染病专科医院/云南省艾滋病关爱中心/心理卫生中心是国家发改委、卫生部、云南省人民政府为加强传染病、艾滋病和精神病防治而新建的公共卫生事业单位，是全国首家艾滋病关爱中心。医院集治疗、培训、科研、技术指导、国际交流和心理关怀为一体，主要对艾滋病、传染病、精神病人进行诊治。医院是卫生部和云南省艾滋病临床培训基地，目前集中了全省最优秀的艾滋病诊疗专家近30余人，云南省艾滋病临床治疗专家指导委员会挂靠在我院。

医院位于昆明安宁市郊，占地面积260亩，建筑总面积约45000平方米，门诊部位于昆明市西山区人民西路839号，目前正在筹备建设新的心理卫生门诊住院楼。医院现设置病床700张（传染病、艾滋病病床各200张，心理卫生中心病床300张）。医院拥有病毒学、免疫学检测及艾滋病耐药毒株检测的国际先进设备，拥有彩色多谱勒超声波诊断仪，多层螺旋CT及数字化X光机等多种先进大型医疗设备。

作为全省危重艾滋病机会性感染患者诊治中心，医院从2009年9月建立感染科，到2011年底，已累计收住艾滋病重症机会性感染病人3895人次，住院患者救治成功率达到93%以上，而治疗费用远远低于全国同类行业的平均水平，是目前全国最大的艾滋病临床治疗点。同时医院还开设了艾滋病抗病毒定点门诊及综合门诊。截止2011年底，抗病毒门诊累计抗病毒治疗人数2681人，在治人数2244人。门诊部还24小时提供艾滋病咨询和治疗指导服务，累计接待咨询（包括电话咨询）16000多人次。

在科研方面，依托专业优势，医院承担的《美沙酮联合艾滋病抗病毒药物治疗的临床研究》等系列课题，填补了国内研究空白。尤其是与美国著名科学家何大一教授合作的《云南省HIV-1阳性孕妇抗病毒治疗和预防HIV-1母婴传播研究项目》，将国际上目前最先进的对HIV-1阳性孕妇综合干预的服务理念和方法与技术引进中国。6年来，项目取得了显著成绩，进入项目的456名婴儿，453名HIV检测结果为阴性，3名为阳性，经过死亡和失访校正，婴儿的阳性率仅为1.31%，达到了发达国家实施HIV母婴阻断的效果。

医院承担了全省艾滋病抗病毒治疗基本信息的管理，免费抗病毒药品和CD4检测试剂的分发，担负着全省艾滋病人治疗期间CD4检测的管理和指导，承担了全省免费抗病毒治疗病人的病毒载量检测，病人减免经费及医疗单位工作经费的管理等任务，使国家“四免一关怀”的政策得到了认真落实。医院作为全省医疗救治体系的重要组成部分，在做好艾滋病临床治疗工作的同时，努力推进以肝病、结核病为主的传染病防治工作，使艾滋病、传染病、精神病临床治疗业务协调发展。在甲型H1N1流感防控工作中，作为卫生厅指定的收治甲型H1N1流感病人的省级定点医院，全院干部职工按照省委、省政府和卫生厅关于甲型H1N1流感防控工作的具体部署，迅速行动，强化落实，组成了由内科、传染科、中医等方面专业30多人组成的医疗救治专家组，积极做好医学隔离观察人员和患者的医疗救治工作。从2009年5月3日至12月31日，已先后累计收治愈云南省137例甲型H1N1流感确诊病例，累计接收医学观察人员95批，共147例。通过医院专家组的努力，为我省在中医药治疗甲型H1N1流感方面积累了宝贵的经验。

几年来，通过全院干部职工的共同努力，各项工作取得了较好的成绩，医院先后被卫生部、国家中医药管理局授予“全国医药卫生系统先进集体”连续两次被云南省委、省政府授予“防治艾滋病三年人民战争先进集体”，连续三年被中国疾病预防控制中心授予“艾滋病抗病毒治疗工作质量奖”；连续三年被云南省卫生厅授予“云南省艾滋病抗病毒治疗工作质量奖和管理奖”；2011年，感染科被团中央、卫生部授予“卫生系统全国青年文明号”。

在省卫生厅党组的领导下，全院职工正朝着把医院建设成为全省传染病、艾滋病、精神病的诊疗中心，把艾滋病关爱中心建成全国艾滋病治疗的示范医院而不懈努力！

荣誉证书

授予云南省传染病专科医院（云南省艾滋病关爱中心）

全国医药卫生系统先进集体称号。

二〇一〇年一月

医院荣获“全国医药卫生系统先进集体”

云南省高级人民法院

云南省高级人民法院院长在省十一届五次人民代表大会上作《云南省高级人民法院工作报告》

大理州南涧县法院公郎法庭庭长龙进品被云南省委授予“爱民为民模范法官”

全省法院共受理各类诉讼、执行、减刑假释、国家赔偿等案件286457件，同比上升4.26%；审结266285件，同比上升5.9%；结案率为92.96%，同比上升1.44%。省高院受理8001件，审结7537件，结案率为94.2%。

努力服务经济社会发展。依法从重打击危害公共安全、故意杀人、抢劫等暴力犯罪，审结此类案件6983件9994人，重刑率为45.48%。严惩严重破坏金融秩序、危害食品安全犯罪以及盗窃、诈骗等多发性侵财犯罪，审结此类案件10068件18591人。妥善审理金座公司集资诈骗案、华西·滨湖国际生态城合同诈骗案等涉众型经济犯罪案件，努力挽回经济损失，维护社会秩序。审结毒品案件4369件6487人，重刑率达80.56%。审结国家工作人员职务犯罪案件和商业贿赂案件1418件，判处县处级以上职务犯罪28人，挽回经济损失6105.88万元。适应云南经济发展战略，出台《依法保护和促进非公有制经济发展的指导性意见》和审理知识产权、矿业权案件及非法生产销售烟草专卖品刑事案件的意见，加大惩治力度。

创新环境司法保护模式。在昆明、玉溪、曲靖设立11个环保审判庭，集中审理环境保护案件214件。成功审结云南省首例环境公益诉讼案。与中华环保联合会联合主办“首届环境司法论坛”，探索环境司法保护经验和做法。依法审理股权转让、企业兼并、破产、公司清算案件299件，促使高耗能企业有序退出市场。审结各类金融、租赁、投资、商贸、物流等民商事案件129194件，妥善化解涉及122.9亿元利益的纠纷。

全力支持桥头堡战略实施。邀请最高法院资深法官开展涉外民商事审判业务培训，对跨境经济合作区法律问题、外经贸法律风险防范对策进行前瞻性研究。出台《进一步做好边境地区涉外民商事案件审判工作的实施办法》，积极推进跨境司法交流合作。实施援助老挝法院项目，加强与缅甸、老挝、越南省际间法院的司法协作，为提升对外开放水平提供司法保障。

努力提升服务质量。全省法院新建10785平方米诉讼服务大厅，实现立案由单一诉讼审查到全方位诉讼服务的功能转变，畅通人民群众与法院沟通交流的渠道，保障当事人的知情权和监督权。共处理来信16119件次，接待来访75025人次，减免缓诉讼费1034.06万元。

推动涉诉特困人员救助立法。《云南省涉诉特困人员救助条例》正式提交云南省人大常委会审议。在全国率先建立司法救助与社会保障救助相结合的长效机制，走出一条通过司法和立法推动社会管理创新之路。全年共发放救助金1462万元，纳入低保167人，纳入医保299人，加上其他社会救助方式，共有2710人从中受益。

创新“大调解”工作机制。全省民事一审案件调解撤诉率59.38%，服判息诉率87.36%，与去年同期相比分别上升2.05%和1.99%，民事上诉、再审案件分别下降9.8%、15.45%。加大刑事自诉案件、轻微刑事案件、刑事附带民事诉讼案件的调解力度，调解此类案件481件，化解当事人对抗情绪，努力实现“案结事了人和”。

努力破解执行难题。完善执行联动威慑机制，与23家驻滇银行业金融机构签订《云南银行业金融机构协助人民法院查询公约》，查询银行账户余额23121件次，通过工商、土地、房屋、车辆等管理部门查询12950件次。开展反规避执行专项活动，限制高消费363件次，限制出入境73人次，处以刑罚21件次，执结反规避执行案件4673件。全年共执结案件47050件，执结率为89.18%，同比上升3.11%，执行到位标的金额60.97亿元，执行难问题初步得到缓解。

全面推进量刑规范化工作。制定《人民法院量刑指导意见（试行）实施细则》。对交通肇事、故意伤害、抢劫等十五种罪名确立“定性和定量分析相结合”的量刑方法，公开量刑过程和理由，以看得见的方式实现司法公正。适用量刑规范化的案件占全部刑事案件的80%。全年刑事案件上诉、抗诉率及二审改判发回重审率分别下降4.36%、0.02%、3.88%，当庭认罪率、退赔退赃率、服判息诉率明显上升。

准确把握死刑政策，统一执法尺度。准确领会刑法修正案（八）对死刑立法的新精神，准确把握中央关于“保留死刑，严格控制和慎重适用”的死刑政策。严格执行死刑案件证据必须达到排除一切合理怀疑的标准，确保把死刑案件办成经得起检验的铁案。

大力加强人民法庭规范化建设。认真执行最高法院《关于进一步加强新形势下人民法院基层基础建设的若干意见》，制定符合云南实际的人民法庭分类量化考评标准，根据管辖范围、案件数量、经济发展水平、交通状况等科学调整人民法庭布局，建立"立审执一体"的审判工作机制，提高案件当庭兑现、及时履行的比例。全年全省人民法庭审结案件的案结事了率达到74.13%。

提高基层执法办案水平。以业务技能和岗位培训为重点，开展审判业务及全省预备法官培训11期，培训人员6997人。开展办案能手、调解能手、书记员庭审技能能手、警务能手及优秀裁判文书"五项技能竞赛"。在少数民族聚居的中基层法院开展学习少数民族语言及习俗的培训，推行双语审判，切实提高法官做群众工作和解决实际问题的能力。

自觉接受监督。通过邀请视察、开展座谈、旁听庭审、体验执行、创办《监督与联络》专刊等方法，拓展代表委员了解法院工作情况的渠道。与检察机关建立联席会议、案情通报、重大疑难案件共同研讨及民事抗诉案件共同调解等制度，检察长列席同级法院审判委员会690次，讨论案件1020件，其中讨论抗诉案件426件。进一步加强人民陪审员工作，全省2067名陪审员参审案件13125件，有效发挥人民陪审员监督审判、联系群众的作用。

2011年全省法院共有115个单位、265人受到省、部级以上表彰奖励。官渡区法院、沾益县法院被授予"全国模范法院"荣誉称号，省高院刑一庭、昆明中院知识产权庭、楚雄中院民一庭等8个单位被评为"全国法院先进集体"，通海县法院、会泽县法院被列为"全国法院文化建设示范单位"，龙进品、腾冲县法院猴桥法庭李承平被授予"全国模范法官"荣誉称号，红河县法院李祝荣等6人被评为"全国法院先进个人。

法律服务深入村寨

昌宁县人民法院到田间地头办案

办案途中

文山州广南县人民法院翻山越岭下乡办案

泸水县人民法院到集市进行法律服务

省院法警苦练应急本领

云南云景林纸股份有限公司

YUNNAN YUN-JING FORESTRY & PULP MILL CO.,LTD.

云南云景林纸股份有限公司（以下简称云景公司）是云南省首次利用亚行贷款，以当地森林资源开发及木材永续利用、振兴边疆少数民族地方经济为目的，按照林纸结合模式兴建的国内第一家林纸一体化企业，是云南省“八五”至“九五”期间的重点建设项目。公司通过十余年的经营管理，探索和总结出了一条林产业实现可持续发展之路，创造了“生态有利、林农有利、企业有利”的破解“三农”难题的“云景模式”，实现了林农增收、财政增长和企业增效的有机统一，为云南省林浆纸产业发展积累了丰富的经验和打下了坚实的基础。云景公司“三针”牌纸浆为云南省名牌产品，主要产品“三针”牌漂白硫酸盐针叶木浆、桉木浆、木竹混合浆，市场前景广阔，供不应求，畅销10多个省、市。

目前，云景公司拥有员工1300余人、年产10万吨浆厂一座、100万亩原料林基地、年产9万吨煤矿一个。在正常情况下，实际纸浆产量可达11万吨/年，年可实现产值6亿元左右、上缴税费0.7亿元左右、利润上千万元，是地方经济社会发展的标志性企业，被云南省列为重点扶持的林业、农业龙头企业，成为带动地方经济社会发展和解决“三农”问题的支柱产业，是云南省发展林纸产业的基础和平台。

思茅松人工林

桉树人工林

“三针牌”纸浆

厂区全景

先进的污水处理车间

特　载

Special Editing

科学发展　和谐发展　跨越发展
为加快建设面向西南开放重要桥头堡而奋斗

——在中国共产党云南省第九次代表大会上的报告

（2011 年 11 月 25 日）

秦光荣

同志们：

中国共产党云南省第九次代表大会，是在深入实施“两强一堡”战略、全面建设小康社会关键时期召开的一次重要会议。大会的主题是：高举中国特色社会主义伟大旗帜，以邓小平理论和“三个代表”重要思想为指导，深入贯彻落实科学发展观，在新的起点上推动科学发展、和谐发展、跨越发展，为加快建设我国面向西南开放重要桥头堡而奋斗。

现在，我代表中国共产党云南省第八届委员会向大会作报告。

一、凝心聚力、克难奋进，圆满完成省第八次党代会确定的目标任务

5 年来，面对国内外复杂多变的环境和繁重的改革发展任务，在党中央的正确领导下，省委团结带领全省广大干部和各族群众，抢抓机遇、攻坚克难，有效应对国际金融危机严重冲击，战胜百年不遇特大干旱等严峻挑战，全力推动经济社会发展和党的建设，胜利完成省第八次党代会确定的目标任务。

综合经济实力大幅提升。坚持在发展中促转变、在转变中谋发展，着力打牢发展基础，培育壮大特色优势产业，实施创新型云南行动计划，产业发展协调性增强，发展条件改善。启动实施中低产田地改造、山区综合开发等重大工程，农业产业化经营水平不断提高，农业基础地位更加稳固。组织实施“双万亿”、“双百”工程和 12 个产业发展行动计划，工业带动经济发展的火车头作用更加突出。烟草税利突破千亿元，电力装机容量成倍增长，十种有色金属产量居全国前列，生物产业发展势头良好，旅游“二次创业”初显成效。信贷投放过万亿元，服务业发展迅速，对经济增长的拉动作用日益增强。现代新昆明、区域中心城市、中小城市和特色小镇建设步伐加快。综合交通骨干网络初步形成，中缅油气管道和石油炼化基地开工建设，通信保障能力快速提升。滇中引水前期工作积极推进，骨干水源工程和“五小水利”、大型灌区建设进展顺利。经过 5 年努力，主要经济指标实现翻番，预计生产总值从 3988 亿元增加到 8500 亿元，年均增长 11.9%；财政总收入从 886 亿元增加到 2230 亿元，年均增长 20.3%。

城乡居民生活水平显著提高。坚持以人为本、民生为重，全省三分之二财政资金投向民生，各族群众享有的公共服务与日俱增。预计全省城镇居民人均可支配收入从 10070 元增加到 18000 元，年均实际增长 8.7%；农民人均纯收入从 2250 元增加到 4600 元，年均实际增长 11.0%，人民生活条件明显改善。积极统筹城乡发展，扎实推进新农村建设，农村基础设施逐步完善。扶贫攻坚力度加大，贫困发生率逐年下降。重视构建和谐劳动关系，就业形势保持总体稳定。“两基”攻坚目标如期实现，各级各类教育质量和水平进一步提高。公共卫生服务体系加快完善，社会保障体系受益面日益扩大。人口计生工作不断加强，社会福利、优抚安置、老龄工作、慈善和残疾人事业健康发展。保障性安居工程建设步伐加

快。积极构建防灾减灾体系，快捷高效组织开展抗灾救灾和恢复重建，认真解决食品药品安全、征地拆迁、移民安置、安全生产等问题，各族群众合法权益和生命财产安全得到维护。

改革开放实现重大突破。坚持深化改革、扩大开放，积极谋划和推动桥头堡建设，云南在全国对外开放格局中的地位更加凸显。国际大通道建设取得新进展，口岸和通关便利化建设得到加强。招商引资取得实效，对外贸易大幅增长，"滇企出境"步伐加快。瑞丽沿边重点开发开放试验区建设正式启动，跨境贸易人民币结算试点顺利实施。国内外区域合作继续深化。重点领域和关键环节改革成效明显。农村综合改革、集体林权制度等改革深入推进。国资监管体制改革、国有企业战略重组取得积极进展，红塔、昆钢等8户大型企业进入全国500强，"央企入滇"初见成效。非公有制经济发展环境进一步改善，发展活力增强。新一轮政府机构改革顺利完成，法治、责任、阳光、效能政府建设深入推进。

民族团结进步事业蓬勃发展。坚持共同团结奋斗、共同繁荣发展，全面贯彻民族区域自治制度，千方百计加快边疆民族地区发展步伐，社会主义新型民族关系更加巩固。深入实施"兴边富民"工程，大力扶持人口较少民族、深度贫困少数民族群体，民族地区各项社会事业健康发展，主要经济指标增幅高于全省平均水平。民族团结宣传教育扎实推进，"三个离不开"思想更加深入人心。少数民族干部和人才工作力度加大。坚持依法管理宗教事务与保障信教群众基本权益相结合，宗教和顺有序局面得到巩固。认真落实促进藏区跨越式发展和长治久安的政策措施，保持了藏区和谐稳定。

民族文化强省建设成效明显。坚持推动文化大发展、大繁荣，把社会主义核心价值体系建设作为根本任务，着力推动民族文化大省向强省迈进，文化综合实力不断提升。哲学社会科学进一步发展，思想道德建设和精神文明创建活动深入推进，新闻舆论引导和媒体建设得到加强。公共文化服务体系覆盖城乡，文化惠民工程深得人心，群众文化活动更加活跃。体育事业健康发展。省级经营性文化单位实现转企改制。文艺创作持续繁荣，音乐、影视、歌舞、文学等艺术门类一批精品力作荣获国家级大奖，特色文化品牌不断涌现。文化产业增加值占地区生产总值比重位居全国前列。对外文化交流活动广泛开展。

生态文明建设步伐加快。坚持生态立省、环境优先，深入实施"七彩云南保护行动"，蓝天绿地、青山碧水的生态优势更加凸显。"森林云南"建设取得新进展，生物多样性保护范围不断扩大，森林覆盖率及固碳能力保持较高水平。"长治"、"珠治"等水土保持工程持续推进，湖泊和江河流域水污染综合防治力度加大，滇池由污染治理湖泊向生态恢复湖泊转变，其他湖泊水质保持稳定。城乡环保基础设施不断完善。循环经济试点工作全面展开，节能减排目标如期完成，环境质量进一步提高。

安定和谐的政治局面更加巩固。坚持发展社会主义民主政治、推进依法治省，齐心协力促发展的氛围更加浓厚。支持人大及其常委会依法履行职能，充分发挥人大代表的作用。社会法制化水平、依法执政能力不断增强。基层群众自治制度日益完善。支持人民政协围绕团结民主两大主题履行职能，推进政治协商、民主监督、参政议政制度化建设，政党、民族、宗教、阶层和海内外同胞关系进一步和谐，爱国统一战线巩固壮大。工青妇等人民团体的桥梁纽带作用有效发挥。群众工作和社会管理水平不断提高。"平安云南"创建活动深入开展，社会治安防控体系不断健全，毒品危害和艾滋病蔓延势头得到有效遏制，严厉打击各种违法犯罪，继续保持了边疆安宁和谐稳定。积极支持国防和军队建设，军政军民团结更加巩固。

党的建设全面加强。坚持党要管党、从严治党，为改革发展稳定提供坚强保证。深入开展学习实践科学发展观活动，积极推进学习型党组织建设，理论武装工作得到加强。组织开展解放思想大讨论和"三个一"主题实践活动，各级领导班子的凝聚力、执行力和创新力不断提高。深化干部人事制度改革，选人用人公信度稳步提升。干部教育培训取得实效，人才工作进一步加强。深入推进"云岭先锋"工程和边疆党建长廊建设，全面消除村民小组"党员空白"点，基本实现村级组织活动场所、远程教育站点、规模以上非公有制经济组织党的基层组织全覆盖。连续5年选派新农村建设指导员驻村帮扶。扎实开展创先争优活动，涌现出杨善洲等一批在全国有影响的先进典型。着力构建惩治和预防腐败体系，严格执行党风廉政建设责任制，加大巡视工作力度，查处了一批违纪违法案件，反腐倡廉建设取得新成效。

各位代表！过去的5年，是经济社会较快发

展的5年，是城乡面貌发生深刻变化的5年，是各族群众得到实惠最多的5年，是社会和谐稳定的5年。成绩来之不易，这是党中央正确领导的结果，是全省各级党组织、广大党员，各民主党派、工商联和无党派人士，驻滇解放军、武警部队官兵和全省各族人民团结拼搏的结果，是历届省委打下良好基础和老同志关心支持的结果。在此，我代表中共云南省委，向所有为云南发展作出贡献的同志们、朋友们，表示衷心的感谢和崇高的敬意！

二、坚定信心、不辱使命，奋力推进科学发展、和谐发展、跨越发展

2009年7月，胡锦涛总书记考察云南时，提出把云南建设成为我国面向西南开放重要桥头堡。今年5月，国务院出台了支持桥头堡建设的意见，把云南对外开放提升到国家战略层面，标志着云南进入一个划时代的发展阶段，站在了新的历史起点上。

从封闭走向开放，从落后走向繁荣，是云南人民千百年来的不懈追求。早在两千多年前，云南就是中国通向东南亚南亚国家的陆路门户，延绵不断的马帮商队开辟了著名的南方丝绸之路。近现代历史上，云南建成第一条国际铁路，设立第一个内陆海关，修筑了滇缅公路和中印公路，开辟了驼峰航线，铺设了中印输油管道，彰显了云南在全国的战略地位。上世纪末，云南提出并推进中国连接东南亚南亚国际大通道建设，为桥头堡建设奠定了坚实基础。历史证明，自强不息的云南各族人民从来就有敢为人先的勇气，从来就有开放包容的胸怀，从来就有奋发有为的精神。

桥头堡战略历史性地把云南推向全国对外开放的前沿。这一重大战略，是中央统筹国内国外两个大局作出的重大决策，对于打造国际陆路交通枢纽，培育西南地区重要经济增长极，推动中国—东盟自由贸易区发展，加强与印度洋周边国家的开放合作，完善中国全方位对外开放格局，维护国家能源和经济安全，意义十分重大。这一重大战略，提升了云南在全国开放格局中的重要地位，凸显了云南的区位优势，为构建第三欧亚大陆桥、开辟新的西向贸易通道提供了条件，为云南与西南乃至全国各省区市开辟了新的合作方向，拓展了更为广阔的发展空间。这一重大战略，为云南跨越发展提供了重大契机，有利于云南在更大程度上利用两种资源、两个市场，加快融入区域经济一体化和全球化；有利于吸引更多的生产要素汇集到这片充满希望的热土，加快经济发展方式转变；有利于加快民族贫困地区发展，实现各族群众共同富裕和边疆和谐稳定。这一重大战略，增强了云南跨越发展的重要动力，极大地提振各族人民加快发展的信心，激发广大干部群众团结奋斗的精神力量，释放巨大的发展潜力，成为跨越发展的强大引擎。

在重大的历史机遇面前，必须清醒地看到，当前国内外环境十分复杂，我们还面临着不少困难和挑战。一些主要经济体增速下滑，一些国家主权债务问题突出，新兴市场国家通胀压力加大，各种形式的保护主义明显增多，世界经济复苏的不稳定性不确定性上升。国内经济继续向好，但转方式任务繁重，物价高位运行，节能减排形势严峻，极端天气造成的灾害影响不可低估。就我省而言，纵向比，发展成就显著、变化令人鼓舞；横向看，各省区市你追我赶、竞相发展、差距仍然很大，到2020年与全国同步全面建成小康社会的任务十分艰巨，影响和制约我省发展的一些深层次矛盾和问题尚未得到根本解决。经济总量较小，民营经济发展不足，县域经济发展较差，贫困面大程度深，加快发展任务艰巨；产业层次较低，发展的资源环境约束凸显，城镇与乡村、山区与坝区、内地与边境以及经济与社会之间发展不平衡，转变经济发展方式任务艰巨；思想观念和体制机制障碍仍较突出，资金投入和基础设施的瓶颈制约尚未根本破除，科技和人才短板问题没有明显缓解，强化发展支撑的任务艰巨；社会利益关系日益复杂，群众诉求更加多样化，腐败现象不同程度存在，统筹兼顾各方、满足群众新期盼新要求的难度加大，防范各类突发事件的压力增大，化解各种风险、维护社会和谐稳定任务艰巨。

综合分析判断面临的形势，未来5年是云南全面建设小康社会的关键期，是加快转变经济发展方式的攻坚期，是扩大对内对外开放的黄金期，是深入实施西部大开发战略的加速推进期。立足边疆民族山区贫困四位一体的基本省情，紧扣发展不够快、不充分、不协调、不平衡的现实省情，着眼潜力巨大、特色突出、优势明显、前景广阔的发展省情，我们必须始终把科学发展观的要求同云南的具体实际紧密结合，全力推动科学发展、和谐发展、跨越发展。只有坚持科学发展这个主题，才能提升发展的全面协调可持续性；只有坚持和谐发展这个保障，才能营造安定团结的生动局面；只有坚持跨越发展这个关键，才能尽快缩小与全国发展的差距，早日实现云南人民富民强滇的美好夙愿。

今后5年全省经济社会发展的指导思想是：高举中国特色社会主义伟大旗帜，以邓小平理论和“三个代表”重要思想为指导，深入贯彻落实科学发展观，紧紧围绕建设绿色经济强省、民族文化强省和中国面向西南开放重要桥头堡战略目标，坚持科学发展、和谐发展、跨越发展，以加快转变经济发展方式为主线，以改善民生为根本，以奋力跨越为关键，解放思想、开拓创新，夯实基础、强化保障，拓展空间、壮大实力，加力提速全面建设小康社会步伐，建设开放富裕文明幸福新云南。

今后5年主要奋斗目标是：

——经济发展跃上新台阶。转方式、调结构取得显著进展，产业实力大幅增强，经济发展质量和效益明显提高，全省生产总值年均实现两位数增长，到2016年生产总值、人均生产总值、财政总收入、全社会固定资产投资比2011年翻一番以上，实现“四个翻番”。

——人民生活水平实现新提升。实现城镇居民人均可支配收入和农民人均纯收入“两个倍增”，就业更加充分，教育现代化加快推进，基本医疗卫生服务水平不断提高，社会保障体系更加健全，社会管理更加有序。

——民主法制建设迈出新步伐。社会主义民主政治建设不断加强，民族团结进步、边疆繁荣稳定示范区建设有效推进，法治云南建设进程加快，公民法制观念进一步增强，社会公平正义得到更好保障，法治和服务型政府建设成效显著。

——文化建设再创新辉煌。社会主义核心价值体系深入人心，公共文化服务体系日益完善，文化产业增加值占生产总值比重明显上升，文化软实力显著增强，各族人民的思想道德素质和科学文化素质进一步提高。

——生态文明建设取得新进展。“七彩云南保护行动”深入推进，“森林云南”建设取得重大进展，单位生产总值能耗和主要污染物排放总量控制在国家下达指标范围之内，生态安全屏障和生物多样性战略地位更加巩固，环境质量进一步改善，可持续发展能力不断增强。

——改革开放实现新突破。主要领域和关键环节改革取得明显成效，社会主义市场经济体制不断完善，对内对外开放合作步伐加快，国际大通道建设全面推进，沿边开放取得重大突破。

实现上述目标，必须做到八个坚持：

一是必须坚持立足云南、着眼全局，以宏大的气魄谋划云南改革发展。眼界绘宏图，魄力铸伟业。必须进一步解放思想，以更加宽广的胸怀、更加高远的视野、更加卓越的胆识，敢于摆脱束缚、推倒围墙、打破框框，自觉把云南发展放到全国和全球总体格局中定位，放在国家对西部大开发的总体部署中谋划，以国际视野、科学精神、战略思维认识云南、建设云南、发展云南。

二是必须坚持以跨越发展为关键，推动云南驶入发展快车道。推动云南科学发展、和谐发展、跨越发展，关键在跨越，重点在加快。没有较快的发展速度，就改变不了发展滞后的现状，解决不了前进道路上的矛盾和困难。必须坚持好字当头、快字当先，能快则快、好中求快，牢牢抓住扩大投资、消费、出口的关键环节，采取创新性举措，率先在最具潜力、最有优势、最能见效的领域实现突破，努力走出一条具有云南特点的跨越发展新路子。

三是必须坚持统筹城乡、优化布局，加快推进工业化、城镇化进程。坚持工业兴省、工业富省，坚持城镇带动、城乡联动，把城镇上山和农民进城作为推进工业化和城镇化的有效举措，在工业化、城镇化深入发展中同步推进农业现代化，加大制度创新和政策调整力度，促进公共资源在城乡之间有效配置、生产要素在城乡之间合理流动，使工业获得更多的发展资源、城市获得更广的发展空间、农村获得更大的发展扶持，努力构建城乡经济社会发展一体化新格局。

四是必须坚持以大开放促进大发展，大胆创造沿边开放新奇迹。开放是一种境界，是一种胸怀，是现代文明的显著标志。必须善于学习借鉴沿海地区敢闯敢试的开放经验，克服眼界不宽、固守本土的封闭观念，摒弃墨守成规、固步自封的狭隘思想，解决重招商轻服务的突出问题，消除制约和影响开放的体制机制障碍，着力实现大开放、促进大发展、构筑大通道、打造大基地、培育大平台、建设大窗口、维护大团结、保护大生态，为加快桥头堡建设拓展新空间、增添新活力。

五是必须坚持产业强省，发展壮大综合经济实力。云南要跨越，关键在产业。必须把发展产业作为全省经济工作的重中之重，作为转方式调结构的重要内容，积极引导生产要素向产业聚集、优惠政策向产业倾斜、人才资源向产业汇聚，加快发展特色优势产业，主动参与国际国内竞争，努力在竞争中培育产业、在竞争中提升产业，夯实云南跨越发展的坚实基础。

六是必须坚持富民优先，千方百计增进广大人民的幸福感。始终坚持以人为本、民生为重、富民为先。必须以增加城乡居民收入为核心，以解决发展不平衡为重点，以增强公共服务为突破口，以增进人民幸福为根本，逐步形成惠及各族人民、保障困难群众和低收入群体基本生活、切实改善民生的长效机制，把兴边先富民、强滇先富民、富省先富民的理念贯穿到经济社会发展的全过程，让各族群众尽快富裕起来。

七是必须坚持以发展促团结、以团结保发展，巩固和谐稳定的大好局面。各民族的团结进步事关改革发展稳定大局。必须始终高举民族团结旗帜，以建设民族团结进步、边疆繁荣稳定示范区为抓手，对边疆民族地区要加大扶持力度，夯实发展基础，提升发展能力，促进各民族交往交流交融，谱写共同团结奋斗、共同繁荣发展的新篇章。

八是必须坚持科教兴滇、人才强省，增强发展的支撑能力。科技支撑发展，人才引领未来。必须牢固树立科技是第一生产力、人才是第一资源和优先发展教育的理念，把科技创新和人才队伍建设作为引领云南发展的重要驱动力，大力发展教育，提高全民素质，特别是要提高领导干部综合素质，加大人才培养、引进和使用力度，加快提升自主创新能力，借助科技和人才这一有力撑杆，推动经济社会发展跃上一个新台阶。

无论是历史的反思、还是现实的审视，云南正处在蓄势待发的重要历史关口。能否最大程度利用好桥头堡建设带来的宝贵机遇，是对我们胸怀和胆识、智慧和能力的重大考验。只有解放思想、勇于担当，乘势而上、强势突破，才能谱写云南科学发展、和谐发展、跨越发展的雄浑乐章。

三、统筹兼顾、重点突破，加快推动经济社会发展实现新跨越

推动云南科学发展、和谐发展、跨越发展，必须突出重点，创新举措，优化经济结构，转变发展方式，着力在关系全局和长远发展的重大问题上取得突破。

（一）兴产业、调结构，壮大发展实力

产业不强是云南的软肋。必须把调整经济结构、推动产业大发展作为跨越发展的重要支撑，加快调整三次产业、轻重工业、传统产业与新兴产业和所有制、投资、研发投入结构，推进产业特色化、规模化、集群化、高端化，构建多元发展的现代产业体系。

加快产业转型升级。坚持一、二、三产业协调发展。大力发展高原特色农业调快调优一产。继续实施百亿斤粮食增产计划，确保粮食安全。发挥地域和气候优势，建设烟糖茶胶、花菜果药、畜禽水产、木本油料等特色原料基地，做大做强龙头企业，打造优势特色农产品品牌，以农业产业化推动农业现代化。加速新型工业化调快调强二产。工业是云南经济增长的主要支撑，必须坚定不移推进工业强省，推动信息化与工业化深度融合。提高轻工业比重，大力发展生物制药、食品饮料、纺织服装、家电日化等轻工业。整合提升钢铁产业，延伸有色产业链，加快发展石油炼化产业，增强化工产业竞争力，稳步壮大建材产业。实施工业跨越发展计划，确保工业增加值、销售收入、利税三年倍增。促进服务业发展调快调特三产。提升传统服务业，发展现代物流、金融保险、信息咨询等现代服务业，不断提高比重。积极构建扩大内需的长效机制，强化消费对经济增长的拉动作用。

做大做强特色优势产业。烟草产业要加快现代烟草农业建设，优化卷烟结构，做大骨干产品规模，推进减害降焦和综合利用，开创烟草绿色生态安全健康发展新境界。能源产业要加快“三江”干流水电开发，建设国家西电东送清洁能源基地、新能源示范基地。矿产业要加大地质找矿和精深加工力度，推进矿电结合，引导能源密集型工业向水电资源富集区域集中。生物产业要抓好原料基地建设、品牌培育和市场开拓，建设我国重要的生物产业基地。旅游产业要继续推进二次创业，打造国内一流、国际知名旅游目的地。大力培育现代生物、光电子、高端装备制造、新材料、节能环保、新能源等战略性新兴产业。

推进产业聚集。实施大企业培育工程，推动央企入滇和有实力的民企入滇，加快引进世界500强、中国500强企业，培育近10户销售收入超千亿元的企业集团。实施中小企业成长工程，发展一批专精特新中小企业和微型企业。

实施园区升级工程，提高配套水平和服务能力，打造10个销售收入超千亿元的产业园区。实施产业集群打造工程，纵向延伸产业链，横向增强配套能力，推动优质生产要素向优势区域聚集，提高产业集中度，形成10个销售收入超千亿元的产业。

促进非公有制经济大发展。创新和落实对非公有制经济发展的扶持政策，切实改进服务，推进公平准入，破除体制障碍，实施融资服务创新、市场开拓推进、集群发展促进、信息化服务推进等工程，支持民间资本进入资源开发、基础产业、基础设施、公用事业、政策性住房建设、商贸流通、国防科技工业和金融服务等领域，使非公有制经济占生产总值比重超过50%，迎来非公有制经济蓬勃发展的春天。

强化产业保障。坚持扩大投资规模和优化投资结构并举，增强民间投资主体活力，建立多元化、多层次、多渠道投融资体系，发挥投资对经济增长的支撑作用。实施特色产业发展及财源建设行动计划，鼓励和调动更多的资金投向产业，力争产业投资比重达到 50%以上，民间投资比重达到 60%以上。利用好国家差别化产业政策，实行优势产业一产一策，建立省级领导联系督导重点产业制度。深入实施创新型云南行动计划和质量兴省战略，充分发挥公共财政对战略性、前瞻性、公益性领域创新能力建设的主导作用，支持大企业提高自主创新能力，鼓励中小科技型企业开展创新活动，引导企业和社会加大科技创新投入。实施企业家培育工程，壮大优秀企业家群体。

（二）谋长远、增后劲，夯实发展基础

基础设施是经济社会发展的重要支撑。必须坚持基础先行，适度超前谋划和推进一批重大基础设施项目，从根本上缓解发展瓶颈制约。

加快实施兴水强滇战略。富民强滇、必先兴水。千方百计加大投入，注重科学治水、依法治水，大力发展民生水利。创造条件尽快开工建设滇中引水工程，让金沙之水早日润泽滇中大地、造福各族群众。积极推进牛栏江和清水海补水工程建设，继续实施润滇工程，开工建设一批骨干水源工程。加强“五小水利”、病险水库除险加固、江河堤防治理等项目建设，做好灌区配套、节水改造和干支渠防渗工作。基本解决农村饮水安全问题。加快中低产田地改造、“兴地睦边”农田整治步伐。积极探索水电站综合利用有效途径。

构建现代综合交通运输体系。推动形成以航空为先导、铁路和公路为骨干、水运和管道运输为补充、区域综合枢纽为联结，多种运输方式相互衔接、高效便捷、内通外畅、城乡一体的交通运输网络，实现州市高速路、县县二级路、县乡柏油路、村村硬化路目标。重点推进“八出省四出境”铁路网、“七出省四出境”公路网、“两出省三出境”水运通道建设，推进民航大省向民航强省转变。探索矿产资源管道运输新模式。

加强能源保障能力和信息基础设施建设。围绕建设境内外电力交换枢纽，加快电网建设步伐，保障省内电力需求，抓好西电东送、云电外送。积极推进中缅油气管道及配套建设。提高信息网络传输能力和覆盖率，促进三网融合。重点推进物联网开发利用基础设施建设，完善信息服务体系，增强网络与信息的安全保障和通信、邮政普遍服务能力，建设面向东南亚南亚的通信枢纽和区域信息汇集中心。

（三）抢机遇、扩开放，拓宽发展空间

紧紧抓住桥头堡建设这个龙头，以更大的决心和勇气，构建全方位、多层次、宽领域的对外开放格局。

加快沿边开放步伐。抓好瑞丽沿边重点开发开放试验区建设，推进河口、磨憨、瑞丽跨境经济合作区和天保、孟定、猴桥、勐阿、片马边境经济合作区建设，加快昆明、红河综合保税区和水富、富宁、景洪等口岸保税物流区建设。推进跨境交通及沿边干线公路等基础设施，提升口岸和通关便利化水平。培育和发展商贸物流、边境旅游，建设外向型产业基地，把沿边地缘优势转化为经济优势。

拓展区域合作空间。立足云南、带动西南、服务全国、面向太平洋和印度洋，深化与东南亚南亚的全方位开放合作，打造对内对外经济走廊，积极融入中国—东盟自由贸易区，提升与大湄公河次区域和孟中印缅区域合作层次与水平。推进与周边国家通路、通电、通商、通关合作进程，拓展互惠互利合作领域。继续办好昆交会、南亚国家商品展等国际会展。推进泛珠三角、长三角、环渤海以及周边省区市区域合作，提升滇沪、滇浙等合作层次，实现联动发展。

提升对外经贸水平。推进外贸增长方式转变，促进一般贸易、边境贸易和加工贸易协调发展，大力发展服务贸易。优化进出口商品结构，支持优势产品、高新技术产品、绿色有机农产品和服务贸易产品扩大出口，支持资源性产品、先进技术、关键设备及零部件扩大进口。坚持引资和引智相结合，强化绩效考核，扩大利用外资规模，提高利用外资水平。加快实施“走出去”战略，积极参与国际经济合作。

营造良好开放环境。认真落实国家支持桥头堡建设的各项政策措施。畅通项目审批绿色通道，建立更加便利的出入境管理制度，提升招商引资项目跟踪服务水平，营造高效务实的政务环境、公平竞争的市场环境、安全舒畅的社会环境、包容开放的人文环境，大兴敬商重商之风，使云岭大地成为物流、商流、资金流、信息流的汇集之地、财富热土。

（四）强统筹、促协调，构建发展新格局

坚持统筹城乡发展，优化区域发展布局，加快构建城乡互动、区域协调、多极支撑、多元发展新格局。

统筹区域协调发展。立足区域合理分工，科学确定主体功能，加快构建“一圈一带六群七廊”空间布局。加快昆明区域性国际城市建设步伐，推进滇中城市经济圈一体化，将滇中培育成为全省跨越发展的重要引擎。打破行政区划约束，跨地区优化资源和生产力配置，推动滇东北、滇东南、滇西及滇西北、滇西南加快发展，尽快形成新的经济增长极。深入实施新一轮“兴边富民”和边疆解“五难”惠民工程，加快沿边开放经济带建设。

统筹城乡发展。完善以工促农、以城带乡长效机制，积极探索促进“三化同步”的有效途径，推动公共财政向“三农”倾斜、公共设施向农村延伸、公共服务向农民覆盖、现代文明向农村推进。抓好省级重点建设村工作，扩大新农村建设试点、示范村建设范围。加强以水电路气房为重点的农村基础设施建设，改善群众生产生活条件，逐步缩小城乡发展差距。

走有云南特色的城镇化道路。优化城镇布局，积极发展城市群，促进大中小城市和小城镇协调发展。按照“守住红线、统筹城乡、城镇上山、农民进城”的要求，完善城镇发展思路，转变建设用地方式，严格保护耕地尤其是坝区优质耕地，用好用足国家低丘缓坡地综合开发试点省差别化土地政策，引导城镇、村庄、工业向适建山地发展，建设山地城镇。提高城镇规划、建设和管理水平，增强城镇综合承载能力。按照“放宽城镇户籍、同享城乡待遇、自愿有偿转变、分类协调推进”的原则，引导农村人口有序向城镇转移，解决进城农民在就业、住房、社保、医疗卫生、子女教育等方面的突出问题。

壮大县域经济实力。强滇之基在于强县。必须加快扩权强县步伐，最大限度下放经济领域、社会事务管理权限，赋予县市区更大的发展自主权。健全与主体功能区相配套的考核评价体系，完善激励约束机制，鼓励争先进位，把县域经济发展的成效作为领导干部考核任用的重要依据。强化分类指导，加大以奖代补力度，鼓励县市区发挥当地资源和区位优势，打造有自身特色的支柱和优势产业，增强县域经济自我发展能力，形成一批县域经济强县。

推动民族地区和贫困地区大踏步发展。继续采取特殊扶持政策，实施扶持人口较少民族、特困民族和散居民族发展等重大工程。支持民族地区大力发展特色优势产业，增强造血功能。加快发展民族地区社会事业。对边境沿线守土固边困难群体实行专项补助。坚持开发式扶贫方针，以边远、少数民族和贫困地区深度贫困群体为重点，以乌蒙山区、石漠化地区、滇西边境山区以及藏区等连片特困地区为主战场，推进专项扶贫、行业扶贫、社会扶贫，打好基础设施改善、产业培育、社会事业发展、生态修复攻坚战，让民族地区和贫困地区的广大群众走上共同富裕的康庄大道。

（五）抓改革、推创新，增强发展动力

改革创新是经济社会发展的强大动力。必须坚持用改革的办法破解难题，用创新的举措寻求突破，全面推进各领域改革。

完善农村发展体制机制。坚持农村基本经营制度，稳定和完善土地承包关系，在依法自愿有偿和加强服务基础上完善土地承包经营权流转市场。继续推进农垦、供销社、农村信用社、农村小型水利设施管理体制和林权制度改革。推进“三农”金融服务改革创新试点。

深化经济体制改革。加快国有资产战略性重组和产权多元化进程，推进国有资产监管全覆盖，发挥国有经济在跨越发展中的引领作用。加快垄断性行业和公用事业改革。健全公共财政体系，加大均衡性转移支付力度。推动金融改革、开放和发展，加快发展地方金融组织体系，创新融资方式，积极拓展人民币跨境金融服务，防范金融风险。抓好国家电力价格改革试点省建设，充分发挥电价引导作用，建立水能资源开发利益分享机制。构建资源价格市场化形成机制和生态补偿机制。

加快社会事业体制改革。深化科技体制改革，创新产学研结合模式，推进形成技术创新战略联盟，强化知识产权创造、运用、保护和管理。创新人才培养、办学和教育管理体制，改革质量评价和考试招生制度，全面推进素质教育。推进医药卫生体制改革，鼓励社会资本以多种形式兴办医疗机构。加快经营性文化事业单位转企改制，稳步推进公益性文化事业单位人事、收入分配、社会保障制度改革。

推进行政管理体制改革。进一步转变政府职能，强化社会管理和公共服务，减少和规范行政审批，加强重大项目督查，提升行政效能。推进行政执法体制改革，促进公正文明规范执。改革各级政府机关事务管理体制，降低行政成本。积极稳妥推进事业单位分类改革，促进政事分开、事企分开、管办分离。

大胆推进政策创新。坚持发展靠政策推动、难题靠政策突破、活力靠政策激发，在政策创新上先行先试，切实用好现有政策，积极争取新的政策，借鉴发达地区的有效政策，探索发展中的突破性政策，构建更加灵活、开放、高效的政策体系，以政策创新带动体制机制创新。

（六）顺民意、惠民生，共享发展成果

保障和改善民生事关各族群众福祉。必须把准民生脉搏，关注民生热点，在重视经济建设的同时，更加重视社会事业发展，让各族群众得到更多实惠和发展机会。

增收是民生之源。建立与经济增长相适应的收入增长机制，大幅度提高城乡居民收入特别是中低收入群体收入。健全农民工工资支付保障体系，建立企业职工工资正常增长机制，推进事业单位实施绩效工资，完善公务员工资制度。健全物价上涨和低收入群体价格补贴挂钩联动机制。

就业是民生之本。实施更加积极的就业政策，引导和促进吸纳就业能力强的产业及企业加快发展，鼓励企业稳定并扩大就业。实施全民创业就业工程，深入落实“贷免扶补”优惠政策，发挥创业带动就业的倍增效应。完善面向城乡的公共就业服务体系，重点做好高校毕业生、农村转移劳动力、城镇就业困难人员的就业工作。加强劳动合同、平等协商和争议仲裁制度建设，构建和谐劳动关系。

保障是民生之安。稳步提高社会保险统筹层次和待遇水平，完善各类社会保险之间的衔接和转移接续机制，加快实现人人享有社会保障。加强社会救助体系建设，健全城乡居民最低生活保障制度。完善优抚安置政策，发展社会福利、慈善和残疾人事业。加快推进保障性住房建设，强化质量监管和分配管理，切实解决中低收入群众住房困难问题。

教育是民生之基。全面协调发展各级各类教育，继续加大投入，稳步推进教育现代化，促进教育公平。进一步巩固“两基”成果，促进义务教育均衡发展，推动边远地区中小学逐步实现相对集中办学。实施农村义务教育学生营养改善计划，提高家庭困难寄宿学生生活费补助标准，扩大覆盖面。加快发展高中阶段教育，扩大优质教育资源供给。加强特色优势重点学科建设，提高高等教育质量。加快发展职业教育、学前教育、继续教育，关心支持民族教育、特殊教育。强化师资队伍建设。加强现代信息技术在教育中的应用。鼓励引导社会力量兴办教育。

健康是民生之福。坚持大办卫生、多办医院，加强州市级区域医疗中心建设，完善县乡村医疗卫生服务网络，加快城镇社区卫生服务机构建设，有效解决群众看病难、看病贵问题。提高突发公共卫生事件防控和应急处置能力。积极扶持中医药和民族医药事业发展。广泛开展全民健身运动。健全食品药品监管机制，加大依法严厉打击假冒伪劣食品药品力度，保障各族群众饮食和用药安全。稳定低生育水平，提高出生人口素质。积极发展妇女儿童和老龄事业，做好离退休干部工作。

（七）重文化、强引领，增强发展软实力

文化是民族的血脉，是人民的精神家园。必须更加自觉、更加主动地推动文化大发展大繁荣，加快建设民族文化强省。

加强社会主义核心价值体系建设。坚持用中国特色社会主义理论体系武装干部、教育人民，广泛开展具有行业特点的社会主义核心价值体系教育实践活动，筑牢全省人民团结奋斗的共同思想道德基础。深化拓展群众性精神文明创建活动，建立城乡、区域、军民警民联创共建机制，重视非公有制经济组织、社会组织、流动人口和边境地区的精神文明建设。深入推进公民道德和社会诚信建设，继续推进重大典型宣传，突出抓好大学生思想政治教育和未成年人思想道德建设。坚持以重大现实问题研究为主攻方向，繁荣发展哲学社会科学。

加强和改进新闻舆论工作。坚持围绕中心、服务大局，牢牢把握正确导向，发挥新闻媒体宣传党的主张、弘扬社会正气、通达社情民意、引导社会热点、疏导公众情绪、搞好舆论监督的重要作用，抓好重大主题宣传，壮大主流舆论。完善舆情分析研判制度、新闻发布制度和重大突发事件新闻报道机制，提高舆论引导能力。高度重视互联网的建设和管理，实施网络内容建设工程，建立有效监管体系，规范网上信息传播秩序，发展健康向上的网络文化。

加快发展文化事业和文化产业。以农村和边境地区为重点，推进重大文化惠民工程建设，优先安排涉及群众切身利益的建设项目，建设标志性文化设施，改善群众文化条件。拓展大众文化消费市场，培育群众广泛参与的社区文化、农村文化、校园文化、企业文化。加强优秀民族文化的挖掘传承，加大重点文物和非物质文化遗产的保护开发力度。推进文化与旅游、资本、科技深度融合，提升文化产业规模化、集约化、专业化水平，把文化产业培育成支柱性产业。促进文化精品创作生产，不断推出思想性艺术性观赏性相统一的优秀文艺作品，保持云南文化创造活力持续迸发、精品力作不断涌现的繁荣局面。

（八）建生态、重保护，改善发展基本条件

始终坚持生态立省、环境优先，按照经济建设与生态建设同步进行、经济效益与生态效益同步提高、产业竞争力与生态竞争力同步提升、物质文明与生态文明同步前进的要求，走生态建设产业化、产业发展生态化之路，建设资源节约型、环境友好型社会，争当生态文明建设排头兵。

实施绿水青山计划。深入推进“七彩云南保护行动”，切实抓好重点生态功能区保护和以“森林云南”为重点的生态工程建设，森林覆盖率达到55%以上，增加森林碳汇。加强以滇西北、滇西南为重点的生物多样性保护，建立生物多样性监测、评价和预警机制，建设我国重要的生物多样性宝库和生态安全屏障。提升以滇池为重点的九大高原湖泊治理保护成效，加强出境跨界河流水环境综合防治。加快中低产林改造，加强石漠化综合治理及干热河谷生态恢复、水源涵养林建设和饮用水源地保护。切实做好移民工作，稳步推进生态移民。

实施节能减排计划。树立绿色发展理念，按照整体协调、循环再生、健康持续的要求，加大节能减排工作力度，大幅度提高能源利用效率，大幅度减少污染物排放。加快淘汰落后产能，积极发展清洁载能产业。强化新上项目节能评估审查和环境影响评价，抓好重金属等重点污染物的监管和污染防治，有效防范环境风险和妥善处置突发环境事件。全面推进低碳经济试点省各项工作，大力发展循环经济，积极推进清洁生产。以节能节水节材节地为重点，推进绿色制造，倡导绿色消费。

实施防灾减灾计划。以地震、地质、气象和生物灾害防治为重点，构筑应急救灾与常态防灾相结合、救灾减灾并重、城镇农村统筹、治标治本兼顾的科学防灾减灾体系，提高灾害应对能力，切实保障人民群众生命财产安全。

（九）聚人心、汇民智，凝聚发展强大合力

发展社会主义民主政治，是各族人民根本利益的具体体现。必须充分调动一切积极因素，把各方面的力量和智慧汇聚到推动发展中来。

积极推进社会主义民主政治建设。坚持和完善人民代表大会制度，支持和保障人大及其常委会依法履行职能，善于运用地方国家权力机关处理经济社会发展事务，加强和改进立法、监督工作。坚持和完善中国共产党领导的多党合作和政治协商制度，推进政治协商、民主监督、参政议政制度化、规范化、程序化建设。发挥爱国统一战线协调关系、化解矛盾、凝聚人心、增进团结的作用，加强党外代表人士培养和选拔，广泛团结新的社会阶层人士，密切联系港澳同胞、台湾同胞和海外侨胞。支持工会、共青团、妇联等人民团体依照法律和各自章程开展工作。健全完善基层群众自治制度。

推进法治云南建设。严格遵守宪法和法律，加快地方立法科学化、民主化进程，推进依法行政、公正廉洁执法，强化法律监督，维护法制权威，完善法律服务，提升社会管理法制化水平。深化司法体制和工作机制改革，着力破除影响司法公正、制约执法能力的体制机制障碍。促进公平正义，依法保障社会成员平等参与、平等发展的权利。抓好“六五”普法和“四五”依法治省规划的实施。

做好民族和宗教工作。以民族团结进步、边疆繁荣稳定示范区建设统领民族工作，坚持和完善民族区域自治制度，深入开展民族团结进步创建活动，巩固和发展各民族和睦相处、和衷共济、和谐发展的良好局面。坚持党的宗教工作基本方针，依法管理宗教事务，坚持独立自主自办原则，发挥宗教界人士和信教群众在促进经济社会发展中的积极作用。

重视边防和人民防空建设，推进国防动员和后备力量建设。深入开展双拥共建活动，不断巩固新型军政军民关系。

（十）保稳定、建和谐，营造发展良好环境

保持社会和谐稳定，是加快发展的基础和前提。大力加强和创新社会管理，实施社会和谐行动，把云南建成安全优美舒适的福地。

创新社会管理机制。进一步健全党委领导、政府负责、社会协同、公众参与的社会管理格局。以流动人口服务管理、特殊人群帮教管理、非公有制经济组织和社会组织服务管理、网络信息建设管理为重点，改进方式方法，完善政策法规，努力提升社会管理效能和服务质量。以推进和谐社区建设为载体，加强村规民约、社区公约等社会规范建设，加快完善社区治理结构，健全社区管理和服务体系，把社区建成社会和谐稳定的基础、人民安居乐业的港湾。

加强基层基础工作。把社会管理创新的重心下移到基层，推动目标任务、手段措施、机制保障向源头化解、前端管理和事前防范转移。建立健全社会舆情分析、社会稳定风险评估和多元化纠纷解决机制。深化人民调解，创新行政调解，强化司法调解，推进联动调解，努力把矛盾控制在源头、纠纷化解在基层、问题解决在一线，筑牢社会和谐稳定的根基。

深化平安创建活动。加强社会治安立体化、全方位防控体系建设，积极运用现代信息技术预防打击犯罪，把治安防范网络覆盖到城镇街区、农村村寨、居民楼院，形成平安创建人人参与、平安和谐人人共享的生动局面。继续深入推进禁毒防艾人民战争。强化安全生产监管，有效防范遏制重特大事故。加强国家安全人民防线建设，坚决防范和打击各种敌对势力的渗透、颠覆和破坏活动。

四、加强和改进党的建设，为推动科学发展、和谐发展、跨越发展提供坚强保证

办好云南的事情，关键在党。必须清醒地看到，在少数党员干部中，还存在一些突出问题，特别是精神懈怠、能力不足、脱离群众、消极腐败的问题，更加尖锐地摆在各级党组织面前。必须以改革创新精神全面推进党的思想、组织、作风、制度和反腐倡廉建设，不断提高党的建设科学化水平。

（一）针对精神懈怠的问题，着力强化奋起直追的责任感和紧迫感

心弱则志衰，志衰则不达。针对一些党员干部理想信念模糊、宗旨意识淡化、事业心不强等问题，必须深入推进学习型党组织建设，坚持不懈地用马克思主义中国化最新成果武装头脑，加强理想信念教育，树立正确的世界观、事业观、权力观，以理论的与时俱进引领行动的锐意进取，以思想的坚定统一保证工作的步调一致，增强为党和人民事业不懈奋斗的坚定性和自觉性。坚定不移地解放思想，坚决破除阻碍发展的思想观念和体制机制，以思想的大解放推动大发展大跨越。牢记“两个务必”，树立强烈的事业心和责任感，满怀激情抓发展，心无旁骛干实事，勇于在困难条件下创造性地开展工作。树立开拓创新的意识，增强敢闯敢试的勇气、昂扬向上的锐气、追求卓越的志气，在不争论中发展，在不折腾中前进，在不甘落后中奋起。树立和弘扬党的优良作风，大兴密切联系群众、求真务实、艰苦奋斗、批评与自我批评之风，以优良党风促政风带民风，形成凝聚党心民心的强大力量。

（二）针对能力不足的问题，着力加强领导班子和干部人才队伍建设

干部的能力素质，是事业发展的决定因素。针对党员干部能力不足的问题，必须主动适应形势任务的发展变化，以提高领导水平和执政能力为重点，着力建设执行力强、创新力强、感召力强的领导班子，培养造就一支推动发展有激情、有招数、有能力、有贡献的高素质干部队伍。把思想政治建设摆在突出位置，加强各级领导班子执政意识教育、团结干事教育，引导各级领导干部讲政治、顾大局、守纪律。继续办好领导干部“时代前沿知识讲座”等活动，加大干部教育培训和实践锻炼力度，提高干部驾驭全局、领导发展、处理利益关系和务实创新的能力。紧紧围绕走活干部这盘棋，进一步深化干部人事制度改革，研究制定解决干部职务待遇、畅通干部出口渠道、合理使用各年龄段干部、加大干部交流力度等方面的政策措施，调动干部积极性。坚持德才兼备、以德为先用人标准，加强对干部德的考核，探索干部选拔任用提名制度，加大竞争性选拔干部力度，健全差额选拔干部办法，扩大干部工作信息公开，完善领导班子和领导干部考核评价指标体系，树立重视基层、注重实绩的选人用人导向，提高选人用人公信度。加大年轻干部培

养选拔力度，注重培养选拔少数民族干部、党外干部和女干部。健全干部管理监督机制，严格要求和管理干部。认真落实人才优先发展战略，创新人才政策，积极面向经济发展主战场、面向产业、面向企业引才育才，形成培养引进一批人才、发展壮大一个产业、培育一个经济增长点的链式效应，充分发挥人才在经济社会发展中的引领和支撑作用。

（三）针对脱离群众的问题，着力增强党同人民群众的血肉联系

深入群众鱼得水，脱离群众树断根。针对当前少数党员干部群众观念淡漠、不会做群众工作、损害群众利益等问题，必须进一步改进新形势下的群众工作。深入开展群众观点、群众路线、群众利益、群众工作“四群教育”，组织实施党员干部深入基层、深入群众、深入实际“三深入”活动。建立干部直接联系群众制度，继续选派新农村建设工作队及指导员，每年从县以上机关选派五分之一的干部深入群众，通过领导蹲点、部门挂钩、干部结对、驻村入户、建立联系卡等形式，密切党群干群关系。坚持从群众最关心最直接最现实的利益问题入手，为群众办实事解难事。畅通群众利益诉求表达渠道，建立健全民情责任区、民情联席会议、工作巡视、信访接待等制度，注重在决策中体现和维护群众权益，正确反映和妥善处理不同方面群众的利益关系。加强对群众工作的监督检查，确保群众工作取得实效。

（四）针对基层基础薄弱的问题，着力加强党的基层组织和党员队伍建设

党的基层组织是党的全部工作和战斗力的基础。针对少数基层党组织功能不健全、一些党员发挥作用不明显的问题，组织实施“跨越发展先锋行动”，深化拓展“云岭先锋”工程、边疆党建长廊建设，把基层党组织建设成为推动发展、服务群众、凝聚人心、促进和谐的坚强战斗堡垒。扎实开展创先争优活动，认真总结推广先进经验，形成创先争优长效机制。继续深入开展向杨善洲同志学习活动，引导党员干部把学习先进转化为推动发展的实际行动。突出抓好基层组织带头人队伍建设，提高基层干部应对突发事件、化解社会矛盾的能力。健全激励保障机制，充分调动基层干部的积极性。认真做好党员发展工作，强化党员教育管理，注重党员人文关怀。全面推进农村、机关、社区、国有企业、高校和非公有制经济组织、社会组织党的基层组织建设，整治软弱涣散的基层党组织，强化基层党组织动员群众、组织群众、引导群众、服务群众功能。充分运用网络信息技术，创新党建工作载体，完善为民服务体系，积极推进网络党建，推动基层党建工作向深度和广度拓展。

（五）针对制度落实不到位的问题，着力推进党的制度建设

制度具有根本性、全局性、稳定性、长期性。针对一些单位和部门制度挂在墙上、说在嘴上、落实不到行动上等问题，必须把制度建设贯穿党的建设始终。认真落实民主集中制，健全党委集体领导与常委分工负责相结合的制度，完善党委全委会、常委会议事规则和决策程序，重大决策、重要干部任免、重大项目安排和大额资金使用，必须由集体研究决定，决不允许个人或少数人独断专行。加强党委决策咨询工作，落实重大决策报告制度，健全决策失误纠错改正机制和责任追究制度。积极发展党内民主，完善党代表大会制度和党内选举制度，拓宽党员意见表达渠道，保障党员主体地位和民主权利，以党内民主推进人民民主。积极稳妥推进党务公开，健全党内信息公布制度和党委新闻发言人制度，探索党务公开新途径新方式，增强党务工作的公开性和透明度。加大对制度执行情况的监督检查力度，把制度内化为行为准则和自觉行动，形成尊重制度、服从制度、执行制度的良好氛围。

（六）针对消极腐败的问题，着力加强反腐倡廉建设

坚决惩治和预防腐败，关系到人心向背和党的生死存亡。必须针对当前一些领域消极腐败易发多发的问题，坚持标本兼治、综合治理、惩防并举、注重预防的方针，加快惩治和预防腐败体系建设，不断把党风廉政建设和反腐败斗争推向深入。坚持和完善反腐败领导体制和工作机制，全面落实责任制，举各方之力共同推进反腐倡廉建设。加强反腐倡廉宣传教育，把廉洁勤政理念渗透到党员干部日常工作和生活中。健全权力运行监控机制，加强对各级领导班子和党员干部特别是主要领导干部的监督，及时发现和解决苗头性、倾向性问题。积极探索从源头上防治腐败的有效机制，健全规范和制约权力运行的制度体系，铲除滋生腐败现象的土壤。加强对重点领域不正之风的专项治理，加大对案件的查处力度，严惩腐败分子。

全省党员干部特别是领导干部必须做到自重、自省、自警、自励，带头讲党性、重品行、作表率，不断创造新业绩。

同志们！云南历史悠久、民风淳朴，千百年来创造了许多赶超跨越、勇攀高峰的骄人业绩，谱写了敢为人先、奋起直追的壮丽篇章。在推动科学发展、和谐发展、跨越发展的伟大征程中，全省各级党组织和广大党员，肩负着光荣而艰巨的历史使命，承载着各族人民的殷切期望。我们一定要继承和弘扬优良传统，树立高原情怀，倡导大山精神，坚韧不拔、勇往直前，创造无愧于时代、无愧于人民的新业绩。让我们紧密团结在以胡锦涛同志为总书记的党中央周围，以邓小平理论和“三个代表”重要思想为指导，深入贯彻落实科学发展观，团结带领全省广大党员干部和各族人民，承前启后、继往开来，锐意进取、奋力赶超，为加快推进桥头堡建设，开启新征程，铸就新辉煌！

政 府 工 作 报 告

——2012年2月11日在云南省第十一届人民代表大会第五次会议上

李纪恒

各位代表：

现在，我代表省人民政府，向大会报告政府工作，请予审议，并请省政协各位委员提出意见。

一、攻坚克难，“十二五”经济社会发展开局良好

2011年是“十二五”的开局之年。在党中央、国务院和中共云南省委的领导下，省政府坚持以科学发展为主题，以转变经济发展方式为主线，坚决贯彻落实国家宏观调控政策，积极应对复杂多变的国内外经济形势，努力克服资金供应紧张、物价上涨压力较大、自然灾害严重等困难，全力以赴保增长、稳物价、调结构、惠民生、促和谐，经济社会发展取得新成效，跨越发展迈出新步伐。全省生产总值完成8750.95亿元，增长13.7%；全社会固定资产投资7109.7亿元，增长27.4%；财政总收入2258.2亿元，增长24.8%；地方财政一般预算收入1110.8亿元，增长27.5%；社会消费品零售总额3000.1亿元，增长20%；城镇居民人均可支配收入18576元，实际增长10.3%；农民人均纯收入4722元，实际增长13.9%；城镇登记失业率4.05%；人口自然增长率6.35‰；居民消费价格总水平上涨4.9%；单位生产总值能耗下降3.22%；外贸进出口总额160.5亿美元，增长19.6%。除居民消费价格总水平上涨幅度略高于年初目标外，省十一届人大四次会议确定的目标任务都已完成，实现了“十二五”的良好开局。

（一）扩大内需实现新突破

重点项目建设强力推进。扎实抓好“三个一百”和20个重大建设项目，保持了重点领域投资较快增长。牛栏江—滇池补水工程进度加快，滇中引水工程纳入国家“十二五”规划。大丽、保腾等高速公路建设稳步推进，59条二级公路基本建成，从今年1月1日起，一次性取消全省10016公里政府还贷二级公路收费；昆明轨道交通项目加快实施，云桂、玉蒙等铁路建设有新进展，仁丽铁路建成通车；昆明长水国际机场基本建成，泸沽湖机场获得立项。金安桥、功果桥电站和镇雄电厂投产发电，阿海、糯扎渡电站下闸蓄水，向家坝、溪洛渡电站即将蓄水，水电移民工作平稳推进；六大煤炭基地、中缅油气管道及石油炼化基地建设进展顺利。工业投资力度加大，300多个重点工业建设项目加快推进。房地产开发投资平稳增长。

建设资金来源逐步多元化。全年争取到中央投资402亿元，政府投入经济建设资金700亿元。完善金融机构体系，推进银政、银企合作，加大直接融资力度，创新融资方式，新增信用融资2161亿元。民间投资更加活跃。

社会消费持续扩大。落实鼓励消费政策，继续开展家电、摩托车和建材下乡，促进批发零售、餐饮、住宿、文化娱乐等消费，大力发展社区商业、物业、家政、养老等便民服务，积极发展消费信贷，鼓励发展网络、租赁和定制销售等新型消费模式，推动了消费持续走旺。乡村流通体系建设得到加强。

（二）“三农”工作再上新台阶

农业农村基础设施建设不断加强。深入实施兴水强滇战略，扎实推进润滇工程建设，新开工骨干水源工程41项，新建成35座中小型水库、45万件“五小水利”工程，实施51个小型农田水利重点县建设，完成中低产田地改造357万亩，解决299万人的饮水困难和饮水安全问题。制定出台政策，鼓励建设用地上山，下决心保护坝区农田。完成500个村的村容村貌整治、1500个新

农村省级重点村建设，新建农村户用沼气池15.6万个，节柴改灶12万户；实施1.7万个自然村道路硬化，新建改建农村公路1.6万公里；独龙江公路改建工程开工，建成了部省共建“索改桥”拉马底示范工程。

农产品生产和供应大幅增加。认真落实10项科技增粮措施，粮食播种面积近6700万亩，全年粮食产量达1755.6万吨，增产105.6万吨，在连续三年遭受严重旱灾的情况下实现“九连增”。蔬菜、咖啡等农产品产销两旺，肉、蛋、奶等畜牧和水产发展势头良好、供给充裕。冬季农业开发面积超过2200万亩，产值突破180亿元。

农业产业化深入推进。新增2亿元省级财政专项资金、统筹整合10亿元涉农资金，扶持农业龙头企业发展。新增省级龙头企业114户，全省农业龙头企业达2400多户，实现销售收入872亿元。新增农民专业合作社2092个，建成52个省级现代农业示范园，启动实施577个生猪、奶牛标准化养殖场建设。完成木本油料种植面积560万亩。

（三）产业优化升级取得新成效

传统产业发展有较大提升。全部工业增加值达到3206亿元，烟草产业实现税利1096亿元，能源和冶金工业销售收入都突破1000亿元。烟叶、橡胶、核桃、鲜切花、野生菌产量全国第一，蔗糖、茶叶、蚕桑、水果、畜牧产品等在全国占有重要位置。旅游二次创业扎实推进，新增3个5A级景区，全年接待海内外游客1.67亿人次，旅游总收入超过1300亿元。文化产业快速发展，增加值占全省生产总值比重达6.3%。

战略性新兴产业培育取得实质性进展。组织实施战略性新兴产业重大科技项目60项，天然药物和生物疫苗研发水平以及大型铁路养护机械、乘用车柴油机技术国内领先，高端数控机床研发制造、自动化物流、烟草柔性制丝设备技术达到国际先进水平。风电装机达70万千瓦，冶金集团3000吨多晶硅项目建成投产。

企业发展活力增强。央企入滇势头良好，17户中央企业与我省签署了合作协议，在滇央企达到55户。国企和国资监管改革继续推进，企业竞争力得到提升。落实非公经济政策，完善中小企业服务体系，大力培育成长型中小企业，非公经济增加值占全省生产总值比重达到42.1%。质量兴省和标准化战略顺利推进，名牌名品培育取得新进展。

产业科技创新进一步加强。实施重大科技专项，组建创新联盟，搭建创新平台。突破关键核心技术62项，研发具有知识产权的重大新产品61个。建成国家和省级高新技术特色产业基地17个、创新型试点企业154家、创新团队72个，新增国家认定企业技术中心2家、省级认定企业技术中心34家。全省高新技术企业达440户，并实现国家重点支持的8个高新技术领域全覆盖。科普工作扎实开展。

（四）社会事业呈现新面貌

教育事业发展呈现良好态势。制定和组织实施了中长期教育改革和发展规划纲要，全面加强各级各类教育，扎实推进中小学校舍安全工程，加强教育国际交流合作，启动了教育综合改革试点工作。新增幼儿园467所，高中阶段毛入学率提高5个百分点，新增3所高职院校。继续完善家庭经济困难学生资助政策体系，惠及学生400多万人。

医疗卫生体系逐步完善。加强重大疾病预防控制和农村医疗卫生服务体系建设，投入44.63亿元，建设乡镇卫生院1088个、村卫生室6932个、社区卫生机构249个，基层医疗卫生条件逐步改善。以社区为基础的新型城市医疗卫生服务体系初步建立，新农合参合率稳定在96%以上，基本药物制度实现基层全覆盖，公立医院改革试点有序推进。人口计生和红十字会工作进一步加强。食品药品安全监管工作取得新进展。新一轮禁毒防艾人民战争全面启动。

公共文化服务体系逐步健全。进一步推进“两馆一站”、广播电视“村村通”、文化信息资源共享、农家书屋、农村电影放映等文化惠民工程，重点文化项目建设进展顺利，一批文艺作品荣获全国大奖。全民健身运动蓬勃开展，云南代表团在第八届全国残运会、第九届全国民运会上取得好成绩。

（五）民生保障得到新改善

就业规模持续扩大。以下岗失业人员、高校毕业生、农民工和就业困难人员为重点，进一步落实和创新政策，鼓励自主创业，加大就业援助，完善就业服务。通过“贷免扶补”等措施，扶持8.9万人创业，带动近30万人就业。城镇新增就业27.6万人，扶持失业人员再就业9.4万人，帮助就业困难人员实现就业7万人，“零就业家庭”至少1人实现就业。全省农村劳动力转移就业培训126万人，新增转移132万人。

社会保障体系进一步完善。城镇基本养老、医疗、工伤、失业、生育保险参保人数继续增加，待遇水平稳步提高。调整了企业最低工资标准，全面完成老工伤人员纳入工伤统筹任务。新农保和城镇居民社会养老保险试点扩大到99个县市区，1325.7万人参保；43.5万被征地农民得到养老保障。城市低保做到了应保尽保，农村低保增加30万人，落实了66万名80岁以上老年人的高龄津贴。加强价格监管，建立了社会救助保障标准与物价上涨挂钩联动机制，及时发放临时价格补贴。投入救助资金92.3亿元，保障了困难群众的基本生活。

城镇建设步伐加快。调整完善城镇发展思路，对山地城镇建设进行了全面部署，城镇环境进一步改善，城镇化水平提高到36.8%。开工建设30.95万套城镇保障性住房，已竣工10.5万套，发放租赁补贴10万户；安排22亿元资金，补助30万户农民开展危旧房改造和地震安居工程。

边疆民族贫困地区发展全面推进。启动实施2011–2020年农村扶贫开发纲要、“十二五”兴边富民工程、加快少数民族和民族地区发展“十二五”规划、扶持人口较少民族发展规划，加快重点扶贫开发工程建设，实施1万个贫困自然村的整村推进和25个贫困乡的整乡推进，开展了6个县的“县为单位、整合资金、整村推进、连片开发”试点工作，贫困地区群众收入持续增加，增幅高于全省平均水平。

防灾减灾工作得到强化。加强了气象、地质、地震、生物等灾害预测防治，实施防灾应急“三小”工程，救助受灾群众590万人。盈江“3·10”地震抢险救援和灾后恢复重建及时有序开展，灾区和受灾群众的生产生活得到妥善安排。

（六）可持续发展能力有新提高

生态环境继续改善。深入开展“七彩云南保护行动”，推进“森林云南”建设，完成营造林1060万亩，改造中低产林407万亩，国家和省级公益林全部纳入补偿补助范围。新增治理水土流失面积3250平方公里，石漠化治理工程顺利开展。启动“滇西北生物多样性数据库”建设，完成西双版纳生物多样性保护廊道示范项目。九大高原湖泊水污染防治力度加大，滇池水体恶化的势头进一步得到遏制。加强耕地保护和土地整治，地质勘查和矿产资源开发利用取得新进展。

节能减排目标任务如期完成。对重点州市、重点行业、重点企业节能减排工作目标实行量化考核，实施116个省级重点节能技术改造项目，开展全社会节能工作。积极推动首批20户企业循环经济试点。全省规划建设的248个城镇污水和垃圾处理设施项目竣工运行率达81%。

（七）改革开放迈出新步伐

桥头堡建设起步良好。国家出台了支持云南建设面向西南开放重要桥头堡的意见，建立了部际联席会议制度，印发了部委分工方案。已有23个国家部委与我省签署了战略合作协议或出台支持意见，省政府与7家中央金融机构签署了战略合作协议。开工建设了一批重大基础设施和产业发展项目，启动了瑞丽重点开发开放试验区建设，口岸建设和通关便利化得到加强。跨境贸易人民币结算取得重要进展。

各项改革统筹推进。继续深化农村土地管理、集体林权制度、供销社、农垦和华侨农林场改革；省直管县财政体制、乡镇机构、统筹城乡和旅游业综合改革稳步推进；水务、投融资、公用事业改革得到重视；文化和医药卫生体制改革完成阶段性任务；矿产、土地、水资源等资源性产品价格改革取得进展；农村金融改革步伐加快，服务能力不断增强。

对外开放水平持续提升。积极参与中美省州长对话活动，成功承办中国–东盟外长会议。举办第19届昆交会暨第4届南亚国家商品展、2011年中国国际旅游交易会，展会规模、参展客商和业务成交额再创新高。南亚商务论坛、东盟华商会、大湄公河次区域经济走廊活动周等重大活动影响日益扩大。孟中印缅地区经济合作以及云南与中南半岛国家的合作务实推进。新增国际友好城市7对。加强以泛珠三角为重点的国内区域合作。企业“走出去”工作取得新成效。实际利用外商直接投资17.4亿美元，增长30.7%；引进省外到位资金1790亿元，增长29%。

(八)民主法治建设得到新加强

社会主义民主法治建设扎实开展。自觉接受省人大及其常委会的法律监督和工作监督，认真执行省人大及其常委会的决议、决定，自觉接受省政协和民主党派、工商联、无党派人士的民主监督，强化监察、审计等专门监督，高度重视人民群众监督和新闻舆论监督。密切与工会、共青团、妇联等人民团体的联系，充分听取社会各界的意见和建议。继续推进政务、厂务、村务及公共企事业单位办事公开，基层民主建设进一步加强。“三五”依法治省规划和“五五”普法工作顺利完成。

社会保持和谐稳定。加强群众工作，完善信访工作制度，健全了矛盾纠纷预防和化解机制。社会治安防控体系逐步完善，社会组织管理服务机制初步建立，民族团结进步事业蓬勃发展，宗教关系更加和谐。配合国家妥善处理“10·5”中国船只湄公河遇袭事件，及时恢复澜沧江—湄公河航运。妥善处置“11·10”师宗县私庄煤矿特别重大煤与瓦斯突出事故，安全生产监督管理工作得到强化。

思想道德水平进一步提高。大力弘扬以爱国主义为核心的民族精神和以改革创新为核心的时代精神，深入学习杨善洲精神，充分发挥道德模范示范引领作用，努力构建社会主义核心价值体系，哲学社会科学繁荣发展。扎实推进公民道德建设工程，城乡文明、公民思想道德和科学文化素质不断提高。

一年来，我们继续加强政府自身建设，深入推进法治政府、责任政府、阳光政府和效能政府建设，政府职能继续转变，机关作风明显好转。顺利完成第五轮行政审批项目清理，启动“政务信息岛”建设，县级以上政务服务中心和州市公共资源交易中心全部建成，政府的服务能力和水平有了新提高。

各位代表！去年的成绩来之不易，是全省各族人民团结拼搏的结果，凝聚了各级各部门各方面的智慧、心血和汗水。我谨代表省人民政府，向全省各族人民致以崇高的敬意！向人大代表、政协委员，向各民主党派、工商联、无党派人士、各人民团体和各界朋友，向驻滇人民解放军、武警部队官兵和公安政法干警，向中央各部门各单位各企业、兄弟省区市，向关心支持云南建设的港澳同胞、台湾同胞、海外侨胞和国际友人，致以衷心的感谢！

在看到成绩的同时，我们也清醒地认识到，全省经济社会持续快速发展的基础还不牢固，调结构、转方式任务仍然艰巨，群众增收、环境保护、民生保障等方面压力很大，稳定物价、增加投资、节能减排、保障运行形势依然严峻，完善体制机制任重道远。同时，政府职能有待进一步转变，有的政府部门及其工作人员服务意识不强、办事效率不高，极少数人甚至以权谋私、贪污腐败。我们一定高度重视，认真解决这些困难和问题，决不辜负全省各族人民的重托！

二、抢抓机遇，全力做好 2012 年各项工作

今年是实施“十二五”规划、全面贯彻落实省第九次党代会精神承上启下的重要一年，是推进桥头堡建设的关键一年，也是本届省人民政府履行职责的最后一年。做好政府工作，推动跨越发展任务繁重艰巨。

今年我省发展既面临复杂严峻形势的挑战，又面临诸多有利条件和难得发展机遇。挑战方面：国际市场持续低迷，世界经济复苏的不稳定性不确定性上升；我国经济长期矛盾和短期问题相互交织，经济增长下行和物价上涨的压力较大；我省产业层次偏低、农村贫困面大、区域发展不平衡等结构性矛盾短期内难以消除，加上三年连旱等因素的影响，保持平稳较快发展难度加大。机遇和有利条件方面：国家深入实施新一轮西部大开发战略、支持云南建设面向西南开放重要桥头堡，各项政策和措施陆续出台、逐步到位，这是我们加快发展、赶超发展的可靠保证；中央继续实施积极的财政政策和稳健的货币政策，重视发展实体经济，重视扩大内需，这是我们因势利导、乘势而上的有力支撑；省第九次党代会确立了科学发展、和谐发展、跨越发展的主题和建设开放富裕文明幸福新云南的目标，这是我们奋起直追、勇于攀登的强大动力；经过多年持续努力，我省发展条件明显改善、体制环境持续优化、产业实力不断增强，这是我们拓展空间、实现跨越发展的坚实基础。机遇大于挑战。我们要抢抓机遇、坚定信心、扎实工作，稳中求进、好中求快、变中求新，咬定目标不放松、推进工作不懈怠、狠抓落实不折腾，在应对挑战中抢占制高点，在破解难题中实现新发展，以优异成绩迎接党的十八大胜利召开。

政府工作的总体要求是：以邓小平理论和“三个代表”重要思想为指导，深入贯彻落实科学发展观，全面贯彻党的十七大和十七届三中、四中、五中、六中全会和中央经济工作会议精神，认真落实省第九次党代会和省委九届二次全会部署，紧紧围绕建设“两强一堡”战略目标，加快转变经济发展方式和调整经济结构，以扩大投资消费、发展实体经济、推进城乡统筹、保障改善民生、深化改革开放、维护社会稳定为工作着力点，更加注重基础设施建设，更加注重产业培育，更加注重自主创新，更加注重生态环保，以特色经济、民营经济、园区经济、县域经济为抓手，加快新型工业化、城镇化和农业现代化进程，奋力推动科学发展和谐发展跨越发展迈出坚实步伐。

经济社会发展主要预期目标建议为：全省生产总值增长 12%以上，力争生产总值突破万亿元，规模以上固定资产投资增长 20%以上，地方财政一般预算收入增长 17%以上，社会消费品零售总额增长 18%以上，城镇居民人均可支配收入增长 12%以上，农民人均纯收入增长 13%以上，居民消费价格总水平涨幅控制在 4%左右，城镇登记失业率控制在 4.6%以内，人口自然增长率控制在 6.24‰以内，单位生产总值能耗降低 3.2%以上，外贸进出口总额增长 15%以上。今年要突出抓好以下工作：

（一）千方百计扩大内需，保持经济平稳较快发展

认真落实宏观调控政策。加强形势预测和研判，准确把握宏观调控的力度、节奏和重点，着力解决发展中的突出矛盾和问题。积极争取国家支持，综合运用财税、金融等经济手段和必要的行政手段，加大对民生领域和结构调整的支持力度，保持经济平稳较快发展。

强化基础设施建设。集中精力抓项目，千方百计增投资，力争规模以上固定资产投资达到7100亿元以上（全社会固定资产投资达到8500亿元以上）。继续实施重大项目带动战略，认真做好项目储备，加大前期工作力度，完善重点项目推进机制。加快实施兴水强滇战略，抓好润滇工程，积极推进滇中引水工程，争取牛栏江—滇池补水工程实现通水。全面做好政府还贷二级公路债务锁定、资产移交、人员安置工作，加快大理—丽江、武定—昆明等在建高速公路项目建设，全力争取昭通—麻柳湾、昭通—会泽、待补—功山等高速公路开工建设，加快蒙自—文山—砚山等高速公路项目前期工作。加快在建铁路建设和昆明铁路枢纽改造进度，积极推进成昆铁路扩能改造、丽香铁路等项目前期工作。确保昆明长水国际机场转场运营，加快泸沽湖机场建设，做好怒江、澜沧、沧源机场前期工作，争取红河机场开工。推进重点煤炭基地和中缅油气管道及石油炼化基地建设。加快建设"宽带云南"，开展昆明三网融合试点，推进物联网开发利用基础设施建设。

拓宽投融资渠道。采取多种方式增加对实体经济特别是中小微型企业的有效信贷投放，力争全年新增信用融资不少于2000亿元。推动投融资模式创新，强化资源资产化、资产资本化运作，支持企业上市融资，推进上市公司再融资，拓宽债券融资渠道，加快保险机构融资步伐，积极发展股权投资基金，壮大产权交易市场。促进民间投资较快增长。

扩大消费需求。完善促进消费持续增长的政策，力争实现社会消费品零售总额3540亿元以上。扩大消费信贷，积极发展网络购物等新兴消费业态，促进旅游休闲、文化娱乐和餐饮、健身、家政、养老等消费。加快商贸流通基础设施、公共物流信息平台和流通网络建设，促进消费便利化。积极发展农产品进城、工业品下乡配送等服务，努力改善消费环境。全面加强食品、药品等重点产品监管，严厉打击制售假冒伪劣产品行为，切实维护消费者合法权益。

加强经济运行调节。健全经济运行监测体系，强化煤电油运水保障。高度重视煤矿安全生产，搞好煤炭市场调控，增加电煤供应。落实国家电价调整政策，加强电力供求调度管理。积极协调增加成品油购进和仓储设施建设，提高储备能力。优化运输计划和组织协调，保障重点企业、重点物资运输。统筹重要水资源调度，协调各方用水需求，全力保障城乡群众生活用水。

（二）扎实抓好"三农"工作，促进农业增产、农民增收、农村发展

稳步增加农产品生产。继续实施百亿斤粮食增产计划，启动优质水稻、玉米、麦类基地建设，确保粮食总播种面积不低于6500万亩，增产50万吨左右。积极扶持蔬菜、生猪、牛羊肉、水产品等生产，切实抓好农产品质量安全，扩大冬季农业开发面积。

加快推进农业科技进步。搞好产学研、农科教结合，重视农业新品种、新技术研发，积极发展现代种业。健全乡镇和区域性农技推广、动植物疫病防控和农产品质量安全监管等公共服务机构，建设一批农技推广示范县，改善乡镇农技推广条件，提升农业机械化水平。重视农业科技创新人才的培养、引进和使用。

提高农业产业化水平。加强优质烟叶、蔬菜、花卉、木本油料等特色种植业，生猪、肉牛、肉羊等畜牧业基地建设，完成木本油料基地建设450万亩，建设50个现代农业示范园，新增2个国家级农业产业化示范基地，打造品牌、开拓市场，着力发展高原特色农业。支持发展农民专业合作社，健全农业社会化服务体系，力争农业产业化经营组织达到6600个。大力扶持发展龙头企业，省级以上重点龙头企业达到380户、年销售收入1亿元以上的企业超过150户。推进农业对外交流合作，加大农业招商引资力度。

加强农业基础设施建设。新开工40项重点骨干水源工程，建成40万件"五小水利"工程，加快推进病险水库除险加固，积极开展高标准基本农田建设，继续推进"以工代赈"、"兴地睦边"农田整治，完成300万亩以上中低产田地改造任务，提高农业综合生产和防汛抗旱减灾能力。

强化新农村建设。启动实施以水电路气房为重点的乡村改造工程，建设1500个新农村省级重点村，实施500个自然村村容村貌整治工程，新建农村户用沼气池15万个，完成节柴改灶10万户，推广太阳能热水器10万套，改造农村公路1万公里，解决5.7万户无电人口通电问题。

深化农村综合改革。稳定和完善农村基本经营制度，稳妥推进土地规模经营。推动征地制度改革。全面实施村级公益事业建设一事一议财政奖补，大力推进农垦、供销社、农村信用社和农村小型水利工程管理体制改革。推动“三农”金融服务改革创新，充分发挥农村信用社支农主力军作用。深化集体林权制度改革，启动实施国有林场改革，推进草原承包改革。

各位代表，增加农民收入是“三农”工作的核心。今年，我们将围绕省第九次党代会提出的农民收入倍增目标，进一步加大投入力度，扶持农业龙头企业，大力发展烟、茶、花、橡胶、甘蔗、蚕桑、水果、畜牧养殖等特色优势产业，增加农民家庭经营性收入；进一步加大对农村劳动力转移就业和创业的支持力度，努力提高农民工资性收入；进一步完善和推进土地流转办法和集体林权制度改革，确保农民合法权益，切实增加农民的土地收益和财产性收入；进一步落实粮食直补等各项强农惠农政策，提高省级公益林补偿标准，推进政策性农业保险，提高农民转移性收入，让农民群众过上更加幸福美好的生活！

（三）实施工业强省战略，转方式调结构，推动产业优化升级

促进工业跨越发展。围绕工业三年倍增目标，力争今年全部工业增加值完成3900亿元以上。启动企业、园区、行业“三个十千亿”和五年工业万亿投资行动计划，继续实施重点项目“212”工程，全年除电力外的全部工业投资达到1600亿元。推进工业化与信息化深度融合。

改造提升传统优势产业。加快现代烟草农业发展，推进卷烟产品结构调整，力争“两烟”实现税利1180亿元。突出抓好技术改造和兼并重组两个环节，巩固提升钢铁有色、煤炭电力、磷煤化工等传统产业，培育壮大建筑建材业，积极发展石化产业，力争有更多的产业销售收入超过千亿元。推进矿电结合，引导能源密集型工业向水电富集区集中。加快“三江”干流水电开发和“云网”建设进度，优化能源结构。

培育壮大战略性新兴产业。强化组织协调，加大政策扶持，建设示范基地，加快产业发展。建设生物资源开发创新产业基地，重点打造生物医药等百亿元产业，做大做强现代生物产业。加强锗、铟等稀贵金属资源开发秩序整顿与行业整合，建设国家级产业基地。积极发展光电子、新材料、高端装备制造业，加快培育节能环保产业，推进风能、太阳能、生物质能等新能源发展。

促进服务业提质增效。实施服务业提升计划，确保服务业增速不低于两位数。继续推进旅游二次创业，深化旅游综合改革，加快重大项目建设，实施十类商品、百家企业、千名技师培育工程，壮大旅游商品制造业和旅游购物业，力争旅游总收入达到1450亿元。推进昆明区域性金融中心和金融产业园区建设，大力发展地方金融机构，稳步发展村镇银行、小额贷款公司，支持微型金融机构发展。加快发展现代物流业，推进物流业与制造业融合发展；推进区域性城市、重点口岸物流节点建设，加强重点物流企业培育，推动传统物流企业转型升级；鼓励开展连锁经营，大力发展电子商务；做好商务部“南菜北运”试点工作。鼓励发展科技研发、技术推广、工艺设计、广告创意等专业服务业，加快发展投资、工程、财会、法律、管理等咨询服务业，积极发展会展业和服务外包。

推动产业聚集发展。择优培育一批大型骨干企业，发展一批专精特新中小企业，引导企业搞好协作配套。强化设施配套，完善和落实相关扶持政策，引导传统优势产业、战略性新兴产业以及食品饮料、纺织服装、家电日化、家居家具等轻工业向园区集中，重点打造一批销售收入超百亿、超千亿的特色产业园区。改进园区发展考核办法，创新管理体制机制，推动园区管理实体化。力争具备条件的省级工业园区升格为国家级园区。

加大央企入滇和民企入滇工作力度。着力在项目落地上下功夫，解决好项目规划、选址、征地、配套等问题，力争再引进15户以上央企入滇合作发展。深化与全国工商联的合作，吸引16户以上知名民营企业来云南投资发展。

促进非公经济和中小微型企业大发展。认真落实扶持非公经济和中小微型企业的政策措施，推进服务创优、全民创业、企业创新，新增3万户小微企业，力争非公经济增加值占全省生产总值的比重达44%以上。规范发展融资担保机构，继续完善中小企业网上融资平台，开展中小微型企业融资便利化行动。加快建设省、州市、县三级中小企业公共服务示范平台，推动建立小微企业创业基地。

增强科技创新能力。深入实施创新型云南行动计划，加快建立和完善以企业为主体的技术创新体系，建设产业技术创新战略联盟，打造国家科技创新与技术转移基地，提高区域自主创新能力。继续实施重大科技专项，建设一批重大科技创新平台，培育一批创新型企业和高新技术企业。积极引进国内外高水平的大企业、科研院所、著名高校到我省建立研发机构、成果转化基地，兴办科技型企业。继续实施质量兴省和标准化战略，提高品牌产品的市场占有率和附加值。

发展绿色经济。牢固树立绿色发展理念，壮大绿色产业。完善以资源有偿使用、生态环境补偿等为重点的发展政策体系和保障机制。积极发展循环经济，全面推行清洁生产审核。努力推进低碳经济试点省工作，实施低碳发展十大重点工程，建立温室气体排放统计核算制度，完成碳排放削减目标。

（四）加快推进城镇化进程，促进城乡区域协调发展

创新城镇发展思路。按照“守住红线、统筹城乡、城镇上山、农民进城”的要求，调整完善土地利用、林地保护和城镇近期建设规划，抓紧制定省域城镇体系规划，加快编制全省低丘缓坡土地综合开发利用规划。细化和落实配套政策措施，发挥好差别化土地管理政策的导向和激励作用，促进土地资源节约集约利用。进一步加强城乡建设和管理，全面完成村庄规划，建设宜居城乡。

促进进城农民转变为城镇居民。以农民工特别是新生代农民工进城落户为突破口，深化户籍制度改革，全面放宽中小城镇落户条件，建立健全就业创业扶持、教育、住房、社保、医疗卫生、农村土地管理等机制，落实好进城农民权益保障措施，确保实现120万农村人口转户进城。

提升县域经济发展能力。以启动民间资本为杠杆，以民间投资和消费为支点，创新政策，推动县域在工业化、城镇化发展中同步推进农业现代化，着力打造一批经济强县。继续实施扩权强县试点，赋予县级政府更大的发展自主权。抓紧编制县城和重点乡镇建设规划。建立科学合理的县域经济发展考核体系，鼓励各县争先进位、勇创一流。

加快发展滇中经济区。尽快编制总体规划及各类专项规划，抓紧建立领导、协调、合作机制，形成合力、壮大实力，进一步发挥其在全省经济增长中的火车头作用。突出重点、分步推进，优先推动区域内交通、能源、水利、消防等基础设施全面对接、共建共享。

支持各州市加快发展。加快昆明区域性国际城市建设步伐，提升现代新昆明的影响力、带动力、辐射力。引导和支持其他州市发挥优势、加快发展。省政府继续以专题会议等形式，加强对州市工作的指导，因地制宜强化扶持措施。

深入实施兴边富民工程。重点推进兴边富民“五大任务”、“十大工程”和“十项保障”建设。坚持和完善一户大企业、一所高校或科研单位、一家金融机构共同帮扶一个县市的做法，积极引导社会力量参与工程建设。继续实施边疆解“五难”工程。

打好新一轮扶贫开发攻坚战。把乌蒙山区、滇西边境山区、石漠化地区、藏区四大连片特困地区作为主战场，以深度贫困人口为重点，抓紧编制和实施连片特困地区区域发展与扶贫攻坚规划，加快贫困地区发展步伐，实现100万贫困人口脱贫。

（五）全力推进桥头堡建设，坚定不移深化改革扩大开放

推动桥头堡政策落实。加强与国家各部委的汇报衔接，力争在投资贸易便利化、差别化产业政策、电力价格改革试点、土地政策、金融政策、烟草政策等方面先行先试，尽快取得实质性突破。争取桥头堡建设总体规划尽快获得国家批准。继续抓好与国家有关部委桥头堡建设战略合作协议的签署，狠抓各项政策的落实。

全力建设国际大通道。重点推进连接周边国家的交通、油气、电力、信息等项目和沿边干线公路等基础设施建设，大力拓展国际国内航线，加快推进龙瑞高速公路和大瑞铁路、蒙自至河口铁路等重大项目，继续抓好“两出省”、“三出境”水运通道建设。提升口岸建设和通关便利化水平。

加强区域合作。积极参与中国—东盟自由贸易区建设，深化大湄公河次区域和孟中印缅地区经济合作，提升与东南亚南亚的合作水平。拓展人民币跨境金融服务。改善硬件，提升服务，继续办好昆交会系列活动。深化与泛珠三角、长三角、环渤海等区域的合作，提升滇沪、滇浙、滇粤、滇桂等合作层次，推进与港澳台的合作。进一步推动对外民间交流与合作。

加快发展开放型经济。着力建设瑞丽重点开发开放试验区，抓紧建设边境合作区和综合保税区，加快建设外向型特色产业基地和出口加工基地，积极发展加工贸易，有序发展“三头在外”的企业和产业。大力培育和发展跨境物流、旅游等产业，扩大服务贸易。鼓励有比较优势和竞争实力的企业“走出去”

加大招商引资力度。完善招商引资工作机制和激励机制，加强工作机构和队伍建设。充实完善招商引资项目库，搞好项目储备。重点做好对国内发达地区的招商引资，着力引进世界500强、国内500强、境内外跨国公司、省外大企业大集团及相关配套企业。积极吸引侨商、侨资来滇投资兴业。

深化各项改革。推进投融资体制改革，进一步下放政府投资项目审批权限，促进融资平台健康发展。完善国有资产监管体系，推进国有经济战略性调整。深化行政管理体制改革，稳步推进事业单位分类改革。继续抓好昆明、红河综合改革试点。深化财税体制改革，加快完善省对下转移支付体系，健全县级基本财力保障机制。推进资源性产品价格改革，加快污水和垃圾处理价格改革。进一步推动社会事业和公共服务领域改革。

（六）加强生态建设和环境保护，努力构筑西南生态安全屏障

强化生态建设。实施绿水青山计划，抓好“森林云南”建设，增加森林碳汇。启动25度以上陡坡地生态治理工程，用10年时间实施1000万亩陡坡地生态治理，今年治理80万亩。改造400万亩中低产林。搞好天然林保护和造林绿化，完成营造林650万亩。做好森林防火工作。实施以滇西北、滇西南为重点的生物多样性保护行动计划，推进各类保护地建设。启动自然保护区管理体制改革。认真开展石漠化、水土流失综合治理。加强重要生态功能区保护与建设。

加大江河湖泊治理力度。按照“一湖一策”的部署，抓好以滇池为重点的九大高原湖泊水污染综合防治工作，巩固提升治污成果。搞好长江、珠江、澜沧江等河流防护林建设，加强出境跨界河流水环境综合防治。切实抓好重金属污染防治和危险化学品排查治理工作。完善环境突发事件应急机制。

加强资源保护和合理利用。做好国家“低丘缓坡土地综合开发利用试点”工作。全面开展划定永久基本农田工作，将坝区80%以上的耕地和山区集中连片优质耕地划为永久基本农田，实行特殊保护。整顿和规范矿产资源开发秩序，健全矿政管理新机制。继续开展地质找矿，力争实现更大突破。全面推进水资源保护和节水型社会建设，倡导水资源多目标开发。广泛开展资源综合利用，重点加强城市资源循环利用。

推进节能减排。建设覆盖全省的节能指标监测和预测预警体系。实施200项节能示范项目，形成100万吨标准煤的节能能力。启动实施万家企业节能低碳行动计划。加大淘汰落后产能力度。实行污染减排调度制度，定期研究重点减排项目进展情况。加强污染源监控。加快城镇污水和生活垃圾处理设施建设，确保248个项目全部正常运行。完成化学需氧量、氨氮、二氧化硫、氮氧化物4项主要污染物削减的目标任务。

各位代表，保护良好生态环境，建设生态宜居幸福家园，是全省各族人民的热切期盼。我们要坚持生态立省、环境优先，继续深入推进“七彩云南保护行动”，让云岭大地天更蓝、山更绿、水更清、空气更清新、环境更宜人、人民更开心！

（七）加快建设民族文化强省，推动文化大发展大繁荣

文化是一个国家、民族的灵魂、血脉和精神家园。今年，我们将全力加快民族文化强省建设。深入开展中国特色社会主义理论体系宣传普及活动，大力弘扬以爱国主义为核心的民族精神和以改革创新为核心的时代精神。树立高原情怀，提倡大山精神，构建新时期云南各族人民共有的精神家园。充分发挥先进典型的示范引导作用，加强公民和未成年人道德建设，筑牢全省人民团结奋斗的共同思想道德基础。

完善公共文化服务体系。突出文化惠民，继续推进标志性文化项目，加大州市“三馆”、县“两馆”、乡镇综合文化站和村级文化室建设力度，建设一批农民文化素质教育网络培训学校和文化惠民示范村。繁荣发展哲学社会科学，加强重大现实问题研究。鼓励创作生产更多优秀文化精品。加强文化遗产和重点文物保护。深入实施全民健身工程，重点支持县、乡、村建设体育设施，提高各族人民身体素质。因地制宜发展高原特色体育事业，不断提高竞技体育水平。

加快发展文化产业。壮大国有骨干文化企业，鼓励社会力量发展文化产业。加强文化产业园区和示范基地建设，着力打造一批文化产业强市强州、特色文化产业县乡。推动文化“走出去”，开展多渠道多层次的对外文化交流，大力发展文化贸易。加强孔子学院建设。办好“七彩云南东南亚南亚行”等系列文化交流活动。

（八）大力发展社会事业，着力保障和改善民生

优先发展教育。继续推进教育综合改革。巩固“两基”成果，促进义务教育均衡发展。开展中小学校标准化建设。大力发展高中阶段教育。加快发展中等职业教育，建设现代职业教育体系。加强国家级省级重点学科和特色学科建设，继续推动区域高水平大学建设。进一步提升教育对外合作和交流水平。鼓励和支持民办教育，加快发展学前教育和继续教育，关心和支持民族教育、特殊教育。继续落实好对人口较少民族、藏区、边境地区困难学生的资助政策。加强教师队伍建设，招聘特岗教师5000名。解决好进城务工人员子女接受义务教育的问题，关爱农村留守儿童。重视校园治安、消防安全，抓好校车安全工作。

发展医疗卫生事业。巩固新型农村合作医疗参合率，人均筹资标准提高到290元，提高住院报销补偿比例。认真落实国家基本药物制度，保证群众基本用药需求和用药安全，控制医疗费用不合理上涨。继续实施基本和重大公共卫生服务项目，扩大覆盖面。推进以县级医院为重点的公立医院改革，鼓励社会资本以多种形式开办医疗机构。加强基层医疗卫生服务体系建设，做好城市医疗卫生支援农村的工作。提升社区卫生服务中心服务能力。继续完善疾病预防控制体系，推进突发公共卫生事件应急体系建设。扶持中医药和民族医药事业发展。

增加城乡居民收入。实施“居民收入倍增计划”，推动城乡居民特别是中低收入群体收入较快增长。今年力争企业职工基本养老金、城乡低保标准、重点优抚对象抚恤标准、最低工资标准、失业金增长15%以上，适度提高城乡居民基础养老金标准。建立健全职工工资正常调整机制。推进企业工资集体协商，逐步健全农民工工资支付保障体系。落实结构性减税政策。继续完善机关事业单位工资收入分配制度，加大向基层倾斜，逐步缩小地区间差距。适当增加村(社区)干部的报酬。

促进社会就业。实施更加积极的就业政策，确保全年实现新增就业岗位100万个以上，其中城镇新增就业28万人以上。大力发展劳动密集型产业，通过“贷免扶补”等措施，扶持创业10万人以上。推进就业公共服务平台和信息网络建设。加强职业技能培训，提高劳动者就业能力和技术水平。着力做好高校毕业生、农民工和城镇就业困难人员的就业工作。开发公益性就业岗位4万个以上。帮助有就业能力家庭至少有一人实现就业。加强劳动合同、劳动人事争议调解和仲裁制度建设，构建和谐劳动关系。

加强物价调控监管。切实落实“米袋子”、“菜篮子”行政首长负责制，加强重要农产品生产基地和平价商店建设，做好粮油生产、购销、调运和储备工作，提高市场应急调控能力。强化物价监测预警和督促检查。建立省级价格调节基金。

完善社会保障。扩大城镇职工养老、医疗、工伤、失业、生育保险参保范围，稳步提高保障标准。实现新型农村社会养老保险和城镇居民社会养老保险制度全覆盖，确保参加各类社会保险人数达到3500万人次以上。推进社会保障“一卡通”。研究探索提高社会保险统筹层次，完善各类社会保险之间的衔接和转移接续机制。加强基层就业和社会保障公共服务体系建设。做好移民安置工作。

加强社会救助体系建设。完善社会救助保障标准与物价上涨挂钩联动机制。新增农村低保30万人，达到430万人左右。农村五保对象供养省级补助标准提高到每人每月104元。加强医疗救助、临时救助、流浪乞讨人员和重度残疾人的救助工作。积极发展社会福利和慈善事业，进一步做好残联、红十字会工作。

加强防灾减灾体系建设。继续实施预防和处置地震灾害十大能力建设，完善灾害紧急救援、防汛抗旱和灾民救助服务体系。做好地质灾害分类治理，提高气象灾害防御水平。加强边境地区传染病、动植物疫病联防联控体系建设，做好生物灾害防控工作。继续做好地震灾区恢复重建工作。

集中财力办一批惠民实事、好事。(1)全面实施“农村中小学生营养改善计划”，从今年春季学期开始，全省农村义务教育阶段中小学生都能享受健康营养餐。(2)实施“农村中小学寄宿制学生生活补助全覆盖计划”，为农村中小学寄宿制学生提供生活补助，并把补助标准提高到小学生每年1000元、初中生每年1250元。(3)继续实施“中小学校舍安全工程”，突出加强地震多发的人口稠密地区校舍安全工作，让孩子们在安全的校园环境中安心学习。(4)实施“光明工程”，今年为6万例白内障患者免费实施复明手术，让患者重见光明。(5)实施“妇幼健康计划”，提高农村孕产妇住院分娩补助标准，扩大农村妇女“两癌”普查试点范围，开展出生缺陷三级综合防治，降低孕产妇死亡率、婴幼儿死亡率及新生儿出生缺陷率。(6)实施“灾害应急计划”，新建20个县级救灾物资储备库，为362个乡镇配备救灾车辆，面向家庭广泛发放防灾应急小册子和小急救包，普遍开展防灾应急小型演习。(7)继续实施“文化惠民工程”，争取“十二五”广播电视“村村通”工程今年全面完成，推进文化信息资源共享、农家书屋、农村电影放映工程建设，开展万场“文化大篷车”活动。(8)加强民生水利建设，解决300万以上农村人口饮水困难和饮水安全问题。(9)推进养老服务体系建设，今年新建、改扩建22个城市老年福利机构、80个农村敬老院、300个城乡社区日间照料中心，新增床位16300张。(10)

继续帮助中低收入人群解决住房困难，新开工建设 30 万套城镇保障性住房，新增发放租赁补贴 10 万户，完成 30 万户农村危房改造及地震安居工程。

各位代表，云南集边疆、民族、山区、贫困四位一体，但不管困难有多大，我们都要始终坚持以人为本、执政为民，时刻把百姓的安危冷暖挂在心上，不断加大投入力度，努力追求公平正义，让全省各族人民生活得更加幸福、更有尊严。

（九）加强和创新社会管理，切实维护社会和谐稳定

做好新形势下的群众工作。深入开展群众观点、群众路线、群众利益、群众工作“四群教育”，组织各级干部开展深入基层、深入群众、深入实际“三深入”活动。完善公共决策社会公示制度和公众听证制度，畅通群众知情和诉求渠道，真正做到问政于民、问需于民、问计于民。坚持以群众工作统揽信访工作，健全党和政府主导的群众权益维护机制，有效化解各种矛盾。

加强和改进舆论引导。完善舆情分析研判制度、新闻发布制度和重大突发事件新闻报道机制。实施网络内容建设工程，改进管理方式，发展健康向上的网络文化。

加快建设社会信用体系。大力推进政务诚信、商务诚信和社会诚信建设，抓紧建立健全覆盖全省的征信系统。加强诚信教育，加大对守信行为的鼓励保护和对失信行为的惩戒力度。

坚持安全发展。切实抓好安全生产，加强交通安全监管，做好消防工作，坚决防范和遏制重特大事故发生。健全事故灾难、公共卫生、社会安全事件和各类自然灾害的预防预警体系，加强综合应急救援队伍建设。

深化平安创建活动。加强社会管理综合治理，完善社会治安防控体系，坚决打击各类刑事犯罪，提升人民群众的安全感和满意度。扎实推进第三轮禁毒防艾人民战争。做好流动人口的服务和管理，加强特殊人群帮教管理和服务工作。严密防范、坚决打击境内外敌对势力的渗透破坏活动，深入开展边境地区社会治安集中整治行动，维护国家安全和边疆社会政治稳定。

抓好基层基础工作。强化城乡社区警务、群防群治和农村基层治保调解组织建设，提高执法保障能力。完善人民调解、行政调解和司法调解联动工作机制。扎实推进和谐社区建设，大力培育公益性社会组织，充分发挥各类社会组织在社会管理中的积极作用。

（十）加强民主法治建设，积极发展社会主义民主政治

推进法治云南建设。加强和改进政府法制工作，支持人民法院、检察院依法独立公正行使职权，做好法律服务和法律援助工作，积极实施“四五”依法治省规划，扎实推进“六五”普法工作。

发展社会主义民主政治。自觉接受省人大及其常委会的法律监督和工作监督，认真执行省人大及其常委会的决议、决定，支持省人大及其常委会依法履职。主动接受省政协的民主监督，支持省政协多渠道参政议政。发挥爱国统一战线协调关系、凝聚人心、汇聚力量的优势，广泛听取各民主党派、工商联、无党派人士的意见和建议，支持工会、共青团、妇联等人民团体的工作。加强基层民主建设，坚持和完善政务、厂务、村务公开。

加强民族宗教工作。坚持和完善民族区域自治制度，认真贯彻党和国家的民族政策法规，积极推进民族团结进步、边疆繁荣稳定示范区建设，巩固和发展各民族和睦相处、和衷共济、和谐发展的良好局面。继续采取特殊政策，扶持人口较少民族、特困民族发展。全面贯彻党的宗教工作基本方针，促进宗教和顺有序、和谐稳定。

各位代表！长期以来，驻滇人民解放军和武警部队为我省改革发展稳定做出了重要贡献。我们要积极支持部队建设，加强国防教育，进一步做好国防动员、国防后备力量建设、人民防空以及复员转业军人安置工作，大力推进双拥共建活动，巩固和发展军政军民团结。

我们将继续做好人口和计生、统计、侨务、科普、老龄、参事、文史、方志、档案等工作。

三、凝心聚力，努力建设人民满意的服务型政府

全面完成今年的各项任务，对政府工作提出了新的更高的要求。我们将继续推进法治政府、责任政府、阳光政府、效能政府建设，进一步加强政府自身改革和建设，努力建设人民满意的服务型政府。

（一）着力转变政府职能

进一步完善政府经济调节、市场监管职能，注重发挥政府在稳定经济增长、转变发展方式、调整经济结构等方面的主导作用。强化社会管理和公共服务职能，推进基本公共服务均等化，创新管理机制，提高服务质量和效率。继续深化行政审批制度改革，进一步减少行政审批事项，减少对微观经济活动的干预，努力为投资者提供公平、稳定、透明的投资环境。

（二）着力提升行政效能

深化政务公开，做好政府信息发布工作，凡涉及群众切身利益的重大事项都要向社会公开。继续加强政务服务中心和电子政务建设，完善“一站式”服务，提高行政效率，降低行政成本。发挥公共资源交易平台的作用，实现各类公共资源依法、规范、阳光交易。健全上下级政府之间、同级政府部门之间的工作协调机制。

（三）着力提高依法行政水平

坚持科学决策、民主决策、依法决策，建立完善重大项目和重大决策社会稳定风险评估机制，严格责任追究制度。推进综合行政执法，适当下移执法重心，减少执法层级，规范执法行为，严格执法、公正执法、文明执法，切实保护人民群众特别是困难群众和弱势群体的合法权益。加强行政复议工作，化解行政争议。重视司法监督、审计监督、舆论监督和社会公众监督。

（四）着力弘扬求真务实作风

各级政府及其工作人员要强化政治意识、宗旨意识、大局意识和责任意识，力戒浮躁，做到用心、用情、用力工作。要营造宽松、宽容、宽厚、和谐的环境。建立健全抓落实的工作责任制，确保各项政策措施落到实处。建立干部直接联系群众制度，进一步改进会风和文风，精简会议和文件，规范检查评比，简化办事程序，减少各类接待，促使广大干部真正做到情系衣食父母、服务人民群众。积极推进学习型机关和学习型政府建设，提高各级干部履行职责、促进发展、服务人民的能力。开展诚信政府建设，做到言必信、行必果，增强政府公信力。

（五）着力推进反腐倡廉建设

坚持把廉政建设作为政府自身建设的重要内容，落实廉洁自律各项规定。扎实推进惩治和预防腐败体系建设，健全风险预警和权力运行监控机制，加强对领导干部、政府机关、重点领域和关键环节的监督，加大源头治理和查办违纪违法案件工作力度。政府工作人员特别是领导干部要时刻牢记“两个务必”，带头落实廉政准则，勤勉尽责，清正廉洁，艰苦奋斗，厉行节约，树立为民、务实、清廉的良好形象。

各位代表！省第九次党代会开启了我省建设面向西南开放重要桥头堡的新征程。未来前景无限美好，云岭儿女重任在肩。让我们紧密团结在以胡锦涛同志为总书记的党中央周围，高举中国特色社会主义伟大旗帜，以邓小平理论和“三个代表”重要思想为指导，深入贯彻落实科学发展观，在中共云南省委的坚强领导下，解放思想、真抓实干，同心协力、锐意进取，奋力开创科学发展、和谐发展、跨越发展的新局面，为建设开放富裕文明幸福新云南而努力奋斗！

关于云南省2011年国民经济和社会发展计划执行情况与2012年国民经济和社会发展计划草案的报告

——2012年2月11日在云南省第十一届人民代表大会第五次会议上

云南省发展和改革委员会

一、2011年国民经济和社会发展计划执行情况

2011年是"十二五"规划开局之年。面对严峻复杂的国内外环境，面对种种矛盾和困难，全省上下在省委、省政府的坚强领导下，深入贯彻落实科学发展观，按照省十一届人大四次会议审议批准的国民经济和社会发展计划，围绕"两强一堡"战略，着力保增长、稳物价、调结构、惠民生、促和谐，经济社会实现又好又快发展，实现了"十二五"开门红。

全年除居民消费价格指数略高于计划目标外，主要经济指标圆满完成省十一届人大四次会议确定的预期目标。其中，全省生产总值增长13.7%；全社会固定资产投资增长27.4%；社会消费品零售总额增长20%；地方财政一般预算收入增长27.5%；城镇居民人均可支配收入增长10.3%；农民人均纯收入增长13.9%；城镇登记失业率4.05%；人口自然增长率6.35‰；单位生产总值能耗下降3.22%；外贸进出口总额增长19.6%；居民消费价格总水平上涨4.9%，涨幅居全国末位。经济社会发展的良好态势具体表现为以下11个方面：

（一）国民经济实现较快发展。全省生产总值实现8750.95亿元，是30年来最好水平。地方财政一般预算收入1110.8亿元，增长27.5%，地方财政一般预算支出2929.6亿元，增长28.2%。经济效益总体保持较高水平。全省规模以上工业企业利润较快增长，1-11月实现利润478.38亿元；在38个工业大类中，22个行业利润增长。

（二）扩大内需成效显著。全社会固定资产投资完成7109.7亿元，增长27.4%。阿海、糯扎渡等一批重大项目得到国家核准加快建设。全省共争取到国家发展改革委安排的中央投资163.3亿元，超额完成年初130亿元的目标。消费对经济增长的贡献水平提高，全年实现社会消费品零售总额3000.1亿元，增长20%。旅游业总收入1300.29亿元，增长29.7%。

（三）"三农"工作进一步加强。扎实推进十项科技增粮措施的落实，全年粮食总产量1755.6万吨，粮食实现连续9年增产。省级财政新增农业产业化发展专项资金2亿元，整合10亿元涉农产业发展资金用于扶持农业龙头企业发展。完成中低产田地改造357万亩。农民人均纯收入达到4722元，增长13.9%，创1997年以来最高增幅。

（四）产业结构优化升级加快推进。烟草工业销售收入和利税双双突破千亿，铝、锡等有色金属深加工率提高，一批传统轻工业重大项目快速推进，战略性新兴产业迅速成长，非公经济占GDP的比重由40.6%提高到42.1%。首次实现了国家重点支持的8个高新技术领域全覆盖，有力地支撑了我省产业发展。

（五）基础设施建设取得新进展。仁和至丽江铁路实现建成通车运营，59条政府收费还贷二级公路基本建成，昆明长水国际机场主体工程及配套工程建设推进顺利，即将实现转场运营。滇中引水工程前期工作稳步推进，重点水源工程建设加快推进。中缅油气管道和石油炼化基地开工建设。风电产业迅猛发展，累计投产70万千瓦。

（六）城乡统筹协调发展。全省规划建设的248个治污项目累计完成202个；完成污水处理项目111个；完成垃圾处理项目91个。加强供水设施建设，供水保障能力进一步增强。加快推进新农村建设，第二批1500个省级重点建设村省级补助项目实施完毕。贫困地区投入力度加大，加快少数民族地区发展，启动实施"十二五"兴边富民工程。

（七）社会民生得到较大改善。全省新增校舍面积308万平方米；呈贡新区9所高校有11万学生入住；城镇基本医疗保险参保人数达862万人，新型农村合作医疗参合率达96.18%；文化设施建设累计投入中央资金1.6亿元，省级配套7913万元。城镇新增就业人数27.6万人，新增转移农村劳动力132万人。新建城镇保障

性住房累计开工 30.95 万套；安排 22 亿元资金，补助农村危房及地震安居房共 30 万户。居民消费价格上涨 4.9%，比全国低 0.5 个百分点。

（八）桥头堡建设取得重大突破。争取到国务院出台《国务院关于支持云南省加快建设面向西南开放重要桥头堡的意见》（国发〔2011〕11 号文件），召开桥头堡动员大会，制定贯彻落实国务院 11 号文件任务分解方案和实施意见；争取到多个部委、央企与我省签订桥头堡建设合作协议。

（九）改革开放继续深入推进。各项重点改革继续深入推进，医药卫生体制改革可按期实现三年改革目标，积极研究电价改革试点省实施方案。对外贸易较快增长，全省对外贸易实现进出口总额 160.5 亿美元，增长 19.6%，整体规模再创新高。

（十）生态建设和环境保护力度加大。单位国内生产总值能耗预计下降 3.22%，化学需氧量、氨氮、二氧化硫、氮氧化物预计分别削减 3.17%、3.22%、2.53%和 0.87%。深入实施"七彩云南保护行动"、"森林云南"建设。

（十一）经济社会发展绘就新蓝图。全省"十二五"规划纲要描绘了"十二五""五增长、五优化、三控制、两同步、一确保"的发展目标。我省钛产业进入国家三大钒钛资源开发利用基地，千万吨级炼油及石油化工项目、昆钢草铺项目、腾冲"三头在外"钢铁基地等一批重大项目列入国家重点产业生产力布局规划。

二、2012 年国民经济和社会发展预期目标和主要任务

经济社会发展的主要宏观调控预期目标建议为：全省生产总值增长 12%以上；规模以上固定资产投资增长 20%以上；地方财政一般预算收入增长 17%以上；社会消费品零售总额增长 18%以上；城镇居民人均可支配收入增长 12%以上；农民人均纯收入增长 13%以上；居民消费价格总水平涨幅控制在 4%左右；城镇登记失业率控制在 4.6%以内；人口自然增长率控制在 6.24‰以内；单位生产总值能耗降低 3.2%以上；外贸进出口总额增长 15%以上。为实现上述宏观调控目标，重点抓好 10 个方面的措施：

（一）千方百计扩大内需，为经济发展提供强力支撑

一是着力发挥投资拉动作用。加大项目前期工作经费投入力度，提高审批效率和服务水平，优化调整投资结构，努力提高工业、战略性新兴产业投资占全社会投资的比重。抓好任务分解落实，建立 2012 年固定资产投资的总量目标和结构调整目标责任制。对重大项目前期工作经费实施滚动管理，提高资金使用效率。二是积极扩大消费需求。贯彻落实好促进消费的政策,努力释放城乡居民消费能力。重点培育 10 个省级大型批发市场和 20 户大型流通企业。巩固和扩大房地产调控成果。三是强化运行协调，提供要素保障。加强经济运行分析、年度计划制定等工作，确保"十二五"规划目标分年度落实。强化煤电油气运水运行监测和调节，保障经济运行要素供给。

（二）全面实施桥头堡战略，推动云南实现跨越发展

一是推进专项规划研究编制。以 11 号文件为指导，统筹推进 3 个跨境经济合作区和 5 个边境经济合作区发展规划等一批重大专项规划编制工作。二是开展政策措施的细化研究。对 11 号文件 16 项任务和 30 条政策措施逐一提出细化落实方案。三是推动重大项目建设。启动一批重大项目前期工作，推动一批桥头堡重大项目尽快开工建设，加快推进一批在建项目。四是推动国家尽早出台《桥头堡建设总体规划》。五是协调召开部际领导联席会议。六是继续争取国家倾斜支持，落实国家支持桥头堡建设的各项政策措施。

（三）抓好"三农"工作，巩固和加强农业基础地位

一是稳定提高粮食生产能力。力争粮食播种面积不低于 6500 万亩，总产量增加 50 万吨，早日把云南建成全国粮食主产省。二是推动农业科技进步。鼓励和支持农业科研机构与农业龙头企业间的合作，加快基层农业技术推广体系建设，提高农民的科技水平。三是夯实原料基地，壮大龙头企业，培育特色品牌，强化公共服务支撑，加快农业现代化发展。四是加强农业基础设施建设。确保完成 300 万亩中低产田地改造、400 万亩中低产林改造任务、新开工 40 件水源工程和 40 万件以上"五小水利"工程。五是深化农村综合改革。

（四）推进经济结构调整，促进发展方式转变

一是着力实施工业强省战略。着力发展壮大战略性新兴产业,率先在具有比较优势和特色的生物医药产业发展上取得突破；巩固提升传统优势产业,打造云南特色烟草文化；优化发展化工产业；加快发展轻工业。二是大力发展现代物流、金融保险、信息服务、电子商务、研发设计、检验检测等生产性服务业。三是积极

落实差别化产业政策，编制云南特色优势产业发展规划报国家审批。四是提升园区经济的产业集聚和放大效应，全面落实促进非公经济发展的各项政策措施。五是大力发展县域经济，出台实施加快县域经济发展的决定，建立县域经济发展考核评价指标体系和促进县域经济发展争先进位的机制。六是深入实施创新型云南行动计划，以云南科技创新园为重点，打造国家科技创新与技术转移基地。

（五）强化基础设施建设，夯实发展基础

水利方面，加快推进牛栏江—滇池补水工程建设，加强骨干水源建设。铁路方面，推进成昆铁路扩能改造等项目前期工作，抓好云桂铁路等重点在建项目建设；推进昆明市轨道交通建设。公路方面，加快大丽等在建高速公路项目的建设，蒙自至文山至砚山等高速公路项目前期工作。民航方面，确保昆明长水国际机场全面建成并转场运营。水运方面，积极实施澜沧江五级航道整治二期工程，抓好全省内河重点港口工程收尾工作。能源方面，加快推进重点煤矿建设；继续加快大江干流水电项目建设和前期工作，中小水电实现科学有序开发；推进中缅油气管道及1000万吨级炼化项目建设。

（六）以实施城镇化带动战略，全面推动城乡协调发展

一是培育增长极。加快滇中经济区一体化进程，抓紧编制实施“六群七廊”规划，使我省形成以滇中为引擎，6个城市群为依托，7条经济走廊为连接的区域发展格局。二是切实推进主体功能区建设，进一步规范空间开发秩序，逐步形成主体功能定位清晰的空间开发结构。三是高度重视省际边界地区发展，促进省际边界地区跨越式发展走上良性轨道。

（七）加强价格监管，保持价格总水平基本稳定

一是积极保障市场供应。认真落实《2012年云南省稳定物价保障市场供应责任书》，保障重要商品供应和价格稳定。继续完善和落实“米袋子”、“菜篮子”行政首长负责制。二是努力降低流通成本，实现农副产品从田间地头到餐桌低税收、低收费。三是增强价格调控能力。加快建立省级及州市价格调节基金，适时启动社会救助和保障标准与物价上涨挂钩联动机制，确保低收入群体生活。四是加强市场监督，维护市场价格秩序，确保社会稳定。

（八）统筹推进各项改革，提高对内对外开放水平

一是深化各项改革。进一步推进资源性产品价格改革，推进社会事业和公共服务领域改革，继续深化农村改革、国企改革，积极推进财政、金融体制改革，深化昆明、红河综合试点改革等重点改革。二是积极扩大开放。以桥头堡建设为龙头，加快推进沿边开放和招商引资，全面提升对内对外开放水平，优化对外合作平台，加快外贸发展方式转变，加快招商引资步伐，着力打造沿边开放新格局。

（九）加大节能减排和环境保护力度，促进可持续发展

一是加强节能降耗。进一步落实节能减排目标责任制，严格限制承接“高耗能、高污染、低效益”的产业转移；对有色冶炼、钢铁等行业加大关停、淘汰力度。二是加大生态建设和环境保护力度。继续加大以滇池为重点的九大高原湖泊水污染防治力度，强化三峡库区上游工业水污染防治和铬渣治理项目的管理。加快城镇污水、垃圾处理设施建设。加强节水工作，研究制定节水政策，实施一批节水重点项目。三是积极开展应对气候变化工作，全面实施低碳发展十大重点工程，推动低碳试点省建设。

（十）大力发展社会事业，更加注重保障和改善民生

一是全面发展社会事业。确保九年义务教育巩固率达90%，加强中等职业教育基础设施建设，改善民族地区教育基础薄弱县普通高中办学条件，提高高等教育质量，推进艰苦边远地区农村教师周转宿舍建设；继续实施“光明工程”；加快社区服务基础设施和养老居家设施、小区老年服务中心建设。二是促进文化大繁荣大发展。深入贯彻十七届六中全会精神，提高文化支出占财政支出比例；加快清理对文化企业的各种不合理收费。三是加快贫困地区脱贫致富。重点推进兴边富民工程“五大任务”、“十大工程”和“十项保障”建设，促进藏区长治久安和跨越发展。四是提高就业和社会保障水平。力争全年实现新增就业岗位100万个以上；实现城镇基本医疗参保人数达865万人，新型农村合作医疗参合率保持在96%以上。新开工建设（改造）60万套保障性住房。五是加强和创新社会管理，维护社会和谐稳定。

关于云南省 2011 年地方财政预算执行情况和 2012 年地方财政预算草案的报告

——2012 年 2 月 11 日在云南省第十一届人民代表大会第五次会议上

云南省财政厅

各位代表：

受省人民政府委托，现将云南省 2011 年地方财政预算执行情况和 2012 年地方财政预算草案提请省第十一届人民代表大会第五次会议审查，并请省政协委员提出意见。

一、2011 年地方财政预算执行情况

2011 年，在省委的正确领导和省人大及其常委会的监督下，全省各级财税部门以科学发展观为指导，深入贯彻落实中央和省委的总体部署，恪尽职守、攻坚克难、扎实工作，全省财政收支运行良好，超额完成了省十一届人大四次会议确定的财政收支目标任务。

（一）全省财政收支预算执行情况

2011 年，全省地方财政一般预算收入完成 1110.8 亿元，比年初预算增加 108.8 亿元，增长 10.9%，比上年决算数增加 239.6 亿元，增长 27.5%。其中：税收收入完成 881.7 亿元，比上年决算数增长 25.6%；非税收入完成 229.1 亿元，比上年决算数增长 35.5%。全省地方财政一般预算支出完成 2929.6 亿元，比年初预算增支 346.6 亿元，增长 13.4%，比上年决算数增支 643.9 亿元，增长 28.2%，财政收支均超额完成省十一届人大四次会议确定的目标任务。

全省地方财政一般预算收支平衡情况是：地方财政一般预算收入 1110.8 亿元，中央各项补助收入 1721.3 亿元，上年结余收入 130.3 亿元，调入资金 51.5 亿元，发行地方政府债券收入 79 亿元，收入总计 3092.9 亿元；地方财政一般预算支出 2929.6 亿元，上解中央支出 3.4 亿元，调出资金 0.6 亿元。收支相抵，年终滚存结余 159.3 亿元。结余资金的形成，主要是部分项目由于不具备当年实施完毕的条件，其资金需结转下年继续安排使用。另外，已下达预算单位但单位因政府采购未完成等原因尚未支用的授权支付额度结余和已分未拨资金，也需结转 2012 年支付。

全省地方基金预算收入完成 1039.5 亿元，比年初预算增加 584.1 亿元，增长 128.3%，比上年决算数增加 614.4 亿元，增长 144.6%；地方基金预算支出完成 1007.7 亿元，比年初预算增支 523.2 亿元，增长 108%，比上年决算数增支 592 亿元，增长 142.4%。

全省地方基金预算平衡情况是：地方基金预算收入 1039.5 亿元，上年结余收入 97.9 亿元，中央补助收入 35.7 亿元，调入资金 0.6 亿元，收入总计 1173.7 亿元；地方基金预算支出 1007.7 亿元，调出资金 23.7 亿元，收支相抵，基金结余 142.3 亿元。

（二）省本级财政收支预算执行情况

2011 年，省本级财政一般预算收入完成 244.3 亿元，比年初预算增加 44.3 亿元，增长 22.2%，比上年决算数增加 60.8 亿元，增长 33.1%；一般预算支出完成 573.8 亿元，比上年决算数增支 110.2 亿元，增长 23.8%。

省本级财政一般预算收支平衡情况是：一般预算收入 244.3 亿元，中央各项补助收入 1721.3 亿元，下级上解收入 94.4 亿元，上年结余收入 62.3 亿元，调入资金 32.2 亿元，发行地方政府债券收入 79 亿元，收入总计 2233.5 亿元；一般预算支出 573.8 亿元，补助下级支出 1568.4 亿元，上解中央支出 3.4 亿元，债券转贷支出 10 亿元，调出资金 0.6 亿元。收支相抵，年终滚存结余 77.3 亿元。

省本级基金预算收入完成 100.5 亿元，比年初预算增加 43 亿元，增长 74.8%，比上年决算数增加 30.7 亿元，增长 44%；基金支出完成 34.7 亿元，比年初预算增支 15.9 亿元，增长 85.2%，比上年决算数增支 7.3 亿元，增长 26.5%。

省本级基金预算平衡情况是：基金预算收入 100.5 亿元，上年结余收入 58.4 亿元，中央补助收入 35.7 亿元，下级上解 0.9 亿元，调入资金 0.6 亿元，收入总计 196.1 亿元；基金预算支出 34.7 亿元，补助下级支出 75.2 亿元，调出资金 23.7 亿元。收支相抵，省本级基金结余 62.5 亿元。

以上均为快报数，在财政部批复我省 2011

年财政决算后，部分数据还会有所变化，届时再向省人大常委会报告变化情况。

二、2011 年全省财政工作情况

2011 年，在省委的正确领导下，省政府带领全省各级财税部门，紧紧围绕省十一届人大四次会议确定的各项目标任务，努力克服国际经济形势复杂多变、信贷政策收紧和通货膨胀预期加大等困难，迎难而上、锐意进取、奋力前行，各项财政工作取得新成绩，为实现我省“十二五”良好开局做出了积极贡献。

（一）坚持科学理财，全省财政收支实现“十二五”开门红

各级财税部门紧紧抓住宏观经济持续向好发展的有利时机，积极组织收入，狠抓预算执行，全省财政收支双双创近 10 年较高增长水平，实现了财政与经济发展的良好开局与良性互动。

财政收入实现快速增长。2011 年，全省地方财政总收入突破 2000 亿元大关，达 2258.2 亿元，比上年增加 448.9 亿元，增长 24.8%；全省地方财政一般预算收入突破 1000 亿元大关，达 1110.8 亿元，比上年决算数增加 239.6 亿元，增长 27.5%。全省财政收入增长情况明显好于上年，并达近 10 年来较好水平。一是税收收入实现平稳较快增长。全省地方税收收入完成 881.7 亿元，比上年决算数增收 179.6 亿元，增长 25.6%，占地方一般预算收入的比重为 79.4%。税收收入拉动地方财政一般预算收入增长 20.6 个百分点，其中，增值税、营业税、企业所得税和个人所得税等地方主体税种占地方财政一般预算收入总额的 51%。二是非税收入增长迅速。受预算外资金纳入预算管理的政策性因素影响，非税收入完成 229.1 亿元，比上年决算数增收 60 亿元，增长 35.5%，拉动地方财政一般预算收入增长 6.9 个百分点。三是争取中央财政支持成效显著。紧紧抓住实施新一轮西部大开发和加快建设中国面向西南开放重要桥头堡的重大机遇，多次赴财政部和国家有关部委汇报衔接，全年共争取到中央财政补助资金 1721.3 亿元，比上年决算数增加 431.5 亿元，增长 33.5%，争取中央财政补助规模创近 10 年来最高水平。全省地方财政总收入和地方财政一般预算收入实现“双突破”，为全面贯彻落实省委的重大决策部署、促进全省经济社会又好又快发展提供了坚实的财力保障。

财政支出结构进一步优化。2011 年，全省地方财政一般预算支出达 2929.6 亿元，比上年决算数增支 643.8 亿元，增长 28.2%。财政支出更加向民生和基层倾斜，全省民生支出达 2098.2 亿元，比上年增加 528 亿元，增长 33.6%，全省民生支出增长速度高于地方财政一般预算支出增速 5.4 个百分点。教育、社会保障和就业、医疗卫生、农林水事务、住房保障等重点民生领域保障有力，公共财政的成果更多更好地惠及广大城乡居民。全省财政新增支出重点向基层倾斜，其中，省本级增支额仅占全省增支总额的 17.3%，而省以下财政增支达 532.8 亿元，占全省增支总额的 82.7%，基层财政发展基础进一步夯实。

（二）坚持城乡统筹，倾力支持“三农”加快发展

各级财政部门始终坚持巩固和发展农业基础地位，持续加大扶持力度，推动“三农”工作取得新进展。2011 年全省财政农林水事务支出达 409.6 亿元，比上年增支 82.4 亿元，增长 25.2%。

更加突出农田水利建设。认真贯彻落实省委“兴水强滇”等水利事业发展战略，大兴水利，并且进一步突出加强农田水利等薄弱环节建设。筹措资金 21.6 亿元，支持小型农田水利重点县建设和山区“五小水利”建设，并重点向边疆、民族和贫困地区及革命老区倾斜，确保完成 40 万件“五小水利”工程的目标任务。下达水利建设资金 98 亿元，有力地支持了润滇工程、江河湖泊治理、病险水库除险加固、农村饮水安全等一大批重大水利项目建设。完善从国有土地出让收入中计提水利建设专项资金的征收管理办法，连续三年向省水投公司注入资本金，进一步增强省水投公司的投融资能力，确保 3 年筹措 60 亿元水利信贷资金的足额到位。

全面落实涉农补贴政策。安排补贴资金 42.6 亿元，继续实施粮食直接补贴、良种补贴等农业综合直补政策。安排资金 2.6 亿元，支持开展科技增粮行动计划。筹措整合资金 32 亿元，大力开展农业综合开发，新增国家级农业综合开发县 4 个、省级农业综合开发县 4 个。筹措财政奖补资金 15.3 亿元，继续实施村级公益事业建设“一事一议”财政奖补试点。公益性乡村债务清理化解深入推进。兑现财政奖励资金 4.5 亿元，全面落实县域金融机构涉农贷款增量奖励政策。

大力扶持农业产业化发展。及时制定《2011 年整合资金扶持农业产业化重点项目方案》，整合资金 35 项，共计 10 亿元。新增农业产业化专项扶持资金 2 亿元，按照“集中资金、突出重点、扶优扶强”的要求，对部分原料基地和农业龙头企业进行扶持，进一步优化优势农产品区域布

局，加快推进农业产业化进程。安排资金 2.5 亿元，支持现代农业生产发展。筹集资金 42.5 亿元，有力支持了中低产林改造、退耕还林、林业产业发展和农村能源建设。

全力支持连片特殊困难地区扶贫开发。安排扶贫专项资金 33.2 亿元，重点支持边疆、少数民族贫困地区和革命老区开展整村推进、劳动力转移培训、产业扶贫、易地搬迁和扶贫安居等工程。积极开展扶贫集中连片开发模式和贫困村村级互助资金试点工作，进一步探索集中连片特殊困难地区综合扶贫开发的新机制。

（三）坚持好中求快，全力推动经济转型发展

各级财政部门始终坚持以科学发展为主题，以转变经济发展方式为主线，充分发挥财政政策和财政资金的引导带动作用，着力促进经济发展方式转变、经济结构调整和经济效益提升。

积极扩大内需促进发展。一是认真实施结构性减税政策。全面落实国家提高个人所得税起征点和调整税率的政策，进一步降低中低收入者税负，促进收入分配结构更加合理和公平。从 2011 年 11 月 1 日起，实施调整小型微型企业增值税、营业税的起征点和娱乐业营业税税率的政策，切实减轻小型微型企业税收负担。深入研究支持桥头堡建设的财税扶持政策，积极向财政部争取更多的优惠政策。二是切实稳定农产品价格和市场供应。及时下拨省级储备肉专项补助资金 1029 万元，确保完成冻肉、活体猪和火腿储备任务，平抑肉类价格的持续上涨。完善化肥储备贴息补贴政策，安排资金 2000 万元，稳定我省化肥价格，确保边远贫困地区化肥供应需要。安排民族特需商品生产补助资金、民族企业技改贷款贴息和民贸网点建设补助资金，支持少数民族所需特色消费品的生产和流通。三是继续推进下乡产品补贴和现代流通体系建设。发放财政补贴资金 10.4 亿元，兑付家电下乡补贴产品 233.5 万台、摩托车下乡产品 65 万辆，惠及全省 200 多万农户。筹措资金 8250 万元,切实将省政府确定建设 3500 个农家店、82 个配送中心的目标任务落到实处，“万村千乡”市场工程扎实推进。安排资金 3000 万元，重点支持全省 100 个乡镇农贸集贸市场建设，积极促进农产品批发市场的升级改造。

突出重点支持重大项目建设。全省财政持续加大对经济建设的投入力度，有力地支持了铁路、公路、机场等交通基础设施和水利、环境保护、保障性住房等一系列重大项目的顺利实施。争取到中央代地方政府发行债券额度 79 亿元，重点用于在建项目，优先保障中央投资公益性项目及保障性安居工程的地方配套，其中，省级统筹安排 69 亿元，转贷州市 10 亿元。通过财政资金的引导，有效带动大量社会资金投入重大项目建设，牛栏江—滇池补水工程和昆明轨道交通建设加快推进、昆明长水国际机场基本建成。

着力支持中小企业暨非公有制经济加快发展。安排中小企业暨非公经济发展专项资金 4800 万元，对全省 116 户中小企业暨非公经济新产品研发及成果产业化等项目予以支持。安排新型工业化发展专项资金 2.8 亿元，加强全省工业园区的 31 个基础设施、19 个软环境项目和 87 个标准厂房建设。安排专项资金 9682 万元，对全省 149 个地方特色产业项目予以支持。安排服务业发展专项资金 3000 万元，加大全省 36 个现代物流体系和服务业品牌的建设力度。安排区域协调发展资金和外贸发展资金 2.3 亿元，支持我省企业实施“走出去”发展战略。

大力支持提高技术创新能力。省财政落实资金 5.8 亿元，加快推动创新型云南“八大工程”的实施，积极建立以企业为主体、市场为导向、产学研相结合的技术创新体系。安排技术创新专项资金 1.1 亿元，对全省 301 个企业科技研发项目、研发成果产业化项目予以支持，促进企业提高自主创新能力。安排补助资金 2.2 亿元，重点支持全省 120 户企业实施技术改造。

积极支持生态文明建设。坚持“先建后补、以奖代补、以奖促治”的财政资金投入原则，省财政共筹集资金 69.5 亿元，牛栏江—滇池补水工程、滇池治理，以及一大批城镇污水垃圾处理设施项目有序推进。其中，安排滇池水污染防治资金 18.4 亿元，重点支持滇池北岸环境综合治理工程、滇池流域水污染防治项目等建设；安排城镇污水和垃圾处理设施建设资金 21.6 亿元，进一步提高城镇污水和垃圾综合处理能力。筹措资金 31.5 亿元，支持九大高原湖泊流域内水环境综合治理，全面推进九湖生态建设。下达生态功能区转移支付资金 15 亿元，支持各地加大生态保护投入力度，推动限制开发区和禁止开发区享受与其他地区相当的基本公共服务水平。安排资金 1.5 亿元，大力支持旅游“二次创业”。

（四）坚持以人为本，着力推动社会和谐发展

各级财政部门始终坚定不移地推进公共财政建设，把加快基本公共服务均等化作为践行以人为本、民生为重、富民优先的重要举措。2011 年，全省财政民生支出占地方财政一般预算支出

的比重达 71.6%，民生支出规模不断增加。

支持教育优先发展呈现新亮点。进一步提高义务教育保障标准，下达义务教育保障机制经费 95.1 亿元，比上年增加 14.4 亿元，增长 17.9%。继续提高农村中小学公用经费、农村义务教育阶段贫困家庭寄宿生及特殊教育学校学生生活费补助标准。实施农村中小学食堂条件改善试点工程和农村义务教育薄弱学校改造计划。加固改造 B、C 级校舍 320 万平米。安排资金 6.6 亿元，继续支持农村义务教育债务化解。安排中等职业教育发展专项资金 1.6 亿元、中央代发地方政府债券资金 5.5 亿元，积极支持职业教育大发展。省财政共筹集新增生均提标经费 11 亿元，确保 2011 年我省本科院校生均拨款标准达到 1 万元，高职高专院校专科生均拨款标准达到 5000 元。初步建立普通高中家庭经济困难学生资助体系，按照 2000 元/生·年的标准对中职家庭经济困难学生和涉农专业学生逐步实行免学费政策，对大中专在校贫困学生发放临时价格补贴。将学前教育专款增加到 1 亿元，着力解决当前存在的“入园难”问题。

完善社会保障体系频推新举措。省财政筹措新型农村合作医疗补助资金 64.6 亿元，比上年增加 27.2 亿元，参合人数 3456 万，参合率达 96.2%，为历年最高。省财政筹措资金 7.3 亿元，城镇居民基本医疗保险参保人数达 422 万，比上年增加 17 万人，城镇居民基本医疗保险“提标扩面”稳步推进。筹措资金 17.2 亿元，启动城镇居民社会养老保险试点，与新型农村社会养老保险制度覆盖面同时达到 60%。全省城镇居民基本养老保险和新型农村社会养老保险参保人数达 1325.7 万，99 个试点县 321 万参保人员按月领取基础养老金。筹措城市低保补助资金 19.6 亿元，全省城市低保对象 93 万余人实现应保尽保。筹措农村低保补助资金 43.4 亿元，将边境地区 85.7 万低收入贫困人员全部纳入农村低保范围，全省农村低保对象达到 400 万人。安排省级资金 2.3 亿元，对 655 万城乡低保对象、农村五保供养对象和重点优抚对象发放临时价格补贴，保障低收入群体基本生活标准不因物价上涨而降低。

深化公共卫生体制改革实现新突破。省财政筹措资金 4.4 亿元，支持实施国家基本药物制度。为减轻基层医疗卫生机构的债务负担，安排基层医疗卫生机构化解债务资金 9900 万元。筹措资金 10.7 亿元，按每年人均不低于 25 元的标准，免费向城乡居民提供居民健康档案建立、免疫规划等 9 项基本公共卫生服务。筹措重大公共卫生服务项目资金 13.9 亿元，实施乙肝疫苗补种等重大公共卫生服务。筹措资金 6.8 亿元，加强新型城市医疗卫生服务体系及农村医疗卫生服务网络建设。

推动创业就业工作再上新台阶。省财政筹措创业就业专项资金 6.4 亿元，加大对创业带动就业和农村劳动力转移就业培训的扶持力度。全面落实“贷免扶补”创业小额贷款、失业人员小额担保贷款和劳动密集型小企业贷款 3 种鼓励创业促进就业的担保贷款政策。重点支持做好高校毕业生、农村转移劳动力和城镇就业困难人员的就业工作，切实发挥创业带动就业的倍增效应。安排专项资金 2000 万元，支持农村转移人口转变为城镇居民，推动城乡协调发展。

支持文化事业发展取得新进展。省财政安排资金 13.3 亿元，继续支持实施广播电视“村村通”、农村广播电视节目无线覆盖、文化资源共享、农村电影放映、农家书屋等重大公共文化服务体系工程。安排资金 3000 万元，支持送戏下乡等文化惠农活动。支持做好“五馆”免费开放和文物保护工作。安排资金 1 亿元，重点支持一批有实力、有活力的文化企业和具有市场前景的示范性文化产业项目，努力促进文化产业发展。

促进社会和谐稳定迈出新步伐。深化行政政法保障体制改革，政法部门提供公共安全服务能力进一步增强。安排食品安全监管资金 2 亿元，重点强化食品安全专项整治、评价性抽验、应急处突和宣传培训等工作，保障群众饮食安全和健康权益。安排城镇保障性住房建设补助资金 99 亿元，转贷州（市）、县地方政府债券资金 5 亿元专项用于保障性住房建设，同时，通过从土地出让总收入和房地产开发税收中提取保障性安居工程建设资金等方式，进一步拓展融资渠道。安排农村危房改造及地震安居工程建设补助资金 20 亿元，引导和帮助全省 20 万农村贫困家庭拆除重建 D 类危房。省财政筹措救灾资金 14.6 亿元，帮助遭受低温雨雪冰冻、严重旱灾以及盈江地震等灾区开展灾后恢复重建。安排 10 大能力建设补助资金 2 亿元，确保我省防震减灾各项工作有效开展。安排边境地区专项转移支付资金 15 亿元，大力促进边境社会事业发展。

（五）坚持深化改革，大力推进财政创新发展

各级财政部门始终把深化改革作为推动各项财政工作取得突破的核心和关键，围绕财政重点领域和重要环节，不断健全完善财政管理体制机

制，为云南加快发展提供坚实的财政制度保障。

着力调整完善省对下财政管理体制。进一步健全完善县级基本财力保障机制，积极将县乡财政困难进行量化，并对存在缺口的县给予全额财力补助，共下达县级基本财力保障资金 39.6 亿元。加快健全均衡性转移支付计算办法，下达均衡性转移支付资金 85 亿元，切实加大对公共服务水平落后地区的扶持力度，努力促进全省各地区间基本公共服务均等化。下达民族地区转移支付资金 21 亿元，民族地区财力得到进一步充实。省直管县财政改革试点稳步推进，乡镇财政管理工作不断加强。

切实加强政府性债务管理。继续加强全省地方政府性债务的统计分析工作，探索建立债务风险预警机制。积极做好融资平台公司债务管理工作，促进融资平台公司持续规范发展。合理安排偿债预算资金，提前统筹考虑偿债高峰期的还债压力。创新理财方式，推进省级偿债准备金管理运营方式改革。认真做好清理化解我省农村义务教育债务的收尾工作。

加快推行综合预算管理新模式。按照“控制为主、绩效引导”的预算编审模式，将预算绩效理念逐步融入到预算管理全过程，并与预算编制、预算执行和预算监督相结合，积极构建部门预算标准定额体系、项目支出预算编审体系、预算标准流程体系和部门预算监控体系“四位一体”的公共预算标准管理体系。对各单位除财政拨款以外的事业收入、经营收入和其他收入，以及按规定应列入部门预算编报范围的单位和资金，有序纳入部门预算编报范围，部门预算编制的完整性和准确性有了明显提高，综合预算管理体系初步建立。

继续强化预算执行管理。采取强化对州（市）财政支出进度考核、按期通报等方式，督促各州（市）财政部门进一步加快预算执行进度。加强与省级相关部门和预算单位的会商力度，明确大额资金的下达和支付时限，省级预算执行进度不断加快。通过采取进一步优化财政支付流程、切实加快财政预算指标文件的传送速度，以及建立全省财政预算执行动态监控机制等有效措施和办法，全省预算执行进度明显加快，创历史最好水平。

其他财政管理改革稳步推进。以国库单一账户体系为基础、国库集中收付为主要形式的现代财政国库管理制度进一步完善。政府采购监管工作框架基本形成，政府采购规模达 247.9 亿元，采购范围由货物类扩大到工程类和服务类，一些公益性强、关系民生的项目纳入政府采购范围。积极推进财政绩效管理，探索建立资产管理与预算管理相结合的运行机制，围绕关系民生、社会关注度高和资金数额较大的重点项目开展绩效评价。对 527 个项目实施预算评审，审减资金 7.9 亿元，对 32 个项目进行决算评审，审减资金 5200 万元。完善资产运行管理体系，省级行政事业单位经营性国有资产管理改革有序推进。全面推行村级会计委托代理服务改革。

在各项财政工作取得新成绩的同时，当前财政工作也面临着一些困难和问题：全省财政增收难度进一步加大，支出需求增长迅速，各级财政平衡的压力不断加大；财政支出结构仍需优化，财政资金使用效益有待提高；预算执行的规范性、有效性和均衡性有待进一步提高；地方政府债务管理及风险控制仍需加强等。各级财政部门将高度重视这些问题，并继续采取积极有效措施加以解决。

三、2012 年地方财政预算草案

今年国际国内宏观经济形势复杂多变，不稳定和不确定性因素增加。在中央经济工作会确定“稳中求进”总基调的背景下，全省经济总体上有望保持平稳较快增长势头。做好全年财政预算工作既有许多有利条件，但也存在一些突出矛盾和问题。从收入方面看：一是税收收入增收压力加大。由于去年全省地方财政一般预算收入增幅和增速均较高，收入规模不断扩大，基数进一步抬升，今年继续保持高速增长的难度相应增大。二是国家继续实施结构性减税政策对税收持续增收将会有所影响。个人所得税、增值税和营业税起征点提高，使得今年部分税种的持续增收受到制约。三是房地产市场调控的后续影响将会持续显现，与房地产业紧密相关的其他产业将会受到不同程度的影响，从而影响税收的持续增长。四是上年非税收入的一次性增收较多，今年消化压力较大。去年因受预算外资金纳入预算管理等一次性、特殊性因素的影响，带动了非税收入的较快增长。随着一次性增收因素逐步消化，以及国家取消部分涉企行政事业性收费，全省非税收入增长将呈现回归常态的趋势，持续快速增长难度进一步加大。五是物价上涨带来的收入增长放大效应弱化。由于去年物价总体水平在高位运行，以现价计算的税收收入增量的放大作用较为明显，随着今年物价水平调控效果的逐步显现，因物价上涨因素导致的税收收入增量也将明显

回落。从支出方面看：一是今年将迎来我省的偿债高峰期，偿还到期债务的压力十分巨大。二是随着我省跨越发展步伐的加快推进，全省经济发展所需资金需求量增长迅速，财政支持经济建设面临较大的筹资压力，全省各级财政平衡难度明显加大。三是落实国家中长期教育发展规划纲要，以及其他加大民生保障的一系列惠民政策，所需的财政刚性资金支出将大幅度增加，全省财政保民生支出压力较大。但我们也要看到，国家支持我省桥头堡建设和新一轮西部大开发的实施，有利于推动全省经济加快发展和税源培植；宏观经济持续向好和企业效益的提升，有利于促进云南财政增收。这些积极因素都大大增强了我们应对挑战的信心、决心和勇气。

2012 年我省财政预算编制和财政工作的总体思路是：以邓小平理论和“三个代表”重要思想为指导，深入贯彻落实科学发展观，全面贯彻党的十七大、十七届五中、六中全会和中央经济工作会议精神，认真落实省第九次党代会和省委九届二次全会部署，以科学发展为主题，以加快转变经济发展方式为主线，以桥头堡建设为契机，以增强财政服务经济社会发展能力为重点，全面贯彻落实积极财政政策，着力加强税收收入征管，着力调整优化财政支出结构，着力推进基本公共服务均等化，不断加强财政科学化精细化管理，更好地推动全省经济社会科学发展、和谐发展、跨越发展。

按照“全面完整、量入为出、收支平衡”的原则和“实事求是、积极稳妥、统筹兼顾、留有余地、突出重点、有保有压”的工作方针，在充分考虑影响财政收支各种因素的基础上，编制2012 年全省及省本级财政收支预算。

（一）全省地方财政收支预算草案

2012 年，全省地方公共财政预算收入安排1300 亿元，比上年快报数增长 17%；地方公共财政预算支出安排 3370 亿元，比上年快报数增长15%。

全省地方公共财政收支预算平衡情况是：地方公共财政预算收入 1300 亿元，中央各项补助收入 1851.2 亿元，上年结余收入 159.3 亿元，调入资金 63.7 亿元，收入总计 3374.2 亿元；地方公共财政预算支出 3370 亿元，上解中央支出 4.2 亿元，支出总计 3374.2 亿元。收支平衡。

全省地方基金预算收支及平衡情况是：基金预算收入 567 亿元，中央补助收入 33.9 亿元，上年结余 142.3 亿元，基金收入总计 743.2 亿元；基金预算支出 599.6 亿元，调出资金 34.2 亿元，结转下年按规定安排使用 109.4 亿元。

（二）省本级财政收支预算草案

2012 年，省本级地方公共财政预算收入安排241.7 亿元，比上年年初预算增加 41.7 亿元，增长 20.9%；地方公共财政预算支出安排 578.1 亿元，比上年年初预算增加 128.6 亿元，增长 28.6%。

省本级地方公共财政预算收支平衡情况是：地方公共财政预算收入 241.7 亿元，中央各项补助收入 1851.2 亿元，下级上解收入 99.3 亿元，调入资金 43.6 亿元，上年结余收入 77.3 亿元，收入总计 2313.1 亿元；地方公共财政预算支出 578.1亿元，补助下级支出 1653.6 亿元，上解中央支出4.2 亿元，上年结转安排支出 77.2 亿元，支出总计 2313.1 亿元。收支平衡。

省本级基金预算收支及平衡情况是：基金预算收入 93.6 亿元，中央补助收入 33.9 亿元，上年基金结余 62.5 亿元，收入总计 190 亿元；基金预算支出 25.2 亿元，补助下级支出 74.7 亿元，调出资金 33.4 亿元，结转下年按规定安排使用56.7 亿元。

四、2012 年全省主要财政工作及措施

今年，全省各级财政部门将全面贯彻落实省第九次党代会精神和省十一届人大五次会议的各项决策部署，以促进全省科学发展、和谐发展、跨越发展为重点，扎实工作、开拓创新，全面推进财政工作取得新进展。

（一）科学谋划、广开财源，进一步增强财政保障能力

狠抓收入征管。不断加大财源培植力度，积极开辟新财源，继续加强与税收部门的沟通合作，扎实做好税源形势分析和监控工作，努力实现全省税收收入平稳较快增长。进一步强化非税收入管理，加快建立非税收入基础信息动态管理机制，全面推广运用财政票据电子化管理系统，努力提高非税收入收缴效率。切实加强非税收入稽查力度，有效堵塞非税收入征管漏洞，进一步强化财政部门直征非税收入收缴工作，不断提高非税收入征管水平。

积极争取中央财政补助和国外贷款。继续加强向中央各部委的汇报、衔接工作，扎实做好争取国家加大对桥头堡建设支持力度的后续工作。积极争取中央代地方政府发行债券额度并切实做好债券资金的分配使用。大力拓展国际金融组织贷款及项目合作，进一步提高国际金融组织贷款资金的使用效益。继续推进外国政府贷款管理改革，进一步拓宽国际资金来源渠道。

认真研究支持地方金融改革发展的财政政策。积极研究支持昆明建设区域性跨境人民币金融服务中心的财政扶持政策。深入研究财政鼓励资本市场发展、提升债券融资水平和促进产业投资基金超常规发展的政策措施，加快提升全省经济社会发展的融资能力。进一步完善金融考核奖励制度，积极促进新增奖励资金重点用于涉农贷款、小企业贷款、产业发展贷款、保险资金运用和金融合作等方面，有效鼓励和引导金融机构增加对经济社会发展的资金投入。

（二）抢抓机遇、彰显特色，努力促进跨越发展

扎实推进桥头堡建设。进一步加强向财政部等中央部委的沟通汇报，积极用好、用活、用足各项财政优惠政策，大力争取中央财政支持。深入研究推进桥头堡建设的各项财政支持政策，努力提升财政对桥头堡建设的支撑和保障能力。

大力推动产业结构优化升级。紧紧抓住国家实施新一轮西部大开发和桥头堡建设的历史机遇，把支持产业发展和优化产业结构作为支持经济工作的重中之重，作为实现跨越发展的重要支撑。深入研究国家的产业政策，积极创造良好的财税条件，更多、更好地承接东部地区产业转移。扎实推动央企入滇、民企入滇。进一步优化经济发展环境，强化财政政策导向，大力支持各种所有制企业共同发展。加快建立健全更加完善的财税法规制度体系，有效规范市场行为，着力维护市场公平竞争。研究制定切实有效的政策措施，大力促进民营经济、园区经济和县域经济加快发展。

继续强化重大项目建设。坚持“发展抓项目”不动摇，紧紧围绕省委、省政府确定的 20 个重大建设项目和 20 项重要工作，切实加大资金保障力度，确保重点项目建设顺利推进。积极安排项目前期经费，努力创造良好条件，大力争取提前储备一批重大项目，深入挖掘一批特色项目，精心包装一批优势项目，全力向上争取一批重要项目，继续支持建设一批牵引带动能力强的大项目、好项目，有效促进固定资产投资保持较快增长，充分发挥投资对云南经济发展的支撑作用。

（三）加快转方式、调结构，努力促进科学发展

坚持扩大内需带动发展。加快建立与经济增长相适应的收入增长机制，切实提高城乡居民特别是中低收入群体的收入。积极推进事业单位实施绩效工资，不断完善公务员工资制度。健全完善物价上涨和低收入群体价格补贴挂钩联动机制。继续实施积极就业政策。认真按照居民收入要实现“两个同步”增长的要求，全力支持实施“居民收入倍增计划”。加快推进将住房公积金计提比例不足 12%的州（市）、县（市、区）提高到 12%的各项工作，加紧落实住房补贴各项政策。按照属地化原则，积极推进同城同待遇。加强对各州(市)调控机关公务员津贴补贴水平的指导。继续争取中央财政津贴补贴转移支付资金和对艰苦边远地区实行专项政策的支持，并坚持向基层倾斜。大力支持商贸流通体系建设，努力为城乡居民创造良好的消费环境和消费条件。

坚持科技创新驱动发展。认真落实好科技经费法定增长要求，以进一步提高自主创新能力为突破口，加快完善政府投入引导机制、企业投入激励机制和创业风险投资机制，着力构建以企业为主体、市场为导向、产学研结合的技术创新体系，努力推动经济增长由外延扩张向内涵式发展转变、由粗放型增长向集约型发展转变，切实提升经济增长的质量和效益。继续支持创新型云南行动计划各项工程的实施，进一步增强对基础研究的投入，增强经济发展后劲。继续加大对高端人才培养引进、省院省校合作、科普普及的支持力度，为经济可持续发展提供智力支持。继续优化财政科技投入结构，创新财政对科技经费的支持方式，不断加大对企业、高等院校、科研院所开展科技创新活动的支持，积极推动科技创新成果转化。

坚持生态立省实现可持续发展。全面实施“七彩云南保护行动”，真正把建设资源节约型、环境友好型社会放到突出位置，加快推进云南生态文明建设。坚持把节能减排作为建设生态文明的重要抓手，继续加大节能减排的资金投入，采取以奖代补和强制政府采购等方式，加快建立健全有利于节能减排的财税政策体系，探索建立促进企业自主治污的收费价格机制和利益驱动机制，鼓励企业开展节能减排。逐步建立重要资源有偿使用制度和生态环境补偿机制，促进能源资源节约和高效利用。适时出台《云南省（部分）跨行政区域河流交接断面及（部分）高原湖泊水质保护补偿试点方案》，稳步推进生态补偿试点和排污权试点。继续实施重点防护林、天然林保护等工程，扎实推进“森林云南”建设。进一步加强九大高原湖泊和江河流域水污染综合治理，加大化工、有色、煤炭、电力等重点行业节能减排技改力度。完善收费机制，提高城镇污水处理

厂和生活垃圾处理设施市场化运作水平。不断加强新能源和可再生能源项目资金管理，积极鼓励开发利用新能源和可再生能源。结合实际，大力支持发展绿色经济、循环经济和低碳经济。

（四）着力兴农村、富农民，努力促进统筹发展

按照“存量适度调整、增量重点倾斜”的原则，继续加大支农资金投入力度，加快健全财政支农资金的稳定增长机制，进一步扩大公共财政覆盖农村的范围，加快推动公共财政向“三农”倾斜、公共设施向农村延伸、公共服务向农民覆盖。不断完善以工促农、以城带乡的长效机制，积极探索促进“三化同步”的有效途径，着力促进城乡统筹发展。

着力发展现代农业。积极筹措资金，认真落实今年中央一号文件精神，切实强化农业科技创新。大力推进粮食增产百亿斤计划的实施，确保粮食安全。安排专项资金，依托科研机构围绕水稻、玉米、马铃薯等粮食及主要农产品，建立产业技术支撑体系。按照集中力量办大事的原则，以重点产业、重点区域和重点项目为平台，采取项目推动、部门联动和产业带动等方式，充分发挥县级在涉农资金整合中的主体作用，将性质趋同、目标接近的资金整合起来，加快推进现代农业发展。着力支持基地建设、新品种推广、农作物高产示范、标准化种养和无公害生产、病虫害和疫病综合防治、农产品精深加工等环节，大力发展优势特色产业。积极做好农业综合开发规划，努力探索农业综合开发新机制。不断强化支农惠农政策，继续实施并完善良种补贴、农资综合补贴和粮食直补政策。大力支持实施天然林保护、巩固退耕还林成果和森林生态效益补偿等工程，积极研究“天保工程”后续政策和坡耕地改造政策，加快推进我省“生态建设产业化、产业发展生态化”步伐。

大力推进农业基础设施建设。全面落实加快水利改革发展的各项政策，加快破解农业基础设施落后的难题。进一步加大资金投入力度，着力支持中低产田改造、小型农田水利设施和农村安全饮水工程建设。继续整合相关资金实施沼气池、节柴改灶等项目，积极推广农村太阳能建设。扎实推进社会主义新农村建设，加快改善农村的生产生活条件。

持续加大农村扶贫开发力度。认真贯彻落实《中国扶贫纲要》，积极整合扶贫资源，努力实现财政扶贫专项资金、行业扶贫资金和社会帮扶资金的有机结合，加快构建“大扶贫”格局。以扶贫整村推进、贫困地区农村劳动力转移培训、易地扶贫、产业扶贫为载体，切实打好集中连片特困地区片区综合扶贫攻坚战。突出支持贫困地区特色产业发展，着力解决和巩固农村贫困人口的温饱问题。进一步推进“十二五”兴边富民工程建设，加快实施兴边富民片区综合开发示范项目。继续加大农村劳动力转移培训力度，不断增强农民就业技能，切实拓宽农民增收渠道。

（五）多措并举顺民意、惠民生，努力促进和谐发展

全力支持教育优先发展。全面贯彻落实好《国家中长期教育改革和发展规划纲要（2010–2020 年）》和教育投入法定增长要求，确保今年地方财政性教育支出占公共财政支出比例达 14%。认真实施好农村义务教育薄弱学校改造计划，确保农村义务教育阶段寄宿学生生活费补助和农村义务教育阶段学生营养改善计划实现全覆盖。将全省本专科院校生均经费标准分别提高到 1.2 万元和 0.6 万元，进一步加大高等教育支持力度。多渠道筹集资金，大力化解高校的债务负担。努力拓宽资金投入渠道，着力支持职业教育基础能力建设。确保普通高中和大中专院校的各项奖助学金及时发放，落实好中等职业学校家庭经济困难学生和涉农专业学生免学费政策。大力支持学前教育发展，进一步加大对民办教育和民族教育的支持力度，积极促进教育公平。

着力建立健全促进就业政策体系。加强就业资金管理，适当提高各项就业补贴标准，逐步扩大受益人群。深入落实“贷免扶补”优惠政策，推动建立健全创业带动就业的模式，发挥创业促进就业的倍增效应。加强小额贷款担保机构管理，不断扩大小额贷款担保基金规模。支持做好高校毕业生、农村转移劳动力和城镇就业困难人员的就业工作。

努力完善社会保障制度。进一步提高社会保险统筹层次和待遇水平，不断完善各类社会保险的衔接和转移接续机制。继续加强社会养老保障体系建设，努力实现新型农村社会养老保险、城镇居民社会养老保险两项制度全覆盖。积极将企业退休人员基本养老金提高 15%，城乡居民社会养老保险基础养老金每人每月提高 5 元。巩固新型农村合作医疗参合率，人均筹资标准提高到 290 元，提高住院报销补偿比例。进一步完善城乡困难群众生活救助制度。

继续深入推进医药卫生体制改革。全面加强公共卫生服务体系建设，积极实施基本公共卫生服务项目和重大公共卫生服务项目，不断促进城乡居民公共卫生服务均等化。加快健全城乡基层医疗卫生服务网络，认真指导各地制定和完善基层医疗卫生机构补偿机制，积极会同相关部门统筹安排化解基层医疗卫生机构债务补助资金，确保基层医疗卫生机构正常运转和综合改革的顺利推进。着力支持基层医疗卫生机构全部配备使用基本药物，加快建立药品安全预警和应急处置机制，提高突发公共卫生事件处置能力。积极推进公立医院改革，大力扶持民营医院发展。

进一步加快建立健全文化投入稳定增长机制。全力支持深化文化体制改革，积极推动文化大发展大繁荣。认真落实公共财政对文化建设投入的增长幅度高于财政经常性收入增长幅度的要求，大力推进文化产业发展。积极采取以奖代补方式，对基层文化设施和重点文化工程建设进行补贴。继续实施农村广播电视节目无线覆盖等重大公共文化服务体系建设工程。不断加强物质文化遗产保护和非物质文化遗产保护力度。积极支持体育事业发展。

（六）攻坚克难、深化改革，加快构建有利于科学发展、和谐发展和跨越发展的财政管理体制机制

积极推进财政体制和预算管理改革。进一步理顺省以下各级政府的财政关系，继续完善县级基本财力保障机制，进一步健全均衡性、生态功能区和民族地区等转移支付制度，努力促进全省地区间的财力均衡，不断推进基本公共服务均等化。加快建立健全“控制为主、绩效引导”的省级部门预算编审体系。选取部分基础较好的州（市），推进部门预算编审体系试点，逐步推进全省建立部门预算编审体系。进一步推进项目支出标准体系和项目库建设，完善基本支出公用经费定额标准体系，强化预算单位基础信息动态管理。加快建立健全政府公共预算、国有资本经营预算、政府性基金预算和社会保障预算体系。继续抓好预算执行管理，不断增强预算执行的均衡性和有效性。进一步强化预算约束，严控追加预算规模的不合理增长。继续加强地方政府性债务管理，积极争取并切实做好中央代理地方发行政府债券工作，及时补充偿债准备金，加快建立健全地方政府债务规模管理和风险预警机制，进一步防范和降低政府债务风险。

进一步扩大国库集中支付改革范围和级次。加快推进州（市）、县级国库集中支付制度改革，确保国库集中支付覆盖到县级、覆盖到所有的财政性资金。继续强化财政专户管理。积极推动财税库银税收收入电子缴库横向联网工作，争取覆盖到全省 16 个州（市）。稳妥推进国库现金管理。不断扩大公务卡改革范围，力争覆盖到所有县级以上预算单位，并积极将公务卡推行到国有及国有控股企业。

继续强化财政预算绩效管理。着力完善预算绩效管理制度，认真按照绩效目标设定、绩效跟踪、绩效评价及结果运用有机结合的基本原则，逐步建立以绩效目标为导向，以绩效评价为手段，以制度建设为保障，以财政部门和预算单位为主体，以改善管理、优化资源配置和提高公共服务水平为目标的具有云南特色的财政绩效管理体系。

不断加强财政资金监管。进一步强化财政法制建设，加快提升财政部门依法行政、依法理财的能力。不断健全完善财政监管机制，着力创新监管方式。继续抓好全省“小金库”治理工作。严控“三公”经费支出的不合理增长，深入推进行政成本控制制度建设。继续加强和规范行政事业单位国有资产管理，稳步推进省级行政事业单位经营性国有资产管理改革，严格执行《云南省非税收入管理条例》，积极构建更加科学规范的非税收入管理体系。

稳步推进财政信息公开。在 2011 年预算信息公开的基础上，进一步规范公开程序，细化和扩大预算公开的内容，将预算公开内容细化至“款”级科目，重点支出细化至“项”级科目，适时向社会公开“三公”经费和行政经费，强化预算公开责任制度。自觉接受人大监督，依法接受审计和社会公众监督，全力打造阳光财政。深化创先争优活动，认真开展“四群”教育，切实加强党风廉政建设和反腐倡廉工作，扎实推进财政干部队伍思想建设、能力建设和作风建设，努力为财政改革与发展营造风清气正的良好环境。

今年是实施“十二五”规划、全面贯彻落实省第九次党代会精神承上启下的重要一年，是推进桥头堡建设的关键之年。我们将认真贯彻党中央、国务院和省委的各项决策部署，严格按照省十一届人大五次会议确定的目标任务，解放思想、坚定信心、扎实工作，在新的起点上努力推进云南科学发展、和谐发展、跨越发展。

云 南 概 况

Overview of Yunan Province

地　理

云南地处中国西南边陲，地理位置特殊，自古以来就是中国通向东南亚、南亚的门户，战略地位十分重要。云南地形地貌复杂，气候多样，地上地下资源十分丰富，是祖国的一块待开发的宝地。

【位置面积】 云南地处中国西南边疆，位于东经 97° 32′ 至 106° 12′，北纬 21° 08′ 至 29° 15′ 之间。东西横跨 864.9 公里，南北纵距 990 公里，总面积 39.4 万平方公里，占全国总面积的 4.1%，居全国第 8 位。全省山区、半山区面积占 94%，坝区占 6%，耕地面积 4200 多万亩，人均占有耕地 1 亩左右，是多民族的边疆山区省。

【区位优势】 云南省东面与贵州省、广西壮族自治区为邻，东北面以金沙江为界与四川省隔江相望，西北面紧靠西藏自治区；西面与缅甸接壤；南面和老挝、越南毗邻，边境线长 4060 公里。其中，中缅边界 1997 公里，中老边界 710 公里，中越边界 1353 公里。全省 8 个边境州(市)的 25 个边境县(市)，与 3 个邻国的 6 个省、邦 32 个县(市)、镇接壤，其中 11 个县(市)与邻国城镇隔江隔界相望。处一隅而连四方接三国的特殊区位，使云南成为我国南疆的重要门户，

云南与东南亚国家“山岭同脉、江河同源”，自古以来就是中国陆路通向印度和东南亚的门户。通往周边国家的公路、铁路、航空、航运进一步开通，形成了 3 条较为集中的对外通道：一是源于“南方丝绸之路”的西路通道，即德宏、怒江州和临沧、保山方向。沿滇缅（昆畹）公路、中印（史迪威）公路和广大铁路西进，通过瑞丽、畹町、腾冲、孟定、片马等口岸出境，可分别到达缅甸和印度。二是东路通道，即红河、文山州方向。滇越铁路、昆河公路由昆明到河口，昆河公路还在开远分流到麻栗坡和金水河，从这 3 个口岸可达越南。三是中路通道，即西双版纳和普洱方向，由澜沧江—湄公河 1 条水路、昆洛公路及其支线、中老公路、思澜公路 3 条对外公路以及景洪机场，形成了通往老挝、缅甸、泰国交界地带的通道，并经泰国的公路、铁路和湄公河河道到达曼谷、马来西亚和新加坡。目前，全省已建成国家级口岸 13 个，省级口岸 7 个，边民互市点 100 多个，开通了 30 多条边境通道和众多边民互市点，成为我国的对外“窗口”和联结东南亚、南亚的重要桥头堡。

【山脉湖泊】 云南位于青藏高原南延地带。西部为横断山脉及其他山脉，东部属云贵高原，南部为中低山谷平地。全省地势西北高，东南低，形成明显的阶梯：滇西北的中甸海拔 3385 米，滇中的昆明海拔 1887 米，滇南的河口海拔仅 76.4 米。域内地势、地貌、山脉走向、河流分布等差异极大，构成了堪称“地质博物馆”的地貌特征。滇西北高黎贡山为缅甸伊洛瓦底江的上游恩梅开江与澜沧江的分水岭；云岭自德钦至大理为澜沧江与长江上游金沙江的分水岭，形成了气势极为雄伟的山川骈列、高山峡谷相间的地貌形态，山岭与峡谷相对高差超过 1000 米。在 5000 米以上的极高山顶部，常有永久积雪，形成奇异、雄伟的山岳冰川地貌。金沙江“虎跳涧”大峡谷位于丽江玉龙雪山与哈巴雪山之间，峡谷相对高差达 3000 余米，为世界著名的峡谷之一。怒江峡谷南北长 300 余公里，人称“东方大峡谷”。梅里雪山卡格博峰与澜沧江边海拔 1980 米的西当铁索桥，从河谷到山顶直线距离约 12 公里，高差达 4760 米，在 10 余公里的范围内，呈现出亚热带干热河谷到冰雪世界的奇异景观，充分展示了云南奇异的地貌特征。在云南辽阔的山地和高原上，镶嵌着大小不一、形态各异的山间盆地，俗称“坝子”，有的成群成带分布；有的孤立分散；有的呈一定方向排列，成为城镇所在地及农业生产的主要基地。全省有 1 平方公里以上小坝子 1440 多个，其中 100 平方公里以上的坝子 49 个，面积最大的陆良坝子，面积达 772 平方公里。云南境内河川湖泊纵横，分属澜沧江、金沙江、怒江、红河、珠江、伊洛瓦底江等六大水系，共有河流 600 多条，加上 40 多个天然湖泊，构成了山岭纵横，水系交织，谷纵渊深，湖泊棋布的特色。湖泊主要有滇池、抚仙湖、杞麓湖、洱海、泸沽湖、程海。在滇西一带还散布有火山湖，如双海、青海；冰斗积水而成的有当珠湖、楚干错湖等。众多的高原湖泊如星宿般撒播在高原之上，显得格外晶莹瑰丽。

【气候多样】 云南具有复杂多样的气候类型。全省季风气候特征极为明显，冬季盛行干燥的大陆季风，夏季盛行温润的海洋季风。加之地形地

貌复杂，境内高山深谷纵横交错，形成了独特的立体气候类型。有的地区长冬无夏，春秋较短；有的终年如夏，一雨成秋；有的四季如春，一雨成冬。其主要特点是：

年温差小，日温差大。由于地处低纬度高原，空气稀薄、干燥，各地太阳光热的多少除随太阳高度角的变化而增减外，也受云雨的影响。夏季，阴雨天多，太阳光被云遮蔽，最热天平均气温在19～22℃之间。冬季受干暖气流控制，晴天多，日照充足，温度较高，最冷月平均温度在6～8℃以上，年温差一般只有10～12℃。但阴雨天气温较低，早晚较凉，中午较热；冬、春两季，日温差可达12～20℃。

降水充沛，干湿分明，分布不均。全省大部分地区年降水量在1000毫米以上。85%的雨量集中在5～10月的雨季，以6、7、8三个月降水量最多，约占全年降水量的60%。11月至次年4月为旱季，天晴日暖，风高物燥，雨雪很少，其降水量只占全年的15%，常有春旱出现。在地域分布上降水很不均匀，最多的如江城、金平、西盟等地，年降水量可达2200～2700毫米；最少的如宾川仅有584毫米。

气候变化异常，无霜期长。全省8个纬度间的温度差异，呈现出寒、热、温三带气候。在南、中、北部，从河谷到山顶，都存在着因高度上升而产生的气候类型差异。“一山分四季，十里不同天”成为云南多样气候类型的生动写照，反映了“立体气候”的特点。“四季如春”的气候主要是在海拔1500～2000米的地带。云南南部地区全年无霜，文山、蒙自、普洱以及临沧、德宏等地无霜期达300～330天；中部的昆明、玉溪、楚雄等地约250天；比较寒冷的昭通和丽江达210～220天。此外，云南光照条件优越，每年每平方厘米为90～150千卡，仅次于西藏、青海、内蒙等省区。

历　史

云南简称滇或云，是人类的发祥地之一。云南先后发现了距今1500万年前的开远森林古猿、距今800万年前的禄丰腊玛古猿、距今170～250万年前的元谋猿人和智人的化石，元谋猿人化石是迄今我国发现最早的人类化石，将我国人类进史向前推进了二百万年，云南是人类的发祥地之一。

上溯夏、商时期，中国域内共分九洲，云南属梁州的一部分。秦始皇统一中国后修筑了一条经四川宜宾至云南曲靖的“五尺道”，沟通了云南与内地的联系。东汉时期，中央王朝统治向西发展，于公元69年在今保山设立永昌郡，奠定了云南西部疆域的基础。公元730年，南诏统一“六诏”后，在洱海地区建立了南诏政权。公元1274年，元朝设置“云南行中书省”，自此，“云南”作为省一级区划名称开始载入史册。其时，著名政治家赛典赤·瞻思丁担任云南行省平章政事，并将省治由大理迁到中庆（昆明）。昆明作为云南省会亦从元朝开始。明代，朝廷取消“行省”设立“云南承宣布政使司”（相当于省政府），同时设置“都指挥使司”和“提刑按察使司”，号称“三司”，实行三权分立。

1949年12月9日晚10时，云南省政府主席卢汉宣布起义，1950年2月云南全省获得解放。当年12月25日，在昆明举行云南省各族各界政治协商会议第一次会议，标志着云南经济社会发展进入一个崭新的时期。

2009年，全省设16个州市，其中8个省辖市，8个民族自治州。

自然资源

云南具有热带、亚热带、温带、寒带等多种气候类型，植物、动物资源十分丰富，独特的地质构造，形成了具有开采价值的矿产资源，素有“植物王国”“动物王国”“有色金属王国”“香料王国”“药物宝库”“花卉之乡”之称。云南丰富的自然资源，对人类社会物质文化的发展，特别是对我国社会主义现代化建设提供了重要的资源条件。

【植物资源】 云南有高等植物1.8万多种，占全国植物种类的60%；有林地面积1287.3万公顷，占全国有林地面积的8.1%，居第四位；有林地覆盖率为33.6%，加上灌木林地林木覆盖率为44.3%；全省活立木总蓄积量为14.2亿立方米，居全国第三位。云南具有利用价值高的材用树木、经济林木、药用植物、香料植物、观赏植物等，具有较大潜在经济优势。材用树木以云南松、思茅松、云杉等树种蓄积量为多；经济林木以茶叶、橡胶、八角、油桐、油茶、核桃、板栗、柑桔、咖啡、芒果等为主，并具一定规模，茶叶和橡胶已形成较大规模的产业。各种林副产品和山林特产资源也比较丰富。云南有中草药 2000 多种，三七、天麻、云木香、云黄连、云茯苓等在传统中药中享有很高声誉。云南香料植物种类较多，已知的有 69 科 400 余种。

【动物资源】 全省已知脊椎动物 1638 种，占全国总数的 54.9%。全国见于名录的昆虫 2.5 万种，云南有 1 万余种。稀有珍贵动物较多，如列为国家一级保护动物的有野牛、野象、印支虎、滇金丝猴、蜂猴、长臂猿、白尾稍虹雉、绿孔雀等 37 种；列为国家二级保护动物的有弥猴、小熊猫、穿山甲、蟒等 65 种。

【矿产资源】 云南地跨哀牢山断裂、扬子准地台、华南加里东褶皱 3 个成矿构造单元，矿产品种繁多，已发现矿产 142 种，其中 92 种矿产已探明储量；有 54 种矿产储量居全国前十位，其中，储量居全国前三位的有铅、锌、锡、磷、铜、银等 25 种。

云南矿产资源在经济价值上有四大特点：一是矿产资源品种多、储量大。现已探明 20 余种有色金属和贵金属储量。云南的铜、锡久负盛名。铜矿储量仅次于江西、西藏，锡矿和铅矿储量居全国首位，而且品位高，含银量较富；黑色金属中的富铁矿和富锰矿储量均居全国首位。二是化工原料和非金属矿产潜力大。盐类远景储量较大，磷、盐类矿藏分布在滇中，交通方便，便于开发。三是资源分布广，大型矿床相对集中。大矿集中、小矿分散的特点，既有利于国家以大型企业开采大矿床，又有利于地方和群众就地开采小矿，可以充分发挥矿产资源的优势。四是伴生矿多，经济价值高。如兰坪铅锌矿伴生着丰富的锗、银、镉等贵金属，如能综合利用，仅伴生矿的价值就相当于主矿价值的 1/2。

【能源资源】 云南水能资源理论蕴藏量为 10364 万千瓦，占全国总蕴藏量的 15.3%，仅次于四川，居全国第二位。云南江河落差大，而且沿岸多为峡谷，决定了云南水能资源开发具有两大特点：一是干流开发价值大于支流，有利于兴建大型和特大型水电站；二是开发工程量相对较小，且水库淹没损失小，技术经济指标优越。云南煤炭资源品种齐全，无烟煤、烟煤、褐煤均有分布，已探明储量为 177 亿吨，居全国第九位，在南方 13 省区中名列第二。云南地热资源丰富，全省有各种温泉 706 处，数量多、流量大，每年从温泉中流出的热水约 3.6 亿立方米，在全国仅次于西藏，居第二位。腾冲地热资源优越，热海地下 20 多米深处，水温高达 145℃。

旅游资源

【风景名胜】 云南雄奇的山川、旖旎多姿的风光，以其独特的人文风物、民族风情和自然景观著称于世。在云南，你可以看到世界上绝大部分地区的自然景观，也可以探古寻幽，遥想人类走过的漫漫长路，领略先人创造的恢宏文化。在四季如春的历史文化名城——昆明，在南天铜都——东川，在“锁钥南滇，咽喉西蜀”之地——昭通，在珠江源头——曲靖，在“元谋人”的故乡——楚雄，在云烟之乡——玉溪，在锡都所在地——红河，在三七之乡——文山，在“地接三国”的——普洱，在民族风情浓郁、神秘的南疆绿宝石——西双版纳，在山水相映、崇尚“风花雪月”的文献名邦——大理，在滇西要冲、火山之域——保山，在南疆宝地、孔雀之乡——德宏，在有“文化活化石”之称的东巴文化之乡、世界级历史文化名城——丽江，在东方大峡谷——怒江，在有“香格里拉”之称的世外桃源、吉祥如意之地——迪庆，在“滇红茶”的故乡——临沧，纵览全省之域，可谓“一地一景，幽美迷人”。

【旅游特色】 云南已形成了以昆明为中心的滇中旅游区；以大理、丽江为中心的滇西旅游区和以西双版纳为中心的滇南旅游区等 3 个各具特色的旅游区。昆明市的石林，是我国重点风景区之一。石林为距今 2.7 亿年前海底石灰岩沉积区，经沧海桑田的变迁，约在 200 万年前形成。大自然的鬼斧神工，造就出这“天下第一奇观”，流连其间，奇峰异石，怪山名泉，让人产生无穷的联想。能歌善舞的彝族支系撒尼人更为石林这一自然景观增添了活力与绚丽色彩。丽江玉龙雪山下的玉峰寺，建于公元 1756 年，为喇嘛寺。寺内有两株植于公元 1403～1424 年明永乐年间的山茶，现两树主茎合二为一，苍劲虬曲，每年先后开花十余批共上万朵，实为“茶花王”。地处滇西北的“三江并流”，堪称世界奇景，此处金沙江、澜沧江、怒江在青藏高原和横断山脉纵谷区相间并流，三条巨川相间最近处直线距离仅66公里，其中澜沧江与怒江直线距离最近处不足19公里。大理市的苍山，因山上石如玉、林木苍莽又名点苍山，是驰名世界的大理石产地。苍山南北逶迤50公里，19座山峰横列如屏，海拔均在3000米以上，其最高的马龙峰海拔为4122米，终年积雪的山巅恰似银色峨冠；山间18条溪水四季不绝东注洱海；山上飞云变幻，玉局峰飘逸而起的人形白云，恰若少女探身，俯视洱海，人称"望夫云"。云、雪、峰、溪是苍山4大奇观。腾冲火山群，分布于保山地区腾冲县城周围，是我国保存最为完好的新生代火山群之一；火山群中有丰富的地热资源，各种气泉、热泉、沸泉80余处，被称为热海的硫磺塘沸水翻涌，温度在90度以上的还有10余处。有的热泉喷如礼花，雾气缭绕，有的喷泉轰鸣，如雷贯耳。西双版纳的橄榄坝，因地形椭圆、林木葱绿，形似橄榄得名。这里林木茂盛，树绿竹翠，江水清冽，古老的傣族佛封和幢幢别致精巧的傣家竹楼掩映林中，一派热带风光。西双版纳风情别具一格，每年都吸引着大量中外游客到此观光。此外，洱源吊鸟山、永平木莲花山、腾冲云峰山、通海红石林、元谋土林、宜良九乡、陆良彩色沙林、建水燕子洞、中甸白水台、腾冲叠水瀑布、福贡月亮石、昆明滇池、大理洱海、澄江抚仙湖、丽江虎跳峡、宁蒗泸沽湖、玉溪九龙池、安宁温泉、大理蝴蝶泉、宜良阳宗海、中甸碧塔海、保山易罗池、石屏异龙湖等等，亦是云南著名的自然胜景。

人口·民族

2011年末，全省人口4631万人，其中少数民族人口1533.7万人，占总人口的33.37%。在25个世居少数民族中，有15个为独有民族，有16个民族跨境而居，是全国民族种类最多的省份。全省辖16个州市，其中8个省辖市，8个民族自治州。共有129个县市区，其中13个市辖区，11个县级市，76个县，29个民族自治县。

云南是我国少数民族最多的省份。在中华民族大家庭的56个民族云南均有，居住在云南的少数民族人口占全国少数民族人口的13.54%。全省少数民族人口占总人口的33.53%。少数民族自治地方土地面积27.6万平方公里，占全省总土地面积的70.2%。全省人口在5000人以上的少数民族有25个。其中，人口超过100万的民族有5个，即彝族、白族、哈尼族、傣族、壮族；人口超过10万不到100万的民族有9个，即苗族、傈僳族、回族、拉祜族、佤族、纳西族、瑶族、景颇族、藏族；人口超过1万不到10万的民族有8个，即布朗族、布依族、普米族、阿昌族、怒族、基诺族、德昂族、蒙古族；人口超过5000人，不足1万人的民族有3个，即水族、满族、独龙族。此外还有仡佬族、土族、土家族、侗族等世居民族。云南众多的民族，堪称祖国多民族大家庭的缩影。

云南不仅是少数民族最多的省份，而且是跨境而居民族最多的省份。全省25个少数民族中，跨境而居的民族有13个，即傣族、壮族、苗族、彝族、哈尼族、佤族、拉祜族、景颇族、阿昌族、德昂族、傈僳族、独龙族。另外，还有未识别民族的克木人也是跨境而居。这13个民族及克木人分别跨越中越、中老、中缅边境，境外分布在越南北部、老挝北部、缅甸东北部的广阔地区，有的还延伸到泰国、柬埔寨和印度。

社会事业

【教育】 全省制定和组织实施了中长期教育改革和发展规划纲要，全面加强各级各类教育，扎实推进中小学校舍安全工程，加强教育国际交流合作，启动了教育综合改革试点工作。2011年新增幼儿园467所，高中阶段毛入学率提高5个百分点，新增3所高职院校。继续完善家庭经济困难学生资助政策体系，惠及学生400多万人。

【科技】 全省产业科技创新进一步加强。实施重大科技专项，组建创新联盟，搭建创新平台。突破关键核心技术62项，研发具有知识产权的重大新产品61个。建成国家和省级高新技术特色产业基地17个、创新型试点企业154家、创新团队72个，新增国家认定企业技术中心2家、省级认定企业技术中心34家。全省高新技术企业达440户，并实现国家重点支持的8个高新技术领域全覆盖。科普工作扎实开展。

【医疗卫生】 全省医疗卫生体系逐步完善。加强重大疾病预防控制和农村医疗卫生服务体系设，共投入44.63亿元，建设乡镇卫生院1088个、村卫生室6932个、社区卫生机构249个，基层医疗卫生条件逐步改善。以社区为基础的新型城市医疗卫生服务体系初步建立，新农合参合率稳定在96%以上，基本药物制度实现基层全覆盖，公立医院改革试点有序推进。人口计生和红十字会工作进一步加强。食品药品安全监管工作取得新进展。新一轮禁毒防艾人民战争全面启动。

【文化】 全省公共文化服务体系逐步健全。进一步推进“两馆一站”、广播电视“村村通”、文化信息资源共享、农家书屋、农村电影放映等文化惠民工程，重点文化项目建设进展顺利，一批文艺作品荣获全国大奖。全民健身运动蓬勃开展，云南代表团在第八届全国残运会、第九届全国民运会上取得好成绩。

【民生】 全省就业规模持续扩大。以下岗失业人员、高校毕业生、农民工和就业困难人员为重点，进一步落实和创新政策，鼓励自主创业，加大就业援助，完善就业服务。通过“贷免扶补”等措施，扶持8.9万人创业，带动近30万人就业。城镇新增就业27.6万人，扶持失业人员再就业9.4万人，帮助就业困难人员实现就业7万人，“零就业家庭”至少1人实现就业。全省农村劳动力转移就业培训126万人，新增转移132万人。

【社会保障】 城镇基本养老、医疗、工伤、失业、生育保险参保人数继续增加，待遇水平稳步提高。调整了企业最低工资标准，全面完成老工伤人员纳入工伤统筹任务。新农保和城镇居民社会养老保险试点扩大到99个县市区，1325.7万人参保；43.5万被征地农民得到养老保障。城市低保做到了应保尽保，农村低保增加30万人，落实了66万名80岁以上老年人的高龄津贴。加强价格监管，建立了社会救助保障标准与物价上涨挂钩联动机制，及时发放临时价格补贴。投入救助资金92.3亿元，保障了困难群众的基本生活。

【城镇建设】 全省城镇步伐进一步加快。调整完善城镇发展思路，对山地城镇建设进行了全面部署，城镇环境进一步改善，城镇化水平提高到36.8%。开工建设30.95万套城镇保障性住房，已竣工10.5万套，发放租赁补贴10万户；安排22亿元资金，补助30万户农民开展危旧房改造和地震安居工程。

【扶贫开发】 边疆民族贫困地区发展全面推进。启动实施2011～2020年农村扶贫开发纲要、“十二五”兴边富民工程、加快少数民族和民族地区发展“十二五”规划、扶持人口较少民族发展规划，加快重点扶贫开发工程建设，实施1万个贫困自然村的整村推进和25个贫困乡的整乡推进，开展了6个县的“县为单位、整合资金、整村推进、连片开发”试点工作，贫困地区群众收入持续增加，增幅高于全省平均水平。

【防灾减灾】 全年加强了气象、地质、地震、生物等灾害预测防治，实施防灾应急“三小”工程，救助受灾群众590万人。盈江“3·10”地震抢险救援和灾后恢复重建及时有序开展，灾区和受灾群众的生产生活得到妥善安排。

【生态环境】 全省生态环境继续改善。深入开展“七彩云南保护行动”，推进“森林云南”建设，完成营造林1060万亩，改造中低产林407万亩，国家和省级公益林全部纳入补偿补助范围。新增治理水土流失面积3250平方公里，石漠化治理工程顺利开展。启动“滇西北生物多样性数据库”建设，完成西双版纳生物多样性保护廊道示范项目。九大高原湖泊水污染防治力度加大，滇池水体恶化的势头进一步得到遏制。加强耕地保护和土地整治，地质勘查和矿产资源开发利用取得新进展。

【节能减排】 全省节能减排目标任务如期完成。对重点州市、重点行业、重点企业节能减排工作目标实行量化考核，实施116个省级重点节能技术改造项目，开展全社会节能工作。积极推动首批20户企业循环经济试点。全省规划建设的248个城镇污水和垃圾处理设施项目竣工运行率达81%。

【对外合作】 全省对外开放水平持续提升。积极参与中美省州长对话活动，成功承办中国—东盟外长会议。举办第19届昆交会暨第4届南亚国家商品展、2011年中国国际旅游交易会，展会规模、参展客商和业务成交额再创新高。南亚商务论坛、东盟华商会、大湄公河次区域经济走廊活动周等重大活动影响日益扩大。孟中印缅地区经济合作以及云南与中南半岛国家的合作务实推进。新增国际友好城市7对。加强以泛珠三角为重点的国内区域合作。企业“走出去”工作取得新成效。实际利用外商直接投资 17.4 亿美元，增长 30.7%；引进省外到位资金 1790 亿元，增长 29%。

【社会管理】 加强群众工作，完善信访工作制度，健全矛盾纠纷预防和化解机制。社会治安防控体系逐步完善，社会组织管理服务机制初步建立，民族团结进步事业蓬勃发展，宗教关系更加和谐。配合国家妥善处理“10·5”中国船只湄公河遇袭事件，及时恢复澜沧江—湄公河航运。妥善处置“11·10”师宗县私庄煤矿特别重大煤与瓦斯突出事故，安全生产监督管理工作得到强化。

经济大事记
Important Events of Economy

1月

1日

●中国科学院西双版纳热带植物园新科研中心正式投入使用。中心是该园自建园以来建设及投资规模最大的基建项目，总占地面积9.78万平方米，建筑面积2.77万平方米，概算投资8788万元。项目规划和方案设计由法国建筑设计师Alain Hays完成。

●红河州个旧市建市60周年，举办千人歌会，庆祝60华诞。全国文联副主席丹增参加庆祝活动。

●15时31分58秒，德宏州盈江县西北2公里平原镇发生多次地震，最大1次为4.6级，震源深度10公里。震中地区有部分房屋开裂现象，省地震局派出工作组赶赴德宏。

4日

●省长秦光荣率领省政府领导班子和省级有关部门负责人到省人大常委会听取对省政府工作和《政府工作报告（征求意见稿）》的意见和建议。

5日

●省长秦光荣率领省政府领导班子和省级有关部门负责人到省政协听取省政协和省政协委员对省政府工作和《政府工作报告（征求意见稿）》的意见建议。

●国家土地督察成都局在昆明就师宗县土地违法违规问题约谈师宗县政府主要负责人，对该县2009年度建设用地占用耕地比例大的违法用地行为当面谈话，郑重批评。要求确保问题整改查处到位，解决违法用地问题，完善土地管理机制，解决“违法成本低，合法成本高”问题，争取顺利通过验收评估。

●从1月5日起，昆明交警推出“违法停车语音提示”便民措施。如车主按照提示在10分钟内将车开走就不构成违法停车，将免受处罚。

6日

●全省发展改革暨固定资产投资工作会议在昆明召开，提出要继续保持经济社会平稳较快增长。常务副省长罗正富出席会议，代表省政府与各州（市）政府、重点行业主管部门签订2011年固定资产投资责任书。

●昆明市规划局对《草海片区城市设计》邀请招标方案进行公示，中国城市规划设计研究院上海分院、北京清华城市规划设计研究院、深圳城市规划设计研究院有限公司的方案分获评比一、二、三等奖。水元素的运用，成为各家设计单位方案的共同突出点。

●昆明市政府核准公布昆明市第五批市级文物保护单位，共84项。位于五华区护国街道办事处祥云社区鼎新街4号的基督教青年会旧址、大富春街何氏宅院、文明街欧阳氏宅院、石屏会馆、袁嘉谷旧居、胡志明旧居（含华山南路81号民居）等名列其中。

7日

●昆明市委九届七次全体（扩大）会议举行大会，昆明市委书记仇和向全会作报告。

10日

●省第十一届政府第六次全体会议在昆明召开。省长秦光荣在会上强调，要在认真总结、深刻分析好“十一五”成绩和经验的基础上,进一步修改完善好政府工作报告。常务副省长罗正富主持会议。

11日

●从1月11日起，昆明铁路局开行昆明—楚雄间城际列车，票价36元，全程运行时间2小时17分。

12日

●云南省首次“2010年十大优秀人民法庭”评选结果揭晓，340个派出法庭中，保山市腾冲县猴桥法庭、大理州南涧县公郎法庭等10个派出法庭榜上有名。

●省委宣传部安排媒体对福保村在滇池水面上种植蔬菜的情况进行调研。在静态富营养水面上种植约4.6万亩蔬菜，滇池水质可从劣Ⅴ类净化到Ⅳ类。在滇池漂浮栽种水上生态蔬菜，提取氮、磷、钾等富营养化物质净化水质的科研成果是国内首创，高原淡水湖泊水上蔬菜种植也是第一家。较之物理、化学手段治污，这种方法更科学、效果更明显。

14日

●省国土资源厅就全省首起土地违法行为约谈政府主要负责人，思茅区和镇康县2009年度违法占用耕地面积均超过100亩。日前，国土资源部、监察部等并公布启动问责地区名单，红河州、思茅区、镇康县等1州7县被纳入其中。国土资源部、监察部、人力资源和社会保障部在北京约谈红河州政府。受国土资源部委托，国家土地督察成都局在昆明约谈师宗县政府。

●滇池内源污染治理以及滇池数字化水下地形测绘工作通报会在昆明召开，于2008年启动的滇池数字化水下地形测绘工作已全面完成。测绘表明，滇池平均水深 5.03 米，最深处 11.35 米，在滇池运行水位提高到黄海高 1887.5 米时，滇池湖面面积将达到 310.235 平方公里，总容量 15.8 亿立方米，超过 1983 年测绘的 309 平方公里的滇池湖面面积和 15.6 亿立方米的总湖容量。

17 日

●云南省交通运输工作会议在昆明召开。到“十二五”末，云南高速公路总里程可达 4500 公里，通达广西、贵州、四川不少于 2 条高速公路，沟通毗邻国家不少于 1 条高速公路。力争新开工 3000 公里二级公路，尽早开通昆明经河内至海防直达客货运输线路、昆明至会晒客运班线，启动中缅双边运输合作谈判。“十二五”期间云南计划建 6 个物流园区，昆明、西双版纳、瑞丽、蒙自等目前已审定，物流园区以信息平台为主，将铁路、公路、水路、民航四位一体的运输方式实现“无缝对接”。

●云南省 2011 年文化工作会议在昆明召开。省文化厅布局“十二五”期间重点文化工作，其中推出“五项计划”和“三个平台”建设。副省长高峰出席会议。会上表彰“十一五”期间先进单位 88 个和先进个人 260 名。

●由省工商联、省商会主办，省政府研究室、省政府发展研究中心协办，风光杂志社、时代名流传媒、中国时代名流网承办的“时代名流”杯商会桥头堡经济高峰论坛在昆明举办。著名经济学家茅于轼作为首席主讲嘉宾出席论坛并作演讲。

18 日

●云南省“兴地睦边”农田整治重大工程项目在耿马县启动。该工程含 420 个项目区，惠及 8 个州（市）的 25 个边境县（市），估算总投资 86.2 亿元，建设总规模 323 万亩，计划 5 年内完成。项目实施后，预计新增耕地 23 万亩，区域内农民人均高稳产田将由现在的 0.49 亩提升到 1 亩，社会和经济效益十分明显。省委书记白恩培、国土资源部副部长王世元、常务副省长罗正富出席项目启动仪式。

●昆明市政府召开进一步加强房地产市场秩序调控工作新闻通报会。从即日起，昆明市户籍居民和非本市户籍居民的同一购房家庭在昆明市主城四区及呈贡县行政区域范围内只能新购买一套商品住房。商品住房包括新建商品住房和二手商品住房（含达到上市条件的经济适用房）。还对各类购房所需支付的首付比例和还贷比例进行进一步的规定。

●昆明地铁首期工程呈贡北站—行政中心站区间左线隧道完工，成为昆明地铁首期工程首条实现双线贯通的隧道。

19 日

●省社会科学院、省经济研究院、省政府新闻办公室、省政府港澳事务办公室、省商务厅、省招商合作局、省文化厅、省红十字会、云南港澳研究中心、香港文汇报云南办事处联合向社会发布《滇港合作 2010 年度报告》。2010 年滇港合作方向：挖掘两地高端服务业的巨大互补潜力，提升“中国面向西南开放桥头堡”机遇下的合作层次。

19～25 日

●中国人民政治协商会议云南省第十届委员会第四次会议在昆明召开。会议一致赞同秦光荣省长所作的《政府工作报告》，赞同《云南省高级人民法院工作报告》和《云南省人民检察院工作报告》。

21～25 日

●云南省第十一届人民代表大会第四次会议在昆明召开。省长秦光荣代表省政府向大会报告政府工作。大会表决通过了云南省第十一届人民代表大会第四次会议关于云南省人民政府工作报告的决议、关于云南省国民经济和社会发展第十二个五年规划纲要的决议等 8 个决议决定。

25 日

●省政府召开全体会议，贯彻落实人代会精神，安排部署 2011 年政府工作。省长秦光荣在会上强调，各级各部门要把握新形势、抢抓新机遇，进一步细化目标任务，确保完成全年经济社会发展目标任务，为“十二五”开好局、起好步。常务副省长罗正富主持会议。

26 日

●昆明—四川达州开通省际客车，票价 450 元，约 15 小时到达,该车次每天下午 3 时 30 分从北部客运站发车，行程 1000 多公里。

28 日

●自 1 月 10 日以来，昭通市彝良县低温雨雪冰冻天气持续不断，全县 15 个乡镇不同程度遭受冰雪灾害。截至 28 日，灾害已造成全县 15 个乡镇 26 万人受灾，直接经济损失约 2.16 亿元。

1 月 28 日～2 月 28 日

●第 2 届“昆明市花 · 云南山茶花节”在昆明市金殿名胜区举办，多个分会场推出丰富多彩的活动。

29 日

●省物价局组织市场价格检查，发现昆明家乐福超市有限公司的部分门店存在价格欺诈行为，分别对昆明家乐福超市白云店和世纪城店作出罚款 50 万元的行政处罚决定。

30 日

●省长秦光荣主持召开省政府第 52 次常务会议，学习贯彻国务院常务会议关于房地产市场调控有关政策，研究云南省贯彻实施意见。原则通过云南省贯彻国务院进一步做好房地产市场调控工作的有关意见，要求进一步提高对做好房地产市场调控工作的认识，调整和完善云南城镇化发展的指导思想，促进云南房地产市场健康稳定发展。

2 月

11~13 日

●常务副省长罗正富到临沧、普洱调研，强调要深入贯彻落实党的十七届五中全会、省委八届十次全委会和省两会精神，突出科学发展这一主题，紧紧围绕加快转变经济发展方式这条主线，进一步加强基础设施建设，夯实边疆民族地区经济社会发展基础。

11 ~ 15 日

●2011 中国大理第 4 届国际兰花茶花博览会在大理开幕，96 家参展单位，设 40 个兰花展位，56 个茶花展位，参展花卉超过 6 万盆。

15 日

●省长秦光荣主持召开省政府第 53 次常务会议，学习贯彻全国粮食生产电视电话会议精神，决定采取 6 项措施，促进云南粮食生产，推动农业发展，农民增收。讨论《云南省委省政府关于加快实施“兴水强滇”战略的决定（送审稿）》，审议《云南省“十二五”科学和技术发展规划》、《云南省低碳发展规划纲要（2010 ~ 2020 年）》、《云南省第三轮禁毒和防治艾滋病人民战争实施方案（2011 ~ 2015 年）》。

16 日

●省政府召开地质找矿会议，省长秦光荣、国家地质调查局副局长李金发、副省长刘平出席会议。云南在国家首批启动的 21 个省大规模地质找矿行动中，新发现 3 个超大型矿床与 5 个大型矿床。新形成香格里拉县铜矿勘查开发、鹤庆县金矿开发、麻栗坡县钨矿开发等一批矿业开发基地，在国内外均具重要影响，在一定程度上改变了云南省、甚至是全国的矿产资源分布格局。在对 3 个超大型矿床的评价中，探明香格拉县普朗超大型铜矿资源量 650 万吨，让云南铜资源总量赶超江西，位居全国第二；探明鹤庆县北衙超大型金矿黄金资源量 127 吨，金资源量位居西南第一。

18 ~ 21 日

●第 21 届中国（昆明泛亚）兰花博览会在昆明举办。展会上启动昆明泛亚兰花产业园区项目，举行超过 60 亿元招商引资项目签约仪式，评选出“中国十大产业化兰花品种”和“走进千家万户的十大云南名兰”。

21 日

●省政府在昆明召开 2011 年全省科技工作会。会议总结“十一五”和 2010 年全省科技工作，对“十二五”和 2011 年全省科技工作作安排部署。会议颁发 2010 年省中青年学术和技术带头人及技术创新人才证书，对获得认定的高新技术特色产业基地、2010 年新认定的高新技术企业授牌。

●全省旅游工作会议在玉溪市江川县举行。

●普炭一级公路竣工通车典礼在普者黑举行。工程比原定工期提前一年，是云南省在建公路中进度最快的一个项目。公路全长 60.26 公里，北起丘北县国家 4A 级风景区普者黑，南至砚山炭房接国道 323 线，是文山州“三纵三横”主骨架路网规划的重要路段，也是云南通往东南亚国家的重要路网补充。

22 日

●省政府召开专题会议研究“十二五”期间发展装备制造业有关问题，提出把云南打造为面向东南亚的装备制造基地。常务副省长罗正富、副省长和段琪出席会议。

●云南省召开知识产权战略实施工作联席会议第一次全体会议。

●2011 年省人大常委会重点督办李培山等 65 名代表提出的《关于将昆玉高速公路收费站移至马金铺的议案》、黄秋苹等 14 名代表提出的《关于建议尽快制定〈云南省民办教育发展条例〉的建议》、陆天梅等 3 名代表提出的《关于对“走出去”企业进行扶持的建议》、俸力秋代表提出的《关于进一步加强云南省农田水利建设的几点建议》。

●昆明市工商局出台多项便民服务措施，12315 指挥中心把接到的消费者申诉由分派到各县（市、区）局转变为市局直接分派到各工商所（分局），减少中间环节，同时延长“12315”的值机和服务时间。

●昆明市园林绿化局、昆明市风景园林学会举办的“云南山茶花产业化发展论坛”在昆明举行。

23日

●省政府召开专题会议，贯彻落实中央和省委、省政府领导有关批示精神，研究怒江州福贡县石月亮乡拉马底村、匹河怒族乡瓦娃村综合扶贫开发和交通建设问题。常务副省长罗正富出席会议。

●省政府召开全省民政工作电视电话会议，强调全省各级、各有关部门要站在全局谋民政、置身民政识全局，改善基本民生，创新社会管理发展公共服务。副省长曹建方出席会议。

●省纪委书记李汉柏、中国民用航空局副局长夏兴华、副省长刘平率中央及省、市相关部门前往新机场施工现场进行调研，并召开新机场联合协调领导小组第4次会议。

●2011年昆明市国土资源管理暨土地储备工作会议召开，公布2011年昆明市土地储备机构供应经营性土地6000亩，保障性住房、棚户区改造和中低价位、中小套型商品房等三类住房用地的供应纳入重点，确保比例达到70%。

24日

●省政府在昆明召开全省深入推进政府自身建设工作电视电话会议，提出把法治政府等16项制度实施范围扩大到乡（镇）街道办事处，努力建设人民满意的政府。副省长李江出席会议。

●全省卫生工作会议在昆明召开。2011年在全省实现基本药物制度的全覆盖。目前，云南省实施国家基本药物制度的地区涉及全省16个州（市）的97个县（市、区），覆盖人口3642万人，占全省的84.05%。实施基药后，药品价格便宜15%。全省新农合筹资水平每人要达到200元以上。

25日

●《云南信息报》报道：2010年云南省新发展个体工商户25.45万户，个体工商户总数突破100万，达114.12万户，从业人员213.99万人，资金385.74亿元。在全国位居第13位，在西部12个省（市）中名列第三。其中城镇实有个体工商户69.97万户，从业人员138.22万人，资金数额229.83亿元；农村实有个体工商户44.15万户，从业人员75.77万人，资金数额155.91亿元。

2月25日~3月1日

●中央纪委书记贺国强到西双版纳、保山、昆明等地，就贯彻落实胡锦涛在十七届中央纪委第六次全会上的重要讲话精神，把以人为本、执政为民贯彻落实到党和国家全部工作特别是党风廉政建设和反腐败工作之中的问题进行调研。

28日

●云南省纪念“三八”国际劳动妇女节101周年暨创先争优十大杰出女性表彰大会在昆明召开，省委副书记李纪恒出席大会。会议对云南创先争优十大杰出女性及提名奖获得者进行表彰，十大杰出女性代表作先进事迹报告。

●凌晨5时10分，玉龙县黄山镇五台村上吉组集体林发生森林火灾，由于山火烧断丽江主城区的部分主供电线路，导致城区大范围区域停电。

3月

1日

●从本月开始，全国实施为期2个月的涉农价格和收费专项检查。云南省主要在涉农、教育医疗、涉企3个方面进行价格大检查，其中粮油蔬菜等农产品流通环节的价格监督成为重中之重。

●丽江的森林大火牵动全国网友的心。关于此次事件的话题在新浪微博上引起大量关注，截至凌晨1时许，在新浪微博上的话题转发和评论超过150万次。此后，丽江市新闻办凌晨3时开通官方微博，直播山火扑救过程。这是丽江政府单位开通的第一个微博。

2日

●省委、省政府在北京举行“情系云南、金融架桥”迎春座谈会，与中央金融部门和金融机构共谋加大金融对云南经济社会发展支持力度，推进新一轮西部大开发和建设中国面向西南开放桥头堡大计。省委书记白恩培、省长秦光荣出席座谈会。财政部、中国人民银行、中国银监会等37家金融部门和机构的负责人，以及在京云南籍或在云南工作过的领导出席座谈会。

3日

●云南省有5个州（市）和10个县级以上医院建立食品安全监测点，开展215个品种、1721件样品化学污染物及有害因素监测，获得监测数据9163条；开展36个品种、1377件样品食源性致病菌监测，获得监测数据4831条。各级卫生行政部门加强对食品安全风险监测数据的收集和利用，并及时向当地政府和相关监管部门通报监测结果，同时利用监测结果开展四季豆、野生菌、误食化学性物质等预警工作。

4 日

●省食品药品监督管理局发布公告：即日起云南凯莹森商贸公司等 12 家公司的《医疗器械经营企业许可证》被注销。

●10 时 40 分，昆明市沣源路昆明展亿化工工贸有限公司仓库内库存的 10 多吨酒精发生火灾，并引发爆炸。事发后，相关部门立即启动应急预案，副市长赵立功紧急赶赴现场，指挥处置灾情。

7 日

●《云南省实施<中华人民共和国妇女权益保障法>办法（修订）》颁布实施 2 周年座谈会在昆明举行。目前全省有 208 名厅级女干部，占厅级干部总数的 14.5%，其中正厅级女干部 29 名。

●在 2010 年开展“滇池水葫芦富集氮磷及资源化利用研究与示范”项目和基本掌握滇池水葫芦富集氮磷及资源化利用各工艺环节和工程运行参数的基础上，滇池水葫芦扩大种养前期工作正式启动。

9 日

●省政府与中国大唐集团公司在北京签署战略合作框架协议。省长秦光荣、大唐集团董事长刘顺达、常务副省长罗正富、大唐集团总经理陈进行出席签字仪式。

●省政府在北京举行央企入滇顾问聘请仪式，聘请中国企业联合会会长王忠禹等老领导担任云南省央企入滇工作领导小组顾问。帮助云南加快推进央企入滇工作。省长秦光荣为受聘顾问颁发聘书。

●省委、省政府在北京召开座谈会，与中央定点扶贫单位负责人共谋推进云南省新一轮扶贫开发和扶贫工作发展大计。省委副书记李纪恒、国务院扶贫办副主任郑文凯出席会议。

10 日

●12 时 58 分，德宏州盈江县发生 5.8 级地震，震中位于北纬 24.7 度、东经 97.9 度，震源深度 10 公里。地震造成 25 人遇难 250 人受伤，重伤 134 人；房屋倒塌 1039 户、3174 间。严重损坏 4994 户、2.21 万间；道路、水利、电力、教育、通信、厂矿企业等基础设施严重受损。地震发生后，党中央、国务院高度重视，胡锦涛、温家宝、习近平、李克强、周永康、回良玉等领导分别作出重要批示。国家减灾委、民政部启动国家三级救灾应急响应。民政部副部长姜力带领国务院救灾工作组紧急赶赴灾区协助指导抗震救灾工作。省委、省政府立即作出部署，白恩培、秦光荣等领导作出重要批示和指示，要求全力做好抗震救灾各项工作。省纪委书记李汉伯、副省长李江、省军区副司令员崔毅率地震、民政、通信等部门组成的省委、省政府工作组连夜赶赴盈江察看灾情，慰问灾区群众，指导抗震救灾工作。

8～10 日

●副省长和段琪在红河州调研时指出，要充分利用工业资源优势，坚持创新发展，努力把小金属建成大产业。

12 日

●省政府召开全省森林防火工作电视电话会议，要求各地、各关部门要针对薄弱环节，采取坚决果断措施，切实做好工作，严防发生重大森林火灾。副省长孔垂柱出席会议。

14 日

●铁道部与省政府在北京就加快推进“十二五”云南铁路建设问题进行会谈。铁道部长盛光祖、副部长陆东福、省长秦光荣、常务副省长罗正富参加会谈。

15 日

●省食品药品监督管理局发布“2010 年第 4 期药品质量公告的通知”，公布 30 种抽检不合格药品。要求自公告发布之日起，各单位依法对本期公告的不合格药品予以查处，

16 日

●省长秦光荣主持召开省政府专题会议，贯彻落实中央领导重要指示和省委常委会议精神，对进一步做好盈江“3·1”地震抗震救灾工作，启动灾区恢复建设进行安排部署。

●1 时 06 分，富源黄泥河镇戛拉煤矿一掘进工作面发生煤与瓦斯突出事故，当时井下当班 85 人，74 人安全升井，9 人遇难，2 人受伤。

17 日

●国家安监总局在昆明召开全国危化品和烟花爆竹安全监管会议，通报典型危险化学品安全事故案例和安全生产形势。云南、北京等 10 省（区）2010 年危化品事故实现零死亡；云南省、山东省对烟花爆竹生产经营企业药物安全抽检率 100%；云南、新疆等 11 省（区、市）非药品类易制毒化学品管理信息系统投入使用，在网上监管等安全监管工作上受到通报表扬。

●云南绿大地生物科技股份有限公司（绿大地 002200）发布公告：公司董事长何学葵因涉嫌欺诈发行股票罪，由省公安机关执行逮捕。何学葵是绿大地的创始人和实际控制人，其持有绿大

地的 4325.80 万股限售流通股（占公司总股本的 28.63%）已于 2010 年 12 月 20 日被公安机关依法冻结。公司股票自 2011 年 3 月 21 日开市起复牌。

18～19 日

●国务院总理温家宝、副总理回良玉在北京飞往云南的飞机上召开会议，和随行的国务院有关部门负责人一起研究盈江地震恢复重建工作，提出灾后恢复重建的方针、重点任务以及中央支持的政策措施。经过 4 小时飞行和近 2 小时的山路，总理一行来到受灾较重的盈江县弄璋镇贺哈村，逐户察看灾情，指导抗震救灾和灾后重建工作，看望慰问受灾的各族群众。

19 日

●昆明阳宗海风景名胜区 2011 年基础建设暨工业项目开工仪式在七甸工业区举行，入驻工业区的 4 家企业总投资 30 亿元。昆明市委书记仇和、市长张祖林等出席开工仪式。工业区是省级重点工业园区之一。总体规划面积 44.61 平方公里，规划建设用地规模 29.67 平方公里，规划人口 18 万人。

20 日

●新华社报道：胡锦涛总书记等中央领导作出重要指示，要求深入学习宣传杨善洲同志的模范事迹和崇高精神。为激励各级党组织和广大党员、干部坚定信念、牢记宗旨，无私奉献、创先争优，在改革开放和社会主义现代化建设各项事业中充分发挥战斗堡垒作用、先锋模范作用和骨干带头作用。中央组织部决定，追授杨善洲同志“全国优秀共产党员”称号。

●云南省黄龙玉协会成立，对规范市场、加强行业自律起到引领作用，力争将云南打造成黄龙玉生产制作与销售基地。

21 日

●昆明市党政代表团与玉溪市签署“推进滇中城市群昆玉一体化发展合作框架协议”。规划多年的滇中城市经济圈一体化合作取得重大实质性进展。滇中 4 城携手迈进“优势互补、合作共赢”的“同城时代”。

22 日

●省政府举行专题工作会议，研究加强云南华文教育工作，省长秦光荣、副省长顾朝曦出席会议。

●昆明市党政代表团与楚雄市签署“推进滇中城市群昆楚一体化发展合作框架协议”。

23 日

●省长秦光荣主持召开省文化产业发展领导小组第一次会议，贯彻落实中央和省委关于文化体制改革和文化产业发展的重大问题，强调要抓住机遇做大做强文化产业，推动云南民族文化强省建设迈出更大步伐。

●昆明市党政代表团与曲靖市签署“推进滇中城市群昆曲一体化发展合作框架协议”。

●昆明“华西 · 滨湖国际生态城”特大合同诈骗案在昆明中院开庭审理，杨庆荣等 12 名被告受审。该案让 40 余家单位、约 2000 名市民被骗，涉案资金近 3 亿元。

24 日

●省政府召开“十二五”全省工业发展座谈会，省长秦光荣在会上强调要采取有力措施加快推动云南工业发展再上新台阶。副省长和段琪出席会议。

25 日

●省长秦光荣主持召开省政府第 54 次常务会议，贯彻落实全国保障性安居工作会议精神，研究云南保障性住房建设、农民工工资支付保障等工作，审议并原则通过《云南省农民工工资支付保障规定（草案）》；研究《云南省兴边富民工程“十二五”规划（送审稿）》和《云南省关于加快推进“兴边富民工程”的决定（送审稿）》，决定进一步修改后提交省委常委会审议；讨论《云南省委省政府关于贯彻落实<中共中央国务院关于深入实施西部大开发战略的若干意见>的实施意见（送审稿）》，决定进一步修改后提交省委常委会审议。

●省政府召开第 4 次廉政工作电视电话会议，省长秦光荣，副省长顾朝曦、和段琪出席会议。

●省委、省政府在昭通市召开全省春耕生产工作现场会议，全面部署粮食生产和农业农村各项工作，要求全省各地搞好春耕生产，为全年粮食增产、保障主要农产品供给、促进农民持续增收奠定坚实基础。省委副书记李纪恒、副省长孔垂柱出席会议。

●昆明螺蛳湾国际商贸城“国家 AAAA 级旅游景区”授牌仪式在昆明举行。这是全省唯一一个大型商贸城获得国家 4A 级旅游景区称号。商贸城与省、市旅游局及 30 多家旅行社合作，将商贸城打造成为云南旅游大巴集散中心和云南游客集散中心。

27 日

●金沙江干流第一座特大型水电站——金安水电站历时 8 年建成正式并网发电。全国政协副主席郑万通、全国人大教科文卫委员会副主任徐荣凯、全国政协经济委员会副主任张国宝、省长秦光荣及有关方面近千人出席庆典仪式。水电站是金沙江中游“一库八级”水电开发方案中的第五级电站，梯级开发中第一个启动的项目。工程由汉能控股集团有限公司、云南金沙江中游水电开发有限公司和云南省开发投资有限公司共同出资建设，静态总投资125.01亿元，动态投资146.79亿元。最大坝高160米，坝顶长64米，为一级建筑物，设计洪水标准为500年一遇，设计地震烈度为9度。总装机容量240万千瓦，上游龙头水库建成后年发电量约130亿千瓦时，是国家“西电东送”和“云电送粤”的骨干电源之一。

●昆明“警航一号、警航二号”警用直升机正式加入公安装备序列，昆明治安防控体系由平面变为立体。飞机价值2000余万元，警方采用租赁使用的运行模式。

4月

1日

●省政府召开盈江“3·10”地震恢复重建工作会议，全面启动盈江地震恢复重建工作。会议强调通过多种渠道筹措55亿元资金，用5年左右的时间，通过恢复重建和发展提升2个阶段，实现5个结合，实施10大工程，努力建设一个美丽富饶的新盈江。

●全省水文工作会议召开。“十二五”期间，云南省加大投入，加快以水文监测站网为重点的应急监测能力建设，在洪水易发区、受山洪灾害威胁的中小流域、重要城镇、人口经济密集区和暴雨区新建55个、改建54个水文监测站，新建1414个雨量站和73个国家地下水监测站，保证水文站、雨量站、蒸发站100%实现遥测。新建142个墒情站，确保全省129个县（市、区）都设有墒情监测点，提高雨情汛情旱情等灾害的预测预报预警水平。

●从4月1日起，昆明市城镇居民基本医疗保险参保人患“门诊大病”的门诊医疗费报销进行扩大调整。新增血友病、癫痫、精神分裂症及双相情感障碍症3个病种。慢性肾功能衰竭、恶性肿瘤、器官移植、系统性红斑狼疮、再生障碍性贫血、血友病、癫痫、精神分裂症及双相情感障碍症8个病种纳入城镇居民基本医疗保险参保人患“门诊大病”的门诊医疗费报销的范围。

●杨善洲先进事迹报告会在北京大学举行，北大党委书记闵维方出席并讲话，报告团5位成员讲述杨善洲的先进事迹。

1~2日

●省长秦光荣、常务副省长罗正富、副省长曹建方对瑞丽国家重点开发开放试验区建设前期工作进行调研，强调早日启动试验区建设，为云南桥头堡建设开好局。

4月1日~6月1日

●为养护珠江生物资源，保护珠江生物多样性，经国务院批准，农业部决定自2011年起实行珠江流域禁渔期制度。云南珠江流域禁渔期间做到江中无渔船，水中无渔具，市场无江鱼。

2日

●昆明市召开“菜篮子”工程蔬菜基地建设农商对接会。昆明蔬菜将建立检测网络体系，所有蔬菜基地都将编录“身份”识别信息，建立田间档案管理制度，从源头上加强生产过程质量跟踪检测，逐步实现从生产到餐桌的全程追溯。按“十二五”的要求，在滇池流域以外区域40万亩蔬菜基地建设任务已进行先行试点，2011年在宜良、石林、嵩明、寻甸、东川5个县（区）新建蔬菜生产基地3万亩，目前5个项目县（区）已完成规划图和项目实施方案，有6家企业有意参与蔬菜基地建设，分别与宜良、石林、嵩明3个县（区）达成协议，流转土地1.08万亩，协议总投资1.45亿元。

4日

●昆明城镇最低生活保障人员可享农村公益性公墓，其死亡后家属可向户籍所在地县（市、区）民政行政主管部门提出申请，经核准后，按就近就便原则统筹安排。部分特殊困难群体实行1000元火化补助。

6日

●省政府召开全省保障性安居工程会议，提出“十二五”期间全省保障性安居工程的建设目标是建设（筹建）250万套（户）保障性住房，解决约800万城乡低收入群众的住房困难。省长秦光荣、副省长孔垂柱出席会议。

10日

●《云南省城镇特色规划编制暂行办法》于10日起实施，各州（市）、县域城镇在做建设总体规划时，应同步编制特色城镇专项规划，并纳入总体规划的强制性内容，以法定规划指导各城镇建设更具民族特色、地域特点和历史文化特征，突出每个城镇的特色主题形象。

11日

●省政府召开电视电话会议，部署云南省第三轮禁毒防艾人民战争工作，强调要坚决打好新一轮禁毒防艾人民战争，不断巩固和扩大禁毒防艾工作成果。省长秦光荣、省委宣传部长张田欣、省公安厅长孟苏铁、副省长高峰出席会议。

12日

●省长秦光荣主持召开省政府第55次常务会议，研究2011年一季度全省经济运行情况，审议《云南省政府关于创新体制机制加大支持力度进一步促进农民持续增收的意见（送审稿）》、《云南省政府关于贯彻落实〈国务院关于加强法治政府建设的建议〉》、《云南省城市出租汽车管理办法（草案）》、《云南省城市公共交通管理办法（草案）》。

●省长秦光荣到省移民局调研，强调要为移民群众办实事，解难题、做好事，真正做到发展一地经济，致富一方群众，保护一片生态。常务副省长罗正富、省政府顾问邹刚仁参加调研。

13～16日

●副省长李江深入昭通5县（区）调研政府自身建设、下岗工人再就业、返乡农民工创业、农业标准化等工作，强调昭通市要抢抓机遇，努力实现“十二五”跨越式发展。

14～15日

●岩溶地区石漠化综合治理工程第三次省部联席会暨现场会在文山召开，会议强调要采取措施，加大力度，加快推进工程建设，确保“十二五”期间开好局、起好步。省长秦光荣、国家发改委副主任杜鹰、国家林业局副局长印红、国家扶贫办副主任王国良、水利部总工程师汪洪、农业部总经济师杨绍品和四川、湖北、湖南、广东、广西、重庆、贵州的省领导出席会议。

15日

●由省科技厅、省国资委、省政府金融办、东方财富信息公司联合主办，东方财富网承办，省政府驻上海办事处协办的中国力量—中国资本市场高峰论坛在昆明举办，100多位嘉宾出席论坛。

18日

●省政府召开“十二五”低碳节能减排工作会议，强调“十二五”期间必须把低碳发展和节能减排工作摆在更加突出的位置，采取强有力的措施，确保全面完成“十二五”目标任务，努力构建资源节约型和环境友好型社会。省长秦光荣、副省长和段琪出席会议。

●全国纠风工作电视电话会议后，省政府召开全省纠风工作电视电话会议，总结2010年纠风工作，对2011年纠风工作进行安排，要求全省各级各地要结合实际，更加深入有效地推进纠风工作。副省长李江出席会议。

19日

●省政府召开教育改革发展工作专题会议，研究“十二五”教育改革发展的重大问题。省长秦光荣、常务副省长罗正富、副省长高峰出席会议。

21日

●国内首家有色金属现货电子交易所——昆明泛亚有色金属交易所在昆明正式开市。

25日

●省长秦光荣、副省长孔垂柱调研牛栏江—滇池补水工程前期工作，强调各级各部门要进一步加强对实施牛栏江—滇池补水工程重要性的认识，力争2012年实现滇池补水。

25～27日

●云南省标准化工作推进会议在蒙自召开。副省长李江出席会议。

26日

●省长秦光荣主持召开省政府第56次常务会议，听取第19届中国昆明进出口商品交易会筹备工作情况汇报，研究加快云南省流通产业发展有关问题；审议并原则通过《云南省风景名胜区条例（修订草案）》，决定做进一步修改后提交省人大常委会审议。

27日

●省政府召开全省严厉打击食品非法添加和滥用食品添加剂专项工作电视电话会议，要求全省各地各有关部门要采取有力措施，切实保障人民群众的身体健康和生命安全。副省长高峰出席会议。

29日

●中国·昆明泛亚金融产业中心园区建设启动仪式在昆明西山区海埂路片区举行，昆明区域性跨境人民币金融服务中心建设迈出实质性一步。省委书记白恩培、省长秦光荣、省委秘书长杨应楠、昆明市委书记仇和、副省长曹建方出席启动仪式。

5月

5日

●省政府与中国工商银行在昆明签署《金融战略合作协议》，省长秦光荣、中国工商银行董事长姜建清、行长杨凯生、监事长赵林仪、副省长曹建方、副行长李晓鹏出席签字。

6日

●省政府召开“十二五”滇池治理工作会议，提出“十二五”是滇池治理的攻坚期和关键期，各级各部门要力争滇池治理取得实质性突破，使湖体总体水质稳定达到Ⅴ类，退出国家“三湖三河”重点污染治理名单。省长秦光荣、常务副省长罗正富、昆明市委书记仇和出席会议。

10日

●省长秦光荣率省级有关部门负责人到中国民用航空局，就“十二五”云南民航事业发展进行座谈。民航局局长李家祥表示民航局将继续加大对云南民航发展的倾斜，支持云南“航空强省”建设。副省长刘平及民航局相关司局负责人出席座谈会。

12日

●省长秦光荣率省级有关部门负责人在北京与中国银行董事长肖钢、副行长祝树民进行会谈。副省长曹建方参加会议。

13～16日

●国土资源部部长徐绍史率领国家土地资源部调研组在云南调研国土资源管理工作，并与省政府举行国土资源管理工作座谈会，提出要进一步加强部省合作，提高国土资源管理水平。省委书记白恩培、省委副书记李纪恒、副省长刘平陪同调研。省长秦光荣出席座谈会。

15日

●以“携手建设创新型国家”为主题的云南省2011年科技活动周在芒市举行，省、州（市）的地震、住建、环保、安监、卫生、公安、教育等68个部门和单位开展防震减灾、建筑减震、节能减排、安全生产、卫生防疫、专家义诊、禁毒防艾、企业创新、公安机关社会管理创新、青少年百米绘画等科普活动。

17日

●省长秦光荣主持召开省政府第57次常务会议，传达学习全国食品安全专题工作会议精神，审议并原则通过《云南省教育事业发展“十二五”规划》、《云南省加快少数民族和民族地区经济社会发展“十二五”规划》、《云南省应急体系建设“十二五”规划》。

18～19日

●国家烟草专卖局局长姜成康在云南保山调研，提出要创造现代烟草农业发展典型，实现提质、增效、惠农、富民目标。并对云南学习、借鉴现代烟草农业建设经验，全面提升云南农业化水平提出要求。省长秦光荣、常务副省长罗正富陪同调研。

21～24日

●农业部部长韩长赋在云南调研三农工作，提出云南要充分发挥独特的气候和生态优势，进一步加大农业基础设施建设和中低产田改造力度，全力推进现代农业发展。省长秦光荣、省委副书记李纪恒、昆明市委书记仇和、副省长孔垂柱陪同调研。

24日

●云南省教育工作会议在昆明召开，会议提出要努力开创教育事业科学发展新局面，为推动全省经济社会又好又快发展提供更为有力的人才保证和智力支持。省委书记白恩培、省长秦光荣、教育部副部长刘利民、省委副书记李纪恒、副省长李江、高峰出席会议。

27日

●省政府召开2011年全省防汛抗旱工作电视电话会议，要求各地、各部门牢固树立防大汛、救大灾的思想，强化措施、狠抓落实、扎实做好全省防汛抗旱工作。副省长孔垂柱出席会议。

30日

●云南省加快建设面向西南开放重要桥头堡动员大会在瑞丽召开。会议提出切实增强责任感、使命感和紧迫感，抓住重大历史机遇，以桥头堡建设为契机，推动云南科学发展。省委书记白恩培、省长秦光荣、常务副省长罗正富、副省长李江、孔垂柱、和段琪出席会议。

31日

●省政府德宏专题工作会议在瑞丽召开，会议强调要抓住桥头堡建设的难得历史机遇，以瑞丽重点开发实验区为突破口，努力推进德宏实现大开发、大开放和大发展。省长秦光荣、常务副省长罗正富、副省长李江、孔垂柱、和段琪出席会议。

6月

2日

●省政府在昆明召开加快泸沽湖机场建设专题会议，学习贯彻《国务院关于支持云南省加快建设面向西南开放重要桥头堡的意见》精神，专题研究加快泸沽湖机场建设的有关事宜，提出要牢牢把握机遇，以加快建设桥头堡为动力，加快云南民航产业发展步伐。省纪委书记李汉柏出席会议。

5日

●第19届中国昆明进出口商品交易会暨第4届南亚国家商品展在昆明开幕。国务委员戴秉国宣布第19届中国昆明进出口商品交易会暨第4届南亚国家商品展开幕并致词，出席开幕式的主礼嘉宾斯里兰卡总理迪萨纳亚克·贾亚拉特纳，老挝副总理宋沙瓦·凌沙瓦，省委书记白恩培，省长秦光荣共同启动开幕按钮。第19届中国昆明进出口商品交易会轮值主席省、四川省省长蒋巨锋主持开幕式。副省长顾朝曦、联办各方省领导、国家有关部委领导、越南、老挝、柬埔寨、斯里兰卡、孟加拉、泰国、阿富汗、马尔代夫等国代表出席开幕式。

●第9届东盟华商投资西南项目推介会暨亚太华商论坛在昆明开幕。来自28个国家和地区的500多位华商朋友共商桥头堡机遇，促进华商合作发展。国务院侨务办公室主任李海峰、省长秦光荣出席开幕式。国务院侨办副主任任启亮与副省长刘平签订国务院侨务办公室、云南省政府关于发挥侨务资源优势支持云南桥头堡战略合作协议、国务院侨务办公室与云南省政府共建云南华文协议。

6日

●第19届中国昆明进出口商品交易会暨第4届南亚国家商品展开馆仪式在昆明国际会展中心新馆举行，国务委员戴秉国、斯里兰卡总理迪萨纳亚克·贾亚拉特纳、老挝副总理宋沙瓦·凌沙瓦、省委书记白恩培、省长秦光荣等来自25个国家和地区、国家有关部委和有关省（区、市）的负责人出席仪式。

●云南省政府和四川省政府战略合作框架协议签署仪式在昆明举行，双方将进一步加强合作，实现区域联动、资源共享、优势互补、共同推进两省开放合作和经济社会又好又快发展。省长秦光荣、四川省长蒋巨峰、副省长李江、昆明市委书记仇和、四川省副省长黄小祥出席仪式。

8日

●常务副省长罗正富在德钦县调研，强调要坚持以人为本，改善条件，促进民族地区经济社会又好又快发展。

9日

●省科技厅与云南出入境检验检疫局签署合作备忘录，提升云南人员和货物出入境检验检疫技术领域科技合作与交流水平。

10日

●第19届昆交会暨第4届南亚国家商品展落幕，各项外经贸成交累计69.6亿美元，比上届净增44.8亿美元，同比增长180.4%。

●全省水电安全度汛暨加快水电建设工作座谈会在丽江召开。会议提出要坚持不懈地抓好水电项目安全度汛工作，依法、依规、有序推进水电开发，努力推动水电建设再上新台阶。常务副省长罗正富出席会议。

14日

●省政府召开政法、民政、金融、烟草、移民等部门推进桥头堡建设专题座谈会，提出要发挥各部门职能作用，突出重点抓落实推动桥头堡建设。副省长曹建方出席会议。

15日

●教育部与省政府在北京签署加快云南教育事业发展推进云南桥头堡建设战略合作协议和推进义务教育均衡发展备忘录。教育部部长袁贵仁、省长秦光荣、副省长高峰、教育部副部长杜占元出席签字仪式。

●省政府与中国储备粮管理总公司在昆明签署战略合作协议，双方将进一步发挥各自在政策、资金、经营和区位等方面的优势，积极推进云南粮食生产发展，打造物流体系，维护粮食安全。中储粮管理总公司总经理包克辛、常务副省长罗正富签署战略合作协议。

16日

●省委、省政府在云县召开全省山区中小水利建设工作会议，强调要围绕特色优势产业发展，科学治水，依法治水，全面加快山区中小水利建设，促进农业增效、农民增收、生态改善。省委副书记李纪恒、副省长孔垂柱出席会议。

17日

●省政府在昆明召开全省促进就业工作会议，提出要继续实行更加积极的政策，努力实现充分就业和稳定就业。确保云南就业局势总体稳定。副省长李江、高峰出席会议。

20日

●卫生部与省政府在昆明举行座谈会，提出要加强部省合作，深化医药卫生体制改革，推动云南卫生事业加快发展。卫生部部长陈竺、省长秦光荣、副省长高峰出席座谈会。

21日

●省长秦光荣主持召开第58次省政府常务会

议，分析研究2011年上半年全省经济形势，对下半年全省经济工作进行安排部署。

22日

●省政府召开专题会议，研究滇中经济区发展总体规划，提出要充分发挥滇中经济区对全省经济社会发展的引领和引擎作用。常务副省长罗正富出席会议。

29日

●省政府召开2011年全省抗震救灾指挥部会议，强调要加强监测预报，提升减灾能力。副省长曹建方主持会议。

7月

1日

●从7月1日起，云南省4部新法规正式实施，分别是《云南省非税收入管理条例》、《云南省科学技术进步条例》、《云南省发展中医药条例》、《云南省民用运输机场保护条例》。

3日

●省长秦光荣会见前来昆明出席国家汉办暨孔子学院总部理事会议的教育部副部长刘利民一行。

4日

●省委、省政府在昆明召开2010年度云南省科学技术奖励大会，表彰奖励为全省科技事业和现代化建设发展作出突出贡献的科技人员和单位。1448个单位和科技人员获得970万元的奖金，其中36项成果获自然科学奖、9项成果获技术发明奖、133项成果获科技进步奖，2名外籍科学家获云南省科学技术合作奖。省委书记白恩培、省长秦光荣、省委副书记李纪恒、省政协主席王学仁、副省长李江等出席会议并为获奖者颁奖。

5日

●交通运输部与省政府在北京举行会谈并签署《贯彻落实国务院关于支持云南省加快建设面向西南开放重要桥头堡的意见，加快推进交通运输科学发展会谈纪要》。交通运输部部长李盛霖、省委书记白恩培、省长秦光荣、交通运输部副部长翁孟勇和高宏峰、副省长刘平出席签字仪式。

●国家民委与省政府在北京举行座谈会并签署《建设民族团结进步边疆繁荣稳定示范区合作协议》，国家民委主任杨晶、省委书记白恩培、国家民委副主任杨传堂、省长秦光荣、国家民委副主任罗黎明、副省长刘平出席签字仪式。

6日

●国家旅游局与省政府在北京举行座谈会并签署《关于建设面向西南开放重要桥头堡共同推进云南旅游产业跨越式发展会谈纪要》，省委书记白恩培、国家旅游局局长邵琪伟、省长秦光荣、国家旅游局副局长王志发和祝善忠及吴文学、副省长刘平出席签字仪式。

8日

●省政府与中国平安保险（集团）股份有限公司在昆明签署服务云南桥头堡建设专项合作协议。省长秦光荣、中国平安保险（集团）董事长马明哲、副省长曹建方、中国平安保险（集团）副总经理顾敏出席签字仪式。

8～10日

●由中国国际物流节组委会组织国内物流专家和物流企业家组成的考察团在昆明举行“2011中国物流万里行昆明站”活动。考察团走访昆明相关物流园区，听取昆明物流发展规划、政策和物流发展建设情况，并与昆明物流企业进行对口洽谈。

10日

●2011年中国昆明泛亚石博览会在昆明开幕，省委书记白恩培、省长秦光荣、中国收藏家协会会长罗伯健、中国石材工业协会会长邹传胜、副省长刘平等出席开幕式。

●市委书记仇和会见中国交通运输协会副秘书长倪玮等2011中国物流万里行昆明站考察团一行。

11日

●工信部对全国18个工业行业淘汰落后产能企业名单、淘汰落后生产线（设备）及产能进行公告，18个工业行业淘汰落后产能涉及2255家企业，云南省涉及10个行业的57家企业，面临淘汰产能500余万吨。

●据新华网报道：云南省“兴地睦边”农田整治重大工程自2010年启动实施以来，安排的56个“兴地睦边”子项目已全部开工建设，年内将全部竣工，实现新增耕地4.26万亩。

11～12日

●全省中小学校舍安全工程现场会暨中小学区域布局调整推进会在丘北县举行，会议提出要创造条件加快中小学校舍安全工程和区域布局调整步伐，促进全省义务教育率先发展、科学发展、均衡发展。副省长高峰出席会议。

12日

●省政府在昆明举行全省筹集水利建设资金加快水利建设电视电话会议，提出要加强组织领导，掀起水利建设热潮。副省长孔垂柱出席会议。

12～15日

●副省长李江在丽江市调研，提出把新型农村社会养老保险工作放在更加突出的位置，为建立覆盖城乡居民的社会保障体系作出贡献。

14～15日

●由中央外宣办和省委联合举办的新闻发布和舆论引导高级培训班在昆明开班，省政法委书记孟苏铁出席开班仪式，中央外宣办副主任王国庆讲话并授课。

15日

●首届中美省州长论坛在美国犹他州盐湖城举行，省长秦光荣率云南省政府代表团出席。浙江省委书记赵洪祝、安徽省省长王三运、青海省省长骆惠宁、中国驻美大使张业遂、全国友协副会长李小林及美方30多位州长出席本届论坛，双方就贸易、投资、能源、环境、教育合作、青年交流等议题进行交流。

●中央工程建设领域突出问题专项治理工作检查情况反馈会在昆明举行。自2009年8月开展专项治理以来，云南省排查500万元以上政府投资和使用国有资金的工程建设项目1.25万个，发现问题3487个，已纠正问题3001个，罚没、补缴款6593.5万元，查处违纪违法案件481件，给予党政纪处分471人。

●2011长江夏季论坛在昆明举行。

18日

●中国监察学会西南学联组2011年学术交流联谊会在昆明举行，云南、重庆、四川、贵州、西藏五省（区、市）和成都市纪检监察学会的代表就反腐倡廉理论研究成果进行交流。

19日

●世界银行贷款昆明轨道交通3号线项目启动会在昆明举行，常务副省长罗正富与世行中蒙局局长克劳斯·罗兰德签订项目协议，世行在中国的第一个轨道交通贷款项目正式进入实施阶段，昆明轨道交通3号线获得世行3亿美元贷款支持。

●省烟草专卖局（公司）帮助“6·29”受灾烟农救灾减灾新闻发布会召开。6月29日发生50年不遇的特大风雹洪涝灾害天气，致使昆明、曲靖、红河等5个州（市）烤烟受灾面积11.8万亩，其中绝收面积5.6万亩，烟农受灾损失超过2亿元。国家烟草局和省烟草公司筹集专项资金1.03亿元用于抗灾救助，其中直补烟农7000万元。

●云南省第2次全国重点保护野生植物资源调查试点工作会议暨技术方案审定会在昆明召开，将在西双版纳、普洱等州（市）开展毛枝五针松等5个物种的调查试点工作。

●电影《杨善洲》云南首映式在昆明举行。影片在全国各大院线同时上映。省委书记白恩培、常务副省长罗正富、省委秘书长杨应楠、省委宣传部部长张田欣等出席首映式并观看影片。

20日

●昆明市创建国家卫生城市通过国家技术评估的综合评审，将接受为期半个月的社会公示，公示期如顺利通过，昆明创卫成功。

20～21日

●省政府在水富县召开洛溪渡、向家坝水电站移民工作现场会，提出要扎扎实实做好移民搬迁安置工作，为建设富裕民主文明开放和谐云南作出新的更大的贡献。常务副省长罗正富、副省长曹建方出席会议。

22日

●省政府召开2011年全省县域经济发展电视电话会议，提出要紧紧围绕“富民强县”目标，转变方式，突出重点，实现富民强县新跨越。常务副省长罗正富、副省长孔垂柱出席会议。

●省政府召开专题工作会议，贯彻落实7月12日国务院常务会议精神，分析生猪产销形势，研究政策措施，提出要进一步扶持生猪生产，稳定市场物价，保障人民群众生活和全省物价总水平稳定。常务副省长罗正富主持会议。

25日

●《云南日报》报道：省农科院农业环境资源研究所在农业外来入侵杂草预警和控制技术研究上取得明显进展，通过人工防治、生态控制、化学防治技术的集成创新，实现了对不同生态环境条件和作物地外来入侵杂草的高效、安全、持久防控。3年累计开展核心示范防控上万亩，示范区防治总体效果达到90%以上。

26～28日

●国家旅游局局长邵琪伟率相关人员到红河州弥勒县进行考察调研。

27日

●《云南日报》报道：科技部创新基金管理中心公布2011年第二批科技型中小企业技术创新基金项目立项名单，云南省有121个项目获得立项支持，资助金额7860万元。自2009年以来，云南省在争取国家创新基金项目中连续3年实现跨越增长。

28日

●省长秦光荣主持召开省政府第59次常务会议，审议建立云南社会救助和保障标准与物价上涨挂钩联动机制的事项，决定建立社会救助和保障标准与物价上涨联动机制，启动云南省城镇居民社会养老保险试点工作。会议审议《云南省政府关于加强耕地保护促进城镇化科学发展的若干意见》。

8月

2日

●东方航空云南有限公司正式成立并领证运行。省委书记白恩培、省长秦光荣、国家民航局副局长夏兴华、东航集团总经理刘绍勇、副省长刘平出席成立仪式。

3日

●省住房和城乡建设厅、省政府新闻办公布"滇中城市群"规划。根据规划，到2030年昆明、玉溪、曲靖、楚雄组成的滇中城市群将成为带动云南发展的核心增长极，同时成为区域性国际枢纽，中国西部新兴特色产业基地，竞争力较强的门户城市群，中国面向西南开放重要桥头堡的区域中心，人口约2400万人，城镇化水平达到75%。

●由云南师范大学主办的国际沼气技术与可持续发展研讨会在昆明举行。来自10多个国家的专家学者就沼气技术研发利用、可再生能源技术创新推广等前沿课题进行交流。

4日

●国家环境咨询委员会暨环境保护部科学技术委员会2011年暑期座谈会在澄江举行。

5日

●2011年全省军队转业干部安置工作会议在昆明举行。

7日

●云南烟草"十二五"规划专题座谈会在弥勒县召开，省长秦光荣在会上强调要努力探索一条绿色、生态、健康的云南烟草发展之路，为推动全省经济社会发展作出新的更大的贡献。副省长曹建方出席会议。

8日

●缅甸联邦驻昆明总领事馆举行缅甸联邦共和国国旗和东盟盟旗并列升旗仪式。

●云南省启动实施第三批1500个社会主义新农村省级重点建设村项目，着力突出农民增收、农村生产生活条件改善和公共服务体系建设等重点，进一步发挥重点村对建设小康、文明、生态、和谐社会主义新农村的示范带动作用。

9日

●2011年全国中医药工作厅局长座谈会在昆明举行。国家中医药管理局局长王国强、副省长高峰出席会议。

●2011（昆明）中西部第4届有色金属工业发展论坛在昆明举行。来自云南、湖南、河南、重庆、江西、甘肃等省（区、市）的有色金属行业专家学者，围绕"调整结构、持续创新、提升产业、支撑发展"这一主题，为有色金属行业的发展建言献策。

●省政府召开全省固定资产投资推进工作电视电话会议，提出要着力破解融资难题，确保完成全年固定资产投资目标任务。常务副省长罗正富出席会议。

10日

●上海、云南两省（市）座谈交流暨对口扶贫帮扶合作第13次联席会议在昆明举行。上海市委书记俞正声、上海市长韩正、省委书记白恩培、省长秦光荣、省委副书记李纪恒、上海副市长姜平、副省长孔垂柱出席会议。

●省政府召开全省气象形势分析座谈会，提出要抓好当前抗旱救灾蓄水防汛工作，确保城乡供水和农业丰收。副省长孔垂柱出席会议。

10~11日

●常务副省长罗正富到昭通市调研火电电网建设，强调要紧紧围绕"两强一堡"战略，有序发展火电，加快电网建设。

15日

●全省城镇保障性安居工程建设现场会在昆明召开，会议提出要确保完成省政府关于全省所有2011年度城镇保障性住房建设项目必须在9月30日前全部开工并在年底前完成60%以上投资额的年度目标任务。副省长刘平出席会议。

15~16日

●人力资源和社会保障部、中华全国总工会、中国企业联合会、中国企业家协会、中华全国工商联合会在北京召开全国构建和谐劳动关系和谐企业与工业园区先进表彰暨经验交流会，对357家"全国模范劳动关系和谐企业"、43个"全国模范劳动关系和谐工业园区"进行表彰。云南省云天化集团有限责任公司、云南铝业股份有限公司、蒙自矿冶有限责任公司、云南龙润药业有限公司、云南鸿翔一心堂药业有限公司、云南滇池国家旅游度假区海洁环卫服务公司、云南腾冲制药厂7家企业荣获“全国模范劳动关系和谐企业”称号。

16～17日

●科技部国际合作司和省科技厅共同举办的（APEC）沼气资源开发利用国际科技合作论坛在昆明举行，50人参加会议。

17日

●省政府举行云南省充分发挥大中型水电站综合利用效益工作汇报会，研究云南大中型水电站水资源综合利用的思路和规划方案，要求各地切实做好工作，有效解决工程性缺水问题。副省长孔垂柱出席会议。

18日

●省政府召开滇中引水工程建设前期工作专题会议，总结几年来的工作成绩，研究部署下一步工作。省长秦光荣、常务副省长罗正富、副省长孔垂柱、和段琪出席会议。

19日

●省长秦光荣主持召开省政府第60次常务会议，研究部署全省抗旱工作。审议通过《云南省委办公厅省政府办公厅关于深化政务公开加强政务服务的实施意见》，决定报省委审批。讨论并原则通过《云南省森林防火条例（草案）》，决定报省人大常委会审议。审议并原则通过《云南省行政许可监督检查办法（草案）》，决定进一步修改后颁布实施。

●省政府召开抗旱救灾工作电视电话会议，要求各地、各有关部门要强化措施保民生保生产，确保完成农业农村经济发展目标任务，副省长孔垂柱出席会议。

22日

●省政府与中国有色矿业集团有限公司签署战略合作框架协议，副省长顾朝曦、中国有色矿业集团有限公司副总经理李莜英出席签字仪式。

●由云南机场集团有限责任公司联合中国民航大学、云南省科学技术研究院发起的云南省临空产业技术创新战略联盟成立，填补了云南省现代服务业创新领域的空白，也为云南自主研发和生产航空专业设备提供了一个平台。

23日

●云南网报道：“十一五”期间，云南省林木种苗科技工作完成国家、部省科研项目49个，获得省部级自然科学科技进步奖17项。期间投入科技推广经费3600万元，实施林业技术推广项目256项，推广新品种、新技术82个，辐射面积700多万亩。

24日

●云南省深化政务公开加强政务服务工作会议在楚雄市召开。

27日

●省委、省政府在昆明召开全省加强和改进工商联工作会议，强调要围绕中心服务大局，不断推动工商联工作实现更大发展。全国工商联党组书记全哲珠、省长秦光荣、省委副书记李纪恒、副省长和段琪出席会议。

28日

●省长秦光荣、省委副书记李纪恒、副省长孔垂柱分别率队到昆明、曲靖的旱区调研，并联合在曲靖召开全省抗旱救灾专题工作会议，强调科学抗旱、千方百计把灾害造成的损失降到最低。

8月29日～9月2日

●由科技部国际合作司和省科技厅共同主办的科技外交官云南行活动在昆明举行。我国驻英、德、俄等14国的19位资深科技外交官参加活动。

30日

●省十一届人大常委会第二十五次会议审议表决通过省人大常委会关于接受白恩培辞去云南省第十一届人民代表大会常务委员会主任职务的决定，审议表决通过省人大常委会关于接受秦光荣辞去云南省政府省长职务的决定，表决全票通过决定任命李纪恒为云南省政府副省长、决定其为云南省政府代理省长。

●省政府举行加快昆明新机场建设第8次现场办公会，提出打好攻坚战，确保完成新机场年底转场运营目标，省纪委书记李汉柏、副省长刘平出席会议。

31日

●国家热带农副产品质量监督检验中心、国家橡胶及乳制品质量监督检验中心、国家太阳能热水器质量监督检验中心在昆明举行揭牌仪式。国家质检总局副局长孙大伟、副省长李江出席揭牌仪式。

9月

1日

●代省长李纪恒主持召开省政府工作会议，强调要切实把思想认识统一到中央和省委对做好云南工作的新要求上来，准确把握形势，坚定信心抓推进，突出重点抓落实，全力保持全省经济社会又好又快发展势头，以优异的成绩迎接省第九次党代会召开。

3日

●云南省供销合作社成立60周年座谈会在昆明举行。60年来，全省各级供销社大力发展农村合作经济、搞活农村商品流通，在自身实力明显增强的同时，为“农”服务水平显著提高，成为云南省搞活城乡流通、繁荣农村经济的主力军，并成为全国供销合作社系统快速发展的先进典型。

4日

●国家发改委与省政府在怒江州召开“怒江发展问题”座谈会，研究如何进一步解决好怒江发展问题。国家发改委副主任杜鹰、常务副省长罗正富出席会议。

5日

●全省保护坝区农田建设山地城镇工作会议在大理市召开。省委书记秦光荣、代省长李纪恒、副省长刘平出席会议。

●《云南日报》报道：近年来，全省狠抓农产品食品安全生产源头认证监管，绿色食品、有机食品、无公害食品及地理标志农产品构成的“三品一标”农特产品快速发展。截至2011年6月底，按国标认证“三品一标”农特产品产出面积3748.26万亩，年产值229亿元，分别比2009年增长39.34%、21.9%；年总产量770.42万吨，比2009年增长16.6%，出省出口年产值近60亿元。获认证的绿色食品数量排名跃居全国第15位。

9日

●省政府与中国建设银行股份有限公司在昆明举行支持桥头堡建设战略合作协议签字暨抗旱救灾捐款仪式。根据协议，建设银行将利用专业与品牌优势，围绕云南建设桥头堡战略规划，为云南建设提供一揽子综合服务解决方案。省委书记秦光荣、代省长李纪恒、建设银行董事长郭树清、副省长曹建方、建设银行副行长陈佐夫出席签字仪式。

●省政府召开电视电话会议，对全省抗旱救灾工作再动员再部署。代省长李纪恒、副省长孔垂柱出席会议。

18日

●中华全国供销合作总社与省政府在昆明签署《关于发挥供销合作社优势支持云南建设重要桥头堡战略合作框架协议》。双方将全方位合作推进桥头堡建设，提升云南供销合作社为“三农”服务的实力和水平。省委书记秦光荣、代省长李纪恒，中华全国供销合作总社主任杨传堂、副省长孔垂柱、中华全国供销合作总社副主任戴公兴出席签字仪式。

●代省长李纪恒主持召开省政府第61次常务会议，审议并原则通过《云南省农村扶贫开发纲要（2011～2020年）和《云南省“十二五”现代农业发展规划》，审议并通过《云南省政府关于进一步加强基层就业和社会保障公共服务体系建设的意见》；审议《云南省国防教育条例（草案）》，对加强政府自身建设，做好当前工作进行研究部署。

●省政府召开全省林区垦区煤矿棚户区改造工作推进会，提出要确保所有改造项目10月底开工建设，年底完成60%以上的投资任务，副省长刘平出席会议。

20日

●云南网报道：省净言办邀请省内专家对2010年度征集到的414件净言进行认真、严格的评审。通过初选、初评、终评、公示和审定，省政府决定对《缓解群众看病难看病贵的几点建议》等32件净言授予云南净言奖。

●为抢抓中国—东盟自由贸易区建成、广西北部湾经济区开发开放的重大机遇，云南与广西签订协议，共同推进北部湾经济区云南临海产业园建设，促进产业结构优化升级。

●省国土资源厅向来云南核查的国土资源部、农业部、监察部、审计署、国家统计局5部门组成的联合考核组汇报云南耕地保护责任目标履行情况。通过落实“最严格的土地管理制度、最严格的耕地保护制度，最严格的节约用地制度”，推进保发展、保红线“双保工程”，采取建设用地实施占补平衡等措施，5年来云南新增耕地44.09万亩。

21日

●云南省经贸代表团在第7届泛珠三角区域合作经贸洽谈会上签订45个项目，总投资441.6亿元，签约金额列“9+2”第四位，项目平均投资规模列“9+2”第一位。

●作为云南省粮食调运中转和昆明市粮食供给的重要枢纽，昆明市凉亭粮食转运站迁建项目在昆明经开区阿拉乡高坡村开工，项目规划占地440.99亩，位于昆明铁路局金马村火车站旁，交通运输条件极为便利。

22～23日

●代省长李纪恒率云南省政府代表团和经贸代表团出席第7届泛珠三角区域合作与发展论坛暨经贸洽谈会，在江西省参观考察。

26日

●省委、省政府召开全省"十二五"兴边富民工程会议，强调兴边先富民、富省先富民、强滇先富民。省委书记秦光荣、代省长李纪恒、国家民委副主任罗黎明、常务副省长罗正富、副省长刘平出席会议。2005年以来云南省累计投入资金425亿元先后实施两轮兴边富民工程，实现边境地区农民人均纯收入倍增。

●省政府与华润（集团）有限公司在昆明正式签署《推进桥头堡建设战略合作投资协议》。根据协议，"十二五"期间，华润集团拟投资1000亿元，在能源开发、生物资源开发、现代服务业发展等领域与云南开展合作。省委书记秦光荣、华润（集团）有限公司董事长宋林、代省长李纪恒、华润（集团）有限公司总经理乔世波、副省长和段琪出席签字仪式。

27日

●省政府与中国钢研科技集团签署战略合作框架协议，共同致力于传统冶金工业、矿冶材料等领域的技术创新和技术改造及节能降耗等工作，为云南建设桥头堡提供产业支撑。代省长李纪恒、常务副省长罗正富、中国钢研科技集团公司总经理才让、副省长和段琪出席签字仪式。

28日

●代省长李纪恒主持召开省政府第62次常务会议，研究节能减排、民间投资工作。讨论《云南省行业协会条例（草案）》、《云南省残疾人保障条例（草案）》，审议并原则通过《云南省"十二五"综合交通体系发展规划》。

10月

1～3日

●代省长李纪恒深入怒江州福贡县、贡山县和泸水县调研，看望慰问基层干部群众和独龙江边防派出所的官兵。

8日

●代省长李纪恒主持召开省政府第63次常务会议，审议并原则通过《云南省城乡基本公共服务"十二五"专项规划》和《云南省产业结构调整和升级"十二五"专项规划》，决定进一步修改后颁布实施。会议讨论《云南省流动人口服务管理条例（草案）》，并同意修改完善后报省人大常委会审议。会议还讨论《云南省禁止生产销售塑料购物袋规定（草案）》。

9日

●省政府与国家烟草专卖局在北京举行工作座谈会，提出要进一步加强省局合作，全面提升云南烟草业发展水平，保持云南烟草产业持久竞争力。代省长李纪恒、国家烟草专卖局局长姜成康、常务副省长罗正富、副省长曹建方和国家烟草专卖局副局长张保振、何泽华、李克明、张辉出席座谈会。

10日

●交通运输部与省政府在北京召开座谈会，双方就进一步密切部省合作，采取切实可行的措施，在政策上给予倾斜、资金上予以扶持，帮助解决建设中的实际困难，确保云南在建二级公路建设任务完成。交通运输部长李盛霖、代省长李纪恒、常务副省长罗正富、副省长刘平出席座谈会。

11日

●科技部、省政府在昆明举行2011年部省工作会商会议，双方签署《部省工作会商制度议定书》，决定建立新一轮部省工作会商制度，并就云南科技创新能力建设、大力推动外向型优势产业发展、打造面向西南开放的技术转移基地、强化科技惠民等方面工作达成一致意见。科技部部长万钢、省委书记秦光荣、科技部副部长王伟中和陈晓娅、副省长和段琪出席会议。

●省政府与多家中央金融机构在北京召开金融支持桥头堡通道建设座谈会，提出进一步加强政银合作，共同推进桥头堡建设。代省长李纪恒、中国银行行长李礼辉、光大银行行长郭友、常务副省长罗正富、副省长刘平和曹建方出席座谈会。国家开发银行、中国工商银行、中国农业银行、中国建设银行、中国交通银行的领导参加座谈会。

12日

●省政府与国务院国资委在北京就加强云南国资监管、央企入滇、企业合作等工作进行交流座谈，提出继续加大合作力度，为央企入滇投资兴业构建更加顺畅的渠道。国务院国资委主任王勇、代省长李纪恒、国务院国资委副主任黄丹华、常务副省长罗正富、副省长和段琪出席座谈会。

13 日

●省政府与全国工商联在北京举行座谈会，提出要以抓央企入滇的劲头推动民营企业入滇发展。全国工商联主席黄孟复、代省长李纪恒、全国工商联第一副主席全哲洙、全国工商联副主席褚平、常务副省长罗正富、副省长和段琪出席座谈会。

●云南省物价局下发《完善糖料收购价格政策通知》，明确从 2011/2012 榨季开始，将糖料收购价格纳入地方政府定价目录，统一实行省级政府定价，各州（市）不再单独制定糖料收购价格政策。此举旨在建立糖料生产者与制糖企业“风险共担、利益共享”机制。

9～14 日

●代省长李纪恒、常务副省长罗正富、省委统战部长黄毅、副省长刘平、和段琪及相关部门负责人在北京分别拜会统战部、国家发改委、财政部、国土资源部、铁道部、国家能源局等有关部委，并分别举行工作座谈。提出加强合作，进一步合力推进桥头堡建设。国家有关部委分管领导分别参加会晤和座谈。

●副省长李江在临沧市就新农村建设和产业发展、新农保和城镇居民养老保险、企业质量体系建设等进行调研。

18 日

●省政府与中国民生银行在北京签署战略合作协议，进一步加强政银合作，推动桥头堡建设。代省长李纪恒、中国民生银行董事长董文标、行长洪崎、常务副省长罗正富、副省长曹建方、副行长梁玉堂、邵平出席签约仪式。

19 日

●代省长李纪恒率云南省代表团出席北京中美省州长对话会，并就促进地方就业作专题发言。

18～19 日

●副省长孔垂柱率农业、水利、林业、扶贫等部门负责人深入元江、墨江等地调研，指出要促进农民增收、改善农村民生，变资源优势为产业优势，拓宽增收渠道，有效解决和改善农村民生。

21 日

●代省长李纪恒主持召开省政府第 64 次常务会，部署第 4 季度工作，研究旅游交易会筹备、构建和谐劳动关系等工作。审议通过《云南省“十二五”社会稳定管理创新发展规划》。

24 日

●省政府在腾冲召开“6·20”、“8·09”地震抗震救灾及恢复重建工作会，提出全力以赴抓好各项工作，春节前完成民房恢复重建任务。副省长曹建方出席会议。

25 日

昆明市与迪庆州在香格里拉签署《共同推进经济走廊建设暨“十二五”友好合作框架协议》。双方将全面提升合作的层次和水平，形成互动、互利、双赢的格局。昆明市委书记仇和出席协议签字仪式。

●由省科学技术厅、国际碳水化合物联合机构主办的中国昆明国际生物活性多糖研讨会在昆明举行，150 人参会。

26 日

●由农业部草原监理中心和中国草学会主办的 2011 中国草原可持续发展论坛在昆明举行。全国政协副主席罗富和、中国草学会会长马启智、国家首席兽医师于康震、省政协副主席罗黎辉出席论坛。云南有草原面积 2.29 亿亩，居全国第七位、南方第二位，相当于全省耕地面积的 3.5 倍。“十二五”期间，云南将不断增加投入，统筹解决牧区、牧业、牧民和生产、生活、生存问题，突出围栏封育、草原改良、人工种草、转变牧民生产方式重点，把云南建设成为国家重要河流的生态屏障和国家“常绿草原畜牧业基地”。

27 日

●2011 中国国际旅游交易会在昆明开幕。全国政协副主席白立忱、省委书记秦光荣、国家旅游局局长邵琪伟、代省长李纪恒、常务副省长罗正富、副省长刘平及国家旅游局、贵州、宁夏、海南、云南等省（区）领导出席开幕式。

●由国家旅游局、中国民用航空局、省政府主办，中国旅游研究院、省旅游局和云南世博旅游控股集团承办的旅游产业与城市建设融合发展研讨会在昆明召开。国家旅游局局长邵琪伟、代省长李纪恒、副省长刘平出席研讨会。

28 日

●代省长李纪恒主持召开省政府经济工作汇报分析会，强调要切实增强做好工作的信心和决心，牢牢把握经济工作主动权，突出重点、狠抓落实、努力完成全年经济社会发展目标。

●省政府在元谋县紧急召开抗旱增水源、饮水保安全工作座谈会，要求全省各地要千方百计增加库塘蓄水，加快水利建设步伐，全力以赴确保城乡供水和人畜饮水安全。副省长孔垂柱出席会议。

29日

●云南省铁路建设重点项目——仁丽铁路正式通车运行。代省长李纪恒、常务副省长罗正富、副省长李江、和段琪出席通车仪式。

30日

●第9届中国国际农产品交易会在成都开幕，云南省有36家龙头企业的300多种特色农产品参会，国务院副总理回良玉参观云南展区。目前全省累计认证无公害农产品产地面积3478万亩，认证无公害农产品和绿色、有机食品1700个，农产品多年抽检合格率保持在95%以上。云南农产品出口实现快速增长，2011年1～9月，全省农产品出口额12.2亿美元，同比增长28.9%。

●省政府丽江市经济社会发展暨宁蒗扶贫攻坚专题工作会议在丽江召开。会议提出丽江市要立足实际，发挥优势，强基础、调结构、建支柱、扩开放、惠民生，努力建设和谐幸福丽江。代省长李纪恒、常务副省长罗正富、副省长李江、和段琪出席会议。

31日

●省政府在宁蒗县召开泸沽湖水污染防治现场办公会，强调要采取更加有力的措施，全力以赴保护好泸沽湖。代省长李纪恒、常务副省长罗正富、副省长李江、和段琪出席会议。

●昆明泛亚橡胶交易所携手工行云南省分行北京路支行、招商银行昆明分行、华夏银行昆明分行、深发展银行昆明分行、民生银行昆明分行等5家金融机构签订战略合作协议，将为其交易客户提供资金结算、保证金第三方监管，以及利用交易所的电子商务平台优势与银行贷款业务相结合，为其交易会员的国内外贸易提供融资服务。

11月

1日

●自2011年11月1日起，全省实行3项结构性减税政策。1. 提高增值税起征点。云南省增值税起征点按国家规定幅度的最高限执行。销售货物及销售应税劳务的，起征点为每月销售额2万元；按次纳税的，起征点为每次（日）销售额500元。2. 提高营业税起征点。云南省营业税起征点按国家规定幅度的最高限执行。按期纳税的，起征点为月营业额2万元；按次纳税的，起征点为每次（日）营业额500元。3. 调整娱乐业营业税税率。根据国家关于娱乐业营业税税率5～20%的规定，云南省娱乐业营业税税率统一调整为按5%征收。

●省政府召开食品安全工作会议，提出要加大监管力度，明确目标责任，提高食品安全水平，确保广大群众吃上放心食品。副省长高峰主持会议。

2日

●省委、省政府在昆明召开全省电视电话会议，部署加大城乡统筹力度，促进农业转业人口转变为城镇居民工作，提出力争2020年新增转户进城农民1000万人。省委书记秦光荣、代省长李纪恒、副省长孔垂柱出席会议。

3日

●省政府在昆明召开第6次全国人口普查总结表彰大会，提出要发扬团队精神，做好人口普查的后续工作。常务副省长罗正富出席会议。

6日

●省政府在石林县召开全省公路建设现场推进会，强调要全力推进公路建设，以良好的工作成效迎接省第九次党代会召开，为建设面向西南开放重要桥头堡提供有力的交通支撑。代省长李纪恒、副省长刘平出席会议。

7日

●代省长李纪恒主持召开省政府第65次常务会议，讨论《关于“十二五”期间城镇居民增收的意见》，审议《云南省“十二五”重点领域改革规划》、《云南省政府关于废止和修改有关征地拆迁的部分规章和规范性文件的决定（草案）》。

8日

●省政府与中国华能集团公司在昆明签订加快中国面向西南开放重要桥头堡建设战略合作框架协议。省委书记秦光荣、代省长李纪恒、华能集团公司总经理曹培玺、党组书记黄永达、常务副省长罗正富、副省长和段琪、华能集团公司副总经理那希志等出席签字仪式。

10日

●6时25分左右，师宗县雄壁镇私庄煤矿发生煤与瓦斯突出事故，43名当班工人全部被困井下，已发现21名遇难矿工。事故发生后，党中央、国务院高度重视，国务院总理温家宝、中央政法委书记周永康、国务院副总理张德江等作出重要批示，要求尽快核实情况，全力以赴救人。省委、省政府对矿难事故高度重视，省、市、县立即启动应急预案。省委书记秦光荣、代省长李纪恒率工作组迅速赶赴事故现场，指挥抢险救援工作。

11 日

●省政府和国家安监总局在师宗县召开云南师宗"11·10"煤矿事故情况分析会。代省长李纪恒、国家煤监局局长赵铁锤出席会议。

12 日

●省政府与国家安监总局在师宗县雄壁镇私庄煤矿"11·10"事故现场指挥部联合召开现场救援工作会，强调要采取一切措施，全力以赴营救被困人员。国家安监总局局长骆琳到现场指导救援工作，代省长李纪恒汇报救援进展情况，国家煤监局副局长彭建勋、常务副省长罗正富、副省长和段琪参加会议。

●云南省扶持人口较少民族发展工作会议在景洪市召开，提出整合资源，加大投入，促进人口较少民族聚居区实现跨越发展。代省长李纪恒、中纪委驻国家民委纪检组组长李小满、副省长刘平出席会议。

14 日

●省政府出台《关于进一步加强安全生产工作的决定》，对安全生产工作提出一系列明确要求，着重强调全面落实领导干部安全生产"一岗双责"责任制。

●全省安全生产和煤电油运专题工作会议在昆明召开。代省长李纪恒在会上要求全省各级各地要坚决遏制安全事故发生,全力抓好煤电油运保障。常务副省长罗正富、副省长李江、顾朝曦出席会议。

16 日

●代省长李纪恒主持召开省政府第66次常务会议，传达学习贯彻国务院深入推进行政审批制度改革工作电视电话会议精神，审议并通过《云南省政府关于第五轮取消和调整行政审批项目的决定（草案）》，研究《云南省政府贯彻〈国务院关于加快培育和发展战略性新兴产业的决定〉的意见（送审稿）》，审议并原则通过《云南省战略性新兴产业"十二五"发展规划》和《云南省国民经济和社会发展信息化"十二五"专项规划》，讨论并原则通过《云南省城乡规划条例（草案）》。

17 日

●云南省委常委会审议通过促进城镇居民增收的文件，决定建立企业职工工资正常增长机制。实行最低工资标准一年一调整。严格执行企业工资指导线制度。大力推进企业工资集体协商机制。

22 日

●云南省班组建设工作表彰会在昆明召开，昆明云内动力股份有限公司一车间等100个先进单位被授予云南省模范班组称号、桂采云等100名优秀个人被授予模范班组长称号。

23 日

●由中国珠宝玉石首饰行业协会和国土资源部珠宝玉石首饰管理中心联合主办的2011中国国际珠宝展在北京开幕。云南省珠宝玉石首饰行业协会首次组团参展。省政协主席王学仁、省政协秘书长车志敏出席开幕式。展览展厅面积5.6万平方米，设2700个展位，有22个国家和港澳台地区的1200多家展商参展，规模较上年扩大40%。展览特别设有云南馆，有164个展位，东方金钰、昆百大珠宝、七彩云南、云地矿珠宝、勐拱翡翠等120多家知名珠宝企业参展。

25 日

●中国共产党云南省第九次代表大会在昆明开幕。大会的主题是：高举中国特色社会主义伟大旗帜、以邓小平理论和"三个代表"重要思想为指导，深入贯彻落实科学发展观，在新的起点上推动科学发展、和谐发展、跨越发展，为加快建设我国面向西南开放重要桥头堡而奋斗。秦光荣代表中共云南省第八届委员会作报告，李纪恒主持大会。

29 日

●中国共产党云南省第九次代表大会在昆明闭幕，秦光荣主持闭幕大会。中国共产党云南省第九届委员会第一次全体会议在昆明举行，选举秦光荣、李纪恒、仇和、李江（女）、张田欣、黄毅（景颇族）、孟苏铁、曹建方、辛维光、刘维佳、杨成熙、赵金（彝族）、李培为中国共产党云南省第九届委员会常委，秦光荣为省委书记，李纪恒、仇和为省委副书记。

11 月 29 日～12 月 2 日

●由省科技厅和东盟秘书处主办的中国—东盟应对气候变化促进可再生能源与新能源开发利用国际科技合作论坛在昆明举行，120余人参加论坛。

30 日

●代省长李纪恒主持召开省政府第67次常务会议，研究实施农村义务教育学生营养改善计划、广播电视村村通工程、提高村社干部待遇等工作。审议并原则通过《云南省金融保障与信用体系建设"十二五"专项规划》，讨论并原则通过《云南省三江滇西北流域资源开发利用和生态补偿条例（草案）》、《云南省阳宗海保护条例（修订草案）》和《云南省邮政条例（修订草案)》。

12月

2日

●国家"十二五"重点工程——糯扎渡电站送电广东±800千伏直流输电工程、溪洛渡右岸电站送电广东±500千伏同塔双回直流输电工程开工仪式在普洱市举行。"两渡工程"是国家"十二五"期间"西电东送"重大能源建设项目和自主化示范工程，线路总长4000余公里，总投资330亿元，是南方电网"十二五"期间投资最多、输电容量最大、输送距离最长的电网建设项目。"两渡工程"建成投产后，将新增"西电东送"电力1140万千瓦，每年有400多亿千瓦时水电送往珠三角地区，可减少当地二氧化碳排放约3400万吨。

5~6日

●代省长李纪恒到红河州就学习贯彻落实省第九次党代会精神，加快红河经济社会发展进行专题调研，强调要迅速掀起学习宣传贯彻党代会精神的热潮，主动融入滇中城市经济圈，努力实现红河州发展新跨越。

7日

●人力资源和社会保障部与省政府在北京签署《人力资源和社会保障部云南省政府共同推进建设面向西南开放重要桥头堡加快云南人力资源和社会保障事业科学发展备忘录》，从就业、社会保障、工资收入分配、人才队伍建设、人力资源和社会保障基础建设、信息化建设、交流合作机制7个方面对云南进行重点支持，共同推进桥头堡建设。人力资源和社会保障部部长尹蔚民、代省长李纪恒、人力资源和社会保障部副部长杨志明、信长星，常务副省长罗正富、副省长李江出席签字仪式。

8日

●住房和城乡建设部与省政府在北京签署《关于共同推进云南住房城乡建设科学发展加快我国面向西南开放重要桥头堡建设合作备忘录》，全面开展部省合作，推动云南城乡建设发展方式，优化城乡布局，切实保障和改善民生，加快完善市政基础设施，推进建筑节能和生态环境保护，为加快桥头堡建设提供有力支撑和保障。住房和城乡建设部部长姜伟新、代省长李纪恒、住房和城乡建设部副部长仇保兴、齐骥、郭允冲、常务副省长罗正富、副省长刘平出席签字仪式。

9日

●中国民用航空局与省政府在北京签署《贯彻落实国务院关于支持云南省建设面向西南开放重要桥头堡的意见加快云南民航强省建设会谈纪要》，全力构筑桥头堡建设大通道。中国民用航空局局长李家祥、代省长李纪恒、民用航空局副局长李军、常务副省长罗正富、副省长刘平出席签字仪式。

12日

●工业和信息化部与省政府在北京签署《加快建设我国面向西南开放重要桥头堡战略合作协议》从5个方面支持云南，把云南建设成为西部重要的外向型优势特色产业基地。工业和信息化部部长苗圩、省委书记秦光荣、代省长李纪恒、工业和信息化部副部长苏波、副省长和段琪出席签字仪式。

15日

●泛亚区域保险机构合作圆桌会议在昆明召开。云南将充分发挥区域优势，加强与泛亚地区保险机构在技术、业务等方面的合作。

16日

●代省长李纪恒主持召开省政府第68次常务会议，传达学习中央经济工作会议精神，研究云南新的扶贫标准。决定从2012年开始在全省范围内实现农村义务教育学生营养改善计划全覆盖、寄宿生生活费全覆盖。讨论并通过《云南省少数民族教育促进条例(草案)》、《云南省学前教育条例(草案)》、《云南省终身教育促进条例(草案)》、《云南省民办教育条例(草案)》，决定进一步修改完善后，提交省人大常委会审议。通过《云南省政府关于修改有关行政强制的部分规章和规范性文件的决定(草案)》。

●省政府与中国建材集团有限公司在昆明签署战略合作框架协议。中国建材集团有限公司董事长宋志平、代省长李纪恒、副省长和段琪出席签字仪式。

17~18日

●由省科技厅和中药全球化联盟主办的"云药之乡"建设国际科技交流与需求推介对接会在昆明举办，90多人参会。

22日

●国家质检总局制定《国家质检总局支持云南省加快建设面向西南开放重要桥头堡的意见》，提出支持云南加快建设面向西南开放重要桥头堡的13条意见，支持申报昆明综合保税区、支持云南口岸开放和建设。

25 日

●投资 15.97 亿元的云南白药呈贡产业基地建成投产。省委书记秦光荣、代省长李纪恒、副省长高峰出席产业基地落成典礼。

27 日

●省政府召开电视电话会议,再次对做好学校安全工作和食品安全工作进行部署,要求各地要全力保障学生安全和食品安全。副省长高峰出席会议。

30 日

●代省长李纪恒主持召开省政府第69次常务会议，强调要采取有力措施鼓励创业促进就业。讨论并原则通过《云南省气象灾害防御条例（草案）》、《云南省牛栏江保护条例（草案）》，决定作进一步修改完善后提请省人大常委会审议。审议并原则通过《云南省消防技术服务管理规定（草案）》和《云南省实施〈工伤保险条例〉办法》，修改完善后将尽快颁布实施。

国民经济和社会发展

National Economy and Social Development

经济社会发展综述

2011年是“十二五”规划开局之年。面对严峻复杂的国内外环境，面对种种矛盾和困难，全省上下在省委、省政府的领导下，深入贯彻落实科学发展观，围绕“两强一堡”战略，着力保增长、稳物价、调结构、惠民生、促和谐，经济社会实现又好又快发展，实现了“十二五”开门红。

2011年，全省生产总值增长13.7%；全社会固定资产投资增长27.4%；社会消费品零售总额增长20%；地方财政一般预算收入增长27.5%；城镇居民人均可支配收入增长10.3%；农民人均纯收入增长13.9%；城镇登记失业率4.05%；人口自然增长率6.35‰；单位生产总值能耗下降3.22%；外贸进出口总额增长19.6%；居民消费价格总水平上涨4.9%，涨幅居全国末位。

【国民经济】 2011年，云南省生产总值实现8750.95亿元，是30年来最好水平。第一产业实现增加值1407.81亿元，比上年增长6%；第二产业实现增加值3990.97亿元，增长18%，其中工业增长17.6%，建筑业增长19.6%；第三产业实现增加值3352.17亿元，增长11.8%。地方财政一般预算收入1110.8亿元，增长27.5%，地方财政一般预算支出2929.6亿元，增长28.2%；全年新增本外币贷款1643亿元，新增直接融资超过400亿元。经济效益总体保持较高水平。

【扩大内需】 2011年，全社会固定资产投资完成7109.7亿元，比上年增长27.4%。其中一、二、三产业投资分别增长24.9%、25.3%、30.5%。非电工业、电力工业、房地产开发、水利、教育、综合交通六大重点行业投资占全省固定资产投资的比重达65.35%，为全省固定资产投资较快增长发挥了重要支撑作用。阿海、糯扎渡等一批重大项目得到国家核准加快建设。全省共争取中央投资163.3亿元，超额完成年初130亿元的目标。消费对经济增长的贡献水平提高，全年实现社会消费品零售总额3000.1亿元，增长20%。旅游业总收入1300.29亿元，增长29.7%。

【“三农”工作】 2011年，粮食总产量1755.6万吨，实现连续9年增产。扎实推进10项科技增粮措施的落实，全省高产创建完成745片、间套种示范4013万亩，地膜覆盖1496万亩，测土配方4010万亩，病虫害综合防治1.5亿亩次，农机作物面积2330万亩。创建“十优强县”65个、现代农业示范园52个、年出栏万头以上的生猪标准化规模养殖场50个，新建农村户用沼气池15.6万个。新增农业产业化发展专项资金2亿元，整合10亿元涉农产业发展资金用于扶持农业龙头企业发展。完成中低产田地改造357万亩。农民人均纯收入4722元，增长13.9%，创1997年以来最高增幅。

【产业结构】 2011年，传统产业结构调整加快推进。烟草工业通过推出高端卷烟新品种，销售收入和利税双双突破千亿。铝、锡等有色金属深加工率提高，糖、茶等一批传统轻工业重大项目快速推进，行业集中度、技术装备水平进一步提高。铅、锌等行业技术装备水平的提高已从骨干企业逐步向民营企业推进，装备工业实施一批搬迁升级工程，战略性新兴产业迅速成长。新设立2只国家参股的新兴产业创业投资基金，实现云南国家参股的新兴产业创投基金零的突破。现代物流、金融保险、科技研发等现代服务业加快发展，实施“成长型中小企业贷款增信计划”，非公经济占GDP的比重由40.6%提高到42.1%。自主创新能力进一步增强，有力地支撑云南产业发展。

【基础设施建设】 2011年，仁和至丽江铁路实现建成通车运营。59条政府收费还贷二级公路基本建成。昆明长水国际机场主体工程及配套工程建设推进顺利，即将实现转场运营。滇中引水工程前期工作稳步推进，重点水源工程建设加快推进。中缅油气管道和石油炼化基地开工建设。风电产业迅猛发展，累计投产70万千瓦。

【城乡统筹】 2011年，全省规划建设的248个治污项目累计完成202个；完成污水处理项目111个；完成垃圾处理项目91个。加强供水设施建设，供水保障能力进一步增强。加快推进新农村建设，第二批1500个省级重点建设村省级补助项目实施完毕。贫困地区投入力度加大，加快少数民族地区发展，启动实施“十二五”兴边富民工程。

【社会民生】 2011年，全省新增校舍面积308万平方米；呈贡新区9所高校有11万学生入住；城镇基本医疗保险参保人数862万人，新型农村合作医疗参合率96.18%；文化设施建设累计投入中央资金 1.6 亿元，省级配套 7913 万元。城镇新增就业人数 27.6 万人，新增转移农村劳动力 132 万人。新建城镇保障性住房累计开工 30.95 万套；安排 22 亿元资金，补助农村危房及地震安居房 30 万户。居民消费价格上涨 4.9%，比全国低 0.5 个百分点。

【桥头堡建设】 2011 年，争取到国务院出台《国务院关于支持云南省加快建设面向西南开放重要桥头堡的意见》（国发〔2011〕11 号文件），召开桥头堡动员大会，制定贯彻落实国务院 11 号文件任务分解方案和实施意见；争取到多个部委、央企与云南签订桥头堡建设合作协议。

【改革开放】 2011 年各项重点改革继续深入推进，医药卫生体制改革可按期实现 3 年改革目标，积极研究电价改革试点省实施方案。对外贸易较快增长，全省对外贸易实现进出口总额 160.5 亿美元，增长 19.6%，整体规模再创新高。

【生态建设 · 环境保护】 2011 年，单位国内生产总值能耗预计下降 3.22%，化学需氧量、氨氮、二氧化硫、氮氧化物预计分别削减 3.17%、3.22%、2.53%、0.87%。深入实施“七彩云南保护行动”、“森林云南”建设。

【“十二五”规划纲要】 全省“十二五”规划纲要描绘了“五增长、五优化、三控制、二同步、一确保”的发展目标。云南钛产业进入国家三大钒钛资源开发利用基地，千万吨级炼油及石油化工项目、昆钢草铺项目等一批重大项目列入国家重点产业生产力布局规划。

（李 曦）

县域经济

【发展现状及问题】 自 2004 年云南省启动县域经济发展试点工作以来，省委、省政府采取一系列“促强、扶弱、带中间，扩权、放活、增活力”的政策措施，不断推进县域改革开放和体制机制创新，促进全省县域经济又好又快发展。“十一五”期末，全省县域生产总值 7220 亿元，是 2005 年的 2.09 倍，年均增长 11.8%；地方财政一般预算收入 350 亿元，是 2005 年的 2.34 倍，年均增长 23.6%，高于全省同期年均增幅 2.2 个百分点；固定资产投资完成 5529 亿元，是 2005 年的 2.15 倍，年均增长 26.2%。2011 年，全省县域平均地区生产总值 68.56 亿元，平均增幅 13.9%；县域人均生产总值 1.71 万元，平均增幅 13.3%；县域平均地方财政收入 4.33 亿元，平均增幅 28.7%；县域农民人均纯收入 4617 元，平均增幅 22.8%；县域内固定资产投资总额 5375.4 亿元，平均增幅 33.37%，以上增幅均高于全省平均水平。截至 2011 年底，全省 46 个县（市、区）县域生产总值超过 50 亿元，比 2005 年增加 33 个；有 33 个县（市、区）地方财政一般预算收入超过 5 亿元，比 2005 年增加 27 个。

作为全省发展重要引擎的县域经济，仍然存在许多困难和问题：一是发展不够快、总量不够大。全国百强县榜单中，云南至今没有县域入围，2011 年云南省县域平均地区生产总值不足江苏的 10%、全国的 65%；非公经济比重仅为 40.6%，远低于江苏 52.8%、四川 56%的水平；城镇化率仅为 35.2%，远低于全国 49.7%的平均水平。二是发展不平衡，结构不协调。云南经济总量居前 10 位的县（市、区）生产总值合计 3386 亿元，占全省县域经济总量的 38.3%，是后 10 位县（市、区）的 30 余倍；县域产业结构 23 : 42 : 35，“一产比重大、二产不强、三产滞后，产业关联度小、高耗能传统产业多、高技术新兴产业少”的结构性矛盾突出，“农业弱县、工业小县、财政穷县”的状况尚未得以根本改变。三是扶持政策不够有力。多年来各级在县域经济发展方面投入的人力、物力、财力仍显不足，缺乏专项资金的扶持和引导，考核激励等政策措施“面窄量小”，导致一些经济实力不强、发展不快、基础薄弱的县（市、区）发展的长期性、稳定性和持续性较差。四是县级发展缺乏自主权。县级政府推进县域经济发展，普遍缺乏必要的经济手段和行政权限，自主权不够、积极性不高，部分县域在工作推进中“等、靠、要”思想突出。

【发展思路、目标和重点】

发展思路 省委工作会暨全省县域经济推进大会明确指出，云南县域经济的最大特点在“农”，县域经济的持久动力在“工”，县域经济的重要节点在“城”，县域经济的发展潜力在“民”。针对这 4 个定位和特点，下步县域经济发展将深入贯彻落实科学发展观和省第九次党代会精神，紧紧围绕“两强一堡”战略目标，以“农业现代化、工业化、城镇化”同步推进为主旋律，以“兴产业、调结构，重科技、促增收，强基础、惠民生，抓改革、扩开放”为工作重点，全力推进县域经济跨越发展。

发展目标 以省第九次党代会提出的“四个翻番”、“两个倍增”为奋斗目标，力争到2016年培育地区生产总值超1000亿元的县（市、区）3个、500亿元的县（市、区）5个、200亿元的县（市、区）10个、100亿元的县（市、区）50个，其他县（市、区）在2011年的基础上翻一番，实现全省县域经济的发展跨越和自我超越。

发展重点 县域经济发展“一主三化”是抓手，“一城三区”是载体，下步将重点推进“一城三区”建设：一是突出抓好县城建设。县域处在“城尾乡头”的重要节点，要以“县城”为龙头，做好县城规划建设与经济社会发展规划、土地综合利用规划、生态环境保护等规划的衔接，多渠道加大对城镇建设的投入，加强市政公共服务设施建设力度，引导生产要素和优势资源向县城集中，确保云南“统筹城乡发展、农民转户入城”的城镇化推进工作有产业支撑、就业支撑、服务支撑和拓展空间。二是突出抓好农业产业化园区建设。云南发展农业，要打高原牌、走特色路，各地围绕高原特色农业发展，抓好“多村一品”、“一县一业”，推进产业向优势特色区域集中，推进农村土地向合作经济组织和种植大户集中，推进农产品加工业向产业园区集中，大力发展农业板块经济，在提升农业特色产业集中度上取得新突破。三是突出抓好工业园区建设。工业化最能高效创造财富和拉动就业。到2016年，云南将实现129个县级工业园区、产业园区全覆盖，实施园区发展“千百亿工程”，着力在全省县域打造一批有较强竞争力的特色产业园区，力争云南工业园区销售收入超过1.5万亿元，工业增加值占全省工业增加值的七成以上。四是突出抓好商贸物流园区建设。发展区域性商贸物流中心项目和园区建设，是云南建设面向西南开放桥头堡战略的重要组成部分，是县域经济发展与现代服务业建设的重要支柱。按照“十二五”规划发展纲要和相关部门专项规划，结合昆明市、楚雄州、大理市、瑞丽市（口岸）、磨憨县（口岸）、蒙自市、河口县（口岸）、昭通市、水富县（港口）、文山州等州（市）县（市、区）的区位优势、资源优势和产业优势，聚力发展现代商贸物流业。

【加快发展的保障措施】

强化规划指引 以省第九次党代会和省“十二五”规划纲要为指导，借鉴全国各地发展县域经济的经验做法和政策措施，以及全省各地区加快县域经济发展的建议和诉求，启动编制具有前瞻性、科学性、战略性的全省中长期县域经济发展规划。由省县域办牵头有关成员单位，加强调研和督导工作，组织有关人员和各方力量，帮助和指导各县（市、区）准确把握和认真梳理“十二五”县域经济发展思路、目标及重点工作，做好分县规划与省级总体规划和专项规划的编制衔接工作，确保各地能以规划为龙头，引领和指导县域经济又好又快发展。

强化政策扶持 抓住“产业兴县、强基兴县、科教兴县、引商兴县、扩镇兴县、富民兴县、放权兴县、开放兴县”等8个方面重点工作，采取突破性政策措施，推动县域经济发展实现新突破。县域处于宏观经济与微观经济结合部，是贯彻落实上级政策和决策第一线，各县（市、区）及有关部门在认真研究和吃透现有政策措施基础上，结合自身实际和发展诉求，将工作谋划与政策机遇相结合，把项目实施与政策贯彻相结合，集聚好各方面力量，解放思想、更新观念、创新思路、多措并举，共同推进县域经济跨越发展。

强化扩权强县 在总结先期8个“扩权强县”试点县经验的基础上，进一步增加扩权范围，将省和州（市）的部分经济管理和审批权限下放到县级。在扩权内容上，不仅要下放一般性管理权限，更要下放对县域经济发展具有实质性、关键性的管理权限，如土地、金融、环保等领域的审批权限。在扩权层次上，不仅要扩大县级的权限，也要向市级下放部分省级权限，扩大市级管理权限，为县域经济加快发展创造良好环境。要抓住国家将云南列为省直管县试点省的机遇，选择有条件的县（市、区）开展“省直管县”试点工作；选择部分人口多、经济发展较快、发展潜力大的重点镇开展扩权强镇试点，赋予试点镇部分县级行政管理审批权限。

强化考核激励 省委、省政府将按照《云南省县域经济发展争先进位评价体系及考核办法（试行）》，开展新一轮“考核激励”引领全省县域经济“争先进位”发展。目的是以科学考评树立发展导向，以发展论英雄、凭实绩选干部，引导各地县域经济发展敢于“跳起来摘桃子”。其中考核指标突出“跨越发展”，敲定的“6+4”考核指标体系，与省第九次党代会确定的发展目标相统一；考核办法突出“争先进位”，对129个县（市、区）进行不分类别的统一考核，按综合评分值的高低并参考前置指标情况确定129个县（市、区）的位次，横向比"先进"，纵向比"进位"，看谁跑得快、跑得好；表彰奖励突出"增量提效"，与之前的县域经济考评奖励办法相比较，奖励名额减少10名，但奖励金额由600万元增加到2700万元，考评结果同县级领导干部的奖惩和提拔使用相挂钩。

强化招商引资 县域经济不是县内经济，更不是封闭经济。县域经济发展所需要的生产要素，仅仅在县内配置是远远不够的，只有打破行政区域界限，充分利用县域外部的各种生产要素和市场，才能最大范围地集聚发展能量。各县（区、市）要把招商引资与发挥本地资源优势结合起来，与嫁接改造当地企业结合起来，与聚集民间资本结合起来，使其相辅相成、形成合力；抓住云南"央企入滇"、"民企入滇"等利好政策和发展机遇，把产业链延伸和特色优势资源开发作为招商引资的重点领域，全力搞好服务，确保企业和资金引得进、留得住、发展好。

（赖晓榕 张 鹏）

工业经济和信息化综述

2011年，在省委、省政府的正确领导下，全省工业战线积极应对国际经济环境新变化和国内经济运行新情况，努力克服煤、电、油、水、气紧张局面，工业经济取得显著成绩，工业经济总体呈现增量较大、速度较快、质量较高、保障较好、运行较稳，实现"十二五"良好开局。

【工业经济基本情况】

工业经济的主要特点

1. 工业经济总量登上新台阶。2011年全省全部工业增加值突破3000亿元，达到3205.85亿元，比上年增加601亿元，相当于"十五"年均增量的6倍，"十一五"年均增量的2.1倍。全省工业增加值增速达到17.6%，比上年加快2.9个百分点，比"十一五"期间平均增幅快3.1个百分点。工业对全省经济增长贡献率达到46.2%，比上年提高1.5个百分点，拉动GDP增长6.3个百分点。

2. 运行质量和效益显著提升。全省工业投资完成1950.53亿元（新口径,下同），增长30%，占全省固定资产投资的比重为32.9%。其中非电力工业投资完成1194.34亿元，增长33.8%。央企入滇战略取得新进展，与中国大唐等17户中央企业签订了战略合作协议。工业园区建成标准厂房352万平方米，引进工业项目1050个。全年规模以上工业主营业务收入完成7505.77亿元，增长21.4%；利税完成1525.03亿元，增长22.3%；利润完成523.55亿元，增长24.5%。万元工业增加值用水量下降到108立方米，工业用水重复利用率达到92%。全年淘汰炼铁、水泥等落后产能516.51万吨，电力装机8.05万千瓦；规模以上工业万元单位增加值能耗下降6.65%。

3. 工业经济运行稳定性增强。全年规模以上工业完成增加值2753.64亿元，增长18%，比上年加快3百分点。其中轻工业1245.65亿元，增长17.9%，比上年快2.9个百分点；重工业1507.99亿元，增长18%，比上年快3个百分点。前8个月，规模以上工业累计增速从14.6%稳步上升到8月末的17.5%；后4个月运行总体稳定，累计增速都保持在18%。

4. 州（市）间工业经济竞相发展。从规模以上工业增加值总量排序看，2011年昆明市完成698.22亿元，玉溪市538.31亿元，曲靖市394.52亿元，红河州321.57亿元，大理州154.06亿元，以上5个州（市）总量排序与上年相同；楚雄州完成125.97亿元，排序第6位，较上年上升1位；昭通市119.11亿元，排序第7位，较上年下降1位；文山州90.14亿元，排序同上年；临沧市56.51亿元，排序第9位，较上年上升4位，保山市56.23亿元，排序同上年；普洱市54.17亿元，排序第11位，较上年下降2位；丽江市42.29亿元，排序第12位，较上年上升2位；德宏州38.99亿元，排序第13位，较上年下降2位；版纳州32.25亿元，排序第14位，较上年下降2位；迪庆州14.16亿元，怒江州11.02亿元，排序同上年。

5. 煤电油运要素保障有力。上半年，早抓、早安排、早落实煤电油运等要素工作，全省火电厂存煤最高530万吨，全省用电需求基本得到保证。9月份以后，受煤矿安全生产事故多发、来水偏枯等影响，煤电供求形势由宽松转为紧张，火电厂存煤最低62.4万吨。通过重点抓了增煤保电、合理调节外送电量，积极协调铁路成品油入省，加强铁路货源组织等工作。到年底，火电厂存煤357.53万吨，日均限电量从最高5000万千瓦时，降到500万千瓦时。9～12月送广东电量比计划减少 36.3 亿千瓦时。铁路累计货物发送6354 万吨，多运 86.5 万吨；铁路外运出省物资完成3450万吨，增长3%；铁路货物运输满足率达到98%。

6. 主要工业品价格先扬后抑。前9个月，工业生产者出厂价格逐月上涨，7月份涨幅最高6.7%。进入10月后，主要工业品价格回落，12月份工业品出厂价格上涨2.1%，全年累计上涨4.7%。全年全省工业生产者购进价格累计上涨8%。

主要行业情况

2011年，按统计分类的39类行业中，增加值增速上升的30个；100种主要工业产品中，产量增长的57种。

1. 能源工业快速增长，2011年工业增加值增长21.9%，比上年快2.4个百分点。煤炭行业生产小幅增长。全年生产原煤9957.41万吨，增长2%；洗精煤1142.14万吨，增长15.3%。规模以上煤炭行业增加值174.16亿元，增长29%。年末，全省煤炭生产企业原煤库存169.99万吨，比上年减少26.4%。全省煤炭企业供应化工用煤2068.6万吨，增长17.3%；供应冶金用煤1424.89万吨，增长5.3%；供应建材用煤1248.31万吨，增长1.1倍；供应电煤3323.22万吨，增长6.8%。电力行业发电量快速增长。全省发电量1555.13亿千瓦时，增长14%。其中水电1007.41亿千瓦时，增长23.8%；火电536.06亿千瓦时，下降1.9%。电力行业增加值290.53亿元，增长18.3%。全年全省全社会用电量1204.07亿千瓦时，增长19.9%。其中全部工业用电量944.31亿千瓦时，增长22.6%。规模以上工业用电量744.41亿千瓦时，增长12.9%。云南电网公司省内售电量950.81亿千瓦时，增长17.5%；累计送广东电323亿千瓦时，增长0.1%；送越南电39.8亿千瓦时，下降18.2%。

2. 原材料工业平稳较快发展，2011年增加值增长17.7%，比上年快3.4个百分点。钢铁行业生产平稳增长。全年生产生铁1350.01万吨，增长1%，成品钢材1351.85万吨，增长11.3%。规模以上黑色冶炼及压延加工业增加值153.01亿元，增长12.6%。钢材价格9、10月份出现波动，从5000元以上水平跌至4600元左右，后期逐步趋于稳定。12月底，Φ6.5高线价格4690元/吨；螺纹钢Φ12～Φ14价格5000元/吨，均与上月持平。有色行业生产平稳。全年生产十种有色金属270.79万吨，增长12.7%。其中铝产量88.32万吨，增长30.6%；铜产量39.08万吨，增长14.6%；铅产量43.15万吨，增长13.5%；锌产量89.67万吨，增长0.6%；锡产量7.65万吨，增长1.6%。有色冶炼及压延加工业增加值247.67亿元，增长16.7%。12月底，铜价5.63万元/吨，铝1.61万元/吨，铅1.56万元/吨，锌1.51万元/吨，涨跌幅度不大。锡价16.17万元/吨，比11月每吨回落1.66万元。化工行业运行平稳。全年生产化肥326.93万吨（折纯），下降10.2%。其中氮肥产量108.02万吨，下降13.1%；磷肥产量218.91万吨，增长8.6%。黄磷46.89万吨，增长13.9%。化工行业增加值187.3亿元，增长22.1%。12月末，尿素2400元/吨，比上月上涨100元；磷酸二铵3300元/吨，上涨300元。建材行业生产快速增长。全年生产水泥6788.88万吨，增长17.3%；平板玻璃850.03万重量箱，增长15.5%。非金属矿物制造业增加值89.52亿元，增长20.1%。32.5#矿渣硅酸盐水泥均价为330元/吨。

3. 烟草制品业总量增加，结构提升。全年省内企业生产卷烟729.98万箱，增长2.1%。卷烟产销结构继续改善，实现工业增加值938.05亿元，增长17.5%，比上年快1.5个百分点。年末云南中烟工业公司省内企业实现销售收入1010.45亿元，增长15.6%；利税843.66亿元，增长22.2%；利润126.47亿元，增长31.1%。

4. 装备制造业生产平稳，全年规模以上工业增加值增长8.7%，比上年下降3.95个百分点。通用机械增加值增长15.7%。全年累计生产金属切削机床7.42万台，增长104.3%；起重设备2.22万吨，增长67%。电气机械及器材增加值增长5.6%。生产变压器1603.49万千伏安，下降11.3%；交流电动机132.25万千瓦，下降11.3%，发电设备62.89万千瓦，下降12%。交通运输设备制造业增加值增长9.6%。全年生产发动机1122.59万千瓦，下降4.8%；汽车9.72万辆，下降4.6%。

5. 食品药品工业生产保持平稳较快运行。制糖产量下降，价格大幅上涨。2010/2011年榨季度累计生产成品糖176.15万吨，减产1.01万吨。酒精10.69万吨减产7470吨。昆明糖价最高达7600元/吨，涨幅达2000元/吨；12月底糖价仍保持在7030元/吨；制糖企业经济效益大幅度改善，实现工业增加值44.6亿元，增长20.1%；利润20.76亿元。医药行业快速增长。全年生产化学医药产品下降60.8%；中成药增长24.3%。规模以上医药制造业累计完成增加值58.61亿元，增长22.7%。

6. 电子信息产业保持较快增长。全年电子信息制造业实现主营业务收入77.84亿元，增长21.7%；实现利润6.19亿元，下降1.2%。软件企业实现软件业务收入43.2亿元，增长11.5%；实现利润1.87亿元，下降21.9%。

与全国情况对比

12月份，全国规模以上工业增长12.8%。全年累计增长 13.9%。其中轻工业累计增长 13%，重工业累计增长 14.3%。全国东部地区规模以上工业平均增速 11.7%，中部地区增速 18.2%，西部地区增速 16.8%。云南省增速排全国第 14 位，西部省区第 9 位，分别比上年上升 13 位和 1 位。

【开展的主要工作】

1. 制定全年全省工业经济运行目标。及时研究制定《云南省 2011 年工业经济运行工作指导意见》，明确 2011 年全省工业经济运行的指导思想、主要目标和任务。通过目标分解、测算确定 16 个州（市）和 18 户重点企业（集团）全年工业增加值、销售收入、利税、利润 4 项指标，以省政府目标责任制的形式，签订发展目标。同时会同省财政厅、省统计局对 2010 年 16 个州（市）和 16 户重点企业的 4 项指标进行考核，提出奖励方案上报省政府。并由省政府下发文件对州（市）和企业进行通报表彰。

2. 加强经济运行监测预警分析，确保经济平稳运行。一是进一步做好运行监测分析。组织承办省政府季度工业经济运行分析会。做好月度运行监测分析，完善运行通报例会制度；改进和加强季度经济运行专题会议制度，按季下达工业经济发展目标，加强对州（市）工业经济运行的指导，按季度召开由部门和行业协会参加的形势分析专题座谈会，增强横向交流和纵向互动；重点做好有色、钢铁、建材、机械等实体经济产品生产、销售、价格、库存、出口交货值等微观经济指标监测分析。二是提高监测分析预见性。密切观察国内外形势变化，及时掌握国家调控政策动向，深入研究和超前分析国家宏观调控政策取向，准确把握宏观经济走势。密切关注大宗产品、原材料价格、市场需求及先行指标的动态变化，及时发现苗头性、倾向性问题，提高工作的预见性和主动性。三是主动掌握企业资金需缺，加强信息引导。密切关注国家提高“两率”对企业融资影响，及时主动掌握企业流动资金需求，加强以建设大企业（集团）财务公司建设信息引导，调剂资金余缺，提高资金使用效率。

3. 加强煤电油运综合管理协调，化解运行突出矛盾。一是开展煤炭安全生产和煤矿安全隐患排查治理督促指导，治理煤矿瓦斯，实施煤矿整合技改，推动煤矿验收复产，提高安全生产技术水平和增产扩供保障能力。推动煤炭供需有效衔接，确保重点行业、重点地区和重点时段煤炭的平稳供应。二是加强电力生产运行调控。及时研究提出蓄水存煤、锁定压减外送电量目标。加强负荷预测预报，做好电力电量综合平衡预案。结合省内用电需求变化，下半年进一步锁定外送电量，千方百计确保省内统筹安排丰枯季节水火电机组运行计划和蓄水存煤工作，强化电力节能经济调度。全面加强电力需求侧管理，实施错峰避峰、移峰填谷，提高电能利用效率。三是协调成品油供应。密切关注重大工业建设项目、重点工业企业的成品油需求，制定保供方案，设立保供通道，积极做好成品油的协调调运，努力增加油源投放，保障电煤运输和农副产品运输等重点行业用油。四是积极协调焦化制气原料用煤需求，保障城市和人民生活用气需要。

4. 加强工业企业达规培育，做大规模以上总量。根据国家统计局对统计方法制度改革的规定，2011 年起，规模以上工业企业统计标准年主营业务收入由 500 万元提高到 2000 万元，按照 2010 年 12 月全省规模以上工业企业快报资料测算，新统计口径规模以上工业企业户数将由 3640 户减少为 2387 户，净减少 1253 户。通过分地区举办达规企业培训，进一步做大了规模以上工业总量，也对加强企业管理，加强企业统计能力建设，提升企业统计业务和分析水平，进一步强本固基，进一步作好复杂环境下的经济运行分析、监测工作起到了积极的促进作用。2011 年末，按照新的统计口径，全省规模以上企业户数达到 2570 户，新增 183 户。

5. 做好电子制造业软件业统计工作。召开了全省电子制造业和软件业统计工作会议，加强和规范了电子信息产业的统计工作；按月对电子制造业和软件业的运行情况进行分析，编写电子制造业软件业运行情况，及时反映电子信息产业运行情况和发展状况。完成了 2010 年电子信息行业年报。2011 年，全省有 3 户软件企业进入全国软件百强企业。

6. 进一步加强对全省蔗糖行业运行的协调。关注高糖价下省内制糖行业运行情况，积极协调解决制糖企业煤电油运等生产要素问题；组织召开了全省蔗糖行业工作会议，安排部署 2011/2012 年榨季工作，组织实施糖蔗联动，稳定糖料种植面积。

7. 切实强化安全生产工作指导。一是强化“一岗双责”落实安全生产责任。制定印发了《关于落实安全生产“一岗双责”进一步强化安全生产责任制的通知》、《关于贯彻落实云南省进一步加强企业安全生产工作实施意见重点工作分工方案的通知》。在工业和信息化领域和民爆行业形成了一级抓一级，层层抓落实的安全生产局面。全省民爆行业生产运行平稳，民爆生产、销售企业未发生安全生产死亡事故。二是制定年度工作计划。转发《工业和信息化部2011年加强工业和通信业安全生产管理工作要点的通知》，并结合工作实际提出了要求。制定实施方案。印发了《云南省工业和信息化委贯彻落实省政府重点督查安全生产工作实施方案》，扎实开展安全隐患排查治理专项行动，有效防范和坚决遏制重特大事故发生，坚决遏制事故多发势头。三是做好两化融合促进安全生产工作。组织推荐一批两化融合促进安全生产项目，玉溪矿业公司、安宁化工厂和省民爆集团项目被工信部列入工信部首批100项两化融合促进安全生产重点推进示范项目。四是做好“打非”专项行动相关工作。在全省工信系统开展以煤矿资源整合、隐患排查治理、技术改造等环节及民用爆炸物品生产、销售、储存等方面“打非”专项行动。五是积极开展治大隐患防大事故安全隐患排查治理专项行动。成立省工信委“治大隐患、防大事故”安全隐患排查治理专项行动小组，加强组织领导。在全省工信系统开展了以煤矿和民爆行业为重点的专项行动。通过安全生产检查活动，深入排查治理安全隐患，促进安全生产责任和各项工作的落实。

【存在的困难和问题】

1. 缺水。2010年云南遭遇百年一遇特大干旱，2011年入汛以来，局部地区再次遭遇伏旱，对工业生产造成严重影响。斗南锰业等企业自9月以来靠外出购水组织生产。昆钢股份、南疆制药等企业也一度出现取水困难。曲靖市388户规模以上工业企业中，因缺水影响生产的达到139户，曲靖多晶硅、驰宏锌锗、双友钢铁等重点企业相继紧急停产让水，以保人民群众生产生活。

2. 缺煤。受煤矿安全生产事故多发，煤矿复产缓慢等因素影响，全省原煤产量增长缓慢，全年仅增长2%。重点煤矿建设滞后，与主力电厂相配套的大中型骨干煤矿迟迟不能建成投产，同时关闭矿井导致原煤产能下降，外部煤源调入受阻，严重影响火电厂发电，也影响了化肥、建材、城市人工煤气等行业正常生产。

3. 缺电。从2011年9月5日起，全省工业推出有序有电措施，在外送电量压减10%的基础上，全省含趸售在内的淘汰类企业用电一律停止供电，黄磷企业停产让电，电石减80%用电负荷；新增工业用电全部推迟投产。全年累计限电达到27.7亿千瓦时。

4. 缺资金。国家先后6次上调存款准备金率和3次加息，商业银行可用资金减少。12月末，全省金融机构人民币各项贷款余额比上年仅增长14.6%；新增贷款比上年少增241.43亿元。在货币政策紧缩情况下，中小企业融资难问题突出，大企业（集团）资金也较为紧张。

5. 部分行业生产经营困难。全年工业品出厂价格价格累计上涨4.7%，工业生产者购进价格累计上涨8%。进大于出3.3个百分点。由于燃料动力价格上涨过快，尤其是煤焦价格倒挂，黑色金属压延加工等重点行业利润不断压缩，自11月份，行业利润进入负增长通道。全年利润下降19.8%，35%左右的企业进入亏损状况，亏损企业亏损总额增长2.16倍。

（粟俊杰）

轻工业综述

【全行业经济指标】 2011年，全省规模以上工业完成工业增加值2753.64亿元，比上年增长18%，加快3个百分点。全省规模以上轻工业工业增加值1245.65亿元，增长17.9%。全省规模以上轻工业增加值占规模以上工业增加值的45.24%。全省消费品工业完成工业增加值82.98亿元。消费品工业占规模以上工业增加值的比重为3%。得益于全年省内经济环境的总体趋好和市场需求的增加，全年增速超过10%的消费品工业行业有造纸及纸制品业、印刷业、橡胶制品制造业、塑料制品业等4个行业，有力的支撑了全省消费品工业的增长。

行业运行情况：印刷业完成工业增加值25.71亿元，比上年增长10.6%；造纸及纸制品业完成工业增加值17.97亿元，增长15.3%；木材加工业完成工业增加值8.31亿元，增长7.6%；家具制造业完成工业增加值2000万元，减少14%；塑料制品业完成工业增加值10.32亿元，增长14.7%；橡胶制品业完成工业增加值1.74亿元，增长24.5%；纺织业完成工业增加值3.22亿元，增长5.6%；服装鞋帽业完成工业增加值2700万元，减少1.9%；化学纤维业完成工业增加值5亿元，增长1.1%；工艺品及其他制造业完成工业增加值10.24亿元，增长4.6%。

【重点工业产品产量】 2011年，累计生产化学纤维 3.57 万吨，比上年增长 0.3%；纱 4660 吨，减少 13.48%；布 449.58 万米，增长 8.92%；印染布 1636 万米，增长；丝 2108.48 吨，减少 1.38%；丝织品 60.6 万米，增长 1%；服装 694.11 万件，减少 11.7%；合成洗涤剂 1.58 万吨，减少 16.66%；卫生陶瓷 1.07 万件，增长 195.7%；日用玻璃制品 1.6 万吨，增长 6.42%；塑料制品 34.91 万吨，增长 2.03%；农用薄膜 5.45 万吨，增长 7.24%；纸浆 23.78 万吨，增长 12.56%；机制纸及纸板 49.12 万吨，增长 9.49%；人造板 152.95 万立方米，增长 1.84%；复合地板 137.69 万立方米，减少 39.64%；松香 17.77 万吨，增长 11.63%。

【固定资产投资】 2011 年，轻工业完成固定资产投资 78.31 亿元，比上年增长 74.9%。其中造纸及纸制品业完成固定资产投资 13.54 亿元，增长 10.4%；印刷业完成固定资产投资 9.01 亿元，增长 76.2%；木材加工及木竹藤棕草制品业完成固定资产投资 18.44 亿元，增长 88.7%；家具制造业完成固定资产投资 6.15 亿元，增长 161.2%。

（吴荣桃）

非公有制经济

【非公经济发展情况】

1. 非公经济总量。2011 年，全省非公经济户数 142.3 万户，比上年增长 9.5%，其中个体工商户 124.26 万户，增长 8.88%，私营企业 17.9 万户，增长 14.7%；注册资金 6540 亿元，增长 29.6% ；全年非公经济预计完成增加值 3679.78 亿元，增长 18.2%（现价比增长 25.5%），占全省 GDP 的 42.1%，所占比重比上年提高 1.5 个百分点，拉动 GDP 增长 7.39 个百分点，对全省经济的贡献率 53.9%。其中第一产业完成增加值 364.62 亿元，占全省第一产业增加值的 25.9%，增长 9.8%；第二产业完成增加值 1828.74 亿元，占全省第二产业增加值的 45.8%，增长 23.3%，其中工业实现增加值 1400.85 亿元，占工业增加值的 43.7%，增长 28.7%；第三产业完成增加值 1486.42 亿元，占全省第三产业增加值的 44.3%，增长 14.4%。全省个体工商户从事第一、第三产业户数增加，第二产业户数减少。第一产业 4.23 万户，增长 72.21%；第二产业 7.65 万户，下降 1.82%；第三产业 112.38 万户，增长 8.19%。

2. 消费需求。2011 年全省非公经济消费品零售额 2435.5 亿元，比上年增长 18%，占全省社会消费品零售额的 81.2%。

3. 民间投资。2011 年全省非公经济投资 3777.59 亿元，比上年增长 30%，其中民间投资 3632.05 亿元，增长 29.9%，占全社会固定资产投资的 51.1%。

4. 信贷资金。2011 年全省对中小企业贷款余额 4187.08 亿元，比年初增加 439.08 亿元，比上年增加 617.48 亿元，占全省新增贷款的 39.9%，比上年增加 3.3 个百分点。

5. 进出口贸易。2011 年全省非公企业完成进出口总额 98.1 亿美元，比上年增长 23.3%，占全省进出口总额的 61.2%，比上年增加 1.6 个百分点。其中非公企业进口额完成 31.5 亿元，增长 28.1%，占全省进口总额的 47.9%；非公企业出口额完成 66.7 亿元，增长 21.1%，占全省出口总额的 70.4%。

6. 经济效益。2011 年，全省非工业企业营业收入总体保持增长，部分行业增幅继续放缓，企业营业收入增幅回落，但企业利润增幅有所提高。纳入财政快报统计的施工和房地产、交通、商贸、服务业、物资等行业企业实现营业收入分别为 402 亿元、138 亿元、156 亿元、18 亿元、14 亿元，分别增长 14.6%、18.8%、57%、10.9%、20.9%。交通、服务业、物资业增幅分别回落 3.8 个、1.4 个、4.2 个百分点；纳入统计非国有企业盈亏相抵后累计实现利润 123 亿元，增长 16.5%，增幅提高 2.3 个百分点。分行业看纳入统计的非国有企业利润主要集中在冶金业、轻工业、煤炭业，分别实现利润 37 亿元、22 亿元、14.5 亿元，3 个行业利润总和占非国有企业实现利润的 73.5%，其中冶金业主要来源于有色金属产业，轻工业来源于糖产业。

7. 社会贡献。2011 年全省非公经济上缴税金完成 445.4 亿元，比上年增长 20.6%，相当于全省地方财政收入的 40.1%；个私经济从业人员 514.1 人，净增 72.5 万人，增长 16.4%，其中个体工商户从业人员 244.08 万人，增长 14.06%；私营企业从业人员 270.02 万人，增长 18.6%。

8. 与省外比较。纵向比，云南非公经济增加值占全省 GDP 的比重逐年提高，2011 年达到 42.1%，比 2005 年提高 7.1 个百分点。从横向看，云南非公经济增加值占 GDP 比重比全国平均水平低 20 个百分点，比非公经济发达的浙江、江苏、山东、广东等省低 30 个百分点以上，比中部的湖南省低 16 个百分点。同处西部的重庆市、四川省近年来非公经济发展速度加快，重庆市非公经济增加值占 GDP 比重由 2005 年 50.4%提高到 61.2%；四川

云南省与部分省份非公经济增加值情况对比表

省份	2005 年非公经济增加值				2011 年非公经济增加值			
	绝对量（亿元）	比云南省高（亿元）	占 GDP 的比重（%）	比云南省高（百分点）	绝对量（亿元）	比云南省高（亿元）	占 GDP 的比重（%）	比云南省高（百分点）
福建	4060	2802.7	61.8	26.8	11637	7957.22	66.5	24.4
江西	1380	122.7	34	-1	6624	2944.22	55.2	13.1
四川	3210.57	1953.27	43.5	8.5	11560	7880.22	57.8	15.7
陕西	1592.6	335.3	43.3	8.3	6060	2380.22	50.5	8.4
湖南	3314.5	2057.2	51.2	16.2	11000	7320.22	56.1	14
辽宁	3282.1	2024.8	41	6	13600	9920.22	61.8	9.7
云南	1257.3		35		3679.78	-	42.1	

省民营经济增加值占 GDP 比重由 2005 年 43.5%提高到 57.8%，经济总量从上世纪 90 年代中期的 18 位左右下滑至目前 24 位左右，人均 GDP 仅高于甘肃省、贵州省，排名全国倒数第三。

【主要工作】

1. 加强督促检查，抓好政策落实。配合省政府加快发展非公经济工作督导组，加强对各级政府及省级各相关部门推进非公经济发展、鼓励引导民间投资工作的督查指导，重点抓好云发〔2009〕9 号文件配套政策的制定，以及《云南省人民政府办公厅关于鼓励和引导民间投资健康发展重点工作分工的通知》（云政办发〔2010〕190 号）的贯彻落实，非公督导组完成对 6 个州(市)、12 个省直部门的督导。

2. 创新发展思路，梯次规划指导。一是加大对非公大企业集团的扶持力度，以加快企业技术进步、增强企业自主创新能力为动力，以转变经济发展方式、实现内涵式发展为核心，全面增强大企业（集团）核心竞争力，带动其他非公企业发展。加快引进省外民营大企业入滇，在引进资金和项目的同时，引进先进的现代企业管理方式、灵活的机制和旺盛的创业创新精神，为全省非公经济的发展注入活力。二是以省级成长型中小企业为重点，协调财税、土地、融资、科技、人才、市场开拓等要素和政策支持，尽快做强、做大、做优、做精一批中小企业，使其成为非公经济发展的中坚力量。根据企业发展变化情况及时调整和补充，2011 年省级成长型中小企业已增至 650 户。三是强化创业企业培育工作，通过开展创业宣传，加强创业辅导，增强创业意识，营造创业氛围，催生大批小型微型企业，进一步增强非公经济发展活力和后劲。

3. 促进专业协作，发展配套产业。结合省委、省政府“央企入滇”战略的实施，加强调查研究，明确重点领域，充分发挥大企业、大项目带动作用，推进中小企业围绕大企业大集团发展“专、精、特、新”配套产业，建立稳定的产、供、销和技术开发等协作关系。建立为中小企业与大企业配套发展提供服务的工作机制，与相关部门共同举办中小企业与大企业大集团配套合作洽谈会，推进中小企业与大企业合作交流。与具备条件的大企业签订战略合作协议，携手建设“配套产业示范基地”。探索中小企业与大企业合作交流的新方法和途径，针对合作中的突出问题，建设专为中小企业和大企业合作发展的服务平台。研究制定中小企业与大企业交流合作的相关政策措施，营造合作环境。

4. 推进企业集聚，强化集群发展。充分利用工业园区标准厂房建设优惠政策，加快建立小企业创业基地，搭建公共服务平台，改善中小企业集聚发展条件，吸纳中小（非公）企业入园发展。在核桃、茶叶、橡胶、薯类、辣椒等农产品资源集中区域，加快推进一批集原料、专业市场、仓储物流、加工、共性技术研发推广、检测等要素完备中小（非公）企业产业集群，延长产业链和产品链。通过扶持产业集群中的龙头企业，提高产业集群整体优势和企业市场竞争能力。加强与东部地区工业园区、产业集中区的对口联系，加大招商引资力度，主动承接发达地区产业转移。

5. 加强信贷担保，拓宽融资渠道。切实发挥政策导向作用，鼓励和促进银行业金融机构加大对小企业信贷支持，积极探索建立小企业贷款风险补偿基金，实施“成长型中小企业贷款增信计划”。积极探索对小企业融资的税收支持，对小企业贷款利息收入适当减免营业税。进一步完善中小企业信用担保体系，继续加大财税支持力度，对符合条件的中小企业信用担保机构继续实行营业税减免、准备金和代偿损失税前扣除政策，发展多层次的中小企业信用担保体系。构建多层次中小企业直接融资体系，加大企业上市培育力度，推动非公中小企业到资本市场直接融资，鼓励符合条件的中小企业集合发债、集合信托、集合票据等新型融资产品。深入开展知识产权、股权质押和融资租赁等工作，建立多方参与的中小企业融资服务体系。加强中小企业信用体系建设，努力构建云南良好的金融生态体系。积极推进银、政、企、保合作。为切实缓解中小（非公）企业融资压力，协调各金融机构加大对中小（非公）企业信贷支持。省工信委先后多次与驻滇商业银行、股份制银行和地方金融机构等签订合作协议，举办银企合作会议13次，组织1000多户企业参加会议并向金融机构推荐贷款项目，着力协调解决企业发展、项目建设中的融资、审批、要素配置等问题。2011年9月19日，省工信委与人民银行昆明中心支行、云南银监局联合举行全省中小企业融资服务对接会，开通云南省中小企业融资服务平台网络， 已经有20多户金融机构登录发布金融服务产品，近500家中小企业发布了融资需求，融资总需求近200亿元。省工信委组织编写《云南省中小企业融资服务手册》，免费发放给广大中小企业，将对中小企业了解和运用适合自己特点的融资产品提供有益的帮助。2011年全省对中小企业贷款余额4187.08亿元。

6. 推进技术进步，加快结构调整。通过省非公经济发展专项资金扶持，引导和支持中小企业提高创新意识，培育创新人才，加大研发和技术创新投入，建立技术中心。到目前，全省中小企业有省级以上技术中心124个，占全省164个省级以上技术中心的75.6%，其中国家级技术中心2个。支持和鼓励中小企业与科研机构、高等院校进行产学研合作，加快科技成果转化。对中小企业技术改造、兼并重组、技术创新和产品换代给予支持。围绕企业生产、研发、管理和营销4个环节，培育一批信息技术运用示范企业，以点带面提高中小企业信息化运用水平，推进工业化与信息化的融合。引导中小企业向生物产业、先进装备制造、新材料、光电子及信息、新能源、节能环保和现代生产服务业等新兴产业发展；加快发展农产品加工业、劳动密集型产业，带动农业增效、农民增收和农村发展。推进中小（非公）企业节能减排，发展循环经济，推行清洁生产，加快淘汰落后产能，促进产业升级。

7. 推进平台建设，提升服务层次。按照服务主体多元化、运营市场化、资源社会化、分布网络化、服务便捷化的要求，围绕为中小企业的创立、创新发展提供信息查询、技术创新、管理咨询、创业辅导、市场开拓、人员培训等服务，在产业集中度高和具有一定产业优势的地区推动建立一批公共服务平台。加快推进省级和各州（市）中小企业服务中心建设，使其成为全省服务体系建设的核心机制和骨干力量。制定省级公共服务示范平台管理办法。培育认定一批中小企业满意度高的示范服务机构，培育高水平的专业服务队伍，打造的特色服务品牌，提高服务质量，有效满足中小企业不同发展阶段服务需求，为推进中小企业转方式、调结构、上水平提供服务支撑。

8. 强化培训工作，提高管理水平。着力把实施国家“中小企业银河培训工程”与贯彻落实省委、省政府《关于进一步加强工业人才队伍建设的决定》（云发〔2010〕7号）有机结合起来，进一步增强培训的针对性和时效性，重点围绕政策法规、产业导向、发展战略、财务管理、资本运作、产品质量、市场营销、安全生产等内容，开展中小企业经营管理者和各类专业人才培训工作，并引导专业服务机构为中小企业开展管理诊断咨询服务，不断提升云南中小企业的经营管理水平和市场开拓能力。

9. 加强项目管理，完善统计监测。按照国家和省有关专项资金管理办法和申报程序，筛选了一批符合国家产业政策、就业带动大、符合国家节能减排要求的中小企业项目作为扶持的对象。积极开展2011年中央投资工业中小企业技术改造项目、国家中小企业发展专项资金项目和省非公经济暨中小企业发展专项资金扶持项目申报工作。2011年中央投资工业中小企业技术改造项目共计60个扶持资金8882万元，国家中小企业发展专项资金项目49个扶持资金6520万元，省非公经济暨中小企业发展专项资金项目120个扶持资金4800万元，农业产业化整合资金（非公专项）项目10个扶持资金2000万元。同时完成《云南省中小企业暨非公有制经济发展专项资金管理办法》的修订工作，进一步细化标准，加强引导，提高装备制造、资源深加工和科技含量较高项目的比重，提高申报材料和扶持项目的质量。加强对财政资金扶持项目的监督管理，完善跟踪问效机制，加快项目建设进度，增加发展后劲。健全和完善省、州、县三级中小企业暨非公经济统计监测体系，逐步建立中小企业统计、监测、分析和发布制度，全面真实地反映云南中小企业暨非公经济的发展状况。按照工信部要求逐步增加重点监测企业数量，2011年达到300户。深入基层和企业开展调研，摸清情况，发现问题，为各级政府决策提出对策和建议。

10. 加强合作交流，积极开拓市场。积极组织企业参加省内外各种展览会、洽谈会，有针对性地组织中小企业到国外和国内发达地区学习考察，拓宽视野。以“桥头堡”建设为契机，鼓励和支持符合条件的中小（非公）企业抓住战略机遇，以东南亚、南亚为重点，主动参与国际分工，到境外投资兴办企业和承包工程，推动具有比较优势的传统产业向外转移，带动国内设备、材料、劳务出口和云南短缺商品、资源进口，加快中小（非公）企业“走出去”步伐。围绕云南的特色产业和特色产品，分电子产品制造业、生物制药、特色食品（云南茶叶）三大类，组织16个州（市）的30户有代表性的中小企业参加2011年9月22～25日在广州举行的第8届中国国际中小企业博览会暨中泰中小企业博览会。

（张云江）

工业园区经济

2011年，面对复杂多变的国内外环境以及各种挑战，在省委、省政府的高度重视和正确指导下，云南省工业园区积极进取，突出核心工作，抓突破发展，有力推动园区各方面工作取得新进展。从全省工业园区的经济运行情况看，工业园区经济增长强劲，发展势头较好，已成为推动全省工业经济增长的强大引擎。

【概述】 2011年，云南省在建并纳入统计的101个工业园区完成全部工业总产值5431.86亿元，比上年增长31.98%，其中规模以上企业完成5110.85亿元；规模以上企业完成工业增加值1590.52亿元，增长25.74%；全部企业实现主营业务收入5304.86亿元，增长33.35%，其中规模以上企业实现5021.17亿元；全部企业完成利润323.98亿元，增长30.49%，其中规模以上企业完成294.3亿元；全部企业实现税金560.44亿元，增长28.49%，其中规模以上企业实现545.87亿元；全部企业安排68.37万人就业，增长7.14%。

省级40个工业园区全部工业企业完成工业总产值3947.03亿元，比上年增长29.39%，其中规模以上工业企业完成3745.13亿元；规模以上企业完成工业增加值1071.98亿元，增长22.87%；全部工业企业实现主营业务收入3924.53亿元，增长29.99%，其中规模以上企业实现3743.39亿元；全部工业企业实现利润204.15亿元，增长31.3%，其中规模以上企业实现190.64亿元；全部企业实现税金335.18亿元，增长26.17%，其中规模以上企业实现325.4亿元；全部企业安排41.1万人就业，增长6.41%。

2011年，40个省级工业园区完成工业总产值占101个工业园区的72.66%，101个工业园区完成工业总产值占全省规模以上工业总产值的70.48%。

1. 园区基础设施建设情况。2011年，101个工业园区完成基础设施投资172.04亿元，其中40个省级工业园区完成88.16亿元。其中完成基础设施投资在1亿元以上的园区有36个，昆明市有15个，分别是昆明经开区、高新区、呈贡、杨林、海口、安宁、东川、寻甸、五华、晋宁、官渡、石林、富民、禄劝、宜良工业园区；昭通市有2个，分别是昭阳、鲁甸工业园区；曲靖市有6个，分别是曲靖煤化工、宣威、陆良、师宗、会泽、罗平工业园区；玉溪市有3个，分别是红塔、研和、通海工业园区；红河州有3个，分别是红河、泸西、建水工业园区；楚雄州、文山州、普洱市、版纳州、保山市、迪庆州和临沧市各有1个，分别是楚雄、砚山、景谷、景洪、腾冲、香格里拉和临沧工业园区。101个园区中基础设施投资比上年增长30%以上的园区有32个。

2. 园区工业项目引进、投资情况。2011年，101个工业园区有工业企业4464个，有规模以上工业企业1481个（新口径）。全年101个园区招商引进工业项目1109个，完成工业企业固定资产投资914.96亿元，其中招商引进工业项目超过5个的园区有43个，其中23个是省级工业园区；完成企业投资超过5亿元的园区有47个，其中有27个是省级工业园区，40个省级园区招商引进工业项目数和完成的企业投资分别占101个园区的68.08%、61.61%。全年工业园区在建标准厂房面积508.9万平方米，建成351.6万平方米，完成标准厂房投资44.74亿元。

2011年工业园区引进和在建项目较多，比较突出的园区有昆明经开区、杨林、安宁、晋宁、官渡、富民、宜良、昭阳、彝良、宣威、通海、新平、临沧工业园区等，在建工业项目都在20个以上。投资超5亿元的工业项目较多的园区有杨林、安宁、寻甸、宣威、陆良、禄丰、研和、新平、建水等工业园区，5亿元以上的项目都在3个以上。

3. 园区税收、就业情况。2011年，101个工业园区中有53个园区税收增幅超过30%，其中省级40个工业园区中有15个税收增幅超30%。101个工业园区共吸纳就业人数68.37万人，比上年增长7.14%，其中40个省级工业园区吸纳就业41.1万人。

【工业园区经济运行特点】
1. 全省工业园区完成工业总产值、税收再上新台阶，首次突破5000亿元和500亿元大关。101个工业园区完成工业总产值大幅增长，继2010年突破4000亿元后，2011年再破5000亿元，达到5431.86亿元。实现税收也突破500亿元，达到560.44亿元。

2. 从全年情况看，园区工业生产总体逐季增长，仅二季度增速稍缓。101个工业园区各季度完成的工业总产值分别比上年同期增长29.59%、19.35%、27.44%、31.98%，二季度完成工业总产值环比一季度增长7.32%，三季度环比二季度增长12.28%，四季度环比三季度增长11.85%。

3. 从投资情况看，全年二季度园区投资力度最大。二季度101个工业园区完成的工业企业投资和基础设施投资分别为287.6亿元、59.79亿元，环比一季度增长84.25%、68.14%，是全年投资最集中时期，继二季度之后，投资稍有放缓。

4. 2011年园区税源进一步增多。全年园区税收增幅超过30%的园区有53个，比上年多12个。

（张　凤）

财　政

【财政收支】 2011年，面对复杂严峻的国际国内经济形势，云南省财政厅在省委、省政府的正确领导下，坚持以科学发展为主题，以加快转变经济发展方式为主线，认真贯彻落实积极的财政政策，狠抓增收节支，优化支出结构，着力推进基本公共服务均等化，大力保障和改善民生，加强财政科学化精细化管理，圆满地完成了全年财政工作任务。2011年全省财政总收入完成2258.7亿元，比上年增加449.4亿元，增长24.8%，首次突破2000亿元。全省地方财政一般预算收入完成1111.2亿元，比上年决算数增加240亿元，增长27.5%，首次迈上1000亿元台阶。全省地方财政一般预算支出完成2929.6亿元，比上年决算数增支643.8亿元，增长28.2%。

2011年云南省地方财政一般预算收支情况表

单位：亿元

项目	2011年完成数	比上年增加	比上年增长(%)
地方财政一般预算收入	1111.2	240	27.5
地方财政一般预算支出	2929.6	643.8	28.2

【重大基础设施建设】 2011年，全省财政经济建设支出完成730亿元，比上年增加125亿元，增长21%，首次突破700亿元。积极创新财政投融资方式，通过争取中央土地出让收入计提、财政资本金注入、银行融资等方式投入水利基本建设资金98.1亿元，有力地支持了润滇工程、江河湖泊治理、病险水库除险加固、农村饮水安全等一批重大水利项目建设。筹措资金21.6亿元，支持小型农田水利重点县建设和山区“五小水利”建设，确保完成40万件“五小水利”工程目标任务。省级财政共投入专业投资公司各项资本金75.56亿元，拉动银行和社会投资200亿元，充分发挥财政投资的导向作用，有力支持了滇池污染治理、保障性住房、二级公路和昆明新机场等重大基础设施建设，为全省20个重大建设项目和20项重要工作提供资金保障。

【产业发展】 2011年，省级财政进一步加强对企业和产业发展关键领域与薄弱环节的支持，拓展中小企业、非公企业融资渠道，加大对特色产业、新兴产业和地方金融企业发展的支持力度，加快推进新型工业化发展步伐。安排省级旅游资金 1.4 亿元，推进旅游“二次创业”。安排区域协调发展资金和外贸发展资金 2.1 亿元，引导企业实施“走出去”战略。继续做好“家电下乡”和“汽车摩托车下乡”工作，发放财政补贴资金 10.4 亿元，兑付家电下乡补贴产品 233.5 万台、摩托车下乡产品 65 万辆，惠及全省 200 多万农户。筹措资金 8250 万元，扎实推进“万村千乡市场工程”，支持乡镇农贸集贸市场建设、改造和提升，扶持大型商贸流通企业和大型批发市场，促进全省现代流通网络体系建设，确保完成建设 3500 个农家店、82 个配送中心的目标任务。筹措资金 5.8 亿元，加快推进“八大工程”建设，继续实施创新型云南行动计划、加大科学普及支持力度、加强省级科研机构创新平台建设、支持高端人才引进培养及开展省院省校合作，提升全省科技创新能力，进一步发挥科技对经济发展的推动作用。安排技术创新专项资金 1.1 亿元，支持全省 301 个企业科技研发和研发成果产业化项目。安排资金 2.2 亿元，重点支持全省 120 户企业实施技术改造，不断提升全省科技创新能力。筹集资金 41.3 亿元，支持节能减排和环境整治。筹集资金 31.7 亿元，支持全省九大高原湖泊水污染防治，促进“七彩云南保护行动”顺利实施。

【“三农”工作】 2011 年，省级财政筹措资金 42.6 亿元，继续实行粮食直接补贴、良种补贴、农机具购置补贴、农资综合补贴、畜牧良种补贴、橡胶良种补贴、能繁母猪补贴、草原生态保护奖励补助、马铃薯原种补贴等直补政策。筹集资金 42.5 亿元，支持中低产林改造、退耕还林、林业资源保护、林业产业发展和农村能源建设，继续提高全省森林覆盖率，支持林业生态建设。筹集安排扶贫专项资金 33.2 亿元，开展整村推进、贫困地区劳动力转移培训、产业扶贫、易地搬迁、扶贫安居等工程，继续开展扶贫集中连片开发，积极开展贫困村村级互助资金试点工作。安排资金 4.3 亿元，支持农业保险深入开展，积极引导金融机构支持“三农”加快发展。整合 35 项财政支农资金共计 10.2 亿元，用于扶持农业产业化重点项目，支农资金整合平台进一步完善，有效推动全省优势特色产业发展。新增农业产业化专项扶持资金 2 亿元，对重要原料基地和农业龙头企业给予扶持。全省投入农业综合开发资金 15.2 亿元，实施土地治理项目 210 个，项目区农业基础设施大幅改善，农业产业化经营步伐明显加快。新增国家级农业综合开发县 4 个、省级农业综合开发县 4 个。筹措资金 15.3 亿元，实施村级公益事业建设“一事一议”财政奖补试点，农村综合改革进一步深化。安排资金 2.3 亿元，实施 1500 个省级重点建设村补助项目。

【促进教育发展】 2011 年，省级财政筹措安排义务教育保障机制经费 95.1 亿元，继续实施免学费、免费发放教科书政策，对农村义务教育阶段贫困家庭寄宿生提供生活费补助，提高农村中小学公用经费标准。筹措资金 42.6 亿元，完成 200 万平方米中小学校舍拆除重建任务，加固改造 B、C 级校舍 320 万平方米，实施了农村中小学食堂条件改善试点工程，农村义务教育经费保障机制进一步完善。安排资金 11.3 亿元，与全国同步实施农村义务教育薄弱学校改造计划，推进义务教育均衡发展。安排中等职业教育发展专项资金 1.6 亿元、中央代发地方政府债券资金 5.5 亿元，用于支持州（市）职业教育园区建设和职业教育发展。建立物价上涨联动机制，全年下达 6671.3 万元，共 3 次对大中专在校学生发放临时价格补贴。

【社会保障和就业】 2011 年，省级财政推进建立全省统一的企业职工基本养老保险制度，提高企业退休人员养老金，不断扩大基本养老保险覆盖范围。筹措农村低保补助资金 43.4 亿元，将边境地区 85.7 万低收入贫困人员全部纳入农村低保范围，全省农村低保对象 400 万人。筹措城市低保补助资金 19.6 亿元，全省城市低保对象 93 万余人实现应保尽保。筹措资金 17.2 亿元，启动城镇居民社会养老保险试点，与新型农村社会养老保险制度覆盖面同时达到 60%。全省城镇居民基本养老保险和新型农村社会养老保险参保数 1325.7 万人，99 个试点县 321 万参保人员按月领取基础养老金。安排资金 2.3 亿元，建立和完善临时困难救助制度，对 655 万城乡低保对象、农村五保供养对象和重点优抚对象发放临时价格补贴，解决低保对象因自然灾害、物价上涨等因素造成生活出现较大困难的问题。筹措新型农村合作医疗补助资金 64.6 亿元，比上年增加 27.2 亿元，参合数 3456 万人，参合率 96.2%，为历年最高。筹措资金 7.3 亿元，城镇居民基本医疗保险参保数 422 万人，比上年增加 17 万人，城镇居民基本医疗保险提标扩面稳步推进。筹措就业专项资金 6.4 亿元，全面落实“贷免扶补”创业小额贷款、失业人员小额担保贷款和劳动密集型小企业贷款 3 种鼓励创业促进就业的担保贷款政策，完善农村劳动力转移就业培训制度，发挥创业带动就业的倍增效应，重点支持做好高校毕业生、农村转移劳动力、城镇就业困难人员的就业工作，有力促进全省就业工作目标的完成。安排专项资金 2000 万元，支持农村转移人口转变为城镇居民工作顺利实施，推动城乡协调发展。

【保障性安居工程建设】 2011 年，省级财政筹措安排城镇保障性住房建设补助资金 99 亿元，安排中央代发地方政府债券资金 5 亿元转贷州（市），并通过从土地出让总收入和房地产开发税收中提取保障性安居工程建设资金等方式，进一步拓展融资渠道，支持全省保障性安居工程建设。继续安排农村危房改造及地震安居工程建设补助资金 20 亿元，引导和帮助全省 20 万农村贫困家庭拆除重建 D 类危房。筹措救灾资金 14.6 亿元，支持受地震及严重旱灾影响的部分州（市）开展灾区恢复重建。

【“小金库”专项治理】 2008 年以来，云南省在全国率先开展新一轮党政机关、事业单位“小金库”专项治理工作。截至 2011 年底，全省纳入治理范围的 3.43 万户单位发现“小金库”903 个，涉及金额 2.67 亿元；纠正处理“小金库”899 个，移送相关部门处理 4 个，上缴财政 1.48 亿元，补缴税款 164.85 万元，退还 58.42 万元，追回违规支出 110.63 万元，纳入单位账内核算金额 1.07 亿元。4 年来，全省各地坚持把“小金库”专项治理作为反腐倡廉建设重要内容，认真开展清理检查，及时发现和纠正突出问题，通过完善机制、深化改革、健全制度和强化监管，从源头上堵塞管理漏洞，切断“小金库”的资金来源。全省各级党政机关、事业单位、社会团体、国有及国有控股企业共出台有关长效机制建设的文件 6.23 万件，初步构筑了“小金库”治理长效机制。

【调整完善省对下财政体制】 2011 年，省级财政进一步完善省对下均衡性转移支付制度，分配下达均衡性转移支付资金 84.5 亿元，加大对公共服务水平落后地区的支持力度，促进全省地区间基本公共服务均等化。安排生态功能区转移支付资金 15 亿元，健全完善生态功能区转移支付政策，支持各州（市）加大对生态保护的投入力度。安排民族地区转移支付资金 21 亿元、边境地区转移支付资金 13 亿元，加大对民族地区、边境地区的财力倾斜。进一步健全和完善“十二五”省对下财政体制预案，稳步推进财政省直管县改革试点，提升省直管县财政的保障能力。建立健全基本财力保障机制，对全省存在“保工资、保运转、保基本民生”资金需求缺口的县给予全额财力补助，基层财政困难问题得到进一步缓解。

【预算和国库管理改革】 2011 年，省级财政实施省本级部门预算编审体系改革，积极构建以“控制为主，绩效引导”为核心的预算编审新模式。初步建成全省财政预算纵向管理一体化大型数据库，极大提高财政预算工作效率。认真落实财政追加预算支出审批制度，规范省级追加支出预算管理，保障中央和省委、省政府重大决策部署落到实处。修订完善财政支出预算指标管理办法，进一步规范预算指标管理流程。严格结余结转资金管理，制定出台省级预算财政结余资金管理暂行办法，提高资金使用效益。收缴 2010 年国有资本经营预算收入 2.3 亿元，进一步完善国有资本经营预算管理，支持省属国有企业调结构、转方式，促进国有企业提质增效。在省本级全面推行国库集中收付制度改革的基础上，将改革向基层预算单位延伸，并逐步扩大改革的资金范围，全省形成三级联动、整体推进的良好态势。截至年底，省级 155 个部门及所属 770 个预算单位实施了国库集中支付改革；全省 16 个州（市）本级、126 个县（市、区），超过 1.5 万个基层预算单位实施了国库集中支付制度改革。行政成本控制进一步强化，研究制定省级单位公务差旅机票定点采购和省级党政机关因公出国（境）专项经费管理制度。继续扩大公务卡制度改革范围，逐步推行到国有及国有控股企业，研究制定预算单位公务卡强制性结算目录，明确规范公务消费用卡结算范围，进一步改善用卡环境，提高公务卡使用率。截至年底，全省 1.6 万个预算单位累计发放公务卡 53 万张。深入推进财政资金绩效管理工作，研究制定省级财政预算绩效目标管理暂行办法、财政支出绩效跟踪制度等，对 527 个项目实施预算评审，审减资金 7.9 亿元。政府采购规模不断扩大，一批涉及民生的重点建设项目通过全省统一招标采购，政府采购金额 247.9 亿元，比上年增长 26.2%，资金节约率为 8.1%。

（李建明）

国有资产监督管理

【概 述】 2011年，面对国内外错综复杂的经济环境，省国资委在省委、省政府的正确领导下，认真贯彻落实国家宏观调控政策，积极应对复杂多变的经济环境，加快推进产业升级和结构调整，提出了加大资本运营力度、加强财务管理、提高投资效益、“抱团取暖”等应对措施。各省属企业按照国资委的要求部署，狠抓生产经营关键指标，降低成本费用，加强资金管理，合理控制负债规模，加快集团内部资金融通，企业实现了平稳较快增长，各主要指标均创历史新高。据快报统计，2011年，18户省属企业资产总额5294亿元，比上年增长16%；净资产总额1651亿元，增长13%。实现收入2776亿元，增长24%，其中收入在400亿元以上的有昆钢和云铜，冶金、云锡首次突破200亿元，物流、十四冶首次突破100亿元，云投首次突破50亿元。实现利税227亿元，增长45%；全年实现利润100.3亿元，其中云天化、云铜、昆钢3户企业利税超过30亿元；昆钢、云天化、云铜、云白药、云锡5户企业利润超过10亿元。省属企业全年完成固定资产投资571亿元，增长46%。实现增加值442亿元，增长19%，拉动全省经济增长3.3个百分点，对全省经济增长贡献率为18.3%。

【国资监管体制】 2011年，从国资监管制度顶层设计着手，不断完善监管体制机制，省委、省政府对国资监管工作更加重视和支持，向省“两会”报告国资监管工作制度逐步形成。进一步明晰出资人代表职责和企业法人独立自主经营权，取消了60%的审批事项。指导完善地方国有资产指导监督工作机制，推动曲靖、红河、文山、楚雄、丽江等州（市）单设国资委，组织开展了州（市）国资监管工作的专项调研。进一步突出监管重点，重点做好资产评估、资产处置、产权登记界定等监管工作，2011年省属企业资产交易，全部实现挂牌交易，涉及总资产30.65亿元，增值率达到29%。大力构建新的薪酬管理体系，进一步引导企业做大、做强、做优、做久。加大监事会监督检查力度，有效防范风险。进一步提升监管能力，按照在监管中服务、在服务中监管的和谐监管理念，积极协调解决省属企业发展中的各种难题，努力争取将省属企业的政策建议纳入国务院桥头堡建设意见，得到省委、省政府职能部门支持。

【推进转方式调结构】 2011年，省国资委始终把转方式调结构作为重点工作着力推进，突出主业、做强相关多元产业、努力发展新兴产业，培育现代产业体系成效明显。在产业结构上，国有资本进一步向优势行业、优势企业和新兴产业集聚，有色、冶金、化工等传统产业继续保持快速发展，新材料、新能源、高端制造业、现代服务业等新兴产业发展迅猛。省属企业相关多元和新兴产业投资增长率超过传统产业10%。在区域布局上，省属企业以资源聚集地、物流集散地、交通枢纽地、沿边开放地为重点，在16个州（市）进行战略布局。“走出去”战略初见成效，省属企业在周边国家概算投资128亿元，云天化、冶金、云锡等企业在重庆、内蒙、新疆、东北、湖南进行战略布局取得重大进展，建工、昆钢进入东南亚、南亚国家步伐明显加快，不少企业到非洲、澳洲、美洲拓展发展空间。在项目规划上，在企业新建项目中，相关多元和新兴产业项目比重大幅增加。云天化利用炼油附产品发展石油化工项目，预计投资150亿元。昆钢的新材料、装备制造，建工的钢结构、房地产，物流集团的现代物流业，云白药的大健康系列项目等，已经成为企业持续发展的重要支撑。在利润构成上，传统产业逐步成为稳定的利润源，相关多元和新兴产业正成为新的利润增长点，重化工业占营业收入比重过大的局面已初步改观。昆钢的相关多元产业实现增幅98%，占利润总额的比例已达74%；云锡的锡深加工产品销量比重达到43%；云白药逐渐从单一医药生产向综合医药经营服务企业转型。

【提升企业管理水平】 2011年扎实开展“管理水平提升年”活动，制定下发工作计划和考核实施细则，成立工作督导检查组，完成了检查考评。通过努力，企业管理水平整体得到提升。基础管理逐步完善，各项规章制度进一步建立健全，决策、控制、运行、管理、风险防范逐步系统化、制度化。作业环境明显改善，安全生产不断加强。战略管理不断优化，以规划为指引，各企业及时研究制定了“十二五”发展规划，采取有力措施确保规划实施，实现了良好开局。风险管控进一步加强，企业财务风险、投资风险、法律风险防范能力进一步增强。昆钢通过加强全面风险管理，建立预警机制，及时防范和化解风险。云天化进一步完善风险评估和管控制度，风险防范能力大为提高，管理效益逐渐显现。昆钢通过对标挖潜，吨钢成本大幅降低。建工集团积极推进集团化、实体化、扁平化管控模式，利润大幅上升。机场集团以规范化、科学化、程序化和精细化管理为基础，管理效率明显提高。经过考核，昆钢、云天化、机场集团为优秀企业，建工、云锡等12户企业为良好企业。

【参与桥头堡建设】 2011年，牢牢把握云南面向西南开放桥头堡建设给省属企业跨越发展带来的重大历史机遇，督导各企业统一认识，充分发挥省属企业在桥头堡建设中的骨干、支撑、引领作用。及时部署安排，适时召开了加快建设面向西南开放重要桥头堡省属企业座谈会，下发省属企业参与桥头堡建设的贯彻实施意见，提出了具体的思路、目标和途径。加大课题研究，组织省属企业开展30个重大课题研究，取得一批针对性、操作性强的重要研究成果，对参与区域经济、做强产业、争取支持、优化规划布局形成了意见。积极推进一批产业园区、物流园区、空港经济区、重大项目搬迁建设。初步统计，昆钢草铺新区建设、云南城投环湖一级土地开发等项目，总投资近370亿元。参与沿边开放经济带建设，规划投资项目15项，概算投资117亿元。在边境经济合作区建设方面，云白药拟投资建设西双版纳国家温泉养生项目，城投集团、世博旅游集团正积极打造边境地区无障碍示范性国际旅游合作区；在对外对内经济走廊建设方面，昆钢依托红钢打造滇南建材产业集群，冶金集团的文山、建水两大基地在建投资总额达到150亿元。

【国企资本运作】 为有效解决资金短缺、融资困难、融资成本高等制约省属企业发展的突出问题，省国资委和省属企业采取有力措施，创新融资模式，工作成效显著。直接融资取得历史性突破，2011年，省属企业累计完成直接融资305亿元，是省政府下达全年直接融资目标的169.44%，比上年增加38%。其中通过上市公司实现再融资超过50亿元，发行企业债、公司债融资32亿元。特别是强化融资创新取得新进展，全年通过发行中票、短融及信托理财、融资租赁等方式融资近200亿元，增长8倍。资本证券化水平逐步提高，2011年，省属企业资本证券化率提高到30.9%，增加2.4个百分点。昆钢煤焦化成功借壳ST马龙，实现省投控股绿大地。构建新型融资平台迈出新步伐，成功组建了云南省首家省属股权投资公司云南圣乙投资公司，建工、工投也成立了股权投资基金公司，城投等省属企业发起成立了首家地方保险公司。

【国企党建工作】 坚持不懈地把国有企业党组织的政治优势转化为竞争优势。深入开展创先争优活动。培养和涌现了一批先进典型，昆钢动力能源分公司党委被中组部评为“全国先进基层党组织”，省国资委党委系统3个单位、8名个人受到省委表彰，6户企业被省委组织部命名为“全省基层党建工作示范点”。扎实推进学习型党组织建设，着力建设学习型企业。认真组织省国资委党委系统庆祝建党90周年大会系列活动，深入开展向杨善洲同志学习，先进典型的示范引领作用在企业得到彰显。不断加强思想政治建设，以省委办公厅、省政府办公厅文件形式下发了《关于加强和改进新形势下云南国有及国有控股企业思想政治工作的实施意见》，着力打造促进企业科学发展的“软实力”。重视加强企业领导班子和人才队伍建设，顺利完成了5户管理体制调整企业领导人员选配工作，在企业内部和省直机关提拔交流企业领导人员36名，省属企业领导班子的年龄结构、专业结构等得到了进一步优化。大力推进董事会建设，全面推进《云南省省属企业人才发展规划纲要（2010 ~2015年）》的贯彻落实，进一步完善企业选人用人机制。

【履行社会责任】 2011年，监管企业在岗职工23.3万人，比上年增加5.9%，吸纳下岗分流人员再就业和大学毕业生就业同步增长。带头节能减排，提高资源综合利用效率。落实安全生产责任制，预防和严控重大安全责任事故发生。省国资委和云天化等8户企业被评为“安全生产管理省级优秀单位”、“节能降耗、节能减排省级先进单位”。筹集资金参与保障住房建设，推进工矿棚户区改造，力争到“十二五”末，职工生活条件得到较大改善。积极创新扶贫形式，支持地方经济建设。开展对企业重大事项社会稳定风险评估工作，积极推动“平安企业”创建活动，及时排查化解各种矛盾纠纷，切实维护企业稳定。

【国企反腐倡廉建设】 以完善惩治和预防腐败体系为重点的反腐倡廉建设，重新修改完善并与企业党委签订《党风建设和企业领导人员廉洁从业责任书》。进一步加强反腐倡廉宣传教育工作。

举办“省属二、三级企业百名总经理廉洁从业培训班”，深入推进省属企业“三重一大”决策制度的贯彻落实，制定下发《实施细则》，审批完成14户省属企业的实施办法；深入开展工程建设领域突出问题、“小金库”、商业贿赂、公务用车专项治理活动，加大案件查办力度，省国资委纪委初核案件线索9件，立案2件，为企业收回逾期未还借款4000万元和2500多万元的利息，避免国有资产损失，收缴违规所得110余万元，诫勉谈话3次17人。省属企业问责63人。

（刘 云 王海月）

各行业发展概况

The Development Of the industry Overview

·第一产业·

农业和农村经济

【概 述】 2011年，云南省面对连续3年干旱等自然灾害的冲击、农产品价格异常波动的影响、农业生产成本不断攀升的不利局面，全省各级农业部门不断强化措施、狠抓落实，农业农村经济呈现出平稳较快增长态势。全年全省农牧渔业总产值2055.4亿元，突破2000亿元大关，比上年增长26%，增幅高于“十一五”年均增幅12个百分点。农牧渔业增加值1235.7亿元、增长26.2%。种植业产值1022亿元、增长14.7%。畜牧业产值808.4亿元、增长37.3%。渔业产值57.6亿元，增长19.9%，增幅全国第一。农产品加工总产值1123亿元。

【粮食生产】 2011年，推进十大科技增粮措施，完成高产创建745片，间套种236.9万亩，地膜覆盖1496.4万亩，测土配方4762万亩，良种推广3850万亩，农机耕收作业完成2333.2万亩，水稻集中育秧和旱育秧71.5万亩，玉米集中育苗37.5万亩，病虫害防治1.5亿亩次，晚秋作物播种1174万亩。全年完成粮食播种面积6696万亩、比上年增长0.7%。粮食总产1755.6万吨，再创历史新高，增加105.6万吨，增长6.4%。单产265公斤，增加19公斤。

【农民增收】 2011年，省政府出台关于加快农民持续增收的意见，增加2亿元农民增收考核奖励资金，进一步明确各级、各部门间的协作机制。全年农民人均纯收入4722元，比上年增加770元，扣除物价因素实际增长13.9%，高于全国平均水平2.5个百分点。农民人均纯收入绝对值、增加额均创历史最高水平。其中家庭经营性收入2966元，增加456元、增长18.2%；工资性收入1139元，增加209元、增长22.5%；转移性收入398元，增加63元、增长18.8%；财产性收入219元，增加42元、增长23.7%。

【“菜篮子”产品生产和供应】 2011年，开展菜篮子产品标准示范创建活动，新建蔬菜标准园14个、畜禽标准化示范场37个。新建存栏100头以上的奶牛规模养殖场15个、机械化挤奶站33个。全年全省蔬菜面积1360万亩、比上年增长4%，产量1520万吨、增长4.7%。全省农产品出口总额17.6亿美元、增长34.9%，继续保持西部第一，其中蔬菜出口额6.5亿美元、增长39%，比烟草出口额高2亿美元，保持全省第一大宗出口农产品地位。水果（含瓜果）种植面积616万亩，总产量460万吨。水产养殖面积175.5万亩、增长8%，产量54.9万吨、增长14%。肉类总产量510万吨、增长5%。禽蛋产量39.9万吨，增长6.3%。奶产量70万吨，增长8%。

【特色经济作物】 2011年，云南省加大优势农产品基地建设力度，对16个咖啡生产基地县、15个橡胶生产基地县给予重点扶持。全省咖啡面积92万亩，比上年增长42.31%；产量65.5万吨，增长31.78%；年均咖啡米收购价格上涨36%，最高价40.7元/公斤，创出云南咖啡种植以来新高；亩均产值3468元，增长23.7%。橡胶种植面积、产量均超过海南跃居全国第一，种植面积795.4万亩，比上年增长7.9%；干胶产量38万吨、增长114.9%。茶叶种植面积570万亩，增长3.35%；产量23.83万吨，增长14.95%。全省甘蔗种植面积500万亩，增长4.1%；产量2000万吨，增长12.7%。蚕桑面积142.19万亩，增长7.62%；发种养蚕104.22万张，增长4.19%；产鲜茧4.06万吨，增长1.5%。

【畜牧业】 2011年，争取农业部新增云南生猪调出大县14个，增加数量居全国第一。新启动建设568个生猪标准化规模养殖场，组织实施生猪标准化规模养殖“百万工程”，建设完成51个年出栏万头以上猪场。省政府出台加快草原承包工作的意见，完成草原承包到户面积1.78亿亩，落实草原生态保护补助奖励资金4.79亿元，惠及300万农牧户。新建存栏100头以上的肉牛规模养殖场285个，新建存栏100只以上的肉羊规模养殖场1561个。开展“六大名猪、六大名牛、六大名羊、六大名鸡、六大名鱼”评选认定活动，特色品牌效益进一步提升。全省生猪出栏4991.92万头，比上年增长5%。肉牛出栏330.73万头、增长5.6%。肉羊出栏710.81万只、增长4.7%。

【农业产业化】 2011年1月3日，省委出台1号文件《云南省委省政府关于推进农业产业化发展扶持农业龙头企业的意见》(云发〔2011〕1号)，统筹整合10亿元涉农资金，新增产业化发展资金2亿元，加大对龙头企业的扶持力度。2011年，全省农业产业化经营组织4613个，龙头企业2410户，其中省级重点龙头企业由298家增加到380家，龙头企业固定资产486亿元，比上年增长21%，龙头企业实现销售收入1016亿元，增长38%。云南百强企业中农业龙头企业占10户。农民专业合作社1.11万个，增加3844个，是云南农民专业合作社发展史上数量增加最多的一年，注册成员17万户，带动农户154万户。

【农业科技】 2011年，组织实施水稻等8个产业技术体系建设，审定品种58个，研发新技术48项，新品种75个；示范推广面积1149.15万亩，示范推广种猪1184头，商品猪25.56万头；示范推广奶牛5000头。新增产值19.95亿元，培训技术人员和农户38.9万人次，良种覆盖率95.6%，良法覆盖率94.3%。争取国家产业技术体系17个岗位科学家、49个综合试验站站长岗位，为农科人员搭建工作平台和与外界沟通交流的渠道。组织实施超级稻研究与推广协作，推广超级稻楚粳27号155万亩，平均亩产673.26公斤，新增产值2.2亿元。推广楚粳28号180万亩，平均亩产733公斤，新增产值3.94亿元；在连续3年百亩方试验中单产突破950公斤，成为超级稻后备品种。2个品种新增产值6.14亿元。全年全省完成高产创建示范745片，示范面积741.4万亩，辐射带动3483.44万亩，超计划483.44万亩；实地测产增产粮食53.27万吨；全省推广测土配方施肥4762.06万亩；全省推广水稻精确定量栽培204万亩，平均亩增产稻谷60多公斤，亩节省用种0.5～1公斤，节省氮肥用量3～5公斤，同时通过干湿灌溉管理和薄水勤灌技术，每亩可节约灌溉水30%～40%，该技术的应用实现亩节本20元左右。全年全省高产创建实现增产粮食53.27万吨，每公斤粮食按2元计算，可实现新增产值10.65亿元。在全省16个州（市）完成生物可降解膜试验42组，推广250吨，示范面积3.18万亩。在6州（市）9县启动德国生物菌剂试验示范347亩。推广水稻简化育秧技术25万亩、免耕栽培18万亩，收集保存马铃薯优良品种66个。全省新增稻麦联合收割机856台、水稻插秧机321台。全年新建设施大棚2650余亩，示范带动农户建设1500亩；新增机械化节水灌溉设施1.45万亩，示范带动农户建设1.2万亩。组织360个乡镇农技推广机构实施条件建设。组织30个县实施农技推广示范县工程，建设试验示范基地300个，培训指导员3000名，培育示范户3万个。推广新品种642个（次）、推广新技术451项（次）；示范户种粮增产3024万公斤，养殖增产1.54万吨，新增产值4.89亿元；培训技术人员和农户57.7万人次；良种覆盖率97.1%，良法覆盖率96.31%。评出推广奖100项，近1800名农技人员和成果受到表彰。组织农校参加全国职业技能大赛，获得10个优秀奖。组织36个县开展新型农民科技培训，培训农民2.1万人，推广新品种116个(次)，推广新技术276项（次)。农业植物新品种保护累计申请新品种保护247件，获得授权74件，排全国第11位。

【农业示范创建】 2011年，组织开展“百县百园”、休闲农业示范创建活动，创建现代农业示范园75个。宣威市国家级现代农业示范区建设进展顺利，嵩明县、砚山县被新认定为国家级现代农业示范区。石林台湾农民创业园、曲靖（国际）农业食品科技示范园被农业部认定为国家产业化示范基地。认定休闲农业示范企业28个，罗平县被认定为国家级休闲农业示范县，西双版纳傣族园等3家企业被认定为国家级休闲农业示范点。

【农产品质量安全】 2011年，新启动20个县（区）农产品质检体系建设。组织6个州（市）农业检测机构通过省级检测机构资质认定。创建14个“农业标准化示范县”、5个“农业标准化示范企业”。认定无公害农产品产地1012万亩，无公害农产品产地复查换证单位17家，产地50个，换证面积635万亩。新认证“三品”企业128家，“三品”262个，认证面积72万亩，畜禽养殖规模272万头(只/羽)，年总产量108万吨，年总产值37亿元。“三品”复查换证企业74家，产品148个，换证面积78万亩，畜禽养殖规模29万头（只/羽)。2011年获得农业部农产品地理标志登记证书6个，保护种植（养殖）区域范围面积29.71万公顷。全年受理绿色食品企业年检113家，产品261个。全省累计出动执法人员8.8万人次，检查企业和种养殖户7.7万户次，查处案件25起。全年农产品综合抽检合格率97.7%，其中畜产品99.5%、蔬菜94.7%、水果98.8%、茶叶100%、水产品 94%、食用菌 100%。全省未发生重大农产品质量安全事件。

【动物疫病防控】 2011 年，全省已建立专业化统防统治合作组织 1121 个，经工商和民政部注册登记的专业化统防统治合作组织 292 个，开展多种模式农作物病虫害专业化统防统治服务。全省开展植物产地检疫 80 余万亩次，植物调运检疫 12.5 万批次，苗木近 1000 多万株，种子及其他农产品 1000 多万吨，国外引种 282 批次（其中苗木 217 批次，62.964 万株；种子 65 批次，842.805 公斤）。全年坚持内防外堵，以动物防疫整村推进为抓手，认真落实基础免疫、疫情监测、预警处置等综合防控措施，有效地控制重大动物疫情发生，没有发生区域性重大动物疫情，成功地防堵境外疫情传入，全省重大动物强制免疫密度 95%，免疫抗体合格率 70.7%以上。全省创建动物防疫整村推进示范县 24 个，示范乡镇 365 个。全省 129 个县（市、区）、1316 个乡（镇）、11.86 万个村开展产地检疫，开展面 100%。实施产地检疫动物 8534.2 万头(只)、比上年增长 52.84%，屠宰检疫 4959.5 万头(只)、增长 42.53%。其中规模养殖场和养殖小区动物产地检疫率 100%。监督检查出省猪牛羊 1189.9 万头（只），查出不合格动物 2.2 万头（只），全部做无害化处理，耳标佩戴率 100%。全省对兽药质量安全、兽用抗菌药物和瘦肉精开展兽药生产企业、经营企业、诊疗机构及畜禽规模养殖场的专项整治工作，出动执法人员 1.87 万人次，查处违法案件 212 起，吊销兽药经营许可证 10 个，取缔无证经营企业 50 个。全省实施畜产品中兽药残留抽检 632 批，合格率 99.84%。抽检兽药产品 1531 批，278 批为假冒合法企业假兽药，进入检验环节 1253 批，合格 965 批，合格率 77.02%。实施瘦肉精专项检测 1.05 万头份。组织开展盈江地震灾区紧急强制免疫牲畜 4.9 万头，无害化处置因灾死亡畜禽 2.7 万头只，消毒面积 35.3 万平方米。保证大灾之后没有发生高致病性禽流感、口蹄疫等重大动物疫情和人畜共患病疫情。

【农业投入和支农惠农政策】 2011 年，争取农业投入 68.72 亿元，其中中央农业投入 52.81 亿元、省级农业投入 15.91 亿元，比上年净增 11.27 亿元，主要增加在草原生态保护补偿奖励、农资综合直补、能繁母猪补贴等方面，增幅 18.5%。资金投向涵盖惠农直补、农业公共服务、特色产业发展、农业产业化、农业科技推广与培训、新农村建设等各个环节。全年全省实施农业政策性保险，种植业保险承保面积 852 万亩，其中水稻 334 万亩、玉米 323 万亩、油菜 85 万亩、青稞 8 万亩、甘蔗 102 万亩。畜牧业保险包括能繁母猪及奶牛等品种。

【农业农村信息化建设】 2011 年，省农业厅启用厅机关办公自动化 OA 系统和全省农业系统电子公文交换系统。自 2009 年来以来，云南金农工程项目中央投资 1095 万元，省级配套 1118 万元，经过 2 年的实施，完成项目建设任务。建成省级农业数据中心，完成云南应用支撑平台、科技服务、数据采集 3 个应用系统的部署，完成 103 个县级服务平台、420 个乡镇服务站、57 个县级信息采集点、10 个批发市场价格信息采集点的建设。建立和完善“三农”信息服务无缝覆盖系统，在全省范围内开通移动“12316”服务平台，实现在线语音咨询和互动短信咨询，并开通省农业信息网和数字乡村网视频在线培训、技术、资讯查询等功能，受众 169 万人，语音服务 2370 个，短信服务 2994 条，发布市场供求、价格信息、市场分析短信 611 条。

（何　湘）

林　业

2011 年，云南省林业系统紧紧围绕桥头堡和森林云南建设目标任务，深化改革，扎实工作，完成下达中央、省级林业投资 52.1 亿元，比上年增长 11.6%；完成营造林 1060 万亩（70.67 万公顷），为计划的 1.63 倍；实现林业产值 688 亿元，增长 19.6%，保持了又好又快的发展势头。

【森林生态建设上升为国家战略】 2011 年，云南省紧抓住桥头堡建设战略机遇，深入研究林业在桥头堡建设中的功能定位、特色优势、建设重点、拓展方向、政策需求，提出把生物多样性宝库和生态安全屏障建设列为桥头堡建设战略目标。在国务院组织起草支持云南桥头堡建设意见过程中，先后陪同中央财经领导小组、国务院联合调研组开展了专题调研活动，主动参与桥头堡建设课题研究，积极向中央有关部委反映森林生态建设的重大意义和发展潜力，争取纳入桥头堡建设总体规划。组织编制了《云南省生物多样性宝库和生态安全屏障建设规划》，国发〔2011〕

11号文件明确把“建设我国重要的生物多样性宝库和西南生态安全屏障”作为桥头堡建设的五大战略定位之一。省第九次党代会报告也明确把“建设森林云南，推进生态安全屏障和生物多样性宝库建设”作为今后5年全省经济社会发展六大目标之一。国家林业局还与省政府签订部省战略合作协议，明确林业支持桥头堡建设的目标任务和政策措施。

【林业发展思路】 2011年，通过编制《云南林业“十二五”发展规划》、《云南省生物多样性宝库和生态安全屏障建设规划》以及林产业、科技推广、湿地保护、林地保护利用等专项规划，组织起草省政府《关于加快林业产业发展的意见》、《关于加强自然保护区建设和管理的意见》、《关于继续推进天然林资源保护工程的意见》等文件，筹备召开森林云南建设推进会，使森林云南和生态安全屏障建设的目标做到了有机统一，林业发展方向进一步明确，发展思路进一步明晰，政策措施进一步完善，为林业科学发展、和谐发展、跨越发展奠定了基础。

【林业改革】 截至2011年末，全省集体林权制度主体改革已基本完成，投入林改经费13.4亿元，完成确权面积2.7亿亩（1800万公顷）、确权率98.9%，均山到户率92.4%，调处纠纷16.5万起、调处率98.8%，是西部地区最早完成明晰产权任务的省份，走在全国前列。配套改革正逐步展开，建立林权流转中心117个，成立各类林业专业合作社2024个，林权抵押贷款余额70亿元、居全国第一，全省林业产权交易市场正式挂牌。大力推进林业分类经营、林木采伐管理等各项改革，森林火灾保险全面启动，林业发展活力不断增强。

【集体林权制度配套改革】 2011年，云南省组建省级林权交易中心，建成州（市）、县（区）林权管理服务中心117家，开通全省林权管理信息系统，推进林权管理网络化、数字化进程，进一步规范林权流转管理。先后依法流转林地779万亩（51.93万公顷），流转金额24亿元。成立森林资源资产评估机构67家，认证评估咨询人员700多名。省林业厅报请省政府出台《关于加快推进林权抵押贷款工作的意见》，编印《林权抵押贷款简明实用手册》，有效推进林权抵押贷款工作，全省林权抵押贷款余额突破70亿元，居全国第一位。省林业厅与省供销社联合下发《关于加快发展林农专业合作社的实施意见》，出台《云南省林农专业合作社章程》、《云南省林农专业合作社省级示范社认定管理办法》，成立林农专业合作社2024个，涉及林农11.4万户、林地面积436.7（29.11万公顷）万亩，14个县（市、区）成功申报为国家林业专业合社示范县。深入推进林木采伐管理改革，全面推行林木采伐管理公示制，进一步完善林木采伐管理政策和措施。

【改革发展中的重大问题】

1. 省级以上公益林实现同等标准补偿和管护补助全覆盖。云南省1.78亿亩（1187万公顷）国家级和省级公益林全部纳入生态效益补偿或天保工程森林管护补助范围；省政府第55次常务会决定从2011年开始将省级公益林补偿标准由5元提高到10元，达到国家标准。

2. 森林政策性保险范围大幅扩展。云南省森林火灾保险试点由昆明等5州（市）扩大到15个州（市），投保林地面积3.26亿亩（2173万公顷），涉及林业经营者820余万户。野生动物公众责任保险由西双版纳、普洱、临沧3个州（市）6个县扩大到保山、迪庆5个州（市）14个县。

3. 森工企业职工生产生活得到保障。积极争取国家支持，出台天保二期政策措施，组织完成省、县两级实施方案编制，将资金、任务、责任落实到山头地块和单位，使1.2万名森工企业职工得到妥善安置，1.74万名离退休人员纳入基本养老和医疗保险，确保养老金按时足额发放，实现从一期到二期平稳过渡，保持社会稳定。

4. 陡坡地生态治理工程启动。省政府第68次常务会专题听取关于推进森林云南建设的情况汇报，决定从2012年起用10年时间，在生态脆弱区实施1000万亩（66.67万公顷）25度以上陡坡地生态治理工程，这是生态建设的重大举措。

【林权宗地管理】 2011年，云南省建成林权宗地管理数据库，林权管理信息范围系统覆盖全省，入库宗地690多万宗，全省120个林权管理服务中心与省林业厅已基本实现联网运行，可完成林权宗地的林权登记、变更、注销、林权证打印以及林权宗地信息统计等职能工作，并可面向社会提供宗地及林权证查询、信息发布、林地拍卖等服务工作。云南林权交易中心网站开通，林权流转信息系统和交易竞价系统可实施远程异地信息公告和林权异地竞价交易。

【林业产业】 通过加强政策引导、加大资金投入、加快中低产林改造等措施，到2011年，全省以核桃为主的木本油料种植面积3560万亩，年总产量超过50万吨，总产值超140亿元，均居全国第一位；林浆纸一体化、林化工、野生动物驯养繁殖、森林生态旅游、木材加工等特色林产业全面发展。全省林业总产值670亿元、是2005年2.8倍；林业企业1万多户，其中省级林业龙头企业252户、增加237户；林农人均特色经济林收入600元；林产业已成为全省快速发展的产业，部分山区林农收入超过坝区。

2011年，全省投放林业贴息贷款8.54亿元；完成木本油料基地建设560万亩(37.33万公顷)、占年计划124%；以桉树、竹材等为主的速生丰产林基地达到2000万亩（133.33万公顷）；启动实施珍贵及特殊树种培育试点，建成珍贵用材林基地300万亩(20万公顷)；完成中低产林改造407万亩（27.13万公顷），比上年翻一番；林业企业超过1万户，其中省级龙头企业252户、产值269.4亿元,分别比上年增加58户、52.4亿元；昆明杨林家具产业园区、昆明泛亚国际林产业园区、玉溪林产业园区等相继开工建设，楚雄野生菌、宜良观赏苗木等一批林产品交易市场初步形成。

【农村能源建设】 截至2011年底，全省新建农村户用沼气累计15.62万户(其中省级项目5.51万户、国债项目7万户、退耕还林项目2.59万户、其他项目5203户)。完成农村改灶14.91万户(其中省级项目6.35万户、退耕还林项目3.91万户、其它项目4.65万户)。

【林业生态建设保护】 2011年，认真落实森林资源目标管理责任制，严格执行林地定额和林木采伐限额制度，编制完成了省级林地保护利用规划，全面启动了县级林地保护利用规划编制工作。加快推进林业重点生态工程建设，完成天保工程公益林建设、石漠化治理、防护林建设、退耕还林及巩固成果造林469万亩(31.27万公顷)；新建农村户用沼气池15.6万户、节柴改灶14.9万户；完成湿地恢复工程5项，新增国家公园3个、国家湿地公园2个、生物多样性保护教育基地8个；科学编制4个省级自然保护区总体规划，昆明轿子山成功晋升为国家级自然保护区;在全国率先开展了自然保护区生态服务功能价值评估并向社会公开发布；争取国家、省级投入森林防火经费1.1亿元，批准森林防火基础设施建设项目经费1.5亿元，发生108起森林火灾当日扑灭率98.3%，火案查处率88%，受害率0.3‰，各项防控指标均创历史最好水平；发生林业有害生物466.56万亩（31.10万公顷），防治率89.8%，成灾率5.8‰,被国家林业局评为有害生物防治先进单位；严厉打击涉林违法犯罪，受理各类林业案件1.98万起，查处1.95万起，查处率98.58%，维护了森林资源安全。

【国家级、省级自然保护区】

2010年7月，省林业厅开展全省自然保护区森林生态系统服务功能价值评估,2011年11月通过专家评审，是全国首个省级尺度上的自然保护区森林生态系统服务功能价值评估。经过评估，云南纳入评估的国家级、省级自然保护区2010年提供的森林生态服务价值2009.02亿元,相当于云南2010年地区生产总值（GDP）的27.8%。自然保护区每年每公顷的森林生态服务价值12.31万元（每亩价值8200元）。根据《中国森林生态服务功能评估》报告，为云南省平均森林生态服务价值5.06万元的2.4倍，充分体现自然保护区这一特殊区域的森林生态服务的价值和地位。

2011年，国务院办公厅批准云南云龙天池国家级自然保护区、元江国家级自然保护区新增为国家级自然保护区。元江自然保护区位于元江县境内，地处国际河流元江（红河）河谷，是全国唯一位于北回归线，在干热河谷自然条件下形成的森林生态系统类型的自然保护区，保护面积2.24万公顷。云龙天池自然保护区位云龙县境内，保存全国最集中连片的大面积原始云南松林，保护区也是滇金丝猴活动的最主要区域，保护面积1.45万公顷。

【国家公园】 根据《云南省国家公园发展规划纲要》和保山市、临沧市、红河州的申请，省政府分别于2011年3月、5月、10月批准建立高黎贡山、南滚河和大围山3个国家公园。截止目前，经省政府批准建立的国家公园已达8个。按建立的先后顺序分别为：普达措、丽江老君山、西双版纳、梅里雪山、普洱、高黎贡山、南滚河、大围山国家公园。

【国家级繁育基地】

2011年,云南野生动物园的东北虎、孟加拉虎、白虎陆续产仔，共有16只小虎出生，且全部成活，加上原有的老虎，已拥有近200只老虎，老虎的高繁殖率和高成活率，跻身全国最大的老虎驯养繁殖基地之一。

2011 年，怒江州姚家坪小熊猫繁育基的 44 只国家二级重点保护野生动物小熊猫迁至普洱市普洱国家公园，公园已拥有 100 多只小熊猫，成为全国最大的小熊猫繁育基地。

2011 年，省生物技术和种质资源研究所与龙陵县小黑山省级自然保护区管理所签订“国家食用菌产业技术体系野生菌种质原生地保护保育点建设”项目，建成国家野生食用菌科研基地，占地 300 亩。

【石漠化治理封山育林】 2011 年，全省石漠化综合治理工程县由 2010 年的 12 个增加为 35 个，封山育林 58.9 万公顷、人工造林 1.95 万公顷，已全部完成封山育林任务。自 2008 年实施石漠化综合治理试点至 2011 年底，全省已完成封山育林 64.1 万公顷、人工造林 3.7 万公顷。

【基层基础建设】 棚户区改造顺利推进。完成 2010 年跨年度实施改造建设任务；2011 年 4560 户建设任务已全面开工，到位资金 2.6 亿元，完成投资 1.8 亿元。基层站所条件进一步改善。争取国家、省级资金 6125 万元，新建、改建森林公安派出所 121 个、乡镇林业站 50 个、标准化林业站 6 个、木材检查站 8 个，建立木材运输管理网络平台，实现木材运输证管理全国“一票通”。科技支撑进一步加强。承担完成国家及省部级科技攻关 2 大类 17 项，科研成果获奖 41 项。完成良种审（认）定 74 个，推广新技术、新品种 82 项。建立科技示范县 10 个、标准化示范区 6 个、示范基地 11 个，示范面积 1.6 万亩（1070 公顷），带动推广面积 32.4 万亩（2.16 万公顷）。完成 26 个林业标准编制,评审通过 14 个。法制建设稳步推进。出台《云南省林地管理条例》、《云南省林木种苗管理规定》,《云南省森林防火条例》已进入省人大常委会二审程序。林业普法工作成效明显，行政执法进一步强化。行政许可管理更加规范，公开、公正、高效办理 1500 多件行政许可事项，有力地支持地方经济建设。

【森林火灾保险试点】 2011 年，云南省开展森林火灾保险试点工作的突出特点是做到了“一个全国最低，四个全国唯一”。1. 费率全国最低。昆明等 5 州（市）森林火灾保险试点费率为 1‰，为全国最低；2. 唯一按综合赔付率提取防灾防损费用于森林防火工作的试点省；3. 唯一设立火灾保险工作奖励基金的试点省；4. 唯一引入保险经纪公司代理火灾保险招标、业务督办的试点省，可保证试点工作依法、高效、安全开展；5. 唯一通过政府公开招标采购，优选承保公司的试点省，能够降低费率、提高服务质量和水平。上述特点是森林火灾保险工作的重大创新，综合形成了云南特色的森林火灾保险模式，收到了良好效果，得到了国家林业局、财政部、中国保监局的充分肯定。

【杨善洲绿化基金会】 2011 年，云南省杨善洲绿化基金会在昆明成立，由省林业厅、省国土资源厅、省环境保护厅、省农业厅、省水利厅共同发起，为公募基金会，原始基金 600 万元。基金会以贯彻落实“生态立省、环境优先”发展战略，大力弘扬杨善洲精神，动员和鼓励社会各界共同参与生态建设与环境保护，积极推动“森林云南”建设，把云南建设成为中国西南“绿色生态屏障”，促进云南经济社会可持续发展为宗旨。公益活动业务范围主要涉及 8 个方面。

（王　锐）

农　垦

【综　述】 2011 年是农垦改革和集团重组的关键年，也是农垦集团转方式，调结构的起步年。面对 39 个农场移交属地管理，主产业橡胶生产经营从以种植为主转向以收购加工为主，走向完全的市场竞争的新形势，新挑战，农垦继续认真贯彻落实《云南省委省政府关于推进农垦改革发展维护垦区稳定的若干意见》（云发〔2009〕19 号），努力工作，攻坚克难，取得了农垦主体改革基本完成，生产经营好于预期的好成绩。全年生产干胶 13.43 万吨，比上年增长 4.43%，其中国有橡胶生产 11.33 万吨，增长 2.2%；干毛茶 8559 吨，比上年略减；精制茶 4790 吨，增长 32.69%；食糖 6.15 万吨，增长 2.32%；水果 12.14 万吨，增长 22.5%；发电 3.8 亿度，增长 44.16%；各种胶鞋 775.5 万双，减少 27.5%；钢模板 5411 吨，减少 41.2%；土豆片 1086 吨，减少 6.7%；咖啡粉 266 吨，增长 64.3%。全年实现生产总值 37.5 亿元，增长 2.3%。其中第一产业增加值 25.2 亿元，减少 11%；第二产业增加值 4.3 亿元，增长 20.9%；第三产业增加值 8 亿元，增长 72.0%。一、二、三产业结构从 2010 年的 77.5 : 9.8 : 12.7 调整为 67 :

11.6∶21.4。职工人均生产总值4.88万元，增长23.5%。实现工农业总产值64.42亿元，增长23.84%。其中工业总产值11.19亿元，增长13.6%；农业总产值53.23亿元，增长26.23%。垦区实现营业总收入48.08亿元，减少12.6%；利润总额9644万元，减少约6.19亿元。实现大幅度让利职工。全年垦区职工人均年工资收入1.37万元，增加490元，增幅3.7%；离退休人员年均退休金1.62万元，增幅12.3%。改革后，农垦年平均从业人员增加2.46万人，增幅26%，从业人员人均年劳动报酬1.24万元，减少5%。

【桥头堡建设】　《国务院关于支持云南加快建设面向西南开放重要桥头堡的若干意见》下发后，农垦党委多次召开会议专题研究和工作部署，对意见中“加快农垦企业改革发展”的具体内容进行分解，细化和确定农垦领导责任。会同省人保厅、省财政厅向省政府上报《关于给予云南省农垦系统人员社会保障纳入属地管理补助资金的请示》，建议以省政府名义上报国务院。按照省委提出今后5年的奋斗目标和国资委提出的工业3年翻番行动，对农垦今后5年发展目标进行研究。抓紧做好全垦区发展规划和农垦集团发展规划，做好天然橡胶产业发展规划、食品工业（以茶叶、咖啡为主）发展规划和物流产业发展规划。积极谋划垦区基础设施（人饮安全、道路建设、保障型住房建设、中低产茶园、胶园、粮田改造）规划。同时落实有关强农惠农政策，扶贫开发政策，特别是国家提高贫困标准后的新增贫困人群纳入扶贫规划。

【农场移交属地管理】　云南垦区7个州（市）所属6个农垦分局、39个农场、125所农垦医疗机构和12个独立法人工商企业全部移交州（市），并属地到县（市、区）管理。各农垦分局、农场和相关单位等42个县处级单位副处以上264名领导干部档案移交所在州（市）组织部门。39个农场参公1013人，参事1520人，剩余管理人员得到妥善安置。州（市）农垦局领导班子配备到位，39个农场配齐领导班子或对主要领导进行任命。从2011年1月起农垦企业职工养老保险关系由所属地社保经办机构进行管理，涉及全省农垦职工8.55万人，退休职工5.93万人，离退休人员养老保险金足额发放到位。

【农场生产经营自主权】　采用对账式账面清查的方式对资产、负债及所有者权益划分，将橡胶林木等农业产权下划农场自主经营。非胶农场及各农垦分局以2010年6月30日的账面数额进行清查划转；云南天然橡胶产业公司整合的各橡胶农场以2010年12月31日的账面数额进行清查划转，银行贷款随有效资产划转。下划资产总额59.3亿元，负债总额46.72亿元，所有者权益总额12.58亿元，国有土地334万亩，其中天然橡胶272.1万亩，耕地19万亩，茶园7.36万亩，果园12万亩，全面落实了农场生产经营自主权。

【职工家庭承包】　39个农场普遍制定了职工家庭经营土地承包方案，按照19号文件关于“国有土地性质不变和企业职工身份不变”的要求，除版纳垦区按户籍人口和年龄界限推行全员承包外，其他垦区对职工承包经营体制采取大稳定小调整的办法，在上一年承包方案的基础上进行修改完善，主要是降低承包费用，减轻职工负担。职工分配比例普遍提高，基本取消了土地基本承包费和农场管理费，橡胶等林木资产收取资产承包费，职工分配比例接近70%，有的达到80%。

【企业重组】　根据省委、省政府要求，农垦成为以“加工、销售、研发为重点的市场主体”，集团公司调整经营战略，将“做强做大”调整为“做优做强”。集团立足现有资源，围绕重点产业，调整组织架构，加快集团重组步伐。一是改造重组橡胶产业。把原属于橡胶产业公司的下属分公司改造为具有独立法人地位的子公司，相继成立景阳公司、版纳电力公司，及江城、西盟、河口、金平独资公司。保持原有统一销售的电子商务平台，在西双版纳建立橡胶销售中心，适应橡胶生产新要求。条件成熟的橡胶农场组建股份制企业，在孟连组建集团控股、农场参股的橡胶加工企业，在孟定组建农场控股、集团参股，种植、加工统一经营的橡胶公司，探索继续发挥集团龙头企业作用的新路径。二是做精食品加工。实施咖啡厂5000吨“三合一”速溶咖啡生产线技改项目建设。三是整合物流产业。对王家营仓储中心发展进行前瞻性规划。四是提升机械工业。注销农垦工业公司，调整管理层级。五是发展旅游业。加强宾馆酒店管理，改善硬件，提升软件。

【薪酬制度改革】　2011年，集团酝酿多年的企业薪酬制度改革迈出第一步。集团制定企业负责人年度生产经营业绩考核办法和薪酬管理办法，从2010年开始，在所属企业中全面推行企业负责人年度经营业绩考核，实行年度考核与任期考核相结合、目标考核与综合评价相统一、考核评价与年度薪酬相挂钩的考核制度，并作为企业负责人职务任免的重要依据。集团公司与所属各企业签订《生产经营考核责任书》。对企业实行工资总额管控等收入分配改革，充分调动企业负责人和企业员工的生产积极性，促进生产发展。

【提升管理水平】 2011年，省国资委在全系统开展企业管理水平提升年活动。结合农垦企业管理中存在的许多薄弱环节，集团公司把企业管理工作作为农垦保生存、求发展的大事来抓。从集团到所属各企事业单位成立领导小组，组建专门工作机构。党委书记亲自挂帅，行政一把手直接抓。集团公司建立工作督导制度，由领导分别牵头，成立8个管理水平提升年工作督导组，每个督导组重点联系2~3户下属企业。集团公司将直属热机公司作为省属企业管理水平提升年试点单位，物流公司作为农垦集团管理水平提升年试点企业，并要求各企业也要选择1个车间、1个科室作为试点，作为典型，带动整个面上工作。各企事业单位在战略规划管理、生产经营、公司掌控、基础管理、和谐建设等方面有了新提高，取得初步成效。

（陈　葵）

水利事业

【概　述】 2011年，云南省各级水利部门认真贯彻落实中央1号文件、中央水利工作会议和省委、省政府《关于加快实施“兴水强滇”战略的决定》精神，以超常规的举措和前所未有的力度加快推进水利基础设施建设，切实提升抗御干旱灾害能力和农业综合生产能力。全年争取中央投资76.4亿元，比上年增长53%，落实省级水利建设资金57.6亿元，增长44%，州（市）县级水利投资48亿元，增长60%，全省水利投资规模继2009年突破100亿元、2010年突破150亿元后，2011年突破200亿元，达到201.2亿元。在建重点水源工程156个，牛栏江—滇池补水工程前期工作取得积极进展，工程规划已纳入国家“十二五”发展规划，可行性研究报告获得国家批复，初步设计报告和开工报告近期即可由水利部审批，工程建设全面加快，累计完成投资55.43亿元。新开工41件骨干水源工程，目前已全部完成法人组建，水、电、路、导流输水隧洞等施工准备工程全面启动。251座小㈠型病险水库除险加固主体工程全部完工，投入使用验收或竣工验收137座。408件重点小㈡型和300件一般小㈡型病险水库除险加固项目已进入全面实施阶段，有322座重点小㈡型和76件一般小㈡型项目主体工程完工；2012年700余件小㈡型项目前期工作正抓紧开展，部分已开工建设。全省建成集中式供水工程8424件、分散式供水工程1.42万件，解决251万农村人口和48.29万农村学校人口饮水安全问题。认真组织实施46个重点县、25个专项工程和3个重点县奖励工程建设项目，完成22.1万亩中低产田地改造任务；全年建成2146公里干支渠防渗工程和45.62万件山区“五小水利”工程。12个大型灌区续建配套和节水改造项目继续推进，完成8个大型灌区年度建设任务。部省共建山区水利发展改革示范区深入推进，累计完成投资42亿元。全国第一批坡耕地水土流失综合治理试点工程完成，水土保持小流域综合治理工程全面完成，全省治理水土流失面积3250平方公里，新实施生态修复面积6000平方公里，新增农村水电装机95万千瓦，中小水电装机容量1465万千瓦，27个电气化县全面启动，5个国家新批准的小水电代燃料项目全面实施，农村水电增效扩容项目稳步推进。

【水利规划】 “十二五”水利发展规划编制完成并经省政府印发执行。《规划》总结“十一五”水利发展成就，分析水利发展面临的形势，提出“十二五”水利发展的总体思路、发展目标、建设任务、改革管理措施等。加快重点水源工程建设规划编制。完成《“十二五”大型水库建设规划和中型水库建设规划》的编制，积极协调水规总院、中咨公司，努力争取更多的项目进入全国规划，为下步争取国家支持提供依据。重点组织编制完成《西南五省（自治区、直辖市）重点水源工程近期建设规划（云南省）》环境影响报告书，并按照水利部、中国国际工程咨询公司、国家环保部的要求配合长江委及时进行完善。积极完善省水资源综合规划、大江大河流域综合规划等编制工作。积极组织配合长江委、珠江委完善长江、珠江等六大流域综合规划修编及编制工作；组织完善《云南省水资源综合规划》修订工作；启动南盘江等6条跨州（市）重要支流流域综合规划；启动云南省水中长期供求规划、水利规划体系目录编制。力求通过各项规划的编制，为指导流域水资源利用、开发与保护提供科学指导。积极加强流域规划及制度建设。贯彻实施水利部印发的《水利规划管理办法》，总结水利规划执行情况，积极研究全省水利规划体系。努力完善水利工程规划同意书制度，在反复修改、召开听证会的基础上，为保障水利工程建设符合流域综合规划和防洪规划的要求，发布《云南省水利工程建设规划同意书制度管理实施细则》。

【防汛抗旱】 2011年旱情初现，水利部门见事早、谋划早、安排部署早，充分发挥部门职责，及时会商全省抗旱救灾形势，迅速启动并适时调整抗旱应急响应，派出多个工作组赴受灾较重地区检查指导抗旱救灾，积极主动向国家有关部委反映云南旱情和受灾情况，努力争取中央的支持，与相关部门深入9个旱情突出的州（市），对责任制落实、应急方案编制、增蓄应急重点项目实施等情况开展了专项督促检查，反复认真深入研究安排抗旱增水源、饮水保安全具体工作，全面启动121件增蓄应急重点项目建设，指导帮助灾区各级党委、政府组织群众开展扎实有效的抗旱减灾、生产自救工作。通过共同努力，全省各级筹集投入抗旱救灾资金11.87亿元，其中水利系统筹集投入8.77亿元，420万人投入抗旱救灾，累计临时解决385.1万人、203.2万头大牲畜饮水困难，实现抗旱浇灌面积829万亩次，确保城乡供水安全，基本保证目前全省工农业生产用水需求，各项抗旱救灾措施和成效得到省委、省政府充分肯定和各族群众的好评。

【水源工程建设】 2011年，在建重点水源工程156个。牛栏江—滇池补水工程前期工作取得积极进展，工程规划已纳入国家“十二五”发展规划，可行性研究报告获得国家批复，初步设计报告和开工报告近期即可由水利部审批，工程建设全面加快，累计完成投资55.43亿元，2011年新增完成投资20.07亿元。新开工41件骨干水源工程，目前已全部完成法人组建，水、电、路、导流输水隧洞等施工准备工程全面启动。2007年开工的14件水源工程，永平大碱塘等3件工程完成竣工验收，其余11件工程完成工程建设任务，开始发挥效益。2008年开工的10件水源工程，永仁尼白租水库、石林团结水库扩建工程已全面完工，瑞丽芒林等5件工程主体工程完工。2009年开工的11件水源工程，陆良恨虎坝、彝良双河等2座水库大坝封顶，其余项目正加紧主体工程施工。2010年开工的42件骨干水源工程，祥云青海湖等3件工程主体工程完工，37件工程进入主体工程施工。2011年列入计划的8件中型病险水库除险加固工程全部开工建设。251座小㈠型病险水库除险加固主体工程全部完工，投入使用验收或竣工验收137座，预计到2012年5月底前，将全面完成除险加固建设任务。2011年开展的408件重点小㈡型和300件一般小㈡型病险水库除险加固项目已进入全面实施阶段，有322座重点小㈡型和76件一般小㈡型项目主体工程完工；2012年700余件小㈡型项目前期工作正抓紧开展，部分已开工建设。

【农村水利建设】 2011年，下达饮水安全投资13.05亿元，其中中央投资10.05亿元，省级投资1.91亿元，州（市）配套1.09亿元。解决全省250.98万农村人口和48.29万农村学校人口饮水安全问题。完成2010年度第一批、第二批31个重点县和18个专项工程建设任务，完成投资7.31亿元，争取中央投资3.03亿元。中央下达2011年度计划，投资6.33亿元，其中中央投资2.48亿元。2011年中央新增安排云南省第三批15个重点县和25个专项工程，并对腾冲等3个重点县给予600万元的奖励，新增投资5.27亿元，争取中央投资2.23亿元。继续推进大型灌区续建配套和节水改造工程，2010年实施的12个大型灌区节水续建配套改造项目已全面完成，完成投资3.13亿元，争取中央投资2.5亿元。2011年中央下达云南省8个大型灌区投资1.23亿元，争取中央资金9800万元。8个大型灌区已全部开工建设，完成投资3650万元。2010年立项实施的永善县云荞、玉龙县玉龙等2个中型灌区总投资3883万元，其中中央财政资金1980万元。目前已完成投资3055.5万元，占总投资的79%。2011年立项建设泸西县金马坝和昌宁县枯柯河中型灌区，总投资3774.51万元，已全部开工建设，完成投资820万元，预计2012年4月底前可完成投资2050万元，完成总投资的54%。实施251座小㈠型病险水库除险加固工程，批准概算总投资15.73亿元，其中中央资金9.05亿元，省级资金2.11亿元，州（市）县级资金4.57亿元。截止年底，所有项目全面开工建设。到位资金14.62亿元，其中中央9.05亿元，地方配套5.57亿元，完成投资13.76亿元，占总投资的87%，占到位资金的94.1%。主体工程完工251座，全面完工144座，投入使用验收或竣工验收137座。预计到2012年5月底前，全省将全面完成新编规划251座重点小㈠型病险水库除险加固建设任务。2011年累计建成45.62万件山区“五小水利”工程，是全省计划数40万件的114%。其中小水窖28.51万件、小水池3.42万件、小坝塘1072件、小沟渠（管）13.29万件、小泵站（含机电井）2851座。完成投资47亿元。增加蓄水容积2806万立方米，解决和改善供水人口392万人，新增灌溉面积91万亩，改善灌溉面积223万亩。山区水利发展与改革示范区建设深入推进，完成水利建设投资42亿元，建成各类水利工程2.19万件，改善、新增和恢复农田灌溉面积134.13万亩，治理水土流失面积2453.4平方公里。全力推进中低产田地改造建设，2011年完成投资3.09亿元，完成22.1万亩中低产田地改造任务、占计划221%。

【农村水电】 2011年，全省农村水电完成投资66亿元，新增农村水电装机95万千瓦，完成发电量465亿千瓦时，分别占2011年农村水电建设管理目标任务45亿元的131%，占计划新增装机容量90万千瓦的106%，占计划发电量400亿千瓦时的116%。全省中小水电装机容量达到1469万千瓦，其中农村水电装机容量达到886万千瓦。农村水能资源开发率55%。扩大试点的4个代燃料项目基本完成建设任务，完成投资5315万元，占投资计划5450万元（中央1850万元，省级400万元）的98%，其中红河县、镇康县、宁洱县通过省级验收。第四批扩大内需5个代燃料项目主体工程已全面开工建设，完成投资9444万元，占总投资计划1.02万元的93%，项目区电网改造工程建设基本完成，其中沧源已通过省级验收。2010年批准实施的3个代燃料项目主体工程进展顺利，完成投资7005万元，全面完成年度5869万元投资计划，占总投资计划的73%。2011年批准实施的5个代燃料项目，完成投资3600万元，占年度投资计划3519万元的102%。2011年代燃料项目共争取中央补助3100万元，省级安排622万元。

【水土保持】 2011年，水土保持工作以提高水土资源利用效率和效益为核心，预防监督实现新突破，综合治理取得新成绩，生态修复有新进展，监测预报有新举措，新《水土保持法》宣传贯彻有声有色，前期工作全面展开，第一次水利普查水土保持专项扎实推进，世行贷款/欧盟赠款水土保持项目基本完工，水土保持学会工作有序开展。全省治理水土流失面积3250平方公里，新实施生态修复面积6000平方公里，审批水土保持方案2481个（其中省级321个），验收开发建设项目水土保持设施项目313个（其中省级45个），省级征收水土保持设施补偿费7176万元。

【水利改革】 2011年，全省有124个县（市、区）完成农村小型水利工程管理体制改革，192.88万件农村小型水利工程进行管理体制改革，昭通、曲靖、玉溪、红河、西双版纳、德宏、丽江7个州（市）已完成县级考核验收，国有水管单位管理体制改革成果进一步巩固，昆明、楚雄、迪庆、怒江等州（市）在理顺水管理体制、城乡水务一体化改革和创新投融资机制等方面都取得较大突破，全省已有11个州（市）和96个县（市、区）实行水务统一管理，占全省县级以上行政区总数的74%。以落实“两项经费”为重点不断深化水管体制改革。水价改革稳步推进，有3个县启动国家农业水价综合改革试点工作。

（杨家国）

扶贫开发工作

【综 述】 云南是集边疆、山区、民族、贫困为一体的省份，国土面积39.4万平方公里，山区面积占94%左右，辖16个州（市）、129个县（市、区），总人口4631万人。有8个民族自治州、29个民族自治县、197个民族乡，有5000人以上的世居少数民族25个，少数民族总人口1533.7万人；有73个国家扶贫开发工作重点县和7个省级扶贫开发工作重点县；按照农民人均纯收入2300元新国家扶贫标准，云南省贫困人口1014万人，贫困发生率27.3%，其中深度贫困人口160.2万人（人均纯收入在785元以下）；有迪庆藏区、乌蒙山区、滇桂黔石漠化区、滇西边境山区4个国家部署的“连片特困地区”，涉及85个县（市、区），其中70个国家扶贫重点县，6个省级扶贫重点县，9个非扶贫重点县，是国家扶贫攻坚主战场。

2011年，云南抓住中央颁布实施新十年农村扶贫开发纲要和国家支持云南加快桥头堡建设的重大机遇，把扶贫开发作为三农工作的重中之重，省委常委会专题研究扶贫开发工作，省政府召开专项工作会议安排部署扶贫开发工作，各级党委、政府对本行政区域内的扶贫开发工作负总责，把扶贫开发纳入经济和社会发展战略及总体规划，实行扶贫开发目标责任制，建立健全考核奖惩制度，确保扶贫开发各项任务落到实处。采取措施，做好扶贫开发工作。瞄准贫困对象，锁定贫困群体，把边远、少数民族、贫困地区160.2万人深度贫困群体作为扶贫工作重点，采取有力措施构建专项扶贫、行业扶贫、社会扶贫“三位一体”的大扶贫工作格局。

云南省财政扶贫资金投入33.17亿元，比上年增长33.57%，贫困地区农村居民人均纯收入3573元、增加633元。中央扶贫开发工作会议，云南被选定为大会交流6省（市、区）之一，有10家单位被表彰为先进单位，10名同志被表彰为先进个人；在国务院扶贫开发领导小组开展的绩效考评中，云南被评为优秀奖，获得奖金1300万元；国务院扶贫办主任范小建对云南出台《关于深入推进廉洁扶贫行动的实施意见》给予充分肯定；荣获国务院扶贫开发领导小组主办的“新世纪中国农村扶贫开发成就展”优秀奖。

孟连县那勒小寨爱伲族安置点

深度贫困群体重点帮扶取得突破性进展 云南出台《关于加快边远少数民族贫困地区深度贫困群体脱贫进程的决定》，瞄准贫困对象，突出重点区域，锁定扶贫目标，将60%以上的财政扶贫资金用于深度贫困群体。在边远、少数民族、贫困地区实施整村推进2454个，易地搬迁3万人，实施安居房改造2.8万户。进一步加大对特殊困难群体的扶持力度，投入资金3.39亿元实施独龙江乡整乡推进独龙族整族帮扶，投入资金2.07亿元重点帮扶瑶族支系山瑶群众脱贫致富，投入资金5227万元实施澜沧拉祜族贫困群众聚集区综合扶贫开发。在莽人克木人、僰人前几年重点帮扶工作的基础上，从夯实增收产业、开展实用技术培训、完善公共服务、推进基层组织建设上巩固提升帮扶成果。

连片特困地区综合扶贫开发迈出重大步伐 国家部署的“连片特困地区”扶贫新战略重点，云南占4个，涉及70个国家扶贫重点县，6个省级扶贫重点县，9个非扶贫重点县，云南经过认真调研，分析片区特点，提出工作重点和对策建议，四大连片特困地区扶贫攻坚规划编制工作正有力推进。以资源大整合、社会大参与、群众大发动、连片大开发为主要方式，新增实施25个乡镇扶贫开发整乡推进试点，开展6个县的“县为单位、整合资金、整村推进、连片开发”试点工作，完成11个县的连片特殊困难地区综合扶贫开发示范项目的前期准备工作。拟定《云南省怒江州和宁蒗县扶贫攻坚大会战实施方案》，对以宁蒗县为主的小凉山地区的2.5万深度贫困人口实施综合扶贫。把昆明市倘甸扶贫开发综合园区列为省级试验示范区，探索统筹城乡发展、打破区域界限、整合优势资源、实施产业驱动的扶贫开发新机制。继续推进祥云县、宾川县部分连片贫困地区扶贫开发产业园区建设。继续推进以整乡整村推进、易地搬迁为主的藏区扶贫。

文山州广南县劳动力转移培训基地领导在企业跟踪问效

专项扶贫开发不断夯实贫困地区发展基础 整合资源、整合资金形成合力，全省投入17.9亿元，实施1万个贫困自然村整村推进，对贫困自然村最亟需的基础设施建设和带动增收效果最明显的主导产业培植给予重点支持。安排1.25亿元产业扶贫补助资金，重点对贫困地区经营实力强、产业链条长、带动范围广、示范效果好的龙头企业、农民专业合作组织、种养大户、示范户、示范小区进行扶持。安排财政扶贫专项贴息资金1.8亿元，带动10亿元扶贫项目贴息贷款和30亿元扶贫到户贷款，重点对贫困地区发展潜力较大的优势特色产业和带动贫困群众增收致富效果明显的龙头企业进行扶持，并积极支持贫困农户开展生产。安排贫困村村级互助合作试点资金3000万元，在31个县240个贫困村开展试点工作，实现73个国家扶贫开发工作重点县全覆盖。全年累计扶持龙头企业 138 家、农民专业合作组织 260 个，帮助 33.6 万户贫困群众发展产业，贫困地区农民人均家庭经营性收入 2306 元、比上年增长 20.6%，增幅高于全省平均水平 2.4 个百分点。全省投入省级以上财政资金 2 亿元，转移培训贫困地区农村劳动力 50 万人，累计实现贫困地区农村劳动力转移就业 350 万人，贫困地区农民人均工资性收入 1051 元、增长 25.5%，增幅、对农民增收的贡献率分别高于全省平均水平 3 个、6 个百分点，劳务经济对贫困地区农民增收的促进作用明显增强。全省安排 3.4 亿元实施 6.8 万贫困人口扶贫易地搬迁，大大改善搬迁农户的生存和发展条件。筹措和争取中央彩票资金支持贫困革命老区整村推进试点，进一步加大革命老区开发建设投入力度。

行业扶贫协同推动资源整合形成扶贫合力 省级有关部门把扶贫开发作为一项重要工作，从贫困地区实际出发，坚持综合治理原则，结合各自职能，发挥部门优势，建立协同扶贫工作机制，积极开展行业扶贫工作。2011 年建成“五小水利”工程 36 万件，推进 13 件中型、18 件小㈠型水库建设，新增库容 2.3 亿立方米，新增和改善灌溉面积 69.7 万亩，解决 175 万农村人口、41 万农村学校人口饮水安全问题。完成农村公路建设投资 48 亿元，新建和改建农村公路 1.24 万公里，贫困地区农村公路通畅通达水平显著改善。投入 20 亿元，在贫困地区实施农村危房茅草房改造、安居工程建设等 20 万户。投入以工代赈资金 3 亿元，积极开展乡村道路、小型农田水利、人畜饮水等工程建设。安排中央和省级补助资金 4.8 亿元，开展卫生建设项目 877 个。新型农村合作医疗制度实施与全省实现同标准、齐推进，参合人数 3456 万人，参合率 96.2%，参合筹资水平提高到人均 230 元。全省新型农村社会养老保险试点县扩大到 37 个，覆盖范围 28.6%。投入中央和省级专项资金 2.7 亿元，安排 4.9 万个自然村广播电视村村通工程建设任务。积极推进“万村千乡市场工程”，建设改造农家店 2777 个、配送中心 69 个。贫困地区村容村貌焕然一新，发展环境和条件持续改善。

社会帮扶合作密切拓展构建起大扶贫格局 上海市和中央、省级各定点帮扶单位积极发挥各自人力资源、资金动员、信息知识等方面的优势，采取干部挂职、基础设施建设、产业化扶贫、劳务培训和输出、文化教育扶贫、科技扶贫、引资扶贫、生态建设扶贫、医疗卫生扶贫、救灾送温暖等多样化措施开展定点帮扶。上海市投入对口帮扶资金 3.37 亿元、比上年的 2.26 亿元增加 1 亿多元，是资金增幅较大的一年。中央国家机关 27 家单位及腾讯公益慈善基金会、省级机关企事业单位投入资金 3.95 亿元。全省 2010 年选派新农村指导员近 1.4 万人重点帮扶贫困村。大专院校、科研院所、部队、民营企业和社会团体也积极发挥各自人力、资金、信息等方面的优势，参与多形式、多层次的帮扶活动。积极开展减贫领域的国际合作与交流，全年累计引进外资项目投入 6126.6 万元，国际农业发展基金云南农业综合发展项目计划总投资 5.9 亿元。

普洱壮观的梯地茶园

扶贫开发战略和政策研究取得实质性成效 开展新阶段扶贫思路、扶贫战略和政策体系、连片特困地区综合扶贫等 10 余个综合、专项课题的研究，开展各类重大调研活动 30 多次，由省扶贫办组织调研并撰写云南连片特困地区扶贫攻坚和加强扶贫资金监管的调研报告，分获全国扶贫优秀调研报告一等奖、三等奖。以此为基础，形成《云南省农村扶贫开发纲要（2011～2020 年）》，提出今后 10 年扶贫开发工作的指导思想、奋斗目标、对象范围、工作重点和政策措施，经省扶贫开发领导小组会议、省政府常务会议、省委常委会议审定后下发。拟定国务院扶贫开发领导小组办公室与省政府《关于加快扶贫开发进程推进云南桥头堡建设的合作协议》，进一步争取国务院扶贫办对云南扶贫开发工作的支持。草拟《云南省农村扶贫开发条例》，已列入省政府 2011 年二档立法计划，并向省人大农工委上报立项申请报告。

【定点挂钩扶贫】 省扶贫办加大与各定点挂钩单位联系，召开“恳谈会”或采取个别谈话的方式，动员或说服挂钩单位围绕扶贫工作重点开展帮扶工作。年初，云南在北京召开“中央国家机关企事业单位定点帮扶云南工作座谈会”，印发《倾情帮扶·共建和谐》画册，播放《情系彩云南

•爱洒帮扶路》纪实片，与会代表向云南献计献策，国务院扶贫办副主任郑文凯出席会议。9月昆明召开中央国家机关企事业单位帮扶云南工作座谈会，加强与帮扶单位沟通联系。做好全国和云南省“十一五”期间扶贫先进集体和先进个人推荐、表彰工作，以及云南省2010年度定点扶贫工作考核和表彰工作。2011年，中央国家机关企事业单位和云南省国家机关企事业单位到云南定点挂钩扶贫230多家，其中27家中央国家机关企事业单位主要领导亲自带队到云南挂钩扶贫点考察扶贫开发工作近80次。中海运集团在挂钩县投入增至几百万元，宝钢集团与云锡集团合作进一步密切。

完善社会扶贫机制，拓宽社会扶贫领域。及时增补云南省部分在职省部级领导干部定点联系帮扶1个国家扶贫开发工作重点县；会同省军区出台《关于驻滇部队进一步加强参与扶贫开发工作的实施意见》、《 驻滇部队师以上单位定点挂钩扶贫考核暂行办法》；将迪庆藏区定点挂钩单位新增6家实力较强的省级机关、企业单位；配合怒江州、丽江市宁蒗县扶贫大会战，动员中央在滇企业、省属企业参与扶贫；2011年盈江县“3·10”地震灾害发生后，云南和腾讯基金会及中国扶贫基金会取得联系，获得紧急救援帮助资金650.18万元；协助中国扶贫基金会等组织开展扶贫行动，投资1920万元；争取中国扶贫协会支持，选派25名贫困大学生村官赴京培训。

【沪滇对口帮扶合作】

领导互访交流 2011年8月10～15日，上海市委书记俞正声率上海市党政代表团赴云南考察，双方在昆明举行座谈交流暨对口帮扶合作第13次联席会议，签署《上海云南对口帮扶合作第13次联席会议纪要》，增列保山市和西双版纳州为沪滇对口帮扶经济合作重点地区。上海市捐赠1亿元帮扶资金，两地11个部门签署对口合作工作备忘录，金融部门签署支持云南建设中国面向西南开放重要桥头堡合作协议，双方企业及有关单位签署参与云南桥头堡建设及城市综合开发等重点合作项目17项，协议总金额163.6亿元，协议引进上海资金157亿元。会后，两地领导赴迪庆、红河、文山、普洱等考察，对进一步深化帮扶合作提出要求。2011年，上海到云南考察调研干部1018人次，云南赴上海干部学习考察344人次。

注重特困群体帮扶 上海市进一步加大对云南迪庆藏区和怒江州独龙江乡整乡推进独龙族整族帮扶的支持力度，增加援助的1亿元，主要用于支持迪庆藏区及红河、文山、普洱、独龙江乡等边境一线特困群体连片开发扶贫攻坚。继续推进对富宁山瑶、澜沧拉祜族、西盟佤族等边远特困群体的帮扶工作。

沪滇党政主要领导赴云南迪庆藏区考察

整村推进连片开发 沪滇双方共同编制《沪滇对口帮扶合作“十二五”规划纲要》。在对口帮扶合作重点4州（市），对31个重点乡镇范围内的深度贫困人口，实施集中连片扶贫攻坚，优先给予扶持。首批筛选完成4州（市）8个县8个乡镇的沪滇帮扶合作攻坚整乡推进试点项目规划。每个村投入40～50万元，在重点乡镇内实施339个自然村整村推进。

加大产业扶贫力度 实施产业帮扶项目32个，投入产业发展资金1860万元，采取“专业合作社(协会)+基地+农户”和“龙头企业+基地+农户”的产业帮扶及帮扶资金滚动使用模式，重点帮扶4州（市）大力培植发展种养业。上海光明集团在红河、西双版纳进一步扩大蔗糖生产，建立起全国最大的西双版纳铁皮石斛种植基地，探索大企业带动大产业、大产业促进大扶贫的有效途径。沪滇共同搭建市场平台，利用上海迎春博览会及两地开通 “携手网”电子商务网络平台等，将云南特色农产品销往上海和周边市场。2011年农特产品销售30亿元，云南的普洱茶、蒙自石榴、迪庆的野生蜂蜜、核桃油、冻干松茸等在上海占有一定市场份额，部分特色农产品已进入连锁超市。

社会事业帮扶合作 投入1100万元，为对口州(市)援建标准化小学校6所，开展上海100所中小学对口云南100所中小学帮扶活动，上海继续选派第11批100名支教教师到云南支教，加强了上海10所高校对口云南10所高校的合作。投资450万元为迪庆州援建标准卫生院1所和县医院制氧站，落实上海19所三级医院对口云南19个县级医院帮扶合作协议，2011年上海派出医疗组38人次到云南巡医，云南选派6名医疗骨干赴上海进修学习。

干部交流人才培训 2011 年，上海市继续选派第 8 批 17 名援滇干部到对口州（市）挂职指导，云南选派 39 名干部到上海挂职跟班学习。上海帮助云南举办现代农业、环保、金融、招商引资、农民专业合作社、扶贫等干部培训班 19 期，培训各类干部 289 人次。通过专业培训和远程系统教育，为云南培训各类专业技术人才 5577 人次。采取"企业+学校"模式，培训 4075 名具有一定专业和劳动技能的农民工，有序组织 662 名对口地区劳动力到上海企业务工。

曲靖市会泽县肉牛养殖业

创新社会帮扶方式 2011 年，上海市动员有关企业和社会团体为云南地震等自然灾害地区捐款捐物 965.9 万元；上海团市委组织第 14 批共 51 人沪滇扶贫接力计划志愿者到云南开展工作；上海市工商联组织民营企业向迪庆藏区捐赠 100 万元，用于发展教育；上海一批企事业单位在沪滇对口帮扶重点地区援建一批县乡中小学校配套设施。

扩大经济交流合作 沪滇帮扶合作第 13 次联席会议期间，双方企业签署的一批重点基础设施建设等项目已实施启动；沪滇合作在上海举办"握手桥头堡、共享大通道——2011 云南上海投资洽谈推介会"；沪滇国资部门合作促成云南产交所和上海联交所共同成为中国长江流域产权共同市场会员，实现联合挂牌，为云南国企在资本市场上直接融资搭建合作平台；沪滇金融部门建立合作交流工作机制，积极拓展金融招商，合作举办金融论坛；沪滇烟草部门开展战略合作，在帮扶地区建立优质烟叶基地，带动贫困群众持续增收；沪滇科技部门合作引进上海太阳能电池研究与发展中心诸君浩院士及其团队，在滇建立院士工作站，开展不锈钢铜铟硒电池产业化关键技术研发。上海浦发银行、锦江集团、光明集团、上海城投股份、上海申通集团等企业在云南实施一批基础设施建设、生物资源开发、文化旅游开发、金融服务等合作项目；上海市工商联积极组织民营企业参与中国昆明进出口商品交易会，一批信息智能化、生物农业等项目已落地云南。

上海扶持文山三七研发和种植

【对外交流合作】

加强与国际金融组织合作 2011 年向 PRCDP 竣工评估团提交世行/英国国际发展部"贫困农村社区发展项目（PRCDP）"完工报告，完成竣工验收，参加国务院扶贫办外资中心举办的 PRCDP 项目经验总结交流会，该项目总投资 3.54 亿元，覆盖贫困人口 39 万人，其中特困人口 16.67 万人。编制完成《国际农业发展基金云南农村综合发展项目建议书》，并配合国际农业发展基金项目设计团到项目区开展项目设计和项目鉴别，该项目被国家发改委列入我国利用国际农业发展基金贷款（2010～2012 年备选项目）规划，项目总投资 5.9 亿元，覆盖云南 4 州（市）9 县（区）。

加强与非政府组织合作 与 3 个境外非政府组织和 1 个国内非政府组织合作，实施贫困社区发展主导型试点、综合扶贫、赈灾等项目，投入项目资金累计 3063.3 万元，比上年增加 1000 余万元，项目覆盖 11 个州（市）31 个县，受益贫困人口近 100 万人次。其中互满爱人与人合作项目投入各类援助资金 264 万元；香港乐施会合作项目投入各类援助资金 572.5 万元（省级财政配套 170 万元）；世界宣明会合作项目投入各类援助资金 825.6 万元；爱德基金会合作项目投入各类援助资金 1401.2 万元（包括北京成龙慈善基金会援助 200 万元和奥宸集团捐赠 200 万元）。

积极拓展国际交流合作新领域 举办"贫困地区农民专业合作社与扶贫研讨会"，来自有关社会团体、政府组织、大专院校、科研院所、专业合作组织的领导和专家30人参加会议。与温洛克国际农业中心签署合作备忘录，在云南藏区合作实施由美国国际开发署援助的“中国藏区经济增长与环境资源可持续发展项目”，促进云南贫困地区的减贫和发展。

（肖义贵）

·第二产业·

烟草制造业
（云南五大支柱产业之一）

【主要经济指标】 2011年，云南省烟草公司系统面对自然灾害和优化烟叶结构的双重挑战，全系统统一思想、坚定信心，不畏艰辛、奋力拼搏，以“创先争优、永攀高峰”和“三个全心全意”专题活动为契机，扎实推进各项工作，圆满完成各项目标任务，全系统继续保持稳定健康发展的良好态势。云南省烟草公司系统实现税利216.63亿元、比上年增长20.08%，实现利润111.58亿元、增长14.6%。

【卷烟经营】

卷烟销售 2011年，全省烟草商业系统销售卷烟852.06亿支（170.56万箱），比上年增加31.62亿支（6.33万箱），增幅3.85%。其中一、二、三类卷烟销量分别增长27.50%、11.44%、26.47%。卷烟销量占比一至五类分别为11.84%、2.77%、66.69%、14.03%、4.67%，三类卷烟增长成为卷烟结构提升的突出亮点。2011年卷烟含税单箱销售收入2.2万元，增加3336元，增长17.83%，是历史上结构提升最快的一个时期。

品牌培育 2011年，全国重点骨干品牌销售143.58万箱，重点骨干品牌卷烟销量占比84.26%，比上年增长24.4%。重点骨干品牌卷烟销量累计贡献毛利81.98亿元，增幅30.66%，占总毛利额的95.06%。其中省外品牌南京增量和增幅较为突出。云产品牌增长较快。重点骨干品牌的销售比重由上年的70.34%提高到84.26%。在品牌培育方面，主要抓好几方面：一是把培育“532”和“461”全国知名品牌为第一要务，制定《云南省卷烟市场品牌管理规定》，建立科学、规范的品牌引入退出规则，完善市场竞争机制和工商协同营销机制。二是紧紧围绕行业“532”和“461”品牌发展战略，根据云南传统消费习惯实际与发展趋势，制定2011年全省品牌布局，区分细化市场。三是以婚庆文化为切入点，突出消费引导，制定下发《云南省卷烟婚庆促销活动管理办法》、《2011年云南省卷烟婚庆促销工作考核评价细则》，开发婚庆促销活动管理软件，强化品牌培育，全省开展婚庆促销活动12.54万场次，婚庆促销活动综合成功率99.70%，其中县级以上城市4.34万场次，成功率99.76%；乡镇及农村8.21万场次，成功率99.67%。全省婚庆促销活动县级以上城市覆盖率100%，乡镇农村覆盖率57.76%，影响人口1441万人。四是在全省范围内积极开展“532”和“461”知名品牌建功立业活动。认真做好“532”、“461”知名品牌营销策划活动。收到营销策划活动方案20篇，择优上报国家局3篇，开展有奖征文活动，收到征文52篇，从中择优7篇上报到国家局。

现代物流建设 2011年，全省卷烟现代物流建设紧紧围绕“卷烟上水平”基本方针和战略任务，以打造“服务行业、服务客户、服务主业”的不可替代性现代物流体系为目标，以实现工商零供应链物流的“优质、高效、安全、低成本”运行管理为主线，以“成本、服务、效率”为核心，完善物流组织管理机构，搭建物流信息化管控平台，加强物流运行基础管理，提升物流队伍专业化素质，实现全省卷烟现代物流的平稳健康发展。省公司制定下发《中国烟草总公司云南省公司关于进一步加强卷烟物流费用核算和统计工作的实施意见》，成立省局（公司）卷烟物流成本核算领导小组，按照国家局相关要求，制订、修改、完善全省烟草商业企业卷烟物流费用核算意见、管理办法、实施细则等；管理、监督、考核各州、市公司卷烟物流费用核算工作；负责全省财务系统与卷烟物流综合业务管理平台卷烟物流成本核算模块的对接工作。制定下发《云南省烟草专卖局关于进一步加强现代物流建设项目相关工作的通知》，成立云南省烟草现代物流建设项目领导小组，负责全省物流中心项目建设的领导、指导；负责全省物流中心项目建设的促进、控制、协调和服务工作；贯彻执行行业现代物流建设的相关技术标准，重点是各州（市）物流中心建设的工艺设计、设备选型等项目的评审工作。组织完成丽江、德宏、曲靖3家公司新建物流中心建设项目工艺设计及设备选型方案的评审。全年全省配送卷烟852.06亿支（170.56万箱），比上年增加31.62亿支（6.33万箱），增幅3.85%。配送卷烟零售客户18.36万户，增加7508户，增幅4.26%。全省卷烟物流费用总额2.37亿元，增加1108.14万元，增幅4.91%。单箱物流费用139.06元/箱，增加1.41元/箱，增幅1.02%。T+0送货客户数占比18.93%，提高7.67个百分点；T+1送货客户数占比47.4%，提高1.48个百分点；T+2送货客户数占比24.62%，下降0.48个百分点；T+3及以上送货客户数占比9.05%，下降8.67个百分点。

网络建设 2011年，按照国家局《关于积极稳妥推进网上订货工作的意见》的要求，云南省烟草公司遵循“统一标准、统一平台、统一数据库、统一网络”的工作原则，一是积极推广网上订货，完善订货模式；二是以新商盟网上订货系统为依托，全面推进网上营销；三是开展工商网上配货试运行；四是以信息系统提升为切入点,调整优化和完善提高业务流程，开发符合实际、便于操作的营销工作平台；五是积极推广“135”工作法，开展“135”工作法推广分层培训，并开发“135”工作法系统操作平台、搭建完善的推广平台，提升系统的智能化应用水平和“三经理”的工作效率，全面提高客户服务的有效性和及时性，实现营销业务工作的规范化、流程化。云南省烟草公司制定全省统一的《“七彩服务 情系你我”零售客户服务手册》，细化服务理念，并积极开展终端柜台回馈客户活动，在全省卷烟营销工作建立了有效的货源供应、客户利益、队伍转型、信息支撑保障等终端建设保障机制和服务品牌体系。截止12月投入1.5亿元，发放统一零售终端柜台和“七彩服务、情系你我”统一标识16.7万个，普惠零售户达到90.1%，有效提高客户盈利能力，提升客户满意度和忠诚度。全省持证零售客户18.28万户，有网上订货客户13.67万户，占所有客户的74.76%，订货量占比63.38%。

【烟叶产销】

种植和收购 2011年，种植烟叶714.04万亩，烟叶收购总量102.85万吨（2057.06万担），其中收购烤烟99.42万吨（1988.46万担）、香料烟2.78万吨（55.5万担）、白肋烟0.66万吨（13.1万担）。收购总值187.26亿元，比上年增长31.78%；实现烟叶税41.2亿元，增长31.79%。

现代烟草农业建设 在总结楚雄禄丰和滇东综合示范区现代烟草农业建设经验基础上，以现代化为统领，以基地单元为载体，以特色化为抓手，大力推动“三化”建设，全面提升现代烟草农业建设水平。安排实施保山腾冲、大理祥云、红河弥勒、楚雄姚安和牟定等12个“三化”综合示范县，建成一批现代烟草农业典型示范区。发展种植专业户17.4万户，专业合作社3050个，家庭农场856个，3种生产组织形式种烟面积306万亩、占43.6%；发展综合服务型专业合作社764个，单环节服务型专业合作社2799个，专业化育苗、商品化供苗做到100%，专业化机耕面积445万亩、起垄256万亩、植保439万亩、烘烤261万亩，烟农组织化程度进一步提高。

科技推广 全省漂浮育苗比例100%，商品化育苗比例100%；轮作面积644.94万亩，比上年增加70.74万亩，占种烟面积的91.85%；机械深耕面积556.14万亩，增加63.64万亩；测土配方施肥面积679.73万亩，增加79.71万亩；百亩以上连片种植面积527.45万亩，占75.11%，提高10.61%；千亩以上连片种植面积68.67万亩，户均种烟面积20.02亩，增加7.72亩。

特色优质烟叶开发 围绕知名品牌原料需求，坚持“发挥优势、挖掘潜力、填补空白、满足需求”的原则，依托绿色生态优势，扎实推进特色品种基地建设，着力树立品牌，着力打造特色，着力提升质量，推进黄金走廊生态特色烟叶建设。2011年全省承担国家局特色优质烟叶开发点46个，种植面积78.2万亩，收购烟叶230万担；种植红花大金元87.96万亩，收购烟叶227.2万担；种植美引品种和津巴布韦引进品种21.37万亩，收购烟叶64.1万担，满足知名品牌优质原料需求。着力开发地方区域特色，打造云南黄金走廊生态特色烟叶品牌，启动保山界头、普洱勐先河、临沧博尚、文山普者黑四大生态园区建设具有鲜明特色的优质烟叶产区建设。

新烟区开发 坚持“高起点谋划、高标准建设、高水平发展”开发思路，坚持“四位一体”开发模式，切实加大工作力度，扎实推进新烟区建设与发展。2011年，投入行业补贴资金28.9亿元，完成烟水工程、机耕路、密集烤房、农机具等项目11.5万件，建成设施配套高标准基本烟田152万亩；已建成基地单元43个，占全省基地单元总数的39.1%，新增计划实现100%基地化生产；使新烟区计划总量从2008年的241万担增加到2011年的463.3万担，增幅92.2%，占全省计划总量的24%，文山、保山、普洱跨入100万担大烟区行列，临沧增长3倍以上。

优化烟叶结构 坚持把优化烟叶结构作为全系统中心工作，成立主要领导任组长的领导小组，落实人员及分工；先后27次召开专题工作会，明确“抓质量、促规范、强服务、提水平”工作思路，制定增加烟叶生产总量、保证计划完成、保证结构优化、保证出口备货、保证烟农收益“一增加四保证”总体目标，下发“一个意见七个办法”，严格“四严禁四不许”工作纪律，开发“优化烟叶结构管理信息系统”，建立完整组织实施体系。全省下发市县级文件1217个，制定“一村一案”6393份，签订不适用烟叶田间处理协议6621份，建立全面工作推进体系。省局（公司）组织3期专题培训，印发64万份图解、烟农手册和工作指南，各地通过标语、短信、宣传牌、宣传画、告烟农通知书、播送新闻等方式，加大宣传力度，广泛调动烟农积极性。省局（公司）利用龙川江流域烟叶生产节令较早有利条件，开展优化结构试点，探索积累优化结构经验。全省规范落实鲜烟叶处理要求，处理不适用鲜烟叶702.2万亩、82.9万吨，上等烟比例达到65.4%，比正常年景提高10个百分点；质量水平不断提高，国家局烟叶收购检查等级综合合格率80.2%，工商交接检查等级综合合格率提高0.3个百分点。

烟叶资源配置方式改革 按照“密切合作，加强引导，全面提升，稳定发展”的基本思路，坚持工业“主动参与、深度介入”的工作方针，深化资源配置方式改革，构建适应知名品牌发展的新型工商合作模式。新建基地单元50个，种烟87万亩，收购烟叶262万担，对口19家工业企业、21个卷烟品牌；加上2010年建成的60个基地单元，全省基地单元达到110个，收购计划550万担，占全省烟叶收购计划29%；加大集中加工力度，减少加工对子16对，品牌导向作用进一步凸显。省局与4家工业企业签订合作框架协议，达成共识；班子领导分别带队到工业企业进行走访调研，2次召开工业企业烟叶采购人员茶话会，加强沟通交流，密切合作关系。

【专卖管理】 2011年4月，省政府召开打击涉烟违法犯罪工作会议，全面部署了打击涉烟违法犯罪工作，省政府与各州（市）政府签订2011年《打击涉烟违法犯罪工作责任书》。在全省各级政府的领导下，各地始终突出刑事打击这一关键环节，依法严厉惩处侵犯知识产权、损害国家和消费者利益的涉烟犯罪骨干分子，为烟草产业持续健康发展营造了良好的环境。针对卷烟市场的情况，2011年省局（公司）组织昆明、玉溪、曲靖、红河、楚雄5州（市）开展滇中地区卷烟市场专项整治行动。通过控制大户数量、大户经营规模，提高持证经营率，严格经营业态分类，制定科学合理的货源分配政策，进一步规范内部经营行为。6月根据国家局、公安部等部门关于开展打击假冒卷烟和规范烟草市场专项行动的要求，省工商局、检验检疫局、烟草专卖局、公安厅根据部署联合制定《云南省“两烟”打假打私和规范烟草市场专项行动工作方案》，在全省范围内组织开展打击涉烟违法犯罪和规范烟草市场专项行动，各地按照要求积极抓好卷烟市场监管工作，建立卷烟市场监管长效机制，进一步提高了监管的能力和水平。11月29日，召开工作会议，对开展卷烟市场整治专项行动再次进行部署安排，用为期半年左右的时间，在全省范围内进一步组织开展卷烟市场专项整治行动。以实现打击涉烟违法犯罪的水平和能力明显提升、卷烟零售市场准入管理水平明显提升、控制卷烟零售市场的能力明显增强、卷烟市场监管终端建设取得突破。全年全省出动打假打私人员17万多人次，查办各类案件1万起，罚没真品卷烟2万件，查获假冒卷烟8883件，走私烟297件，查获烟叶、烟丝2830吨，查获各类烟草机械21台，破获非法涉烟网络案件22起。公安机关刑事拘留520人，逮捕177人，判刑215人，劳教8人。

内部专卖管理监督 2011年，内管工作基础得到进一步加强，专卖内管长效机制作用进一步发挥，从源头上规范“两烟”生产经营。3月省局安排红塔集团、红云红河集团开展2010年12月及2011年1月的卷烟生产销售情况自检自查，并组织有关人员进行了专题学习教育活动。在自查的基础上，省局进行专项检查，有效防止无证运输、无码生产等问题发生。省局专卖处联合烟叶处于4～6月对各州（市）的烟叶种植计划分解落实、合同签订管理、籽种供应回收、育苗管理、供苗毁苗、大田移栽等情况进行2次专卖内管检查。并组成6个检查组对种烟州（市）不适用烟叶田间处理的标准、时间、步骤、数量、销毁方式、监管进行全面检查。在烟叶收购期间，严格执行《烟叶收购秩序情况周报》制度，10月下旬，组成5个检查组开展维护烟叶收购秩序专项检查，确保烟叶收购秩序平稳有序和优化烟叶结构及烟叶收购目标任务顺利实现。针对复烤企业在涉烟废弃原料的处理及监管上存在的问题，省局于9月召开复烤加工企业专卖内管现场会，安排对复烤加工企业开展以规范涉烟废弃物毁型处理为重点的内部专卖管理监督专项检查。

专卖基层及队伍建设 各级局以优秀县级局创建和专卖岗位技能鉴定为抓手，加强基层建设和基础管理，努力提高专卖管理人员的业务能力和综合素质，树立良好的烟草专卖执法形象。2011年省局组成8个检查组，对各州（市）局创建验收工作进行复查，经复查合格的，省局下文通报达标考评验收情况。对复查不合格和不达标的县级局，由各州（市）局进行督促整改，推动创建达标工作的落实。12月27日，省局在大理召开全省创建优秀县级烟草专卖局现场会，省局（公司）赵全副局长代表省局党组作《突出特色，注重创新，全面推进创优工作上水平》的发言，回顾和总结创建达标阶段的工作，提出要以更高的标准、更严的要求、更明确的任务、更量化的指标、更严格的考评推动创优工作，实现长效机制建设的创优目标。省局严格按照《烟草专卖管理员岗位技能鉴定标准》要求，举办3期鉴定会，691人次参加，通过率42%。8月，省局组织全省第2届专卖技能竞赛。各级局高度重视，精心组织，组队参加省局组织的竞赛，选拔出优秀队员，进行了集中培训，代表全省参加国家局组织的竞赛。通过组织技能鉴定竞赛活动，提高了全省专卖队伍的业务技能水平和专卖人员的整体素质。

专卖证件管理 各级烟草专卖管理部门坚持依法行政、依法许可，按照行政许可的程序和规定，依据市场需求、方便消费、与社会发展相适应的原则，2011年新办烟草专卖零售许可证2.71万份，注销1.93万份，达到19.19万户，2011年全省烟叶收购资格证，新办50份，变更168份，延续12份，补办7份，注销2份，总量比上年增加48份，全省开具准运证13.79万份，其中烟叶准运证6.78万份，卷烟准运证6.7万份，专卖物资及烟机准运证3091份。

【企业管理】

管理体系建设 2011年，全系统以着力实施“五全”（“五全”指“全程引领、全部覆盖、全力融合、全员参与、全面提升”）工程，全面提升“五化”（“五化”指“体系目标化、管理流程化、流程信息化、基础规范化、改进持续化”）水平为主要任务，全面开展职能职责对接，持续优化管理流程，系统构建起了以客户、市场为导向的层级清晰、层层支撑、全部覆盖的10个专项业务管理体系。同时着重推进目标管理体系、企业标准体系、企业综合绩效评价办法建设，进一步丰富和完善管理体系建设内容，实现了管理体系对“两烟”生产经营管理的全面支撑，形成了包括决策层、管控层、操作层3个层级，纵向10个专项业务的“三层、十纵”管控架构。全面推动基础管理与信息化深度融合，全力构建“上下贯通、左右协同、有机一体、有效运行”的管理运行平台。初步解决了由分散管理向分类管理转变，由体系文件纸质化向体系文件信息化转变，由专项职能管理信息化向全面协同管理信息化转变的问题。实现纵向省、州（市）、县、站（所）4级上下贯通，横向跨岗位、跨部门、跨业务的高效协同运行；实现各项工作的目标化、流程化、规范化和痕迹化管理；实现管理全过程的可视、可控、可评。11月24～25日，省局（公司）承办2011年全国烟草行业企业管理工作现场会，得到国家局领导和与会代表充分肯定。

安全工作 2011年，省局（公司）印发《云南省烟草专卖局关于切实加强全系统安全基础设施建设相关工作意见的通知》，在全系统卷烟及烟叶仓库安装固定式燃气型超音速干粉灭火系统。全系统申报19个项目的15个单位完成了两烟仓库固定式燃气型超音速干粉灭火系统装置的安装，并进入控制设备连接试验阶段。组织367名安保干部参加国家局、国家安监总局、省安监局等举办的安全生产知识培训班。全系统安保干部99%以上取得安全资格证书，注册工程师资格33人，国家局安技委成员2人。全年烟草系统未发生重大安全责任事故，年度安全生产工作被省政府评为全省优秀单位。

【信息化建设】

管理体系运行平台建设 基础管理上水平，必须在信息化的全程参与下，实现计划业务一体化、财务业务一体化，实现生产经营管理与信息化深度融合。通过管理运行平台建设，目前已固化省局（公司）和4个试点州市（公司）两级，公司、部门、岗位3层目标4835个。已固化了两烟一专、监察、科技5个专项体系流程159条。固化岗位420个，涉及人员5284人。

应用集成 按照国家局“统一平台、统一数据库、统一网络”的要求以及“数据集成、应用集成、流程集成和门户集成”的思路，结合省局（公司）“数字化烟草”的建设目标，提出建设“中国烟草总公司云南省公司业务应用系统集成项目”的需求。省局（公司）系统集成（一期）已经建设完成。集成内容包括门户（界面）集成、业务（流程）集成和数据集成和应用系统集成。

卷烟营销网上订货系统和卷烟物流系统建设 为提升卷烟现代营销水平和网络软实力，加快从传统商业向现代流通转变。按照国家局和省局要求，信息中心制定网上订货系统和卷烟物流系统项目建设方案。已完成项目招标，项目均在建设之中。物流系统应用软件开发包括工商物流在途监控、数字化仓储、线路优化、商业送货在途监控、车辆指挥调度和智能化监控管理、成本核算、绩效管理和指挥监管平台等主要功能模块。

烟叶生产信息化工作 为配合省局优化烟叶结构工作，开发完成“优化烟叶结构管理信息系统”，并在全行业进行推广、使用。提升“国家局基础信息管理软件”原有功能，进一步扩大电子结算使用范围，完成全行业有条件地区电子结算工作，完成与农行、农村合作信用社、邮政储蓄银行接口升级工作，完成发票修改及与税局接口开发、安装工作。同时积极配合中国烟叶公司的基地单元软件（省、公司版）前期开发调研及烟叶物流调研工作。

【对外交流与合作】 2011 年，随着烟叶质量的持续提高，云南烟叶在国际市场上的知名度不断提升，云南与国际主要卷烟制造商和中间商的合作关系进一步密切，欧美市场和东南亚市场作为云南烤烟出口两大支柱市场的地位进一步巩固。目前，云南烟草与菲莫国际公司、英美烟草远东烟叶有限公司、日本烟草公司、天利国际经贸有限公司、韩国人参公社、南洋烟草兄弟有限公司、联一烟草国际公司、环球烟叶公司、普瑞铭烟草亚洲有限公司、印尼三宝麟烟草公司、SOCOTAB 公司、印尼针标烟厂、帝国烟草公司等国际客户保持着稳定的合作关系。

【进出口贸易】 2011 年，公司实现进出口总值 3.37 亿美元，比上年增长 16%；其中进口总值 1134 万美元，增长 119.34%；出口总值 3.26 亿美元，增长 14.13%。出口烟叶 8.58 万吨，增长 0.81%；创汇 3.23 亿美元，增长 14.44%。出口品种有烤烟、烟叶副产品、香料烟、生切烟丝、白肋烟、烟草薄片、烟丝等。合同执行率 100%。

（曾永春）

电力产业

（云南五大支柱产业之一）

2011 年，面对连续 3 年持续干旱的不利影响，云南电力工业仍然保持了较快发展速度，发展持续向好。全省电源装机容量继续扩大，电网网架不断加强，电力系统整体安全运行良好，电力供应高效有序，节能减排成效显著，为全省经济社会发展实现“十二五”开门红作出了突出贡献。

【电源装机情况】 2011 年，全省累计新投产发电装机容量 443 万千瓦，其中新投产水电 407 万千瓦，新投产火电 3 万千瓦，新投产风电 33 万千瓦。截至年底，全省发电装机容量 4047 万千瓦，比上年增长 12.3%，其中水电装机 2842 万千瓦，增长 16.7%，占全省发电装机的 70.2%，比上年提高 2.6 个百分点；火电装机 1136 万千瓦，增长 0.3%，占全省发电装机的 28.1%，比上年下降 3.3 个百分点；风电装机 67 万千瓦，增长 97.1%，并网太阳能光伏发电装机 2 万千瓦，风电和太阳能新能源装机占全省装机的 1.7%。云南电网统调装机新增 399.7 万千瓦，截至年底统调发电装机容量 3235.35 万千瓦，增长 14.1%，占全省装机容量的 79.9%，比上年提高 1.2 个百分点。

【电力生产运行】 2011 年，全省规模以上电力工业实现增加值 290.53 亿元，比上年增长 18.3%，增速比上年下降 1.6 个百分点，电力工业增加值占全省规模以上工业增加值（2753.64 亿元）的 10.5%，比上年下降 0.9 个百分点。规模以上电力工业实现主营业务收入 896.4 亿元，增长 16.14%，利税总额 104.8 亿元，增长 10.73%，利润总额 42.3 亿元，下降 6.77%。

电力生产 2011 年，全省发电量累计完成 1555.13 亿千瓦时，比上年增长 13.94%。其中水电发电量 1007.41 亿千瓦时，增长 23.79%，火电发电量 536.06 亿千瓦时，下降 1.89%，风力发电 10.05 亿千瓦时，增长 121.06%，光伏太阳能发电 2300 万千瓦时，增长 46.18%。云南电网统调电厂完成发电量 1249.73 亿千瓦时，增长 9.84%，其中水电发电量 760.21 亿千瓦时，增长 18.11%，火电发电量 479.59 亿千瓦时，下降 2.14%。

2011年，全省发电设备平均利用小时数3843小时，比上年提高57小时；水电平均利用小时数3545小时，提高203小时；火电平均利用小时数4719小时，降低102小时。云南电网统调发电设备平均利用小时数4131小时，降低146小时；统调水电平均利用小时数3872小时，降低70小时；统调火电平均利用小时数4732小时，降低123小时；统调风电平均利用小时数2040小时，降低151小时；并网光伏太阳能平均利用小时数1308小时，提高163小时。

省内用电 2011年，全省全社会用电量1204.07亿千瓦时，比上年增长19.9%，增速比上年高7.3个百分点，比全国增速高8.2个百分点。单位GDP电耗1376千瓦小时／万元（按GDP当年价计算），上升5.45%（按GDP可比价计算）。电力消费中，第一产业用电量11.69亿千瓦时，增长9.6%，第二产业用电量966亿千瓦时，增长22.5%，第三产业用电量93.6亿千瓦时，增长43.8%，城乡居民生活用电量132.78亿千瓦时，下降5.1%。第一产业、第二产业、第三产业和城乡居民生活用电量分别占全省全社会总用电量的0.97%、80.23%、7.77%、11.03%。第二产业中工业用电量944.31亿千瓦时，增长22.6%，占全省用电量的78.43%，规模以上工业用电量744.41亿千瓦时，增长12.87%，占全省用电量的61.82%。全社会用电量上百亿的州（市）有：昆明市（286.26亿千瓦时，增长10.67%），曲靖市（190.74亿千瓦时，增长31.31%），红河州（128.66亿千瓦时，增长15.45%），玉溪市（112.78亿千瓦时，增长8.4%）。规模以上工业用电量上百亿的行业主要有：有色金属冶炼及压延加工业（216.75亿千瓦时，增长17.16%），化学原料及化学制品制造业（144.38亿千瓦时，增长5.48%），电力、热力的生产和供应业（108.29亿千瓦时，增长15.21%），黑色金属冶炼及压延加工业（103.33亿千瓦时，增长9.33%）。

云电外送 2011年，全省累计输出电量376.31亿千瓦时，比上年下降1.5%；累计输入电量25.33亿千瓦时，增长19.4%。云电送广东电量累计323.03亿千瓦时，与上年送电量基本持平，增长0.14%；送越南电量39.76亿千瓦时，下降28.09%；送老挝电量1.04亿千瓦时，增长72.86%。

电力运行 2011年，在连续3年持续干旱和电煤供应持续紧张的双重困难下，全省电力运行加强综合调节，不断加大增煤保电和抗旱保电工作力度，全力确保了电力的安全、可靠和稳定供应，全年电力运行总体呈现"前松后紧"的运行态势。7月份以前，在前一年存煤蓄水情况较好（电煤库存达到535万吨的历史高位，在2011年春节前还维持在365万吨，具有年调节功能的小湾电站水库水位维持在1209米较高水位）的基础上，云南电力生产供应基本满足了省内旺盛的用电需求，少有的在枯水期没有限电。并且还在有能力的情况下，增加送广东电量10亿千瓦时，缓解广东电力供应紧张。但由于4月份和11月发生了几起重特大的煤矿矿难事故，全省大部分煤矿停产整顿，导致煤炭总体产量不足，电煤供应持续紧张，再加上煤炭价格大幅上涨（上涨幅度超过50%），火电企业进煤困难，4月份以后电煤消耗大于购进，库存持续下降，到9月份全省电煤库存最低时仅62.5万吨，只够4天发电用煤，火电缺煤停机容量超过50%。6月份云南进入主汛期，却遭遇1959年以来不遇的主汛期干旱，气温持续偏高，降雨持续减少，主要流域来水较多年平均偏少47%，水电出力不足，呈持续下降态势。10月份，在统调水电装机增加近300万千瓦的状况下，发电量反而下降24.7%。由于严重缺水少煤，水电、火电出力都受到严重制约，电力供应不足，而用电需求又持续旺盛。进入7月份以后，云南电力供需矛盾逐步凸显，形势发生明显转变，电力供应缺口逐步扩大，9月、10月份最紧张，最高时段电力缺口高达300万千瓦，电量缺口接近6000万千瓦时，最严重时段的缺电率一度高达20%。面对日益严峻的形势，省委、省政府高度重视，成立省政府煤电油运保障工作领导小组，加强综合协调，采取积极措施，全力增煤保电，全力抗旱保电，在困难的局面下，逐步扭转电煤电力供应紧张局面。11月以后，电煤库存明显回升（到年底时达到357.5万吨），电力供应缺口不断缩小，缺电率稳定控制在5%左右。2011年全年电力供应没有出现大的起落，云南电网累计错峰限电量32亿千瓦时，仅占全社会用电量的2.66%，是近10年来的最小电力缺口，充分保障国民经济社会发展对电力的需求。

【电源电网建设】

电力投资 2011年，全省电力工业累计完成投资792.61亿元，比上年增长23.3%，占全社会固定资产投资的11.15%，占全省工业投资的35.81%。

电源建设 2011年，云南水电继续保持快速发展，金沙江干流水电站开始逐步投运，水电装机占全省装机比例由上年的67.56%提高到70.2%。金沙江干流首台发电机组金安桥电站4号机组于3月16日正式投产运行，拉开金沙江干流大型水电站建成投产的序幕。云南最大的水电企业澜沧江水电有限公司，在继续2010年小湾电站全部投产后，上游功果桥电站（装机90万千瓦）首台机组于10月28日正式投产运行，华能澜沧江公司投产装机容量885.41万千瓦，占全省统调水电装机容量比例达到42.05%。2011年，风电进入高速密集投产期，当年新增风电装机33.4万千瓦，新能源装机比例由上年的1%提高到1.7%，而今后几年风电还将继续保持高速发展态势。火电方面，华电镇雄电厂大容量、超临界、高参数的火电机组于12月进入调试，提高云南枯期电力供应能力，由于机组正式投入在2012年1月1日，并未计入当年火电新增装机。

电网建设 2011年，云南电网建设投资完成109.91亿元，继续保持较高水平。全年投产110千伏及以上电网项目56项，新增变电容量655万千伏安、线路1630公里。目前云南电网已形成500千伏“田”字形环网，500千伏主干电网不断延伸，已覆盖全省9个州（市），220千伏骨干电网覆盖了全省所有州（市），局部电网结构薄弱、电磁环网运行、电网“卡脖子”等现象得到有效改善。±800千伏直流双极、500千伏线路4回、220千伏线路2回与南方电网连接；3回220千伏线路、3回110千伏线路与越南连接；1回115千伏线路与老挝国家电网连接，大大增强跨区电力交换能力。云南电网完成户表改造21万户，无电户通电4万余户，实现全省行政村“村村通电”，城市供电可靠率99.933%，农村供电可靠率大于99.550%。

【电力工业节能减排成效】

节能发电调度 为响应省委、省政府“节能减排，电力先行”的号召，2008年开始试行云南电网节能发电调度，并在2010年7月2日，正式启动云南电网节能发电调度，12月25日南方电网全网节能发电调度正式启动。2011年，云南继续深入推进和实施节能发电调度，不断强化节能发电调度技术支撑，加强一次能源跟踪，加强调度运行管理，紧紧围绕云南水电比重大的实际，优先利用可再生清洁能源，切实开展水电站群联合优化调度和水火电联合优化调度，最大限度提升增发水电的节能效益，最大限度减少火电发电，按照能耗低、排放小的原则安排火电机组发电，节能发电调度成效显著，主要表现在：一是可再生清洁能源发电比例日益提升。2011年，统调电网水电和风电发电量770.1亿千瓦时，比上年647.7亿千瓦时增发18.9%，清洁能源发电量占全网发电量的61.62%，提高4.69个百分点；二是能耗控制成效显著。全年节约标煤391万吨。其中因煤耗下降节约标煤9.59万吨，水电增发节约363.14万吨，新能源增发节约18.33万吨。单位发电矿物燃料消耗119.53克/千瓦时，比上年平均水平134.71克/千瓦时减少15.18克。统调火电发电标煤耗311.48克/千瓦时，比上年底（313.48克/千瓦时）下降2克；三是脱硫成效明显。火电厂高度重视脱硫设施的运行管理，脱硫装置累计投运率99.54%，平均脱硫效率93.74%，二氧化硫总产生量83.57万吨，总消除77.84万吨，总排放量5.73万吨。

电力需求侧管理 继续完善电力需求侧管理政策措施，推进合同能源管理，为用户节约电量近3000万千瓦时。2011年，全省用电需求高速增长，在面对连续3年持续干旱、电煤供应持续紧张以及地震、泥石流等自然灾害的严峻考验，全省电力行业团结一心、密切配合、迎难而上，积极应对各种困难与挑战，保证全省电力的安全、平稳、有序供应，有效支撑全省国民经济发展需要。

（付　晖）

云南电网公司

【概　述】 云南电网公司是中国南方电网有限责任公司的全资子公司，是云南省域电网运营和交易的主体，是云南省实施“西电东送”、“云电外送”和培育电力支柱产业的重要企业。目前，按照南方电网公司一体化管理要求，云南电网公司本部设20个职能部门和6个直属机构，下设昆明供电局等17个州（市）供电局、外经贸分公司等23个分公司，以及包括州（市）供电公司、县级供电单位在内的96个子公司。截至2011年底，公司职工总人数7.02万人。2011年，公司完成售电量1313.59亿千瓦时，比上年增长11.23%。实现营业收入545.11亿元。截至年底，公司资产总额769.4亿元。

【服务地方】 2011年，深入学习国务院和云南省关于桥头堡建设的有关文件精神，找准公司支持桥头堡建设的关键，积极参与桥头堡建设调研和方案制定。主动向省委、省政府和南方电网公司汇报，南方电网公司在组织、政策和措施等方面加大了支持力度，公司将转变电网发展方式与推进桥头堡建设有机结合，组建7个专业工作组，深入开展电力产业发展、电网规划建设、电价政策、“走出去”战略等专题研究。完成了“十二五”电力供需形势分析，调整局部电网规划，全力支持瑞丽等重点地区发展。配合政府部门初步提出了云南电价改革试点工作方案。

【电力供应】 2011年，把保障全社会用电作为公司的根本任务，克服云南汛期干旱、电煤紧缺、火电出力严重受阻等困难，举全网之力保障电力供应，发挥南方电网大平台余缺互济的作用，调减外送电量，为云南全社会用电作出了突出贡献，实现了政府满意、发电企业满意、客户满意。2011年是近10年来电力缺口最小的一年，云南电网多项供电指标创新高。

【电网建设】 2011年，完成“十二五”系统设计和各州（市）主网、配网、新能源、小型基建等专题规划。加强用户用电和电源并网管理，开展澜沧江上游梯级电站接入等专题研究。稳步推进“走出去”战略，与老挝国家电力公司签署老挝北部电网建设谅解备忘录。全年完成项目可研61项、初设101项、核准96项，项目储备更加充裕。组建198个业主项目部，强化业主管理职能。开展39个一体化示范工程建设，推进基建标准化管理。强化“两表一图”管理，建立过程控制预警及约谈机制，严格管控基建项目质量、安全和进度。完成陆良县2个行政村电网改造升级试点建设，树立南方电网示范样板。投产了惠历输变电等63项110千伏及以上工程，新增变电容量683万千伏安、输电线路1918公里。

【安全生产】 2011年，安全生产风险管理体系建设成效初显，8家单位达到3钻绩效等级，32家县级供电企业启动体系建设。建立电网及设备运行风险量化评估、预警预控机制，发布99份预警通知书。明确电网运行9大安全风险，25项重点防范和管控措施得到有效落实。推进二次系统一体化，开展电网运行智能系统试点建设。推进状态检修，减少操作7000余次。强化生产管理规范化作业，实现检修、试验作业表单全覆盖。消除小龙潭矿务局炸药库安全隐患。全年事故总数19起，比上年下降51%；设备缺陷率下降10%。

【企业管理】 2011年，坚持把创先作为战略实施的载体，召开工作现场会，自上而下全面推进创先工作。完善各专业领域和基层单位创先工作方案，注重发挥昆明、曲靖、红河供电局等创先试点单位的先导作用，整体提升公司各项管理水平。成立组织机构，按项目群管理模式全面推进战略实施和一体化管理。开展专题研究，完成了南方电网公司一体化中期报告战略承接性评审任务。实现了公司本部和地市、县级供电企业组织架构一体化。初步构建了人力资源、基建、物资等领域一体化制度体系和业务模型。

【供电水平】 2011年，加强营销服务管理能力建设，所有基层单位实现了营销信息系统全功能模块上线运行。深入开展“三指定”专项治理，进一步规范用户受电工程市场。定期召开电力供需形势通报会、厂网联席会、客户联谊会，密切与发电企业及用电客户的有效沟通。开展“配网生产管理提升年”活动，配网带电作业2956次，城市供电可靠率99.933%，比上年提高0.018个百分点。公司连续3年名列云南省十大服务行业公众满意度测评第一。在南方电网公司客户满意度第三方测评中，公司位居五省区第一。

【服务低碳建设】 2011年，积极参与云南低碳试点省建设，编制“十二五”节能减排规划和支持云南低碳省试点工作的方案。深化节能发电调度，可再生能源发电比例61.62%。水电比上年增发117亿千瓦时，节约标煤363万吨。推进合同能源管理，为用户节约电量近3000万千瓦时。抓实线损“四分”管理，公司综合线损率5.6%，下降0.05个百分点；86家县级供电企业综合线损率6.49%，下降0.23个百分点。

【队伍建设】 推进学习型领导班子建设，进一步加强二级单位及县级供电企业领导班子建设，各级领导班子的凝聚力、执行力和创新力不断提高。完成有关单位党委、纪委换届工作，配齐各单位纪委班子。优化调整班子结构，选拔、交流干部117名，公选出4名副处级干部，选人用人满意度稳步提升。加强青年干部培养，调整充实处级后备干部队伍，推选22名青年参加了南方电网“百名优秀年轻干部”培训。强化干部作风建设，处级及以上干部到一线工作3980次，解决960个基层实际问题。

（何瑜琳）

食品工业

【概 述】 2011 年，食品工业规模以上完成工业增加值 1099.66 亿元，比上年增长 18.24%，占全省规模以上工业增加值 40%。其中烟草 938.05 亿元，增长 17.5%，占全省规模以上工业增加值 34%。非烟食品工业 161.58 亿元，占全省规模以上工业增加值 6%。其中农副食品加工业 87.36 亿元，增长 19.7%；食品制造业 26.54 亿元，增长 27.2%；饮料制造业 47.68 亿元，增长 25.1%。

2011 年全省累计生产卷烟 729.98 万箱，增长 2.3%；糖 173.51 万吨，减少 3.49%；精制茶 13.95 万吨，增长 13.61%；饮料酒 118.81 万千升，增长 22.08%；乳制品 34.84 万吨，增长 10.81%；大米 179.23 万吨，增长 61.19%。

全省规模以上食品企业有 569 户，固定资产 258 亿元，从业人员 12 万余人。其中食品加工业 306 户，食品制造业 96 户，饮料制造业 146 户、烟草制造业 21 户。主营业务收入超过 10 亿元的企业 10 户，全部是烟草制造企业。主营业务收入在 5 ~ 10 亿元间的企业有 6 户，1 ~ 5 亿元间的企业有 70 户。

2011 年，云南省新增 5 户食品工业企业省级企业技术中心，截止年底，有 36 家企业被认定为省级技术中心。

2011 年，食品工业综合能源消费量创新低，农副食品加工业单位增加值能耗 1.06 吨标准煤/万元，比上年下降 13.62%；烟草制品业单位工业增加值能耗 0.04 吨标准煤/万元，下降 2.83%。

【重点行业发展状况】

制糖产业 云南是全国食糖第二大主产区，占全国产量约 20%。受干旱天气影响，2010/2011 年榨季，生产食糖 176.15 万吨，比上年少产糖 1 万吨；生产酒精 10.69 万吨，少产酒精 7400 吨。完成工业增加值 44.6 亿元，增长 20.1%。云南有 7 个主产糖州（市），其中排名前 5 位的是临沧市产糖 63.41 万吨，占全省 36%；德宏州产糖 45.81 万吨，占全省 26%；普洱市产糖 18.29 万吨，占全省 10.4%；保山市产糖 16.57 万吨，占全省 12.33%；西双版纳州产糖 15.18 万吨，占全省 8.6%。

制茶工业 2011 年，全省茶园面积 565 万亩，居全国第一位；精制茶叶产量 14 万吨，比上年增长 13.63%，居全国第二位；工业增加值 13.94 亿元，增长 21.3%。近年云南省在稳定发展滇绿、滇红的同时，大力挖掘“普洱茶”传统文化，成功将普洱茶推向国内外市场，在“滇红”、“下关沱茶”等传统品牌的基础上，打造“大益”、“庆沣祥”、“七彩云南”、“龙润”、“龙生”等一批普洱茶的知名品牌，产业的集中度有所提高。

酿酒工业 2011 年，全省规模以上酒产业工业企业完成增加值 17.86 亿元，比上年增长 30.7%。饮料酒累计产量 118.8 万吨，增长 22.1%。其中白酒产量 38.4 万吨，减少 3.2%；啤酒产量 76.2 万吨，增长 39.3%；葡萄酒 2.5 万吨，增长 55.5%。

咖啡加工业 2011 年，云南咖啡种植面积、产量分别占全国咖啡总面积、总产量的 99.3%、98.8%，占世界咖啡面积和产量的 0.2%、0.4%，是全国最大的咖啡豆生产基地。目前正在昆明高新技术开发区集中建设咖啡精深加工产业园区。

（苏燕妮）

制糖业

2011 年是我国糖业发展的转折之年，食糖产量连续第三个榨季减产，产需矛盾继续加大。发展生产成为我国食糖消费安全的重要任务。

【2010/2011 榨季概况】 2010/2011 年食糖生产榨季从 2010 年 11 月 12 日开始至 2011 年 5 月 30 日收榨，历时 198 天结束。全榨季全省甘蔗种植面积438万亩(上榨季甘蔗种植面积457.76万亩)，本榨季甘蔗收获面积 384.7 万亩(上榨季甘蔗收获面积 389.63 万亩)。收榨甘蔗 1412.76 万吨(上榨季收榨甘蔗 1364.87 万吨)。生产食糖 176.14 万吨，与上榨季相比产量下降 0.57%。产酒精 10.69 万吨，与上榨季相比产量下降 0.65%。食糖产量下降的主要原因是产糖率由上榨季的 12.98%下降至 12.47%，下降 0.51%。造成产糖率下降的原因主要是气候因素，上个榨季的大旱对宿根甘蔗影响，灾区宿根甘蔗长势不好；部分主产区后区雨水偏多。在诸多不利因素的情况下，由于糖价上涨创新高，全省糖业主要经济指标也突破历史最好水平，全省制糖工业产品销售收入首次突破 100 亿元，达 108.87 亿元，工业增加值 46 亿元；全省农民种蔗收入首次突破 50 亿元，达到 52.76 亿元，甘蔗收购价比上年每吨提高 98.27 元，增幅 35.7%；全省制糖工业实现利税 36 亿元，其中利润 20.75 亿元,税金 15.25 亿元，创历史最好水平。

【生产技术指标】 2010/2011 年榨季全省生产食糖 176.14 万吨，其中白砂糖 172.12 万吨、绵白糖 2.09 万吨、精制糖 4198 吨、赤砂糖 3026 万吨、红糖 1.2 万吨。与 2009/2010 榨季产糖 177.16 万吨相比，减产 1.01 万吨。2010/2011 榨季全省生产酒精 10.69 万吨，与上榨季产酒精 11.43 万吨相比，减产 7400 吨。2010/2011 年榨季全省有 77 条生产线开工生产。按 100 天生产时间计算，设备利用率 80.29%。全省平均每条生产线加工能力 2285 吨/日。规模在 1000 吨/日榨以下生产线有 2 条。2010/2011 年榨季全省 11 个产糖（州）市按产糖量排序：临沧市 63.4 万吨、德宏州 45.81 万吨、 普洱市 18.29 万吨、保山市 16.57 万吨、西双版纳州 15.18 万吨、玉溪市 6.86 万吨、红河州 4.91 万吨、文山州 2.42 万吨、丽江市 5800 吨、大理州 5300 吨、昭通市 2900 吨。临沧、德宏、保山、普洱、红河、玉溪、版纳 7 个全省优势产糖地区、产糖 173.32 万吨，占全省产糖总量的 98.39%。

2010/2011 年榨季全省 27 家制糖企业法人，按产糖量排序，产糖 8 万吨以上的有 7 家，分别是英茂糖业(47 万吨)、临沧南华(43.35 万吨)、力量生物(11.31 万吨)、永德糖业(9.92 万吨)、中云公司（9.54 万吨）、康丰糖业(9.29 万吨)、凤庆糖业(8.16 万吨)。以上 7 家制糖企业产糖 138.61 万吨，占全省总产糖量的 77.67%。2010/2011 年榨季全省平均日榨甘蔗量 16.89 万吨。甘蔗含糖份 14.38%（上榨季 14.98%，历史最好水平 14.98%）。生产安全率 99.21%（上榨季 99.11%，历史最好水平 99.14%）。压榨抽出率 96.54%（上榨季 96.46%，历史最好水平 96.48%）。煮炼收回率 89.77%（上榨季 89.97%，历史最好水平 90.52%）。总收回率 86.6%（上榨季 86.74%，历史最好水平 88.77%）。

白砂糖合格率 99.91%（上榨季 99.94%，历史最好水平 99.94%）。白砂糖优一级品率 87.56%（上榨季 88.79%，历史最好水平 94.21%）。混合产糖率 12.47%（上榨季 12.98 %，历史最好水平 12.98%）。吨糖耗蔗量 8.019 吨（上榨季 7.704 吨，历史最好水平 7.704 吨）。百吨甘蔗耗标煤 5.41%（上榨季 5.47%，历史最好水平 5.47%）。日处理甘蔗能力 17.6 万吨/日（上榨季 16.62 万吨/日）。

甘蔗平均收购价 373.5 元/吨，比上榨季 275.23 元/吨甘蔗收购价提高 98.27 元，增幅 35.7%。蔗农种蔗收入 52.76 亿元，比上榨季 37.06 亿元增收 15.7 亿元，增幅 42.36%。白砂糖平均单位完全成本（含税 5434.83 元/吨，比上榨季 3965.72 元/吨，吨糖成本增加 1469.11 元，增幅 37.04%。白砂糖平均单位销售价格（含税）6790.67 元/吨，比上榨季 4821.74 元/吨销价提高 1968.93 元。白砂糖平均吨糖利润 1355.84 元/吨，比上榨季吨糖利润 856.02 元增加 499.82 元。酒精平均单位完全成本（含税）5022.97 元/吨，比上榨季 4599.9 元/吨增加 423.07 元，增幅 9.1%。酒精平均单位销售价格（含税）6465.22 元/吨，比上榨季 5469.2 元/吨增加 996.82 元，增幅 18.13%。酒精平均单位利润 1442.25 元/吨，比上榨季单位利润 904.12 元增加 538.13 元。产品销售收入 108.87 亿元（其中糖产品销售收入 101.14 亿元，综合利用产品销售收入 7.73 亿元），比上榨季 78.85 亿元（其中糖产品销售收入 73.1 亿元，综合利用产品销售收入 5.75 亿元）增加 30.02 亿元，增幅 38.07%。制糖企业实现利润 20.75 亿元，比上榨季企业利润 14.8 亿元增加 5.98 亿元，增幅 40.2%。制糖企业上交税金 15.25 亿元，比上榨季上交税金总额 9.8 亿元增加 5.45 亿元，增幅 55.61%。工业增加值 46.19 亿元。2011 年全年职工平均人数 2.28 万人，上年职工平均人数 2.32 万人。本榨季制糖企业收购的甘蔗价款在当年 8 月就已全部付清。

【节能减排指标】 吨蔗耗新鲜水 5.6 吨，吨蔗废水排放量 5.42 吨，吨糖 COD 排放量 38.09 公斤，吨糖 BOD 排放量 6.73 公斤。

【2010/2011 年榨季特点】

1. 把握机遇的意识增强，加大发展糖业的资金投入。2011 年，全省制糖产业在我国工业化和城镇化不断推进的过程中，面对食糖消费刚性增长、土地资源稀缺、劳动力资源短缺及劳动力成本大幅上升，食糖消费增长始终快于食糖产量增长的情况下，为保障我国的食糖消费安全，国家已经把立足国内生产为主，适当少量进口作为市场调节的主方向。把食糖与“粮、棉、油”同列为我国重要的农副产品，显示国家对发展糖业的重视程度。而产不足需的生产状况为发展糖业提供较好的战略机遇。面对历史性发展机遇，云南糖业把握机遇，加大投入力度，积极开始改扩建，推进糖料基地的建设，加强循环经济的投入，完善物流设施的建设。在“十二五”期间计划投入资金 105 亿以上，商业企业投入资金 2 亿元。

2. 制糖企业整合速度加快，企业的集中度明显提高。“十五”、“十一五”期间，全省制糖企业经过整合重组，产业集中度大幅提高，全省制糖企业由整合前的78户，重组为26户，平均每户企业（法人单位）日处理甘蔗能力由1800吨提高到7307吨，形成了年产糖10万吨以上的制糖企业8户。其中云南英茂糖业、临沧南华糖业年产糖40万吨以上。2011年广西南华糖业集团收购云南保升龙糖业公司的4家制糖企业；云南英茂糖业公司收购鹤庆糖厂，全省糖业整合的趋势继续延续。

3. 生产明显向优势区域转移，资源优势向经济优势转化。根据糖业发展形势，云南制糖企业显现资源优势。主要体现在糖料种植区域的优化、宜蔗区域种植面积的扩大、种植模式的改变，以及境外替代种植规模的稳步扩大，新建糖厂更加注重规划布局等等。由于坝区经济作物效益的竞争，甘蔗种植逐步从坝区向山区、半山区发展。云南拥有发展潜力的临沧市、文山州发展势头强劲，德宏州、普洱市、保山市、西双版纳州依然拥有进一步发展的余地，境外替代种植仍有广阔的发展空间。“十二五”期间，云南制糖企业计划新建3000吨以上的糖厂8个，形成一批日处理能力1万吨以上的糖厂。到“十二五”末，全省制糖企业的甘蔗日处理能力将达到25万吨。随着循环经济的项目的推进，全省将形成一批糖纸一体化、有机肥、液态肥、酵母、酒精、活性炭、木糖畜牧养殖等有竞争力、有规模、有市场、有效益的项目。

4. 提高甘蔗收购价，激发了蔗农的积极性。甘蔗收购价提高以后，各制糖企业科学规划，狠抓糖料种植，部分产糖区农民种植甘蔗积极性有所提高，一些宜蔗区域土地得到充分开发，新种蔗区域有所扩大，面积有所增加。境外甘蔗种植面积也逐年增加，2010/2011年榨季，云南在境外种植的甘蔗面积27.7万亩。甘蔗进口量达到83.2万吨，比上榨季增加20.1万吨，增长33.44%。其中从缅甸进口甘蔗54.4万吨；从老挝进口甘蔗28.8万吨。2011/2012榨季云南省境外进口甘蔗将达到100万吨。但在多产并举、多种作物竞争的形势下，甘蔗的种植面积会有波动。境外替代种植，由于周边国家的政局不稳、国家进口配额管理限制，发展境外替代种植甘蔗还面临很多的困难。

【存在的主要问题】

1. 蔗区水利条件差、制约甘蔗单产提高。全省山坡地和旱地甘蔗比例大（近80%），水利条件差、“靠天吃饭”，受自然气候影响很大，已成为云南甘蔗生产的最大不稳定因素，水利条件差是提高甘蔗单产和挖掘潜力最大的制约因素。

2. 热区缺乏发展规划、多种作物无序竞争。近10年，全国产糖量的波动导致糖价不稳，制糖企业效益忽高忽低，涉及地方财政收入不稳，农民收入增长缓慢，制糖业的发展前景不明，原有的蔗区规划被多种作物无序竞争打乱，对现有的甘蔗面积形成挤压和威胁。

3. 种植成本不断升高、农民收入相对偏低。由于国家加大对粮食作物的补贴，一些新发展的经济作物具有价格上的优势和农村强劳动力日益紧缺，使甘蔗种植成本不断升高，虽然甘蔗收购价在逐年提高，但农民的实际收入增加不多，暴露出甘蔗收购价格相对偏低的问题。

4. 企业整合效益显著、但是中小企业仍然偏多。经过整合后的集团公司已能发挥行业带头作用，但中小企业仍然偏多。广西有100间糖厂、分属35个集团公司，平均每个集团产糖26.8万吨，云南有78间糖厂，分属28个集团公司，平均产糖不到8万吨，产糖量在10万吨以下的企业还有22家，占法人单位75.8%。企业小而分散，市场占有率低，削弱了云南糖业的整体竞争力。同时企业小而分散也不利于制糖企业副产物资源的集中和有效开展综合利用。

2011年云南制糖业实施“五个转变”：一是粗放经营向集约化经营转变；二是小、散、弱向规模化经营转变；三是单一产品生产向循环经济方向转变；四是低成本时代向高成本时代转变；五是单一立足国内生产向进一步发挥区域优势，着力向糖业“走出国门”“和桥头堡”建设转变。在供需矛盾突出的情况下，云南省抓住市场供求变化带来的市场涨价机遇，把握好市场销售节奏，灵活运用多种销售方式，取得显著的经济效益。同时加大了工业反哺农业的各项工作，积极推行蔗价与糖价联动机制，提高甘蔗收购价格，增加蔗农收入。全省实现了农民增收、企业增效、国家税收增长的目标，全年无重大人身、设备事故，无食品安全事故。

（赖庆华）

黑色金属工业

2011年，云南黑色金属工业总体运行平稳，有效保障全省经济社会建设的需求。生铁、粗钢、钢材产量均突破1300万吨，主营业务收入及工业增加值均取得较快增长。但受原燃材料价格上涨及产品价格下挫等因素影响，钢铁企业生存空间被不断压缩，行业整体盈利能力有所下降。

【实现千亿目标】 2011年，全省规模以上黑色金属工业企业实现主营业务收入1070亿元，比上年增长19.3%，占全省规模以上工业企业主营业务收入的14.2%；完成工业增加值213.9亿元，增长47.5%，占全部工业增加值的6.7%、规模以上工业增加值的7.8%。黑色金属工业实现了省委、省政府确定的打造千亿产业的目标。

规模以上黑色金属工业企业全年实现利税60亿元，比上年下降4.3%，占规模以上工业的3.9%；利润总额32亿元，下降8.2%，占规模以上工业的6.1%。其中冶炼企业在市场价格下滑、需求回落和原材燃料价格上涨的多重挤压下，盈利能力大幅下降，虽然矿山采选企业仍保持平稳增长，但黑色金属工业全年销售利润率仅为3%，远低于规模以上工业7%的平均值。

昆钢钛产业基地

【主要产品产量】 2011年，全省生产铁矿石2820万吨，比上年增长14.1%，占全国的2.1%；生铁1350万吨，增长1%，占全国的2.1%；粗钢1323万吨，增长2.3%，占全国的1.9%；钢材1352万吨，增长11.3%，占全国的1.5%；铁合金84.5万吨，增长7.2%，占全国的2.9%；黑色金属产品产销率达到97.8%。

重点企业中，武钢集团昆钢股份公司生产生铁587万吨、粗钢604万吨、钢材667万吨；云南德胜钢铁有限公司生产生铁132万吨、粗钢140万吨、钢材138万吨，玉溪玉昆钢铁集团生产生铁80万吨、粗钢133万吨、钢材130万吨；安宁市永昌钢铁有限公司生产生铁100万吨、粗钢107万吨、钢材60万吨。斗南锰业股份公司生产铁合金16万吨，产量创企业历史新高。

【主要产品及价格】 从市场来看，2011年钢铁产品价格总体震荡下跌，高线价格从年初的5200元/吨降至4690元/吨，螺纹钢价格从5440元/吨降至5000元/吨。从原料价格来看，受进口铁矿石价格影响，国内铁矿石价格持续高位运行，进口矿石年初价格160美元，最高180美元，长期处于140～160美元区间，直至10月份之后才有回落，年底回落到120美元左右。同时冶金焦价格也一直在1750～2000元的高位区间内运行，钢铁企业生产成本持续增加。

【固定资产投资】 2011年，黑色金属工业完成投资121.18亿元，比上年增长39.2 %，占全省非电力工业投资的8.55%，主要是节能减排技术改造和填平补齐项目的建设。其中武钢集团昆钢股份公司累计完成固定资产投资75.14亿元，重点实施玉溪大红山铁矿800万吨采选运扩产工程、曲靖师宗98万t/a煤焦化项目、草铺新区、6号高炉改造工程、玉钢钒资源综合利用等项目；斗南锰业股份公司建锰20万吨锰系铁合金技改工程累计完成投资7.58亿元，除铁路装车仓库正在施工外，项目已建成投入生产。

【节能减排及淘汰落后产能】 随着企业节能减排意识的增强和技术装备的升级，烧结机烟气余热回收和烟气脱硫、高炉煤粉喷吹、高炉及转炉煤气回收利用、高炉煤气余压透平发电（TRT）及煤气透平与电动机同轴驱动的高炉鼓风能量回收（BPRT）余压利用等配套装置逐步在全行业推广使用。大型铁合金矿热炉余热发电开始应用，为铁合金行业节能做出新探索。

2011年，全省黑色金属工业能源消费总量1392.24万吨标煤，比上年下降12.3%，占原材料工业耗能的30.3%和全部工业耗能的25.5%。其中黑色金属采选业单位工业增加值能耗1.68吨标煤/万元，黑色金属冶炼及压延加工业单位工业增加值能耗8.43吨标煤/万元，按可比价计算，分别下降3.94%、7.5%。昆钢本部吨钢综合能耗完成历史最好水平593公斤标煤/吨，下降18公斤标煤/吨；斗南锰业本部硅锰合计冶炼电耗4380KWh/吨，下降2.54%。按照国家下达的任务，2011年全省淘汰8座炼铁高炉、168万吨落后炼铁产能，2座转炉、35万吨落后炼钢产能。

【结构调整】 随着一批填平补齐、技术改造项目的陆续建成投产，全省钢材产品逐步高档化，结构调整进一步加快，400兆帕及以上高性能抗震钢筋、耐酸钢、管道钢、特种异型钢及不锈钢复合材等钢材品种已初具规模。国内铁合金行业的2个标志性工程相继建成，均成为国内同类型矿热炉中的最大装备，其中斗南锰业建锰公司引进南非技术，吸收消化再开发的50MVA矿热炉于8月点火生产，昆钢冶金新材料公司33MVA全密闭矿热炉于7月正式生产，对云南铁合金行业提升装备水平起到了示范和带动作用。除昆钢、德钢外，玉昆钢铁、永昌钢铁、玉溪仙福、曲靖呈钢等钢铁企业也已经具备400MPa及以上高强钢筋的生产能力，并开始逐步投入生产。2011年，全省钢铁企业生产400MPa及以上高强钢筋615万吨，占全部钢材产量的45.5%，占建筑用钢材（棒材、钢筋、线材）产量的51.7%；产品以400MPa级为主，有少量500MPa级。

【兼并重组】 按照《国务院办公厅关于进一步加大节能减排力度加快钢铁工业结构调整的若干意见》(国办发〔2010〕34号）的要求，编制完成《云南省钢铁企业兼并重组及生产力布局调整总体方案》，全省钢铁企业兼并重组工作稳步推进。2011年10月，云南曲靖钢铁集团有限公司正式挂牌，由云南曲靖越钢集团、曲靖双友钢铁公司、云南曲靖呈钢钢铁集团、曲靖巨利达钢铁公司、宣威凤凰钢铁公司、马龙首锋矿山配件公司、曲靖市开发投资公司共同出资组建区域性钢铁集团，为云南民营钢铁企业兼并重组走出了一条新路。目前昆明、玉溪等地的钢铁企业兼并重组正在有序展开。

（杞耀光）

有色金属工业

2011年，全省有色金属工业完成工业增加值335.3亿元，占全省规模以上工业增加值的12.2%，继续保持全省第二大工业地位。在市场需求滑坡、生产成本上升的环境下，全行业加大投资力度，提升技术装备水平，大力调整产业结构，加快产业优化升级，保持了良好的发展态势。

【产品产量】 2011年，全省生产十种有色金属271万吨，位居全国第三位，比上年增长12.7%，占全国的7.9%。其中铜39.1万吨，增长14.6%，占全国的7.5%；原铝88.3万吨，增长30.6%，占全国的5%；锌89.7万吨，增长0.6%，占全国的16.8%；铅43.1万吨，增长13.5%，占全国的9.1%；锡7.7万吨，增长1.6%，占全国的81.6%；锑2.8万吨，增长13.4%，占全国的14.7%。全年生产黄金25.9吨、稀土氧化物（REO）163吨，回收生产铟120吨、锗60吨，有色冶炼加工业产品产销率96.3%。

2011年全省生产铜精矿含铜26.9万吨，比上年下降5.8%，原料自给率68.8%；铅精矿含铅11.6万吨，下降12.2%，原料自给率26.9%；锌精矿含锌51.7万吨，下降14.8%，原料自给率57.6%；锡精矿含锡4.1万吨，下降14.3%，原料自给率53.9%；钨精矿折合量4780吨，下降5.8%。

【经济效益】 2011年1~9月，有色金属价格总体保持高位震荡整理，第三季度受欧洲主权债务危机拖累，有色金属价格大幅度震荡下滑，全年呈现先扬后抑制走势。全年国内市场，铜现货平均价6.72万元/吨，比上年上涨15.2%；铝现货平均价1.69万元/吨，上涨7.8%；铅现货平均价1.65万元/吨，上涨3.4%；锌现货平均价1.71万元/吨，下降1.3%。

全年有色金属工业增加值占全省原材料行业增加值的37%，完成工业增加值335.3亿元，增长17.1%，其中采选业完成87.62亿元，增长40.7%，冶炼及压延加工业完成247.68亿元，增长10.7%。全年有色金属工业完成主营业务收入1400亿元，增长26.7%，利税总额147亿元，增长71.9%，利润总额95亿元，增长97.8%。

【结构调整】 2011年铜、铝、锡、锑等行业龙头企业主要产品产量稳步提升，产业集中度得到加强。云铜集团（昆明本部）生产精炼铜29万吨，占全省精炼铜产量的74%；云南冶金集团生产原铝53万吨、云南东源煤业集团生产原铝35万吨，合计占全省原铝产量的近100%；云锡集团生产锡4.9万吨，占全省锡产量的70%以上。

云南钛、镍、镁等新的有色金属品种开始起步发展，填补了省内相关产业空白，云南钛业在成功研发生产出了中国第一卷宽幅冷轧钛卷后，创建我国“钢—钛”结合生产钛卷的生产技术模式，是中国唯一完整拥有冷轧钛卷生产工艺线的企业，宽幅冷轧钛卷实现产业化，成为我国钛材生产加工领域的新兴力量；产业链继续延伸，铜、铝、锡材加工已逐步向高精度、高性能、环保、节能方向发展；相关新材料产品研发和市场开拓已经取得阶段性成果。

云锡股份、云铜股份、云南冶金集团继续对锡、铜、铅熔炼工艺进行改造、提升，使冶炼工艺技术跨入了世界先进水平。云铝股份节能和环保水平继续保持国际先进水平。祥云飞龙公司以难处理含氟氯低品位氧化锌矿和目前国内大量堆积的氧化锌矿浸出渣为原料，在低品位氧化矿直接浸出——溶剂萃取技术上保持领先地位。

2011 年，全省淘汰落后产能铜冶炼 3.2 万吨，电解铝 1.3 万吨、锌冶炼 8.78 万吨，完成国家下达的淘汰落后产能任务。全年有色金属行业消耗 970 万吨标煤，占整个原材料行业消耗能源 4656 万吨标煤的 20.8%，单位工业增加值能耗 2.89 吨标煤/万元，比上年 3.45 吨标煤/万元的单位工业增加值能耗下降 16%。

【项目投资】 2011 年，有色金属行业完成投资 221.74 亿元，增长 24.5%。下达责任目标的云南冶金集团股份有限公司、云南锡业集团（控股）有限责任公司、云南铜业（集团）有限公司 3 户重点企业，超额完成年初下达的目标任务，合计投资 137.1 亿元，占全省有色金属行业投资的 62%，占全省工业投资（不含电力）的 9.7%。

省政府确定的 18 个重大项目中，云南冶金集团源鑫碳素有限公司 60 万吨/年阳极碳素电解铝配套项目、中铝昆明铜业有限公司 22 万吨/年板带铜材加工项目、驰宏锌锗公司会泽铅锌冶炼项目按计划有序推进。

其它“212”重点项目中，云锡集团 10 万吨电铅项目已建成投产；云南冶金集团 80 万吨氧化铝项目、云锡集团 10 万吨电铜项目等项目即将进入试生产阶段；丽江永保 10 万吨金属镁及 3 万吨镁合金项目、云南钛业 2 万吨钛板卷的 EB 炉项目等正加快推进。

【行业管理】 在行业管理方面，着重开展了编制“十二五”规划、开展行业准入公告、进行资源能源公告和加强稀土稀有金属行业管理等工作。为进一步推进全省有色金属工业转变发展方式、调整优化结构、提升发展水平，依据《云南省国民经济第十二个五年规划发展纲要》和《云南省新型工业化重点产业发展规划纲要》，组织编制《云南省有色金属工业“十二五”发展规划》。规划明确提出“十二五”末，有色金属工业实现销售收入 2800 亿元，工业增加值 700 亿元，较“十一五”末增长 20%左右；十种有色金属产能达到 650 万吨；铜、铝、锡加工产品比重超过 50% 等发展目标。

根据《工业和信息化部关于印发钨锡锑冶炼企业准入公告管理暂行办法的通知》要求，在各地申报并严格审核的基础上，上报云南锡业股份有限公司锡冶炼系统准入公告申请。根据《电解铝企业单位产品能源消耗限额》（GB 21346–2008），全省首次对电解铝生产企业实施了资源能源消耗通报，引导电解铝企业开展资源能源消耗对标。通过对 2010 年各电解铝生产企业各项指标统计分析，最终对 3 户 6 个指标中有 3 个指标超过可比能耗标准最高限额值的企业，分别实施黄牌警告通报。

根据国务院关于促进稀土行业健康发展的相关要求和《云南省政府关于加快锗产业发展的指导意见》、《云南省政府关于促进铟产业发展的指导意见》，召开了“全省稀土稀有金属产业发展工作会议”，建立了省级重要稀有金属省级协调机制，开展省内稀土专项整治行动，并配合国家检查组深入现场进行核查。根据国家对稀土、钨、锡、锑、钼实行指令性生产计划管理的要求，下达实施云南稀有金属矿产品和冶炼分离产品指导性计划。

（张坤华）

黄金工业

2011 年是“十二五”开局之年，云南黄金行业紧紧抓住国际金价持续高位运行的历史性机遇，积极推进企业组织结构调整，坚持科技创新和技术改造，狠抓金矿地质勘探工作，强化企业内部管理，全行业呈现质量效益又好又快发展的态势。

黄金价格高位持续震荡。全年国际黄金现货价格开盘为 1421.38 美元/盎司，最低价 1308.37 美元/盎司，9 月 6 日创下 1920.38 美元/盎司的历史最高记录，收盘价 1565.02 美元/盎司。2011 年平均金价 1571.68 美元/盎司。进入四季度后，美元走强及技术性卖压使得国际市场黄金价格大幅回落。但全球经济持续恶化及流动性过剩继续给予黄金价格以强有力的支撑。

黄金产量效益快速增长。2011 年，受益于国际黄金价格高位震荡增长和坚实的产业发展基础，云南省低品位、难处理、共伴生金矿资源得到有效开发和综合回收利用，矿产金产量增加迅猛。全年全省黄金产量25.9吨，创历史新高，占全国360.95吨总产量的7.2%，比上年增长16.2%，位列全国第四位。其中矿产金产量19.6吨，增长45%，冶炼副产金6.3吨，下降27.6%。全省黄金企业累计实现工业总产值125亿元，实现利润26亿元。

龙头企业带动能力增强。云南黄金矿业集团股份有限公司、文山隆兴金矿有限责任公司、云南黄金有限责任公司3家龙头企业黄金产量均在1吨以上，产量达到11.3吨。其中云南黄金矿业集团股份有限公司全年自产金9吨，占全省矿产金产量的46%，实现总收入66亿元、净利润14亿元，已跻身中国黄金十强，辐射带动能力进一步增强。

资源增长保障行业持续发展。目前云南省探明黄金保有矿产资源量在500吨以上，具有合法黄金矿产开采企业31户，年处理原矿能力600万吨，7个年产1吨以上的黄金矿山基本建成，有色金属副产黄金综合回收能力日益提高，以云南黄金矿业集团和云南铜业股份公司为重点的黄金精炼中心可满足全省及周边地区对黄金精炼的要求，发展后劲十足。

行业管理得到进一步规范。 在全省黄金工业发展规划和促进黄金工业又好又快发展的指导意见引导下，通过强化黄金地质勘查、推进黄金资源整顿整合、打击非法采金行为、建设吨金绿色矿山、依靠科技进步加强黄金资源综合回收和环保、安全等措施的综合应用，科学引导黄金地质勘查、黄金矿产开发及黄金生产、加工、交易等相关产业规范发展，为云南黄金工业持续健康跨越发展奠定了良好的基础。

（张坤华）

国防科技工业

【军工经济】 2011年，云南军工经济增长势头良好，全行业完成主营业务收入138亿元，比上年增长13.1%；实现利润14.2亿元，增长7.9%；完成工业增加值38.5亿元，增长5.5%。其中地方军工完成主营业务收入67.6亿元，增长10.6%；实现利润9.4亿元，增长13.4%；职工人均年收入3.7万元，增长19.4 %。中央军工完成主营业务收入70.4亿元，增长15.4%；实现利润4.7亿元，下降1.69%；民口配套单位主要经济指标均有不同程度的提高。

【军民结合产业】 2011年，全行业大力推动军民结合产业发展，培育新的经济增长点，增强发展后劲。昆船集团积极开拓非烟领域自动化物流信息系统、机场行李分拣系统及相关产业；705所昆明分部军工技术向民用转化初见成效，全年新签民品合同2.6亿元；750试验场加强科技产业化工作，全年完成民品产值1.04亿元；夜视集团OLED器件工艺稳定，产品销往21个国家和地区；民爆集团完成安宁化工厂、包装厂、燃一厂、燃二厂及其生产点多个项目的技改和建设，提高工艺水平和生产效率；云开公司完成中低压开关技改项目，并首获昭通鸭子塘220KV变电站全部电压等级产品合同；机三厂积极开发汽车发动机主要铸造件、刹车盘和刹车鼓铸造件等民品，高纯锌粉有望形成规模生产；209大队加大矿业开发力度，实现收入1.02亿元，利润1061万元；模二公司实现汽车燃油箱、重卡贮气筒及支架总成的批量供货；国防研究设计院积极推动工程设计、安防、安全评价和工程咨询等资质的申报，构建军工企业技术支持和服务平台。

【科技创新能力】 2011年，全行业高度重视科技进步与创新，自主创新和新产品开发取得较好成效，核心竞争力明显增强。750试验场荣获2011年度国家科学技术进步二等奖；昆船集团获得省部级科技进步奖7项，获授权专利38项；705所昆明分部盘式电机、高密度存储物流自动化系统等重点民品研发取得阶段性成果；燃一厂通过数码雷管产品定型，实现批量生产；模三厂烟苗移栽机、装盘播种机、地膜覆盖机等产品进入国家和省级农机推广补贴目录；航天公司与总后军需所、中国石油大学共建的“清洁能源科学与技术实验室”成为国家热力工程实验基地；民爆集团成功申报省级民爆产品质量控制及技术评价实验室；安宁化工厂、机三厂、云开公司被认定为省级创新型企业；西仪公司汽车连杆工程技术研究中心、云开公司高压电器产品工程技术研究中心被认定为省级工程技术研究中心；夜视集团和贵研铂业被认定为省级红外光电产业技术创新战略联盟和贵金属材料产业技术创新战略联盟。

【体制改革】 地方军工4户破产企业自2007年底进入破产程序后，历时4年，由于各种原因，主要矛盾和问题迟迟不能解决，企业不时发生不稳定事件。对此云南省国防科工局党组遵照上级指示，下最大决心解决此问题，拟定时间表，积极做好请示汇报协调工作，做好艰苦细致的思想工作，该项工作在省委、省政府的关怀下，在有关部门支持下，在地方军工效益较好企业的帮助下，筹资1.5多亿元，解决资产变现、收购重组、职工安置等突出问题，实现曲靖3户企业破产工作基本终结。目前，4户企业生产经营运转正常，职工情绪稳定，破产重组工作取得阶段性成果。

夜视集团通过资产评估、财务审计，并上报了上市预案；西仪股份调整内设机构，实行扁平化管理，调整薪酬体系，向主业倾斜；航天疗养院加快在楚雄、大理的餐饮、旅游等项目建设，营业收入增长60%；兵器疗养院积极开拓旅游市场，提高管理水平和专业化服务水平，实现总收入 5000 多万元；民爆集团加强对所属企业的管控力度，取得较好经济效益，全年实现销售收入34.18亿元、利润7.29亿元。

【行业管理】 2011年，省国防科工局机关加强自身建设，进一步理顺职责，强化责任意识和服务意识，提高服务水平。一是加强项目管理，规范项目前期工作，开展建设项目竣工验收和后评价，确保达到预期目标和发挥应有的作用；二是强化民用爆炸物品监管，严格落实生产计划，确保均衡生产，加强产品流向管理，规范民爆企业仓储运输设施；三是加大安全生产管理力度，全面落实安全生产责任制，推进安全生产标准化建设，开展专项行动，加强安全生产隐患排查治理，推动安全生产技术改造，提高本质安全水平；四是严格执行保密管理规定，开展军工保密资格认证，落实保密管理责任制，强化密品密件和涉密计算机信息系统管理，确保无失泄密案件发生；五是推动质量管理，跟踪国内外先进质量控制技术，评估产品质量状况，积极参与行业质量规划、法规和标准的制定，开展培训和QC成果活动，完善质量检验和控制手段，提高产品质量。

（徐莉萍）

机械工业

【概 述】 2011年末，云南省装备制造业规模以上企业有257户，全年完成工业总产值461.42亿元；工业总产值占全省规模以上工业企业比重5.93%；完成工业增加值118.95亿元，比上年增长8.85%，工业增加值占全省规模以上工业企业比重4.32%；完成主营业务收入453.05亿元，增长8.70%，主营业务收入占全省规模以上工业企业比重5.94%；利润总额40.95亿元。

2011年，在全省装备制造业企业中，主营业务收入有1户超过50亿元，9户超过10亿元，14户超过5亿元，前10位企业的主营业务收入占全省装备制造业主营业务收入的47.3%。全省机电产品出口20.08亿美元，比上年增长17.6%，机电产品进口7.99亿美元，下降5.4%。

云南100户优强工业企业中，机械行业企业占14家，2011年1家企业主营业务收入超过80亿元，8家企业超过10亿元，前10家企业的主营业务收入占全省机械工业规模以上企业主营业务收入50.1%，行业产业集中度进一步提高。

2011年全省重点机械企业主要经济指标排序

排名	工业总产值	工业增加值
1	云南力帆骏马车辆有限公司	云南力帆骏马车辆有限公司
2	昆明中铁大型养路机械集团有限公司	昆明中铁大型养路机械集团有限公司
3	云南昆钢重型装备制造集团有限公司	沈机集团昆明机床股份有限公司
4	昆明电缆集团股份有限公司	云南昆钢重型装备制造集团有限公司
5	沈机集团昆明机床股份有限公司	云南CY集团有限公司
6	云南CY集团有限公司	昆明云内动力股份有限公司
7	一汽通用红塔云南汽车制造有限公司	云南昆船集团（3家企业）
8	昆明云内动力股份有限公司	峨山恒昌东兴铸造有限责任公司
9	昆明台正精密机械有限公司（合并）	云南通变电器有限公司
10	云南昆船集团（3家企业）	一汽通用红塔云南汽车制造有限公司

排名	主营业务收入	利润总额
1	云南力帆骏马车辆有限公司	云南力帆骏马车辆有限公司
2	昆明中铁大型养路机械集团有限公司	昆明中铁大型养路机械集团有限公司
3	云南昆钢重型装备制造集团有限公司	沈机集团昆明机床股份有限公司
4	昆明电缆集团股份有限公司	昆明云内动力股份有限公司

续表

5	昆明云内动力股份有限公司	云南通变电器有限公司
6	云南CY集团有限公司	昆明台正精密机械有限公司（合并）
7	沈机集团昆明机床股份有限公司	昆明电缆集团股份有限公司
8	一汽通用红塔云南汽车制造有限公司	云南昆钢重型装备制造集团有限公司
9	昆明台正精密机械有限公司（合并）	昆明嘉和科技开发有限公司
10	云南昆船集团(3家企业)	昆明克林轻工机械股份有限公司

【主要机械产品】 2011年，全行业生产的主要产品：汽车9.72万辆；发动机1122.59万千瓦；发电设备62.89万千瓦；变压器1603.49万千伏安；交流电动机132.25万千瓦；生产金属切削机床7.42万台（含光机），比上年增长104.32%；电力电缆35.07万公里，增长44.31%；大型铁路养护设备301台，增长15.02%，实现两位数增长。

【产业结构】 2011年，全行业大力推进产业结构调整，企业兼并重组扎实推进，重点项目建设步伐加快，关键基础产品研制加强，招商引资成效明显，“走出去”战略稳步实施。2月，哈电集团昆明公司和昆明经开区在哈尔滨正式签署入驻协议，“哈电集团西南水电制造基地”项目前期工作正式启动。哈电集团投入资金、技术、品牌、管理资源对昆明电机厂进行全面整合，把昆明电机厂打造成为哈电集团在西南地区的重要战略基地。昆钢重装“龙港重型装备加工基地”二期建设顺利实施，将建成为省内冶金、电力、矿山、建材等产业提供成套设备及大型关键部件的生产加工基地。云冶昆重“重型装备研发制造基地”建设顺利开工，将建成年产15万吨重型装备和年产20万吨高精度铝箔材的2个生产基地。昆船集团“民用机场物流装备研发及产业化基地”建设顺利实施，机场物流装备系统实现了国产行李自动化分拣系统在国内大型机场应用的首次突破。昆船集团中标中兴通讯公司“委内瑞拉立体仓储系统本体集成”项目，成为首个昆船集团在海外实施的物流项目，产业布局进一步优化。昆明机床“数控重型精密机床制造及铸造基地”开工建设，将填补云南地区大型高品质铸件生产的空白，使昆明机床发展成为具有国际竞争力的数控重大型精密机床制造基地。玉溪研和工业园区大力推进数控机床产业发展以商招商活动，新签约项目33项，达成价值累计40亿元的发展协议。昆明中铁在北京成立研发中心和营销分公司，成为昆明中铁走出昆明、布局全国、迈向世界的关键一步。

【产品结构】 2011年，全行业重点进行产品结构优化，高端装备自主化有效推进，高端装备技术引进力度加大，部分关键部件产品研制保持领先，重点新产品研制成果显著。昆明中铁成功研制了具有自主知识产权的“QJ-280型桥梁检查车”高速铁路养护产品，主要技术性能达到世界领先水平，研发了具有自主知识产权的世界第一台YHGQ-1200数控气压焊轨车交付成都铁路局使用，满足了高速线路对高效、高精度线路养护机械的需要，填补了该领域空白。昆明机床自主研制的FMS柔性制造系统是国内规格最大、精度最高、构造最复杂的柔性制造系统，新近开发的THM46100和THM65160精密卧式加工中心属于国家重大科技专项，将有力促进我国航天、航空、能源、汽车等行业的发展。昆明机床积极引进德国希斯公司先进技术，使生产的大重型龙门镗铣床跃上国际先进水平。云南航天工业总公司新开发的电控柴油燃烧器填补了国内空白，技术处于国际领先地位；昆明云内动力研制的YN33CRD1发动机，在第10届中国国际内燃机及零部件展览会上荣获“年度技术领先奖”，D16TCI、D19TCI发动机荣获由内燃机协会与《中国汽车报》联合颁发的乘用车柴油机2011年“年度发动机”奖。昆船集团研制的机场行李自动处理系统和云南通变电器研制的S13型电力变压器被评为云南省第一批重点新产品。

【自主创新】 2011年，机械行业认定的云南省第五批创新型企业有6家，分别是昆明嘉和科技股份有限公司、哈尔滨电机厂（昆明）有限责任公司、一汽通用红塔云南汽车制造有限公司、国营云南机器三厂、云南云开电气股份有限公司、云南通变电器有限公司。2011年机械行业认定（含复审）的高新技术企业有14家。

2011年，全行业着力加强自主创新能力建设，企业自主创新机制逐步形成，行业基础共性技术研究不断推进，自主创新产品成果显著，创新人才建设有力加强。共获得中国机械工业科技进步一等奖1项、二等奖1项、三等奖5项，云南省科技进步二等奖1项、三等奖3项。获得中国知识产权网2011年公开（公告）的专利164项，其中发明专利37项。昆明云内动力等5家企业的研究中心被认定为云南省工程技术研究中心，昆明电缆集团等6家企业被确定为云南省创新型试点企业，昆船集团获批建立云南省首批院士工作站，昆明中铁获批建立我国第一个大型养路机械国家级博士后工作站；昆明中铁荣获中国铁建2011年度科学技术特等奖。昆船集团完成国家"技术创新引导工程"重点项目——"昆明国家自动化物流装备高新技术产业化基地"建设，依托产业化基地，加速高新技术成果产业化，培育战略性新兴产业。省机械工业行业协会与省科技厅共建云南省先进制造技术研究中心，中心依托云南省机械院，将建成云南省机械制造的技术研发、试验检测、成果转化和人才培养基地及产学研创新平台。一汽通用红塔"解放霸铃轻型载货汽车"等7种产品被认定为云南省第二批自主创新产品，云南省自主创新产品中机械类有14种产品，占全省79种自主创新产品的17.7%。昆明中铁马云昆董事长荣获"装备中国功勋企业家"荣誉称号，昆船一机三分厂齿磨组、一汽通用红塔剪切班等4个班组荣获"全国机械工业职工技术创新示范班组"称号，沈机集团昆明机床股份有限公司数控装配车间装配工王成云、云南CY集团数控车间装配钳工袁建民、一汽通用红塔云南汽车制造有限公司零部件厂机电维修工邹永华、昆明船舶集团有限公司昆船第二机械有限公司罗华4人荣获"全国机械工业岗位技术创新能手"称号。

（段雪梅）

化学工业

2011年，全省规模以上化学工业完成主营业务收入937亿元（含焦化），比上年增长26.3%；实现增加值233.6亿元，增长44.3%，占全省规上工业增加值8.5%。在省内旱情严重，煤、电、天然气保障不足，国内外经济形势错综复杂等不利因素的影响下，全省化学工业在2010年总体企稳向好的基础上，保持了平稳较快增长势头，实现了良好开局。

【主要产品生产】

基础化工原料生产稳中有降 2011年，全省生产原煤9957万吨，比上年增长2%；标准磷矿石产量2356万吨，增长1.7%；原盐101万吨，减少18.5%；标准硫铁矿37万吨，减少44.5%。

中间化工原料适度增长 生产焦炭1603万吨，减少0.2%；折百硫酸产量1199万吨，增长12.2%；合成氨227万吨，增长12.7%；折百烧碱19.9万吨，增长11.6%；标准电石63.7万吨，减少0.4%；黄磷46.9万吨，增长11.4%；纯碱15.2万吨，增长6.2%。

支农化工产品调整发展 生产氮肥108万吨，减少13.1%；尿素145.21万吨，增长19.99%；硝铵62.5万吨，增长32.68%；碳酸氢铵33.24万吨，增长46.84%；氯化铵16.19万吨，增长4.08%；磷肥219万吨，减少8.4%；磷酸一铵减少8.89%；磷酸二铵减少6.52%；重钙121.49万吨，增长32.48%；混配复合肥37.80万吨，增长113.05%；普钙66.2万吨，减少8.92%；化学农药1195吨，减少1%。

【产业结构调整】 随着一批延伸加工产品生产装置的投产，全省精深加工产品产量实现了高速增长，产品结构进一步优化。2011年，生产聚氯乙烯19.4万吨，增长14.7%；热法磷酸82.2万吨，增长174.4%；三聚磷酸钠10.2万吨，增长5.4%；甲醛15.6万吨，增长22.9%；二甲醚7.29万吨，增长28.1%；季戊四醇1.22万吨，增长29.4%；聚甲醛9.15万吨，增长24.9%；醋酸乙烯2.13万吨，增长43.6%；甲醇31万吨，减少1.1%；聚乙烯醇2.86万吨，减少0.2%。

部分行业落后产能退出加快。2011年，全省淘汰焦炭落后产能180万吨，涉及14户企业，占"十二五"淘汰落后产能目标的64.3%；电石11.2万吨，涉及2户企业，占"十二五"淘汰落后产能目标的86.2%。

【固定资产投资】 2011年，全省化工行业完成投资80.34亿元，比上年增长19.9%，其中云天化集团在省内完成投资32.29亿元，煤化集团完成固定资产投资46.8亿元。同时，由于受货币政策从紧，以及焦化行业产能过剩、银行惜贷的影响，全省石油和炼焦行业完成投资32.41亿元，微涨0.5%。

【大项目建设】 重点项目稳步推进。2011年，中缅油气管道和炼化基地建设项目项目核准报告通过国家发改委审查，管道主体工程逐步开工；寻甸褐煤洁净化利用试验示范工程项目主生产线正按进度实施，力争2012年竣工试车；晋宁中低品位磷矿利用“835”MDCP项目已完成场地平整和主体平台建设,将于2012年底前竣工试车。

一批项目建成投产。晋宁二街采用自主研发工艺技术的450万吨/年低品位磷矿浮选项目建成并成功联动试车，有望打破磷矿石浮选的世界性难题；三环中化120万吨/年磷铵二期工程以及云南首个由民营企业投资的60万吨磷酸二铵高浓度磷复肥项目建成投产，对巩固和提升云南“国家高浓度磷肥基地”地位具有积极意义；天创科技有限公司3万吨/年电子级磷酸项目建成投产，标志着云南精细磷化工产品从食品级、药品级向电子级领域的跨越;云南盐化80万吨/年真空制盐项目、云天化股份水富煤代气技改项目等盐化工、新型煤化工项目也相继试车和投产。

【节能减排】 2011年，全省化工行业消耗能源总量1131万吨标准煤,万元工业增加值能耗6.04吨标煤，比上年下降9.81%；焦化行业消耗能源总量249.7万吨标准煤,万元工业增加值能耗5.39吨标煤，下降2.65%。通过连续4年对黄磷行业及连续2年对电石、合成氨等重点载能行业的资源能源消耗情况统计通报和对标管理，引导企业采用先进适用技术实施节能和资源综合利用改造、强化生产经营管理、转变行业发展方式，有效提高全行业节能和资源化利用水平。

【行业管理】 根据行业准入条件和能源消耗定额指标，对黄磷、电石、合成氨3个行业生产企业2010年资源能源消耗情况进行通报，引导载能行业企业开展资源能源消耗对标。最终对4户黄磷、6户电石能耗相对严重超标的企业，以及6户黄磷、1户电石、5户合成氨未及时填报资源能源消耗情况的企业，分别予以黄牌警告通报。

根据行业准入条件，继续组织开展准入公告申报工作。2011年，工信部公示了全国第一批拟公告符合《黄磷行业准入条件》的45户企业名单，云南省有22户企业列入其中，占到公示企业近一半，体现了自2004年以来对黄磷行业进行结构调整所取得的成效。2011年，云南有5户焦化企业列入全国第六批准入公告，自2005年以来已有9户企业纳入公告管理。

为加快转变石油和化学工业发展方式，调整产业结构，提高行业整体质量和效益，增强竞争力和可持续发展能力，提升发展水平，依据《云南省国民经济第十二个五年规划发展纲要》和《云南省新型工业化重点产业发展规划纲要》(云政发〔2004〕8号)，组织编制了《云南省石油和化学工业“十二五”发展规划》。规划明确了“十二五”期间的经济发展目标：即2015年末，全省石油和化学工业主营业务收入达到2700亿元，在2010年基础上增长5倍，年均增长37%以上；实现工业增加值700亿元，年均增长35%以上。投资发展目标为累计实现工业固定资产投入1800亿元以上，在“十一五”基础上增长3.5倍。结构调整目标：1. 企业结构更加集中。到2015年，有1个企业实现销售收入过千亿、2个企业实现销售收入超500亿、3个企业实现销售收入超百亿的目标，中小非公化工企业在延伸产品链方面的作用更加明显。焦化、电石、黄磷等行业通过节能减排产业政策倒逼机制等措施，推进行业技术进步、淘汰落后和联合重组，不断减少企业数量，提高产业集中度。2. 产业结构更加优化。突破“一肥独大”的产业发展现状，初步形成多元化化工产业共同发展的格局。石油天然气化工、新型煤化工及盐化工产业成为全省石油和化学工业的主导产业，占全部化工产业的比重达80%以上。磷肥产能和产量占全国30%左右,化肥产业占全部化工的比重调整到10%以内。磷化工、传统煤化工、生物化工及其它化工产业进一步得到优化发展。节能减排和资源综合利用目标：即完成“十二五”资源节约环境保护目标，各企业单位产品综合能耗在限额标准以内。全行业能源消耗总量控制在4000万吨标准煤以内，万元工业增加值能源消耗控制在5.3吨标准煤以内，在“十一五”基础上降低15%以上；单位工业增加值用水量降低30%，主要污染物排放总量减少10%；黄磷渣和黄磷、电石尾气综合利用率达到85%以上,磷石膏资源化利用率达到30%以上。

(吴　刚)

医药工业

【概　述】 云南省的医药工业主要是以植物药、民族药、化学药、生物疫苗为架构的多门类生产体系和以云南白药系列、三七系列、灯盏花系列、天麻系列、血塞通系列、中药注射液系列、生物疫苗系列、中药提取物系列、贵金属抗癌药物系列、贵金属络合药、生物疫苗和化学药品制剂等系列产品所构成。

2011年，全省医药工业实现产值215亿元，比上年增长29.66%；工业增加值84亿元，增长

42.26%；主营业务收入267亿元，增长72.96%；利润31亿元，增长51.06%。

现有医药工业企业134户，规模以上83户，规模以下51户,分布在除怒江州外的15个州（市），主要集中在昆明、玉溪、红河、楚雄、曲靖、大理和文山7个州(市)。规模以上企业昆明市有41户，占全省的49.34%；玉溪市有11户，占全省的13.25%；楚雄州8户，占全省的9.64%；红河州7户，占全省的8.42%；大理州4户，占全省的4.81%；曲靖市、丽江市各3户，文山州2户；昭通市、德宏州、普洱市、保山市各1户。

2011.12.25 白药整体搬迁庆典，省委书记秦光荣、代省长李纪恒、公司总裁王明辉共同按动云南白药产业基地启动激光球，标志着白药发展史上第三个里程碑事件——云南白药整体搬迁一期工程的顺利完成

2011年，云南省新增药品生产批文12个，其中化学药3个，中成药9个。云南现有药品生产批文4387个，其中化学药生产批文2305个，中药生产批文2069个，生物制剂批文11个，进口化学药批文2个。药品生产品种1480个，其中化学药613个，中成药品种867个。

云南医药工业现有上市公司4家，云南白药在深圳证券交易所、昆明制药在上海证券交易所、云南沃森生物技术有限公司在创业板市场、昆明圣火在美国纽约证券交易所上市。

【基本药物生产供应及生产要素协调工作】 为做好基本药物生产供应的保障工作，省工信委于2011年1月15日下发《云南省工业和信息化委员会关于转发工业和信息化部贯彻落实国务院办公厅<建立和规范政府办基层医疗卫生机构基本药物采购机制的指导意见>的通知》（云工信食药〔2011〕47号），要求各州（市）做好基本药物生产企业的生产保障工作，及时帮助企业协调解决生产中遇到的水、电和原辅材料供应问题，保证中标企业按要求生产基本药物，保障供应。

2011年云南遭遇连续干旱，水、电生产供应形势十分严峻，省工信委积极组织和协调水、电生产供应部门，保证基本药物中标企业的生产供应。昆明南疆制药公司是云南大容量注射剂的主要生产企业，产品占云南市场的85%左右，由于干旱严重，企业连续停水停产1个多月，省工信委接到企业的诉求后，积极协调有关部门，及时解决企业生产用水供应问题，尽快恢复生产，有效保障云南大容量注射剂基本药物的生产供应。

【技术改造和技术进步】 省委、省政府为调整经济结构、打造医药产业，将云南白药整体搬迁至呈贡新产业区的建设项目列为云南省20个重大建设项目之一，涉及总投资13.4亿元，项目的建设将实现工业产值和商业销售收入双双超过120亿的规模，成为国内先进的综合医药产业园区之一，为云南白药实施“新白药大健康”战略、探索云南生物医药经济发展新路径奠定了坚实的基础，2011年底完成了整体搬迁工作。

为贯彻落实省政府实施“工业强省”战略，促进云南医药工业发展，2011年支持云南白药集团文山七花公司、昆明龙津药业股份有限公司和光明食品集团云南石斛生物科技开发有限公司等医药企业进行技术改造，下达技术改造省级财政补贴500万元。积极支持云南白药集团物流中心、云南希陶绿色药业股份有限公司技术中心、昆明制药集团、丽江映华生物药业有限公司等企业进行技术中心能力建设和质量提升，给予省级财政补贴330万元。支持药业生产企业建设主要原料生产基地，精选云南白药集团资源重楼系统解决工程项目和普洱健新生物有限公司的铁皮石斛规范化生产及示范基地建设项目上报工信部，争取到国家800万元的扶持资金，为企业建设优质原料基地发挥了积极作用。

【医药储备工作】 按照省领导的有关批示精神，省工信委就做好中药材的储备工作进行调研，在认真分析云南中药材生产需求现状的基础上，提出在现有中药饮片储备的基础上，进一步建立和完善云南中药材储备机制的具体意见和建议，为省委、省政府决策提供依据。

截至2011年,底云南医药储备品种23个大类、204个品种，其中常用中成药18个品种、中药饮片33个品种，储备计划资金1000万元，实际储备金额3075万元。2011年发运救灾急救储备药品34次、非储备救灾急救115次，重症急救的注射用人免疫球蛋白241次（4932瓶），灾情、疫情及突发公共事件发生时，对医药储备的有效供应，充分发挥了医药储备的积极作用。

【建立网上直报制度】 根据工信部《医药行业统计制度》要求，全国医药行业统计工作采取向“中国医药统计网”网上直报的方式进行。为进一步做好云南医药行业统计和经济运行监测工作，全省制药企业向工信部网上直报2010年统计年报和2011年定期报表的报送工作，初步建立了云南网上直报制度，省工信委作为全国医药工业经济运行监测暨统计工作先讲单位受到工信部的表彰。

【医药工业大事记】

1. 2011年6月，云南白药连续5年被深交所考核为信息披露优秀公司，是全国医药类上市公司中唯一一家连续5年考核优秀的上市公司；

2. 2011年6月，云南白药以75.29亿元的品牌价值、排名178位入选“中国500最具价值品牌排行榜”、以69亿元的品牌价值、排名63位入选“2011胡润品牌榜”

3. 2011年7月，云南白药（000538）首次入选中证100指数样本股；

4. 2011年，昆明制药“昆明及图”和楚雄老拨云堂药业有限公司的“老拨云堂”商标被国家工商总局商标局认定为中国驰名商标。

5. 2011年10月云南金九地生物科技有限公司在昆明承办了“中国——昆明国际生物活性多糖研讨会”，为云南的石斛深加工走向世界具有重要意义。

6. 2011月11月，蒿甲醚原料通过WHO的PQ认证，为多渠道国际销售获得通行证。

7. 2011年11月昆明龙津药业股份有限公司在昆明承办“中华中医药学会制剂分会世界中联中药药剂专业委员会学术年会暨‘龙津杯’中药制剂创新与发展论坛学术大会”，对推动云南灯盏花产业创新和发展具有重要意义。

（徐秀华）

铁路建设

【在建铁路项目】 2011年，昆明铁路局管内在建铁路项目11个，即玉蒙铁路、蒙河铁路、沾六复线、昆广复线、昆玉扩能、大瑞铁路、仁丽铁路、昆明枢纽、东南环线、云桂铁路、沪昆客专，完成投资108.83亿元。

2011年，国家对经济进行宏观调控，铁路建设形势变化，建设资金紧张，各建设项目施工组织计划、进度和工期安排受到影响。昆明铁路局按照保重点项目及控制性工程的原则，合理安排施工组织，集中各项资源，建设项目安全有序推进。6月9日，玉蒙铁路秀山隧道突破富水、破碎、断层，实现平导贯通，11月17日正洞基本贯通；7月20日，六沾复线控制性工程一歌乐隧道贯通，历时38个月，由中国中铁建工集团承建，隧道全长4584米，最大埋深144米，围岩破碎，地下水及岩溶较多；10月6日，大瑞线大柱山隧道燕子窝断层平导顺利通过；12月5日，昆明枢纽控制性工程新碧鸡关隧道贯通。

【仁丽铁路建成通车运营】 2011年10月29日，仁和至丽江铁路通车运营，丽江站投入使用。代省长李纪恒、常务副省长罗正富、副省长李江、省人大常委会常务副主任晏友琼、副省长和段琪、省政协副主席倪慧芳、昆明铁路局局长刘振芳、局党委书记刘柏盛等领导出席通车典礼。典礼由省政府秘书长丁绍祥主持，李纪恒宣布仁丽铁路正式通车运营，罗正富在典礼上致辞。

仁丽铁路南起仁和站，向西北至丽江站，北接在建的丽香铁路，全长14.74公里，按国家Ⅰ级单线铁路设计，设计时速每小时120公里，于2008年12月开工建设，2011年6月竣工，8月17日开通试运营，并开办客运业务。丽江站位于丽江市玉龙县，建筑面积1.2万平方米，是云南省建成的第二大客运站，主体建筑具有鲜明的纳西民族风格，设有2个候车厅、17个售票窗口。

【六沾复线建设推进】 2011年2月6日，上村中桥架梁结束，标志着六盘水至沾益复线521孔铁路桥梁全部架设完毕。六沾复线架梁施工自2010年5月19日开始，由中铁一局负责。5月10日，凤凰山至宣威段上行线开通；9月8日，宣威至龙津沟上行线拨接施工；10月21日，炎方至龙津沟段双线拨接开通，六沾复线双线运营里程由曲靖延伸至龙津沟，实现分段开通目标。

【玉蒙铁路建设进入铺架阶段】 2011年2月21日，玉蒙铁路铺架开工仪式在玉溪南站举行，标志着玉蒙铁路基础建设基本完成，进入最后实施阶段。玉蒙铁路是泛亚铁路的重要组成部分，自玉溪南站起，经通海、建水至蒙自，全长141公里，为国铁Ⅰ级电气化铁路，设计速度目标值每小时120公里，项目总投资45亿元，2005年12月15日开工，预计工期4年，因地质复杂等原因，致工期推迟。

【沪昆客专多乐铺凤凰山隧道相继开工】 4月5日、6日，沪昆客运专线云南段多乐铺、凤凰山隧道相继开工，由中铁五局五公司承建。多乐铺、凤凰山隧道均位于云南省富源县境内，多乐铺隧道全长1079米，为高瓦斯隧道，瓦斯地段埋深较浅，属一级风险隧道，工期30个月；凤凰山隧道全长3973米，隧道洞身岩性为玄武岩夹凝灰岩，岩体破碎，安全风险高，施工难度大，号称“地质博物馆”，工期30个月，采用“进口分修、出口合修”的设计方案施工。

【大瑞铁路保山至瑞丽段建设动员大会】 2011年5月30日，大瑞铁路保山至瑞丽段建设动员大会和工程奠基仪式在瑞丽举行。省委书记白恩培，省长秦光荣，铁道部副部长卢春房，省领导李纪恒、王学仁、罗正富、李江、杨应楠、张田欣、辛桂梓、晏友琼、孔垂柱、和段琪、梁公卿、丁绍祥等出席动员大会。

大瑞铁路全长约350公里，按大保段和保瑞段分期开工，项目投资总估算147亿元，预计总工期6年，速度目标值140公里/小时。2008年6月30日，大瑞铁路大理至保山段先期开工建设，线路全长133.66公里，总投资60.1377亿元。

（吴立群）

交通建设与管理

【概 述】 2011年，全省交通运输系统紧紧围绕“二级公路决战年”和“创先争优示范年”活动，全年完成交通投资619.3亿元，超过省政府下达的420亿元的任务，其中公路建设完成投资616.5亿元，水运完成投资2.54亿元。全省59条二级公路强势推进，累计完成投资887亿元，建成55条。全省二级公路从2008年底的4859公里增至1.01万公里，129个县中123个通高等级公路。高速公路建设扎实推进。普立—宣威、龙陵—瑞丽、大理—丽江、昆明西北绕城、锁龙寺—蒙自、武定—昆明、保山—腾冲等重点项目平稳推进；磨黑—思茅高速建成通车，全省高速公路通车里程2746公里。农村公路建设深入推进。全省农村公路建设完成投资72.09亿元，在建项目2250个，完工项目1430个。全年新改建农村公路1.63万公里，其中沥青（水泥）路4500公里，全省乡镇通畅率达到92.6%，行政村通畅率和通达率分别达到28%、98%。城乡客运一体化进程加快，全年新建农村客运站74个，共计建成913个，全省累计开通农村客运线路4848条，运营车辆3.19万辆，日发班次6.19万班，乡镇通班车率99.71%，行政村通班车率82.28%。公路养护管理不断加强。高速公路优良路率96.2%，在全国干线公路养护管理规范化检查中的排名明显提升。切实加大普通国省干线公路养护“四新”技术推广运用，投入资金5380万元，购置设备255台，养护机械化水平进一步提高。继续深化农村公路养护管理体制改革，县乡两级都成立了农村公路管理机构；投入农村公路养护资金6.62亿元，基本实现农村公路“有路必养、有路必管”。收费信息化建设步伐加快，滇西、滇南12条高速公路实现跨区域联网收费；新增38条电子不停车收费车道，开通54条，用户达到1.6万户。

2011年7月5日 交通运输部与省政府签署会议纪要

【交通管理】

交通运输部与云南省签署加快交通运输科学发展会谈纪要 2011年7月5日，交通运输部李盛霖部长与省长秦光荣在北京签署《贯彻落实国务院关于支持省加快建设面向西南开放重要桥头堡的意见加快交通运输科学发展纪要》。云南省委书记白恩培、交通运输部翁孟勇副部长、高宏峰副部长、刘平副省长等参加签字仪式。《会谈纪要》明确交通运输部支持云南省实施交通优先发展战略的思路和措施，同意交通在推进“桥头堡”战略中建设“126”工程，即高速公路通车里程1万公里，一、二级高等级公路通车里程2万公里，水运通航里程6000公里，规划完成建设投资5000亿元。规划实现后，将形成“十一出省、十一出境”通道格局，邻省广西方向有2条高速公路通道，贵州方向有4条高速公路通道，四川方向有4条高速公路通道，西藏方向有1条高速公路通道；与邻国越南有3条高速公路通道，与老挝有2条高速公路通道，与缅甸和印度有6条高速公路通道。全省全部州（市）及30万以上人口县（市）通高速公路，州、市间高速公路基本成网。全省全部县通高等级公路，县与县之间高等级公路成网。

惠民至勐海二级公路

公路建设工作会议 2011年4月15日，省政府在昆明召开全省公路建设工作会议。会议研究分析二级公路建设面临的困难问题，要求全力以赴加快在建二级公路建设步伐，确保6月30日前建成并锁定债务，争取2012年取消二级公路收费。副省长刘平出席会议并作重要讲话。

公路建设现场推进会 2011年11月6日，省政府在石林县召开全省公路建设现场推进会。代省长李纪恒深入公路建设工地视察并作重要讲话，昆明市委书记仇和参加调研，副省长刘平主持会议并作部署。李纪恒一行实地视察宜良县的永丰农村公路、宜良—九乡的二级公路、石林—锁龙寺高速公路建设情况。会议要求各级政府和有关部门进一步坚定加快公路建设的信心和决心；突出重点、强势推进，全面加快公路建设步伐；解放思想、创新举措，下大力气破解公路建设融资难题；完善规划、未雨绸缪，毫不松懈地抓好项目前期和储备工作；质量第一、安全发展，不断提高公路建设管理科学化水平；加强领导、落实责任，努力形成推动云南公路建设的强大合力。

《云南省交通运输工程造价管理办法》施行 省政府2010年第48次常务会议通过，以第164号云南省政府令公布，于2011年3月1日起施行。

《云南省出租汽车管理办法》和《云南省城市公共交通管理办法》施行 省政府第55次常务会议审议通过《云南省出租汽车管理办法》和《云南省城市公共交通管理办法》，以云南省政府第167号和第168号令颁布，于2011年8月11日起施行。

2011年11月6日 李纪恒代省长调研石林锁龙寺高速公路

收费公路专项清理 2011年8月9日，省政府印发《云南省收费公路专项清理工作实施方案》，成立由刘平副省长任组长，省交通运输厅、省发展改革委副主任、省物价局、省财政厅、省监察厅、省政府纠风办任成员的领导小组。各有关部门充分认识本次专项清理工作的重要性和紧迫性，加强领导，组织好专项清理工作。根据实施方案要求和职责分工，研究制定具体的实施计划，分解细化目标任务，统筹组织实施。依法依规组织开展专项清理工作，督促相关部门和管理单位妥善处理清理工作中出现的问题。通过多种渠道加强信息公开，强化社会监督。

交通科技创新能力 2011年，争取国家和省科技经费直接投入9000万元，厅直接投入3500万元，带动行业内科技配套投入突破2.5亿元。首个国家工程实验室“陆地交通气象灾害防治技术国家工程实验室”获批成立；国家“863”科技项目“高原山区公路工程防灾减灾综合技术及智能预警系统研究与应用示范”落户云南；“云南省公路智能运输工程研究中心”等4个中心开建；10个科技项目获2011年度云南省科技进步奖。交通科研所、云岭科技公司、云岭养护公司跻身国家高新技术企业；关键技术研究项目攻关取得进展，龙江特大桥首次建立部省联合攻关机制。

安全生产约谈制度 从2011年6月13日起，省交通运输厅实施安全生产约谈制度。凡是发生1次死亡10人及以上人数重大安全生产责任事故、存在严重的安全生产违法违规行为和重大事故隐患、单位1年内连续2次发生1次死亡3～9人较大安全生产责任事故、厅直属单位安全生产责任书考核范围内发生1次死亡2人及以上安全生产责任事故等8种情况，在事故等级、性质确定后15日内实施约谈。

交通建设市场诚信信息系统运行 从2011年3月25日起，凡进入云南交通建设市场的从业单位，在递交资格审查申请或投标文件前，须按照有关规定，向信用信息管理系统提出注册申请并填报相关信息。在资质审查、招标投标、政府采购、推荐评优等工作中，查询使用信用信息管理系统中已公布的从业单位信用信息，依法对守信行为给予奖励，对失信行为进行处罚。

停止使用鲜活农产品准运证 从2011年6月15日零时起，全省各收费公路管理单位对运输鲜活农产品的货运车辆查验以装载货物为准，不再以《云南省鲜活农产品准运证》作为查验依据。各级公路运输管理机构停止核发《云南省鲜活农产品准运证》。整车合法装载运输鲜活农产品、且承运在第三期《云南省鲜活农产品运输绿色通道核定产品》范围内的货运车辆，在云南收费公路上免收车辆通行费。

云南交通技师学院揭牌 2011年1月6日，云南交通技师学院举行揭牌仪式，副省长刘平、省交通运输厅厅长杨光成揭牌。2010年云南省交通高级技工学校以全省最高分成为云南首批技师学院，并以全国第五的佳绩，被交通运输部认定为交通职业教育示范院校。

云南省交通运输职业资格管理中心成立 2011年9月6日，省交通运输职业资格管理中心挂牌成立。交通运输行业职业资格工作主要分为技能鉴定和执业资格管理两个方面。

云南省公路智能运输工程研究中心成立 2011年10月，省公路智能运输工程研究中心成立。该中心搭建1个服务全省公路智能运输数据中心，以及交通电子物流枢纽、交通信息服务、交通安全应急保障和公路智能运输数据标准化等4个专业技术平台，形成一致结构合理的高水平创新团队，开展相关技术攻关和技术集成，承担一批有影响力的重大科研项目，研发一批公路智能交通装备、系统和软件产品。

云南公路馆开馆 2011年6月1日，由省公路开发投资公司兴建，中国工程院院士戴复东设计的云南公路馆开馆。该馆位于滇缅国际大通道保龙高速公路潞江坝服务区，馆外设有惠通桥、负责养护滇缅公路的一丘田道班、滇西抗战文化墙和修筑滇缅公路、中印公路的石碾、推土机等文物模型。馆内设有云南公路赋、云南公路交通变迁、云南三大国际通道、云南公路交通建设成就等8个主题展区，建筑面积1200余平方米。公路馆采用现代数字科技手段与传统展示方式相结合。

2011年11月23日怒江拉马底索改桥工程建成通车

公路建设

磨黑—思茅高速公路通车 2011年4月25日，磨黑—思茅高速公路建成通车。磨思高速公路是国道213线兰州—磨憨公路、西部大开发通道干线、国家高速公路网规划之昆明—曼谷国际大通道的重要组成部分，路线长约64.5公里，经磨黑、宁洱、同心、思茅，止点接思小高速公路起点。设计时速为80公里。项目总投资46亿元。

普者黑—炭房一级公路通车 2011年2月21日，文山州普者黑——炭房一级公路正式通车。普炭一级公路是省道S206线以且—马关公路在文山州内的重要路段，总长60.1公里，跨越丘北县、砚山县，起点为省道S206K线丘北县城附近的红薯山，止点连接国道主干线GZ75线并与砚平高速公路相连，是文山州与曲靖市之间的重要通道，也是通往普者黑风景区的主要通道。普炭一级公路概算总投资14.7亿元，2009年2月动工建设，2010年9月底完工并试通车，建设工期比计划工期提前10个月。

首条代建制公路六库—曼海桥二级公路通车 2011年6月1日，云南省第一条代建制公路六库—曼海桥二级公路建成通车。项目于2009年9月15日开工建设，全长91.96公里，起于怒江州泸水县上江乡三界桥，接金厂岭—六库二级公路，止于保山市隆阳区潞江镇，接保龙高速公路潞江坝立交连接线，是入藏、出滇、连接口岸的瑞丽—德钦干线公路的一段，也是云南由北向滇西南延伸的一条经济旅游干线。项目建设工期仅18个月，实现了“管理采用新模式、技术标准不降低、投资控制有结余、整体效应有提升”的代建目标。

施甸县城—链子桥二级公路通车 2011年5月15日，施甸县城—链子桥二级公路起于施甸县甸阳镇角里村，止于施甸县、永德县交界处的链子桥北岸，全长66.75公里，项目概算总投资6.23亿元。

鸡足山旅游公路通车 2011年5月15日，鸡足山旅游公路建成通车，项目起于大理机场，止于鸡足山祝圣寺，2009年7月14日开工，全长104.55公里，总投资14.67亿元，分4期建设。

腾陇二级公路通车 2011年6月30日，腾冲—陇川二级公路建成通车。腾陇路起于保山市腾冲县中和乡毛家营，途经德宏州梁河县、盈江县，止于陇川县章凤镇，路线全长160.43公里，概算总投资22.73亿元。

文山州3条二级公路通车 2011年8月22日，文山州3条二级公路建成通车，全程390公里。其中文山—天保二级公路全长183.5公里；文山—都龙二级公路全长96.6公里，珠街—西林二级公路全长110公里。3个项目于2009年10月开工建设，概算总投资39.49亿元。

昭阳—彝良二级公路通车 2011年8月27日，昭彝二级公路建成通车。昭彝二级公路起于昭阳区徐家营，途经昭阳区北闸镇、盘河乡，彝良县洛泽河镇、角奎镇、钟鸣乡，大关县天星镇、翠华镇、寿山乡，止于水麻高速公路麻柳湾立交，全长92公里，连通昭阳区、彝良县、大关县9个乡镇。概算总投资21.48亿元，于2009年12月全面开工。

盐津柿子乡—镇雄凤翥二级路通车 2011年9月4日，柿凤二级公路建成通车。柿凤二级公路贯穿盐津、彝良、镇雄、威信县，全长61.451公里，概算总投资19.2亿元。

元谋—双柏二级公路通车 2011年11月1日，元谋—双柏二级公路建成通车。元双公路于2009年3月28日开工，起于元谋县城，途经牟定县、楚雄市，止于双柏县城，路线全长164公里，概算批复约40亿元。

怒江拉马底索改桥工程通车 2011年11月23日，怒江州福贡县石月亮乡拉马底村索改桥工程完工，分别建成1座人马吊桥“幸福桥”，1座汽车吊桥“连心桥”，惠及当地265户、1043人，结束拉马底村的老百姓溜索过江的历史。

边境少数民族地区公路建设 全省16个州(市)，129个县(市、区)中，8个州(市)、25个县(市、区)分别与老挝、越南、缅甸相邻。截至2011年底，沿边8个州(市)共有公路里程9.59万公里，占全省公路总里程的45.8%，沿边25个县(市、区)共有公路4.39万公里。昆明市到沿边8个州(市)府所在地通高等级公路。全省二级公路建设完成后，沿边25个县中除福贡县、贡山县、孟连县外，其余22个县将通高等级公路；16个口岸中除片马口岸、田蓬口岸外，其余14个口岸实现通高等级公路。沿边8个州(市)587个乡镇中，523个实现通畅，通畅率89.1%；5983个建制村中，5852个建制村通公路，通达率98%。沿边25个县的252个乡镇中，217个实现通畅，通畅率86.1%；2157个建制村中，2123个通公路，通达率98.42%。

人口较少民族地区农村公路建设 2011年，省交通运输厅围绕全省农村公路“十二五”发展目标，加大人口较少民族地区农村公路建设投入。以通村路面硬化工程为重点，共安排1.7亿元用于建设38个人口较少民族聚集村493公里通村硬化路面工程。重点抓好福贡上帕大桥和怒江州18座溜索改桥建设，溜索改桥的首批示范工程拉马底汽车吊桥和害扎人行吊桥主体工程建成通车。重点支持贡山县独龙江乡整乡推进独龙族整族帮扶交通基础设施项目建设，安排落实独龙江交通基础设施建设资金3.28亿元，其中2011年落实1.77亿元。

（杨斌斌）

水运建设

【概　述】 2011年，全省内河航道通航总里程(按行政区划分)3374.76公里，比上年增加280.4公里，增长率9.06%。其中三级14公里，占总里程的0.41%；四级540.21公里，占16%；五级295.4公里，占8.75%；六级958.53公里，占28.4%；七级799.33公里，占23.69%；等外级767.29公里，占22.74%。全省有内河港口12个，分28个港区，有内河港口泊位192个，其中生产性泊位190个（300吨级以上泊位48个，300吨级以下泊位142个），非生产性泊位2个，码头泊位长度9060米，其中生产性泊位8840米，非生产性泊位220米。

水运工作会议　2011年1月26日云南省水运工作会议在昆明召开。会议提出云南水路交通发展"十二五"期将通过逐步实现"水运通道骨架化，航道养护常规化，港口船舶标准化，客货运输多元化，支持保障一体化，管理体制规范化，文明创建制度化"，推进云南水运快速、高效、绿色和安全发展，实现水路运输现代化的发展。

中老缅泰澜沧江—湄公河商船通航协调联合委员会第10次会议　2011年9月7～8日在大理召开。会议对澜沧江—湄公河航道维护和整治、航运管理、航行安全、成品油试运输等议题进行了深入讨论，并签署了会议纪要。会议期间，四国参会代表乘坐澜沧江海事局巡逻搜救船，对洱海水上旅游航运、水上应急处置能力以及通航管理情况进行了考察。

滇黔桂三省（区）共管库区水上交通安全管理工作联席会议　2011年11月16～18日在文山召开。交通运输部海事局、广西海事局、港航局、云南、贵州省地方海事局及文山、曲靖、黔南、黔西南、百色、河池等6州（市）海事、交通部门参加会议。会议总结回顾2010年三省（区）联席会议召开以来共管库区水上交通安全管理工作的成绩和不足，就当前面临的形势和任务进行分析，并对2012年共管工作提出指导性意见。

考察澜沧江–湄公河国际航运　2011年4月20～26日，交通运输部翁孟勇副部长率领由交通运输部有关司局、国家发改委、财政部、商务部、省交通运输厅、西双版纳州政府等部门组成的考察团一行20余人，赴老挝、泰国实地考察上湄公河航运，并分别与老挝、泰国交通部门举行会谈。考察景洪港、上湄公河会晒—孟莫段航道和清盛港二期（吞吐量600万吨）工程建设情况，并和老挝交通部部长宋玛举行会谈。在改善上湄公河航道问题上，双方表示要进一步改善湄公河航道，提高航道等级，适应未来船舶大型化趋势，并考虑延伸通航里程，商定由双方专家开展相关研究，提出工程技术和融资方案，报双方政府同意后予以实施。中老双方还就发展基础设施建设合作签署谅解备忘录。在与泰国交通运输部副部长格古·丹集威差举行会谈，就上湄公河航运发展和互联互通等问题双方一致认为有必要与其他相关国家协商，共同研究澜沧江—湄公河国际航运进一步发展的新思路，进一步改善和整治上湄公河航道。

考察中越红河界河段航运　2011年3月21～26日，省航务管理局组织红河州、河口县交通局和水运设计单位对中越红河界河段（龙博河—河口）51公里航道进行实船考察。经考察红河界河段（龙博河—河口）河宽60～200米，平均比降约0.6‰，枯水期最小水深0.6～1米，目前红河界河段（龙博河—河口）航道无需整治50吨级船舶即可通航10个月，100吨级船舶可通行5个月以上，其中坝洒农场—河口段50吨级船舶基本可全年通航，100吨级船舶可通行7个月以上，通航技术可行，该界河段航道具备复航基本条件。

澜沧江—湄公河国际航运复航　2011年12月10日，中国、老挝、缅甸、泰国湄公河联合巡逻执法首航仪式在关累港举行。省政法委书记孟苏铁主持仪式，公安部副部长孟宏伟、交通运输部副部长徐祖远、老挝人民军副总参谋长波相、缅甸内政部副部长觉吞、泰国国家安全委员会秘书长威谦出席仪式。四国联合巡逻执法正式启动，湄公河国际航运黄金水道全面恢复通航，10艘商船跟随联合巡逻执法船起航出发。按照中老缅泰湄公河流域执法安全合作机制，依据有关联合声明和会议纪要，在中国关累港设立中老缅泰湄公河联合巡逻执法联合指挥部，在老挝、缅甸、泰国分设联络点，及时交流情报信息，组织协调各方行动。四国将在实践中不断完善联合巡逻执法合作机制，进一步推动建立四国执法安全合作长效机制，切实打击犯罪，更好地维护湄公河流域社会治安秩序。

云南首家水上搜救机构挂牌　2011年12月16日，云南省首家水上搜救机构"大理洱海搜救中心"授牌暨"澜沧江海事局巡逻搜救船"首航仪式在大理举行。澜沧江海事局巡逻搜救船由交通运输部、省交通厅和大理州政府共同投资1374万元建造，是云南省投资规模最大、科技含量最高、水上搜救功能最齐全、设备最先进的海事搜救船。该船长39.8米，型宽9.2米、型深2.7米，最大载客300人，主机功率1064千瓦，设计航速30公里/小时，续航能力400公里，最大排水量170吨，为双体双机双舵船。船上设有海事指挥中心、医务室、乘员舱等舱室，配有2个消防炮和6部消防栓，搭载有区域地理信息系统，船舶动态监管系统，数据处理分终端集成数字化设备，是集洱海保护，安全监管、执法宣传、调查取证、消防、指挥等多功能一体化的海事巡逻工作船。

水上交通治大隐患防大事故安全隐患排查治理专项行动 2011年8月17日~9月10日，云南在全省范围内开展治大隐患防大事故安全隐患排查治理专项行动，中秋节前夕对全省水上交通开展专项行动情况进行督促检查。省航务局对全省16个州（市）的重点地区、重点企业、重点部门、重点项目、重点场所的专项行动开展情况进行重点督查，督查“四个重点”通航秩序监督管理情况、乡镇船舶四级责任制落实情况、渡口渡船安全管理专项整治进展情况、船舶标准化更新改造进展情况、危险货物运输和危险品经营港口、码头、站场安全管理情况、严禁滚装船舶非法夹带危险物品规定落实情况、水路运输打非治违深化拓展情况等10个方面。

滇、黔、桂三省（区）海事部门在天生桥库区联合开展巡航执法检查 2011年1月19~23日，曲靖市地方海事局、贵州省黔西南州地方海事局、广西百色海事处联合开展为期5天的天生桥库区大坝—八大河航道巡航执法检查。主要巡查船舶航行、停泊情况，对碍航捕捞、水上养殖等行为进行清理，打击农用船、渔船等非客运船舶违法载客行为和船舶超载、酒后驾船行为，维护赶集日通航密集区水域的通航秩序。此次巡航执法检查出动“海巡1966”、“黔海巡091”、“滇海巡01”3艘海巡船艇，10名海事执法人员，巡航里程280余公里。查获船舶85艘，行政处罚3艘、行政警告3艘、发放宣传材料200余份。

滇、黔、桂三省（区）天生桥（万峰湖）库区通讯联络应急搜救演习 2011年10月27日在天生桥库区举行。演习涉及水上遇险人员自救、遇险船舶位置确定、水上远程医疗指导、遇险人员搜寻救助与转移等4个科目。此次贴近实战的水上联合应急演习，检验广西、云南、贵州三省（区）水上搜救中心的应急指挥能力，进一步提高了海事部门在天生桥库区水上交通安全监管的工作质量和效果。

云南长江干线船型标准化船舶拆解工作 2011年6月9日，云南省长江干线船型标准化船舶拆解改造工作启动仪式在四川省林业轮船公司船舶修造厂举行，现场启动对“东升28号”货船的拆解工作。根据八省二市联合签署的《推进长江干线船型标准化实施方案》和交通运输部、财政部联合发布《长江干线船型标准化补贴资金管理办法》，云南有9条过闸小吨位船舶和32条老旧运输船符合拆解补助条件，首批对5条船舶进行拆解。

“内河小型船舶电力推进系统研制”成果 由云南省航务管理局和上海海事大学共同承担的交通运输部西部项目“内河小型船舶电力推进系统研制”获云南省技术发明奖一等奖，这是云南水运行业获奖最高的科研项目。该项目解决内河小型船舶电力推进系统的电力推进稳定性、推进操纵控制、电能动态管理等技术难点。将电力推进系统集成创新和电子监控装置创新相结合，总体技术上优于国外同类产品，填补我国内河小型船舶电力推进系统研制的空白。

统一海事执法车辆外观标识 省公安厅和省交通运输厅联合发出通知,从2011年12月1日起，对全省海事执法车辆实施统一外观标识管理。内容包括统一海事执法车辆外观，包括中国海事局局徽、“中国海事”字样、“MSA”字样、“三江四海”标志、海事搜救电话、车辆编号、示警灯等；由省地方海事局（澜沧江海事局）负责对全省海事执法车辆外观标识实行指标分配管理；海事执法车辆由车辆所属单位的海事人员驾驶，驾驶海事执法车时，按照规定着制式海事服，持有相应车型的机动车驾驶证和海事行政执法证或云南省交通行政执法证，要符合3年内未发生重大道路交通安全事故、每人违法记录分周期不超过6分的条件。

云南省航海日活动启动 2011年7月8日，云南省航海日活动正式启动。主题“弘扬郑和精神，发展云南水运，推进桥头堡建设”，开展14项内容：一是召开云南省航海日组委会会议暨新闻发布会；二是参加2011年国家航海日主会场纪念活动；三是参加2011年珠江片区庆祝航海日纪念活动；四是开展户外宣传活动；五是在昆明市中小学校开展“郑和与航海”宣传周活动；六是继续配合交通运输部、大连海事大学为云南培养远洋船员；七是举办第3届航海科技夏令营；八是举办第2届航海日游泳邀请赛；九是举行云南省首艘海事搜救船首航典礼；十是做好全省首座通航升船机试运行宣传；十一是组织全省航务、海事系统举行升旗和船舶鸣笛；十二是组织参加珠江水系水运从业人员相关评选活动的推荐申报工作；十三是做好“珠江航海奖学金”和“珠江航海助学金”的推荐工作；十四是协助郑和故乡晋宁县举办国际郑和文化节各项活动。

（刘书舍）

信息产业

【网络基础设施建设】 2011年，建成昆明区域性国际出入口，以昆明为中心，通信光缆为主体、集数字微波、卫星通信等多种手段为一体的，连接缅甸、老挝、越南等周边国家的长途干线传输网已经形成。已建成的全省光纤主干线分别汇接到国家八纵八横光纤干线，拥有5条出省干线光缆，光缆长度27.26万公里，电话用户总数2623.9万户，电话用户普及率58.13部/百人，全省100%的行政村实现“电话村村通”。全省宽带接入用户188.47万户，移动互联网用户1584万户。广播电视事业稳步发展，全省有线电视在网用户479.5万户，其中有线数字电视用户234.6万户，广播电视综合人口覆盖率分别达到96%、95%。

【电子政务建设】 2011年，电子政务建设从网络连通向信息资源共享转变。经过“十一五”2期工程建设，云南省电子政务网纵向实现省、州（市）、县三级联通，横向实现党委、人大、政府、政协系统的联通，完成“王”字型网络的建设，79个省级部门和中央驻滇单位，11家商业银行、16个州（市）、129个县，承载各党政机关政务业务系统和数据交换的电子政务网络平台已覆盖近6000个政务部门，承载49个政务业务专网和部分外网应用。电子政务外网、互联网的关系基本理顺，为构建政府部门专网、承载政府部门间信息、政府服务信息及各类业务奠定了良好的基础，业务应用平台托管已经迈出了实质性步伐。按国家统一部署，目前全省电子政务内网建设、电子政务外网整合正在进行，全省电子政务应用将更趋合理、高效、安全。

【政府信息公开政务业务网上办理】 信息公开网站平台已经成为政府信息公开的主渠道。目前，已建成省级部门、州（市）政府信息公开网站、信息公开网站1.07万个，形成规模大、覆盖宽的政府信息公开网站群。配备政府信息公开专职、兼职人员1.2万人，政务信息查询话务员和联络员1.4万人，注册信息发布、审核及监察员2.3万人，落实政府信息公开工作专项经费1700万元，主动公开政府信息200万条以上。政务信息在线解答系统于2009年3月15日正式开通，截止2010年8月31日，系统累计收到群众提问1.4万件，办理回复1.23万件，各级行政机关录入常见问题8.58万件；有1.05万家部门为公众提供政务信息在线解答服务。

“96128”政务信息查询专线自2009年6月25日正式运行以来，已覆盖9823个全省各级行政机关及部分中央驻滇单位；设立服务电话1.02万部，建立一支由话务员和联络员组成的超过1万人的队伍。截止2010年7月31日，全省累计应答电话42.32万次，转接22.39万次，转接成功18.46万次，转接成功率92.8%，满意率98.42%。“96128”专线服务平台已成为群众与政府之间无障碍、高效方便的沟通桥梁，成为解决群众实际问题的途径之一。2010年，结合效能政府建设，省政府四项制度联席会议第二十次会议要求，省工信委正按品牌化要求对“96128”专线服务进行提升。使其发挥更大的社会效益。

政务业务网上办理发展良好。财政、工商、税务、公安、社保、医保、教育、卫生、城乡建设、环境保护、质量监督等各类涉公、涉私政务业务网上办理的业务种类、业务数量、办理效率、办理质量大幅度提高，可通过互联网获取的各类政府业务表格、文件、资料呈快速增加势头，以信息网络系统为技术支撑、一站式服务的各级各类政府行政审批中心发挥着重要的作用，信息网络为民服务的成效日益显现。

【社会信息化】 以教育科研网为主、多种网络支撑的教育信息化网络体系日趋完善，各级各类教育行政管理、教学管理、教学过程、教学资源信息化水平有新提高，农村现代远程教育、优质教育资源共享取得新进展。科研管理与服务、大型仪器设备共享等科研基础条件信息化建设不断发展。覆盖全省的医保系统、防疫监控与应急处置系统、远程医疗系统等建设基本满足应用需要，有力支撑医疗卫生领域的改革与发展。就业与社会保障信息服务体系基本形成，就业信息统计、技能培训、就业指导和政策咨询服务信息化水平有较显著的提高。较发达的昆明等州（市）的社区信息化建设取得初步成效。

【经济领域信息化】 “十一五”期间，“数字乡村”、“金农”工程、农村信息化试点等工程的实施，为面向三农的信息化发展构建了良好平台，建设了相对丰富的涉农信息资源，有力推进了面向“三农”的信息服务，为“十二五”农村信息化奠定了良好基础。

利用信息技术改造和提升传统产业有进展，信息技术在电力、交通运输、冶金、机械、烟草、化工等行业的应用得到快速发展，推进设计研发信息化、生产装备数字化、生产过程智能化和经营管理网络化进程。中小企业信息服务平台等项目的实施，为中小企业信息化创造基础条件，ERP系统、供应链管理、客户关系管理等应用在烟草、化工、钢铁等大型国有企业稳步发展。

服务业信息化有一定进展，网络增值信息服务、金融信息化、物流信息化有进一步发展，以农业电子商务为特色的电子商务应用得到初步运用、电子商务环境进一步改善，信息技术在推动经济结构战略性调整方面发挥着越来越重要的作用。

【网络与信息安全体系】 信息安全受到各级各部门的高度重视，网络与信息安全体系初步建立。成立云南省网络与信息安全协调小组及办公室、云南省网络与信息安全专家咨询组，在协调小组领导下，办公室会同各组成部门积极开展相关工作，形成各部门分工协作、齐抓共管、专家咨询的工作局面；出台《云南省信息化领导小组关于加强信息安全保障工作的实施意见》、《云南省网络与信息安全监察管理规定》、《云南省信息安全风险评估工作暂行管理办法》、《云南省信息安全协调小组关于加强党政机关信息系统安全和保密管理工作的意见》、《云南省政府信息系统安全检查实施办法》、《云南省网络与信息安全事件应急预案》等制度性、政策性规定；建立由中国信息安全测评认证中心云南省测评中心、云南省密钥管理中心、云南省保密技术检查检测中心等组成的基础设施建设与技术支撑队伍，为“十二五”网络信息安全建设奠定了良好的基础。

【信息产业】 “十一五”期间，信息产业销售收入从2005年的58.5亿元增加到2009年的88.17亿元，年均增长10.8%，2009年完成工业增加值10.13亿元。其中软件产业发展出现良好势头，统计内软件企业92户，主营业务收入40.2亿元，软件业务收入25.3亿元，有望实现55亿元的“十一五”规划目标。计算机系统集成获证企业74户，其中一级资质2户，二级资质10家户，三级资质21户；通过软件企业认定124户，软件产品登记401项，711人获得项目经理或高级项目经理资质证书。云南南天电子信息产业股份有限公司、昆明昆船物流信息产业有限公司进入中国软件百强企业，分别列第42位和第82位。

【公众信息化素养和信息化整体水平】 据国务院新闻办发布的《中国互联网状况》白皮书、CNNIC发布的第25次中国互联网络发展状况统计报告，截至2010年6月，我国互联网普及率达到31.8%，表明中国信息化水平、公众信息素养、信息手段利用水平都具有显著的提高，处于发展中国家前列。云南省基本保持与全国同步提升，网民数、域名数、网站数、IP地址、网页数、网页字节数、互联网普及率等指标基本保持“十五”末期位次，云南的信息化水平、公众信息素养等与全国同步发展，没有持续拉大云南与全国水平的差距，为“十二五”的发展奠定基础。

（李海赟）

建筑业

【概 述】 2011年，云南省建筑市场监管工作按照全省城乡建设工作会议总体部署，紧紧围绕云南省建筑业“十二五”发展规划的总体目标，以加快转变建筑业发展方式为主线，以行业结构调整为方向，以体制创新和技术进步为动力，以增强企业活力和市场核心竞争力为重点，以全面推动云南建筑业健康持续发展为目标，加大扶持力度，加强市场监管。在省委、省政府正确领导下，在全省建设系统及相关部门的积极配合下，经过全省各建筑企业、各级建管部门的共同努力下，圆满完成了各项工作任务。

云南建筑业在国民经济中的巨大带动作用充分展现，建筑业对相关上下游产业，包括钢铁、水泥、机械设备制造、各类新型建材、家具、汽车、家用电器、科技研发、咨询服务等行业的发展，发挥重要的拉动和辐射作用。2011年，建筑业总产值再创新高，全年完成产值1867.06亿元，比上年增长23.7%；增加值785.12亿元，增长26%，建筑业增加值占全省GDP的9%，超额完成年度目标任务，较2008年建筑业总产值实现翻番，建筑业支柱产业地位和作用进一步增强。

【建筑企业综合实力】 1. 企业数质量有新突破。2011年，在加大对建筑企业资质提升扶持力度的同时，也加大了对企业资质的核查力度，高等级资质企业数量增加，低等级资质企业数量减少。全省现有建筑施工企业3522家，其中特级资质企业 2 家，一级资质企业 160 家，比上年增长 24%，二级资质企业 1067 家，不分等级企业 161 家。监理企业 104 家，其中综合资质 1 家，甲级资质 20 家，乙级资质 45 家，丙级资质 37 家，事务所 1 家。检测企业 224 家。2. 企业骨干作用明显增强。2011 年，云南建工集团有限公司建筑业产值 290 亿元，占全省建筑业产值的 15.5%；中国有色金属工业第十四冶金建设公司的产值突破了百亿元；西南交通建设集团股份有限公司 2010 年申报矿山施工总承包一级资质成功后，新增矿山施工合同额 200 亿元。3. 企业科技创新能力明显提高。各企业在经营中更加注重科技在建筑业发展中的作用，通过加快引进、推广和应用国内外新技术、新工艺、新材料和新设备，进一步提高科技创新能力。根据《云南省工程建设工法管理办法》相关规定，经省建设工程技术专家委员会的专家评审，云南省有 164 项工法被评为省级工法，其中有 13 项省级工法被住房和城乡建设部评为国家级工法。云南省第二建筑工程公司、云南官房建筑集团股份有限公司 2 家企业成立了省级企业技术中心。目前全省建筑行业已经有 9 家企业成立省级企业技术中心，进一步提高建筑企业的技术创新能力和科技应用水平。随着云南建筑业科技水平的提高，云南建筑业在企业竞争力、企业综合实力等方面都有显著提高。

【建筑市场监管】 1. 查处打击非法行为力度大。根据《国务院关于进一步加强企业安全生产工作的通知》、《国务院安委会关于开展严厉打击非法违法生产经营建设行为专项行动的通知》、《关于开展严厉打击非法违法建筑施工行为专项行动的通知》、《云南省安全生产委员会关于印发云南省开展严厉打击非法违法生产经营建设行为专项行动实施方案的通知》等文件要求，组织开展全省建设领域集中严厉打击建筑施工非法违法行为的专项行动，加大对云南建筑市场准入的监管力度，对无施工资质、超越资质及借资质承揽工程的行为给予严惩，同时也加大对从业人员违法行为的处罚力度，使全省建筑市场得到了进一步的规范。同时派出 4 个工作组对 8 个地（州）的 29 个在建项目进行抽查，对现场检查中发现的其他问题责成当地建设行政主管部门进行处理，并监督落实整改。2．专项检查措施实有力。根据《关于组织开展全国建设工程质量安全及建筑市场监督执法检查的通知》、《云南省政府贯彻落实〈国务院关于进一步加强企业安全生产工作通知的实施意见〉关于开展 2011 年全国“质量月”活动的通知》、《关于在全省开展 2011 年“质量月”活动的通知》等文件要求，开展昆明片区建设工程质量检测市场专项检查工作，并将检查情况进行梳理汇总，出台了相关整改措施，对云南建设工程质量检测市场中存在的问题进行全面治理整顿，确保建设工程质量检测市场健康发展。3. 市场动态监管效果明显。按照住房和城乡建设部《关于加强建筑市场资质资格动态监管完善企业和人员准入清出制度的指导意见》、《建筑业企业资质管理规定》相关规定，开展了全省建筑施工企业资质核查工作。经过重新核查，将会有部分二级企业降为三级，部分企业被注销资质。把一批“沉睡”企业、“空壳”企业、不具备市场准入条件的企业全部清出市场，进一步规范资质、资格管理工作，有效净化云南建筑市场，促进全省建筑市场监管体系的建立。

【勘察设计行业监管】 2011 年，进一步规范行业行为，本行业全年营业收入 135 亿元，增长 30%；加快推进工程建设标准化，15 部地方标准审批发布，参与 8 部国家行业标准编制工作，工程建设标准定额管理加强，工程造价咨询营业收入 5 亿元；颁布实施《云南省建筑智能化工程招投标管理办法》，强化招投标市场监管，进一步规范招标投标工作。

【政策 · 法规】 为全面贯彻落实云南省建筑业发展大会精神和《云南省政府关于加快建筑业改革与发展的意见》要求，积极推进配套政策措施的出台工作。制定出台《云南省建筑业企业资质管理实施细则》。针对云南建筑业企业数量多，规模小，实力弱，等级低，企业综合实力不强的实际情况。进行了深入的调研，并结合实际，制定出台《云南省建筑企业资质管理实施细则》。稳步推进扶持政策工作落实。按照省财政厅、省住房和城乡建设厅《关于印发云南省促进建筑业发展奖励扶持暂行办法的通知》要求，2011 年有 500 余家企业获得 2010 年度建筑业奖励扶持资金，有 539 人获得建筑业奖励扶持骨干人才培养资金。切实为建筑企业减轻负担。针对建筑业企业在经营过程中总承包、专业承包、劳务分包出现的重复上税的问题。为减轻建筑企业负担，合理调整产业结构，培育云南劳务市场，扶持本省劳务企业发展，省住房和城乡建设厅联合省、市、区税务相关部门，对全省建筑业企业经营中，有关重复上税问题进行认真调研。省地方税务局出台《关于建筑业营业税征收管理问题的通知》。《通知》的出台，有效地解决企业重复上税的问题，并将劳务企业的营业税由5.5%调整为3.41%。

（张礼孔 关世敏 李 璟）

建材工业

2011年，全省规模以上建材工业实现主营业务收入257.4亿元，比上年增长32.2%；完成工业增加值（含非金属矿采选业）124.2亿元，增长25%，占全省规模以上工业增加值4.5%。受原料煤价格上涨等因素影响，全行业特别是水泥行业表现出"增产增值不增效"的运行特点。

【产品产量】 2011年，全省20种主要建材产品持续保持稳步增长态势，其中水泥、水泥制品、平板玻璃、商品混凝土、石材制品等产量增幅较大。水泥6789万吨，比上年增长17.3%。平板玻璃850万重量箱，增长15.5%；其中浮法平板玻璃687.8万重量箱，增长18.8%。建筑陶瓷4287万平方米，增长11.5%。各类砖163亿标准块，增长7%。石材加工638万平方米，增长21%。商品混凝土1009万立方米，增长70.5%。产品产销率97.3%。水泥产量较上年净增1003万吨，增幅提高2.67个百分点，年净增量首次超过1000万吨大关。散装水泥量2303万吨，较上年净增506万吨，增长28.2%，散装率33.9%，增幅提高2.8个百分点。新型干法水泥比重提高到84.2%，增幅提高1.7个百分点。

【经济运行】 2011年，全省规模以上建材工业实现现价工业总产值264亿元，比上年增长34%。其中水泥行业实现203亿元，增长28%，占规模以上建材工业现价工业总产值76.9%。

全行业（含非金属矿采选业）规模以上企业完成工业增加值124.2亿元，占全省规模以上工业增加值4.5%。其中非金属矿制品业实现工业增加值89.5亿元，增长20.1%。水泥行业实现工业增加值70.3亿元，增长17.7%，占全省建材工业增加值78.5%。全行业实现主营业务收入257.4亿元，增长32.2%。其中水泥行业实现199.7亿元，增长28%，占全省建材工业主营业务收入77.6%。产品销售率97.5%，下降1.84个百分点。其中水泥产品产销率98.3%，与上年基本持平，继续保持供需两旺的态势。

【经济效益】 2011年，由于燃料煤价格在上年基础上提高150元左右，外加劳动力成本增加和产品价格稳中下滑等因素影响，致使全行业增产增值不增效，企业盈利空间进一步受到挤压。全行业实现利税总额24.42亿元，比上年下降6.4%；其中水泥行业实现21.6亿元，下降7.4%。全行业实现利润11.58亿元，下降20.9%；其中水泥行业实现10.9亿元，下降19.8%。

【产品价格】 通用硅酸盐水泥出厂价格总体稳中小幅波动，最高月份出厂价格351元/吨，最低月份326元/吨，降幅2.76%。上半年全省水泥平均出厂价格（含税）335元/吨，同比上扬38元。下半年平均出厂价格（含税）324元/吨，同比上扬32元，环比下降11元。全年平均出厂价格330元，同比上扬36元。昭通、普洱、版纳等州(市)高出全省平均出厂价，昆明、玉溪、曲靖低于全省平均出厂价，水泥出厂价呈西高南低趋势。

2011年平板玻璃出厂价格从年初81.61元/重量箱逐月下滑至年末64.63元/重量箱，降幅20.81%。全年整体呈持续下降态势；一季度平均出厂价格79.68元/重量箱，二季度为77.63元/重量箱，三季度为69.96元/重量箱，四季度为67.43元/重量箱。环比分别下降5.31%、2.58%、9.88%、4.15%。全年平均出厂价格73.67元/重量箱，较上年下降9.77%。

【固定资产投资】 2011年，建材行业完成工业投资130.4亿元，增长34.5%，增幅高出全国平均水平2.63个百分点。其中水泥行业完成固定资产投资63.18亿元，比上年增长19.1%，增幅高出全国平均水平27.4个百分点，占全省建材工业固定资产投资44.8%；水泥制品行业完成21.79亿元，增长54%，占全省建材工业固定资产投资15.4%；墙体材料行业完成6.48亿元，增长26.7%；建筑陶瓷行业完成3.36亿元，增长29.2%；建筑用石加工业固定资产投资异军突起，完成11.71亿元，增长150.7%，在全省建材工业固定资产投资中达到8.3%。

（李 莉）

煤炭工业

【经济运行】 2011年，全省煤炭行业实现现价工业总产值581.93亿元，比上年的442.84亿元增长31.41%；实现现价销售产值586.79亿元，比上年的435.16亿元增长34.84%;实现工业增加值236.30亿元，比上年的195.85亿元增长20.65%。

全省生产原煤9957.41万吨，比上年增长2.02%；生产洗精煤1063.08万吨，增长0.84%；生产焦炭1602.74万吨，减少0.28%。全省完成原煤产量9957.41万吨，其中无烟煤3047.62万吨，烟煤4734.82万吨，褐煤2174.97万吨。

全省累计销售商品煤1.05亿吨，比上年的1亿吨增长3.87%。全省商品煤铁路运量679.1万吨，比上年的687.16万吨减少1.17%。

全省累计销往省外商品煤1810.29万吨，比上年的1691.25万吨增长7.04%。2011年末全省煤炭生产企业原煤库存169.99万吨，比上年的230.89万吨减少26.38%。

全省煤炭生产企业供应电煤3323.22万吨，比上年增加210.71万吨，增长6.77%；供应化工用煤2068.6万吨，增加305.75万吨，增长17.34%；供应冶金用煤1424.89万吨，增加71.44万吨，增长5.28%；供应建材用煤1248.31万吨，增加647.7万吨，增长107.84%。

【煤炭安全生产】 2011年，全省煤矿发生死亡事故79起，死亡183人。与上年57起死亡104人相比，事故起数和死亡人数多22起79人，分别上升38.6%、75.96%。其中一般事故发生66起，死亡74人，与上年47起死亡54人相比，事故起数和死亡人数多19起20人，分别上升40.43%、37.04%；较大事故发生11起，死亡54人，与上年10起、死亡50人相比，事故起数和死亡人数多1起4人，分别上升10%、8%；重大事故发生1起死亡12人，与上年相比，多1起12人；特别重大事故发生1起死亡43人，与上年相比，多1起43人。全省煤矿百万吨死亡率1.838，比上年的百万吨死亡率1.066增加0.772，上升72.42%。

（何永盛）

·第三产业·

交通运输和邮政业

铁路运输

【概 况】 昆明铁路局属国家铁路运输企业，管辖线路跨越云南、四川、贵州三省，主要负责管辖区域内的旅客和货物运输组织工作。开行昆明直通北京、上海、郑州、武昌、南京西、济南、广州、厦门、襄樊、西安、成都、重庆、南宁、贵阳、六盘水、攀枝花、大理、楚雄等旅客列车，负责货运五定班列、行包快运专列、集装箱专列、鲜活冷藏班列、大宗货物直达列车等货物运输组织工作。

昆明铁路局管内铁路有准轨（轨距1435mm）、米轨（1000mm）2种轨距，是全国18个铁路局中唯一准米轨并存的铁路局。管辖沪昆、成昆、南昆3条准轨电气化铁路干线，昆河、蒙宝2条米轨铁路干线，广大、大丽、水红3条合资铁路，昆玉1条地方铁路，羊场、东川、盘西、昆阳、安宁（联络线）、东王6条准轨支线，昆石、昆小、草官3条米轨支线。管内线路总延长3822公里，其中国铁3036.6公里（米轨797公里）、合资711.3公里、地方74.1公里；线路营业里程2511.2公里，其中国铁1927.6公里（米轨656.6公里）、合资538.6公里、地方55.9公里；电气化铁路1429.5公里，其中国铁1065.8公里、合资363.7公里。有桥梁1615座19.54万延长米，隧道796座49.03万延长米。设198个车站，其中国铁147个（米轨36个）、合资46个、地方5个，按等级分，特等站1个、一等站1个、二等站9个、三等站14个、四等站95个、五等站78个。拥有各型机车379台，其中内燃机车144（合资公司配属11台）、电力机车235台。国铁配属客车1381辆（准轨1359辆）。

【铁路运输任务】 2011年，昆明铁路局完成旅客发送2968万人，比上年增加260万人，增长9.6%；货物发送6354万吨，增加87万吨，增长1.4%；准轨日均装车2626车，增加136车，增幅5.5%，日均卸车2623车，增加222车，增幅9.2%，全面完成全年各项任务目标。

2011年，分界口接入通过重车日均比上年减少54车、接入作业重车日均增加178车、接入空车日均减少29车，货源和请求车大幅萎缩，在此不利形势下，昆明铁路局继续与17家50万吨以上货运大客户签订年度运量互保协议，加大货源组织力度，有效遏制货源下滑态势。同时动态调整到卸重车组织，加大分界口交接力度，确保运输生产任务完成。12月23日，全局完成换算周转量450.54亿吨公里，超全年计划5400万吨公里，比上年增加21.54亿吨公里，增长5%；准轨卸车累计完成93.44万车，超年计划32车，提前8天完成铁道部下达的全年换算周转量任务目标和准轨全年卸车计划。

【出省物资运输】 2011年，云南省出省物资铁路运输3450万吨，比上年增加107万吨，增长3.2%。1月1日，昆明铁路局联合省工信委下发《关于加强入滇物资和省内铁路运输组织工作的通知》，建立铁路运输激励长效机制，采取“发送与到重捆绑、管内运量与管外运量捆绑”的营销方式，用吸引到重与装车相挂钩的办法激励铁路运输重点企业加大入滇物资吸引到重组织力度，解决出省物资运输车源不足难题，实现铁路运输上总量、出省物资有增量。12月13日，出省物资铁路外运3361.7万吨，提前18天完成省政府年初下达的3358万吨任务。

【重点物资运输保障】 2011年，昆明铁路局与省工信委、省发改委、中石化、省粮食局等部门和单位建立日常沟通协调机制，对云南经济增长至关重要和关系国计民生的电煤、粮食、果蔬、化肥、食糖等重点物资，开辟运输绿色通道，采取“优先计划、优先配车、优先装车、优先取送、优先挂运、优先放行、优先接运、优先卸车”的“八优先”运输政策全力给予保证，从计划安排、分界口接入、挂运上线、卸车组织等层层抓好落实，做到有请必装，有多少运多少，不因铁路运输原因影响云南煤电油运正常供应。2011年，完成电煤运输608万吨，比上年增加58.2万吨，增长10.6%；成品油接运530.9万吨，增加74.2万吨，增长16.5%；果蔬运输累计完成6.5万吨，减少17.9万吨，减少73.2%。

【列车运行图调整】 2011年1月11日，昆明铁路局以实现增运增收为目标，以增开管内客车和加大分界口货车交接为手段，实施年内首次列车运行图调整，增开客车3对、货车8对，分界口交接对数由67对调整为72对，客运列车旅行速度由62.77km/h提至63.48km/h，货物列车旅行速度由34.55km/h提至34.88km/h。此次调图，调整列车运行经路1对，北京西—昆明K471/4/1、K472/3/2次改K471/2次，改经由京广、沪昆、水红、盘西、沪昆线运行；列车等级提高2对，重庆—昆明2652/49次、2650/1次改快速K1052/49次、K1050/1次，成都—昆明2639/40次改快速K1139/40次；广丽线图定旅客列车9对。

8月28日，全国铁路实施新一轮旅客列车运行调整图，昆明—上海南K740/39次列车在昆明—六盘水间改经沪昆线运行，增加宣威站，取消红果停点；厦门—昆明K230/1次、郑州—昆明K337次、上海南—昆明K739次、北京西—昆明K471次、昆明—北京西K472次列车停站相应调整。9月20日，货物列车调图开始执行，根据线路允许速度，对沪昆、成昆、南昆、盘西、水红线运行标尺进行调整，对“夕发朝至”的大理、丽江客车终到点进行微调，满足旅客出行需求。

【昆明—上海南K80/79次列车值乘任务接管】 2011年1月10日，昆明—上海南K80/79次列车值乘任务由上海铁路局移交昆明铁路局，昆明铁路局值乘上海列车增至3对。K80/79次列车至今开行50年，始终由上海铁路局负责值乘，移交昆明铁路局管理后，列车编组18辆，旅客定员1200人，运行里程2660公里，K80次单程运行36小时16分，K79次单程运行37小时零2分。

【昆明—楚雄城际列车开行】 2011年1月11日8时52分，首趟楚雄—昆明K9638/5次城际列车从楚雄站发出，标志着昆明铁路局管内自2007年昆曲城际后第2列城际列车正式开行。昆明—楚雄城际列车为一站直达，运行里程184公里，单程运行时间2小时17分，每天开行2对。

【昆明—济南旅客列车开行】 2011年7月1日，根据新列车运行图，新增昆明—济南快速列车1对。10月1日，昆明—济南K492/1次旅客列车正式开行，由昆明铁路局负责值乘，单程运行

2978公里，全程运行43小时零2分，隔日开行，途经镇远古镇、南昌滕王阁、“八一”起义馆、九江庐山、天柱山、合肥万佛湖、兖州水泊梁山、泰山等国内著名旅游景点。12月1日起，列车改为每日开行。

【春运售票管理】 2011年，针对春运期间客流密集、旅客购票拥堵的问题，昆明铁路局从方便旅客购票出发，在昆明站站前广场设置春运临时售票点，开设20个售票窗口，减少旅客排队时间；结合昆明市汽车客运站搬出市区实际，在昆明市南部、西部、西北汽车客运站各增设1个临时代售点，方便地州旅客购票；主动与省教育厅联系，组织各学校对学生用票需求进行统计，对购票学生达到100人的学校，由昆明站提供上门送票服务，或协调学校统一到昆明站办理团体订票，进一步做好学生购票服务工作。加强客票代售点管理，规范售票业务管理。1月17日，正式开通全局统一客服电话“95105105”，提供120条线自助语音查询以及20个人工座席服务，24小时接受旅客咨询、求助和投诉。2011年，全局范围内客票代售点达到38个，其中昆明市内28个；全局售票窗口242个，比2010年春运增加25个，增幅11.5%。

【春节旅客运输】 2011年春运期间，昆明铁路局聘请省人大、省政协、省纪委、省委宣传部、省发改委（价监局）、省工信委、省文明办、省消费者协会、工人日报社驻云南记者站、春城晚报社等单位以及曲靖、大理、丽江等地区的人员担任春运社会监督员，负责监督铁路春运工作，宣传铁路春运工作组织情况。2次召开社会监督员工作座谈会，介绍铁路发展和云南铁路建设取得的成绩、春运面临的形势、春运准备和组织工作情况等，听取社会监督员对铁路春运工作及社会监督活动的意见和建议，就社会监督员提出意见整改情况进行通报；组织社会监督员分别检查昆明—丽江东K9610次、昆明—曲靖T9006次旅客列车和曲靖、广通站春运工作情况，了解昆明铁路局在安全有序完成春运“人群大迁移”组织工作中的各项举措及铁路职工的艰辛。在昆明、曲靖、大理、丽江等地组织高校志愿者参与春运服务工作，重点在解答问询、购买车票、安排候车、引导进出站、搬运行李等方面提供帮助。1月14日，昆明铁路局官方新浪微博建立，先后在人民网、新华网、腾讯网开通，多角度对铁路春运工作进行宣传，营造良好舆论环境。

2011年春运自1月19日始，2月27日止，历时40天。昆明铁路局针对春节假日客流以探亲流、旅游流为主，且主要集中在管内昆明—曲靖和昆明—丽江方向的特点，合理安排运能，增开昆明—曲靖、昆明—丽江东、昆明—威舍等方向临客55列，对昆明—六盘水6062/1次、昆明—攀枝花6162/1次、昆明—红果7452/1次、昆曲宣城际列车共计加挂客车460辆，最大限度满足春节旅客出行需求。春运期间，全局开行临客158列，加挂客车2115辆，累计发送旅客399.5万人，比上年增加42.4万人，增长11.9%，实现“和谐春运、平安春运”目标。2月8日，旅客发送及购票人数达到最高，发送旅客12.87万人，售票12.36万张。

【暑期旅客运输】 2011年7月1日～8月31日暑运期间，昆明铁路局累计发送旅客622.28万人，比上年增加54.14万人，增长9.5%。其中直通旅客发送235.13万人，增加20.86万人，增长9.7%；管内旅客发送387.15万人，增加33.28万人，增长8.7%。针对暑期学生流、旅游流集中叠加特点，全局增开临客253列，对客流较大线路列车加挂扩编客车4315辆，有效提高运输能力。

【互联网购票工作】 2011年12月10日起，昆明铁路局管内昆明—北京T62/1次特快列车、昆明—曲靖—宣威“T”字头城际列车，12月13日起，全部快速旅客列车车票实行互联网售票，通过中国铁路客户服务中心“12306网站”办理铁路电子客票的销售、改签、退票等业务，除窗口售票、电话订票外，又增加另一种售票方式，缓解旅客购票压力。互联网购票后的纸质车票换取业务凭有效身份证件在昆明铁路局管内各客运站售票窗口及客票代售点办理，一张有效身份证件同一乘车日期同一车次仅能购买一张车票。

12月9日，昆明铁路局模拟普通旅客购票流程，绘制网络购票流程图，在路局新浪官方微博“昆明铁路”发布，为旅客购票提供方便、快捷的服务。该流程图被中央、地方主流网络媒体及网民转发上万次。

【经营机制转换】 2011年5月，铁道部党组提出“加快转变铁路发展方式，实现铁路全行业规范化管理”的思路，明确以市场需求为导向，以经济效益为中心，以人民群众满意为标尺，扩大铁路局自主经营权，强化铁路局市场主体地位，实施多元化经营，确保企业有序高效、健康发展。昆明铁路局积极推进实施多元化经营改革，按照“多元化经营、一体化管理、全口径算账”的总体要求，确立“统筹市场开发，统一经营管理，专业化生产组织，全口径财务核算，一体化考核激励”的多元化经营工作思路，规范构建路局多元化经营管理体系。对非运输业务、资产、人员等进行优化整合，减少内部关联交易，避免无序竞争，推进集约化、规模化、专业化发展；运输业与非运输业相互配合，发挥优势，良性互动，大力延伸服务链，全方位拓展市场，在6个物流基地开展“门到门”运输服务试点，推进“运贸一体化”运作，并拓展局外设备维修施工市场，努力做大非运输业务。2011年，非运输业超额完成全年收入、效益、利润指标计划。

【服务旅客创先争优活动】 2011年10月12日起，分3个阶段，在全局开展“服务旅客创先争优”活动，树立“以服务为宗旨、待旅客如亲人”的理念，以站车环境整洁舒适、安全治安有序可控、乘降组织平稳有序、旅客购票更加方便、列车餐饮质价相符、站车经营秩序规范、客车上水质量提高、设施功能更加完善、客运管理全面提升为目标，突出“优化服务环境、改进服务态度、提高服务质量”三大内容，积极推进铁路行业创先争优，切实解决广大旅客最关切、最期盼、最不满意的问题，提高人民群众对铁路工作的满意度。11月1～12月31日，在全局处职领导干部中开展“做一次普通旅客、做一天客运职工”体验实践活动，分析思考客运服务中存在的问题和不足，并写出体验报告，为探索服务旅客创先争优新途径提出建议，切实解决旅客乘车过程中存在的困难和客运职工生产生活中遇到的实际问题。各客运站根据活动要求，对照标准查找不足，组织客运职工学习掌握《客运服务用语》，规范客运岗位人员作业行为。各次旅客列车在提高餐饮供应质量的基础上，保证2元以下矿泉水和15元以下盒饭不断供；普通旅客列车预留4个硬卧下铺、5个硬座席位，供行动不便的残疾旅客优先购票使用；普通旅客列车预留2个硬座席位，供中途上车的残疾旅客使用，把“人民群众满意”的评价标准落实到服务旅客工作的全过程。

（吴立群）

道路运输和水路运输

【公路水路春运交通】 2011年春运期间，云南省公路运输投放客车31.2万辆（次），其中包车5305辆（次），加班车6332辆（次）。完成客运量568万人，完成旅客周转量5亿人公里，客运量与上年同期相比增长10.06%。完成货运量386万吨，完成货运周转量2.66亿吨公里。水路运输投入运力4845艘（次），其中包括加班运力80艘（次）。运送旅客26.7万人，完成客运周转量373.8万人公里，客运量与上年同期相比增长6.54%。运输货物5.94万吨，完成货运周转量1009.8万吨公里。全省海事部门投入监督艇142艘（次），监督车217辆（次）。

【公路铁路运输企业合作】 云南交通运输有限责任公司与中铁国际多式联运有限公司昆明公司、云南金孔雀交通运输集团有限公司三方合作的集装箱甩挂及公铁联运项目，在昆明、普洱、磨憨挂牌成立3个营业部。项目实施后，将各自发挥铁路、公路、站场资源优势，通过公铁联运及散货集合的运营方式，为客户提供门对门服务，并在货源组织、车辆安排、站场设置、中转节点及装载方式、操作流程、操作方式、进度安排、投资预算等方面进行合作，能有效提高物流效率，降低物流成本，带动全省甩挂运输发展。

【交通运输安全】 2011年全省水上交通、公路建设、道路运输未发生重特大事故，道路运输自1995年以来首次实现全年无重特大事故。全省应急保障体系基本建立，组建了公路抢修、抢运专业队伍和全省第一家水上搜救机构—洱海搜救中心；成功解救香德公路隧道坍塌受困人员，有效应对澜沧江—湄公河“10·5”事件，安全接回境外船员和船舶，较快恢复黄金水道运输。

道路客运隐患整治行动 7月1日～10月31日，省交通运输厅开展深化和拓展道路客运隐患整治专项行动。全省运管系统出动运政执法人员3.7万人次，出动检查执法车辆9886辆次，设置执勤点50多个，投入整治专项经费70余万元，累计检查客运企业1391户次，检查客运车辆5.47万辆次，检查客运驾驶员10.75万人次，检查客运站（含旅游客运站点）100余个，检查危货运输

2011 年云南省公路水路客货运输量完成情况

项　　目	单位	2010 年	2011 年	2011 年为上年的百分比	2011 年与上年的增减数
一、全省公路客运量	万人	36230	41394	114.25	5164
全省公路旅客周转量	万人公里	3520960	4245651	120.58	724691
全省公路货运量	万吨	45665	54186	118.66	8521
全省公路货运周转量	万吨公里	5485273	6172662	112.53	687389
二、全省水路客运量	万人	731	842	115.18	111
全省水路旅客周转量	万人公里	17773	19585	110.20	1812
全省水路货运量	万吨	402	439	109.20	37
全省水路货物周转量	万吨公里	69144	81855	118.38	12711

企业 51 户，检查危货运输车辆 529 辆次；对 1689 项违章违规行为进行处罚和整改。排查一般性隐患 1878 项，已整改 1837 项，整改率 99.3%；排查治理重大隐患 6 起，已整改销号 6 起，整改率 100%；列入治理计划的重大隐患 2 项；落实治理目标 2 项；落实治理机构人员 128 项；落实限时整改要求 12 项；落实安全措施应急预案 2 项；累计落实隐患治理专项资金 11.6 万元。

【打击黑车专项活动】 2011 年，省交通运输厅持续开展打击非法从事道路运输经营行为专项治理行动，出动执法人员 25 万人次，查处道路运输违章案件 8.1 万起，查扣非法营运车辆 1.99 万辆。

【非法超限治理】 2011 年，开展源头治理，全省各级运管机构出动派驻和巡查执法人员 4.5 万人次，检查货运源头单位营运车辆 46.8 万辆次，纠正违法装载车辆 4.5 万辆次。路面治理力度不减，全年出动交通执法人 28.56 万人次，检查货车 2454 万辆，查处超限超载车辆 196.87 万辆，卸载车辆 67.9 万辆，卸载货物累计 659.7 万吨。

（杨斌斌）

（蒲　雯）

邮　政

【综　述】 2011 年，云南省有 1765 个邮政支局所，其中有 1302 个邮政支局所设在农村，占全省邮政营业网点总数的 74%；有电子化局所 1213 处；有邮路 1120 条，总长度 9.51 万单程公里，其中农村邮路 830 条 4.36 公里；每处邮政局所的服务面积 223 平方公里，服务人口 2.61 万人。

2011 年，全省各级邮政企业通过创新经营理念、运行机制，实施项目带动策略等措施，使函件、报刊、集邮等传统业务焕发新的活力。信息和代理等新兴业务快速发展，储蓄短信业务发展质量持续改善，汇兑、速递短信业务占比逐步提高。代收烟草款、加油款业务范围不断拓展，代收业务多元化发展。在推进业务发展的同时，各级邮政企业根据市场竞争和发展需要，积极推动邮政业务市场化商业化运作，整体量收增幅和预算执行情况都处于较好水平，邮政改革扎实推进、企业管理和能力建设成效显著。

【企业经济运行】 2011 年，全省邮政企业紧扣高效益和高运营质量核心，围绕转变发展方式和加快业务结构调整，加大邮务类、邮政金融类、邮政速递物流类三大板块协调力度，三大板块邮政业务总收入 24.15 亿元，比上年增长 20.11%。其中邮政企业业务收入 14.36 亿元，增长 18.51%；邮储银行业务收入 5.15 亿元，增长 37.55%；速递物流公司业务收入 4.64 亿元，增长 9.31%。邮政业务收入持续保持两位数以上的增长，增幅在全国邮政行业排列第 14 位。区域性邮政业务市场保持较好发展水平，全省所有邮政经营单位都实现了业务收入正增长。

【邮政服务功能】 2011 年，对 120 多个邮政营业网点进行统一改造，改善网点用邮环境，对 46 个手工网点进行电子化联网网点改造，提升网点信息化服务能力。通过整合邮政内部资源，叠加业务种类，扩展销售渠道，全年发展邮政便民服务站 228 个。全省遴选出 25 个州（市）级服务规范管理达标窗口。配合政府部门做好空白乡镇邮政网点补建工作，全省建成并开业 37 个空白乡镇邮政网点。结合“村邮站”建设和“三农”服务工作，提供贴近农户的邮政产品。及时妥善地处理客户投诉，全省客户服务综合满意度评价得分 88.14 分，排列全国行业第 15 位。

【业务发展】 1. 筹措资金加快全网能力建设。2011 年下达全省固定资产投资总额 1 亿元，其中基本建设项目投资 3064 万元，技术改造项目投资 6936 万元；加快昆明新机场邮件处理中心工程、昆明市邮政局火车站邮政生产楼等重点工程、项目的建设。2. 2011 年，全面预算管理继续以“效益优先”和“市场导向”原则为先，紧密结合云南邮政战略发展目标安排下达。继续优化成本结构，加大对重点业务、重点市场和重点环节的成本投入。3. 完善工效挂钩考核办法，鼓励各州（市）局进一步转变发展方式，加快发展速度，不断提高经济质量和效益，通过发展保证新增效益工资的提取。4. 重视有效收入指标。对业务总收入增长率和有效收入增长率差异的分析切实推动转变经营增长方式，将有效收入作为每月经营活动分析的重要内容，及时发现问题，解决问题。加快转变邮政经济发展方式。5. 积极争取政府补助和财政专项扶持政策。年内已累计获得省财政厅、省邮政管理局给予的普遍服务补贴和千村万乡补贴 514 万元。

【函件业务】 2011 年，全省函件业务收入 1.24 亿元，比上年下降 13.38%，收入减少 1912 万元。其中商函业务收入 1.06 亿元，占比 85.5%。函件业务经营中首次引入媒体经营理念，省邮政公司与云南中豪置业有限责任公司联合打造的 YOU 传媒《螺蛳湾商讯》。组织开展招生商函主题营销项目，截至年底，全省邮政企业开发招生商函客户 40 个，形成招生商函及各类封片业务收入 320 万元。实现邮政贺卡申报收入 3759.94 万元，收入规模排列全国邮政行业第 25 位。通过开发金融、保险公共事业、通信等行业账单，实现账单收入 1158 万元。

【书报刊业务】 2011 年，全省书报刊业务收入跨过 2 亿元大关，达到 2.49 亿元，比上年增长 25.73%，收入规模排列全国邮政行业第 13 位，增幅排列全国邮政行业第 1 位。做好 2012 年度报刊大收订工作，截至年末，全省实现 2012 年度大收订流转额 4.35 亿元，完成计划进度居全国邮政行业第 13 位，创云南邮政报刊发行业务历年新高。其中 2012 年度中国邮政集团公司重点考核 100 种畅销报刊云南收订流转额 7004 万余元，增长 8.57%，增幅排列全国邮政行业第 19 位。

【教材发行业务】 2011 年，完成 2011 年春秋两季教材的发行工作，其中春季发行中小学教材 219 种 1964 万册，服务学生约 195 万人，服务学校 2000 多所；秋季发行中小学教材 246 种 2274 万册，服务学生约 200 万人，服务学校 2047 所。配送率和满意签收率均实现“双百”。积极筹备推进云南邮政教材信息系统的升级改造工作，促使教材发行服务达到行业领先水平。参加政府主管部门组织的《云南省 2011 秋季学期至 2014 春季学期义务教育免费教科书采购发行单位入围资质招标》，获得 2011 秋至 2014 春免费教科书采购发行单位的入围资质。

【集邮业务收入】 2011 年，在稳步发展新邮预订、形象年册、定向开发等高效业务板块的基础上，做大新春生肖、中秋（国庆）、建党 90 周年、辛亥革命 100 周年等主题营销项目，全年完成业务收入 1.07 亿元，跨过亿元大关，比上年增长 16.38%。业务收入排列全国邮政行业第 23 位。集邮形象年册继续保持规模效应，全省申报制作 7.8 万册，实现收入 1897 万元；新邮预订实现预订金额 2559.83 万元，增长 8.93%；新春生肖邮品项目以总公司邮品、自制邮品、外购邮品为组合，实现销售收入2241.89万元，增长71.79%；"建党90周年"主题营销邮品项目实现收入1339.22万元；中秋邮品项目实现销售760.03万元，增长97.14%；定向开发全省上报制作项目78项，实现收入1627.67万元，收入绝对值增加284.75万元，增长21.2%；全省盘活库存邮品1117.92万元。

【包件业务】 2011年，全省邮政企业实现包件业务收入2208.37万元，比上年增长0.09%，增幅排列全国邮政行业第20位；业务量完成72.07万件，减少1.07%。经营效益明显提高，全省包裹邮件平均单价实现28.06元/件，比上年增长1.85%；以重点项目带动业务发展，全年包裹业务重点项目实现收入200万元，占到普包收入的10%。做好包裹专题营销活动，紧抓爱心包裹、校园包裹、军营包裹及家乡土特产包裹等业务集中、季节性强的重点项目；提升包裹服务品质，完善查询系统功能，严格执行时限管理，加强大客户管理，提高了邮政包裹的市场竞争力。截至年底，全省受理"爱心包裹"学生型2738件、学校型16件、温暖型31件、募集捐赠款29.6万元；累计投递学生型包裹3.34万件，学校型包裹665件。加大校园包裹发展力度，全省累计受理校园包裹2.36万件，增长13.46%；实现业务收入68.96万元，增长5.93%。开展军营包裹收寄，积极推介退伍军人使用"一次性邮袋"提高收寄效率，全省累计推广使用"一次性邮袋"1.02万条，占到收寄军营包裹总数的29%。

【代理金融业务】 2011年，完成代理金融业务收入6.69亿元，比上年增长30.24%。代理金融收入占邮政业务总收入的48.05%，较上年提高4.22%。全省邮政代理储蓄个人存款发展再创新高，总规模324.75亿元，累计新增58.95亿元，增幅22.18%。市场占有率较上年提高0.15%。全省公司客户发展到578户，较上年增长276户；年末时点存款余额5.65亿元，增长3.13亿元。全年代销基金2200万元、人民币理财9.65亿元、国债3200万元，理财业务量合计10.19亿元。

【代理速递物流和分销业务】 2011年，代理速递物流和分销业务收入2.45亿元，排列全国邮政行业第7位，增幅2.01%，代理速递业务收入1.71亿元，比上年增长1.24%；代理快包业务收入2225万元，增长12%；代理国包业务收入502万元，减少13.3%；代理物流业务收入4268万元，增长4.01%，市场占有率60%，实现代理速递物流业务结算收入1.31亿元，排列全国邮政行业第二位。

【电子商务和代理信息业务】 2011年，邮政电子商务和代理信息业务实现收入8863万元，比上年增长27.62%，业务收入排列全国邮政行业第17位。其中代收款业务收入4297万元，排列全国邮政行业第三位，专业占比48.48%；短信业务收入3577万元，专业占比40.36%；代理票务业务收入441万元，专业占比5.18%；代办电信业务收入384万元，专业占比4.33%；其他代理业务收入164万元，专业占比1.85%。昆明、曲靖、大理、红河、昭通、文山等重点局收入总量达到6622万元，占比达到全省邮政企业的74.72%。昆明、曲靖、大理3个局的业务收入均破千万元关，15个县（区）局的收入跨百万元。昆明局区域性业务发展突出，数字电视续费卡、公交IC充值卡、西山门禁卡等业务独具特色亮点，业务种类不断增加。短信业务有新发展，全省短信业务累计完成收入3577万元，增长11.78%。其中邮政储蓄短信业务新加办用户4.35万户，累计在网用户97.71万户；汇兑短信累计完成收入178.02万元；速递短信累计完成收入276.05万元。通过加快平台建设，促进代收款业务发展，全省代收话费187.08万笔，交易金额1.09亿元；代收水费27.69万笔，代收金额3299万元；代收电费35.22万笔，交易金额7918万元；代收税费8.09万笔，交易金额1509万元。

【保险代理业务】 2011年，全省邮政企业实现新保保费5.81亿元，比上年增长1.54倍。其中邮政企业渠道代理新保保费5.06亿元；邮储银行渠道代理新保保费6800万元。全省实现代理保险手续费收入2438.92万元，增长1.26倍，其中窗口代理新保手续费收入1980.89万元，手续费收益率3.91%，整合型代理保险项目实现手续费收入458.03万元。特别是批量代收代付业务的规模不断扩大，全省邮政储蓄与11家保险公司开展批量代收付业务，全年通过邮政储蓄账户累计实现批量代收付27.48万笔，代收代付保险金6.86亿元，代付保险金2.5亿元，代扣保险金4.36亿元。

【提升邮运网】 为扩充省际出口邮件通道，提高干线网运行能力和效率、效益。2011年，开通了昆明至广州、济南、合肥、厦门、南宁火车邮路，扩大了云南出口直达火车邮路覆盖范围，新增了广州、合肥、济南，缓解云南出口邮件的运能瓶颈，提升业务发展的核心竞争力，提高云南出口邮件全程时限的稳定性。通过对省内 7 个三级邮区中心局覆盖的 12 个州（市）局 86 个市（县）局的分拣封发作业组织模式进行调整。调整后原省内二级分拣模式调整为一级分拣模式，实现了昆明二级中心局大集中处理的模式，充分发挥了昆明二级中心局生产资源优势，提升机械化、规模化效能，又盘活了各三级中心局以及县局生产资源，强化了州（市）同城网建设，减少了网络层级。调整 63 条省内干线汽车邮路，重点解决各局出口邮件提速，各市（县）局出口邮件提速 1～3 天。配合省邮政速递物流有限公司省内一体化地区网干线汽车邮路的开通，实施了速递物流专业化分拣，完成邮政网相关邮路及内部作业组织调整，促进省内邮政网与速递物流网资源共享、优势互补、有序管理。

【信息化建设】 2011 年，全省邮政信息化建设努力配合邮政相关改革，以保证各应用系统的安全稳定运行为基础、以支撑各项业务的持续发展为首要任务，紧贴企业需求，深入推进信息网运维管理，强化研发能力建设，积极开展数据分析，加强信息化项目研发和建设，加强网络安全管理及风险防范，确保了全网的安全稳定高效运行。在支撑“三大板块”业务的生产经营管理，优化业务流程，提高内部管理水平等方面发挥了重要作用。全年全省信息网建成 1 个省中心、16 个州（市）中心，1200 多个电子化支局联网网点，811 个储蓄网点，电子汇兑联网网点 1066 个，ATM 420 台，POS 机具 2439 台、在线信息系统超过 60 套，小型机、存储及 PC 服务器等设备近 200 台，应用范围涵盖邮政三大板块业务领域，为邮政的生产、经营、管理决策等方面的提供有力的技术支撑。

【重点工程】 2011 年，全省邮政重点工程建设遵照贴近市场、贴近业务、增强能力、改善经营管理和服务水平的指导思想，结合业务发展需要，进一步加强投资项目建设单位和各专业部门之间的建设管理协调工作，不断提高建设项目的管理效率。继续加快昆明新机场邮件处理中心、昆明市邮政局邮政生产楼建设等重点工程项目的建设进度，按计划完成了年度建设任务；昆明新机场邮件处理中心工程按计划组织完成了施工、装修和主体结构验收工作。昆明市邮政局邮政生产楼改造工程完成了主体工程二次装修及配套单项工程建设任务。组织做好邮政金融信息化建设项目及邮务类发展相关的信息系统、经营管理系统等中国邮政集团公司所管项目的省内配套工程管理工作；进一步加强营业网点、终端服务网络和商函制作能力的建设，改善营业、投递等终端服务水平。组织完成了全省 106 个代理金融网点标准化改造方案会审、预算批复和工程建设管理工作；配合省发改委开展了全省 111 个空白乡镇邮政局所补建工作。

【昆明新机场航空邮件处理中心】 该工程是提升云南邮政核心竞争能力的重大项目，自 2010 年 10 月开工建设以来，通过积极协调工程建设项目的设计、施工、监理等单位，工程建设任务按计划有序推进。工程用地面积 98.4 亩，总建筑规模 2.76 万平方米，其中生产主楼 1.05 万平方米，生产主楼架空层面积 1.47 万平方米，生产辅助楼 2276 平方米。2010 年 10 月正式进入工程施工阶段。功能定位为航空邮件转运、航空物流处理、速递和国际邮件处理、国际快件监管等。项目建成后，全部航空邮件将在新机场完成航空邮路与航空、汽车、火车邮路之间的转运，减少交接环节，极大地提高邮件处理时限，能较好地满足航空速递邮件对时限的高要求。至 2011 年末，已完成生产主楼基础及架空层、生产辅助楼施工及装修改造，完成了挡土墙部分施工任务。办理消防材料报审，并配合采购部门完成消防安装工程、市电引入、综合布线、室外绿化工程等采购方案的制定及招标工作。组织开展了消防设备安装、市电引入、综合布线、室外管网及绿化工程建设工作。根据工程进展情况，及时协调海关、安全等进驻单位，按要求配合做好处理中心办公场地、生产功能布局以及联检工作。并完成了土建部分主体结构验收，为实现邮件处理中心与昆明新机场同步转场的建设目标奠定基础。

【合规经营与规范管理】 2011 年 按照中国邮政亿元，占全省 GDP 的 6.3%，占第三产业增加值的集团公司要求，结合云南邮政实际，在全省邮政企业组织开展了合规经营与规范管理工作活动。目的是以合规经营、规范管理专项工作为抓手，推动各级邮政企业转变思想观念、实现经营发展模式的转型，深入推进云南邮政企业精细化管理、工作流程规范化、资源效益最大化，加强整合创新，落实以人为本，提高企业经济效益，实现云南邮政全面、协调、可持续健康发展。省邮政公司和各州（市）邮政局均成立了专项活动领导小组，从组织领导上确保这项工作顺利开展；审议通过《云南省邮政公司关于加强合规经营与规范管理工作的总体实施方案》、《云南省邮政公司代理金融业务转型方案》、《昆明市邮政局关于试点开展“合规经营、规范管理、科学发展”专项活动总体实施方案》等3个方案，以代理金融业务为突破口，以昆明局为第一个试点单位，正式启动全省合规经营与规范管理工作；全省邮政企业开展以清理“小金库”等为主要内容的自查工作；制订下发了网点经营转型指导意见；各州（市）邮政局均制定本州市合规经营与规范管理活动实施方案。

（高长华）

旅游业和批发零售业

旅游业
（云南五大支柱产业之一）

【综 述】 2011年，云南省接待国内外游客1.67亿人次，比上年增长18%。接待海外旅游者395.4万人次，增长20.1%，高于全国17个百分点；旅游外汇收入16.1亿美元，增长21.5%；接待国内旅游者1.63亿人次，增长18%，高于全国5个百分点；旅游业总收入1300.3亿元，增长29.7%，比上年加快5个百分点，高于全国9个百分点，创历史最好水平。海外旅游者（过夜）花费水平186.6美元/人天，国内过夜旅游者平均花费519.4元/人天，增长7.2%；游客在云南平均停留天数2.8天，增加0.2天；住宿、餐饮、游览、购物消费占总花费比重分别上升1.5、1.4、2.2、0.7个百分点。全年旅游产业增加值约550亿元，净增10016.4%，比上年提高0.8个百分点。

2011年，旅游业对全省交通运输业的贡献222亿元，对住宿业的贡献216亿元，对餐饮业的贡献177亿元，对娱乐业的贡献103亿元，对商品零售业的贡献约328亿元。

旅游产业改革 2011年，重点加强对4个综合改革试点地区工作的指导力度，在体制机制创新、区域统筹发展、旅游重大项目推进等方面取得新的成效，实现新突破。腾冲县实行大旅游管理模式，将翡翠产业管理职能、餐饮业发展准入、旅游出租车规范管理、旅游定点购物等工作统一纳入旅游局日常管理工作中，不断创新工作机制，强化管理职能，形成促进旅游产业发展的强大合力。全年大理苍洱、玉溪抚仙湖—星云湖、腾冲3个旅游综合改革试点地区建成4个重大项目，完成投资55.6亿元，比上年增长69.5%。全面启动世博新区和5个专项改革试点规划编制和有关建设工作，指导昆明康辉旅行社有限公司完成改革改制工作。

争取政策支持 2011年，深入落实省政府与国土资源部签署的支持云南旅游综合改革发展合作协议，与省国土厅共同编制完成《云南省旅游产业土地利用专项规划》，并已上报国土部审批。省政府与国家旅游局签署《关于建设面向西南开放重要桥头堡共同推进云南旅游产业跨越式发展会谈纪要》，进一步争取到国家旅游局在旅游新业态开发、国内外知名旅游企业和投资商引进，及协调国家相关部委出台支持政策等方面，给予更大支持。省政府出台《云南省支持酒店业发展奖励办法》，进一步加大对休闲度假酒店建设和国际知名酒店品牌引进的支持力度。

全省旅游工作会议 2011年2月21日，全省旅游工作会议在江川县举行。会议全面总结“十一五”全省旅游工作，谋划“十二五”旅游产业发展，研究部署全年的各项工作。副省长刘平代表省政府与各州（市）相关负责人签订2011年旅游产业发展目标责任书。与会代表考察了石林、玉溪的旅游重大项目建设情况。

全省旅游工作会议（赵毅摄）

国家旅游局与省政府签署会谈纪要 2011年7月6日，国家旅游局和省委、省政府在北京举行座谈会，与省政府签署《关于建设面向西南开放重要桥头堡 共同推进云南旅游产业跨越式发展会谈纪要》。省委书记白恩培主持座谈会并讲话。省长秦光荣、国家旅游局局长邵琪伟在座谈会上讲话，并代表双方在《会谈纪要》上签字。

举办中国国际旅游交易会 2011 年 10 月 27 日，中国国家旅游局、云南省政府、中国民用航空局主办的 2011 中国国际旅游交易会在昆明国际会展中心开幕。全国政协副主席白立忱、省委书记秦光荣、国家旅游局局长邵琪伟、云南省代省长李纪恒出席开幕式。本届交易会规模继续扩大，设展位 2233 个，参展国家及地区 95 个。云南参展团发放各种宣传品 316 万份，签订组团人数 26 万人次，签订合同 430 份，总金额 2.7 亿元，意向组团人数 71 万人次，达成意向性协议 1173 份，总金额 4.1 亿元。云南是本届旅交会规模最大的参展团，被授予“最佳组织奖”和“最佳展台奖”等 4 项大奖。

中国国际旅游交易会开幕式（张恒钊摄）

旅游产业与城市建设融合发展研讨会 2011 年 10 月 27 日，国家旅游局、中国民用航空局、云南省政府共同主办的旅游产业与城市建设融合发展研讨会在昆明召开。国家旅游局邵琪伟局长、李纪恒代省长、刘平副省长出席研讨会开幕式并致辞。省旅游局局长喻顶成与中信房车旅游集团总裁王天波签订合作协议。

【旅游市场】

国际旅游 2011 年，全省累计接待海外入境游客 763.7 万人次，同比增长 15.2%，其中接待海外旅游者（过夜）395.4 万人次，增长 20.1%，接待口岸入境一日游游客 368.3 万人次，增长 10.4%。

边境旅游 2011 年，积极与云南省公安厅出入境管理局等部门协调，上报《云南省政府关于请求批准云南省德宏州和保山市开展边境旅游异地办证试点工作的请示》、《云南省政府关于请求批准开通云南西双版纳至老挝琅勃拉邦边境旅游环线的请示》、《云南省旅游局关于申请放宽云南省入境旅游落地签证人数限制的请示》，争取给予恢复全省入境口岸办理旅游个人签证业务和同意将全省入境旅游团队签证人数放宽至 3 人及以上的相关政策支持。

国内旅游 2011 年，全省接待国内旅游者 1.63 亿人次，比上年增长 18%，其中过夜游客 9058.1 万人次，增长 18.7%；一日游游客 7273.7 万人次，增长 17.2%。省外客源更加多样化，四川、重庆、北京、广东、上海、浙江是全省最大的省外客源市场。省内客源市场日益活跃。本省居民占国内游客总量的 42.4%，比上年增加 6.7 个百分点。其中昆明游客占 12.6%，来自玉溪、红河、大理、怒江、迪庆等州市的游客比例均有所提升。昆明、大理等传统核心旅游集散地接待国内旅客均超过 1300 万人次。

假日旅游 2011 年“春节”黄金周，全省接待游客 626.2 万人次，比上年“春节”黄金周增长 20%。实现旅游收入 28.7 亿元，同比增长 28.7%。民航投入航班 5080 个架次，运送旅客 53.4 万人次。铁路投入运力 690 个车次，增长 17.7%，运送旅客 101 万人次。公路投入客车 31.2 万辆次，同比增长 19%，运输旅客 571 万人次。全省自驾车出游 274.9 万辆次，同比增长 22.2%。全省无旅游交通安全事故。

2011 年“十一”黄金周，全省接待游客 599.35 万人次，比上年“十一”黄金周增长 7.22%。实现旅游收入 29.57 亿元，同比增长 16.26%。民航投入航班 5336 个架次，运送旅客 61 万人次。铁路投入运力 708 个车次，运送旅客 148.5 万人次。公路投入客车 26.2 万辆次，同比增长 1.2%，运输旅客 875 万人次。全省自驾车出游 189 万辆次，同比增长 7.6%。全省无旅游交通安全事故。

【旅游管理】

旅游企业经营业绩 2011 年，全省星级宾馆饭店床位出租率 60.6%，比上年上升 4 个百分点，平均房价 185.7 元/间，增长 9.9%，营业收入过亿元的饭店企业 4 家。旅行社累计组织接待国内游客 1047.7 万人，增长 22.5%，组织出境旅游人数 31 万人次，增长 29.7%。接待人数过 10 万的旅行社 23 家，其中超过 20 万的 6 家，超过 60 万的 2 家。全省 174 个 A 级景区（点）中，纳入监测的 9 个 4A 级以上景区累计接待游客 1645.4 万人次，增长 15.8%，实现门票收入 16.2 亿元，增长 22.3%，其中石林风景名胜区累计接待游客 300 万人次，实现门票收入 4.8 亿元，增长 15%；大理崇圣寺三塔文化旅游区接待游客 185.7 万人次，实现门票收入 1.22 亿元，增长 44%；丽江玉龙雪山累计接待游客 261.5 万人次，实现门票收入 3.65 亿元，增长 19.3%；丽江古城累计接待游客 342 万人次，实现收入 2.6 亿元，增长 18.2%；西双版纳热带植物园累计接待游客 65.8 万人次，实现门票收入 3400 万元，增长 14.2%。

旅游招商引资 2011 年，加快推进旅游新业态发展，积极落实省委、省政府"央企入滇"战略部署，分别与中信集团、国家干细胞工程技术研究中心签署合作协议，推进全省医疗养生、房车旅游等新产品新业态的开发建设。与省工信委、捷克运动飞机公司以及相关企业，就推动发展云南旅游装备制造业、通用航空旅游等合作进行研究和商谈。

旅行社管理 2011 年，继续贯彻落实《旅行社条例》、《旅行社条例实施细则》，督促 16 家旅行社按"七统一"的标准要求，治理旅行社部门承包、个人挂靠，强化企业法人治理结构，规范企业经营行为。进一步规范旅行社经营行为，加大对贯彻《旅行社条例》、《云南省旅行社和从业人员管理暂行办法》、《云南省旅行社门市部管理暂行办法》、《云南省国内旅游合同》的检查力度，依据相关法律法规，严厉打击旅行社非法用工、违法违规经营行为。加强赴台旅游管理，认真落实《大陆居民赴台湾地区旅游管理办法》，督促赴台旅游组团社严格执行《大陆居民赴台旅游团队组接社合作合同要点》规定。

导游管理 2011 年，进一步强化对全省导游的教育培训和管理服务工作，组织开展全省导游技能大赛，努力提升导游队伍的素质和服务技能；通过调研、座谈等形式，率先在全国旅游行业中就导游队伍社会劳动保障权益问题进行有益探索，联合云南省人力资源与社会保障厅制定下发《云南省导游薪酬机制指导意见》，探索建立云南省合理透明的导游薪酬制度和激励机制。

成立旅游执法总队 2011 年 2 月 17 日，云南省旅游执法总队成立，规格为正处级，人员编制 16 名。原云南省旅游质量监督管理所同时予以撤销，不再保留。

市场综合整治 2011 年，针对旅游市场中"零负团费"、承包挂靠、强迫消费等突出问题，加强省级部门联合、省州（市）联动，开展联合执法、交叉检查，强化对旅行社的管理，规范旅行社经营行为；对旅游购物中存在的返佣比例较高和不规范的经营行为开展专项整治，进一步规范旅游购物市场。加强与媒体的互动，采取多种方式，引导广大游客理性消费、文明旅游。游客满意度不断提高，全年受理有效旅游投诉 197 起，比上年下降 6.1%。

旅游安全管理 2011 年，制定下发《云南省旅游行业应对气象灾害应急预案》，及时组织旅游车行业 150 余名相关负责人，召开全省旅游汽车安全工作会议，全力做好暑期、雨季、汛期的旅游安全各项工作。

应对和处理突发事件 2011 年，不断充实和完善《云南省旅游突发公共事件应急预案》。完善机构网络和预案体系，做好统筹规划，提高应对旅游突发公共事件的能力，全年云南省旅游局未接重大以上事故灾难报告，未发生重大旅游安全事故，旅游道路交通事故实现零死亡，一般事故发生的总起数也大幅度下降。

健全旅游安全统保机制 2011 年，调整旅游组合保险的承保方，组成 3 家保险公司的共保体。对共保体运行不畅、云南旅游安全保障救援中心的免税问题及时进行协调，确保统保工作的顺利开展。全省参加统保的旅行社 450 家，占全省旅游社总数的 82%。参加"云南组合保险"的旅游汽车公司 28 家、旅游车 3000 多辆，接近全省旅游车总数的 70%。全年接到各类旅游交通事故报告 1440 件。全年未发生重大道路交通死亡事故。

探索建立旅游监管新机制 继续完善"公对公"佣金机制。在 2010 年推行旅游购物"公对公"佣金机制的基础上，积极与省财政厅、省地税局、省国税局完善对旅游行业"公对公"佣金制度涉及的相关税收问题进行协调。与省交警总队高支队探索建立旅游交通安全协作机制，由省交警总队高支队、省旅游执法总队和昆明市旅游汽车行业协会组建昆明地区旅游交通安全管理大队，建立 41 人的旅游交通安全协勤人员队伍，参与旅游交通安全的管理。配合省旅游局行业管理处开展导游薪酬制度的调研和方案起草工作。配合昆明市中院限制被执行人高消费工作，对被执行人参与旅游的信息进行跟踪和反馈。

【旅游区（点）与基础设施建设】

全面推进标准化建设 2011 年，在组织编制完成 5 个地方标准的基础上，完成《云南省旅游标准化发展规划（2011～2015 年）》、《云南省旅游标准体系构建与总体设计》、《云南省旅游特色村建设与评价标准》的编制工作,《精品酒店等级划分与评定》、《特色民居旅馆、客栈等级划分与评定》等地方标准已基本编制完成;强化对已制定出台的旅游购物等5个地方标准的贯彻力度,已完成首批27家旅游购物场所、38家旅行社和1010名导游的等级评定工作;石林、云南民族村、玉龙雪山、丽江市4个全国标准化试点单位创建工作一次通过国家旅游局的评估验收。丽江市完成37个国家标准和行业标准、13个云南省地方标准的宣传、贯彻、实施、评定工作。

重大项目建设 2011年,建设完成重大项目10个,实际完成投资220亿元,比上年增长37.8%。全年纳入云南省旅游"二次创业"目标责任制考核的142个旅游重大项目,有27个项目实现新开工建设,开工率67.5%;在建类项目实际完成投资规模131亿元,投资完成率143.1%。

"五个一批"建设 2011年,普达措国家公园二期、梅里雪山国家公园、丽江老君山国家公园、西双版纳热带雨林国家公园、普洱国家公园、昭通大山包国家公园等6个国家公园正在建设中;16个旅游小镇正在推进建设;第三批50个旅游特色村正在建设,第四批50个旅游特色村已经启动建设,乡村旅游蓬勃发展,带动农家乐1万多户,吸纳农村剩余劳动力和返乡农民工10多万人。旅游城市、休闲度假基地和民族文化旅游示范县建设有序推进。

旅游公共服务设施建设 2011年,贯彻实施《云南省政府关于加快全省旅游公共服务设施建设的意见》,省旅游局与中信房车集团合作的战略框架协议。组织开展《云南省游客服务中心体系建设管理标准》、《云南省游客休息站建设管理标准》、《云南省旅游厕所建设管理标准》、《云南省旅游公共标识系统建设标准》、《云南自驾车旅游营地建设管理标准》等5个地方性标准编制的前期工作。

旅游景区建设与管理 截至2011年底,全省有A级旅游景区175家,其中5A级5家、4A级52家、3A级33家、2A级75家、1A级10家。加强指导楚雄世界恐龙谷、迪庆普达措国家公园、保山腾冲热海景区等景区开展5A级旅游景区创建工作;指导西双版纳勐泐大佛寺、西双版纳茶马古道景区、保山云峰山、保山腾冲北海湿地、红河建水团山古村等景区开展4A级旅游景区创建工作;指导曲靖罗平鲁布革三峡风景区等景区开展3A级旅游景区创建工作。指导、监督昆明石林景区做好5A级旅游景区整改复查工作。

创建全国休闲农业与乡村旅游示范县和示范点 2011年12月15日,曲靖市罗平县、丽江拉市海美乐旅游度假有限公司、西双版纳傣族园有限公司和宣威市虹桥生态旅游开发有限公司入选农业部、国家旅游局联合认定的2011年全国休闲农业与乡村旅游示范县、示范点名单。

云南休闲农业与乡村旅游建设与发展 2011年,通过各州(市)初步筛选、申报,全省16个州(市)推荐上报58家云南省休闲农业与乡村旅游示范企业材料。12月2日,召开专家评审会,从申报示范企业的营业收入、带动农户发展、户均增收、促进农民增收等多方面审核,认定2011年云南省第二批个休闲农业与乡村旅游示范企业。

休闲度假酒店建设 2011年,建成高端商务和休闲度假酒店5个,引进希尔顿、香格里拉、万豪、凯悦、雅高等5家酒店管理集团(公司)旗下的5个品牌进驻云南经营管理。目前全省有11家酒店管理集团(公司)旗下的15个品牌进驻云南。小型精品酒店建设加快推进,基本建成2个各具特色、配套完善的休闲度假主题精品酒店。

【旅游信息化建设】 2011年,省旅游局分别与云南联通、云南银联签署战略合作协议。云南旅游官方微博开通,目前官方微博的粉丝数量已接近6万。全新建设的云南旅游电子政务网、英韩泰等语种的云南旅游外宣网站以及云南旅游信息报送系统、云南导游考试报名系统、云南旅游项目管理系统、云南旅游景区管理系统、云南旅游咨询投诉管理系统等一系列应用系统的正式投入使用。完成《"十二五"云南旅游信息化发展规划》的编制。云南旅游电子政务网、电子商务网、6个外语网站及视频网等专业旅游营销网站累计访问人次超过7000万,点击率超过8亿次。

《云南大百科全书——旅游卷框架条目表》专家评审会(黄林武摄)

【旅游人才培养与教育培训】 2011年，全省各级各类旅游从业人员培训超过5000人，培训、考试、颁发《云南省旅游从业人员上岗证》1000余人。全省有7785人参加导游考试。全省报考中级（59人）、高级（46人）导游员等级考试合格人数分别为17人、27人，合格率分别为28.81%、58.7%。完成全国导游人员资格考试（云南考区）新考类、加试类考生的笔试和口试考前培训工作，4100人参加考前培训；完成"十二五"云南旅游人才专项规划的编制相关工作并通过评审，完成对老挝北部省份旅游行政官员和企业高管培训班，指导红河州完成对越南北部省份旅游行政官员和企业高管培训班。

【旅游规划研究与学术推广】 2011年，以云南省旅游规划研究院暨中国旅游研究院昆明分院为平台，整合省旅游局和省内科研力量，编制完成《云南省旅游产业"十二五"发展规划》并经省政府批准同意下发实施；在云南省旅游研究学术委员会的指导下，完成《云南旅游业培育建设战略性支柱产业和现代服务业研究》、《云南省桥头堡建设与旅游产业提升国际化水平研究》、《云南旅游产业与文化产业的融合发展研究》、《云南旅游产业综合功能释放研究》和《云南省"科技兴旅"研究》等5个支撑"十二五"规划的专题研究。组织专家学者编撰出版《云南旅游产业发展年度报告（2010～2011）》、《云南旅游产业投融资年度报告（2010～2011）》。配合2011年中国国际旅游交易会召开，协助云南世博旅游控股集团编制《旅游产业与城市建设融合发展研讨会方案》，完成会议举办工作。启动《云南旅游决策参考》编制工作，完成第一期《关于大力发展通用航空服务云南"桥头堡"建设与旅游产业发展的思考与建议》的报送工作。

（赵 飞）

国内贸易

【概 述】 2011年，云南省社会消费品零售总额完成3000.14亿元，在2010年净增500亿元的基础上再增500亿元，比上年增长20%，高于全国平均增幅3个百分点。居民消费价格上涨幅度低于全国平均水平。家电下乡取得明显成效，近3年累计销售产品480万台，销售额达到105亿元，直接兑付给农民补贴超过12亿元。城乡市场体系建设全面推进，截止年底，全省建设改造"万村千乡市场工程"连锁农家店2.22万个、配送中心439个、乡镇农贸（集贸）市场338个，10家大型批发市场建设改造和20户大型流通企业培育工作全面展开。

【扩大居民消费】 2011年，全省各地积极引进和培育连锁经营企业，进一步推动新型业态的发展；培育提升20户骨干商贸流通企业，支持骨干企业做大做强，不断提高流通主体的市场竞争力。根据云政发（2011）138号文《云南省政府关于加快推进流通产业发展的若干意见》精神，在各州（市）甄选出20户向居民、社会集团供应的生活消费品、生产工业的批发、零售业、生产资料销售及物流，且财务结算在云南的本土大型商贸流通企业，在社会消费品零售总额的增长中取到带动作用；在昆明、玉溪2个国家级试点城市建立一批再生资源回收龙头企业，提升了再生资源市场建设、网点布局和队伍组织发展，推动循环经济的发展和环境保护；根据财政部、商务部财办（2011）52号文《关于2011年流通领域放心肉服务体系等项目资金安排有关问题的通知》，积极争取将昆明市列为标准化菜市场项目试点城市，促进昆明市规范化、标准化菜市场建设改造，满足消费者放心购菜和便利购菜的要求；在昆明已建成家政网络平台的基础上，积极争取新增曲靖市为试点城市，会同财政厅完成全省家政培训项目资金的分配工作，通过培训，提高家政从业人员的职业道德和素质，为农村剩余劳动力努力寻找出路。

【市场监管公共服务体系建设】 2011年，建立统一、规范、高效的行政执法体制，为经济社会全面发展营造良好环境。完成2010年流通领域市场监管公共服务体系项目验收，临沧市、文山州、腾冲县商务局所承担的项目建设检查验收合格。试点项目的建设完成，为市场监管公共服务体系建设的推进有了一个良好的开端，起到示范带动作用。在总结试点建设工作取得成绩和经验的基础上，积极向商务部争取2011年试点建设项目，申报保山市、富源县、石屏县、广南县、罗平县等5个州(市)、县为2011年建设项目，地方配套资金125万，其中保山市100万、富源县10万、石屏县5万、广南县5万、罗平县5万。

【家电以旧换新】 2011年，全省家电以旧换新自开展以来，回收13.21万台旧家电，回收金额208.1万元，其中电视机9.64万台、冰箱1.44万台、洗衣机1.76万台、空调39台、电脑3660台。家电以旧换新凭证利用率97%，17家中标回收企业的凭证使用量位列前三的分别是云南苏宁电器有限公司、昆明国美电器有限公司、云南五星电器有限公司。拆解企业收购数量7.13万台，收购金额127.4万元，收购53.98%，已拆解7.13万台旧家电，拆解率100%。

【生猪屠宰管理】 2011年，加强生猪屠宰管理工作，加大监督力度，严厉打击私屠滥宰行为。重点对生猪定点屠宰企业的生猪购销台帐、肉品检验、肉品质量追溯制度落实情况进行监管。完成“放心肉”体系“十二五”规划编制工作，加强生猪屠宰管理，保障肉品质量安全，加快“放心肉”保供体系建设步伐，构建“放心肉”保供体系建立长效机制。对病害猪无害化处理进行监督管理，会同财政部门及时下拨资金，保障肉食品安全。对符合条件的生猪屠宰场（厂）进行标准化升级改造，提升屠宰行业技术装备、管理水平，猪肉产品卫生、质量安全保障能力明显提高。在完成2010年13家屠宰企业标准改造项目验收的基础上，又申报11家屠宰企业为2011年改造项目。开展日常监管及专项整治，严厉打击私屠滥宰，着力建立配置合理、质量可靠的“放心肉”保供体系。对全省各州（市）的生猪屠宰企业人员130余人进行培训，合格者取得商务部颁发的肉品品质检验资格证，为完善肉品品质检验、保障猪肉肉食品安全打下了良好的基础。

【药品流通管理】 启动药品流通管理工作，着手云南药品流通行业发展“十二五”规划编制工作，明确商务厅药品流通管理工作职责并认真开展相关工作，组织药品流通企业人员参加商务部药品流通管理及统计培训，明确12家企业为商务部药品流通行业统计数据直报企业。

【商务领域信用建设】 普及信用知识，营造“诚信兴商、依法经营”的氛围，围绕加强商务领域行政执法工作，结合打击商贸活动中欺诈行为专项活动，对有关法律法规、商务领域信用建设规划纲要、开展信用销售及通过信用手段支持中小商贸企业融资的经验等进行宣传。2011年，全省开展各种广场宣传活动1038次，出动宣传车辆1080辆次，人员2446人次，制作宣传版面8050幅，悬挂横幅1920条，发放宣传资料19.2万份，发布专题新闻76条，专题报道104篇，短信16.3万条，接待群众现场咨询18.06万人次，加强群众及企业诚信意识，对诚信体系建设工作起到了积极的推动作用。

【成品油市场供应】 2011年，重点工作是加强协调，加强市场监管，抓储备落实，全力保障各地成品油供应稳定，采取顺价销售、建立成品油商业储备制度等有效措施，加强与中石化、中石油、强林石化的沟通，动员社会批发企业加大采购力度，多渠道增加油源，为云南经济平稳增长和基础设施建设的稳步推进提供了保证。

【会　展】 为临沧市双江县举办特色农产品推介会，为该县产品进入昆明大型超市打下一定的基础；主办“2011年北京云南商品大集”、“香港金秋云品大集”、“2011年云南新春欢乐购物节”；参与主办“第7届中国云南野生食用菌交易会”、“中国南华野生菌美食文化节”、“第21届中国厨师节”；组团参加“杭州老字号博览会”、“第4届中国绿色食品博览会”和台湾“2011两岸茗茶、咖啡暨美酒展”。通过会展起到繁荣活跃市场、扩大消费的目的，为产销企业拓宽销售渠道。

【商务文化建设】 为保护云南自主商业品牌、传承传统文化，提高对云南老字号的保护意识，充分发挥云南老字号在展示云南地方特色文化、繁荣云南商品市场等方面的重要作用，积极开展云南老字号的认定工作，制定方案、进行广泛宣传、组织专家评选认定51家云南老字号企业（其中26家为中华老字号）。并以这批老字号企业为载体，张扬云南企业的文化，挖掘滇商精神，打造诚信经营体系，在商务事业中寻找文化支撑。

社会消费品零售总额表

单位:万元

	2011年	2010年	增长速度(%)
社会消费品零售总额	30001411.5	25001442.0	20.0
一、按销售单位所在地分			
1.城镇	24072105.9	19927240.0	20.8

续表

其中：城区	19041154.1	15518463.0	22.7
2.乡村	5929305.6	5074202.0	16.9
二、按行业分			
1.批发业	2417415.6	1778729.8	35.9
2.零售业	21404212.3	18418511.7	16.2
3.住宿业	326658.3	258646.8	26.3
4.餐饮业	4045480.8	3407715.0	18.7
5.其他	1806233.0		
三、按经济成份分			
1.公有经济	5646436.3	4353459.0	29.7
其中：国有经济	4733978.0	3591131.0	31.8
2.非公有经济	24354975.2	20647983.0	18.0
其中：私有经济	21680888.9	18436130.0	17.6
港澳台经济	954567.2	783038.7	21.9

（杨　明）

供销合作

【综 述】 2011 年，云南省供销合作社坚持以科学发展观为指导，深入贯彻落实国发〔2009〕40号和云发〔2008〕14 号文件精神，以服务“三农”为宗旨，大力发展“两社一会”，深入实施“新网工程”、“乡村流通工程”，积极培育供销龙头企业，大力推进农村流通经营服务体系和农村合作经济指导服务体系建设，探索打造全新供销合作社，各项发展指标再创历史新水平，荣获全国供销总社综合业绩考核特等奖，国务院发展研究中心《供销合作社改革“云南模式”》调研报告得到国务院副总理回良玉高度评价，云南供销改革发展经验在全国引起强烈反响。

【行业发展】 2011 年，全省供销系统进一步加大改革发展推进力度，综合实力、服务水平和发展活力进一步增强，实现“十二五”良好开局。经营总额大幅增长，达到 474.2 亿元，比上年增长 25.1%；汇总利润大幅增加，达到 4.71 亿元，增长 53.05%；化肥销量大幅增长，达到 768 万标准吨，增长 5.7%；农产品经纪人等农村流通人才培训数量大幅增加，达到 15.37 万人次，增加 5.37 万人次；农民专业合作社发展数量大幅增长，达到 2074 个，发展数量位居全国系统前列；社会贡献总额大幅增长，突破 10 亿元，达到 13.1 亿元，增长 40.42%。

【农村流通服务体系建设】 2011 年，中央和省级财政投入 9970 万元，各级地方财政配套资金超过 6000 万元，完成“乡村流通工程”建设项目 386 个，拉动投资近 10 亿元，累计投资 80 多亿元，建设标准化综合服务社 1000 个，新建和改建配送中心 160 个、农村集贸市场 146 个，发展农资放心店 1794 个，全省 80%以上的县（市、区）有农资配送中心，配送率达到 70%以上；60%以上的县（市、区）有日用工业品配送中心，配送率达到 40%以上；90%的建制村有综合服务社。“县有配送中心、乡镇有中心超市、村有综合服务社（便民店）的农村现代流通服务体系”框架已经建立，从全面打基础、强基层、提高覆盖率到全面巩固、完善、提高、整合新网络的全新态势正在形成。

【农村合作经济组织】 2011 年新发展“两社一会”（专业合作社、综合服务社、专业协会）3224 个，累计发展 2.75 万个，其中专业合作社 8269 个，综合服务社 1.82 万个，专业协会 1085 个。“两社一会”从业人员突破 10 万人，服务农户 864 万户，帮助农民实现收入 119.9 亿元，比上年增长 32.4%。农民专业合作社入社农户超过 100 万户，达到 100.35 万户，占全省农户总数的 1/9，社员出资额 40.32 亿元，发展数量占全省总量的 80%、占全国同行业总量的 12.4%，发展数量位居全国同行业第二位。保山、昆明等州（市）把发展农村合作经济组织作为推进供销合作社改革发展的重要任务，实现县县成立联合会；腾冲、隆阳、昌宁、大理、祥云、宣威等县（市、区）发展农民专业合作社数量均突破 200 个，产业涵盖农村生产生活的多个领域；开远市农村合作经济组织已成为党委政府统筹城乡发展的重要力量。全省 42 个试点县“县有联合会、乡镇有指导服务站、村有专业合作社”的农民合作经济组织指导服务体系初步建立。

【保障和改善民生】 2011年，全省供销合作社紧紧围绕经济社会发展大局，发挥优势、突出特色，从农民群众最期盼、最迫切需要解决的事做起。全力保障农资供应。全年销售化肥768万标准吨，占全省市场份额的80%以上，完成省级10万吨边贫救灾肥储备调供任务，面对全省连续3年干旱的不利情况，在保障供应的同时做到调品种、保质量，为大灾之年全省粮食增产和“九连增”作出了重要贡献。全省60%以上的县（市、区）在春耕农资供应中开展化肥赊销服务，赊销金额2亿多元。陆良县创造的“四双式”化肥赊销模式，有效解决当地农民购肥买药资金难题。大力推进农产品产销对接。全年实现农产品购销42.24亿元，比上年增长15.7%。成功举办第2届“千社千品”农特产品展示展销会，近200家龙头企业参展，汇集500多个专业合作社的4000多个产品，签订货值2000多万元的购销协议。积极开展社会化服务。通过建设标准化综合服务社，扩大经营面积，拓展服务范围，充实和完善服务内容，改进和创新服务方式，满足农民生产生活需求，综合服务社已经成为农村社会化服务的重要平台。积极探索农村金融服务。文山州、弥勒县、开远市、红塔区、永善县等通过组建小额贷款公司、农信担保公司等，为广大农民、专业合作社、涉农企业等提供便捷、灵活的金融服务，发放小额贷款近4亿元，担保贷款近3亿元，有效弥补了农村金融发展的不足。

【队伍素质建设】 2011年，以培训农村流通人才和提高系统干部职工素质为重点，创新培训方法，扩大培训范围，拓展培训基地，首次组织全省各级供销合作社主任赴浙江、安徽等省现场培训学习发达地区供销合作社发展经验；继续联合妇联、共青团、民委、扶贫等多个部门联合培训；继续举办师资培训班，加大师资培训力度；支持州（市）、县（市、区）整合资源，创新培训方法，扩大培训内容和对象。全年累计举办各类培训班2567期，培训农民经纪人4.05万人次，组织省内外考察学习348批（次）约5000人。累计培训各类人才68万人次，其中取得国家职业资格证书的人数达到6.04万人。连续4年在全国供销合作社系统评比中荣获第一名。

【打造龙头企业】 2011年组建龙头企业36个，其中供销企业集团8个。昆明、怒江等州（市）供销合作社在组建企业集团方面取得新成效；省供销合作社牵头联合全省100多家企业、300多个农民专业合作社入股成立的云南千社千品经贸有限公司，为探索农产品营销新模式、搭建服务农民专业合作社新平台进行了大胆尝试；与江苏雨润集团签署投资100亿元打造昆明雨润农产品全球采购中心合作意向书，与福建云南商会签署投资6亿元打造乡村建材物流市场合作协议。

【食用菌产业发展】 2011年，实现食用菌销量13.5万吨、销售收入45亿元、出口创汇1.45亿美元，比上年分别增长25%、28.6%、24%。食用菌出口创汇额继续保持全省农产品第二大出口创汇位置。省级财政继续安排1000万元食用菌产业发展专项资金，启动项目38个，拉动投资2.7亿元，培育龙头企业20户，建立羊肚菌、松茸、牛肝菌、红菇、块菌等野生食用菌保护扩繁基地8个，面积5500亩；首次实现野生食用菌烟色离褶伞室内人工栽培及野生香菇1号半的人工栽培，发现银白离褶伞无毒并可作为驯化和开发利用；进入省农业产业化经营先进企业5户，进入省林业产业化龙头企业4户，进入省级加工重点龙头企业3户，龙头企业加工产值6亿元，占食用菌工业产值的40%以上。马龙、易门、南华、陆良，施甸等县通过落实产业发展规划，正逐步成为特色突出的野生菌和人工菌并重的示范区；迪庆、丽江、楚雄、大理等州（市）积极推进松茸、羊肚菌、牛肝菌、鸡枞菌等野生食用菌保护基地建设，产量提高15%～20%；香格里拉松茸基地和易门野生菌基地分别通过国家有机认证和无公害农产品原料基地认证，“云菌”品牌知名度大幅提升。

【社有资产管理】 把加强社有资产管理作为激发企业新活力，加快供销合作社发展的重要支撑，积极探索社有资产规范管理新模式，制定出台了《云南省供销合作社社有资产监督管理办法》，全省6个州（市）和59个县级供销合作社成立了社有资产管理公司。宜良、石林、罗平、宣威、景洪、祥云、腾冲等80多个县（市、区）供销合作社利用社有资产招商引资，吸纳社会资金，争取项目资金，带动大发展、启动大项，拉动投资20多亿多元；各地以社有资产为依托争取到的“新网工程”、“乡村流通工程”和农业综合开发建设项目有序推进。2011年全行业社有资产总额达到125.57亿元，比上年增长18.17%，社有资产潜力进一步激活，企业实力进一步增强。

【直属单位改革发展】 省供销合作社直属企事业单位改革发展全面推进，呈现出“五增长五改善”的新面貌。6个直属公司实现经营额增长、利润增长、职工收入增长、企业固定资产投入增长、经营规模增长和工作条件改善、职工福利改善、外部发展环境改善、发展基础改善、内部关系改善的好势头。云农股份有限公司销售化肥53.13万吨，比上年增长17%，实现利润2500万元，增长66.6%，完成省级10万吨化肥的储备和调供任务，建立40家农资连锁直营店和100多家加盟连锁店；云南供销储运有限公司彻底扭转了连续20多年的亏损，企业面貌焕然一新；云南今邦日杂再生资源有限公司、云南裕农植物油集团有限公司在盘活资产、开拓经营等方面取得新进展；省贸易经济学校、省供销合作社科学研究所、培训中心改革发展取得了新成绩；新成立了云南千社千品经贸有限公司，注册资金6000万元，联合100多家企业和300多个农民专业合作社入股，在搭建平台、推销农特产品、带动农民专业合作社发展和促进农民增收方面取得初步成效。

（聂汉堂）

对外贸易

2011年，云南省进出口总额在2010年首次突破100亿美元大关，达到160.5亿美元，进出口实现高位增长，其中出口94.7亿美元，比上年增长24.6%，比全国出口平均增幅高4.3个百分点；进口65.8亿美元，增长13.2%。对外贸易在扩量的同时，质量效益也持续改善，商品结构、市场结构、企业主体结构不断优化，具有云南特点的外贸竞争新优势逐步体现。机电产品和特色优势产品出口支柱地位进一步巩固，资源性产品进口份额有新的增加；全省对东盟贸易接近60亿美元，对南亚贸易突破10亿美元，传统市场进出口占比不断提高，对欧美市场开拓取得明显进展；民营企业活力进一步释放，其进出口的增长幅度和比重明显上升；州（市）外贸工作卓有成效，增速普遍高于全省平均水平。

2011年云南省进出口总额

单位：万美元

国别、地区	2011年累计	2010年累计	增长%
出口合计	947277	760503	24.6
亚洲	617592	511410	20.8
非洲	42898	53088	-19.2
欧洲	137625	101821	35.2
拉丁美洲	60756	46035	32
北美洲	77733	38266	103.1
大洋洲	10672	9883	8
合计中：东盟	354870	290024	22.4
合计中：南盟	93164	76612	21.6
合计中：欧盟	129534	90346	43.4
孟加拉国	14417	12395	16.3
缅甸	139950	111032	26
香港	59424	21742	173.3
印度	69357	51586	34.4
印度尼西亚	24323	16786	44.9
伊朗	13848	16030	-13.6
伊拉克	2701	11924	-77.3
以色列	3654	3806	-4
日本	30285	22732	33.2
老挝	10358	10160	1.9
黎巴嫩	1231	1915	-35.7
澳门	1472	1290	14.1
马来西亚	24791	21060	17.7
巴基斯坦	3140	8174	-61.6
菲律宾	5222	3876	34.7
沙特阿拉伯	5552	8012	-30.7
新加坡	12022	14269	-15.7
韩国	16152	15849	
泰国	40147	33390	
土耳其	3029	2420	
阿拉伯联合	9917	8995	
越南	97286	78941	
台湾	11379	10255	
哈萨克斯坦	2494	5712	
阿尔及利亚	2407	6549	
埃及	5799	6679	
肯尼亚	2592	3057	
摩洛哥	3454	2469	
南非（阿扎	6205	3975	
比利时	17972	11173	
英国	13140	5098	
德国	28364	20636	
法国	10008	6927	
意大利	13393	11315	
荷兰	21855	11872	

续表

西班牙	11434	10526	
波兰	2897	1813	
俄罗斯联邦	2854	2380	
乌克兰	2990	4290	
阿根廷	4611	7739	
巴西	28124	15302	
智利	4249	3732	
墨西哥	8089	5783	
巴拿马	7625	3378	
加拿大	4426	2982	
美国	73082	35085	
澳大利亚	8130	7267	
进口合计	**657994**	**581200**	
亚洲	339067	260166	
非洲	59425	27060	
欧洲	57248	71774	
拉丁美洲	116707	139894	
北美洲	33572	28047	
大洋洲	51974	54259	
合计中：东盟	240531	167125	
合计中：南盟	14990	16683	
合计中：欧盟	51239	60212	
缅甸	67187	64861	3.6
香港	804	574	40.1
印度	14768	16357	-9.7
印度尼西亚	27809	26801	3.8

续表

伊朗	3806	2941	29.4
日本	19508	22907	-14.8
老挝	16218	10095	60.7
马来西亚	67300	34707	93.9
蒙古	14682	22462	-34.6
菲律宾	1436	451	218.4
卡塔尔	2078	2558	-18.8
沙特阿拉伯	18411	8212	124.2
新加坡	2805	1424	97
韩国	1779	716	148.5
泰国	33669	13065	157.7
土耳其	3169	4088	-22.5
阿拉伯联合	2578	611	321.9
越南	24091	15720	53.3
中国台湾	1974	1104	78.8
哈萨克斯坦	10999	7403	48.6

续表

毛里塔尼亚	7987	4164	91.8
摩洛哥	236	486	-51.4
南非（阿扎	35676	9808	263.7
扎伊尔	2347	1510	55.4
赞比亚	6148	8994	-31.6
比利时	2577	211	1121.3
英国	1834	2153	-14.8
德国	23259	15255	52.5
法国	1602	4403	-63.6
意大利	3822	5206	-26.6
荷兰	5513	4728	16.6
奥地利	7418	14787	-49.8
瑞典	1886	1393	35.4
俄罗斯联邦	1116	3663	-69.5
阿根廷	2259	1565	44.3
玻利维亚	1709	4080	-58.1
巴西	23641	24597	-3.9
智利	11860	14421	-17.8
墨西哥	27815	17770	56.5
秘鲁	49072	73906	-33.6

2011 年外贸发展取得较好成绩的主要措施：

1. 抓增点。积极推进加工贸易，争取尽快形成“两头在外、大进大出”的加工贸易格局，针对云南加工贸易基础薄弱的现状，与昆明海关联合，共同为后谷咖啡和省物流集团等企业开展加工贸易进行政策指导和协调；与检验检疫部门共同推进农产品出口基地备案工作，促进有增长潜力的农产品出口；推进旅游商品出口，积极协调外贸企业在新螺蛳湾设立窗口公司，采用旅游购物方式，扩大小型机电、轻纺产品出口。

2. 创机遇。利用商务部新赋予云南省的进口资质和配额量，推动云天化、物产公司燃料油进口;抓住国家规范玉石毛料进口的机遇，鼓励缅甸玉石毛料等特色产品进口；重点推进云南外贸“倍增计划”工作，争取云南最终进入商务部“优化外贸国内区域布局”倾斜支持的10个省（区）名单；引进省外企业，央企、外企和民企落户云南开展外贸业务，形成万商云集的局面。

3. 稳重点。抓重点企业、重点商品、重点州（市）、重点市场进出口工作，推动外贸进出口快速发展；重点扶持一批进出口额上 10 亿美元的龙头企业；鼓励企业创立自主品牌；着手制定龙头企业评定标准和管理办法，进一步规范管理，提升云南外贸自身的可持续发展能力，带动全省外贸不断实现新的跨越。

4. 重开拓。进一步加大对传统的东盟市场的开拓，同时重点抓好增长较快的南美市场的开拓，带动其他市场发展

2011 年云南省出口主要商品

名称	单位	本年		上年同期		增减绝对值		增减%	
		数量	金额	数量	金额	数量	金额	数量	金额
主要出口商品小计			680185		556822		123363		22.2
机电产品			202755		172412		30343		17.6
金属制品			66288		64770		1518		2.3
机械及设备			48299		38767		9532		24.6
电器及电子产品			43266		33483		9783		29.2
运输工具			18903		13340		5563		41.7
仪器仪表			9366		9984		-618		-6.2
望远镜	万个	188	2681	290	2298	-102	383	-35.2	16.7
农产品	吨	834247	175726	682166	130308	152081	45418	22.3	34.9
蔬菜	吨	424160	64830	312386	46684	111774	18146	35.8	38.9
食用菌	吨	7918	12272	8089	9696	-171	2576	-2.1	26.6
松茸	吨	764	5752	1206	4734	-442	1018	-36.7	21.5
其他蘑菇及块菌	吨	6276	6273	5449	4639	827	1634	15.2	35.2
蘑菇罐头	吨	878	247	1434	322	-556	-75	-38.8	-23.3
其它蔬菜	吨	405108	50158	292273	34259	112835	15899	38.6	46.4
其它蔬菜罐头	吨	6898	2755	6106	1984	792	771	13	38.9
辣椒干及粉	吨	3755	1317	6199	1879	-2444	-562	-39.4	-29.9
烟草及制品	吨	92407	44528	91088	37770	1319	6758	1.4	17.9
烤烟	吨	77661	29063	77001	24639	660	4424	0.9	18
卷烟	吨	8145	11623	7526	9021	619	2602	8.2	28.8
咖啡	吨	30528	13389	29760	8931	768	4458	2.6	49.9
松香	吨	25746	6394	24197	4855	1549	1539	6.4	31.7
香料油	吨	3241	5104	3202	4095	39	1009	1.2	24.6
鲜切花	吨	9142	3899	7131	2879	2011	1020	28.2	35.4
茶叶	吨	6065	2082	5714	1723	351	359	6.1	20.8
果仁	吨	2902	2045	1627	1422	1275	623	78.4	43.8
水产品	吨	2872	653	155	44	2717	609	1753	1384.1
果蔬原汁	吨	347	18	868	50	-521	-32	-60	-64
磷化工产品	吨	3000996	149441	2785229	114734	215767	34707	7.7	30.2
磷酸氢二铵	吨	1231294	71799	1253791	57033	-22497	14766	-1.8	25.9
过磷酸钙	吨	1174390	50813	814232	25689	360158	25124	44.2	97.8

续表

名称	单位	本年		上年同期		增减绝对值		增减%	
		数量	金额	数量	金额	数量	金额	数量	金额
三磷酸钠	吨	61868	5644	67233	5169	-5365	475	-8	9.2
正磷酸氢钙	吨	130558	5306	108848	3511	21710	1795	19.9	51.1
黄磷	吨	15225	5205	30128	8524	-14903	-3319	-49.5	-38.9
尿素	吨	24249	1265	100373	3654	-76124	-2389	-75.8	-65.4
磷矿石	吨	9006	115	7245	74	1761	41	24.3	55.4
其他纺织品	吨	387584	41805	452675	40494	-65091	1311	-14.4	3.2
布料	吨	282347	23672	286720	19447	-4373	4225	-1.5	21.7
棉纱	吨	5867	3812	5797	2862	70	950	1.2	33.2
有色金属	吨	39154	34486	34936	24521	4218	9965	12.1	40.6
银	吨	221	22626	220	14093	1	8533	0.5	60.5
铝	吨	30348	8499	23887	5790	6461	2709	27	46.8
铅	吨	7404	2017	7916	1722	-512	295	-6.5	17.1
锡	吨	303	1030	788	2006	-485	-976	-61.5	-48.7
锌	吨	694	190			694	190		
铜	吨	95	96	199	149	-104	-53	-52.3	-35.6
焊锡	吨								
服装	吨	130772	30019	312541	29559	-181769	460	-58.2	1.6
药品	吨	9497	4952	9297	4517	200	435	2.2	9.6
硅	吨	14270	3994	17164	4304	-2894	-310	-16.9	-7.2
石蜡	吨	21361	3101	30224	4300	-8863	-1199	-29.3	-27.9
木及制品	吨	9572	1928	13250	2369	-3678	-441	-27.8	-18.6
非工业用钻石	克拉	11496	715	12985	572	-1489	143	-11.5	25

2011 年云南省进口主要商品

名称	单位	本年		上年同期		增减绝对值		增减%	
		数量	金额	数量	金额	数量	金额	数量	金额
全省进口总计			657994		581200		13.2		
主要进口商品小计			523098		491824		6.4		
金属矿砂	吨	9130941	265207	8046120	255669	13.5	3.7		
铜矿砂	吨	458469	127591	715659	163193	-35.9	-21.8		
铁矿砂	吨	6745271	66903	5163808	42075	30.6	59		
铅矿砂	吨	160498	34140	114488	15319	40.2	122.9		
锌矿砂	吨	417777	12212	338520	9579	23.4	27.5		
锰矿砂	吨	705671	7761	884144	9626	-20.2	-19.4		

续表

镍矿砂	吨	463065	3248	600205	2682	-22.8	21.1		
锡矿砂	吨	24910	7738	17533	8783	42.1	-11.9		
钴矿砂	吨	470	71	296	56	58.8	26.8		
铬矿砂	吨	455	13	1004	30	-54.7	-56.7		
农产品	吨	2300250	108203	2459866	86708	-6.5	24.8		
棕榈油	吨	548273	63441	465562	39085	17.8	62.3		
黄大豆	吨	224142	12659	345931	16302	-35.2	-22.3		
花卉种球	吨	11089	3528	10150	3096	9.3	14		
甘蔗	吨	671623	2969	689524	2468	-2.6	20.3		
水产品	吨	3160	859	15320	2256	-79.4	-61.9		
其他芝麻	吨	7628	800	31912	3151	-76.1	-74.6		
龙眼干	吨	4272	698	5291	737	-19.3	-5.3		
腰果	吨	644	371	1324	319	-51.4	16.3		
机电产品			79912		84481		-5.4		
机械及设备			51183		59736		-14.3		
仪器仪表			12252		10597		15.6		
运输工具			7522		7666		-1.9		
电器及电子产品			7149		4998		43		
金属制品			1764		1112		58.6		
硫磺	吨	1744754	36093	1829126	22216	-4.6	62.5		
木材	立方米	691530	22112	525221	17852	31.7	23.9		
原木	立方米	549507	14886	389013	11269	41.3	32.1		
锯材	立方米	142023	7226	136208	6583	4.3	9.8		
铜	吨	7187	6445	15563	12159	-53.8	-47		
初级形态塑料	吨	14913	2972	14460	2559	3.1	16.1		
聚乙烯	吨	9554	1389	9323	1258	2.5	10.4		
氧化铝	吨	28401	962	233892	7227	-87.9	-86.7		
玉石、玉石毛料及矿产品	吨	1517	332	3637	696	-58.3	-52.3		
硫化橡胶制品	吨		1		1				

2011 年，在服务贸易方面，推动了服务外包产业的发展和文化“走出去”。继在柬埔寨成功推出“吴哥的微笑”大型历史舞剧之后，支持云南文化产业投资集团 10 月 8 日在新加坡上演大型情景歌舞史诗“辉煌新加坡”。帮助云南新知集团 10 月 29 日在柬埔寨开设首个国际连锁书城—新知图书（金边）华文书局，实现了云南出版发行企业走出国门零的突破。

利用外资

【外商投资项目审批】 2011年，云南省批准外商投资项目162个，实际利用外资17.4亿美元，比上年增长30.6%，占全国实际利用外资比例的1.5%，比上年增加0.5个百分点，利用外资延续了自2006年以来一年一个台阶、一年一次跨越的快速发展势头。外商投资质量进一步提高，农林渔牧业实际利用外资比上年增长近8倍；投资主体进一步多元化，外资来源地有泰国、荷兰、加拿大、香港、澳门等多个国家和地区；招大商、引大资取得突破，单个项目平均投资规模超过1000万美元；州（市）引进外资的积极性进一步提高，迪庆、普洱、德宏、保山等地实际利用外资大幅增长，增幅高达数十倍。全省利用外资超千万美元的州（市）达到12个。外商投资在弥补省内建设资金不足、加快经济结构调整、扩大就业等方面发挥了明显的促进作用。

【促进措施】 2011年，简化审批程序，将多项外资审批权限下放各州（市）审批点，为各州(市)商务部门及时答疑解惑、指导其做好外资审批、备案工作；及时向重点外资企业宣讲“桥头堡”政策。5月召集云南40多家重点外商投资企业参加“国务院关于支持云南加快面向西南重要桥头堡意见”政策学习解读说明会，全面解读“桥头堡”政策对外商投资云南的重大机遇，加大了外商对投资云南的热情；引导外资大项目落地，积极参与外商投资项目考察、谈判，提供法律咨询，调解项目落地过程中的各项问题，先后促成康师傅饮品项目落地，省商务厅与星巴克中国公司签订战略合作协议，协助家乐福、沃尔玛公司在云南增设新门店；密切与跨国公司的联系，加速实现其投资云南的意愿，与来访的世界500强企业日本双日集团谈交流，促成日本双日集团与省商务厅签订合作备忘录，邀请物流专家团到云南举办物流培训会等活动，促成双日集团在昆明新机场建设医药和冷链物流基地。

【跨境经济合作区】 2011年，推进建设中越河口—老街、中缅瑞丽—木姐、中老磨憨—磨丁跨境经济合作区。省商务厅参与云南省商务考察团访问越南工贸部、中国代表团赴越南谅山“中越跨境经济合作区项目研讨会”，参加亚行主办的“GMS南北经济走廊发展研讨会”，召开“中越跨境经济合作区建设协商会议”，并与越方组成联合考察团赴我国唯一建成的跨境经济合作区—霍尔果斯国际边境合作中心实地考察，促成了越方 “越中跨境经济合作区中央工作组”的成立，与亚行达成利用“GMS经济合作第4次领导人会议”的机遇，大力推动中越两国中央政府签署《建立中越跨境经济合作区双边倡议的谅解备忘录》的共识；中缅瑞丽—木姐跨境经济合作区在德宏州及瑞丽市政府相关部门开展跨境经济合作区的研究、规划等基础性工作后，在昆交会期间，省商务厅邀请缅甸木姐地方长官参加跨境合作区的研讨活动，启动中缅跨境经济合作区推动工作；中老磨憨—磨丁跨境经济合作区，在老挝政府积极态度和配合下，现西双版纳州与南塔省已签署中老磨憨—磨丁跨境经济合作区战略框架协议。

【国家级边境经济合作区】 腾冲（猴桥）、麻栗坡（天保）、泸水（片马）、耿马（孟定）、孟连（孟阿）以及磨憨成立国家级边境经济区申请已由国务院转至商务部，等待商务部综合评估和批复；根据商务部、国开行将在“十二五”期间对国家级边境经济合作区、跨境经济合作区内建设项目予以300亿元融资贷款支持的合作框架协议，省商务厅同国开行云南分行，组织瑞丽、畹町、河口3个国家级边境经济合作区申报26个项目，申请贷款金额66.7亿元。

【国家级经济技术开发区】 为配合“桥头堡”战略实施，省商务厅积极深入条件较好的各州（市）省级经济开发区，推动各地抓住国家支持省级开发区升级的契机，适时申报为国家级经济开发区。目前，大理开发区、嵩明工业园区、红河工业园区升级请示已经省政府呈国务院转商务部会办。

对外经济合作

2011年，云南省新签对外承包工程项目47个，完成营业额11.6亿美元，比上年增长18.4%；新批境外投资企业28家，共对15个国家和地区的74家境外企业进行直接投资，实际对外投资5.7亿美元，增长20.4%，继续保持在全国第十位、西部和沿边省份第一位的良好成绩；共派出各类劳务人员 1.12 万人，实现外汇收入近 1 亿美元。

对外投资的特点 2011 年以来，云南省企业对外投资的增长方式向多元化发展，以增资和并购的方式实现对外投资的数量有明显增加，土地置换、股权置换等投资方式已经引入，在全省新批的投资企业中以并购方式设立的对外投资的企业有 3 家。另有办理增资扩股的企业 11 家；投资国别进一步扩大，欧美等发达国家市场成为海外投资的新目标，云南企业抓住金融危机后发达国家投资成本低的机遇，积极到海外拓展，省内企业分别在美国、德国、卢森堡、阿联酋等新兴投资市场实现投资 1371 万美元，占实际投资总额的 2.4%，使云南省的投资国别达到 15 个。“次区域五国”仍然是对外投资的主体市场，2011 年云南企业在缅甸、老挝、越南、柬埔寨、泰国实际投资 5.01 亿美元，占实际投资的 87.8%；云南对外投资除传统的水电、矿产和农业开发领域外，在广播电视、软件和纺织鞋帽制造业等新行业都有实际投资，新批投资企业也集中在新兴产业；实物投资和资源回运有力地拉动全省外贸进出口增长，云南境外投资企业从境外运回 5.3 亿美元的物质，主要运回原糖、橡胶、铁矿石和锡铅等冶金原料，云南省投资项下的实物出口和资源回运有利地带动了进出口贸易的增长，对全省外贸增长起到积极的作用。

中国昆明进出口商品交易会暨南亚国家商品展

【客商情况】 2011 年，昆交会和南亚国家商品展得到海内外各界关注和积极参与，参会的境外代表团 47 个（其中副部级以上代表团 26 个），其它代表团 21 个，国内其它省(区、市)代表团 19 个参加本届昆交会；国内外企业 1855 家，比上届增加近 300 家；专业客商和专业观众 5.1 万人次，其中境外客商超过 2.2 万人次，比上年增长 10%；境外交易代表团 25 个，除东盟十国、南盟八国全部参展外，还有瑞典、韩国、澳大利亚、哈萨克斯坦、台湾、香港、澳门等其它 7 个国家和地区的企业组团参展，比上年增加 2 个；国内参展的其它省(区、市)交易代表团 19 个。

【展位安排】 2011 年，本届昆交会设置 4 个商品专业馆、2 个专题馆、2 个室外展区。商品专业馆包括机电馆、生物资源馆、化工矿业馆、家居建材馆。与上年相比，取消轻工纺织馆，扩大机电馆规模；专题馆包括东盟馆和投资促进馆；展区包括斯里兰卡主题国展示区和室外大型工程机械展区。南亚国家商品展按国别划分区域，并由组委会统一布展。本届展会设置室内标准展位 2485 个，比上届增加 33 个，其中昆交会设置 1983 个标准展位，南亚国家商品展设置 502 个标准展位，另外还设立 3000 平米室外展区。

联办方和省外参展单位展位数 373 个，其中联办方 160 个，其他省(市、区)213 个，比上年增加 99 个，增长 41%；境外参展展位数 498 个，其中东盟国家全部参展，展位 468 个，其他国家和地区 30 个，增长 34%；南亚 8 国全部参加本届商品展，安排展位 502 个，比上年增加 142 个，增长 39%，其中斯里兰卡 100 个、孟加拉国 98 个、阿富汗 26 个、不丹 7 个、巴基斯坦 130 个、尼泊尔 65 个、印度 75 个、马尔代夫 1 个。

【商务成果】 2011 年，本届展会各项外经贸累计成交 69.6 亿美元，比上年净增 44.8 亿美元,比上年增长 180.4%；进出口成交 16.39 亿美元，出口 11 亿美元，进口 5.39 亿美元，增长 22.8%。其中南亚国家进出口累计成交 2.94 亿美元，占总成交额的 17.9%，南亚展现场累计成交 5454.15 万元。出口成交的主要国家：缅甸、日本、泰国、新加坡、美国、印度、菲律宾、越南、马来西亚、印尼；出口的主要商品：化工产品、有色冶金、牛肝菌、蔬菜、机电产品、纺织服装、医药保健产品等。进口成交的主要国家：缅甸、马来西亚、越南、泰国、柬埔寨、印尼、越南、美国、印度；进口的主要商品：铁矿石、化工产品、有色冶金、机电产品、农副产品等。

利用外资签约项目 40 个，金额 52.1 亿美元，比上年增长 391.5%。项目涉及能源开发、农业种植及加工、加工制造、矿冶、基础设施、生物制药、现代物流、教育、医疗卫生、金融等行业和领域。其中现代服务业是签约项目较为集中的领域，占外资项目总数一半以上。投资者主要来自美国、澳大利亚、泰国、印尼、缅甸、德国等国家和香港、台湾地区，其中香港地区签约项目所占比重最大。

外经签约项目 2 个，合同金额 1.07 亿美元，比上年增长 25.9%。具体项目为云南省海外投资有限公司与 SOMA GROUP COLTD (KINGDOM OF CAMBODIA) 签约的中柬大米加工项目和云南阳光基础建设有限公司与非洲乍得公路局签约的101公路承包工程项目。国内经贸合作活跃。综合旅游开发成为国内合作签约项目中的一大热点，项目总投资接近总量的50%。省外投资者主要来自北京、安徽、福建、广东、浙江、上海、贵州、湖南等20个省（区、市）。此外国内贸易现场成交8.62亿元。其他省（区、市）参展成果显著，外经贸成交和国内经贸合作成交均大幅增长。其中深圳与云南本地企业达成合作意向项目33个，签约金额115.2亿元，包括现场签约项目9个，合作金额26.2亿元；意向项目24个，意向成交89亿元。充分体现“共同的展会共同举办，共同的成果共同分享”的办会理念。

【会期活动】 在会展的同时，还举办第6届中国—南亚商务论坛、第9届东盟华商投资西南项目推介会暨亚太华商论坛、第3届GMS经济走廊活动周、第2届中国·东南亚·南亚电视艺术周、第5届昆交会杯国际商务高尔夫球邀请赛以及中国—南盟经贸高官会、东南亚、南亚国家经贸推介会、日本投资项目推介会、第12届中国西部国际博览会推介会等10多场其它经贸推介和洽谈活动，使昆交会暨南亚国家商品展的内涵不断丰富，影响力不断提高，以展会为桥梁的区域合作深入推进。

【会展的特点】 办展办会机制进一步创新。按照“共同的展会共同举办，共同的成果共同分享”的办会理念，在办会机制方面恢复轮值主席制度，由四川省担任昆交会轮值主席，由斯里兰卡担任南亚国家商品展主题国和中国—南亚商务论坛轮值主席。在运作模式上实施展会分离，商品展览集中安排在昆明国际会展中心，开幕式、欢迎晚宴、专场文艺演出以及重要会议、重要会见等集中安排在海埂会议中心。在宣传推广上除邀请国内主流媒体积极报道展会情况外，还邀请来自东南亚、南亚各国28家媒体全面宣传报道云南对外开放情况，向社会各界广泛征集了宣传口号，为昆交会及南亚国家商品展扩大国内外影响营造了浓厚氛围。参展企业和商品质量显著提高。本届展会由省商务厅、省贸促会、省侨办、省外办、省招商合作局联合组织了6个小组分别出访东南亚、南亚各国，开展昆交会系列活动专项招商招展工作，同时还先后派出6个国内招商小组赴东、中、西部省份邀请采购商，成效显著。南亚、东南亚的知名企业：老挝啤酒、越南平仙鞋业、泰国TCC集团、越南边和咖啡、缅甸优美家具、泰国胜利海洋食品有限公司、菲律宾富源国际贸易有限公司、香港通恒国际、印度塔塔集团、印度烟草企业、斯里兰卡AKBAR茶叶、孟加拉黄麻出口有限公司等参展，使展会档次和水平有了明显提高，得到了与会客商的一致肯定。专业化水平进一步提高。机电馆设置展位575个，比上届增加198个，同时根据展出商品种类，分为机床工具、电子电器、印刷机械、食品机械、矿冶设备等专业区域，进一步突出了专业特色。

（杨　明）

海关工作

【概　述】 2011年，在海关总署党组的正确领导下，在云南省委、省政府的关心支持下，昆明海关以科学发展观为指导，深入贯彻落实《国务院关于支持云南省加快建设面向西南开放重要桥头堡的意见》以及《署省合作备忘录》，不断增强服务科学发展的自觉性和加快转变经济发展方式的责任感，把好国门、做好服务，优化海关监管与服务，主动围绕国家宏观战略和云南发展大局，发挥海关职能作用，积极推动云南科学发展、和谐发展、跨越发展。云南省全年对外贸易进出口总额160.5亿美元，在全国各省（区、市）外贸排名中居22位。与2010年相比，全省外贸总额净增26.3亿美元，增幅19.6%，增幅位列全国第23位。贸易进、出口同比均大幅增长，其中出口94.7亿美元，比上年增长24.6%；进口65.8亿美元，增长13.2%，顺差28.9亿美元。

【加大支持桥头堡建设力度】 2011年，昆明海关深入贯彻落实西部大开发新的战略部署和《国务院关于支持云南省加快建设面向西南开放重要桥头堡的意见》的精神和要求，在全面落实《署省合作备忘录》和《昆明海关关于支持面向西南开放重要桥头堡建设的若干意见》的基础上，制定出台《昆明海关关于进一步支持云南省加快推进桥头堡建设的贯彻实施意见》和《昆明海关贯彻落实西部大开发战略的实施方案》，进一步明确了昆明海关支持桥头堡建设、促进云南开放型经济又好又快发展的目标和重点措施。

【推进通关便利化】 2011年，昆明海关在全省开展出口货物分类通关改革，并选取昆明机场、瑞丽口岸试点实施进口货物分类通关改革，不断优化作业程序，把关区80%的出口报关单、试点海关的71%进口报关单纳入分类通关，使76.2%的出口货物和55.4%的进口货物享受到“低风险快速放行、低风险单证审核”的通关便利，企业在口岸办理海关手续的时间明显减少，企业满意度提高。继续深化区域通关改革，推进并扩大区域通关合作范围，目前已与10个直属海关开通了此项业务，年内通过“属地申报、口岸验放”通关模式进出口货物总值3.74亿美元。支持云南电子口岸建设，研发推广云南电子口岸边境机动车辆进出境快速通关系统，机动车辆进出境通关更加便利；推进网上支付税费改革，与26家企业签订网上支付税费协议，通过网上税费系统支付税款2.37亿元，比上年增长57%。支持云南口岸建设，主动参与昆明新机场规划和建设，基本完成了昆明新机场海关配套项目建设；促成勐康、丽江机场、河口公路口岸正式开放，天保口岸扩大开放，芒市机场临时开放，并做好监管服务工作；参与办理口岸规划、评审、选址、验收等事务近100起。推进以市场模式新建、改造监管场所，6个监管场所通过了达标验收，省内监管场所规范化建设取得新进展。推动现代服务业发展。完善会展监管模式，为昆交会、南亚国家商品展等提供快捷优质通关服务；在做好现有12条国际航班国内段航线监管服务的基础上支持云南进一步拓展国际航班中转功能；积极支持开展跨境贸易人民币结算试点工作。支持国家重点工程建设，为中缅油气管道建设境外段出口物资以及境外电力合作开发等大型项目出口设备提供通关便利，帮助企业协调解决通关环节中遇到的困难和问题。大力推进服务型海关建设。加大政务公开力度，利用昆明海关门户网站、“12360”海关服务热线等多种公共关系建设载体，公布、宣传海关政策和操作规定，加大与社会良性互动；开展“送政策上门”，宣传海关政策、解答企业难题。通过上述措施，努力提升进出口货物通关效率和便利程度，关区进出口平均通关时间明显提升。

【扶持云南特色优势产业发展】 2011年，昆明海关不断提高海关税收优惠政策咨询服务水平。实施重大项目减免税工作提前介入机制，为企业提供重点项目立项前税收政策咨询和讲解，参加云南省组织的10余次减免税项目论证，帮助各级地方政府和企业正确理解、用好用足税收优惠政策。依法审批，支持骨干龙头企业技术改造、产业升级和重大项目建设，推动云南支柱产业、特色产业发展。设立“绿色通道”，继续推行重点口岸5+2工作制和24小时预约通关，为鲜活、易腐货物提供便捷通关服务，积极服务云南特色农业、花卉、石产业以及境外罂粟替代种植产业。全面落实边民互市贸易税收优惠政策，丰富监管模式，以规范管理推动边民互市健康发展。全年审批进出口减免税货物货值5.3亿美元，减免税款7.65亿元，享受减免税优惠的行业涉及航空、化工、烟草、科教、医疗、农业等，其中审批替代种植项目进出口货值1.77亿美元，减免税款4.07亿元；审批进口花卉种球、种苗、种籽总货值3416.13万美元，比上年增长50.68%；减免增值税3635.87万元，增长51.31%。边民互市进出口贸易量值齐增，分别为108.32万吨、36.31亿元，增长76.01%、49%。

【维护进出口贸易秩序与边疆和谐稳定】 2011年，昆明海关组织侦办了化肥、稀土、白糖、卷烟走私等一批走私违法大要案件，全年立案办理各类走私案件878起，案值12.42亿元。深入推进禁毒人民战争，查办毒品案件44起，缴获各类毒品161.43公斤，易制毒化学品12.15吨，成功破获一批走私毒品大要案件，得到国家禁毒委等多个部门的高度评价。组织开展打击冷冻食品走私专项行动，被中央电视台等全国多家媒体报道；积极推进反走私综合治理，组织开展了打击中越边境橡胶走私专项行动、私开通道专项治理及河口界河沿线反走私专项整治行动。坚持法律效果与社会效果并重，妥善处理6家企业涉嫌走私黄磷出口案。加大知识产权海关保护力度，深入开展“双打”行动，完善知识产权海关保护操作程序，引导云南省企业加强自主知识产权保护工作，支持企业培育自主品牌。查办各类侵犯知识产权案件94起，查扣各类侵权货物80多万件，案值413万元，比上年增长132%。推行“绿色销毁”侵权货物，将侵权货物处置与扶贫济困、社会公益事业相结合，受到社会各界的赞誉。加大对走私濒危野生动植物、固体废物和枪支弹药行为的打击力度，查获走私进口固体废物58.91吨，查获军用制式手枪2支，查获濒危野生动植物及制品案件9起，查获珍稀动植物及制品一批。深入开展扫黄打非，查获各类违禁印刷品、音像制品3497件。积极应对中国商船湄公河遭袭和孟定清水河口岸突发爆炸事件，采取多种措施，确保口岸通关顺畅。

【特殊监管区域建设和发展】 2011年，昆明海关积极参与云南设立昆明、红河综合保税区、瑞丽重点开发开放试验区和其他海关特殊监管区域的研讨论证，主动提供政策咨询和服务，研究提出在云南设立海关特殊监管区域的总体思路、规划布局方案和推动步骤；加强与海关总署的沟通协调，多渠道向国家相关部委反映云南设立海关特殊监管区的需求。加强海关特殊监管区的监管和服务工作，优化保税监管业务流程，支持帮助昆明出口加工区拓展保税物流功能，建设珠宝加工贸易保税基地，昆明出口加工区进出区货值1.39亿美元，增长4.5倍；扶持昆明高新区保税仓库、景洪、勐腊成品油保税仓库的发展，年内批准在磨憨口岸设立1个保税仓库，鼓励高科技、高附加值项目入区，推动云南加工贸易转型升级。全年办理加工贸易备案手册83份，手册备案金额3.71亿美元，比上年增长24.92%。

【加强统计监测预警分析】 2011年，昆明海关密切跟踪分析云南外贸，组织编写“十一五”时期云南进出口贸易海关统计数据资料和海关统计分析报告，得到各级党政机关和研究机构的高度评价；并与商务部门合作汇编云南外贸进出口运行分析情况。优化统计监测预警和研究分析机制，跟踪重点商品、重点贸易区域变化情况，对云南农产品、锡业等重点外贸发展领域开展研究，分析、研判全省外贸走势，年内被省委、省政府采用49篇次统计监测预警信息专报，昆明海关参与的东盟自贸区贸易监测预警分析报告得到温家宝总理批示。加强统计分析信息报送，开展每月进出口数据速报，快速反馈进出口变化，及时为地方党政决策和企业经营提供参考。全年向省委、省政府报送统计分析信息专报53篇。

【促进企业诚信规范高效经营】 2011年，昆明海关认真落实国家加强和创新社会管理的要求，改进和创新海关执法方式，逐步从“监管治理”向“寓管理于服务”方向转变，着力化解海关工作中可能产生的影响社会和谐稳定的矛盾和问题。推行守法便利通关模式，支持云南培育诚信守法企业，以企业分类管理为基础，深入推进海关管理重点“由企及物”的转变，引导企业完善内部管理，提高诚信企业货物通关效率，加大对报关单位、报关员和注册企业的管理力度，培育规范报关市场，提高企业自我管理功能。加快构建关企战略合作伙伴关系，与关区AA、A类企业建立联络员联系机制，开展关企交流和政策宣传，申请适用AA、A类管理的企业明显增加，目前云南适用AA类管理企业13家，A类管理企业115家，企业诚信守法意识逐步增强。

【推动区域贸易便利化】 2011年，昆明海关全面参与大湄公河次区域海关合作，推进实施《GMS便利货物及人员跨境运输协定》，承办大湄公河次区域国家海关贸易便利化研讨会，加强次区域海关间的沟通和共识，推动次区域各国围绕次区域贸易便利主题开展务实合作，支持昆曼公路跨境运输便利化进程，促成国际大通道通达顺畅。中越直属海关会晤机制有效落实，双边执法和通关便利化合作进一步深化。与邻国禁毒执法合作更加深入，与邻国海关交往更加广泛。

在今后的工作中，昆明海关将继续全面履行的各项服务承诺，紧紧围绕云南省第九次党代会确定的目标和任务，采取更加有效的措施促进云南开放型经济发展，为云南加快建设面向西南开放重要桥头堡提供更为有力的支持和更加优质的服务，努力推动云南省经济社会科学发展、和谐发展、跨越发展。

（吉 永）

出入境检验检疫工作

【概 况】 2011年，云南出入境检验检疫局受理报检23.64万批次，货值65.51亿美元（其中边民互市产品12.39万批次，货值2.76亿美元），与上年相比，批次增长45.93%，货值增长27.69%。签发各类原产地证明书2.7万份，签证金额14.23亿美元，与上年相比分别增长23.01%、38.48%。出入境人员检疫查验1413.25万人次，健康检查3.1万人次，艾滋病监测2.82万人次，预防接种8.02万人次。检疫和消毒处理交通工具101.22万（辆、架、艘）次，从进出境货物中检验检疫出不合格货物8101批次，货值3.62亿美元。有7931批（货值3.35亿美元）进境货物经检验检疫处理合格后放行。从进境植物及植物产品中截获有害生物8276种次，计256种，有害生物种次比上年增加9.46%、种类增加2.4%。口岸截获非法入境动物及产品68批次，854.18吨。从出入境人员传染病检测及健康检查中检出传染病1818例（其中检出HIV阳性95例、肺结核3例、性病26例）。

【落实“十二字”工作方针】 2011年，云南出入境检验检疫局贯彻落实国家质检总局提出“抓质量、保安全、促发展、强质检”的工作方针。结合云南局实际，细化分解为47项具体工作，形成云南局贯彻落实十二字方针的目标、任务、责任体系，推动云南局各项工作的开展。抓质量，进一步推进“依靠政府，联合部门，抓住企业，监管产品”大质量工作机制建设，获得机制保障，创造抓质量的社会环境，提高依法把关于科学监管的有效性。保安全，通过强化风险分析，抓住工作的薄弱环节，着力推动“3+1”防线建设，理论和实践相互促进，疫情疫病长效机制基本建立，提高了风险预警机制的有效性；促发展，以提高服务层次，加大政策和技术支持力度，增强应急处理能力，提高通关效率为抓手，服务云南经济的发展，赢得社会的认同和支持；强质检，建设法治质检、科技质检、和谐质检为目标，推行“一岗双责”责任制和绩效管理，做到重点工作任务有布置、有检查、有追究。

【“3+1”防线建设】 2011年，云南出入境检验检疫局富含理念创新、理论创新、实践创新的“3+1”防线专著正式出版发行，总局支树平局长为专著作序；“3+1”防线建设工作在2011年全国质检工作会上进行典型交流；总局卫生司、动植司分别将“3+1”防线建设作为典型经验和模式，在全国卫生检疫领域和有陆路口岸的直属局进行推广应用；包括8名院士在内的18位全国政协委员联名向政协第十一届全国委员会第四次会议提交了《关于加强云南边境疫情疫病防控工作 确保桥头堡战略顺利实施的提案》；“3+1”防线联防联控机制建设理论的核心内容，被纳入国务院关于支持云南省加快建设面向西南开放重要桥头堡的意见中；以“3+1”防线建设理论研究和实践成效为蓝本，所形成的《和谐质检建设社会环境研究》课题已经总局组织的专家组鉴定通过；“政府主导、分工负责、条块结合、密切配合、部门联动、国际合作”的边境地区疫情疫病防控常态化和应急状态下的长效工作机制初步形成并得到有效推广。2011年，检验检疫出不合格货物8102批次，不合格货值3.62亿美元；从进境植物及植物产品中截获有害生物 8276 次，比上年增长9.46%；在传染病监测及健康检查发现病例4930例，增长138.05%。6月，截获并及时上报老挝爆发椰心叶甲疫情情况，云南省领导对防控工作做出重要批示，总局也向全系统发出警示通报。11月，在红河发现云南首例植物检疫性病害番茄斑萎病毒。全年云南局进境截获有害生物种次、进境截获检疫性有害生物种类均列全国系统前10位。

【服务云南桥头堡建设】 2011年，云南出入境检验检疫局及时研究制定和动态调整服务桥头堡建设和推进检验检疫事业发展的指导思想、目标任务和工作措施，省政府领导批示给予肯定；全局成立云南局桥头堡建设工作领导小组，设立基础保障和能力建设、技术保障和能力建设、通关便利化和能力建设、检验检疫监管和能力建设4个工作组，着手编制推进桥头堡建设检验检疫事业发展分阶段需求和项目规划，争取形成云南省政府与总局共同支持云南检验检疫事业发展政策措施；总局支持云南桥头堡建设和推进云南检验检疫事业发展的指导意见已经正式出台；切实增强请示汇报和工作协调的有效性，将国务院意见中涉及检验检疫工作和事业发展的各项目标任务具体化，明确权利、义务和责任，纳入到《云南省加快建设我国面向西南开放重要桥头堡总体规划》中；在已实施的中缅油气管道工程项目建设中，争取到了总局科技司和检验司帮助指导，制定《云南检验检疫局石油及天然气检测能力对口帮扶工作方案》，已派出3批18人次到对口帮扶局跟班指导、培训人员，为做好中缅油气管道项目把关服务工作奠定了基础。

【服务地方经济发展】 2011年，云南出入境检验检疫局积极探索检验检疫中心工作和云南地方经济发展的切入点、结合点，努力提高服务地方科学发展的有效性。大力推进通关便利化工作，积极帮助企业应对国外技术贸易壁垒，严格执行国家对出口农产品、纺织品的检验检疫费减免政策；努力践行“严格把关，热情服务”的检验检疫职责，促成国家质检总局与泰国、老挝签署经昆曼公路进出口水果检验检疫要求的议定书、老挝玉米输华的植物检疫议定书，实现老挝玉米从磨憨口岸试进口，水果的进出口增速迅猛，经磨憨口岸对外贸易额再创历史新高；贯彻落实云南省委、省政府关于推进农业产业化发展扶持龙头企业的意见精神，采取有效措施，狠抓关键环节，加大工作力度，创新服务方式，有力推动了云南省农业产业化发展，被云南省委评为2011年度推进农业产业化发展扶持龙头企业先进单位，被省政府评为云南省农产品出口工作先进单位。

【应对进出口食品安全突发事件】2011年，云南出入境检验检疫局面对食品安全方面发生突发事件，启动处置突发事件应急预案，进行快速应对和处理。4月，台湾“塑化剂”事件发生后，云南局快速反应，迅速开展风险分析，加大进出口食品监管力度。对昆明市场流通领域进口的台湾青豆进行抽查，检出塑化剂超标，责令下架封存。对台湾饮料、果酱果浆、胶囊淀状粉状食品和食品添加剂进行清查，对台湾进口食品中邻苯二甲酸脂DEHP的抽检工作，涉及16个品种饮料、果冻未发现不合格情况，要求进口食品经销单位进行自查。对5类出口食品的9户出口生产企业进行邻苯二甲酸脂类物质（DEHP、DINP）检测，未发现不合格情况。8月，陆良县发生铬渣污染事件，云南局第一时间快速应对处理采取行动，对陆良境内出口蔬菜增加铬检查项目，严格检验合格方准予出口；对出口蔬菜基地进行实地调查和评估，采集基地土壤、灌溉用水、蔬菜样品、生产用水进行检验。经检验评定所有被检验项目未受到铬渣污染，帮助企业避免损失，确保云南蔬菜水果的顺利出口；组织对陆良县出口朝鲜蓟罐头基地的原料、土壤、灌溉水、生产用水和成品罐头进行抽样检测，结果表明出口朝鲜蓟罐头未受到铬渣污染事件的影响。

【打击食品非法添加剂和滥用食品添加剂专项工作】 2011年，云南出入境检验检疫局按照国家质检总局和云南省政府统一部署，开展严厉打击食品非法添加和滥用食品添加剂专项行动。云南局有733人次参加执法检查，检查出口食品生产企业257家，检查其他食品生产企业126家，抽查食品291批次，抽检食品添加剂生产企业40家，抽检食品添加剂45批次。经过全面排查，云南省出口食品企业中未发现非法添加和滥用食品添加剂的违法违规行为，也未收到相关投诉。严打专项工作取得较好的成效，受到企业和群众的好评。通过严打专项工作，有力提升了云南出口食品质量安全水平。

【开展“双打”专项行动】 2011年，云南出入境检验检疫局按照国家质检总局和云南省政府关于打击侵犯知识产权和制售假冒伪劣商品专项行动的统一部署，开展“双打”专项行动。结合云南检验检疫实际，将开展“双打”专项行动与“以质取胜、创先争优”活动结合起来，突出以大宗出口商品为重点，从加强对源头管理、口岸监管、证书真伪核查、目录外商品监督抽查、原产地标记管理、出口工业品分类管理、质量诚信体系建设等方面，加大执法打假力度，确保“双打”专项行动取得实效。云南检验检疫系统出动执法人员1118人次，检查经营进出口食品、汽配、化矿、动植物产品的企业186家，核查各类检验检疫证单1511份，查处1起盗用“QS”标识的假冒伪劣产品的违法案件。与各有关部门的协作配合，在“双打”专项行动中形成合力，云南局“双打”专项行动方案纳入省政府“双打”专项行动总体方案，成立云南检验检疫局、云南省质量技术监督局“双打”领导小组，在开展“双打”专项行动执法检查中形成联动机制，联合省市各级质监、工商、卫生、食药监等部门，开展对进口汽配、食品、化妆品等商品的专项执法检查。以专业市场销售的进口汽配为重点，以超市、宾馆、冷库的进口食品、肉类为突破口，在昆明地区开展持续1个月的“双打”专项执法检查行动，出动执法人员180余人次，检查经销进口商品的商家148家，其中对昆明市东聚汽配市场和部份4S店中销售或使用的涉及安全的汽车配件进行检查，检查32家；对大型超市、酒店、经销商销售或使用的进口食品、餐料、酒水进行检查，检查16家；对昆明市东站冷库和部份小冷库中销售的动物产品进行检查，检查5个冷库，涉及其中经营进口肉类的经营户100户。针对检查中发现的进口商品手续不全、无中文标签等问题，各相关部门按照有关规定采取了责令限期整改、停止销售使用、监督销毁、监督退货等措施。“双打”专项行动取得成效。

【科技质检建设】 2011年，云南出入境检验检疫局按照国家质检总局提出建设科技质检的总体要求，扎实推进科技工作。1. 制定实施《自立科技项目管理办法》、《学科带头人选拔管理暂行办法》等制度，推动全局科技工作。完成的“六种重要动物外来病早期快速检测试剂盒研发”项目荣获2010年度云南省科技进步二等奖，5个项目被列入2011年总局科技计划项目，科技工作荣获云南省“十一五”科技计划组织管理先进集体，1人获得先进个人称号。2. 实施《云南检验检疫局实验室管理办法》，强化分支机构实验室的指导，完成实验室2011年资质认定专项监督检查自查工作和普洱局国家级咖啡重点实验室项目申报；新增仪器设备873台套；技术中心增加340项，保健中心检测项目增加9项；首次承担餐饮食品国家风险监控计划中三大类产品的检测任务；与玉溪市质监局共建公共服务检测平台，强化技术合作；完成的“云南野生食用菌出口贸易技术措施的应对技术研究”被评为2011年度云南省十大科技进展项目。3. 组织完成6个行业标准的项目申报及8个行业标准的复审工作，完成3个检验检疫行业标准项目和2个地方标准的制定工作；协助省牛肝菌协会修改完善《云南省野生食用牛肝菌制品加工规格质量标准》荣获云南省标准化创新贡献奖。4. 承担总局“边民互市业务管理及决策支持系统”科研课题顺利结题；经优化升级后的“云南边境检验检疫综合业务管理系统”推广运用成效显著；积极参与地方电子口岸建设，自主研发的“云南检验检疫边境贸易电子申报管理系统”、“检验检疫业务查询系统”顺利投入运行；为服务云南空港业务开发的“云南机场出入境航空器及旅客检疫综合业务管理系统”通过整体验收，已在昆明机场局正式上线应用。5. 技能竞赛活动得到深入推进。举办全局19个专业25个竞赛项目的技能竞赛和观摩活动。

【推进昆明新机场检验检疫转场工作】 2011年，云南出入境检验检疫局按照省委、省政府的部署，对昆明长水国际机场检验检疫项目建设作精心布置安排。明确责任、采取措施、全力投入，确立目标任务。主动与省发改委、口岸办、昆明新机场建设指挥部、省住建厅、省人保厅、省财政厅等部门沟通协调，争取相关部门支持。经周密规划设计，审批项目立项总投资2304.11万元。争取到省口岸办281万元专项资金支持。项目包括综合布线系统、检验检疫计算机专网系统、检验检疫电视监控系统、检验检疫现场指挥中心、政务公开大屏幕显示系统、检验检疫自主申报与监管信息系统、机房及弱电间等的建设；负压隔离室、进港行李通道式核辐射监测系统、相关区域门禁系统等建设，以及相关配套设施建设。通过5个月项目实施，工程进展顺利，按质按时完成，12月23日通过省口岸办组织的初步验收，昆明长水国际机场具备检验检疫转场条件。

（洪应松）

金融业

【落实稳健货币政策】

信贷投放合理适度增长 2011年，中国人民银行昆明中心支行（下称“人行昆明中支”）认真领会和把握稳健的货币政策，坚决贯彻落实金融宏观调控的各项政策措施，引导金融机构优化信贷结构,均衡投放节奏。截止到年末，全省金融机构本外币各项存款余额1.54万亿元，增长14.5%，比年初增加1953亿元;本外币各项贷款余额1.23万亿元，增长15.3%，比年初增加1643亿元。积极创新融资方式，拓宽企业融资渠道，新增其它融资541亿元，有效地支持全省经济社会平稳较快发展。

货币政策工具作用显著 人行昆明中支积极争取总行政策支持，2011年累计增加云南省地方法人金融机构信贷总量、再贷款、再贴现限额合计115.42亿元。灵活实施“区别对待”政策，调增云南省农村信用社34亿元新增贷款总量，有效地支持全省各地抗旱抗震救灾工作。对富滇银行累计发放11.6亿元中小金融机构再贷款，促进其不断优化信贷结构，切实加大对中小企业的支持力度。2011年全省人民银行累计发放再贷款64.9亿元、办理再贴现79亿元，较上年分别增长4.7倍和1.01倍。

“窗口”指导效果明显 人行昆明中支结合云南实际，制定实施全省信贷指导意见。利用货币信贷运行分析会、房地产金融分析会，约见谈话等手段，引导和推动金融机构贯彻落实信贷政策。组织中小企业融资服务对接会，启动网上融资服务平台，配合有关部门在鲁甸县创新开展小微企业融资服务试点。中小企业贷款新增438亿元，保障性住房贷款增加87.5亿元,助学贷款增长46%。林权抵押贷款排名全国第一。

【“一创两建”金融服务“三农”】 2011年，人行昆明中支紧密结合云南实际，在全国首创金融服务“三农”、“一个创新两个建设”工作，积极推动省政府召开全省电视电话会议，出台《云南省政府办公厅关于推进农村金融产品和服务方式创新的实施意见》等一系列支持配套文件。地方政府积极响应，成立领导小组，建立联席会议制度。部分州（市）政府还安排专项资金，提供政策扶持。昆明中支党委成员多次分批深入基层一线，系统开展“一创两建”专题指导、调研。各地积极开展宣传，建立考核和监测机制，健全完善相关制度和方案，“一创两建”工作取得明显成效。

截止到2011年末，全省涉农贷款余额4192亿元，增量、占比均高于上年各项贷款平均水平。推出存货质押贷款、费权质押贷款、农用汽车合格证质押贷款、仓单质押贷款、农户联保贷款、涉农企业小企业联保贷款以及农户住房、宅基地使用权质押贷款等数十种服务“三农”的信贷创新产品，林权抵押贷款继续保持领先地位。农村新型支付工具及业务推广取得积极进展，农村地区银行类金融机构网点接入行内系统和现代化支付系统覆盖率分别达到93%、60%。农村地区人均持卡达到0.63张，率先在全国推出“惠农支付服务”业务，建成“惠农支付服务业务点”759个，在烟草、蔬菜、花卉等特色农业领域实施农副产品收购资金电子化支付，逐步引导农村经济实体和农户改变结算习惯，意义深远。2011年全省建成15个州级、17个县级刷卡无障碍示范街以及7个刷卡无障碍示范区，银行卡受理市场环境持续改善。农村信用体系建设试点工作进一步推进，为698万户农户建立纸质信息档案，240.48万户农户建立电子信用档案，评定信用农户416万户，信用村2586个、信用乡镇59个，试点州（市）工作推进成效显现。

【“两管理、两综合”工作】 2011年，人行昆明中支制定云南省银行业机构金融开业管理、重大事项报告、综合执法、综合评价4项工作制度，初步构建云南省金融服务与管理制度体系。抽调341名检查人员，组成19个检查组，对全省338个银行业金融机构首次开展综合执法大检查。查出问题2281个，罚款258.7万元；做好新入驻金融机构的开业管理与服务，全年全省人民银行办理14家新设立金融机构筹建情况报告和加入金融管理服务体系的申请；加强对金融机构的重大事项报告管理，建立《云南省银行业金融机构重大事项报告登记表》，拟写《重大事项报告制度相关条目解释》。2011年全省人民银行共受理金融机构重大报告事项51项；制定“综合评价工作操作流程”，多次专题会议研究，多方收集资料，认真做好对金融机构综合考核评价前的各项准备工作。通过综合管理与服务，促进全省银行业金融机构进一步提高了遵守金融法规、执行央行政策的自觉性，增强其合规经营的主观愿望，促使其进一步完善内控管理机制。在工作实践中有效锻炼了全省人民银行干部队伍，树立了央行权威，开创了全省人民银行依法行政的新里程。

【现代金融服务体系建设】

支付体系稳健高效运行 人行昆明中支积极推进对非金融机构的行政许可、新版票据凭证和支付密码推广使用工作。云南省支付结算综合业务系统成功上线，实现省内跨行资金的实时清算。抓好清算中心分设后的管理，创造性提出“控制性管理”的模式等经验做法并得到总中心肯定，实现日清算量超千亿元无差错以及三大业务系统安全稳健运行的好成绩。

信用体系建设进一步加强 2011年，人行昆明中支在全国率先建立信用评级报告集中审核制度，开展形式多样的信用宣传和主题活动,制定出台《云南省中小企业信用体系建设实施意见》。截至到11月末，全省人民银行累计完成2.12万户中小企业信用档案建设工作，其中4663户企业获得信贷支持。

货币金银管理水平不断提升 人行昆明中支顺利推进云南省发行基金物流管理系统试点，全面组织对全省货币发行业务及发行库的内控安全现场检查，积极推进全省有库县支行发行库硬件设施改造。钞票处理业务迈上新台阶，强化内控管理和监督检查，实施清分“连班制”，实现2011年安全生产无事故，超额完成总行下达的销毁清分任务，单机产量多次排名全国第一。

国库管理工作稳步推进 2011年，人行昆明中支成功实现对省分库、昆明市中心支库、五华区和盘龙区支库的业务合并，建立国库横向联网协调机制，顺利完成横向联网系统在临沧、迪庆地税系统的推广运行，全省有129家单位实现了横向联网。组织开展国库业务综合柜员制专题调研，探索开展地方国库现金管理业务。全年全省各级国库办理一般预算收入入库、一般预算支出比上年分别增长24.1%、30.2%。

反洗钱工作成绩突出 人行昆明中支认真开展边境8州（市）大额现金监测工作，首次完成对全省91家金融机构依法履行反洗钱义务情况的评估。协查案件数比上年增长33%，协查次数增长21.2%。协办案件取得关键进展。

科技运维水平显著提高 人行昆明中支建立全省金融业信息化管理制度，稳步推进金融IC卡在公共服务领域的更多应用，完成省级数据中心集中存储备份平台部署。协助总行拟定的《金融机构代码证管理办法》将作为全国推行试点颁证工作的依据，借助综合执法检查平台开展的金融信息安全调查做法被总行在全国推广。

【金融对外开放与合作】 2011年，人行昆明中支出台《云南省人民银行系统支持服务桥头堡建设指导意见》，推动与云南周边国家实现双边本币结算，成功组织并参与对泰国、老挝央行的出访，代总行草拟中老结算协议，与老挝央行进行磋商并取得实质性进展，为总行与老央行签订两国结算协议奠定基础。在全国首次实现人民币对老挝基普的柜台挂牌。在全省6家商业银行推出人民币对泰铢柜台挂牌的基础上，12月19日成功实现全国首例人民币对泰铢银行间市场的区域交易。截至2011年底，市场运行平稳，交易活跃，累计交易57笔，金额2.46亿元。跨境人民币结算业务迅速增长，全年办理跨境人民币结算业务突破250亿元，为上年同期结算量的3倍。实现资本项目人民币结算零的突破，结算金额78.7亿元。跨境人民币结算地域范围从8个国家扩展至26个国家和地区。昆明区域性金融中心建设取得实质性进展。

（李 峰）

城市建设和房地产业

2011年，云南省住房城乡建设系统认真贯彻落实科学发展观，坚决执行党中央、国务院和省委、省政府各项决策部署，在省委、省政府的坚强领导下，在住房城乡建设部的指导支持下，积极应对国际金融危机带来的巨大冲击，扎实推进全省住房城乡建设工作，取得了明显成效。一是省部战略合作协议顺利签署；二是城乡规划管理工作成效明显；三是保障性安居工程年度建设任务顺利完成；四是城镇基础设施建设进展顺利；五是建筑业产业快速发展；六是房地产业持续稳步发展；七是住房公积金监督管理进一步加强；八是工程建设安全形势稳定，质量稳步提高；九是抗震防灾和恢复重建工作扎实有效；十是建筑节能工作深入推进；十一是风景名胜区管理进一步加强；十二是行业法制和政务服务工作取得新的进展。

城市建设与规划

【调整完善城乡规划】 深入贯彻落实《云南省政府关于加强耕地保护促进城镇化科学发展的意见》和全省保护坝区农田建设山地城镇工作会议精神，制定下发《云南省住房和城乡建设厅关于加强耕地保护调整完善城乡规划工作的实施意见》，对城乡规划调整完善工作进行全面安排部署。2011年底，全省各市、县城镇近期建设规划编制工作已基本完成，为充分发挥规划龙头作用，引导产业化和城镇化项目“上坡进山”，建设山地、山水、田园城镇，促进城镇化和经济社会发展提供法定规划依据。

【区域城乡规划编制】 完善区域城乡规划体系，以区域规划为统领，优化区域城镇及生产力布局，继续推动“六个层次”城镇建设，加快推进城镇化进程和省域及部分城镇群规划编制及研究工作。2011年全省城镇化水平36.8%，比上年增长近2个百分点。《云南省城镇体系规划（2011～2030年）》成果已编制完成，于2011年9月8日通过住房和城乡建设部、国土资源部、国家发改委专家组的技术审查，并制定《云南省城镇体系规划实施管理办法（报审稿）》；《滇中城市群规划（2009～2030年）》于2011年5月27日经省政府批复实施（云政复〔2011〕58号），并会同省政府新闻办公室于2011年8月3日召开新闻发布会；《滇西城镇群规划（2011～2030年）》和《滇东北城镇群规划（2011～2030年）》成果已编制完成，于2011年12月上报省政府审批；《滇东南城镇群规划研究》和《滇西南城镇群规划研究》成果于2011年11月17日通过省级有关部门、专家的联席审查，为开展滇东南及滇西南城镇群规划编制工作奠定了坚实的基础，提供直接的依据和支撑。

【区域中心城市建设】 区域中心城市是省域的区域核心城市、经济中心、综合服务中心和交通枢纽，具有较强的区域影响力，是引领云南城市发展的重要增长极。《云南省城镇体系规划（2011～2030年）》提出构建“一区五群”的城镇空间布局结构，因地制宜壮大中心城市，促进区域生产要素向中心城市集聚，加快培育和引导滇中城市集聚区的昆明市、曲靖市、玉溪市、楚雄市，滇西城镇群中的大理市、保山市、瑞丽市，滇东南城镇群中的蒙自市、个旧市、开远市、文山市，滇西南城镇群中的普洱市、景洪市，滇东北城镇群中的昭通市，滇西北城镇群中的丽江市等区域中心城市建设，提出了规划指引要求。

【制定城乡规划政策和规章制度建设】 2011年，制定下发《云南省城镇特色规划编制暂行办法》，结合各地城市总体规划的制定和修改，进一步强化和规范城镇特色规划编制，使城镇建设更具民族特色、地域特点和历史文化特征。加快推进《云南省城乡规划条例（草案）》的修改完善工作，经省政府第66次常务会议讨论通过，已提请省人民代表大会常务委员会审议。

【历史文化名城名镇名村名街保护管理】 2011年，云南省政府批准公布鹤庆县松桂镇、建水县官厅镇苍台村、红河县城迤萨镇历史文化街区等10个镇村街区为云南省历史文化名镇名村名街。截至年底，全省历史文化名城名镇名村名街数量已达70个，其中国家级历史文化名城5个，中国历史文化名镇名村12个，省级历史文化名城名镇名村名街53个。编制完成《云南省历史文化名城名镇名村名街保护体系规划》，系统地分析总结云南传统聚落历史文化资源的价值和现状，提出有针对性的保护措施和管理要求，对全省推进历史文化资源保护和发展具有重要的指导意义。

【城乡规划技术培训】 组织规划主管部门及城乡规划编制单位相关技术人员参加由住房和城乡建设部城乡规划司与中国城市规划学会在景洪市联合主办的第5期《城市、镇控制性详细规划编制审批办法》培训班；召开云南省山地城镇规划设计动员培训大会，邀请有关专家开展了专题培训，为推动云南山地城镇规划建设工作的开展奠定基础。

【城市治污设施建设】 根据《云南省城镇污水处理及再生利用设施、生活垃圾处理设施建设规划(2008～2012年)》（云发改投资[2008]1320号）和省政府确定的2012年底前全省129个县（市、区）累计完成248个治污项目的责任目标（污水处理143个、生活垃圾处理105个，其中大理市大风坝垃圾、洱源县污水处理工程，因当地城市总体规划调整等原因，报请省政府同意已调整出治污规划，全省实有治污项目246个）。省治污办编制下发《云南省城镇污水处理厂运行维护及安全评定标准》、《云南省城镇排水设施运行维护质量及安全评定标准》。各州（市）、县（市、区）政府高度重视，采取加大督促指导和协调力度，明确目标、责任到人、完善制度、强化监管等有效措施，克服时间紧、任务重、融资难等多方面的困难，通过重点加快推进项目建设进度、强化工程建设质量、运行和资金管理4个方面的工作，全省治污设施建设稳步推进。2011年底，全省建成投运治污项目202个，占82.1%,在建项目44个，占17.9%。其中保山市、临沧市、迪庆州、丽江市规划内治污项目已全部建成投运，昭通市、曲靖市、普洱市、文山州、西双版纳州规划内垃圾处理项目全部建成投运。全省城镇污水处理设施由“十五”末34个县（市、区）、37座污水处理厂、污水处理能力127.05万吨/日增加到103个县（市、区）、117座污水处理厂、污水处理能力320.65万吨/日，污水处理能力增长152%；垃圾处理设施由“十五末”的29个县（市、区）、27座垃圾处理场,垃圾处理能力5993吨/日增加到115个县(市、区）、115座垃圾处理场，垃圾处理能力1.66万吨/日，垃圾处理能力提高176%。

【城镇园林绿化】 2011年，继续推进云南园林苗木产业化和滇派园林品牌化建设，在建好“云南省城市园林绿化苗木科研培植基地网”的基础上，注重培育行业龙头企业，完成云南绿盛美的绿化工程公司、云南山川绿化公司一级资质申报指导和审核并晋升一级资质。至此，全省一级资质企业达到6家。相继完成《云南省城市绿化树种名录》修订、全省苗木市场调研和滇派园林产业公司组建等工作，着力在创建园林城市、提升园林绿化水平、改善人居环境等方面下功夫，全省建成区绿地率26.31%，绿化覆盖率30.92%，人均公园绿地面积8.66平方米，全省有29个省级园林城市（县城）、6个国家级园林城市（县城）和2个国家级园林城镇，25个市（县）绿地系统规划编制（修编）通过技术审核。指导完成昆明市、玉溪市、丽江市人居环境范例奖的申报和昆明市人居环境奖的申报前期工作。昆明市地下管线信息系统、丽江古城历史文化遗产保护等4个项目获得2011年度中国人居环境范例奖。

【市政公用事业】 2011年，坚持从细节入手、从基础抓起，建立完善市政公用设施长效管理机制，进一步加大对城市桥梁、供气、供水、污水、路灯以及窨井等设施管养力度，保障市政公用事业的健康发展。全省城市道路 8262.34 公里，比上年增长 9.56%，道路面积 1.56 亿平方米，增长 11.78%，人均道路面积 11.48 平方米，增长 2.96%。全省供水管网长度 1.49 万公里，增长 10.94%，燃气管道长度 3967.46 公里，增长 24.13%，排水及雨水管道长度 9724.4 公里，增长 9.56%，建成区管网密度 6.67 公里/平方公里，增长 2.46%。全省燃气普及率 63.29%，供水普及率 93.17%，城镇化水平由“十五”末的 29.5%提高到 36.8%，涌现出一批特色鲜明、内涵丰富的城市和特色城镇。

【城市燃气行业管理】 加大对国务院《城镇燃气管理条例》的宣传贯彻力度，组织各州（市）住房和城乡建设主管部门管理人员、燃气经营企业进行了培训，邀请中国城市燃气协会理事长王天锡等条例参编专家和省发改委、省能源局、省公安消防总队、省技术质量监督局等相关人员对城市燃气建设、经营和管理中的问题进行讲解。紧紧抓住中缅油气工程正式开工建设的历史机遇，认真贯彻落实省政府与中国石油天然气集团公司签订《战略合作协议》的相关要求，进一步做好全省城镇天然气等燃气设施建设，规范燃气市场秩序，确保燃气的安全供应，城镇燃气普及率 61.66%。省住房城乡建设厅会同省能源局、云南中石油昆仑燃气公司等组织编制《云南省城镇燃气发展“十二五”规划》，邀请北京、上海等燃气行业专家、省级相关部门评审通过，上报省政府待批。积极与省工商行政管理局协调，联合行文出台《关于进一步加强燃气经营企业经营许可管理的通知》，为规范城镇燃气经营活动奠定基础。积极开展城市燃气工程审批管理工作，对弥勒县城市燃气工程、曲靖市城市燃气工程、云南省液化天然气应急储备基地等项目进行评审。先后对玉溪、楚雄等燃气工程进行验收。对全省（除昆明）150 家燃气企业经营许可进行审查。同时联合省商务厅、云南日报社举办《新能源与汽车高峰论坛》，邀请国家知名专家就燃气汽车的相关方面（加气站规划建设、汽车改装管理、气源保障）进行交流，为下一步云南省出台相关鼓励、扶持新能源政策提供了依据。

【供水节水管理工作】 2011 年，认真贯彻落实《中华人民共和国水法》、《城市节约用水管理规定》、《云南省实施〈中华人民共和国水法〉办法》，大力开展城市供水节水工作，改善城市水生态环境，推动生态文明建设。完成 123 家城市供水企业经营许可证年度复审、5 家新申办企业的审查、部分水厂水质抽查等项工作，编制并向住房和城乡建设部上报《城镇供水设施改造与建设“十二五”规划（云南省部分）》。联合省卫生厅对全省设市的 21 个城市供水企业的 44 个出水厂水样水质按《生活饮用水卫生标准》（GB5749-2006）进行监督检查，完成了向国家城市供水水质中心的上报。2011 年底，全省县以上城市供水规模 450 万吨/日，人均日生活用水量 128.56 升，供水普及率 92.27%。针对全省旱情，切实加强组织领导，先后多次发文及时了解全省旱期城市供水情况，并派专人分赴各灾区，加强对城市节水管理，分片区限时供水、建设应急取水设施、建立城市供水应急预案，加大设施运转负荷、启用应急补充水源、实行临时超额用水加价方式调控用水等工作的指导力度。进一步加大供水设施的检查，指导各地开展了供水管网和供水设施的巡查检修和城市节约用水宣传周宣传工作，切实保障旱情期间的城市供水安全。积极配合开展《云南省节水管理条例》城市节水部分的有关条款的编制，并以此为契机，进一步加强云南城市节水的管理。5 月 15～21 日，在全国第 20 届“城市节约用水宣传周”期间，组织开展以“建设节水型城市，改善城市水生态”为主题的宣传活动，设计制作节水专题公益广告片，在昆明市 160 余条公交线路 2300 多台公交车上的 3000 多块液晶电视屏上进行为期 1 个月循环播放，昆明市节水办还对已建成的 270 多座再生水利用设施运行情况进行检查稽查。

【“绿色照明”工程】 积极参与住房和城乡建设部《城市照明“十二五”规划纲要》的编制，组织昆明市城市管理综合执法局等部门对《纲要》进行讨论，组织省、市政工程质量检测站组织编制省地方标准《云南省城市照明安全运行规程》。组织全省城市照明管理部门学习新修订《城市照明管理规定》，联合省发改委转发了《进一步加强城市照明管理工作的意见》。大力支持昆明风向标会展有限公司在昆明国际会展中心举办涉及城市道路照明、城市给排水、水处理、市政工程及设施等的“2011 年第 2 届云南市政技术与设施展览会”，充分展示我国 LED 节能照明、新技术、新设备、新工艺等“四新”产品，为促进云南城市建设节能减排提供良好的交流平台。积极推进市政公用节能、技术研发工作。广泛开展对公共建筑、道路、景观照明的节能改造，推广应用高效照明电器产品和节能控制技术，提高电能利用效率，实现“绿色照明”。2011 年 10 月底，全省城市照明路灯共计近 50 万盏。

【《云南省市政基础设施工程资料软件》】 2011 年 9 月，与北京华表世纪科技有限公司联袂研制开发推出《云南省市政基础设施工程资料软件》，涵盖城镇道路、城市桥梁、给排水管道、给排水构筑物、交通设施、亮化照明、燃气、园林绿化、河道治理、垃圾填埋场工程 10 个专业，内容分为施工组织管理、工程施工记录、材料进场检查、试验与检验报告、质量验收、市政监理、功能性试验、竣工验收及备案、优良等级评定、交接书 10 类用表，该软件的开发将为云南省市政基础工程施工提供一个完整、科学、规范的使用样本和规范表单，使云南省市政基础设施工程管理逐步走上统一、规范和科学的轨道。

【数字化城市管理工作】 2011 年，在昆明市、安宁市、个旧市实施数字化城市管理的基础上，与云南省电信分公司多次协调对接，制定了云南省数字化城市管理实施方案的资金投入预算，为进一步整合城市管理资源，规范数字化城市管理行为，构建城市管理长效机制，提高城市管理水平，保障数字化城市管理系统的规范建设和良性运行打下了基础。

【城建监察执法】 继续推进以“外树形象、内提素质”为重点的全省城管执法培训和教育引导，开展城建监察协会会员单位间的帮扶互助活动，加强了内部执法人员的学法用法规范化、制度化建设，研究建立日常巡查网格化管理制度，建立与公安等部门联动机制，加强道路占用挖掘管理，打击偷盗、损坏公共设施等行为，保持公共设施的完好率。

【市容环卫工作】 组织召开省环卫协会会员大会暨协会第 3 届理事会换届会议，启动了环卫协会工作，在全省范围内进行会员单位重新登记统计，对现有各单位资料进行整理归类、建立档案。组织各州（市），县住建（城管）局环卫工作、环卫站负责人和垃圾处理厂负责人，进行为期 1 天的环卫工作业务培训，主办首次全省范围的环卫工人联欢演出，展示环卫行业风采，促进城市环卫事业的健康发展。同时积极参与省“扫黄打非”、综治维稳、“打四黑除四害”等专项行动，做好妇女儿童工作，受到了各主管部门和社会的高度评价。

村镇建设

【村庄规划】 2011 年底，云南应完成村庄规划编制 8.04 万个，扣除迁村并点的村庄数量 1340 个，实际计划完成村庄规划数量 7.9 万个，实际完成村庄规划编制 8.42 万个，其中行政村总体规划 9413 个，自然村建设规划 7.48 万个，分别完成 2011 年度总任务的 106.6%、138%、103.6%，为 2012 年完成 13.64 万个村庄规划奠定基础。

【农村危房改造及地震安居工程】 2011 年，农村危房改造及地震安居工程计划 30 万户，其中拆除重建 20 万户，修缮加固 10 万户。拆除重建每户补助 1 万元，下达中央和省级补助资金 20 亿元，其中中央补助资金 13.42 亿元，省级补助资金 6.58 亿元。修缮加固由州（市）筹集 2 亿元，每户补助 2000 元，对 C 级局部危房进行加固。2011 年 12 月底，各州（市）、县完成危房改造户的调查、危房改造农户的审核、审批、公示等相关工作。全省拆除重建已批准开工 19.7 万户，占 98.5%，竣工 16 万户，占任务的 80%。修缮加固已开工 9.32 万户，占任务的 93.2%，竣工 6.52 万户，占任务的 65%，总投入资金 72 亿元。

【特色小镇】 2011 年 5 月 5 日，省政府印发《关于加快推进特色小镇建设的意见》（云政发〔2011〕101 号），省政府在 60 个旅游小镇的基础上，明确 150 个特色小镇名单，其中 68 个现代农业型、34 个工业型、27 个商贸型、12 个边境口岸型、9 个生态园林型、形成 6 类 210 个特色小镇合理布局的格局。210 个特色小镇都是一定区域的中心和县域经济的次中心，具有较好的基础、显著的特色和明显的发展优势。同时 210 个特色小镇具有典型的代表性和示范性。有 16 个为国家级重点镇、7 个为全国发展改革试点小城镇、11 个为国家级口岸、有 11 个为特有较少民族自治乡、有 14 个省重点工业强县的重点工业镇、有 13 个为省级工业园区项目所在地、有 3 个为国家和省重点农产品交易市场所在地、有 6 个为省级历史文化名镇、5个为省级爱国主义教育基地、12个为全国特色景观旅游示范名镇（村）。

【小城镇基础设施建设】 特色小镇市政设施：自来水普及率60%，污水处理率5%，垃圾处理率10%，镇区道路铺装率33%，路灯率60%。特色小镇公共设施：32%建有文化设施，32%建有体育设施，52%建有汽车客货运站，87%建有卫生院，56%建有宾馆接待设施，30%建有区域专业商品市场，60%镇建有综合市场，40%镇建有大牲畜市场，5%建有农产品专业市场。平均每个建制镇拥有各类学校9.4所，文化站、图书馆0.8个，影剧院0.5个。

【编制特色小镇规划】 按照“村镇上山、农民进城”总体要求，依据《云南省政府关于加快推进特色小镇建设的意见》（云政发〔2011〕101号）的规定，根据资源和环境的承载能力来合理确定各地城镇化发展的目标，结合国家和省扶持方向、政策和力度，要求特色小镇编制总体规划、特色规划、近期建设规划，明确210个特色小镇五年发展目标和主要建设任务；确定各特色小镇“十二五”期间的项目建设重点。

房地产开发与住宅建设

【房地产调控政策】 2011年初，国务院下发《关于进一步做好房地产市场调控工作有关问题的通知》（国办发〔2011〕1号），省住房和城乡建设厅按照省政府要求及时提出云南省的贯彻意见，经省政府常务会议研究通过后，印发《关于进一步做好房地产市场调控工作的意见》（云政发〔2011〕21号），对云南房地产调控工作进行了全面部署。

根据7月12日国务院常务会议“必须坚持调控方向不动摇、调控力度不放松，坚定不移地抓好各项政策措施的落实，不断巩固和加强调控效果”的精神和住房城乡建设部的有关要求，省住房和城乡建设厅报经省政府同意，由房地产市场监测调控协调领导小组印发《关于进一步落实房地产调控政策有关问题的通知》（云住建发明电〔2011〕29号），进一步明确有关要求。

加强对房地产调控政策措施贯彻落实情况的检查。9月，省住房和城乡建设厅厅领导带队，对全省各州（市）贯彻落实国务院和省政府房地产调控政策情况进行了调研、检查和督导。

健全房地产调控机制。为及时把握房地产市场动态，省住房和城乡建设厅把省房地产市场监测调控协调领导小组会议和省房地产经济运行分析联席会议作为做好调控工作的重要手段，同时坚持每月上报全省房地产经济运行分析报告，领导小组会后印发会议纪要，加强情况通报和信息交流，形成云南房地产调控的合力。

全面贯彻执行国务院和省政府房地产调控政策措施。各城市（含地级市、县级市和州府所在县）均按要求确定和公布2011年住房价格控制目标；昆明市实行严格的住房限购政策；各地切实增加住房建设用地供应；严格执行差别化税收政策，对个人购买商品住房不足5年转让交易的，统一按销售收入全额征收营业税；落实差别化信贷政策，对购买第二套住房的家庭，执行首付款比例不低于60%、贷款利率不低于基准利率的1.1倍的政策规定；加强市场秩序整治，规范商品房预（销）售行为，实行明码标价。

【房地产开发投资】 2011年，云南省房地产开发投资首次突破千亿元大关，实际完成1272.72亿元，比上年增长41.3%。超额322.72亿元完成年初省政府下达的950亿元的投资目标任务。房地产开发投资占全省规模以上固定资产投资的比重达到21.5%。其增速高于固定资产投资增速13.7个百分点；高于全国房地产开发投资增速13.4个百分点。云南房地产业的跨越式发展，有力促进了云南经济社会的平稳较快发展，为实现全省“十二五”规划的良好开局作出了积极贡献。

在房地产调控政策作用下，房地产开发投资的结构有所调整。一方面住宅开发投资保持较快增长，但增速低于房地产开发投资整体增速。全省完成住宅开发投资完成873.9亿元，比上年增长33.5%，占房地产开发投资的比重68.7%，较上年下降4个百分点。另一方面非住宅开发投资呈现高速增长的态势，占比提高。办公楼开发投资完成44.25亿元，增长99.2%；商业营业用房开发投资完成164.34亿元，增长67.9%；其他类房地产开发投资完成190.23亿元，增长51.4%。

省住房和城乡建设厅加强房地产开发投资工作的分类指导，优化房地产开发投资区域分布。一是提高未实施限购的州（市）、县（市、区）房地产开发投资的吸引力，二是加快昆明市周边城市房地产业的发展步伐。有力促进了全省16个州（市）房地产开发投资实现全面增长。规模排在前 6 位分别是：昆明市（625.97 亿元）、曲靖市（138.53 亿元）、红河州（72.52 亿元）、玉溪市（66.88 亿元）、楚雄州（52.46 亿元）、普洱市（46.87 亿元）。增速排在前 6 位的州（市）均高于全省平均增速，分别是：怒江州（198.2%）、德宏州（108.6%）、普洱市（96.7%）、保山市（75%）、丽江市（56.6%）、昆明市（42%）。

从昆明市的具体情况来看，房地产开发投资由主城区向周边辅城转移，县（市）房地产业的发展步伐加快。

【保障性住房建设】 云南省委、省政府始终坚持把加快推进保障性安居工程建设作为落实科学发展观的重要举措狠抓落实，全省住房保障工作取得显著成效。2011 年底，全年新建的 31 万套城镇保障性住房全部开工，竣工 10.51 万套，完成投资 226.43 亿元，完成总投资的 82%。2011 年是云南省保障性安居工程建设总量最大、任务最重的一年，全年的任务接近“十一五”期间的总和，面对艰巨的建设任务，在省委、省政府的领导下，全省各地克难攻坚，确保落实土地、确保落实资金，确保按时开工，在确保工程质量安全的前提下，超额完成了国家下达和省政府确定的年底前完成 60%以上投资额的目标任务。

房地产交易市场

随着综合房地产调控政策效应的逐步显现，2011 年云南省房地产业平稳较快发展，房价逐步趋稳，房地产调控的成果不断巩固和扩大，房地产经济基本上朝着宏观调控的预期方向发展。

昆明市和大理市住房价格涨幅总体上呈现明显回落趋势，调控成果不断巩固。根据国家统计调查并发布的全国 70 个大中城市住宅销售价格变动情况显示，2011 年 12 月份昆明市新建住宅价格环比涨幅为 0；同比上涨 2.3%，涨幅较上年同期和年初均明显收窄。大理市新建住宅价格环比涨幅为 0，同比仅小幅上涨 0.6%。

住房公积金监督管理

2011 年，建立完善住房公积金监管协调会议制度，省级部门间形成监管合力，完善信息管理系统，改进和规范了住房公积金业务服务。严格执行“限高保低”政策，加强单位项目贷款的清收力度，逾期贷款显著下降。开展行业文明创建活动，群众满意度提高。全省住房公积金归集总额 1003.5 亿元，比上年增长 26.8%；归集余额 575.2 亿元，增长 24.8%；累计发放住房公积金贷款 628.4 亿元，增长 21.8%；个贷余额 342.8 亿元，个贷率 60%，个贷逾期率降至 0.03%；公积金支持保障性住房建设贷款 4.46 亿元，已收回 1.8 亿元；全年实现住房公积金增值收益 3.5 亿元，其中划转廉租住房补充资金 1.2 亿元。

工程勘察设计咨询业

【概 述】 2011 年，云南省勘察设计单位严格执行国家建设方针和建设标准，精心勘察、精心设计，保质、保量、及时、有效地完成了全社会固定资产投资的勘察设计任务，满足了国民经济和社会发展的需要。全省有勘察设计单位 578 家，从业人员 3.21 万人，全行业完成勘察设计营业收入约 140.4 亿元，比上年的 105.2 亿元增加 35.2 亿元，增幅 33.5%；2011 年人均营业收入达到 43.79 万元，比上年的人均收入增加 10.38 万元，增幅 31.1%；建筑工程施工图设计完成投资额 927 亿，建筑面积 7864 万平方米。工程勘察设计咨询业为全省的工程建设、城乡建设和国民经济与社会发展做出了重大贡献。同时勘察设计单位自身也有了较大的发展，增强了活力。

【企业资质管理】 为了清理整顿勘察设计市场，促进勘察设计队伍结构调整，在企业资质管理方面采取资质及时受理、鼓励资质升级和做大做强、年度动态检查、实地现场抽查、市场质量联动管理和分类总量控制等一系列措施，注重发展和扶持云南产业发展需要的医药、化工、能源、交通行业勘察设计队伍。2011 年，云南省有勘察设计单位 584 家，单位数量增长每年仅为 4%，基本与云南固定资产投资规模相适应。

【省外入滇机构管理】 为加强省外企业在云南从事勘察设计活动的管理，陆续出台《云南省省外企业入滇从事建筑活动管理规定》、《云南省省外企业入滇从事勘察设计活动管理实施细则》，《云南省住房和城乡建设厅关于进一步改进省外入滇勘察设计单位管理的通知》文件，2011 年继续组织开展省外入滇勘察设计机构（办事机构）市场和质量行为现场检查工作，组成 6 个专家检查组，对全省 36 家省外入滇勘察设计机构进行了现场检查，占 2011 年省外入滇单位数 328 家的 11%。

【个人执业资格管理】 2011 年，云南省勘察设计各类注册人员总体数量上有较大增长，勘察设计队伍综合素质有了较大提高。截至年底，云南省有一级注册建筑师 330 名、二级注册建筑师 680 名；一级注册结构工程师 602 名、二级注册工程结构师 155 名、注册土木工程师（岩土）219 名；给排水、电气等专业注册人员 307 名。2011 年，继续执行政府倡导组织、勘察设计质量协会出资，聘请全国知名专家，对参加注册建筑、结构、岩土考试的考生实行免费考前培训，取得了较好效果。云南省 2011 年通过各类国家勘察设计注册考试 611 名（其中基础合格 426 名、专业考试 185 名），合格率从全国落后水平，达到中等以上水平。根据住房和城乡建设部委托，启动《推动西部地区个人执业资格制度研究》的课题工作。

【完善勘察设计招标投标法规体系】 2011 年出台《云南省建筑智能化工程招标投标管理办法》，起草《云南省市政工程招标投标管理办法》，进一步规范勘察设计招投标市场。

【大中型建设项目初步设计审查】 2011 年省住房和城乡建设厅组织 65 项大中型工程初步设计审查，16 个地（州）的住房和城乡建设主管部门依法全面推行大中型建筑工程的初步设计审查工作，进一步规范基本建设程序，提高勘察设计水平，确保勘察设计质量。

【施工图审查机构规范化、标准化运作】 施工图审查机构按照有关法律、法规，对施工图涉及公共利益、公众安全和工程建设强制性标准的内容进行审查，坚持分级属地管理原则，主动承担社会公益职责，起到勘察设计文件“质检站”重要作用。2011 年，审查完成建筑工程设计 6322 项，380 亿平方米。审查市政工程设计 315 项，投资额 85 亿元。审查勘察 5382 项。发现违反建设工程强制性条文 5742 条。出台《云南省住房和城乡建设厅关于印发云南省施工图审查机构考核办法的通知》（云建设 [2011] 32 号），并对 17 家施工图审查机构进行现场检查及考核，进一步完善施工图审查制度，提高审查水平和审查效率，推动施工图审查机构规范化、标准化运作。

【勘察设计大师评选】 2011 年 3 月，根据《云南工程勘察设计大师评选办法》，省住房和城乡建设厅组织交通、水利、科技等有关部门开展云南省第二批工程勘察设计大师评选。经过个人申报、单位审核、专业组评审、评委会评选、领导小组审定、全省公示程序，授予李志厚等 22 名为云南工程勘察设计大师。

【优秀工程勘察设计奖评选工作】 2011 年，经过单位推荐、专家组分组评选和领导小组投票审定，评选出楚雄州人民医院新区医院建设规划、金安桥水电站截流及围堰工程等 95 项优秀工程勘察设计，其中一等奖 16 项、二等奖 30 项、三等奖 32 项、表扬奖 17 项。

【设计标准和标准设计编制工作】 根据推进标准体系建设，适应转变经济增长方式，加大建筑节能减排工作力度的需要，编制完成《云南省民用建筑节能设计标准》设计标准，同时编制完成《WAB 特殊单立管层检修排水系统安装图集》等 5 部标准设计图集。

（张礼孔 关世敏 李 璟）

环境保护

水资源开发和利用

【水资源管理】 2011 年，云南省加强取水许可管理工作，各级水利部门对取水许可审批程序、审批权限，水资源费的征收、管理和监督等进行规范。始终坚持取水申请由行政许可受理中心统一登记备案，始终坚持严格《取水许可申请书》审查，始终坚持核发取水许可证进行现场核实，始终坚持地下水严格审批，始终坚持取水计划管理。全年全省对 371 个取水项目进行现场核实后，颁发取水许可证。为严格地下水取水许可管理，组织开展《云南省地下水禁采区、限采区划定报告》编制工作，规范地下水开采行为。加大取水计划审核、退水水质检测和计量设施核验等，开展全省取水许可年度检查工作，红河、玉溪、曲靖等大部分州（市）对取水许可户进行年度检查和计划取水下达。90%以上的取水户能做到手续齐全，管理规范。全省年终保有的有效取水许可证 1.39 万本，审批地表水 1100 亿立方米。严格按照《建设项目水资源论证管理办法》的规定，严把初审关、严把专家质量关、严把报告书评审关、严把报告书复核关，有效提高报告书编制质量。积极开展包括地表取水、地下取水，涉及水电、水库、城市供水、建材、化工、工业园区等多个方面的 166 项水资源论证报告书评审，审批 154 项水资源论证报告书并出具审批意见，为建设项目合理利用水资源和审批发放取水许可证提供了科学依据。同时对暴露出审查把关不严的州（市）水行政主管部门和报告书编制质量低劣的资质单位进行全省通报，并要求限期整改。全省按照财政部、国家发改委、水利部《水资源费征收使用管理办法的通知》（财综〔2009〕79 号）等文件的要求，对水资源费征收标准、征收时限、征收程序等及时进行调整。做到水资源缴纳通知单“五明确”，为水资源的宏观管理、水资源费的预算管理及支出管理提供了有力保障。重点突出水资源有偿使用制度检查，杜绝减免水资源费的违法行为。完善分级征收体制，建立征收目标责任、分解、通报、程序机制，坚决执行“依法征收、应收尽收”，2011 年征收水资源费 6.25 亿元。落实“实行用水总量控制红线制度”，积极稳妥有序推进《云南省取水许可总量控制指标体系》编制工作。完成《普洱市水功能区划》、《普洱市地下水水功能区划》、《普洱市县（区）界河流水质水量监测方案》等编制工作。

【水资源节约与保护】 认真开展水功能区保护工作，全面启动全省主要水功能区纳污能力核定工作；继续推进饮水安全保障体系建设。确定水源名录，加大监测力度。向社会公布 203 个县级以上城市供水水源地、备用水源地目录，组织水文部门，加大水源地水质监测工作，2011 年底，全省县级以上城市集中式饮用水水源地实现全覆盖监测。落实全省县级以上城市水源地安全责任制，明确了安全责任人。与省环保厅联合开展水源地保护区划定工作。2010 年，全省州（市）政府所在地和不设区的市政府所在地的集中式饮用水水源地的保护区划成果已经省政府批准。在全省范围内组织开展供水水源地保护专项行动，全省大部分州（市）完成饮用水水源地的确界立碑工作，明确水源地的保护范围和保护目标，县级以上城市饮用水水源地保护范围内，已全面禁止直排入河排污口。为有效指导全省水源地保护，在全省县级以上城市饮水安全现状调查评价的基础上，编制完成《云南省县级以上城市饮用水水源地安全保障规划》。进一步夯实水功能区管理基础。加强与环保部门在入河排污口审批和日常监管的协作，协调环保部门在审批新、改、扩建入河排污口设置申请时，征求水行政主管部门意见，有效遏制随意设置入河排污口现象。为进一步规范各县级以上水行政主管部门入河排污口审批和档案管理，制定入河排污口审批和档案管理规范，印发各州（市）执行。明确州（市）界河水质考核断面、考核指标，并制定考核方案。编制完成《云南省州（市）界河水质水量监测规划》，启动州（市）界河水资源质量监测、评价工作，从 2010 年 1 月起建立月报制度，每月定期编制《云南省州（市）界河水资源质量月报》，报送水利部和流域委。按照云南水功能区划，完成水域纳污能力核定，并向有关部门提出限排意见；完成牛栏江—滇池补水工程水源区内牛栏江德泽水库上游干流和 19 条主要支流水功能区纳污能力核定，并提出纳污总量控制意见。制定《云南省重大水污染事件报告办法》、《云南省水利系统突发性水污染事件应急预案》，在全省水利系统建立为完善的突发性水污染事件通报制度。各州（市）水行政主管部门都制定突发性水污染事件应急预案。近年来，10 余起突发性水污染事件得到妥善处置，确保受污染影响区域内的饮用水安全，维护社会稳定。完成《云南省地下水利用与保护规划》、《云南省重点流域水功能区纳污总量控制意见》、《云南省 21 世纪前 10 年水功能区水资源质量调查评价》等工作。继续推进节水型社会建设工作，全面开展节水型社会建设“十二五”规划编制工作，制定云南省大中型灌区用水效率考核方案、考核办法和云南省规模以上企业用水效率考核方案、考核办法。曲靖市、玉溪市 2 个国家节水型社会建设试点城市各项指标基本达到规划目标要求，《节水型社会建设试点中期评估报告》通过水利部珠江水利委员会检查，评估并获得好评。昆明被命名为第五批国家节水型城市。

（杨家国）

土地资源开发和利用

【土地整治】 2011年，全省国土资源系统大力开展中低产田地改造和土地整治工作，1月18日在临沧市耿马县启动“兴地睦边”农田整治重大工程。该工程计划在云南边境的25县投资86.2亿元，实施农田整治重大工程，建设总规模323万亩，新增耕地23万亩，计划5年完成。2011实施兴地睦边项目56个，建设规模57.33万亩，预计新增耕地4.26万亩，预算投资13.29亿元。全年安排下达中低产田地改造和其他土地整治项目147个，建设规模129.12万亩，预计新增耕地8.85万亩，项目预算总投资29.12亿元。争取中央支持资金18.8亿元，其中兴地睦边资金12亿元，新增费分成6.8亿，为云南省历年中央资金支持最多的一年。完成全省土地整治项目可研、规划设计编制和制图标准、可研审查纲要、规划设计审查纲要等5个新的规程，并对全省土地整治工作队伍开展2次集中培训，全面加强全省土地整治行业管理，提高土地整治工作水平。

【地质灾害防治】 云南省是全国地质灾害多发、易发省份之一。2011年，全省发生地质灾害346起，造成17人死亡、5人失踪、27人受伤，直接经济损失2.76亿元；成功预报避让地质灾害14起，转移避让2977人，避免人员伤亡579人。特别是6月下旬以来，怒江州贡山县等地发生重大山洪泥石流灾害，因应急处置措施和方法得当，取得突发重大灾害无人员伤亡的防灾减灾成效。年度因灾伤亡人数为省国土资源厅成立以来最低值。2011年全省投入地质灾害防治经费11亿余元，其中争取中央财政投入专项经费4.47亿元，省级专项经费5.1亿元，各州（市）投入专项经费2.08亿元。汛期地质灾害巡查工作有序开展，地质灾害防治规划体系建设加快推进，地质监测预警和应急体系建设切实加强，地质灾害综合治理扎实推进，地震灾区地质灾害防治措施有力。大型以上地质灾害治理项目现场核查和论证制度不断建立健全。地质灾害隐患点应急演练参演人员5.5万人次。继续加强地质灾害群测群防“十有县”、地质灾害防治“五条线”和乡镇国土所“五到位”建设。通过狠抓各项措施的落实，全省地质灾害防治水平不断提高。

2011年9月5日，全省保护坝区农田建设山地城镇工作会议在大理召开。（朱云忠摄）

【土地执法监察工作】 2011年，云南省政府召开全省国土资源执法监察工作专题会议。省政府《关于建立完善土地管理长效机制进一步落实耕地保护共同责任的通知》发文实施，以政府为主导的耕地保护责任体系、发挥部门横向联动作用等相关内容得到进一步明确，推动国土资源“大家管、大家用”新局面的形成。全省卫片执法检查工作扎实开展，土地和矿产卫片执法通过国土资源部验收。全省违法用地面积占新增建设用地总面积的比例为12.9%，违法占用耕地面积占新增建设用地占用耕地总面积的比例为8%，比上年分别下降2个百分点、4个百分点。全省无被国土资源部问责的情况发生。积极配合省发改委对全省已建和在建高尔夫球场进行清理整治。楚雄德钢等案件得到有力查处，国土执法查处一案、震慑一方、教育一片的威慑力明显增强，土地和矿产资源开发管理秩序朝着科学发展的方向持续好转。

（冉玉兰）

污染防治和城市环境保护工作

2011年，云南省环保系统紧紧围绕国家和省委、省政府的决策部署，从经济社会发展的全局定位环境保护工作，努力把环境保护与转方式、调结构、惠民生有机结合起来，着力推进生态文明建设和面向西南开放桥头堡建设，切实加强总量减排，加强执法监管、有效防控各类环境污染和环境风险，妥善解决突出环境问题和矛盾纠纷，为“十二五”环保工作起好头，开好局。

【推进总量减排】 2011年，根据国家分配给云南的“十二五”减排指标，省政府常务会议专题研究，明确“十二五”减排工作的主攻方向。省政府召开“十二五”低碳节能减排工作会议，在全国率先与16个州（市）政府签订了目标责任书，将污染减排指标纳入当地经济社会发展综合评价体系，实行“一岗双责”。各级深入分析减排形势，层层分解落实。通过健全完善减排目标、任务分解、分析预警、督查考核机制，强化工程减排、结构减排、管理减排三大措施，4项主要污染物减排稳步推进。全年省级重点减排项目230个，完成211个，占92%。经国家初步核定云南省2011年化学需氧量排放量比上年下降1.58%（其中工业加生活下降2.31%）、氨氮下降1.06%（其中工业加生活下降1.6%）、二氧化硫下降1.78%、氮氧化物上升5.54%（其中机动车上升10.24%）。

【环境整治】

深入推进九湖综合防治 围绕“一湖一策”的治理思路，全面推进六大工程实施。九湖累计建成污水处理厂27座，污水日处理能力140.6万吨，累计建设垃圾处理厂16座，日处理能力4927吨，完成344个村落环境综合整治，年处理村落污水2286万吨，整治入湖河道60条，完成湖滨带修复工程5.25万亩和林业面山生态修复工程990万亩，实施测土配方工程420万亩，完成底泥疏浚935万立方米，清除富集蓝藻水2123万立方米。国家投入2.8亿元在洱海、抚仙湖开展全国湖泊生态环境保护试点工作。目前，九湖水质总体保持稳定，湖泊生态环境明显改善，主要污染物入湖总量基本得到控制，其中，抚仙湖（Ⅰ类）、泸沽湖（Ⅰ类）、程海（Ⅲ类）实现“十一五”规划水质目标，达到水环境功能要求。滇池（劣Ⅴ类）、洱海（Ⅲ类）、星云湖（劣Ⅴ类）、杞麓湖（劣Ⅴ类）、异龙湖（劣Ⅴ类）、阳宗海（Ⅲ类）主要污染指标有所改善。滇池流域国家考核由一般提高为较好。

全面加强重点流域水污染防治 三峡库区水污染防治工作国家考核结果为好。牛栏江水质明显好转，昆明出境河口断面水质达到Ⅱ类，干流曲靖段至德泽水质保持或优于Ⅲ类。南盘江出境断面水质整体达标，沘江水质明显好转。红河干流水质有一定好转，完成地表水环境功能区划。

切实抓好重金属污染防治 对全省涉重金属排放企业和尾矿库开展全面排查。加强红河卡房大沟、藤条江、南盘江、沘江、螳螂川等流域重金属排放企业的环境整治。历史遗留重金属污染治理进展顺利，陆良化工铬渣解毒一期工程运行正常，一期14万吨铬渣已全部完成处置，铬渣解毒二期工程正在抓紧建设，二期14.84万吨铬渣已开始处置。牟定县铬渣无害化解毒生产线已投入试运行，并已处置5000吨。文山历史遗留砷渣防流失应急措施已全部完成，水泥窑协同处置试验已完成，近期可开始无害化处置。2010年度中央重金属污染防治专项资金补助的10个项目，有9个已经完成。

加强重点污染源管理 2011年，全省180家企业的330台自动监控设施联网上传数据，较上年增加52台套。完成现有国控企业换证工作；办理5家上市公司环保核查，核发企业危险废物综合经营许可证5件，办理危险废物跨省转移29件、许可证年检及变更9件、有毒化学品出口登记环保报告初审2件；开展全省稀土、制革相关行业环保核查，汞污染现状调查，危险废物环境风险大排查，重点行业企业环境风险及化学品环境管理专项执法检查。全省3个危险废物处置项目和13个医疗废物处置项目，试运行5个（大理、保山、普洱、文山、德宏），完工7个（临沧、昭通、西双版纳、楚雄、昆明、怒江、玉溪），在建3个（丽江、红河、迪庆），未建1个（曲靖），保山、大理医废处置中心已完成竣工验收。

加强核与辐射安全管理 强化放射源运输和废旧金属回收熔炼企业辐射安全监管。组织开展临沧市临翔区城市建成区及周边地区环境放射性现状调查及腾冲“38-1”矿区遗留铀矿冶设施退役治理。完成已建移动通信基站、机场导航台站、气象雷达的电磁辐射环境的抽测工作，组织开展了日本福岛核事故应急监测工作。

强化城市环境综合整治 开展“十二五”城市环境综合整治定量考核环境质量监测点位（断面）认证，玉溪市创模工作有序推进，景洪市创模规划通过环保部审查。完成重点城市43个集中式饮用水源保护区划定方案，9个州（市）20个集中式饮用水源地水源环境状况评估。推进机动车和噪声污染防治，切实提高城市环境质量。

农村环境综合整治成效明显 2010年“以奖促治”27个项目实施完毕，2011年争取中央农村环保专项资金3500万元、省级生态建设专项资金1360万元，开展62个村庄整治。完成云南省土壤污染状况调查，开展重点区域加密调查和《云南省土壤环境保护规划》编制工作。

【生态文明建设】

加强生态创建工作 贯彻《七彩云南生态文明建

设规划纲要》，编制完成生态文明建设“10 大工程”实施方案，全省 15 个州（市）、70 个县（市、区）开展生态创建工作，累计建成 10 个国家级生态示范区、16 个全国环境优美乡镇、1 个国家级生态村、218 个省级生态乡镇，创建绿色学校 2664 所、绿色社区 324 个、绿色酒店 60 家，环境教育基地 31 个。昆明市已命名 197 个行政村为“昆明市生态村（社区）”，走在全省前列。

着力构建生态安全屏障 完善生物多样性联席会议工作机制，组建云南生物多样性研究院，组织编制《云南省生物多样性保护战略与行动计划》，《云南省重点生态功能区、生态脆弱区保护与建设规划纲要》，在滇西北 18 个县开展生物物种资源重点调查。启动生物多样性基础数据库和自然保护区信息管理系统建设，西双版纳州建立“热带雨林保护基金”，并与越南科学院就跨境区域生物多样性联合调查签订合作谅解备忘录，与老挝三省六县签订《边境防火协议》。普洱市财政安排 400 万元作为“市生物多样性保护基金会”原始基金。国家级自然保护区评估 7 个为优，10 个为良。

大力加强生态文明宣传教育 利用“6·5”世界环境日等重大环境宣传节点，强化环保宣传、弘扬生态文化。通过开展“七彩云南保护行动”实施 5 周年回眸《云南日报》专刊宣传，《感悟造化天道保护灵性自然》、《生态环境也是生产力》等电视片的拍摄，举办“七彩云南保护行动环境保护十大杰出人物及环保贡献奖”颁奖晚会，参展环保部“‘十一五’环保成就展”，开展 2011 香港国际环保博览生物多样性图片展等宣传活动，积极搭建环保公众互动平台，深化与环保民间组织、志愿者及普通公众的交流、合作和互动，推动了社会对生态环保的知情与参与。

积极构建“十二五”环保规划体系 编制完成《云南省环境保护“十二五”规划》以及环境监测、污染减排、重点流域水污染防治、滇西北国家级生态功能保护区建设、重要生态功能区保护与建设、农村环境污染防治、土壤环境保护、重金属污染防治、危废医废处置设施建设等专项规划。进一步健全完善以省、市、县三级规划为轴线，总体规划、区域流域规划和专项规划互为支撑的环境规划体系，绘就未来生态环保工作的蓝图。

【环境监管】

妥善应对环境突发事件 2011 年，全省发生 3 起一般（Ⅳ级）突发环境事件，环保部门及时赶赴现场，认真展开调查取证，积极应对，使事件得到妥善处置。分层次、分类别组织开展不同形式的应急演练，开展全省环境应急监测演练，出动 100 多名监测人员、26 辆应急监测车，近百台套现场采样及分析设备。组队参加全国环境应急监测演练，环保部评定为“指令明确、信息完整、准备充分、响应及时高效、方案科学周密、质控措施运用合理”。省环境监察总队联合玉溪市环保局开展“运输车辆安全事故引发危险化学品泄漏突发环境事件应急演练”。16 个州（市）环保局及冶金、化工、涉重金属等国控企业基本完成应急预案的修制、评估、编制、申请备案工作；76 家污水处理厂、省控企业、非国控省控企业以及县级环保部门正在开展备案工作，环境应急风险管理得到加强。

针对曲靖陆良化工非法倾倒铬渣造成铬污染事件，省环保厅先后 9 次赶赴现场调查取证，联合监察厅完成对事件的调查，加大对后续处置工作的指导，积极协调中科院地化所对铬渣非法倾倒地点和陆良化工厂区进行环境风险评估，督促曲靖市和相关企业加快铬渣污染治理，组织省内外专家完成对新铬渣处置利用方案的审查，铬渣处理工作已全面加速。针对铬渣事件制定专门的水质监测方案，定期上网公布监测数据，并将水质情况及时通报南盘江下游各省（区）。

严格执法监管，维护群众环境权益 深入开展工程建设专项治理，发现问题的 269 个项目，整改完成 219 个，责令限期补办手续 32 个。全年出动环境监察人员 5929 人次，对 1588 家企业（含 263 家国控企业）进行污染减排执法监管，定期组织对火电企业脱硫减排项目现场监察，不定期抽查，“点对点”督办。出动 9627 人次，对九湖流域内的 41 家国控省控企业（含 24 家污水处理厂）以及 2010 年未完工的部分责任书项目进行现场监察，对流域内 29 家企业或建设项目进行处罚，对牛栏江流域省级挂牌督办事项突击检查。继续开展整治违法排污企业保障群众健康环保专项行动，全省 21 家铅酸蓄电池企业停产整治，9 家完成整改，昆明市、楚雄州对 4 家达不到整改要求的回收废旧蓄电池再生铅企业实施关闭，对 3 家实施拆除。全省出动 2580 人次，对 420 家放射源使用单位、10 家放射源销售单位进行辐射安全检查，检查放射源 1860 枚，对 7 家放射源销售单位分别予以通报批评及限期整改。

狠抓环境纠纷调处维护社会稳定 深化环保信访积案化解，积极开展领导干部接访活动，一批信访积案得到妥善解决，环境信访办结率、满意率进一步提升。2011 年全省环保系统受理群众来信 2157 件，办结 2084 件，办结率 96.6%，接待群众来访 1330 批 2234 人次，办结 1245 批，办结率 93.6%。省厅承办省人大代表建议 24 件，省政协委员提案 40 件，全国政协委员提案 2 件，均按时按质办理完毕，办结率 100%。全省受理“12369”热线环保投诉案件 9793 件，办理 9770 件，办结率 99.8%。回复“网上环保咨询”25 件、答复“领导信箱”42 件，网络信访办结率 100%。省厅“96128”政务查询热线受理 54 个查询、咨询问题，严格按照办理时限给予了答复。

【环境保护】 以优化经济发展和保障改善民生为目标，积极做好重点建设项目环评服务，2011 年，全省审批建设项目环评文件 1.53 万项，涉及固定资产总投资额 5961.52 亿元，环保投资额 201.84 亿元；全省审批建设项目竣工环保验收 3900 项，涉及总投资额 559.68 亿元，环保投资 47.44 亿元；积极协调环保部加大对云南机场、公路、水电站等重大建设项目的环评审批。以建设项目环评审批倒逼机制，强力推进规划环评，对涉及水电、旅游、公路运输等 71 项规划及 38 个工业园区规划进行环评审查。充分发挥环评“杀手锏”作用，从严控制高能耗、高污染、资源消耗型项目建设，严把环境准入关。2011 年暂缓或不予受理 10 多个不符合条件的建设项目环评文件。在建设项目“三同时”监管中实行联动机制，依照属地管理的原则分辖区监管，对 5 家存在环境违法行为的项目（企业）进行严肃查处。

加强辐射环境管理。2011 年省级办理辐射项目行政许可 176 件（其中辐射安全放可 47 件，项目环评审批 40 件，竣工环保验收 3 件，放射性同位素转让审批 86 件）。对省厅 2007 年以来审批的 79 个使用Ⅳ、Ⅴ类放射源和Ⅲ类射线装置建设项目进行竣工环保验收。

【创新环境管理】

环保法制建设得到加强 完成第五轮行政审批项目清理，33 件部门规章和地方性法规、条例、实施细则的修改和论证，严格行政处罚程序，直接实施行政处罚 5 件，建立和完善法律顾问制度。

环境监测管理得到加强 完成环境质量常规监测、专项监测、重金属试点监测、跨界水体监测、农村环境监测、污染减排监督性监测和自动监测设备比对监测。开展“十二五”省控环境空气、地表水监测点位优化调整工作。完成云南环境监测质量管理三年行动计划专项检查，环保部评定为良好，开展全省五年度环境质量报告书评选，推荐的环境质量报告书获国家一等奖、三等奖各 1 名。

环境科技创新得到加强 水专项“十一五”13 个课题进入验收阶段；科技成果获 2011 年度云南省科技进步二等奖 1 项、三等奖 2 项，环保部科技进步三等奖 1 个。与中科院地化所签署科技合作协议，以解决云南生态环保重大科技问题。加强环保设施运营资质监管，截至 2011 年底，云南持有环保部颁发的运营资质的单位 27 家，组织制定 9 项地方标准，重点企业清洁生产审核工作成效明显，100 家通过评估或验收，培训企业清洁生产人员 1258 人。

环境信息管理得到加强 通过七彩网站树立“七彩云南保护行动”品牌，发布更新信息 3810 条，网站访问量近 200 万，平均日访问量 1800 次。环保部网站采用的云南环保政务信息 248 余条、省委、省政府采用 85 条。发布重大决策听证 1 条、重要事项公示 7 条、重点工作通报 379 条。报送《重要环境信息》66 期、《重要环境信息专报》20 期。完成省—州（市）—县三级环保专网联网及调试工作，初步完成减排应用系统支撑平台、数据传输与交换平台、地理信息系统平台及建设项目环境管理系统的建设。省、市电子公文交换系统和视频会议系统正常投入使用。

环保对外交流合作得到加强 世行贷款云南城市环境建设一、二期项目已通过世行的检查。大湄公河次区域环境合作，多边和双边援助项目取得丰硕的成果。履行环保国际公约的能力得到加强。泛珠、沪滇、滇川区域环保合作顺利推进。

环保能力建设得到加强 完成厅新办公楼改造装修、家俱采购及搬迁工作。扎实推进环保监测执法业务用房建设，截止 2011 年 12 月，第一阶段批复云南的 28 个建设项目中央补助资金已全部到位。第一批下达资金项目 18 个，已建成 5 个，在建 12 个，未开工 1 个。第二批下达资金项目 10 个，已建成 2 个，在建 2 个，未开工 6 个。2011 年，中央财政下达云南环保专项资金 6.72 亿元，占全国中央环保资金的 6.13%，比上年增长 103%，排名全国第七名。省环保厅项目预算支出 2.01 亿元，执行进度 97%，在省级机关预算执行中排列前八名。环境应急、执法、监测、重金属防治能力建设得到国家有力支持，年度下达资金 4345 万元，进一步提高装备水平。

环保队伍建设得到加强 省厅增设生态文明建设处，增加机关行政编制5名，省环境监察总队增加事业编制44名。成立云南省固体废物管理中心，核定事业编制15名。严抓党风廉政建设，厅党组层层签定了党风廉政建设责任书。深刻吸取监测站杨良经济犯罪案件教训，认真排查行政权力运行中存在风险点，切实加强党风廉政建设。深入推进创先争优活动，厅党组中心组前往善洲林场开展学习杨善洲专题民主生活会。

通过努力，全省环境质量持续改善。2010年全省16个州（市）生态环境状况13个为优，3个为良，129个县（市、区），32个为优、96个为良，呈持续改善的良好态势。全省开展监测的主要湖库和河流水质持续改善，61个开展水质监测的湖泊和水库中，水质符合或优于Ⅲ类标准、水质优良的占67.2%，比上年增加3.8%；77条主要河流的152个监测断面中，水质符合或优于Ⅲ类标准、水质优良的断面占63.8%，比上年增加3.5%；19个出境、跨界河流监测断面中，16个断面水质符合或优于Ⅲ类标准，水质优良率84.2%；38个集中式饮用水水源地中，水质满足要求的29个，占76.3%。全省环境空气质量呈明显好转趋势，大气中二氧化硫、二氧化氮、可吸入颗粒物年日均浓度均呈下降趋势，昆明、曲靖、玉溪空气环境质量位居全国113个环保重点城市的前列，16个州（市）所在地城市环境空气质量达到或优于二级标准的城市比例达99.1%，特别是昆明市环境空气质量达到或优于二级标准的天数为365天。全省酸雨频率由2005年的12.8%，下降为2010年的8.38%，降幅为35%，全省受酸雨影响范围、频率及强度明显减少，酸雨控制区出现酸雨的城市、频率和强度亦逐年下降。

（陈　丽）

教育和科学技术

教 育

【综 述】 2011年，云南省教育系统以建设中国面向西南开放重要桥头堡为契机，不断探索和实践云南现代教育发展的新思路、新目标、新举措，坚持扩规模、加速度、调结构、强管理、提质量、出效益，现代教育体系建设不断加强，教育保障能力持续提升，教育价值建设取得明显成果，各级各类学校办学水平不断提高，教育体制改革不断深化，教育系统党的建设全面加强，云南现代教育的发展迈上新台阶。截至2011年底，全省在校生数1381.12万人，高等教育在校生数69.95万人；高中阶段在校生数133.70万（中等职业教育在校生数67.59万人），义务教育阶段在校生数629.34万人，学前教育在园（班）人数108.59万人，各级职业技术培训教育注册学生437.59万人，少数民族人口在校生规模427.15万人。学前三年毛入园率44.26%，九年义务教育巩固发展，初中升学率70.72%，高中阶段毛入学率70%，高职在校生增加4.6%，高等教育毛入学率23%，高考录取率86.1%，毕业生离校时初次就业率83.5%。完成固定资产投资157.26亿元。

云南省教育工作会议

召开全省教育工作会议 2011年5月24日，云南省教育工作会议在昆明召开。会议深入学习贯彻了全国教育工作会议精神，总结交流了云南教育改革发展经验，发布实施了《云南省中长期教育改革和发展规划纲要（2010～2020年）》。省委书记白恩培、省长秦光荣、教育部副部长刘利民出席会议并作重要讲话。省委副书记李纪恒主持会议。省政协主席王学仁、省纪委书记李汉柏、副省长李江、省委秘书长杨应楠、昆明市委书记仇和、省委宣传部部长张田欣、省委组织部部长辛桂梓，省人大常委会副主任杨保建，副省长高峰等领导出席会议。会议表彰了全省"两基"迎国检工作的85个先进单位和559名先进个人。

省政府与教育部签署教育战略合作协议和义务教育均衡发展备忘录 2011 年 6 月 15 日，省政府与教育部在北京签署"加快云南教育事业发展，推进云南桥头堡建设"战略合作协议和推进义务教育均衡发展备忘录。省政府与教育部将重点在服务桥头堡建设、构建基本公共教育服务体系、大力发展职业教育、加快高等教育发展、全面实施素质教育、加强师资队伍建设、推进教育信息化建设、完善学生资助体系、加强教育对外合作与交流、创新教育体制机制等方面加强合作。教育部部长袁贵仁、省长秦光荣代表双方签字并讲话。

举办滇渝职业教育合作座谈会暨重庆产业推介会 2011 年 7 月 29 日，以"携手合作，共谋发展"为主题的滇渝职业教育合作座谈会暨重庆产业推介会在昆举行。会上云南省教育厅与重庆市教育委员会签署职业教育战略合作框架协议，双方就教育教学资源共享，教师、干部互派、互访，联合办学及毕业生就业推荐等方面广泛合作，促进职业教育共同发展。会后滇渝双方成立了合作领导小组，建立合作协商和年度研讨制度，保障协议落实。

召开校长大会 2011 年 9 月 7 日，云南省在昆明召开校长大会，向全省广大教师、教育工作者致以教师节的问候，表彰 113 位第 2 届云南教育功勋奖获得者，聘请 110 名国内外知名校长担任荣誉校长。省委书记秦光荣、代省长李纪恒、省委秘书长杨应楠、省委宣传部部长张田欣、省人大常委会副主任江巴吉才、副省长高峰、省政协副主席顾伯平、省政府秘书长丁绍祥出席会议，并为第 2 届云南教育功勋奖获得者颁奖。

表彰支教助学爱心人士 2011 年 9 月 7 日，中国教师发展基金会、云南省教育厅、云南教育基金会在昆明召开云南省首届教育公益组织创先争优经验交流暨企业家和爱心人士支教助学表彰大会。省委书记秦光荣致信祝贺，省委宣传部部长张田欣发表书面讲话。全国政协港澳台侨委员会副主任杨崇汇、省人大常委会副主任杨保建、省政协副主席曾华、中国教师发展基金会秘书长杨春茂等出席会议。大会表彰了 49 个支教助学单位及爱心人士。

召开"三生教育"大会 2011 年 10 月 21 日，三生教育大会在昆明召开，会议进一步总结了"三生教育"实施近 4 年来取得的经验，探究"三生教育"的新思路、新办法，部署今后一个时期三生教育的各项工作，表彰 849 名"三生教育"先进工作者；发表"三生教育"大会宣言，举行"三生教育"第四版教材、公民读本等首发仪式。教育部副部长刘利民、省委宣传部长张田欣等领导出席会议，600 多人参加大会。

三生教育大会

承办中国民办教育发展大会暨中国民办教育协会第二次全国代表大会 2011 年 11 月 6 日，由中国民办教育协会主办，省教育厅、省民办教育协会承办的"中国民办教育发展大会暨中国民办教育协会第 2 次全国代表大会"在昆明召开。全国人大常委会副委员长陈至立、严隽琪，全国政协副主席陈宗兴、教育部部长袁贵仁分别发来贺信。全国人大常委会教科文卫委员会副主任委员王佐书主持会议。省政协主席王学仁、教育部副部长鲁昕、国家总督学顾问陶西平、省委宣传部长张田欣、省人大常委会副主任杨建甲、副省长高峰、省政协副主席顾伯平、省民办教育协会会长梁公卿等出席会议，省教育厅、温州市政府作大会报告。会议分别举行民办学前教育、中小学、高等教育、培训教育 4 个论坛。中国民办教育协会第 2 次全国会员代表大会同期召开，王佐书当选新一届中国民办教育协会会长。

【基础教育】 加快基本公共教育服务体系建设，增加教育资源，持续推进义务教育均衡发展，促进教育公平。加快普及学前教育，加强学前教育的统筹规划，推动实施学前教育三年行动计划，每年安排 1 亿元专项资金，用于农村幼儿园新建和改扩建。均衡发展义务教育，巩固"两基"成果，加大对边疆、民族、贫困地区投入，推动义务教育学校标准化建设，切实缩小城乡、校际差距。建立县域内校长和优秀教师交流机制，优化中小学区域布局，均衡配置教育资源，统筹解决集中办学后学生食、住、行、营养餐及学校安全保障等方面问题。切实做好进城务工人员子女义务教育工作。加快发展普通高中，省财政安排5000万元高中发展经费，启动全省61个县、79个高中建设项目，推进普通高中多样化和特色化发展。有序推进初中教育评价制度和普通高考改革。完善学生资助体系，安排义务教育保障资金46.47亿元，下达普通高中国家助学金2.05亿元。

学前教育发展步伐加快 制定出台《关于进一步规范农村学前班工作的指导意见》、《云南省学前教育三年行动计划（2011～2013年）》和《云南省学前教育改革发展重点工作任务分解方案》，成立学前教育改革和发展领导小组，确定玉溪市为省级学前教育改革和发展试点地区，把江川县作为全省学前教育改革和发展试点县。明确今后三年学前教育改革和发展目标，即到2013年，努力做到"乡乡有幼儿园，县县有示范园"，保障各民族适龄幼儿接受基本的、有质量的学前教育；学前教育3年毛入园率达50%。完成全省"十二五"期间农村学前教育推进工程建设规划的编制工作。实施16个县农村学前教育推进工程试点项目，建设幼儿园71所，建筑面积7.94万平方米，投入资金9000万元。积极推进《云南省学前教育条例》立法工作。2011年，全省幼儿园园数4257所，在园（班）幼儿数108.59万人；有幼儿园教职工数5.44万人，专任教师数3.27万人。全省学龄前儿童入园（班）率66.59%，其中学前三年毛入园率44.26%，学前一年毛入园率81.01%。

义务教育均衡发展

义务教育均衡发展 制定出台《云南省政府关于促进义务教育均衡发展的实施意见》，明确提出："到2012年，38个县（市、区）实现县域内义务教育发展初步均衡，力争到2015年，所有县（市、区）实现县域内义务教育发展初步均衡，其中2012年实现初步均衡的38个县（市、区）实现基本均衡目标"。积极推进"以政府为主导，优化教育资源配置，促进义务教育均衡发展"改革试点项目，在全省16个州（市）的38个县（市、区）开展改革试点工作。2011年，全省有义务阶段学校1.5万所，在校学生629.34万人；有义务教育阶段专任教师35.4万名。小学净入学率99.61%，初中净入学率91.42%。

普通高中教育加快发展 修订《云南省普通中学学生学籍管理办法》、《云南省普通高、完中办学水平达标晋级综合评价方案》，制定《云南省初中毕业生综合素质评价方案》、《云南省普通高中新课程改革工作方案（试行）》等23个相关文件，有序推进普通高中新课程改革。推进初中学生学业水平考试制度、初中学生综合素质评价制度、高中阶段招生制度为主要内容的初中教育评价制度改革。2011年，全省普通高中学校数444所，招生人数24.4万人，在校生66.03万人，专任教师4.29万人，教师学历合格率96.71%；高中阶段毛入学率70%；一级完中115所，在校学生34.31万人，增加3.35万人，一级学校在校生已占普通高中在校学生总数的51.96%。

【职业与成人教育】 加强职业教育基础能力建设，每年安排1.5亿元专项资金，支持中等职业学校开展网络设备建设；安排10亿元地方债券支持州（市）职教园区建设。推进12个职教园区建设，建成79个教育实训基地，组建职业教育集团32个，有240所中高职院校、50个科研院所、300多个企业分别加入职教集团。召开全省职成教年度工作会议，积极推进《云南省终身教育促进条例》立法工作。广泛开展农村实用技术培训，培训新型农民、技术骨干、致富带头人472万人（次）。培训职业学校教务管理人员、计算机专业教师、汽车维修教师、职业生涯规划教师、语文和英语教师1385人，培训职业学校校长80多名。组织计算机专业、电工电子专业和汽车维修专业3个省级赛项技能竞赛，举办"文明风采"省级大赛。完成25万人招生任务，职业教育在校生人数67.59万人，再创历史新高。

携手合作　共谋发展

【高等教育】 2011年，云南省有高校66所，在校生69.95万人，高等教育毛入学率23%，高校毕业生初次就业率83.5%。呈贡大学城建设稳步推进，累计已完成投资117.93亿元，竣工建筑面积360万平方米，入驻学生11.1万人。昭通师专和思茅师专专升本，昆明医学院更名为昆明医科大学通过评审，云南开放大学建设取得实质性进展。田卫民、刘坚2位高校教师获第6届高等学校教学名师奖。26所高职高专院校的39个专业获教育部、财政部支持高等职业学校提升专业服务产业发展能力项目立项。新增省级示范高职院校3所。云南警官学院通过教育部专家组本科教学水平工作评估，完成对保山医药高等专科学校、云南城市建设职业学院的人才培养工作评估。成立首届云南省专业学位专家指导委员会。新增一级学科博士学位授权点4个、一级学科硕士学位授权点37个和云南大学审计专业硕士学位授权，云南民族大学等3所国家立项建设博士学位授予单位顺利通过国务院学位办中期检查评估验收，云南警官学院经全国评审答辩被国务院学位委员会列入了“服务国家特殊需求人才培养项目”硕士培养试点工作建设单位；5个课题获得2011年度教育部科学技术研究重点项目立项，全年全省高校获得国家自然科学基金项目400项、国家社科基金项目99项；立项建设第二批高校重点实验室19个、高校工程研究技术中心12个、高校科技创新团队19支；新增教育部重点实验室、省级重点实验室各1个；昆明理工大学国家大学科技园通过国家合格评估，云南省国家大学科技园整改复评合格；高校获省部级以上科技奖励38项，其中西南林业大学杜官本教授获得国家科技进步二等奖，昆明理工大学彭金辉教授获得何梁何利奖。云南农业大学校长朱有勇教授当选为中国工程院院士。

【民族教育】 2011年，研究制订《云南省少数民族教育促进条例》，召开了全省民族教育工作现场会，加快推进少数民族和民族地区教育事业发展。争取到明德小学捐建指标35个，争取到捐赠资金1575万元，建设19所项目学校。编制民族地区教育基础薄弱县普通高中建设规划，共有67个项目县纳入规划建设，规划建设89所项目学校，359个单体建设项目，建设规模117.59万平方米，总投资18.27亿元。实施民族地区、贫困地区农村小学生营养改善计划。加快少数民族高层次人才培养工作，完成667名报考少数民族硕士生、120名博士生报考工作。加强民族团结教育。召开第1届“零障碍双语教育”国际学术研讨会，修审11个民族、8个语种学前班民文教材，审定46本小学五年级民文教材，加强“双语”教师培训，开展民汉“双语”教学工作。开展教育对口支援工作。尊重少数民族学生使用本民族语言接受教育的权利，加强“双语”教学工作。

民办教育

【民办教育】 云南民办学校数和在校生人数连续4年实现15%以上增长。2011年，全省有民办学校3731所，比上年增加511所，在校生92.41万人，增长13.04万人。其中新增民办高职院校2所，云南爱因森软件职业学院升格为云南工商学院。启动民办学校教师队伍建设工程，建立9个民办学校教师培训实训基地。举办民办幼儿园园长任职资格培训班、民办学校骨干教师培训班、民办学校英语教师教学能力培训班，培训民办学校教师600人。加强民办学校规范化管理，《云南省民办教育发展条例》进入省人大的立法程序，制定《云南省民办教育机构审批管理办法》和《云南省民办教育机构审批管理指导标准》。

【教育国际化】 云南加快推进教育国际化，着力打造中国面向西南教育开放的重要“桥头堡”。2011年，云南按照建设“一家园三平台”（即建设国际教育家园，打造国际教育基础能力平台、国际教育交流合作平台、国际人才培养平台），加快推进教育对外合作与交流。建成11个国际人才培养基地，在全省高校广泛开设小语种专业。新增云南民族大学、昆明医学院2所中国政府奖学金院校。成立“中国面向西南开放重要桥头堡建设云南研究中心”，与中国日报社签署推进云南教育国际化进程战略合作协议，承办孔子学院总部理事座谈会，出版《桥头堡战略背景下云南与东南亚高等教育合作研究》，开展教育对外交流与合作活动。红河学院与越南太原大学合作开展境外办学项目。在境外建成5个孔子学院、3个孔子学堂，与85个国家、地区和国际组织建立了教育合作关系，外国留学生人数1.8万人。

【三生教育】 组建云南省教育厅“三生教育”处，推进州县两级“三生教育”组织机构建设，昆明市、文山州、昭通市、玉溪市、红河州、德宏州等教育部门分别成立“三生教育”职能处室和“三生教育”促进会。召开“三生教育”大会，表彰“三生教育”先进工作者，发表“三生教育”大会宣言，举行“三生教育”第四版教材、公民读本等首发仪式。在16个州（市）面向广大中学（含中职）师生开展“三生教育”公益巡回演讲活动，组织“三生教育”与生本教育理论与实践考察团赴广东考察。全国有24个省（自治区、直辖市）在不同范围内开展了“三生教育”，其中有16个省份使用云南组编的“三生教育”系列教材。在教育部组织的全国中小学创先争优活动优秀载体评选中，云南省申报的“三生教育”载体荣获一等奖；在教育部首次公开征集“国培计划”课程资源中，云南省组编的《教师“三生教育”手册》入选通识类课程资源。

（杨红琼　黄云刚　刘天才）

科学技术

科技管理

【概　况】 2011年，云南省组织实施培育战略性新兴产业重大项目60项，突破关键核心技术62项，研究开发具有自主知识产权的重大新产品61个，认定省自主创新产品和重点新产品117项。至2011年，认定高新技术企业440家，居全国第15位，西部第3位；省创新型（试点）企业154家；省产业技术创新战略试点联盟14家；“云药之乡”40个；省级科普教育基地100家。省级重点实验室35个，省级工程技术研究中心66个，省级企业技术中心199个；国家级和省级高新技术特色产业基地17个；国家级和省级农业科技示范园区11个；建立院士专家工作站12个。引进海内外高端科技人才51人；遴选省中青年学术和技术带头人后备人才667人，省技术创新人才培养对象410人；培育省创新团队72个。云南农业大学朱有勇当选为中国工程院院士。全年全省年内发表SCI论文1108篇，居全国第21位，比上年增长21%。全省专利申请7150件，居全国第24位，增长26.66%；专利授权量4199件，居全国第23位，增长9.84%。争取国家科技计划项目793项，经费6.42亿元，增长60%。其中获国家自然科学基金项目567项，经费2.98亿元，居全国第19位；121家科技型中小企业获国家科技型中小企业技术创新基金支持，立项成功率居全国第1位。加强科技与金融结合，争取银行对415家科技型中小企业项目贷款43亿元；企业知识产权质押贷款9200万元。9个项目获得2011年国家科学技术奖科技进步二等奖；3名科技工作者获2011年度何梁何利奖，获奖人数居全国领先。省政府与科技部召开2011年部省工作会商会议，签订新一轮部省工作会商制度议定书，明确未来5年云南省与科技部联合在科技方面支撑面向西南开放重要桥头堡建设的主要内容。

【科技政策法规】 2011年，完成《云南省“十二五”科学和技术发展规划》的编制和出台工作。发布实施《云南省“十二五”科学和技术发展规划》。新修订实施《云南省科学技术进步条例》；出台或与有关部门联合出台《云南省重点新产品认定实施办法（试行）》、《云南省院士专家工作站实施办法（试行）》、《云南省企业重点实验室管理实施细则（暂行）》、《云南省科技厅引导类科技计划项目管理办法（暂行）》、《云南省科技厅重点新产品开发计划（社会发展部分）保健食品、特殊用途化妆品研发项目后补助实施办法（暂行）》、《关于推行科技保险的通知》、《云南省科技保险保费补助资金管理暂行办法》等一批政策文件，积极营造自主创新的良好政策和法制环境。

【科技项目管理】 1. 确定云南省“十二五”科技计划体系设置由重大科技专项、科技创新强省计划、重点新产品开发计划、应用基础研究计划、科技创新人才计划、科技创新平台建设计划、社会发展科技计划、对外科技合作计划和科技富民强县计划等9个科技计划组成。2. 促进项目管理的信息化。省级科技计划项目通过网络进行申报、受理和初审，在云南省科技计划项目网上申报系统注册的项目申报单位有1746家，通过系统申报项目2626项。以基础研究重点项目为试点，开展科技项目网上评审。建成国家科技计划项目网络视频答辩及评审会议系统，完成35项国家科技计划项目的网络视频评审和答辩工作。3. 进一步强化科技计划实施管理，选取 78 项在研项目组织开展检查评估工作，对 14 项重大项目开展加快转变经济发展方式监督检查工作。继续推进重大项目监理制度，对 27 项国家级、省级重大项目开展监理。4. 对工作成绩突出的 136 个单位和 138 先进个人进行表彰奖励。

科技部 云南省政府 2011 年工作会商会议

【应用基础研究】 2011 年，云南省应用基础研究专项支持重点项目 605 项，安排科技经费总额 2420 万元。争取到国家基础研究项目数经费数均创新高。全年获得国家基础研究项目 571 项，争取经费 3.28 亿元。其中国家自然科学基金项目 567 项，经费 2.98 亿元；经费数与上年相比实现翻番。获科技部支持省部共建国家重点实验室 973 项目 1 项，经费 1060 万元；国家重点实验室专项经费 1600 万元。国家重大研究计划科学目标导向项目“细胞多能性和人类重大疾病的猴模型研究”作为科技部与云南省推进的重大项目，已通过立项评审。提出 15 项 973 计划和重大研究计划项目建议书，推荐上报科技部。全年有 3 项 973 计划项目通过科技部组织的验收，其中 2 项为优秀。全省 2011 年发表的 SCI、IE、ISTP 论文数分别达到 1108 篇、441 篇、300 篇，较上年分别增长 21.4%、19.2%、93%，增幅均高于全国平均水平。全年发表论文 1200 余篇，其中纳入 SCI、EI、ISTP 索引论文 433 篇，取得发明专利 63 项，实用新型专利 44 项，软件著作权 28 项。全年获得省部级以上奖励 27 项，其中特等奖 1 项、一等奖 1 项、二等奖 9 项、三等奖 16 项。

【高新技术产业发展】

高新技术特色产业基地建设 截至 2011 年，有国家级高新技术产业化基地 7 家，省级高新技术特色产业基地 10 家。2011 年，省科技厅认定玉溪研和数控装备高新技术特色产业基地，目前基地已聚集数控装备企业 10 余户，其中基地骨干企业 3 户。

2010 年度云南省科学技术奖颁奖大会

高新技术企业培育 2011 年，新认定高新技术企业 121 家，至此全省高新技术企业总数 440 家，比上年增长 30%，高企数量居全国第 15 位、西部省区第 3 位，首次实现全省 16 个州（市）均有高新技术企业。全年全省高新技术企业总资产 3270 亿元，年总销售收入 1648 亿元，其中高新技术产品（服务）收入 1467 亿元，分别比上年增长 96%、79.7%、70.6%。年销售收入超过 1 亿元的高新技术企业有 143 家，其中年销售收入 100 亿元以上企业 2 家，10～99 亿元企业 26 家，1～9.9 亿元企业 115 家。企业投入的研发经费总额 69 亿元，近 3 年通过各种方式获得自主知识产权 6500 项。

【科技创新】

技术创新体系建设 1. 强化企业技术创新主体地位。2011 年，企业实施培育战略性新兴产业重大项目 60 项，突破关键核心技术 62 项，研究开发具有自主知识产权的重大新产品 61 个；新认定高新技术企业 121 家、国家现代服务业创新发展示范企业 2 家，遴选创新型试点企业 32 家，推进企业重视知识产权获取、加快科技成果转化；121 家中小企业获国家科技型中小企业技术创新基金支持，立项成功率居全国第一位，争取国家科技经费 7860 万元，创历史新高。2. 组建重点产业技术创新战略联盟。2011 年，重点围绕生物医药、高端装备制造、农产品精深加工、新材料、光电子等优势特色产业，组建“云南省钛产业技术创新战略联盟”等首批 14 家产业技术创新战略试点联盟。3. 推进产业共性技术创新研发平台建设。2011 年，新组建省级工程技术研究中心 24 个、院士（专家）工作站 12 个，认定省级重点实验室1个、批准省级重点实验室培育对象1个，认定国家技术转移示范机构2家。4.推动产业集聚发展。新认定高新技术特色产业基地1个、组织7个国家级高新技术产业化基地通过复审，有国家和省高新技术特色产业基地17家。2011年昆明高新区、昆明经开区、玉溪高新区、大理高新区实现销售收入1800亿元，平均增速在20%以上，80%以上的核心专利实现产业化。

重点产业创新　2011年，继续推进有色金属新材料、磷化工煤化工、装备制造业3个产业化创新基地建设，全年新立项目21项，总投资11.12亿元，安排省科技经费3450万元，拉动银行贷款3.46亿元。将建成铂族金属二次资源高效回收产业化、低浓度煤矿瓦斯发电示范推广、混合蒽油及洗油精细加工等生产装置15台套以上，完成工业增加值2.72亿元，新增销售收入2.99亿元，新增利税2264万元；获取可逆式炉卷轧机轧制不锈钢复合板（卷）、铸轧法生产电容器用铝箔、混合蒽油精馏等新技术、新工艺63项；开发出具有自主知识产权的320X256中波红外焦平面探测器、烟草薄片滚刀切丝机、碎石工程用大型联合破碎站成套设备、高原型重型载货汽车驾驶室等新产品21个；申请专利22件，其中获授权16件；制订标准6项。通过农业科技创新工程和特色产业基地项目的实施，全省优势特色农产品原料基地建设不断发展。育成一批优质、高产、抗病、抗逆、适应性广的滇杂系列粳稻品种，在云南、贵州、四川及湖南等地推广种植累计220万亩，增产稻谷1.3亿公斤，产值2.6亿元，滇杂系列粳稻已成为西南推广杂交粳稻的主要品种之一。核桃、油茶、小桐子培育出具有自主知识产权的新品种11个。核桃种植面积、产量和产值均居全国第一。牛肝菌仿野生栽培在省热带作物科学研究所获得成功。通过"云南野生食用菌出口贸易技术措施的应对技术研究"项目实施，证明尼古丁是牛肝菌中天然代谢产物，促成欧盟修改牛肝菌干片尼古丁的限量标准，促进牛肝菌贸易受阻问题解决获得实质性进展，2011年出口实现恢复性增长，保住每年1亿多美元的出口市场。省烟草农业科学研究院自主选育的"云烟87"、"云烟97"等系列烟草新品种，种植面积已占全国烟草种植面积的63.3%，成为全国烟叶生产的主栽品种，烤烟种子供种占全国75%以上。以中药、民族药为核心，2011年新立项目17项，项目总经费5.36亿元，省科技经费支持1290万元。以推进云药之乡建设为重点，2011年新认定10个"云药之乡"，至此全省认定40个"云药之乡"。2011年云药之乡中药材种植面积220余万亩，占全省种植面积近70%，产量20多万吨，基本涵盖云南主要中药材品种。

昆明新机场航站楼已成为全球最大的单体隔震建筑

企业技术创新　2011年，工业领域新立项实施国家和省级科技计划项目191个，安排国家和省级科技经费1.35亿元。新认定高新技术企业121家、高新技术特色产业基地1家、国家现代服务业创新发展示范企业2家、首批产业技术创新战略试点联盟14个，遴选创新型试点企业32家、上市培育企业12家，组建工程技术研究中心24个、院士（专家）工作站12个

创新型企业培育　新遴选第六批创新型试点企业32户。截至2011年底，全省遴选6批154户企业开展试点，安排科技经费6100万元，44户命名为"云南省创新型企业"。云南南天电子信息产业公司、贵研铂业公司通过科技部、国务院国资委、中华全国总工会联合组织的评价，被命名为国家创新型企业。

节能减排科技创新工程　2011年，组织实施74项节能减排重点示范工程和重点节能新产品开发（其中省级节能减排重点项目42项；国家重点项目4项；国家科技型中小企业创新基金项目28项）。项目总经费19.7亿元，安排省科技经费6095万元，国家科技经费支持2944万元。围绕重点耗能企业，以及太阳能利用，研究开发节能减排新技术、新产品，深入推进企业节能行动，建设节能减排示范工程，一批节能减排创新成果、新能源产品已成功推广应用。云南云天化氟化学公司通过实施"3万吨/年冰晶石产业化"项目，形成具有自主知识产权的磷肥副产物氟硅酸生产冰晶石产业化成套技术，将建成万吨/年冰晶石示范装置。项目的实施，减少煤气消耗约10%，与国内同类装置相比，降低冰晶石合成母液约 2/3。年可实现销售收入 1.44 亿元，利税 3895 万元。云南陆良银河纸业公司实施的“桑枝制浆及黑液碱回收技术产业化”示范项目，每年可节约用水 111.69 万立方米、节约蒸汽 5.86 万吨、节约桑枝纤维 765 吨。

非洲菊“秋日”获欧盟授权

【农业科技】

农业科技创新工程 2011 年，组织实施培育战略性新兴产业重大项目 10 项，突破关键核心技术 12 项，研究开发具有自主知识产权的重大新产品 16 个。全年农业植物新品种通过国家审定 1 个，通过省级审定 31 个，全省农业植物新品种累计申请国家植物新品种保护 247 个，获得授权 74 个。2011 年，认定的 20 家农产品深加工科技型企业实现销售收入 37.91 亿元；税后利润 7.33 亿元，创税 4.24 亿元，出口创汇 1.19 亿元，产品加工规模 24.47 万吨。新产品销售收入 10.63 亿元。昆明石林农业科技示范园等 10 个园区被认定为云南省农业科技示范园，入园内资企业 54 户、中外合资企业 3 户，主要合作科研单位 20 个以上，实现总产值 29.34 亿元，销售收入 13.55 亿元，利税 6286 万元，接待参观考察 916 次，获国家驰名商标 1 个，中国名牌产品 1 个。2011 年首次认定 32 家云南省科技型农村经济合作组织，下达资助经费 160 万元。

实施粮食高产创建活动 2011 年，云南省科技厅承担 50（总面积 50 万亩）粮食高产创建示范区建设。下达粮食高产创建专项经费 1020 万元，全省 25 个主要农作物主产区，创建水稻、玉米、马铃薯、油菜和小麦示范面积 53.14 万亩，其中水稻 24.49 万亩、玉米 12.56 万亩、马铃薯 6.09 万亩。玉米、马铃薯、水稻总产量 8445.46 万公斤，水稻、玉米、马铃薯分别按 3.5 元/公斤、2.5 元/公斤、1.5 元/公斤计算，总产值 1.71 亿元。示范区涉及 70 个乡镇、农户 6.05 万户。推广种植优质专用和高产品种 60 余个，良种覆盖率 100%，其中 85%以上为“十五”以来云南省科技计划项目立项资助选育、拥有自主知识产权的品种。

畜牧科技产业发展 2011 年，承担省级科技计划项目的畜牧企业销售收入 42.94 亿元，净利润 4.49 亿元 ，税收 1.05 亿元。解决关键技术 24 项，授权专利数 52 个。带动农户 41.7 万户，农户增加收入 7.81 亿元。云南神农农业产业集团有限公司优质生猪标准化养殖、云南乍甸乳业有限责任公司的奶牛标准化养殖等，获国家标准化管理委员会认定为全国农业标准化示范区。昆明华曦牧业集团有限公司获国家级农业产业化龙头企业和中国驰名商标认定。

生物质能源产业化创新基地建设 2011 年，“小桐子生物柴油产业化关键技术研究与示范”项目取得了丰硕科技成果。1. 累计收集优良种质资源 699 份；建设种质资源圃 250 亩；筛选出优良品系 10 个，优良材料 11 个，优良品种 2 个，鉴评新品种 1 个；建立小桐子母本园和育种基地 200 亩；完成良种繁育基地 1600 亩，繁殖优质种苗 400 万株；完成良种核心示范种植 4.86 万亩。2. 小桐子原料林培育大规模推进。已建立核心试验区 750 亩、小桐子生物能源原料林丰产栽培试验示范 150 万亩。3. 以龙头企业为主体的造林投资模式基本形成。中石油、云南神宇新能源、怒江天生等 10 余家公司在云南种植小桐子，小桐子种植面积快速扩大。4. 小桐子生物柴油副产品综合利用技术与产业化开发有机复合肥项目进展顺利，小桐子壳微波制备活性炭的专用设备研制成功。5. 云南神宇新能源公司小桐子生物柴油研发与生产线 10 万吨厂房已建成，初加工厂进入安装施工阶段；3000 吨生产线已投入试生产，生产出少量生物柴油。被认定为小桐子生物柴油示范企业。2011 年 10 月 28 日，中国首次航空生物燃料用于客机试飞取得成功，试飞所用生物燃油原料是云南的小桐子精炼油。

花卉产业创新基地建设 2011 年，启动实施国家级省级花卉科技项目 11 项（其中国家项目 3 项），计划投入科技经费 1575 万元（其中国家投入经费 260 万元），其中年度经费 585 万元。全省花卉种植总面积 70 万亩，花卉总产值 267 亿元，出口总额 1.7 亿美元，鲜切花产量 65 亿支。培育出花卉新品种 33 个，其中获得国家植物新品种权证书 1 个，获得欧盟新品种权证书 1 个，31 个新品种处于测试阶段。自主选育并成功申报的花卉新品种数量204个，其中获得新品种授权保护的新品种有55个（包括在国外申请获授权的新品种3个），花卉新品种类型除蔷薇属、石竹属、百合属、菊花属、非洲菊属，又新增了茶花属、唐菖蒲属、兰属、杜鹃属、含笑属等，成为全国花卉新品种研究种类最多、成果最多的省份。获花卉繁育的相关国家技术发明专利15项，鲜切花连续18年全国领先，成为全国最大的鲜切花种苗产销中心。构建农业部花卉质检中心（昆明）及全国花标委鲜切花标委会两大平台，研制出一批全国领先的国家、行业标准和检测技术规程，其中主导研制的国家、行业、地方及企业四级标准达50余项，且病毒检测、脱毒种苗（球）、采后处理等多项标准居全国领先水平，同时建立起59项部级备案检测技术规程，数量居全国第一。

边疆解“学科技难”惠民工程 2011年，省科技厅继续在25个边境县（市）及3个藏区县开展大规模的边疆解“学科技难”惠民工程实施行动。省投入1050万元，各州（市）投入63万元；县（市区）投入523万元；其他投入4596.56万元。各项目承担州（市）大力发展特色产业项目，其中，种植类项目种植面积18.92万亩，总产量9.05万吨，总产值5.62亿元；养殖类项目存栏数1867头（只），出栏数3240头（只），总产值1347万元。2011年建设完成特色产业示范基地35个，规模6.58万亩。立足县域特色产业发展，普及推广先进实用技术，其中推广新品种36个，推广面积13.59万亩；推广新技术31项，推广面积18.22万亩；推广农资42种，推广面积14.37万亩；引进新品种试验51个；开发加工农产品14种，销售数量1.39万吨。承担企业中有省级龙头企业5家，州级龙头企业4家，县级龙头企业7家。获有机认证的基地面积7280亩，获绿色食品认证的基地面积4.51万亩，获无公害农产品认证的基地面积2000亩。

【社会发展科技】

生物医药产业发展 2011年，8个项目获国家“重大新药创制”科技重大专项立项支持；“奥生乐赛特胶囊”等2个（1类和5类）中药、天然药物获得国家药物临床试验批件。新药研发项目有18项进入临床试验阶段，其中“奥生乐赛特胶囊”成为实施《药品注册管理办法》以来云南第一个中药、天然药物1类新药获得临床试验批件的品种。突出支持“注射用灯盏花素”、“络泰注射用血塞通”等一批云药名方名药的二次开发。国家科技重大专项“防治艾滋病规模化现场流行病学和干预研究”项目，取得显著成效并获得国家在“十二五”期间的滚动支持。“个体化骨科手术精确定位模板的关键技术研究和应用示范”、“登革热分子流行病学应急检测技术研究及应用”等一批重点项目获得省科技计划立项支持。

医疗卫生科技 2011年，新立项目4个，总经费350万元，支持科技经费160万元。通过“降低出生缺陷关键技术及干预措施的研究及示范”项目实施，突破降低出生缺陷关键技术，建立完善常见染色体非整倍体疾病的快速产前诊断技术和进行性肌营养不良、脊肌萎缩症、α—地中海贫血、β—地中海贫血、G6PD缺乏症等5种单基因遗传病的基因诊断与产前诊断技术规范；通过“中国南方Ⅰ号病防控技术研究”项目实施，突破快速筛查诊断中国南方Ⅰ号病’的关键技术，建立以蛋白芯片、胶体金层析、标志基因扩赠等技术为核心的灵敏、精确快速筛查诊断技术体系，开发出2种鼠疫特异性靶抗原（F1及Pla）及其单克隆胶体金快速诊断试纸条，将鼠疫判定时间由的96小时缩短为72小时内完成。

环境保护科技 2011年继续围绕九大高原湖泊综合治理，典型生态脆弱退化区域保护、修复、重建，废弃物资源化利用等重点工作，新立项目9项，安排科技经费2035万元。突破“吸附沉淀剂研发、制备及水体除砷的关键技术”，阳宗海湖泊已恢复到地表水Ⅲ类水标准。突破了“东川河砂配制环保型高强度高耐久性混凝土关键技术”、“东川河砂配制超长大体积或清水混凝土关键技术”、“东川河砂混凝土配制关键技术”等一系列关键技术，成功开发出具有自主知识产权的环保型高强度高耐久性机场跑道混凝土、清水混凝土等新产品，并应用于昆明新机场跑道、航站楼的建设中，推广应用量155.8万立方米，实现产值5.77亿元。

灾害防御能力建设 2011年，“重大自然灾害下云南公路交通生命线应急保障关键技术与决策支持应用研究”、“地沟油检验鉴定方法的应用研究”等4项公共安全领域科技项目已完成立项程序纳入社会发展科技计划项目库，项目总经费1685万元，拟支持科技经费总额485万元。“多功能经纬仪研制及应用于地震预报研究”项目已纳入重点新产品开发科技计划项目库，项目总经费440万元，拟支持科技经费总额180万元。

可持续发展实验区建设 2011年，全省国家级、省级可持续发展实验区，在经济稳步增长的同时，注重社会、人口、资源、环境协调发展。麒麟区国家可持续发展实验区被科技部授予“2011年全国县（市）科技进步考核科技进步先进县（市）”荣誉称号；临沧市国家可持续发展实验区于2011年5月申报国家可持续发展实验区。

【科技条件平台建设】

转制科研机构发展 截至2011年底，转制科研机构资产总额34.84亿元，比上年增长43.8%，其中贵金属研究所增长58.7%。取得科技成果61项，转化科技成果54项；上缴税金8868.4万元。

科研院所技术开发专项 2011年立项36项，安排项目资金2500万元，带动转制科研院所投入1.14亿，有效发挥院所专项的引导和带动作用。

省级重点实验室建设 2011年，批准“云南省中药和民族药新药创制企业重点实验室（筹备）”、“云南省生物光电子硅材料制备技术企业重点实验室（筹备）”和“云南省铅锌资源综合利用企业重点实验室（筹备）”为省级企业重点实验室培育对象。新认定“云南省灵长类生物医学重点实验室”，批准“云南省干细胞和再生医学重点实验室（筹备）”为省级重点实验室培育对象。云南有省级重点实验室35个，省级重点实验室培育对象1个，省级企业重点实验室培育对象3个。其中国家重点实验室2个、企业国家重点实验室1个、省部共建国家重点实验室培育基地3个。省级重点实验室中，生物资源与环境领域15个、医药领域12个、材料工程与信息领域9个。35个省级重点实验室有研究人员1394人，省高端人才11名、省创新团队11个；仪器设备总值6.16亿元。争取科研项目945项，项目经费约9亿元；发表论文1817篇，其中SCI收录485篇；共出版学术专著26部。获授权发明专利149项；制定（修订）标准18项。获得重点新产品认证5个、农业新品种认证25个。科技成果转化产生直接经济效益2.6亿元。

省工程技术研究中心及科技服务建设 2011年新认定省级工程技术研究中心24家。截至年底，全省有省级工程技术研究中心66家，拥有总资产551.2亿元，拥有大型科学仪器设备数4696台（套），专业技术人员2637人。申请专利2288件，其中发明专利申请数1246件，专利授权数1289件。参与制定国家标准、行业标准307件，技术转让和服务收入27.3亿元，累计创造经济效益321.9亿元。全年下达省级工程技术研究中心和科技条件平台建设项目32项，其中工程技术研究中心类项目24项，共建专业服务机构6项，公共科技平台类项目2项。安排科技补助经费5270万元，其中年度科技经费2140万元。

企业技术中心建设 2011年，新认定云南铜业科技公司、驰宏锌锗公司等35家省级企业技术中心。至此云南有省企业技术中心199家；推荐昆明机床、云南沃森2家企业的技术中心通过国家认定，至此云南有国家级企业技术中心14家。

【培养引进高层次人才】 2011年，全省引进高端科技人才13名；新选拔省中青年学术和技术带头人后备人才57名，省技术创新人才培养对象52名；组织完成2011年“两类人才”出站评价工作，90人通过出站评价。在培养期内取得授权发明专利149项、实用新型和外观设计专利54项；开发和推广新产品或新品种121个；获得国家级科技奖励14项；省级科技奖励181项，其中一等奖25项、二等奖42项、三等奖114项；发表论文2207篇，其中第一作者777篇，通讯作者1080篇；SCI、EI收录433篇；撰写著作180部，其中主编54部；培养硕士和博士研究生1182人；通过成果转化、技术服务和技术改造为企业创造或新增效益89.3亿元。

【科技计划与经费】 2011年，省科技计划项目安排科技创新强省、重点新产品开发、社会发展、科技平台建设、科技富民强县等科技计划项目1711项，安排年度省级科技经费5.86亿元。其中，新立项目1271项，项目总投资66亿元，安排年度省级科技经费3.9亿元。

对79个重大项目进行经费专项审计，项目总预算经费51.56亿元，其中省科技经费1.47亿元。组织财务专家对13个重大项目进行了财务验收，其中12个项目通过验收。组织开展科技计划项目经费会计核算规范的编写工作。

【科技与金融结合】 继续深化与各签约银行的合作，搭建银企合作的服务平台。累计对415个中小企业的项目提供贷款支持，贷款金额43亿元。其中科技型中小企业95户，获得贷款19.2亿元。知识产权质押贷款取得突破。民生银行昆明分行、富滇银行、国开行省分行对9家公司质押贷款9200万元。出台《云南省科技保险保费补助资金管理暂行办法》，引导14家企业申报科技保险补助，保额总计5.1亿元。

【科技合作】

国际科技合作 2011年，全省立项支持国际合作专项计划项目21项，支持专项经费2687万元，引导和带动社会投入近2.19亿元；协助组织并通过验收国际合作项目5项，申报国家发明专利5项（其中获授权1项），主持起草国家标准1项、参与制订国家标准4项及地方标准2项。

国内科技合作 2011年，充分发挥省院省校科技合作平台作用，引进突破一批关键核心技术，开发一批自主知识产权的重大新产品。突破“300KA大型曲面阴极电解槽”等3项关键核心技术，研究开发“雨生红球藻粉”、“滇粮牌胚芽米”等5项拥有自主知识产权的重大新产品，申请或获得授权专利25项，获得新品种登记5个，产生经济效益4.12亿元，新增利税2550万元。围绕新能源、新材料、装备制造、粮食安全、农业产业化等重点领域，组建12个院士（专家）工作站。5月5～9日举办“世博科技成果展（云南省）展示点启动仪式暨2011沪滇科技交流活动”；8月10日上海与云南签署部门合作备忘录；积极开展“泛珠三角”区域科技合作，省科技厅组织部分企业和投资机构参加第7届泛珠三角区域合作经贸洽谈会。

【科学技术普及】 组织编制《云南省“十二五”科学技术普及工作规划》。举办“科技下乡”集中示范、科技活动周、“文化、科技、卫生三下乡”等科普宣传活动，举办“云南科学大讲坛”6场。2011年安排科普专项经费590万元，按照引导和支持全社会共同参与科普事业的工作原则，立项支持重大特色科普活动、精品科普教育基地、重点地区和少数民族科普等38个项目。

科技活动

云南省科学技术奖颁奖大会 2011年7月4日，省委、省政府在昆明召开2010年度云南省科学技术奖颁奖大会，表彰奖励为云南省科技事业和现代化建设发展作出突出贡献的科技人员和单位。180个项目（人）获得云南省科学技术奖，其中特等奖1项，一等奖13项，二等奖35项，三等奖125项，科技创业奖4人，科技合作奖2人。省长秦光荣在会上作重要讲话。

全省科技工作会议 2011年2月21日，省政府在昆明召开全省科技工作会。会议总结了“十一五”和2010年全省科技工作，对“十二五”和2011年全省科技工作作了安排部署。会议颁发2010年省中青年学术和技术带头人及技术创新人才证书，对获得认定的高新技术特色产业基地、2010年新认定的高新技术企业进行授牌。

2011年部省工作会商会议 2011年10月11日，科技部、云南省政府2011年工作会商会议在昆明召开，签署《科学技术部云南省政府工作会商制度议定书》，启动新一轮工作会商制度。

签署出入境检验检疫技术领域科技合作备忘录 2011年6月9日，云南省科技厅与云南出入境检验检疫局签署旨在提升云南人员和货物出入境检验检疫技术领域科技合作与交流水平的合作备忘录。

科技活动周 2011年5月15日，以“携手建设创新型国家”为主题的云南省2011年科技活动周在芒市举行，省、州（市）的地震、住建、环保、安监、卫生、公安、教育等68个部门和单位开展防震减灾、建筑减震、节能减排、安全生产、卫生防疫、专家义诊、禁毒防艾、企业创新、公安机关社会管理创新、青少年百米绘画等科普活动。

云南科学大讲坛 2011年，举办云南科学大讲坛6场。褚君浩、汪建、汪懋华、罗伊·帕特里克·克尔、陈清泉、赵振业等6位名家大师分别开讲台，3000多人次聆听演讲。

中国力量——中国资本市场高峰论坛 2011年4月15日，由省科技厅、省国资委、省政府金融办、东方财富信息公司联合主办，东方财富网承办，省政府驻上海办事处协办的“高峰论坛”在昆明举办，100多位领导和嘉宾出席。

（APEC）沼气资源开发利用国际科技合作论坛 2011年8月16～17日，科技部国际合作司和省科技厅主办的论坛在昆明举行，50人参加会议。

科技外交官云南行活动 2011年8月29日～9月2日，由科技部国际合作司和云南省科技厅主办的云南行活动在昆明举行。我国驻英、德、俄等14国的19位资深科技外交官参加活动。

中国昆明国际生物活性多糖研讨会 2011年10月25日，由省科学技术厅、国际碳水化合物联合机构共同主办的研讨会在昆明举行，159人参会。

中国——东盟应对气候变化促进可再生能源与新能源开发利用国际科技合作论坛 2011年11月29日～12月2日，由省科技厅和东盟秘书处主办的“合作论坛”在昆明举行，120余人参加论坛。

“云药之乡”建设国际科技交流与需求推介对接

会　2011 年 12 月 17 ～18 日，由省科技厅和中药全球化联盟共同主办的对接会在昆明举办，90 多人参加大会。

（姜　华）

科技成果应用

【综　述】　2011 年，科技成果登记总数 744 项，超过上年度的历史最高水平。其中拥有发明专利 351 项，比上年度 214 项增加 137 项，增幅 64%，自主创新能力进一步提高。登记的成果中，云南省相关单位共参与或主持制定的 47 项。

在 676 项应用技术成果中，原始性创新成果 382 项，占 56.5%，国外引进消化吸收创新 53 项，占 7.8%，国内技术二次开发 239 项，占 35.35%；处于成熟应用阶段的成果 552 项，占 81.66%；处于中试或设备的样机、试样等中期阶段的成果 77 项，占 11.4%；处于实验室、小试等初期阶段的成果 47 项，占 6.95%。据对 475 项应用技术成果进行统计，属于电子信息的 18 项，软件 18 项，光机电一体化 29 项，生物、医药和医疗器械 183 项，新材料 27 项，新能源与高效节能 18 项，环境保护 18 项，地球、空间和海洋 13 项，农业 150 项。云南农业和生物、医药领域的高新技术成果仍然占主体地位。

【科技奖励】　2011 年全省有 193 项（人）获得省政府奖励，其中杰出贡献奖 1 人、特等奖 2 项、一等奖 19 项、二等奖 40 项、三等奖 131 项，奖励人员 1366 人、组织 313 个。

获国家奖情况　云南省有 10 个项目获得 2011 年度国家科学技术奖科技进步二等奖。获奖成果主要集中在农、林、水等民生领域，改变了以往云南省以冶金材料成果为主的获奖格局。一批科研成果和科技人员获得科技部批准的社会力量奖励，其中有 3 名科学家（彭金辉、李文昌、高立志）获 2011 年度何梁何利基金科学与技术奖。

社会力量设奖情况　新批准省测绘学会设立的“云南省测绘科学技术奖”，至此省科技厅审批了 5 家机构“中国烟草公司云南省公司科学技术奖”、“云南交通科学技术奖”、“云南卫生科技教育管理协会卫生科技成果奖”、“云南农业科技大青年标兵奖”。2011 年度开展奖励工作，对 76 个项目、102 家单位和 590 名科技人员进行奖励。

【技术市场】

1. 2011 年，全省认定登记技术合同 1246 项，成交金额 11.86 亿元，比上年分别增长 18.7%、5.8%。

2. 技术开发占主体地位。在技术开发、技术转让、技术咨询和技术服务合同中，技术开发在交易活动中仍保持领先并占主体地位，成交项数、金额分别占总量的 74%、61%。

3. 2011 年技术合同中，计划外 1040 项，合同成交额 9.34 亿元，占合同总项数的 83.47%，占总成交额的 78.74%，创 2006 年以来 5 年技术合同新高。各级政府科技计划项目进入技术市场 206 项，合同成交额 2.52 亿元，占合同总项数的 16.53%，合同总成交额的 21.26%。其中国家计划 12 项，合同成交额 2200 万元；部门计划 77 项，合同成交额 1.54 亿元；省级计划 53 项，合同成交额 6100 万元；地市县计划 64 项，合同成交额 1500 万元。

4. 企业是技术市场交易主体。从卖方情况看，2011 年在技术交易中，企业法人作为合同卖方 892 项，合同成交额 9.09 亿元，分别占总项数的 71.59%和总成交额的 76.63%；事业法人作为合同卖方 263 项，合同成交额 1.66 亿元，分别占总项数的 21.1%和总成交额的 14%；从买方情况看，企业法人买入 705 项，合同成交额 9.13 亿元，分别占总项数的 56.58%和总成交额的 77%。

5. 高新技术产业引领技术市场发展。从登记合同的技术领域分布情况看，云南技术合同主要集中在电子信息技术、先进制造技术、新能源与高效节能、环境保护与资源综合利用技术、现代交通五大领域。其中新能源与高效节能技术和电子信息技术两大领域的技术合同交易额占总交易额的 55.18%。

（秦　穆）

知识产权保护与管理

【综　述】　2011 年，全省专利申请量 7150 件，居全国第 24 位和西部第 6 位，年增长率 26.7%，连续 5 年年均增长率超过 18.1%，年专利申请量首次突破 7000 件关口。2011 年，全省专利授权量 4199 件，年增长率 9.8%，居全国第 23 位和西部第 5 位。2 月 22 日，云南省召开知识产权战略实施工作联席会议第 1 次全体会议。

专利技术转化实施　以重大项目及成长性较好中小企业为重点，在先进装备制造、节能环保、新材料、新能源、生物及光电子等重点发展技术、产业领域，遴选12家企业的优秀项目，开展专利转化实施计划，促推专利技术产业化、商品化。

知识产权保护工作 2011年，全省知识产权局系统开展150余次专利执法专项检查，出动执法人员1241人，执法检查经营场所和企业752个，检查各类商品7000余种，查处假冒专利商品3种，纠正专利标注不规范商品232件。加大专利行政执法工作力度，立案20件，结案21件。

（李常有）

气象工作

【综 述】 2011年，云南低温、干旱等气象灾害发生频繁，全省气象部门周密部署，科学应对，省气象局组织编制了《云南省气象局气象灾害应急预案》，与省国土厅签署《关于深化地质灾害气象预警预报工作合作协议》，与省民政厅联合下发《关于建立气象灾害防御联动机制的通知》，部门间气象灾害防御机制初步形成。建立了气象灾害预警手机短信发布“绿色通道”和分区全网免费发布机制，进一步扩大了气象灾害预警信息发布的覆盖面，全省气象预警短信决策群组人数达到3.8万人。

2011年，全省投入人影经费1.1亿元，16个州（市）111个县的1391个作业点，抓住有利天气过程,实施人工增雨防雹作业1.09万点次，发射各型增雨防雹弹12.8万发，影响面积4.7万平方公里，农作物受益2615万亩，森林受益1870万亩，直接和间接减少经济损失超过百亿。

决策气象服务更加具有针对性、时效性、敏感性和通俗性。省委书记秦光荣、常务副省长罗正富、副省长孔垂柱多次在气象服务材料上作出重要批示。省政府对气象工作高度肯定，满意度100%。

【气象综合观测体系建设】 科学谋划云南气象综合观测业务发展，制定《云南省藏区气象观测站网布局方案》、《云南省山洪地质灾害防治气象保障工程2011年一期和二期建设可行性研究报告》和《综合气象观测网工程可行性研究报告》。新建17个自动土壤水分观测站。建成南涧凤凰山和镇沅千家寨2个高山无人自动站。完成香格里拉大气本底站温室气体监测项目采样系统的安装调试并投入观测。山洪地质灾害防治气象保障工程全面启动。

建立省、州（市）、县三级综合气象观测系统运行监控平台；建立全省观测设备故障“短信通知系统”和自动站缺报“短信提醒系统”；组织完成省、州（市）、县143个卫星数据广播系统（CMAcast）建设并投入业务试运行。组织进行全省宽带网络升级工作，省气象局—州（市）气象局带宽由4M提高为8M，州（市）—县带宽由2M提高为4M。

【农村气象综合信息服务系统建设】 2011年，制定《云南省2011年度农业气象服务体系和农村气象灾害防御体系建设方案》，农村气象综合信息服务系统和乡镇气象信息服务站建设同步推进，实现了乡镇全覆盖，行政村覆盖率60%以上。目前云南建设电子显示屏1.42万块，加上农村大喇叭、手机短信、电视、广播、网络等传播手段，基本实现气象信息“村村通”。重点推进5个示范点建设，即普洱市墨江县“县级综合气象服务中心建设示范点”，玉溪市红塔区“综合为农服务体系建设示范点”，楚雄州武定县“乡镇气象信息服务站建设示范点”，昆明市安宁市“农村防灾减灾防御工程建设示范点”，西双版纳州“特色农业气象服务直通车建设示范点”。

继续深入开展橡胶、烤烟、茶叶等特色农业气象服务。为政府、橡胶企业、胶农、烟草公司、茶农、村委会等提供富有地方特色的农业气象服务。与农业部门合作开展农作物病虫害动态监测、预警及服务工作，做好以水稻、玉米为主的粮食产量预测及服务工作。

【气候资源开发利用】 开展近50年云南气候变化基本事实研究，气候变化对西南区域能源影响评估及气候变化对西南区域生物多样性影响评估。完成了中国气象局气候变化专项“西南地区气候变化基本事实及极端气候事件研究”并通过了验收。出版了专著《西南地区气候变化基本事实及极端气候事件》。

2011年，云南省气象局作为副组长成员单位，参加云南省“十二五”风电场规划工作，负责全省风电场规划风能资料的收集、整理、审核和评估工作。组织对37个风能资源评估报告进行专家评审，社会管理职能进一步强化。截止目前，云南已建成投产风电场16个，累计总装机容量达到70万千瓦，平均利用小时数处于全国较高水平。完成《云南省风能资源详查与评价》项目并通过中国气象局会同财政部组织的验收，项目成果有力支撑云南风能资源的开发利用工作，获得专家好评。完成2个太阳能光伏电站资源评估工作，完成4个州（市）的太阳能光伏电站规划。首次为企业建设开展气候可行性论证。按气候可行性论证管理办法，完成驰宏锌锗股份有限公司16万吨技改项目的气候可行性论证。

【气象科技创新】 2011年，1项成果获云南省科技进步类二等奖，2项成果获云南省科技进步类三等奖。发表122篇科技论文，其中4篇SCI（SCIE、EI）收录论文、54篇核心期刊论文；出版专著2部。

开展WRF模式3公里空间分辨率预报业务试验，优化地面资料同化和参数化方案，进一步提高了WRF模式的预报能力。《气象监测预警信息系统》、《新一代天气雷达资料产品传输及监控软件》等多项成果投入业务应用。

【气象依法行政】 2011年，《云南省气象灾害防御条例》已通过省政府常务会议审议，并提交省人大常委会审议。开展气象信息发布与传播专项执法检查。全省气象部门办理气象行政许可5745件，办理行政处罚案件74件。2项气象行业标准制定得到中国气象局的立项支持，气象标准化工作纳入《云南省标准化工作“十二五”发展规划》，8个气象地方标准制定项目得到立项。强化了防雷社会管理的监督工作，重新测算核报全省防雷技术服务收费标准，完成了全省79家防雷工程专业资质证和113家防雷装置检测资质证的年检工作。与省文物局联合发文组织开展了全省重点文物保护单位防雷安全专项检查。

【人才建设】 制定人才发展年度计划，积极建立新的工作机制，加大干部选拔交流力度，加强后备干部的培养。新录用硕士研究生8名、本科生44名。34名科技人员通过高级职称任职资格评审、70名科技人员通过中级职称任职资格评审。选拔第二批13名省级首席预报员。完成了市、县预报岗位设置试点工作。开展十佳县局局长评选。全年有1000余人次参加各种业务管理培训。与成都信息工程学院签订合作协议，进一步深化局校合作。

【气候评价】 2011年，云南大部地区气候出现明显异常，气温偏高，降水量为自1961年以来第二偏少年，仅次于2009年。气温除1月、3月、11月偏低外，其余时段均为正常至偏高，全省雨季开始期跨越5月上旬～6月下旬，大部地区为正常至偏晚，结束期大部地区在9月下旬～10月中旬，为正常至偏早。

2011年云南异常气候事件及气象灾害频繁，其中低温冷害、夏季干旱、高温、连阴雨天气较为突出，给全省工农业生产和人民生活带来较大影响。2011年为气象灾害偏重年份，就农业生产气候条件而言属中等偏上年景。

气温 2011年，全省各站点年平均气温6.4～23.7℃，与常年相比，滇中以东以南大部地区偏低，其中文山西南部、曲靖东部等地偏低0.5～1.2℃，富源站、屏边站破年气温的历史最低纪录；其余大部地区偏高，其中易门、嵩明、华宁、香格里拉、德钦偏高1.0～1.2℃。云南年平均气温16.7℃，较常年偏高0.3℃，比上年偏低0.9℃。从气温时空变化看，气温除1月、3月、11月偏低外，其余时段均为正常至偏高，其中6～8月气温偏高最为明显，是1961年以来气温第二偏高年份，仅次于2010年同期。

降水 2011年年降水量总的分布特点为由东北向西南递增。最大降水区位于滇南边缘一带，降水量为2000毫米以上，其中江城2226毫米为全省最大值。次之为滇西的龙陵一带，降水量为1500～2000毫米。降水量最少的地区集中分布在滇西北北部和滇东北南部地区，少于500毫米，其中昭阳仅318毫米，为全省最小值。其余地区多为600～1200毫米。与常年相比，除滇西南、滇南外大都偏少2～5成。威信、沾益、玉溪、盈江等34个站年降水量突破了历史最小值记录。全省平均年降水量850毫米，较常年偏少239毫米，是自1961年以来第二偏少年，仅次于2009年。降水量除1月、3月偏多外，其余时段皆为偏少，其中主汛期6～8月的全省平均降水是自1961年以来最少年份。

日照 2011年日照除1月、3～5月、10月、12月正常至偏少外，其余时段正常至偏多。年日照时数最多和次多区域位于滇西北南部的鹤庆和滇西的保山一带，最少和次少区域位于滇东北的盐津和滇东南的河口一带。具体分布为：除滇中以东大部地区、滇西北西部地区外大都多于2000小时，其中鹤庆2776小时为全省最大值；滇东北的盐津926小时，为全省最小值。与常年相比，滇中以西地区大部地区及曲靖、昭通偏多，其中普洱大部、临沧东部、大理北部、保山西部、迪庆东部、昭通东部等地偏多200小时以上，鹤庆偏多幅度最大，达476小时；昆明、玉溪、曲靖南部、文山、红河、西双版纳西部等地偏少，其中昆明大部、红河西南部和东南部、文山北部等地偏少逾200小时，嵩明偏少幅度最大，达552小时。全省站点平均年日照时数2036小时，较常年偏少13小时，比2010年偏少17小时。

【主要气候事件】

降水异常偏少 2011年云南大部分地区的年降水较常年偏少，全省平均降水量为1961年以来第二偏少年份。与常年同期相比，除1月和3月偏多外，其余月份降水均为偏少，其中主汛期6～8月偏少最为明显，全省平均降水量是自1961年以来最少年份。

低温雨雪冰冻天气 2011年1月，云南滇中以东以北地区出现严重的持续低温雨雪冰冻天气，云南出现的降雪天气站次较常年同期偏多近1倍，雨淞（冻雨）天气站次较常年同期偏多3倍以上。

倒春寒 2011年3月，全省有57个站出现倒春寒天气，其中有30个站为强倒春寒，主要集中分布于滇中南部、滇东南以及滇东北南部地区。

雨季开始期和结束期异常 2011年雨季开始期与常年相比，有41个站偏早至特早，35个站定正常，其余地区为偏晚至特晚。全省雨季于11月15日全部结束，与常年相比，除永胜、芒市、宁洱、文山等18个站为偏晚外，其余大部地区为正常至偏早。

单点性强降水偏少 2011年汛期（5～10月）全省范围内出现大雨609站次、暴雨151站次、大暴雨9站次，与历年同期相比，大雨偏少310站次，暴雨偏少65站次，大暴雨偏少6站次。单点性强降水引发的洪涝、滑坡泥石流等衍生灾害较常年偏轻。

秋季连阴雨天气明显 2011年秋季有95个站出现秋季连阴雨天气，主要分布在云南西部、东部和南部边缘地区，大部分地区的连阴雨天气持续时间为7～12天，属近年来连阴雨影响较重的一年。

【主要气象灾害及损失】 2011年云南主要灾害有干旱、低温雨雪冰冻、大风冰雹、雷击、暴雨洪涝、滑坡、泥石流、森林火灾、作物病虫害等气象及其衍生灾害。其中干旱、低温雨雪冰冻是云南最严重的气象灾害，造成的直接经济损失分别占总损失量的52%、28%。全省1823.3万人受灾，因灾死亡91人，失踪3人；房屋受损10.35万间，倒塌1.65万间；农作物受灾面积2114.7千公顷，绝收面积320.7千公顷；直接经济损失184亿元，其中农业经济损失154.5亿元。2011年气象旱灾害造成的直接经济损失高于2000～2010年的平均值，但死亡和失踪人数是2000年来最少年份。

气象灾害造成的人员死亡和失踪分类：第一位雷电灾害（30人），第二位是洪涝灾害（29人），第三位地质灾害（14人），第四位森林火灾（9人）和大风冰雹灾害（9人），第五位雨雪冰冻灾（3人）。

旱灾 2011年云南省出现局部春旱和严中夏旱。入汛后，云南省大部降水偏少，5～10月全省平均降水量较常年同期偏少23%，为有气象记录以来降水最少的年份。尤其是中东部地区降水偏少20～60%，造成滇中及以东地区夏旱严重，致使农作物受灾，人畜饮水困难，其中昭通、曲靖、文山等州（市）灾情较重。全省1090.2万人因旱受灾，农作物受灾面积1421.5千公顷，绝收面积233.8千公顷；直接经济损失96.1亿元，其中农业经济损失90.4亿元。

低温雨雪冰冻 2011年1～3月滇中及以东地区、滇西北出现低温雨雪冰冻灾害，其中昭通、曲靖、红河等地受灾较重。灾害造成494.2万人受灾，3人死亡；房屋受损3.04万间，倒塌7554间；农作物受灾面积487.9千公顷，绝收面积50.2千公顷。因灾造成直接经济损失51亿元，其中农业经济损失36.6亿元，其中灾情最突出的昭通、红河灾害损失分别为19.4亿元、16.8亿元。

洪涝 2011年入汛后由于降水量偏少，且强降水过程较少，云南未出现大面积洪涝灾害，主要是单点强降水造成的局部洪涝灾害，全年因灾害造成的人员伤亡和经济损失较常年偏轻。3～11月，全省出现局地洪涝灾害192次，其中6～8月，滇东北、滇西北、南部边缘地区暴雨洪涝灾害突出。全省洪涝灾害造成206.7万人受灾，28人死亡，1人失踪；房屋受损2.48万间，倒塌4110间；农作物受灾面积113.2千公顷，绝收面积16.9千公顷。因灾造成直接经济损失11.7亿元，其中农业经济损失6.8亿元。

大风、冰雹、雷电 2011年1～11月全省出现局地冰雹、大风灾害228次，灾害损失略高于常年。其中1月上、中旬大风冰雹出现在滇西南地区，4月中下旬、5月滇西、滇南及滇东北等得冰雹、大风灾害频繁；6～8月，滇中及以东地区、滇西冰雹、大风灾害突出。其中昭通、曲靖、红河、楚雄等州（市）损失较重。大风、冰雹灾害造成275.8万人受灾，9人死亡；房屋受损4.15万间，倒塌1238间；农作物受灾面积199.4千公顷，绝收面积35.9千公顷。直接经济损失20.4亿元，其中农业经济损失18.8亿元。2011年雷电灾害初发期偏早但灾害次数偏少，属近7年来最轻的年份。造成人员死亡的灾害主要出现在、6月（11人）、7月（4人）、8月（12人）。曲靖、红河、昭通、普洱、保山、丽江等州（市）灾害较重，灾害造成4474人受灾，30人死亡。

滑坡、泥石流　2011年，云南因强降水引发的滑坡、泥石流初发时间早，但灾情偏轻。灾害造成17.4万人受灾，12人死亡，2人失踪；房屋受损6450间，倒塌3160间；农作物受灾面积10.4千公顷，绝收面积10.4千公顷。直接经济损失4亿元，其中农业经济损失1.4亿元。其中昭通、怒江、大理、楚雄等州（市）灾情较重。

森林火灾　2011年2～4月迪庆、丽江、保山、大理等州（市）出现森林火灾，其中剑川“3·2”森林火灾造成9人死亡、7人受伤。

（冯　颖）

测绘工作

【测绘规划编制工作】　2011年，《云南省测绘地理信息发展“十二五”规划纲要》和《云南省基础测绘“十二五”规划》编制完成，经省政府批准印发至16个州（市）政府及省直各委、办、厅、局，《规划》的权威性与严肃性得到进一步强化。同时，测绘法制、测绘科技与测绘人才发展“十二五”规划编制工作也相继完成。

云南各州（市）在省级测绘行政主管部门的帮助指导下，精心编制基础测绘发展规划，明确“十二五”发展的目标和任务。临沧市、保山市《基础测绘规划》通过专家评审。丽江市在完成测绘现状、资料收集的基础上，对规划方案、技术路线等相关问题进行进一步的调研、论证，也基本完成了《基础测绘规划》编制工作。

【测绘统一监管】

规范航摄审批事项　经省政府同意，云南省测绘行政主管部门向16个州（市）政府印发《云南省测绘局关于进一步加强测绘航空摄影管理的通知》，测绘航空摄影审批事项纳入规范化管理。

测绘法宣传　“8·29”《测绘法》宣传日前后，云南各级测绘行政主管部门围绕“监测地理国情，服务科学发展”这一主题，采取多种形式开展测绘法宣传日活动。活动期间，悬挂宣传横幅4536幅、发放各类宣传品12.39万份，并通过电台、电视、网络、发送手机短信等形式全方位进行宣传，有的州（市）出动宣传车，开展现场咨询服务，展出测绘系列主题展板，走访群众，开展执法检查等，宣传活动内容丰富、有声有色，社会反响良好，进一步增强了广大群众的测绘地理信息法制意识。

全省测绘工作会议召开　3月初，召开2011年测绘工作会议，全面总结回顾“十一五”期间测绘工作取得的成就和2010年全省测绘工作，谋划“十二五”测绘与地理信息工作，并安排部署2011年重点工作。会议为近年来规格最高、人数最多的一次。国家测绘局副局长李维森、副省长刘平出席会议并作重要讲话。省发改委、省财政厅、省公安厅、省编办等22个部门的领导应邀参加会议。各州（市）测绘部门约260人参加会议。

测量标志保护　2011年，云南省级财政下拨52万元，安排马关县、麻栗坡县、施甸县、剑川县开展测量标志普查工作。玉溪市加大经费投入，完成8县1区测量标志的普查工作。各州（市）认真履行测量标志保护职责，对辖区内测量标志遭受损毁、破坏的情况主动汇报、积极督办，加强对重大工程建设项目可能涉及测量标志安全的跟踪管理。对向家坝、溪洛渡水电站建设涉及的23个水准点，及时向有关部门提出保护和依法报批拆迁的要求，以保护测量标志的安全和完整。

测绘资质管理　为继续强化测绘资质动态监管，4～5月省测绘行政主管部门组织完成2011年度全省测绘资质年度注册工作，2010年10月1日前取得《测绘资质证书》的425家单位，均参加年度注册。

严把测绘地理信息市场准入关，全面推进测绘资质行政许可在线办理工作，省测绘局举办2期“测绘资质管理信息系统”培训班，赴各州（市）开展调研指导，积极做好系统的推广应用。截止2011年底，完成在线办理的测绘资质单位有446家，占全省测绘资质单位的67%，基本实现与国家测绘地理信息局测绘资质管理信息系统的互相连通。

管理体制新格局　2011年11月4日，昆明市测绘管理中心正式挂牌成立。红河州机构编制委员会批准红河州国土资源局加挂“红河州测绘地理信息局”牌子，成为云南加挂测绘地理信息局的首家单位，同时红河州将“土地测绘管理服务中心”更名为“红河州测绘地理信息服务中心”理顺测绘管理机制，提升管理职能。临沧市、楚雄州、保山市、丽江市国土资源局分别增设测绘管理科，玉溪市成立基础地理信息中心。

测绘地理信息市场监管 2011年，省测绘行政主管部门开展测绘地理信息市场专项整治“回头看”工作，对涉嫌非法提供互联网地图服务的144个网址进行检查，对14个从事互联网地图服务的本省网站，根据违规登载地图的情况，及时与省通信管理局协调，告知网站做下撤处理。督促5家从事互联网地图服务的网站按规定申办相应的测绘资质。开展教材教辅“问题地图”专项执法检查，重点检查中小学教材教辅中使用的地图是否符合国家公开地图内容表示有关规定，是否存在“问题地图”，是否按规定送审。通过对昆明市新闻路图书批发市场、新知图书城、各新华书店等大型图书零售、批发商城的教材教辅书籍的检查，云南各出版单位出版的教材教辅情况良好，绝大多数教材教辅使用地图的情况基本符合国家规定。

加大测绘违法案件查处力度。全年作出行政处罚结案6件，违反测绘资质管理规定作出撤销资质业务范围行政决定1件，移交省国家保密局查处已结案1件。对国家测绘地理信息局通报的西双版纳“中国十大边疆重镇”高峰论坛在环球时报刊登“问题地图”一案，责成西双版纳州国土资源局对发现问题及时处理，取消论坛原计划使用的带有政治性问题的中国版图，避免了不良后果的产生。

【测绘成果管理】 2011年，省测绘行政主管部门严格执行测绘成果提供使用审批制度，规范审批程序，全年受理国家秘密基础测绘成果提供使用审批554起。

根据国家测绘地理信息局统一部署，省测绘局联合省国家保密局开展全省涉密测绘成果保密检查。涉及660家测绘资质单位和70家涉密测绘成果使用单位，省测绘成果保密检查领导小组对昆明、曲靖、玉溪3个市的中央驻滇单位、省级单位和市属有关单位23家进行检查，下发19份《涉密测绘成果保密检查整改通知书》，云南各州（市）测绘成果保密检查领导小组对各辖区内的411家单位进行抽查，下发《涉密测绘成果保密检查整改通知书》26份，要求被检单位限期整改，并做好整改情况反馈。

【基础测绘】

基础图件测制 2011年，云南完成1∶1万3D数字地图测制1448幅。红河州、昆明市卫星定位连续运行参考站系统项目建成，文山州卫星定位连续运行参考站系统建设项目有序推进，玉溪市、楚雄州卫星定位服务系统及似大地水准面精化建设项目实施方案开始编制。国家西部测图工程云南横断山脉区域1∶5万地图25幅于5月全部完成，国家边远地区、少数民族地区基础测绘补助项目红河州蒙自县1∶500地形测图项目完成，于6月通过验收，补助项目西双版纳州1∶500地形测图项目已开展控制测量和地形测图。

经费投入大幅增长 2011年，省政府批准同意“十二五”期间，省级财政按每年不低于5000万元安排基础测绘经费，省级投入水平由每年的1500万元跃升5000万元，翻3.33倍。此外，省测绘局积极争取国家测绘地理信息局的支持，2011年落实测绘专项经费6973.56万元，相比上年的2987.62万元，翻2.33倍，创历史新高。

【质量监督】 为加强测绘成果质量的统一监管，进一步规范测绘质量检验和监督管理工作，省测绘局制定《关于做好云南省测绘质量监督管理工作的通知》下发至各州（市）测绘行政主管部门及有关测绘单位。5～11月开展2011年全省测绘成果质量监督检查工作。检查重点为云南甲、乙、丙级测绘单位，随机抽取2009年1月～2011年4月期间完成的20个测绘项目，依据《云南省测绘成果质量监督抽检技术方案》，其中判定为批合格14项，批不合格6项，合格率为70%，不合格率为30%。

【数字城市建设】 为加快推进云南数字城市建设步伐，省政府办公厅下发《云南省政府办公厅关于加快推进全省数字城市地理空间框架建设的通知》，要求各州（市）政府成立数字城市建设领导小组，加强对数字城市建设、运行、维护、应用等工作的组织领导。并对16个州（市）数字城市的建设工作规定具体时限要求。

省测绘局于2011年7月开始启动怒江州（泸水县）、丽江市（古城区）、迪庆州（香格里拉县）、临沧市（临翔区）、普洱市（思茅区）、西双版纳州（景洪市）、文山州（文山市）、昭通市（昭阳区）、保山市（隆阳区）、大理州（大理市）、楚雄州（楚雄市）11个数字城市地理空间框架建设工作。根据国家测绘地理信息局《关于统一组织开展部分地区数字城市地理空间框架建设的通知》

要求，省测绘局成立云南省数字城市地理空间框架建设领导小组，负责全省数字城市统建管理工作，召开专题会议，完成工作方案和技术方案的编写，截止年底 11 个统建项目的数据处理及平台搭建工作已全部完成。

“数字玉溪”、“数字安宁”建设已完成三维建模、应用系统招投标和航空摄影任务。“数字红河”获国家批准，列为边远地区、少数民族地区基础测绘专项经费补助项目。

【地图编制与出版】 2011 年，通过加大地图送审管理执行力度，省测绘行政主管部门受理送审地图 55 幅（册），印刷发行各种地图数量 500 多万张。在地图编制出版工作中，积极支持和指导地图编制单位面向市场生产高品质、多品种的地图产品。审查通过了一批深受群众欢迎的专题地图，如《房地产楼市图》、《新昆明跨越式发展图》、州（市）和县的旅游交通图、挂历地图等；受理审查通过了一批为政府服务的专题地图，如《昆明市“十一五”期间重大项目分布系列地图》、《云南“十二五”规划图》等。

为庆祝建党 90 周年，省测绘局和省委党史研究室联合编制红色旅游专题地图《历史的回响——红色之旅》，首次印刷 5000 份，向省级党政机关、各州（市）党委政府赠阅，受到好评。

【测绘地理信息应用与服务】 2011 年，省测绘局为省委、省政府重大战略部署及各类突发事件及时提供测绘地理信息服务保障。发挥无人机航拍系统技术优势，为“兴地睦边”农田整治重大项目规划设计提供测绘技术支持，完成无人机航拍 2850 平方公里，测制 1∶2000 地形图 1330 平方公里。盈江“3·10”地震后，省测绘局 2 次出动无人机快速获取灾区实时高分辨率影像，第一时间向抗震救灾指挥部和灾后重建提供测绘服务。及时向国家测绘地理信息局提供上湄公河地理信息数据，为国防部、公安部与老挝、缅甸、泰国在湄公河正式开展联合巡逻执法，维护和保障湄公河航运安全提供测绘保障，受到国家测绘地理信息局充分肯定。

【测绘科技项目获奖情况】 随着测绘科技成果的推广应用及测绘新技术的创新研发，云南测绘系统一大批优秀测绘项目获奖。《小湾水电站饮水沟堆积体抢险加固工程安全监测成果分析及预警分析研究》获得中国测绘学会 2011 年度测绘科技进步三等奖；《昆明市主城区小区庭院排水管线普查探测项目》和《云南省省级大地控制网—云南省 GPS C 级网》获得优秀测绘工程奖金奖；《德宏州潞西、瑞丽、陇川 1∶5000 测图》等 4 个项目获优秀测绘工程奖银奖；获得优秀测绘工程奖铜奖 2 项。

省测绘局首次启动云南省测绘科学技术奖励评审工作，按照《云南省测绘科技进步奖评审办法》、《云南省优秀测绘工程奖评审办法》，经省测绘学会奖励委员会组织专家对申报科技进步奖的 13 个项目和申报优秀测绘工程奖的 36 个项目进行评审，其中《中国（云南）—东盟自由贸易区南亚区域合作联盟空间信息公共平台建设》等 7 个项目获得 2011 年度云南省测绘科技进步奖，《思茅测区 1∶1 万数字化测图》等 26 个项目荣获 2011 年度云南省优秀测绘工程奖。

（彭丽红）

人口与计划生育工作

【概 述】 2011 年，云南省人口和计划生育工作紧紧围绕省委、省政府“两强一堡”发展战略和构建统筹解决人口问题工作新机制、促进人口长期均衡发展目标，以“统筹协调、科学管理、优质服务、利益导向、群众自治、人财保障”的人口和计划生育综合改革为抓手，狠抓任务落实，各项工作取得新突破。

认真学习贯彻胡锦涛总书记重要讲话精神，进一步增强做好人口计生工作的紧迫感和责任感。及时召开委党组中心组（扩大）学习会议，传达学习国家人口计生委党组中心组第三次学习会议精神，分析全省人口形势，研究安排进一步抓紧抓好全省人口和计划生育工作的新任务新要求。

2011 年，全省出生人口 58.8 万人，比上年增加 1 万人；人口出生率 12.7‰，比上年增加 0.1 个千分点；净增人口 29.4 万人，比上年增加 5000 人，自然增长率 6.35‰，比上年下降 0.197 个千分点；死亡人口 29.6 万人，死亡率 6.4‰，年末全省常住人口 4631 万人。

【统筹协调各项工作】 2011年2月21～23日召开全省人口和计划生育工作会，及时传达学习全国人口计生工作会议精神，认真分析全省面临的人口形势。会议对新形势下进一步做好人口和计划生育工作作了全面部署。各地全面贯彻落实中央和省委、省政府决策部署，自觉服务于云南建设绿色经济强省、民族文化强省、中国面向西南开放的桥头堡“两强一堡”大局，确保领导到位、责任到位、投入到位、工作落实到位。

改革和创新人口和计划生育工作年度目标责任制，从指标设置、考核方式等内容进行全面改革，更加注重基层统筹解决人口问题体制机制建设，更加注重基层在社会管理创新中的作为。与各（州）市政府签订目标责任状，推动全省统筹解决人口问题健康平稳发展。

【依法行政】 组织修订《云南省人口与计划生育条例》和《云南省流动人口计划生育管理规定》。开展人口计生依法行政示范乡镇（街道）创建活动，逐步推进人口计生行政执法工作的制度化、规范化，建立人口计生依法行政长效工作机制。继续开展基层文明执法专项活动回头看活动，有效地促进了依法行政和行风建设。举办全省计划生育行政执法培训，进一步提高执法队伍业务素质和执法水平。抓好将三级以上计划生育手术并发症纳入特别扶助制度的试点工作，为2012年全面铺开奠定基础。认真办理省人大代表和政协委员提案，做到事事有调查、件件有回复。

2011年8月5日云南省人口计生委主任陈云生（左一）深入普洱市思茅区龙潭乡指导人口文化大院建设工作

【综合改革工作】 省级综合改革试点工作稳步推进，各项改革初见成效。积极开展争创国家级人口和计划生育综合改革示范市活动。2010年，玉溪市、德宏州继昆明市后被命名为第二批全国示范市，大理州被省人口计生委推荐为第三批创建单位；玉溪市被列为全国“创建幸福家庭活动”试点市。2011年，昆明市、玉溪市和德宏州以州（市）委办、政府办的名义下发进一步深化人口和计划生育综合改革的意见，明确各地推进综合改革向纵深发展的新目标、新举措，着力巩固发展示范市成果。狠抓群众自治长效机制建设。认真组织实施《云南省人口和计划生育基层群众自治村（居）示范活动实施方案》和“诚信计生”工作，推动创建活动深入开展。

【计生服务基础设施建设】 “十一五”期间，云南省人口计生系统抓住国家拉动内需，实施“国债项目”建设的机遇，快速推进计划生育服务站所标准化、规范化建设。2006年以来，全省投入中央国债补助资金2亿元，省级配套资金5780.6万元，新建和改扩建608个县、乡服务站所，其中县站92个、乡所516个。

【计划生育工作】 全面落实《云南省农村妇女增补叶酸预防神经管缺陷项目实施方案》。按照医改责任目标，需要完成目标人群25.1万人，全年全省发放叶酸31.98万人，服用率89.1%，超过了医改确定的70%的目标。孕前优生健康检查试点县工作有序推进。经过争取，在2010年8个试点县的基础上，2011年文山、凤庆、剑川3个县被列为国家孕前优生健康检查试点县，11个试点县工作进展情况良好。结合全省实际，在省财力支持下，云南省按照国家标准分二批又拓展20个县开展孕前优生健康检查试点工作，并采取以会代训、专业培训等途径，切实抓好项目实施。国家人口计生委批复将“西部孕前优生健康检查指导中心”建在云南，省人口计生委争取将该项目纳入全省“十二五”经济社会发展规划和中国面向西南开放的桥头堡建设项目，项目立项、建设用地选址、规划等基础性工作已经启动。积极开展创优争先活动，截至2011年底，全省有46个“国优”县和58个“省优”县。推进县乡计划生育服务站（所）规范化、标准化建设。按照评估要求，2011年评选10个县级和30个乡级示范站。切实抓好推广使用安全套预防艾滋病工程。制定了“第三轮禁毒和防艾人民战争推广使用安全套工作实施方案”，并经多方争取，在2010年400万元基础上2011年增加600万元推套防艾经费。计划生育科研成果显著。《绝育技术并发症防治技术研究》和《妇女生殖道感染诊断与综合防治技术研究》2 项课题分获国家人口计生委“十一五”全国人口和计划生育优秀科技成果二等奖。

【实施生育关怀行动】 认真落实国家和省对计划生育家庭的奖励扶助政策，加强对项目实施的调研、指导和绩效评估工作。成立省级幸福工程组委会，争取幸福工程全国组委会关心、支持云南的扶贫工作，先后在全省投入“幸福工程——救助贫困母亲”项目资金 100 万余元,向盈江地震灾区捐赠价值50万元的物资和30万元幸福工程项目资金，切实帮助计生贫困母亲及家庭脱贫致富。开展“生育关怀——彩云之南在行动”系列大型公益活动，发动爱心企业先后捐助 27 万元，帮助全省 90 个计生困难家庭发展生产，为 160 个不孕不育家庭提供免费治疗，为 1600 个有生殖健康障碍的家庭提供减免服务。抓好计划生育家庭保险工作。通过各级计生协、中国人寿分公司的通力配合，截至年底全省投保金额 2549 万元。

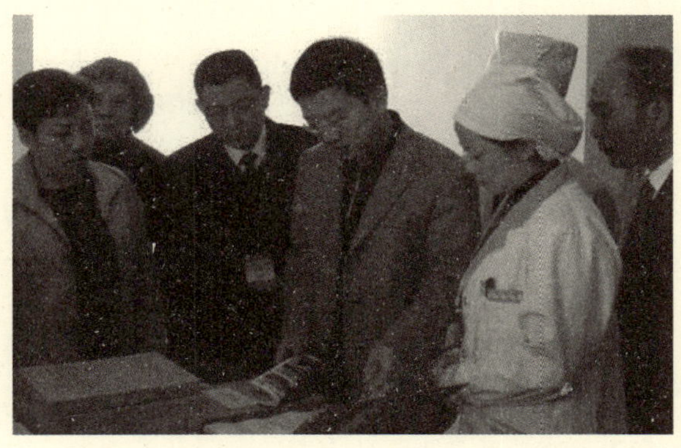

2011 年 3 月 6 日云南省人口计生委党组书记郝青山（左四）深入临沧市凤庆县计生服务站指导工作

【流动人口服务管理工作】 召开全省流动人口“一盘棋”工作推进会议，贯彻落实全国加强和创新流动人口服务管理暨全国“一盘棋”机制建设会议精神；下发全省流动人口全国“一盘棋”工作方案。大力推进区域协作，双向管理逐步深化，为推进云南省实现全国“一盘棋”打下基础。进一步加强全员流动人口统计信息工作和人口宏观管理与决策信息系统（PADIS）流动人口子系统的应用工作。积极指导试点单位开展流动人口基本公共服务均等化试点工作，推广试点工作经验，积极探索在全省范围内开展工作。加强流动人口计划生育协会组织建设，至 2011 年底，在全省各地已建立 447 个流动人口计划生育协会组织。稳步推进流动人口动态监测工作。参加国家人口计生委统一安排的 2011 年三类地区人口流动及其影响因素监测调查工作。出台《关于进一步加强流动人口计划生育药具免费发放服务和管理工作的意见》，积极推进流动人口免费药具发放服务均等化工作。进一步加强与相关部门的协调配合工作，努力推动流动人口服务管理长效机制建设。

【人口发展战略研究】 结合国家主体功能区划和云南实际，开展全省人口功能区划研究。完成《云南人口功能区》研究，研究成果已运用到云南的主体功能区规划中。《云南人口与计划生育政策研究》通过省人口发展战略研究领导小组专家评审验收，《云南人口与城镇化协调发展研究》课题研究顺利启动。协调省财政厅、省发改委把“全员人口统筹管理信息系统”工程配套建设经费列入云南省“十二五”电子政务规划。完成育龄妇女及家庭成员数据库优化升级和项目验收；利用数据库完成数据上报（含流动人口数据），育龄妇女数据库二期建设项目已经立项；完成“十二五”人口规划编制工作，参与全省城乡公共服务均等化“十二五”重点专项规划的编制。启动人口计生阳光统计示范单位申报（祥云县、富民县）工作和全员人口信息采集机制创新试点工作。加强对基层的人口发展战略研究、人口规划、人口统计和基层基础工作进行指导和督查。

【强化宣传作用】 认真组织开展学习宣传贯彻胡锦涛总书记重要讲话精神系列活动。综合治理出生人口性别比偏高问题，在全省开展集中整治“两非”专项活动。建立集中整治“两非”专项行动工作及查处 “两非”案件月报告制度，积极与卫生等相关部门沟通、协作，筹备建立出生实名登记和信息共享制度。与相关部门协作，组织开展宣传基层先进典型、评选先进代表等各项纪念建党 90 周年宣传活动。稳步推进人口文化创建活动。启动了婚育新风进万家活动第四周期示范工作及人口文化基地建设工作，在全省建立 129 个县级人口文化大院。积极推进人口早教工作。按照人口早期教育和独生子女培养工作试点考核验收标准，对开展早教工作试点的官渡区相关机构进行了验收，并确定为云南省早教工作示范点。拓展宣传教育渠道。完成《云南人口宣传》专刊 12 期，播出《计生之窗》广播栏目 52 期，设计和制作《人口和计划生育墙报》等宣传品近 20 种，制作人口与计划生育宣传教育课件，组织

“三下乡”活动。开展优化人口计生户外宣传活动，营造更加有利于全面做好人口工作的环境。强化对新闻宣传的监管，引导正确的舆论方向。在《云南日报》及新闻媒体对省第八次党代会以来全省人口计划生育工作取得的成效进行专题宣传报道。

【加强人口计生队伍建设】 积极推进干部公示制度，坚持任人唯贤、德才兼备的原则，选好用好委机关及直属单位处级领导干部。加强教育培训工作，提高干部队伍素质,全省组织开展 165 期业务培训班，培训人数 1.26 万人次。加强人口计生队伍职业化建设，大力推进“强基提质”工程建设，稳定基层人口计生机构和队伍，巩固和健全人口计生公共服务网络体系。组织完成全系统 1500 名工作人员参加国家生殖健康咨询师职业资格考试的报名和培训工作。进一步深化事业单位人事制度改革，积极推进委直属事业单位聘用制度和岗位管理制度。完成省人口计生科研所 2011 年公开招聘人员工作。按照国家和云南省有关分类推进事业单位改革精神，指导委属 3 个事业单位完成清理规范工作。全力做好计划生育家庭奖扶政策经费保障工作。积极与省财政厅密切协作，加强调研，确保“奖优免补”、国家“三项制度”、“新农合”资金省级承担部分的按时足额发放到位。2011 年各项奖励资金 3.8 亿元，省级投入 1.74 亿元、中央投入 1.46 亿元。积极配合省财政厅完成农村计划生育家庭奖励资金绩效评价方案设计、基础数据的收集和抽查评估等工作。积极协调，争取落实推套防艾、人口计生综合改革、国家孕前优生健康检查试点等专项工作经费投入 2400 万元。

【关爱妇幼健康促进优生优育工程】 2011 年 6 月 2 日，启动仪式在昆明市举行。工程是由民间组织发起实施的社会公益项目，省人口计生系统获得价值 2 亿元的医用设备捐赠。省人口计生委主任陈云生，项目牵头单位省医疗扶贫顾问委员会和项目承办单位有关领导，州（市）人口计生委科技科长，县（市、区）人口计生局长、服务站长出席启动仪式。

【慰问返乡农民工活动】2011 年春节期间，全省各级人口计生部门开展以“关怀关爱、促进和谐”为主题的“慰问返乡农民工及其家庭活动”，为返乡农民工及家庭成员发放宣传资料 40 万余份、宣传品 35 万余份。发放慰问品、慰问金 100 万余元，为返乡育龄妇女查环、查病、查孕 1 万余人（次），发放避孕药具 19.6 万余盒。开展集中宣传服务活动。抓住农民工返乡的时机，在元旦、春节期间，组织开展多种形式的集中宣传活动，向育龄流动人口发放宣传资料、慰问信、安全套等。开展计划生育文艺演出。计划生育协会组织基层群众编演文艺节目，深入乡村，开展文艺慰问演出。全省举办文艺演出 4000 余场，让群众在欢快愉悦的气氛中接受人口计生宣传教育。

【存在的困难和问题】 由于多年来低生育水平相对稳定，部分地方领导产生盲目乐观、麻痹松懈情绪，对人口和计划生育工作重视程度下降、支持不够，个别地方由于机构撤并的影响，整体工作有所滑坡。广大群众的民主意识、法律意识、参与意识不断增强，对计生优质服务的需求大大增加。依法行政、建设和谐计生的要求对各级计划生育管理服务机构和人员提出新的挑战；但与之相对应，一些计划生育管理服务机构和人员在自身改革创新意识、思想业务素质和管理服务水平上存在差距，对做好新形势下的计生工作缺乏有效应对办法，存在畏难情绪。

（蔡　玲）

劳动和社会保障

养老保险

【企业退休人员基本养老金】 根据人力资源和社会保障部、财政部《关于 2011 年调整企业退休人员基本养老金的通知》的要求，人力资源和社会保障厅与省财政厅联合下发《关于 2011 年调整企业退休人员基本养老金的通知》，从 2011 年 1 月 1 日起调整全省企业退休人员基本养老金。全省参加 2011 年调整基本养老金的退休（退职）人员具体范围包括：2010 年 12 月 31 日前已按规定办理退休（退职）手续的企业退休（退职）人员、参加云南省企业职工基本养老保险社会统筹的事业单位退休（退职）人员（不含退休待遇已按劳社部发〔2002〕5号文件规定，纳入国家统一的事业单位退休费调整范围的转制单位转制前退休的人员）和个体工商户、自谋职业等退休（退职）人员。经过2011年基本养老金调整，省企业离退休人员的月人均基本养老金水平将由1281元增加到约1431元，月人均增加150元。

【新型农村养老保险和城镇居民养老保险】2011年，全省新型农村养老保险试点从37个县（市、区）扩大到99个县（市、区），城镇居民养老保险同步纳入试点，全省参保人数1325.73万人（新农保1295.8万人，城镇居民养老保险29.93万人。参保率分别达到82.7%、61.3%）。

【被征地农民基本养老保险】 2011年，全省16个州（市）均出台被征地农民基本养老保障办法。参加基本养老保障的被征地农民累计22.2万人，被征地农民养老保障资金累计26.08亿元，已有10.24万被征地农民享受养老保障待遇。

医疗和生育保险

【医疗保险】 2011年，全省城镇基本医疗保险参保人数863万人其中城镇职工441万人，城镇居民422万人。下发《云南省人力资源和社会保障厅云南省财政厅关于全省统一提高城镇居民基本医疗保险待遇的通知》（云人社发〔2011〕167号）和《云南省人力资源和社会保障厅关于统一降低城镇职工基本医疗保险和城镇居民基本医疗保险乙类药品先自付比例的通知》（云人社发〔2011〕206号），为全省全面提高城镇居民医保待遇水平提供了强有力的政策支持。全省城镇职工和城镇居民政策范围内住院费平均报销比例分别达到70%，全省城镇职工医保平均最高支付限额整体达到当地职工平均工资的6倍以上。医疗保险全面实现计算机信息化管理，并实现全省联网即时结算。深化医疗保险付费方式改革，按照人力资源和社会保障部《关于进一步推进付费方式改革的意见》精神，成立医疗保险付费方式改革工作领导小组，制定云南省医疗保险支付方式改革方案，同时公布64个临床路径明确的病种费用结算参考标准，指导各地开展或进一步完善病种结算办法，全省有12个州（市）分别采取总额预付、病种付费、按人头付费的复合结算方式。认真组织医疗保险定点医疗机构和零售药店资格审批和年检工作，审核发放11家医疗机构和116家药店基本医疗保险定点服务机构资格，对315家定点零售药店和102家定点医疗机构进行年检换证，联合省卫生厅、省发改委、省药品监督管理局对20家医疗机构和10家药店现场检查。

【生育保险】 2011年，全省生育保险参保人数216.49万人，完成目标任务的100.2%。制定出台《云南省职工生育保险办法》，《办法》与原实施的《云南省企业职工生育保险办法》相比，有3个特点：1. 生育保险覆盖范围上实现3个延伸，即从各类企业延伸到机关、事业单位和有雇工的个体工商户；从用人单位在职职工延伸到退休人员；从参保女职工延伸到参保用人单位男职工未就业配偶。2. 待遇水平有新提高，即提高各类生育或计划生育医疗费用支付参考标准以及因生育死亡一次性补偿金额；增加生育营养补助等待遇项目；调整待遇发放标准；明确因生育引起的并发症的病种范围和支付标准。3. 管理水平有新要求。《办法》明确职工生育保险基金实行州（市）级统筹，建立省级调剂金制度，逐步实行省级统筹；明确生育或者计划生育医疗费要实行经办机构与医疗机构协议直接结算；明确了享受生育保险待遇的等待期为6个月。

2011年3月14日，省法制办举行云南省农民工工资支付规定草案听证会

失业保险

2011年，全省失业保险参保人数216.57万人，完成全年目标任务的103%。征缴失业保险费11.24亿元，支出失业保险基金2.1亿元，向7.48万名失业人员提供救助。2011年，全省通过小额担保贷

款政策扶持3万人创业，新增发放贷款17亿元；通过劳动密集型小企业贷款政策扶持小企业400户，新增发放贷款5亿元，共带动（吸纳）就业12.98万人。

工伤保险

2011年，全省工伤保险参保企事业单位4.74万户，参保人数243.4万人，完成目标任务的105.8%，完成2011年扩面任务。连续6年调整提高了工伤职工伤残津贴、生活护理费及工亡职工供养亲属抚恤金标准。全省1～4级伤残津贴从5年前人均750元，调整到1920元，增长156%、护理费从人均427元，调整到746元，增长75%、工亡遗属抚恤金从人均370元，调整到820元，增长122%。工伤职工辅助器具配置标准、配置项目和类型从26项增加到39项。2011年，全省新增7.18万名老工伤人员新纳入统筹管理，纳入统筹的老工伤人员累计达到9.4万人。

云南省人力资源和保障厅厅长解毅（右二）与广东省人力资源和社会保障厅厅长欧真志（右一）共同启动两地人力资源市场信息联网对接按钮。

社会就业

【概 述】 2011年，全省城镇新增就业人员27.6万人，完成目标任务的115%，城镇登记失业率4.05%，控制在4.6%的目标内。全省发放小额贷款59.4亿元，扶持8.9万人实现自主创业，带动近30万人实现就业。其中城镇新增就业人数、小额担保贷款发放和扶持自主创业人数均创历史新高，城镇登记失业率为近年来最低。创业带动就业政策措施进一步强化。支持和促进就业有关税收政策得到贯彻落实。将高校毕业生和妇女享受“贷免扶补”创业小额贷款和小额担保贷款的额度从5万元提高到10万元。在全省范围启动大学生创业园区建设。全年扶持2561名大学生实现创业。重点人群就业工作不断推进。完善服务措施，鼓励高校毕业生到基层就业。把就业困难应届高校毕业生纳入就业援助范围。全省开发高校毕业生就业见习岗位2万个，有1.2万名高校毕业生到岗见习，完成目标任务的120%。全省开发公益性岗位3.63万个，完成年度目标任务的100.8%。下岗失业人员再就业9.35万人，完成目标任务的116.9%，其中就业困难人员就业7.07万人，完成目标任务的117.8%；援助2312户零就业家庭成员实现至少1人就业，保持动态清零。全省培训农村劳动力126.24万人，新增转移农村劳动力就业116万人。公共就业服务力度不断加大。广泛开展各类招聘专项行动。与泛珠三角人力资源合作与交流不断深化，与广东等省签署就业服务、职业培训、技工教育等多项合作协议，并连接开通广东、福建两省人力资源市场信息网络。全省初步形成了上下连接、内外连通的多层次、广范围的就业公共服务体系。

“民工局长”陈家顺（右一）深入工厂，为农民工解决困难。

【高校毕业生就业】 2011年，全省各级人力资源和社会保障部门始终坚持把高校毕业生就业放在就业工作的首位，应届高校毕业生年终就业率达到95.9%，创历史新高，高于全国水平。大学生技能和创业培训被纳入国家就业政策扶持范围，高校毕业生享受“贷免扶补”创业小额贷款的额度从5万元提高至10万元，开展大学生创业园区建设，全省建设44个大学生创业园区。通过一系列政策推动，“贷免扶补”大学生创业人数再创新高。全年扶持3103名高校毕业生成功创业，发放贷款1.8亿，创业人数、贷款总额创历史新高，在大学生就业见习工作中，超额完成就业见习“三年三万”的任务，全省建立852个见习基地，提供见习岗位6万个，先后组织近3.7万名高校毕业生到岗见习，见习期满被见习单位录用的比例60%以上，高于全国40%的平均水平。

2011年9月6日，云南省2011年高校毕业生就业服务月活动启动仪式

人事工作

【人才队伍建设】 到2011年，云南省国有企事业单位和非公经济有专业技术人才93.8万人，其中高级职称人员8万人，占队伍总数的8.4%，两院院士10人，国家有突出贡献专家47人，全国“新世纪百千万人才工程”国家级人选38人，享受国务院特殊津贴1480人，省有突出贡献的专业技术人才1435人，享受省政府特殊津贴专家1378人，已初步形成一支规模宏大、结构合理、门类齐全的专业技术人才队伍。2011年，73个高级专业技术人才评审委员会的评审工作顺利完成，近1.2万人获得高级专业技术职称资格。新选拔100名高级专业技术人员享受省政府特殊津贴，奖励标准从每人8000元提高到1万元。进一步完善职称工作，放宽非公经济组织专业技术人员申报职称资格基本条件。进一步放宽对县级基层单位、艰苦行业和边疆民族地区专业技术人员申报职称资格时职称外语和计算机应用能力条件的要求。开展对各类人才的表彰奖励。200名基层科技人员获第5届全省科技兴乡贡献奖，与有关部门一起对100名拔尖农村乡土人才进行表彰。

【高层次人才引进】 配合国家深入开展“万名专家服务基层活动”及“海外赤子为国服务计划”专项活动。积极向国家申报留学回国人员科技活动择优资助项目，鼓励支持留学回国人员在云南创新创业。完成2011年云南省引进22名高层次人才享受政府购房补贴和工作经费资助评审工作。精心组织实施引智项目计划，执行国家和省级引智项目计划36项，引进经济技术类外国专家70余人。

人社部部长尹蔚民（前左）与代省长李纪恒（前右）代表双方在备忘录上签字。

【工资收入分配】 对云南省“十二五”期间城镇居民增收问题进行专题研究，提出促进城镇居民增收的20条政策措施。公务员工资制度得到进一步完善。事业单位实施绩效工资工作全面推进。调整2011年企业最低工资标准，平均增幅达到14.3%。发布全省2011年企业工资指导线方案。顺利完成对3万多家事业单位和1023户企业的薪酬调查工作。进一步完善了企业军转干部解困补助政策，调整了企业军转干部的解困补助标准。

【职业技能培训】 制定了高技能人才发展中长期规划，实施高技能人才振兴计划，组织实施“2011～2013年全省技能竞赛年活动”。大力开展职业培训，全省培训67.22万人，组织66.94万人参加职业技能鉴定，59.58万人取得职业资格证书，合格率89%。技工院校进一步发展，在校生人数首次突破10万人。

【公务员管理】 全面完成2011年全省各级机关考试录用公务员、基层政法机关定向招录公务员工作。首次探索从具有2年以上务农或从业经历的优秀工人、农民中考录公务员。省级机关招录有基层工作经历人员的比例提高到86%。继续推进面向基层公开选调公务员工作。公务员考试测评基地建设稳步推进。完成全省公安机关执法勤务机构人民警察警员职务套改任务，组织开展国税系统行政执法类公务员管理试点。进一步完善了公务员考核制度。规范各类评比达标表彰项目。丰富公务员培训内容，加强公务员思想教育和素质教育。继续推动教育、医疗、卫生等公共企事业单位办事公开、提高服务质量工作，公务员管理机制不断创新。

2011 年 12 月 19 日，全省行政机关公务员考核奖励和评比达标表彰及政府自身建设工作经验交流培训会。

【推行四项制度】 2011 年，云南省将政府四项制度建设的内容及内涵固化下来，形成长效机制。1～9 月，全省各级行政机关开展四项制度培训 1.28 万期，42.76 万人次参加培训。制定《行政人员规范化服务守则》，在省公安厅、省工商局、曲靖市、临沧市、文山州富宁县、红河州泸西县先行试点。督促服务承诺制的落实。前三季度省直行政机关限时办结涉及服务承诺事项数 1142 万件，限时办结率 99%以上。在各级行政机关推行服务承诺兑现满意度打分制度，第三季度，推行服务承诺兑现满意度打分制度的省级行政机关有 17 个，州、（市）行政机关 299 个，县级行政机关有 2825 个。继续推动教育、医疗、卫生等公共企事业单位办事公开、提高服务质量工作。截至 2011 年第三季度，推行办事公开的教育、医疗、卫生等省级公共企事业单位有 158 个，州、市级有 294 个，县级有 2838 个。做好行政能力提升制度方面工作。继续做好目标倒逼管理和一线工作法相关工作。对全省 6061 个行政机关 1 万项重点工作开展目标倒逼管理。推动各级行政机关和领导深入基层、深入实际。

【事业单位人事制度改革】 2011 年，全省各地各部门积极稳妥地开展事业单位岗位设置管理工作，已核准近 2.8 万个事业单位的岗位设置方案，核准岗位总数 83 万个，占应纳入管理范围事业单位编制总数的 96%。省属和州（市）应纳入事业单位岗位设置的单位岗位设置工作已基本结束。聘用工作接近尾声。县属事业单位正在加紧进行，力争尽快完成并进入正常管理。

【事业单位定向招聘高校毕业生】 为进一步落实和完善对到农村基层服务项目（大学生“村官”、“三支一扶”、“特岗教师”、“西部志愿者”）服务期满人员的就业政策措施，2011 年，全省各级事业单位提供 2000 个岗位定向招聘到农村基层服务 4 个项目服务期满的高校毕业生，有 9723 名到农村基层服务 4 个项目服务期满的高校毕业生报名，8975 人参加统一考试，经笔试、面试、体检、考核等程序，最终聘用 1266 人。

【军队转业干部安置】 2011 年，云南省继续在全国率先完成年度军转安置任务，完成 751 名计划分配军官和 356 名自主择业军官的接收安置任务。

（周海波）

社会管理

民政工作

民政部和云南省政府为加快推进云南桥头堡民政事业改革发展合作协仪签字仪式在昆明举行。

社会组织建设与管理

【社会组织】 截止2011年底，云南省社会组织总数1.38万个，比上年增长1021个，年增长率8%。其中，社会团体9864个、民办非企业单位3843个、基金会44个。省本级社会组织1021个，州（市）级社会组织2538个，县级社会组织1.02万个。三类社会组织中，基金会和民办非企业单位增长较快。2011年，先后出台《云南省社会组织评估管理办法》、《云南省社会组织注销登记办法》和《关于教育类民办学校登记管理工作有关问题的通知》。

【社会组织年检工作】 2011年，加大上门联合年检服务力度，不断扩大上门年检覆盖率，采取由业务主管单位预约时间、组织安排、提供场地、先行初审，登记管理机关按计划上门年检、现场办结的方法，对9个省属业务主管的359个社会组织进行上门年检服务，上门年检覆盖率41.3%，比上年提高5.3%。截至2011年5月31日，全省应参加年度检查的社会组织1.13万个，参检率93.61%；年检合格的1.03万个，合格率97.33%，较往年有大幅提升。对连续2年以上未参加年度检查的32个省属社会组织启动撤销登记的行政处罚程序。为消除新成立组织参加年检前存在监管空白的现象，2011年约请新登记的70个社会组织负责人进行双向承诺座谈会，与社会组织负责人签订双向承诺书，宣讲社会组织监管法律法规及年度检查、重大事项报告等。

【社会组织评估工作】 印发《云南省社会组织评估管理办法》，全面推动评估工作。大理、昆明、曲靖、临沧、红河、玉溪等州（市）已启动评估工作。启动省级行业协会商会评估，省级200多个行业协会商会有70多个申报，年内完成47个行业协会商会的实地考评工作。

【境外非政府组织管理】 2011年，办理境外非政府组织在滇代表机构备案12件，办理变更8件，在滇境外非政府组织备案总数35个。按照规定对在滇的4家境外基金会予以正式备案。6月底至7月中旬，开展对境外非政府组织在云南省活动情况的监督检查，对昆明、玉溪、曲靖、昭通以及5个省级单位和13所在昆高校进行监督检查，确保“双备案”制度落到实处。

【公益捐赠税前扣除资格申报工作】 2011年，经省民政、财政、国税、地税4个部门联合审批，有30个社会组织获得公益捐赠税前扣除资格，其中省本级28个，州（市）级2个（玉溪、昭通各1个），州（市）级社会组织实现公益捐赠税前扣除资格“零的突破”。据统计，2009年、2010年、2011年全省有58个社会组织获得公益捐赠税前扣除资格。

拥军优恤安置工作

【双拥工作】 2011年，省双拥办代表省委、省政府走访慰问36个驻守在8个州（市）的边防一线部队基层单位，送出700万元慰问经费，演出32场。出台《云南省双拥模范城（县）创建命名管理办法实施细则》和《云南省双拥模范城（县）考评标准》。积极协调驻滇部队开展抗灾救灾工作，驻滇部队有2911名官兵参与抗灾救灾工作，出动车辆30台抢运救灾物资150吨，驻滇部队捐款563万余元。筹资276万元为基层边防部队解决了文体娱乐设施、道路维护等急难问题。

【优待抚恤】 2011年，全省投入优抚经费11.76亿元，其中中央经费10.78亿元、省级经费9771.48万元。6月完成全省烈士纪念设施普查工作，录入烈士墓穴信息1.62万尊，烈士个人信息2.23万人，纪念碑、塔、亭、馆、雕塑、广场、大门等其他烈士纪念设施信息751个。全面开展对符合享受待遇条件的农村籍退役士兵身份核查认定工作。审查确定60岁以上农村退役士兵享受国家老年生活补助的人员，提高部分优抚对象的抚恤和生活补助标准。

【安置工作】 截至2011年8月底，全面完成退役士兵接收安置任务，安置城镇退役士兵4000多人，占符合城镇安置总数的100%，其中就业安置1300多人，自谋职业2600多人，自谋职业率66%，支付自谋职业补助金1.5亿多元。出台《云南省退役士兵职业教育和技能培训实施办法》，将教育培训经费纳入各级财政预算，把教育培训补助经费从2年每人4500元提高到6000元，全省支出培训经费836.43万元。接收军队退休干部167人。开展军休干部老年活动室建设工作。完成第一批房改补贴兑现工作，测算审核上报第二批购房未达标货币补差和购买现有住房补贴工作。

救灾工作

【抗灾救灾】 2011年，云南省先后发生低温雨雪冰冻、盈江"3·10"地震、腾冲"6·20"、"8·09"地震和严重旱灾等重特大自然灾害。全省因各种自然灾害造成1881.49万人不同程度受灾，因灾死亡112人、失踪1人，紧急转移安置18.07万人，饮水困难人口389.71万人、因灾死亡大牲畜3.68万头，因灾倒塌民房1.6万户6.6万间、损坏39.8万间，农作物受灾2246.65千公顷、成灾1398.56千公顷、绝收350.48千公顷，灾害造成直接经济196.3亿元。党中央、国务院高度重视云南灾情，胡锦涛总书记、温家宝总理、习近平副主席、李克强副总理、周永康书记、回良玉副总理、中央军委副主席郭伯雄分别作出重要批示和指示，温家宝总理、回良玉副总理率国务院工作组赶赴云南灾区指挥抗灾救灾工作。国家减灾委、民政部全力支援云南灾区的抗灾救灾工作，针对云南灾情先后3次启动国家救灾应急响应。省委、省政府领导多次作出重要批示和指示，第一时间深入灾区查看灾情、慰问受灾群众和奋战在抢险救灾一线的部队官兵，指挥部署灾区开展抗灾救灾工作。省减灾委、省民政厅先后4次启动救灾应急响应，并派出15个工作组深入灾区指导抗灾救灾工作。2011年全省投入救灾资金12.6亿元，向灾区组织调运救灾帐篷2.89万顶、棉被4.63万床、大衣1.79万件、衣服1670套；救助受灾群众590万人，恢复重建倒损民房4.48万户，受灾群众的基本生活得到保障。中央下达云南自然灾害补助资金3.28亿元，帮助受灾地区解决冬春期间受灾群众口粮、衣被、取暖等基本生活困难，救助生活困难群众527.64万人。

【防灾减灾能力建设】 2011年，省级财政下拨资金2500万元，继续为500个乡镇配备救灾车辆，提高基层救灾应急工作效率。省级财政从防震减灾十大能力建设经费中安排3700万元，资助滇西（大理州）救灾物资储备库、滇南（红河州）救灾物资储备库、保山救灾物资储备库以及11个州（市）的19个县级物资储备库的建设，提升应急救援物资保障能力。对大理、怒江、丽江、迪庆、文山、红河、曲靖7个州（市）的641名基层灾害信息员进行培训和技能鉴定。在全省继续实施防灾应急"三小"工程。全省投入资金9700万元，为1310万户家庭发放防灾应急小册子，为157.5万户家庭发放小应急包，组织开展防灾应急小演习1434次，有效提高人民群众的防灾减灾意识和临灾条件下的自救互救能力。

2011年12月15日，云南省防灾应急"三小工程"建设示范活动在易门县举行。

社会救助工作

【最低生活保障】 2011年，中央和省级投入城市低保资金14.83亿元，全年累计支出城市低保资金 18.66 亿元。自 7 月份起按月人均 15 元的标准提高全省城市低保对象的补助水平，10 月份起再次按月人均 5 元的标准提高补助水平。至年底全省有城市低保对象 93.1 万人。月人均补助水平达到 182 元，平均保障标准达到 250 元/月。中央和省级投入农村低保资金 37.01 亿元，进一步扩大农村低保覆盖面，新增保障对象 30 万人，其中内地县新增保障对象 25 万人，边境县新增保障对象 5 万人。至年底，全省有农村低保对象 403.4 万人。按月人均 12 元的标准提高补助水平，全省月人均补助水平达到 82 元，保障标准达到 1433 元/年。省级安排城乡临时救助资金 2.2 亿元，其中城市临时救助资金 2000 万元、农村临时救助资金 2 亿元，累计支出城乡临时救助资金 3.14 亿元，对 90.3 万人次城乡困难群众实施临时救助，其中救助低保对象 35.2 万人次，非低保对象 55.1 万人次。包括涉诉特困人员在内的城乡群众的突发性、临时性生活困难得到有效解决。

【医疗救助】 2011 年，中央和省级投入城市医疗救助资金 2 亿元，农村医疗救助资金 7.04 万元。城乡医疗救助“一站式”即时结算管理服务模式全面实行，救助程序进一步简化，救助效率得到提高。全年城市医疗救助 117.91 万人次，支出资金 2.18 亿元。其中资助 100.60 万人参加城镇居民基本医疗保险，支出参保金 5621.98 万元；住院救助 8.85 万人次、支出资金 1.45 亿元，次均住院救助 1636 元；门诊救助 8.46 万人次、支出资金 1693.29 万元，次均门诊救助 200 元。农村医疗救助 573.22 万人次、支出救助资金 8.28 亿元，其中资助参合 511.26 万人次，支出资金 2.54 亿元；住院救助 37.97 万人次、支出救助金 5.23 亿元，次均住院救助 1378 元；门诊救助 24 万人次、支出救助金 5098.65 万元，次均门诊救助 212 元。

【五保供养】 农村五保供养工作稳步推进，至年底全省有农村五保对象 22.1 万人，集中供养 3.22 万人，集中供养率 15%。全省集中供养标准较上年有所提高，平均标准 269 元/人·月；分散供养平均标准 124 元/人·月。农村敬老院建设进一步推进，全年中央和省级投入敬老院建设资金 5283 万元，新建、改扩建 88 所农村敬老院。截止年底全省有农村敬老院 662 所，供养床位 3.6 万张。

【特殊对象救助】 2011 年，中央和省级福彩公益金投入 359 万元，资助新建会泽、开远、福贡 3 个救助管理站和永善、绥江、水富 3 个未成年人保护中心。开展接送流浪孩子回家专项行动，最大限度减少了未成年人流浪现象。全省各级救助管理机构和基层民政部门救助 6.61 万人次。

基层民主和社区建设

【社区建设】 2011 年，继续深入贯彻落实全省和谐社区建设工作推进会议和《关于解决全省和谐社区建设中几个突出问题的意见》精神，召开专题会议，从完善基层民主制度、加强社区服务体系建设、扩大农村社区建设覆盖面等方面着力推进城乡社区建设，突出抓好城市社区办公用房和活动场所建设。云南省委组织部等 6 部门下发《关于进一步加强城市社区活动场所办公用房及配套服务等基本设施建设的通知》，从 2011 年开始，用 2 年时间，采取新建、改扩建、购置、新建小区或单位型社区由开发商或单位无偿提供的方式，按每个城市社区的办公用房和活动场所总面积达 400 平方米以上的标准，全面完成城市社区活动场所和办公用房建设任务。全省通过财政预算和福利彩票公益金资助等多种方式筹集资助金，整合一切可用资源，加大社区建设投入，力推全省社区建设提质提速。全年省级投入 9455 万元资金，资助建设 510 个城乡社区服务设施建设项目。开展第 4 届社区居委会换届选举工作，切实保障居民群众的知情权、表达权、参与权、选举权和被选举权、监督权。深入推进农村社区建设实验工作，全省 8 个全国农村社区建设实验县（市、区）发展 62 个乡镇 192 个实验村，比原定实验村增长 52%，投资 4885 万元新建、扩建农村社区综合服务设施 123 个，全省农村社区建设试点工作取得阶段性成果。曲靖市麒麟区被国家民政部评为“全国农村社区建设实验全覆盖”示范单位。

【村民自治】 2011 年，认真组织开展修订《云南省实施<中华人民共和国村民委员会组织法>办法》和《云南省村民委员会选举办法》工作，11 月 18 日上报省政府，进入立法程序。为夯实村级基础设施建设，省级财政安排资金 433 万元，用于补助村民小组村务公开栏建设。为加强基层干部队伍建设，把村干部生活补贴纳入省级财政预算，村党组织书记、村委会主任、副主任（兼文书）和临国境线村武装干事每人每月岗位补助

600 元，其中 25 个边境县（市）和藏区 3 个县 700 元。省村务公开和民主管理领导小组下拨表彰奖励经费 94 万元，对在村务公开和民主管理工作中取得成效的 31 个先进示范单位表彰奖励；又积极推荐申报昆明市西山区等 9 个县（市、区）为全国村务公开和民主管理示范县。截至年底，全省 287 个“难点村”中有 170 个得到根本治理并彻底好转，有 117 个得到初步治理并取得初步成效，治理工作基本完成。

【试点登记农村扶贫互助社】 2011 年 12 月，下发《关于做好农村扶贫互助社登记工作的指导意见》，制作互助社章程示范文本，指导各县（市、区）做好扶贫互助社的登记试点工作，为创新扶贫资金使用管理机制、提高贫困农户组织化程度和自我发展的能力，确保农村扶贫互助社健康、规范发展探索了经验。

2011 年 9 月 7 日，省民政厅召开千名干部下基层活动动员大会。

区划边界地名管理工作

【地名工作】 2011 年，云南省全面推进第二次全国地名普查试点工作。完成瑞丽市第二次全国地名普查试点工作国家级和省级验收；完成 24 个县地名属性调查登记、标准化处理及重要地理实体地名标志设置和数据库的录入工作，完成地名普查工作图的标绘，筹建云南省地名数据库。

【行政区划调整】 2011 年 5 月 20 日，国务院批复同意呈贡县撤县设区并将昆明市政府驻地迁移至呈贡区；批准元阳县上新城乡政府驻地迁移；对部分县政府驻地镇进行撤镇设街道办事处；启动《中华人民共和国政区大典》（云南卷）编纂工作。截至年底，全省撤并乡镇 53 个，撤镇设街道办事处 37 个，全省街道办事处由上年的 80 个增加到 118 个，街道办事处在乡级政区总数中的比例从 5.85%提高到 8.65%。目前全省行政区划格局：16 个州（市），其中 8 个自治州、8 个地级市；129 个县（市、区），其中 76 个县、29 个自治县、11 个县级市、13 个市辖区；1362 个乡镇，其中 531 个乡、146 个民族乡，567 个镇，118 个街道。

【行政区域界线管理及平安边界建设】 2011 年，完成桂滇线 641 公里的联检工作任务；完成省内昆玉、楚大、大怒、玉思、红文线 5 条州（市）间含 29 条县级界线 1591 公里、州（市）辖区内 55 条县界 601.65 公里的年度联检任务；完成省界和省内界线联检任务合计 2833.65 公里；建立由省综治办、省维稳办等 14 个单位组成的省级部门平安边界建设联席会议制度。

社会福利事业

【老年人福利】 2011 年 2 月，全国老龄办主任会议在昆明召开，37 个省（市、区）150 余名会议代表参会。9 月以“创新社会管理 · 孝行构建和谐”为主题，举办敬老月活动新闻发布会。召开庆祝云南省第 24 届敬老节暨敬老助老表彰大会。开展“关爱老人 · 边疆行”走访慰问活动，安排 30 万元对 16 个州（市）280 个“五老”（高龄老人、贫困老人、知名老人、老英雄、老党员）家庭和 16 个养老服务机构走访慰问。举办 2011 泛亚（昆明）老龄产业博览会。截至年底，全省已有 10 个州（市）65 个县（市、区）成立老龄事业发展促进会。省老龄事业发展基金会从募筹资金中安排 286 万元，帮助 12 个州（市）、45 个县（市、区）102 户“五老”（农村特困老党员、老乡村干部、老英模、老优抚对象、老支边教师）解决住房难等困难，扶持曲靖、昭通、西双版纳等州（市）80 个基层老年协会添置活动设施。全省高龄补贴工作制度化，申请审批和发放程序规范化，补贴标准和补贴水平进一步提高，有 66.07 万名 80 周岁～99 周岁老年人享受到月人均 30 元的保健补助，1160 名百岁老人享受到月人均 231 元的长寿补助，支出补贴资金 2.45 亿元。加强老龄信息管理系统项目，项目硬件建设和系统软件开发已组织并通过验收。申报 2011 年度“百村建设”计划项目，申请省级福彩公益金 200 万元，资助 100 个基层老年协会解决活动设施建设等实际困难。全面推进为老服务信息服务平台建设，10 月云南省老龄委办公室与中国移动公司在昆明签署共同推进老龄服务信息化战略合作协议。

【儿童福利事业】 2011年，出台《云南省政府办公厅关于加强孤儿保障工作的实施意见》，确定全省散居孤儿、机构供养孤儿的最低养育标准分别按每人每月600元、1000元执行。认真统计核实全省孤儿人数并与省财政厅协调，除中央专项补助400元外，省级财政按每人每月100元给予配套补助，中央和省级共计下拨孤儿基本生活专项补助资金2.57亿元。对全省艾滋病致孤儿童，在享受每人每月500元孤儿基本生活费补助标准的基础上再发放120元的生活救助金；对感染艾滋病的儿童，除给予120元的生活补助外，每人每月再发放30元营养补助费，安排专项资金361.51万元。抓好儿童福利机构建设，新建和改扩建10个“儿童福利机构建设蓝天计划”项目，全省儿童福利机构数量达到27个，确保孤儿居有定所、生活有着。指导德宏州做好“中国儿童福利示范区”工作。开展“明天计划”、“重生行动”和“治疝项目”工作，部、省两级下拨经费748.1万元，实施手术并治愈1231名残疾儿童。

云南省流浪未成年人救助车发车仪式

【残疾人福利】 全省有社会福利企业364家，年检合格率100%，安置1.95万名残疾人就业。继续积极开展贫困残疾人“福康工程”和“义肢助残”康复项目。2011年，获得国家康复辅具研究中心“福康工程”示范机构3家和30具假肢及价值1000多万元的康复辅具和器材；为临沧、丽江、德宏、迪庆、普洱等5州（市）的300名贫困残疾人免费装配假肢300具，省本级福彩公益金投入“义肢助残”项目资金200万元。实施民政部门精神卫生机构建设项目。2011年有6个民政精神卫生机构项目纳入中央专项资金投资计划，安排中央专项资金1.08亿元，省级配套投资计划下达补助资金2910万元，进一步健全了“三无”和经济困难精神病人救治安置网络。

社会慈善事业

【慈善事业】 2011年，云南省慈善总会争取到国内外慈善项目资金约6900余万元，用于实施灾区恢复重建、助医助残等方面，直接救助的人数近6000人次，累积受益人数超过20万人次。全年省慈善总会接社会各界捐款6873.5万元，为开展慈善救助提供资金支持。盈江“3·10”地震发生后，省慈善总会接收到社会各界捐款3153万元和价值145万元的物资，全额下达接收到的抗震救灾资金。举办主题为“庆祝建党90周年·关爱社会弱势群体”的文艺演出捐赠活动。晚会现场募集善款1965万元，用于先天性心脏病儿童、唇腭裂儿童和困难老人救助。开展“送温暖、献爱心”活动，接收到各单位及社会各界的捐款307万元和价值7.5万元的物资。

【福利彩票公益金】 协调完成2010年度福利彩票公益金的筹集及分配工作，完成5个批次960个项目3.76亿元的申报及资金下达工作。汇总上报2010年中央福利彩票公益金资助云南省受艾滋病影响儿童救助安置项目的实施情况的报告。探索建立绩效评估的长效机制，首次开展省本级福利彩票公益金资助项目的绩效评估，对昆明、曲靖、昭通、楚雄、普洱、西双版纳6个州（市）福利彩票公益金资助项目实施情况进行实地抽查，详细掌握省本级福利彩票公益金资助项目的相关情况；在全国率先出台《云南省省本级福利彩票公益金资助项目绩效评估管理办法（试行）》，福彩公益金管理的规范性文件，被民政部作为参阅文件印发全国各地。

社会事务

【殡葬管理工作】 2011年，认真做好清明节工作、积极开展行风建设月活动，举办2场殡葬改革大型宣传文艺晚会。省级安排火化补助经费700万元，对具有云南省户籍、且不能享受国家规定丧葬补助的农村五保供养对象、城乡最低生活保障对象和重点优抚对象实施火化补助。全省有6475人享受殡葬惠民政策。安排2565万元，新建23个殡仪馆、改扩建11个殡仪馆；安排福利彩票公益金950万元，建设46个农村公益性公墓。认真开展经营性公墓年检工作，55个经营性公墓年检合格。组织殡葬职业技能鉴定培训，经全国统一考试，52名学员全部合格。2011年，全省有殡葬管理执法机构48个，殡仪馆62个，推行火化的县（市、区）68个，全省火化遗体6.62万具（含民俗火化），火化率25.78%，安葬骨灰1.34万具。

【婚姻登记工作】 2011年1月1日云南省婚姻登记信息管理系统上线运行，基本实现全省婚姻登记联网。6月7日系统通过验收。年底全省有130多个婚姻登记点在线登记，办理登记近40万对左右，实现全省婚姻登记工作的信息化管理和数据共享。10月，举办全省婚姻登记员培训班，162名婚姻登记员受训。

（邱 玮）

质量技术监督工作

【概 况】 2011年，全省质监工作按照国家质检总局提出的“抓质量 保安全 促发展 强质检”的总要求，积极履行监管职能，在“十一五”开局之年，作用于全省经济社会发展的地位更加凸显。质量兴省战略全面推进。质量兴市（州）、质量兴业、质量兴企、质量兴品活动全面开展，“质量走廊”创建活动成效明显，得到了国家质检总局和省委、省政府的充分肯定。标准化工作在第一、第二、第三产业深入推进。标准化不断深入人心，赢得全社会的共识；标准化专业技术组织建设取得了突破性进展，云南省主导或参与的国家、行业标准制修订工作有较大突破，增强云南重点优势产业在相关领域的话语权。检验检测能力显著提升。全面完成5个国家质检中心的建设任务并投入使用；批准筹建15个省级质检中心，质量安全监管成效显著。全省没有发生产品特别是食品和特种设备区域性、系统性、行业性重大质量安全问题。

【品牌建设】

1.“质量四兴”工作全面推进。截止2011年底，全省16个州（市）召开质量兴州（市）大会，128个县（市）、11个开发区（旅游区）召开质量兴市（县、区）工作会议，印发质量工作文件140余份。工业、农业、工程、环境、服务、食品药品及交通运输等各大行业管理部门普遍建立质量工作新机制。全省开展“两提升、两争创”活动的企业数达到512家。150家集贸市场、150家医院和中石化、中石油1552家加油站开展诚信计量自我承诺并向社会公示活动。积极推进全国知名品牌创建示范区建设，完成总局品牌价值测算试点、产品质量合格率扩大试点，新增云南名牌产品35个，地理标志保护产品3个，品牌社会影响不断扩大。

2.“质量走廊”创建活动蓬勃开展。全省把质量兴省工作实际化，精心设计、深入开展以“质量兴省在行动”为主题，以标准、计量、质量、认证认可、食品及特种设备安全监管为重点，以交通要道、产业集中度高、经济较发达区域的“一中心、七片区”为布局，积极创建“质量走廊”，受到了各级党委、政府的高度重视。大理、临沧、德宏等州（市）主要领导纷纷对创建活动作出重要批示，16个州（市）均印发了实施方案，全省计划打造各级、各行业“质量走廊”示范单位1208户，目前已完成363户，在主要交通沿线建立大型质量走廊宣传牌24块。企业参与创建活动热情高涨，玉溪红塔铝型材厂等企业纷纷在所属的70多块户外广告牌上加入了创建“质量走廊”主题，着力把“质量走廊”打造成质量文化的宣传廊、质量提升的示范区、质量成果的风景线、质量惠民的主阵地、质监工作的大舞台。

3.“省政府质量管理奖”启动顺利。积极推动省政府设立省政府质量管理奖，进行首届省政府质量管理奖的启动实施动员。目前已有中国中铁、云铝股份、云南白药等企业启动省政府质量管理奖的申报筹备工作。

【产品质量管理】

1. 产品质量监督不断加强。新核发水泥等重要工业产品生产许可证379张；对59家企业做出不予行政许可决定；注销804张食品生产许可证，依法吊销3家企业的食品生产许可证；开展建材等13大类65种工业产品，尤其是获证产品、CCC获证企业产品的质量监督抽查，抽查4859个批次工业产品，实物质量抽查批次合格率85.57%，比上年提高近1个百分点；投入经费2000多万元，组织完成复混肥等11种1013个批次的重点工业产品质量风险预警监测。

2. 严格生产许可管理。组织开展水泥等重要工业产品生产企业的实地核查421家次，379个产品获证，不予许可发证59家次。全年注销804张食品生产许可证，依法吊销3家企业的食品生产许可证。采取签订责任书等方式，加强食品加工企业和小作坊监管责任和主体责任的落实，向143家食品重点企业派出273名质量安全联络员。

3. 严格产品质量监督抽查。加强对重要工业产品，尤其是生产许可获证产品、CCC获证企业产品的监督抽查。开展建材等13大类65种工业产品质量的监督抽查，抽查4859个批次工业产品，实物质量抽查批次合格率85.57%，其中许可证管理工业产品合格率91.27%；投入经费2000多万元，组织完成复混肥等11种1013个批次的重点工业产品质量风险预警监测。

开展食品和相关产品质量监督抽查，抽取样品1.26万批次，实物质量抽查批次合格率86.30%；组织28大类食品及相关产品的风险监测和复混肥等11种重点工业产品的质量风险预警监测。

【食品质量安全监管】 食品加工质量安全监管进一步加强。开展18大类39种生产加工环节食品及食品相关产品质量监督抽查，抽取3588家企业样品4191个批次，实物质量抽查批次合格率86.30%。开展加工食品风险监测7次（其中省级监测2次），抽查样品2633批次，对发现的问题及时进行处理。组织开展乳制品、塑化剂、含油脂食品、食用油等的专项整治，依法吊销8家企业的生产许可证。联合国儿童食品企业生产加工环节安全控制子项目试点建设推进顺利。

【标准化管理】 标准化发展战略高位深化。由云南企业和科研院所主导和参与制修订国家层面标准48项，其中主导制修订标准20项。批准立项地方标准135项，批准发布51项。完成《装备制造业技术标准体系研究与建设》、《云南省旅游标准化发展规划2011～2015年》等10余个优势特色产业标准化研究项目。清洁生产、商贸服务、林业、出口蔬菜技术性贸易措施应对等30余个技术标准体系研究和建设项目顺利推进。新启动的各类标准化示范（试点）建设项目148项，农业标准化示范区总数达到171个，88户大中型企业积极开展“标准化良好行为企业”创建活动，全面完成国家服务业标准化试点建设，丽江玉龙雪山等旅游标准化试点项目在国家旅游局的考核中总分列全国第一，成为全国旅游业标准化工作的标杆。深入大型企业集团和试点企业对标准化工作进行和指导，对云铜集团、冶金集团、中烟工业公司等大型企业，云南民族村、石林风景区等40余户试点企业，及由省、州（市）工信委、省机械行业质量协会组织的近400户中小型企业进行培训。加快标准化专业技术委员会建设。在旅游、林业标准化技术委员会的基础上，2011年又新增农业、烟草等10个标准化技术委员会，为各行业开展标准化工作提供组织和技术保障，林业、旅游等技术委员会已逐渐开始独立承担对本行业标准化工作的组织与管理。

【计量监督管理】 2011年，办理制造计量器具许可证考核13家，计量授权考核发证3家，计量标准考核发证27家174项，计量检定人员取（换）证考核1938人，中小企业计量检测保证体系核查确认2家，定量包装商品生产企业计量保证能力核查发证4家。

2011年，全省检定在用医疗计量器具1.9万多台件，云南县级以上医疗卫生机构在用医疗计量器具检定率首次突破80%。文山州、大理州等地在用医疗器具的检定率达90%以上。

根据《国家发展改革委办公厅质检总局办公厅关于规范汽柴油吨与升折算系数管理的通知》要求，组织完成中石化云南公司末级油库的库存油品的现场抽样、数据测试验证、数据统计测算，折算系数上报等工作。

组织完成国家过度包装和定量包装商品净含量监督抽查任务。国家过度包装监督抽查在18家企业抽取样品34个品种，其中包装层数项目的合格率100%（限量要求为不多于3层）；包装空隙率合格率94.1%；包装价格成本与销售价格的比率合格率67.6%；国家定量包装商品净含量监督抽查抽取10家生产企业的22个批次单件商品，净含量标注合格22个批次，净含量标注合格率100%，净含量检验合格12个批次，净含量检验合格率54.5%。

开展云南省定量包装商品净含量监督抽查工作，抽查昆明市、曲靖市等13个州（市）的大米、面粉等7种定量包装商品的831家生产企业，抽查1328个批次，23.96万件单件商品，净含量标注合格1191批次，净含量标注合格率89.68%，净含量检验合格1014批次，净含量检验合格率76.36%。

组织开展煤矿等部分行业在用计量器具专项监督检查，全省740家企业上报自查报告，全省质监系统对435家企业实施现场抽查，占上报自查报告企业数的58.8%。企业自查安全防护用强检计量器具1.04万台件，抽查2935台件，抽查比例28.3%，抽查合格率87%。

组织开展计量器具产品质量专项监督抽查，对25家计量器具制造企业和3家销售企业的产品进行抽样检验，抽取样品63个批次，275台件，覆盖云南所有获得上述计量器具制造许可证的企业，合格率95.2%。其中电能表抽取制造企业9家、销售企业2家32个批次，合格率100%；水表抽取制造企业3家8个批次，合格6个批次，不合格2个批次，合格率75%；衡器抽取制造企业13家、销售企业1家，23个批次，合格22个批次，不合格1个批次，合格率95.7%。

积极启动能源计量示范单位评选工作，昆明市、玉溪市、楚雄州、大理州等州（市）评出23家“州（市）级能源计量示范单位”

2011年9月5日，省质监局、省工信委等11部门联合举办“云南省2011年‘质量月’活动暨中石化、中石油‘诚信计量加油’承诺启动仪式”。副省长李江、国家质检总局质量司副司长汪立昕等领导参加仪式，各有关单位约200人参加活动，中石化、中石油云南分公司的1552家加油站参加活动。

【特种设备安全监察】 特种设备安全监察力度进一步加大。完成特种设备监督、定期检验7.15万台，校验安全阀3.31万只，在用压力管道全面检验和在线检验2458条。大力组织开展“打非”、“隐患排查治理”、“电梯”、“气瓶两站”等专项整治工作，检查特种设备生产使用单位1.26万家，累计检查特种设备8.44万台（件、套）、安全附件部件9978件、压力管道198.6公里、各类气瓶4.56万只，发出《特种设备安全监察指令书》2459份。全省特种设备安全生产指标严格控制在省政府下达的安全生产控制指标之内，设备事故起数0.75‱、设备死亡率0.68‱。加快建立健全特种设备安全多元共治、齐抓共管工作机制，与省安监部门建立安全监管联系会议制度。严厉打击特种设备专项整治和特种设备非法违法行为，重点加强电梯使用和安装维保单位安全检查。严格推行特种设备行政许可受理、审查、发证分离。强化特种设备安全生产使用主体责任制的落实，在115家单位开展特种设备标准化管理和分类监管试点。

【技术保障能力】 2011年，召开全省科技人才工作会，有力推动全省质监科技提升进程。推进检验检测能力提升三年行动计划，全系统22个检验检测机构能力建设进一步得到强化。推进“金质工程”项目建设，网络办公系统已基本覆盖全系统，完成重要工业产品风险预警信息系统建设，云南大质量信息服务系统和云南食品安全信息系统获批筹建。

质检中心建设力度加大。国家热带农副产品质量监督检验中心、国家城市能源计量检测中心（云南）、国家太阳能热水器质检中心、国家橡胶及乳胶制品质检中心、国家普洱茶质检中心等5个国家中心筹建工作全面完成，挂牌投入运行。

科研工作取得丰硕成果。对“十一五”期间52个优秀科技项目和47名项目主要研究人员进行奖励。7个科研项目通过项目验收和成果鉴定。6个科研项目列入国家质检总局2011年度科研项目计划，推荐上报 “十二五”国家科技计划社会发展科技领域项1项，质检总局2012年度质检公益性行业科研专项经费项目2项、省科技厅2011年省科技计划项目3项和2011年度云南省科学技术奖项目1项，挂靠承担国家863科技计划项目2项。

【执法督查工作】 2011年，执法工作环境和机制进一步优化。扎实深入开展“双打”专项行动，组织开展食品、农资、建材、家电下乡产品等10次专项执法打假行动，开展葡萄酒、非发酵性豆制品、化肥、火腿、螺旋藻、汽车制动鼓等9个产品的重点区域整治，检查企业2.02万家，立案查处案件4903起。政务服务工作机制不断完善，省局政务服务窗口、“12365”举报处置指挥系统与“96128”政务服务专线建设进一步加强，质量诉求渠道进一步畅通，受理政务服务中心行政业务8270件、“12365”热线6.14万件、“96128”政务服务专线871件，办理网上公众留言、投诉举报465件。全省绝大多数州（市）局、县级局与本级检察院、公安部门建立起联席会议制度、联络员制度等协作机制，全系统行政执法案卷质量受到总局和省政府法制办的好评。

（邹睿佳）

国家税务

【国税收入】 2011年，全省国税收入累计完成1296.6亿元（不含海关代征），比上年增长21.17%，增收226.5亿元。

1. 税收收入持续快速增长，总体为“前高后稳”态势。从月度增幅看，2011年1～10月，全省国税收入持续保持两位数增长，同比增幅均超过15%，平均增幅24.63%；11月，年内首次出现负增长，同比下降2.2%，12月有所回升，同比增长7.05%。

2. 税收收入规模不断扩大，地方级税收收入增长略快于中央级。2011年1～12月，按预算级次中央级（含海关代征）和地方级税收收入分别完成1104.27亿元、209.15亿元，同比分别增长20.32%、24.27%，地方级税收收入增幅快于中央级3.95个百分点，地方级税收收入占全部税收收入比重15.92%，比上年同期提高0.42个百分点。

3. 主体税种收入全面增收，企业所得税增长突出。国内增值税入库553.45亿元，比上年增收93.25亿元，增长20.26%；国内消费税入库509.63亿元，增收81.64亿元，增长19.07%；企业所得税入库181.08亿元，增收46.83亿元，增长34.89%；储蓄存款利息个人所得税入库3008万元，减收3494万元，下降53.74%；车辆购置税入库52.14亿元，增收5.13亿元，增长10.92%。

4. 全省16个州（市）税收收入全面增长，重点税源地区收入增速慢于其他地区。16个州（市）除怒江比上年增长1.53%外，其他15个州（市）增幅均超过两位数，其中增幅位居前三位迪庆、临沧、德宏，增幅分别为70.16%、53.22%、39.34%。税收主要来源地昆明、曲靖、玉溪、红河分别增长22.49%、18.14%、16.59%、20.2%，税收收入合计完成988.64亿元，平均增幅19.71%，占全省国税收入的比重76.25%；保山等其余12个（州）市税收收入合计完成307.96亿元，平均增幅26.1%，占全省国税收入的比重23.75%，比重较上年提高0.93个百分点。

5. 税源集中度较高，烟草制品“三税”贡献占比达58%。从行业税收看，2011年云南经济税源仍较为集中，国内增值税主要来源于卷烟、批发零售、电力、煤炭、有色金属、建材、钢坯钢材、化工等8大行业，其增值税收入占全省增值税收入的81%；国内消费税则是烟草制品一枝独秀，其消费税收入占全省消费税收入的99.3%；企业所得税主要来源于工业、商业、金融保险、电信和房地产等5大行业，其企业所得税收入占全省企业所得税收入的93.73%。烟草工业及商业“三税”收入744.38亿元，占全省国税“三税”收入的59.83%，占全省国税总收入的58%。

6. 第三产业税收增长较快，收入比重同比提高。全省国税收入（含海关代征）完成1313.42亿元，其中第一、第二、第三产业分别完成1.41亿元、982.34亿元、329.67亿元，比上年分别增长0.71%、20.12%、23.53%；第二产业税收占国税收入总额的比重74.79%，降低0.51个百分点，第三产业税收占国税收入总额的比重25.1%，提高0.53个百分点。

7. 全省国税收入增幅高于全国平均值。据2011年度国家税务总局税收月度快报，全国税收收入同比增长23.7%，其中国税收入同比增长19.2%（不含海关代征），云南国税收入（同口径）同比增长21.2%，较全国国税平均增幅高2个百分点，增幅在全国36个省（市、区）中排名第19位。与西部其他地区相比，增幅高于新疆、重庆2个区(市)，在西部12个省（市、区）中列倒数第3位。2011年，云南国税收入总量在全国国税排第15位，在西部12个省（市、区）中排名第3位。

【夯实税收征管基础】 2011年，认真做好税收管理员辅助信息系统推广应用工作，进一步加快税收征管科学化、精细化、专业化、信息化进程，有效解决基层征管信息不对称问题，促进税源管理效能的提高。建立风险管理流程，采取“省、市联动，各有侧重”的方式，积极探索税源专业化管理。在进一步巩固普通发票简并换版工作取得成绩的同时，积极扩大机打票用户范围。以信息技术为依托，以对涉税信息的采集、应用为主线，继续深化“税务与组织机构代码信息系统”及第三方信息的应用，认真配合省工信委做好“云南省企业基础数据交换平台”的试点工作。采取上下联动、点面结合的方式认真开展调研工作，全面掌握全省征管档案的管理现状和存在的问题，积极探索档案资料电子化管理模式。统筹安排纳税评估工作，实施各税种综合评估，2011年，全省完成纳税评估6708户，补缴税款6.85亿元，调减待弥补亏损8.18亿元，加收滞纳金及罚款3700万元。

【完善各税种管理】 2011年，创新方式，货劳税管理能力不断加强。对农业生产资料、粮食企业、福利企业、软件企业等12个类别的税收优惠政策执行情况和存在问题进行广泛调研，针对基层提出的问题集中研究并形成《问题解析》，供基层国税机关参照进行整改规范。及时贯彻落实增值税起征点上调各项工作，采取多种形式，拓宽宣传渠道，充分利用广播、电视、报刊等各种媒体向纳税人做好宣传解释工作，做好政策下发前多征收税款的退税工作指导，制定应急方案和相关制度规范,及时对综合征管软件进行参数调整和数据维护，确保云南增值税起征点调整工作顺利实施。完善消费税网络申报管理，实现价格的网络申报采集，同时进行重点税源管理，网络申报系统管理的工业卷烟牌号 120 个，商业 963 个。积极争取退税指标，确保出口企业及时足额退税。加强免税车辆管理，共有 1921 辆各类型车辆免征车购税 1.13 亿元。

科学分类，所得税管理质效明显提高。认真做好 2010 年度企业所得税汇算清缴工作。继续巩固扩大电子化申报面，在申报系统自动审核的基础上，加大人工审核力度。云南省参加汇算清缴的 6.43 万户企业中，通过介质、网络申报系统进行申报企业 6.36 万户，电子化申报率 99%，其中通过网络申报方式进行申报企业 5.35 万户，占 83.26%，比上年上升 11.78 个百分点。深入推进所得税专业化管理，探索建立行之有效的分类管理模式。结合云南税源状况，探索自主推进行业管理的方法和思路，全省确定 21 个试点县（区）局开展行业分类管理工作，逐步建立云南国税系统行业分类管理体系，提高行业管理水平。针对陆续出台的企业所得税法相关配套政策，着力加强政策执行情况调研，规范、统一政策执行口径，拟定《企业所得税政策解答》发放全省参考执行。加强汇总纳税管理信息系统运用，及时掌握跨省总分机构税源变动情况，防止税收流失。

积极探索，大企业管理模式初见成效。在明确大企业税收管理范围要求基础上，鼓励各地积极探索和创新大企业税收管理与服务模式，确定本地大企业税收管理的对象和内容。通过建立完善定点联系企业涉税事宜协调会议制度，构建税企沟通平台，加强对跨地区分支机构的管理监控，利用信息化手段对大企业行业动态数据进行整合、分析、更新。目前，全省已有 7 个州（市）局率先确定州（市）级定点联系企业 145 户。

健全机制，国际税收管理日趋完善。认真贯彻落实国家对非居民税收管理的一系列政策，从制度、机制和征管基础上对非居民企业所得税征管工作进行规范，完成非居民税收收入的预测与分析工作，加强国际税源监控。认真贯彻落实国家关于税收协定的有关政策规定，在执行过程中以防范税收协定滥用为重点，认真抓好税收协定待遇管理办法的落实工作。积极做好特别纳税调整和税收情报交换工作。

【税收行政执法】 2011 年，认真总结全省国税系统贯彻落实《全面推进依法行政实施纲要》取得的成绩和经验，分析查找不足，在巩固已有工作成果的基础上，深化依法行政工作要求，强化税收制度建设，全面落实各项规范性文件要求。开展税收规范性文件、行政审批项目的清理，推动行政权力公开透明运行，促进行政效能的提高。前移法治工作关口，引导执法人员有效规避税收执法风险，进一步提高税收执法质量，增强税收执法风险防范意识。按照建立健全防范税收执法风险工作机制的要求，对各地已经出现的执法风险案例进行分析，研究存在风险的程度及成因，在开展相关课题调研的基础上，对目前税收执法中的风险环节和风险点，提出应对及防范意见，制定“税收执法风险防范与控制”措施，进一步促进税收执法管理的完善和规范。

2011 年 3 月，纪念税收宣传月 20 周年座谈会

【税收优惠政策】 认真做好各项税收政策执行和税收征管的衔接工作，贯彻落实税收优惠政策，建立税收政策与经济形势分析评估工作制度，提高政策执行效率。2011 年全省国税系统落实各项税收优惠政策减免税收 38.45 亿元。建立健全对重点出口企业的联系制度，加强对出口企业的指导帮助，全年办理出口退（免）税 29.12 亿元，比上年增加 9.54 亿元，增长 48.72%，其中人民币结算退税 9.57 亿元。积极宣传和落实增值税转型改革、提高增值税起征点、企业所得税相关税收优惠政策，确保国家各项税收宏观调控措施落实到位。经测算，提高增值税起征点后，将惠及云南省月销售额 2 万元及以下的个体工商户 11.83 万户，每年享受增值税起征点政策优惠 3.48 亿元，惠及社会从业人员 22 万人以上，对云南发展非公经济，拓宽就业渠道，缓解就业压力起到重要促进作用。紧紧围绕增值税转型结构性减税政策核心，全面落实固定资产抵扣政策。2011 年，全省 7628 户一般纳税人申报抵扣固定资产进项税额 49.79 亿元，比上年增加抵扣税额 8.19 亿元，

增长 19.68%，有效促进社会扩大再生产和资本投资拉动，对企业技术升级和产业结构调整起到了积极的促进作用。

【改善税收经济秩序】 以组织分级分类稽查、专项检查和区域专项整治为中心，以查处税收违法案件和打击发票违法犯罪活动为重点，全面推行“查前告知、纳税辅导、企业自查、分类管理”四位一体稽查管理模式。开展重点税源审计式检查底稿试点工作，大力推进依法稽查，强化稽查管理体制，努力构建税务稽查长效机制。截至 2011 年底，全省国税系统查补税款 14.58 亿元，实际入库 14.44 亿元；入库率 99.03%，重点检查选案准确率 96.68%，结案率 99.68%。配合公安机关继续开展打击发票违法犯罪活动，从虚假发票“卖方市场”和“买方市场”入手，切实采取有力措施，强化部门协作，注重区域联动，不断形成打击合力。2011 年，全省查处发票违法案件 2759 起，抓获犯罪嫌疑人员 139 名，移送起诉案件 7 件，打掉团伙 35 个，捣毁制售假发票窝点 40 个，缴获假印章 232 枚，收缴作案设备 22 台，查获涉案发票 192.2 万份。

【税收法制宣传】 以宣传税收法律法规和政策为重点，对税收优惠政策进行调研清理、整改规范，编印《税收优惠政策选编》6 万册，免费发放，确保各项税收优惠政策落到实处。利用报刊、杂志和互联网等资源，认真做好增值税起征点调高的相关政策宣传，确保 2011 年 11 月 1 日起将增值税起征点调高的税收优惠政策落实到全省每位个体工商户。主动倾听纳税人诉求，直接面对农产品出口企业征求意见、上门服务，掌握纳税人需求，了解省外管理经验，改进纳税服务工作，降低企业政策理解偏差和增进税企沟通互信。进一步贯彻落实国家“走出去”发展战略，支持和鼓励企业到境外投资，拓展海外业务，不断创新服务新方式，加强与“走出去”企业的互动沟通，为有需要的企业提供税收协定，与中国贸促会云南分会联合举办云南省“走出去”企业系列讲座，帮助“走出去”企业更好的运用好各项税收政策，增强企业竞争力。在云南广播电台“金色热线”栏目，围绕税收宣传月主题，接受主持人访谈，接听答复热线电话的咨询与投诉。

【提高信息管税效能】 2011 年，网上国税（iTax）项目建设取得重大进展，项目一期工作框架搭建目标基本完成，对全省国税系统在线使用的各类系统软件进行有效整合，结合省国税局电子政务网站内外网改造项目，逐步解决基层反映较多的应用系统及登录窗口偏多、存在信息孤岛等问题，推进各部门信息共享。目前，已实现面向纳税人的一站式网上办税服务厅，形成相关信息和资源高度共享的全省内外网统一平台。“普通发票开填系统”平稳运行，全省上线使用发票开填系统纳税人 9.48 万户，开票 1650 万份，开票金额 1200 亿元。开通利用因特网和智能手机进行发票比对的查询功能，为打击虚开普通发票的违法犯罪行为提供强有力的科技手段。网络申报系统进一步完善，全省推行网络申报户数约 6.3 万户，征收税款 826 亿元。新增《企业年度关联业务往来报告表》网络申报功能模块，实现与所得税年度申报数据衔接与报送同步，进一步减轻纳税人负担和基层税务人员工作压力，为下一步反避税工作提供基础信息来源。重点税源网上直报系统成功升级，目前全省纳入总局、省局、州（市）局监控的 2170 户重点税源户已 100%通过重点税源网上直报系统报送税收资料。全年为省政府信息办提供 4 次综合征管登记及违章相关数据信息，有效支持“企业共享平台”建设。

【税企征纳关系】 2011 年，结合省委、省政府开展“四亮四评”活动要求，在全省系统内开展以创建办税服务厅为“四亮四评”示范窗口，推动其他窗口部门“四亮四评”的主题实践活动。依照“流程最短、质量最优、效率最高”的原则，深化税务行政审批制度改革，审批项目精简率 26%，多数项目审批时限缩短 1/3 以上。自主开发运用一系列办税服务信息化系统，免费提供给纳税人使用。不断完善储蓄扣税、银行网点申报、介质申报、网络申报、财税库银横向联网等方便、快捷的申报缴税方式，进一步提高征税效率，降低办税成本。按照省政府“96128”政务信息查询专线服务工作部署，建立健全政务信息查询工作机制，指定专人负责，设立专用电话，接受公众和政府部门的监督检查。成功运行全省国税系统“12366”纳税服务热线，按照“省级集中，两级共建，立足昆明，面向全省”的建设原则，认真做好安装环境准备工作，开展地方知识库建设，大力开展人员培训，积极与地税部门协调，于 8 月 18 日正式开通全省国税系统“12366”纳税服务热线，并于 9 月 1 日开始试运行。据统计，开通 4 个月纳税人来电总量 1 万个，语音服务量 8444 个。

云南省 2011 年分地区国税收入完成情况

单位：万元

州市	收入不含海关代征		国内增值税		国内消费税		企业所得税		储蓄存款利息个人所得税		车辆购置税		出口退税
	累计	比上年同期增减%	累计	比上年同期增减%	累计	比上年同期增减%	累计	比上年同期增减%	累计	比上年同期增减%	累计	比上年同期增减%	
昆明市	4027957	22.49	1762383	23	1113561	21.63	925056	25.22	990	-57.09	225967	13.57	147689
昭通市	573042	17.55	248634	13.61	253380	17.35	53380	46.12	140	-52.54	17510	11.38	449.73
曲靖市	1767435	18.14	820365	17.39	754028	20.74	141753	15.41	413	-48.12	50876	3.7	6247
楚雄市	669552	16.16	820365	10.81	369573	17.02	58324	44.10	160	-55.06	15993	-1.74	1949.07
玉溪市	2743826	16.59	225502	9.21	1706863	16.99	256331	47	190	-56.92	24291	-11.28	9855.07
红河州	1345139	20.20	758151	17.16	615732	21.13	112478	43.79	280	-53.02	38241	0.04	7099.78
文山州	210117	31.37	578406	25.92	6934	-2.3	41960	76.85	71	-53.29	16988	17.34	2900
普洱市	176878	29.81	144164	21.89	9002	15.56	20646	190.91	81	-53.98	19756	18.44	2034.29
版纳州	100188	32.06	127393	29.58	5843	38.89	12486	29.78	44	-60.36	16552	43.18	3900
大理州	570493	25.47	65262	33.81	224517	16.89	64934	37.72	230	-50	27110	6.66	11489.01
保山市	1958263	36.55	253702	39.49	13646	22.65	34248	46.37	152	-50.65	17804	15.36	4934
德宏州	137300	39.34	132413	30.69	4424	18.48	20018	135.59	62	-52.67	14539	32.35	87147.93
丽江市	144421	38.83	98259	38.69	5149	22.36	16768	55.33	72	-52.63	13253	30.56	2240
怒江州	42020	1.53	33301	-9	1796	12.53	4372	449.94	20	-50	2531	7.11	0
迪庆州	84460	70.16	48243	52.80	1947	27.34	28196	181.31	38	5.56	6035	-6.81	446
临沧市	172914	53.22	129112	53.18	9881	35.43	19844	94.68	65	-55.17	14012	28.2	2860
全　省	12966005	21.17	5534469	20.26	509627	19.07	1810794	34.89	3008	-53.74	521458	10.92	291240.9

（彭颖睿）

地方税务

【税费收入】 2011 年，云南省地税系统牢牢把握经济税收发展形势，严格落实组织收入原则，依法强化征收管理，努力挖掘增收潜力，强化重点税源控管，地方税费收入保持了持续较快增长。全省地方税费收入突破千亿元大关，达 1196.95 亿元，比上年增长 30.02%，增收 276.34 亿元。其中地方税收收入 820.25 亿元，增长 26.18%，增收 170.18 亿元，超额完成省政府下达的税收任务；规费收入 376.7 亿元，其中社会保险费收入 335.44 亿元，增长 36.81%，增收 90.25 亿元，其他规费收入 17.29 亿元。地方税费收入的持续较快增长，为云南省加快发展和“两强一堡”建设提供了可靠的财力保障。

【工作思路】 广开言路，集思广益，省地税局党组向全省地税系统 112 位副处级以上领导干部提出问题，查找不足，征求意见，总结实践创造的经验，寻找解决难题的有效答案，探索创新发展的具体办法、目标思路。在广泛听取意见，深入调查、研究、思考的基础上，结合全省地税系统的现状，省局党组抓住主要矛盾，分清轻重缓急，确定“内提素质、外树形象、打造阳光地税”的工作目标，明确“依法治税、阳光办税、科技管税、征管强税、人才兴税、着力培税、服务促税”的工作要求。

【税收宣传】 2011 年，加大政务信息报送和公开力度，关注热点、难点问题，反映工作思路、工作措施和进展情况，上报地税系统的新成绩、新经验、新做法、新典型，所上报的信息被国家税务总局、省委、省政府采用率分别比上年提高 40%、50%、100%。进一步充实政务信息公开内容，及时将地税工作动态、税收政策、执法依据、办税流程、执法结果等涉税信息在地税网站、地税杂志、报纸上公开，切实保护纳税人的知情权、参与权、表达权和监督权。积极开展富有地方民族特色、形式丰富多样、内容广泛深入的第 20 个税收宣传月活动，云南省地税系统的税收平面宣传品征集工作被国家税务总局评为组织奖第一名，《边疆少数民族地区税收宣传活动》、《税法邮万家》等活动被评为全国税收宣传月优秀项目。主动引导涉税社会舆论，提升地税形象，与云南日报社、云南电视台、中国税务报社、云南经济报社等新闻媒体建立良好的涉税报道机制。

副省长罗正富视察地税工作

【依法治税】 2011年，对全省地税系统制定的1754份税收规范性文件进行清理，完成登记、公布、备案等环节的工作，对涉及地方税费工作的8件省政府现行规章和4件政府现行规范性文件提出清理建议。推进行政审批制度改革，保留2项行政许可和1项非许可行政审批项目，取消非许可审批3项。完成6件人大代表建议、5件政协提案的办理答复工作。着力解决营业税新旧政策规定衔接滞后带来的诸多困难。统一全省普通住房营业税征收面积标准，规定广播电视运营服务企业、试点物流企业、中小信用企业申请享受营业税税收优惠政策资格，将全省货物运输业自开票纳税人资格认定的审批权统一集中到州（市）局以严格认定管理，按程序取消中介机构代开货运发票资格。与国税部门共同研究制定《云南省企业所得税税收优惠政策管理办法》、《云南省资产损失税前扣除审批管理办法》等管理办法；与民政、科技等部门共同开展非营利组织免征企业所得税认定资格的审定、高新技术企业和软件开发企业的认定和报批工作。认真做好12万元以上个人所得税自行纳税申报工作，贯彻执行修订后新的个人所得税法，废除律师及中介人员个人所得税核定征收管理办法，恢复为查帐征收；理顺个人出租非住房个人所得税附征率，达到全省统一；修改个体工商户个人所得税定期定额征收管理附征率，适应新修改的个人所得税法的政策规定。在全省推广存量房交易价格申报质量评估工作，基本实现存量房交易计税价格确定方法统一，公平税负，堵塞税收流失的工作目标。代收残疾人就业保障金工作扎实推进，在曲靖市、德宏州试点成功。配合劳动和社会保障部门，加大社保费清欠力度，全年清缴社会保险费欠费34亿元。

【纳税服务】 2011年，办税服务厅规范化建设深入推进，完成年度优秀办税服务厅的考评、复评工作，积极推行综合服务窗口和自助办税，加强办税服务厅咨询辅导功能，引导纳税人快捷办税。办税服务更加规范，进一步优化办税业务流程，简并办税文书，精简、修订16种涉税文书式样，提高纳税人的办税效率。加强纳税服务的科技支撑力，开通纳税服务短信平台，为纳税人提供办税提醒、扣款反馈、税法宣传、通知公告等税收信息服务，实现税收信息在税企之间的快速传递；完善全省地税门户网站群，为纳税人办理涉税事宜、政策咨询、举报投诉提供有效平台，努力构建纳税服务的结构集群化、功能多样化、形式规范化、操作便捷化；在昆明、保山、德宏、普洱、红河5个州（市）开通使用“12366” 纳税服务热线的基础上，积极与国税系统沟通协调，实现全省范围内国税、地税“12366”纳税服务热线的成功对接。

【科技管税】 2011年，着力做好信息化建设的前期规划，编写《金税三期工程第一阶段云南省地税实施方案》；精心组织纳税服务平台建设，在临沧试点，申报成功率、扣款成功率、扣款准确率均保证 100%成功；数据比对分析系统在红河、昆明成功试点；备份网络建设取得阶段性成效，大集中系统历史数据迁移和数据库升级项目稳步实施。财税库银横向联网有效推进；实施网络与系统运维工作全天候运维保障，及时发现和有效解决系统运行过程中发现的各类故障，保证系统的安全、稳定和不间断运行。

制定和实施《云南省地方税收委托代征管理办法》，完成与委托代征管理办法配套的表、证、单、书格式的审定及印制工作。积极配合省人大执法检查组开展对《税收征管法》贯彻落实情况的执法检查工作，针对发现的问题，加强整改。加强发票管理工作，促进以票控税，认真做好普通发票简并换版的收尾工作，对发票用户进行旧版发票清理核销的工作面已达99%，新版发票的推行使用达到100%；进一步加强货物运输业发票管理。做好税源与征管状况监控分析工作，对发现的问题，查找原因，寻找解决对策。积极开展部门协作配合，建立信息共享机制，稳步推进税码信息共享建设工作，积极沟通省质监局，协商拟定符合云南实际的税码信息共享合作方式，并制定税码信息共享建设方案，进行3次企业基础信息共享数据交换工作；联合省工信委等6家单位，向省发改委申报“云南省企业基础数据交换平台”项目，通过了专家讨论会，开始立项实施。

省地税局局长陈建国到丽江调研

【税务稽查】 2011年，开展以资本交易项目、广告业为主的指令性税收专项检查和云南两大航空企业重点税源检查，结合各地工作实际有序开展高收入者个人所得税、金融、冶金等行业等指导性税收专项检查。加大重大案件查处，认真抓好总局督办的“11·10”、“6·24”案件，受到上级部门的充分肯定。全省地税系统稽查机构检查及组织企业自查3119户，查补税款、处以罚款、加收滞纳金、没收违法所得8.95亿元，入库8.91亿元，入库率99.5%。强化对虚假发票“买方市场”整治工作力度，逐级组织开展对中国铁建股份有限公司等9大集团(公司)发票使用情况的重点检查和全省建筑业、金融、保险、通信、石油石化、房地产等重点企业发票使用情况的检查。

【税源建设】 2011年，坚持“征收税款是成绩，依法减免税也是成绩”的理念，严格落实各项税收优惠政策，关注民生，助推地方经济发展。数次进京向国家税务总局争取支持云南桥头堡建设税收优惠政策，报送关于支持瑞丽重点开发开放试验区有关税收政策的请示。加强桥头堡建设地方税收基础性研究，积极建言献策，向12个省级部门提出有关桥头堡建设地方税收政策建议。主动提出和制定有利于云南经济发展、产业壮大、边贸繁荣的地方税收政策。调整营业税起征点和娱乐业税负，使更多个体工商户受益；先后2次向财政部、国家税务总局申请将云南省煤炭资源税征税定额统一调整，促使新修订的《资源税暂行条例实施细则》将云南省煤炭资源税税额标准统一提高至3元/吨；及时落实企业所得税减免税政策，扶持高新技术等国家鼓励产业发展。全年为符合条件的纳税人减免税款101.29亿元，比上年增加9.68亿元。以贯彻落实修订后新的个人所得税法为契机，及时调整个人所得税附征率，减轻中、低收入人群税收负担，调节收入分配，同时完善和加强高收入者个人所得税的征管；适当下浮房地产评估值，抓好房产税、城镇土地使用税的困难减免税审批，扶持企业发展，涵养税源。强化地方税收理论研究，全省地税系统进行《促进云南产业结构调整的税收政策研究》、《云南省煤炭行业与资源税改革展望》、《关于云南省桥头堡建设中加快物流业发展的政策调整建议》等178项课题研究，为云南省经济发展提出科学合理的地方税收政策改革建议。

【教育培训】 2011年，开展建党90周年、创新社会管理等各类专题讲座7期，受训人员3.1万人次。选派厅级干部12人次、处级干部168人次、科级268人次参加上级机关举办的各类培训。对全省146位县（市、区）地税局长的进行培训。举办7期由415位业务骨干参加的各类专门业务培训班。对126位新进人员开展公务员初任培训。首次实施总局“智力援西”培训项目，选送65名基层一线少数民族业务骨干参训。部分州（市）局组织1200余人到省内、省外专业培训机构参加培训。拓展高层次人才培养范围，与厦门大学联合举办软件工程硕士研究生班，招生100人。创新培训举措，推行“凡训必考，以考促学”的培训机制，增强学员动力，强化了培训效果；丰富培训载体，充实完善《云南省地税系统业务知识题库》，不断拓展和强化网络学院的学习、考试和交流功能，地税干部职工登陆网络学院接受学习培训18.5万人次。

【竞争上岗】 组织开展地税机构组建以来的首次处级干部竞争上岗工作，制定下发《云南省地方税务系统领导干部竞争上岗工作实施办法（试行）》、《云南省地方税务系统处级领导职位竞争上岗实施方案》，拿出11个处级领导岗位，面向全省地税系统进行竞争性选拔。此次竞争上岗探索一些新举措：实行推荐得票和笔试成绩各占50%之和，从高分到低分择优筛选进入竞职陈述的人选，在笔试与德、能、勤、绩考核上找到了结合点；在竞职演讲环节，采取抽取题目进行陈述，较为真实地考察干部的能力和水平；竞争上岗范围在全省系统范围内进行，使竞争更加激烈，有助于选拔高素质的干部。

省地税局组织讲座

【廉政建设】 以领导干部为重点，认真汲取“10·25”系列案件的教训，开展警示教育专项活动；健全反腐倡廉建设工作领导体制和工作机制，统一组织全系统排查廉政风险工作，横向排查岗位风险点、纵向排查风险事项，排查廉政风险点 6205 个，拟采取的防控措施为 510 项；围绕重点岗位、重点环节，落实具体防控措施，制定和完善相关工作规程、流程。加强对领导干部的监督制约，制定、修订、完善《全省地税系统关于贯彻落实党风廉政建设责任制的实施办法》、《云南省地税系统加强领导班子和领导干部监督管理的实施意见》、《中共云南省地方税务局党组巡视工作实施办法》、《云南省地方税务系统廉政谈话实施办法》等 4 项制度。扎实开展廉政准则贯彻执行情况专项检查工作活动，全省地税系统副科以上实职领导干部自查面达 100%。严格监督，严明纪律，加强巡视工作和作风监督，对保山、丽江、红河、楚雄、德宏 5 个州（市）地税局、39 个县（市、区）局进行巡视；以办税服务情况及机关办事效率为重点，对 9 个州（市）的 34 个县（市、区）局及基层分局进行突击暗访检查，并对机关工作人员和办税人员的服务方式方法和服务态度进行摄影、录像，以此纠正和处理服务态度差或税收执法不当行为。以政风行风评议活动推动作风建设，全省地税系统组织召开各类政风行风建设专题座谈会 150 余场（次），向社会各界发放问卷调查表 1.67 万份，很满意率 89.93 %，比较满意率 8.94%，肯定意见 290 条，批评意见和反映问题 47 条，对这些问题和不足，认真落实各项整改措施，坚持边评边改、边整边改，力求做到纠建并举，标本兼治。

云南省地方税务局 2011 年税费收入情况表

单　位	组织地方税费收入总计		组织的地方税收收入		组织规费收入	
	实际完成数	比上年同期±%	实际完成数	比上年同期±%	实际完成数	比上年同期±%
昆明市	3525694	27.86	2591969	25.86	933725	33.75
昭通市	425967	37.72	266147	23.73	159820	69.68
曲靖市	1075475	25.12	755556	19.16	319919	41.87
玉溪市	981888	26.80	655000	19.76	326888	43.72
红河州	895521	28.80	575661	19.25	319860	50.51
文山州	379374	34.48	272377	28.68	106997	51.90
普洱市	525071	31.18	416614	36.17	108457	14.99
西双版纳州	268840	51.97	176453	56.72	92387	43.66
楚雄州	484031	29.03	320145	22.19	163886	44.88
大理州	568872	38.58	391368	27.40	177504	71.82
保山市	348177	38.45	250038	29.70	98139	67.16
德宏州	197842	46.13	140725	40.72	57117	61.42
丽江市	274833	47.62	199454	46.10	75379	51.78
怒江州	78493	22.64	52845	20.10	25648	28.22
迪庆州	99860	43.83	71211	45.83	28649	39.09
临沧市	259189	42.74	180145	38.57	79044	53.25
省直征局	1580363	23.74	886809	24.74	693554	22.49
全省合计	11969490	30.02	8202517	26.18	3766973	39.24

（罗松全）

国土资源管理

【国土资源保障】 资源保障和服务能力进一步提升。2011 年，国家下达云南省用地计划指标 20.3 万亩，比上年增长 21.7%。全省批准用地 39.1 万亩，供应各类用地 20.4 万亩，增加 35.8%，据土地市场动态监测与监管系统显示，全省土地出让收入总额已突破 900 亿元。44 条二级公路等一大批重点建设项目及保障性安居工程等民生项目用地得到切实保障。年初云南省“兴地睦边”农田整治重大工程启动仪式举行，“兴地睦边”和中低产田地改造投资强度空前，进展顺利，新增耕地 8.11 万亩，为全省粮食连年增产奠定了基础。耕地保护目标五年责任考核圆满通过国务院联合检查组考核，并得到充分肯定。开展城乡建设用地增减挂钩 1.92 万亩。矿产资源开发管理进一步加强。计划投放制度得到严格执行，审批探矿权 1659 个，采矿权 460 个，征收入库矿产资源补偿费 1300 余万元；征收矿产资源有偿使用费 6.7 亿元，增长 19.8%。

2011 年 9 月 5 日，省委、省政府在大理召开全省保护坝区农田建设山地城镇工作会议。

【服务“桥头堡”建设】 省国土资源厅全力争取国土资源部给予倾斜和支持，主动调研，在广泛征求有关方面意见的基础上，草拟《国土资源部支持云南加快“桥头堡”建设的实施意见》（代拟稿），加强向国土资源部的汇报与协调。在国土资源部和省委、省政府领导推动下，《国土资源部支持云南加快“桥头堡”建设有关措施的通知》出台，文件在保障云南省“桥头堡”建设发展用地，推进低丘缓坡土地综合开发利用，创新用地管理方式，加强耕地保护和土地整治，加强地质勘查和矿产资源开发利用，加强地质灾害防治和地质环境保护等方面给予大力支持。为全省国土资源系统今后几年创造性地开展工作，积极探索破解“两难”局面，提供充分的政策空间和有力的政策支持，使国土资源服务“桥头堡”建设站在更高的起点，走向一个新的阶段。

【国土资源管理工作】 2011 年，国土资源管理各项基础工作扎实有序推进。土地利用总体规划、矿产资源规划及各专项规划的编制工作任务如期完成。农村集体土地确权登记发证稳步推进。矿业权实地核查换证工作有序开展。矿产资源储量利用调查全面完成。矿山地质环境得到保护。矿业权交易规模不断扩大。国土资源节约集约创建工作成效明显，昆明市高新区、楚雄市、沾益县被评为 2010 年度全国模范县。财务管理工作更加规范，经费保障高效有序。法治、责任、阳光和效能政府建设深入推进。科技与对外合作工作取得新进展。信息化建设不断加强。测绘行政管理得到强化，基础测绘投入大幅增加，重大项目成绩斐然，测绘保障服务作用彰显，地理信息产业加速发展。基础性、公益性地质调查和战略性矿产资源勘查成果丰硕。机关党建、信访工作、综治维稳、平安创建和离退休干部工作也取得了良好成效。

【“用地上山”】 2011 年，云南省委、省政府深入贯彻落实中央领导关于国土资源工作的重要讲话精神，立足云南省情，作出保护坝区农田建设山地城镇的重大决策，明确提出坚持多利用坡地、荒地搞建设，谋划城乡统筹发展新模式。这一关系云南科学发展、和谐发展、跨越发展的重大新政，是走云南特色城镇化道路、转变建设用地方式、实现可持续发展的重要创举，成为全省上下的共识和统一行动，得到党中央、国务院领导的充分肯定，引起社会各界的广泛关注和好评。作为耕地保护的责任部门，全省国土资源系统迅速推进 “用地上山”相关工作。2011 年 3～4 月，省国土资源厅牵头组成 8 个调研组，分赴 16 个州（市）、37 个县（市、区）开展调研，总结基层实践经验，形成 8 篇专题调研报告和 2 份配套政策，为省委、省政府决策部署提供参考。9 月省委、省政府在大理州召开全省保护坝区农田建设山地城镇工作会议，明确保护坝区农田、建设山地城镇的指导思想、目标任务，安排部署有关重点工作，出台《关于加强耕地保护促进城镇化科学发展的意见》。国土资源部将云南省列为全国“低丘缓坡荒滩等未利用土地综合开发利用试点”省份之一。省国土资源厅抢抓机遇，及时召开专题会议，提出加快推进“两项基础工作”，以“三个一批”、“十种类型”为抓手，确保全省保护坝区农田和建设山地城镇工作取得突破。按照会议部署，全省129个县（市、区）完善土地利用总体规划工作和1平方公里以上坝子核查工作全面展开。昆明市等8个州（市）确定为国家试点，各选择2~3个县（市、区）开展试点工作；其余州（市）、县（市、区）作为省级试点开展工作，享受国家试点同等政策。修改完善《云南省坝区耕地质量补偿费征收使用管理办法（试行）》。编制完成云南省低丘缓坡土地综合开发利用试点工作方案、技术要点和部分试点项目实施方案。先行先试，及时部署启动一批山地综合开发利用试点，并加大对试点项目的支持力度。坚持舆论先行，强化宣传工作。中央和地方各类媒体密集介绍云南省建设山地城镇的新闻、专题报道250余篇（条），形成全社会关注和支持山地城镇建设的浓厚氛围。

【地质找矿】 2011年，全面推进三年地质找矿行动计划，进一步健全完善矿政管理体制机制。针对地勘行业属地化以来，地质找矿缺乏统一部署、地勘投资不足及资金分散、探矿权设置过多、小打小闹形不成整装勘查等突出问题，云南省政府常务会决定，一次性投入3亿元，连续5年，每年增加5000万建立全省地勘基金，审议同意并全面启动实施“三年找矿行动计划”。2011年，全省投入地质勘查资金23亿元，比上年增长10%；完成钻探工作量110万米，增长10%。通过地勘单位近2年的努力，地质找矿取得重大阶段性成果：1. 评价3个超大型矿床，香格里拉县普朗超大型铜矿，累计探明铜资源量750万吨，远景资源量可达1000万吨以上；鹤庆县北衙超大型金矿，累计探明金资源量约200吨；麻栗坡县南秧田超大型钨矿，初步控制钨资源量大于30万吨，远景资源量50万吨以上。2. 探获一大批资源储量，大型铅锌矿3个、大型铁矿3个、大型金矿1个、大型钼矿1个、大型煤矿1个、钨、锡、铝土、磷等矿产勘查也获得重要进展，新增资源量各相当于1个大型矿床规模。3. 取得一大批重要找矿信息，为今后的勘查工作打下良好基础。

【抗旱打井惠及百万人】 2011年，面对云南连续3年大旱，省国土资源厅积极开展抗旱救灾找水打井工作。在旱情较为严重的文山、曲靖等地安排300多人探采深井施工，日出水量5000立方米，解决7万余人生活用水困难。制定抗旱救灾岩溶地下水应急后备水源地勘查开发实施方案，计划在农村部署探采深井300口，暗河天窗布置提水工程30处，可为120万农村人口提供生活用水；计划在有条件的县城部署探采深井200口，可解决100万城市人口生活用水问题。

2011年5月13日，全国地质找矿整装勘查经验交流会在昆明召开。（朱云忠摄）

【队伍建设】 2011年，干部人事制度改革稳步推进，处级干部竞争上岗实现预期目标，经过严格程序选拔，8名干部从33名竞争者中脱颖而出，走上新的工作岗位。州（市）国土资源局班子建设不断强化，干部轮岗交流得到加强，干部教育培训逐步制度化，事业单位清理规范全面推进，干部管理信息化水平不断提高。“两整治一改革”专项行动深入推进，国土资源部对云南省总体评价为优秀。开展全覆盖的廉政风险点排查活动，共确定廉政风险点942个，制定防范措施1250条。组织开展各县（市、区）国土资源局主要负责同志162人廉洁从政教育集中整训。深入推进工程建设领域突出问题专项治理工作，深化“小金库”专项治理，规范行政事业性收费，强化预算执行纪律。通过切实加强党风廉政建设，全省国土资源系统违法违纪发案率显著下降，行风政风名次明显上升。2011年，全省各级检察机关查处国土资源系统违法案件6起8人，比上年下降46.7%；在34个省直部门行风政风评议中，省国土资源厅位列第3位。

【党风廉政建设】 2011年，全省国土资源系统继续把党风廉政建设工作作为重点和中心工作来抓，在制度建设、行政职能、内部管理等方面都做了认真梳理，坚持将关键岗位、重点环节和监管的薄弱环节作为廉政风险点，进行重点监督和防范。深入开展国土资源领域腐败问题治理工作，认真部署“两整治一改革”专项行动。切实将党风廉政建设和反腐倡廉工作，深入到源头预防和制度创新中，融入到国土资源管理的业务工作之中。依靠制度、体制、机制建设，抓好源头防范工作，加强对抗旱救灾资金管理的廉政监督检查，加强对扩大内需、调整结构、规范和节约用地等政策措施落实情况的监督检查，加强对土地、矿业权审批、土地整治和“兴地睦边”重大项目招标投标的监督检查。着力完善干部管理制度，加强干部选拔任用监督，有效遏制用人上的不正之风，营造风清气正的选人用人环境。积极完善干部工作机制，加大干部轮岗、交流力度，努力建设一支政治强、业务精、作风硬的国土资源干部队伍。牢固树立全心全意为人民服务的宗旨意识，强化公务员的法制意识和服务意识。全年全系统发生党风廉政违法案件 6 起，涉案人数 8 人，比上年下降 46.7%。

（冉玉兰）

工商行政管理

【概 述】 2011 年，全省工商行政管理系统在省委、省政府和国家工商总局的正确领导下，坚持以邓小平理论和“三个代表”重要思想为指导，深入贯彻落实科学发展观，牢牢把握科学发展主题和加快转变经济发展方式主线，紧紧围绕服务云南“桥头堡”建设和“政策落实年”，努力做到“五个更加”，突出抓好“五项指标”和“六项重点工作”，将上级部署要求转化为具体的量化指标，以责任制促落实，在全面履职中突出重点，在突出重点中推进履职全面到位，圆满完成了各项任务，实现了“十二五”良好开局。

2011 年，认真贯彻落实《国家工商行政管理总局关于支持云南建设我国面向西南开放重要桥头堡的意见》。制定了操作性较强的若干配套措施，各州（市）工商局结合各地实际，制定贯彻落实总局《意见》及省工商局配套措施的具体办法。临沧、楚雄、德宏等州（市）工商局报请州（市）政府将工商局贯彻意见批转各级、各部门执行。临沧市政府和省工商局签订《推进桥头堡前沿窗口建设促进临沧经济社会发展合作框架协议》。通过认真贯彻落实总局《意见》，有力地促进云南经济发展。

【企业注册登记管理】 积极服务省委、省政府

“千方百计加快发展”这一中心任务，依据国家工商总局的《意见》，突出促进市场主体发展和加快转变经济发展方式 2 个重点，2011 年，办理放宽条件登记企业名称 741 户，登记企业集团和连锁经营 43 户，股权出资、出质和债权转股权登记 6034 户，办理股权出资、出质 177.69 亿元。全省内资企业 22.7 万户，其中私营企业 17.88 万户，注册资本 1.09 亿元，分别增长 11.07%、14.96%、23.81%。外商投资企业 2013 户，投资总额 206.4 亿美元，注册资本 121.1 亿美元，分别增长 2%、24%、43%，连续 4 年被省政府评为“招商引资先进单位”。

【个私经济监督管理】 2011 年，紧紧围绕省委、省政府“两强一堡”战略任务，全力支持个体私营经济发展。支持引导 717 户个体工商户“转型升级”为私营企业；全省个体工商户 124.25 万户，比上年增长 8.9%；新登记个体工商户 28.09 万户，增长 10.39%。全省农民专业合作社实有户数 1.13 万户，增长 56.37%；新登记农民专业合作社 4157 户，增长 42.41%。深入贯彻落实无照经营查处取缔工作联席会议制度，全省初步形成查处取缔无照经营“政府统筹、部门协同、疏堵结合、综合治理”工作格局。积极协助各级党委组织部门，深入推进非公党建工作，努力扩大党组织覆盖

面，基本建成全省非公有制经济组织党建信息平台，实现全省非公有制经济组织党建数据汇总功能关联，全省非公经济组织有党员7.36万名，6997个非公企业（个体工商户）建立党组织。

【市场规范管理】 2011年，全省工商市场规范管理工作围绕市场信用体系建设，推进商品交易市场信用分类监管，广泛开展诚信市场创建，创建县级诚信市场445个，州（市）级诚信市场275个，省级诚信市场31个。昆明斗南花卉市场被国家工商总局评为“全国创建诚信市场先进单位”。积极服务农村改革发展，开展红盾护农专项执法行动，维护农资市场秩序；发挥合同监管职能作用，推广合同示范文本，查处合同违法行为；办理动产抵押登记，服务中小企业融资；依法加强拍卖经济行为监管；积极探索网络商品交易及有关服务行为管理，延伸监管领域；加强对粮食、猪肉、烟花爆竹、品牌汽车销售等重要商品市场监管，继续加大监管执法力度，提高监管执法效能，为经济发展营造公平竞争、规范有序、诚信和谐的市场环境。全年查处商品交易市场内违法违章案件9992件，案值5101万元，查处涉农违法案件1465件，案值1003万元。

【公平交易执法情况】 以转变执法理念，服务地方经济发展为重点，积极探索反垄断执法，扎实推进全省反不正当竞争执法工作有效开展。2011年，查处各类违法违章案件2.83万件，案值8.43亿元，上缴罚没款2.42亿元。以人民群众反映强烈的行业为重点，以整改规范为目的，继续开展治理商业贿赂行为，查办案件62件，案值2674万元。全面开展“双打行动”，检查经营户43.46万户、检查市场2.7万个（次），捣毁制假窝点61个。严厉打击“傍名牌”违法行为，查办案件415件，查处“傍名牌”案件涉及被侵权商标品牌70余种。以流通领域两烟市场为重点，开展专项整治行动，查处涉烟案件605件，查获烟叶9420担，假冒卷烟12.21万条。以打击政治性非法出版物为重点，认真组织开展“扫黄打非”工作，全年检查店档摊点3.29万个（次），收缴非法出版物8558件，取缔摊点48个。始终保持高压态势，以防为主、强化监管巡查，认真组织开展打击传销违法犯罪行为查办各类传销案件99起，捣毁取缔各类传销窝点1248个，清劝遣散参与传销人员1.18万人。继续做好流通领域反走私、“禁毒防艾”、“三电”专项整治。报废汽车回收拆解、反假币、非法集资、药品采购招投标等工作。

【广告监督管理】 完善广告监管机制，规范广告审批、广告经营许可证登记行为，强化对媒体和广告企业的行政指导、预警和告诫。2011年，监测各类广告110.67万条（次），责令整改涉嫌违法广告2.88万条（次），依法查处违法广告518条，广告市场秩序进一步好转。启动网络商品交易和服务经营主体经济户口数据库建设，规划建设云南工商网络服务监管平台。以“打假、护农、保增收”为目标，强化农业生产资料质量监测、日常监管、专项整治、消费维权“四抓”措施，深入开展红盾护农行动。

【商标监督管理】 制订《云南省商标发展“十二五”规划》，全面落实实施商标战略各项措施。2011年，全省提交商标注册申请2.32万件，新增注册商标1.42万件，有效注册商标总数5.8万件，增长29.85%。新推荐申报中国驰名商标认定申请21件，获准认定14件，总数34件，楚雄、西双版纳、迪庆州实现零的突破。新增已注册和初步审定的地理标志证明商标19件，总数46件。新认定云南省著名商标235件，总数1177件。积极开展知名商标认定活动，继昆明、曲靖、红河、玉溪、临沧、昭通、丽江等7个州（市）之后，保山、德宏等州（市）也开展此项工作。全省著名商标、知名商标数量迅速扩大，社会影响力不断增强。严厉打击侵犯知识产权和制售假冒伪劣商品等违法行为，打假治劣工作取得实效。检查经营户43.46万户、检查市场2.7万个（次），捣毁制假窝点61个，与企业、协会建立商标维权联络协作1012户，建立商标维权服务站442个，组织开展保护“日丰”、“农达”、“云南白药”等专项执法行动。全系统有2个集体、10名个人受到国家工商总局的表彰。

【消费者权益保护】 不断建立完善"12315"行政执法体系"四个平台"，大力推进"一会两站"规范化建设和"12315"、"五进"工程，消费维权网络覆盖面不断扩大，"12315"维权功能不断提升。制定《建立和完善消费者权益保护工作协作机制的指导意见》，进一步加强和完善工商消保部门与消费者协会、"12315"机构的工作协作机制。大力加强流通领域商品质量监管和服务领域消费维权工作，积极开展消费教育和消费引导。探索建立"12315"消费争议快速解决绿色通道，逐步健全完善消费维权监管执法机制。开展主题为"消费维权、关注民生、实现共赢"的走访活动，有效督促行业协会和企业强化行业自律。2011 年，全省工商系统受理消费者申（投）诉 1.33 万件，解决 1.3 万件，调解成功率 98.2%，为消费者挽回经济损失 2663.95 万元。

【流通环节食品安全监管】 2011 年，围绕总局流通环节食品安全专项整顿工作部署，坚持整顿与规范并举、专项整治与构建长效机制并重，认真做好食品安全监管工作。进一步完善和规范流通环节乳制品市场主体准入行为，净化乳制品市场。全省工商系统出动执法人员 2.46 万人次，检查批发市场、集贸市场等各类市场 4319 个次，变更登记乳制品经营许可 2.92 万户，有效净化乳制品市场。从严从快从重打击食品非法添加和滥用食品添加剂行为。全省工商系统出动执法人员 11.74 万人次，检查食品经营户 39.37 万户次，查扣非食用物质和食品添加剂 3879.88 公斤，有效促进流通环节食品和食品添加行业健康发展。认真做好重点食品以及季节性、节日性食品专项执法检查。开展"星级食品安全示范店" 评定，带动食品经营规范运行。切实加强流通环节食品快速检测工作，流通环节食品安全监管的针对性和有效性不断增强。全面推广农村食品配送安全监管模式，因地制宜不断总结创新，文山州的经验得到省政府领导充分肯定。

（杜立基　白　静）

地区经济

Regional Economy

8个省辖市

昆明市

【人　口】 2011年末昆明市常住人口648.64万人，比上年末增加4.72万人；增加户籍人口19.62万户、54.40万人，分别比上年增加11万户、7.74万人，人口自然率5.66‰，城镇人口比重为66%。少数民族户籍人口数82.86万人，占全市户籍人口数的15.23%。人口最多的世居少数民族是彝族，有43.41万人；人口最少的世居少数名族是布依族，有4275人。

【自然资源】 昆明矿藏资源主要有磷、盐、铁、钛、煤、石英砂、粘土、硅石、铜等，以磷、盐矿最为丰富，磷矿探明储量22.77亿吨，昆阳磷矿为全国三大磷矿之一，岩盐储量12.22亿吨，芒硝储量19.08亿吨，东川是我国六大产铜基地之一。昆明属高原红壤地区，主要有红壤土、紫色土和水稻土3种。市域内分布有滇池、阳宗海等高原淡水湖泊及众多大小河流，滇池为我国第六大淡水湖，面积约300平方公里。地热资源分布较广，出露的温泉有50多处。

【经济综述】 2011年，昆明市实现地区生产总值（GDP）2509.58亿元，比上年增长14%。其中第一产业实现增加值133.83亿元，增长6.1%；第二产业实现增加值1164.18亿元，增长16.7%；第三产业实现增加值1214.57亿元，增长12.3%。三次产业结构为 5.3：46.3：48.4。人均生产总产值3.88万元。

2011年地方财政总收入700.9亿元，比上年增长25.3%，地方财政一般预算收入317.7亿元，增长25.2%，其中税收收入283亿元、增长25%。在税收收入中，增值税43.8亿元，营业税100亿元。地方财政一般预算支出441.6亿元，增长27.5%。

2011年全社会固定资产投资2701.11亿元，比上年增长25%。其中城镇投资2647亿元，增长24.8%。全社会固定资产投资中，第一产业完成投资53.86亿元，增长187.2%；第二产业完成投资617.14亿元，增长31.6%；第三产业完成投资2030.11亿元，增长21.3%。

【农　业】 2011年，昆明市克服连续干旱造成的困难，实现农业增加值133.8亿元，比上年增长6.1%。实现农林牧渔业总产值225.07亿元，增长6.8%。其中农业产值120.32亿元，增长8.2%；林业产值6.71亿元，增长9.8%；畜牧业产值85.66亿元，增长4.6%；渔业产值4.77亿元，增长9.9%。全年粮食种植面积25.25万公顷，产量110.20万吨；蔬菜种植面积7.63万公顷，产量208.70万吨；鲜切花种植面积6600公顷，产量42.16亿枝。肉类总产量50.29万吨，增长5.4%；禽蛋产量7.54万吨，减少3.7%；牛奶产量10.12万吨，增长0.4%。全年农村用电量9.02亿千瓦时，增长11.4%。年末农业机械总动力285万千瓦特，增长5.56%。拖拉机4.74万台，增加369台。石林台湾农民创业园、斗南花卉产业园、寻甸国家级小麦油菜夏繁基地等园区发展势头良好。扶持农村合作经济组织520家。新增国家级龙头企业3户、省级21户、市级63户，年产值亿元以上的龙头企业30户。

【工　业】 2011年，实现工业增加值848.90亿元，比上年增长15.5%，其中规模以上工业，轻工业实现增加值315.19亿元，增长17.6%；重工业实现增加值383.03亿元，增长15.7%。在规模以上工业中，烟草工业实现增加值200.79亿元，增长15.2%；冶金工业实现增加值86.32亿元，增长13.6%；机电工业实现增加值68.64亿元，增长8.4%；医药工业实现增加值34.94亿元，增长21%。规模以上工业企业实现销售产值2528.39亿元，增长19.5%；实现利税389.95亿元，增长21.8%，其中利润总额147.61亿元，增长21.3%；产品销售率97.66%；工业经济效益综合指数296.64%。

【建筑业·房地产开发】 2011年，建筑值312.28亿元，比上年增长24.3%。建筑企业完成总产值1317.89亿元，增长20.4%。建筑业完成房屋施工面积6033万平方米，增长18.2%，竣工面积1862.79万平方米，下降17.3%。

房地产开发投资625.97亿元，增长42.1%。商品房屋施工面积4184.81万平方米，增长18%；

商品房屋竣工面积515.46万平方米，下降12.8%。

【贸 易】 2011年，全社会消费品零售总额1271.73亿元，比上年增长20%。按经济成份划分，非公有制经济实现零售额1102.73亿元，增长19.4%；公有制经济实现零售额169亿元，增长23.4%。从地域看，城镇实现消费品零售额1220.33亿元，增长19.9%；乡村实现消费品零售额51.40亿元，增长20.9%。按行业划分，批发和零售业零售额1083.48亿元，增长19.9%；住宿和餐饮业零售额188.25亿元，增长20.4%。

海关进出口贸易总额120.22亿美元，比上年增长18.3%，其中出口66.03亿美元，增长24%；进口54.19亿美元，增长12%。新批外商投资企业78户，实际利用外资12.74亿美元，增长26.3%。

【交通·邮电】 至2011年末，全市拥有机动车150.68万辆，比上年增长13.8%。其中汽车拥有量101.57万车辆，增长19.3%。

完成邮政业务收入3.58亿元，比上年增长6.4%。至年末全市固定电话用户158.4万部（含小灵通），移动电话用户745.2万户，国际互联网用户数101.5万户。

【金融·旅游】 至2011年末，昆明市金融机构人民币各项存款余额7554.89亿元，比年初增长12.2%，其中单位存款余额4454.04亿元，比年初增长8.7%；城乡居民储蓄存款余额2615.65亿元，比年初增长12.4%。金融机构人民币各项贷款余额7288.05亿元，比年初增长12.2%，其中短期贷款1644.23亿元，比年初增长14%；中长期贷款5506.10亿元，比年初增长11.7%。

2011年，昆明市接待海外游客100.40万人次，比上年增长16.7%，旅游外汇收入2.98亿美元，增长22.8%；国内游客4002.10万人次，增长15.3%，国内旅游收入346.99亿元，增长29.3%；旅游总收入367.25亿元，增长29%。

【人民生活】 2011年，城镇居民消费价格总指数比上年上涨4.9%，其中食品类价格上涨10.8%，医疗保健和个人用品上涨3.2%。商品零售价格总指数比上年上涨4.9%，其中食品类上涨11.4%。全年城镇居民人均可支配收入2.2万元，扣除价格因素，实际增长11%；城镇居民人均消费性支出1.42万元。农村居民人均纯收入6985元，扣除价格因素，实际增长13.3%。

2011年末，全市参加基本养老保险人数102.6万人，其中参保职工73.16万人。参加新型农村养老保险人数135.55万人，参加原农村养老保险的人数31.55万人。参加失地农民养老保险人数17.06万人。参加失业保险人数78.7万人，参加生育保险人数56.23万人，参加工作保险人数70.3万人，参加城镇职工医疗保险人数140.4万人。参加城镇居民基本医疗保险人数130.18万人。新型农村合作医疗参合率96.5%。城镇登记失业率2.03%。

【区域发展合作协议】 为进一步扩大对外开放，市委书记仇和、市长张祖林率昆明市党政代表团，分别于3月21～23日到玉溪市、楚雄州、曲靖市签订一体化合作框架协议。5月10～16日赴普洱、西双版纳、德宏、保山、怒江、临沧6州（市）考察学习，期间与6州（市）签订共同推进国际大通道合作框架协议。7月7～9日赴红河州、文山州考察学习，分别与两地签订共同推进国际大通道建设合作协议。10月14～15日赴昭通市学习考察，并与昭通市签署《共同推进昆明—昭通—成渝经济走廊建设合作框架协议》。10月19～21日赴大理州、丽江市考察学习，分别与两市签订共同推进区域合作框架协议。10月25日，赴迪庆州考察学习，与迪庆州签署《“十二五”友好合作框架协议》，共同推进昆明—迪庆·滇川藏香格里拉经济走廊建设。

【中国·昆明泛亚金融产业中心园区】 2010年7月，经中国人民银行批复同意，昆明区域性跨境人民币金融服务中心揭牌，在国家政策的统一部署下开展跨境人民币业务。2011年4月29日，中国·昆明泛亚金融产业中心园区建设正式启动，白恩培、秦光荣、杨应楠、仇和、曹建方、丁绍祥、张祖林等领导出席启动仪式。该园区规划占地2.3平方公里，经过2年多的建设，将形成集金融机构总部办公、前台运营、中介服务于一体，配套文化、商住、教育、医疗、市政、绿地、水域等设施和功能的产业园区。

【存在的问题】 2011年，昆明市经济社会发展中还存在一些亟待解决的困难和问题。突出表现在：经济总量不大，传统产业占比高、新兴产业发展不足、现代服务业发展不快，经济结构不尽合理，发展的质量效益还不高；城市基础设施建设任务繁重，城市管理服务水平不尽人意；发展不平衡、不协调的问题仍然突出，统筹城乡区域发展难度较大，扶贫开发任务艰巨；社会建设和社会管理相对滞后，解决就业、教育、医疗、社保、住房以及治安、交通等民生问题压力较大；各种潜在的社会矛盾问题仍然较多；政府自身建设和民主法制建设还需努力，干部队伍的素质和能力有待进一步提升等。

（方玉红）

曲靖市

【综 述】 2011 年，曲靖市面对严重倒春寒、局部冰雹灾害特别自 1961 年有完整气象记录以来最严重的夏旱等重大自然灾害，市委、市政府团结带领全市广大党员干部群众，紧紧围绕科学发展主题，紧扣转变发展方式主线，抢抓机遇，迎难而上，深化改革，优化结构，提高效益，改善民生，有效应对国际金融危机严重冲击，战胜连年干旱等自然灾害，圆满完成了各项目标任务，确保了经济社会平稳较快发展，实现了“十二五”良好开局。全市实现生产总值 1209.9 亿元，增长 13.1%，人均 GDP 突破 2 万元。其中第一产业增加值 225.7 亿元，增长 8.1%，对经济增长的贡献率为 11.3%；第二产业增加值 647.2 亿元，增长 17.2%，对经济增长贡献率为 69%；第三产业增加值 337 亿元，增长 8.7%，对经济增长贡献率为 19.6%。三次产业结构为 18.6∶53.5∶27.9。财政总收入 309 亿元，增长 23%；地方公共财政预算收入 88.3 亿元，增长 21.9%；地方公共财政预算支出 222.2 亿元，增长 22.4%；全社会固定资产投资 877.7 亿元，增长 25.1%；社会消费品零售总额 280.8 亿元，增长 20.6%；城镇居民人均可支配收入 1.84 万元，增长 15.5%；农民人均纯收入 5035 元，增长 21.9%。

【农 业】 在大旱之年，全市各级各部门全力抗旱救灾，千方百计确保城乡供水和人畜饮水安全，临时解决 81.97 万人、60.79 万头大牲畜饮水困难，救助灾民和困难群众 65 万人。积极采取减灾增收措施，抗旱救灾取得阶段性成效，农村经济稳步增长。全市实现农林牧渔业增加值 225.7 亿元，比上年增长 8.1%。认真落实强农惠农富农政策，各级财政投入支农资金 47.4 亿元，增长 42.4%；农民人均纯收入 5035 元，增长 21.8%。夏季粮油接近历史最好水平、大春损失降到最低、晚秋作物大幅增增产，农业特色产业实现产值 83.2 亿元、增长 6.7%；粮食播种面积 896 万亩，粮食总产量 26.45 亿公斤，增长 3.9 %，实现八连增；收购烟叶 424 万担，烤烟实现产值 39.18 亿元，烟农户均增收 4834 元；肉类总产 149.8 万吨，增长 7.6 %，畜牧业总产值 198 亿元，增长 20.27%；林业总产值 24 亿元，增长 20%；新增农村劳动力转移就业 11.85 万人，超计划 40.3%。

产业基地规模化、区域化、标准化水平进一步提升，蔬菜、魔芋、中药材等农业特色基地 425.6 万亩，增长 10%；新建成核桃基地 52.7 万亩、速生丰产林基地 20 万亩，改造中低产林 70 万亩；新增畜禽规模养殖场（小区）88 个，累计 3298 个，适度规模养畜户占总农户数的 33%；建成农产品出口基地 10 万亩。全力推进云南（曲靖）国际农业食品科技园、宣威国家现代农业示范区建设。现代农业生产经营主体不断壮大，新增规模以上农业龙头企业 22 个；工商部门登记注册的农民专业合作社 1071 个、比上年增长 31%，占全省的 10%；农产品加工值 59.76 亿元，增长 41.7%。投入扶贫资金 10.91 亿元，实施省级“整村推进”扶贫重点村 590 个、扶贫安居工程 2572 户、易地扶贫搬迁 2200 人，推进阿都、普立、大桥整乡推进扶贫开发，启动乌蒙山区及滇黔桂石漠化片区扶贫攻坚前期工作。扎实推进新农村建设，30 个“新村庄、新社区”建设完成投资 26.4 亿元，完成 180 个省级重点村建设任务。农村公路建设成效显著，新建、改建农村公路 3287 公里，乡（镇）通等级公路、通客车率和行政村通路、通车率均达 100%。

【工 业】 加强政策支持和规划引导，大力推进以工业为重点的经济结构调整，产业多元、产业延伸、产业升级取得实质性进展。2011 年完成工业总产值 1524 亿元，比上年增长 23.7%；工业增加值 577 亿元，增长 17.6%。规模以上工业企业实现增加值 394.5 亿元，增长 15.9%。轻工业实现增加值 134.2 亿元，增长 13.1%，重工业实现增加值 260.3 亿元，增长 17.4%。电力、煤炭、化工、冶金、烟草等支柱产业链进一步延伸，产值占工业产值的 80%。以越钢、双友、呈钢为主组建的钢铁集团进一步壮大；以会泽 16 万吨铅锌为重点的铅锌及下游产业进一步延伸；以昆钢煤焦一体化、麒麟焦化氨醇等为重点的煤化工产业链进一步完善；以曲靖卷烟厂、会泽卷烟厂技改为重点的烟草产业进一步优化升级。以 3000 吨多晶硅、锗深加工为重点的新材料产业加速推进。一批科技型轻工企业发展壮大，安费诺、新威电子、众力来福等一批电子信息企业投产。工业园区发展加快，实现产值 693 亿元，占工业总产值的 45.5%，园区承载力、集聚力和发展活力进一步增强。非公经济进一步发展，实现非公经济增加值 509 亿元，增长 18%。科技创新体系建设不断加强，质量兴市战略深入推进，认定省、市企业技术中心 5 个。

【服务业】 2011 年，消费品市场活跃，全年实现社会消费品零售总额 280.8 亿元，比上年增长 20.6%，实现增加值 337 亿元，增长 8.7%。从经济成份看，非公有制经济占主导地位，实现零售额 220.4 亿元，占零售总额的比重为 78.5%。从城乡市场看，城镇实现消费品零售额 197.1 亿元，增长 20.9%；农村实现消费品零售额 83.7 亿元，增长 20%。从行业看，批发和零售业零售额 243.4 亿元，增长 20.7%；住宿和餐饮业零售额 37.4 亿元，增长 20%。配送中心和农家店基本覆盖行政村和 1000 人以上的自然村，新建、改造农村规范化网点 575 个。兑现家电下乡补贴 2697 万元，摩托车、汽车下乡补贴 3428 万元，石油价格补贴 1.39 亿元。旅游业运行良好，全年接待海外游客 1.73 万人次，增长 10%，旅游外汇收入 667.36 万美元，增长 68%；国内游客 778.13 万人次，增长 10.1%；旅游总收入 49.4 亿元，增长 13.9%。金融运行平稳，年末金融机构各项存款余额 1182 亿元，增长 16.1%，其中单位存款余额 555.8 亿元，增长 19.2%；储蓄存款余额 600 亿元，增长 17.6%。金融机构各项贷款余额 733.85 亿元，增长 16.5%，其中短期贷款 253.08 亿元，增长 14.1%；中长期贷款 454.4 亿元，增长 16.8%。

【固定资产投资】 2011 年，全市固定资产投资规模跨越 800 亿元大关，完成 877.73 亿元，比上年增长 25.1%。六沾铁路复线建设进展顺利，沪昆客运专线启动建设。普宣高速公路、曲靖客运西站建设进展顺利。324 线“一改高”工程与贵州连接段、师竹二级公路竣工通车。阿岗、车马碧、黑滩河水库纳入西南五省重点水源工程近期建设规划。中国烟草宣威大型引水济榕工程加快推进，中国烟草幸福渠工程开工建设。启动富源岔河、宣威石城河、陆良大坝冲、会泽马厂等 6 件骨干水源工程建设。37 件小㈠型病险水库除险加固工程基本完工，113 件小㈡型病险水库除险加固工程加快推进。

2011 年重点行业投资完成情况

重点行业	2011 年（亿元）	同比增幅（±%）
工业	276.11	11.1
其中：制造业	160.53	8.1
水利	30.24	49.1
公路建设	27.84	6.4
城市基础建设和房地产	256.72	33.9
其中：房地产开发	145.77	43.5
煤炭	58.3	4.7
电力	30.67	-10.5
电网	8.27	-18.1
铁路	22.27	-5.2

【社会事业】 坚持优先发展教育。2011 年新建 114 所幼儿园，排除中小学 D 级危房 30.6 万平方米，改造加固 B、C 级危房 10.6 万平方米。高度重视校园安全、校车安全、学生安全，在全省率先出台校车购置补助政策。医疗卫生体系逐步完善。新农合参合率 96.29%，统筹标准提高到 230 元，报销封顶线提高到 5 万元。国家基本药物制度实现全覆盖，公共卫生服务项目全面落实，完成 2 个县级医院、14 个乡镇卫生院、3 个社区卫生服务中心和 100 个村卫生室建设。公立医院改革稳步推进，城乡居民健康水平得到提高。市级五馆一中心建设顺利推进，县级文化体育设施建设全面提速，完成 16 个乡文化站、272 个村文化室和 600 个农家书屋建设。启动 6283 个自然村广播电视“村村通”工程建设。顺利完成第六次人口普查，全市户籍总人口 632 万人。水库移民搬迁安置和后期扶持工作取得新成绩，兑现移民扶持资金 8900 万元。

社会保险扩面增容稳步推进，各项社会保险参保人数 338 万人次。试点县（区）新型农村社会养老保险、城镇居民养老保险参保人数 119.5 万人和 8.8 万人。完善城乡居民最低生活保障制度，提高城乡低保补助水平，为 9.6 万人发放城市低保金 1.6 亿元，为 29.3 万人发放农村低保金 2.7

亿元，做到应保尽保。提高城镇居民基本医疗保险住院费用报销比例，一、二、三级定点医疗机构报销比例分别提高到 85%、75%、60%。创建100个市级敬老先进村（社区），建成1个县级国办养老机构和20个社区居家养老服务中心，为8.97万人发放高龄老年保健补助 2857 万元。实施农村劳动力转移就业特别行动计划，新增转移农村劳动力 11.85 万人。全面推进小额担保贷款和“贷免扶补”工作，扶持 1.1 万人实现创业。提供就业岗位 4.2 万个，新增城镇就业 2.6 万人，确保零就业家庭动态清零，城镇登记失业率 3%。筹措保障性住房建设资金 30 亿元，建设、筹集保障性住房 5.97 万套，基本实现低保家庭廉租房全覆盖。

【城市建设·环境保护】 2011 年，麒麟、沾益、马龙、经济开发区同城规划、共域发展机制进一步完善，县城以上建成区面积 185 平方公里，城镇化水平 37.6%；中心城区建成区面积 61 平方公里，城镇化水平 68%。按照政府主导、市场运作、多元建设、拆留并举、分步实施的模式，将中心城区 4 大板块、29 个片区纳入旧城改造范围。珠江源大道南延线、靖阳路等 26 个城市交通项目和玉带公园、西城景观公园等 10 个城市景观项目进展顺利。改造供排水管网 20.6 公里，城市公共交通覆盖率 90%，主城区绿化覆盖率 38.9%，城市功能进一步完善。

节能减排、循环经济试点、重金属污染整治等工作积极开展。完善节能减排激励政策、技术标准和管理制度，淘汰落后产能 220.2 万吨，单位生产总值能耗下降 3.5%。“两污”设施项目全部建成运行，城镇污水处理率 85%，县以上城市垃圾无害化处理率 100%，削减二氧化硫 2.5 万吨、化学需氧量 724.2 吨、氨氮 153.2 吨。生态环境建设得到重视和加强。新建沼气池 2.26 万口，节能改灶 3 万户。改造中低产林 80.1 万亩，建设速生丰产林 20 万亩，发展木本油料 52.7 万亩，森林覆盖率 41%。集体林权制度配套改革稳步推进。妥善处置陆良铬渣非法倾倒事件，完成 3.31 万吨新铬渣和 1.46 万吨历史遗留铬渣无害化处理工作。

【人口·人民生活】 2011 年末全市户籍总人口 632.27 万人，少数民族人口 46.94 万人，占总人口的比重为 7.4%。常住人口为 589.9 万人，人口自然增长率为 6.82‰。

城乡居民收入水平持续提高。城镇居民人均可支配收入 1.84 万元，比上年增长 15.5%；农村居民人均纯收入 5035 元，实际增长 21.9%。

职工工资水平继续提高。2011 年全市城镇单位从业人员 33.74 万人，比上年增长 1.7%，从业人员劳动报酬 119.1 亿元，增长 13.4%。城镇在岗职工年平均工资 3.58 万元，增长 10.1%，其中国有单位为 4.35 万元，增长 13.2%；集体为 2.99 万元，增长 6.8%；其他单位 2.48 万元，增长 4.8%。

【存在的问题】 经济总量不足与经济结构不合理的矛盾并存，经济发展方式亟需转变；区域发展不平衡问题依然突出，城乡规划建设管理水平仍需提高；教育、医疗、就业和住房等民生问题备受关注，统筹兼顾各方利益任务繁重；社会管理基层基础相对薄弱，和谐社会建设面临新课题；人口、资源、环境矛盾日趋凸显，安全生产形势严峻，生态建设和环境保护任重道远；政府自身建设还需加强，服务科学发展能力有待进一步提升。

（沈璐娟）

玉溪市

【综 述】 2011 年，玉溪市坚持科学发展，以加快转变经济发展方式为主线，积极应对国际金融危机的冲击，努力克服持续干旱、物价上涨、油运紧张等困难，坚定不移地实施以改革开放和科技进步为动力的生态立市、烟草兴市、工业强市、农业稳市、文化和市战略和“三优一特”经济发展思路，抢抓西部大开发、桥头堡建设和滇中经济区建设的重大历史机遇，全力打基础、调结构、保生态、稳物价、惠民生、促和谐，实现了“十二五”良好开局。全市完成现价生产总值（GDP）876.6 亿元，按可比价格计算比上年增长 12.1%，其中第一产业完成增加值 80.5 亿元、增长 7.7%，第二产业完成增加值 564.4 亿元、增长 15.5%，第三产业完成增加值 231.7 亿元、增长 5.8%；三次产业结构由上年的 9.4∶62.2∶28.4 调整为 9.2∶64.4∶26.4，一、二、三产业分别拉动 GDP 增长 0.7、9.7、1.7 个百分点，对经济增长的贡献率分别为 6.1%、80.2%、13.7%；全市人均 GDP 3.79 万元，增长 11.6%。完成财政总收入 343.5 亿元，增长 12.9%；完成地方财政收入 96.5 亿元，增长 15.4%；地方财政一般预算收入 77.3 亿元，增长 19.3%。完成全市固定资产投资 422.5 亿元，增长

30.2%。实现社会消费品零售总额168.4亿元，增长19%。人口自然增长率5.32‰，单位生产总值能耗下降4.16%。

【农 业】 2011年，玉溪市始终把“三农”工作放在首位，认真落实强农惠农政策，进一步加大投入，加大农业结构调整和产业化经营力度，加快推进新农村建设，全市完成农业总产值141亿元，比上年增长8%，实现农业增加值80亿元，增长7%。粮食生产实现面积、单产“双增长”，完成粮食作物播种面积180.35万亩（含晚秋粮食），增长3.5%；粮食总产52.2万吨、比上年增长15.6%，平均单产333公斤、增长8.1%。烤烟生产实现了收购均价、上等烟比例、烟农收入、烟叶税再创历史新高，收购烟叶203.85万担，上等烟比例68.59%、比上年提高15.58个百分点，烟叶收购均价18.86元/公斤、增加4.18元/公斤，烟农收入首次突破20亿元，达到20.7亿元(其中烟农交烟收入19.23亿元、直补1.47亿元)、增加4.67亿元，亩均种烟收入由上年的1820元增加到2201元，实现烟叶税4.23亿元，增加8900万元；在全国率先建成“玉溪庄园”， 加快发展有机烟叶。积极推进农业产业化经营，新增市级以上龙头企业22户。新认证无公害农产品、绿色食品、有机食品和农产品地理标志产品8个。加快结构调整力度，大力发展蔬菜、花卉、油料、水果、甘蔗等经济作物，实现蔬菜产量159.84万吨、增长23.9%，油料产量4.64万吨、增长92.3%，园林水果产量30.17万吨、增长20.5%，甘蔗产量89.82万吨、增长20.4%。加快中低产林改造，种植核桃10万亩、竹子10万亩，完成土地流转21.3万亩、林权流转1.1万亩，落实草原家庭承包面积865.4万亩，实现林业产值3.5亿元，增长2.9%。畜牧业、渔业生产全面丰收，全市肉蛋奶总产37.9万吨，增长9.8%，实现牧业产值55.9亿元，渔业产值2.1亿元。加大农村劳动力培训转移力度，培训农村劳动力3.4万人、转移4.8万人，实现农业服务业总产值1.92亿元、增长15.5%，实现农民人均工资性收入1515元、增长7%，占农民人均纯收入总额的24.6%。加大农田水利基础设施建设投入，完成中低产田地改造26.5万亩，完成东风水库等19件病险水库除险加固工程，实施农村饮水安全工程422件，解决15.9万人的饮水安全问题。

【工 业】 2011年，玉溪市把工业作为确保经济持续快速发展的关键，出台加快玉溪高新技术产业开发区建设的意见，成功举办数控机床产业园以商招商系列活动和生物医药产业发展论坛，促进工业经济快速发展。完成工业总产值1337.2亿元，比上年增长21.3%；完成工业增加值542.2亿元、增长16.1%，其中规模以上工业完成产值1115.8亿元、增长21%，完成增加值538.3亿元、增长16.6%。优势产业支撑作用明显，卷烟及配套产业完成产值433.5亿元、增长17.6%，完成增加值353.8亿元、增长16.8%；矿电产业完成产值709.8亿元、增长21.7%，完成增加值160亿元、增长14.6%。烟草、矿电两大优势产业产值、增加值分别占全市工业总产值、增加值的85.5%、94%。装备制造、生物制药、新材料新能源等新兴产业快速发展，与中核集团、中粮集团、中电国际等央企签订战略合作协议。大力实施成长型中小企业培育工程，各类经济全面发展，非公经济实现增加值280亿元、增长19%。

工业园区建设步伐加快，建成标准厂房50万平方米，新增入园企业71户。创建国家高新区工作通过科技部专家组考察评审并上报科技部，高新区以升促建，完成经济总收入116.6亿元、增长32%，实现生产总值42亿元、增长21.8%。启动研和工业园区创建国家级经济技术开发区工作，数控机床产业园一期项目建成投产，研和工业园区经济总收入150亿元、增长25%。

【建筑业】 2011年，全市建筑业完成增加值22.2亿元，比上年增长2.7%。具有三级以上资质等级证的建筑施工企业152个，从业人员3.09万人。商品房施工面积653.3万平方米，增长28.7%；商品房竣工面积173.8万平方米，增长46.4%。

【商贸旅游】 2011年，玉溪市认真贯彻落实家电、摩托车、农机具下乡政策，不断改善消费环境，城乡市场繁荣活跃。实现社会消费品零售总额168.4亿元，比上年增长19%，其中城镇实现消费品零售额132.2亿元，增长20.3%；乡村实现36.2亿元，增长14.5%。对外贸易快速增长，完成外贸自营进出口总额4.01亿美元，增长40.2%。其中出口3.58亿美元，增长35.1%；进口4256万美元，增长106.2%。招商引资成效显著，全市实施市外国内资金项目220个，引进市外国内资金115亿元；实际使用外资3795.5万美元，增长17.5%。

旅游业快速发展。继续坚持“打基础、创品牌、树形象”的发展思路，不断加大对旅游文化产业发展的扶持力度，加快推进抚仙湖生态建设与旅游改革发展综合试验区建设，湖畔圣水二期、悦春度假酒店二期、抚仙湖国际老年康体养生度假中心等一批重大项目顺利推进，哀牢山—红河谷配套旅游设施进一步完善。全市接待国内外游客 1308.9 万人次、比上年增长 12.4%，实现旅游总收入 57.1 亿元、增长 40.9%。

【交通运输·邮电】 2011 年，玉溪交通运输、仓储及邮电业稳步发展，实现增加值 27.3 亿元，比上年增长 7.5%。公路建设成效明显，全面实施农村公路通畅、通达工程，新建、改造农村公路 491 公里；2011 年底全市公路通车总里程 1.66 万公里，其中高速公路 237.7 公里、一级公路 77.75 公里。电信业进一步发展，2011 年底全市固定电话交换机总容量 59.49 万门，固定电话用户 24.43 万户；移动电话用户 180.56 万户，比上年增加 12.35 万户，增长 7.35%；互联网宽带网用户 24.48 万户，增长 18.11%。

【金融·保险】 2011 年，全市金融业实现增加值 29.4 亿元，比上年增长 4.6%。年末金融机构人民币各项存款余额 917.5 亿元，增长 12.4%，其中城乡居民储蓄存款余额 433.4 亿元，增长 15.7%。全市金融机构人民币各项贷款余额 543.7 亿元，增长 16.8%。存贷比 59.3%，比上年提高 2.2 个百分点。保险业实现各种保费收入 20.39 亿元，增长 7.6%；全年赔付支出 4.07 亿元，增长 18.4 %。

【县区特色经济】 2011 年，玉溪市把县域经济发展作为加快全市经济社会发展的重要战略来抓，加大扶持力度，增加项目资金支持，市对县（区）扶持资金 26.6 亿元，比上年增加 1.1 亿元，有力地促进了县域经济的快速发展。2011 年县（区）地方财政收入完成 44.37 亿元，增长 19.5%，占全市地方财政收入 46%。9 个县（区）地方财政收入均超过 3 亿元，其中红塔区 12.5 亿元，新平县 7.51 亿元。扩权强县试点工作稳步推进，2011 年市级 11 个部门下放经济社会管理权限 35 项，其中单独下放给易门、新平实施的市级经济社会管理权限 11 项，促进易门、新平 2 个扩权强县试点县经济社会又好又快发展。2011 年易门县被列为国家第三批资源枯竭城市扶持发展，全县实现生产总值 38.6 亿元、增长 12.3%，完成财政总收入 5.7 亿元、增长 14.1%，完成地方财政收入 3.45 亿元、增长 12%，实现农民人均纯收入 6003 元、增长 15.6%。新平县 2011 年主要经济指标创历史新高，实现生产总值 72 亿元、增长 13.5%，财政总收入完成 18 亿元、增长 36.3%，地方财政收入完成 7.5 亿元、增长 29.1%，农民人均纯收入 5667 元、增长 18.1%。

【固定资产投资】 玉溪市把增投资、扩开放作为加快发展的重中之重，积极争取中央和省的项目、资金支持，努力拓宽投融资渠道，千方百计筹措资金，着力推进重大项目建设。2011 年完成固定资产投资 422.5 亿元，比上年增长 30.2%。三次产业投资全面增长，第一产业投资 14.8 亿元、增长 29.9%，第二产业 128.3 亿元、增长 21.1%，第三产业 279.3 亿元、增长 34.8%。重点行业支撑作用明显，矿电业、房地产业继续保持较快发展势头，均保持 30%以上的增速。工业、交通、房地产三大行业投资比重 54%，社会投资比重 52.9%。一批重大基础设施项目建设取得新进展，易峨高、抚仙湖环湖东路、澄阳、元红等公路建成通车，新三路主体工程完工，玉蒙铁路玉溪段、昆玉铁路电气化改造进展顺利，玉磨铁路、康井路改造等项目开工建设，经济社会发展的基础得到不断夯实。

【城镇建设】 2011 年，玉溪市认真贯彻落实全省保护坝区良田建设山地城镇工作会议精神，调整城市建设发展思路，出台贯彻落实加强耕地保护促进城镇化科学发展意见的实施意见，认真完善土地利用总体规划和林地保护利用规划，推进山地城镇建设。基本完成玉溪市城市总体规划、6 个县城总体规划修编和生态城市规划编制，完成 256 个行政村和 2969 个自然村规划编制。县城和重点镇建设步伐加快，13 个集镇被列为省级特色小城镇。

中心城区建设步伐加快，成功创建国家卫生城市，城市功能不断完善，管理水平明显提高。省人大常委会正式颁布《云南省玉溪城市管理条例》，玉溪市制定出台 10 个配套办法，城市管理步入法制化、规范化、科学化轨道。节水型社会建设试点工作稳步推进，成功申报全国可再生能源建筑应用示范城市，荣获中国十佳低碳生态城市、十佳优质生活城市称号。

【生态环保】 玉溪坚定不移地实施生态立市战

略，全面落实环境保护“一岗双责”，层层签订“三湖”水污染综合防治目标责任书，加大以“三湖一库”为重点的生态环保力度，抚仙湖被列为国家首批湖泊生态环境保护试点。抚仙湖“退调保”战略稳步推进，完成退田6083.7亩、退房2.9万平方米。星云湖截污工程北片区污水处理厂建成投入使用，南岸截污及湖滨带修复等工程抓紧推进。省政府杞麓湖现场办公会确定的13个项目已完工2项，在建5项，开展前期工作6项。完成东风水库水源保护区管理规定修订，深入推进东风水库水源保护区环境污染综合整治。抓好重点污染源和污染隐患排查整治，开展饮用水源地、危险废物污染整治。淘汰炼铁落后产能68万吨、水泥落后产能13.5万吨，在10户企业推行清洁生产，深入开展资源综合利用、公共机构节能工作。完成人工造林17.1万亩、封山育林14.4万亩，建成森林防火通道25公里。实施土地开发整理项目49个，新增耕地1.6万亩，治理水土流失面积146平方公里。抓好生态文明建设试点，江川县、华宁县、易门县荣获“国家级生态示范区”称号，7个乡镇（街道办）被命名为第六批云南省生态乡镇。

【社会事业】 2011年，玉溪市制定出台加快教育、文化、卫生等各项社会事业发展的一系列政策措施，加快推进基本公共服务均等化，促进社会事业全面进步。强势推进教育改革，大力发展学前教育，推进中小学布局调整，在全省率先完成“一师一校”校点全撤并，支持高等教育和职业教育加快发展，职校与普通高中招生比例0.98∶1；义务教育阶段学生“三免一补”全覆盖，农村义务教育阶段生均公用经费标准提高100元；实施校安工程，排除D级危房10.63万平方米，新建校舍10.65万平方米。科技发展取得新成果，2011年全市实施国家和省各类科技计划项目56项，获国家、省奖励的科技成果项目10项，获市奖励的科技成果项目50项，申报专利673件，批准（授权）专利 535 件，新认定高新技术企业 12户、省级创新型试点企业5户、市级重点实验室和行业技术中心5个。加强医疗卫生服务体系建设，完成 39 个基层医疗卫生机构建设任务；深化医疗卫生体制改革，创造了医改“玉溪模式”，全市实现基本医疗高补偿、大病救助全覆盖、老年慢性病有保障，新型农村合作医疗人均财政补助标准由120元提高到280元；加强食品药品监管，玉溪市被列为全国计划生育综合改革示范市。稳步推进公共文化体系建设，成功举办第2届中国聂耳音乐（合唱）周，完成 15 个乡镇综合文化站建设，农家书屋实现全覆盖，“村村通”升级改造1.03万户，建成农民健身工程95项，澄江化石地“申遗”工作通过世界自然保护联盟的评估考察；聂耳文化广场景区被确定为全国国防教育主题公园试点单位，玉溪市成功创建“全国双拥模范城”。

【民生保障】 再就业工作成效显著，2011年全市从业人员149.4万人，其中城镇从业人员37.7万人，占全部从业人员数的25.2%；年末全市城镇登记失业率3.1%，全市新增城镇就业2.38万人，城镇失业人员再就业9078人，“4050”等特殊困难群体实现再就业6056人，“零就业家庭”保持动态清零。社会保障事业整体推进，全面开展被征地农民养老保险缴费补助，开展新型农村社会养老保险和城镇居民社会养老保险试点，启动实施医疗保险市级统筹和城镇居民大病补充医疗保险，12.5万名低保对象实现应保尽保。积极推进省级甘庄整乡推进扶贫试点项目，完成230个自然村整村推进扶贫和22个革命老区扶贫开发建设任务，易地搬迁扶贫1276人，发放扶贫信贷资金1.14亿元，5.5万人实现脱贫。68个城镇保障性住房建设项目全部开工，实施农村危房及地震安全工程改造1.78万户、城市棚户区和国有工矿棚户区改造384户，完成彝族山苏群众安居房建设3837户。开展防灾应急“三小”工程建设示范活动，发放“三小”应急包72万个。安全生产目标任务得到有效控制，事故起数和死亡人数都比上年有所下降，全年发生各类伤亡事故197起、死亡151人，比上年下降6.2%。

城乡居民生活水平不断提高。年末户籍人口213.5万人，比上年下降0.5%，其中农业人口174.8万人，非农业人口38.7万人。全市在岗职工平均工资3.82万元，增长26.2%；全市城镇居民人均可支配收入1.85万元，增长12.5%；城市居民（红塔区）人均可支配收入1.93万元，增长11.1%；全市城镇居民家庭每100户拥有汽车30辆，其中红塔区家庭每100户拥有汽车43辆；农民人均纯收入6616元，比上年增加869元，增长15.1%。

（杞兆昌）

保山市

【综 述】 2011年，在省委、省政府的领导下，保山市委、市政府团结带领全市各族人民，努力克服资金紧张、物价上涨、灾害频发等困难，紧紧围绕年初确定的各项目标任务，推进实施“六大战略”，认真落实“四化五加强”工作措施，全力推进经济社会又好又快发展，实现了“十二五”的良好开局。全年全市完成生产总值319.6亿元，比上年增长13.1%，在16州（市）中排第12位。其中一、二、三产业增加值分别为99.1亿元、102.6亿元、117.9亿元。三次产业比重由2010年的30.3：30.9：38.8调整为31：32.1：36.9。完成财政总收入47.4亿元，增长34.5%；地方财政一般预算收入28.2亿元，增长31.9%。社会消费品零售总额101.5亿元，增长20.3%以上。城镇建成区面积60平方公里，城镇人均绿化面积7.96平方米，城镇登记失业率3.9%，居民消费价格总水平上涨4.2%。年末户籍人口254万，人口自然增长率4.94‰，单位生产总值能耗下降2.6%。

【农业经济】 2011年，人均占有粮食连续5年位居全省第一，烟草产业成为农业的主导产业，畜牧业产值跃居农业产业首位，特色优势产业持续增长，农村合作经济组织快速发展，农业生产综合实力大幅提升。全年完成农业总产值160.6亿元，比上年增长8.2%。粮食总产119万吨，增加6.6万吨，增长5.9%；油料总产6.9万吨，增长30.4%，创历史最高水平。收购烤烟137万担，增加7万担，收购香料烟26.2万担，增加1000担，烤烟质量居全省第一名。实现肉类总产34万吨，畜牧业产值52亿元，分别增长8.6%、8.7%。新增核桃面积30万亩、茶园2.07万亩、蚕桑2.07万亩，完成低产茶园改造12.88万亩。咖啡、甜柿、蔬菜、石斛、草果、食用菌、红花、木薯等特色产业不断发展壮大，逐步形成区域性经济，成为当地农民增收的新亮点。农业产业化步入快车道，农产品加工企业570个，增长5%，农产品总产值66亿元，增长40%，带动农户48.3万户，带动基地面积203万亩。完成人工造林49.4万亩，森林总面积1767万亩，森林覆盖率62%。完成农村劳动力转移50万人次，有序输出2万人，培训农村劳动力3.95万人，获取劳务收入25亿元。在整合资金作用下，全市新增有效灌溉面积6.6万亩，累计171万亩，治理水土流失面积14平方公里，有效提高了农业生产综合能力。

【工业经济】 2011年，强力推进实施“工业强市”战略，在推进新型工业化中突出一体化，注重优化资源配置，工业园区产业集聚效应显现，初步形成了以能源、冶金、矿产、化工、建材及农产品加工等为骨干的产业发展格局，工业主导地位逐步确立。在保山、腾冲2个园区已列入省级重点工业园区的基础上，认真抓好保山工贸园区规划的编制工作，积极推进园区基础设施和标准厂房建设，目前全市5个工业园区完成基础设施建设4.08亿元，新增入园企业19户，园区企业完成工业总产值70.26亿元，比上年增长45.74%。槟榔江松山河口电站、云天化国际化工10万吨含硫尾矿综合利用项目、昌宁勐亚日产2000吨水泥熟料生产项目、昌宁桦东木业公司年产9万立方米中高密度纤维板建设项目、保山德森人造板公司年产10万立方米中高密度纤维板建设项目、昌宁稳隆茶叶公司温泉、漭水红茶生产线建设等多个项目先后建成投产。云维电石渣综合利用日产3000吨水泥熟料项目、路华能源科技锂离子二次电池及配套项目、永昌硅业公司10万吨/年化学级金属硅节能环保翻番项目、福润肉类加工有限公司新建年屠宰加工150万头生猪项目等重大项目相继开工建设进展顺利。这些重大项目的开工和建成投产，为工业发展奠定了坚实的基础，增强了发展后劲。全年完成工业总产值226.26亿元，增长33%。实现工业增加值75.55亿元，增长21.6%；规模以上工业完成增加值56.22亿元，增长25.6%，完成省政府考核目标的133.9%。

非公有制经济继续保持快速发展势头，全市非公经济完成增加值126.55亿元，增长25.3%，占全市现价生产总值的39.6%。

【旅游业·对外经济】 2011年，紧紧抓住全省旅游“二次创业”的机遇，围绕把保山建成国际休闲度假健康旅游目的地的目标，编制完成了《保山市旅游产业发展十二五规划》，为“十二五”旅游产业健康发展奠定了基础，旅游产业保持了良好的发展态势。全年接待国内外游客700万人次，比上年增长12.95%；实现旅游总收入40亿元，增长30%。

进一步加大“走出去、请进来”的工作力度，对内对外开放态势良好，招商引资成效明显。2011年以来，市委、市政府领导亲自招商、各部门带着任务招商、各县（区）加大力度招商，通过努力，取得丰硕成果。全年实际引进到位市外资金 123 亿元，增长 43%，实际利用外资 5233 万美元，增长 55.5%。引进美国凯达控股有限公司和上海鼎基投资集团有限公司，对高黎贡山—潞江坝片区进行开发建设，保山国际商城建设等大项目，对促进中心城市和旅游业发展将起到重大的支撑作用。加强与缅甸互访交流，配合中电投水电开发和组织小水电开发前期工作扎实开展，替代种植稳步推进，新增种植面积 2.1 万亩，累计替代种植面积 44.53 万亩。完成外贸进出口总额 2.33 亿美元，增长 20.1%。

桥头堡建设规划、对接、争取工作有力推进。在丰富、完善、修改“十二五”规划的同时，参与桥头堡建设工作得到了国家和省的高度重视，良好的政策机遇为保山今后的发展创造了条件。

【固定资产投资】 2011 年，持续加大项目投资工作力度，工业、交通、能源、旅游、城镇及房地产、农业农村、社会事业 7 大领域完成投资 246 亿元。项目建设取得显著成效。双友公司年产 50 万吨轮胎钢丝基材、腾冲古林木业 21 万立方米中高密度纤维板、云天化腾冲 20 万吨化肥、昌宁勐亚水泥年产 60 万吨熟料技改等项目建成投产，路华电池、海螺水泥等项目建设稳步推进。苏家河口、松山河口、等壳电站建成发电，腾冲三岔河和龙川江流域水电开发正抓紧推进，境外水电开发前期工作已经展开。重大项目前期工作取得实质性进展。编制《云南省桥头堡建设保山重大项目规划》。在国家紧缩政策的不利因素下，争取到上级补助资金 10.72 亿元。全年完成全社会固定资产投资 266.29 亿元，增长 26.2%以上，投资对经济增长的贡献率达 70%。

【生态文明建设】 2011 年，节能减排成效明显，在省政府“十一五”减排考核中，保山市获得一等奖。全面开展怒江、澜沧江、伊洛瓦底江主要支流的水环境综合治理规划工作，积极推进饮用水水源地生态保护和水污染防治，确保饮用水源水质安全。生态市建设规划有序推进，加强生物多样性保护工作，保山市高黎贡山自然公园被确定为“云南生物多样性保护教育基地”和“云南省环境教育基地”。积极推进杨善洲生态文明建设基金会、生物多样性保护与生态文明国际论坛永久会址建设及现场大会前期工作，提出生态文明示范区建设初步构想，取得阶段性成效。

【社会事业】 2011 年，人民生活水平明显提高，城乡居民收入稳步增长。全市城镇居民人均可支配收入 1.62 万元，增长 13%，农民人均纯收入 4439 元，增长 22.4%。在经济发展的同时，教育、文化、卫生、科技、社会保障等各个领域也取得阶段性的明显成效。

教育工作成效明显。普通高中教育教学质量不断提升，2011 年全市高考上线率 97.84%，比上年提高 0.97 个百分点，高于全省 1.65 个百分点。中等职业教育进一步发展，2010 年全市中等职业学校在校生 3.02 万人，毕业生就业率保持在 96%以上；市职业教育园区建设工作扎实推进，成立工作领导机构，职教园区建设规划方案基本成熟。中小学校安工程建设稳步推进，新建校舍 16 万平方米、加固改造 14 平方米。

文化事业取得突破。通过不懈努力，保山市被文化部、财政部列为第一批创建国家公共文化服务体系示范区，成为全国 28 个公共文化服务体系示范区创建单位之一，是云南省唯一一家。积极推进全市有线电视数字化整体转换工作，广播人口覆盖率 96.6%，电视综合覆盖率 94.4%。9 件作品获省级广播电视奖，电视新闻《杨善洲先进事迹系列报道》等宣传报道外宣工作做出贡献；以庆祝建党 90 周年、学习杨善洲精神、非遗保护传承项目、广场舞等题材为主的文艺编创作品 697 个（件），其中《金布朗》、傈僳族舞蹈《瓜切切嘟啦》、布朗族舞蹈《闲着坐着腿（zhua）两脚》、傣族舞蹈《月光下的凤尾竹》等节目在全省各种文娱大赛中获奖，成绩名列前茅；腾冲皮影被定为第三批国家级非物质文化遗产，腾越圆角工艺服饰有限责任公司、腾冲县树明玉雕有限责任公司被定为云南文化产业示范基地。《杨善洲》、《中国远征军》、《滇西 1944》等一批保山题材的影视剧赢得广泛赞誉，提高了保山知名度。保山大峡谷文化艺术创作基地建设项目进展顺利，中美泰国际文化发展中心建设项目前期工作正在加紧推进。全年实现文化产业增加值 18.9 亿元，增长 29.5%。

卫生各项工作全面推进。新农合运行平稳，全市有 215.66 万农民参合，参合率 96.57%，筹资标准提高到 230 元，筹集资金 4.96 亿元。门诊费用报销比例提高到 50%，报销封顶线提高到 5 万元。

科技创新能力稳步提高。全年向科技部和省科技厅申报科技项目 53 项，组织实施国家、省级科技项目32项，争取项目经费1370万元，实施市级科技项目54项，安排科技经费150万元。出台了《保山市科技创新产品认定管理办法》，成立了龙陵县石斛研究所、保山学院石斛研究所、保山市科技企业协会；全市拥有高新技术企业3家、省级创新型试点企业5家，市级企业技术创新中心33家，上市培育高新技术企业1家，云南永昌铅锌公司进入省创新型试点企业自主创新能力30强行列，隆阳区、腾冲县获得了科技部科技进步考核先进县表彰，科技创新平台建设取得新进展。取得科技成果103项，申报专利95项，专利授权45项，年末全市有科普工作人员256人。科技创新和知识产权保护氛围逐步形成，创新能力进一步增强。

城乡最低生活保障、救灾救助、就业再就业等各项政策措施落实到位，群众实实在在得到实惠。4.4万人享受城镇居民最低生活保障，24.1万人享受农村最低生活保障，2.1万人享受农村五保供养，享受救济总人数34.3万人次。其中2000人享受城市临时救济，3000人享受农村传统救济，3.2万人享受农村临时救济。城镇新增就业和再就业人员1.4万人，增长19.7%。在财政一般预算支出中教育、医疗卫生、社会保障和就业等民生类支出46.21亿元，占比重43.4%；有效组织开展腾冲2次地震的抗震救灾工作，完成“9·01”隆阳区瓦马乡特大地质灾害灾后异地重建、搬迁工作。

高度重视做好新形势下群众工作，积极探索社会管理创新，全面加强社会治安综合治理，畅通群众诉求渠道，认真开展了联村入户等活动，解决各类社会热点、难点问题；进一步加大食品安全、安全生产等工作力度，有效控制了重特大事故的发生，维护了社会和谐稳定。

（王文蓉）

昭通市

【综 述】 2011年，在市委、市政府的正确领导下，全市人民紧紧围绕富民强市跨越发展的奋斗目标，积极应对一系列重大挑战和严峻考验，加快转变经济发展方式主线，积极处理保持经济发展、调整经济结构、管理通胀预期的关系，全市经济呈现出增长较快、物价趋稳、效益提升、民生改善的良好态势，实现了“十二五”良好开局。昭通市生产总值（GDP）465.04亿元，比上年增长14.7%。其中第一产业增加值9.16亿元，增长6.8%；第二产业增加值222.87亿元，增长21.4%，工业增加值170.86亿元，增长23%；第三产业增加值150.57亿元，增长10.2%。人均GDP为8877元，增长13.8%。产业结构继续调整，第一产业在以前的基础上得到巩固，第二产业保持较快增长，第三产业发展加快，全市三次产业比例为19.7：47.9：32.4。非公有制经济所占比重稳步上升，非公经济增加值188.34亿元，增长19%，比重由上年的39.3%上升为40.5%。全年居民消费价格比上年上涨5.3%，其中食品价格上涨9.9%。商品零售价格总指数上涨5.2%，农业生产资料价格上涨9.7%。

2011年居民消费价格指数

类别	单位	指数（上年同期为100）	
		2010年	2011年
居民消费价格总指数	%	103.0	105.3
食品类	%	107.4	109.9
烟酒及用品	%	100.2	102.7
衣着类	%	98.1	103.1
家庭设备用品及维修服务	%	100.3	98.1
医疗保健及个人用品	%	101.3	101.6
交通及通信	%	99.7	99.6
娱乐教育文化用品	%	100.7	102.5
居住类	%	104.3	107.6
农业生产资料价格指数	%	100.2	109.7
商品零售价格总指数	%	103.5	105.2

全年单位GDP能耗下降2.6%。能源消费总量478.49万吨标准煤(等价热值)，比上年增长11.7%。第一产业为17.23万吨标准煤,占总能源消费3.6%；第二产业320.32万吨标准煤,占总能源消费67%，其中工业为258.78万吨标准煤,占第二产业能源消费80.8%；第三产业66.21万吨标准煤,占总能源消费13.8%；居民能源消费量74.72万吨标准煤,占总能源消费15.6%。

【农村经济】 2011年，全年实现农林牧渔服务业总产值142.95亿元，比上年增长7.4 %。其中农业产值63.63亿元，增长4.5%，林业产值4.34亿元，增长9.7%，畜牧业产值71.75亿元，增长10.2%，渔业产值5200万元，增长20.9%，农业服务业产值2.7亿元，增长1.8%。

全年粮食总产量177.87万吨，比上年增长1.1%。其中夏粮11.65万吨，增长43.8%；秋粮166.22万吨，下降1%。全年肉类总产量43.75万吨，增长11%。

2011年主要农产品和畜产品产量

产品名称	单位	绝对数	比上年增长%
一、农产品产量			
粮　食	吨	1778700	1.1
油　料	吨	38065	13.1
甘　蔗	吨	98305	-19.4
烤　烟	吨	53167	-5.3
蔬　菜	吨	1112000	2
水　果	吨	195736	5.6
二、畜产品产量			
肉类总产量	吨	437517	11
#猪肉	吨	385919	11.2
禽蛋	吨	20373	6.6
猪存栏头数	万头	343.32	9
牛存栏头数	万头	59.4	5.5
羊存栏头数	万头	63.9	1.3
家禽存栏只数	万只	785.1	7.3

全年实施农村人饮安全和“五小水利”工程4.1万件，改造中低产田地29.8万亩，新建沼气池3.8万口，创建高产示范样板186.8万亩，新增规模以上涉农企业8户，专业合作组织114个，农产品加工规模38万吨，实现产值32亿元。落实各类扶贫项目资金4.2亿元，实施951个自然村推进项目，完成村容村貌整治70个，启动新农村示范点829个。

【工业·建筑业】 2011年，全社会实现工业总产值357.78亿元，比上年增长26.2%。规模以上工业总产值255.05亿元，增长22.9%。其中轻工业71.95亿元，增长16.3%；重工业183.1亿元，增长27.6%。烟草加工业完成产值57.08亿元，增长16.8%；电力、热力的生产和供应业完成产值40.6亿元，增长23.2%；有色金属矿采选业完成产值16.7亿元，增长33.1%；化学原料及化学制品制造业完成产值28.16亿元，增长6.6%；煤炭开采和洗选业完成产值68.06亿元，增长33.4%。规模以上工业企业完成增加值119.11亿元，增长22.9%。

规模以上工业企业实现主营业务收入236.29亿元，比上年增长31.3%。实现利税总额69.1亿元，增长24.4%，其中利润总额18.02亿元，增长34.1%，呈现利润增幅高于利税增幅、利税增幅高于销售增幅的良好发展态势。企业亏损面12.4%；亏损企业亏损额2.85亿元，下降66.2%。

全年建筑业总产值完成104.22亿元，增长75.5%。实现增加值50.02亿元，增长16.4%。具有资质等级的施工单位154户，减少3户。完成房屋施工面积522.51万平方米，增长1.26倍。

2011年主要工业产品产量

产品名称	单位	绝对数	比上年增长(%)
原煤	万吨	1949	6.4
铁矿石原矿量	吨	48883	37.5
铅金属含量	吨	21931	-28.6
锌金属含量	吨	105153	-10.9
十种有色金属	吨	116357	35.5
卷烟	万支	2683600	1.2
合成氨	吨	359708	13.0
农用氮磷钾化肥（折纯N100%）	吨	314730	17.8
碳化钙（电石）	吨	441305	-1.3
水泥	万吨	328.79	10.2

发电量	万千瓦小时	581253	11.8
其中：火力发电量	万千瓦小时	107	-27.2
水力发电量	万千瓦小时	581146	11.8
自来水生产量	万立方米	2287	6.5

[固定资产投资] 2011年，完成全社会固定资产投资487.39亿元，比上年增长36.86%。在各类投资中，城镇投资399.13亿元，增长31.2%；农村非农户投资63.17亿元，增长83.07%；房地产投资25.09亿元，增长43.9%。全年累计完成基础设施投资308.27亿元，增长26.1%，占全社会固定资产投资的比重为 63.2 %，地方项目完成投资378.87亿元，增长30.2%，占全社会固定资产投资的比重为77.7%。

全市第一产业投资额11.2亿元，比上年下降0.38%；第二产业投资额249.37亿元，增长35.9%；第三产业投资额226.83亿元，增长40.5%。工业实现投资额248.69亿元，增长35.6%，占全社会投资比重为51%。

全年房地产开发投资完成72.9亿元，比上年增长43.9%，其中商品住宅投资14.59亿元，增长37.3%；商业营业用房投资5.98亿元，增长69.3%。全市商品房屋销售面积89.41万平方米，增长81.5%，商品房屋销售额26.2亿元，增长83.5%。

2011年分行业固定资产投资及其增长速度

行业	投资额（万元）	比上年增长%
总计	4873910	36.86
农、林、牧、渔业	111978	-0.38
采矿业	369135	58.09
制造业	256745	16.91
电力、燃气及水的生产和供应业	1861042	34.71
建筑业	6752	—
交通运输、仓储和邮政业	738075	17.64
批发和零售业	61503	133.41
住宿和餐饮业	62934	183.46
金融业	6266	114.59
房地产业	729034	76.31
水利、环境和公共设施管理业	379880	20.87
教育	95254	-21.60
卫生、社会保障和社会福利业	58957	15.40
其他	136355	-7.50

【国内贸易·对外经济·旅游业】 2011年，实现社会消费品零售总额126.83亿元，比上年增长20%。城乡消费实现稳步增长，县以上城镇实现零售额90.6亿元，增长20.8%，市场份额71.4%；县以下农村实现零售额36.23亿元，增长18.2%，市场份额28.6%。公有经济实现社会消费品零售额27.59亿元，增长23.6%，非公有经济实现社会消费品零售额99.24亿元，增长19.1%，市场份额78.3%。零售业、餐饮业生意兴旺。其中零售业实现零售额108.06亿元，增长19%，占昭通市社会消费品零售总额的市场份额85.2%；住宿业实现零售额1.99亿元，增长32.2%；餐饮业实现零售额13.71亿元，增长26.3%；批发业实现零售额3.08亿元，增长22.3%。

全年签约及实施国内经济合作项目346个，新签约项目89个，协议引资204亿元，启动实施69个，履约率78%，累计到位资金21.82亿元。全年实际到位市外资金165.02亿元，比上年增长31.3%；省外到位资金116.78亿元，增长40.9%；实际利用外资550万美元，增长83%；招商引资成效明显。国际贸易进出口总额1651万美元，增长17.5%，其中出口额530万美元，增长17.8%。

旅游业接待游客和旅游收入有所增加。全年累计接待海内外旅游者708.8万人次，比上年增长12.9%，其中海外旅游者916人次，国内旅游者708.7万人次。旅游业综合收入26.26亿元，增长30.9%，其中外汇收入21.04万美元。

【财政·金融业】 2011年，财政总收入完成86.25亿元，比上年增长21%。地方一般预算收入完成32.59亿元，增长27.2%，其中税收收入快速增长，达到26.37亿元，增长24.4。一般预算支出完成178.28亿元，增长21.6%。上划两税财政收入完成43.99亿元，增长20.2%。国税收入57.32亿元，增长17.6%；其中税收收入57.3亿元，增长17.6%。

地税收入26.61亿元，增长23.73%，其中税收收入22.77亿元,增长24.4%。

2011年末，全市金融机构人民币存款余额619.7亿元，比年初增长19.1%。其中单位存款余额296.35亿元，增长20.3%；个人存款余额293.6亿元，增长25.1%，储蓄存款余额293.5亿元，增长25%。金融机构人民币贷款余额355.55亿元，增长24.2%。其中短期贷款87.83亿元，增长1%；中长期贷款265.33亿元，增长33.5%。

2011年财政收支情况

名　称	绝对数（万元）	比上年增长（%）
财政总收入	862517	21.0
其中：一般预算收入	325935	27.2
#税收收入	263773	24.4
非税收入	62162	40.7
一般预算支出	1782825	21.6
#一般公共服务	160166	15.7
教育	409601	24.3
社会保障和就业	251760	26.2
农林水事务	279852	20.9

2011年金融机构人民币信贷收支情况

名称	绝对数（万元）	比年初增长（%）
存款余额	6197034	19.1
其中：企业存款	2963500	20.3
城乡居民储蓄存款	2935999	25.1
贷款余额	3935414	25
其中：短期贷款	3555539	24.2
#个人贷款及透支	878327	1
中长期贷款	235264	-5.9
个人贷款	2653330	33.5

【教育·文化·卫生·体育】 2011年，全市年末有普通高等学校1所，在校学生5918人，比上年下降0.42%；普通中等专业学校在校学生1万人，增长5.3%；职业中学在校学生2.24万人,增长20.2%；普通中学在校学生37.22万人,增长0.3%；小学在校学生67.82万人，下降5.7%。中小学布局逐步优化，农村办学条件进一步改善。小学学龄儿童入学率99.5%；初中毛入学率100.8%；高中毛入学率40%。全年扫除文盲9500人。

全面落实“两基”的巩固提高工作，积极推进教育现代化，办学条件不断改善，累计争取和投入各类教育专款21.07亿元,比上年增长47.8%，新建校舍42万平方米、排除中小学危房14.5万平方米，招聘教师1211人，高考上线率提高0.84个百分点，职业教育招生规模8.4%。

年末完成879个文化信息资源共享工程站点建设任务，新建成农家书屋500个，市博物馆竣工开馆。电视综合人口覆盖率94.3%,广播综合人口覆盖率92.7%，报刊、杂志以及图书出版的发行量不断增加。

年末全市有医疗卫生机构462个，床位1.28万张，卫生人员1万人（卫生技术人员8522人）。其中公办医疗卫生机构225个，床位1.05万张，卫生人员8044人（卫生技术人员6664人）。

【社会保障·劳动就业】 2011年，全市各类社会保险参保人数186.66万人，比上年增长60%。全市新农保和城镇居民养老保险参保人数127.5万人，发放养老金1.15亿元。认真开展未参保集体企业退休人员的基本养老保险参保工作，全市累计参保1.08万人，收缴社会保险费3.75亿元，办理退休8112人。新型农村合作医疗的参合农民489.41万人，参合率95.8%。城镇低收入10.75万人和农村贫困群众51.64万人纳入城乡低保，分别发放低保金2.5亿元和5.6亿元。

劳动就业和再就业工作稳步推进。年末全市从业人员304.9万人，其中第一产业201.5万人、第二产业33.4万人、第三产业70万人。城镇新增就业2.3万人，城镇登记失业率控制在4.4%以内。农村人力资源开发纵深推进，累计转移农村劳动力127.4万人，实现务工纯收入85.7亿元，占农民人均纯收入比重提高到51%。落实各类扶贫项目资金4.2亿元，实施951个自然村推进项目，完成村容村貌整治70个，启动新农村示范点829个，扶贫开发和新农村建设取得新的成就。

【人口·人民生活】 2011年末，全市户籍人口579.3万人，全市常住人口525.85万人，城镇化率22.6%。

2011年全市在岗职工年平均工资3.4万元，比上年增长18.1%。城镇居民人均可支配收入1.41万元，增长14.5%；人均生活消费支出9095元，增长8.7%。农民人均纯收入3294元，增长19%；农民人均生活消费支出2935元，增长26.8%。城乡居民居住条件继续改善。城镇人均住房建筑面积31.2平方米，农村人均住房居住面积26.2平方米；城镇居民家庭恩格尔系数为43.8%，农村居民家庭恩格尔系数为50.2%。

（邹　蓉）

丽江市

【综　述】 2011年,是“十二五”规划的开局之年。丽江市面对复杂多变的国内外形势，坚决执行中央、省委、省政府和市委的决策部署，紧紧抓住国家新一轮西部大开发和云南省“两强一堡”建设战略机遇，努力克服国际金融危机、物价持续上涨等不利因素影响，围绕“三基地一窗口一屏障”建设，凝心聚力搞建设，一心一意谋发展，国民经济和社会发展实现良好开局。全市生产总值178.5亿元，比上年增长16.5%，加快1.3个百分点，比全国、全省平均增幅高7.4、2.8个百分点，增幅位居全省各州（市）第二；地方财政一般预算收入26.26亿元，增加9.8亿元，增长59.6%，增幅排名全省第一；社会消费品零售总额55.7亿元，增长22.3%；城镇居民人均可支配收入1.58万元，比上年增加2072元，增长15.1%；农民人均纯收入4270元，增加860元，增长25.2%；单位生产总值能耗下降2.92%；城镇登记失业率3.4%，人口自然增长率4.39‰；居民消费价格总水平涨幅4.6%，比全国、全省平均水平低0.8、0.3个百分点。

【农业·农村经济】 2011年，重视“三农”工作，统筹城乡发展，积极落实各项支农惠农政策，加大农业投入，夯实农业农村发展基础。全年完成农业总产值53亿元，比上年增长7.3%。实施100个社会主义新农村重点村建设，新建沼气池6172口、节柴改灶6935户、“五小”水利工程1.08万件，改造中低产田地14.4万亩，改建农村公路567公里，解决12.7万农村人口饮水安全问题和2541户无电人口通电问题，实施18座病险水库除险加固工程。粮食总产量44.17万吨，再创历史新高。推进农业产业化，市级财政投入5000万元重点扶持农业龙头企业和蔬菜、马铃薯、中药材等产业发展。加快建设丽江特色优质烟叶基地，收购烟叶63万担，实现产值5.7亿元。新增核桃、芒果、雪桃等生态产业基地82万亩。大力发展优质高效畜牧业，畜牧业产值21.3亿元，比上年增长11.1%；肉类总产量11.66万吨。培训农村剩余劳动力3.5万人，新增转移农村劳动力4万人。加大扶贫力度，实施267个贫困自然村整村推进、1550人易地扶贫开发、750户安居工程，解决5.03万农村贫困人口温饱问题。

【工业·建筑业】 2011年，产业结构调整步伐加快。第二产业增加值超过第一、第三产业，三次产业结构由上年的18.1∶38.3∶43.6调整为17.1∶41.7∶41.2。积极推进新型工业化进程，着力培育工业支柱产业，全年完成工业总产值120.8亿元，比上年增长27.3%，其中规模以上工业总产值95.31亿元，增长38.3%。工业增加值46.64亿元，增长30.1%，规模以上工业增加值42.29亿元，增长32.7%。工业对经济增长的贡献率为42.1%，拉动GDP增长7个百分点。全年规模以上工业企业实现主营业务收入93.94亿元，增长47.4%，实现利税14.64亿元，增长49.5%，其中利润7.51亿元，增长50.6%。主要工业产品产量中原煤产量896.9万吨，增长10.6%；发电量68.7亿千瓦时，为上年的5.2倍；成品糖6600吨；水泥320.9万吨，增长30%。

建筑业增加值27.76亿元，比上年增长19.4%，对全市经济增长的贡献率为17.97%，拉动GDP增长3个百分点。全年发生各类安全生产事故55起，比上年增加2起。生产安全事故死亡51人，减少16人，全年亿元GDP生产安全事故死亡人数0.29人，下降35.6%。

【固定资产投资】 2011年，加强基础设施建设，扩大固定资产投资规模,夯实跨越式发展基础。全社会固定资产投资273.3亿元，比上年增加71.2亿元，增长35.3%，其中城镇固定资产投资223.9亿元，增长31%。实施城镇投资施工项目（不含房地产项目）1048个，增长52.3%,其中新开工项目877个,增长82%。城镇投资中，第一产业投资下降，完成投资3.73亿元，下降23.2%；第二产业投资趋缓，完成投资106.6亿元，增长11.7%；

第三产业投资增长较快，完成投资 113.6 亿元，增长 60.8%，其中交通运输业投资 58.8 亿元，增长 86%；水利管理业投资 7.44 亿元，增长 1.53 倍；环境管理业投资 2.29 亿元，增长 12.7%。公共服务业投入明显增大，完成投资 10.4 亿元，增长 54%，其中教育 4.31 亿元，下降 22%；卫生 1.6 亿元，增长 47.1%；文体 5300 万元，下降 81.4%。全年城镇建设项目到位资金 210 亿元，增长 41.1%，其中国家预算内资金 13.8 亿元，增长 3.1%；国内贷款资金 71.4 亿元，增长 47.5%。

【现代服务业】 2011 年，全市第三产业增加值 73.62 亿元，比上年增长 12.4%，对经济增长的贡献率为 32.8%，拉动全市 GDP 增长 5.4 个百分点。城乡消费市场繁荣旺盛，全市实现社会消费品零售总额 55.7 亿元，增长 22.3%，分城乡看，城镇完成消费品零售额 39.97 亿元，增长 24.3%，农村完成消费品零售额 15.69 亿元，增长 17.6%；分行业看，批发零售贸易业完成 41.42 亿元，增长 23.3%；住宿和餐饮业 14.25 亿元，增长 19.7%；分经济类型看，公有经济 6.36 亿元，增长 77.2%，其中国有经济 5.56 亿元，增长 105.9%；非公有经济 49.3 亿元，增长 17.6%。其中私有经济 47.27 亿，增长 15.7%。

交通运输能力不断提高。全年公路货运量完成 956 万吨，比上年增长 18.4%；公路货物周转量 14.67 亿吨公里，增长 15.08%；公路客运量 1830 万人次，增长 13.24%，公路旅客周转量 13.13 亿人公里，增长 14.89%；全年民航货邮运输量完成 1.71 万吨，增长 8.8%，运输旅客 218.36 万人次，下降 1.5%，运输航班 2.01 万架次，下降 4.5%。邮电业务总量 5.62 亿元，增长 1 7 .97%；固定电话普及率 13.11 部/百人；移动电话用户 76.37 万户，增长 12.64%。

金融稳健运行，保险事业快速发展。2011 年，全市金融机构人民币各项存款余额 348.8 亿元，比年初增加 51.19 亿元，增长 17.2%；各项贷款余额 250.28 亿元，比年初增加 56.36 亿元，增长 29.06%；全年保险业保费收入 6.37 亿元，比上年增长 16.4%，赔付金额 1.46 亿元，增长 20.6%。

全年有招商引资项目 180 个，其中在建项目 116 个，筹建项目 17 个，完工项目 47 个。招商引资国内合作项目到位资金 144.14 亿元，增长 15.13%，其中省外到位资金 128.08 亿元，增长 15.5%；外资到位资金 1207 万美元，增长 3.28 倍。

全面开展旅游标准化试点工作，并通过国家旅游局验收，旅游业持续升温。2011 年，接待海内外游客 1184.05 万人次，比上年增长 30.12%，其中海外游客 73.12 万人次，增长 24.5%。实现旅游总收入 152.22 亿元，增长 35.36%，其中国内旅游收入 135.73 亿元，增长 37.51%；旅游外汇收入 2.54 亿美元，增长 25.44%。

【社会民生】 2011 年，教育事业得到优先发展，科技事业取得新成果。全面实施农村义务教育“两免一补”政策，受益学生 16.1 万人，免补金额 1.56 亿元；教育基础设施进一步改善，中小学危房改造工程开工 16.85 万平方米，竣工 9.7 万平方米；“普九”成果得到巩固，全年小学在校人数 10.16 万人，初中在校人数 5.24 万人，高中在校人数 2.19 万人，幼儿园在园幼儿 2.32 万人。在校残疾儿童 372 人，残疾儿童入学率 102.2%；小学毛入学率 110.69%，比上年提高 0.38 个百分点，小学辍学率 0.73%；初中毛入学率 106.09%，初中升学率 62.67%，下降 7.58 个百分点，初中巩固率 97.46%，初中辍学率 2.59%。师资力量加强，教师素质进一步提高，幼儿园专任教师 859 人，小学教师学历达标率 98.81%，高中教师学历达标率 97.56%。教学质量进一步提高，普通高考录取率 89.5%，提高 6.6 个百分点。实施国家和省科技计划项目 23 项，申报专利 88 件，有 2 项科技成果获省级以上科技进步奖。

文化、广播、体育和卫生事业稳步发展，年末有文化馆 6 个、博物馆 5 个、公共图书馆 6 个、文管所 5 个。2011 年新建 50 个村文化室；广播综合人口覆盖率 90%，比上年提高 7 个百分点；电视综合人口覆盖率 95%，比上年提高 3 个百分点。举办综合性运动会 202 次，丽江市运动员在各项目比赛中获金牌 4 枚、银牌 4 枚、铜牌 4 枚。全市有全民所有制卫生机构 94 个，公立医院病床数 3135 张，卫生技术人员 2703 人；村卫生室 432 个，有乡村医生和卫生员 1151 人。新型农村合作医疗覆盖农业人口 98.12 万人，参合 95.03 万人，参合率 96.85%，全年有 215.47 万人次享受新农合减免补偿，减免补偿金 1.52 亿元。

就业再就业工作进一步加强，社会保障能力明显增强。2011 年末城镇全部单位从业人员 9.48 万人，比上年增长 8.35%。年末城镇登记失业人数 4606 人，比上年增加 230 人；城镇登记失业率 3.4%，下降 0.2 个百分点。年末城镇参加基本养老保险人数 6.87 万人，增加 5331 人。农村社会养老保险制度快速推进，参保人数59.93万人，增长226%。城镇居民最低生活保障人数4.05万人；农村居民最低生活保障人数11.12万人，增加9600人。城镇居民最低生活保障资金支出6498.26万元，增长3.8%；农村居民最低生活保障资金支出1.24亿元，增长70%。各类社会福利单位35个，社会福利单位床位数2180张，收养各类人员1864人。建立各种城镇社区服务设施26个。建设城镇保障性住房3100套。

【环境保护·城市生态建设】 2011年，坚持可持续发展，国家生态安全重要屏障建设取得新成绩。积极推进天然林保护、退耕还林等重点工程，完成中低产林改造22万亩，新增造林面积41.55万亩，全年完成封山育林651万亩，治理水土流失125.6平方公里，森林覆盖率66.15%。全年环境污染治理投资8889万元，比上年增长12%。工业废水排放达标率98.5%；工业固体废物综合利用率85%；城镇生活污水集中处理率80%，提高2个百分点；城镇垃圾无害化处理率达到85%；全年二氧化硫排放总量7100吨，下降9%；实施5个农村环境综合整治项目。

城市化进程加快。城市建成区面积33平方公里，城市公共绿地面积970.5公顷，人均公共绿地面积30.2平方米，建成区绿化率31%，提高5个百分点；建成区绿地率29%，提高3个百分点；城市道路长度140公里，增长5.2%；自来水综合生产能力11.2万立方米/日；用水普及率98%，提高1个百分点；燃气普及率85%，提高3个百分点。丽江城市总体规划修编获省政府批准，全面完成53个乡（镇）4902个村庄规划工作，城乡规划体系逐步完善。实施城镇绿化、净化、亮化、美化和道路畅通工程，成功创建国家园林城市。城镇化率28.3%。

（杨智远）

普洱市

【概 述】 普洱市位于云南省西南部，辖9县1区，国土面积4.5万平方公里，总人口256万，与越南、老挝、缅甸三国接壤。自然资源富集，生物多样性特色鲜明，是云南"动植物王国"的缩影，森林覆盖率67%，有5800种以上的高等植物、1400种以上的高等动物，森林生态总价值2085亿元，享有"怀金孕宝"、"绿海明珠"、"云南核心药库"之美誉；气候环境优越，海拔在317～3370米之间，中心城区海拔1300米，年平均气温18.9℃，是北回归线上保存最完整、不可多得的巨大绿洲；热区资源丰富，全市海拔在1400米以下的热区面积250多万公顷，占全省热区面积的28.6%，是普洱茶原产地，全国咖啡、石斛最大的产区，桑蚕丝品质在世界最高5A级以上，橡胶面积居全国第三，松香产量居云南第一，是一块极具开发潜力的绿色宝库。

2011年，普洱市完成地区生产总值301.2亿元，比上年增长14.2%，增幅居全省第六位；全社会固定资产投资305.2亿元，增长29.8%，增幅居全省第四位；地方财政一般预算收入39.3亿元，增长27.3%，地方财政一般预算支出145.4亿元，增长27.6%，绝对额居全省第六位；外贸进出口总额2.1亿美元，增长23.2%；社会消费品零售总额86.2亿元，增长18.7%；农民人均纯收入4338元，增长18.8%；城镇居民人均可支配收入1.49万元，增长10.4%；金融机构存款余额423.7亿元、贷款余额275.7亿元，分别增长16.4%、18.8%；居民消费价格总水平涨幅4.4%，城镇登记失业率控制在4.2%，人口自然增长率控制在5.8‰以内，万元生产总值能耗下降3.8%。

省领导到普洱视察

云南省政府在普洱召开绿色经济发展专题会

积极构建以保障和改善民生为重点的财政

支出体系，深入推进农村综合改革、集体林权制度等改革，土地流转服务体系初步形成，信用担保体系逐步完善，医药卫生体制5项重点改革取得新进展，新一轮政府机构改革顺利完成。全力招商引资，引进加拿大嘉汉林业、中国建材、广东核电、深圳永丰源等企业，实现各类经济合作项目182项，实际到位市外资金131.4亿元，增长70.7%，居全省第六位，比上年提高三位。与泰国彭世洛市、吉林省吉林市缔结为友好城市，与昆明市签订国际大通道建设和边境贸易合作框架协议。孟连（勐阿）边境经济合作区列入国家桥头堡战略，江城勐康口岸获批为国家一类口岸。加强同周边国家人文交流和经贸往来，中老越三国边境经济圈建设积极推进。

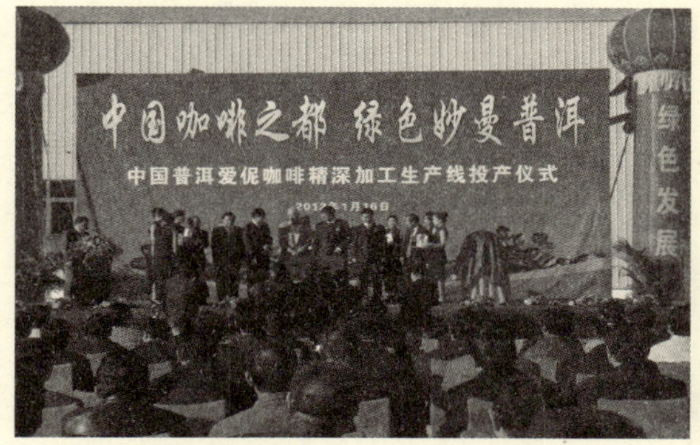

爱伲咖啡精深加工生产线投厂

【特色产业】 普洱市坚持“生态立市、绿色发展”战略，创造性地提出建设国家绿色经济试验示范区的构想，得到国务院副总理李克强的批示支持，全国政协副主席白立忱率队2次深入普洱调研指导。秦光荣书记要求“普洱要充分挖掘和发挥特色优势，加快推进国家绿色经济试验示范区建设，把普洱打造成为生态环保的新高地、绿色经济的示范区、休闲度假的养生堂”。积极构建多元化的现代产业体系，提升新型工业化水平。加快支柱产业优化升级，培植壮大骨干特色产业，实现工业总产值165亿元，比上年增长22.9%，规模以上工业增加值54.2亿元，增长26.8%。茶、林、电、矿产业实现工业产值115.8亿元，占工业总产值的70.2%，实现利税22.6亿元，增长34.1%。文化旅游养生产业实现新突破，一批旅游景区景点、精品酒店建成使用，接待国内游客556.43万人次、海外游客3.8万人次，分别增长60.2%、32.9%，实现旅游总收入29.6亿元，增长72.8%，接待国内游客和旅游总收入增幅居全省第一。强化产业项目支撑，打造绿色工业发展平台，全市10县（区）全面启动工业园区规划建设，普洱工业园区入园企业137户，建成投产98户，实现工业总产值22.3亿元，景谷特色林产工业园区建设加快，景东工业园区通过省级评审并成为全省45个重点工业园区之一。天士力帝泊洱生物茶谷建设加快推进，康恩贝云南高山生物农业、澜沧江啤酒、佳浩茧丝绸等企业入园工作进展顺利。云南海王年产10万吨鲜鱼片生产线建成投产。全面提升特色生物产业竞争力，打造“中国咖啡之都”工作扎实推进，构建与星巴克、雀巢等企业的战略合作平台，成功注册普洱咖啡、思茅咖啡地理标志证明商标，爱伲集团咖啡烘培生产线竣工投产，全市咖啡种植面积43.9万亩，产值8.5亿元。收购烟叶115.8万担，烟农收入10.9亿元。橡胶产值10.8亿元，蚕桑产值2.3亿元，生物药业产值5.1亿元，渔牧业产值41.4亿元。非公经济发展势头强劲，非公经济增加值占全市生产总值的比重39%。

石斛基地

【固定资产投资】 2011年全力抓项目、增投资、促发展，坚持大干项目不放松，建立重大项目推进机制，2次召开重点项目建设推进现场会。全社会固定资产投资超计划完成17.2亿元，实施项目建设1724个，其中新开工1479个，增长比上年91.1%。完成综合交通投资58.4亿元，磨思高速公路和澜西路、思江路等8条二级公路建成通车，澜沧绿三角机场立项报批工作进展顺利，玉溪新平—镇沅—临沧高速公路及玉溪—磨憨铁路（普洱段）等项目前期工作扎实推进。完成电站及电网投资116.3亿元，石门坎、三江口电站建成发电，糯扎渡电站提前2年下闸蓄水，800千伏直流输电工程和500千伏交流送出工程开工建设，太阳能、风能、生物质能等项目建设启动，清洁能源基地建设取得重大突破，全市总装机容量1000万千瓦。完成水利投资12.1亿元，江城营盘山、思茅箐门口等水库竣工验收，实施 54 座病险水库加固工程，完成 1.4 万件“五小水利”工程，新增和改善灌溉面积 25.1 万亩。完成城镇基础设施及房地产投资 61.8 亿元、社会事业投资 17.2 亿元，建成一批教育、卫生、科技、文化等公共设施。

【农业·农村经济】 2011 年，紧紧围绕全年粮食不滑坡、农民收入不降低、农村发展不减速的目标，着力抓好抗大旱、促春耕、保民生，全年实现农业总产值 147.3 亿元，增加值 88.7 亿元，分别增长 8.4%、8%。粮食总产量 95.5 万吨，连续 8 年增产。完成中低产田地改造 31.2 万亩，其中“兴地睦边”农田整治项目 11.2 万亩。完成中低产林改造 40 万亩、生态茶园覆荫树种植 57.6 万亩。农业产业化经营组织发展到 760 个，各类农业龙头企业发展到 172 家。88 个省级重点村和 54 个市级新农村试点村建设全面启动。投入各类扶贫开发资金 8.1 亿元，完成 730 个自然村整村推进项目。澜沧拉祜族聚居区扶贫开发取得阶段性成效，聚居区 2.6 万群众初步摆脱贫困。

普洱市工业园区一角

【城镇化建设】 2011 年，积极探索实践城镇上山、农民进城的城镇化发展新路子，创造了特色城镇化发展“普洱模式”，为全省城镇化建设提供有益经验。着力打造“妙曼普洱、养生天堂”城市品牌，加大中心城区提升改造力度，湿地系统恢复和绿化、美化、亮化等一批项目全面推进，16 条续建及新开工城镇道路通车 12 条，一个以生命景观系统支撑的妙曼城市呼之欲出，“城在林中、林在城中、山水相依、绿色生态”的妙曼城市展现雏形。1 个区域性中心城市群（思茅区、宁洱县），2 个区域性次级中心城市（景谷县、澜沧县），6 个小城市（县城）和一批重点特色城镇有机结合的城镇体系逐渐形成。澜沧惠民城乡一体化试点稳步推进，全市城镇化率 32.3%，比上年提高 2 个百分点。2011 年，普洱市荣获“CCTV 最值得向世界推介的中国名城”、“中国十佳绿色城市”、“中国最佳休闲小城”、“中国魅力城市”、“全国可再生能源建筑应用示范城市”和“EMBA 最具投资价值城市”等荣誉称号。

【文化事业】 2011 年，“两馆一站”、文化信息资源共享等文化基础设施建设稳步推进，市文化中心等一批重大标志性文化工程建成使用。实施普洱茶科技创新和文化推广，在昆明建设普洱茶科技文化中心。推出《妙曼普洱》、《茶马古道》、《阿佤山》等一批文化艺术精品力作。中央电视台“心连心”艺术团首次走进普洱，“妙曼普洱、养生天堂”全国摄影大赛作品在国内巡回展出。普洱市参加央视年度大型公益励志电视活动—《梦想合唱团》荣获冠军。举办以“书画普洱”为主题的第 11 届中国普洱茶节，开展首届“感动普洱人物、普洱道德模范、普洱美德少年”评选表彰活动。实现各县城所在地的数字电视整体转换和移动广播电视信号全覆盖。景迈山万亩古茶园被批准为国家级重点文物保护单位，荣获 2011 年中国十大休闲胜地称号，申报世界文化遗产、世界农业文化遗产通过专家评估论证。

成功举办招商引资推介会

孟连（勐阿）边境经济合作区启动建设

【社会事业】 2011年，民生投入101.4亿元，占地方财政一般预算支出的72.3%，高于全省0.7个百分点。全面协调发展各级各类教育，投入教育经费21亿元，增长20.8%。全面消除D级危房。全市高中阶段毛入学率55.2%，比上年提高5.2个百分点，高考上线率91.8%，创历史新高。通过国家"两基"迎国检，成功组建普洱学院，普洱从此有了第一所本科大学。完成112个卫生基础设施项目建设，市人民医院被列为云南省州（市）级区域卫生中心。组织各类实用技术培训4000余期30万人次，科技对经济增长的贡献率30.2%。国家普洱亚高原体育基地建设项目列入省规划。全面推进"乡村流通工程"建设，建立1143个农村综合服务社。深入实施全民创业就业工程，发放小额担保贷款总量连续3年居全省第一位。基本养老、医疗、失业、工伤、生育保险参保总人数80.8万人次；新型农村和城镇居民社会养老保险参保人数114.2万人。开工建设5540套廉租房和公租房。投入城乡社会救助资金6.5亿元。新增公益林250万亩，生物多样性保护扎实有效，人民群众对城市环境满意率从73%提高到80%。禁毒防艾成果更加巩固。全国做好新形势下群众工作经验交流会在普洱召开，"孟连事件"转变为"孟连经验"在全国推广。

山区基本农田地建设成效明显

（刀继民）

临沧市

【综 述】 2011年，临沧市深入贯彻落实科学发展观，紧紧抓住国家实施新一轮西部大开发和云南实施"两强一堡"战略机遇，突出主旋律、增强凝聚力、提高执行力，以科学发展为主题，以加快转变经济发展方式为主线，打基础、强产业，建生态、惠民生，促开放，保稳定，抓项目，上水平，紧紧围绕全社会固定资产投资增加100亿元、招商引资实际到位资金100亿元、规模以上工业企业销售收入100亿元"三个一百"和财政收支考核目标，实施工业强市战略，全面实施新家园行动计划和城乡居民收入倍增计划，深入开展优化软环境增强软实力活动，不断加强和改善宏观调控，实现了临沧经济社会又好又快发展。2011年完成生产总值（GDP）269.9亿元,比上年增长15.2%；完成地方财政总收入38.2亿元，增长49.5%。

【农业·农村经济】 2011年，按照"稳粮、扩经、提质、增效"的要求，坚持"长短结合、有进有退、有所为有所不为"的原则，编制农业产业结构调整规划，优化区域布局。认真落实耕地保护目标责任制，严格执行耕地占补平衡制度。以南汀河流域公路沿线土地整治示范带为重点，实施国土整治、兴地睦边、以工代赈、烟水烟路等工程，改造中低产田地29万亩。突出澜沧江经济走廊、南汀河经济走廊、双江示范县"两廊一县"区域重点，着力建设产业结构调整示范区，带动全市农业产业结构调整。调减低产低质甘蔗面积15.2万亩，共调减低价值作物种植面积57万亩，新发展核桃、澳洲坚果、咖啡、蚕桑等76.83万亩，累计建成农业产业化基地1450万亩。改造中低产林72.09万亩，改造中低产茶园12.5万亩。完成"林粮间种"、"烟粮套种"等农作物间套种368.3万亩。粮食产量再创历史新高，总产量84.6万吨，比上年增长6.8%。收购烟叶92万担，上等烟比例61%，烤烟生产水平和质量创历史最好水平。畜牧业发展势头良好，肉类总产量21.26万吨，增长16%。农业产业化加快发展，规模以上农业龙头企业66户，新发展各类农民专业合作社180个，累计629个。2011年实现农业总产值144.5亿元，比上年增长7.9%。

【工业·建筑业】 2011年，工业经济稳步增长。以实施第二轮工业发展倍增计划为载体，加大投入，积极推进项目建设，加大企业技术创新工作力度，落实中小企业扶持等一系列政策，抓实节能降耗工作，主攻以农产品为主的轻工业集群建设取得初步成效；工业园区快速发展，新型工业化发展平台初步显现，促进工业经济的发展。完成全部工业增加值 74.1 亿元,比上年增长 26%。全市有工作量的建筑施工企业 48 个，实现总产值 32.93 亿元，增长 42.9%，房屋建筑施工面积 175.78 万平方米，竣工面积 97.86 万平方米。

【固定资产投资】 围绕固定资产投资增加 100 亿元的工作目标，积极争取国家和省的支持，创新机制，优化项目，整合资源，调整投资结构，全力推进交通、水电为重点的基础设施建设，提高投资质量，投资保持平稳较快增长。2011 年施工项目 3433 个，比上年增长 56.2%。完成全社会固定资产投资 346.1 亿元,增长 47.6%。其中城镇固定资产投资 220.2 亿元，增长 41%，农村固定资产投资 125.9 亿元，增长 60.9%。

【民生工程】 新家园行动计划扎实推进。2011 年完成 930 个建制村、9649 个自然村的村庄规划编制；401 个旧村改造中的 355 个自然村（组）实现住房特色化，380 个自然村（组）实现乡村道路通畅化，393 个自然村（组）实现人畜饮水安全化，401 个自然村（组）实现管理决策民主化；完成旧房改造 3 万户；旧校舍改造工程开工 92.5 万平方米，竣工 39.7 万平方米。农村生活设施不断改善，自来水受益村 883 个，占全部村委会的 98.4%；通电话村 890 个，占 99.2%；通汽车村 888 个，占 99%；通电村 897 个，占 100%。

城乡居民收入倍增计划扎实推进，城乡居民收入普遍较快增加。2011 年，城镇居民人均可支配收入 1.42 万元，比上年增长 12.5%；农民人均纯收入 4284 元，增长 30.6%。实施更加积极的就业政策，发放“贷免扶补”小额贷款 9638 万元，扶持创业人员 1768 人。筹集小额贷款担保金 1350 万元，发放失业人员小额担保贷款 5510 万元，扶持创业 1106 人。市（县）筹集小企业资本金补助款 1781.5 万元，扶持微型企业 635 户。城镇新增就业 1.1 万人，开发公益性岗位 1289 个。完成劳动力转移培训 16.85 万人，转移农村劳动力 19.29 万人。社会保障明显增强，城镇职工、城镇居民基本医疗保险住院报销比例分别提高 11.5 个百分点 10.2 个百分点。城镇职工、居民大病补充医疗保险最高支付限额大幅提高。8.36 万名职工参加基本养老保险，参加医疗保险职工 21.52 万人，参加生育保险职工 7.51 万人，参加失业保险职工 7.23 万人，参加工伤保险职工 5.52 万人，参加新型农村养老保险 83.9 万人，参加城镇居民社会养老保险 1.43 万人。拥有收养性福利机构 27 个。享受城镇居民最低生活保障人数 4.81 万人，享受农村居民最低生活保障人数 36 万人。

【外贸·外经·旅游业】 2011 年，对外贸易稳步增长，完成进出口总额 16.6 亿元，比上年增长 22.8%，其中进口总额 5.9 亿元，增长 71.2%，出口总额 10.7 亿元,增长 6.3%。招商引资成效显著。合同利用外资 2571 万美元，实际利用外资 2958 万美元。签订和实施国内合作项目 524 个，实际到位资金 119.57 亿元，增长 4.1%。旅游产业稳步发展，全年接待国内外旅游人数 319.54 万人次，增长 10.09%，其中接待海外旅游人数 4.94 万人次，增长 19.9%，实现旅游业总收入 19.56 亿元，增长 35%，创外汇收入 2725 万美元，增长 19.3%。

【金融·保险业】 认真贯彻执行国家的金融政策，金融风险意识增强,运行稳健。2011 年末，金融机构各项人民币存款余额 300.4 亿元，比上年增加 55 亿元。其中单位存款 145.8 亿元，增加 31 亿元，居民储蓄存款余额 148.4 亿元，增加 25.2 亿元。年末金融机构各项人民币贷款余额 217.7 亿元，比上年增加 49.6 亿元。保险事业健康发展，2011 年末全市有保险公司 13 家，完成各种保险收入 5 亿元，增长 22.4%。

【教育·科技·文化·体育·卫生】 2011 年，高度重视教育事业，有大专、中专、职业中学、技校、普通中学、小学、特殊学校、幼儿园、成人中专 1357 所，专任教师 2.24 万人，在校学生 41.33 万人。获得省级以上科技立项支持 34 项，其中国家 5 项，省级 29 项，申请专利 44 件，获得授权 30 件，其中发明专利 12 件。年末有高新技术企业 2 户。拥有综合档案馆 9 个，文化馆 9 个，图书馆 9 个，印发《临沧日报》365 万份。拥有调频转播发射台 40 座，电视转播发射台 10 座；广播覆盖率 95.52%；电视覆盖率 96.28%。积极参加省级以上运动会，获金牌 10 枚、银牌 9 枚、铜牌 9 枚。年末全市有卫生机构 341 个，有卫生技术人员 4773 人，卫生机构拥有床位 5862 张，有执业医师和执业助理医师 2239 人。

【城市建设·生态建设】 城市建设步伐加快。2011 年末城镇人口 75.14 万人，城镇化水平 30.7%。城镇基础设施和服务功能逐步健全和完善，城镇对经济的带动和辐射作用明显增强。加强生态文明建设。完成造林面积 7.55 万公顷，比上年增长

23.6%，森林覆盖率60.56%。累计建成农村沼气池17.9万口，单位生产总值能耗下降3.81%，化学需氧量5.48万吨，氨氮3246吨，二氧化硫排放量2.81万吨，氮氧化物9119吨。

（左映莲）

8个民族自治州

楚雄彝族自治州

【综 述】 楚雄州位于云南省中部偏北，总面积2.93万平方公里，山地面积占总面积的90%以上。有丰富的自然资源和人文景观。属亚热带季风气候，具有立体气候特点。2011年平均降雨量614毫米，年平均气温16.5℃，年日照2371小时。现有自然保护区19个，面积284.96万亩，其中国家级保护区面积47.91万亩。森林覆盖率62.5%，有6000多种植物，中草药材1300多种，野生动物近百种，鸟类390余种。国家级保护植物有云南红豆杉等27种，国家级野生动物有长臂猿等48种。矿产资源以铜、铁、煤、盐等著称。现已探明铁矿储量2.7亿吨、煤10亿吨、盐11亿吨。水资源总量73.23亿立方米，各河流水能理论蕴藏量416.36万千瓦（包括金沙江干流228.3万千瓦）。楚雄盆地具有蕴藏石油天然气的良好地质条件。举世闻名的距今800万年前的禄丰腊玛古猿化石和170万年的元谋人化石以及1.8亿年前的禄丰恐龙化石在这里出土，被誉为“古生物之乡”和“人类发祥地”。

全州辖9县1市、103个乡（镇）、1046个村委会。2011年末全州总人口262.5万人，全州常住人口270.4万人。其中农业人口223.3万人，非农业人口39.2万人。居住有26个民族。全州人口出生率11.36‰，死亡率6.82‰，自然增长率4.54‰。

2011年全州实现生产总值（GDP）482.5亿元，比上年增长12.4%。一、二、三次产业分别完成增加值108.32亿元、208.43亿元、165.75亿元，分别增长8.1%、15.6%、11.2%。一、二、三产业的比重为22.4∶43.2∶34.4。

【人 口】 2011年末，全市常住人口244.77万人，比上年增长6.5%，出生率12.96‰，死亡率6.76‰，自然增长率6.20‰。户籍人口235.69万人，其中农业人口210.33万人，非农业人口25.35万人，少数民族人口95.33万人，占户籍人口的40.4%。

【农业·农村经济·农民生活】 2011年，全面贯彻中央和省的各项强农扶农政策，各级财政投入支农资金56.6亿元，比上年增长36%。全年粮食生产实现大旱之后的丰收，总产量105.5万吨，增长9.8%，创历史新高。烤烟生产提质增效显著，生产收购烟叶192.3万担，烟叶收购总值17.73亿元、均价18.44元/公斤，分别增加2.83亿元和3.4元/公斤。农业产业化稳步推进。建成以蔬菜、茶桑、啤酒大麦、优质稻、马铃薯、优质油菜为重点的特色农产品基地236.92万亩，产值100万元以上龙头企业174户，较上年增加31户，农业龙头企业带动农户31万户，户均增收1450元。畜牧业发展势头强劲。实现总产值65.4亿元，增长7.6%，产值100万元以上的养殖大户12户。扶贫开发成效显著。完成整村推进600个、扶贫搬迁2100人、安居房建设500户，巩固解决贫困人口温饱问题10万人。治理水土流失面积561平方公里。全州农林牧渔业总产值181亿元，增长8.5%。农民人均纯收入增加731元，实际增长13.8%。

【工业·建筑业】 2011年，全州实现工业增加值171.4亿元，比上年增长16.5%，其中规模以上工业增加值126亿元，增长16.2%，实现利税总额83亿元，增长21.9%。企业技术创新成效显著，钛卷板轧制等一批生产设备和工艺技术达到国内领先水平，云南开关厂等5户企业被认证为省级企业技术中心。50个工业重点项目建设取得新进展，楚雄昆钢奕标新型建材有限公司年产90万吨水泥粉磨站和120万立方米商品混凝土建设等6个项目竣工投产；云南新立公司禄丰钛业分公司年产6万吨氯化法钛白粉、1万吨海绵钛生产线等28个项目正抓紧推进；云南兴楼矿业有限公司年产10万吨钛铁系列耐磨材料技改扩建等4

个项目实现开工建设。全州完成工业投资 112.91 亿元，增长 33.6%。楚雄工业园区富民轻工片区等一批园区项目建设有效推进，建成标准厂房面积 25 万平方米。全年投入 5 亿元资金加快园区基础设施建设。节能减排任务全面完成，单位生产总值能耗下降 4.17%。建筑业进一步发展壮大，实现增加值 37.07 亿元，增长 18.3%，截止年底，建筑业从业人员 4.14 万人，建筑业劳动生产率 14.79 万/人。建筑业企业发展能力进一步增强，完成工程结算税金及附加 2 亿元，实现利润总额 1.05 亿元。

【重点产业】 2011 年，楚雄州加大对"十二五"规划确定的烟草、冶金化工业、生物医药、绿色食品、文化旅游、新能源新材料六大重点产业的扶持培育，六大重点产业取得新成绩，实现增加值 223.2 亿元，比上年增长 9.1%，占 GDP 比重 47%。其中烟草产业实现增加值 78.5 亿元，增长 15.7%，占 GDP 比重 16.3%；规模以上冶金化工业增加值 37.2 亿元，增长 13.2%，占 GDP 比重 7.7%；生物医药业增加值 4 亿元，增长 4.9%，占 GDP 比重 0.8%；绿色食品业增加值 73.2 亿元，增长 10.6%，占 GDP 比重 15.2%；文化旅游业和新能源新材料产业发展有较大突破。

【固定资产投资】 项目前期工作扎实推进。2011 年，安排项目前期费 7854 万元，列入省"三个一百"和州重点前期的大姚红豆树水库、禄丰西河水库、楚广高速公路、云铜集团建设项目等一批重点项目前期工作进展顺利，部分项目已获审批立项。争取项目资金取得实效，上报各类项目 5645 个，实际争取项目 3773 个，争取项目资金 62.7 亿元，比上年增长 13.1%。重点在建项目进展顺利。全州实施项目 1589 个，年内新开工项目 1078 个，红塔集团楚雄卷烟厂易地搬迁、姚安下口坝水库扩建等一批重点建设项目推进迅速，元双公路建成通车。全面完成"十二五"项目库建设。由州发改委牵头，相关部门协同配合编制《楚雄州"十二五"项目集群规划》，为全州"十二五"期间进一步做好固定资产投资工作奠定基础。

【县域经济】 2011 年，州委、州政府继续将县域经济发展放在全局工作重要位置加以推进，认真贯彻落实中央和省各项富民强县重大决策部署，加强分类指导、加大扶持力度，各县发展基础进一步夯实、支柱产业进一步培强、考核机制进一步完善，综合实力进一步增强，呈现出县域之间竞相发展新格局。10 县（市）中楚雄、双柏、牟定、南华、永仁、武定 6 个县(市)生产总值增幅均超过全州增幅；地方财政总收入增幅高于 30%有牟定、南华、姚安、大姚、永仁、武定 6 个县，最高增幅 43.9%，10 县(市)完成地方财政总收入 46.5 亿元，增长 21.9%；地方财政一般预算收入增幅高于 30%的有牟定、南华、姚安、大姚、武定 5 个县，最高增幅 52.9%，10 县(市)完成地方财政一般预算收入 29.3 亿元，增长 24.9%；规模以上工业增加值增幅高于 20%的有牟定、南华、姚安、永仁、元谋、武定 6 个县，最高增幅 41%；全社会固定资产投资高于 40%的有双柏、牟定、南华、武定 4 个县，最高增幅 69.2%。

【国内贸易・对外经济】 2011 年,全社会消费品零售总额 158.32 亿元，比上年增长 20%。按城乡分，城镇实现 124.31 亿元，增长 21%；乡村实现 34.01 亿元，增长 16.3%。公有制经济实现 35.97 亿元，增长 22.4%，其中国有及国有控股经济实现 30.8 亿元，增长 23%；非公有制经济实现 122.35 亿元，增长 19.3%，其中个私经济实现 16.65 亿元，增长 22.6%。非公有制经济实现的消费品零售总额占零售总额的 77.3%，下降 7.9 个百分点。全年外贸进出口总额 1.51 亿美元，增长 39.2%。其中出口额 1.36 亿美元，增长 32.9%；进口额 1334 万美元，增长 171.1%。全年实际利用外资 2505 万美元，增长 88.2%。

【交通・物流・邮电】 2011 年，末州境内通车里程 1.73 万公里（含村道）。其中高速公路 304.5 公里，一级公路 46.13 公里。机动车拥有量 46.9 万辆，比上年增长 14.7%。其中汽车 10.2 万辆（个人 8.1 万辆），增长 13.4%。机动车驾驶员 44.9 万人。完成客运量 2810 万人（不含水运），增长 16.9%；旅客周转量 19.46 亿人公里，增长 12%；货运量 1501 万吨，增长 14%；货运周转量 17.09 亿吨公里，增长 17%。

完成邮电业务总量 11.53 亿元，比上年增长 17.9%。邮政业务总量 5600 万元，增长 22.5%；电信业务总量 10.97 亿元，增长 19.8%。全年订售报纸 2861.75 万份，订售杂志 113.63 万份，收发国内信件 510.10 万件。年末固定电话用户 25.41 万户；移动电话用户 125.15 万户。电话普及率 57.35 部/百人，比上年增加 5.59 部/万人，互联网用户 20.4 万户。

【财政·金融·保险】 2011年，楚雄州完成财政总收入103.15亿元，比上年增长19.3%。其中上划中央和省级所得税收入10.69亿元，增长29.5%；上划省级耕地占用税和卷烟教育费附加收入1.07亿元，增长37.6%；地方公共财政一般预算收入37.58亿元，增长22.4%。地方一般预算支出126.76亿元，增长16.7%。

年末金融机构人民币存款余额504.79亿元，比上年末增长15.3%，其中城乡居民储蓄存款275.69亿元，增长20.6%。年末人民币贷款余额301.48亿元，比上年末增长14.8%。

全州保险公司保费收入11.2亿元，比上年增加5.7%。其中寿险业务保费收入6.6亿元，增长2.4%，赔付及给付1.5亿元；财产保险业务保费收入4.5亿元，增长11%，赔付及给付1.97亿元；健康和意外伤害业务保费收入1.6亿元，增长15.3%，赔付及给付7500万元。

【社会事业】 2011年，教育事业保持优先发展。学前教育普及程度得到提高，有幼儿园235所，专任教师1555人，在园幼儿5.09万人，学前3年儿童入园率60%；"两基"成果得到巩固扩大，中小学布局调整工作稳步推进，有小学841所，学龄儿童净入学率99.85%，毕业升学率98.07%，专任教师1.29万人，招生3.01万人，在校生19.98万人，毕业生3.53万人。有初中115所，初中学龄人口净入学率98.49%，毕业升学率68.41%，专任教师6813人，招生3.46万人，在校生10.27万人，毕业生3.49万人； 2011年高考专科以上上线率98.7%，提高0.3个百分点，高出全省平均水平3.59个百分点。

科技事业创新发展。科技对国民经济的贡献率从47.6%提高到48.7%，新增专利申请216件，新增专利授权96件。列入州级以上科技项目83项。其中国家级5项、省级28项，州级50项。

文化体育事业全面推进。覆盖城乡的乡镇文化站、村文化室、农家书屋、文化信息资源、"非遗"传承、农文网培训学校等重点文化惠民工程推进迅速，有专业艺术表演团体10个，公共图书馆11个，公共图书馆藏书116.38万册，文化馆11个（含群艺馆1个），博物馆4个，文管所10个，乡镇文化站103个，州（县）博物馆、文化馆、图书馆和乡镇文化站全部实行免费开放，电视台1座，广播电台1座，电视覆盖率97.5%，广播覆盖率97.2%。全年出版报纸312期，851万份，公共文化服务体系得到完善；文化遗产保护工作顺利推进，全面完成第3次全国文物普查后续工作。举办了楚雄州第12届运动会，积极组队参加全国少数民族运动会等全国性体育赛事，取得4金、2银、7铜的佳绩。群众性体育运动蓬勃开展，全民体质有明显增强。

卫生事业改革发展深入推进。新农合参合率96.5%，医疗卫生保障水平稳步提高；卫生基础设施进一步改善，年末有医院61所，妇幼保健院（所、站）11所，卫生院114所，社区卫生服务中心（站）32个，卫生监督所11个，疾病预防控制中心（所）11个，采供血机构1个，急救中心（站）1个，诊所（卫生所、医务室）355个，门诊部11个，健康教育所1个，医疗卫生机构床位1.14万张，医院和卫生院床位1.1万张，其中医院床位8421张。卫生服务队伍进一步加强，有专业卫生技术人员9987人。其中执业医生3290人，执业助理医师687人，注册护士3224人。传染病、地方病防治工作扎实有效，艾滋病发病率上升的势头得到遏制。统筹解决人口问题迈出新步伐。低生育水平保持稳定，全年人口自然增长率4.6‰。

【人民生活·社会保障】 2011年，农民居民人均纯收入4627元，比上年增加731元，增长18.8%，扣除物价因素，实际增长13.9%；城镇居民人均可支配收入1.78万元，增加2162元，增长13.8%，扣除物价因素，实际增长9.1%。农村居民家庭食品消费支出占家庭生活消费支出的比重51.3%，城镇居民40.2%。年末全州城镇居民人均住房总建筑面积35.63平方米，农村人均住房使用面积35.99平方米。全州1037个村委会，全部通电话、通电，1035个通公路，1020个通自来水。城乡保障性住房建设全面推进，42个点5500套保障房全部开工建设，完成投资1.97亿元，林区、工矿棚户区改造任务已完成计划总投资额的58.9%；农村危房改造及地震安居工程已经竣工1.48万户，占总任务户数的91%。

全州参加基本养老保险12.67万人，比上年增加9920人。在职职工8.51万人，离退休人员4.16万人。参加失业保险12.85万人，与上年持平。参加基本医疗保险41.9万人，增加20万人。参加工伤保险9.25万人，增加1.4万人。参加生育保险5.77万人，增加4086人。农村居民参加农村社会养老保险98.3万人，增加45万人。参加新型农村合作医疗210.87万人，减少2803人。领取失业保险金5997人。全年8.17万城镇居民得到政府最低生活保障，15.65万农村居民得到政府最低生活保障。领取失业保险金5997人，8.2万城镇居民得到政府最低生活保障，15.6万农村居民得到政府最低生活保障。民政优抚革命伤残军人1229人，在乡复员军人5439人，有敬老院102个，收养3521人，福利院4个，收养47人。

【环境·安全生产】 2011年，人工造林73.2万亩，退耕还林面积18.45万亩，天保工程管护面积2233万亩，有自然保护区19个，保护区面积284.96万亩，其中国家级自然保护区面积47.91万亩。全州有林地面积177.83万公顷，活立木蓄积量8008.63万立方米，森林覆盖率62.5%。县（市）政府驻地中，双柏县空气质量达到一级标准，其余9个县（市）达到二级标准。

发生生产安全事故440起，120人死亡，比上年下降7.7%，520人受伤，直接损失1260.75万元；亿元生产总值生产安全事故死亡人数为0.25人，下降19.4%。其中工矿商贸企业从业人员生产安全事故17起，死亡18人，直接损失849.17万元；煤矿生产安全事故3起，死亡3人，直接损失140万元；交通事故357起，死亡98人，直接经济损失147.09万元；火灾63起，死亡1人，直接财产损失79.49万元。

【存在的问题】 一是发展基础仍然薄弱。农业、交通、市政、产业园区、社会事业等重点领域基础设施配套能力弱，难以适应科学发展、和谐发展、跨越发展的需要。二是工业经济发展后劲不足。产业投入比重小，园区建设和管理粗放，传统产业改造升级步伐缓慢，战略性新兴产业培育不足。三是发展要素供给仍然趋紧。以建设用地、项目融资配套为重点的发展要素供给“瓶颈”约束仍较为突出，煤电油运水等企业生产要素保障能力有限。四是控价工作压力较大。在食品和居住类价格高位运行、劳动工资等要素成本上升的共同推动下，稳价安民的任务仍然艰巨。

（王文书　张云徽）

红河哈尼族彝族自治州

2011年，全州各级政府紧紧围绕推进红河新发展的目标，努力克服宏观经济环境复杂多变、自然灾害突出等困难，认真抓好各项工作落实，经济社会发展取得了可喜成绩。全州基础设施建设强势推进，“三农”工作成效突出，工业经济跃上新台阶，第三产业持续增长，社会事业全面发展，民生保障力度持续加大，生态文明建设有效推进，改革开放迈出新步伐，保持了经济社会的平稳较快发展。全年实现生产总值780.64亿元，比上年增长13.5%。其中第一产业124.56亿元、增长7.9%，第二产业422.54亿元、增长16.7%，第三产业233.54亿元、增长10.9%，人均生产总值1.73万元、增长12.3%。

【农业·农村经济】 2011年，围绕农村发展、农业增产和农民增收，持续加大对“三农”的投入和扶持力度。推进优势产业，扶持龙头产业，全州州级以上农业产业化龙头企业达到104户，增加20户，带动农户54万户、辐射订单种植基地76.8万亩，增加19万亩。全州农业产业化经营组织已发展到225个、农民专业合作经济组织962个，建成州级示范农民专业合作社20个。蔬菜、水果、茶叶等优质农产品生产规模继续扩大。农业产业建设“8311”行动计划全面铺开，设施农业、品牌农业发展步伐加快，农业科技覆盖率、农业机械化和农业生产标准化、规模化水平都有新的提高。截止年底“两社一会”农村合作经济组织达到2404个，建成农产品信息网基层站点143个，服务三农能力增强；新增转移农村劳动力8.73万人，实现劳务总收入39.8亿元，增长19.9%，直接兑付农户各类补贴3.18亿元。全年实现农林牧渔业总产值175.84亿元，增长6.1%。

粮食生产再创新高，全年粮食总产量146.5万吨，比上年增长3.5%；特色水果、优质高效蔬菜、优质茶叶等优势特色产业加快发展，生产规模继续扩大；主要经济作物产量各有增长，其中油料增长50.3%、甘蔗增长19.6%、蔬菜增长11.6%，烤烟产量增长1.9%。完成烟叶收购187.11万担，上等烟比例达到74%，位居全省首位。全年实现农业产值100.75亿元，增长1.5%。实现牧业产值86.54亿元，比上年增长20.4%，渔业产值6.23亿元，增长20.7%；肉类总产量61.67万吨，增长7.3%，其中猪肉增长6.8%，牛肉增长11.1%，羊肉增长8.3%。水产品产量6.2万吨，增长10.3%。

全年完成营林任务面积128.63万亩，其中人工造林64.19万亩、封山育林22.53万亩，天然林管护面积473.35万亩，全州森林覆盖率44.8%(含灌木林)。实现林业总产值10.89亿元，增长1.5%。

“三农”投入持续加大，农业生产条件继续改善。州本级财政支农支出29.1亿元，增长30.2%。

年末全州有效灌溉面积18.24万公顷，新增灌溉面积2.04万亩，“五小”水利工程完成4.21万件,饮水安全项目882件，解决16.34万人的饮水安全问题；完成中低产田改造31.76万亩、中低产林改造40万亩；农业机械总动力26.08亿瓦特，增长7%；农业化肥施用量（折纯）21.53万吨，增长4.8%；农村用电量7.39亿千瓦小时，增长13%。

【工业·建筑业】 2011年，工业经济规模扩张和质量提升进一步加速。依托工业产业基础和资源优势，全面实施大企业战略，扩大对外招商引资，推进优势资源向优势产业集中，加快工业集群式发展，红河工业园区、弥勒、建水、泸西等工业园区建设初见成效。全州工业总产值突破千亿元大关，实现全部工业总产值1047.64亿元，比上年增长15.8%，其中规模以上工业总产值875.65亿元，增长17.2%。规模以上工业企业实现增加值321.57亿元，增长17.1%。规模以上工业企业实现工业总产值中，国有经济增长13.1%，集体经济增长13.6%，股份合作制经济增长2.6%，股份制经济增长20.0%，三资及外商经济下降9.2%，其它经济增长8.6%。从轻重工业看，重工业产值709.33亿元，增长19.8%，轻工业产值166.32亿元，增长7.4%。规模以上工业企业实现实现利税总额172.38亿元，增长23.3%。

重点工业项目建设步伐加快，节能降耗、淘汰落后产能顺利推进，企业技术创新取得新进展，非公经济及中小企业发展加快。红钢60万吨型钢及配套、红河建材熔剂30万吨矿渣微粉、红河振兴铅酸蓄电池一期工程、建水20万吨锰系合金、个旧红铅10万吨铅、云锡10万吨铜等项目已经建成或即将投产；建水60万吨炭素阳极一期和30万吨铝加工、泸西5万吨双氧水、蒙自矿冶6万吨铅、个旧南翔电解锰和润鑫铝业15万吨铝钛基合金材料等项目正在加快推进；云锡10万吨锌和10万吨锡、红烟异地搬迁升级改造、石屏泥炭开发、个旧霞石综合利用等项目前期工作有效开展；红钢成为红河州自红烟、云锡之后的第3户销售收入超百亿元的企业。单位GDP能耗下降3.91%。工业园区建设步伐加快，产业建设成效明显，园区辐射带动作用逐步显露。纳入统计的8个工业园区总规划面积218平方公里，入园企业150户，全年园区工业总产值316.3亿元，占全州总量的30.2%。

建筑业发展减缓。全年完成社会建筑业总产值91.36亿元，增长9%，房屋建筑施工面积601.9万平方米，下降15.2%，房屋竣工面积254.12万平方米，下降8.4%。

【固定资产投资】 2011年，固定资产完成投资641.91亿元，比上年增长23.3%，其中国有经济投资326.51亿元，增长15.2%；集体经济投资48.95亿元，增长80.5%；其它经济投资95.76亿元，增长42%；城乡个体私营投资170.69亿元，增长19.8%。城镇投资增长17.4%，农村投资增长86.8%。重点行业中房地产开发投资完成72.52亿元，增长25.3%，商品房屋销售面积246.42平方米，增长5.9%。

2011年，继续抓住国家扩大内需的重大机遇，积极扩大投资需求，拉动经济增长。积极向国家、省有关部委汇报，争取中央、省支持，获得国家和省级资金支持25.8亿元。积极推进一批重大基础设施项目建设。全州投资50万元以上在建项目6011项，新开工项目5112项，其中实施3000万元以上重大项目506个，竣工和在建项目291个、新开工项目215个，投资总规模1774亿元。石林—锁龙寺高速公路即将建成；红河—南沙、蒙自—屏边、红河—元江、冷墩—清水河4条二级公路已建成通车，元阳—绿春、蛮耗—金水河二级公路建设进度加快；石屏—红龙厂高速公路已确定项目业主即将复工。蒙自—文山—砚山、羊街—鸡街高速公路前期工作取得积极进展。玉蒙铁路已进入全线铺轨阶段，蒙河铁路建设进展顺利，云桂铁路（红河段）征地工作有序推进。红河机场完成预可研终审，已报国务院、中央军委立项审批，进场道路已启动建设。弥勒龙母沟水库基本建成，开远大庄水库、石屏阿白冲水库、红河阿扎河水库、蒙自杨柳河引水等在建重点水利工程加快推进，屏边云洞水库实现开工。完成小(一)型病险水库除险加固工程11项，启动小(二)型病险水库除险项目116项。蒙自马鞍山、元阳丫多河、金平铜厂、河口旱塘水库和石屏北水南调、蒙自润蒙引水等重点项目前期工作有效开展。马堵山水电站、李子箐风电场已建成并网发电，蒙自朵古等一批风电项目实现开工；建水50万伏惠历输变电站已建成运行，一批输变电、城网农网改造、无电地区电力建设工程项目顺利实施；小龙潭热电气多联产、境内油气输送管道、大黑公水电站等重点项目前期工作进展顺利。全年实施市政基础设施重点项目115项，市政设施不断配套完善。

【交通·邮电】 2011年末，全州通车公路里程2.03万公里，比上年增长2.9%，其中高速公路416公里。全年建成农村公路2113.3公里，乡镇公路通畅率95.3%、行政村通达率99.2%。全年公路运输完成货运量5440万吨，货物周转量74.72亿吨公里；完成公路旅客运输量4046万人，旅客周转量30.64亿人公里。

全州完成邮政业务总量9100万元。年末全州固定电话用户42.32万户，比上年下降1.5%；固定电话普及率9.3%；移动电话用户260.53万户，增长12.6%；国际互联网络用户28.54万户，增长45.9%。

【贸易】 积极扩大内需，国内城乡消费品市场的供销两旺，批发零售、商贸餐饮、运输物流、电子商务、社区家政、速递物流、文化康体、休闲度假等服务业快速发展。2011年，全州社会消费品零售总额完成184.21亿元，比上年增长20%。按所在地分，城镇和乡村分别增长20.9%、16.7%。按行业分，批发业、零售业、住宿业、餐饮业呈增长趋势，分别增长18.4%、20.8%、22.6%、19.7%。按经济成份分，公有经济、非公有经济分别增长24.5%、16.4%。家电下乡完成销售额4.94亿元，新建日用品农家店300个、乡村便民超市283个，配送中心19个。

对外贸易稳定增长。2011年，全州外贸进出口总额完成13.1亿美元，比上年增长19.1%，其中出口完成8.53亿美元，增长18.8%，进口完成4.58亿美元，增长19.7%。边贸企业进出口总值完成2.55亿美元，增长45.1%。外经贸企业进出口总值完成10.38亿美元，增长14.6%。外商投资企业进出口总值完成1700万元，下降8.9%。

【旅游】 2011年，接待国内外旅游者1325.53万人次，比上年增长9.2%。其中国内游客1310.04万人次，增长9.1%；海外游客15.49万人次，增长12.6%。旅游总收入86.38亿元，增长24.8%。其中实现国内旅游收入77.49亿元，增长28.3%，实现旅游外汇收入1.37亿美元，增长5.4%。加大红河旅游基础设施和品牌建设，着力提升红河旅游品质，全州实施24个旅游重点项目建设，续建的15个，新建的9个。其中列入省政府考核的重点项目17个，完成投资13亿元，增长15%。

【财政·金融·保险】 2011年，完成财政总收入195.35亿元，比上年增长21.9%。其中地方财政一般预算收入完成72.79亿元，增长18.9%。全州地方财政一般预算支出213.19亿元，增长25.8%。金融运行状况良好。年末全州金融机构各项存款余额1008.93亿元，比上年末增长14%，其中城乡居民储蓄存款535.96亿元，增长16.3%。金融机构各项贷款余额573.56亿元，增长17.5%。保险事业稳定发展。全州保险公司保费收入21.25亿元，增长6.6%，其中财产保险保费收入9.43亿元，寿险保费收入11.82亿元。保险公司赔款支出7.38亿元，增长78.8%，其中财产保险赔款支出4.31亿元，人寿保险赔款支出3.07亿元。

【人民生活】 2011年，全州在岗职工工资总额89.2亿元，比上年增长21.6%，在岗职工人均年工资3.22万元，增长17.8%。全州农民人均纯收入4650元，增长18.6%。城镇居民人均可支配收入1.68万元，城镇居民人均消费性支出1.13万元。居民消费价格指数4.5%，商品零售价格指数4.4%。

社会保障工作进一步加强。全州就业规模持续扩大，2011年新增城镇就业2.64万人，消除“零就业家庭”178户，城镇登记失业率3.64%。新型农村养老、城镇居民养老参保人员分别为131万人、4万人。企业退休人员全部实现社会化管理，养老金标准有所提高，未参保集体企业退休人员基本养老保障等遗留问题得到解决。被征地农民基本养老保障制度进一步落实。实现社保卡州内通用，开通省内异地就医刷卡业务。年末全州拥有收养性福利机构82个，享受城镇低保人数11.52万人，发放城市低保金2.3亿元，享受农村低保人数45.03万人，发放农村低保金4.1亿元。建成6个县级中心敬老院和一批乡镇敬老院，启动35个村级敬老院建设，农村五保供养对象1.54万人。资助12.9万名城市贫困人口参加城镇居民基本医疗保险，资助55.38万名农村困难群众参加新农合。为城乡贫困居民提供临时救助1823万元，发放临时价格补贴1802万元，为沿边定居群众提供生产生活补助1185万元。州级投入救灾资金1815万元，救助灾民51万人次。保障性住房建设力度加大，开工建设城镇廉租房49.89万平方米、公共租赁住房31.25万平方米、城市棚户区改造2300套，完成农村危旧房改造7093户、农村民居地震安全工程6300户。新一轮“兴边富民”工程、边疆解“五难”惠民工程和以工代赈工程继续实施。大中型水库移民安置工作扎实推进，各项后期扶持政策全面落实，维护了库区和移民安置区的和谐稳定。

扶贫开发力度继续加大，全州投入各类扶贫开发资金 13.56 亿元，帮助 6 万多贫困人口解决了温饱和增收问题。实施整村推进项目 1231 个、安居工程 3054 户，转移安置贫困人口 636 户 2800 人。开展整乡推进试点、贫困村互助资金试点工作，产业扶贫、社会帮扶工作取得新成效。启动边远深度贫困地区的综合扶贫工作，红河县垤玛三村两乡、绿春县黄连山地区、金平县拉祜族地区综合扶贫工作全面实施。

【改革开放】 稳步推进经济社会各领域的改革，围绕体制机制创新，重点推进统筹城乡、经济管理体制、金融管理体制、社会管理体制、农村综合配套和行政管理体制等方面的改革已取得阶段性成果。个开蒙统筹城乡改革试点工作取得显著成效，开远市被列为全国农村综合改革试验区。农村土地承包经营权流转和集体林权制度配套改革继续深化，新型农村养老保险试点有效推进，农垦系统体制改革稳妥实施；国企改革的扫尾和跟踪问效工作继续开展，国有资产监督管理机构进一步完善，资源管理体制、财税管理体制、行政审批制度改革继续深化，“保护坝区农田、建设山地城镇”的试点工作已经启动。竞争性金融服务体系不断完善，信用社股权改革深入推进。招商、民生、华夏、曲商等银行分支机构已在红河州落户运营，上海农商行将在个旧、开远、蒙自、建水、弥勒组建村镇银行，跨境贸易人民币结算试点工作取得明显成效。教育、医药卫生、文化体制改革不断深化，加大创新社会管理、完善社会保障机制的探索。完成了州、县政府机构改革和乡镇机构改革，行政管理体制改革继续深化。

实施互利共赢的开放战略。桥头堡建设全面启动，制定实施《红河州贯彻落实加快推进桥头堡建设的实施意见及任务分解方案》，加快中国红河—越南老街跨境经济合作区建设，口岸设施建设和通关便利化工作得到加强，与越南地方政府、民间合作更加密切。对外贸易实现逆势增长，进出口总额创历史最好水平，全面渡过恢复性增长期。红河综合保税区申报工作取得积极进展，与部分省内大企业达成 72 亿元的保税区投资意向。与昆明市政府签订《共同推进国际大通道建设合作框架协议》，与云南出入境检验检疫局签署《关于促进红河沿边开放和外向型经济发展战略合作备忘录》。组织州内企业参与“珠洽会”、“昆交会”、“中越（老街）国际贸易旅游交易会”并取得新成果。州内企业“走出去”承包境外工程 3 项，实际完成境外投资 987.2 万美元。2011 年新签利用外资协议（合同）项目 7 个，实际利用外商直接投资 2248 万美元，年末实有外商投资企业 42 个。全年招商引资额（协议总投资）239 亿元，其中内资 232.25 亿元，外资 6.75 亿元；本年实际到位资金 172.7 亿元，其中内资 171.27 亿元，外资 1.43 亿元。

【科技·教育】 2011 年，科技投入不断加大，自主创新能力增强，科技成果转化运用率不断提高。认真落实“建设创新型云南行动计划”，科技创新体系不断完善，企业技术创新平台建设力度加大。红河国家农业科技园区建设继续推进，草坝万亩现代设施农业示范工程成效显现。实施“红河南部非边境贫困县科技富民工程”，开展村级科技服务体系建设试点工作。农业科技培训、科技普及力度继续加大。2011 年获得国家科技计划项目立项 7 项，省级科技计划项目立项 51 项，专利申请 312 件。年底有高新技术企业 13 户，新增高新技术企业 2 户。全州荣获云南省科技进步奖 9 项。

教育事业持续协调发展。2011 年，全州有各级各类学校 1786 所，其中普通中学 201 所，普通小学 1182 所，幼儿园 357 所。全州幼儿入园（班）率 68.35%，比上年提高 5.01 个百分点；小学适龄儿童入学率 99.63%；初中毛入学率 100%；高中办学规模持续扩大，毛入学率 56.08%，高考上线率 93.85%。开展“两基”国检后的整改工作，完成校安工程投资 3.28 亿元，竣工面积 3.9 万平方米。寄宿制学校改造、教育信息化建设、职业教育基础设施等项目有效实施，红河技师学院前期工作有效开展。

【文化·卫生】 2011 年，公共文化服务体系不断完善。建成 17 个乡镇综合文化站、21 所乡镇“农文网培学校”和 537 个农家书屋。州级新闻中心已建成投入使用，青少年宫、老年人宫、艺术馆和红河剧院的装修工程即将完成。文化惠民示范村创建活动有效开展，文艺新作不断涌现，文艺赛事、节庆活动异彩纷呈，对外文化交流不断扩大。文化遗产保护、抢救和传承工作取得新成效，哈尼梯田已列入国家 2013 年申报世界文化遗产项目。公益性文化事业单位改革不断深化，文化产业在改革中发展。以“村村通”工程为重点的农村广播影视服务体系建设继续推进。年末，全州有艺术表演团体 8 个，艺术表演场所数 4 个，艺术演出观众人次 74.8 万人次，文化（群艺）馆（站）147 个，博物馆 9 个，公共图书馆（站）15 个、藏书 164.5 万册；广播电台 1 座，电视台 1 座，卫星发射接收站 38.97 万座，广播人口覆盖率 96.1%，电视人口覆盖率 96.66%。

卫生事业持续发展，公共卫生服务能力进一步加强。2011 年，全州有县及县以上医院 97 个，比上年增长 12.8%，乡镇卫生院 140 个，有床位数 1.93 万张。实施 138 个卫生基础设施项目，启动卫生信息化建设，农村急救体系、农村医疗卫生服务体系和卫生监督体系建设有效实施，基层医疗卫生服务能力明显增强。处置公共卫生事件的能力得到增强，有效开展了各类传染病的防控工作，防止了疫情扩散和聚集性暴发。人口和计划生育社会管理工作不断加强，保持全州低生育水平。新农合覆盖全州，参合率 96.06%。医药卫生体制五项改革扎实推进，公共卫生服务体系和能力建设不断加强，县乡医疗机构一体化建设迈出新步伐，公立医院改革试点不断深化，国家基本药物制度在全州基层医疗卫生机构全面推行。疾病预防控制、妇幼卫生服务、艾滋病防治、食品卫生监督、城乡环境卫生等工作富有成效。

【环境保护】 推进“七彩云南·生态红河”保护行动，以环境保护推动绿色经济的发展。异龙湖水污染综合治理“十一五”规划全面完成，重金属污染专项整治工作取得新进展，生态修复、饮用水源地保护、农村环境综合整治、环境监察执法等工作得到推进。州级危险废物和医疗废弃物处置中心建设有效推进，28 个省级重点污染减排项目已全面完成。节能降耗工作力度加大，能源审计、节能技改、清洁生产、循环经济试点和节能示范等工作有效开展，淘汰各类落后产能 36 万吨。矿产资源开发秩序进一步规范，资源有偿使用和补偿制度得到落实。地质灾害防治和地质环境保护工作力度加大，绿春县“削峰填谷”工程被省列入了山地城镇发展和地灾防治一体化开发试点，红河县地灾综合治理 8 项工程全面实施，泸西阿庐公园被批准为国家地质公园，个旧资源枯竭型城市矿山环境治理工程稳步推进。

（李 雁）

文山壮族苗族自治州

【综 述】 2011 年是“十二五”的开局之年。面对复杂多变的发展形势和持续特大旱灾的影响，州政府在省委、省政府、州委的领导下，团结和依靠全州各族人民，坚持以科学发展为主题，以加快转变经济发展方式为主线，坚决贯彻落实中央和省委的重大决策部署，科学应对，攻坚克难，全面推进改革发展稳定各项工作，全州经济建设、政治建设、文化建设、社会建设、生态建设取得新成绩，实现了“十二五”发展的良好开局。

2011 年完成地区生产总值 401 亿元，增长 14.2%；财政总收入 48.5 亿元，其中地方一般预算收入 27.4 亿元，分别增长 28%、24.5%；全社会固定资产投资 340 亿元，增长 25%；城镇居民人均可支配收入 1.67 万元，增长 14%；农民人均纯收入 3860 元，增长 38%；外贸进出口总额 1.75 亿美元，增长 20%；城镇登记失业率 3.65%；人口自然增长率 6.8‰；居民消费价格指数 104.5%；单位地区生产总值综合能耗下降 2.6%。

【农业经济】 2011 年，坚持把农业增效、农民增收、农村发展作为“三农”工作的中心任务，继续整合力量、加大投入，扎实推进“兴地睦边”土地整治、山区综合开发、中低产田地和中低产林改造等重大工程建设，农业综合生产能力持续提高。特色优势产业发展强劲，产业结构日益优化，龙头企业不断发展壮大，农业产业化加快提速，粮食产量持续增长、农民收入再创新高。全年完成农业总产值 150 亿元，增长 7.5%；粮食总产量 13.5 亿公斤，增长 6%；三七产业产值 41 亿元，增长 25.5%；烟叶收购 141 万担，烟农收入比上年增加 4.5 亿元；畜牧业产值 62.4 亿元；辣椒 122 万亩、甘蔗 43.5 万亩、新植油茶 112.2 万亩、核桃 189.5 万亩。坚持一手抓抗旱保民生，一手抓生产促发展，投入抗灾救灾资金 5.8 亿元，灾区生产生活得到有效保障。加快社会主义新农村建设步伐，深入推进“兴边富民”、边疆解“五难”惠民工程，加大“山瑶”、“僰人”扶持发展力度，投入各类扶贫资金 8.9 亿元，实施整村推进项目 1075 个，基本解决 20.2 万贫困人口温饱问题，广大农村生产生活条件进一步改善。

【工业经济】 2011年，坚持把转方式、调结构、抓项目作为推进新型工业化的重要举措，完善服务、招强引大，启动“文山·中国中药生物谷”规划建设，加大矿产资源整装勘查和整合开发力度，扎实推进年产80万吨氧化铝、天雄锰业8万吨电解锰、云科药业三七皂甙提取等重点项目建设，新型冶金化工基地建设取得新进展，工业经济发展质量和效益不断提高。全年实现工业增加值110亿元，增长19%。马塘工业园区、三七产业园区等园区管理体制逐步理顺，各类产业园区建设加快推进，综合效益和产业聚集带动效应日益显现。加大落后产能淘汰和技改扩能工作力度，节能降耗、治污减排持续推进。壮山、华博等一批企业技术改造升级顺利完成，科技创新和综合利用能力明显提升，市场竞争力不断增强。

【现代服务业】 2011年，城乡流通体系建设加强，家电、汽车下乡深入推进，社会消费持续活跃。全年完成社会消费品零售总额172亿元，增长20%。积极支持金融业改革发展，金融资产规模快速增加。年末，金融机构各项存款余额469.8亿元，各项贷款余额306.8亿元，分别增长21.3%、12.9%。加快普者黑旅游休闲度假基地、“世外桃源”广南坝美、文山大自然地热谷等为重点旅游项目建设，旅游产业规模不断壮大，旅游指标平稳增长。2011年，全州接待游客561.35万人次，比上年增长15.49%；完成旅游总收入45.09亿元，增长29.59%。

【基础设施】 2011年，坚持不懈抓项目、增投资、强后劲，抢抓桥头堡建设重大机遇，超前谋划、积极争取，一批事关发展全局的基础设施项目列入国家和省的规划，水利、交通、能源、城镇等重大基础设施建设成效显著。以德厚水库为主的重大项目前期工作取得实质性进展，达号、布都河等水库建设和病险水库除险加固工程快速推进，农村饮水安全工程建设全面提速，建成“五小水利”工程4万件，解决24万农村人口饮水安全问题。3条政府还贷二级公路建成通车，富宁港一期、云桂铁路文山段等重大交通工程进度加快，出州高速公路、铁路网络和丘北、广南通用机场等项目前期工作积极推进，便利通畅的大交通网络日益完善。电源点及能源项目建设力度加大，羊雄山风电场的建设填补全州风能发电空白。中心城市建设步伐加快，县城和特色集镇建设扎实推进，全州城镇化率达到30.6%。

【改革开放】 2011年，坚持把深化改革扩大开放、推进体制机制创新作为加快发展的强大动力，重点领域和关键环节改革进一步深化，发展空间进一步拓展。启动实施文山市区划调整、“扩权强镇”和“扩权强园区”改革试点，全面完成州广播电视“两台”合并改革工作。建立公共资源交易中心，政府对市场的引导和调控能力明显增强。积极探索城镇上山、农民进城的城乡管理体制改革，稳步推进供发电体制、州县财政管理体制改革，深入推进农村综合改革、集体林权配套改革，财税、金融、投资、教育、文化、卫生等改革继续深化。坚持大开放、大招商促进大发展，改善环境、筑巢引凤，“央企入文、滇企入文、民企入文”战略取得实效，与中房集团、中豪集团等省内外企业签订战略合作协议，中国水电、香港美泰、海南椰风、安徽海螺、康恩贝等一批知名企业入驻文山发展，招商引资成效显著。实施国内经济合作项目204个，到位资金102.3亿元，比上年增长25.6%。加强与越南等东盟国家和区域的交流与合作，全面落实昆明—文山国际大通道建设和边境贸易合作战略框架协议，对外开放的广度和深度不断拓展。

【民生保障】 2011年，坚持富民强州、富民为先，加大保障和改善民生力度，统筹推进经济社会协调发展。全力巩固“两基”成果，优化教育资源配置，中小学布局调整成效明显，州职教园区建设加快推进，各级各类教育质量和水平进一步提高。依托特色产业加强科技创新，科技服务经济社会发展能力不断增强。社会主义核心价值体系建设扎实推进，思想工作和精神文明建设深入开展，公民思想道德素质和城乡文明程度不断提升。实施文化惠民工程，公益性文化事业加快发展，公共文化服务体系逐步完善。全面加强卫生基础设施建设，城乡群众医疗保障能力和水平进一步提高。体育、人口计生、妇女儿童、残疾人等社会事业持续进步。全面落实创业就业政策，就业形势总体稳定。保障性安居工程建设步伐加快，建成廉租房、公租房8500套 47万平方米，新建改造农村危房和棚户区3.03万户，城乡低收入群体住房难问题进一步缓解。新型农村社会养老保险试点扩大到6个县（市），社会保障体系日益健全，城乡社会保险和最低生活保障基本实现应保尽保。深入实施“七彩云南文山保护行动”，探索总结在全国产生积极影响的石漠化治理“文山模式”，天然林保护、退耕还林、中低产林改造、防护林体系建设、农村能源建设等重点生态工程扎实推进，“森林文山”建设取得新进展，盘龙河流域综合治理成效明显。

【社会管理】 加强和创新社会管理，做好新形势下群众工作，实行干部直接联系群众制度，群众工作体系和机制逐步健全完善。民族团结进步示范创建活动深入推进，平等团结互助和谐的社会主义民族关系进一步巩固。大力推进社会治安综合治理，治安防控体系建设不断健全，着力构建统筹兼顾、标本兼治的“大信访”工作格局，领导包案、定期接访、带案下访等制度有效落实，各种不稳定因素得到妥善化解。“平安文山”创建活动扎实有效，新一轮禁毒防艾人民战争深入开展。高度重视安全生产工作，严格食品药品监管，切实保障人民群众的生命财产安全。

【存在的问题】 文山州经济总量小、人均水平低，产业发展不足，发展的质量和效益不高；农田水利、道路交通、能源通信等基础设施与加快发展的要求还不相适应，特别是水资源“瓶颈”制约日益突出；广大农民群众增收渠道仍然不宽，部分群众生活仍然十分困难，社会事业发展与人民群众的期盼还有很大差距；对外开放水平不高，体制机制不够活，政务服务和社会管理水平有待提高；部分干部的思想观念、能力素质、工作作风与科学发展观的要求还不相适应。

（胡廷汉）

西双版纳傣族自治州

【综 述】 2011 年，西双版纳州牢牢把握新一轮西部大开发和“两强一堡”建设重大机遇，紧紧围绕经济社会跨越发展“六大战略”及“两个率先”、“两个为主”、“两个定位”目标，以科学发展为主题，以加快转变经济发展方式为主线，大力推进农业产业化、新型工业化、特色城镇化和教育现代化，加快改革创新，加大开放步伐，加强统筹协调，强基础、快发展，调结构、上水平，惠民生、促和谐，有力地促进了全州经济社会又好又快发展，实现了“十二五”的良好开局。

2011 年，全州生产总值 197.7 亿元，比上年增长 13.6%。全社会固定资产投资完成 138.5 亿元，增长 24.6%。财政总收入 28.3 亿元、增长 47.5%，地方财政一般预算收入 17.6 亿元、增长 56.3%，地方财政一般预算支出 67.1 亿元、增长 58.2%，财政 3 项指标的增幅都在 47%以上。三次产业结构调整为 28.8∶30.3∶40.9。

【特色优势产业】 2011 年，西双版纳州把集中力量培育壮大天然橡胶、傣药南药、生态食品、生态用品、文化旅游、电力等“六大支柱产业”，作为调整经济结构的关键环节，努力建设特色产业集群和产业基地，大力发展生物产业和文化旅游产业。工业园区建设取得重大进展，新增入园企业 17 户，完成投资 17.8 亿元。非公有制经济增加值 72 亿元，在生产总值中的比重提高到 36.4%。生物产业“四个百亿元产业”扎实推进，龙头企业不断发展壮大，全州生物产业实现总产值 113 亿元，比上年增长 18%；生物工业增加值 11.3 亿元，增长 22%。橡胶产业产值突破 60 亿元，云锰橡胶深加工项目落户西双版纳，际华集团橡胶深加工项目不断推进；茶产业产值突破 15 亿元，勐海茶厂被省政府授予“云南省优强工业企业”称号，“大益”牌荣获中国驰名商标；汉麻、石斛等新兴产业加快发展，红木一条街开街。

推动传统旅游向现代旅游转变，推进以文化旅游产业为支撑的特色城镇化，以旅游业为龙头的第三产业加快发展。旅游二次创业成效显著，中科院西双版纳热带植物园荣膺国家 5A 级景区，4A 级景区达到 7 个，三星级以上酒店达到 20 个，勐罕镇、嘎洒曼景法村分别被评为全国特色景观旅游名镇和名村。西双版纳被《环球时报》、新浪网等评为“中国十大边疆重镇之最具旅游吸引力边疆名城”。西双版纳至老挝琅勃拉邦旅游环线得到国家旅游局批准，滨江果园避寒度假山庄等一批旅游重大基础设施项目建成投入使用，西双版纳国际旅游度假区等一批重大项目加快推进。2011 年旅游总人数 1012.6 万人次、比上年增长 18.7%，其中接待国内旅游者 936 万人次，增长 17.6%；接待海外旅游者 29.4 万人次，增长 35.9%。旅游总收入 100.2 亿元，增长 24.8%。争创“中国人居环境奖”工作全面启动。中国平安西双版纳金融资产商品交易所和世纪金源大酒店、西双版纳大润发等开业，现代服务业发展取得突破性进展。

【增加投资扩大消费】 坚持大项目带动大建设、大建设带动大发展，建立州级领导干部抓“三个一”的新机制，强力推进一大批项目和一批大项目。2011 年在建项目突破 400 个，比上年增加

30个，全社会固定资产投资完成138.5亿元，增长24.6%。西双版纳机场改扩建等省级“三个一百”项目加快推进，20个重大建设项目进展顺利。景洪至勐宽公路等一批重点交通项目顺利推进，澜沧江码头建设全面提速，县（市）、口岸公路实现高等级化，乡（镇）公路实现油路化，行政村道路全部完成晴雨通车改造。勐宋水库等一批骨干水源工程相继建成，曼岭等一批病险水库除险加固全面完成，黄草岭、曼满、勐仑水库等一批重大水利项目启动实施。落实促进城乡消费持续增长的政策，保障消费供给，引导消费升级，改善消费环境，扩大消费需求，形成投资和消费的良性互动。新建、改扩建一批物流配送中心、城乡农集贸市场、农家店和便民店，城乡消费市场活跃。2011年社会消费品零售总额60.7亿元，比上年增长20%。

【社会主义新农村建设】 2011年，坚持把解决“三农”问题作为全州工作的重中之重，建立健全“三级联动”、“三个依靠”、“六大工程”的长效机制，继续抓好基层组织建设、新型农民教育培训、基础设施建设、农业产业发展与农民持续增收等新农村建设“五件大事”，扎实推进社会主义新农村建设。全面落实强农惠农富农政策，减轻农民负担，兑现各类涉农补贴5.4亿元，农林水事务支出9.8亿元、比上年增长43.8%。大规模培训胶农、茶农和特色种养殖能手；省下达的“农村劳动力转移就业特别行动计划”顺利实施，农村劳动力转移就业6198人。加快推进农业产业化，全州发展农业产业化经营组织达到568个、农民专业合作社达到134个、农业产业化龙头企业达到70个，龙头企业销售收入突破40亿元；勐海茶厂被列为国家农业产业化重点龙头企业、被省政府命名为推进高原特色农业产业化发展先进龙头企业。着力夯实农业发展基础，州级财政投入1000万元,实施100个自然村新农村建设；38个省级重点建设村项目和新农村建设工作队及指导员工作责任目标全面完成，州广电局等一批单位被省委、省政府评为新农村建设工作队先进派出单位；投入1000万元，整体推进3个乡镇山区综合开发。投入1.7亿元，解决17个行政村的路面硬化，投资2亿元解决158个自然村“村村通”。完成中低产田地改造11.1万亩、中低产林改造21.5万亩。投资4.5亿元新建和岁修各类水利工程2241件、新增蓄水能力158万立方米，解决6.1万农村人口饮水困难和饮水安全问题，农田水利化程度提高到48%。完成农村电网改造9035户。

2011年，全州实现农业总产值96.5亿元，比上年增长7.9%；粮食种植面积137万亩、增长2.6%，粮食产量实现连续6年增收、达39.4万吨、增长6.1%，勐海县被省政府授予“全省粮食生产先进县”称号。继续保持农业农村良好发展的势头，走符合西双版纳实际的特色城镇化道路。

城乡规划实现全覆盖，《西双版纳风景名胜区规划》修编得到国务院批准；景洪和勐海、勐腊县城及城镇建设成效显著，“热、傣、水、边”的城镇民族特色和地域特色进一步彰显，城镇化率达到40%。尤其是采取强有力的措施落实全省保护坝区耕地、促进山地城镇工作会议精神，扎实做好“3+1”规划（完善土地利用总体规划、城乡建设规划、林业保护利用规划和编制山地综合开发利用规划）的调整完善和编制工作，成为云南省首批完成“城镇上山、三规审查”的3个州（市）之一；全州坝区增加划定基本农田2.93万亩，坝区基本农田保护比例达86.59%，山区新增建设用地面积7.34万亩，守住了耕地红线，拓展了城镇发展的空间，为城镇化科学发展奠定了良好基础。

【推进各项改革】 把农垦改革作为头等大事，着力改革创新各项工作，基本实现“体制融入地方、管理融入社会、经济融入市场”和“属地管理、产权到场、承包到户”，垦区普遍就业、普遍增收和社会基本稳定。创新征地方式与土地收储方式，探索失地农民生活更美好新途径，努力实现“离土不离家、失地不失业、农民变市民、生活更美好”的目标。顺利完成集体林权制度主体改革、农村土地承包经营权证补换发工作，全州林权抵押贷款余额突破12亿元、进入全省先进行列。深化旅游领导管理体制改革，着力建设6个旅游度假区。启动实施医药卫生体制改革，国家基本药物制度初步建立。国资监管工作不断加强，预算管理制度、国库集中支付改革不断推进，农村公益事业“一事一议”财政奖补全面实施。推进供销社二次创业，供销社整体实现扭亏为盈。金融、投融资体制改革不断深化，科技、教育、文化、水利等各项改革加快推进。

【加快开放云南与桥头堡主阵地建设】 2011年，围绕把西双版纳建设成为开放云南与桥头堡的主阵地的奋斗目标，不断深化与周边国家的交流合作，落实中老泰三国六方合作机制和全州口岸联席会议机制，西双版纳边境贸易旅游交易会的影响力不断增强，通往老挝琅勃拉邦的航班实现正常化，昆曼国际大通道中泰货物无缝运输不断巩固，“国际旅游圈”、“边境贸易圈”稳步建设。加快实施“蔬菜换石油”、“花卉换水果”、“冷果换热果”项目，不断完善口岸基础设施，推进物流基地、商贸基地、加工基地、现代服务基地等“四个基地”建设，努力实现外经、外贸、外资、外游等“四个倍增计划”。引进了一批央企民企与全国驰名商标、全球知名酒店管理品牌。企业“走出去”工作取得新成效，在老挝北部省建立5个农业科技试验示范园。全年全州对外经济技术合作5610万美元、比上年增长11.8%；对外经济贸易总额11.6亿美元、增长12.2%；实际利用州外资金68.9亿元，增长34.6%；实际利用外资543万美元，增长55.4%。

【保障和改善民生】 2011年，全州城镇居民人均可支配收入1.52万元，比上年增长13.5%；农民人均纯收入5327元，增长22.4%；农场承包户人均收入大幅提高；城乡居民储蓄存款187.7亿元、增长25.4%。

财政一般预算支出用于民生领域的占2/3以上。全州城镇新增就业7154人，城镇登记失业率2.2%，实现零就业家庭至少有1人就业。通过“贷免扶补”和小额担保贷款，扶持2054人创业，带动4744人就业，公益性岗位安置2156人。9.3万农村贫困人口和2.6万城镇低收入人群实现应保尽保。全面启动实施城镇居民社会养老保险和新型农村社会养老保险试点工作，参加各类社会保险的人数102.9万人次，实现社会养老保险制度全覆盖，在全省率先实现人人享有社会保障目标；其中全州参加城镇职工基本养老保险12.8万人，参加新型农村社会养老保险42万人，参加城镇基本医疗保险26万人，参加“新农合”农民63.1万人、参合率97.8%。对60周岁以上失地农民发放生活补助，为80周岁以上老年人发放保健补助和长寿补贴，对6700名残疾人实施救助。投资近4000万元的州社会福利院建成投入使用，新建一批农村敬老院和老年活动场所。保障性安居工程建设超额完成，2011年省下达西双版纳州的1.01万套城镇保障性住房、1.33万户农村保障性安居工程全部开工建设，累计完成投资8.34亿元，其中城镇保障性住房投资完成总计划数的65.1%，农村危房改造开工率（100%）和竣工率（87%）名列全省第一。

【社会事业】 2011年，全面落实建设创新型云南行动计划要求，科技进步与科技创新成效显著，科技对经济增长的贡献率50.3%，热带优良竹浆（材）竹种的筛选与繁殖关键技术研究等3项技术被省政府授予科学技术进步奖。教育改革发展取得新突破，州教育局被省教育厅评为教育目标管理综合考评一等奖、创新性工作二等奖。州民中新校区和景洪特殊教育学校建成投入使用，西双版纳职业技术学院新校区、州一中、州二中标准化建设和15所乡（镇）幼儿园开工建设，高中阶段毛入学率54.5%，适龄幼儿入园率71%。中小学校安工程和区域布局调整成效明显，全州新建项目开工面积3.4万平方米，新建项目竣工面积1.3万平方米，累计竣工面积28万平方米，校园安全工程建设各项指标均处于全省前列。医药卫生事业稳步发展，医疗资源总量不断扩大，公共卫生服务功能明显增强，疾病预防控制体系进一步完善。人口自然增长率控制在6.3‰之内，人口出生率控制在11.9‰之内、低于责任目标1.1个千分点。大力扶持人口较少民族、深度贫困少数民族群体，38个人口较少民族聚居行政村基本实现“四通五有三达到”。

【生态州建设】 确定“十二五”末率先建成生态州的目标。开展“七彩云南·西双版纳”保护行动。积极发展低碳经济、循环经济和环保产业，加大节能减排工作力度，2011年单位生产总值能耗下降为4.2%，主要污染物排放总量减排目标全面完成。建立森林资源保护责任制，严厉打击破坏森林资源的违法犯罪行为，加强森林防火工作，确保了大旱之年无大火灾发生。加快建设布龙州级自然保护区（53万亩），积极开展新建州级、县（市）级自然保护（小）区规划工作，国家、州、县（市）级自然保护区面积503.7万亩，保护区面积占全州国土面积的17.6%。与老挝南塔、丰沙里共建164万亩联合保护区域。深入开展植树造林与绿化美化活动，省级园林单位和园林小区29个。森林覆盖率提高到78.3%，全州森林生态系统服务功能价值提高到1400多亿元。加强城乡环境综合整治，在全省率先开展农村连片环境综合整治示范项目，加快污水和垃圾处理设施项目建设。广泛开展国家级生态乡镇创建活动，2个乡镇通过现场检查，省级生态乡（镇）29个，比例居全省首位。

【民族文化名州建设】 2011年，广泛开展群众性精神文明创建活动，“十星级文明户”评选覆盖全州，“十星级文明户”8.2万户，占全州农村总户数的61.5%。加快民族文化名州建设。深化文化体制改革，全面完成国有文艺院团体制、文化行政管理体制和文化市场综合执法等改革任务。广播电视“村村通”工程、边疆“解五难”、农家书屋、乡镇综合文化站建设等“文化惠民”工程取得新成效。广播电视“村村通”工程建设全省领先，全部行政村和20户以上已通电自然村实现全覆盖，全州1175个自然村开通数字电视，有线数字电视用户突破25万户，入网比例全省第一，广播电视综合覆盖率99%，全部行政村实现“每村每月一场电影”；全部乡镇文化站完成改扩建，新建14个农家书屋，全州农家书屋244个，实现行政村全覆盖，新建一批科技活动室、文化广场、文化惠民示范村等，有1384支农村篮球队和2450支农村文艺队伍。举办“澜沧江·湄公河流域国家文化艺术节”；承办全省第2届“大家乐”群众文化广场舞大赛决赛，分别荣获金奖、银奖、铜奖和优秀组织奖。加大优秀民族文化保护和民族民间文化传承人特别是非物质文化遗产项目代表性传承人培养力度，全州有11个国家级、20个省级、52个州级非物质文化遗产保护名录和4个国家级、49个省级、160个州级非物质文化遗产传承人，总数位居全省前列。傣文数字化研发取得新进展，《西双版纳傣文报》居全省民族文报发行之首。加快发展文化产业，推进建设西双版纳影视拍摄等4个基地和上影娱乐MALL项目、楠景新城等12个文化产业重点项目。推进文艺精品创作，大型舞剧《让我听懂你的语言》荣获云南省第11届新剧（节）目展演银奖。60多件文学、摄影、美术等文艺作品在国家级、省级刊物及媒体上刊播，20多人次在省级、国家级举办的各种比赛中获奖。在云南新闻奖、云南省广播电视奖评选中，西双版纳州荣获一等奖26件，名列全省首位。举办全国“金剪刀”傣族服装设计大赛和水韵·娑罗民族服饰走秀活动，推动了民族服装产业化进程。举办澜沧江·湄公河国际公开水域抢渡赛、全国女子垒球冬训赛、国际慢投垒球邀请赛等全国与国际性体育赛事，文化产业向多元化、高端化发展，进一步形成文化与旅游的良性互动。2011年文化产业增加值13亿元，占全州GDP的6.8%。

【存在的主要问题】 作为一个欠发达少数民族自治州，还面临许多困难和挑战。一是发展不充分、发展不平衡、发展速度不够快，自主创新能力不强和经济结构单一、发展基础脆弱、增长方式粗放等问题尚未改变。二是城乡之间、山区与坝区之间、人口较少民族特困民族与其他民族之间发展不平衡的情况还很突出，农村与农场基础设施建设滞后，尤其是水利化程度和山区自然村公路通达率偏低，扶贫攻坚和山区开发任务艰巨。三是以改善民生为重点的社会事业发展滞后，社会保障制度不够完善，公共卫生服务体系建设亟待加强，教育的质量和水平相对较低，人均受教育年限低于全国全省平均水平，人才匮乏，劳动者素质偏低。维护社会稳定和边境安宁、禁毒和防艾任务依然繁重。四是干部队伍的素质与推动科学发展、和谐发展、跨越发展还有一定差距，在思想观念、工作作风以及体制机制等方面还存在不适应、不符合科学发展观要求的问题。

（周亮生）

大理白族自治州

【综 述】 大理州位于云南省西部，辖区总面积2.95万平方公里。大理州有良好的区位优势，州府所在地大理市位于320国道和214国道的交汇点，广（通）大（理）、大（理）丽（江）铁路通车，大理机场通航，大理形成了便捷的交通网。2011年，全州辖12个县（市），110个乡镇，其中乡44个、镇66个。年末全州户籍总人口354.71万人，少数民族人口181.7万人，占总人口51.22%。人口自然增长率控制在5.12‰。

2011年，面对复杂多变的发展环境，州政府在省委、省政府和州委的领导下，紧紧抓住新一轮西部大开发和桥头堡建设重大机遇，坚定信心、勇于开拓、狠抓落实，克服物价上涨、能源紧张、持续干旱等不利影响，全州经济社会持续快速发展，圆满完成州十二届人大四次会议确定的目标任务，实现了“十二五”良好开局。全年完成生产总值568.5亿元，增长14.2%。三次产业结构比例为21.7∶41.9∶36.4。财政总收入100.3亿元，增长24.4%，其中地方一般预算收入45.9亿元，增长22.1%；一般预算支出159.6亿元，增长28.5%。

2011年，全州实现农业总产值231.6亿元，增长16.6%。农村经济总收入447.3亿元，增长16.2%。

粮食总产157.3万吨，增长15%。工业经济提速增效，实现工业总产值607.9亿元，增长27.4%；工业增加值197.6亿元，增长22.2%。规模以上工业实现增加值154.1亿元，增长24.7%。非公经济实现增加值260亿元，占生产总值的比重达46%。第三产业蓬勃发展，旅游二次创业稳步推进，崇圣寺三塔被评为5A级景区，鸡足山景区改造提升全面完成，苍山大索道、大理游客服务中心等投入运营。接待国内外游客1545万人次，增长15.5%；旅游业总收入138.4亿元，增长20.3%。年末金融机构各项存贷款余额701.4亿元和469.7亿元；比年初增长17.4%和20.5%。年内新增贷款100亿元。大理被命名为“中国金融生态城市”。

2011年，全州投资持续较快增长，项目建设扎实推进。全州在建重大基础设施基础产业项目143项，竣工投产25项，完成投资204.5亿元。全社会固定资产投资完成360.3亿元，增长27.4%。交通建设全面推进，完成农村公路通畅工程21个、494公里，通达工程135个、1210公里。水利建设力度加大，完成投资16.4亿元，增长52%，建成“五小水利”工程4.3万件，解决15.1万农村人口和3.6万农村学校师生饮水安全问题。能源建设步伐加快，大龙潭等5个风电场建成投产，新增装机容量22.7万千瓦、累计达46.9万千瓦，占全省建成总量的67%。

2011年，全州城镇建设步伐加快 ，城乡区域协调发展。城乡规划不断加强，城市总体规划修改和滇西中心城市新区规划编制工作稳步推进；县城以上城市规划区控制性详规覆盖率达65.6%。城镇化进程加快，新增城市绿地73.9万平方米，城镇绿化覆盖率25%；城镇建成区面积144.5平方公里，新增6平方公里，全州城镇化率36%，提高3个百分点。新农村建设扎实推进，“四大工程”建设完成投资16.3亿元，12个中心集镇、24个中心村、36个示范村建设成效明显，120个省级重点村、19个民族团结示范村建设进展顺利。

2011年，全州生态建设力度加大，环境保护卓有成效。洱海保护治理深入推进，洱海水质总体保持Ⅲ类，有5个月达到Ⅱ类。生态建设和资源保护不断加强，巩固退耕还林19.5万亩，完成荒山造林3万亩；实施天保工程森林管护2100万亩，公益林建设20万亩；完成义务植树950万株。苍山申报世界地质公园通过国家评审，进入向联合国推荐目录。节能减排目标顺利实现，单位生产总值能耗下降4.8%。

2011年，全州改革开放不断深化，发展活力明显增强。各项改革统筹推进，新一轮州、县（市）、乡镇政府机构改革全面完成，教育、文化、医药卫生体制改革稳步推进。对外开放不断扩大，完成进出口总额2.3亿美元，增长22.8%。

2011年，全州社会事业加快发展，人民生活持续改善。教育事业加快发展，认真实施中小学校舍安全工程和农村义务教育薄弱学校改造计划，排除中小学D级危房13.3万平方米；免费义务教育全面实现。医疗卫生事业加快发展，基本医疗保障水平进一步提高，新型农村合作医疗参保人数291.8万人，参合率95.9%，人均筹资标准提高到230元；城镇基本医疗保险参保人数42.1万人。社会保障体系不断完善，新增城镇就业2.2万人，城镇登记失业率控制在4.1%以内；城乡居民最低生活保障人数33万人，发放保障金3.8亿元；新型农村社会养老保险和城镇居民养老保险扩大到8个县（市），参保105万人；城镇居民人均可支配收入1.77万元，增长12.1%。文化事业繁荣发展，乡镇综合文化站、文化资源信息共享、农家书屋工程年度建设任务全面完成，广播电视村村通、农村电影放映工程取得成效。建设城乡公共体育设施513项。

2011年，全州依法治州深入推进，社会保持和谐稳定。民主法治建设不断加强，按期办结人大代表建议291件、政协委员提案341件。社会保持和谐稳定，平安大理创建活动深入开展，社会管理综合治理和防控体系进一步健全，民族团结、宗教和顺的良好局面得到巩固和发展。政府自身建设取得新成效，州、县（市）政务服务中心和大理公共资源交易中心建成投入运行，首届政府创新奖评选圆满完成。

【工业总产值突破600亿大关】 2011年，大理州着力壮大提升烟草、矿冶、能源、生物资源及优势农产品加工、机械制造、建材六大产业，积极发展化工业和轻纺工业，注重发展高新技术产业和培育新兴产业。全年实现辖区现价工业总产值607.95亿元，比上年增长26.8%。按轻重工业分：轻工业完成218.08亿元，增长22.3%；重工业完成389.87亿元，增长29.4%。按规模分：规模以上完成414.57亿元，增长28%；规模以下完成193.38亿元，增长24.2%。

【工业增加值增速全省第一】 2011年，大理州累计实现规模以上工业增加值154.06亿元，按可比价计算，比上年增长 24.7%，高于全省 18% 的增速 6.7 个百分点。在全省 7 个重点州（市）中，增速排名第一。其中轻工业完成增加值 57.41 亿元，按可比价计算增长 15.8%，低于规模以上工业增速 8.9 个百分点；重工业完成增加值 96.65 亿元，按可比价计算增长 30.7%，快于规模以上工业增速 6 个百分点。

【财政总收入突破百亿元大关】 2011 年，全州财政总收入突破百亿元大关，达到 100.27 亿元，比上年增收 19.7 亿元，增长 24.4%。其中国税部门组织收入 54.2 亿元，增长 27.1%；地税部门组织收入 37.07 亿元，增长 27.8%；非税收入 8.99 亿元，增长 0.7%。

【招商引资到位资金突破 200 亿元】 2011 年，大理州切实做好招商引资项目的论证、包装、储备工作，认真做好招商项目的宣传、推介工作，全州招商引资工作实现了跨越式发展，全年引进州外到位资金突破 200 亿元。年内，大理州委、州政府积极营造最好的政策环境，使全州真正形成资金流、项目流和人才流的“洼地”效应，到年底全州实施国内经济合作项目 355 项，比上年增长 48.9%。新批外商投资企业 4 户，实际利用外资 2976 万美元，增长 36.3%，为实施第二轮工业经济倍增计划、旅游二次创业、推进“三化”进程注入了新的活力，有力地促进了全州经济发展和社会进步。根据对经济社会合作项目统计分析，全州招商引资工作呈现两大特点：内外资引进大幅增长，引进州外国内实际到位资金 201 亿元，实际利用外资 2976 万美元；引进工业项目势头强劲，对投资拉动作用明显，全年实施国内合作工业项目 204 项，占全州实施招商项目数的 57.3%，引进工业项目州外实际到位资金 131.2 亿元，占全州引进州外实际到位资金的 65.3%。

【大理市荣获“杰出绿色生态城市”殊荣】 2011 年 11 月 28 日，“绿色中国 2011 环保成就奖”颁奖典礼在香港举行，大理市荣膺“杰出绿色生态城市”大奖。专家和评委对大理市的评价：一座融合“现代”与“田园”特色的城市，一座兼具“现代文明”与“千年文化”的城市，一座充满绿色生机的城市。云南大理，自然造化湖光山色，苍洱镜照千秋月，山水田园一幅画，多元文化舞灵气，寄情山水诗意居，天、地、人共荣，山、水、景和谐。“绿色中国 2011 环保成就奖”由联合国环境规划基金会和内地及港澳台 5 家环境保护协会共同主办，两岸三地 10 余家环保组织协办。经过评委会的严格甄选，产生 13 大类别、40 个奖项。香港环境保护协会主席樊熙泰在颁奖典礼上说，大理在海外有着较高的知名度，许多香港人都向往到大理旅游。未来香港环境协会将寻找机会，进一步加强与大理州的交流与合作，推动一些环保专家和环保项目到大理考察或投资。

【大理市实现“中国驰名商标”零突破】 2011 年，云南清逸堂实业有限公司的“日子”商标被认定为“中国驰名商标”，实现了大理市“中国驰名商标”零的突破。大理市大力实施商标战略，出台《大理市人民政府办公室关于推进商标战略工作的实施意见》，加强对全市企业申请注册商标、争创驰(著)名商标的行政指导，加大对企业的奖励扶持力度。大理市工商局发挥职能优势，积极培育发展注册商标和品牌商标，全面推行商标“五书一卡”的行政指导制度，切实提高企业市场主体注册、创牌、用牌、护牌的主动性和积极性。到年底，全市拥有有效注册商标 370 件，云南省著名商标 23 件，中国驰名商标 1 件。

（赵秀元）

德宏傣族景颇族自治州

【综　述】 德宏州地处祖国西南边陲，云南西部，东和东北与龙陵县、腾冲县相邻，南、西和西北与缅甸联邦接壤，国境线长 503.8 公里。气候属亚热带湿润季风气候，冬无严寒，夏无酷暑；雨量充沛，干湿分明；干冷同季，雨热同期；年温差小，有霜日少，无霜期长。年降雨量 1546 ~ 1717 毫米，年平均气温 18.4 ~ 20.3℃；无霜期年平均 280 天左右；年日照 2281 ~ 2453 小时。

德宏州辖 2 市 3 县、50 个乡镇、1 个街道办事处、5 个农场、336 个村民委员会、39 个居民委员会，3849 个村民小组。2011 年末，全州总人口 122.05 万人，其中城镇人口 43.21 万人、占总人口的 35.4%，农村人口 78.84 万人、占总人口的 64.6%，少数民族人口 58.67 万人，占总人口的 48.1%；城镇化率 35.4%；人口自然增长率控制在 7.4‰以内。

2011 年是实施“十二五”规划的开局之年，是中国面向西南开放重要桥头堡和瑞丽重点开发开放试验区建设启动之年。一年来，突出桥头堡黄金口岸、瑞丽重点开发开放试验区、美丽富饶新盈江建设三大任务，抢抓机遇，攻克时艰，积极应对挑战，科学破解难题，全力推动全州经济社会健康、快速发展。全州实现生产总值172.32亿元，比上年增长15.5%。其中第一产业实现增加值45.41亿元，增长7.8%，拉动生产总值增长2.1个百分点；第二产业实现增加值59.85亿元，增长22%，拉动生产总值增长7.4个百分点；第三产业实现增加值67.06亿元，增长15%，拉动生产总值增长6个百分点。一、二、三产业对经济增长贡献率分别为13.5%、47.8%、38.7%。产业结构发生明显变化，三次产业结构由上年的26.5∶33.9∶39.6调整为26.4∶34.7∶38.9。非公有制经济创造增加值70亿元，占全州生产总值的40.6%。综合经济实力大幅提升。全年完成社会消费品零售总额65.28亿元，增长20.1%。全年居民消费价格总水平比上年上涨5.2%；商品零售价格上涨4.9%；农业生产资料价格上涨10.4%。

【农业·农村经济】 2011年，农业农村经济平稳发展。全州农林牧渔业总产值71.45亿元，比上年增长8.6%。其中农业产值43.18亿元，增长9.1%；林业产值7.84亿元，增长2.9%；牧业产值16.13亿元，增长9.6%；渔业产值2.4亿元，增长13.1%；农林牧渔服务业1.9亿元，增长9.5%。

农业种植结构进一步优化。全年农作物总播种面积377.91万亩，增长4%；粮食作物播种面积210.5万亩，增长4.9%，油料种植面积19.61万亩，下降3.3%；甘蔗种植面积81.57万亩，增长1.8%；蔬菜种植面积19.89万亩，增长4.9%。烟叶种植面积10.51万亩，增长6.8%。年末实有茶园面积35.63万亩，增长0.3%。全年完成冬季农业开发109.9万亩，新增8.65万亩，实现农业产值8.9亿元，增长16.5%。全年粮食总产量65万吨，增长7.8%；油料产量1.74万吨，增长19.2%；甘蔗产量415.66万吨，增长3.8%；蔬菜产量14.36万吨，增长8.1%；茶叶产量1.6万吨，增长21.1%。全年出栏肉猪71.33万头，增长10.0%；肉牛7.69万头，增长11.9%。全年肉类总产量8.71万吨，增长11.1%。

生物特色产业快速发展。全年新增“六树一草”种植面积19.09万亩，建成全国最大的坚果种植基地，盈江县被授予“中国坚果之乡”。建成全国最大的香料烟种植基地，德宏被列入全省新烟区开发建设州（市）。

农业基础设施进一步夯实。投资2.3亿元，实施9个“兴地睦边”农田整治项目，完成中低产田地改造15.5万亩；年末有效灌溉面积100.95万亩，当年新增7.01万亩；累计节水灌溉面积29.58万亩，当年新增4.64万亩；已建成水库69座，水库总库容3.52亿立方米，水利工程年供水总量7.55亿立方米，其中为农业供水6.85亿立方米。全年农村用电6625万千瓦小时，比上年增长13.1%。解决农村饮水不安全人口5.1万人，治理水土流失面积41.3平方公里，完成干支渠防渗72.7公里。

新农村建设取得新进展。全面启动村庄规划编制工作，完成27个行政村、548个自然村的村庄规划，对2010年实施的66个省、州试点示范村进行验收，新启动97个新农村典型示范村建设，总投资9250万元。年末全州拥有农业机械总动力11.27亿瓦特，比上年增长7.9%；农用排灌动力机械2135万瓦特，增长1.1倍；联合收获机2908万瓦特，增长19.5%，农产品初加工动力机械8333万瓦特，增长2.3%；畜牧养殖机械4533万瓦特，增长8.6%。拥有农用大中型拖拉机1.09万台，增长14.4%；农用小型拖拉机4.51万台，增长5.1%。全年农机化作业机耕面积173.58万亩，增长15.2%；机收面积62.13万亩，增长4.7%。

农村改革顺利推进。全州农垦改革主体工作基本完成，华侨农场改革“德宏模式”得到国家和省的肯定。深化供销社体制改革，“乡村流通工程”扎实推进。

【工业·建筑业】 2011年，全州完成工业增加值46.65亿元，比上年增长23.5%。规模以上工业完成增加值38.99亿元，增长19.1%，其中电力生产和供应业完成增加值21.37亿元，增长15.3%；制糖业完成增加值10.31亿元，增长20%；有色金属冶炼业完成增加值3.56亿元，增长7.9%；非金属矿物制品业1.79亿元，增长31.9%。工业经济效益明显提高。全州56户规模以上工业企业中，亏损13户，亏损面23.2%，比上年的27.2%缩小4个百分点。企业资产208.29亿元，增长7.7%；主营业务收入92.33亿元，增长26.2%，主营业务成本65.88亿元，增长26.9%。企业实现利润总额15.99亿元，增长11.9%；实现利税总额23.92亿元，增长14.3%。

全年全社会建筑业完成增加值13.2亿元，比上年增长16.9%。全州具有资质的36户建筑业企业完成总产值25.51亿元，增长22.5%；房屋建筑施工面积133.49万平方米，增长7.7%；竣工面积 66.53 万平方米，增长 6.7%。

【固定资产投资】 固定资产投资强劲增长，基础设施建设取得新突破。2011 年，全州累计完成全社会固定资产投资总额 171.39 亿元，比上年增长 30.7%。城镇固定资产投资完成 138.39 亿元，增长 17.4%，房地产投资完成 31.61 亿元，增长 1.1 倍；农村非农户投资完成 12.51 亿元，增长 89.3%；农村私人投资完成 20.49 亿元，增长 2 倍。

全州房地产开发投资完成 31.61 亿元，比上年增长 1.1 倍，占投资总额的 18.4%。房屋施工面积 391.7 万平方米，增长 76.8%；商品房销售面积 75.46 万平方米，增长 32.3%；商品房销售额 21.07 亿元，增长 38.3%。

全州第一产业投资完成 5.32 亿元，比上年增长 93.5%；第二产业投资完成 40.37 亿元，增长 16.8%。其中制造业和采矿业完成投资 23.61 亿元，增长 69%，电力生产与供应业完成投资 15.7 亿元，下降 18.6%；第三产业投资完成 105.21 亿元，增长 20.7%。

交通建设亮点突出。腾陇、畹町芒满—缅甸 105 码二级公路相继建成通车，潞梁二级公路完成主体工程。大瑞铁路保瑞段举行奠基仪式，龙瑞高速公路控制性工程开工建设。改建农村公路 1071 公里，全州农村公路通车里程 6400 公里，新增 230 公里。

能源建设速度加快。中缅油气管道（国内段）隧道及跨越工程开工。全州新投产水电站 8 座，新增装机 9.1 万千瓦，全州投产水电站 127 座，总装机 324 万千瓦，全年发电 116 亿千瓦小时，增长 11.5%。电网运行平稳，州内用电量 35.2 亿千瓦小时，增长 25%。瑞丽 220 千伏输变电工程建成，轩岗 500 千伏变电站建设有序推进。

水利建设成效突出。盈江回龙河、瑞丽芒林中型水库相继建成完工；畹町红石河、梁河丛岗、陇川弄回小㈠型水库有序推进；开工建设芒市清塘河、瑞丽帕色河水库。实施小型病险水库除险加固工程 20 座。实施芒市大河芒市坝区段，陇川县、梁河县中央财政小型农田水利重点县建设项目以及章凤口岸南宛河、盈江那邦通道、芒市勐古河芒海通道界河治理工程。

城镇基础设施建设成效显著。全年投入城镇基础设施建设资金 6.5 亿元，城市园林绿化投资 6069 万元。芒市机场大道、瑞丽大道主体工程及亮化绿化工程、姐岗南路和瑞江路片区道路、梁河龙窝大道、盈江允燕大道和滨江路等一批重大市政道路主体工程竣工。芒市团结大街北段、金孔雀大街、瑞丽滨江大道、陇川三象北路等城市道路加快建设。城镇化水平不断提升，全州城镇规划区面积 665 平方公里，城市建成区面积由上年的 53.5 平方公里扩展为 56.5 平方公里，城镇化率 35%。芒市成功创建国家卫生城市和全国科普示范城市。

【交通·邮电·旅游】 2011 年，全州拥有民用车辆 41.06 万辆，比上年增长 12.9%，其中民用汽车 7.8 万辆，增长 23.2%。全年完成客运量 1927 万人，增长 15.6%；旅客周转量 15.13 亿人公里，增长 14.3%。年末公路通车里程 7416 公里，增长 4.7%，其中等级公路 5338 公里，增长 8%；等外公路 2078 公里，下降 2.8%。

邮电通信业平稳发展。全年邮电业务总收入 3569 万元；函件 75.5 万件，比上年下降 19%。年末拥有城市固定电话 9.95 万户，下降 9%；乡村固定电话 8.2 万户，下降 30.5%；年末移动电话用户 125.38 万户，增长 37.9%；宽带网用户 8.78 万户，增长 20.6%。

旅游基础设施建设投入加大，一批重大旅游项目建设有序推进。包机试飞芒市—曼德勒国际航线，新开通芒市—北京、上海、成都等国内航线。举办中国·芒市 2011 国际泼水狂欢节、第 11 届中缅胞波狂欢节暨第 4 届国际珠宝文化节和第 11 届中缅边境贸易交易会。全年接待国内外游客 532.09 万人次，比上年增长 13.4%。其中海外游客 11.99 万人次，增长 26.4%；国内游客 520.1 万人次，增长 12.9%。旅游业总收入 60.07 亿元，增长 30.8%。

【国内贸易·对外经济】 2011 年，社会消费品零售总额 65.28 亿元，比上年增长 20.1%。其中城镇市场实现消费品零售额 44.6 亿元，增长 22.2%；乡村市场实现消费品零售额 20.68 亿元，增长 15.7%。分行业看批发零售贸易业零售额 56.09 亿元，增长 20%；住宿和餐饮业零售额 9.19 亿元，增长 20.7%。全年完成对外贸易进出口总额 13.85 亿美元，增长 21.6%。出口 11.1 亿美元，增长 30.4%；进口 2.75 万美元，下降 4.4%。全年实施国内合作项目 178 项，上年结转 96 项，新增 82 项，利用国内资金 83.91 亿元；外资项目 5 个，合同资金 6025.81 万美元，实际到位 5241 万美元，增长 1.2 倍。

【财政·金融·保险】 2011 年，财政总收入完成 30.91 亿元，比上年增长 42.2%，财政一般预算收入 18.91 亿元，增长 42.8%，其中税收收入 13.13 亿元，增长 40.7%；非税收入 5.78 亿元，增长 48%。财政一般预算支出 92.31 亿元，增长 58.8%，其中社会保障和就业支出 21.61 亿元，增长 1.6 倍；教育支出 10.96 亿元，增长 23.6%；一般公共服务支出 10.73 亿元，增长 51.4%。

年末金融机构存款余额 352.51 亿元，比年初增长 21.3%。其中个人存款 206.79 亿元，增长 12.9%；单位存款 126.22 亿元，增长 38.2%。金融机构贷款余额 195.13 亿元，比年初增长 20.3%。其中短期贷款 48.92 亿元；增长 18.5%；中长期贷款 146.20 亿元，增长 20.9%。

各种保费收入 6.03 亿元，比上年增长 15.0%。其中财产险保费收入 2.63 亿元，增长 27.6%；寿险保费收入 3.4 亿元，增长 6.8%。

【教育 · 科技 · 文化 · 体育 · 卫生 · 环境保护 · 安全生产】 教育事业稳步发展。2011 年，德宏普通高等学校招生 2043 人，比上年下降 14.6%，在校生 5814 人，下降 2.1%，毕业生 1644 人，增长 32.8%。中等职业技术学校招生 4535 人，在校生 1.19 万人，毕业生 2976 人；普通中学招生 2.18 万人，在校生 6.31 万人，毕业生 2 万人；小学招生 1.69 万人，在校生 10.55 万人，毕业生 1.76 万人；幼儿园招生 2.47 万人，在园幼儿 3.31 万人，毕业 1.79 万人。小学学龄儿童入学率 99.8 %，初中学龄少年毛入学率 112.9%。

科技发展取得新成果。2011 年，争取到国家、省科技计划项目 26 项，科技经费 1176 万元；州级科技计划项目立项 112 项，安排科技经费 235 万元。2011 年度，获省政府科学技术奖 1 项，获德宏州政府科学技术奖 34 项，其中一等奖 3 项、二等奖 7 项、三等奖 24 项。

文化事业日益繁荣。年末全州有艺术表演团体 7 个，艺术研究所 1 个，文化馆 7 个，文物管理所 7 个，公共图书馆 7 个。有广播电台 1 座，广播人口覆盖率 93.73 %；电视台 1 座，有线电视用户 9.16 万户，电视人口覆盖率 94.02 %；全年出版各类报纸 380.61 万份，各类书籍 172 种，共 26.56 万册。

体育事业蓬勃发展。2011 年，德宏州参加国家级比赛 1 次，组织对外交流赛 1 次、省级比赛 5 次、州级比赛 15 次、县级比赛 60 次。在省级及以上比赛中共获得金牌 35 枚、银牌 32 枚、铜牌 24 枚。

卫生事业不断进步。年末有卫生机构 321 个（不含村卫生室），病床 4543 张，卫生技术人员 4569 人，其中执业医师 1513 人，助理医师 313 人，注册护士 1445 人，其他卫生技术人员 955 人。全年诊疗 374.77 万人次，比上年增长 8.4%。

环境保护和生态建设发展加快，环境质量有所改善。2011 年人工造林 53.94 万亩，比上年增长 5.7%。全州森林覆盖率 67.1%。有 1 个自然保护区，保护区面积 77.48 万亩。全年竣工环境污染治理项目 40 个，完成投资 3353.9 万元。建立城市集中式饮用水源保护区 5 个。出境河流水质总体达到Ⅲ类标准，符合国家要求。芒市、瑞丽市城市空气质量全年达到国家环境空气质量Ⅱ级标准要求。城市生活垃圾清运量 19.21 万吨。全州环保系统在职人员 172 人，监测站 2 个。

2011 年发生各类安全事故 159 起，比上年下降 5.4%。安全事故死亡 76 人，下降 1.3%；受伤 106 人，上升 1.4 倍。直接经济损失 623 万元，增长 15.4%。亿元 GDP 生产安全事故死亡人数为 0.44 人，下降 20%。

【人民生活 · 社会保障】 城乡居民生活水平继续提高。2011 年，城镇居民人均可支配收入 1.53 万元，比上年增长 10.6%；农村居民人均纯收入 4096 元，增长 21.6%。城镇居民人均消费支出 1.14 万元，增长 9.4%；农村居民人均消费支出 3690 元，增长 27.5%。城镇居民人均房屋使用面积 37.7 平方米，增长 1.3%；农村居民人均住房面积 27.3 平方米，增长 7.7%。年末城镇居民每百户拥有家用汽车 19 辆，拥有摩托车 99 辆；农村居民每百户拥有摩托车 94.6 辆，拥有手机 171.1 部。

社会保障工作进一步加强。年末全州城镇职工参加基本养老保险人数 7.23 万人，比上年增长 52.9%；参加失业保险 4.77 万人，下降 0.3%；参加基本医疗保险 11.73 万人，增长 3.7%。城镇居民基本医疗保险参保 9.04 万人，增长 8.1%。农村参加新型养老保险人数 45.69 万人。参加新型农村合作医疗的农民 90.44 万人，参合率 98.4%。年末全州享受最低生活保障的城乡居民 21.68 万人，其中城镇居民 4.67 万人，农村居民 17.01 万人；全年发放城乡居民最低生活保障金 2.41 亿元，增长 26.5%，其中城镇居民 7338 万元，增长 5.6%，农村居民 1.68 亿元，增长 38.5%。

（黄艳芳）

怒江傈僳族自治州

【综 述】 2011年，在世界经济形势复杂多变、国家宏观调控压力加大、经济运行不确定因素增多等大背景下，怒江各族人民认真贯彻中央和省的决策部署，紧紧围绕州委六届八次全会、州第七次党代会和州九届人大七次会议确定的发展思路和目标任务，精诚团结，克难攻坚，全力以赴保民生、促发展，经济社会持续向好的势头得到了继续巩固和加强，顺利实现了怒江州“十二五”的良好开局。全州实现生产总值64.63亿元，比上年增长18%。增长10%。其中第一产业增加值完成8.22亿元，增长6.2%；第二产业增加值完成24.03亿元，增长15.9%；第三产业增加值完成32.38亿元，增长6.7%。三次产业的比重调整为13∶37∶50。

【农业·农村经济】 农村经济持续发展。农业基础不断改善，扶贫攻坚力度加大，新农村建设扎实推进。2011年，农林牧渔业总产值完成12.48亿元，比上年增长7.6%。其中农业产值5.17亿元，增长2.37%；林业产值1.51亿元，增长41.75%；牧业产值4.86亿元，增长11.77%；渔业产值327万元，增长41.74%；农林牧渔服务业9022万元，增长14.34%。农业种植结构进一步优化。全年农作物总播种面积9.63万公顷，增长0.35%；粮食播种面积7.69万公顷，下降1.71%；油料面积3321公顷，下降3.49%；甘蔗种植面积1153公顷，增长81.14%。全年粮食总产量18.13万吨，增长2.2%，油料产量1940吨，增长37.39%；甘蔗产量7.12万吨，下降10.44%。畜牧业健康发展。年末大牲畜存栏20.59万头，增长0.19%。猪存栏54.14万头，增长1.65%。全年猪牛羊肉类总产量3.22万吨，增长5.92%。

农业机械化水平有了提升。年末全州拥有农业机械总动力1.96亿瓦特，增长11.65%。全年农机化作业机耕面积19.78万亩，增长13.32%。农村用电量4906万千瓦小时，增长6.81%。

【工业·建筑业】 切实加强对重点企业和重点行业的运行监测，做好煤、电、油、运等重要工业生产要素的供需协调保障工作，工业企业克服原材料价格上涨、融资难、生产要素紧张等不利因素的影响，积极组织生产经营，工业生产继续保持较快增长。2011年，完成工业总产值42.81亿元，比上年增长10.12%。其中重工业完成产值39.6亿元，增长9.91%，轻工业完成产值3.21亿元，增长12.86%。完成工业增加值17.04亿元，增长10.5%。规模以上工业完成增加值11.02亿元，增长1.1%。完成全社会建筑业增加值6.98亿元，增长32.1%。

【固定资产投资】 继续以破解交通为代表的“瓶颈”制约为突破口，举全州之力推进一批事关全局和长远发展的重大基础设施建设项目，不断筑牢发展基础。剑兰二级公路建设加快，德贡公路、独龙江公路改建、六库怒江二桥交通环线工程、六丙二级公路一期工程等项目建设稳步推进，“三江”索改桥工程实现部分通车。怒江机场，福维、六兰、丽兰、泸腾、丙察、片密公路前期工作加快推进。黄登、大华桥电站、中小电站及电网建设扎实推进。丰坪水库通过省级验收，黄木水库开工建设，瓦姑水库建设进展顺利。农村水、电、路、气等基础设施有较大的改善。以六库新城区为重点的城镇建设步伐加快，配套设施得到较大改善，城镇综合承载能力和公共服务水平不断提高，地方完成固定资产投资规模迈上新台阶。2011年施工项目665个，比上年增长213.6%。完成固定资产投资总额84.19亿元，增长35.19%。其中完成规模以上固定资产投资（含房地产）47.1亿元。

【国内贸易·对外经济】 全州内贸流通市场平稳上升，居民消费结构变化显著，农村消费持续增长，流通发展呈现出健康、平稳的增长趋势。加快市场体系建设，大力推进“万村千乡”市场工程、乡镇农贸（集市）建设和改造、家电下乡、家电以旧换新工作，全面提高城乡消费水平，消费品市场保持繁荣稳定。2011年，社会消费品零售总额17.65亿元，比上年增长18.7%。按经济成份分，公有经济完成3.81亿元，增长48.5%，非公有经济完成13.84亿元，增长12.5%。对外开放步伐加快。紧紧抓住国家把泸水片马列入云南实施面向西南开放重要桥头堡建设5个边境经济合作区的重大机遇，编制完成《建设国家级泸水（片马）边境经济合作区可行性研究报告》、《片马口岸“十二五”发展规划》、《片马口岸“十二五”建设规划》，着力推进片马口岸及俄嘎、亚坪、丹珠通道基础建设，不断提高通关便利化程度。全年全州完成外贸进出口总额 4.05 亿元，增长 33.22%。其中进口 2.75 亿元，增长 38.19%；出口 1.3 亿元，增长 23.81%。

【邮电·旅游】 邮电通信业平稳发展。2011 年，邮政业务总量 1716.8 万元，比上年增长 30.7%。函件 10.14 万份，下降 17.2%。报刊期发数 6.82 万份，增长 6.7%。电信公司业务收入 5591 万元，增长 7.2%。年末拥有固定电话 4.64 万户，下降 4.34%。年末电信小灵通用户 1525 户，下降 32%。互联网用户 2.65 万户，增长 23.4%。年末拥有移动电话用户 4.3 万户，下降 2.27%。移动公司业务收入 1.89 亿元，增长 19.23%；手机用户累计 28.2 万户，增长 17.99%。

旅游业健康发展。认真开展“文化旅游年”活动，加大宣传促销，全年接待国内外游客 173.44 万人次，比上年增长 11.25%。旅游业总收入 9.97 亿元，增长 25%。

【财政·金融】 财政运行平稳。2011 年，财政总收入完成 10.86 亿元，比上年增长 9.96%。一般预算收入 6.66 亿元，增长 14.01%。其中税收收入 4.47 亿元，增长 17.78%。非税收入 2.18 亿元，增长 6.99%。财政一般预算支出 42.69 亿元，增长 25.4%。其中社会保障和就业支出 5.35 亿元，增长 4.91%；教育支出 5.85 亿元，增长 15.25%；农林水事务支出 4.9 亿万元，增长 23.03%；一般公共服务支出 4.84 亿元，增长 4.5%。

金融快速发展。2011 年末金融机构存款余额 95.3 亿元，比年初增长 4.07%。其中储蓄存款余额 39.75 亿元，比年初增长 17.42%。贷款余额 58.72 亿元，比年初增长 14.15%。

【社会事业】 教育事业稳步发展。围绕“发展现代教育，整合教育资源，提高“两基”水平，突破高中瓶颈，加强职业教育，推进素质教育，实现怒江教育事业发展“二次跨越”的教育发展思路，加快教育改革发展。2011 年，全州中等职业技术学校 5 所，招生 654 人，比上年下降 52.4%；在校生 1688 人，下降 37%；毕（结）业生 414 人，下降 6.1%。普通中学 30 所，初中高中招生 9970 人，下降 1.5%；在校生（包括初中高中学生）2.88 万人，增长 0.87%；毕业生 8730 人，下降 5.18%。小学 134 所，下降 6.94%；招生 8356 人，增长 4.6%；在校生 5.02 万人，下降 0.1%；毕业生 7645 人，下降 2.8%。小学学龄儿童净入学率 99.32%，初中学龄净入学率 68.74%。特殊教育机构 1 个，招生 37 人，在校生 330 人，毕业生 14 人。

科技发展取得新成果。2011 年，争取到省科技计划项目 9 项，科技经费 480 万元；州级科技计划项目立项 54 项，安排科技经费 140 万元。

文化事业加快发展。全州文化体制改革扎实推进，文化基础设施进一步夯实，共完成州（县）25 个文化信息资源共享工程建设，乡镇文化站达标率 89.66%，在全省评估定级中位列第一。选送新编排的大型民族歌舞剧《独龙江·独龙人》参加全省新剧节目展演并荣获展演金奖。广播电视和体育事业发展取得新进展，广播电视“村村通”工程深入推进，农民群众听广播难、看电视难的问题有所缓解。2011 年末，全州有艺术表演团体 4 个，艺术研究所 1 个，文化馆 5 个，公共图书馆 5 个，文化站 29 个。广播电视无线发射台 7 座，广播人口覆盖率 88.45%；有线电视用户 3.08 万户，其中数字电视用户 2.43 万户，电视人口覆盖率 93.46%。

卫生事业不断进步。医疗卫生五项改革稳步推进，新型农村合作医疗进一步巩固，城市社区卫生服务得到加强，整顿和规范医疗卫生服务秩序，努力解决群众看病难、看病贵和看病安全问题，公共卫生体系不断完善，社区卫生服务覆盖面不断扩大。2011 年末有卫生机构 59 个，与上年持平。病床 1559 张，增长 5.12%。卫生技术人员 1654 人，下降 1%。其中执业医师及助理医师 568 人，下降 5.8%。全年入院人数 2.78 万人，增长 5.6%。出院人数 2.86 万人，增长 8.76%。全年诊疗 87.94 万人次，下降 4.48%。

体育事业取得新成绩。全年举办各类形式的体育运动会、体育活动 85 次。举办州级运动会 4 次。参加省级以上运动会 7 次，获得金牌 1 枚，铜牌 6 枚，银牌 1 枚。

【生态环境】 生态环境进一步得到保护。坚持“生态立州”发展思路不动摇，坚定不移地走“生态建设产业化、产业发展生态化”的道路，继续推进 “四个百万”工程建设，“生态修复工程大行动”成效凸显，怒江、澜沧江沿岸生态环境明显改善。继续深入实施天然林保护、退耕还林、生物多样性保护等重点生态工程建设，加大澜沧江、怒江干流水污染防治力度，着力实施沘江河流域水污染治理。有效遏制高耗能、高排放行业过快增长势头，节能降耗工作成效明显。建成泸水县、兰坪县污水处理厂。积极推进生态脆弱地区的生态修复与建设，生态环境恶化的势头正逐步得到遏制。2011 年，完成人工造林 1.65 万公顷，比上年增长 10.03%。年末实有封山育林面积 5333 公顷，增长 33.3%。全州森林覆盖率 72.9%，有 4 个自然保护区，保护区面积 39.96 万公顷。

【民生保障】 社会保障进一步完善。社保覆盖面稳步扩大，社保待遇进一步提高，医疗保险制度不断完善，社保各项业务规范运行，未参保集体企业退休人员养老保障等遗留问题得到有效解决。2011 年，全州城镇基本养老保险参保人数 1.79 万人，比上年增长 9.1%，征缴基本养老金 8625 万元，增长 4.6%；工伤保险参保人数 4.42 万人，增长 294.6%；失业保险参保人数 1.74 万人，增长 0.57%；参加新型农村合作医疗的农民 42.6 万人，参合率 97.17%，参加城镇基本医疗保险总人数 7.03 万人，增长 78.9%；参加城镇居民医疗保险人数 2.95 万人，增长 13%。全州各级劳动保障执法机构监察巡查用人单位 686 户，巡查面 80%，涉及劳动者 6723 人次；投诉结案 125 件，结案率 100%。保障性住房建设顺利实施。

【人民生活】 城乡居民收入持续增长。随着机关事业单位工资改革逐步到位、各项社会保障措施的实施，使城镇居民人均可支配收入呈现稳步增长态势。2011 年，全州城镇居民人均可支配收入 1.21 万元，比上年增长 15.6%；农村居民人均纯收入 2362 元，增长 17.8%。

【“怒江发展问题”研究】 “怒江发展问题”研究工作取得突破性进展。在国家发改委和省委、省政府的支持下，“怒江发展问题”得以提升到国家层面推进解决。2011 年 9 月，“怒江发展问题”座谈会在怒江州召开，会议确立了健全推进研究解决“怒江州发展问题”的长效机制，明确在基础设施、社会事业、生态建设和政策支持等 13 个方面给予怒江特殊支持。

【存在的问题】 一是支柱产业单一，发展方式粗放，城镇化、工业化、产业化程度低，经济总量小，转变发展方式和加快发展步伐的任务依然十分艰巨。二是农业基础条件差，增收渠道单一，农民人均收入低，农民持续增收难度大，扶贫攻坚的任务依然十分艰巨。三是以交通为代表的基础设施仍然严重滞后，水利、电力、信息、城镇等基础设施仍然薄弱，破解基础瓶颈制约的任务依然十分艰巨。四是以教育为代表的社会事业滞后，就学、就医、就业、住房等改善民生的任务依然十分艰巨。

（关建涛）

迪庆州藏族自治州

【综 述】 迪庆州位于滇、川、藏三省（区）交界的横断山脉三江并流自然奇观标志性腹心地带，是云南省海拔最高的地方。2011 年，全州辖 3 县、20 个乡 9 个镇、188 个村民委员会（办事处）。2011 年末，全州总人口 40.28 万人，其中户籍管理人口 36.05 万人。全年出生人口 3744 人，人口出生率 10.12‰，死亡人口 2151 人，人口死亡率 5.81‰，人口自然增长率 4.31‰，人口城镇化率为 25.3%。其中少数民族人口 31.51 万人，占 88.15%。

2011 年，全州生产总值 96.4 亿元，比上年增长 19.1%，增速比上年回落 0.4 个百分点。第一产业增加值 8.1 亿元，增长 8%，对 GDP 增量的贡献率为 3.9%，对经济增长的拉动力为 0.7 个百分点。第二产业增加值 40.2 亿元，增长 28.6%，对 GDP 增量的贡献率为 57.7%，对经济增长的拉动力为 11 个百分点，其中工业增加值 21.4 亿元，增长 28.4%，对 GDP 增量的贡献率为 30.8%，对经济增长的拉动力为 5.9 个百分点；建筑业增加值 18.8 亿元，增长 28.9%，对 GDP 增量的贡献率为 27%，对经济增长的拉动力为 5.2 个百分点。第三产业增加值 48.1 亿元，增长 14%，对 GDP 增量的贡献率为 38.4%，对经济增长的拉动力为 7.3 个百分点。人均生产总值 2.43 万元，比上年增加 4266 元，增长 15.5%。

第一、第二、第三产业占 GDP 的比重由上年的 9.3：38.5：52.2 调整为 8.4：41.7：49.9，第一产业比重较上年下降 0.9 个百分点，第二产业比重提高 3.2 个百分点，第三产业比重下降 2.3 个百分点，三次产业结构逐步趋于合理。

【农 业】 2011 年，全州实现农林牧渔业总产值 13.2 亿元，比上年增长 7.3%；其中农业产值 5.93 亿元，增长 5.7%，林业产值 1.77 亿元，增长 5.1%，牧业产值 4.11 亿元，增长 7.9%，渔业产值 2400 万元，增长 5.3%，农林牧渔服务业产值 1.14 亿元，增长 7.7%。

全年粮食播种面积4.61万公顷，比上年减少730公顷，油料种植面积1975公顷，减少87公顷，粮食产量15.02万吨，自2005年连续6年保持增产。核桃、板栗、花椒、水果等农产品产量增长，主要畜产品及牲畜出栏数较上年增长。

【工 业】 2011年，全州完成工业总产值42.9亿元，比上年增长24.72%。其中年产品销售收入2000万元以上工业企业产值29.3亿元，增长10.99%；年产品销售收入2000万元以下工业企业产值13.6亿元，增长70.13%。

在规模以上工业总产值中，轻工业产值7.9亿元，增长18.66%；重工业产值21.4亿元，增长8.4%。按经济类型分，股份合作企业产值3.36亿元，增长1.08%；股份制企业产值19.47亿元，增长11.35%；外商及港澳台商投资企业产值6.52亿元，增长15.7%。

全州规模以上工业企业15户，实现产品销售产值27亿元，比上年增长19.04%，其中亏损企业4户，亏损总额6000万元，比上年增长35.32%，企业盈亏相抵后实现利润总额2.8亿元，增长208.59%。

【固定资产投资】 2011年，完成全社会固定资产投资167.8亿元，比上年增长25.22%。其中城镇投资152亿元，增长23.49%，农村投资2.8亿元，增长221.25%，农村私人投资8.3亿元，增长30%，房地产投资4.6亿元，增长28.34%。

【交通运输·邮电业】 2011年末，全州公路通车里程为5372公里，其中等级公路4053公里，占公路通车里程的75.4%。全年完成旅客运输量535.5万人，比上年增长8.2%；货物运输量611万吨，增长17.7%。完成旅客周转量8.99亿人公里，增长18%；货物周转量33.97亿万吨公里，增长11.6%。客货运输中，民航旅客运输量完成37.5万人，增长42.6%；民航货物运输量完成456吨，下降41.5%。民航旅客周转量完成1.87亿人公里，增长42.3%；民航货物周转量完成25.62万吨公里，下降41.2%。

2011年，完成邮电业务总量2.78亿元，比上年增长19.1%。其中电信业务总量2.6亿元，增长15.5%；邮政业务总量1816万元，增长34.9%。年末固定电话用户数3.63万户，下降2.99%，移动电话用户总数33.98万户，增长22.8%；电话普及率每百人94.89部，增加13.2部。

【国内贸易·市场物价】 2011年，实现社会消费品零售总额25.3亿元，比上年增长20.7%。按经营所在地划分，城镇消费品零售额14.8亿元，增长16.8%；农村消费品零售额10.5亿元，增长26.7%。按行业划分，住宿业零售额1.3亿元，增长101.97%；餐饮业零售额1.7亿元，增长12.5%；批发业零售额7.4亿元，增长20.7%；零售业零售额15亿元，增长17.6%。分经济类型看，非公经济零售额16.7亿元，增长20.9%；公有经济零售额8.7亿元，增长20.4%。

全年完成外贸进出口总额1210万美元，比上年增长163.6%。其中出口额完成1023万美元，增长122.9%；进口额完成187万美元。

全年新签利用外资协议（合同）项目4个，实际利用外商投资1.03亿美元，比上年增长17.9%，年末实有外商投资企业31个。全年招商引资实际到位州外资金80.1亿元，增长21.9%，其中内资73.4亿元，增长22.7%，外资6.7亿元，增长13.6%。

2011年，香格里拉城区居民消费价格比上年上涨5.6%，其中食品上涨10.8%。商品零售价格比上年上涨4.3%，农业生产资料价格上涨4.9%。

【财政·金融·保险】 2011年，全州地方财政一般预算收入8.6亿元，比上年增长44.13%；地方财政一般预算支出66.1亿元，增长53.2%。

年末金融机构本外币各项存款余额143.1亿元，比年初增长19.25%。其中城乡居民储蓄存款46.5亿元，比年初增长28.82%。年末金融机构本外币各项贷款余额109.5亿元，比年初增长25.36%。其中短期贷款余额14.5亿元，增长2.12%；中长期贷款余额94.99亿元，增长29.91%。全年金融机构现金收入10.5亿元，现金支出29.1亿元，收支相抵，累计净投放现金18.5亿元，比上年增加投放352万元，增长0.22%。

全年各种保险保费总收入1.61亿元，比上年增长16.1%。

【科技·教育·文化·卫生·体育】 2011年，安排、争取、落实科技计划项目51项，其中国家级项目1项，省级项目16项，州级和配套项目34项。投入项目资金1377万元，其中国家和省级投入1077万元，州级投入300万元。全州受理科技专利申请29件，授权15件。全州拥有幼儿园8所，在园幼儿4456人；小学122所，小学在校学生2.95万人，小学适龄儿童入学率99.37%，小学辍学率1.09%。中学17所，其中完全中学7所，初高中在校学生2.23万人，其中高中在校生5634人，初中在校生1.67万人，初中毛入学率110.96%，辍学率2.56%。职业中学2所，在校学生143人。中等专业学校1所，在校学生2544人。教师进修学校3所。

2011年末，全州拥有卫生机构260个，其中医院8个，基层医疗卫生机构240个，专业公共卫生机构12个。卫生机构床位数935张，专业卫生技术人员1445人，其中执业（助理）医师691人。全州有29.36万人参加新型农村合作医疗，比上年增加478人，参合率97.42%。

2011年末，全州有文化、文物事业机构53个，其中艺术表演团体3个，艺术表演场馆2个，文化馆4个，公共图书馆4个，乡镇文化站29个，文化文物行政主管部门4个，文物保护管理机构4个，博物馆3个。全州广播人口覆盖率96.43%，电视人口覆盖率96.43%。《迪庆报》发行336期465万份，其中藏文版52期，20万份。

全民健身、群众体育活动不断深入，竞技体育水平得到明显提高。2011年，全州参加省及省以上运动会运动员205人，获得省及省以上运动会奖牌46枚，其中金牌5枚，银牌20枚，铜牌21枚。

【旅游业】 2011年，接待国内外游客817.6万人次，增长35.5%，其中海外游客86.55万人次，增长18.7%；国内旅游者731.05万人次，增长33.6%。旅游业总收入77.5亿元，增长25.8%。

【人民生活·社会保障】 2011年末，全州总人口40.28万人，其中户籍管理人口36.05万人。全年出生人口3744人，人口出生率10.12‰，死亡人口2151人，人口死亡率5.81‰，人口自然增长率4.31‰，人口城镇化率25.3%。

2011年末，全州单位从业人员3.85万人，增长19.8%，其中在岗职工3.1万人，增长8.7%。单位从业人员劳动报酬14.53亿元，增长28.8%，其中在岗职工工资13.56亿元，增长25.2%；在岗职工年平均工资4.38万元，增长10.5%。农民人均纯收入4105元，增长22.65%。城镇居民人均可支配收入1.8万元，增长12.34%，城乡居民人均储蓄存款1.17万元，增长24.9%。

2011年末，全州参加基本养老保险职工人数1.96万人，比上年增长25%；参加失业保险人数2万人，增长25%；参加城镇职工基本医疗保险人数3.79万人，增长10%；参加城镇居民基本医疗保险人数2.81万人，增长8%。年末全州城镇最低生活保障对象1.21万人，比上年末增加202人，发放保障资金2646.65万元，增长4.9%。年末全州农村低保人数10.81万人，增加4174人，发放保障金10.3亿元，增长36.9%。

【非公经济】 2011年，全州非公经济主要指标均保持较高增速。全年完成非公经济增加值31亿元，比上年增长8.4%，占全州GDP比重45.5%。全州非公有制经济户数1.38万户，增长17.4%。其中私营企业1031户，增长12.07%，个体工商户1.28万户，增长17.85%；非公经济注册资本72.6亿元，增长0.4%；完成税收3.97亿元，增长54.47%；完成社会消费品零售额7.9亿元，增长19.9%，占全州社会消费品零售总额的59.4%。

【农民人均纯收入】 2011年迪庆州农村居民人均纯收入3347元，比2005年的1425元增加1922元，增长134.88%，年均递增18.62%，增幅在全国10个藏族自治州中排第一位。2010年，迪庆州农民人均纯收入在全国10个藏族自治州中排名第6位，比最高的海西州5034元低1687元，比最低的果洛州2629元高718元。

（李燕兰）

市县区经济选介

Introduction of Economy in Selective Cities Districts and Counties

昆明市县区经济选介

五华区

【概 述】 五华区位于昆明主城区西北部，辖区总面积380.5平方公里，下辖10个街道办事处，88个社区居民委员会，214个村（居）民小组。2011年末常住人口85.6万人，人口密度每平方公里2249人，自然增长率2‰。

2011年实现地区生产总值608亿元，比上年增长13%。一、二、三产业的结构分别为0.3%：56.2%：43.5%。实现全部工业总产值7716.33亿元，增长20.1%，其中规模以上工业总产值7535.73亿元，增长20.2%；规模以工业增加值276.43亿元，增长15.8%。建筑业实现总产值238.42亿元，增长32.2%。农林牧渔业总产值实现2.7亿元，增长2.1%。全年粮食总产量6403吨，下降19.3%；油料作物191.4吨，增长249.9%；肉、禽、蛋、奶总产量1.07万吨，增长27%；蔬菜产量2.15万吨，增长0.2%；花卉产量102.3万支，下降84.6%；水果产量2972.5吨，增长9%。

2011年实现地区财政总收入68.66亿元，增长22.66%，其中地方财政一般预算收入25.42亿元，增长23.71%；全区财政总支出36.49亿元，其中地方财政一般预算支出25.42亿元，增长23.7%。实现社会消费品零售总额346亿元，增长22%。实现全社会固定资产投资325.2亿元，增长30%。万元GDP能耗下降4%。在岗职工月平均工资3329元，增长21.5%；城镇居民人均可支配收入2.3万元，实际增长10.03%；农民人均纯收入8821.6元，实际增长10.9%。人均消费性支出1.74万元，增长34.8%。

【都市经济】 2011年，以重大项目为抓手，持续壮大楼宇经济。昆明金鹰天地购物中心、邦利·嘉年华广场建成营运，南屏世纪商务中心、东方柏丰首座商务中心、和谐商业广场等商业项目建设速度加快，全年新增楼宇商业面积50万平方米。全区有商务楼宇172幢，面积184万平方米，其中税收过千万元的楼宇36幢，过亿元的6幢，柏联广场和国托大厦升级为2亿元楼宇。以金融、流通等领域为重点，促进现代服务业快速发展。引进云南省亚联财小额贷款有限公司、昆明泛亚有色金属交易所、昆明屈臣氏个人用品有限公司、华夏人寿保险股份有限公司云南分公司等一批区域性总部入驻，使五华新增总部品牌4户，小额贷款公司5家，投资担保公司21家。结合五华·欢乐购物节、海鸥文化节、泛亚国际美食节等活动，强化消费引导，促进时尚品牌营销，使五华区的社会消费品零售总额占全市的比重为28.89%。大力发展非公经济，2011年底，全区非公企业5.38万户，其中私营企业1.48万户，非公企业实现经济增加值264.97亿元，比上年增长12.2%，占全区GDP总量的43.6%。非公经济实现社会消费品零售总额290.64亿元，占全区社会消费品零售总额的84%。

昆明老街

【招商引资】 依托城市更新改造、“退二进三”、楼宇资源“二次招商”，不断创新招商模式，拓展招商渠道，扩大招商范围，提升招商质量。2011年全区引进国内资金89.68亿元、国外资金1.07亿美元，比上年增长24.8%、83.8%，分别完成市级指标任务的138%和178%。其中亿元以上内资24个，考核认定资金50.07亿元。200万美元以上项目9个，投资9945.39万美元。仅昆交会期间，就签订招商引资项目4个，协议内资19.6亿元，外资1285万美元。积极争取中央、省资金和物资补助3.69亿元。采取多种形式，发行企业债券，完成多元化融资44.76亿元，促进五华经济发展。进出口贸易企业呈献聚集发展态势，全年实现外贸进出口总额23.5亿美元。

【城市更新改造】 2011年，安排城市更新改造投资项目60个，总投资30.71亿元。“三年交通设施建设计划”中的41条道路已建成24条，8条正在建设当中，9条已完成前期工作。实施了龙井街改扩建，完成王筇路大修；加速推进昆武高速、轿子山旅游专线、西北绕城和地铁3号线等重大工程建设项目；理想仓储药品配送中心、民生能源昆明液化气储配中心等项目建设加快；地理信息产业园、昆明剧院周边改造、动漫文化产业体验园工程正加紧进行。城中村改造进展顺利，36个村通过规划审批，33个村启动拆迁，28个村启动回迁安置房建设，累计拆除449.27平方米，开建302.5万平方米，竣工94.5万平方米。龙院上峰村、前所村、苏家塘村38万平方米已交房使用，上庄村12万平方米已封顶断水。“退二进三”工作取得突破，昆明市政工程公司、昆明起重设备公司、云南鑫宝油品公司等地块已完成出让和启动保障性住房建设，共收储土地4815.86亩，出让2304.48亩。

【泛亚科技新区建设】 2011年，在昆明五华科技园的基础上，于4月15日成立昆明泛亚科技新区管委会。坚持高起点、高定位、高标准建设思路，强化规划基础作用，《昆明泛亚科技新区控制性规划修编方案》已通过市规委评审。加强土地储备供应，新收储土地1758亩，3个地块350.7亩土地顺利实现供应。加快基础设施建设，五华1号延长线等6条园区道路建设速度加快，初步形成了纵横交错的交通网络，改善了交通与投资环境。生物医药、科技研发、新能源等产业项目加速推进，红云红河集团昆烟易地技改项目竣工投产，七O五所昆明分部扩建、理想仓储药品配送中心动工，四川科伦集团科域商务中心、普洱茶文化科技中心等项目落地，五华中小科技企业创业园二期工程有序进行。目前园区重点科技型企业已达200家，全年申请专利1491件，有10家企业通过省、市级企业技术中心认证，9家企业通过国家高新技术企业认证。园区规模以上工业增加值实现215.8亿元，比上年增长20%。

【生态文明建设】 成功创建国家节水型城市、国家卫生城市，创建国家环保模范城市已过省级验收，创建全国文明城市已完成省和国家两级指数测评。巩固创建国家园林城市成果，不断完善创建国家卫生城市长效机制。荣获第2届“中国低碳生态示范区”称号。城乡绿化成效显著，新增公共绿地256.6公顷，种植乔木37.2万株。种植攀援植物17.74万株。完成面山植被恢复2476.1亩,中低产林改造2028亩。启动石盆寺、长虫山、锅盖山等郊野公园建设，全区森林覆盖率52.23%，建成区绿化覆盖率43.6%。投入资金3.5亿元，全面开展入湖河道河床湿地化、河坎生态化、河岸景观化建设。完成水源地及河道生态绿化524亩，取缔、关停违法排污企业140户。认真落实“门前三包”和“网格化”责任，实施管理全覆盖。加大拆临拆违力度，拆除地块1266块，拆除违法临时建筑195.7万平方米。

昆明泛亚科技新区

【全域城镇化】 以全省开展的“保护坝区农田，建设山地城镇”工作为契机，成立昆明西翥生态旅游实验区，将西翥生态旅游实验区纳入省级山地城镇建设试点范围。完成土地利用、林地保护和城乡建设规划“三规”对接、融合工作。桃园生态旅游新城居民集中居住示范点一期工程拆迁工作已完成，拆除了石盆寺周边10万平方米的临时建筑。昆武高速、西北绕城高速公路建设加速，轿子山旅游专线五华段已建成通车，西北三环全线贯通，沙朗至桃园连接道路已完成前期工作，白秋木箐水库除险加固、三多水库调水引水工程有序推进。与香港金源果业集团合作，建成290亩精品林果种苗基地，五华区现化农业园区申报为全市第9个重点农业园区。全区成立农业合作社9个，新增高级农业龙头企业14户。

【劳动就业·社会保障】 2011年，提供有效就业岗位4.68万个，新增城镇就业3.25万人，实现农村劳动力转移就业8000人，帮助7444名下岗失业人员实现再就业;新增的67户“零就业家庭”全部实现动态清零。新增失业人员小额担保贷款652万元，完成目标任务的112.36%。城镇登记失业率 2.06%。全区城镇职工养老参保 19.04 万人,失业保险参保 19.2 万人，城镇医疗保险参保 49.84 万人、农村养老保险参保险 3.55 万人,工伤保险 9.59 万人，生育保险参保 8.49 万人。其中农民工参加工伤保险 2.5 万人。农村养老保险参保人数新增 1210 人。企业退休人员社会化管理服务率 100%。3006 套廉租住房建设稳步推进，2072 套经济适用房、1500 套公共租赁住房已完工。

金鹰购物中心

【社会事业】 继续推进“知识产权强县工程”，申请专利 1123 件，获授权 816 件。组织实施“绿色光亮工程”，在部分街道办事处和学校安装 400 套太阳路灯。深入推进农村信息化建设，实现移动通信对边远山区全面覆盖。五华区获 2011 年全国科技进步考核先进县（区）称号，被列为“2011～2015 年度全国科普示范区”。教育经费投入 2.88 亿元，比上年增长 20.95%。教育水平稳步提升，义务教育毛入学率保持在 100%，高中阶段毛入学率 97%，学前教育入园率 90%，特殊教育入学率 90%。完成 49 个农家书屋建设，为 73 个社区新建站点配发了设备、器材，广播电视人口覆盖率 100%。组织各类演出 76 场，为山区农民放映电影 260 余场。快板节目《杨善洲》在省级文艺汇演中获创作、表演 2 个一等奖。完成第三次全国文物普查，新申报文物 12 处，建成聂耳故居陈列馆公开对外开放。申报非物质文化遗产 93 项，传承人 33 名。2011 年旅游总收入比上年增长 10%，占全区生产总值的比重超过 10%。获昆明市旅游安全生产管理工作优秀奖，旅游绩效考核一等奖。群众体育运动蓬勃开展，竞技体育获市级以上金牌 196 枚、银牌 173 枚、铜牌 139 枚。2011 年全区新农合参合人数 4.87 万人，覆盖率 100%，参合率 100%，全面落实国家基本药物制度，全区 25 个城市社区卫生服务机构、3 个乡卫生院和 19 个村卫生室采购国家基本药品目录品种为 492 种，药品价格平均降幅 30%。平安和谐创建成效显著，获“全国法治县（市、区）创建活动先进单位”称号。

（杨连国）

盘龙区

【概 况】 盘龙区位于昆明市主城区东北部，辖区面积 886.9 平方公里。2011 年 3 月，经省、市政府批准，滇源镇、阿子营镇改设为街道办事处。全区辖 12 个街道办事处，49 个社区、48 个村委会。2011 年，全区户籍人口 51.58 万人，比上年末增加 4228 人，增长 0.83%。全区常住人口 81.6 万人，增加 5.2 万人，增长 0.65%。人口出生率 5.29‰，死亡率 2.61‰，自然增长率为 2.67‰。盘龙区海拔在 1900～2100 米之间，年平均气温 14.2℃，每年霜日 50～60 天，年降雨量 900～1000mm。全区森林覆盖率 55.87%。2011 年，城镇居民累计人均可支配收入 2.29 万元，扣除物价因素后，比上年增长 8.1%。农村居民人均收入 8660 元，扣除物价因素后，增长 12.1%。

2011 年，全区地区生产总值 301.85 亿元，比上年增长 13.9%。全区财政总收入 79.02 亿元，增长 89.94%，其中地方财政总收入完成 51.73 亿元，增长 28.83%，其中一般预算收入完成 22 亿元，增长 32.02%。一般预算收入完成进度及增幅均居全市第一位，总量从第五位跃居第三位。规模以上工业实现工业总产值 49.97 亿元，增长 10.1%。全社会固定资产投资完成 273.55 亿元，增长 30.2%。非公经济增加值完成 139.22 亿元，增长 15.7%。占生产总值的 46.1%。社会消费品零售总额 239.53 亿元，增长 20.3%。

【产业结构调整】 2011 年，进一步调整优化产业结构，强化产业支撑，不断提升产业核心竞争力，推动经济增长向一、二、三产业协同带动转变。三次产业比为 0.94：31.59：67.47。第三产业在全区经济发展中的主导地位进一步增强，全年实现增加值 156.68 亿元，增长 13.3%。加快中央商务区建设，着力培育北京路、人民东路—机场高速 2 条产业主轴，以现代服务业为核心，突出发展总部经济、楼宇经济，年内新增楼宇面积 30.6 万平方米。加快联盟、北辰、世博、小坝 4 个次级商务中心培育，强化聚集效应，推动传统商贸业提档升级，全年新增内资企业2661户、外资企业20户、新注册个体工商户6466户。第二产业稳步提升，工业增加值完成37.83亿元，比上年增加12.7%。实施“质量兴区”战略，培育名牌名品，其中，云南冶金力神重工有限公司，商标为“KH及图”，云南南天电子信息有限公司，商标为南天均被获准认定为中国驰名商标。第一产业健康发展，烤烟生产质量效益稳步提高，蔬菜、水果等特色产业快速发展，实现农业增加值2.17亿元，增长3.7%。

【招商引资】 2011年，盘龙区招商引资成效显著，引进外资投资项目18个，实际利用外资1.46亿美元，比上年增长136.7%；引进市外投资项目，实际利用内资75.25亿元，增长55.83%。在县（区）中排名第一位。恒隆广场、汇丰银行昆明分行等一批有影响力、辐射力的产业项目落地实施，云南黄金矿业集团总部、三峡集团公司云南区域总部等一批投资额度大、税收贡献大的重大项目成功签约并加快推进。

【农 业】 2011年，继续打造都市型生态农业产业体系,实现农林牧渔业现价总产值6.86亿元，扣除物价因素增长4.13%，其中农业总产值5.42亿元，比上年增长8.29%；林业总产值1487万元，增长2.03%；畜牧业总产值1.06亿元，下降13.95%；渔业总产值903万元，增长2.03%；农林牧渔服务业产值1433万元，增长2.99%。

全年粮食播种面积8051.9公顷，比上年下降9.19%，产量3.9万吨，增长39.23%。蔬菜播种面积3075.2公顷，下降2.5%，总产量8.66万吨，增长0.28%。花卉种植面积688.9公顷，增长119.6%，鲜切花产量2.65亿枝，增长113.46%。全年肉类总产量7077.9吨，下降7.18%，其中猪肉产量5386.3吨，下降17.17%；牛肉产量286.8吨，下降14.97%；羊肉产量226.7吨，下降22.2%；禽肉产量1178.1吨，增长153.68%；禽蛋产量2065吨，增长59.66%

2011年，投资625.08万元，扶贫整村推进12个自然村，其中滇源街道7个村、阿子营街道5个村，涉及946户3653人；投资121万元，对禄劝县9个村帮带扶贫，解决311户1230人的饮水困难问题，改善灌溉面积800亩。

【城乡建设】 2011年，加大城乡园林绿化建设力度，继续采取“政府投资、项目开发、社会参与”的模式建设绿地，形成多渠道投资建绿的格局。全区建城区绿地面积2220.15万平方米，新增城市绿地317.56万平方米，其中公园绿地51.26万平方米，附属绿地40.11万平方米，防护绿地226.16万平方米，生产绿地300平方米；种植乔木42.84万株；种植攀援植物36.56万株；建设苗圃380亩；建设屋顶绿化4个。建城区绿化覆盖率54.21%，人均公共绿地面积17.46平方米。建设杨善洲林1500亩。

基础设施建设力度不断加大。强力推进路网建设，2011年续建道路项目13个，新建项目9个，其中寺瓦路、次13、次19、北京路延长线、白塔路等7个道路项目竣工通车，通车里程18.4公里；支190、支176、支216等15个道路项目正在建设中，项目开工率80%。开展非重点道路建设23条，其中续建道路7条、新建14条。推进农村公路建设，完成小营—迤者、7204线—朵格村委会的农村公路续建工程建设，实现全区行政村100%通硬化道路的目标。完成双龙街道旧关公路建设任务；完成野生动物园—金殿大坝段公路大修工程；开工建设箱子庄公路；金浑公路二级路提升改造工作顺利推进。加快水利设施建设，完成阿子营闸坝水库除险加固工程，启动阿子营小石咀、滇源樟木箐、松华龙潭3座小㈡型水库除险加固工程、滇源集镇供水工程一期、闸坝水库及东干渠防渗工程一期建设。加强“五小”水利工程建设，完成农村人饮工程27件、抗旱应急工程24件、小水窖、小水池1791个。

加快城中村改造步伐。盘龙区76个城中村中已完成68个村的规划编制，47个村通过市规委审批。2011年启动36个村土地拆迁整理，其中5个村全面完成拆迁、31个城中村改造项目正在进行土地拆迁整理工作。拆除地上建（构）筑物总面积204.64万平方米。启动13个村安置房建设，开工面积298万平方米，竣工面积83万平方米，有9个项目安置房全部（或部分）封顶断水，建成城市棚户区保障性住房6841套。廖家庙村、下河埂村、大白庙村、麻线营村、三竹营村、新发村6个村完成土地挂牌交易，有1个村已完善土地变更手续，待交易。率先在全市完成“106”以内12个城中村改造项目土地交易工作。试点先行苏家村、东站新村片区城市更新，平稳推进昆纺片区旧城改建，全面完成小龙村片区综合整治项目征收工作。全域城市化试点建设工作加快推进，启动中坝、上坝2个试点片区的回迁安置房建设。在2011年城中村改造及旧城改建项目中，做到“无群体性上访、无重大安全事故、无强制性拆除”事件发生。

开展机场路入城段交通整治及市政管线改造。盘龙区负责人民东路（白塔路—春登路）全长900米，总投资3647.78万元，年内主要完成电力迁改、代理机构招标、施工、监理招标、架空线路的迁改设计、施工前期准备等工作。

【松华坝水库一级保护区核心区移民搬迁安置】昆明市重点饮用水源地松华坝水源保护区位于盘龙区内，涉及5个街道办事处，总面积629.8平方公里，占全区总面积的71%，总人口9万人，森林覆盖率68.12%。设计库容2.19亿立方米，每日为昆明市主城区供水45万立方米，占主城区总供水量的30%以上。1991年起，松华坝水库水质开始恶化，一级核心区产生的生产生活污染成为水库直接污染源之一。为此决定重点实施水库一级保护区核心区内的人口迁移，作为昆明市创建国家环境保护模范城市重点工作之一。2011年，组建8个专项工作组，实行对口包村制度，确保移民搬得出、稳得住。搬迁范围涉及15个居民小组，需搬迁1292户移民家庭、3080人。搬迁范围土地总面积39.03平方公里。移民搬迁总经费10.93亿元。搬迁移民采取城市化集中安置方式，购买茨坝蒜村经济适用房1670套、10.3万平方米作为移民安置房。2011年3月25日召开移民搬迁工作动员大会。截至年底，移民户财产补偿协议总体签约率92.2%，移民大部分已迁入安置房，原移民村庄房屋拆除清理工作快速推进，整个移民搬迁工作已接近尾声。

【北部山水新城建设】　盘龙北部山水新城东起昆曲高速、南至沣源路、西临茨坝、北至松华坝，规划面积13.1平方区公里，是盘龙区拓展发展空间的重要区域。2009年7月，成立新城规划建设指挥部，成立盘龙区山水新城投资开发有限公司作为山水新城规划建设运作主体。计划在5年内将新城打造成为最具山水灵气的“生态之城”、聚财生富的“商贸之城”、以现代科技研发和服务为支撑的“科技之城”、拥有一流人居环境的“魅力之城”。自2009年以来，先后开展规划编制、土地批次报件、浮岛智核片区土地一级开发、广播电台一分台搬迁及天线设施迁建、羊肠片区土地收储、土地实物收储、昆明市轨道交通首期工程征地、牛栏江引水工程项目办公用地的局部控规调整和入库、新城范围内城中村改造、城中村改造回迁安置房建设、新城硬件基础建设等工作。加强政、企战略合作，市、区共建新城。3年的建设，新城规划建设初具规模。新城范围内生态环境建设以盘龙江、金汁河为主轴，以生态公园建设、河道整治为重点，先后新建河长林、龙川桥、龙江春晓、春溢、春漫、春江、园博园、田溪、金江等11个公园；金汁河绿化工程完成绿化面积约12万平方米，种植乔木1.97万株。新城路网建设。支撑新城的路网由三横三纵主干道构成，东西向有沣源路（原7204公路）、西北绕城线、规划宝云路等3条通道，南北格局由北京路延长线、盘江西路、昆曲高速等3条道路构成。至2011年底，沣源路改扩建工程、北京路延长线（7204道路—松华坝段）建设工程已全面完成，西北绕城线、盘江西路、宝云路（盘龙240）等路网建设正在推进之中。2011年，完成土地收储7700亩，道路、绿化、水环境治理等基础设施建设取得新进展，颐康新城、省农科院研发中心、黄金集团总部及研发中心、省国际矿产交易中心、三峡集团公司云南区域总部等一批辐射带动强的重点项目已签约落地，正在加紧实施。

【社会保障·人民生活】　2011年，启动全国第三批新型农村社会养老保险和城镇居民社会养老保险试点，逐步建立区、街道、社区、退休人员管理工作站“四级”联动社会化管理服务平台，实现养老保险制度全覆盖。参加基本养老保险人数17.49万人，比上年增长8.7%，其中参保职工13.64万人，参保离退休人员3.85万人。参加城镇基本医疗保险人数41.83万人，其中企业单位参保人员20.8万人。参保人员中自谋职业、灵活就业人员1.06万人。城镇居民基本医疗保险参保人数18.05万人。年末，城镇登记失业人数2554人，城镇登记失业率控制在1.89%。城乡居民最低生活保障制度进一步完善。全区城乡居民最低生活保障对象累计保障12.58万人次，累计保障资金支出2605.46万元。其中城镇低保累计保障7.90万人次，累计保障资金支出2172.20万元；农村低保累计保障4.68万人次，累计保障资金支出433.26万元。优抚安置和残疾人事业健康发展，建立西南地区唯一的“盲人定向行走训练指导中心”。

2011年，城镇居民累计人均消费性支出1.19万元，比上年下降0.39%；农村居民人均生活消费支出7008元，增长70.7%。城镇居民人均住房建筑面积33.10平方米，农村居民人均住房面积 60 平方米。2011 年 4 月，省二建司政企共建廉租住房项目竣工，分配 161 户符合条件的住房困难职工家庭入住廉租住房，是昆明市主城范围内第一个竣工入住的政企共建廉租住房项目。

（吴焰红）

官渡区

【综 述】 官渡区位于昆明主城东南、滇池北岸，东邻宜良县，南接呈贡县，东北与嵩明县交界，西南濒临滇池，西北与盘龙区相接，西与西山区相连。东西宽 40.5 公里，南北长 39 公里，全区国土面积 635.49 平方公里。森林面积 2.96 万公顷,森林覆盖率 44.1%。

2011 年，全区辖 10 个街道办事处、1 个空港经济区，109 社区居民委员会。年末户籍人口 55.18 万人，比上年增长 6.7%；常住人口 86 万人，比上年增长 0.3%;人口出生率 10.97‰，死亡率 5.56‰，人口自然增长率 5.41‰,计划生育率 100%。

全区实现地区生产总值 549.23 亿元，比上年增长 13.8%；其中第一产业实现增加值 7.84 亿元，下降 3.8%。第二产业实现增加值 214.42 亿元，增长 17.7%；第三产业实现增加值 326.97 亿元，增长 11.7%；财政总收入 83.55 亿元，增长 25.1%；地方财政一般预算收入 32.18 亿元，增长 23%；财政总支出 37.96 亿元，其中地方财政一般预算支出 35.7 亿元，基金预算收入 1.9 亿元，支出 2.2 亿元，上划中央、省、市收入 49.46 亿元，超额完成任务 5.6 亿元。

全区外贸进出口完成 2.72 亿美元。年末各项存款余额 740.52 亿元，贷款余额 546.4 亿元；城镇居民人均可支配收入 2.39 万元，增长 15.8%，扣除物价上涨因素超实际增长 10%；农民人均纯收入 1.06 万元，增长 18.8%，扣除物价上涨因素超实际增长 11%；三次产业结构比调整为 1.4：39：59.6。

【工 业】 2011 年，大力发展战略性新兴产业，园区突破与产业调整稳步推进，工业在国民经济中的主导地位日益凸显。现代装备制造、包装印刷、生物医药、小商品加工等产业集群初具规模，工业经济质量稳步增长。全区规模以上（年主营业务收入 2000 万元及以上）工业企业 153 户，实现增加值 111 亿元，比上年增长 16.6%。工业总产值 466.1 亿元，增长 17%。工业经济总量保持全市第二位。全年规模以上工业企业产销率 97.8%；利润总额 19.15 亿元，增长 15.8%；利税总额 34.42 亿元，增长 14.3%。官渡工业园片区规划编制积极推进，收储土地 6075 亩。新建标准化厂房 26.62 万平方米，入园企业 69 户，其中规模以上工业 35 户；新开工亿元以上工业项目 4 个，竣工 2 个。全年第二产业实现增加值 214.42 亿元，增长 17.7%。

【城乡建设】 2011 年，成立区城乡规划和土地矿产储备委员会,批准通过《昆明市中心城区空港分区规划（2009 ~ 2035 年）》，编制完成全区土地综合整治规划、增减挂钩实施规划以及空港 4 个片区控制性详细规划、9 个专项规划和大板桥片区村庄规划。完善重点片区修建性详细规划编制和城市设计，14 个片区 31 个城中村改造规划方案通过市规委审议。开展“重大基础设施建设推进年活动”，启动和建成一批重大基础设施建设项目。方旺片区一期 2528 套保障性住房主体竣工，二期 3558 套保障性住房全面开工。完成机场一期 10.96 平方公里土地证办理及机场外部配套供水、供电、排洪等重点工程建设。新机场专用高速路（南段）建成通车，空港 1、3 号路实现有条件通行。空港污水处理厂、垃圾焚烧厂主体竣工。空港经济区生活配套服务区公共配套项目规划建设工作有序推进。新开工城中村改造面积 395 万平方米，竣工面积 101 万平方米，金海新区一期、龙马新居“迁村并点”项目竣工，昆明滇池国际湿地文化旅游项目顺利推进。启动和建成一批重大基础设施项目，云秀路、归十路、金马路、方旺片区 2 号路、官渡 60 号路竣工通车，官渡 63 号道路建设加速推进，老昆洛路改扩建（南段）主体工程完工。完成地铁 6 号线、昌宏西路等一批省、市重点项目征地拆迁。空港经济区建设全面提速。完成机场一期 10.96 平方公里土地证办理及外部配套供水、供电、排洪等重点工程建设年度任务。南污水处理厂、垃圾焚烧发电厂主体竣工，新机场生活配套服务区公租房（一期）开工建设。新机场专用高速路（南段）建成通车，空港 1、3 号路实现有条件通行。扎实推进市区一体化创建，创建“国家卫生城市”、“国家节水城市”胜利夺牌。巩固“国家园林城市”创建成果，启动创建“国家森林城市”，新植乔木 33.48 万株，新增城市绿地 249.55 公顷，建成区绿地率、绿化覆盖率分别为 40%、44%；人均公共绿地 13.06 平方米。全社会固定资产投资完成 463.92 亿元。年内确定政府性重大投资项目48项，其中，新建24项，续建24项，年度计划投资68.37亿元。在政府性重大投资项目中，农、林、水基础设施项目开工建设3项，年度投资4300万元。道路交通项目实施17项，年度投资34.36亿元。市政工程项目实施3项，年度投资3.27亿元。生态环保项目实施8项，年度投资8.34亿元。社会发展项目实施13项，年度投资13.94亿元。园区基础设施建设项目实施4项，年度投资8.03亿元。重点前期工作项目10项，估算总投资59.04亿元。分别为：沙井大河水库扩建工程、官渡区广普大沟综合整治工程、“十二五”九河整治工程、金浑公路、官渡5号路（东段）、官渡20号—293号路、关上东路、东华东路、金桥路（呈黄路延长线）、官渡中心学校综合楼新建项目。实施重点产业投资项目28项。其中,商贸物流项目7项，主要有台湾大润发项目、螺蛳湾三期、空港小商品加工基地，年度计划投资111.71亿元，完成投资113.93亿元，为年度计划的101.98%；工业项目21项，主要是工业园区入驻企业，年度计划投资4.55亿元，完成投资3.23亿元，为年度投资计划的71.03%。

【招商引资】 2011年，全区申报外资项目7个，考核认定到位外资7267.58万美元。投资分别来源于法国、台湾和香港。全区申报内资项目386个，初审认定到位内资152.2亿元，完成市下达年度内资任务150亿元的101.5%，其中工业类项目到位资金18.3亿元。

【环境保护】 继续推进污染减排工作。2011年，关停昆明市前进乳业有限责任公司、昆明肉类联合加工有限公司2家企业，2家企业减排化学需氧量减排量为59.73吨,减排率9.4%。全年普查工业污染源778家，审批690家，未批88家。完成工业污染源整治138家。其中限期整改8家，取缔23家，立案调查1家，当场处罚6家，下达环境违法行为整改通知100家。普查七小企业23家，审批15家，未批8家。完成七小企业整治20家。其中限期整改3家，取缔2家，立案调查3家，当场处罚5家，下达《环境违法行为整改通知》7家。普查“七小”行业4157家，审批3340家，未审批817家。完成“七小”行业污染源整治674家。其中限期整改115家，取缔54家，立案查处84家，当场处罚128家，下达《环境违法行为整改通知》293家。普查生活污染源693家，已审批660家，未审批33家。完成生活污染源整治33家。普查医疗机构污染源226家，已审批48家，未审批178家。完成医疗机构污染源整治107家，其中取缔79家，立案查处2家，当场处罚20家，下达《环境违法行为整改通知》6家。普查农业污染源59家，已审批6家，未审批53家。完成农业污染源整治3家，其中牛栏江流域搬迁奶牛规模养殖场1家，搬迁奶牛895头；搬迁肉鸡养殖场2个，处置存栏肉鸡3.3万。加大对滇池流域水环境整治力度，对97个城中村、64个村庄污水进行收集处理。滇池面山绿化造林7091亩，完成省级生态乡镇（街道）申报，9个村获第二批市级生态村命名。开展“四环十七射”道路环境综合整治工作，完善“棋盘式、网格化”城市管理机制，拆除临违建筑343.34万平方米。新建5.05平方公里“噪声达标区”，巩固“烟尘控制区”、“噪声达标区”工作成果，复测率100%。狠抓节能降耗，审核验收清洁生产企业10户。规模以上工业单位增加值能耗下降13.6%，单位地区生产总值能耗下降5%，超额完成化学需氧量、二氧化硫等主要污染物减排任务。

【农林水利】 2011年，坚持以农民增收为核心，大力发展优质、高效、生态农业。培育国家、省、市农业龙头企业33家，获得有机产品认证6个、绿色食品认证19个、无公害农产品认证14个，完成滇池流域农业产业结构调整4606亩。全年粮食播种面积7.48万亩,粮食产量2160万公斤，蔬菜播种面积3.51万亩，上市7510万公斤。花卉园艺种植1.17万亩，鲜切花产量3.88亿枝。总产值5.17亿元。年内生猪出栏6.44万头、家禽出栏59.91万只、牛出栏693头、羊出栏4896只，肉类总产756.42万公斤、禽蛋产量2380万公斤，出栏家禽119万只，畜牧业产值2.39亿元。全年完成绿化面积7091.1亩，新增造林410.1亩，新造林地补植3481亩，生态隔离带1200亩，滇池面山抚育及补植500亩，滇池及阳宗海面山封山管护1500亩。政府样板林200亩，中低产林改造4000亩，天然林保护森林管护33.1万亩，市级苗木基地建设3600亩，完成任务量的102%，义务植树83.34万株。完成美洲黑杨育苗15万株。杨善洲纪念林植树1500亩。新增城市绿地319.55万平方米，人均公共绿地13.06平方米。年内，种植乔木33.48万株，攀援植物36.98万株。完成公园绿地建设50.86公顷，屋顶绿化示范点2

个。建设苗木基地430亩。建成区绿地率40.03%，绿化覆盖率44.03%。全年管养的建成区绿化面积321万平方米，视觉补差、缺（损）补植乔木4945株、灌木17.95万株、草坪3.22万平方米，攀援植物3.47万株、竹类2.03万株。开展植物病虫害防治77次，修剪乔木4.91万株、修剪绿篱34.89万平方米、修剪草坪21.86万平方米。在宝丰湿地、董北社区、盘龙江河长林等地块种植中山杉7.55万株，墨西哥落羽杉2382株。启动公益林生态效益补偿工作，兑现公益林生态效益补偿金102.05万元，其中兑现给林农户所有者补偿费51.03万元，森林管护性支出40.82万元，村集体森林监管费10.21万元。完成天然林资源保护森林管护38.4万亩。修编完成《官渡区、空港经济区城乡园林绿化及生态建设规划（2011～2025年）》。

继续加大水利工程开工建设力度。2011年投资3444.66万元，扩建复兴水库，将原总库容10.71万立方米扩容至总库容129.79万立方米，可灌溉农田2200亩，解决农村大牲畜1645头饮水问题。启动宝象河水库除险加固工程，项目概算总投资2005.59万元。实施4件区级投资人畜饮水工程，投资194万元，改善6个居委会、9个自然村、2530人的饮水问题。完成空港经济区石乾沟防洪排水三期应急度汛工程，工程总长1749.1米，设计排水能力为100年一遇，洪峰流量70.4～147立方米/秒。总投资2000万元。加强对集中式饮用水源地的保护管理。2011年全区持续干旱，库区后备水源减少，全年库区上游来水124.32万立方，供水312.91万立方，降雨439毫米，全年供水形势严峻。为确保居民用水，根据水库蓄水情况，增加青龙洞，龙泉寺水源的取水量，宝象河水库按计划供水，保障城市用水。建立水源清洁保洁长效机制，即时打捞清运水库、河道漂浮物、淤泥、杂草等。在一级保护区全面禁止畜禽养殖，二、三级保护区无规模化养殖。积极推广农村清洁能源工程，完成200眼节能气化灶改灶工作。推广农村户用沼气池83口。积极做好防汛抗旱工作。加强应急防范和值班值守，落实人员物资储备，组织建立防汛抢险应急队伍。全年组织防汛排水抢险4次，出动抢险人员411人次、抢险车辆21辆次，水泵47台，下拨防洪袋1200条，调集抽水机8台。

【商贸旅游】 2011年，现代服务业持续发展，空港经济区国际商贸物流中心建设顺利推进。官渡古镇、螺蛳湾国际商贸城被授予国家4A级旅游景区。官渡古镇列入“全国特色旅游示范名镇”。市场繁荣，购销两旺，实现社会消费品零售总额238.05亿元，比上年增长20.4%。总部经济和楼宇经济取得新进展，培育亿元楼宇2栋，新增总部经济企业户数2户，新增楼宇经济面积32.8万平方米。充分挖掘官渡古镇旅游文化资源，制作《幸福官渡》、《官渡旅游地图》，拍摄旅游宣传片《魅力官渡》，在2011年旅交会昆明展区循环滚动播出，将旅游文化资源融入到旅游六大元素之中。充分利用新闻媒体的宣传作用，在《云南日报》、《昆明日报》、《春城晚报》等媒体宣传官渡的旅游资源，进一步塑造旅游的品牌形象。结合“2011中华文化游”的目标，找准旅游宣传促销定位，打造多条集购物、娱乐、休闲、养生、美食、科教为一体的精品游旅游线路。促进以官渡古镇为核心的都市商业片区业态的优化和升级，形成以新螺蛳湾商业区为核心的旅游购物业态，着力打造文化旅游强区。完成福保村乡村旅游开展情况调查。发放美丽传说大酒店旅游重点项目贷款贴息资金100万元。全年接待游客1107.68万人次，比上年增长14.5%；实现旅游收入99.16亿元，增长23.6%。

【社会保障】 2011年，社会保障体系逐步完善，全区基本养老、失业、工伤、生育、职工医疗保险以及居民医疗保险覆盖率进一步提高，全区养老保险参保单位3607家，城镇职工养老保险参保人数9.77万人；工伤保险参保人数7.15万人，其中农民工参加工伤保险人数3.9万人；生育保险参保人数5.38万人；超龄参保人员3595人。为2.6万名离退休按时足额发放养老金2.5亿元，发放退休人员丧葬补助费和一次性抚恤费金额421万元，为139名职工支付工伤保险待遇513万元，为680名职工支付生育保险待遇64万元。全区城镇基本医疗保险参保人数45.1万人。其中城镇职工基本医疗保险参保人数17.2万人，城镇居民基本医疗保险参保人数27.9万人。新增参保456家，新增发放医保IC卡1.5万多张，新办“特殊疾病”251人，“特殊慢性病”1597人，城镇职工药店刷卡审核结算24.3万人次，个人账户支付1834万元；医院门诊审核结算29.4万人次，个人账户支付1523.9万元，统筹基金支付679.9万元。城镇居民普通住院审核结算1.13万人次，统筹支付3288万元，生育审核结算857人次，统筹支付66.7万元。公务员住院医疗补助报销1874人次，报销金额261.6万元；工伤医疗费报销73

人次，报销金额 20.3 万元；生育医疗费报销 71 人次，报销金额 16.9 万元；离休干部医疗费报销 679 人次。建成 85 个社区和 25 个定点首诊医疗机构城镇居民医保参保经办点。全区失业保险参保人数 11 万人，接收失业职工档案 9789 份，办理《失业证》5560 本，2.28 万人次享受失业保险待遇 1624.5 万元。农村养老保险政策进一步完善。全区被征地人员参保累计 3.2 万人。其中新增参保人数 2164 人，有 1.5 万人领取养老金，月发放养老金总额 438 万元。全年累计开发就业岗位 4.32 万个，新增城镇就业 2.99 万人，转移就业农村富余劳动力 2.16 万人。城镇登记失业率 2.2%，城镇“零就业”家庭保持动态清零。全年全区财政投入民生类资金 10.06 亿元，增长 25%。城市最低生活保障标准提高到人均每月 310 元。全年受理劳动举报、投诉案件 235 起，为 420 位劳动者追回工资 108 万元，责令用人单位为 53 名农民工退还押金 3.92 万元。处理突发案件 57 次，涉及农民工 3800 余人，涉及金额 5055 万元。积极推进劳动监察“两网化”建设，全区建成 9 个二级网络，53 个三级网络，初期完成网格内 2.01 万户用人单位信息采集工作。

（加三益）

西山区

【综 述】 西山区位于昆明市主城区西南部，全区总面积 881.32 平方公里。2011 年，全区辖 10 个街道办事处。下辖社区居委会 98 个、居民小组 393 个。年末，西山区常住人口 76.24 万人，其中户籍人口 50.79 万人。人口出生率 5.51‰，死亡率 3.30‰ ，人口自然增长率 2.07‰。

2011 年，全区实现生产总值（GDP）288.05 亿元，比上年增长 13.8%。人均 GDP3.8 万元。全区第一、二、三产业分别实现增加值 2.89 亿元、85.78 亿元、199.38 亿元，分别增长 2.0%、18.8%、11.9%，三次产业结构调整为 1.0：29.8：69.2。第二产业所占比重较上年进一步提升，其中工业完成增加值 52.56 亿元，增长 11.1%；建筑业完成增加值 33.22 亿元，增长 33.8%。 非公经济完成增加值 147.95 亿元，增长 14.5%，占全区生产总值的 51.4%。全区实现单位 GDP 能耗下降 4.76。地方财政总收入完成 57.19 亿元，增长 23.4%，其中地方财政一般预算收入完成 22 亿元，增长 29.4%；地方一般预算财政实际支出完成 25.13 亿元，增长 26.9%。全区实现社会消费品零售总额 240.43 亿元，增长 19.22%。城镇固定资产投资总额 274.7 亿元，增长 30.5%,其中规模以上固定资产投资完成 230 亿元，规模以上工业固定资产投资 32.7 亿元，增长 40.4%。区级财政对“三农”和基本建设分别投入资金 5607 万元、3.9 亿元，分别增长 41.7%、20.9%。全区旅游企业实现旅游收入 62.43 亿元，增长 28.9%。

【商贸・旅游】 2011 年，西山区积极谋划和推动“桥头堡”建设，以区域性国际城市核心区为定位，以最开放的态度、最优质的服务环境，最便捷的审批流程进一步扩大开放，全方位开展招商引资。全区引进内资项目 302 个，实际到位资金 105.16 亿元；引进外资项目 17 个，实际利用外资 8703.54 万美元。协议投资超 10 亿元以上内资项目 60 个，其中 10～50 亿元项目 56 个，50 亿元以上项目 4 个。

都市经济发展逐步提速，物流、商贸、旅游等产业发展全面提升。2011 年全区新增总部企业 2 个，分别为云南百集龙实业（集团）有限公司、云南卓尚商贸集团有限公司，新增楼宇面积 33.7 万平方米。红星美凯龙家居生活广场、南亚风情第壹城项目顺利投入运营。长坡泛亚国际物流园区总体规划和控制性详细规划完成编制并通过市规委审批，并成功举办招商引资推介会。

2011 年，全区外贸企业 101 家，新增外贸进出口企业 28 家，外贸进出口总额完成 5.02 亿美元。全区第三产业增加值占 GDP 比重 69.4%。全区社会消费品零售总额完成 240.43 亿元，比上年增长 19.22 %。公有制经济实现 28.67 亿元，占全区比重的 11.9%；非公有制经济实现 211.76 亿元，占全区比重的 88.1%。

全区非公经济企业 2.31 万个，比上年 2.46 万个下降 6.24%，非公经济从业人员 20.91 万人，非公经济完成增加值 137.52 亿元。非公经济完成税收 33.36 亿元，增长 20.99%；非公经济完成营业收入 575.54 亿元，增长 18.69%。全区有外资外贸企业 65 户，正常生产经营的 44 户，停产或注销的 21 户。

2011 年，新建乡镇集贸市场 1 个、标准化菜市场 6 个、生鲜超市 20 个，完成“万村千乡市场”工程 5 个。完成家电下乡企业备案登记 118 户，实现销售 2630 台，销售金额 642.78 万元。2011 年关闭搬迁批发市场 9 户。

全区旅游企业接待游客 697.43 万人次，实现旅游收入62.43亿元，比上年分别增长15.3%、28.9%。完成《昆明滇池国家级风景名胜区西山景区发展定位及概念规划》，按"5A"标准结合景区历史文化建筑风格对景区索道下站入口进行装修改造，游客中心已投入使用，并配套建设票务中心、生态停车场及旅游厕所等设施，8辆旅游环保大巴于11月10日正式运营。全区有乡村旅游经营户172户，星级乡村旅游接待经营户51户。组织乡村旅游从业人员培训班2期，进一步规范乡村旅游行业管理，提升优化乡村旅游软环境。

【城乡建设】 2011年，全力推进道路基础设施建设，新建续建道路22条总长20.8公里，完成投资18亿元，其中西山21、24号等7条道路建成通车，西山13号路、绿荫大道一标段等3条道路主路通车；启动了"4321"道路建设，完成前卫西路二标段、229号路等年内计划实施道路的前期工作并启动部分项目建设；完成昆明绕城高速公路西北段和南连接线高速公路年度征地拆迁任务。完成西山旅游环线（一期）路面续建工程、云南新华印刷五厂进厂道路及云龙小场村等10条进村道路路面硬化工程。

城市建设改造工作，36个片区70个城中村的规划方案通过市规委审批，21个片区取得安置房建设规划意见，19个片区26个村共180公顷土地挂牌交易。新开工面积279万平方米，竣工面积80.8万平方米。1.11万套城市棚户区改造暨城中村改造回迁安置房全部开工建设，建成1941套33万平方米，累计建成回迁安置房2420套44.6万平方米。

保障性住房建设，区政府统建项目一号地块于2011年4月12日完成竣工验收并交付使用，已有331户符合条件的城镇最低收入家庭入住；项目二号地块2个主体工程全面封顶断水。政企共建项目云南西仪工业股份有限公司400套廉租住房全面竣工交付使用；云冶集团有限公司廉租房项目正加快建设；云南山立实业有限公司廉租房项目于10月25日全部开工，年底330套已封顶断水。

重点项目加快实施。草海北片区保护治理和开发建设项目拆除80.6万平方米，征地68.1公顷；累计拆除308万平方米，征地73.48公顷。螺蛳湾中央商务区（二级CBD）升级改造项目取得规划条件，基本完成片区整合，签订拆迁协议4555户，签约率63%；拆除59.7万平方米，拆除率47.6%。昆明铁路枢纽扩能改造工程签订征地拆迁协议670份，签约率80.6%；征地77.2公顷，完成率89.3%；拆除38.8万平方米，拆除率79.9%；地铁3号线西山段启动征地拆迁。

全域城镇化建设按照市级有关试点先行的运作机制，西山区将海口街道办事处红泥咀片区集中居住新区建设项目列为2011年全域城镇化市级试点之一，团结街道办事处龙潭片区集中居住新区建设项目列为区级试点。海口红泥咀片区集中居住新区建设项目属迁村并点型，规划集中居住的1032套安置房已封顶断水，累计完成投资1.3亿元。团结龙潭片区集中居住新区建设项目属新城镇建设型，已启动征地拆迁。年内实现城乡规划全覆盖。

【农业·农村工作】 2011年，全区农林牧渔业总产值4.86亿元，比上年增长3.1%。其中农业产值2.04亿元，增长10.1%；林业产值3200万元，增长30.1%；畜牧业产值2.01亿元，减少15.3%；渔业产值2500万元，增长39.3%；农林牧渔服务业产值2400万元，增长102.8%。全区农作物播种面积5240公顷，实现粮食总产量1.89万吨；完成以蔬菜为主的经济作物种植2046.66公顷，其中蔬菜总产量4.65万吨。新增市级龙头企业3户，发展农民专业合作社6个。

加快现代农业园区建设步伐。2011年万亩绿色蔬菜园区完成绿色蔬菜播种面积1545.33公顷，生产绿色蔬菜4017.1万公斤，总产值7832万元；建立绿色标准化示范基地459.13公顷。四季特色瓜果园区新建矮砧密植果园2.66公顷，引进11个草莓新品种、2个西瓜新品种开展试验示范，带动全区发展优质草莓12.71公顷、优质西瓜110.01公顷，建立核心示范样板3.73公顷；示范带动57.33公顷果园实现标准化生产。小村片区都市型现代农业发展示范园区完成园区规划并引进5家企业，引进国内外奇异瓜果品种200余个进行实验示范。

全区全年存栏生猪8.25万头、牛9687头、羊3.08万只、禽（含鹌鹑）35.05万羽；出栏肉猪9.59万头、肉牛2330头、肉羊1.25万只、肉禽（包括鹌鹑）65.96万羽。肉类总产1.17万吨，蛋类总产1123.1吨，畜牧业产值2.1亿元。

全年完成"绿色证书"培训1699人，完成农村实用技术培训1.45万人次，完成农村劳动力转移就业培训2.67万人次。通过培训，实现转移就业2.34万人次。新增转移就业收入1.83亿元，实现劳务经济总收入6.78亿元。

全区农村土地承包经营权流转总面积

1902.96公顷，新增土地流转面积346.31公顷。完成滇池流域农业产业结构调整面积273.4公顷。加强对滇池流域保护范围、非禁养区及农村重要水源区养殖工作的监管，切实巩固畜禽禁养成果。

全面、成体系地开展抗旱“五小”水源建设工程1992件，增加蓄水容积38.47万立方米，新增灌溉面积136.06公顷，改善灌溉面积230公顷。

年末全区农业有效灌溉面积867公顷；拥有农业机械总动力1.24亿瓦特；农用化肥施用量（折纯）3838.4吨；农村用电量3254.7万千瓦小时。为了改善生态环境，全年完成造林面积250.87公顷，年末实有封山育林面积366.67公顷。

【工业经济】 2011年，抓住“工业突破、园区建设、招商引资”项重点，全力加快工业经济发展。全区新增规模以上工业企业3户，总数为73户。安排海口工业园区发展专项扶持资金3000万元，专项用于海口工业园区基础设施建设、工业企业培育等。海口工业园区建设初显成效，完成土地预收储面积85.38公顷，亿元以上工业项目开工3个，竣工3个。海口工业园区实现规模以上工业增加值23.5亿元，比上年增长16.8%；工业固定资产投资29.6亿元，增长45.8%；基础设施投资4.5亿元，增长42%；完成标准厂房建设4.3万平方米；入园企业累计52家，投产14家，其中云南新铜人实业有限公司铜产品加工、云南云天化氟化学有限公司冰晶石生产等8个投资亿元以上项目竣工投产。团结生物医药食品加工园区机构筹建、园区选址、总体规划和控详规编制等工作正式启动。

全区工业经济增长速度较往年有较大幅度增长，呈现稳中有升的良好态势。2011年，全区完成工业总产值198.27亿元，在全部工业总产值中，规模以上工业企业完成153.92亿元，其中轻工业完成30.06亿元，重工业完成123.86亿元，重工业依然是西山区区工业的主导力量。规模以上工业实现增加值32.36亿元，增长13.5%。规模以上工业固定资产投资完成32.7亿元。规模以上工业万元增加值能耗下降5.67%。全区亿元以上工业项目开工4个，竣工3个。

2011年，全区乡镇企业完成增加值124.83亿元。乡镇企业第一产业完成增加值2376万元，增长64.06%，占全区乡镇企业完成增加值比重为0.20；乡镇企业第二产业完成增加值31.89亿元，增长27.72%，占全区乡镇企业完成增加值比重为25.54；乡镇企业第三产业完成增加值92.7亿元，增长15.95%，占全区乡镇企业完成增加值比重为74.26。乡镇企业实交税金19.3亿元，完成乡镇企业工业增加值27.17亿元。

全年规模以上工业企业实现利润总额5.82亿元，利税总额9.58亿元，其中国有控股企业实现利税5.24亿元；集体控股企业实现利税8200万元；私人控股企业实现利税3.41亿元；港澳台商控股企业实现利税1500万元。

全区年末拥有资质建筑业企业122个，从业人员2.43万人。完成建筑业总产值89.3亿元，比上年增长22%。房屋建筑施工面积246万平方米，房屋建筑竣工面积148万平方米。

【科　技】 2011年，投入区级科研经费4028万元，实施科技项目88项；新增各级认定企业技术中心7家、高新技术企业4家、创新型企业4家、知识产权示范企业7家。实现科技进步对经济增长的贡献率58.4%，科技成果转化率38.1%，全社会研究与发展（R&D）经费支出占GDP比重1.7%。培育、申报、认定（评定）辖区内各级各类具有创新型企业29家。云南飞隆劳尔设备有限公司“高精度自动双面精磨抛光机产业化”、云南植物药业有限公司“三七产品关键技术研究及产业化”2个项目，成为昆明市第三轮“科技富民强县示范工程”项目。年内辖区内企事业单位获得2011年云南省科技进步奖励35项，获得2011年昆明市科技奖一、二、三等奖共9项。

【财税·金融】 2011年，全区地方财政总收入完成57.19亿元，比上年增长23.4%。地方一般预算财政收入完成22亿元，增长29.4%；地方一般预算财政支出完成25.13亿元，增长26.9%。国税收入17.72亿元，增长20.63%，增收3.03亿元；入库地方一般预算收入1.64亿元，增长25.48%。地税收入33.36亿元，其中地方各税收入24.97亿元；规费收入8.08亿元， 社会保险费累计征收7.81亿元，增收2.16亿元，增幅38.3%，累计征收率99.4%。

金融机构存贷款余额持续稳步增长，金融运行平稳。2011年末，金融机构各项存款余额521.17亿元，比年初增长2.3%，其中单位存款224.62亿元、个人存款284.16亿元，分别下降2.48%、增长2.48%。金融机构各项贷款余额293.24亿元，比年初增长10.12%，其中短期贷款83.76亿元、中长期贷款209.23亿元，分别增长4.79%、13.41%。

【交通运输·邮电通信】 2011年，交通运输、仓储及邮电业增加值4.67亿元，比上年增长5.6%。年末公路通车里程563.19公里。全区完成邮政业务总量5540万元，增长3.4%，函件45万件。

【生态文明建设】 2011年，新增城市绿地249公顷，全面完成生态修复各项工作，分别完成植树造林、“五采区”植被恢复、苗木基地建设、滇池面山抚育及补植、中低产林改造666.26公顷、65.66公顷、224.26公顷、33.33公顷、533.33公顷；区域范围内完成水葫芦圈养种植1400公顷，并进行资源化利用，为改善水质起到积极作用。积极开展螳螂川（海口河）二期主要河道，金家河、太家河等29条主、支流（沟渠）综合整治工作。2011年共拆除建（构）筑物10万平方米、埋设截污管10公里，贯通河岸道路4.5公里。创国家节水型城市工作圆满完成，被命名为第五批国家节水型城市。创国家卫生城市工作顺利通过全国公示，获“国家卫生城市”称号。创全国文明城市工作完成国家、省三次迎检工作任务。创国家生态城市工作，全区生态乡镇、生态村创建工作推进顺利，13个涉农社区被命名为“昆明市第一批市级生态村（社区）”。创国家环保模范城市工作完成全区滇池流域工业污水全面截流收集处理建设工作，以及二环路内250户庭院雨污分流及污水处理再生利用设施建设，进一步加强了辖区内“五小”生产加工企业的监管力度。创国家森林城市工作完成各项建设任务766.66公顷。争创中国人居奖和联合国人居奖工作稳步推进。

生态建设完成环湖生态带1410.21公顷（包括草海和外海），其中生态林862公顷、湖滨湿地218.66公顷、河口湿地38.4公顷、湖内湿地240公顷、“退人退房”实施的51.14公顷，提前实现滇池湖滨生态带西山段闭合工程。

【社会保障·人民生活】 2011年，实现城镇新增就业1.29万人，提供有效就业岗位1.71万个，城镇登记失业率控制在2.4%以内，实现农村劳动力转移就业2.2万人次。新增小额担保贷款扶持创业112人，发放贷款664万元。城镇职工养老保险参保人数12.75万人，养老金社会化发放率100%。全区参加城镇基本医疗保险人数38.01万人，大力推进城镇居民大病补充医疗保险参保工作，已参保17.2万人。全区参加失业保险职工9.3万人，发放失业保险金1489.72万元，失业保险金发放率100%。工伤保险参保6.92万人，生育保险参保5.3万人；支付参统企业工伤467.02万元、生育保险594.17万元；努力扩大农民工工伤保险覆盖面，农民工参保人数2.42万人。发放被征地人员养老保险待遇2774.05万元。全区参加新型农村合作医疗6.72万人，参合率99.8%。积极帮助弱势人群参加新农合，落实惠民政策。为4937名残疾人提供了帮扶服务。

进一步完善城乡社会救助体系建设，城市低保每月补助标准由255元提高到310元，农村低保实现全覆盖。381户符合条件的低保住房困难家庭入住廉租住房。对1131户城镇低保住房困难家庭发放租赁住房补贴194.7万元。

2011年，城镇居民人均可支配收入2.29万元，农民人均纯收入9696元，比上年分别增长10.1%、12.3%。

（刀培凤）

东川区

【综 述】 2011年，东川区认真贯彻落实科学发展观，不断深化区情认识，确立了“四大”发展定位和“六大”转型路径，凝心聚力，攻坚克难，为东川转型振兴、跨越发展奠定了良好基础。年内全区实现地区生产总值56亿元，比上年增长15.1%；其中第一产业实现增加值3.7亿元，增长7.5%；第二产业实现增加值38亿元，增长17.6%；第三产业实现增加值14.3亿元，增长10.8%。人均地区生产总值2.05万元，增长19.2%。财政总收入实现12.7亿元，增长42%，其中地方一般预算收入5.4亿元，增长33%，地方财政支出19.6亿元，增长22%。全社会固定资产投资60亿元，增长35.6%；社会消费品零售总额11.9亿元，增长19.2%；金融机构各项存款余额83亿元，增长25.8%；各项贷款余额38亿元，增长26.7%。城镇居民人均可支配收入1.64万元，增长12%；农民人均纯收入3761元，增长12.1%。

【农 业】 2011年，加大“三农”工作力度，农村经济保持了良好的发展势头。农业水利基础设施建设完成投资1.6亿元，新增蓄水能力8100立方米，治理水土流失面积35平方公里，解决1.5万人的饮水问题。完成无公害蔬菜种植面积3.52万亩，认证1.86万亩无公害蔬菜基地、5000亩绿色食品基地及2个绿色食品；兑付各种惠农补贴2791.8万元。畜牧业实现产值4.89亿元，增长27.2%。全年投入扶贫资金1.1亿元，实施78个整村推进建设项目，9420人农村贫困人口实现了脱贫。全年转移培训农村劳动力2.4万人，转移输出2.9万人，劳务经济总收入7.9亿元，新增转移收入2亿元。

【工业·再就业特区建设】 2011年，坚持以园区为主战场，狠抓招商引资，力促工业突破，促进了工业经济提速增效。全年完成工业总产值完成150亿元，比上年增长37亿元，完成工业增加值33.8亿元，增长20.6%。全区规模以上工业企业实现利润4.6亿元，实现利税总额10.9亿元。年内启动园区基础设施建设项目11个，完成投资1.28亿元。天生桥园区完成“五通一平”工程面积512.23亩，基础设施配套熟地面积占建成区的比率44.1%（目标任务比率≥32%）。工业园区固定资产投资2.2亿元，亿元以上开工项目1个、竣工1个。招商引资完成内资18.4亿元，外资2351.9万美元。静脉产业园、废弃物资源化国家工程研究中心天生桥基地、云南泛亚工业物流园区、超联废渣料回收、昆明再生资源（集团）有限公司天生桥基地等一批项目建设顺利推进。节能减排成效明显，规模以上工业企业万元增加值能耗下降4.2%。

【转型实现新突破】 2011年，落实资源枯竭城市财力性转移支付资金2.7亿元，《云南省昆明市东川区资源枯竭型城市转型规划实施方案》通过国家层面评审，为争取进入第二轮国家资源枯竭城市奠定了基础。在山区和半山区完成8万亩核桃种植，完成红豆杉种植4300亩；金水公司10.5万吨粗铜技改项目取得实质进展，凯通公司技改项目竣工投产，云南新铜人铜深加工、尾矿综合利用技术生产微晶玻璃璃料、云南鼎兴太阳能发电、野牛风力发电等项目积极推进；东川国家矿山公园、红土地旅游风情园二期、矿山地质环境治理重点工程项目建设稳步推进，可持续发展能力进一步增强。

年内，各投融资平台融资6.66亿元，保障了全区重点基础设施项目的推进，全年支付还本付息资金3.7亿元。年末金融机构各项存款余额83亿元，比年初增长25.8%，各项贷款余额38亿元，增长26.7%。

【城乡建设】 2011年，加快推进城镇化建设，城市功能大幅度提升。新建金沙路延长线、东起路、民安路、石羊东路和祥和路5条城市道路，开工建设查子树片区城中村改造、图书馆片区城中村改造、运输公司片区旧城改造和食品公司片区旧城改造等4个城中村改造项目，湿地公园一期工程竣工开园，国家矿山公园博物馆和湿地公园二期工程建设积极推进，投资3360万元新建并投入使用垃圾处理场1个，城区垃圾收集率100%。全区乡镇及建成区新增绿地面积34.39公顷，绿地率38.28%，自然村庄绿化任务4164.75亩，年末城市建成区面积9.5平方公里，全区城镇化率40.5%。中心城区空气优良天数149天以上，城区人均公共绿地9.2平方米。“四创两争”工作完成创建全国卫生城市的综合评审，创全国文明城市通过省考。

【文化旅游】 2011年，为1100个村民小组安装广播设备。恢复开通98.3MHZ云南调频广播，全区所有镇（街道）完成农村乡镇广播电视服务中心示范点建设。迪派商务会所开馆营业。完成因民、汤丹两镇综合文化站和43个村级（社区）文化室建设，建设文化信息资源共享贯彻村级（社区）站点49个，农家书屋由33个增至113个。

开展《东川旅游总体发展规划》编制工作，红土地成功申报云南省乡村旅游示范村。成功举办2011年“昆发展杯”中国东川泥石流国际汽车越野赛，直接旅游总收入3432万元。东川车赛被列为云南省面向东南亚“桥头堡”3个重点体育赛事之一，被评为CCTV中国体育营销论坛第七届年度十大体育营销经典案例，被中汽联授予“中国越野汽车摩托车赛手培训基地”。

【社会事业】 2011年，建立了区委议教制度，区级投入教育资金2亿元，社会捐资助学685万元，消除D级危房8.4万平方米，撤并校点34所。春秋两学期分别有3.67万名和3.57万名中小学生享受免费教科室，有1.09万名寄宿制学生享受寄宿生生活补助。高考上线率94.16%，比上年提高3.43个百分点。区职业中学被评为省级重点职业学校，普职比缩小为1.73：1。

探索推行检查结果互认等措施，建成远程会诊、培训、医保、新农合报销，低保人群“一站式”服务。对5起突发公共卫生事件报告率、处理率、处理及时率均达到100%。农村改水受益人口17.22万人，自来水受益率74.38%。城区居民健康档案建档率50%以上，农村居民健康档案建档率30%。

年内城镇新增就业4222人，年末城镇登记失业率11.51%。全年对1.27万户2.51万人城市低保对象，1.79万户2.2万人农村低保对象发放保障金7156万元。全面启动新型农村社会养老保险和城镇居民社会养老保险试点工作，参保人数15.3万人。新型农村合作医疗参合率94.9 %，有18.3万人次获得新型农村合作医疗减免补偿，补偿费用3642万元。新建廉租住房2536套，公租房300套，改造农村危旧房1850户，发放低收入家庭住房租赁补贴452万元。发放救灾资金283万元，救助受灾困难群众1.3万户3.5万人，发放抚恤生活补助费527.2万元。"两后双百"培训682人，应届高校毕业生就业率94.4%，困难家庭高校毕业生就业率100%。

【存在的主要问题】 一是经济总量不大，存量不优；经济结构性矛盾仍然突出；二是农业基础设施薄弱，抵御自然灾害能力有限；三是三产服务业不强，就业和再就业压力较大；四是资金、土地、环境、交通、发展空间等瓶颈制约严峻。

（刘 荣）

安宁市

【综 述】 2011年，安宁市国民经济保持了快速增长的态势，全年实现地区生产总值(GDP)167.77亿元，增长15.1%。人均生产总值4.89万元，比上年增长11.3%。

在地区生产总值中，第一产业实现增加值8.85亿元，比上年增长8.1%，拉动经济增长0.5个百分点；第二产业实现增加值99.25亿元，增长16.5%，拉动经济增长9.4个百分点，其中工业实现增加值90.25亿元，增长16.5%，对生产总值的贡献率为56.3%，拉动经济增长8.5个百分点，第三产业实现增加值59.67亿元，增长14%，拉动经济增长5.2个百分点；一、二、三产业增加值比重分别为5.3%、59.2%、35.5%。非公经济实现增加值61.89亿元，占全部生产总值的36.9%，增长17.1%。全市工农业总产值529亿元，增长15.8%。

个体私营经济快速发展，2011年末全市有个体工商户1.48万户，比上年增长14.9%；私营企业2120户，增长27.6%；个体私营企业从业人员60229人，增长17.9%。

【农村经济】 2011年，全市实现农林牧渔业总产值14.98亿元，比上年增长9%；实现农林收渔业增加值8.85亿元，增长8.1%；粮食产量4.27万吨，下降2%；平均亩产量361公斤，增长4%。烤烟产量3750吨，下降23.5%。蔬菜总产量22.61万吨，增长18.9%，水果总产量2.43万吨，下降2.7%；油料总产量1605吨，增长22.3%。

2011年，全市畜牧业产值7.81亿元，占农林牧渔业总产值的52.2%，比上年上升0.7个百分点。主要畜产品产量：肉类总产量5.81万吨，比上年增长19.1%，其中猪肉产量3.17万吨，增长14.0%；全年出栏生猪37.52万头，增长9.6%；家禽出栏1215万只，增长34.9%；禽蛋产量1.33万吨，增长104.1%；牛奶产量3160吨，增长1.7%。年末大牲畜存栏19.69万头，下降13.3%；生猪存栏19.69万头，增长3.3%；羊存栏2.6万只，下降6.1%。

2011年，全市有乡镇企业1.04万户，比上年下降2.2%；从业人员6.94万人，下降0.4%；乡镇企业实现营业收入365.59亿元，增长34.3%；实现增加值56.27亿元，增长54.1%；实交税金8.87亿元，增长21.3%。

绿化造林取得较好成绩，全年完成造林面积3209亩；护林防火工作不断加强和完善。全市森林覆盖率50.2%。

【工业经济】 2011年，全市完成工业总产值514.1亿元，比上年增长13.2%，实现工业增加值为90.25亿元，增长16.5 %，其中规模以上工业企业实现增加值为87.13亿元，增长16.2%。全市主要工业产品产量：钢390.2万吨，下降13.5%；钢材408.1万吨，增长1.6%；生铁362.7万吨，下降17.8%；化肥（折纯量）63.5万吨，增长46.7%；原盐59.4万吨，年增长1.5%；煤气56.83亿立方米。下降20.7%；磷矿石689.8万吨，增长29.7%；水泥227万吨，增长2.8%；自来水供应1790万吨，下降12.3%。

2011年，工业园区建设取得新成绩。草铺麒麟片区1号、2号次干道投入使用。日处理12.5万吨草铺生产水厂及配套管网实现向武钢集团草铺项目供水。安丰营1号次干道完成路基铺垫工作。全年完成基础设施投资8.2亿元。企业主营业务收入545亿元，利税总额26.5亿元，完成工业固定资产投资51.8亿元。中石油云南炼油厂项目前期工作顺利推进。武钢集团昆明钢铁股份有限公司"185"个项目，永昌公司60万吨线材、

80 万吨棒材改扩建项目竣工投产。弘祥化工“836”项目、云南盐化股份公司 80 万吨真空制盐项目建成投产。实现冶金盐磷化工基地建设新突破。

【交通·邮电】 2011 年，全市集中力量建设大通道，全力配合做好西北绕城高速公路建设，推进安宁—嵩明城际铁路和昆明铁路枢纽扩能改造工程，完成安禄一级公路、西一绕、安海路改造等工程，实现道路交通基础设施投资 16.26 亿元，全市公路里程 1301 公里，行政村公路硬化率 100%，交通运输条件进一步改善。交通运输邮政业增加值 10.91 亿元，比上年增长 17.3%，全市货运周转量 6.23 亿吨公里，增长 5%；客运量周转量 2024 万人次，增长 8%；全市拥有机动车 5.97 万辆，增长 11.5%，其中普通载货汽车 8997 辆，增长 6.4%，载客汽车 3.73 万辆，增长 21.6%。

邮电通信业迅猛发展，2011 年全市实现邮电业务总量 2.35 亿元，比上年增长 15.8%。年末，全市拥有固定电话 5.87 万部，减少 0.76%；在网移动电话用户 26.54 万户，增长 17.8%，互联网在网用户 6.19 万户。

【城乡基础设施建设】 2011 年，新增融资 23.8 亿元，续建、新建项目 77 个，完成投资 44.43 亿元，竣工项目 15 个。着力推进重点水源建设。打金甸水库续建工程竣工并下闸蓄水。王家滩水库续建工程进展顺利，小箐口水库改扩建主体工程完工，龙箐水库续建完成工程量的 60%以上。继续推进 500Kv 草铺变电站、100Kv 双湄变改扩建工程。完成 220Kv 温泉变异地重建、110Kv 鸣矣河新建、35Kv 三岔河变新建工程。启动中石油炼油厂项目 220Kv 输变电工程。安宁—县街主干道转入交通、信号灯工程，职教基地 4 号、6 号道路完工并投入使用。县草公司完成路面工程；安禄公路即完成路基主体工程。珍泉东路提前竣工，圆山东路已通车；太平新区东、西环干道建设顺利推进。

【财政·金融】 2011 年，全市地方财政总收入 35.54 亿元。比上年增长 16.9%。其中一般预算收入 21.4 亿元，增长 28.2%；上划中央“四税”收入 12.41 亿元，下降 1.3%；全年地方财政支出 48.72 亿元，增长 84.9%，其中一般预算支出 25.34 亿元，增长 31.5%。

2011 年末，全市金融机构各项存款余额 199.25 亿元，比年初增长 18.1%，其中城乡居民储蓄存款余额 105.8 亿元，比年初增长 24.7%；金融机构各项贷款余额 153.8 亿元，比年初增长 22.35%。

【消费品零售市场】 2011 年，全市批发零售贸易业商品销售总额 279.04 亿元，比上年增长 35.6%；社会消费品零售总额 33.52 亿元，增长 20.1%。在社会消费品零售总额中批发业实现零售额 1.83 亿元，增长 39.4%；零售业实现零售额 22.97 亿元，增长 17.5%；住宿业实现零售额 7000 万元，增长 44.9%；餐饮业实现零售额 8.02 亿元，增长 22.2%。从经济成分来看，公有经济实现零售额 8.44 亿元，增长 21.2%；非公有经济实现零售额 25.1 亿元，增长 19.8%。商品零售价格指数 104.9%，上升 1.3 个百分点；居民消费价格指数 104.9%，上升 0.7 个百分点。

【商贸经济】 2011 年，安宁市首创“招商引资退出机制”，设立招商引资项目审查委员会，对项目的合规性、投资规模、投资强度、科技含量、发展前景、税收贡献、劳动力带动、资源利用等进行审查。通过审查的项目再进入行政审批绿色通道，在规定的时限内办结相关手续。使全市招商引资向更高层次、更宽领域拓展，招商引资的数量和质量得到提升，全年引进内资项目 152 个，外资项目 8 个，协议引进内资 866.21 亿元，引进外资 6.23 亿美元，实际到位内资 83.59 亿元，外资 7450 万美元。“一港”建设迈出新的步伐，东盟钢铁物流基地等项目开工建设，主城区商业网点建设取得新成绩，金色时代广场、柳树花园商业区、伊皇购物中心、金方商业大厦扩建等工程项目投入使用。

2011 年，全市完成固定资产投资 118.52 亿元，比上年增长 41.6%，其中工业性固定资产投资 58.95 亿元，增长 68.8%，房地产投资 38.47 亿元，增长 74.6%。

2011 年，全市工商企业完成出口总额 2.46 亿美元。接待游客 237 万人次，增长 10.6%，旅游综合收入 9.97 亿元，增长 18%。

【科技·教育·卫生】 2011 年，科技科普工作扎实开展，用于科学技术支出的财政资金 5514 万元，重点企业科技研发经费 2.45 亿元，科普投入资金 100 万元，科普受众 13.95 万人。

持之以恒地推进教育优先发展，积极鼓励和引导社会力量兴办学前教育，启动农村义务教育营养改善计划，强化校园安全整治，加强学校食堂和校车安全监管，全面完成校园报警监控系统建设。2011年，全市学龄前儿童毛入学率102.32%，初中毛入学率118.09%，普通高中录取率35.63%，高考综合上线率97.6%，高考录取率98.41%。2011年末，全市幼儿在园人数1.03万人，小学在校学生2.81万人，初中在校学生1.25万人，高中在校学生3643人，职教基地入驻职业教育院校10所，专任教师2390人，在校学生4.93万人。

扎实抓好卫生事业建设，全面完成“两院两中心”建设，深化公立医院改革和医药卫生体制改革，全面实施国家基本药物制度。取得国家卫生城市称呼。2011年，常驻儿童疫苗接种覆盖率100%，食品卫生监督覆盖率100%。农村合作医疗参合率99.8%，10.81万人参加农村合作医疗；7.84万人参加城镇居民基本医疗保险，人人享有基本医疗保障目标逐步巩固发展。年末全市有卫生机构184个，病床2824张，专业卫生技术人员1968人，5岁以下儿童死亡率12.03‰，新生儿死亡率5.7‰，农村卫生厕所普及率88.53%。

【文化·广播·电视】 2011年，加强城乡公共文化服务体系建设，深入实施文化惠民工程，基本实现街道综合文化站、村文化室、信息资源共享点、农民书屋、文化活动场所五个覆盖，加快数字电视向农村拓展，免费开放图书馆、文化馆和博物馆，抓好“三馆一中心”建设，启动永安桥、遥芩楼恢复建设，完成了城市综合档案馆、曹溪寺宝华阁、连然文庙修复等项目建设，积极支持文化产业发展。全年文化产业增加值占GDP的比重3.2%，报纸出版119.6万份、公共图书馆藏书14.48万册，文物保护46处。有线电视光缆已经通达全市95%的村(居)委会，有线电视入户6.32万户。入户率91%。全市广播人口覆盖率100%，电视人口覆盖率100%。

【人民生活】 2011年末，全市在岗职工人数7.2万人，比上年增长8%；工资总额28.76亿元，增长23.6%；在岗职工年平均工资4.03万元，增长11.9%；城镇居民人均可支配收入2.37万元，增长15.6%；城镇居民人均消费性支出1.16万元，下降24.2%。农民人均纯收人8104元。增长17.2%；全年农民人均生活消费支出7251元，下降4.9%。

城乡居民的居住条件明显改善。2011年，全市大力推进保障性住房建设，政府建廉租房512套，公租房1080套，政企共建公租房2500套，廉租房500套，棚户区改造3650套，农村危房改造500户。城镇居民人均住房建筑面积34.5全年完成财政总收入23.9亿元，比上年增长17.7%平方米。农村居民人均住房建筑面积50平方米，住房质量继续得到提高，住房中钢筋混凝土结构的比重66%。

城镇化步伐加快。通过园区带动、项目拉动、产业联动，7313名农业人口转变为城镇居民，全市城镇化率67.8%。年内重点推进安澜雅苑、始甸、罗白等11个集中居住区建设，完成投资10.6亿元。

社会保障和福利事业进一步发展，社会保障覆盖面不断扩大，城乡低保标准不断提高。2011年，全市享受城镇居民最低生活保障的人数达3.76万人次，全年发放保障金706万元；享受农村居民最低生活保障的人数3.94万人次，全年发放保障金427万元；全市办社会福利院4个，床位460张。

【环境保护】 2011年，全市环保投资5.7亿元，环保投资指数3.4%。环境综合整治取得较好成绩。城市集中饮用水源地水质达标率100%，工业固体废物综合利用率42.71%，环境噪声达标区总面积19.2平方公里。

（张丽华）

曲靖市县区经济选介

宣威市

【概 述】 宣威市位于云南省东北部，总面积6069.88平方公里。2011年，年均气温13.6℃，年均降雨量609.5毫米。辖26个乡（镇、街道）331个村委会、25个居委会，总人口149.31万人。年内，全市出生1.52万人，出生率10.48‰；死亡3143人，死亡率4.42‰；人口自然增长率6.05‰。

2011年，宣威市实现生产总值178.18亿元，比上年增长13.5%。其中第一产业38.62亿元，增长8.1%，第二产业82亿元，增长17.4%，第三产业 57.55 亿元，增长 11.9%；三次产业比值由上年的 21.9：45：33.1 调整为 21.7：46：32.3。

全年完成财政总收入 23.9 亿元，增长 17.7%；地方财政一般预算收入 10.5 亿元，增长 16.65%。财政总支出 40.3 亿元，增长 19.34%；固定资产投资 148.1 亿元，增长 26.18%；金融机构存款余额 161.86 亿元，增长 17.21%；贷款余额 92.05 亿元，增长 24.31%；社会消费品零售总额 73.5 亿元，增长 20.3%；城镇居民人均可支配收入 1.7 万元，增长 16.2%；农民人均纯收入 4697 元，增长 25.8%。

【主要资源】

宣威火腿 2011 年，宣威火腿产量 4450 万公斤，火腿产值 13.6 亿元（其中精加工增值 3.7 亿元）。宣威火腿行业协会有会员企业 36 家，23 家企业获得国家质量技术监督总局认可的“全国工业产品生产许可证”，10 家企业经宣威火腿证明商标审核领导小组审批获准使用“宣威火腿”证明商标，同时获准使用原产地域产品保护标识，8 家企业经宣威火腿证明商标审核领导小组审批获准使用“宣威火腿”中国驰名商标。产品畅销北京、上海等 20 多个大中城市。

宣黄单玉米良种 玉米是宣威市的主要粮食及饲料作物，1992 年选育出了“宣黄单 2 号”、“桥单 2 号”，后相继培育出“宣黄单 3、4、5、7、8 号”优质、高产宣黄单系列玉米杂交种。“宣黄单 2 号”1997 年通过曲靖农作物品种委员会审定和专家组鉴定，2000 年经省农科院测试中心测定，达到国家优质饲用玉米标准，2005 年在云贵两省大力推广。2005 年 8 月宣威市向国家商标总局申请注册了“宣黄单”品牌商标，并外销多个省（市）。

宣威土豆 宣威市是一个土豆生产大市，土豆种植面积和产量占云南省的 1/8 和曲靖市的 1/3，土豆产业是宣威农业的主导产业。2004 年注册“宣威土豆”商标，属国家无公害农产品。宣威土豆远销 20 多个省（市）和老挝、越南、缅甸等东南亚国家。宣威文东马铃薯批发配送中心是西南最大的马铃薯批发配送中心。

矿产资源 宣威矿产资源丰富，已探明有铁、锰、铜、铅锌、钴、锑等金属矿 13 种，煤、油页岩、伊利石、建筑砂等非金属矿 22 种。煤炭储量 2.18 万亿公斤，铁矿储量 2000 亿公斤，油页岩储量 576 亿公斤、焦油 11.5 亿公斤，锰矿储量 44.19 亿公斤，普立乡格学有中型锰矿床，年内，组织开展格学锰矿资源整合，宣普矿业有限责任公司与四川省冶金地质勘查院签订了资源整合协议。

【农 业】 2011 年，宣威市实现农业生产总值 63.67 亿元，比上年增长 19.43%。农业增加值 38.6 亿元，增长 8.1%。全年粮食播种面积 17.23 万公顷，投入科技增粮资金 2290 万元，兑付种粮补贴 1.4 亿元，发放支农贷款 9.4 亿元。创办部、省、市高产样板 2 万公顷，推广良种 14 万公顷，地膜覆盖 6 万公顷，马铃薯高垄双行 3.3 万公顷，测土配方施肥 10 万公顷，农作物间套种 13.3 万公顷，农机作业配套综合技术 4.67 万公顷。粮食总产 6.4 亿公斤，比上年增长 2.47%。实现大灾之年粮食总产八连增，被国务院表彰为“全国粮食生产先进单位”。

【工 业】 2011 年，宣威市工业总产值完成 164.41 亿元，比上年增长 15.13%。工业增加值完成 73 亿元，增长 19.7%。其中规模以上工业完成产值 92.74 亿元，增长 11.19%；规模以上工业增加值完成 21.9 亿元，增长 16.1%。规模以下工业完成产值 71.67 亿元，增长 45.14%。规模以上支柱产业中煤炭、化工、冶金、食品业继续保持增长，其中煤炭工业完成产值 11.39 亿元，增长 1.33%；化工工业完成产值 35.18 亿元，增长 22.79%；冶金工业完成产值 5.52 亿元，增长 77.49%；食品工业完成产值 1.95 亿元，增长 15%。建材工业完成产值 7.52 亿元，减少 2.21%；电力工业完成产值 30.12 亿元，减少 0.2%。规模以上支柱工业完成产值 91.68 亿元，占规模以上工业产值的 98.85%，是拉动经济的主要力量。主营业务收入完成 87.3 亿元，增长 19%；工业投资完成 35.1 亿元，增长 1.2%。加快推进羊场、凤凰山、虹桥工业基地规划建设，规划面积由 32 平方公里增至 41 平方公里，工业园区完成投资 30.4 亿元。实施节能技改项目 3 个，新增清洁生产企业 1 个，培育循环经济试点企业 3 个，节能减排完成上级考核目标。非公经济增加值占全市生产总值的比重提高到 41.9%。

【第三产业】 2011 年，宣威市个体私营经济完成社会消费品零售总额60.6亿元,比上年增长25.37%，占全市社会消费品零售总额的 82%，在社会消费品市场中处于主导地位。年内，全市从事商业贸易的个体工商户 7672 户，减少 12 户；从业人员 1.08 万人，减少 17 人，注册资金总额 1.38 亿元，减少 50 万元。全市现有私营商业企业 501 户，增加 5 户；从业人员 6130 人，增加 301 人，注册资金总额 6.95 亿元，增加 1200 万元。许多个体工商户由于资本的不断扩张和经营范围的不断扩大正逐步向私营企业发展。

【交通运输】 2011 年，宣威市完成客运量 970 万人次，完成客运周转量 9.31 亿人公里，完成货运量 105.51 亿公斤，货运周转量 1.07 万亿公斤公里。年末，全市公路通车里程 8271.3 公里，其中国道 1 条 106.6 公里、省道 8 条 292.8 公里、县道 17 条 449.9 公里、乡道 327 条 2455 公里、村道 2068 条 4895 公里、专用道 26 条公里。全市通乡高等级路率 38.5%，通乡油路率 92.3%，通村公路硬化率 35.1%。26 个乡（镇、街道）全部通车。

【邮电通信】 2011 年，宣威市完成邮政业务收入 1591.52 万元，绝对值 39.52 万元，比上年增长 45.99%；中国电信宣威分公司完成业务总收入 5258.96 万元，移动业务收入完成 1003.25 万元。发展固定电话用户 5770 户，宽带 6905 户，移动用户 6783 户，3G 无线宽带 1196 户，办理我的 E 家 3538 户，商务领航 1009 户，iTV 1390 户。

【商贸流通】 2011 年，宣威市招商引资成效显著，商务经济平衡运行。全市社会消费品零售总额完成 73.5 亿元，比上年增长 20.5%。限额以上批发零售额实现 88.1 亿元，增长 30.9%，其中批发 6.5 亿元，零售 81.6 亿元。住宿餐饮业营业额 13.18 亿元，增长 31.8%，其中住宿 3.78 亿元，餐饮 9.4 亿元。第三产业完成增加值 57.5 亿元，增长 11.9%，拉动 GDP 增长 3.9 个百分点，对经济增长的贡献率为 29.14%，城镇居民消费支出人均 1.2 万元左右，增长 18%以上；农村居民消费支出 3510 元左右，增长 20%以上。外贸进出口实现 3240 万美元，增长 18%。重要商品成品油全市购进 2.18 亿公斤，增长 10.6%，成品油销售 2.19 亿公斤，增长 10.1%。全市定点屠宰场集中宰杀生猪 13.4 万头，酒类备案登记 1395 户。“万村千乡市场工程”新建农家店 30 个通过验收。

【财政·税务】 2011 年，宣威市实现辖区内各级财政总收入 23.9 亿元。地方财政一般预算收入实现 10.5 亿元，比上年增长 16.65%。财政支出 40.3 亿元，增长 19.34%。宣威市国税局组织各种国税收入 12.29 亿元，增长 16.82%。宣威市地方税务局组织入库税收收入 7.9 3 亿元，增长 13.53%；完成宣威市本级收入 6.47 亿元，增长 14.3%。

【金融·保险】 2011 年，宣威市有各类金融机构 80 个，从业人员 785 人。年末全市银行业金融机

构人民币各项存款余额 161.86 亿元，比上年末增长 17.21%，其中单位存款余额 60.37 亿元，增长 22.4%；个人存款余额 99.07 亿元，增长 16.81%。各项贷款余额 92.05 亿元，增长 24.31%，其中短期贷款余额 33.5 亿元，增长 11.72%；中长期贷款 55.06 亿元，增长 29.04%。固定资产贷款余额 21.46 亿元，增长 23.26%，票据融资余额 3.48 亿元，增长 151.18%。

2011 年，全市 12 家财产类保险公司完成保费收入 1.88 亿元，各项赔款支出 9557 万元。全市 7 家人寿类保险公司实现保费收入 2.08 亿元，各项赔款支出 8159 万元。

【固定资产投资】 2011 年，实施投资亿元的项目 47 个，完成固定资产投资 148.1 亿元，比上年增长 26.18%。小干河水库竣工，东屯水库除险加固全面完成，红石岩水库、中国烟草宣威大型引水济榕工程建设加快推进，石城河水库开工建设。沾六铁路复线部分段建成通车，普宣高速公路建设稳步推进，宣曲高速公路项目通过交通运输部评审，国道 326 线宣威段列入交通运输部“十二五”四级改二级重点项目，宣威—会泽、宣威—威宁经济干道前期工作进展顺利。远东亚鑫水泥项目、云维电石项目一期 1 亿公斤电石和 30 亿公斤石灰石矿山建成投产，云电投煤矸石综合利用发电厂、凤凰钢铁公司年产 6.5 亿公斤钢及 280 万件铸件、云河专用汽车产业园等项目加快推进，恒邦公司二期、云维 2 亿公斤醋酸乙烯和 20 亿公斤矿渣水泥、年产 24 亿公斤焦化项目前期工作扎实开展。小箐危化车站项目上报铁道部审批，凤凰山现代物流基地规划设计启动编制。

【教科文卫】 2011 年，宣威市投入改善办学条件资金 1.75 亿元。其中校安工程重建 7.52 万平方米 7937 万元，加固 3.4 3 万平方米 514.87 万元，中小学扩容改造工程 3.3 万平方米 3955 万元，中小学食堂修缮 1356 万元，中小学围墙、大门、运动场、厕所等修缮 1090 万元，校园安全保卫补助资金 596.82 万元，接受进城农民工子女就学奖励资金 215 万元，教学点公用经费补助 375 万元，公租房 290 套 580 万元，师生饮水工程 948.72 万元。第一批校安工程 1.55 万平方米在建设，其他的在做开工前准备工作。校园保卫建设工程正在实施，校园围墙、大门等修建工程已基本完工。

2011 年，组织申报省厅科技项目 7 项，总投资 2328 万元，其中科技扶持资金 120 万元，项目建成后，计划实现销售收入 2880 万元，实现利税 1023 万元。本级立项支持科技项目 3 项，总投资 1476 万元，其中科技三项费扶持资金 80 万元，项目实施完成后可实现销售收入 2100 万元，实现利税 274 万元。年内组织专利申报 21 件，受理 21 件，其中发明专利 4 件，实用新型设计 11 件，外观设计 6 件。

2011 年，宣威市公共文化服务体系快速推进。文化艺术中心概算总投资 8440 万元，实际累计完成投资 9863 万元，18 个乡（镇）文化站累计完成投资 2028 万元，全部竣工使用。浦在廷故居接待游客 3 万余人次，新华书店完成销售 3500 万元。文化产业发展良好。杜鹃文化传播有限公司实现演出收入 50 万元，新华书店分公司实现利润 120 万元，双乐房地产开发公司完成营业收入 128.8 万元，全市文化专业户 2290 户，从业人员 2.4 万人，固定资产投资 4.9 亿元，文化产业增加值 5.18 亿元。

2011 年，宣威市有医疗卫生机构 108 个，卫生行政事业人员 1521 人。完成门诊 346.6 万人次，年入院 10.6 万人次，完成业务收入 3868 万元。参合人数 118.6 万人，参合率 96.07%，全年减免补偿 319.6 万人次，累计减免补偿金额 2.16 亿元。

【扶　贫】 2011 年，全市扶贫开发投入各级、各类资金 4.3 亿元，其中各级财政专项扶贫资金 7100 万元（中央 1425 万元、省级 2875 万元、曲靖市级 1400 万元、宣威市级 1400 万元），项目整合资金 9929.9 万元，帮扶资金 1572.3 万元，群众“三投”2.44 亿元，发放小额信贷扶贫贴息到户贷款 7736 万元。解决 2.3 万贫困人口的脱贫问题，返贫率控制在 4.6%以内。

【人民生活】 2011 年，宣威市城镇居民人均可支配收入 1.7 万元，比上年增长 16.2%；城镇居民人均支出 1.74 万元，增长 29.08%。农民人均纯收入 4697.41 元，增长 25.76%；农民人均支出 3724.47 元，增长 27.07%。

（余俊柏）

玉溪市县区经济选介

红塔区

【概 述】 红塔区地处滇中腹地，总面积1004平方公里，是玉溪市政治、经济、文化中心。2011年，平均气温16.2℃，全年日照时数2101.7小时，日照率48%，有霜期75天，降水量599.6毫米。辖9个街道办事处、2个彝族乡、104个村（社区居）委会、1106个村（居）民小组、自然村386个。年末总人口42.61万人，其中农业人口28.16万人，非农业人口14.45万人；少数民族人口6.36万人，占总人口的14.9%。有汉、彝、回、白、哈尼5个世居民族。乡村从业人员17.77万人，人口密度424人/平方公里，人口自然增长率5.7‰。

2011年，红塔区农村经济平稳发展，工业生产稳步增长，消费品市场活跃，固定资产投资持续增加，财政收入增幅稳定，城乡居民收入水平不断提高。经济总量再创历史新高，生产总值突破500亿元大关，实现511.9亿元，按可比价计算，比上年增长13.8%。全区三次产业继续保持协调发展态势，所占比重5.1：46.5：48.4。实现工农业总产值810.62亿元，实现社会消费品零售总额80.6亿元，增长18.2%,其中批发零售贸易业占全区消费品零售额的88.6%。全区财政总收入25.36亿元，增长23.6%，其中地方财政收入12.54亿元，增长19.2%；地方财政支出18.88亿元，增长13.9%。境内有银行业金融机构14家，本外币各项存款余额528.18亿元、贷款余额307.94亿元。境内23家保险公司（产险12家、寿险10家、代理公司1家），累计完成保费收入20.39亿元，增长7.57%；支付赔款3.49亿元，赔付率38.22%。2011年，红塔区农作物播种面积2.15万公顷，复种指数230.69%。全年粮食总产量5711.33万公斤，烤烟产量667.15万公斤，油料总产1285.99万公斤，蔬菜总产8076.71万公斤。粮经作物种植比例由上年的40.5：59.5调整为37.1：62.9。实现农业总产值19.64亿元，增长6.9%。农业商品产值17.08亿元，农业商品率86.9%，比上年提高2.7个百分点。完成农村经济总收入679.73万元，增长21.56%；乡镇企业总体运行态势平稳，全年有乡镇企业1.9万个，完成营业收入633.78亿元，缴税17.99亿元。

红塔区坚持走新型工业化发展道路，依托研和、红塔工业园区和玉溪经济开发区“三大园区”的带动作用，逐步壮大冶金钢铁、烟草配套、战略性新型产业等支柱产业的规模和体量，实现工业总产值790.98亿元，销售收入373亿元，增长25.7%。轻工业产值占全区工业总产值的57.96%，重工业产值占42.04%；非烟工业产值占51%，首次超过烟草工业产值所占比重。产品销售率99.9%，比上年上升2.5个百分点。年内，红塔区新开工1000万元以上工业项目16个，竣工11个。企业自主创新能力进一步增强，实施省级科技计划11项，红塔区连续2年被评为全国科技先进县（区）。

区内交通便利，213国道、昆曼高速公路和昆玉铁路纵贯南北，形成云南南北交通枢纽，是通往滇南和东南亚邻国的重要通道。公路通车里程1380.11公里，自然村通车率100%，公路网密度137.1公里/百平方公里。中心城区建成区面积26平方公里、城市道路面积326万平方米，城市供水综合生产能力15万立方米/日，用水普及率99%；处理污水能力10万吨/日，累计处理污水2137万吨，有绿地面积943万平方米，建成区绿化覆盖率近40%。电话普及率136部/百人,互联网宽带用户10.02万户。全区拥有1座22万伏高压电站，2座11万伏变电站，均由省电网供电，全年用电量29.97亿千瓦时。中心城区入选中国“十佳优质生活城市”和“十佳低碳生态城市”和国家级“卫生城市”。

2011年，全区在岗职工平均工资4.58万元，比上年增长33.7%。城市居民人均可支配收入1.93万元、增长11.1%，人均消费性支出1.3万元、增长6.1%，人均住房面积48.6平方米。农村居民家庭人均纯收入7917元、增长12.9%，人均生活消费支出7617元、增长14.7%，人均生活住房面积74.7平方米。

【国家环境保护模范城市创建工作】 2011年，编制完成了《红塔区创建国家环境保护模范城市实施方案》等创模指导性文件,全面推进创模重点工作，组织开展中心城区扬尘污染防治、燃煤锅炉、炉灶整治、大矣资村环境综合整治工程；玉溪大河 14 条入河河道实行河道（段）长负责制，治理长度 1.42 公里，清淤 3.19 万立方米，总投资 127.53 万元，河道环境得到有效改善；开展玉溪大河周边 29 家养殖户的综合整治及养殖小区建设的前期准备工作；向玉溪大河周边工业企业发出限期治理通知，落实具体监管企业名单，依法依规实施监管。按照“两山两河、南北分工”的生态城市框架，建成总面积 18.14 平方公里的噪声达标区面积 27.5 平方公里的烟尘控制区，建立中心城区空气质量自动监测系统，中心城区空气质量连续 3 年名列全国 113 个环境保护重点城市前 10 名，中心城区绿化覆盖率 40.2%。累计完成工业企业清洁生产审核验收 12 户，淘汰拆除小炼铁高炉 11 户、产能 108 万吨；拆除水泥机立窑 9 座、产能 72 万吨，规模以上工业企业增加值逐年下降，年度污染物减排目标得到落实。玉溪中心城区分别被命名为国家园林城市、国家卫生城市。

【入选中国“十佳低碳生态城市”】 2011 年，红塔区淘汰落后产能 54 万吨，减排二氧化硫 335 吨、化学需氧量 160 吨、氨氮 15 吨、氮氧化物 58 吨，单位 GDP 能耗下降 5.03%，中心城区城市功能不断完善，各项城市公用设施基本配套，城市环境质量明显改善，城市文明程度大幅提高，生态城市初具规模。中心城区入选中国“十佳优质生活城市”、“十佳低碳生态城市”。

【红塔工业园区】 园区是全省 40 个省级工业园区之一，云南园区经济的重要板块。规划范围由“一园五片区”组成，包含红塔集团片区、高新技术园片区、大营街片区（玉溪经济开发区）、高仓片区和九龙片区。2011 年，在原红塔工业园区规划的基础上，将大营街黑龙潭至春和刘总旗、北城卧牛山及青龙山、洛河、高仓养殖场约 25.86 平方公里纳入红塔工业园区扩区范围，新增后红塔工业园区规划面积约 52 平方公里。形成了烟草配套企业（32 户）和制药企业及农特产品加工等 91 户入驻的格局。基础设施在原有红塔区工业企业集聚点原有基础设施上建设，累计完成园区基础设施投资 60.2 亿元。年末园区（含红塔集团），完成工业总产值 557.84 亿元，比上年增长 14.5%，占全区完成工业总产值的 70.53%；规模以上工业总产值 380.02 亿元，增长 17.7%；入园企业 127 户，完成工业固定资产投资 10.76 亿元。税收 253.74 亿元，增长 37.3%；利润 44.87 亿元，增长 15%；完成工业投资 10.76 亿元，基础设施建设完成投资 2.57 亿元；工业企业就业人员 3.62 万人。

【玉溪研和工业园区】 全省 40 个省级工业园区之一。2011 年，按照“高起点规划、高标准建设、高水平管理、高效益产出”的园区建设原则，将原规划面积 22.4 平方公里调为 31.86 平方公里。园区拥有一流路网、供排水、通讯基础设施及医疗、教育等社会公益配套设施。电力容量空间较大，现有 1 座 220KV 变电站和 2 座 110KV 变电站。园区结合资源、区位、交通优势，遵循“产业发展生态化、生态发展产业化”的发展思路，重点发展高端装备制造业、新能源产业，重点引进物流、钢压延、太阳能光电、五金制造、精密机械制造等产业，有玉溪新兴钢铁有限公司等 22 户规模以上知名企业的园区。年内，研和工业园区引进重点项目 187 个；实现工业总产值 154.04 亿元,比上年增长 17.4%。其中研和工业园区核心片区实现经济总收入 151.78 亿元,增长 25.9%;总产值 123.74 亿元,增长 34.2%，占红塔区工业总产值的 15.64%。

（邹　瑾）

丽江市县区经济选介

古城区

【概　述】 古城区位于云南省西北部，是丽江市直辖区。全区面积 1255.4 平方公里，下辖 5 个乡、4 个街道、58 个村（居）民委员会。2011 年，丽江平均气温 13.℃，年降雨量 807.9 毫米，年日照时数 2561.8 小时。年末户籍总人口 15.29 万人，其中非农业人口 6.72 万人，少数民族人口 12.05 万人，其中纳西族人口 9.06 万人。人口自然增长率 3.31‰。

2011 年，古城区完成地方生产总值 62.68 亿元，比上年增长 18%，高于全国、全省平均水平 8.8、4.3 个百分点。其中第一产业完成增加值 3.79

亿元，增长 6.0%；第二产业完成增加值 22.8 亿元，增长 27.1%；第三产业完成增加值 36.08 亿元，增长 14.1%。三次产业比例调整为 6：36.4：57.6。第二产业拉动经济增长明显加快，拉动经济增长 9.2%，比上年提高 3.4 个百分点，对经济增长贡献率 50.9%，比上年提高 10.4 个百分点。年末，全区个体工商户及私营企业户 1.42 万户，从业人员 3.63 万人，实现非公经济增加值 38.2 亿元，占 GDP 比重 61%，增长 18.1%。

【工业·建筑业】 2011 年，在水电开发、建材生产、旅游产品和生物资源开发支柱产业带动下，不断壮大工业经济，有力拉动全区经济大幅提升。全区全社会工业总产值完成 25.58 亿元，比上年增长 39.4%，其中规模以上工业总产值 21.48 亿元，增长 40%；规模以下工业总产值 4.1 亿元，增长 36.5%。完成工业增加值 11.1 亿元，增长 44.9%，拉动经济增长 5.8 个百分点，比上年提高 2.8 个百分点。规模以上工业企业实现主营业务收入 20 亿元，增长 40.7%；实现利税 2.5 亿元，增长 80.4%，利润总额 1.22 亿元，增长 17.8%。

2011 年，全区拥有资质以上建筑企业 34 个，完成建筑业总产值 149.13 亿元，比上年增长 30%，实现增加值 11.71 亿元，增长 25%，拉动经济增长 3.4 个百分点，比上年提高 0.6 个百分点，房屋建筑施工面积 89.15 万平方米，增长 0.5%，房屋竣工面积 56.41 万平方米，增长 25%。

【农业·农村经济】 2011 年，古城区积极采取有效措施实施强农惠农工程，改善农业生产综合条件，促进传统农业稳步发展，特色产业不断壮大，实现粮食增产、农业增效、农民增收。全年完成农林牧渔业总产值 6.44 亿元，比上年增长 16%。其中：农业产值 2.64 亿元，增长 12%；林业产值 1375 万元，增长 10%；畜牧业产值 3.36 亿元，增长 20%；渔业产值 2232 万元，增长 11.2%；农林牧渔服务业产值 865 万元，增长 17.1%。粮食播种面积 17.8 万亩，减少 6913 亩，下降 3.7%，粮食总产量 4.31 万吨，增加 886 吨，增长 2.1%。其中油料产量 1624 吨，下降 22%。蔬菜产量 3.19 万吨，增长 14.7%。烤烟产量 2183 吨，增长 61.7%。水果产量 5879 吨，增长 11.4%。肉类总产量 1.5 万吨，增长 10.3%；牛奶产量 134 吨，增长 19.6%；禽蛋产量 633 吨，增长 19.4%。生猪出栏 16 万头，增长 12.2%，牛出栏 9011 头，增长 4.6%，羊出栏 3.8 万只，增长 12.8%。渔产品产量 790 吨，增长 4%。

特色农产业发展。古城区按照“面向市场、因地制宜、分类发展”的原则规划区域化种植，在海拔 1235～2000 米的东部江边河谷区发展表食蚕豆、冬早洋芋、荷兰豆、甜脆玉米等反季蔬菜和优质水果；在海拔 2000～2500 米的区域发展油菜、花卉、水果、药材等特色产业，坝区重点发展林棚蔬菜等设施农业；在海拔 2500 米以上的区域发展秋油菜、马铃薯、水果和药材产业；在大丽路、西线游路结合观光农业带建设，发展高产优质油菜基地。区内 6 万亩无公害农产品基地获得云南省无公害农产品产地认证，冷凉蔬菜、设施蔬菜、水果产业、冬季农业产业成为全区农民增收的主导产业。

【固定资产投资·房地产】 2011 年，全区固定资产投资完成 77.13 亿元，比上年增长 35.3%。其中国有经济控股完成投资 39.29 亿元，增长 38.6%。城镇固定资产完成投资 57.71 亿元，增长 47.5%。农村固定资产投资 4.31 亿元，增长 38.1%。第一产业投资 2.67 亿元，下降 5.7%；第二产业投资 3.75 亿元，增长 26.7%；第三产业投资 70.71 亿元，增长 38.1%。

2011 年，房地产开发增长平缓，完成投资 15.11 亿元，比上年增长 2.6%。房地产开发施工房屋面积 112.6 万平方米，下降 10.3%；竣工房屋面积 27.6 万平方米，下降 47.5%；商品房销售面积（含期房）46.8 万平方米，下降 24.1%。商品房销售额（含期房）19.87 亿元，增长 16.8%，其中现房销售额 9.74 亿元，上升 4.1 倍，期房销售额 10.13 亿元，下降 30.1%，分别占销售额的 49%、51%。

【交通·邮电】 2011 年，全区公路通车里程 890 公里，省级公路里程 114.4 公里，城市公路里程 71.5 公里，区乡道 140 公里，乡道 223.7 公里，村道 498 公里。全年公路营运性客运量 321 万人，公路货运量 280 万吨。丽江机场起降民航航班 2.01 万架（次），比上年下降 4.5%，旅客吞吐量 218.36 万人（次），下降 1.5%，货邮吞吐量 1.71 万吨，增长 8.8%。

2011 年 12 月 17 日，丽江火车客运站投入试运行。新建仁和—丽江站铁路全长 14.71 公里，全线桥隧比为 40%，按国铁单线Ⅰ级、时速 120 公里标准设计。丽江火车客运站按Ⅰ级铁路旅客车站标准设计建设，总建筑面积为 1.19 万平方米，是云南省最先进和规模最大的铁路站房；站台设有6股车道，可同时停靠5对列车，每小时旅客聚集量2000人次，售票大厅475平方米，设有17个售票窗口，市内4路、16路、18路公交车到达火车站。

全年函件（发次）118.2万件，下降25.76%，特快专递29.35万件，增长24.8%，报刊期发数1260.69万份，下降3.28%。固定电话用户9.22万户，增长9.4%，固定电话普及率43.4%，移动电话用户23.08万户，增长25%，移动电话普及率108.5%。计算机互联网用户5万户，增长24.2%，计算机互联网普及率23.5%。

【财政·税收·金融】 2011年，全区地方财政一般预算收入完成7.25亿元，比上年增长44.77%；一般预算支出12.77亿元，增长43.92%。全区各项税收收入8.58亿元，增收2.34亿元，增长37.5%。其中国税收入3.67亿元，增收1.05亿元，增长39.82%；地税收入4.9亿元，增收1.29亿元，增长35.83%。年末全区金融机构人民币各项存款余额193.38亿元，比年初增加21.13亿元，增长12.26%，其中储蓄存款83.04亿元，比年初增加14.54亿元，增长21.22%；单位存款107.63亿元，比年初增加9亿元，增长9.12%。金融机构人民币各项贷款余额177.22亿元，比年初增加39.57亿元，增长28.74%。短期贷款25.16亿元，比年初减少2.44亿元，下降8.82%；中长期贷款146.93亿元，比年初增加39.9亿元，增长37.29%。个人中长期消费贷款31.53亿元，比年初增加5.41亿元，增长20.72%。保险业全年保费收入5.08亿元，比上年增长15.2%。

【贸 易】 2011年，全区社会消费品零售总额26.59亿元，比上年增长23.1%。农村消费品零售总额4.21亿元，增长16.8%；城镇消费品零售总额22.38亿元，增长24.4%。按行业分，批发零售贸易业零售额18.05亿元，增长25.7%；住宿餐饮业零售额8.54亿元，增长18.1%。全年进出口贸易总额2975万美元，增长135.7%。其中出口2971万美元，增长137.5%，进口4万美元，下降63.6%。

【旅游业】 2011年，接待海内外游客770.59万人（次），比上年增长32.3%，其中海外游客58.4万人（次），增长23.02%；国内游客712.2万人（次），增长33.13%。旅游综合收入95.6亿元，增长44.45%。其中旅游外汇收入1.97亿美元，增长20.72%。国内旅游收入82.78亿元，增长49.18%。

【民生·社会保障】 2011年，居民消费价格总指数104.5%，比上年上涨4.5%，涨幅上升1.3个百分点。其中服务项目价格上升1.4%；消费品价格上涨5.5%。食品类价格两位数上涨的有粮食、肉禽及其制品、糖、糕点、油脂、蛋类等。

2011年，农民人均纯收入7012元，比上年增长33.4%，村民家庭恩格尔系数47.2%；城镇居民人均可支配收入1.74万元，增长12%，居民家庭恩格尔系数41.5%。

2011年，全区农村社会养老保险参保人数5.45万人；社会养老保险参保人数1.66万人；医疗保险参保人数1.91万人；失业保险参保人数8707人；参加城镇居民基本医疗保险人数2.83万人；城镇居民最低生活保障人数8717人，下降1.3%；农村低保人数1877人，增长19.3%。年末有各类社会福利院单位2个，床位260张。城镇社区服务设施数23个。民政事业费实际支出5446万元，其中抚恤事业费支出525万元，社会救济福利事业费370.4万元；城镇居民最低生活保障费1638万元，救灾支出175.7万元。

【扶 贫】 2011年，完成2010～2011年度9个省级整村推进项目并通过验收，完成村道硬化15.93公里；涵桥4座；涵管60根；三面光沟渠9.46公里；20立方米水池38个、25立方米水池5个、50立方米水池27个、100立方米水池2个；铺设水管2.7公里；土地改良100亩；建设活动场所2个；机耕路建设6.8公里；种植核桃704亩、花椒50亩、马铃薯500亩、苹果450亩；养殖土鸡300只、猪150头、西门达尔种牛4头；建设标志碑9块。投入扶贫资金398.59万元。市级整村推进项目投入扶贫资金38.13万元，区级整村推进项目10个，每个项目投入财政资金20万元。整乡推进项目在金安乡实施，年内完成项目规划，完成项目实施方案。易地搬迁项目将金山乡拉马古村委会鲁准罗村民小组57户200人集中安置到长松坪。产业扶贫项目重点扶持七河乡勒马水果生产农民专业合作社等的青梅产业和生态鸡立体养殖项目。具体实施内容为照水梅种苗补助、生态鸡鸡苗补助和基地建设，计划总投资80万元，发放种苗6万株，总投资30万元（中央资金）；投放鸡苗4万羽，总投资20万元（中央资金）；建设滴灌设施200亩，总投资18万元（自筹）。

全年发放省扶贫办扶贫到户贷款2000万元，其中七河乡510万元，金江乡340万元，金山乡

300 万元，金安乡 405 万元，大东乡 290 万元，束河办事处 100 万元，信用联社营业部 55 万元。其中 475.08 万元的烤烟贷款全部给予贴息。争取到云南省互助资金 100 万元，全区 4 个乡 7 个互助社发放互助资金借款 134 户 93.34 万元。发放扶贫项目贴息贷款 1300 万元，贴息资金 39 万元。2011 年，全区实施村道硬化及庭院硬化水泥补助政策，拨付水泥 2.85 万吨，实施村道硬化 176.5 公里，庭院硬化 3548 户，投入资金 6998 万元，惠及人口 5 万人。资助在校贫困高中生及新考上大学贫困生每人 800～2000 元，共 159 人 22.33 万元。因病致贫困难补助 105 人 16.18 万元。

【科教文卫】 2011 年，本级财政投入科技三项费 914 万元，组织实施科技项目 60 项，专利申请 48 项，专利授权 42 项，科技培训 1.6 万人次。全区有各级各类学校 89 所，在校学生 3.56 万人，专任教师 1981 人。全区拥有卫生机构 48 个（包括社区服务中心、服务站、卫生室），352 张床位，其中疾病预防控制中心 1 个，妇幼保健院 1 个，卫生院 5 个，专业卫生技术人员 327 人。新型农村合作医疗参合率 99.77%。全区拥有艺术表演团体 65 个，文化艺术活动 174 场（次）；拥有 1 个文化馆，1 个公共图书馆，藏书 6.5 万册，1 个文物管理所，1 个博物馆，9 个乡镇文化站。全年放映电影 753 场，观众 7.19 万人次。全区电视覆盖率 96.2%，广播覆盖率 89%。拥有综合体育场馆 1 个，篮球场 313 块，足球场 32 块，活动室 207 间，地掷球门球场 125 块，老年人排球场 12 块，健身路径 19 条，网球场 5 块，高尔夫球场 1 块，体育场地面积 38.04 万平方米。

【丽江入选中国十佳宜游城市】 在中国城市竞争力协会主办的 2011 中国城市分类优势排行榜评选活动中，丽江在全国 295 个地级以上城市中跻身十佳宜游城市，位居第九，同时获评“2011 中国最具幸福感城市”之一。

（张永香）

普洱市县区经济选介

思茅区

【概 述】 思茅区位于云南省南部，澜沧江中下游，全区总面积 3928 平方公里，其中山区面积 3582 平方公里，占总面积的 91.19%，坝区面积 346 平方公里，占总面积的 8.81%。海拔在 587～2154.8 米之间，区政府所在地思茅镇海拔 1302 米，年均气温 19.2℃，年最高气温 31.6℃，年最低气温 4.6℃；日照数 2290.4 小时，年降雨量 1327.3 毫米。思茅区是普洱市的政治、经济、文化中心。全区 4 镇、3 乡、60 个村民委员会、10 个社区居民委员会、自然村 709 个。

2011 年，全区生产总值 64.44 亿元，比上年增长 13.7%。其中第一产业增加值 6.82 亿元，增长 6.4%，产业比重下降 0.3 个百分点；第二产业增加值 28.12 亿元，增长 22.2%，产业比重上升 2.8 个百分点；第三产业增加值 29.5 亿元，增长 8.3%，产业比重下降 2.5 个百分点。

【农林牧渔业】 2011 年，农林牧渔业总产值 11.18 亿元，比上年增长 7.8%。粮食播种面积 24.15 万亩，减少 6800 亩，下降 2.7%，粮食产量 5.17 万吨，增长 1.3%。其中大春粮食播种面积 17.7 万亩，减少 7200 亩，下降 3.9%；小春粮食播种面积 6.5 万亩，增加 400 亩，增长 0.6%。主要经济作物种植面积扩大，年末拥有茶叶面积 13.35 万亩，增加 4300 亩，增长 3.3%，产量 1.16 万吨；咖啡面积 11.28 万亩，增加 3.06 万亩，增长 37.2%，产量 8850 吨；烤烟播种面积 1.91 万亩，增加 8535 亩，增长 80.8%，产量 2742 吨；蔬菜播种面积 3.2 万亩，增加 165 亩，增长 0.5%，产量 3.23 万吨。

全年造林面积 1.1 万亩，全社会木材产量 9.41 万立方米，松脂产量 3190 吨。肉类总产量 1.41 万吨，增长 4%。猪、牛、羊出栏分别为 19.7 万头、6500 头、1.09 万只，分别增长 2.9%、下降 7.3%、增长 4.8%；猪、牛、羊肉产量分别为 1.2 万吨、520 吨、178 吨，分别增长 4%、5.1%、2.3%。家禽出栏 83.09 万只，增长 2.6%；家禽肉产量 1256 吨，增长 4.4%。蛋类产量 896 吨，增长 19.3%。年末牛存栏 2.29 万头、生猪存栏 16.82 万头、山羊存栏 2.07 万只。水产品产量 8500 吨，下降 17.1%。

【工业·建筑业】 2011年，全部工业完成总产值35.97亿元，按可比价格计算，比上年增长16.1%。规模以上工业完成总产值31.49亿元，增长21.5%，其中轻工业下降7.5%，重工业增长27.6%。轻、重工业比例为1∶6.55。在规模以上工业行业中，饮料制造业总产值2.74亿元，下降17.1%；木材加工业总产值1.91亿元，下降43%；医药制造业总产值3087万元，增长54.7%；非金属矿物制品业总产值5.83亿元，增长49.5%；电力的生产和供应业总产值8.86亿元，增长28%；水的生产和供应总产值3551万元，增长5.8%；采矿业总产值7.57亿元，增长39.3%；农副食品加工业总产值7645万元，增长20.7%；化学原料及化学制品制造业总产值3.14亿元，下降11.4%。规模以上工业企业主营业务收入29.17亿元，增长17.4%；产品销售率96.4%。全年实现利税总额4.9亿元，增长41.1%，其中利润总额2.93亿元，增长39.4%。

2011年末，资质等级以上建筑企业53个，比上年增加3个。全年资质以内建筑企业完成施工产值45.62亿元，增长20.3%；实现利润1.49亿元，增长96.7%；税金239万元，增长41.5%。建筑单位房屋建筑施工面积279.13万平方米，其中招投标承包面积167.95万平方米，招投标面为66.2%。竣工房屋面积106.44万平方米。

【固定资产投资】 2011年，完成固定资产投资98.54亿元，比上年增长40.5%。其中城镇固定资产投资70.26亿元，增长24%；农村固定资产投资698万元，下降70.1%。在城镇投资中第一产业投资1092万元，增长50.4%；第二产业投资49.29亿元，增长65.7%；第三产业投资20.86亿元，下降22.3%。

2011年，房地产开发完成投资23.95亿元，比上年增长80.9%。商品房销售面积78.1万平方米，下降3.4%，实现销售额25.05亿元，增长35.5%。其中销售商品住宅73.02万平方米，增长1.4%，实现销售额19.57亿元，增长34.8%。

【财政·金融】 2011年，地方财政总收入9.12亿元，比上年增长33.1%。其中一般预算收入5.22亿元，增长28.6%。在一般预算收入中，增值税收入5820万元，增长20.4%，营业税收入2.27亿元，增长27.2%；企业所得税收入2017万元，增长1.3倍。财政一般预算支出13.47亿元，增长40.8%。其中教育支出增长13%，社会保障和就业支出增长16.6%，农林水事务支出增长74%。金融机构各项存款余额153.07亿元，比上年末增加11.26亿元，增长7.9%。其中城乡居民储蓄存款余额67.92亿元，增长14.5%；单位存款余额80.34亿元，增长17.9%。金融机构各项贷款余额140.15亿元，比上年末增加21.32亿元，增长17.9%。短期贷款40.66亿元，增长15.9%，短期贷款中个人消费贷款1.22亿元，增长96.2%；中长期贷款99.14亿元，增长18.4%，中长期贷款中个人消费贷款23.31亿元，增长30.2%。

【交通·邮电】 2011年，各种运输方式完成货物周转量15.37亿吨公里，比上年增长12.2%；完成旅客周转量15.39亿人公里，增长10.8%。机场旅客吞吐量23.2万人次。年末民用汽车拥有量3.82万辆，增长20.1%。

2011年，固定电话用户9.1万户，移动电话在网用户39.2万户，宽带网用户5.5万户。全年完成邮电业务收入3.7亿元，比上年增长11.4%。其中邮政业务收入1153万元，增长3.5%；电信业务收入3.59亿元，增长11.7%。

【贸 易】 2011年，社会消费品零售总额26.97亿元，比上年增长17%。分城乡看城镇市场零售额25.49亿元，增长16.9%；乡村市场零售额1.48

亿元，增长 19.1%；乡村市场增幅高于城镇市场 2.2 个百分点。市场规模化程度提高。限额以上批发和零售业、住宿和餐饮业企业单位数达到 54 家，比上年增加 2 家，增长 3.7%；实现零售额 15.01 亿元，增长 16.6%，占零售总额的 55.7%，比重下降 0.2 个百分点。在限额以上批发和零售企业中，汽车类销售额 4.9 亿元，增长 17.6%；家用电器和音像器材类销售额 5427 万元，增长 7.4%；化妆品类销售额 914 万元，增长 18%；书报杂志类销售额 9386 万元，增长 19.3%；食品、饮料、烟酒销售额 21.28 亿元，增长 20.3%。

2011 年，实现进出口总额 9240 万美元，比上年增长 30%。其中出口 8989 万美元，增长 28.2%；进口 251 万美元，增长 158.8%。实现贸易顺差 8738 万美元。

【旅游业】 2011 年，接待海内外游客 146.62 万人次，比上年增长 83.7%；旅游总收入 9.76 亿元，增长 73.67%。接待国内旅游人数 145.18 万人次，增长 58.04%；接待海外旅客人数 1.44 万人次，增长 0.83%。

【教育·科技】 2011 年，全区有高等学校 2 所，专任教师 435 人，在校学生 7831 人，毕业生 2127 人；中学 15 所，专任教师 1226 人，在校学生 1.92 万人，毕业生 5894 人；小学 40 所，专任教师 1203 人，在校学生 2.39 万人，毕业生 4064 人；幼儿园 23 所，在园幼儿 9538 人；特殊教育学校 1 所，有专任教师 36 人，在校学生 261 人，毕业生 14 人；中等职业学校 9 所，专任老师 492 人，在校学生 1.29 万人，毕（结）业生人数 2705 人。

2011 年，有县及县以上独立自然科研单位 6 个。大力推进科技项目研究，全年科研经费支出 1811 万元。积极开展各项科技活动，完成各种实用技术培训 7300 人次，推广实用技术 47 项。

【文化·体育·卫生】 2011 年，全区拥有专业艺术表演团体 1 个；公共图书馆 1 个，藏书 18 万册；乡镇文化站 7 个。市文化中心竣工投入使用。有广播电台 2 座，电视台 2 座，年末有线电视用户 5.1 万户，广播、电视覆盖率分别为 100%、99%。全区积极开展广场文艺、文化下乡、农村电影放映活动，大力推进乡（镇）文化站建设，城区有线电视数字化转换工作基本完成。

有体育运动中心 2 个。开展全民健身活动，居民健身意识不断增强，走茶马古道、登梅子湖观景台、晨晚炼等群众性健身活动广泛开展。

继续推进医疗服务体制改革，思茅区医院进入试运营。2011 年末全区有卫生机构 158 个（包括诊所、医务室）。其中医院 7 个，卫生院 7 个，妇幼保健院（所、站）2 个，疾病预防控制中心 2 个，卫生监督检查机构 2 个，医学科学研究机构 2 个，急救中心 1 个，采供血机构 1 个，诊所、卫生所、医务室 84 个，村卫生室 50 个。有卫生技术人员 2344 人。医院、卫生院床位 2193 张。

【人口·人民生活·社会保障】 2011 年末全区总人口 30.16 万人，其中非农业人口 16.96 万人，占总人口 56.23%；少数民族人口 10.86 万人，占全区总人口 36.6%；人口出生率 12.38‰，死亡率 6.18‰，自然增长率 6.2‰。

2011 年，城镇居民人均可支配收入 1.52 万元，比上年增加 1438 元，增长 10.5%；城镇居民人均消费支出 1.06 万元，增长 12.2%；年末城镇居民人均住房面积 31.25 平方米。全年农村居民人均纯收入 4802 元，增加 819 元，增长 20.6%；农村居民人均消费支出 3654 元，增长 8.5%；年末农村居民人均住房面积 29.63 平方米。

2011 年末，全区参加城镇基本养老保险人数 4.39 万人，其中参保职工 3.41 万人，继续提高企业离退休人员养老金发放水平，养老金社会化发放率 100%。参加基本医疗保险人数 8.32 万人，参保职工 3.97 万人。参加农村新型合作医疗 12.1 万人，参合率 95.72%。年末享受城镇最低生活保障 6200 人，城镇最低生活保障家庭 3800 户；年末享受农村最低生活保障人数 1.15 万人，农村最低生活保障家庭 1.02 万户。城市医疗救助 7300 人次，农村医疗救助 1.5 万人次。

【环境保护】 思茅区内建有菜阳河、糯扎渡 2 个省级自然保护区。大力保护思茅坝四周 178 平方公里生态林，城区四周林木繁茂。城市绿化，绿地面积持续增加。2011 年末有污水处理厂 1 家，日处理污水能力2万吨，城市污水处理率80.28%；城市生活垃圾无害化处理率99.1%；工业废水排放达标率100%，工业固体废物综合利用率90.36%。

（奎中凌）

临沧市县区经济选介

临翔区

【概 述】 临翔区位于云南省西南部，辖区总面积2652平方公里。2011年，平均气温18.1℃，年最高气温32.0℃，年最低气温2.3℃；年平均日照时数2037小时，年降水量1016毫米，平均无霜期285天。全区有2个街道、1个镇、7个乡、93个村民委员会、9个社区。年末总人口32.5万人，其中非农业人口5.8万人，占总人口的17.8%；少数民族6400人，少数民族人口占总人口比例的20.23％，人口自然增长率3‰。

2011年，临翔区完成生产总值42.83亿元，按可比价格计算，比上年增长16.1%；完成财政总收入5.12亿元，增长36.6%；三次产业比重由上年的23.5∶26.4∶50.1调整为22.9∶30.6∶46.5；全社会固定资产投资完成59.14亿元，增长53.82%其中城镇建设投资完成36.1亿元，占61%；招商引资实际到位资金21.55亿元，增长20.1%；城镇居民人均可支配收入1.47万元，比上年增加1695元，增长13%；实现农民人均纯收入4394元，增加1065元，增长32%；完成社会消费品零售总额25.5亿元，增长25.1%；人口自然增长率3‰；城镇登记失业率3.7%；单位生产总值能耗下降2%；居民消费价格总指数控制在104.8%；城镇化水平46%、城市绿化覆盖率41.3%。

【农业·农村经济】 2011年，编制完成澜沧江经济带热区产业发展规划和林地保护利用规划，加大对咖啡、云南坚果等热区作物的开发扶持，统筹抓好核桃、烤烟、茶叶、油菜、甘蔗、畜牧等产业，新植核桃10.3万亩、烤烟8.3万亩、云南坚果1.04万亩、咖啡3000亩，完成中低产林改造7.5万亩、中低产茶园改造2.4万亩。完成油菜种植5.4万亩，总产量1.09万吨，首次突破万吨。完成粮食总产9万吨，比上年增长13.33%，完成蔬菜种植3.58万亩，增长2.5%。投资3481.23万元，完成中低产田地改造3.07万亩。组织开展农村劳动力培训2.26万人；累计转移就业2.13万人。实现农村经济总收入15.3亿元，增长29.3%；实现畜牧业产值5.7亿元，增长45.5%。

【工业经济】 2011年，以临翔区博尚镇为核心的工业园区规划建设稳步推进，云南天鸿公司6万吨煅烧高岭土项目已建成投产。启动实施“中小企业成长工程”，投入270万元专项资金扶持100户微小企业。完成工业固定资产投资6.36亿元，比上年增长35%；规模以上工业企业实现销售收入12.56亿元，增长34.2%；完成全部工业增加值7.47亿元，按可比价格计算，增长25.1%。

【基础设施建设】 2011年，实施固定资产投资重点建设项目147项（50～500万元32项，500万元以上115项），开展重点项目前期工作80项。国道323线临沧—永平二级公路临翔过境段改扩建工程全面完工，国道214线临沧城过境段改造工程、省道319线临沧—新河公路改造工程进展顺利，完成续建农村通达通畅工程23.5公里，启动实施57公里通村路面硬化工程，完成鸭子塘水库进库道路改扩建21公里，完成农村公路大中修工程11条（段）。累计投入新农村建设资金9.83亿元，建成水泥硬板路46条41.9公里、沟渠29条9.9公里。农田水利建设力度进一步加大，完成37件惠及1.36万人的饮水安全工程，完成除险加固、整复修和新建各类水利工程3560件，启动实施1件小㈠型、7件小㈡型水库除险加固工程，完成蚂蚁堆乡杏勒村磨岸河、博尚镇永和村小流域治理工程，完成博尚水库干支渠转山大沟防渗工程建设。

【城市建设与管理】 2011年，完成南汀河治理、国道214线临沧城过境段、大学园区、体育运动中心、佤文化广场、卡蒙特服装厂等市级重点项目的征地拆迁工作。推进南天商贸城、百树广场等一批旧城改造项目，启动实施玉龙花园小区、茶马古镇、缅宁大道、玉龙湖等一批城市重点建设工程，加快推进供排水工程、老城区基础设施完善工程、东片区道路建设等一批城市基础设施建设工程。

【新家园行动计划】 2011年，启动实施旧城改造项目15个、拆除旧房面积19.7万平方米，新建房屋面积33.6万平方米，完成2010年廉租房建设1050套5.25万平方米，完成投资7288.5万元。启动实施市、区共建保障性住房8057套。对102个行政村（社区）、546个自然村村庄规划开展查缺补漏工作，完成旧村改造50个、旧房改造4673户，并对一期旧房改造农户的补助资金、贷款情况、新房入住情况进行公示，完成旧房改造56万平方米，完成总投资7.94亿元，其中，整合项目用于补助农户建房4941.5万元；完成旧村改造9899万元，其中，整合项目补助1467万元，群众自筹及投工投劳折资8432万元。新校园建设工程代建制顺利推进，已有41所学校开工建设，开工面积13.5万平方米，主体完工92个单体10.35万平方米，完成投资1.7亿元。完成地方财政一般预算支出15.43亿元，比上年增长57.96%；向上争取项目资金9亿元，增长38%；民生支出占财政一般预算支出的73.3%。

【社会事业】 2011年，教育综合改革不断深化，撤并勐托中学、新塘房中学和幕布完小、勐准完小、弯子完小等33所小学。启动农村学前教育推进工程试点工作，幕布、章驮等5所幼儿园得到项目支持。76所农村义务教育寄宿制学校1.71万名中小学寄宿学生营养早餐实现全覆盖，全面启动农村义务教育学生营养改善计划。

全年培训3955名文体业务骨干，组建439支文体队伍，建成文体广场和活动阵地446个，举办首届女子象脚鼓舞大赛、首届业余通俗歌曲大奖赛、“新农村•新气象”农村基层文艺汇演、“吉祥临翔•幸福安康”新农村体育运动会、职工运动会、红色歌曲演唱周等文体活动328场次。2011年，2.44万人享受农村低保，8923人享受城镇低保，农村五保对象2128人得到全面供养，养老保险参保人数1.85万人，工伤保险参保人数1.52万人，生育保险参保人数1.17万人。基本医疗保障制度进一步完善，城镇居民基本医疗保险实现广覆盖，参保人员1.41万人，人财政补助标准成年居民提高到242元、学生儿童提高到202元，最高支付限额提高到3万元。城镇职工基本医疗保险参保人员1.61万人。新农合参合人数22.82万人，参合率96.51%，人均财政补助提高到200元，最高支付限额提高到5万元。新增城镇就业人员5012人，开发公益性岗位204个。

（胡荣莉）

红河州县区经济选介

蒙自市

【概 述】 蒙自市位于云南省东南部，红河州东部。全市总面积2228平方公里，其中山区面积1683.8平方公里，占总面积的75.6%；坝区面积544.2平方公里，占总面积的24.4%。建城区面积29.5平方公里，城市人口20.05万人，城镇化水平56.47%，城市绿化覆盖率36.1%，城市道路面积434.73万平方米。滇南中心城市核心区初具规模，是红河州州府驻地，距省会昆明289公里。2011年，蒙自市辖7个镇、4个乡、86个村民委员会、693个自然村、992个村民小组。2011年末，蒙自市户籍总人口37.62万人。其中农业人口29.51万人，非农业人口8.11万人。年内出生3617人，出生率9.68‰；死亡1129人，死亡率3.02‰；人口自然增长率6.08‰。全市有汉、彝、苗、壮、回、哈尼等民族，其中汉族15.02万人，占全市总人口的40%。2011年，蒙自市气候异常，年平均气温偏低，降水明显偏少，光照略少，主要以干旱、低温雨雪、连续阴雨天气为主，对粮食、经济作物生产造成较大影响，属中下等气候年景。

2011年，蒙自市实现生产总值88.34亿元，比上年增长13.7%。其中第一产业14.85亿元，增长8%；第二产业45.33亿元，增长16.9%；第三产业28.16亿元，增长11.2%。三次产业之比为16.8∶51.3∶31.9。固定资产投资75.28亿元，增长21.3%。完成工业总产值178.95亿元，增长15.14%。实现农林牧渔业总产值22.65亿元，增长12.4%。粮食总产量13.96万吨，增长3.41%。全市财政总收入16.4亿元，增长29%。其中地方财政一般预算收入9.05亿元，增长25.1%。全市地方财政一般预算支出17.24亿元，增长30.4%。

【固定资产投资】 2011年，辖区固定资产投资75.28亿元。其中房地产开发投资18.06亿元。市级投入项目前期工作经费1800万元，开展60个项目前期工作，其中可研报告等取得上级批文53个、上报待批4个、正在编制3个。全年市级审批项目77个、备案项目18个。争取上级基本建设投资3.37亿元。蒙自太耀泰瑞矿业有限公司20万吨/年锰铁合金厂一期工程设备安装，蒙自矿冶有限责任公司6万吨/年铅冶炼厂技改扩建工程完成场地平整，杨柳河引水工程隧洞主洞掘进及支护4711米，城区“四校一园”中的四小（改扩建）、二中（改扩建）、二小惠民校区和华星幼儿园竣工投用，十里铺中学（改扩建）预计2012年9月竣工投用，2011年1805套6.5万平方米廉租房和1212套6万平方米公租房、市公安局业务用房、市检察院业务用房、市法院业务用房和市森林公安局业务用房开工建设，君悦天下、长河天骄、奥林国际·美璟名居等一批住宅小区加紧施工，有力支撑了项目投资的快速增长。

【农 业】 2011年，积极进行农业种植业结构调整，农业综合生产能力不断提高，全年粮食播种面积60.26万亩，粮食总产13.94万吨；累计种植水果27.4万亩，总产22.2万吨；种植蔬菜14.8万亩，总产27.26万吨；种植甘蔗2.5万亩，产量7.25万吨；桑园种植2.67万亩，养蚕6840张，鲜茧产量231.7吨，产值727.35万元；种植烤烟5.82万亩，收购17.59万担。肉类总产6.21万吨，畜牧业产值7.54亿元。农业总产值22.65亿元，农村经济总收入17.32亿元。

【工 业】 2011年，全市工业企业719户，其中主营业务收入2000万元以上规模企业23户。红河钢铁有限公司、云南电网公司红河供电局、蒙自矿冶有限责任公司、蒙自瀛洲水泥有限责任公司、红河矿业有限公司、红河建材熔剂有限公司、云南省南湖橡胶厂7户企业产值上亿元。全市工业总产值178.95亿元。规模以上工业企业实现工业总产值170.57亿元。工业对地区生产总值的贡献率43.68%。全年主要工业产品产量有增有减，十种有色金属7.98万吨、水泥164.96万吨、白银6.21万吨、成品糖2910吨、钢材183.51万吨、供电量122.47亿千瓦时、胶鞋790万双。

【乡镇企业】 2011年，蒙自市有乡镇企业3706个。按登记注册类型分类集体企业40个，有限责任公司3个，私营企业4个，个体工商户3659个。其中农、林、牧、渔业21户，工业701户，建筑业21户，交通运输仓储业155户，批发零售业 839 户，住宿及餐饮业 809 户，居民服务、其他服务业和娱乐业 1160 户。全年实现乡镇企业营业收入 38.82 亿元，比上年增长 0.5%；乡镇企业增加值 18.6 亿元，增长 11.9%；工业增加值 16.51 亿元，增长 6.8%；上交税金 4.52 亿元，增长 135%；累计转移农村劳动力 2.14 万人。乡镇企业依托于上规模、上档次的工业龙头企业稳步发展。蒙自矿冶有限责任公司、蒙自瀛州水泥有限责任公司、蒙自市安南邑石料熔剂厂 3 家规模以上工业龙头企业的增加值 15.1 亿元，占全市乡镇企业增加值的 81.2%；占全市乡镇企业工业增加值的 91.4%；上交税金 4.28 亿元，占全市乡镇企业上交税金的 94.7%；从业人员 6640 人，占全市乡镇企业从业人员的 31%。

【非公有制经济】 2011 年，蒙自市非公有制经济户数 1.64 万户，比上年增长 12.8%；从业人数 4.36 万人，增长 9.8%；注册资金 19.57 亿元，增长 29.7%；上缴税金（含股份公司）12.97 亿元，增长 31.78%；完成社会消费品零售总额 13.97 亿元，增长 27%。上缴税金占全市税收的 75.33%，社会消费品零售总额占全市社会消费品零售总额的 57.81%。非公有制经济已成为推进蒙自市经济社会发展的重要力量。

【交通·邮电】 2011 年，蒙自市公路通车里程 1631.61 公里。拥有道路运输经营业户 3149 户，从业人员 1.12 万人；道路客运企业 4 户（班线客运企业 2 户，旅游客运企业 2 户），有客运车辆 379 辆 8390 个座位；城市公共客运企业 6 户，其中城市公交企业 1 户有公交车 93 辆，出租公司 5 户有出租车 431 辆；有货运运输经营户 1299 户，货物运输车辆 4330 辆、1.52 万个吨位；在册货运代办业户 21 户，货运信息配载业户 10 户，停车场 13 户，搬运装卸 1 户；有经营农村客运班线客车 175 辆，乡镇客运班线通行率 100%，行政村客运班线通行率 86%。

2011 年，全市完成邮政业务收入 1335.05 万元，电信业务收入 5070 万元。

【商 业】 2011 年，蒙自市商品流通行业实现社会消费品零售总额 24.16 亿元，比上年增长 20.1%。按销售地区划分市级领域社会消费品零售总额 21.3 亿元，市以下社会消费品零售总额 2.86 亿元；批发零售贸易业社会消费品零售总额 17.84 亿元，住宿餐饮业社会消费品零售总额 6.32 亿元。

【财税·金融·保险】 2011 年，蒙自市完成财政总收入 16.4 亿元，比上年增长 29%。其中地方财政一般预算收入 9.05 亿元，增长 25.1%。地方财政支出 17.24 亿元，增长 30.4%。

2011 年，金融机构各项存款余额 224.48 亿元，比年初增长 12.83%；各项贷款余额 153.01 亿元，比年初增长 29%。

2011 年，中国人寿保险股份有限公司蒙自市支公司实现保费收入 6986 万元， 发生各类理赔案件 1137 件，支付赔款 263.37 万元。中国人民财产保险股份有限公司蒙自支公司实现保费收入 6761 万元，支付赔款 3408.6 万元。

【科 技】 2011 年，制定实施《蒙自市专利奖励办法》，申报各类科技项目 25 个。获得立项科技项目 15 项，其中国家级 2 项（蒙自市石榴标准化基地建设与产业化开发、云南红河国家农业科技园区核心区科技示范体系建设），省级 6 项（地方科技信息服务平台建设、蒙自市水稻高产创建、褚君浩院士工作站、铜铟镓硒薄膜太阳能电池产业化关键技术开发、2011 年云南省科技型农村经济合作组织创新能力提升补助、蒙自石榴产业化关键技术研究及示范），州级科技计划项目 7 项。获得科技经费支持 1025 万元。蒙自矿冶有限责任公司被评为省级高新技术企业，蒙生石榴产销专业合作社获得“云南省科技型农村经济合作组织”荣誉称号。年内组织实施“三下乡”、“科技活动周”、“科普街”等惠农服务活动，开展科普组织和阵地建设，举办实用技术培训。

【教 育】 2011 年，全市投入教育经费 4.55 亿元（含民办学校投入），全面落实免费义务教育政策，做好教师队伍的引进培训，校舍安全工程、教师廉租房建设稳步推进。全市幼儿园、小学入学率和初中、高中毛入学率分别达到 87.15%、99.97%、101.81%、71%，高考录取率 94.83%。全市有各类学校 150 所，在校学生 7.82 万人。其中高级中学 2 所，在校学生 5117 人；中等职业学校 4 所，在校学生 6338 人；初级中学 15 所，在校学生 1.62 万人；九年一贯制学校 1 所，在校学生 295 人；小学 77 所，教学点 53 个，在校学生 3.49 万人。全市中小学校、幼儿园在职教职工 4250 人，专任教师 3614 人。全市校舍总面积 58.66 万平方米。

【文化·体育】 2011 年，文化体育事业蓬勃发展。完成西南联大蒙自分校旧址保护修缮一期工程和“省一大”会址查尼皮保护修缮工程，市文化馆、图书馆建设基本完成。全面完成第三次文物普查工作。建成农家书屋45个、农村文化体育广场7个、农村篮球场12块。积极组织开展建党90周年文艺演出和一系列群众性文化体育活动。市三中被国家体育总局、教育部授予“全国学校体育场馆向公众开放先进单位”，广播、电视人口覆盖率分别达到95.8%、97%，文化产业增加值占全市生产总值的6.2%。

【卫 生】 2011年，草坝镇中心卫生院住院楼竣工投入使用，雨过铺、芷村、水田等9家卫生系统廉租房、市卫生监督所业务用房建设项目稳步推进，市中医院、市妇幼院迁建项目前期工作有序开展。城市社区卫生服务工作扎实推进，让城区居民及时享受到优质、便捷的医疗服务。创建国家卫生城市工作稳步推进，荣获“云南省甲级卫生城市”荣誉称号；疾病预防控制工作成效显著，连续5年未发生鼠疫。开展食品药品安全监督管理，全市农村药品供应网点实现乡镇和行政村全覆盖。保持人口低生育水平，出生人口素质逐步提高。全市城镇居民基本医疗保险参保人数5.3万人，城镇职工基本医疗保险参保人数4.3万人，参保率97.3 %，新型农村合作医疗参合26.91万人，参合率95%，社会保障基金收支平衡。年末，全市有卫生事业机构40个，其中市属7个，乡镇卫生院14个，乡镇新农合管理站14个。有社会办医医疗机构（含企事业、人民团体、个体对外门诊、诊所）133个。全年门诊诊治病人68.75万余人次，收治住院病人28.02万余人次，治愈率96.67%。

【社会保障】 2011年，完成市社会福利院、15个城市社区办公用房项目建设，省社会化养老示范基地、市社区服务中心、市就业和社会保障服务中心、4个乡镇就业和社会保障服务中心及敬老院建设项目前期工作有序推进。城镇新增就业人数4581人，城镇下岗失业人员再就业1913人，城镇登记失业率控制在4.2%以内，转移农村富余劳动力7563人，存入农民工工资保障金2975.92万元。城乡养老参保人数2.89万人，发放失地农民基本生活保障补助661万元、低保保障金2694.65万元、养老保障金1.08亿元、医疗救助金5142.15万元、优抚对象定期补助800万元。发放扶贫开发小额信贷3000万元，实施地震安居房、农村危房改造1400户，建设2011年廉租房和公租房等保障性住房3017套，建筑面积12.5万平方米。

【人民生活】 2011年，蒙自市在岗职工年平均工资3.27万元，比上年增长20.76%；农民人均纯收入4876元，增长17.8%。全年实现社会消费品零售总额24.16亿元，增长20.1%。全年投入资金2460.66万元，实施整村推进项目57个。发放小额信贷扶贫资金3000万元。按照国家出台的贫困标准，蒙自市人均纯收入低于1196元的贫困人口还有3.66万人，占农业人口的12.4%。

（王 熹）

个旧市

【概 述】 个旧市位于云南南部、红河北岸。全市总面积1587平方公里，全市辖6镇、2乡、2区、79个村民委员会、34个社区。2011年末，全市户籍总人口 39.32 万人。其中非农业人口21.18 万人，占总人口的 53.9%；少数民族人口15.67万人，占总人口的39.9%。人口自然增长率3.83‰。

2011年，全市实现生产总值147.34亿元，比上年增长13.3%。其中第一产业增加值8.06亿元，增长6.2%；第二产业增加值100.23亿元，增长14.5%；第三产业增加值39.05亿元，增长12.1%。三次产业之比为5.5：68.0：26.5。固定资产投资75.11亿元，增长21.1%。其中房地产开发投资完成 11.92 亿元，增长 48.9%。完成工业总产值368.97亿元，增长12.5%。全市财政总收入18.96亿元，增长17.8%。其中地方一般预算收入8.62亿元，增长9.1%，地方一般预算支出23.17亿元，增长10.2%。年末，金融机构各项存款余额180.17亿元，比年初下降0.3%；各项贷款余额104.72亿元，比年初增长5.5%。

【农村经济】 2011年，个旧市认真落实国家各项强农惠农政策，不断改善农村生产生活条件，投入资金6380.9万元 实施49个新农村、36个整村推进和2个整镇推进乡村示范工程项目。投资2129.7万元实施村级一事一议财政奖补项目73个。全力推进扶贫开发，投入易地扶贫、产业扶贫、小额信贷等各类资金3605.2万元，启动实施白拉租和小贾沙村易地扶贫搬迁项目。超级杂交稻示范基地建设稳步推进，完成2个优质稻高产创建万亩片区建设，总产值4938万元。冬马铃薯高产创建 1.17 万亩，总产值 2129.9 万元。稳步推进奶牛标准化养殖示范区、生猪标准化规模养殖及 20 万头仔猪生产基地建设。全市实现农林牧渔业总产值 13.86 亿元，比上年增长 7%。农村经济总收入 64.22 亿元，增长 5.9 %。畜牧业发展势头良好，全市肉猪出栏 36.21 万头，肉牛出栏 1.8 万头，羊出栏 1.73 万只，分别增长 3.9%、12.9%、7.2%。肉类总产量 3.94 万吨，增长 7.2%。牛奶产量 1.59 万吨，增长 12.8%。禽蛋产量 6066 吨，增长 1.4%。

【工业经济】 2011 年，个旧市紧扣加快发展、加快转变经济发展方式的主线，工业经济呈现出生产增长较快、效益同步改善的格局。全市工业增加值 94.1 亿元，比上年增长 14.2%。其中规模以上工业企业增加值 84.03 亿元，增长 15.8%。全市主要工业产品产量：铅 27.43 万吨，增长 33.6%；锌 5.58 万吨，增长 20.6%；铝 16.58 万吨，增长 30.5%；锡 7.65 万吨，下降 3%；锡材 1.98 万吨，增长 11.6%；锡化工 1.43 万吨，下降 7.1%；化肥（折纯量）19.57 万吨，增长 55.4%；自来水供应 1965 万吨，增长 10%；发电量 2.55 亿度，增长 2%。工业经济效益进一步提高。全市规模以上工业企业销售产值 278.51 亿元，主营业务收入 288.95 亿元，增长 22.9%；实现利税 19.98 亿元，增长41.8%，其中利润总额9.65亿元，增长49.5%。

工业项目建设进展良好。年产 10 万吨铅、年产 2000 吨镍基正极材料技术改造项目、固废物炼铁烟尘资源化综合利用项目、年产 900 万只铅蓄电池项目、年处理 150 万吨铅冶炼废渣综合利用项目、中药现代化技术改造项目顺利推进；年产 15 万吨铝钛基合金材料加工项目实现开工建设；年产 10 万吨铅、年产 10 万吨电解锰、莲花山风电场（一期）工程 4.2 万千瓦等项目前期工作加快推进；云锡年产 10 万吨铜项目、马堵山水电站相继竣工投产。霞石综合利用项目实现新突破，与浙江海亮集团和重庆博赛集团签订意向性开发框架协议。

【商贸 · 旅游 · 招商引资】 2011 年，个旧市社会消费品零售总额 37.01 亿元，比上年增长 20.1%。自实施“家电下乡”政策以来，截止年底，103 个销售网点，累计销售各类家电产品 3.9 万台（件）、实现销售额 8910.2 万元。补贴下乡家电 3.88 万台（件），实现补贴金额 1078.75 万元。个旧物流中心规划通过专家评审，大红屯粮油加工仓储中心竣工投产，可达 20 万吨稻谷加工能力，成为省内最大的精米加工企业。总投资 5.6 亿元的红河商业中心建设步伐加快，鑫和都、丽水金湾购物中心运行良好。全市外贸进出口总额 5.89 亿美元，增长 17.5%。其中出口总额 2.51 亿美元，增长 13%；进口总额 3.38 亿美元，增长 21%。

旅游产业建设取得新成效。全年接待国内外游客 106 万人次，实现旅游总收入 5.69 亿元，分别比上年增长 7.7%、1.1%。中国 · 沙甸回族文化旅游小镇初具规模。结合红河谷绿色经济走廊建设规划，完成红河谷木棉水乡风景区旅游发展策划方案，大屯海生态旅游度假区、老阴山旅游风景区等项目有序推进。

招商引资成效显著。全年招商在建项目 21 项，新签项目 12 项，协议总投资 20.33 亿元；引进州外到位资金 16.36 亿元。借助“昆交会”、“泛珠会”平台，签订个旧风力发电二期工程项目和红河泛亚国际汽车城项目投资建设协议书，签约金额 12.2 亿元。

【城乡建设】 科学编制城乡规划，全力抓好城乡基础设施建设。积极推进阳山新区开发，完成阳山新区控制性详细规划和市级行政中心、西二环道路设计，新区内企业搬迁方案初步确定。加快小城镇建设步伐，完成《个旧市近期建设规划》等 10 余个规划编制，完成 235 个村庄规划编制。污水处理厂二期及其配套管网工程试运行情况良好，鄢棚南路片区防洪应急管道修复、防洪大沟抢险修复、金湖东路环湖游览道提升改造等市政工程顺利推进。全市房地产开发企业完成投资突破 10 亿元，达 11.92 亿元，比上年增长 48.9%。

城乡基础条件不断改善。冷清公路延长线鸡街至个旧段完工通车，完成投资 6.54 亿元。云锡公司矿山公路移交工作顺利完成。投资 4800 万元的个旧至老厂至官家山农村公路改造工程和投资 2600 万元的鸡街泗水庄片区农村公路完成施工招投标工作，莲花山公路路面改造工程有序推进。完成邦干新寨村公路等农村通达工程 7 个，建设里程 35.33 公里，投资 637.54 万元；完成通乡、通村道路改造工程项目 8 个，投资 2137 万元，实施里程 46.23 公里。9 个乡镇（区）全部开通客运班线，通车率 100%。79 个行政村中 62 个通班车，通车率 78%。

【环境保护】 积极推进国家环境保护模范城市创建工作，深入开展整治违法排污企业保障群众健康和工业危险废物环境风险大排查环保专项行动。节能减排成效显著，二氧化硫、化学需氧量、氨氮等主要污染物排放总量控制在指标内。完成4户年综合能耗在2000吨标准煤以上的企业能源审计，12户企业通过清洁生产审核，拆除铜冶炼鼓风炉2座，淘汰落后产能1963吨。强化涉重金属污染企业的环境管理监察，个旧出境河流断面重金属污染物超标现象得到有效控制。《个旧市重金属污染综合防治“十二五”规划》批准实施，以卡房大沟和北部5户涉重企业为重点的重金属污染综合治理项目稳步推进，停产整治重金属污染企业138户，3户整治达标企业恢复试生产。生态环境建设持续深入实施，完成绿化造林3.5万亩，中低产林改造1万亩，义务植树85万株。矿山地质环境恢复治理项目完成投资8589万元，石漠化综合治理、红河危险废物和医疗废物处置场工程实现开工建设。

【社会保障·人民生活】 2011年，全市基本养老保险参保6.76万人，城镇职工基本医疗保险参保12.2万人，城镇居民基本医疗保险参保10.3万人。新型农村合作医疗实际参合17.92万人，参合率97.99%。全市城镇新增就业和再就业6517人，城镇登记失业率3.92%。出台《个旧市失地农民就业培训实施意见》，完成农民工培训2225人，其中186名符合条件的失地农民进入技校完成学历教育，培训农村富余劳动力5358人，转移农村劳动力6663人。新型农村社会养老保险和城镇居民社会养老保险试点工作有序推进，参保人数10.25万人。为城乡困难群众提供医疗救助资金993万元，为城乡低保对象5.2万人发放资金1.11亿元。启动全州首个爱心助老呼叫信息服务中心。保障性住房建设及棚户区改造顺利推进，建盖廉租住房3466套8.42万平方米，解决8700人的住房困难问题，发放住房租赁补贴3005人194万元；完成600户农村危房改造及500户农村民居地震安全工程。

2011年，农民人均纯收入6781元，比上年增长11.5%；在岗职工年平均工资3.5万元，增长21.7%；城市居民人均可支配收入1.63万元，增长15.4%。城镇居民人均住房建筑面积24.91平方米，农村人均住房建筑面积31.65平方米。

【社会事业】 2011年，个旧市组织申报国家、省、州级科技项目27项，获省级立项支持8项，州级立项支持4项。申请专利108件，获权57件，其中发明获权量23件，居全州第一。积极组织“红河国家伴生稀贵金属提取利用高新技术产业化基地”申报工作。获准“云南省知识产权强县工程试点县”试点。

2011年，坚持教育优先发展原则，各类教育经费支出3.18亿元。幼儿入园率84.16%，在园幼儿1.38万人。学龄儿童入学率99.96%、完学率96.2%，小学在校学生3.32万人。适龄少年入学率98.1%、升学率72.4%，初中在校学生1.46万人。高中阶段毛入学率77.1%，高考上线率92.8%，高中在校学生6024人。实施校安工程，拆除D级危房1.16万平方米，新建校舍面积1.21万平方米。

加快推进基本医疗保障制度建设，巩固扩大基本医疗保障覆盖面。资助困难群众参加新农合、大病补充险2.83万人次，新农合参合率97.99%，荣获“省新型农村合作医疗工作先进市”称号。全市基层医疗卫生机构100%配备、使用基本药物，全面实行零差率销售，10类基本公共卫生服务全面落实。卫生信息化建设全省领先。低生育水平得到巩固，人口自然增长率为3.83‰。全面启动创建省级药品安全示范县工作，扎实开展食品安全和药品监管执法活动，确保人民群众的食品和用药安全。

文体事业健康发展。深入挖掘发展锡文化产业，省级非物质文化遗产个旧市锡器制作传习馆开馆，红河·个旧锡文化创意产业园项目完成一期建设。积极组织申报国家级特技滑翔伞训练基地，成功举办全国第十一届中老年艺术节、“创意·个旧”主题展和中国学生留学埃及80周年暨云南桥头堡建设战略研讨会，庆祝建党90周年系列活动热烈多彩。实施文化惠民工程，深入开展文化三下乡活动和“2131”工程。建设完成3个文化站，19个村级文化体育活动场所，“农家书屋”总量86个，覆盖全市80%的行政村和区。“村村通”工程深入实施，全市广播、电视人口覆盖率为99.45%、97.61%。

（何少华）

文山州县区经济选介

文山市

【综 述】 2011 年，文山市生产总值 120.5 亿元，占全州的 30%，比上年增长 15.6%，比全州的增速高出 1.4 个百分点，比全省的增速高出 1.9 个百分点，比全国的增速高出 6.4 个百分点。分三次产业看，第一产业增加值 12.7 亿元，增长 9%，拉动 GDP 增长 0.9 个百分点，对 GDP 增长的贡献率为 5.8%；第二产业增加值 59.3 亿元，增长 21.6%，拉动 GDP 增长 10.4 个百分点，对 GDP 增长的贡献率为 66.5%；第三产业增加值 48.5 亿元，增长 10.3%，拉动 GDP 增长 4.3 个百分点，对 GDP 的贡献率 27.7%。三次产业结构由上年的 10∶48.1∶41.9 调整为 10.5∶49.3∶40.2。人均 GDP2.54 万元，非公经济实现增加值 59.8 亿元，占 GDP 的 49.6%，对 GDP 的贡献率为 49.87%，拉动 GDP 增长 7.76 个百分点。年末全市城镇化率 52.6%，比上年提高 0.19 个百分点，城镇人口 25.6 万人。

【农 业】 2011 年 ，农业总产值实现 20.4 亿元，比上年增长 9.6%。种植业产值 12.2 亿元，增长 11.04%；林业产值 3000 万元，增长 9.6%；畜牧业产值 7.1 亿元，增长 7.03%；渔业产值 2000 万元，增长 47.8%；农业服务业产值 6000 万元，增长 8.23%。

农作物播种面积 121.7 万亩，比上年增长 10.7%。粮食作物种植面积 63.7 万亩，经济作物种植面积 44.4 万亩，其它作物种植面积 13.6 万亩。粮经比例为 52∶48。粮食总产量 16.01 万吨，增加 7868 吨，增长 5.2%。粮食综合平均亩产 251 公斤。油料产量 8584 吨，增加 3683 吨，增长 75.1%；蔬菜产量 10.66 万吨，增产 1.49 万吨，增长 16.3%；烤烟产量 1.05 万吨，增产 1773 吨，增长 20.3%；三七产量 2282 吨，增产 838 吨，增长 58%；甘蔗产量 12.01 万吨，减产 1.43 万吨，减少 10.7%。

实现畜牧业产值 7.1 亿元，占农业总产值的 34.8%。生猪出栏 48.22 万头，比上年增长 3.3%，年末生猪存栏 37.98 万头，增长 3.9%；大牲畜出栏 2.72 万头，增长 7.1%；家禽出栏 139.94 万只，增长 7.4%。肉类总产量 5.02 万吨，增长 8.6%。其中猪肉产量 4.39 万吨，增长 8.2%；禽肉产量 2625 吨，增长 9.3%；牛肉产量 2946 吨，增长 23.4%；羊肉产量 701 吨，增长 13.6%。禽蛋产量 3239 吨，增长 7.6%；水产品产量 2242 吨，减少 2.1%。

年末全市农业机械总动力 2.05 亿瓦特，比上年增长 9.85%，其中排灌机械动力 3889 万瓦特，增长 96.02%；沼气池 2.21 万口，增加 280 口；农村用电量 5557 万千瓦时，增长 5.8%。

年完成中低产田改造 1.24 万亩。年末拥有水库总数 48 座，水库库容量 8647 万立方米。

【工业 · 建筑业】 2011 年，实现工业总产值 110.2 亿元，比上年增长 28%，创造工业增加值 47.5 亿元，增长 22.3%，工业拉动经济增长 8.5 个百分点，贡献率 54.7% ，其中规模以上工业增加值 37.3 亿元，增长 26.3%。

全市规模以上国有工业企业完成增加值 21 亿元，比上年增长 37.9%；股份制工业企业完成增加值 16.3 亿元，增长 11.2%，国有、股份制工业比重为 56.2∶43.8。全市规模以上轻工业完成增加值 16.7 亿元，增长 15.2%；规模以上重工业完成增加值 20.6 亿元，增长 36%，轻重工业比重为 44.9∶55.1。

全年规模以上工业企业实现主营业务收入 72.6 亿元，比上年增长 21.2%；实现利税 16.1 亿元，增长 35.4%；实现利润 9.6 亿元，增长 21.3%；规模以上工业企业产品销售率 87.33%。

全市建筑业完成增加值 11.82 亿元，比上年增长 18.6%，拉动经济增长 1.8 个百分点，贡献率 11.8%，占地区生产总值（GDP）的 9.8%。

【节能降耗】 2011 年，全市消费能源 120.7 万吨标准煤，比上年增长 11.5%。其中第一产业消费能源 1.8 万吨标准煤、增长 5.5%；第二产业消费能源 93.5 万吨标准煤、增长 8.3%；第三产业消费能源 15.9 万吨标准煤、增长 19.5%；居民生活用能 9.5 万吨标准煤、增长 38.1%。全年单位 GDP 能耗总体呈现前升后降态势，一季度全市单位 GDP 能耗上升 2.87%、上半年全市单位 GDP 能耗上升 5.03%、三季度全市单位GDP能耗下降2.26%、四季度全市单位GDP能耗下降3.51%。

【固定资产投资】 2011年，全社会固定资产投资完成88亿元，比上年增长25.7%，仍保持快速发展态势。其中城镇投资完成53.6亿元，增长14.2%，占全社会固定资产投资的60.9%；农村投资完成11.3亿元，增长17.1 %，占全社会固定资产投资的12.8%；房地产投资完成22.1亿元，增长25.3%，占全社会固定资产投资的26.3%；农村私人投资完成1.03亿元，增长21.7%。全市商品房销售面积52.1万平方米，增长12.9%；房屋施工面积101.7万平方米，下降28.4%，建安工程投资额74.9亿元，增长61.8%。

三次产业投资一增二减。全市第一产业完成投资1.5亿元，比上年下降34.8%；第二产业完成投资28.6亿元，下降10.3%，其中工业完成投资22.1亿元，下降13.7%；第三产业完成投资57.9亿元，增长41.9%。

全市基础设施完成投资27.8亿元，比上年增长70.6%，高于全社会固定资产投资增速44.9个百分点。其中交通运输业完成投资19.1亿元，增长124.7%；农田水利完成投资5.2亿元，下降37.3%；教育投资完成3亿元，增长20%；卫生、社会保障和社会福利投资完成6000万元，增长140.4%。在固定资产投资中，国有及国有控股完成投资39.7亿元，增长16.1%，占全社会固定资产投资的45.1%；非国有投资完成48.3亿元，增长18.4%，占全社会固定资产投资的54.9%。

【国内贸易·市场物价】 2011年，全市社会消费品零售总额54.2亿元，比上年增长20.1%。从城乡看，城乡市场零售额同步增长。市级实现零售额42.9亿元，增长27.6%，占社会消费品零售总额的79.3%；市以下实现零售额11.2亿元，占社会消费品零售总额的20.7%。从行业看，批发零售和住宿餐饮业均保持较快增长。全市批发和零售业零售额41.9亿元，增长23.6%，占社会消费品零售总额的77.5%，是拉动全市社会消费品零售总额快速增长的主要力量；住宿和餐饮业实现零售额12.2亿元，增长9.3%，占社会消费品零售总额的22.5%。

市场物价高位运行。全年居民消费价格总指数104.6，比上年上涨4.6%。其中食品上涨12.4%，烟酒及用品上涨0.4%，医疗保健和个人用品上涨1.7%，交通和通讯上涨2.6%，居住上涨1.1%，家庭设备用品及维修服务上涨0.1%，衣着上涨0.1%，娱乐教育文化用品及服务下降1.8%。商品零售价格指数105.1%，增长5.1%。农业生产资料价格指数111.8%，增长11.8%。工业生产者出厂价格指数101.25%，增长1.25%。

【对外经济】 2011年，全市完成外贸进出口总额7322万美元，比上年增长157.4%。其中出口完成7040万美元，增长181.7%；进口完成282万美元，下降18.5%。

全年实施新签约及结转国内合作项目36个，比上年下降5.3%，项目协议总投资145.2亿元，增长19.8%，实际到位资金25.1亿元，增长26.4%。引进外资项目1个，协议总投资1.52亿元，折合美元2338万美元，实际利用外资1073万元，折合美元165万美元。

【交通运输·邮政·旅游】 2011年，交通运输、仓储和邮政业完成增加值7.12亿元，比上年增长14.4%。全年各种运输方式完成货运量392万吨，增长12.3%；货物周转量3.24亿吨公里，增长21%；旅客周转量8.91亿人公里，增长4.1%；客运量401万人，增长2.8%；境内公路里程2725.1公里，增长4.2%。年末全市机动车拥有量12.57万辆，比上年增加1.09万辆，增长9.5%。其中汽车4.74万辆，增加1754辆，增长3.8%，摩托车7.78万辆，增加9275辆，增长13.5%。

2011年，全市邮政业务总量1542万元，比上年下降19.2%。年末全市固定电话用户6.6万户，下降2.7%。移动电话4.5万户。全年接待游客147.14万人次，增长6.11%。

2011年，全市实现旅游业总收入13.87亿元，增长6.1%。

【财政·金融】 2011年，全市财政总收入完成15.02亿元，比上年增长28.21%。其中地方一般预算收入完成8.6亿元，增长26.5%。税收收入完成8.3亿元，增长27.43%；非税收入完成3000万元，增长5.26%。财政总支出20.1亿元，增长31.45%。全年教育支出3.15亿元，增长5.5%；一般公共服务支出1.68亿元，下降1.7%；社会保障和就业支出2.21亿元，增长27.6%；医疗卫生支出1.93亿元，增长47.5%；农林水事务支出2.78亿元，增长19.6%。

年末全市金融机构各项存款余额181.9亿元，比上年增加31.2亿元，增长20.72%。全市金融机构各项贷款余额 149.7 亿元，增加 10.6 亿元，增长 7.65%。

【教育·科技】 2011 年，全市有幼儿园数 53 所，幼儿入园率 82.73%，在园幼儿 1.65 万人，比上年增长 18.27%，教职工 1099 人，增长 22.38%。小学校数 153 所，在校学生 4.64 万人，增长 0.37%，小学专任教师 2543 人，学龄儿童净入学率 99.52%，学龄儿童毛入学率 115.61%，小学在校学生辍学率 0.17%，小学毕业生升学率 97.13%。普通中学校数 24 所，普通中学在校学生 3.3 万人，其中初中学生 2.26 万人，普通高中在校生 1.03 万人；普通中学专任教师 2074 人，增长 0.68%。中职学校数 12 所，在校学生 1.93 万人，中职学校专任教师 713 人。初中学龄人口净入学率 85.52%，初中阶段学龄人口毛入学率 110.68%，初中在校学生年辍学率 1.97%，初中阶段学生升学率 77.05%。高考上线率 95.2%。全面落实“两免一补”政策，全市获得公用经费补助 3716.23 万元；有 13.8 万人次中小学生享受国家免费教科书，2.46 万名中小学生得到寄宿制生活补助；6500 人次普通高中和中职学生获得国家助学金补助。

2011 年，研究与试验发展经费支出 2425 万元；全市实施国家科技计划项目 1 项，省级科技计划项目 15 项，新批准高新技术企业 1 户，省级创新型试点企业 1 户。全年投入科技项目资金 245 万元，申请专利 69 件，其中发明专利 20 件，实用新型专利 16 件，外观专利 33 件。

【文化·卫生·体育】 2011 年，全市各种艺术表演团体 264 个，其中专业表演团体 1 个、文化馆 1 个、公共图书馆 1 个、公共图书馆藏书量 4 万余册。广播电台 3 座，电视台 2 座，广播电视台 2 座。全市广播、电视人口覆盖率分别为 99.86%、98.56%。有线电视用户 7.35 万户，有线电视入户率 60.2%。

2011 年，全市有卫生机构 158 个，其中医院、卫生院 16 个，社区卫生服务中心（站）6 个，妇幼保健院（所、站）1 个，专科疾病防治院（所、部）2 个，疾病预防控制中心（防疫站）1 个，卫生监督所（中心）1 个。卫生机构床位数 1382 张，其中医院床位数 1022 张，卫生院床位数 360 张；专业卫生技术人员 1164 人，其中执业医师及执业助理医师 551 人；村卫生所 130 个，卫生员 287 人；全年报告乙、丙类传染病 1425 例，比上年增长 1.5%，传染病发病率 295.95/10 万。农村卫生厕所普及率 73.94%。新型农村合作医疗参合农民 33 万人，参合率 95.94%。全市 53.5 万人次享受到新农合医药费用补偿 5554.5 万元。

2011 年，组织举办篮球、羽毛球、网球、足球、气排球、门球、田径、自行车、摩托车、击剑比赛及春节节假日活动、全民健身日活动。全年开展具有一定规模的群体活动 40 余项次，丰富了城乡广大群众业余文化生活。

【生态环境·自然资源·安全生产】 2011 年，平均气温 18.0℃，比上年偏低 1.9℃，比历年平均偏低 0.4℃。年降雨量 910.0 毫米，比上年偏多 129.0 毫米，比历年平均偏少 64.6 毫米。

全市环境保护系统人员 58 人，有市级环境监测站 1 个。全市工业废水排放达标率 89%，工业固体废物综合利用率 49.6%，工业废气处理率 92%，工业烟尘排放量达标率 83.1%。有污水处理厂 1 个，垃圾处理站 1 个，城市生活污水集中处理率 67.66%，城市生活垃圾无害处理率 100%。城市环境空气质量达到国家Ⅱ级标准，盘龙河城区段水质达国家Ⅳ类标准。

全市有森林面积 10.06 万公顷，新增封山育林面积 5.56 万亩，年末实有封山育林面积 17.42 万亩，全年完成人工造林 4.46 万亩。全市森林覆盖率 33.9%。有自然保护区 1 个，自然保护区面积 2.3 万公顷。区内动植物资源丰富，现已查明的蕨类植物有 45 科 100 属 262 种，种子植物 187 科 946 属 3085 种。列入国家重点保护植物有 42 种，列入省级重点保护植物有 25 种。其中国家级保护珍稀濒危植物 34 种(长蕊木兰、云南拟单性木莲、水青树等)；省级保护有 25 种（毛尖数、滇琼楠、红脉梭罗等）；在自然保护区内生活的野生动物有 400 多种，其中蜂猴、岩羊等 7 种动物属国家一级保护动物，鸟类 222 种，生物多样性十分丰富。

全市安全生产事故死亡 26 人，比上年上升 8.33%。万元地区生产总值安全生产事故死亡人数为 0.216 人，比上年下降 10%。

【人口·劳动就业·社会保障·人民生活】 2011 年，全市人口出生率 13.2‰；死亡率 6.48‰；自然增长率 6.72‰，比上年下降 0.08 个千分点。年末全市总人口 46.31 万人，比上年末增加 4200 人。其中农业人口 34.7 万人，非农业人口 11.61 万人。

2011 年，城镇居民人均可支配收入 1.78 万元，比上年增长 12.1%。全市在职职工年平均工资 3.3

万元，增长 13.7%。农民人均纯收入 4690 元，增长 32.2%。

全年城镇新增就业人数 2239 人，增加 71 人，增长 3.17%。年末全市城镇实有登记失业人数 1638 人，城镇登记失业率 3.05%。年末全市参加城镇基本养老保险人数 1.47 万人，比上年末增加 2685 人，其中在职职工 1.2 万人，离退休人员 2677 人。参加城镇居民和新型农村养老保险的人数 4.22 万人，参加城镇基本医疗保险的人数 7.09 万人，增加 4795 人。其中参加城镇职工基本医疗保险人数 1.99 万人，参加城镇居民基本医疗保险人数 5.1 万人，参加城镇医疗保险的农民工 1598 人，增加 690 人。全市参加失业保险人数 7095 人，救助失业人员 423 人次。参加工伤保险的人数 6699 人，增加 1357 人，其中参加工伤保险农民工 3651 人，增加 675 人。参加生育保险的人数 4322 人，增加 1128 人。

2011 年末全市享受城市最低生活保障的居民 6767 人，比上年增加 1194 人；享受农村最低生活保障的农民 2.3 万人，比上年增加 2850 人。全市各类供养性社会福利单位床位 332 张，供养各类人员 51 人。城镇建立各种社区服务设施 30 个，社区服务中心 30 个。接收社会捐赠款 220.2 万元。支出救灾资金 400.04 万元。

（李学慧）

大理州县区经济选介

大理市

【工业经济】 2011 年，进一步发挥园区平台作用，云南白药普药制造基地及物流中心、大理啤酒“20+5”技改、金明动物药业中药灵月草提纯中试、大理药业技改、五子坡风电场等项目建设完成。全年全市辖区工业总产值完成 245 亿元，比上年增长 22.5%,完成计划数 236 亿元的 103.8%，超计划进度 3.8 个百分点。工业性固定资产投资完成 17 亿元。主要工业产品产量均实现增长，卷烟生产 43.5 万箱，增长 1.4%，发电量 7.17 亿度，增长 43.02%，载货汽车生产 5.56 万辆，增长 18.58%。单位 GDP 能耗在上年的基础上下降 3.2%。工业经济圆满完成年初制定的目标任务。

【“三区”经济】 “三区”作为全市经济发展的领头雁、排头兵、试验田作用得到充分发挥。2011 年，经济开发区财政总收入完成 7.03 亿元，比上年增长 35.03%，固定资产投资完成 30.91 亿元，增长 40%，工业总产值完成 52.93 亿元，增长 25.1%；旅游度假区财政总收入完成 2.56 亿元，增长 23.52%，固定资产投资完成 20.67 亿元，增长 35.02%，工业总产值完成 4.54 亿元，增长 21.01%；创新工业园区财政总收入完成 1.92 亿元，增长 30.4%，固定资产投资完成 8.2 亿元，增长 40.1%，工业总产值完成 80 亿元，增长 23.1%。“三区”的带动作用更加凸显。

【农业经济】 农业产业化发展得到加快，优质奶源基地、生猪良种繁育基地等建设进展顺利，核桃、红豆杉等经济林木种植规模得到巩固，农业血防、农村道路、安全饮水等项目建设有序推进。整合“三农”资金 5.6 亿元，中心集镇、中心村建设、新农村示范村、百村整治、千村扶贫开发、村级公益性事业一事一议财政奖补等项目推进顺利。2011 年，全市大小春粮食播种面积 30.71 万亩，粮食总产量 15.46 万吨。全年肉类总产量 7.65 万吨，奶类总产量 17.4 万吨，水产品产量 1.22 万吨。农业总产值完成 28.2 亿元,比上年增长 14.6%，完成计划数 28.13 亿元的 100%，与计划进度持平。全市农民人均纯收入 6430 元，增长 18.92%，收入首次突破 6000 元。农业、农村经济实现了稳步增长。

【对外开放】 2011 年,全市外贸进出口总额 5218 万美元，比上年增长 61.55%。新签招商引资项目 27 项,实际到位资金 65.56 亿元。个体私营经济健康发展,全市个体工商户 1.81 万户,其中新开业 3931 户；从业人员 3.82 万人，注册资金 7.01 亿元。私营企业 1683 户，其中新开业 286 户，注册资金 27.91 亿元。非公经济有序发展，完成 113.09 亿元，占 GDP 的比重 52.3%。全市对外开放工作和非公经济发展成效明显。

【消费市场】 2011 年，消费支出八大项呈六升二降的特点。在消费支出构成中，食品、衣着、居住、家庭设备用品及服务、医疗保健、教育文化娱乐服务呈增长，交通、通信、其它商品和服务支出下降。城乡居民的购买力进一步增强，市场销售持续增长。全市社会消费品零售总额完成70.75 亿元，比上年增长 20%，完成计划数 64.9亿元的 109%，超计划进度 9 个百分点。全年价格形势较为严峻，居民消费价格总指数 104.6%，特别是食品类价格上涨较快，涨幅达 12.1%，城乡困难家庭生活负担进一步加重。

【财政·金融】 2011 年，全市财政总收入 27.08亿元，比上年增长 21.81%，完成计划数 25.56 亿元的 106%，其中地方一般预算收入 17.1 亿元，增长 20.27%。在财政总收入中，税收收入 23.78亿元，占 87.83%，非税收入 3.29 亿元,占 12.17%。支出结构进一步优化，全年财政支出完成 28.15亿元，增长 33.76%。金融机构人民币各项存款余额 337.5 亿元，比年初增长 14.39%，各项贷款余额 260.1 亿元，比年初增长 19.92%。全市财政金融稳健运行。

【社会事业】 对教育、医疗、卫生的投入力度不断加大，下关四中北区分校、凤仪镇一中改扩建等项目建设完成；市一院改扩建、市中医院迁建等项目进展顺利；州市公共资源交易暨政务服务中心和市社会保障服务中心建成运行。各项保险制度不断完善，新农合参合率 98.88%。全年累计发放城乡低保金 4315.45 万元，困难群体生活得到改善。就业再就业各项工作有序推进，全市城镇新增就业 7300 人，城镇登记失业率控制在4.4%以内,完成农村富余劳动力转移就业 6127 人；廉租房公租房建设有序推进，保障房覆盖面继续扩大。人民生活水平不断提高，城镇居民可支配收入实现 1.77 万元，比上年增长 12.1%，完成计划数 1.74 万元的 101.9%，超计划进度 1.9 个百分点；农民人均纯收入实现 6430 元，增长 18.9%，完成计划数 5949 元的 108.1%，超计划进度 8.1 个百分点。全市各项社会事业实现全面进步。

（杨　艳）

德宏州县区经济选介

芒　市

2011 年，芒市紧紧抓住国家实施新一轮西部大开发战略、中国面向西南开放重要桥头堡和瑞丽国家重点开发开放试验区建设等重大历史机遇，科学谋划，真抓实干，圆满或超额完成了年初确定的各项目标任务，实现“十二五”的良好开局。

【概　述】 2011 年，芒市实现生产总值 53.8 亿元（以下均为预计数），比上年增长 15%，全社会固定资产投资 54.3 亿元，增长 30.5%；其中第一产业增加值长 13.1 亿元，第二产业增加值 17.6 亿元，第三产业增加值 23.1 亿元。经济结构进一步优化，三次产业比重由上年的 24.8∶31.2∶44 调整为 24.3∶32.7∶43。财政总收入 7.61 亿元，增长38.2%，其中地方一般预算收入 4.46 亿元，增长34.9%；财政总支出 18 亿元，增长 27.2%，其中财政一般预算支出 16.66 亿元，增长 24.7%；农林牧渔业总产值 19.79 亿元，增长 6.4%；工业总产值 44 亿元，增长 32.3%；旅游社会总收入 18.1亿元，增长 13.2%；社会消费品零售总额 22.06 亿元，增长 20.5%；外贸进出口总额 17.37 亿元，增长 44.5%；城镇居民人均可支配收入 1.61 万元，增长 10.7%；农村居民人均纯收入 4197 元，增长16.5%；万元生产总值能耗下降 3%。

【农业·农村经济】 2011 年，芒市实现农林牧渔业总产值 19.79 亿元，比上年增长 6.4%。传统产业持续发展。严格落实粮食行政首长负责制，完成粮食作物播种面积 65.22 万亩，实现产量20.05 万吨，产值 4.47 亿元，被省政府评为粮食生产先进县（市）。完成农业订单面积 13.69 万亩、产量 6.16 万吨、产值 2.53 亿元，分别增长 19%、15%、42%。实现甘蔗产量 73 万吨、产值 2.9 亿元，分别增长 7.3%、52.6%。改造中低产茶园 8870亩，实现茶叶产量 9096 吨，产值 9049 万元。实现畜牧业产值 4.63 亿元，增长 9.5%；肉蛋奶总产 2.65 万吨，增长 9.1%；新增奶水牛养殖小区 6个，奶水牛存栏 3960 头，水牛奶产量 1600 吨。橡胶累计种植面积 9.8 万亩，开割面积 2.7 万亩，产量 2160 吨。

2011年，实现林业产值2.95亿元，增长8.4%；实施中低产林改造12万亩；流转林权面积17.75万亩、8781万元；抵押林地面积4.23万亩，发放林权抵押贷款和担保贷款9.79亿元。特色产业快速发展。完成生物特色产业种植面积21.68万亩，全市农户户均拥有生物特色产业面积9.36亩。石斛种植面积2109亩、产值近亿元，居全州之首。烟叶种植面积4.43万亩、产值突破亿元大关，风平那目村成为全国最大的香料烟种植示范村。

2011年，芒市投资1.04亿元，实施大小水利工程733件，改善灌溉面积8.9万亩；大岗、那目水库除险加固工程建设完工，芒市大河治理一期、边境县农田水利建设、黄莲塘水库除险加固等项目建设进展顺利。实施3个“兴地睦边”农田整治项目，新增耕地面积1300亩。建设高标准农田1.2万亩，改造中低产田7300亩，修建机耕路36.5公里。投资3873万元，新建、改扩建农村公路174公里，勐稳至芒丙二期工程建设竣工，遮放至五岔路二期、新林管所至下东、允冒至上翁角等公路建设顺利推进。

2011年，芒市投资5818万元，建设新农村重点村、试点示范村46个，实施整村推进、“兴边富民”、上海对口帮扶等扶持项目178个，易地扶贫搬迁265户，新增村内道路硬化面积9.8万平方米。新建、改扩建文化活动室43个。实施农村危房改造及地震安居工程拆除重建2050户、修缮加固4206户。建设农村户用沼气1222户、节柴改灶642座。解决农村饮水安全1.53万人。减少贫困人口7600人。建立农村移动信息富民工程村级服务站108个，组建惠农网93个。改扩建城乡农贸市场10个，实施“万村千乡”农资、农家店改造20个。补助家电、汽车、摩托车下乡1944万元，带动消费1.58亿元。兑付各项强农惠农政策资金3.3亿元。农村改革稳步推进，圆满完成华侨农场改革及危房改造建设任务，得到国家和省、州的充分肯定。供销体制改革进一步深化，遮放农场改革有序推进。

【工业经济】 2011年，芒市实现工业总产值44亿元，比上年增长32.3%，工业增加值13.5亿元，增长26.1%。其中轻工业产值11亿元，增长31.8%；重工业产值33亿元，增长33.9%。四大产业支撑作用凸显，电力产业产值16.8亿元，增长28.4%；制糖业产值4.6亿元，增长41.7%；有色金属冶炼业产值5.6亿元，增长18.5%；水泥制造业产值4亿元，增长30.3%。

【支撑产业】 2011年，芒市工业园建设加快，园区现有企业35家，建设标准厂房3.4万平方米，带动就业6000余人。永隆硅冶炼厂一期试投产，国内最大的年产1万吨速溶咖啡生产线建成投产。工业园帕底片区咖啡大道、18万立方米中密度纤维板一期、30万吨硅铝合金、2000吨速溶茶、万马河一级电站、35千伏及以下城农网改造工程建设稳步推进。10万吨饲料加工、50万立方米蒸压加气混凝土砌块、5万吨竹醋液及15万吨竹炭等项目开工建设。天然气热电联产项目、天然气工业园区基础设施项目前期工作进展顺利，10万立方大型储油站、年产50万吨合成氨和80万吨尿素项目完成选址工作。成功运用产业孵化模式建成弘安水泥厂并顺利投产，实现政府股权盈利转让；芒市城投公司顺利控股祥祥乳业，筹资启动云南第一条摩托车生产线项目建设，开创了产业培育的新模式。

【对外开放】 2011年，芒市咖啡、茶叶、金属硅等自营产品出口比重占对外贸易总额的35%以上。发展境外替代作物种植6.2万亩。包机试飞芒市—曼德勒往返国际航班29个2930人；新开通芒市—北京、芒市—上海、芒市—成都3条国内航线。组织万名德宏人游北京活动。芒市机场申报国际口岸机场工作取得重大突破，被列入国家口岸发展“十二五”规划。积极参加昆交会、中缅边交会、石博会，与中国旅游卫视《文明中华行》栏目组合作，制作播出《芒市印象》系列专题片8集，芒市知名度和影响力进一步提升。

【服务业】 2011年，芒市实现第三产业增加值23.1亿元，比上年增长14.4%。旅游基础设施建设投入加大，德宏民族文化体育康乐谷、黑河老坡景区、勐焕大金塔二期等重点旅游项目稳步推进。举办和协办首届中国·芒市国际咖啡文化节、首届中国·泛亚珠宝工艺品博览会、2011年芒市目脑纵歌节、中国·芒市2011国际泼水狂欢节等大型节庆活动，全年接待中外游客175.04万人次，增长13.2%，实现旅游社会总收入18.1亿元、增长13.2%。完成非公经济增加值19.9亿元，吸纳从业人员1.91万人，占生产总值的37%，上缴税金2.94亿元，占全市税收的81.2%。仓储物流、连锁经营、百货超市以及金融、信息、保险、培训、咨询、认证、鉴定等现代服务业稳步发展。

【招商引资】 2011年，芒市招商引资签约项目

22个，签约资金136.9亿元，新签和结转项目当年到位资金26.54亿元。中国建材股份有限公司、浙江大华集团、中石油昆仑燃气有限公司、云南冶金集团、云天化集团、香港新中兴投资有限公司等一批知名央企、国企、民企落户芒市。

【城乡统筹】 2011年，芒市突出规划引领作用，围绕“组团式建设、带状式发展”的理念，编制了《芒市临空经济园总体规划》、《芒市加快桥头堡黄金口岸中心城市建设规划》、《天然气工业园规划》、《芒市铁路物流园区总体规划》等10个重大规划。调整《芒市城乡总体规划（2010～2030年）》、《芒市近期建设规划（2011～2015 年）》，保护坝区优质耕地3万亩。完成绿化、环卫、人防专项规划和39个行政村、421个自然村的规划编制工作。启动编制遮放、芒海、三台山特色小镇规划。被列为国家级低丘缓坡土地综合开发利用试点县（市）。

【城乡配套设施】 2011年，大瑞铁路保瑞段举行奠基仪式，龙瑞高速公路控制性工程、中缅油气管道芒市段、环城东路等项目开工建设，潞梁二级公路即将通车。新修军分区—机动大队、军分区—天龙街、农垦路延长线等12条城市道路。改扩建机场大道、金孔雀大街、团结大街北段等8条城市道路。维护人行道地砖3.24万平方米，设置交通标线、停车泊位5000平方米，修缮改造公厕48座。新增城市绿地面积10.75万平方米。日处理150吨粪便无害处理场投入使用。新增、更换城市路灯1000余盏。建设廉租住房552套，实施城市棚户区改造540户。增设金塔大街、勇罕街等路段交通信号灯。推行城市道路临时停车收费管理，城市数字化管理水平不断提高。城镇化率38.5%。

【科技·教育·文化·卫生】 2011年，芒市以“创新型云南行动计划”和创建全国科普示范市为契机，制定出台《芒市专利奖励办法（试行）》和《芒市鼓励农业科技人员服务经济建设实施办法》，申请州级以上科技项目26项，组织开展咖啡速溶粉冷冻干燥、坚果丰产栽培和“遮放贡米”滇屯502等关键技术攻关。全力推进创新型试点企业1家，高新技术企业2家，申请专利27件。

2011年，“两基”巩固提高工作成效明显，小学适龄儿童入学率99.78%，初中毛入学率104.92%，青壮年非文盲率99.87%。高中阶段教育规模不断扩大，毛入学率55.4%，高考上线率95.85%。职业教育办学质量和效益稳步提升，市职业教育中心申报全国1000所中等职业教育学校改革发展示范校进展顺利。实施学前教育三年行动计划，学前教育毛入园率76.51%。启动“2148”校长培训工程。投资2亿元实施中小学校舍安全工程单体建筑183个、建筑面积19.6万平方米。芒市一小二期工程、芒市国际小学、芒市国际中学、芒市中学等项目建设稳步推进。

2011年，芒市加快推进公共文化服务体系建设，实现图书馆、文化馆免费开放。中国德昂族博物馆顺利开馆，开工建设非物质文化遗产展示厅。挂牌成立农村老年体育协会，建设农家书屋15个、农村体育活动场地15块，开展各项体育活动68次，参与人数18万人次。电视、电影少数民族语言译制工作取得实效。启动农村数字化电影放映，实现放映覆盖面100%。成功申报为“中国傣菜·景颇菜美食之乡”，编辑出版《芒市味道》一书。

2011年，芒市全面推行国家基本药物制度，基层卫生服务机构药物零差价销售实现全覆盖，基本药物采购率90%以上。统一乡、村两级医疗机构门诊收费标准，重大疾病补偿报销比例进一步提高。新型农村合作医疗参合率99.2%。食品药品监管工作成绩明显，全年无重大食品安全事故发生。认真落实人口和计划生育基本国策，打造提升计划生育村（居）民自治示范村4个，人口自然增长率7‰，被确定为国家级“阳光计生”和“依法行政”示范市，连续9年考核全州第一。

【社会保障】 2011年，芒市转移农村富余劳动力3000人次，新增城镇就业岗位1724个，城镇登记失业率控制在3.3%以内。社会“五大保险”参保31.3万人，启动实施城镇居民社会养老保险，实现参保2957人，新农保参保17.53万人、参保率97.3%，发放养老金1968万元。享受城乡低保2.2万户5.12万人，发放低保金7344.85万元；为8927名特殊群体发放救助、补助金1496.96万元。

【“五创”工作】 2011年，成功创建为国家卫生城市、全国双拥模范城和全国科普示范市。国家园林城市、省级文明城市创建工作全面推进。城市环境卫生质量明显提高，绿色芒市、清洁芒市、文明芒市整体形象不断提升。

【生态环境保护】 2011年，芒市严格执行建设项目环境影响评价和“三同时”制度，对21个重点污染源实行24小时在线监控。依法取缔砖瓦窑、石灰窑16个。治理芒市镇、江东乡、中山乡、五岔路乡等地质灾害隐患点15个。新增植树造林25.71万亩，森林覆盖率62%。连续13年无重大森林火灾。

【行政效能】 2011年，芒市法治政府、责任政府、阳光政府、效能政府四项制度深入推进。乡镇机构改革任务全面完成。市、乡、村、组为民服务体系健全完善，各类行政审批事项减少到91项、服务事项54项，44个单位、14个中介机构进驻政务服务中心受理审批事项35.25万件，办结率99.86%。不断创新政府管理，完善绩效考核机制。办理人大代表议案、建议314件，政协委员提案116件，办复率100%。率先在全州设立人大代表建议、政协委员提案办理专项资金，并兑现资金307万元。

(李天义)

怒江州县区经济选介

泸水县

【概　述】 泸水县位于云南省西北部，怒江州南部，东靠碧罗雪山与兰坪县、云龙县接壤，西依高黎贡山同缅甸毗邻，南连保山市，北与福贡县交界。国境线长136.24公里。总面积3203.04平方公里，其中山区面积占99.96%。县城驻地六库，海拔885米，距昆明569公里。2011年，县城六库年平均气温20.2摄氏度，年降水量759.9毫米。全县辖六库、鲁掌、片马、老窝、上江、大兴地6镇（老窝、上江、大兴地年内经省政府批准撤乡设镇）和称杆、古登、洛本卓3乡，71个村民委员会，4个居民委员会，833个自然村。年末全县户籍人口17.45万人，其中非农业人口3.11万人，占总人口的17.83%，人口自然增长率4‰，人口密度每平方公里54.47人。境内居住着傈僳、白、彝、景颇、怒、傣等12个主要民族。少数民族人口15.42万人，占总人口的88.39%。森林覆盖率71.3%。

2011年，全县生产总值完成22.14亿元，比上年增长18.35%。其中第一产业增加值2.92亿元，增长25.37%；第二产业增加值7.81亿元，增长26.09%；第三产业增加值11.41亿元，增长12.03%。一、二、三产业分别占GDP的13%、35%、52%。人均GDP 1.27万元。地方财政一般预算收入1.46亿元，增长14.76%；地方财政一般预算支出9.52亿元，增长12.95%。税收收入9105万元，增长34.47%。其中国税收入2121万元；地税收入6870万元。固定资产投资26.46亿元，增长25.65%。对外贸易进出口总额830.65万美元，增长60.18%。全社会消费品零售总额8亿元，增长20.8%。城镇居民人均可支配收入1.21万元，增长18.64%；农民人均纯收入2631元，增长16.01%。城镇登记失业率3.99%。

【农村经济】 2011年，全县农业生产总值4.49亿元，比上年增长14.16%。农村经济总收入4.22亿元，增长15.93%。粮食总产量5.97万吨。畜牧业经济收入1.43亿元，增长15.53%。培育标准化规模养殖大户6户，建成生猪良种繁育基地2个，发展“两社一会”农村专业合作组织27个，农业专业化水平不断提高。实施“四个三”农民收入倍增计划，新增核桃、漆树、草果、中草药等特色经济林果6万亩，种植香料烟、蔬菜等经济作物2.5万亩。完成7个新农村省级重点建设村项目和58个整村推进项目，易地搬迁转移安置群众132户450人。整合资金9993万元，完成大兴地整乡推进项目并通过州级验收。全年解决6100人的温饱问题。瓦姑水库建设有序推进，导流隧洞工程已完工。板瓦水库除险加固工程前期工作进展顺利。修复水毁工程212处，新增防渗干支渠道24.5公里，改造加固渠道52.19公里。解决65个村民小组、2.5万人的饮水困难和饮水安全问题。完成中低产田地改造2.78万亩，农业基础设施不断夯实。

【工业经济】 2011年，全县工业总产值20.82亿元，增长29.98%。其中规模以上工业总产值完成7.36亿元，增长17.44%。硅工业园区水、电、路等基础设施不断完善，新增硅冶炼炉4台，年末投产硅冶炼炉16台，工业硅生产完成5.67万吨，实现产值7.4亿元。基本形成以园区开发建设为载体，硅冶炼、有色金属矿产资源开发、建筑建材生产、农产品加工、边贸精深加工等为主体的多元发展的工业格局。全县累计签订投资开发协议河流13条，已试机发电12座电站。

【固定资产投资】 2011年，县政府专项安排项目前期工作经费400万元。全年新建、续建500万元以上项目126个，立项39个、储备24个，项目总投资27.59亿元,争取上级资金3.59亿元,拉动企业、社会投资18.2亿元，全社会固定资产投资完成26.46亿元，其中500万元以上固定资产投资完成16.4亿元，带动县域经济较快增长。

【交通基础设施建设】 2011年，六曼公路建成通车，六丙公路一期、怒江二桥交通环线等重点工程扎实推进，泸腾二级公路、跃片二级公路二期、小沙坝至龙竹坝航道等项目前期工作有序推进。完成通达工程建设25条184公里，实现全县行政村公路“村村通”。建成农村客运站点5个。完成滴水河公路、崇仁公路、苗干山公路等通乡油路61公里。全县通车里程1329公里。

【社会事业】 2011年，社会保障体系不断完善，开发公益性岗位65个，新增就业1278人。社会保险覆盖面进一步扩大，城镇职工基本养老、医疗、失业、工伤、生育等五大保险参保人数2.99万人。新型农村养老保险扩面工作深入开展，农村养老保险参保率95.51%。启动城镇居民养老保险试点工作，参保率36.3%。城乡低保扩面工作全面推进，发放城乡低保金 6390 万元。建成保障性住房755套、4.17万平方米，农村危房改造2000户，兑现离退休职工住房补贴1158万元。六库城区13座市政公厕免费对公众开放，60岁以上老年人和伤残军人持“爱心卡”免费乘坐公交车。

完成中小学危房改造1.05万平方米，收缩校点4所，小学入学率99.72%，初中入学率96.17%，高中入学率58.38%。

新型农村合作医疗参合率100%。全年发放奖励扶助、特别扶助、奖优免补、少生快富等奖励资金1210万元。广播、电视覆盖率分别86.3%、90%。

（何春城）

迪庆州县区经济选介

香格里拉县

【概　述】 香格里拉县位于云南省西北部、迪庆州东部。总面积1.16万平方公里，其中山地占总面积的93.5%，是云南省面积最大的县。平均海拔3459米。2011年，平均气温7.0℃，年最高气温24.6℃（8月31日），年最低气温-18.9℃（1月18日）；日照2407.4小时；年降水量482.9毫米；全年无霜期162天。主要气象灾害：雪灾、泥石流、干旱、雷电、泥石流滑坡、大风、少部分地区发生虫灾害。县境内有大小河流244条，主要一级支流13条，总长545公里，多年平均产水量48.69亿立方米，水能资源理论蕴藏量209.84万千瓦（不含金沙江）。林业用地面积95.09万公顷，占全县国土总面积的83.3%，其中有林地面积75.71万公顷，林木蓄积量1.25亿立方米；森林覆盖率74.99%。

2011年，香格里拉县辖4镇、7乡、63个村民（社区）委员会、688个村民小组。年末户籍人口17.46万人。其中少数民族12.45万人。人口出生率10.68‰、人口死亡率4.8‰、人口自然增长率5.88‰。全县有藏族、汉族、纳西族、傈僳族、彝族、白族、回族、苗族、普米族等9个世居民族。有7种语言、5种文字。

2011年，实现县域生产总值59.76万元，比上年增长18.6%。其中第一产业实现增加值3.37亿元，增长6%；第二产业实现增加值25亿元，增长25.9%；第三产业实现增加值31.39亿元，增长14.6%。实现县级生产总值35.96亿元，增长18.5%。其中第一产业实现增加值3.37万元，增长6%；第二产业实现增加值13.77亿元，增长22.9%；第三产业实现增加值 18.81 亿元，增长18%，第三产业对全县经济的快速增长起着支撑作用。产业结构调整取得新进展，布局更趋合理，县域的一、二、三产业增加值占全县生产总值的比重为5.6∶41.8∶52.5；县级一、二、三产业增加值占全县生总产值的比重为9.4∶38.3∶52.3。县域社会消费品零售总额完成18.36亿元，增长21.3%；县级社会消费品零售总额完成12.14亿元，增加 3.18 亿元，增长 35.4%。

【农村经济】 2011 年，全县农林牧渔业总产值 5.05 亿元，比上年增长 9.5%。其中农业总产值 2.15 亿元，增长 9.2%；林业产值 4519 万元，增长 9.7%；牧业产值 1.64 亿元，增长 10.5%；渔业产值 68 万元，下降 4.2%；农林牧渔服务业产值 7977 万元，增长 8.3%。

2011 年，全年农作物总播种面积 1.99 万公顷，比上年增长 0.03%。其中粮食作物播种面积 1.71 万公顷，下降 1.6%，油料播种面积 1071 公顷，下降 21.4%。粮食总产量 6.33 万吨，下降 1.5% ；油料产量 2225 吨，下降 22.8%；烟叶产量 843.1 吨；蔬菜类产量 8841.1 万吨，增长 149.3%；蚕茧产量 110 吨，下降 19.7%。肉类总产量 1.39 万吨，增长 8.4%。其中猪肉产量 9974 吨，增长 12.4%；牛肉产量 2387 吨，下降 0.01%；羊肉产量 488 吨，增长 10.9% 。

2011 年，全年荒山荒（沙）地造林面积 8233 公顷，其中公有经济造林 6200 公顷。零星植树 57.7 万株；良种苗木产量 242.7 万株；年末实有封山育林面积 6.05 万公顷。

【工业经济】 2011 年，全县县域工业总产值 29.6 亿元，比上年增长 26.71%，其中规模以上工业总产值 21.2 亿元，净增 2.62 亿元，增长 14.12%；占全部工业总产值的比重高达 71.6%。按经济成分划分国有经济产值 6530 万元，增长 64%；集体经济产值 2053 万元，增长 7.7%；股份制经济产值 1.66 亿元，下降 5.9%；股份合作制经济产值 13.18 亿元，增长 16.2%；外商及港澳台经济产值 6.52 亿元，增长 15.7%；其他经济类型产值 7.37 亿元，增长 83.5%。

县级工业总产值 11.16 亿元，增长 37.13%，其中轻工业产值 4.1 亿元，增长 32.67%；重工业产值 7.06 亿元，增长 39.86%，县级工业增加值 5.02 亿元，增长 30.4%。按经济成分划分国有经济产值 1143 万元，增长 10%；集体经济产值 2053 万元，增长 7.7%；股份制经济产值 2.68 亿元，增长 10.3%；股份合作制经济产值 1.66 亿元，下降 5.9%；其他经济类型产值 6.49 亿元，增长 78.1%。

2011 年，县级主要工业产品产量：白酒 3016 千升，增长 0.3%；水泥 60.17 万吨，增长 371.2%；发电量 5.62 亿度，增长 3.9% ；自来水 470 万吨，增长 3.3%；铜精矿含铜量 9142 吨，下降 5.4%；铅精矿含铅量 50 吨，下降 93.8%；锌精矿含锌量 1012 吨，下降 74.9%；钨精矿 780 吨，增长 10.3%。

高度重视能源、资源的科学利用，加强太阳能、农村沼气等新能源建设，减少了森林消耗，单位生产总值能耗下降 2.37%。

【财政·金融】 2011 年，县域财政总收入 12.28 亿元，比上年增长 68.3%，县域地方财政收入 6.15 亿元，增长 44.94%，县域财政总支出 39.58 亿元，增长 48.8%，县域地方财政支出 39.08 亿元，增长 48.1%。县级财政总收入 4.83 亿元，增长 34.78%；县级地方财政收入 2.75 亿元，增长 30.97%；县级财政总支出 23.99 亿元，增长 109.23%；县级地方财政支出 23.49 亿元，增长 108.83%。城镇居民人均可支配收入 1.96 万元，增长 12.44%。农民人均纯收入 4078 元，增长 20%。

2011 年，金融机构各项存款余额 102.35 亿元，增长 22.72%，其中储蓄存款 30.93 亿元，增长 30.79%，金融机构各项贷款余额 93.6 亿元，增长 23.14%。

【国内贸易】 2011 年，县域社会消费品零售总额完成 18.36 亿元，比上年增长 21.3%，按经济成份分，公有经济实现 6.44 亿元，增长 19.4%；非公有经济实现 11.912 亿元，增长 22.4%。按行业分，住宿业零售总额完成 9512 万元，增长 110.5%；餐饮业零售总额 1.18 亿元，增长 13.3%；批发业零售总额 6.15 亿元，增长 20.7%；零售业零售总额 10.08 亿元，增长 18%。

全年县级社会消费品零售总额完成 12.14 亿元，比上年增加 3.18 亿元，增长 35.4%，按经济成份分，公有经济实现 3 亿元，增长 27.3%；非公有经济实现 8.73 亿元，增长 32.3%。住宿餐饮业收入 2.02 亿元，增加 6690 万元，增长 49.4%。

【固定资产投资】 2011 年，香格里拉县紧紧抓住中央扩大投资机遇，在保增长、扩内需、调结构的各项政策措施激励下，加大了固定资产投资力度，全县投资建设取得了显著成效。全年县域全社会固定资产投资完成 98.92 亿元，增长 25.1%，其中城镇固定资产投资完成 91.42 亿元，增长 25.2%；农村私人投资完成 4.77 亿元，增长 38.92%；房地产投资完成 2.74 亿元，增长 5.2%。

全年县级固定资产投资完成 67.34 亿元，比上年增加 13.9 亿元，增长 26%。

【交通·邮电】 2011年，全县有公路2489.7公里。按行政等级分，国道1条191公里；省道2条414.824公里；县道12条，295公里；乡道122条873.89公里，村道172条672.9公里，专用公路3条42.1公里，人马驿道1171.64公里。按技术等级分，二级公路 166.67 公里，四级公路1750.49公里；等外公路1772.18公里。按路面类型分，高级路面822.78公里，低级路面166.93公里，无路面1271.64公里。基本形成以国道为骨架、省道为支撑、县乡公路及村社公路为辅助支线的公路交通网络。全县11个乡镇、64个行政村都已通公路，有10个乡镇、18个村委会的路面得到硬化。全县694个村民小组拥有通村公路672.9公里，694个自然村中有480个自然村通公路，通路率69%。拥有大中小桥104座。全县有营运车辆7632辆，其中货车6006辆，营运客车1626辆，其中班线车124辆，辖区内有机动车三类维修业户147家（其中包括8家二类摩托车修理业户）；出租车260辆；公共车52辆。

【旅游业·招商引资】 2011年，全县接待旅游人次613.2万人次，比上年增长35.59 %，其中国内旅游总人数548.29万人次，增长37.9%；实现门票收入9780万元；实现旅游总收入58.12亿元，增长25.84%。其中国内旅游总收入36.67亿元，增长43.26%。

2011年，全县招商引资项目有72个，投资总额173.2亿元，其中迪庆方投资8.06亿元，外来方投资165.14亿元，到年底，实际到位资金34.13亿元，其中州外实际到位资金33.96亿元，比上年增长11.75%。

【科技·教育·文化·卫生·体育】 2011年，全县有42家农村专业技术协会，会员1.05万人，比上年增加5个协会，会员增加264人。举办科普讲座18次，科普讲座受众人数1.2万人次。举办科普展览15次，科普展览观众人数2.9万人次。发放科普宣传资料3.6万份，播放科普广播、影视节目1700分钟，开展科技咨询95次，举办实用技术培训98次，培训人数7800人次，科技示范户521个。

2011年，全县有幼儿园5所，入园幼儿数1014人，教职工数108人，其中专任教师73人；小学49所，在校学生数1.25万人，教职工数1110人，其中专任教师994人；普通中学校数3所，初高中在校学生数6151人，其中初中在校生5833人，高中在校生318人；中学教职工572人，其中专任教师393人。

2011年，全县有基层文化站11个，群众艺术馆、文化馆从业人员6人。全年群众艺术馆、文化馆组织文艺活动5次，参加人次5000人。举办训练班次16次，培训人次300人。文化站举办展览个数2个，参观人次1000人次，组织文艺活动20次，参加人次1.5万人。

2011年末拥有14个卫生机构，在岗人员有382人，其中卫生技术人员数313人，执业医师111人，执业助师35人，检验师5人，药师7人，注册护士47人；门诊总诊疗31.39万人次；病床使用率51.83%，出院人数3314人次，实有床位141张；村卫生室51个，在岗人员61人。

2011年，体育事业取得新的业绩，在全国比赛中，田径项目获得金牌2枚、银牌2枚、铜牌2枚。

【人民生活】 2011年，县域全部单位在岗职工2.22万人，比上年增长16.8%，工资总额9.03亿元，增长26.9%，全部单位在岗职工年平均工资4.44万元，增长12.4%。县级全部单位在岗职工1.31万人，增长34.8%，全部单位在岗职工工资总额5.07亿元，增长35.3%，全部单位在岗职工年平均工资4.24万元，增长4.4%。

全县城镇居民人均可支配收入1.96万元，增长12.44%。从构成居民家庭收入来源看，各项收入均保持增长的态势。其中工资性收入1.58万元，经营性净收入1224元，财产性收入26元，转移性收入4543元。农村居民人均纯收入4078元，增长20.01%。其中工资性收入1581元，家庭经营性收入1688元，财产性收入80元，转移性收入729元。

2011年，在省、州扶贫办的大力支持下，争取到整村推进、整乡推进、上海帮扶、易地扶贫、产业扶贫及小额信贷、农村富余劳动力培训转移等方面各类扶贫资金2086万元(含上海对口帮扶资金1000万元)，全年解决贫困人口3307人。

（李俊成）

专 题 报 告

Economic Research

2011年云南国民经济发展报告

2011年，在国内外复杂多变的严峻形势下，全省上下坚持以科学发展观为统领，认真贯彻落实国家各项宏观调控政策，积极推进“两强一堡”发展战略，以转变经济发展方式为主线，以保障和改善民生为落脚点，以提高自主创新能力为突破口，在强产业、快发展，调结构、上水平，转方式、增动力，惠民生、促和谐上狠下功夫，促进全省经济社会又好又快发展，实现了云南“十二五”科学发展和谐发展跨越发展的良好开局。

一、2011年云南国民经济持续向好成效显著

2011年云南经济运行持续向好，全省农业积极应对干旱挑战，工业经济效益显著改善，投资快速增长，居民消费市场活跃，财政收支良好，金融信贷平稳运行，就业稳定增长，人民生活改善，国民经济运行呈现持续向好的发展态势，主要体现在“六快，四稳、二控”，亮点纷呈，形势喜人。

——六个较快增长：生产总值较快增长。2011年，全省生产总值（GDP）实现8750.95亿元，比上年增长13.7%。工业生产较快增长，企业经济效益显著提高。全省规模以上工业累计完成增加值2753.64亿元，增长18%；实现利润523.55亿元，增长24.5%。固定资产投资较快增长，增速继续创今年新高。全社会固定资产投资完成7109.7亿元，增长27.4%。消费市场较快增长，扩内需成效明显。全省实现社会消费品零售总额3000.14亿元，增长20.0%。财政收支较快增长，财政运行总体良好。全省一般预算收入完成1110.83亿元，增长27.5%；一般预算支出完成2929.59亿元，增长28.2%。旅游业总收入较快增长。全省实现旅游业总收入1300.29亿元，增长29.1%。

——四个平稳增长：农业实现平稳增长。全年粮食总产1755.6万吨，增长6.4%，实现了自2003年以来的连续第9年增产。存贷款平稳增长。12月末，全省金融机构人民币各项存款余额同比增长14.5%，人民币各项贷款余额同比增长14.6%，比年初增加1547.72亿元。对外贸易平稳增长。全省外贸进出口总额完成160.5亿美元，增长19.6%。职工工资平稳增长。全省职工平均工资达3.53万元，增长17.0%。

——两个基本控制：居民消费价格涨幅得到基本控制。2011年，全省居民消费价格指数（CPI）累计上涨4.9%，低于全国0.5个百分点，在全国排最后一位。单位GDP能耗得到基本控制。2011年全省单位GDP能耗下降3.22%，较第三季度下降0.2个百分点，全省单位GDP能耗降幅逐季增大，反映出全省能源使用效率逐步提升，产业结构进一步改善，节能降耗成效明显。

（一）国民经济增长再创新高。初步核算，2011年全省实现生产总值8750.95亿元，比上年增长13.7%，比全国高4.5个百分点，创近30年来云南GDP增长的最好水平。其中第一产业实现增加值1407.81亿元，增长6.0%，拉动全省GDP增长0.9个百分点，对GDP增长的贡献率为6.6%；第二产业实现增加值3990.97亿元，增长18.0%，拉动全省GDP增长8.1个百分点，对GDP增长的贡献率达59.1%，其中工业完成增加值3205.85亿元，增长17.6%，拉动GDP增长6.3个百分点，对GDP增长的贡献率为46.0%；第三产业实现增加值3352.17亿元，增长11.8%，拉动GDP增长4.7个百分点，对GDP增长的贡献率达34.3%。全省三次产业比重为16.1∶45.6∶38.3。人均GDP达到18957元，比上年增长13.0%。非公经济蓬勃发展，创造增加值3680亿元，占全省GDP的比重达42.1%，比上年提高1.5个百分点。

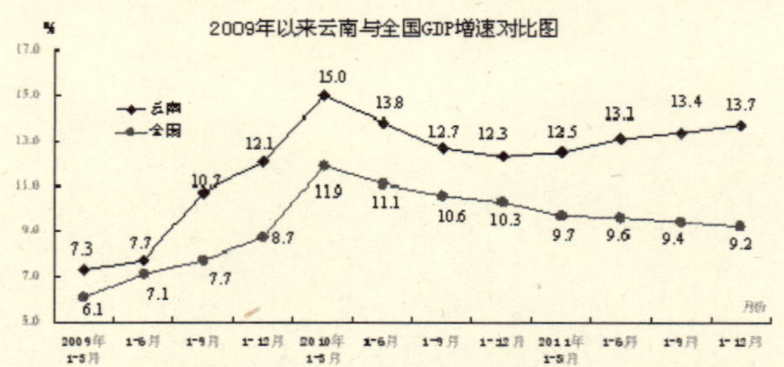

（二）粮食喜获丰收，农业增产农民增收。2011年，全省各级政府全面贯彻落实中央和省委、省政府各项强农惠农政策，继续加大粮食直补、综合直补、粮种、农机和农民购肥等政策性补贴力度，深入实施中低产田改造，加快农业产业化发展，农业综合生产能力进一步提高，粮食生产又获丰收。全年粮食面积、单产、总产可实现“三增长”。全年粮食总产1755.6万吨，比上

年增加105.6万吨，增长6.4%，实现了自2003年以来的连续第9年增产。

（三）工业生产较快增长，企业经济效益显著提高。2011年，全省规模以上工业完成工业增加值2753.64亿元，比上年增长18.0%，比全国高4.1个百分点。全省工业生产呈现以下特点：

1、轻工业增长继续加快，重工业增长继续放缓。2011年，全省轻工业累计完成增加值1245.65亿元，比上年增长17.9%。其中，全省卷烟累计产量729.98万箱，增长2.1%，一、二类烟产量分别增长41.4%和49.3%，一、二类烟比重同比分别上升6.2个和0.4个百分点，烟草制品业完成增加值938.05亿元，增长17.5%；烟草制品业成为拉动轻工业加快增长的主导力量。重工业累计完成增加值1507.99亿元，增长18.0%，其中，黑色金属冶炼及压延加工业、有色金属冶炼及压延加工业、化学原料及化学制品制造业、电力热力的生产和供应业、非金属矿物制品业分别增长12.6%、16.7%、22.1%、18.3%和20.1%。

2、主要工业产品产量保持增长。2011年全省发电量1555.13亿千瓦时，比上年增长13.9%，其中：水电1007.41亿千瓦时，增长23.8%，受煤矿矿难多发、复产缓慢等因素影响，电煤供应紧张，火电生产536.06亿千瓦时，下降1.9%。原煤生产9957.41万吨，增长2.0%；钢材生产1351.85万吨，增长11.3%；十种有色金属生产270.79万吨，增长12.7%；水泥生产6788.88万吨，增长17.3%。

3、产销衔接较好，经济效益显著提高。2011年，全省规模以上工业产品销售率为96.7%，比上年提高0.2个百分点。其中：轻工业产品销售率为96.3%，提高1个百分点；重工业产品销售率为96.8%，下降0.2个百分点。

2011年，全省规模以上工业经济效益综合指数达318.89，较上年提高30.2个百分点，从经济效益综合指数的构成结构看，总资产贡献率、资产保值增值率、流动资产周转率、全员劳动生产率、产品销售率等七项指标都实现了增长。全省规模以上工业实现主营业务收入7507.77亿元，比上年增长21.4%；实现利税1525.03亿元，增长22.3%；实现利润523.55亿元，增长24.5%。

（四）固定资产投资较快增长，总量跃上7000亿元新台阶。2011年，全省全社会固定资产投资完成7109.7亿元，比上年增长27.4%，比上年提高5.3个百分点，跃上7000亿元新台阶，比上年净增1581亿元，超额完成了省政府年初确定的新增1100亿元的目标，呈现出平稳较快增长的态势，对经济增长的拉动作用凸显。

1、三次产业投资全面增长。第一产业投资282.16亿元，比上年增长24.9%；第二产业投资2222.24亿元，比上年增长25.3%；第三产业投资4605.3亿元，增长30.5%；全省固定资产增长活力有所增强。

2、重点行业投资支撑作用显著。2011年，全省非电工业投资1416.72亿元，比上年增长34.8%；电力投资796.8亿元，比上年增长11.4%；公路运输业投资620.03亿元，铁路运输业投资114.31亿元，航空运输业投资67.41亿元，水利业投资201.21亿元，教育投资157.26亿元。八大重点行业投资占全省固定资产投资比重达65.4%，为全省固定资产投资平稳较快增长发挥了重要支撑作用。

3、房地产开发投资较快增长。2011年，全省房地产开发投资1272.72亿元，比上年增长41.3%；比全省固定资产投资增幅高13.9个百分点，占全省投资的比重由上年的16.3%上升至17.9%，对投资增长的贡献率为23.5%，拉动全省固定资产投资增长6.5个百分点。全省商品房屋施工面积10597.88万平方米，比上年增长20.6%；竣工面积1450.76万平方米，下降5.5%。全省商品房销售面积3107.12万平方米，比上年增长5.0%；商品房屋销售额1133.61亿元，增长21.3%。

（五）消费市场较快增长，扩内需成效明显。2011年，全省实现社会消费品零售总额3000.14亿元，比上年增长20.0%，比全国高2.9个百分点。

1.城镇市场消费仍居主导地位。2011年，全省城镇实现消费品零售额2407.21亿元，比上年增长20.8%，占全省社会消费品零售总额的80.2%；农村实现消费品零售额592.93亿元，比上年增长16.9%。

2.批发和住宿业增长快。2011年，全省批发业零售额241.74亿元，比上年增长35.9%，住宿业营业额32.67亿元，增长26.3%，批发和住宿业分别比全省社会消费品零售总额增幅高15.9个和6.3个百分点。

3.消费热点商品持续旺销。在限额以上批发零售业大类商品零售中，粮油、食品类比上年增长35.9%，其中：粮油类增长36.5%，肉禽蛋类增长42.9%，反映出全省粮油、猪肉价格快速上涨拉动影响明显。金银珠宝类增长49.4%，家用电器和音像器材类增长16.7%，通讯器材类增长

26.0%，建筑及装潢材料类增长 61.3%，家具类增长 32.5%，石油及制品类增长 54.2%，汽车类增长 12.7%。

4.旅游产业蓬勃发展。2011 年，全省共接待国内旅游者达 16331.78 万人次，海外旅游者达 395.38 万人次，全省实现旅游总收入 1300.29 亿元，分别比上年增长 18.0%、20.1%和 29.1%。

（六）财政收支较快增长，财政运行总体良好。2011 年，全省财政总收入累计完成 2258.2 亿元，比上年增长 24.8%。全省一般预算收入完成 1110.83 亿元，比上年增长 27.5%，完成年初预算的 110.9%。其中，增值税完成 136.64 亿元，增长 21.2%；营业税完成 277.71 亿元，增长 17.0%；企业所得税 110.4 亿元，增长 34.2%。

全省一般预算支出 2929.59 亿元，比上年增支 643.87 亿元，增长 28.2%，预算执行完成年初预算的 113.4%。其中：农林水事务支出 409.27 亿元，增长 25.1%；教育支出 483.02 亿元，增长 28.9%；一般公共服务支出 282.65 亿元，增长 14.7%；交通运输支出 275.84 亿元，增长 97.2%，社会保障和就业支出 386.2 亿元，增长 26.8%，医疗卫生支出 236.86 亿元，增长 28.9%，住房保障支出 151.61 亿元，增长 35.2%，社会民生进一步得到改善。

（七）金融运行平稳，各项贷款平稳增长。2011 年 12 月末，全省金融机构人民币各项存款余额为 15356.86 亿元，比上年增长 14.5%；比年初增加 1948.06 亿元。其中单位存款余额 6679.65 亿元，比年初增加 959.32 亿元；储蓄存款余额 6654.87 亿元，比年初增加 951.4 亿元。12 月末，全省金融机构人民币各项贷款余额 12114.59 亿元，比上年增长 14.6%；新增贷款比年初增加 1547.72 亿元，比上年少增 241.43 亿元。中长期贷款余额 8877.45 亿元，比年初增加 1153.63 亿元，其中个人中长期消费贷款余额 1459.88 亿元，比年初增加 237.79 亿元；短期贷款余额 3048.42 亿元，比年初增加 377.33 亿元。在信贷政策不断收紧的大背景下，全省金融运行保持平稳发展的较好态势。

（八）对外贸易平稳增长，出口结构进一步改善。2011 年，全省进出口总额为 160.5 亿美元，比上年增长 19.6%，增速比全国低 2.9 个百分点；其中，出口完成 94.7 亿美元，增长 24.6%，比全国高 4.3 个百分点；进口完成 65.8 亿美元，增长 13.2%，比全国低 16 个百分点。

全省机电产品出口完成 20.28 亿美元，比上年增长 17.6%；农产品出口完成 17.57 亿美元，增长 34.9%；磷化工出口 14.94 亿美元，增长 30.2%。全省金属矿砂进口 26.52 亿美元，增长 3.7%；农产品进口 10.82 亿美元，增长 24.8%；机电产品进口 7.99 亿美元，下降 5.4%。

（九）就业稳定增长，民生不断改善。2011 年全省城镇新增就业 27.6 万人，新增转移农村劳动力 132 万人，城镇登记失业率 4.05%。初步预计，2011 年全省职工平均工资 3.53 万元，比上年增长 17.0%，其中：国有单位平均工资 4.01 万元，增长 16.8%。全省就业和职工收入保持平稳增长态势。

（十）加快淘汰落后产能，节能降耗取得实效。2011 年，全省通过淘汰落后产能、推进节能技改等措施，能源加工转换效率小幅提升。按当量值计算，全省规模以上工业企业能源转换效率为 71%，比上年提升了 1 个百分点，直接节能量达 62.13 万吨标准煤。全省规模以上工业能源消费量为 5463.18 万吨标准煤（等价热值），增长 10.5%。全省单位工业增加值能耗为 1.984 吨标准煤/万元（现价），下降 6.6%（按可比价计算）。在全省规模以上工业重点耗能企业列入考核的 64 种单位产品能耗中，比上年下降的有 42 种，下降面达 65.6%。全年单位生产总值（GDP）能耗下降 3.22%，完成年初制定的节能减排约束目标。

二、对2012年云南经济形势的初步判断与展望

受欧洲主权债务危机进一步深化、欧美国家主权信用评级下调等因素的影响，2012 年世界经济复苏遭遇新的挑战。不稳定和不确定因素增多，全球贸易环境恶化，经济下行趋势延续。在对中国今明两年经济增长的判断中，世界银行预测中国经济今明两年的增速分别为 8.4%和 8.3%，国际货币基金组织则预测今明两年分别增长 8.2%和 8.8%，比上次预测值分别下调了 0.8 个和 0.7 个百分点。但也要看到有利的一面，由于国际金融危机催生新的科技革命，世界可能进入创新集聚爆发和新兴产业加速成长时期，绿色发展成为一大趋势。不少发达国家已出台“绿色新政”，制定未来发展战略，大幅增加研发投入，支持新能源、生物医药、信息网络等领域创新发展。全球范围内，绿色经济、低碳技术等正在兴起，抢占未来发展制高点的竞争日趋激烈。在这样的背景下，只要我们把握趋势、应对得当，就可能抢占先机、赢得优势，推动实现跨越式发展。

中央经济工作会议强调，2012 年全国经济

工作要突出把握好"稳中求进"的工作总基调，"稳"就是要保持宏观经济政策基本稳定，保持经济平稳较快发展，保持物价总水平基本稳定，保持社会大局稳定。"进"就是要继续抓住和用好我国发展的重要战略机遇期，在转变经济发展方式上取得新进展，在深化改革开放上取得新突破，在改善民生上取得新成效。总的来看，当前我国经济正由政策刺激向自主增长有序转变，转方式，调结构已取得初步成效，经济与社会发展趋于协调，一些突出矛盾正在逐步缓解，继续朝着宏观调控的预期方向发展。虽然经济增速略为放缓，但在很大程度上是主动调控的结果，处在合理水平，没有超出预期，中国经济增长的动力仍然强劲；2012 年中央要召开十八大，各级政府相继换届，对经济发展的关注度增强，投资力度和刺激经济发展的举措会进一步加大，总体对经济发展的推动力会增强，有利于宏观经济政策的适度宽松。给云南省经济社会发展提供了稳定的环境和潜在的空间。

云南省第九次党代会明确提出，今后 5 年要在新的起点上推动云南经济发展跃上新台阶，实现"四个翻番"；人民生活水平实现新提升，完成"两个倍增"的目标，推动云南科学发展和谐发展跨越发展，加快建设我国面向西南开放重要桥头堡。云南发展已进入了一个崭新阶段，面临着难得的重大历史机遇，2012 年云南经济仍有望保持平稳较快发展态势，云南 GDP 总量将突破万亿元大关，加入"全国万亿 GDP 俱乐部"。一是桥头堡建设必将掀起新一轮加快发展的热潮，有力地发展壮大云南特色优势产业，促进群众增收和财政增长，为全省经济社会又好又快发展增添新的动力；二是中央深入实施西部大开发战略为我省注入了新活力。中央深入实施西部大开发战略，明确提出要加快"培育滇中经济区"、"全力实施滇西边境山区集中连片特殊困难地区开发攻坚"、"积极建设瑞丽重点开发开放试验区"等，必将有力地促进云南省边境民族地区经济社会实现跨越式发展；三是云南多年积蓄的发展潜力开始逐步释放。"十一五"以来，云南省举全省之力建设了一大批重要基础设施项目、重点民生工程和产业发展等重大项目将在今明两年建成投产。如糯扎渡、阿海水电站与威信火电厂计划 2012 年首批机组投产发电，将改善全省能源保障能力。四是实施"产业强省战略"将加速壮大云南的综合经济实力。省第九次党代会提出必须把调整经济结构、推动产业大发展作为跨越发展的重要支撑，今后 5 年将实施工业跨越发展计划，确保工业增加值、销售收入、利税三年倍增；强化产业保障，实施特色产业发展及财源建设行动计划，鼓励和调动更多的资金投向产业，力争产业投资比重达到 50%以上，民间投资比重达到 60%以上，将为云南跨越发展奠定坚实的基础。

三、加快云南科学发展和谐发展跨越发展的建议

第一，树信心，转方式，以科学发展观统领云南科学发展和谐发展跨越发展。在进入"十二五"加快发展的新时期，首先要转变以"唯 GDP"增长论成败的传统发展观，牢固树立以创造就业增长和提高经济发展质量为首要发展目标，促进全省由数量粗放型经济增长模式向质量效益型经济发展模式转变；其次树立"以人为本"新理念，统筹好经济与社会、人与自然环境，资源与环境发展三大重大关系，把云南从落后的思想观念、生产方式和生活方式中解放出来，从更高层面和更高境界来坚定推进全省的科学发展、和谐发展、跨越发展的信心。

第二，抓机遇，促翻番，加快云南跨越发展。当前务必牢牢抓住国家实施新一轮西部大开发和把云南建设成为中国面向西南开放"桥头堡"国家战略布局的重大机遇。要以大胆改革的智慧和义无反顾的勇气，举全省之力，真抓实干，扎扎实实抓好各项发展战略目标任务的落实到位，努力实现省第九次党代会提出的"四翻番，两倍增"的未来发展蓝图，开创建设开放富裕和谐幸福的新云南。

第三，增投资，强产业，发展壮大云南综合经济实力。从宏观层面调整优化三次产业结构，一是调快调优第一产业，以推进农业产业化为主线，努力加快现代农业发展；以茶叶、蔗糖、花卉、橡胶、核桃、咖啡、木本油料等特色优势产业为重点，加快传统农业向加工型转变，农业发展方式向集约型转变。二是调快调强第二产业，打造新型工业化产业和现代建筑业两大支柱产业。加快工业结构调整，提高自主创新能力，促进烟草、矿业等传统优势产业的结构升级；积极推进实施"央企入滇"战略，提升云南工业产业链和价值链，做大做强全省工业支柱产业，加快组建和培育一批全省建筑业企业集团，提升市场竞争力；三是着力培育壮大战略性新兴产业，积极培育具有云南省优势和特色的战略性新兴产业，加大生物产业、光电子、新材料、新能源、节能环保、先进装备制造等产业的发展步伐，做

好各类园区规划与建设，着力打造新兴产业基地。四是调快调特第三产业，加快发展现代服务业和文化产业，做强旅游业，打造云南绿色经济和民族文化强省的核心竞争力，全面提高云南经济社会发展质量。五是大力扶持非公经济发展，开放民间投资领域，为中小企业和小微企业，营造宽松有利的政策和市场空间环境，通过做强、做大实体经济，积极发展壮大实体经济力量，创造就业岗位和就业机会，提振全省经济发展的活力，不断壮大经济发展的综合实力。六是做大做强重点产业，重点产业投资占全省固定资产投资比重将达到50%以上，比“十一五”时期提高15个百分点。

第四，重民生，推进云南和谐发展。一是要加大政府公共财政对民生的支持力度，重点向教育和医疗保健领域、社会保障和就业领域的投入。要继续实施好“兴边富民”计划，集中财力改善广大山区农村和贫困地区，以及少数民族边疆地方教育投入，优化教育资源，提高农村人口文化教育素质；二是要加快解决重大民生关切和利益诉求。切实缓解城乡居民“看病难、看病贵，住房难”的现实困难，加快建立健全全省城乡居民基本教育、医疗保障和住房保障三大体系建设；当前各级政府要重点做好全省60万套保障房的建设，既为解决中低收入家庭“住房难”提供现实手段，也为政府部门调控房地产楼市价格提供有效的干预手段，从而促进全省房地产市场持续稳定健康发展。

第五，调结构，上水平，构建多元发展的现代产业体系。按照“调优一产、调强二产、调快三产”的思路，走云南特色优势产业发展道路，着力提升产业综合竞争力，构建多元发展的现代产业体系，提高产业丰厚度，实现经济发展量的扩张和质的提升。加快形成一批新兴产业集群，提高产业核心竞争力，选择节能环保、新一代信息技术、生物、高端装备制造、新能源、新材料六个产业作为战略性新兴产业。在加快交通运输、邮政通信、商贸流通、餐饮住宿等传统服务业发展的同时，加快促进文化、房地产、金融保险、现代物流、商务服务、计算机服务和软件业、科技服务等现代服务业发展，积极推进桥头堡建设，

第六，加快县域经济发展，推进“城镇化、新型工业化和农业产业化”进程。积极推进县域经济大发展带动全省跨越发展；要打好扶贫攻坚战，加快少数民族地区经济社会发展。以统筹规划，加大投入，分类指导，分类施策，连片开发，硬化措施为支撑，以加快边远、少数民族、贫困地区深度贫困群体脱贫发展为突破口，深入实施新一轮兴边富民工程，建立健全生态保护和资源开发补偿机制，明显改善人民生活水平，促进民族团结进步、边疆繁荣稳定，让全省改革成果更多地惠及民生的发展，构建社会和谐文明发展环境，不断提升人民生活的幸福感。

2011 年云南省科技成果统计分析报告

2011 年，云南省科技成果管理工作认真贯彻"自主创新、重点跨越、支撑发展、引领未来"的方针，落实《中共云南省委云南省人民政府关于实施建设创新型云南行动计划的决定》的目标任务，围绕建设绿色经济强省、民族文化强省和中国面向西南开放的桥头堡战略，加强了对各部门和各类企业、事业单位科技成果管理的指导和服务工作。通过全省广大科技人员的共同努力，各州市科技局、省级有关部门，大中型企业（集团）、中央驻滇单位的积极配合，园满完成了科技成果登记工作，取得了丰硕的成果，成果总数达到 744 项，超过了 2010 年度的历史最高水平。

第一部分 成果概况

（一）统计范围

2011 年度全省科技成果统计范围包括各州、市科技局，省直有关委办厅局，大型企业事业单位，中央驻滇单位。

（二）成果总量

2011 年度全省共登记科技成果 744 项。其中：各州、市科技局登记 415 项；省直委办厅局、大型企业、中央驻滇单位登记 329 项；分别占成果登记总数的 56%和 44%。

（三）成果评价方式

在 744 项登记成果中，鉴定方式评价的 301 项，验收方式评价的 332 项，评审方式评价的 35 项，行业准入评价的 8 项，评估（定）方式评价的 60 项，结题方式评价的 4 项，评价机构方式评价的 4 项。

（四）自主知识产权获取情况

2011 年度我省科技成果在自主知识产权方面有以下特点：

一是具有自主知识产权的成果数大幅度增长。2011 年度登记的成果中拥有发明专利达 351 项，比 2010 年 214 项度增加 137 项，增幅 64%，表明我省自主创新能力进一步提高。

二是标准制定工作得到充分重视。2011 年登记的成果中，我省相关单位共参与或主持制定的标准数为 47 项，企业更加重视技术的规范化、标准化。

表 1 2011 年度我省登记成果包含的各类标准分类表

标准类别	数量
制订标准总数	47
国际标准	4
国家标准	9
行业标准	16
地方标准	8
企业标准	10

（五）成果来源情况

在 744 项登记成果中，国家计划项目 63 项，其中国家基础研究计划 15 项，国家科技支撑计划 14 项，高技术研究发展计划 3 项，科技基础条件平台计划 4 项，政策引导类计划及专项 10 项，其他 17 项；部门计划 66 项，地方计划 183 项；部门基金 13 项，地方基金项目 23 项，国际合作项目 2 项。上述各类政府科技计划项目成果数占登记成果总数的 47.04%。

自选项目 303 项，横向委托项目 9 项，民间基金 4 项，其他来源 78 项，非政府计划所产生的科技成果数已经达到登记成果总数的 52.96%。数据表明，云南省各类机构的科技创新积极性逐年提高。

图 1：2011 登记成果立项来源分布图

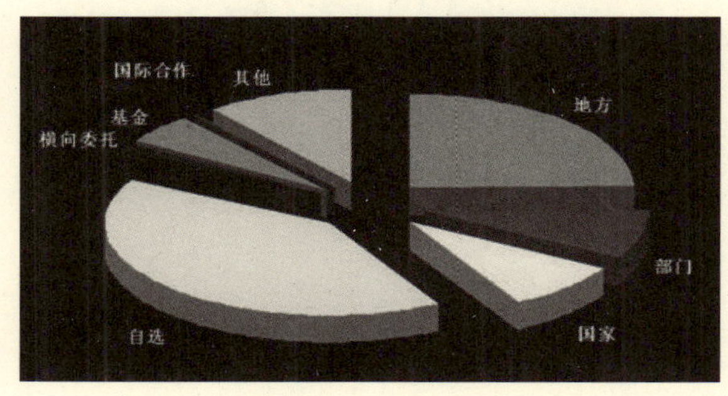

（六）成果类别

在 744 项科技成果中，应用技术成果 676 项，占成果总数的 90.8%；基础理论成果 35 项，占成果总数的 4.7%；软科学成果 33 项，占成果总数的 4.4%。数据表明，各类机构在创造科技成果的同时，更加重视科技成果的应用。

图 2. 2011 年云南省登记成果类别分布图

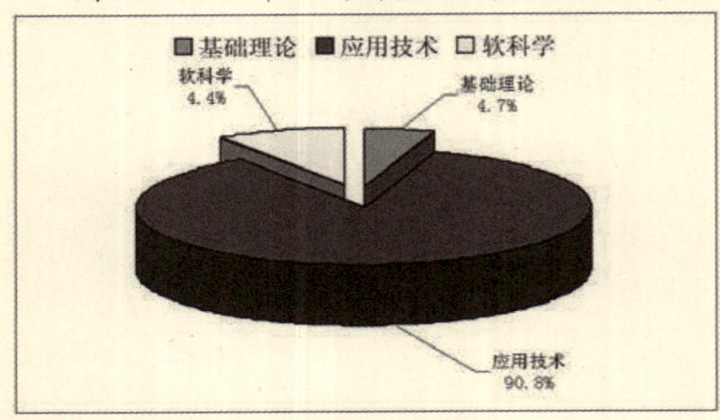

（七）成果完成单位情况

在 744 项科技成果中，按第一完成单位进行统计如下：

表 2　科技成果完成单位分类表

单位类别	项目数	占总数的%
各类企业	240	32.26%
医疗机构	199	26.75%
独立科研机构	147	19.76%
大专院校	35	4.7%
其他	123	16.5%

（注：上表中其他包括行政和部分事业单位）

图 3：2011 年云南省登记成果按完成单位类别分布图

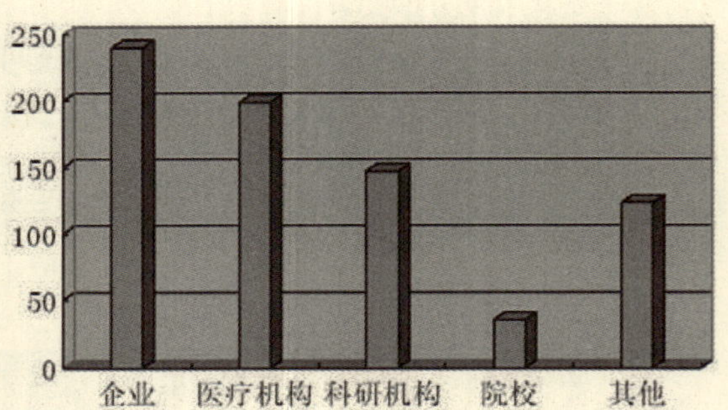

数据表明，企业作为技术创新主体地位得到充分体现。

（八）成果完成人员情况

从科技成果完成人员情况看，按文化程度统计：博士 433 人，硕士 1141 人，大学本科 3149 人，大专 890 人，中专 245 人，其他学历 83 人。大学本科以上学历的人员占完成人员总数的 79.5%。

图 4.2011 年度云南省登记成果完成人员学历分布图

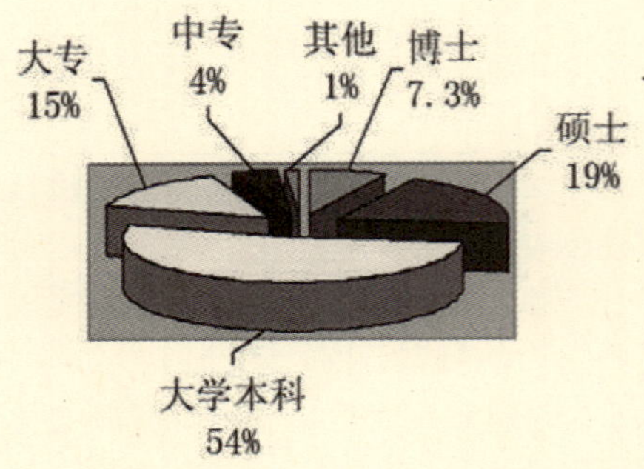

按科技成果完成人员年龄统计：35 岁以下为 1502 人，36–45 岁为 2348 人，46–55 岁为 1751 人，56–65 岁为 283 人，65 岁以上为 57 人。可以看出 35 岁以下和 36–45 岁的科技人员是承担科技成果研发工作的主体，46–55 岁科技人员是骨干力量。

按科技成果完成人员职称统计：院士 8 人，正高 883 人，副高 1551 人，中级 2400 人，初级 765 人，其他 334。

科技成果完成人员分析显示，我省科技创新人才和创新团队培育工作取得明显成效，科研队伍建设逐步形成了年龄结构、学历结构和职称结构的合理搭配。

第二部分　成果应用情况

（一）成果属性

在 676 项应用技术成果中，原始性创新成果 382 项，占 56.5%，国外引进消化吸收创新 53 项，占 7.8%，国内技术二次开发 239 项，占 35.35%；处于成熟应用阶段的成果 552 项，占 81.66%；处于中试或设备的样机、试样等中期阶段的成果 77 项，占 11.4%；处于实验室、小试等初期阶段的成果 47 项，占 6.95%。

图 5.　2011 年云南省登记的应用技术成果所处阶段分布图

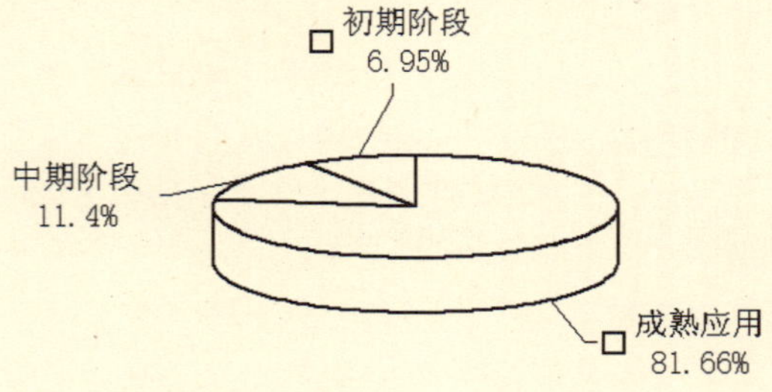

（二）成果转化情况

在676项应用技术成果中，已转化应用的成果663项，占98.1%；未应用的成果13项,占1.9%。成果未能应用的主要问题,属于资金问题的有9项，属于技术问题的有13项，属于市场的问题的有12项,属于管理问题的有3项,属于政策因素有6项。

（三）成果所属高新技术领域分布

在高新技术领域的475项应用技术成果中，属于电子信息的18项，软件18项，光机电一体化29项，生物、医药和医疗器械183项，新材料27项，新能源与高效节能18项，环境保护18项，地球、空间和海洋13项，农业150项。可以看出我省农业和生物、医药领域的高新技术成果仍然占主体地位。

（四）成果应用行业分布

按技术成果实际推广应用的行业分类进行统计，农林牧渔业有225项，采矿业18项，制造业85项，电力、燃气及水的生产和供应业50项，建筑业7项，交通运输、仓储和邮政业21项，信息传输、计算机服务和软件业15项，批发和零售业3项，科学研究、技术服务和地质勘查业12项，水利、环境和公共设施管理业20项，居民服务业2项，教育4项，卫生、社会保障和社会福利业207项，文化、体育和娱乐业2项，公共管理和社会组织2项，国际组织3项。

（五）应用技术成果水平

根据对676项应用技术成果水平的分类统计，处于国际领先水平的成果有22项，占3.25%；国际先进水平的成果有54项，占8%；处于国内领先水平的成果有180项，占26.6%；国内先进水平的成果有197项，占29%。呈现出云南省自主创新能力稳步发展的态势。

（六）成果应用实现的经济效益

据对118项投入实际应用的技术开发类成果统计，成果应用产生的净利润616.67亿元，实交税金166.90亿元，节约资金77.99亿元，技术转让收入6.59亿元。

第三部分 综合分析

（一）2011年度云南省科技成果的创造及应用具有以下特点

1.具有自主知识产权的成果数大幅度增长。2011年度登记的成果中拥有发明专利达351项，比2010年214项度增加137项，增幅64%，表明我省自主创新能力进一步提高。

2.标准制定工作得到充分重视。2011年登记的成果中，云南省相关单位共参与或自主制定的标准数为47项，企业更加重视技术的规范化、标准化。

3.非政府计划所产生的科技成果数已经达到登记成果总数的52.96%。在744项登记成果中，国家计划项目63项，其中国家基础研究计划15项，国家科技支撑计划14项，高技术研究发展计划3项，科技基础条件平台计划4项，政策引导类计划及专项10项，其他17项；部门计划66项，地方计划183项；部门基金13项，地方基金项目23项，国际合作项目2项。上述各类政府科技计划项目成果数占登记成果总数的47.04%。

自选项目303项，横向委托项目9项，民间基金4项，其他来源78项，非政府计划所产生的科技成果数已经达到登记成果总数的52.96%。数据表明，云南省各类机构的科技创新积极性逐年提高。

4.应用技术成果占主体。在744项科技成果中，应用技术成果676项，占成果总数的90.8%；基础理论成果35项，占成果总数的4.7%；软科学成果33项，占成果总数的4.4%。数据表明，各类机构在创造科技成果的同时，更加重视科技成果的应用。

5.企业作为技术创新主体地位得到充分体现。在744项科技成果中，企业创造的科技成果240项，占登记成果总数的32.26%；独立科研机构创造的成果147项，占登记成果总数的19.76%；大专院校创造的成果35项，占登记成果的4.7%；医疗卫生机构的成果199项，占登记成果总数的26.75%；其他社会组织创造的成果123项，占登记成果总数的16.5%。

（二）科技奖励

2011年度，云南省科技奖励工作认真贯彻国家科技奖励法规、规章，紧紧围绕云南省实施建设绿色经济强省、民族文化强省和中国面向西南开放重要桥头堡“两强一堡”战略目标，按照《云南省科学技术奖励办法》及《云南省科学技术奖励实施细则（试行）》的有关规定，开展“科技奖励工作质量年”活动，不断创新工作思路、工作方法、运作机制，取得了新的成效，实现了“十二五”的良好开局。

1. 2011年度云南省科技奖励情况

2011年度云南省共有193项（人）获得省政府奖励，其中杰出贡献奖1人、特等奖2项、一等奖 19 项、二等奖 40 项、三等奖 131 项，奖励人员 1366 人，组织 313 个。

2011 年度获奖项目有几个鲜明的特点：

一是获奖单位和人员的多元化。除了云南本省的单位和人员以外，还有清华大学、复旦大学、天津大学、中国水利水电科学研究院、中生北控生物科技股份有限公司等 32 个省外著名高等学校、科研机构和企业的 161 名科研人员，适应了云南省进一步扩大对内对外开放，加强桥头堡建设战略目标的发展需要，体现了科学技术奖励，重在奖励为云南的经济社会发展做出贡献的科技成果，体现了广纳贤才的开放意识；

二是一批经过长期积累的重大创新成果获得了高等级奖励。如云南省药物研究所完成的“低纬高原地区(云南)天然药物资源野外调查及研究开发”获得 2011 年度云南省科学技术奖及科技进步特等奖。项目历经 12 年，行程 40 余万公里，拍摄原生态彩色照片近 16 万张，采集标本 1 万多种 5 万余份，系统摸清了低纬高原地区(云南)天然药物资源现状，发现新药用植物资源 451 种以及 93 种药用植物新的分布地，对 70 种影响较大的重要天然药物的药用历史、资源情况、生态环境、品种质量、开发现状及发展前景等进行了深入细致的调研分析，查清其栽培情况，绘制适宜栽培推广发展图 70 幅；编研专著《云南天然药物图鉴》8 卷，《云南重要天然药物》2 卷；首次建成 4012 种低纬高原地区(云南)天然药物资源共享信息数据库和 70 种重要天然药物共享信息数据库；获国家发明专利 15 项。

三是获科技进步奖项目 90%以上是产学研结合的创新成果，其中企业作为第一获奖单位完成的项目占 34%，体现了企业是科技创新和科技成果创造的主体，同时显示出广大科研人员、科研院所和高等学校以多种形式与企业合作，共同推进技术创新和科技成果转化应用，提升企业和产业素质，增强市场竞争能力的多赢结果。

四是在获奖人员中，45 岁以下中青年占到 63%；具有高级专业技术职称的 56%，企业的获奖人员占获奖者总数的 22%，体现了科技奖励已经成为发现、培养和凝聚科技创新人才的重要渠道。

2. 云南省获国家科技奖励情况

云南省有 10 个项目获得 2011 年度国家科学技术奖科技进步二等奖。本年度我省获奖成果主要集中在农、林、水等民生领域，改变了以往云南省以冶金材料成果为主的获奖格局。另外云南省一批科研成果和科技人员获得了科技部批准的社会力量奖励，其中有 3 名科学家（彭金辉、李文昌、高立志）获 2011 年度何梁何利基金科学与技术奖。

3. 社会力量奖励情况

云南省社会力量科学技术奖励工作取得新成效。新批准云南省测绘学会设立的“云南省测绘科学技术奖”，至此科技厅审批了五家机构“中国烟草公司云南省公司科学技术奖”、“云南交通科学技术奖”、“云南卫生科技教育管理协会卫生科技成果奖”、“ 云南农业科技大青年标兵奖”，2011 年度开展奖励工作，对 76 个项目、102 家单位和 590 名科技人员进行了奖励。进一步扩大了科技奖励的对象和领域，使云南省社会力量奖励工作在国家层面产生了一定影响，承办了国家奖励办公室社会力量设奖工作研讨会。宣传了云南省社会力量奖励工作。

表 1 获奖项目按奖种和奖励等级统计

奖种	奖励等级				
	特等	一等	二等	三等	小计
自然科学奖	1	4	9	15	29
技术发明奖		2	2	2	6
科技进步奖	1	13	29	114	157
总计	2	19	40	131	192

表 2 获奖项目按国民经济行业和完成单位类型统计

国民经济行业	完成单位类型				
	高等院校	科研单位	企业单位	其他	小计
A. 农、林、牧、渔业	9	26	9	1	45
B. 采矿业		1	1		2
C. 制造业	3	20	3		26
D. 电力、热力、燃气及水生成和供应业			5	1	6

国民经济行业	完成单位类型				
	高等院校	科研单位	企业单位	其他	小计
F. 批发和零售业					
G. 交通运输、仓储和邮政业		4	5		9
H. 住宿和餐饮业					
I. 信息传输、软件和信息技术服务业	3		4		7
J. 金融业					
K. 房地产业					
L. 租赁和商务服务业					
M. 科学研究和技术服务业	5	10	3		18
N. 水利、环境和公共设施管理业		6	3		9
O. 居民服务、修理和其他服务业					
P. 教育	2	1			3
Q. 卫生和社会工作	4	42	1	12	59
R. 文化、体育和娱乐业		1			1
S. 公共管理、社会保障和社会组织		1		2	3
T. 国际组织					
总计	26	113	37	16	192

表 3 获奖项目按任务来源和完成单位统计

获奖项目任务来源分类	完成单位类型				
	高等院校	科研单位	企业单位	其他	小计
国家计划	15	12	2	3	32
省级计划	7	35	17	6	65
其　他	2	47	34	12	95
总　计	24	94	53	21	192

表 4 获奖项目按成分类和完成单位统计

获奖项目成果分类	完成单位类型				
	高等院校	科研单位	企业单位	其他	小计
基础研究	16	14		1	31
应用技术	8	78	53	15	154
软 科 学		3		4	7
总　计	24	95	53	20	192

(三)技术市场

2011年省科技厅围绕云南省委、省政府关于建设“绿色经济强省、民族文化强省和中国面向西南开放的桥头堡”的战略部署，贯彻落实《关于实施建设创新型云南行动计划的决定》的目标任务，营造科技创新和成果转化良好氛围，加大技术市场政策宣传力度，全省技术交易日趋活跃，交易规模和水平不断提升，成交技术合同1246项，合同成交金额达11.86亿元。技术合同交易较2010年度有较大幅度增长。技术市场为促进科技与经济结合，加速技术成果转化应用，发挥了重要支撑作用。

1. 技术合同交易情况

（1）技术合同成交总量持续攀升

2011年云南省技术市场在加快科技成果转化进程中，保持良好的发展态势，技术交易总量增势明显。据统计，截至2011年12月31日，全省共认定登记技术合同1246项，成交金额11.86亿元；同比分别增长18.7%和5.8%。

（2）技术开发占主体地位

在技术开发、技术转让、技术咨询和技术服务合同中，技术开发在交易活动中仍保持领先并占主体地位，成交项数和金额分别占总量74%、61%。

表 1　2011 年全省各类技术合同成交情况

合同类别	合同数（项）	合同成交金额(亿元)	其中技术交易额(亿元)	合同成交金额占当年成交总额（%）
技术开发	926	7.23	6.7	60.9%
技术转让	67	2.36	2.24	19.88%
技术咨询	22	0.65	0.64	5.47%
技术服务	231	1.63	1.62	13.73%
合计	1246	11.87	11.2	

（3）计划外项目是技术交易主体

2011 年技术合同中，计划外 1040 项，合同成交额 9.34 亿元，占合同总项数的 83.47%，占总成交额的 78.74%，创 2006 年以来 5 年技术合同新高。

各级政府科技计划项目进入技术市场共 206 项，合同成交额 2.52 亿元，占合同总项数的 16.53%，合同总成交额的 21.26%。其中，国家计划 12 项，合同成交额 0.22 亿元；部门计划 77 项，合同成交额 1.54 亿元；省级计划 53 项，合同成交额 0.61 亿元；地市县计划 64 项，合同成交额 0.15 亿元。

(见表 2)

表 2　各级计划项目进入技术市场情况表

计划类别	合计		国家计划		部门计划		省计划		地市县计划		计划外	
卖方类别	合同数	成交额（万元）	合同数	成交额（万元）	合同数	成交额（万元）	合同数	成交额（万元）	合同数	成交额（万元）	合同数	成交额（万元）
总计	1246	118,641.71	12	2,208.32	77	15,439.35	53	6,089.98	64	1,485.75	1040	93,418.31
机关法人	29	1,940.46	0	0.00	0	0.00	0	0.00	12	107.00	17	1,833.46
事业法人	263	16,607.76	8	625.32	2	1,515.00	11	1,234.00	24	277.00	218	12,956.44
社团法人	0	0.00	0	0.00	0	0.00	0	0.00	0	0.00	0	0.00
企业法人	892	90,909.74	4	1,583.00	75	13,924.35	42	4,855.98	27	1,071.75	744	69,474.66
自然人	1	30.00	0	0.00	0	0.00	0	0.00	1	30.00		0.00
其他组织	61	9,153.75	0	0.00	0	0.00	0	0.00	0	0.00	61	9,153.75

（4）企业是技术市场交易主体

从卖方情况看，2011 年在云南省技术交易中，企业法人作为合同卖方 892 项，合同成交额 9.09 亿元，分别占总项数的 71.59%和总成交额的 76.63%；事业法人作为合同卖方 263 项，合同成交额 1.66 亿元，分别占总项数的 21.1%和总成交额的 14%；从买方情况看，企业法人买入 705 项，合同成交额 9.13 亿元，分别占总项数的 56.58%和总成交额的 77%。（见表 3）。

表 3　技术合同买卖双方情况表

卖方类别	合计		机关法人		事业法人		社团法人		企业法人		自然人		其他组织	
买方类别	合同数	成交额(万元)	合同数	成交额(万元)	合同数	成交额(万元)	合同数	成交额(万元)	合同数	成交额(万元)	合同数	成交额(万元)	合同数	成交额(万元)
总计	1246	118,641.71	29	1,940.46	263	16,607.76	0	0.00	892	90,909.74	1	30.00	61	9,153.75
机关法人	161	10,307.19	13	226.71	29	1,131.45	0	0.00	119	8,949.04	0	0.00	0	0.00
事业法人	276	4,943.13	0	0.00	41	1,283.10	0	0.00	234	3,630.03	1	30.00	0	0.00
社团法人	1	5.00	0	0.00	0	0.00	0	0.00	1	5.00	0	0.00	0	0.00
企业法人	705	91,349.95	16	1,713.75	161	10,820.49	0	0.00	521	77,682.71	0	0.00	7	1,133.00
自然人	12	517.47	0	0.00	0	0.00	0	0.00	12	517.47	0	0.00	0	0.00
其他组织	91	11,518.97	0	0.00	32	3,372.72	0	0.00	5	125.50	0	0.00	54	8,020.75

（5）高新技术产业引领了技术市场发展

从登记合同的技术领域分布情况看，云南省技术合同主要集中在电子信息技术、先进制造技术、新能源与高效节能、环境保护与资源综合利用技术、现代交通五大领域。其中，新能源与高效节能技术和电子信息技术两大领域的技术合同交易额占据了总交易额的 55.18%（见表 4）。

表 4　技术合同在技术领域的分布情况表

技术领域	合计			
	合同项数		成交额（万元）	
总计	1246	所占比例%	118,641.71	所占比例%
电子信息技术	598	48%	48,261.24	40.68%
航空航天技术	0	0	0.00	0
先进制造技术	76	6.1%	14,922.00	12.58%
生物、医药和医疗器械技术	36	2.89%	14,447.52	12.18%
新材料及其应用	84	6.74%	5,957.33	5.02%
新能源与高效节能	107	8.59%	9,821.69	8.28%
环境保护与资源综合利用技术	131	10.51%	10,091.76	8.51%
核应用技术	2	0.16	1,185.00	1%
农业技术	67	5.38%	1,995.56	1.68%
现代交通	76	6.1%	8,625.01	7.27%
城市建设与社会发展	69	5.54%	3,334.59	2.81%

2. 云南省技术市场发展分析

2011年云南省技术市场发展呈现可喜变化，三原于云南省科技管理工作思路的改革创新和技术市场服务手段、服务方式的改进，技术市场管理机构加强了技术合同登记享受税收减免政策的宣传，完善了技术合同网络登记的手段和方式，为企业提供了便利化的服务，调动了企业进入技术市场的积极性和主动性。尤其是着力培育国家级技术市场服务机构。2011年，云南省5家国家级技术转移示范机构，实现了快速发展。全年共完成技术转移项目546项，项目成交金额3.91亿元，并形成了各具特色的服务方式，如云南技术转移中心暨上海–云南技术转移基地，立足于云南的区位优势和市场需求，大力发展网络化的技术转移工作，形成了外与发达国家、东盟国家、内与发达省区互联的覆盖面广、联系紧密的技术服务共享网络；昆明理工大学技术转移中心，充分发挥高校的技术、人才的优势，内引外联，与相关地区建立战略合作关系，形成了“滇–粤–桂技术专利联盟”、“滇京技术转移联盟”、“滇沪技术转移联盟”。2011年完成技术转移项目476项，技术转移项目合同金额1.66亿元，同比分别增长6.5%和11.44%。申请专利673项，获得专利权347项，版权12项，突显了全国技术转移集散地的集聚效应。云南亚太环境工程设计研究有限公司作为第三批国家技术转移示范机构积极完善和硬件条件，培养和引进优秀技术人才，开发关键核心技术中心不断提升技术转移及服务能力和水平。2011年共完成技术转移项目16项，实现交易额1.8亿元，充分发挥了企业技术创新的龙头作用。

技术转移是实现自主创新战略目标，推动产业升级和提高企业竞争力的关键环节。云南省将进一步完善技术转移机制，构建高效的技术转移通道，促进企业之间、企业与大学和科研院所之间的知识流动和技术转移，建立以企业为主体、市场为导向、产学研相结合的技术创新体系，引导企业成为研究开发投入的主体、技术创新活动的主体、创新成果集成应用的主体，全面提升企业的自主创新能力。

经 济 研 究

Economic Research

重要学术活动

云南省社会科学联合会

1. 云南省第十四次哲学社会科学优秀成果奖

云南省哲学社会科学优秀成果奖是云南省人民政府设立的政府奖，是我省哲学社会科学界最高规格的奖项。云南省第十四次哲学社会科学优秀成果评奖，申报时间自 2010 年 10 月 15 日起至 11 月 15 日止，共收到符合申报条件的成果 534 项，经过学科组评审和 2011 年 1 月省评委会终评，最终评选出《中国云南与南亚经贸合作战略研究》等获奖成果 162 项， 其中：一等奖 15 项（专著 7 项，论文 6 项，研究报告 2 项）；二等奖 29 项（专著 12 项，论文 14 项，研究报告 3 项）；三等奖 118 项（专著 57 项，论文 52 项，研究报告 9 项）。云南省人民政府于 2011 年 5 月 22 日颁发了《云南省人民政府关于云南省第 14 次哲学社会科学优秀成果奖励的决定》（云政发[2011]118 号）。

2. 云南省社科联召开《当代云南社会科学百人百部优秀学术著作丛书》编辑委员会工作会议

《当代云南社会科学百人百部优秀学术著作丛书》（以下简称《丛书》）编辑委员会于 2011 年 1 月 21 日上午在省社科联召开工作会议，遴选第一批出版的学术著作。省社科联常务副主席、《丛书》编委会副主任委员范建华主持会议，30 位编委出席了工作会议。

省委宣传部副部长、《丛书》编委会副主任委员张瑞才出席会议，他对《丛书》编辑出版的前期工作给予了充分的肯定，对《丛书》的编辑出版及如何遴选第一批著作提出了明确的要求。

会议讨论并确定了遴选标准，会上，以实物的方式展示了申报的 116 部著作的样书及相关材料（作者学术自传、著作简介）。编委们认真查看了样书及相关材料并进行了充分的讨论，根据确定的遴选标准进行了投票，选出了《中国早期现代化中的地方督抚》等 50 部著作作为第一批出版。

3. 云南省社科联工作会议胜利召开

2011 年 2 月 26 日，云南省社科联工作会议在昆明召开，云南各州市县社科联领导、省属学会负责人、省社科联机关处以上领导干部共计 200 余人参加了会议。会议全面总结了 2010 年的工作，并对今后五年工作的总体思路、主要任务和具体要求做了安排部署。会议强调：全省各级社科联和省属各学会在工作中要牢牢把握社科工作的正确方向；要紧密联系“两强一堡”战略，更好地为全省发展大局服务；要加大工作力度，改善和优化哲学社会科学工作环境。指出今后五年省社科联工作：一是实施以《云南文库》（《文库》由《云南学术大师文库》《云南社科重要学术论著选编》《当代云南社会科学百人百部优秀学术著作丛书》共同构成）为标志的文化基础工程。二是围绕中央和省委的重大战略决策开展理论研究等 6 个具体任务。

下午，参会人员分为州市社科联组、县级社科联组、学会组进行分组讨论，并对省社科联今后工作提建议或意见。

4. 云南省社科联组织调研组赴新疆、宁夏学习考察

2011 年 6 月 26 日—7 月 2 日，省社科联组织昭通、曲靖、楚雄、文山、西双版纳、德宏、临沧七州市社科联主席（或主持工作副主席）及省社科联机关部分处室干部共 14 人赴新疆、宁夏学习调研。在两地，通过座谈会及个别交流形式就社科联工作进行了广泛和深入地交流，重点围绕搭建学术活动平台，搞好学会工作，加强基层社科联建设，强化社科普及工作，搞好社科评奖，办好社科期刊等工作进行了经验交流。

5. 云南省社科联召开第四次代表大会

2011 年 8 月 24—26 日，云南省社科联第四次代表大会在昆明开幕。全省各高校、科研院所、省级各社科学会、州市社科联、各人民团体负责人约 350 人参会。会议认真总结了第三次代表大会以来全省社科联所取得的成绩，安排部署了下阶段全省社科联的工作，审议修改了《云南省社会科学界联合会章程》。会议提出，要紧跟时代，植根实践，改革创新，努力开创我省哲学社会科学事业繁荣发展新局面。

省委副书记李纪恒出席会议并作重要讲话，省委常委、省委宣传部部长张田欣主持会议。省人大常委会副主任杨保建，省人民政府副省长高峰，省政协副主席顾伯平，省老领导、省社科联主席王义明等出席此次会议。

开幕式上，副省长高峰宣读《云南省人民政府关于云南省第14次哲学社会科学优秀成果奖励的决定》，省领导及社科联领导为获奖代表颁奖。

省社科联党组副书记、常务副主席范建华代表省社科联第三届委员会向大会作工作报告，与会代表分组认真学习和讨论了李纪恒副书记的重要讲话精神，审议了《云南省社科联第三届委员会工作报告》，并对省社科联今后五年的工作提出了许多积极意见和建议。会议选举产生了省社科联第四届委员会委员135名，常委45名。选举范建华为省社科联第四届委员会主席，张红苹、雷翁团、靳昆萍为专职副主席，杨凯民、王国忠、刘德强、王文成、林文勋、李松林、张桥贵、周跃、杨芳为兼职副主席。会议决定，聘请省委常委、宣传部长张田欣同志，省人大常委会原副主任、省社科联第三届委员会主席王义明同志为省社科联第四届委员会名誉主席。

6. 回眸百年辛亥，展望云南发展

——云南省社科界隆重举行纪念辛亥革命100周年座谈会

2011年9月16日上午，省社科联、省史学会、省中国近代史研究会共同主办了“回眸百年辛亥,展望云南发展”为主题的纪念辛亥革命100周年座谈会。省社科联党组成员、副主席靳昆萍主持座谈会，省人大常委会原副主任、省社科联名誉主席王义明，省社科联党组书记、副主席张红苹，省社科联党组副书记、主席范建华等领导出席会议，来自云南省史学会、云南省中国近代史研究会的专家学者40多人聚集一堂，共同畅谈辛亥革命的伟大意义。

座谈会上，云南民族大学谢本书教授、云南师范大学吴宝璋教授、云南大学副校长林文勋教授、省社科院历史所牛鸿宾研究员、云南大学人文学院罗群教授、昆明市社科联龙东林研究员、昆明学院人文学院李可教授作了主题发言。会后,《云南日报》选登部分专家发言，省社科联出版《纪念辛亥革命100周年》文集。

7. 云南省社科联组织学会参加“全国科普日”活动

2011年9月17日，由云南省科学技术协会、云南省社会科学界联合会、昆明市科学技术协会主办、由中共昆明市五华区委、昆明市五华区人民政府承办的云南省2011年“全国科普日”活动在昆明市五华区南屏步行街街口举办，省委宣传部部长张田欣、省政协副主席顾伯平、省社科联副主席靳昆萍等领导出席了启动仪式。

2011年“全国科普日”以“节约能源资源、保护生态环境、保护安全健康、促进创新创造”为主题。本次活动中，省社科联组织省图书馆学会、省青少年思想道德研究会、省速记速算研究会、省绿色发展研究会等四家学会参加此次活动。

8. 云南省社科联组织我省社科界专家赴荷兰、丹麦、瑞典进行学术交流

2011年9月19日至30日，应荷兰莱顿大学、丹麦奥胡斯大学和瑞典教育与研究部国际项目办的邀请，云南省社科联组织了来自云南农业大学、昆明理工大学、云南大学、云南省社科规划办及省社科联等单位的6位社科专家组成“云南省社科界赴荷兰丹麦瑞典学术交流团”进行为期12天的学习交流。主要学习了解荷兰、丹麦、瑞典三国有关中国研究的现状，就双方感兴趣的学术问题进行了直接对话与交流，并就建立学术文化交流合作关系等进行了初步磋商。

9. 拓展对外交流，促进教育合作

——省社科联组织“中瑞可持续发展教育比较研究合作培训团”赴瑞典培训学习

2011年9月26日至10月16日，云南省社科联组织云南大学、云南师范大学、红河学院、云南师范大学附属世纪金源学校、昆明高新一小的教学骨干组成“中瑞可持续发展教育比较研究合作培训团”赴瑞典培训学习和调研交流活动。培训团以“可持续发展教育”为主题，分组考察调研了瑞典东部斯德哥尔摩、中部达拉纳和南部马尔默三个地区的51个大中小学机构或政府单位，参与了15场专题课程或讲座学习，听取了17个机构和16个学校与“可持续发展教育”相关的具体报告，与15位“可持续发展教育”的专家与研究人员进行了深入的研讨和交流。

10. 云南省社科联调研组赴安徽、浙江、上海学习考察

2011年10月9日至15日，省社科联组织昆明、玉溪、楚雄、大理、丽江、迪庆、普洱七州市社科联主席、副主席及省社科联机关部分处室干部共15人赴安徽、浙江、上海学习调研。在东部两省一市，学习调研组通过座谈会及个别交流形式就社科联工作进行了广泛深入地学习考察，重点围绕搭建学术活动平台、学会工作、学术年会、人文讲坛、基层社科联组织建设、社科普及工作、社科评奖、党组织建设、办好社科期刊等工作听取了两省一市社科联的情况介绍和经验交流。

11. 云南举办社科专家迪庆行

2011 年 11 月 19 日至 26 日，由云南省委宣传部、云南省社会科学联合会、中共迪庆州委、州人民政府共同主办的“云南社科专家迪庆行暨云南藏区经济社会发展战略研究”大型调研咨询活动在迪庆举行。19 日上午，迪庆州委、州政府举行了“云南社科专家迪庆行暨云南藏区经济社会发展战略研究”大型调研咨询活动专家见面会。此次调研咨询活动紧紧围绕迪庆州实施“四州战略”，建设“四个家园”作为主题，来自省内外科研机构和高等院校的 12 名知名专家教授分别组成“实施生态立州战略，建设绿色家园”、“实施文化兴州战略，建设精神家园”、“实施产业强州战略，建设小康家园”和“实施和谐安州战略，建设幸福家园”4 个调研组，深入迪庆 3 县一区和基层一线，深入开展调研。活动期间还举行“云南社科专家迪庆行暨云南藏区经济社会发展战略研究”高端论坛。调研成果编辑为《云南藏区经济社会发展战略研究》公开出版。

12. 第五届社会科学学术年会成功举办

2011 年 11 月 21 日至 12 月 16 日，由省委宣传部和省社科联主办，云南大学、云南财经大学、保山市委宣传部、保山市社科联、临沧市委宣传部、临沧市社科联承办的云南省第五届社会科学学术年会成功举行。年会主题是“云南‘十二五’开局：转变经济发展方式”。云南省副省长高峰在开幕式上作重要讲话，中国社科院张宇燕研究员、复旦大学张晖明教授分别在云南大学、云南财经大学作主旨演讲。施本植、张建国、纳鹏杰、黄小军、纳杰等专家、企业领导分别在主场、专场作主题报告。近 30 位学者在转变经济发展方式对策研究专题论坛上作学术交流。8 篇论文先期在《云南日报》刊登。会后，百万字的社科学术年会论文集出版。

13. 云南省社科专家·新闻记者西畴行

2011 月 12 月 21 日至 24 日，由云南省社科联、云南日报社、中共文山州委宣传部、文山州社科联、中共西畴县委、县人民政府联合开展的“云南省社科专家·新闻记者西畴行”活动在文山西畴举行。省社科联、文山州社科联组织了来自云南师范大学、云南民族大学、省社科院、云南日报等单位的 5 名专家、5 名记者组成的调研组为“西畴精神”把脉点睛。此次社科专家基层行活动，首次与省级新闻媒体共同行，创新了社科专家基层行的组织模式。《云南日报》开辟专版集中发表一批理论宣传报道文章，就“西畴精神”进行全方位的理论提升与宣传打造。同时，5 位社科专家学者也在调研的基础上撰写文章，最终与媒体报道统编一本全面诠释“西畴精神”的公开出版物。

（谭启彬）

研究机构选介

云南省社会科学院经济研究所

一、科研成果

规划项目：《麻栗坡县国民经济和社会发展第十二个五年规划纲要》《云南省农产品市场体系建设十二五规划》《云南省社会科学院“十二五”发展规划》、《云南新型工业化十二五发展规划》、《新能源中长期发展思路（2011–2030）》、《云南省“十二五”用能规划》、《迪庆州“十二五”能源规划》《石林彝族自治县商贸物流发展规划(2011～2020年)》《弥渡、南涧、昌宁、隆阳等县社区发展规划项目立项报告》《云南经济发展报告2010~2011》等。

农村经济研究：《云南省与东南亚粮食贸易发展研究》《中、老农产品自由贸易云南勐海县农户生产和经营调研项目》（中日合作）《云南现代烟草组织形式研究》《云南农业现代产业园区建设研究》《2011年农业经济发展研究报告》《云南转变生产方式值得思考研究》《经济发展新形势下新农村建设中的政府投资探索》《云南省实施“兴边富民”工程调研报告——以麻栗坡县实施情况为例》、《农村公共财政与社会主义新农村建设》《云南农业农村经济形势分析与预测》、《四川天全县‘鸡—沼—粮’农业生产模式分析——基于生态循环经济理论》《云南集体林权改革后农户收益情况分析》《农村经济与农业产业发展》《云南农业龙头企业第二次创业中面临的突出问题及对策研究》《农产品贸易对农业生产和农民增收的影响分析》《云南烟草产业发展报告》《加快我省农田水利基础设施建设的建议》等。

区域经济研究：《县域经济总体发展现状》《边境经济合作区可行性研究报告》《设立国家级麻栗坡边境经济合作区可行性研究》《纵论滇西经济发展》《禄劝屏–翠民族团结与经济文化发展综合示范区实施方案》《农业产业化是滇西城乡统筹与加快推进城市化的基础——以大理市为例》《石林彝族自治县商品交易市场发展面临的机遇和挑战以及对策措施》等。

桥头堡建设研究：《创建绿色竞争力是云南桥头堡建设的重要发展方式》《桥头堡战略为交技发展带来新机遇》《云南桥头堡建设的重要发展方式》《推进桥头堡建设的主要任务》《围绕桥头堡建设着力打造昆明无水港》《昆明加快区域性国际物流中心建设对策研究》《桥头堡建设与云南教育事业发展》《银行信贷支持云南桥头堡建设》《云南桥头堡建设中的新型和可再生能源发展》《周边国家非传统安全问题凸显》《周边国家的多种组织和势力影响我省边疆安全和稳定》《多层面应对周边国家非传统安全威胁》等。

环境影响研究：《气候变化对半农半牧的影响及其应对——云南省红坡河小流域的实践和研究》《松华坝流域生态补偿标准和效率研究》《土地利用和气候变化对松华坝流域水资源变化的相对作用研究》《气候变化影响的适应性措施的综合评估》《农村社区气候变化适应性》项目第三期研究（国际山地系统研究中心资助）《喜马拉雅地区适应气候变化研究—中国、尼泊尔和巴基斯坦案例》《区域环境变化》《生物能源与生物质能源》《农业系统》《树木在气候变化适应中的作用》等。

电力建设研究：《五大梯级电站水电开发对社区发展的影响研究》《景洪水电站水电开发对社区发展影响的案例》《2010年云南电力发展报告》《小湾水电站水电开发对社区发展影响的案例》《云南中小水电与电网协调发展研究报告》《澜沧江中下游水电开发对地方经济社会发展的影响研究》《澜沧江水电开发对社区发展的影响研究》《金沙江中游河段观音岩水电站社会影响评价报告》《云南省可再生能源规划研究》《促进云南中小水电开发与电网协调发展的政策建议及对策措施》《云南电网建设项目行政成本研究》等。

宏观经济与工业经济研究：《2010～2011年云南经济发展报告》《增强云南经济增长内生动力面临的突出问题及对策研究》《云南省经济社会发展阶段性特征探索》《物价走势分析及预测》《后金融危机时期增强云南经济增长内生动力研究》《云南省能源消费与经济增长关系研究》《云南GDP与能源消耗研究》《新中国建立60年来云南经济建设的历史经验》《”十二五”云南

省新型工业化发展思路研究》《云南推进特色新型工业化道路取得的经验》《2010 年云南省工业发展报告》《新能源中长期发展思路》《加快大理州工业发展的战略构想》《2010 年云南矿产业发展报告》等。

扶贫研究：《未来 10 年云南农村扶贫战略思考》《农村扶贫评价与后 10 年发展趋势》《扶贫形势分析与政策建议》《农民合作组织参与扶贫》《云南石漠化地区扶贫开发研究》等。

其他研究：《加快迪庆州临空经济发展的建议》《促进沧源县域经济发展的建议》《促进我省能源结构低碳化转型的对策建议》《关于我省深化文化体制改革应关注的问题及采取的对策建议》《云南商会组织发展理论与实践研究》《2010 年云南旅游发展报告》《2010 年云南房地产发展报告》《积极应对金融危机，充分利用云南省银行业存差资源》《西部边疆民族地区少数民族自发移民发展理论探索——以云南为例》《云南省就业形势与 2010 年就业趋势》《建设资源节约型、环境友好型社会的研究综述》《云南低碳经济发展战略研究》《构建全国低碳发展示范省的政策建议》《云南碳汇项目西双版纳调研》《生态经济主体功能区建设体制机制及政策支撑研究综述》《开发生物质能富民强省》《楚雄市社会管理创新综合试点经验总结——社会沟通方法和技巧研究》《西部民族地区自发移民搬迁利弊与发展探索：以云南为例》《学问与责任：执著科研求实精神，关注边缘群体发展》《流动生计项目研究》等。

出版著作：《2010～2011 年云南经济发展报告》云南大学出版社 2011 年 6 月《西部民族地区自发移民迁入地聚居区建设社会主义新农村研究》，中国社会科学出版社，2011 年 8 月，《云南小额信贷发展研究》，云南科技出版社，2011 年 1 月，《中国东盟自由贸易区领导干部知识读本》，云南美术出版社，2011 年，《中国东盟自由贸易区知识百问百答》，云南美术出版社，2011 年。

在研项目：云南省社科规划办基地重大项目《云南藏区转变生产方式研究》云南省财政厅农业综合开发办项目《云南农业综合开发二十年》、云南省财政厅合作课题《云南财政 60 年》云南省发改委经济研究院课题《云南中小水电与电网协调发展研究报告》《云南集体林权改革后农户收益情况研究》《云南少数民族知识丛书<云南少数民族经济发展史>》《第二届天保口岸论坛》。

二、社会活动

学术交流：主办：《云南林权制度改革下社区林业发展研讨会》首届"天保口岸论坛"；参与：《湄公河次区域 2020 国际研讨会》《迪庆高端论坛》;《绿色经济与可持续发展研讨会》《2011 年上海社科联合会年会》。

横向合作与人才培养：一是与省农业厅、林业厅、环保厅以及农科院等建立了长期利好的互利合作关系；二是 10 县 2 州的云南生态州、县规划专家咨询和评审活动；三是高级职称人员积极参与人才培养活动，分别作为云南财经大学、云南民族大学、云南师范大学、云南农业大学、西南林业大学等的硕士生导师。

创新帮扶机制；一是积极推动麻栗坡科研与服务基地工作，开展县院合作创办云南省社会科学院麻栗坡科研与服务基地：二是积极服务于云南省社会科学院院挂钩帮扶县——宁蒗县挂钩扶贫开发工作，争取协调更多的单位和项目参与到对该县扶贫工作之中。

论文发表刊物情况：2011 年经济所科研人员在多个刊物发表了 30 余篇论文，主要为：《云南社会科学》《安徽农业科学》《中国林业经济》《云南财经大学学报》《云南日报理论版》《云南招商合作》《云南民族大学学报》《云南智库要报》《云南社科动态》《昆明社科研究》《昆明经济》等报刊。

获奖及社会影响：《加快迪庆临空经济发展的建议》，提交 2011 年 9 月举行的，并作专题发言，全文收入《专家咨询建议》一书。

《促进沧源县域经济发展的建议》，《云南社科专家基层行咨询报告》获学术年会论文特别奖。

《促进我省能源结构低碳化转型的对策建议》，省政协重点提案，罗正富副省长批示。

《关于我省深化文化体制改革应关注的问题及采取的对策建议》（执笔），省政协十届十六次常委会参考资料。

（罗荣淮）

云南省人民政府研究室（发展研究中心）

2011 年省政府研究室完成的重大课题研究

1. 云南“十二五”期间保持经济社会平稳较快发展研究
   （1）云南发展模式创新研究
   （2）外部因素对云南发展的影响研究
   （3）健全和完善云南经济调节机制研究
   （4）增强区域发展协调性研究
   （5）构建扩大内需长效机制研究
   （6）云南新兴产业发展的风险研究
   （7）鼓励和引导云南民间投资研究
   （8）完善体制机制统筹云南城乡发展研究
   （9）完善云南城市（镇）布局和功能定位研究
   （10）保持价格总水平基本稳定研究
   （11）创新社会管理体制机制研究
2. 云南富民政策问题研究
   （1）加快收入分配制度改革研究
   （2）基本公共服务体系建设研究
   （3）扩大就业和社会保障研究
   （4）加快产业富民步伐研究
   （5）扎实推进扶贫攻坚研究
   （6）加快非公经济和中小微型企业发展研究
3. 推进云南基本公共服务均等化问题研究
4. 防灾减灾体系建设问题研究
5. 统筹滇中经济区发展规划研究
6. 加强和创新社会管理研究
7. 建立云南生物产业投资基金研究
8. “十二五”期间三大目标的重点工作研究
9. 云南滇菜创新产业发展研究
10. 云南统筹国内国际区域合作研究
11. 提高云南水资源利用效率研究
12. 云南省高原湖泊保护与治理重点问题研究
13. 滇池草海片区的保护与发展研究
14. 建立完善云南政府自身建设的长效机制研究
15. 提高云南城镇发展质量和水平的措施研究
16. 生产性服务业发展研究
17. 云南农业转型发展研究
18. “十二五”加快全省县域经济发展措施研究
19. 云南的投融资问题研究
20. 云南拓展与西亚、东非合作研究
21. 构建产业发展的职业教育支撑体系研究
22. 云南推进发展方式转变的思路、重点领域和关键环节研究
23. 加快推进云南城镇化发展研究
24. 加快推进云南保障性住房建设对策研究
25. 云南省小企业发展研究
26. 云南发展阶段性特征研究
27. 云南固定资产相关问题研究
28. 建立云南现代产业体系研究
29. 云南对外开放“十二五”工作规划
30. 调整优化云南省收入分配格局研究
31. 国家桥头堡战略下云南省依托产融结合发展的城市区域性开发和综合运营模式研究
32. 推动创建中国——环孟加拉湾自由贸易区设想研究
33. 防治艾滋病机构人员能力评估研究
34. 增强云南区域发展协调性研究
35. 提高云南水资源利用效率研究
36. 统筹滇中经济区发展研究
37. 普洱市参与中国面向西南开放重要桥头堡建设专项规划研究
38. 丽江市农业产业化“十二五”发展规划
39. 普洱市国民经济和社会发展“十二五”规划纲要
40. 普洱市“十二五”城乡发展规划
41. 寻甸天湖岛发展思路调研
42. 老挝万象 10 平方千米土地综合开发思路研究
43. 昆明市阳宗海新区“十二五”经济社会发展规划

2011 年省政府研究室重要调研考察报告

1. 加快推进全省排污权有偿使用和交易的调研报告
2. 云南省工业园区发展情况调研报告
3. 引进著名民企入滇发展调研报告
4. 关于理顺云龙水库库区管理体制的调研报告
5. 云南和谐社区建设调研报告
6. 云南省学前教育发展调研报告
7. 关于我省白内障防治情况的调研报告
8. 关于云南周边国际合作环境考察情况的报告
9. 关于与斯里兰卡马尔代夫合作环境考察情况的报告
10. 关于与缅甸泰国合作环境考察情况的报告
11. 关于保山、德宏调整完善城乡建设发展思路、加强耕地保护的调研报告
12. 关于丽江、迪庆调整完善城乡建设发展思路、加强耕地保护的调研报告
13. 云南省调整完善城乡建设发展思路加强耕地保护综合调研报告
14. 关于楚雄州和临沧市调整完善城乡建设发展思路加强耕地保护的调研报告
15. 关于曲靖市和昭通市调整完善城乡建设发展思路加强耕地保护的调研报告
16. 关于湖北省陕西省政府自身建设情况的调研报告
17. 云南省国家公园试点效果对比分析—以普达措和轿子山为例
18. 关于武汉城市圈建设情况的调研报告
19. 关于加快中石油云南省成品油销售网络建设亟待解决相关问题的调研报告
20. 关于构建稳定物价长效机制的调研报告
21. “关于实施桥头堡战略三点建议”的调研报告
22. 推进云南标准厂房建设的调研报告
23. 引进著名民企入滇发展调研报告
24. 加快引进保险资金促进养生养老产业发展的调研报告
25. 中缅边境部分口岸通关便利化和边民互市情况调研报告
26. 云南养老服务机构调研报告
27. 云南省儿童福利院发展调研报告

（杨桂敏）

云南省第十四次哲学社会科学优秀成果评奖获奖项目

一等奖

1. 中国云南与南亚经贸合作战略研究
云南省社会科学院　任佳　王崇理
陈利君
中国社会科学出版社
2. 音乐图像学与云南民族音乐图像研究
云南大学外国语学院英语系　王玲
人民出版社出版 2009 年 5 月
3. 基于 FDI 集聚的中国产业竞争力研究
云南财经大学区域发展研究所　赵果庆
基于 FDI 集聚的中国产业竞争力研究
4. 尤中文集
云南大学西南边疆少数民族研究中心
尤中
云南大学出版社 2009 年 5 月
5. 中国少数民族体育文化通论
云南师范大学体育学院　云南师范大学文学与新闻传播学院　饶远　刘竹
人民出版社 2009 年 7 月
6. 六十年马克思主义理论教育的实践与探索
昆明理工大学社会科学学院　王展飞
人民出版社 2009 年 5 月
7. 云南丛书
云南省文史研究馆
中华书局 2009 年 10 月
8. 联合重组：推动新闻出版业科学发展的有效途径—《云南信息报》成功转型的实践与启示
云南出版集团有限责任公司　龙雪飞
《人民日报》第 7 版理论版 2009 年 6 月 26 日
9. 对民族国家的再认识
云南大学公共管理学院政治学系　周平
《政治学研究》2009 年第 4 期
10. 旅游产业地理：旅游地理学研究的核心与主题
云南师范大学旅游与地理科学学院
云南师范大学　明庆忠　陈英
云南师范大学学报(哲学社会科学版)2009 年第二期
11. 史学方法论问题域探析
云南大学发展研究院　李杰
《历史研究》2009 年第 6 期
12. “回到现场”和“情境写作”——“五四”以来中国文学史研究与写作新潮
云南大学人文学院中文系　张志平
《社会科学》2009 年第 5 期
13. 西部少数民族地区人力资源评价及开发研究
云南师范大学　杨林　武友德　骆华松
常志有　薛勇军
《经济研究》2009 年第 10 期
14. 云南跨境民族中的毒品问题与禁毒工作调查研究
云南民族大学博士学科建设办公室
鲁刚
中国社科院西南边疆项目办公室 2009 年 12 月鉴定验收通过
15. 把云南建成我国向西南开放桥头堡前期研究
云南省人民政府　童志云等 10 人
2009 年 12 月通过云南省政府研究室验收

二等奖

1. 企业持续技术创新实现的制度结构作用机理研究
云南财经大学国际工商学院　段云龙
经济科学出版社 2009 年 10 月
2. 东盟研究丛书
云南大学法学院　米良　陈志波
云南大学出版社 2009 年 4 月
3. 先唐文学“人神遇合”主题研究
云南师范大学文学院　阳清
人民出版社 2009 年 12 月
4. 交易制度与中国股票市场质量研究
昆明理工大学应用技术学院经济管理系
屠年松
人民出版社 2009 年 6 月
5. 技术解释学
西南林业大学　赵乐静
科学出版社 2009 年 12 月
6. 云南省情（2008 年版）
中共云南省委　《云南省情》编委会
云南人民出版社 2009 年 6 月
7. 《剑川民族文化》丛书

政协剑川县委员会　尹福舟
云南民族出版社 2009 年 6 月至 12 月

8. 东南亚高等教育研究系列成果：东盟大学联盟质量保障指导方针实施手册、东南亚国家开放远程教育质量保障指导方针
云南大学高等教育研究院　张建新
云南人民出版社 2009 年 7 月

9. 哈尼梯田自然与文化景观生态研究
云南师范大学旅游与地理科学学院角媛梅
中国环境科学出版社 2009 年 6 月

10. 美国对外贸易体制研究
云南大学经济学院外贸系　马丹
中国经济出版社 2009 年 10 月

11. 昆明城市史（第一卷）
云南民族大学离退休处　谢本书 李江
云南大学出版社 2009 年 12 月

12. 突发公共事件舆论引导方略
云南省文学艺术界联合会　郑明 李琦
云南大学出版社 2009 年 11 月

13. 汉语“民族”概念的特点与中国民族研究的话语权—兼谈“中华民族”、“中国各民族”与当前流行的“族群”概念
云南民族大学法学院　何叔涛
《民族研究》2009 年第 2 期

14. 论“孔颜之乐”中的有无合一境界
云南师范大学哲学与政法学院哲学系
李煌明
《哲学研究》（2009 年第 9 期）

15. 村干部知识化与年轻化对农户收入的影响：基于微观面板数据的实证分析
云南民族大学经济学院　高梦滔 毕岚岚
《管理世界》2009 年第 7 期

16. 罪刑法定原则视野下的期待可能性理论
云南大学法学院　高巍
《云南师范大学学报》（哲社版）2009 年 3 月

17. 云南藏区维护社会稳定经验述要
云南民族大学校办　王德强
云南民族大学学报 2009 年第 6 期

18. 中医突围的人类学思考
曲靖师范学院 经济管理学院　孙健灵
《新加坡中医杂志》2009 年 12 月（总 27 期）

19. 云南财政支出效益分析
云南省审计厅　云南省财政厅政策研究处　云南省财政厅预算处　任晓珍
苏建宏 谭文
《财政研究》2009 年第 6 期

20. 20 世纪前期云南与世界经济的互动——以云南省博物馆藏商号“洪盛祥的两部账册”为个案
云南大学人文学院历史系　吴晓亮
《中国经济史研究》2009 年第 4 期

21. 面向东南亚国际人才一体化培养模式研究
云南师范大学　伊继东 刘六生 冯用军
《教育科学》2009(1)

22. 化解我国农村义务教育债务的资金补偿测算研究——基于标准教育支出的思路
云南财经大学财政与经济学院　云南财经大学公共政策研究中心　华东政法大学商学院金融学专业　伏润民
常斌 缪小林 林青
《财贸经济》2009 年第 10 期

23. 批判与重构：马克思的市民社会理论及其当代视域
云南大学马克思主义研究院　蒋红
《哲学研究》2009 年第十二期

24. 汉语常用动词的带宾能力考查
云南师范大学国际语言文化学院　魏红
《汉语学报》2009 年第二期

25. 委托代理：经营者行为、会计信息鉴证和投资者
云南省会计学会　昆明理工大学管理与经济学院　龙小海 田存志 段万春
《经济研究》 2009 年 9 月

26. 干将莫邪传说研究
云南大学人文学院中文系　李道和
香港大学饶宗颐学术馆出版单行本，2009 年 7 月

27. 深化云南农垦改革促进垦区和谐发展方案研究
省政府研究室　省政府研究室农村发展处
2009 年 12 月于云南省政府研究室通过验收

28. 进一步加快云药产业发展研究
云南省人民政府发展研究中心
聂元飞等 11 人
2009 年 8 月 11 日于云南省人民政府发展研究中心通过验收

29. 云南“戒毒康复场所”戒毒模式实证研究报告
云南警官学院法律系　房红
2009年10月30日由云南警官学院科技处验收并通过鉴定

三等奖

1. 高校教师发展—基于美国高等教育的经验
云南大学高等教育研究院　徐延宇
教育科学出版社
2. 中国基础教育评价的积弊与更新
云南师范大学教育科学与管理学院
张向众
教育科学出版社 2009年9月
3. 农村金融与农村政策性银行发展研究——以云南为例
云南大学经济学院　郭树华 梁东 杨琦
云南大学出版社 2009年12月
4. 基于P6的GMS国家目标导向项目规划研究——越南老街省、中国云南省高黎贡山案例
昆明理工大学管理与经济学院工商管理系等　王松江　等6人
云南科技出版社 2009年11月
5. 分工、信任与企业成长
云南财经大学研究生部　周文
商务印书馆 2009年1月
6. 论教师教学生活的智慧
云南大学高等教育研究院　刘徐湘
湖南师范大学出版社 2009年12月
7. 新时期高校思想政治教育教学实效性研究
云南大学马克思主义研究院　李维昌
云南人民出版社 2009年8月
8. 军人政权与缅甸现代化进程研究（1962–2006）
云南大学国际关系研究院东南亚研究所
李晨阳
香港社会科学出版社有限公司2009年9月
9. 注册会计师法律制度研究
云南财经大学法学院　云南财经大学科研处　于定明 朱锦余
法律出版社 2009年4月
10. 教育学——基础教育原理与应用
昆明学院 大理学院　罗明东 褚远辉等
云南大学出版社 2009年7月
11. 中共中央南方局的群众工作
中共云南省委党史研究室一处　中共云南省委党史研究室　中共党史出版社 2009年5月
12. 复兴的探索——中国特色社会主义道路的理论框架
云南省社会科学院　纳麒等
中国社会科学出版社 2009年8月
13. “言”、“语”、“论”、“说”与先秦论说文体
云南师范大学文学院中文系　邱渊
云南人民出版社
14. 中国少数民族原始宗教经籍汇编·东巴经卷
丽江市东巴文化研究院　习煜华 赵世红
中央民族大学出版社 2009年4月
15. 瑶族志：香碗——云南瑶族文化与民族认同
云南省社会科学院民族学研究所
黄贵权
云南大学出版社 2009年8月
16. 云南民族自治地方的和谐与小康
云南民族大学　李若青 龙珊 张亚雄
云南民族出版社
17. 社会性别与农村发展政策
云南大学经济学院　云南民族大学民族研究所　蔡葵 黄晓 武承睿 任晓冬
中国社会科学出版社 2009年9月
18. 交易制度、交易策略与证券价格行为
昆明理工大学管理与经济学院经济研究中心　田存志
中国社会科学出版社 2009年7月
19. 和谐与发展
昆明理工大学　孙书行 张仲华
中国社会科学出版社 2009年7月
20. 唐代城市经济研究
云南民族大学经济学院　肖建乐
人民出版社 2009年2月
21. 人本主义管理的多元视角与多元形态
云南师范大学教育科学与管理学院
王毅
云南大学出版社 2009年12月
22. 民族电影的产业化：云南的历史、实践与理论
保山学院中文系　魏国彬
云南大学出版社 2009年10月
23. 现代民族学（下卷第一、二分册）
云南大学西南边疆少数民族研究中心

云南省社会科学院科研处　瞿明安 郑晓云

24. 区域旅游创新
丽江市委　王君正
云南人民出版社 2009 年 12 月

25. 普通高等教育“十一五”国家级规划教材：地理科学导论
云南师范大学旅游与地理科学学院
云南师范大学　潘玉君 武友德

26. 纳西东巴文字概论
丽江市东巴文化研究院　李静生
云南民族出版社 2009 年 6 月

27. 学前比较教育
云南师范大学教育科学与管理学院
曹能秀
上海华东师范大学出版社 2009 年 1 月

28. 杨福泉纳西学论集
云南省社会科学院　杨福泉
民族出版社 2009 年 7 月

29. 中国内生性工业化道路研究——兼论大国工业化模式
昭通市人民政府办公室　王敏正
人民出版社 2009 年 7 月

30. 云南少数民族地区的英汉双语教学
云南民族大学外国语学院　杨丛梅
云南民族出版社 2009 年 5 月

31. 云南近现代民族发展史纲要
云南大学西南边疆少数民族研究中心
王文光 龙晓燕 晓斌
云南大学出版社 2009 年 11 月

32. 设计管理
昆明理工大学机电学院　西南林业大学交通机械与土木工程学院　昆明理工大学艺术与传媒学院 等　徐人平等
化学工业出版社 2009 年 9 月

33. 科学发展观对马克思主义中国化的新贡献
大理学院马克思主义学院　云南大学公共管理学院　大理学院教育科学学院　赵金元等
云南大学出版社 2009 年 3 月

34. 云南石林旧志集成
石林彝族自治县史志办公室　刘世生
毕晓冬 鲁建宏 蒋云明
云南民族出版社 2009 年 5 月

35. 云南少数民族传统文化研究
云南师范大学教务处　杨志明
人民出版社 2009 年 12 月

36. 新时期农村改革发展的行动纲领党的十七届三中全会<决定>通俗读本
中共云南省委宣传部　中共云南省委宣传部省委讲师团　云南省委宣传部
云南省社科院　云南人民出版社 2009 年 7 月

37. 高等农业教育与新农村建设
云南农业大学职业与继续教育学院等
刘福军 秦莹等 6 人
云南人民出版社 2009 年 3 月

38. 可视的文化：影像文化传播论
云南大学人文学院新闻系　云南艺术学院影视学院　张宇丹 吴丽
云南大学出版社 2009 年 4 月

39. 汉语义类词群的语义范畴及隐喻认知研究（一）
云南师范大学文学院中文系　云南农业大学　冯英　李顺琴

40. 互补与和谐——白族母性文化的道德教育功能研究
大理学院教育科学学院　何志魁
广西师范大学出版社 2009 年 12 月

41. 公安民警预防控制艾滋病教程
云南警官学院基础部　高运弘 解宇
李云昭 杨鸿斌
云南大学出版社 2009 年 9 月

42. 民族档案史料编纂学概要
云南大学公共管理学院情报与档案学系
陈子丹
云南大学出版社 2009 年 3 月

43. 美国犹太人：从边缘到主流的少数族群
云南大学国际关系研究院　刘军
云南大学出版社 2009 年 9 月

44. 能源安全与中美关系：竞争、冲突、合作
云南大学国际关系研究院　吴磊
中国社会科学出版社 2009 年 3 月

45. 茶马古道上的传奇家族——百年滇商口述史
云南省社会科学院民族民间文学研究所　李旭
中华书局 2009 年 1 月

46. 云南省图书馆馆藏善本书录
云南省图书馆　李友仁
云南人民出版社 2009 年 11 月

47. 近代云南茶业经济研究
云南大学党委统战部　杨志玲
人民出版社 2009 年 12 月
48. 马克思恩格斯人类学编年史
云南省社会科学院　李立纲
云南民族出版社 2009 年 6 月
49. 融痕——汉藏文化边缘奔子栏藏族村落民族志
云南大学民族研究院　青海师范大学历史文化学院　李志农 丁柏峰
云南人民出版社 2009 年 11 月
50. 现代人文理念与艺术创造精神
云南艺术学院文华学院　陈劲松
云南美术出版社 2009 年 12 月
51. 官僚制视野下当代中国公共政策冲突研究
云南大学公共管理学院政治学系
袁明旭
中国社会科学出版社 2009 年 4 月
52. 舞蹈人类学视野中的彝族烟盒舞
云南省社会科学院民族文学研究所
李永祥
云南民族出版社 2009 年 5 月
53. 滇中文化论旅游篇
楚雄州社科联　李忠吉 黄幼昆 陈九彬
云南人民出版社 2009 年 12 月
54. 中国行政诉讼的制度空白及弥补问题研究
云南大学出版社　杨临宏
云南大学出版社 2009 年 9 月
55. 独龙族社会变迁与观念嬗变研究
云南大学西南边疆少数民族研究中心
高志英
云南人民出版社 2009 年 8 月
56. 戏剧面影与文化风流
云南艺术学院院办　吴卫民
云南大学出版社 2009 年 4 月
57. 纳训评传
云南民族大学继续教育学院　锁昕翔
宁夏人民出版社 2009 年 7 月
58. 代理成本视角下的可转换债券融资市场反应研究
云南财经大学会计学院　李小军 王平心
《管理评论》2009 年第 3 期
59. 经典的亵渎颠覆与传承保护
云南省社会科学院哲学研究所　蔡毅
《社会科学评论》2009 年 3 期
60. 中国古典哲学中的意象思维对书法美学意象研究的影响
曲靖师范学院人文学院　谢建军
《中国书法》2009 年第 9 期
61. 历史脉络中的民族认同：以阿佤山汉族移民认同的变迁与佤族的互动为例
云南大学西南边疆少数民族研究中心
白志红
《云南社会科学》2009 年第 6 期
62. 清洁发展机制与云南森林碳汇制度研究
西南林业大学经济管理学院　文冰
《碳经济》2009（12）
63. 移民意愿调查与评估的理论和方法——以金沙江向家坝水电站云南省绥江县移民安置为例
云南大学资源环境与地球科学学院　云南省移民局　陈丽晖 陈晓明
《水利发展研究》2009 年第 9 卷第 4 期
64. 西南联大与中国现代文学
云南省社会科学院民族文学研究所
杨绍军
《学术研究》2009 年第 1 期
65. 论雷蒙威廉斯的现代悲剧观
云南财经大学传媒学院　肖琼
《马克思主义美学研究》第 12 卷第 1 期
66. 计算机使用对青年人工资率的影响：来自云南的经验证据
云南民族大学经济学院　高梦滔 颜明
毕岚岚
《中国人口科学》2009 年第 1 期
67. 狂欢的“凡间”与喜剧的反抗
云南师范大学传媒学院　李娅菲
《粤海风》2009 年第二期
68. 一种后自由主义的话语——当代西方政治哲学中的社群主义思潮的批判性分析
云南师范大学社会发展学院　刘化军
《国外理论动态》2009 年第 4 期
69. 基于 FAHP 的海外市场进入模式选择
云南财经大学工商管理学院　姚建峰
邹　平
《华东经济管理》2009 年 6 期
70. 越南刑法的特点及伦理特色
云南大学法学院　米良
《云南大学学报（法学版）》2009 年第 5 期
71. 中国制造业集聚强度与显著性——基于方差假设检验

云南财经大学区域发展研究所 赵果庆 罗宏翔
《经济管理》2009年第7期

72. 《物权法》的伦理审视
云南省社会科学院 谢青松
《云南社会科学》2009年第3期

73. 云南社会体育指导员研究
云南师范大学体育学院 金黄斌
体育文化导刊 2009年10期

74. 创新我国企业年金监管制度——基于对全球金融危机的反思
云南财经大学金融学院 钱振伟 丁江萍 张艳
《保险研究》 2009年11月

75. 纳西族、藏族宗教文化交融互渗关系研究
云南民族大学民族研究所 李国文
《中央民族大学学报》2009年第3期

76. 文学理论：走向文学实践的可能及方式
曲靖师范学院人文学院 张永刚
《文艺理论与批评》2009年第三期

77. 少数民族女性文化的内涵
云南民族大学学报编辑部 杨国才
《浙江学刊》 2009年第六期

78. 边疆民族地区深入贯彻落实科学发展观需要着力解决的几个问题
云南省委宣传部理论处 戴世平 张含
2008年中宣部等举办的纪念党的十一届三中全会召开 30 周年理论研讨会论文集

79. 论广告法视野下虚假荐证责任制度之重构
玉溪师范学院政法学院 于林洋
《法商研究》2009年第3期

80. 20世纪末美国反环保运动与联邦政府的行为
云南师范大学历史与行政学院 安宁市县街镇鸣矣村村委会 赵虹 陶婵娟
《学术探索》2009年第2期

81. 云南乡村治理：成效、问题与可能路径
云南师范大学哲学与政法学院政治学系 周朗生
《经济问题探索》2009年6月

82. 60年来云南边境民族关系的和谐与稳定
云南民族大学科技处 李若青
《云南民族大学学报》2009年第五期

83. 哈尼族中学生文化认同及其与学校生活满意度的关系
红河学院教师教育学院基础教育系 胡发稳
《心理发展与教育》2009年第2期

84. 心理学的公共性回归
云南师范大学教育科学与管理学院 周宁
《社会科学》2009年第6期

85. 我国封闭式基金高折价原因的深层次研究
云南民族大学经济学院 杨盛昌
《云南民族大学学报哲学社会科学版》2009年第一期

86. 第六种现代化：中国、安全及风险管理
云南师范大学哲政学院 和军 毕文胜
《国外理论动态》2009年10月

87. 大学生就业问题中社会资本运用的有限性
云南师范大学历史与行政学院 姚德超
理论与现代化，2009年第6期

88. 关于民族文献界定的若干问题
云南民族大学管理学院 纳 勇
《云南民族大学学报》2009年第1期

89. 国家类型与民族问题的解决——兼谈国家对少数民族政策的“政治化”与“文化化”
云南民族大学法学院 毕跃光
《世界民族》2009年第4期

90. 大湄公河次区域经济走廊建设和中国的参与
云南大学国际关系研究院 刘稚
《当代亚太》2009年第3期

91. 丽江地震灾害发生后文化恢复重建探析
云南民族大学法学院 王明东
云南民族大学学报 2009年第4期

92. 民族档案之旅游人类学建构与扩展研究
云南大学社会科学处 杨毅 张会超
《思想战线》2009年第三期

93. SVAR 模型框架下中国货币政策区域效应的实证研究：1978-2006
云南民族大学管理学院 蒋益民 陈璋
《金融研究》2009年第4期

94. 审计委员会的本质属性及制度创新——基于新制度经济学视角
云南财经大学科研处 中国海洋大学管理学院 云南省审计厅内部审计协会 朱锦余 胡春晖 易挺
《审计与经济研究》2009年第4期

95. 云南石林集镇体系发展模式研究
云南师范大学旅游与地理科学学院
吴映梅 李保玉
《经济地理》2009 年 11 月

96. 电子商务中在线信用分的集结方法及个性化推荐研究
云南财经大学公共管理学院 南开大学商学院 宋光兴 曹春方
《预测》2009 年第 5 期

97. 西部地区资源开发中的矛盾及求解——从发展合理性的视角
昆明理工大学社会科学学院 昆明理工大学 樊勇 李晓偲

98. 云锡公司印尼归侨社会适应研究
红河学院人文学院历史系 孙东波
《华侨华人历史研究》2009 年第 4 期

99. 西双版纳傣族文化的空间隐喻
云南师范大学旅游与地理科学学院 云南师范大学科研处 陈亚颦 余明九

100. 西部新农村建设公共产品供给的综合评价
云南财经大学学报编辑部 云南财经大学财政与经济学院 叶文辉 缪小林
《财经问题研究》2009 年第 10 期

101. 城市化进程中少数民族传统体育文化传承与保护
云南师范大学体育学院
刘坚 吕赟 徐长红
《体育与科学》2009 年第 6 期

102. Sustainable Development and Corporate Environmental Responsibility: Evidence from Chinese Corporations
昆明市环保局 西南林业大学生态旅游学院 和矛 陈娟
Journal of Agricultural and Environmental Ethics

103. 人类学视野中的“采百花”习俗
昆明学院昆明科学发展研究院 吴瑛
《民族研究》2009 年第 4 期

104. 网络教学中教师角色的认同与构建
云南师范大学传媒学院 史晓宇
《电化教育研究》 2009 年第 5 期

105. 对政治艺术的再认识
云南大学公共管理学院 方盛举
《学习与探索》2009 年第 4 期

106. 云南回族妇女教育的传统与现代
云南大学文化产业研究院 林艺
《云南民族大学学报》2009 年 5 期

107. 特色文献资源的文化学意义和符号学价值
云南师范大学图书馆 朱曦
《大学图书馆学报》2009 年 1 期

108. 历史唯物主义：作为哲学的“历史科学”
云南大学人文学院哲学系 李兵
《学习与探索》2009 年第 6 期

109. “八景”文化的起源及其在边疆民族地区的发展——以云南“八景”文化为中心
云南大学历史系西南环境史研究所
周琼
《清华大学学报》2009 年第 1 期

110. 《吸毒检测程序规定》研究报告
云南师范大学哲学与政法学院社会学系 莫关耀
国家禁毒办、公安部禁毒局 2009 年 6 月北京

111. 维护西南边境地区稳定面临的主要挑战及对策建议
云南大学国际关系研究院东南亚研究所 李晨阳 祝湘辉 卢光盛
2009 年 11 月于云南大学

112. 关于将昆明建成“大湄公河次区域金融中心”的建议
云南财经大学财政与经济学院云南对外金融合作研究基地 胡列曲
2009 年 9 月《舆情专报》第 5 期

113. 云南省政府非税收入管理研究
云南财经大学财政税收研究所
张丽华
于 2009 年 9 月 21 日由云南省哲学社会科学规划办公室组织鉴定验收

114. 民族院校学位点建设研究
云南民族大学研究生部 安学斌
熊华斌 刘延哲 王顶明
2009 年 5 月经国家民委教育科技司审核准予结项

115. 云南省区域生态补偿机制模式与政策研究
保山学院 杨杰等 14 人
2009年11月由云南省人民政府决策咨询课题管理小组组织鉴定验收

116. 云南旅游卫星账户编制与研究
云南省统计局　云南省旅游局
2009 年 12 月由云南省旅游局、云南省统计局组织验收

117. 提升云南沿边开放战略研究
中共云南省委政策研究室　张佐等 6 人
2009 年 5 月通过云南省委政研室课题管理委员会鉴定评审

法规 · 文件

Document Laws and Regulations

法　规

2011 年云南省经济立法概况

2011 年，云南省的政府立法（含法规规章法理工作）紧紧围绕省委、省政府的中心工作，按照统筹兼顾、突出重点，完善机制、提高质量和以人为本、立法为民的理念，以全面推进依法行政、建设法治政府为目标，扎实推进，取得了明显成效。经过省政府法制办公室组织起草、审查、协调、修改和提请省政府常务会议讨论或者审议通过等立法程序后，在年内公布地方性法规和省政府规章共 18 件，其中经济立法共 10 件。主要经济立法的概况为：

《云南省非税收入管理条例》立法概况　为了加强非税收入管理，规范收入分配秩序，增强政府宏观调控和公共服务能力，保护缴款人的合法权益，根据有关法律、法规，结合云南实际，制定该条例。该条例对非税收入的概念和范围、主管部门和执收单位、缴纳方式和汇缴结算账户设置、票据的管理等事项作了具体化规定。该条例由省财政厅起草，经省法制办审查、论证、协调、修改，提请 2010 年 11 月 1 日省人民政府第 48 次常务会议讨论通过，并由秦光荣省长签署省政府议案提请省人大常委会审议。该地方性法规案经 2011 年 5 月 26 日云省第十一届人民代表大会常务委员会第 23 次会议审议通过。已通过的该条例共 41 条，2011 年 5 月 26 日云南省第十一届人民代表大会常务委员会公告第 41 号予以公布，自 2011 年 7 月 1 日起施行。1996 年 9 月 25 日云南省第八届人民代表大会常务委员会第 23 次会议通过的《云南省预算外资金管理条例》同时废止。

《云南省民用运输机场保护条例》立法概况　为了加强民用运输机场的保护，保障民用运输机场安全和有序运营，根据《中华人民共和国民用航空法》、《民用机场管理条例》等法律、法规，结合云南实际，制定该条例。该条例对民用机场保护条例的名称、民用机场保护的管理机构与职责、保护规划、鸟（鸽）禽危害的治理、处理民族习俗与飞行安全的关系等事项作了具体化规定。该条例由云南省发改委（省民航办）起草，经省法制办审查、论证、协调、修改，提请 2010 年 11 月 25 日省人民政府第 49 次常务会议讨论通过，并由秦光荣省长签署省政府议案提请省人大常委会审议。该地方性法规案经 2011 年 5 月 26 日云南省第十一届人民代表大会常务委员会第 23 次会议通过。已通过的该条例共 59 条，2011 年 5 月 26 日云南省第十一届人民代表大会常务委员会公告第 42 号予以公布，自 2011 年 7 月 1 日起施行。

《云南省城市出租汽车管理办法》立法概况　为了加强城市出租汽车管理，提高出租汽车行业服务质量，保障乘客、经营者及其从业人员的合法权益，根据国家有关法律法规，结合云南实际，制定该办法。该办法对城市出租汽车管理主体、经营权、行业管理、法律责任等事项作了较为明确具体的规定、该办法由省交通运输厅起草，经省政府法制办公室审查、协调、修改后，提请 2011 年 4 月 12 日省政府第 55 次常务会议审议通过。已通过的该办法共 37 条，由秦光荣省长于 2011 年 5 月 6 日签署省政府令第 167 号予以公布，自 2011 年 8 月 1 日起施行。

《云南省城市公共交通管理办法》立法概况　为了发展城市公共交通，规范客运活动秩序，保障运营安全，维护城市公共交通活动当事人合法权益，根据有关法律、法规，结合云南实际，制定该条例。该办法对城市公共交通的管理机构、规划和建设、线路许可、轨道交通等事项作了较为明确具体的规定。该规章草案由省交通运输厅起草，经省政府法制办公室审查、协调、修改后，提请 2011 年 4 月 12 日省政府第 55 次常务会议审议通过。已通过的该办法共 38 条，由秦光荣省长于 2011 年 5 月 6 日签署省政府令第 168 号予以公布，自 2011 年 8 月 1 日起施行。

（胡江天）

文 件

2011年云南经济立法目录

云南省非税收入管理条例

（2011年5月26日云南省第十一届人民代表大会常务委员会第二十三次会议通过　2011年5月26日云南省第十一届人民代表大会常务委员会公告第41号公布）

云南省民用运输机场保护条例

（2011年5月26日云南省第十一届人民代表大会常务委员会第二十三次会议通过　2011年5月26日云南省第十一届人民代表大会常务委员会公告第42号公布）

云南省渔业条例

（2011年5月26日云南省第十一届人民代表大会常务委员会第二十三次会议通过　2011年5月26日云南省第十一届人民代表大会常务委员会公告第43号公布）

云南省盐业管理条例

（2011年7月27日云南省第十一届人民代表大会常务委员会第二十四次会议通过　2011年7月27日云南省第十一届人民代表大会常务委员会公告第45号公布）

云南省风景名胜区条例

（2011年9月30日云南省第十一届人民代表大会常务委员会第二十六次会议通过　2011年9月30日云南省第十一届人民代表大会常务委员会公告第50号公布）

云南省农民工工资支付保障规定

（2011年3月25日云南省人民政府第54次常务会议通过　2011年3月31日云南省人民政府令第166号公布）

云南省城市出租汽车管理办法

（2011年4月12日云南省人民政府第55次常务会议通过　2011年5月6日云南省人民政府令第167号公布）

云南省城市公共交通管理办法

（2011年4月12日云南省人民政府第55次常务会议通过　2011年5月6日云南省人民政府令第168号公布）

云南省人民政府关于废止和修改有征地拆迁部分规章和规范性文件的决定

（2011年11月7日云南省人民政府第65次常务会议通过　2011年12月6日云南省人民政府令第170号公布）

云南省人民政府关于修改有关行政强制部分规章和规范性文件的决定

（2011年12月16日云南省人民政府第68次常务会议通过 2011年12月31日云南省人民政府令第172号公布）

公　　报

Bulletin

云南省2011年国民经济和社会发展统计公报

云南省统计局　国家统计局云南调查总队

（2012年4月）

2011年，在国内外复杂多变的严峻形势下，全省上下坚持以科学发展观为统领，认真贯彻落实国家各项宏观调控政策，大力推进“两强一堡”建设，以转变经济发展方式为主线，以改善和保障民生为落脚点，以提高自主创新能力为突破口，在调结构、转方式，强产业、增动力，惠民生、促和谐上狠下功夫，促进全省经济社会又好又快发展，实现了云南“十二五”科学发展和谐发展跨越发展的良好开局。

一、综　合

初步核算，2011年全省生产总值（GDP）完成8750.95亿元，比上年增长13.7%，高于全国4.5个百分点。分三次产业看，第一产业增加值1407.81亿元，增长6.0%；第二产业增加值3990.97亿元，增长18.0%；第三产业增加值3352.17亿元，增长11.8%。三次产业结构由上年的15.4:44.6:40.0调整为16.1:45.6:38.3。全省人均生产总值（GDP）达到18957元，比上年增长13.0%。非公经济创造增加值3679.78亿元，占全省生产总值的比重达42.1%，比上年提高1.5个百分点。

图1　2006-2011年云南省生产总值及其增长速度

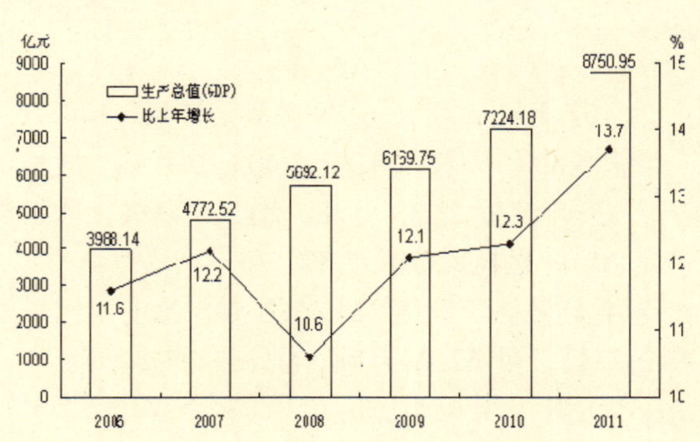

全省财政总收入完成2258.2亿元，比上年增长24.8%。全省地方财政一般预算收入完成1110.83亿元，比上年增长27.5%；其中增值税完成136.64亿元，增长21.2%；营业税277.71亿元，增长17.0%；企业所得税110.6亿元，增长34.4%。全省地方财政一般预算支出完成2929.59亿元，比上年增长28.2%，其中，用于农林水事务、教育、医疗卫生、住房保障支出、社会保障与就业的支出分别增长25.2%、28.9%、29.0%、35.3%和26.8%。

图2　2006-2011年云南省地方财政一般预算收入及其增长速度

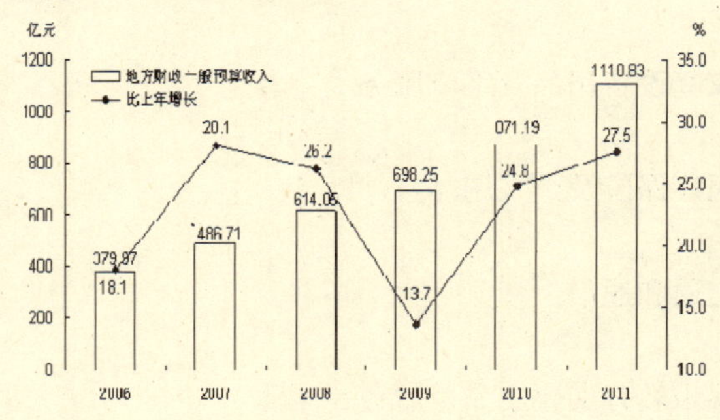

居民消费价格比上年上涨4.9%，其中食品价格上涨11.5%。工业生产出厂价格上涨4.7%。工业生产购进价格上涨8.0%。固定资产投资价格上涨4.6%。农业生产资料价格上涨8.3%。农产品生产价格上涨17.6%。

表 1 2011 年云南省居民消费价格比上年涨跌幅

单位：%

指标	全省		
		城市	农村
居民消费价格	4.9	4.8	4.9
食品	11.5	11.1	12.1
其中：粮食	11.9	12.0	11.7
油脂	13.0	13.6	12.5
肉禽及其制品	24.8	24.8	24.7
烟酒及用品	0.8	0.7	0.9
衣着	0.5	0.2	1.1
家庭设备用品及维修服务	1.4	3.9	–2.2
医疗保健及个人用品	3.3	4.1	1.9
交通和通信	0.0	0.2	–0.2
娱乐教育文化用品及服务	–0.3	–0.5	0.1
居住	4.4	3.9	5.2

注：居民消费价格及相关价格指数由国家统计局云南调查总队提供。

二、农业

全年完成农业总产值 2306.5 亿元，比上年增长 6.1%。其中，种植业产值 1124.7 亿元，增长 6.8%；林业产值 246 亿元，增长 12.2%；畜牧业产值 808 亿元，增长 2.5%；渔业产值 56 亿元，增长 9.2%；农林牧渔服务业产值 72 亿元，增长 7.5%。

全年粮食总产量达 1673.6 万吨，比上年增长 9.3%。油料产量 60.75 万吨，比上年增长 77.5%；烟产量 102 万吨，增长 6.7%；蔬菜产量 1340 万吨，增长 6.8%；园林水果产量 405.39 万吨，增长 18.7%；茶叶产量 23.83 万吨，增长 14.9%；鲜切花产量 65.03 亿枝，增长 7.5%。

全年肉类总产量达 324.36 万吨，比上年增长 0.9%；牛奶产量 52.39 万吨，增长 3.9%；禽蛋产量 21.65 万吨，增长 4.1%。

全年新增有效灌溉面积 86.6 万亩，新增节水灌溉面积 53.5 万亩。

表 2　2011 年云南省主要农产品产量及其增长速度

单位：万吨

产品名称	产量	比上年增长%
粮食	1673.6	9.3
油料	60.75	77.5
甘蔗	1898.78	8.4
烤烟	101.82	6.7
蔬菜	1340.00	6.8
花卉（亿枝）	65.03	7.5
园林水果	405.39	18.7
茶叶	23.83	14.9
橡胶	36.34	9.9
核桃	31.01	24.9
咖啡	6.5	31.6
水产品	54.88	13.9

三、工业和建筑业

全年全部工业完成增加值 3205.85 亿元，比上年增长 17.6%；规模以上工业[5]完成增加值 2753.64 亿元，增长 18.0%。在规模以上工业中，轻工业完成增加值 1245.65 亿元，增长 17.9%；重工业完成增加值 1507.99 亿元，增长 18.0%。

图 3　2006-2011 年云南省全部工业增加值及其增长速度

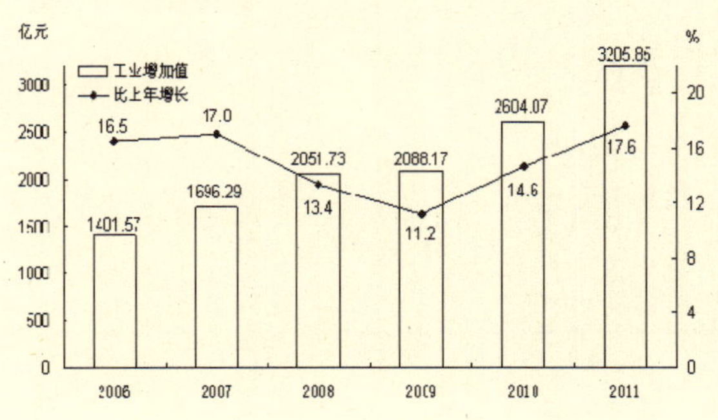

全年规模以上工业中，烟草制品业完成增加值 938.05 亿元，比上年增长 17.5%；电力生产和供应业完成增加值 290.53 亿元，增长 18.3%。6 大高耗能行业共完成增加值 1014.32 亿元，比上年增长 17.2%，其中，化学原料及化学制品制造业增长 22.1%、非金属矿物制品业增长 20.1%、电力热力的生产和供应业增长 18.3%、黑色金属冶炼及压延加工业增长 12.6%、有色金属冶炼及压延加工业增长 16.7%、石油加工炼焦及核燃料加工业增长 3.5%。

全年原煤产量 9957.41 万吨，比上年增长 2.0%；发电量 1555.13 亿千瓦小时，增长 13.9%；粗钢产量 1323.23 万吨，增长 2.3%；钢材产量 1351.85 万吨，增长 11.3%；十种有色金属产量 270.79 万吨，增长 12.7%；水泥产量 6788.88 万吨，增长 17.3%；卷烟产量 729.98 万箱，增长 2.1%；成品糖产量 173.51 万吨，下降 3.5%。

表3 2011年云南省主要工业产品产量及其增长速度

单位：万吨

产品名称	单位	产量	比上年增长%
原煤	万吨	9957.41	2.0
发电量	亿千瓦小时	1555.13	13.9
其中：水电	亿千瓦小时	1007.41	23.8
火电	亿千瓦小时	536.06	-1.9
铁矿石原矿量	万吨	2820.33	14.4
粗钢	万吨	1323.23	2.3
钢材	万吨	1351.85	11.3
十种有色金属	万吨	270.79	12.7
其中：铜	万吨	39.08	14.6
原铝	万吨	88.32	30.6
铅	万吨	43.15	13.5
锌	万吨	89.67	0.6
锡	万吨	7.65	1.6
硫酸（折100%）	万吨	1199.45	12.3
烧碱（折100%）	万吨	19.90	11.6
化肥（折100%）	万吨	326.93	-10.2
卷烟	万箱	729.98	2.1
成品糖	万吨	173.51	-3.5
精制茶叶	万吨	13.95	13.6
中成药	吨	25903.58	24.3
自来水生产量	万立方米	71478.17	2.9
机制纸及纸板	万吨	49.12	9.5
水泥	万吨	6788.88	17.3
平板玻璃	万重量箱	850.03	15.5
人造板	万立方米	152.95	1.8
发电设备	万千瓦	62.89	-12.0
变压器	万千伏安	1603.49	-10.7
汽车	辆	97174	-4.6

全年规模以上工业企业累计实现利税1525.03亿元，比上年增长22.3%；其中实现利润523.55亿元，增长24.5%。

全年全社会建筑业完成增加值785.12亿元，比上年增长19.6%。全省具有资质等级的总承包和专业承包建筑业企业完成总产值1867.06亿元，比上年增长23.7%；实现利润65亿元，增长28.6%；上缴税金81.42亿元，增长27.1%。

图4 2006-2011年云南省建筑业增加值及其增长速度

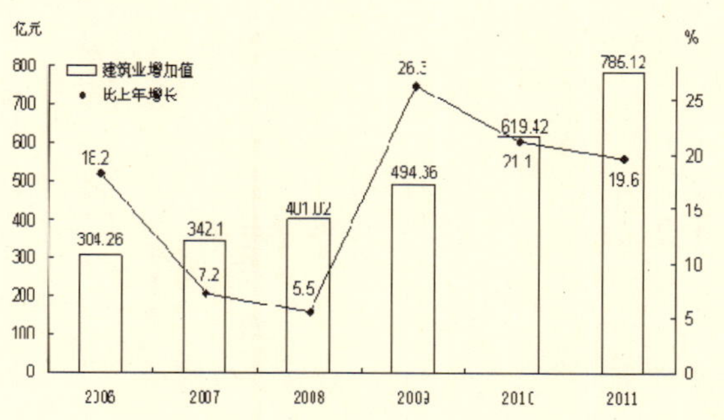

四、固定资产投资和房地产业

2011年全社会固定资产投资规模达到7109.70亿元，比上年增长27.4%。分三次产业看，第一产业投资282.16亿元，增长24.9%；第二产业投资2222.24亿元，增长25.3%，其中工业投资2213.52亿元，增长25.3%；第三产业投资4605.3亿元，增长30.5%。规模以上固定资产投资（不含农户）[6]5927.01亿元，增长27.6%。

图5 2006-2011年云南省全社会固定资产投资及其增长速度

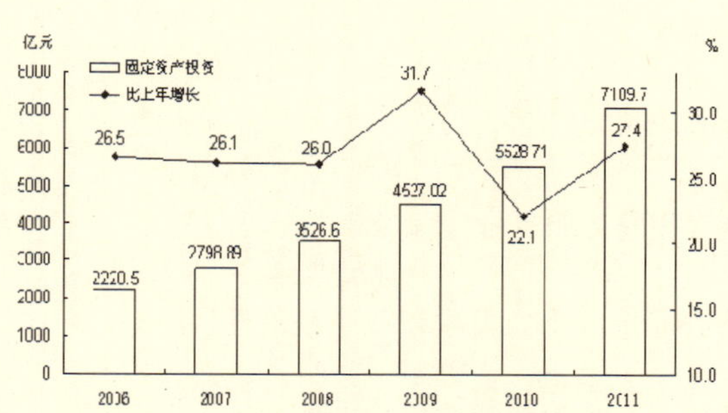

表4 2011年云南省分行业规模以上固定资产投资及其增长速度

单位：亿元

行　业	投资额	比上年增长%
总　　计	5927.01	27.6
农、林、牧、渔业	153.15	9.3
采矿业	262.42	22.9
制造业	895.51	39.1
其中：烟草制品业	36.43	50.2
化学原料及化学制品制造业	80.34	19.9
医药制造业	25.19	55.0
非金属矿物制品业	130.41	34.5
黑色金属冶炼及压延加工业	85.68	66.9
有色金属冶炼及压延加工业	115.86	17.1
电力、煤气及水的生产和供应业	792.61	23.3

行　业	投资额	比上年增长%
建筑业	6.13	6.3
交通运输、仓储和邮政业	842.80	1.5
信息传输、计算机服务和软件业	48.64	10.4
批发和零售业	253.87	17.7
住宿和餐饮业	97.55	79.0
金融业	4.10	–2.0
房地产开发	1272.72	41.3
租赁和商务服务业	21.49	74.4
科学研究、技术服务和地质勘查业	33.28	4 倍
水利、环境和公共设施管理业	597.18	11.2
居民服务和其他服务业	14.46	4.5
教育	126.05	–18.1
卫生、社会保障和社会福利业	81.54	21.5
文化、体育和娱乐业	98.63	128.3
公共管理和社会组织	115.49	28.3

全年房地产开发投资完成 1272.72 亿元，比上年增长 41.3%，其中，商品住宅投资 873.9 亿元，增长 33.5%；办公楼投资 44.25 亿元，增长 99.2%；商业营业用房投资 164.34 亿元，增长 67.9%。全省商品房屋施工面积 10597.88 万平方米，增长 20.6%；商品房屋竣工面积 1450.76 万平方米，下降 5.5%；商品房销售面积 3107.12 万平方米，增长 5.0%，商品房销售额 1133.61 亿元，增长 21.3%。

表5　2011年云南省房地产开发和销售主要指标完成情况

指　　标	单　位	绝对数	比上年增长%
投资完成额	亿元	1272.72	41.3
其中：住宅	亿元	873.90	33.5
其中：90平方米以下住宅	亿元	175.38	38.0
其中：经济适用房	亿元	14.58	16.9
房屋施工面积	万平方米	10597.88	20.6
其中：住宅	万平方米	7973.23	13.2
房屋新开工面积	万平方米	4984.70	34.6
其中：住宅	万平方米	3618.18	22.2
房屋竣工面积	万平方米	1450.76	–5.5
其中：住宅	万平方米	1182.14	–6.1
商品房销售面积	万平方米	3107.12	5.0
其中：住宅	万平方米	2716.42	2.2
本年资金来源	亿元	1648.09	26.7
其中：国内贷款	亿元	129.50	–19.5
其中：个人按揭贷款	亿元	202.98	–2.9
本年购置土地面积	万平方米	1425.38	38.2
土地购置费	亿元	129.87	7.1

高速公路建设稳步推进，59条二级公路基本建成，昆明市轨道交通工程加快实施；新建改建农村公路1.6万公里，新开工建设41项骨干水源工程，新建成35座中小型水库、45万件“五小水利”工程，牛栏江—滇池补水工程进度加快；金安桥、功果桥电站和镇雄电厂投产发电，六大煤炭基地、中缅油气管道及石油炼化基地建设进展顺利。

五、国内贸易和对外经济

全年实现社会消费品零售总额3000.14亿元，比上年增长20.0%。按经营地统计，城镇消费品零售额2407.21亿元，增长20.8%；乡村消费品零售额592.93亿元，增长16.9%。按消费形态统计，批发业零售额241.74亿元，增长35.9%；零售业零售额2140.42亿元，增长16.2%；住宿业零售额32.67亿元，增长26.3%；餐饮业零售额404.55亿元，增长18.7%；其他行业零售额180.76亿元，增长58.9%。

图6 2006-2011年云南省社会消费品零售总额及其增长速度

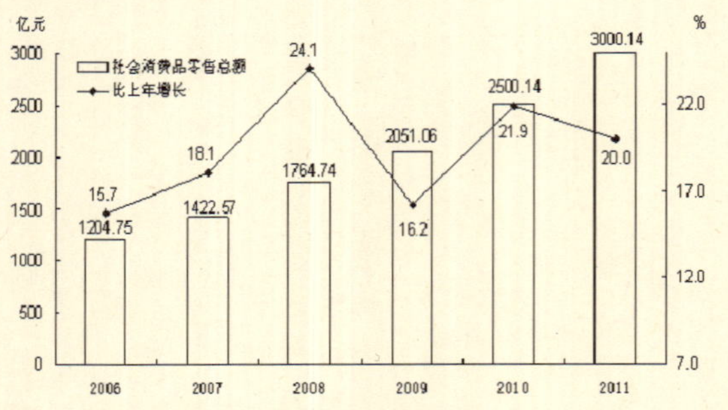

在限额以上批发和零售业[7]零售额中，粮油类零售额比上年增长36.5%，汽车类增长12.7%，石油及制品类增长54.2%，机电产品及设备类增长55.4%，日用品类增长30.4%，文化办公用品类增长27.5%，化妆品类增长16.6%，金银珠宝类增长49.4%，家具类增长32.5%，建筑及装潢材料类增长61.3%，家用电器和音像器材类增长16.7%。

全年外贸进出口总额完成160.53亿美元，比上年增长19.6%。其中出口完成94.73亿美元，增长24.6%，进口完成65.8亿美元，增长13.2%。全年对欧盟进出口17.91亿美元，增长22.7%；对东盟进出口59.5亿美元，增长30.2%；对南亚进出口10.82亿美元，增长16.2%。

图7 2006-2011年云南省进出口总额及其增长速度

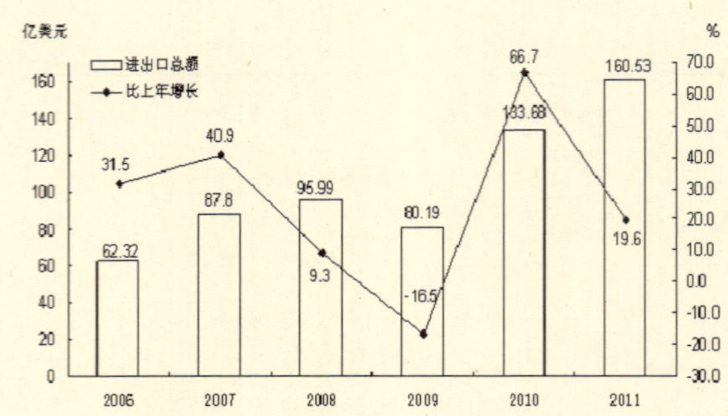

全省机电产品出口20.28亿美元，增长17.6%；农产品出口17.57亿美元，增长34.9%；磷化工产品出口14.94亿美元，增长30.2%；纺织品及服装出口7.18亿美元，增长2.5%。在进口商品中，金属原材料进口26.52亿美元，增长3.7%；农产品进口10.82亿美元，增长24.8%；机电产品进口7.99亿美元，下降5.4%；非金属原材料进口3.91亿美元，增长57.7%。

全年共批准利用外资项目163个，与上年持平，合同利用外资21.54亿美元，增长41.9%，实际使用外商直接投资17.38亿美元，增长30.7%。

六、交通、邮电和旅游

全年交通运输、仓储和邮政业增加值为217.19亿元，比上年增长7.4%。

表6 2011年云南省各种运输方式完成货物运输量及其增长速度

指　标	单　位	绝对数	比上年增长%
货物运输总量	亿吨	6.68	15.4
铁　路	亿吨	1.18	3.5
公　路	亿吨	5.42	18.7
水　运	亿吨	0.04	9.2
民　航	万吨	6.79	–22.3
管　道	亿吨	0.04	–2.9
货物运输周转量	亿吨公里	1070.11	8.0

指　　标	单　位	绝对数	比上年增长%
铁路	亿吨公里	369.70	3.2
公路	亿吨公里	617.27	12.5
水运	亿吨公里	8.19	18.5
民航	亿吨公里	1.04	-19.4
管道	亿吨公里	73.91	-2.0

表 7　2011 年云南省各种运输方式完成旅客运输量及其增长速度

指　　标	单　位	绝对数	比上年增长%
旅客运输总量	亿人	4.71	13.7
铁路	亿人	0.41	9.7
公路	亿人	4.14	14.3
水运	亿人	0.08	15.2
民航	亿人	0.08	0.6
旅客运输周转量	亿人公里	610.78	16.6
铁路	亿人公里	91.91	13.9
公路	亿人公里	424.57	20.6
水运	亿人公里	1.96	10.1
民航	亿人公里	92.34	3.7

年末全省民用汽车保有量达到 287.72 万辆（包括三轮汽车和低速货车 7.68 万辆），比上年末增长 18.7%，其中私人汽车保有量 235.62 万辆，增长 21.5%。民用轿车保有量 115.26 万辆，增长 22.1%，其中私人轿车 101.81 万辆，增长 24.2%。

全年完成邮电业务总量[8]314.65 亿元，比上年增长 17.0%。其中，邮政业务总量 16.32 亿元，增长 8.2%；电信业务总量 298.33 亿元，增长 17.2%。年末固定电话用户 540.11 万户。其中，城市电话用户 361.43 万户，农村电话用户 178.68 万户。新增移动电话用户 345.01 万户，年末达到 2589.51 万户，其中 3G 移动电话用户 234.16 万户。年末全省固定及移动电话用户总数达到 3129.62 万户，比上年末增加 322.52 万户。电话用户普及率达到 68.47 部/百人。固定宽带接入用户 306.52 万户，移动互联网用户 1662.72 万户（含无线上网卡用户和手机上网用户）。

全年接待海外入境旅客（包括口岸入境一

日游)763.72 万人次，比上年增长 15.2%，实现旅游外汇收入 14.01 亿美元，增长 22.8%。全年接待国内游客 1.63 亿人次，增长 18.0%；实现国内旅游收入 1195.73 亿元，增长 30.4%；全省实现旅游业总收入 1300.29 亿元，增长 29.1%。

七、金融、保险和证券

年末金融机构人民币存款余额达 15356.86 亿元，比上年末增长 14.5%，其中城乡居民储蓄存款余额 6654.87 亿元，增长 16.4%。年末全省金融机构人民币各项贷款余额达 12114.59 亿元，增长 14.6%。

图 8 2006-2011 年云南省城乡居民人民币储蓄存款余额及其增长速度

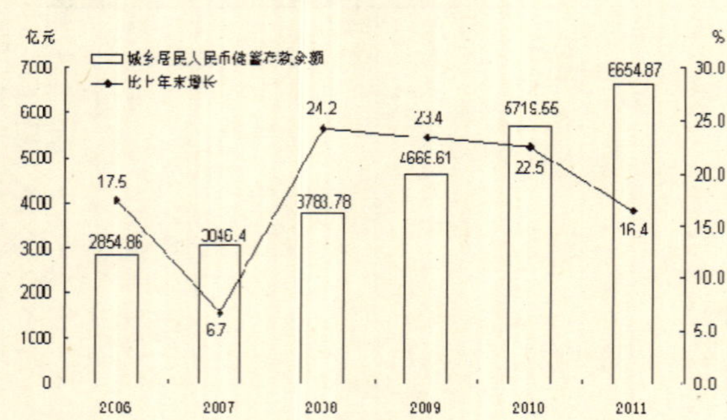

全年保险公司原保险保费收入 256.18 亿元，比上年增长 8.7%。其中，财产险业务原保险保费收入 109.17 亿元，增长 15.9%；寿险业务原保险保费收入 119.41 亿元，增长 1.7%；健康险和意外伤害险业务原保险保费收入 27.6 亿元，增长 14.8%。全年支付各类赔款及给付 84.66 亿元，比上年增长 27.7%。其中，财产险业务赔款 47.38 亿元，增长 24.8%；寿险业务给付 24.84 亿元，增长 42.8%；健康险和意外伤害险赔款及给付 12.44 亿元，增长 13.5%。

全年云南企业通过证券市场累计筹资 100.25 亿元，比上年增加 51.35 亿元。其中，A 股再筹资（包括配股、公开增发、非公开增发、认股权证筹资）78.25 亿元，增加 62.7 亿元；上市公司通过发行可转债、可分离债、公司债筹资 22 亿元，增加 22 亿元。年末全省共有上市公司 28 家，总股本 168.7 亿股；总市值 1853.7 亿元，比上年减少 937.9 亿元。

八、教育和科学技术

全年普通高等学校招生 16.13 万人，比上年增长 13.2%；在校学生 48.76 万人，比上年增长 11.1%；毕业生 10.95 万人，比上年增长 14.8%。各类中等职业教育招生 22.37 万人，在校生 67.59 万人，毕业生 15.58 万人。普通高中招生 24.38 万人，在校生 66.11 万人，毕业生 19.23 万人。初中招生 68.62 万人，在校生 204.87 万人，毕业生 66.77 万人。普通小学招生 65.38 万人，在校生 424.08 万人，毕业生 72.91 万人。幼儿园在园幼儿 108.59 万人。小学学龄儿童入学率达 99.61%，小学毕业生升学率达 94.25%。高等教育毛入学率达 23%，高中阶段教育毛入学率达 70%。

全年科学研究与试验发展(R&D)经费支出 52.7 亿元，比上年增长 19.3%，占生产总值（GDP）的比重达 0.6%，与上年持平。年末共有国家认定企业技术中心 13 个，省级企业技术中心 198 个，省级以上重点实验室 35 个，省级创新型试点企业 110 家。全年共登记科技成果 744 项，其中基础理论成果 35 项，应用技术成果 676 项，软科学成果 33 项，有 9 个项目获得 2011 年度国家科学技术奖，有 3 名科学家获 2011 年度何梁何利基金科学与技术奖。已建立国家级高新技术开发区 1 个，省级高新技术开发区 3 个。全年专利申请 7150 件，获专利授权 4199 件；签订技术合同 1246 项，成交金额达 11.86 亿元，比上年增长 5.8%。花卉新品种“秋日”（非洲菊）成为我国第一个获欧盟授权品种，重大水利水电工程多项施工技术创国内第一，中国第一条全流程钛带卷生产线在滇投产。

九、文化、卫生和体育

年末全省共有各种艺术表演团体 162 个，文化馆 148 个，公共图书馆 153 个，博物馆 67 个。全省广播、电视人口覆盖率分别达到 95.69% 和 96.72%。中、短波转播发射台 60 座，广播电台 17 座，电视台 17 座，有线电视用户 534 万户。

年末全省共有卫生机构 9956 个,医院 845 个；卫生机构拥有床位数 17.34 万张，卫生技术人员 15.1 万人,其中医生 6.47 万人。疾病预防控制机构 150 个，卫生技术人员 6477 人；专科防治机构 30 个，卫生技术人员 615 人；妇幼保健院（所、站）148 个，卫生技术人员 5365 人。乡镇卫生院 1388 个，床位 3.61 万张，卫生技术人员 2.32 万人。全年甲、乙类法定报告传染病发病人数 82521 例，报告死亡 1557 人；报告传染病发病率 179.52/10 万，死亡率 3.39/10 万。

全年云南运动员在国际比赛中获金、银、铜牌5枚；在全国比赛中获金、银、铜牌33枚。

十、资源、环境和安全生产

年末全省各级环境监测站186个，环境监测人员1456人。城市污水处理率达到98.0%，工业固体废物综合利用率达到46.6%。全年化学需氧量排放量比上年削减1.58%，二氧化硫排放量比上年削减1.78%。

全年共完成营造林929.94万亩。启动实施4730.18万亩省级公益林生态效益补偿，治理水土流失面积3301.3平方公里。截至年底，已确权集体林地面积为1800万公顷，其中发放林权证的面积为1786.7万公顷。年末全省自然保护区156个，其中国家级自然保护区17个，省级自然保护区42个。自然保护区面积286.63万公顷，其中国家级自然保护区面积144.97万公顷，省级自然保护区面积76.08万公顷。

全年水资源总量1364.57亿立方米，比上年下降29.7%；人均水资源2955.98立方米，减少30.1%。全年平均降水量3547.6毫米，下降21.9%。年末全省水利工程蓄水总量47.39亿立方米，比上年末下降26.4%。全年总用水量142.64亿立方米，比上年减少3.3%。万元生产总值用水量[9]163立方米，比上年下降20.1%。万元工业增加值用水量81.4立方米，下降16.86%。全省人均用水量为309立方米，下降3.7%。

全年能源消费总量9540.28万吨标准煤，比上年增长9.98%。全年全社会用电量为1204.07亿千瓦时，比上年增长19.9%。在规模以上工业主要能源消费量中，原煤消费量7886.38万吨，增长9.0%；洗精煤消费量1696.66万吨，增长10.3%；焦炭消费量1159.77万吨，下降0.2%，天然气消费量3.77亿立方米，增长12.9%,电力消费量744.41亿千瓦时，增长11.9%。全省能源消费量结构为：第一产业占2.04%；第二产业占74.74%；第三产业占14.59%；居民生活消费占8.63%。全省单位生产总值能耗比上年下降3.22%；单位工业增加值能耗比上年下降6.65%；单位生产总值电耗比上年增长5.45%。全年共实现节能量130.26万吨标准煤。

全年生产安全事故死亡人数为2388人，比上年下降1.24%。亿元GDP生产安全事故死亡人数为0.27人，下降17.3%；工矿商贸企业(不含煤矿)生产安全事故死亡人数为319人，下降8.07%；煤矿百万吨死亡人数为1.838人，增长77.6%。全年共发生道路交通事故5021起，造成1806人死亡、6467人受伤，直接财产损失2689.54万元；道路交通事故万车死亡率为2.13，下降16.8%。

十一、人口、人民生活与社会保障

年末全省常住人口为4631万人，比上年末增加29.4万人。全年出生人口58.8万人，出生率为12.7‰；死亡人口29.6万人，死亡率为6.4‰；自然增长率为6.35‰，比上年下降0.19个千分点。年末全省城镇化率达36.8%，比上年提高2个百分点。城镇人口1704万人，乡村人口2927万人。

表8　2011年人口数及其构成表

单位：万人

指　　标	年末数	比重（%）
全省总人口	4631.00	100.0
其中：城镇	1704.00	36.8
乡村	2927.00	63.2
其中：男性	2404.60	51.9
女性	2226.40	48.1
其中：0–14岁	932.25	20.1

指　　标	年末数	比重（%）
15-64 岁	3340.98	72.2
65 岁及以上	357.57	7.7

全年城镇新增就业人数 27.6 万人，新增转移农村劳动力 168.4 万人次。年末全省城镇实有登记失业人数 15.99 万人，城镇登记失业率 4.05%。

全年城镇居民人均可支配收入[10]18576 元，扣除价格因素，比上年实际增长 10.3%；城镇居民人均消费性支出 12248 元，比上年增长 10.6%。全省职工年平均工资 35387 元，比上年增长 17.3%。农村居民人均纯收入 4722 元，扣除价格因素，比上年实际增长 13.9%；农村居民人均生活消费支出 4000 元，比上年增长 17.7%。城镇居民家庭食品消费支出占消费总支出的比重为 39.2%，农村居民家庭食品消费支出占消费总支出的比重为 47.1%。

图 9　2006-2011 年云南省城镇居民人均可支配收入及其增长速度

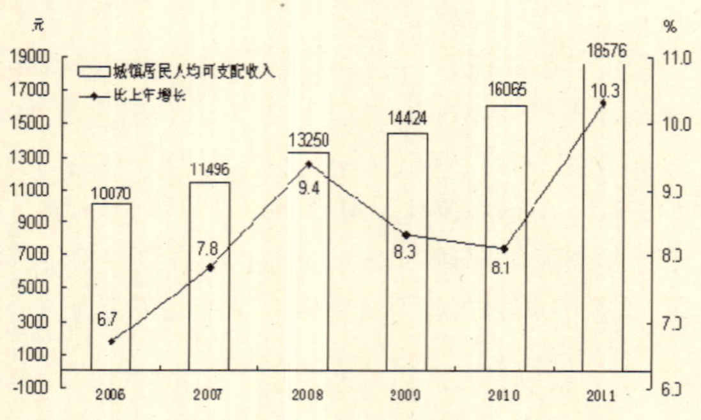

注：城镇居民人均可支配收入由国家统计局云南调查总队提供。

图 10　2006-2011 年云南省农村居民人均纯收入及其增长速度

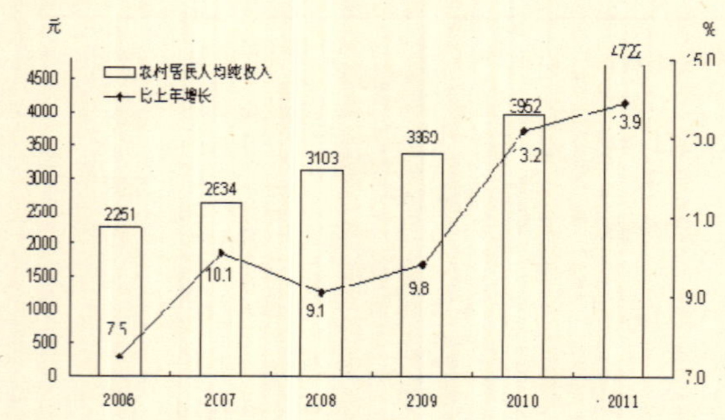

注：农村居民人均纯收入由国家统计局云南调查总队提供。

年末全省参加城镇职工基本养老保险人数为 342.82 万人，比上年末增加 25.4 万人。其中，参保职工 238.66 万人，参保离退休人员 104.16 万人。参加城镇基本医疗保险人数为 865.8 万人，增加 45.32 万人。其中，参加城镇职工基本医疗保险人数[11]443.36 万人，参加城镇居民基本医疗保险人数 422.44 万人。参加城镇医疗保险的农民工为 19.69 万人。全省参加失业保险人数为 216.75 万人，比上年末增加 7.14 万人。参加农村养老保险的人数为 1295.8 万人，比上年末增加 611.18 万人；参加新型农村合作医疗的农民为 3456.25 万人，增加 44.1 万人，参合率达 96.18%，比上年提高 0.89 个百分点。新型农村合作医疗基金累计支出总额为 57.74 亿元，累计受益 7862.22 万人次。全省享受城市最低生活保障的居民为 93.11 万人，比上年增加 0.51 万人；享受农村最低生活保障的农村居民为 403.37 万人，比上年增加 25.27 万人。

年末全省共有各类收养性社会福利单位床位 4.96 万张，全年收养各类人员 3.8 万人。州（市）级儿童福利院 772 个，流浪未成年人保护中心 19 个。农村养老服务机构 661 个，床位 3.59 万张，收养各类人员 2.8 万人，集中供养率超过了 89%。各类社区服务设施 572 个，其中，社区服务中心 75 个，社区服务站 497 个。全年销售社会福利彩票 39.64 亿元，筹集社会福利资金 11.02 亿元，接受社会捐赠 2.3 亿元。

注释：

[1]本公报中数据均为初步统计数。

[2]生产总值、三次产业增加值的绝对值按现价计算，增长速度按可比价计算。

[3]粮食总产量由国家统计局云南调查总队提供。

[4]肉类总产量、牛奶产量、禽蛋产量由国家统计局云南调查总队提供。

[5]规模以上工业企业是指年主营业务收入2000 万元及以上工业法人企业。

[6]规模以上固定资产投资（不含农户）是计划总投资 500万元以上的固定资产项目投资，包括房地产开发项目投资。

[7]限额以上批发企业是指年主营业务收入2000 万元及以上的企业，限额以上零售企业是指年主营业务收入 500 万元及以上的企业；

[8]邮电业务总量按 2010 年不变价格计算。

[9]万元生产总值用水量、万元工业增加值用水量、单位生产总值能耗按 2010 年不变价格计算。

[10]城镇居民人均可支配收入和农村居民人均纯收入的增长速度为扣除价格因素影响后的实际增速，城镇居民人均消费性支出和农村居民人均生活消费支出的增长速度未扣除价格因素的影响。

[11]城镇职工基本医疗保险人数包括参保职工和参保退休人员。城镇居民基本医疗保险的参保对象是不属于城镇职工基本医疗保险覆盖范围的城镇非从业人员。

云南妇女儿童发展规划

云　南　省　统　计　局
云南省实施“两纲两规”统计监测组

（2011 年 6 月）

为贯彻落实国务院颁布的《中国妇女发展纲要（2001～2010 年）》、《中国儿童发展纲要（2001～2010 年）》，云南省人民政府自 2001 年起制定和实施了《云南妇女发展规划（2001～2010 年）》和《云南儿童发展规划（2001～2010 年）》。十年来，全省贯彻落实男女平等基本国策和坚持儿童优先原则的步伐加快，妇女儿童发展的环境进一步优化，妇女在政治、经济、文化、社会等方面的权益和儿童的生存、保护、发展与参与权进一步得到保障，妇女儿童的整体素质和能力有了明显的提高。现将妇女儿童发展纲要（规划）监测的主要数据公布如下：

一、妇女与经济

截至 2010 年 12 月，全省共 7689 户企事业单位签定了《女职工特殊权益保护专项集体合同》，整体签订率达 84.9%，覆盖女职工 60.9 万人。全省就业人数为 2765.85 万人，其中女性 1270.63 万人，占 45.94%，从 2000 年到 2010 年，全社会妇女就业人员占就业人员总数的比例均保持在 40%以上。

2010 年末，全省城镇登记失业人员 16.16 万人，其中女性 6.4 万人，占 39.6%；参加城镇基本养老保险人数 317.42 万人，其中女性 130.74 万人，占 41.2%；参加基本医疗保险人数 820.48 万人，其中女性 336.75 万人，占 41.0%；参加失业保险的职工人数 209.61 万人，其中女性 91.8 万人，占 43.8%；参加工伤保险人数 227.37 万人，其中女性 65.50 万人，占 28.8%；参加生育保险人数 210.23 万人，其中女性 86.69 万人，占 41.2%。城镇企业职工生育保险覆盖率为 76.42%，比 2000 年增长 14.67 个百分点。

2010 年全省贫困人口 325 万人，脱贫人口 215 万人，减贫率 39.8%，但仍占全国贫困人口的 12.1%。贫困地区生产生活条件的较大变化，直接推动了两规的实施。

2010 年,全省有城市低保对象 92.60 万人，其中女性 40.38 万人，比 2006 年分别增加了 18.27 万人和 9.91 万人；全省农村低保对象总数达到 378.1 人，其中女性 147.32 万人，比 2007 年分别增加了 142.1 万人和 60.53 万人。

二、妇女参与决策和管理

2010 年云南共有省人大代表 633 人，其中女性 169 人；省人大常委 65 人，其中女性 13 人；省政协委员 650 人，其中女性 165 人；省政协常委 133 人，其中女性 25 人。

2010 年，全省共有 4 名省部级女干部，其中省委领导班子中配备了 1 名女干部，省政府领导班子中配备了 1 名女干部，配备率都达到了 100%。共有地（厅）级女干部 202 人，其中正职干部 28 人，州（市）党委、政府领导班子中女干部配备率都为 81.3%。共有县（处）级女干部 3413 人，其中正职干部 833 人，县级党委、政府领导班子中女干部配备率分别为 93.0%、82.2%。（见表 1）

表 1　州（市）、县级党政领导班子女干部配备率

单位:%

	2000 年	2005 年	2010 年
州市党委	50.0	81.3	81.3
州市政府	87.5	75.0	81.3
县级党委	75.0	83.0	93.0
县级政府	93.8	79.8	82.2

2010 年，省、州（市）、县（市、区）政府工作部门领导班子中女干部配备率分别为 66.7%、44.2%、51.6%，呈逐年上升趋势。（见表 2）

表 2　各级政府工作部门领导班子女干部配备率

单单位：%

年份	2000	2005	2007	2009	2010
省级	32.6	41.7	45.8	57.1	66.7
州市	21.1	39.2	40.9	46.2	44.2
县级	26.1	41.9	47.2	49.8	51.6

村委会成员中女性比例为 18%，比 2000 年提高了 5.2 个百分点，居委会成员中女性比例为 38%，与 2000 年基本持平。十年来全省村民委员会成员中

女性比例一直保持在 12%～18%之间，而居民委员会成员中女性比例一直保持在 1/3 左右。

2010 年，在已建立职工代表大会（职工大会）制度的 21794 个基层单位中，职工代表有 19.38 万人，其中女职工代表有 6.65 万人，比重达 34.3%；在已建立董事会、监事会的基层工会所在单位，有女性董事 2139 人，比重为 17.9%；有女性监事 1650 人，比重为 26.6%。比 2002 年分别提高了 2.9、5.6、8.0 个百分点。

三、妇女儿童与教育

2010 年全省预算内基础教育投入资金 445.1 亿元，是 2000 年的 5.4 倍；第六次全国人口普查数据显示，全省文盲人口为 277.0 万人，其中妇女文盲数为 193.9 万人，分别比 2000 年下降 205.3 万人和 137.7 万人。文盲率由 11.4%下降为 6.0%，下降了 5.4 个百分点。

2010 年，学前教育毛入园率为 59.6%，其中女童为 58.7%。小学学龄儿童净入学率 99.7%，其中女童为 99.7%，十年来一直保持在 95.0%以上；小学学生辍学率为 0.6%，其中女童辍学率为 0.5%，十年来一直控制在 1%左右；小学毕业生升学率为 96.1%，比 2000 年提高了 10.2 个百分点。初中阶段毛入学率达到 104.4%，其中女童为 104.0%，比 2000 年提高了 21.6 个百分点；初中学生辍学率为 1.6%，其中女童为 1.3%，十年来一直控制在 3%以下。

高中阶段毛入学率由 2000 年的 24.9%上升到 2010 年的 65.0%，提高了 40.1 个百分点。全省普通高中在校生从 2000 年的 22.2 万人增加到 2010 年的 63.28 万人，其中女生 32.43 万人。2010 年全省中等职业教育在校生人数已达 66.87 万人，其中女生 31.95 万人。高等教育毛入学率达到 20.0%，比 2000 年提高了 15.1 个百分点。

教师队伍的整体素质进一步提高，2010 年小学专任教师中专科层次的达 76.4%，有本科及以上学历的初中教师比例为 66.2%，均是 2000 年的 6 倍以上。

截至 2010 年底，全省中小学特殊教育学校发展到 26 所，普通中小学附设特教班 8 个，普通中小学残疾儿童在校学生 21432 人，其中女生 7647 人，中小学三类残疾儿童入学率达 93.9%，比 2000 年提高了 27.8 个百分点。

四、妇女儿童与健康

全省孕产妇死亡率由 2000 年的 95.31/10 万下降到 2010 年的 37.27/10 万，降低了 58.0 个十万分点；产前检查率由 82.9%上升到 96.1%，提高了 13.2 个百分点；孕产妇系统管理率由 61.3%上升到 87.3%，提高了 26.0 个百分点；住院分娩率由 49.9%上升到 90.9%，提高了 41.0 个百分点。2010 年，全省已婚育龄妇女综合避孕率为 86.2%，比 2000 年上升 4.9 个百分点；节育手术并发症发生率为 0.84‰，比 2000 年下降 0.3 个千分点。

2010 年，全省婴儿死亡率 12.24‰，比 2000 年下降 23.67 个千分点，其中城市 8.12‰，农村 13.66‰；5 岁以下儿童死亡率 15.31‰，比 2000 年下降 29.85 个千分点，其中城市 10.05‰，农村 17.12‰。在以下几种儿童主要死因中，新生儿窒息死亡率为 1.89‰，比 2000 年下降了一倍之多；5 岁以下儿童肺炎死亡率为 3.30‰，比 2000 年下降了 7.23 个千分点，而 5 岁以下儿童腹泻死亡率、低出生体重死亡率分别为 0.85‰、2.31‰，与 2000 年相比均有所下降。

在儿童计划免疫方面，2010 年卡介苗、脊灰疫苗、白百破三联制剂、麻疹、乙肝疫苗 5 苗接种率均在 99%以上，农村计划免疫安全注射接种点达到 100%，全省县级新生儿破伤风发病率已经为零。

2010 年 5 岁以下儿童中、重度营养不良患病率 3.6%，比 2000 年下降 3.2 个百分点；7 岁以下儿童保健管理率 82.2%，3 岁以下儿童系统管理率 80.7%，分别比 2000 年上升 20.3 个百分点和 26.5 个百分点。居民合格碘盐食用率为 96.8%，比 2004 年上升 6.1 个百分点。

五、妇女儿童与法律

2010 年，全省法制课时、教材、师资落实率为 90%，其中城市 100%，农村 80%。全省各级法院建立了 36 个少年法庭，比 2000 年增加了 16 个；刑事犯罪人数（被告人判决生效人数）33849 人，其中法院判决生效的未成年人犯罪人数为 2962 人，占同期犯罪人数的 8.8%。

全省 16 个州（市），129 个县（市、区）均建立了法律援助机构，并设立了 148 个乡（镇、街道）法律援助工作站。2000 年至 2010 年，共有 14.9 万名妇女和 4.52 万名儿童获得了法律援助。

六、妇女儿童与环境

2010 年，城市污水集中处理率达到 77.1%，比 2000 年上升 56.1 个百分点；城市生活垃圾无害化处理率为 64.6%，比 2000 年上升 15.7 个百分点；城市人均公园绿地面积达到 8.72 平方米，比 2000 年增加 2.72 平方米；城市绿化覆盖率 30.9%，比 2000 年提高了 3.4 个百分点，县城绿化覆盖率

23.1%，比 2000 年上升 12.6 个百分点；城市绿地率 26.3%，比 2000 年上升 1.37 个百分点，县城绿地率 18.6%，比 2000 年上升 13.1 个百分点。

农村卫生厕所普及率由 2000 年的 39.5%上升到 2010 年的 56.4%，其中，无害化卫生厕所普及率达到 29.2%。农村自来水普及率由 2000 年的 54.3%提高到 2010 年 64.1%；农村缺水地区供水受益率(农村改水受益率)由 2000 年的 51.2%提高到 2010 年的 66.5%。

2000 年以来，全省共出版各类少年儿童图书 3706 种，少年儿童期刊 20 多种。2010 年，未成人参观博物馆的人数达 32.7 万人次。广播和电视人口综合覆盖率分别达到 95.4 和 96.4，比 2000 年分别提高 7.9 和 7.4 个百分点。

云南省第二次全国科学研究与试验发展(R&D)资源清查主要数据公报

云　南　省　统　计　局
云南省第二次R&D资源清查领导小组办公室

2010年12月6日

为全面掌握我省科学研究与试验发展[1]（R&D，以下简称R&D）活动情况，更好地适应新形势下宏观管理的需求，按国家统一部署，报经省政府批准，云南省统计局、科技厅、云南省发展改革委、教育厅、财政厅、国防科工局于2009年联合开展了云南省第二次R&D资源清查[2]。此次清查的标准时点为2009年12月31日，时期资料为2009年度。清查对象是国民经济中R&D活动相对密集行业[3]的法人单位。清查的主要内容包括R&D人员、R&D经费、R&D项目（课题）、各类研究开发机构以及R&D活动产出等情况。

在省和州市各级R&D资源清查领导机构的统一领导及各有关部门的密切配合下，经过广大统计人员的艰苦努力，清查的数据采集、质量核查、汇总及评估工作已经结束。根据清查结果，现将云南省全社会R&D主要数据公布如下：

一、R&D人员[4]情况

2009年全省R&D人员3.7万人，其中大学本科及以上学历人员2.1万人，占57.8%；女性人员1.2万人，占31.2%。

2009年按实际工作时间计算的R&D人员全时当量[5]2.1万人年，其中研究人员[6]1.2万人年，占57.8%。R&D人员全时当量是2000年的1.9倍。

按活动类型分，基础研究人员全时当量0.4万人年，占18.2%；应用研究人员0.7万人年，占31.8%；试验发展人员1.0万人年，占50.0%。基础研究、应用研究和试验发展人员全时当量分别是2000年的2.6倍、2.1倍和1.7倍。

二、R&D经费情况

2009年全省R&D总经费37.2亿元，是2000年的5.5倍，年平均增长20.8%。R&D经费与全省生产总值（GDP）之比为0.6%，比2000年提高了0.3个百分点。

按活动类型分，基础研究经费4.6亿元，占12.4%；应用研究经费10.8亿元，占29.1%；试验发展经费21.8亿元，占58.5%。基础研究、应用研究和试验发展经费分别是2000年的8.9倍、8.1倍和4.4倍。

按国民经济行业分，制造业R&D经费14.1亿元，占38.0%；科学研究、技术服务和地质勘查业14.9亿元，占40.0%；教育4.8亿元，占12.8%（详见下表）。

2009年分行业R&D投入情况

	R&D人员全时当量		R&D经费	
	总量（人年）	比重（%）	总量（万元）	比重（%）
总计	21110	—	372304	—
农、林、牧、渔业	837	3.96	4463	1.20
采矿业	449	2.13	7555	2.03
制造业	6174	29.25	141480	38.00

	R&D 人员全时当量		R&D 经费	
	总量（人年）	比重（%）	总量（万元）	比重（%）
电力、燃气及水的生产和供应业	167	0.79	2112	0.57
建筑业	129	0.61	873	0.23
交通运输、仓储和邮政业	18	0.09	139	0.04
信息传输、计算机服务和软件业	61	0.29	1245	0.33
金融业	0	0.00	0	0.00
租赁和商务服务业	427	2.02	4101	1.10
科学研究、技术服务和地质勘查业	5501	26.06	149092	40.05
水利、环境和公共设施管理业	114	0.54	1165	0.31
教育	5196	24.61	47635	12.79
卫生、社会保障和社会福利业	2014	9.54	12109	3.25
文化、体育和娱乐业	23	0.11	335	0.09

按地区分，昆明市 R&D 经费 25.9 亿元，占 69.7%；玉溪市 3.1 亿元，占 8.4%；西双版纳州 1.6 亿元，占 4.2%（分地区情况详见下表）。

2009 年各地区 R&D 投入情况

地　区	R&D 人员全时当量（人年）	R&D 经费（万元）	R&D 经费与 GDP 之比(%)
云南省	21110	372304	0.60
昆　明	13233	259486	1.41
曲　靖	1033	15616	0.18
玉　溪	1648	31268	0.49
保　山	423	2265	0.10
昭　通	489	2998	0.09

地　区	R&D 人员全时当量(人年)	R&D 经费(万元)	R&D 经费与 GDP 之比(%)
丽　江	142	981	0.08
普　洱	149	1116	0.05
临　沧	177	1235	0.07
楚　雄	495	6825	0.20
红　河	1428	14794	0.26
文　山	232	4439	0.16
版　纳	716	15734	1.13
大　理	736	11350	0.28
德　宏	174	1550	0.13
怒　江	0	0	0.00
迪　庆	35	2647	0.42

三、R&D 项目(课题) [7]情况

2009 年全省各类单位共开展 R&D 项目 1.3 万项，参加项目人员全时当量 1.9 万人年，项目经费 23.9 亿元。

按社会经济目标[8]分，工商业发展项目经费 10.2 亿元，占 42.7%；非定向研究项目经费 3.4 亿元，占 14.4%；农林牧渔业发展项目经费 2.3 亿元，占 9.6%；环境保护、生态建设及污染防治项目经费 1.3 亿元，占 5.2%；卫生事业发展项目经费 1.2 亿元，占 5.0%；社会发展和社会服务项目经费 1.0 亿元，占 4.3%等。

四、研究开发机构[9]情况

2009 年全省有各类研究开发机构 576 个。机构中从事 R&D 活动的人员 1.3 万人，是 2000 年的 1.9 倍；其中博士和硕士 0.3 万人，占 25.5%。机构 R&D 经费 21.5 亿元，是 2000 年的 4.7 倍。机构中用于科研的仪器设备原价 38.0 亿元，是 2000 年的 3.1 倍。

按学科分，自然科学领域 21 个，占 3.7%；农业科学领域 109 个，占 18.9%；医药科学领域 101 个，占 17.5%；工程与技术科学领域 326 个，占 56.6%；人文与社会科学领域 19 个，占 3.3%。

五、R&D 活动主要产出情况

2009 年全省各类单位共发表科技论文 24907 篇，出版著作 1058 种，分别是 2000 年的 2.1 倍和 3.2 倍。

2009 年全省各类单位共申请专利 2299 件，其中发明专利 1164 件，分别是 2000 年的 7.6 倍和 6.8 倍；发明专利申请占全部专利申请的 50.6%。2009 年全省各类单位获得专利授权 479 件，其中发明专利 147 件，占 30.7%。

注释：

[1]科学研究与试验发展，即 R&D，指在科学技术领域，为增加知识总量、以及运用这些知识去创造新的应用而进行的系统的、创造性的活动，包括基础研究、应用研究、试验发展三类活动。

基础研究：指为了获得关于现象和可观察事实的基本原理的新知识（揭示客观事物的本质、运动规律，获得新发展、新学说）而进行的实验性或理论性研究，它不以任何专门或特定的应用或使用为目的。

应用研究：指为获得新知识而进行的创造性研究，主要针对某一特定的目的或目标。应用研究是为了确定基础研究成果可能的用途，或是为达到预定的目标探索应采取的新方法（原理性）或新途径。

试验发展：指利用从基础研究、应用研究和实际经验所获得的现有知识，为产生新的产品、材料和装置，建立新的工艺、系统和服务，以及对已产生和建立的上述各项作实质性的改进而进行的系统性工作。

[2] 经省政府批准，省科技厅、统计局、财政厅、原省发展计划委员会、原省经济贸易委员会、教育厅和原国防科学技术工业办公室于 2000 年联合在全省开展了第一次全社会 R&D 资源清查工作。

[3] R&D 活动相对密集行业依据第一次全国 R&D 资源清查及第二次全国 R&D 资源清查摸底调查结果确定，包括：农、林、牧、渔业，采矿业，制造业，电力、燃气及水的生产和供应业，建筑业，交通运输、仓储和邮政业，信息传输、计算机服务和软件业，金融业，租赁和商务服务业，科学研究、技术服务和地质勘查业，水利、环境和公共设施管理业，教育，卫生、社会保障和社会福利业，文化、体育和娱乐业等。

[4]R&D 人员：指调查单位科技活动人员中从事基础研究、应用研究和试验发展三类活动的人员。包括直接参加上述三类项目（课题）活动的人员及这类项目（课题）的管理和服务人员。直接参加上述三类项目活动的人员，可通过加总本单位全部项目中参加基础研究、应用研究、试验发展三类项目活动的人员求得。研究与试验发展项目（课题）的管理和服务人员，可按研究与试验发展（R&D）项目（课题）人员占全部科技项目（课题）人员的比重计算。

[5]R&D 人员全时当量：是国际上通用的、用于比较科技人力投入的指标。指 R&D 全时人员（全年从事 R&D 活动累积工作时间占全部工作时间的 90%及以上人员）工作量与非全时人员按实际工作时间折算的工作量之和。例如：有 2 个 R&D 全时人员（工作时间分别为 0.9 年和 1 年）和 3 个 R&D 非全时人员（工作时间分别为 0.2 年、0.3 年和 0.7 年），则 R&D 人员全时当量 = 1+1+0.2+0.3+0.7=3.2（人年）。

[6]研究人员：指 R&D 人员中具备中级以上职称或博士学历（学位）的人员。

[7]R&D 项目(课题)：指调查单位在当年立项并开展研究工作、以前年份立项仍继续进行研究的研究开发项目或课题，包括当年完成和年内研究工作已告失败的研发项目或课题。

[8]按社会经济目标分组不含工业企业立项经费不足 10 万元的项目。

[9]研究开发机构包括各类独立的研究机构以及企事业单位办的非独立的研究开发机构。

2011年度云南省环境状况公报

综　述

2011年，在省委、省政府的正确领导和环保部的有力指导下，云南省环境保护系统坚持以科学发展为主题，紧紧围绕转变经济发展方式这一主线，以加强环境执法监管为核心，以服务经济社会发展为出发点和落脚点，开拓创新，真抓实干，全面完成了各项工作任务。

2011年，全省城市空气质量总体良好，首要污染物为可吸入颗粒物；酸雨分布区域保持稳定，酸雨污染变化不大，19个主要城市降水pH年平均值在4.06~8.84之间。河流总体水质为轻度污染，主要河流水质污染状况呈现由东向西逐渐减缓趋势，主要出境、跨界河流断面达到水环境功能要求。与2010年相比九大高原湖泊水质总体保持稳定，滇池外海、滇池草海主要超标水质指标年均监测值有所下降，滇池草海由重度富营养下降为中度富营养，阳宗海水质由Ⅳ类好转为Ⅲ类。21个主要城市的43个集中式饮用水水源地中38个能满足集中式饮用水源地水质要求。城市声环境质量总体良好，夜间超标率高于昼间，交通干线两侧的超标率高于其它区域，影响范围最大的噪声源是生活噪声源。生态环境状况保持稳定。

环境质量

水环境

【主要河流水环境质量】

云南省主要河流呈现由东向西水质污染逐渐减缓趋势，主要出境、跨界河流达到水环境功能要求，全省河流总体水质为轻度污染。六大水系主要河流受污染程度由大到小排序依次为：长江水系、珠江水系、澜沧江水系、红河水系、怒江水系和伊洛瓦底江水系。

在75条主要河流（河段）的156个监测断面中，水质优符合Ⅰ~Ⅱ类标准的断面占25.0%，水质良好符合Ⅲ类标准的断面占42.3%，水质已受轻度污染符合Ⅳ类标准的断面占14.7%，水质已受中度污染符合Ⅴ类标准的断面占3.9%；水质已重度污染，劣于Ⅴ类标准的断面占14.1%。

2011年度云南省主要河流（河段）断面水质类别表

（单位：个）

水系名称	Ⅰ类	Ⅱ类	Ⅲ类	Ⅳ类	Ⅴ类	劣于Ⅴ类标准	合计
长江	0	9	11	8	3	10	41
珠江	2	4	10	4	2	7	29
红河	0	8	11	4	1	2	26
澜沧江	0	11	20	6	0	2	39
怒江	0	1	9	0	0	1	11
伊洛瓦底江	0	4	5	1	0	0	10
小计	2	37	66	23	6	22	156

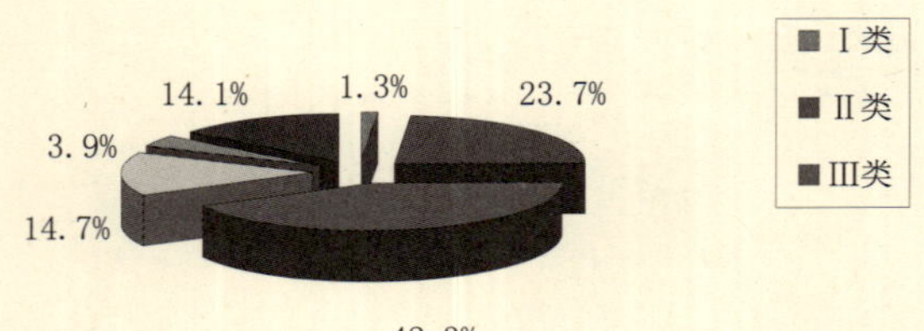

云南省主要河流（河段）断面水质类别比例图

按断面水质达到水环境功能类别衡量（简称达标），156个断面中，水环境功能达标的断面有114个，占73.1%，其中：Ⅰ类功能达标的断面有2个，占应达标断面的100.0%；Ⅱ类功能达标的断面有7个，占应达标断面的43.8%；Ⅲ类功能达标的断面有66个，占应达标断面的85.7%；Ⅳ类功能达标的断面有36个，占应达标断面的67.9%；Ⅴ类功能达标的断面有3个，占应达标断面的37.5%。

2011年，云南省主要河流（河段）水质的主要污染指标为生化需氧量、总磷、氨氮、化学需氧量，其污染分担率分别为12.9%、11.9%、11.5%、11.4%。污染严重的河流（河段）主要是长江水系的秃尾河、新河、螳螂川；澜沧江水系的思茅河；珠江水系的泸江。

【出境、跨界河流水质状况】

2011年，19个出境、跨界河流监测断面中，符合Ⅱ类标准水质优断面11个，占57.8%；符合Ⅲ类标准水质良好断面6个，占31.6%；符合Ⅴ类标准水质中度污染断面1个，占5.3%；劣于Ⅴ类标准水质重度污染断面1个，占5.3%。17个断面达到水环境功能要求，占出境、跨界断面的89.5%。与上年相比，出境、跨界断面水质达标率略有提高。

六大水系干流出境、跨界主要断面水质状况为：金沙江干流三块石出境断面水质Ⅱ类，南盘江干流设里桥出境断面水质Ⅲ类，红河干流红河出境断面水质Ⅲ类，澜沧江干流关累出境断面水质Ⅱ类，怒江干流红旗桥断面水质Ⅲ类，伊洛瓦底江水系主要出境断面大盈江汇流电站、瑞丽江姐告大桥出境断面水质均为Ⅱ类，以上六大水系干流出境、跨界主要断面均达到水环境功能要求。

云南省出境、跨界河流监测断面水质类别比例图

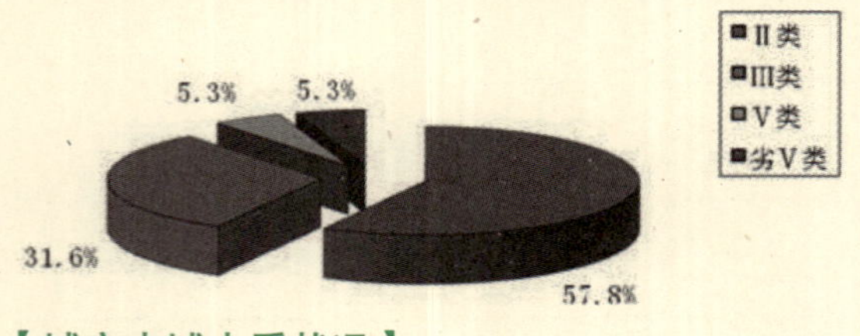

【城市水域水质状况】

2011年云南省17个主要城市的34个城市环境综合整治及定量考核水域44个监测断面（点位）中，符合Ⅰ～Ⅱ类标准水质优断面（点位）12个，占27.3%；符合Ⅲ类标准水质良好断面（点位）12个，占27.3%；符合Ⅳ类标准水质轻度污染断面（点位）6个，占13.6%；符合Ⅴ类标准水质轻度污染断面（点位）2个，占4.5%；劣于Ⅴ类标准水质重度污染断面(点位)12个，占27.3%。能达到水功能要求的断面21个，占47.7%。城考水域总体水质为重度污染。

城市环境综合整治及定量考核水域的主要污染指标为氨氮、总磷、总氮、化学需氧量等。

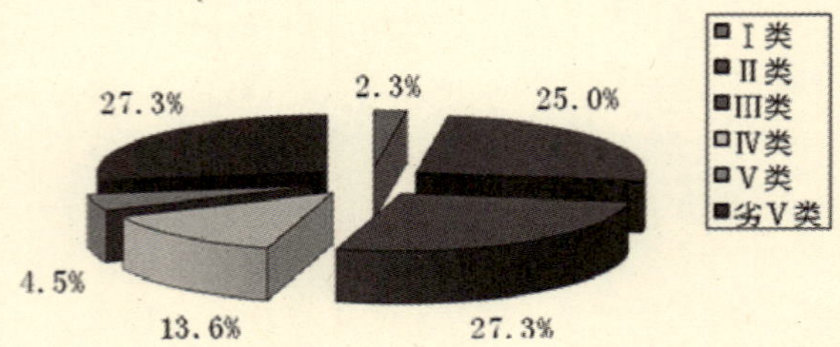

云南省主要城市河流（水域）水质类别比例图

【湖泊、水库水质状况】

2011年，开展水质监测61个湖泊、水库中，水质优（Ⅰ～Ⅱ类）23个，占37.7%；水质良好（Ⅲ类）20个，占32.8%；水质轻度污染（Ⅳ类）6个，占9.8%；水质中度污染（Ⅴ类）1个，占1.6%；水质重度污染（劣Ⅴ类）11个，占18.1%。全省湖库水质总体良好。61个湖泊、水库中，有30个水质达到水环境功能要求，占总数的49.2%。

开展湖泊（水库）富营养化状况监测的湖库（水体）共有21个，其中处于贫营养状态的有2个、处于中营养状态的有8个、处于轻度富营养状态的有3个、处于中度富营养状态的有6个、处于重度富营养状态的有2个。

九大高原湖泊水质优及良好的湖泊是抚仙湖、泸沽湖、洱海、阳宗海；水质重度污染的湖泊是滇池草海、滇池外海、异龙湖、星云湖、杞麓湖。

与2010年相比九大高原湖泊水质总体保持稳定，滇池外海、滇池草海主要超标水质指标年均监测值有所下降，滇池草海由重度富营养下降为中度富营养；阳宗海水质由Ⅳ类好转为Ⅲ类。滇池草海水质类别为劣Ⅴ类，水质重度污染，未达到水环境功能要求（Ⅳ类），主要超标水质指标为总磷、总氮，分别超标1.4、3.1倍。全湖平均营养状态指数为69.7，处于中度富营养状态。

2011 年主要湖泊、水库类别统计

名称	个数	Ⅰ类	Ⅱ类	Ⅲ类	Ⅳ类	Ⅴ类	劣Ⅴ类	水环境功能达标
湖泊	20	2	2	6	1	0	9	5
水库	41	0	19	14	6	1	1	25
合计	61	2	21	20	7	1	10	30
比例（%）		3.3	34.4	32.8	11.5	1.6	16.4	49.2

滇池外海水质类别为劣Ⅴ类，水质重度污染，未达到水环境功能要求（Ⅲ类）。主要超标水质指标为化学需氧量、总氮，分别超标 2.7、1.8 倍。全湖平均营养状态指数为 69.3，处于中度富营养状态。

阳宗海水质类别Ⅲ类，水质良好，未能达到水环境功能要求（Ⅱ类）。主要超标水质指标为总磷、总氮，均超标 0.12 倍。全湖平均营养状态指数为 40.5，处于中营养状态。

洱海水质类别Ⅲ类，水质良好，未达到水环境功能要求（Ⅱ类），主要超标水质指标为化学需氧量、总氮，分别超标 0.01、0.05 倍。全湖平均营养状态指数为 38.6，处于中营养状态。

抚仙湖水质类别Ⅰ类，水质优，达到水环境功能要求（Ⅰ类）。全湖平均营养状态指数为 17.9，处于贫营养状态。

星云湖水质类别为劣Ⅴ类，水质重度污染，未达到水环境功能要求（Ⅲ类），主要超标水质指标为总磷，超标 8.2 倍。全湖平均营养状态指数为 64.4，处于中度富营养状态。

杞麓湖水质类别为劣Ⅴ类，水质重度污染，未达到水环境功能要求（Ⅲ类），主要超标水质指标为化学需氧量、总氮，分别超标 1.1、2.5 倍。全湖平均营养状态指数为 66.3，处于中度富营养状态。

程海水质类别为Ⅳ类，水质轻度污染，未达到水环境功能要求（Ⅱ类）。主要超标水质指标为化学需氧量，超标 0.9 倍，全湖平均营养状态指数为 43.0，处于中营养状态。

泸沽湖水质类别Ⅰ类，水质优，达到水环境功能要求（Ⅰ类）。全湖平均营养状态指数为 17.1，处于贫营养状态。

异龙湖水质类别为劣Ⅴ类，水质重度污染，未达到水环境功能要求（Ⅲ类），主要超标水质指标为高锰酸盐指数、化学需氧量、生化需氧量、总氮，分别超标 2.6、4.4、1.6、3.7 倍。全湖平均营养状态指数为 77.2，处于重度富营养状态。

单位：mg/L

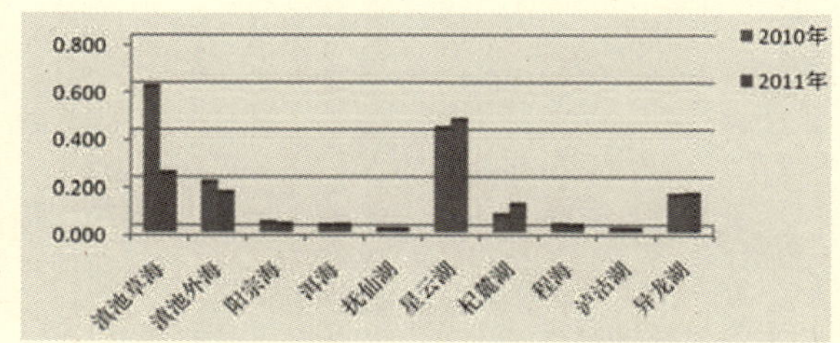

九大高原湖泊总磷浓度对比

单位：mg/L

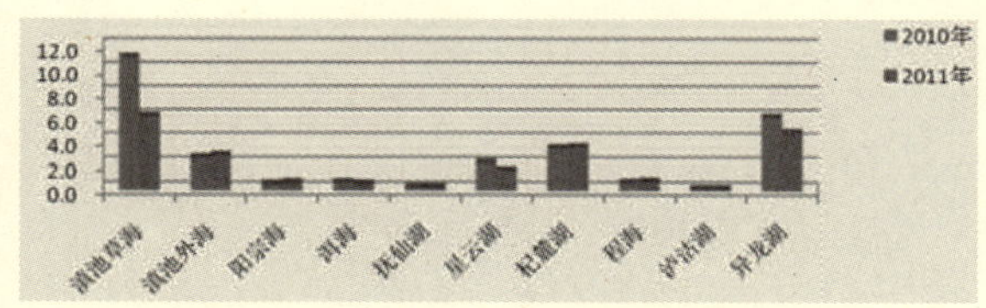

九大高原湖泊总氮浓度对比

单位：mg/L

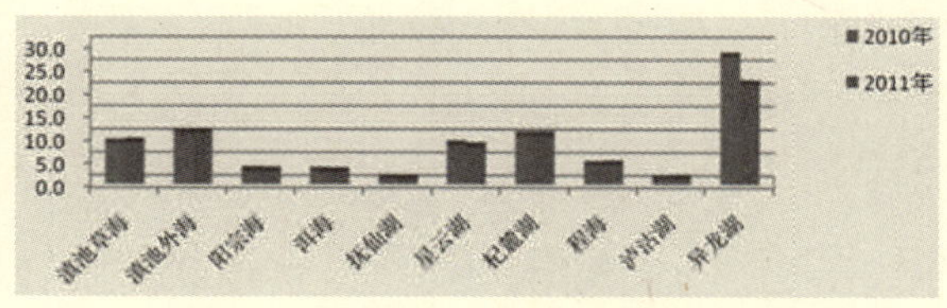

九大高原湖泊高锰酸盐浓度对比

饮用水源地类别情况

水质类别	Ⅰ	Ⅱ	Ⅲ	Ⅳ	Ⅴ	劣Ⅴ
水源地（个）	1	24	13	4	0	1
比例（%）	2.3	55.8	30.2	9.3	0	2.3

【集中式饮用水源地水质状况】

2011 年，云南省 21 个城市（所有州市府所云南省 21 个城市（所有州市府所在地和不设区的市政府所在地）的 43 个集中式饮用水水源地开展了水质监测，监测结果表明：按 GB3838－2002《地面水环境质量标准》中Ⅲ类标准要求，能满足集中式饮用水源地水质要求的有 38 个占 88.4%；不能满足要求的 5 个，占 11.6%。在不能满足要求的 5 个饮用水水源地中，主要超标水质指标为总氮、总磷。

43 个水源地中，能达到水环境功能要求的有 30 个，占 69.8%，不能满足水功能要求的有 13 个，占 30.2%；在不能满足水功能要求的 13 个水源地中，除开远南洞出现溶解氧超标外，其余超标指标主要是总氮、总磷。

【地下水】

2011 年仅对昆明、楚雄、大理、开远、玉溪、曲靖、景洪盆地部分国家级和省级监测点进行了水位、水质监测。

根据监测情况，2011 年度所控制的监测区域内地下水水位动态以弱下降和基本稳定为主，下降原因主要为近年来连续干旱所致。

2011 年度水质监测点取样分析结果，根据《地下水质量标准》（GB/T14848－93）进行水质综合评价，分析项目包括常规项目、金属离子、汞、酚氰、洗涤剂等 48 项。

水质优良级占 12.12%、良好级占 45.46%、较差级占 42.42%，其中孔隙水水质普遍较差，以较差为主，裂隙水相对较好，以良好级为主。水化学类型主要有：HCO_3-Ca、$HCO_3-Ca\cdot Mg$、$HCO_3-Mg\cdot Ca$ 等类型。主要污染物有：硝酸根、氨氮、大肠菌群等。

大气环境

【环境空气质量】

2011 年，全省 18 个主要城市以二氧化硫、二氧化氮、可吸入颗粒物的年平均浓度值评价，普洱市、六库镇符合空气环境质量一级标准，占 11.1%；昆明等 14 个城市符合环境空气质量二级标准占 77.8%；昭通市和个旧市符合环境空气质量三级标准，占 11.1%。影响我省城市环境空气质量的首要污染物为可吸入颗粒物。

全省 18 个开展自动监测的城市中，空气质量优良率均为 90.0%以上。与上年相比，玉溪市空气质量优良比例由 98.6%上升为 100%，监测结果均为优良的城市数量由上年的 12 个增加为 13 个，全年未出现超过轻微污染的情况。

18 个主要城市二氧化硫年平均浓度在 0.003～0.078 毫克/立方米之间，平均浓度 0.031 毫克/立方米，与上年相持平。最大值（0.078 毫克/立方米）出现在昭通市，比上年的 0.082 毫克/立方米下降了 0.004 毫克/立方米，超过环境空气质量二级标准 0.3 倍；按年平均浓度评价，保山市、丽江市、普洱市、临沧市、文山市、景洪市、芒市、六库镇 8 个城市符合环境空气质量一级标准的要求，占城市总数的 44.45%；昆明市、曲靖市、玉溪市、楚雄市、蒙自市、大理市、香格里拉县城、开远市 8 个城市符合环境空气质量二级标准的要求，占城市总数的 44.45%；昭通市、个旧市 2 个城市超过了环境空气质量二级标准限值，占城市总数的 11.1%。

二氧化氮的年平均浓度在 0.004～0.044 毫克/立方米之间，平均浓度 0.017 毫克/立方米，与上年持平。最大值（0.044 毫克/立方米）出现在昆明市。按年平均浓度评价，18 个主要城市除昆明市为二级，占 5.6%，其余 17 个城市均符合环境空气质量一级标准的要求，占 94.4%。

可吸入颗粒物的年平均浓度在 0.025～0.070 毫克/立方米之间，平均浓度 0.050 毫克/立方米，比上年 0.059 毫克/立方米下降了 0.009 毫克/立方米，最大值（0.070 毫克/立方米）出现在开远市。按年平均浓度评价，普洱市、大理市、六库镇、香格里拉县城符合环境空气质量一级标准要求，占 22.2%；昆明市等 14 个城市符合环境空气质量二级标准要求，占 77.8%。

【降水和酸雨】

2011 年开展降水酸度监测的 19 个主要城市

中，降水 pH 年平均值在 4.06 ~ 8.84 之间。19 个城市中有 8 个监测到酸雨，占城市总数的 42.1%。其中，昆明、安宁、昭通、普洱、临沧 5 个城市虽然出现了酸雨，但降水 pH 年均值尚在 5.6 以上，为非酸雨区；楚雄、个旧、蒙自的降水 pH 年均值低于 5.6，分别为 5.03、4.76、5.52，为酸雨区，占城市总数的 15.8%。

2011 年 19 个主要城市酸雨频率在 0 ~ 57.1% 之间，平均为 6.0%。酸雨频率最高的是个旧市，其次为楚雄市。19 个城市中，未出现过酸雨的城市有 11 个，占 57.9%；酸雨频率小于 20% 的有 5 个，占 26.3%；酸雨频率在 20 ~ 40% 的城市有 1 个，占 5.3%，酸雨频率大于 40% 的有 2 个，占 10.5%。

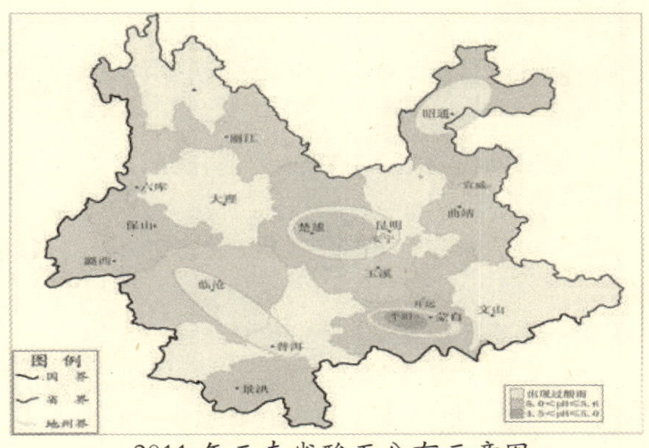

2011 年云南省酸雨分布示意图

声环境

【城市道路交通噪声状况】

全省 20 个主要城市的道路交通噪声平均等效声级值范围在 63.4 ~ 72.9 分贝之间，最高是六库，其余 19 个城市均在 70 分贝以下。

20 个城市共设置了 552 个监测点，对总长约 540 公里的城市道路进行了监测。监测结果表明：在 540 公里的道路中，声级值（Leq）在 51.1 ~ 78.4 分贝之间，最大值出现在瑞丽市人民路的移动公司测点；有 78.4 公里路段的声级值（Leq）超过 70 分贝，占监测道路总长的 14.4%。

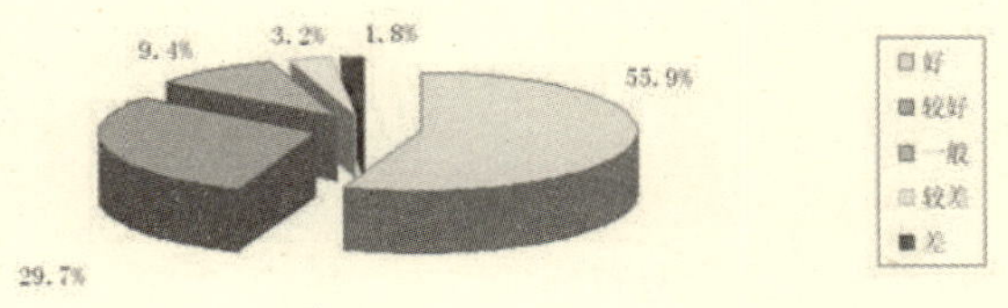

全省城市道路交通噪声质量等级分布

【城市（镇）区域声环境质量状况】

2011 年全省 18 个主要城市共设置 2091 个区域声环境质量监测点，对包含 612.57 万人，面积为 431.64 平方公里的城区声环境质量进行了监测。总体来说，文山、大理、瑞丽 3 个城市区域声环境质量一般，占监测城市的 16.7%，临沧、楚雄为好，占 11.1%，其余 13 个城市均为较好，占 72.2%。

全省 18 个城市 431.64 平方公里的城区中，有 8.0% 的区域声环境质量为差或较差，声环境质量为一般的区域占 25.9%，声环境质量为好或较好的区域占 66.1%。

影响城市区域声环境质量的主要噪声源及其所占比重见下图。

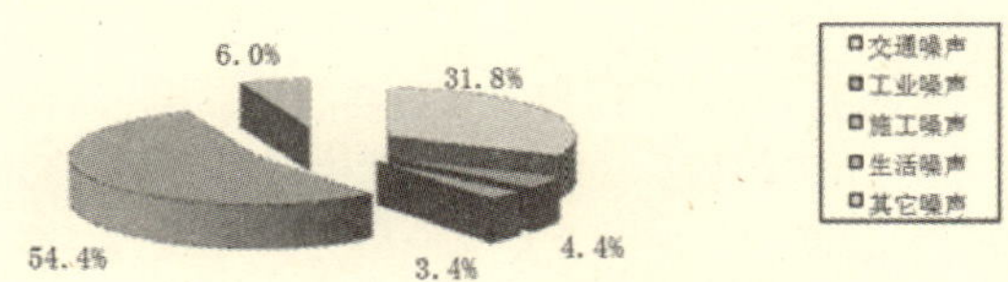

云南省区域环境噪声声源构成

【城市功能区声环境质量状况】

全省 16 个主要城市平均，昼间各类功能区声环境的平均超标率为 7.9%，夜间为 18.0%；昼间各类功能区的超标率为 0.5% ~ 12.8%，工业区超标率明显低于其它区域；夜间各类功能区的超标率为 6.3% ~ 42.3%，交通干线两侧超标率明显高于其它区域。总体上，夜间超标率高于昼间，交通干线两侧的超标率高于其它区域。

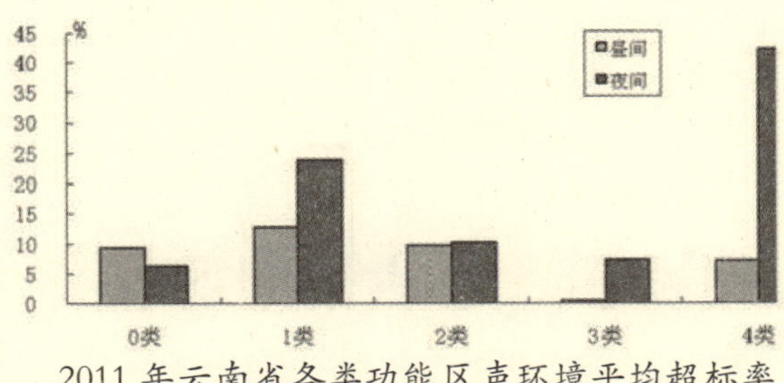

2011 年云南省各类功能区声环境平均超标率

自然生态环境

【森林资源现状及变化趋势】

2011 年，云南省现有林地面积 2476.11 万公顷，其中森林面积 1817.73 万公顷（含岩溶地区石山灌木林 115.67 万公顷），占林地面积的 73.41%。森林覆盖率 47.5%。活立木总蓄积 17.12 亿立方米，其中森林蓄积 15.54 亿立方米。2011 年，全省乔木林面积、森林面积、森林覆盖率持续增长，活立木蓄积、森林蓄积有所增加，林木生长量明显大于消耗量，森林资源总体上继续保持持续增长的态势。

【物种状况】

云南自然生态系统类型按群系有 445 种，分属于 12 个植被型或植被亚型。目前已知云南高等植物 18340 种（含种下等级），其中苔藓植物 1658 种，蕨类植物 1325 种，裸子植物 116 种，被子植物 15241 种，分别占全国植物的 49%以上；已记录脊椎动物 1972 种，约占全国的 47.4%，其中鸟类 904 种、鱼类 522 种、兽类 305 种、爬行类 174 种、两栖类 123 种。云南境内的中国特有种目前记录数为 9225 种，其中植物 8772 种、动物 453 种；云南特有种目前记录数为 4280 种，其中植物 4018 种、动物 262 种。

【湿地】

全省有4处湿地列为国际重要湿地，已建湿地类型自然保护区17处。2011年新增“普洱五湖”和“普者黑喀斯特”2个国家湿地公园，全省共有4处国家湿地公园。大山包国际重要湿地获人民日报组织评选的“中国最美湿地”称号。

【自然保护区】

2011 年，轿子山省级自然保护区晋升为国家级自然保护区。截至 2011 年 12 月，全省共建有自然保护区 162 个（其中国家级 17 个、省级 42 个、州市级 60 个、县级 43 个），总面积 296 万公顷，占国土面积的 7.5%。基本形成了各种级别、多种类型的自然保护区网络体系，使全省典型生态系统及 85%的珍稀濒危野生动植物得到了有效保护。

辐射环境

2011 年辐射环境质量监测覆盖我省 16 个州市，γ 辐射剂量率为 37.7–115.9 纳戈瑞/小时，均值为 72.5 纳戈瑞/小时（已扣除宇宙射线响应值），辐射环境质量保持稳定，辐射环境水平处于正常波动水平范围。全省重点辐射污染源周围辐射环境水平正常。

“3.11”日本特大地震引发福岛核电站发生核事故后，我省立即启动应急监测工作，监测结果表明核事故未对我省环境产生影响。

全省共有核技术利用单位 2304 家，其中放射源使用单位 465 家，在用放射源 2178 枚，射线装置使用单位 1839 家，射线装置 3435 台（套）。我省核技术利用中的放射性同位素和射线装置总体处于安全状态。

废水、废气及固体废弃物排放

【废水】

2011 年，全省废水排放总量 14.7 亿吨，比 2010 年增长 20.6%。其中，工业废水排放量 4.68 亿吨，比 2010 年增长 28.6%。生活污水排放量 10.02 亿吨，比 2010 年增长 17.3%。

化学需氧量排放量 55.47 万吨，比 2010 年降低 1.58%。其中，工业废水中化学需氧量排放量 17.54 万吨，生活污水中化学需氧量排放量 29.35 万吨，农业源化学需氧量排放量 7.29 万吨，集中式治理设施化学需氧量排放量 1.29 万吨。

氨氮排放量 5.93 万吨，比 2010 年降低 1.06%。其中，工业废水中氨氮排放量 0.51 万吨，生活污水中氨氮排放量 4.08 万吨，农业源氨氮排放量 0.16 万吨，集中式治理设施氨氮排放量 1.18 万吨。

【废气】

工业废气排放总量 17448.98 亿标立方米，比 2010 年减少 32.5%。

二氧化硫排放量 69.13 万吨，比 2010 年减少 1.78%。其中，工业二氧化硫排放量 64.25 万吨，生活二氧化硫排放量 4.87 万吨。

氮氧化物排放量 54.85 万吨，比 2010 年增长 5.54%。其中，工业氮氧化物排放量 34.83 万吨，生活氮氧化物排放量 0.60 万吨，机动车氮氧化物排放量 19.42 万吨。

烟粉尘排放量 37.38 万吨，比 2010 年降低 11.2%。

【固体废弃物】

2011 年全省工业固体废物产生量 17552.43 万吨，较上年增长 5.9%，其中危险废物产生量 133.80 万吨，降低 1.8%。工业固体废物综合利用量 8754.31 万吨，综合利用率 48.9%；工业固体废物贮存量 4735.56 万吨；工业固体废物处置量 4059.71 万吨；工业固体废物排放量 227.90 万吨，降低 22.4%。

危险废弃物连续 4 年无排放量。

措施与行动

环境保护规划

编制完成《云南省环境保护“十二五”规划》。《规划》围绕深化主要污染物排放总量削减、改善环境质量、防范环境风险、建设生态屏障 4 个方面工作主线，以解决关系民生突出环境问题为核心，突出污染物减排、九大高原湖泊水污染治理、重金属污染防治、环境监管能力建设等重点任务，提出建立环境保护长效机制，为全面建设小康社会提供坚实的环境基础。

污染防治

【污染减排】

2011年，省委、省政府高度重视污染减排工作，省政府与16个州（市）人民政府签定了减排目标责任书。全省共完成211个省级重点减排项目，完成率92%。氮氧化物治理技术试点工作取得了初步成效，2家火电企业、1家水泥企业实施了低氮燃烧技术改造项目。新建成投运23个县级城镇污水处理厂，新增污水处理能力16.4万吨/日。按时完成国家下达的2011年淘汰落后产能任务。

进一步强化污染源自动监控系统运行监管，2011年1月颁布了《云南省污染源自动监控系统管理办法》（云府登784号），建立社会化运维单位备案制度，强化了数据有效性审核工作，截至2011年底，我省共有203家企业的379台（套）在线监测装置联网上传数据，其中：气187台（套）、水192台（套），较2010年增加了137台（套）。

经国家环保部核定，2011年，云南省化学需氧量排放量55.47万吨、氨氮排放量5.93万吨、二氧化硫排放量69.13万吨、氮氧化物排放量54.85万吨，分别比2010年下降1.58%、1.06%、1.78%和上升5.54%。

【九大高原湖泊水污染防治】

省委、省政府领导高度重视九大高原水污染防治工作，多次实地视察，专题研究九湖水污染防治工作。编制完成九湖治理“十二五”规划，规划项目设置295个，总投资552.74亿元。截止2011年底，九湖治理投资62.74亿元，其中滇池治理投资47.8亿元，其它八湖治理投资14.94亿元。2011年，九湖规划项目完工17项，开工113项，开展前期工作136项。

2011年，洱海、抚仙湖被列入国家湖泊生态环境保护试点范围并得到2.8亿元的国家专项资金支持。编制完成了洱海、抚仙湖生态环境保护试点实施方案及2011年度实施方案。启动实施19个项目，完工12个，完成投资8.59亿元。其中洱海完成6.9亿元，抚仙湖完成投资1.69亿元。

【三峡库区上游地区水污染防治】

2011年，在全面完成《三峡库区及其上游“十一五”水污染防治规划》的基础上，完成了《三峡库区及其上游地区水污染防治“十二五”规划》云南部分的编制工作。经积极争取，有108个项目纳入国家规划，涉及规划项目资金50.88亿元。同时，通过加强区域整治和保护，金沙江云南出省断面（三块石断面）水质全年持续保持优良。

【重金属污染防治】

2011年9月省人民政府批复《云南省重金属污染综合防治“十二五”规划》，组织11个国家级重点防控区域编制完成重金属污染综合防治规划。加快推进规划项目实施。依法关停淘汰了一批涉重金属污染企业。南盘江出省界断面，红河干流以及文山南北河、小白河出境断面稳定达标。泚江流域水质明显好转。

【工业废水治理】

2011年全省工业废水治理投资87000万元，完成治理项目146个。

【大气污染治理】

2011年全省工业废气治理投资68758万元，完成治理项目187个。

【固体废弃物治理】

2011年，全省完成工业固体废弃物污染治理投资12016万元，完成治理项目53个。

【清洁生产】

2011年评估或验收94家重点企业，培训企业清洁生产人员1901人。通过实施生产环节的全过程控制和废弃物的循环利用，实现了节水节电、节能降耗、减少主要污染物排放的目标。

生态环境保护

【生物多样性保护】

印发实施了《云南省生物物种资源保护与利用规划纲要2011–2020年》。省环保厅与西南林业大学合作共建了云南生物多样性研究院，研究院成立一年来，累计立项21个研究课题，获得经费支持1200余万元。环保部支持投入775万元，完成了滇西北18个县（市、区）生物物种资源调查。

【自然保护区建设】

2011年，省政府先后出台《关于进一步加强自然保护区建设和管理的意见》、《关于做好自然保护区管理有关工作的意见》。国家组织对云南西双版纳等17个国家级自然保护区进行管理评估，评估结果7个为“优”，10个为“良”。继续争取国家对野生动植物保护及国家级自然保护区建设投入，中央和省级投资 5150 万元。

【天然林保护及退耕还林】

2011 年，云南省天然林保护工程经过十三年的实施，完成了试点阶段和一期工程的各项任务，二期工程顺利启动。天然林保护工程二期实施期限为 10 年，即 2011—2020 年，实施范围包括 13 个州（市）的 72 个县（市、区）和 3 个重点森工局，共计 75 个实施单位。全面完成 2010 年国家下达我省退耕还林工程建设任务 248.1 万亩，完成总投资 37824.5 万元

【水土保持】

2011 年完成水土流失治理面积 3250 平方公里，新实施生态修复面积 6000 平方公里。执行全国第一批坡耕地水土流失综合治理试点工程、水土保持小流域综合治理工程等项目，中央预算内投资 13061.54 万元，其中中央投资 10000 万元，地方配套 3061.54 万元。世行贷款/欧盟赠款水土保持项目基本完成，完成投资 27142 万元，其中：世行贷款 11615 万元，欧盟赠款 2217 万元，国内配套 13310 万元。

【农村环境保护】

2011 年争取中央农村环保专项资金 3500 万元、省级生态建设专项资金 1360 万元安排 62 个村庄进行农村环境综合整治，在西双版纳州景洪市勐罕镇和勐海县勐海镇开展农村环境连片整治及农村环境综合整治目标责任制试点。

2011 年在全省所有县（市）、区推广测土配方施肥 4762 万亩；全省“三品”认证累计达 916 家企业 2079 个产品，全省“三品”产值 255.25 亿元。农村能源建设投资进一步加大，全省农村能源建设资金超过 2.2 亿元，全省新建农村户用沼气 15.65 万户，完成农村节柴改灶 14.91 万户，推广农村太阳能热水器 6.3 万台，20.28 万平方米。

【生态建设示范区】

全省 15 个州（市）、70 个县（市、区）开展了生态州、县创建工作；各地积极推进生态乡镇、村创建，累计建成 10 个国家级生态示范区、16 个国家级生态乡镇、1 个国家级生态村、218 个省级生态乡镇。昆明市命名 197 个行政村为“昆明市生态村（社区）”，走在全省前列。

建设项目环境管理

2011 年共审批建设项目环评文件 15270 项，比上年的 12953 项增加 2317 项（增长 17.9%）；建设项目竣工环保验收 3900 项，比上年的 2272 项增加 1628 项（增长 41.7%）；与有关部门共同组织对工业园区规划、水电开发规划、旅游总体规划等 71 项规划环评进行了审查。昆明绕城高速公路东南段、恩洪矿区煤矸石综合利用电厂“上大压小”新建工程等 7 个重大建设项目环评文件通过环保部审批。

研究制定了重点建设项目环评工作指南，加强对我省重点建设项目环评工作的指导力度。

环境执法

【环保专项行动】

根据省政府统一安排部署，云南省 2011 年环保专项行动重点是：深入整治重点行业重金属排放企业环境污染问题；进一步加大牛栏江调水水源区水环境保护工作力度；进一步强化污染减排重点项目的监管督查力度。公布了全省铅酸蓄电池行业企业环境污染问题整治等五个省级挂牌督办事项。截至 12 月 30 日，全省 21 家铅酸蓄电池企业均按挂牌要求停产整治，其中，5 家企业关闭，2 家企业拆除。重点推进红河卡房大沟及藤条江、南盘江、泚江、螳螂川等流域重金属排放企业环境违法整治工作。

2011 年，云南省环境监察系统共出动 66780 人次，检查污染防治设施 29580（台）套，建设项目 1450 个，限期治理项目 645 个，受理 7835 起环境信访投诉，其中对 7835 起进行了调查处理，处理率为 100%，结案 7718 起，结案率为 98.5%。

【排污费征收】

全省排污费共征收 3.16 亿元，其中，各州（市）征收 2.54 亿元，省级征收 0.62 亿元，全省排污费共上缴中央国库 3155 万元，上缴省级国库 1.06 亿元。

【环境行政处罚】

2011 年，省级直接实施行政处罚 6 件，共处罚金 372 万元，全年没有发生任何执法瑕疵和复议问题。

【环境突发事件及处理】

2011 年，全省发生了 3 起一般（Ⅳ级）突发环境污染事件，没有发生特大（I 级）、重大（II 级）、较大（III 级）突发环境事件。事故均及时妥善处置，最大限度地减轻了事件所造成的危害。

城市环境保护

【重点城市集中式饮用水水源地环境状况评估】

2011年，我省昆明市、曲靖市、玉溪市、昭通市、保山市、红河州、普洱市、丽江市、临沧市共9个州市18个主要集中式饮用水水源地开展了环境状况评估。其中3个河流型饮用水水源地，15个湖库型饮用水水源地，供水人口共799.8万人，设计取水量为65265.96万吨/年。评估结果显示，除普洱市木乃河水库未开展水质监测外，其他17个水源地均开展了常规监测，水质全年12个月均达到饮用水标准，水源地达标率为100%，水量达标率100%，达标供水量43232.78万吨。18个水源地全部完成了水源保护区的划分，并制定完善了饮用水源地环境应急预案。

【城市环境基础设施建设】

至2011年末，全省已建成污水处理厂117座，污水处理能力达320.65万吨/日，城镇污水处理率由2010年的74.74%提高到2011年的79.61%。建成无害化垃圾处理厂（场）115座，形成无害化处理能力16559吨/日，城镇垃圾无害化处理率由2010年的62.5%提高到2011年的73.40%。全省城市燃气普及率 73.85 %，绿地率34.42 %。

2011年城市污水和生活垃圾处理量分别为74521万立方米和541.53万吨。

【城市机动车污染防治】

2011年，全省机动车保有量达8072453万辆，新增注册1147141辆。全省环保委托检验机构共计20个。

2011年，昆明市机动车保有量150.68万辆，机动车简易工况法环保检测量460825辆，发放环保合格标志419883辆（含新车），其中黄标110034辆、绿标309849辆。

【城市环境综合整治定量考核】

2011年，全省17个设市城市环境综合整治定量考核结果：

地级市前5名：昆明市、玉溪市、临沧市、普洱市、保山市。

县级市前5名：安宁市、景洪市、楚雄市、芒市、个旧市。

辐射环境管理

全面开展各项辐射安全检查活动，全省共组织出动检查人员2580人次，对420家放射源使用单位、10家放射源销售单位进行了现场检查，涉及放射源1860枚；开展了安保用X射线装置专项检查活动，对全省147家使用单位，共计332台（套）安保用X射线装置进行了检查；强化核与辐射安全培训，对来自全省的220名核技术利用单位从业人员和126名辐射安全监管人员进行了培训；强化废旧放射源管理，全省共收贮废旧放射源159枚。

2011年省环保厅共办理辐射类行政许可事项191件，其中辐射安全许可证审批48项、项目环评审批49项、项目竣工环保验收3项、放射性同位素转让审批91件。

宣传教育

2011年表彰命名了第六批绿色学校110所，第四批省级绿色社区38家，第二批环境教育基地13个，全省已有省级绿色学校546所，绿色社区156家，省级环境教育基地31个。

完成了“首届七彩云南保护行动环境保护奖颁奖活动”，颁发了环保公益人物奖10名，环保事业支持奖6名，特别贡献奖1名。参加国家环保部在北京举办的“十一五”环保成就展的参展。在香港第六届国际环保博览会展出了云南省生物多样性图片展。拍摄了电视专题片《感悟造化天道，保护灵性自然》。

监管能力建设

环境监察机构覆盖全省县（市、区），建立起省级总队、州（市）级支队、县（市、区）级大队组成的三级执法队伍体系。全省环境监察机构146个，共有人员1188人，其中省环境监察总队新增44个编制，总编制达60人。

全省环境监测系统共有监测站114个，其中：一级站1个，二级站16个，三级站97个。与2010年相比增加了7个监测站。通过计量认证的监测站有73个。全省环境监测系统人数1360人，比2010年增加50人。拥有业务用房61342平方米，与2010年的54690平方米相比有所增加。拥有机动车130辆。全省共拥有大型仪器、设备共4326台（套）。

环境信访

2011年，省级处理群众来信（含传真、邮件、网上信访）179件，来信办结率达95%，其中办理省领导重要批示信访件3件；接待群众来访28

批 71 人次，来访办结率达 100%；办理省人大政协建议、提案 64 件，办结率达 100%。

全省加强了‘12369’环保投诉热线建设，2011 年受理投诉 9793 件，办结 9770 件，办结率 99.8%。回复“网上环保咨询”25 件，答复“领导信箱”42 件，网络信访办结率 100%。“96128”政务查询热线受理 54 个查询、咨询问题，均按照办理时限给与了答复。

环境科技

水专项“十一五”云南项目基本完成，“滇池项目”获中央资金 7609 万元；“洱海项目”获中央资金 7312 万元。完成水专项“十二五”项目及课题论证，“滇池项目”和“洱海项目”各设 7 个课题。

《丽江市水生态系统保护与修复规划》通过国家评审，水利部将丽江市列为全国水生态系统保护与修复工作试点区域。

2011 年度，1 项成果获云南省科技进步二等奖；2 项成果获云南省科技进步三等奖；1 项成果获环保部科技进步三等奖。

交流合作

利用世行贷款云南城市环境建设一期和二期项目实施总体进展顺利，通过世行组织的两次综合检查；全球环境基金援助的《老君山生物多样性保护示范项目》、中英合作《云南排污许可证管理示范项目》取得了丰硕成果，达到较好的示范效果。亚行援助《云南昆明低碳经济发展示范项目》取得初步成果。

积极与大湄公河次区域环境交流与合作，认真组织实施大湄公河次区域环境合作项目，包括《大湄公河次区域生物多样性保护廊道建设云南示范一期和增资项目》,《大湄公河次区域环境绩效评估云南能力建设项目》等项目。认真组织协调环境公约在我省的履行工作，组织实施“加强地方消耗臭氧层物质淘汰能力建设项目”。

积极推进沪滇、滇川和泛珠三角区域在环境监测、执法、宣教、科研、产业、能力建设等领域的环保合作，取得了实际合作效果。

2010年云南省科技统计公报

云南省统计局　云南省科学技术厅

2011年10月12日

2010年，随着建设创新型云南行动计划的深入实施，云南省科技活动稳步发展，以企业为主体的科技创新能力进一步增强。

一、R&D研发队伍稳步壮大

2010年全省R&D人员37780人，比上年增长2.5%；R&D人员折合全时当量22551.5人，增长6.8%；规模以上工业企业R&D人员有13478人，增长11.4%，其中：大中型企业R&D人员11345人，增长6.6%；小型企业R&D人员2133人，增长45.5%。规模以上工业企业R&D人员折合全时当量8943.7人年，比上年增长31.7%，其中：大中型企业R&D人员折合全时当量7588.8人年，增长25.7%；小型企业R&D人员折合全时当量1354.9人年，增长79.7%。

二、R&D经费投入大幅增长

2010年全社会R&D经费内部支出44.17亿元，比上年增加6.94亿元，增长18.6%，R&D经费内部支出占全省地区生产总值的比重为0.61%，比上年提高了0.01个百分点。规模以上工业企业R&D投入强度为0.34%，比上年提高0.03个百分点，其中：大中型工业企业R&D投入强度为0.39%，比上年提高0.04个百分点。

（一）企业是推动全社会R&D经费增长的主要力量从R&D经费来源看，全社会R&D经费投入中企业资金24.38亿元，比上年增长49.1%，增幅提高了37.3个百分点，企业资金占全社会R&D经费投入的55.2%；政府资金17.46亿元，比上年增长9.4%，政府资金占全社会R&D经费投入的39.5%。2010年全省规模以上工业企业R&D经费内部支出21.08亿元，比上年增加了5.96亿元，增长39.4%，其中：大中型企业R&D经费内部支出18.07亿元，增长37.7%，小型企业R&D经费内部支出3.01亿元，增长51.0%。

（二）企业R&D经费投入的区域集中度高。2010年全省规模以上工业企业R&D经费内部支出不足2000万元的州（市）5个，R&D经费内部支出超过1亿元的州（市）有5个，分别是昆明（11.3亿元）、玉溪（2.47亿元）、曲靖（1.96亿元）、大理（1.49亿元）和红河（1.36亿元），5个州（市）规模以上工业企业R&D经费内部支出共18.57亿元，占全省规模以上工业企业R&D经费内部支出的88.1%。企业R&D经费投入强度超过全省平均水平（0.34%）的州（市）是临沧（1.04%）、昆明（0.49%）、大理（0.47%）和文山（0.40%）。

（三）原创性研究支出所占份额有所下降。2010年全省全社会用于基础研究的经费支出为5.52亿元，比上年增长20.0%；应用研究经费支出为11.04亿元，增长1.9%；试验发展经费支出27.61亿元，增长26.6%。代表原创性研究支出所占份额的基础研究和应用研究支出占全社会R&D经费支出的比重为37.5%，比上年降低了3.9个百分点。

三、企业R&D项目保持增长，企业资金投入力度加大

2010年全省规模以上工业企业有R&D项目1352项，比上年增加361项，增长36.4%，其中：大中型企业有R&D项目1082项，比上年增加362项，增长50.3%。新产品开发项目1189项，比上年减少55项，下降4.4%，新产品开发经费支出30.95亿元，比上年增长18.2%。

（一）企业科技研发以自选项目为主。2010年全省工业企业在研和已经完成研究的限额以上R&D项目892项，比上年增长19.6%；本年度项目经费14.08亿元，增长41.5%；投入项目研究人员8465人，增长4.8%。从限额以上R&D项目来源看，企业自选科技项目634项，占71.1%；国家和地方科技项目172项，占9.3%。研发项目经费中有3.83亿元来源于国家和地方政府科技部门，比上年增长66.9%；来源于企业自选科技项

目资金 9.15 亿元，增长 4.2%，高于政府资金投入 27.3 个百分点，企业资金投入力度加大。从项目平均经费看，来源于国家科技项目的平均经费最高，为 375.3 万元，自选科技项目平均经费为 144.3 万元，地方科技项目的平均经费为 142.6 万元。

（二）开拓并占领市场是企业研发活动的主要目的。2010 年全省大中型工业企业限额以上 R&D 项目中，开发新产品 303 项，占 34.0 %；增加产品功能或提高性能 220 项，占 24.7%；技术原理的研究 111 项，占 12.4%；提高劳动生产率 79 项，占 8.9%；节能项目 60 项，占 6.7%；减少环境污染 35 项，占 3.9%。企业平均经费最高的是节能项目，为 404.7 万元，是全部 R&D 项目平均经费的 2.6 倍。

（三）由本企业独立完成是项目研发的主要形式，产学研合作是开展企业项目研发的重要途径。2010 年全部 R&D 项目中，由企业依托自有科研力量独立开展研发活动的项目为 519 项，占 58.2%；与高校合作的项目为 91 项，占 10.2%；与科研院所合作的项目为 126 项，占 14.1%；与其他企业合作的项目为 111 项，占 12.4%。

四、科技活动产出成效明显

2010 年全省规模以上工业企业实现新产品产值 285.46 亿元，比上年增长 4.3%，其中：大中型企业新产品产值 240.83 亿元，增长 6.1%；新产品销售收入 279.06 亿元，增长 1.9%；新产品出口额 22.79 亿元，增长 19.4%。

2010 年全省共登记科技成果 724 项，有 12 项成果获国家科技奖。其中，国家技术发明二等奖 2 项；国家科技进步二等奖 10 项。在全省奖励的 180 项（人）科学技术奖励中，自然科学特等奖 1 项，一等奖 3 项，二等奖 12 项，三等奖 20 项；技术发明一等奖 1 项，二等奖 2 项，三等奖 6 项；科技进步科技创业奖 4 人，科技进步一等奖 9 项，二等奖 21 项，三等奖 99 项；科学技术合作奖 2 人。

全省专利申请 5645 件。其中：发明专利 2333 件，比上年分别增长 21.8%、42.5%；专利授权数 3823 件，其中：发明专利 652 件，比上年分别增长 30.8%、37.0%；有效发明专利总量 2344 件，比上年增长 34.5%。

全省规模以上工业企业专利申请 1197 件，比上年增加 148 件，增长 14.1%；发明专利申请 558 件，比上年增加 137 件，增长 32.5%，其中：大中型企业专利申请 757 件，比上年增加 172 件，增长 29.4%，发明专利申请 297 件，比上年增加 63 件，增长 26.9%。

五、科技研发基础平台建设力度加大

2010 年全省规模以上工业企业 3554 家，比上年增加 164 家，增长 4.8%，其中：大中型企业 619 家，比上年增加 80 家，增长 14.8%。规模以上工业企业有科技机构 236 个，比上年增加 11 个，增长 4.9%，其中：大中型企业有科技机构 154 个，比上年增加 25 个，增长 19.4%。全省规模以上工业企业中有 R&D 活动的有 204 家，占企业总数的 5.7%，其中：大中型工业企业开展 R&D 活动的 111 家，比上年增加 8 家，增长 7.8%。

截至 2010 年，全省共有国家级重点实验室 3 个、省级重点实验室 34 个；国家级工程技术研究中心 2 个、省级工程技术研究中心 42 个；国家级企业技术中心 12 个、省级企业技术中心 164 个；拥有科技企业孵化器 11 个，其中国家级 9 个；国家创新型试点企业 11 家，省级创新型试点企业 122 家，高新技术企业 334 家。

六、技术市场交易活跃

2010 年全省共登记各类技术合同 1050 项，合同成交额 11.21 亿元，分别比上年增长 1.9%和 14.4%。其中，企业输出技术 712 项，合同成交额 8.0 亿元，分别占输出技术项目数的 67.8%和总成交额的 71.5%；企业买入技术 682 项，合同成交额 8.3 亿元，分别占购买技术项目数的 65.0%和总成交额的 74.2%。

国民经济统计资料

National Economy Satistics

全省人口与自然资源

指 标	单位	2011 年	指 标	单位	2011 年
年末总人口数	万人	4631.0	星云湖	平方千米	39.00
人口密度	人／平方千米	117.5	阳宗海	平方千米	31.00
全省土地面积	万平方千米	39.40	**主要河流境内河长**		
民族自治地方土地面积	万平方千米	27.67	大盈江	千米	196
年末耕地总资源	万公顷	607.78	瑞丽江	千米	370
常用耕地面积	万公顷	423.01	怒江	千米	618
荒山荒地面积	万公顷	1290.40	澜沧江	千米	1227
宜农荒山	万公顷	286.70	金沙江	千米	1560
森林面积	万公顷	1817.73	元江	千米	680
活立木总蓄积量	亿立方米	15.48	南盘江	千米	677
水面面积	万公顷	28.00	**主要山峰高程**		
水资源总量	亿立方米	1480.19	高黎贡山	标高（米）	3374
水能资源理论蕴藏量	亿千瓦	1.04	碧罗雪山	标高（米）	4141
全省铁矿保有资源储量	亿吨	35.50	梅里雪山（卡瓦格博峰）	标高（米）	6740
全省煤矿资源保有储量	亿吨	289.84	玉龙雪山（扇子陡峰）	标高（米）	5596
全省磷矿资源保有储量	亿吨	42.40	点苍山（马龙峰）	标高（米）	4122
主要湖泊湖面面积			大雪山	标高（米）	3504
滇池	平方千米	306.30	无量山	标高（米）	3291
洱海	平方千米	250.00	哀牢山	标高（米）	2940
抚仙湖	平方千米	212.00	五莲峰	标高（米）	2561
程海	平方千米	78.8	拱王山	标高（米）	3677
泸沽湖	平方千米	51.8	梁王山	标高（米）	2833

全省主要年份国民经济主要比例关系

指 标	1978 年	2000 年	2005 年	2009 年	2010 年	2011 年
人口中的城乡比例						
城镇		23.4	29.5	34.0	34.8	36.8
乡村		76.6	70.5	66.0	65.2	63.2
生产总值中三次产业比例						
第一产业	42.7	22.3	18.9	17.3	15.4	15.9
第二产业	39.9	43.1	41.8	41.9	44.6	42.5
第三产业	17.4	34.6	39.3	40.8	40.0	41.6
工农业总产值中农轻重比例						

指　标	1978年	2000年	2005年	2009年	2010年	2011年
农　业	41.9	30.0	24.7	21.4	18.7	19.4
轻工业	25.0	35.4	26.0	24.2	23.9	23.3
重工业	33.1	34.6	49.3	54.4	57.4	57.3
工业总产值中轻重工业比例						
轻工业	43.0	50.5	34.5	30.8	29.4	29.0
重工业	57.0	49.5	65.5	69.2	70.6	71.0
农业总产值中农林牧渔比例						
农　业	71.4	61.1	52.3	49.9	51.1	48.8
林　业	6.2	7.3	9.9	11.5	10.2	10.7
牧　业	17.7	29.6	31.8	32.7	32.5	35.0
渔　业	0.2	2.0	2.1	2.5	2.7	2.4
服务业			3.9	3.5	3.5	3.1

注：本表按当年价计算。

按经济成分分全省主要社会经济指标

指　标	绝对数		比重(%)	
	2010年	2011年	2010年	2011年
就业人员数(万人)	2765.9	2857.2	100.0	100.0
城镇就业人员	599.1	666.3	21.7	23.3
国有单位	181.3	192.0	6.6	6.7
城镇集体单位	9.8	10.9	0.4	0.4
乡村就业人员	2166.8	2190.9	78.3	76.7
乡镇企业				
固定资产投资额（不含农户）(亿元)	5528.71	5927.01	100.0	100.0
国有经济	2623.07	2463.63	47.5	41.6
集体经济	107.41	99.35	1.9	1.7
个体经济	2553.86	35.25	46.2	0.6
其他经济	244.37	3328.78	4.4	56.2
社会消费品零售总额(亿元)	2542.44	3000.41	100.0	100.0
公有制经济	475.35	564.64	18.7	18.8
国有经济	359.11	473.40	14.1	15.8
非公有制经济	2067.10	2435.50	81.3	81.1

注：1.农业总产值、工业增加值按当年价格计算。

2.规模以上工业增加值为年主营业务收入500万元及以上独立核算工业企业的增加值。

全省社会经济主要指标每人年平均水平

指　　标	单位	2010 年	2011 年
工农业总产值(当年价格)	元	21131	25782
农业总产值	元	3948	4996
工业总产值	元	17183	20785
生产总值(当年价格)	元	15752	19265
地方财政一般预算收入	元	1924	2407
粮食产量	千克	360	380
猪牛羊肉产量	千克	104	112
森林面积	公顷	0.4	0.4
社会消费品零售总额	元	5544	6502
城乡居民储蓄存款余额	元	12551	14370
交通(每万人拥有)			
铁路营业里程	千米	420	464
公路通车里程	千米	45621	46471
民用航空航线里程	千米	39867	40215

全省主要年份国民经济主要指标

指　　标	单位	1952 年	1978 年	1990 年	1995 年	2000 年	2009 年	2010 年	2011 年
年末总人口数	万人	1695	3091	3731	3990	4240.8	4571.0	4601.6	4631.0
年末就业人员数	万人	761	1313	1923	2149	2268.5	2684.8	2765.9	2857.2
职工人数	万人	26	216	292	312	273.4	293.6	303.7	317.2
工农业总产值	亿元	13.41	95.45	556.98	1704.47	2270.22	7967.94	9691.23	11901.64
生产总值（当年价）	亿元	11.78	69.05	451.67	1206.68	1955.09	6169.75	7224.18	8893.12
农业生产									
农林牧渔业总产值(当年价)	亿元	9.6	40.02	211.72	474.46	680.86	1706.19	1810.53	2306.49
主要农产品产量									
粮　食	万吨	451	864	1061	1189	1467.8	1576.9	1650.0	1755.6
油　料	万吨	3.37	5.51	13.31	19.58	26.98	50.16	34.23	60.75
甘　蔗	万吨	30.13	160.01	661.88	1055.92	1420.29	1761.31	1750.92	1898.78
烤　烟	万吨	0.57	12.26	43.6	76.07	64.61	88.03	95.40	101.82
水　果	万吨		11.62	31.97	55.71	76.95	342.74	397.91	476.43
茶　叶	万吨	0.36	1.78	4.48	6.4	7.94	18.29	20.73	23.83

指　标	单位	1952年	1978年	1990年	1995年	2000年	2009年	2010年	2011年
猪、牛、羊肉	万吨	8.36	29.23	74.74	120.45	191.51	270.88	474.83	517.44
水产品	万吨	0.14	1.12	4.6	8.44	16.62	43.06	48.17	54.88
工业生产									
工业总产值(当年价)	亿元	3.81	55.43	345.26	1230.01（1079.46）	1589.36	6261.75	7880.70	9595.15
轻工业产值	亿元	2.3	23.84	181.14	656.60（584.60）	802.7	1930.88	2317.95	2779.50
重工业产值	亿元	1.51	31.6	164.12	573.41（494.86）	786.66	4330.87	5562.75	6815.66
主要工业产品产量									
布	万米	3641	10507	17974	13964	5855	364.95	412.76	449.58
机制纸及纸板	万吨	0.08	5.12	15.43	30.41	22.32	46.02	44.87	49.12
糖	万吨	2	14	51	94	152.25	223.91	179.78	173.51
卷烟	万箱	2	63	448	680	612.77	691.58	714.76	729.98
粗钢	万吨	0.25	35.12	80.15	140.5	189.41	1049.05	1293.77	1323.23
成品钢材	万吨	0.13	25.59	68.97	144.34	183.71	973.3	1214.99	1351.85
原煤	万吨	28	1483	2227	2803	2216	8921.02	9763.38	9957.41
发电量	亿千瓦小时	0.52	52.51	125.78	228.42	317.46	1173.82	1364.85	1555.13
水泥	万吨	1	131	471	997	1643	5046.45	5786.16	6788.88
运输邮电									
货运周转量	亿吨千米	1.54	62.34	260.67	307.71	479.52	904.27	990.5	1070.11
#铁　路	亿吨千米	0.64	43.52	93.91	114.24	180.76	340.95	358.31	369.70
公　路	亿吨千米	0.87	18.57	166.1	192.1	296.65	496.14	548.53	617.27
水　运	亿吨千米	0.03	0.24	0.59	1.06	0.98	5.42	6.91	8.19
旅客周转量	亿人千米	1.32	24.25	87.67	137.93	237.94	448.45	523.64	610.78
#铁　路	亿人千米	0.73	9.92	17.22	23.03	31.35	63.37	80.73	91.91
公　路	亿人千米	0.59	13.89	65.77	93.1	171.24	302.22	352.1	424.57
水　运	亿人千米		0.12	0.46	0.35	0.78	1.55	1.78	1.96
邮电业务总量	万元	264	3016	12737	139729	990739	6699900	2689400	31246500

指　标	单位	1952年	1978年	1990年	1995年	2000年	2009年	2010年	2011年
固定资产投资									
固定资产投资（不含农户）	亿元	0.59	15.04	75.74	380.57	697.94	4527.02	5528.71	5927.01
#国有经济固定资产投资	亿元	0.59	13.44	51.22	262.84	466.20	2144.32	2623.07	2463.63
国内商业									
社会消费品零售总额	亿元	4.87	28.38	145.59	369.55	583.17	2051.06	2542.44	3000.14
对外贸易									
进出口总额	万美元	32	10420	75114	212102	181283	801912	1336795	1605271
出口额	万美元	5	6948	56241	133097	117516	451402	760568	947277
进口额	万美元	27	3472	18873	79005	63767	350510	576227	657994
财政									
财政总收入	亿元	1.87	11.76	77.43	285.26	432.95	1490.82	1809.30	2258.20
财政总支出	亿元	0.99	18.28	90.76	235.10	414.11	1952.34	2285.72	2929.60
物价指数									
(以1952年价格为100)									
零售价格总指数	%	100.0	106.8	214.1	388.8	403.5	456.0	472.5	496.6
城镇居民消费价格总指数	%	100.0	112.7	237.6	456.3	509.9	620.5	644.4	676.0
职工工资									
职工工资总额	亿元		12.68	60.66	158.96	254.46	788.38	903.72	111.38
#国有单位职工工资总额	亿元	0.73	11.42	53.56	137.81	209.50	546.72	619.53	709.16
职工年平均货币工资	元		608	2130	5149	9231	26992	30177.00	35387
#国有单位职工年平均工资	元	371	629	2200	5286	9422	30329	34330.00	40379
教育文化									
普通高等学校在校学生数	万人	0.33	1.59	4.35	5.14	9.04	38.95	43.69	48.76
普通中等专业学校在校学生数	万人	0.67	2.66	7.38	10.26	11.92	23.37	29.00	30.15
普通中学在校学生数	万人	4.73	128.93	123.95	127.25	185.97	264.97	270.63	271.29

指　标	单位	1952年	1978年	1990年	1995年	2000年	2009年	2010年	2011年
普通小学在校学生数	万人	114.85	436.03	446.86	462.41	472.06	444.14	435.21	424.08
卫生									
卫生机构床位数	万张	0.43	5.97	8.45	9.56	9.75	14.01	15.71	17.34
#医院病床数	万张	0.36	5.41	7.61	8.39	6.61	9.97	11.25	12.63
专业卫生技术人员	万人	0.38	6.55	10.16	11.25	12.41	13.38	14.17	14.93

注：1.工业总产值及轻重工业产值从1996年开始按新规定的计算方法统计。

2.进出口总额包括边境贸易，1998年以前为外贸业务数，1999开始为海关进出口统计数。

3.财政收入为总收入，包括上划中央的“两税”收入。

4.1996年开始卫生机构数包括主要卫生机构、诊所、卫生保健所、医务室等。

云南省国民经济主要统计指标占全国的比重

指　标	全　国		云　南		云南占全国的比重(%)	
	2010年	2011年	2010年	2011年	2010年	2011年
年末总人口(万人)	134091	134735	4601.6	4631.0	3.4	3.4
生产总值(亿元)	401513	471564	7224.18	8893.12	2.4	1.9
第一产业	40534	47712	1108.38	1411.01	1.8	3.0
第二产业	187883	220592	3223.49	3780.73	2.7	1.7
第三产业	173596	203260	2892.31	3701.79	1.7	1.8
固定资产投资(不含农户)(亿元)	278122	311022	5528.7	6185.3	1.7	2.0
社会商品零售总额(亿元)	156998	183919	2500.1	3001.14	1.6	1.6
对外贸易进出口总额(亿美元)	29740.0	36421	133.7	160.53	0.4	0.4
#出口总额	15778.0	18986	76.1	94.73	0.5	0.5
实际利用外商直接投资(亿美	1057.3	1160.1	13.3	17.38	1.3	1.50
普通高等学校在校学生数(万	2231.8	2308.5	43.7	48.76	2.0	2.1
医院床位数(万张)	338.7	370.5	11.25	12.63	2.0	3.4
全部职工平均工资（元）	36539	41799	30177	35387	82.6	84.7
农民人均纯收入(元)	5919	6977	3952.0	4722.0	66.8	67.7
城镇居民年平均可支配收入	19109	21810	16064.5	18575.6	84.1	85.2
城乡居民储蓄存款余额(亿元)	303303	343636	5719.6	6654.9	1.9	1.9
工农业主要产品产量						
粮食(万吨)	54648	57121	1531.00	1755.60	2.8	3.1
烤烟(万吨)	273	287	95.40	101.82	34.9	35.5
油料(万吨)	3230	3307	34.23	60.75	1.1	1.8

指 标	全 国		云 南		云南占全国的比重(%)	
	2010 年	2011 年	2010 年	2011 年	2010 年	2011 年
水果（万吨）	21401	22768	397.91	476.43	1.9	2.1
猪牛羊肉（万吨）	6123	6093.7	474.82	517.44	7.8	8.5
粗钢(万吨)	63723	68388	1293.77	1323.23	2.1	1.9
成品钢材(万吨)	79776	88258	1214.99	1351.85	1.5	1.5
原煤(亿吨)	32	35	0.96	1.00	3.0	2.8
发电量(亿千瓦小时)	42072	47001	1364.85	1555.13	3.2	3.3
水泥(万吨)	188191	208500	5786.16	6788.88	3.1	3.3
农用化肥(折 100%)(万吨)	6741	6217	363.97	326.96	5.4	5.3
平板玻璃(万重量箱)	66331	73789	736.08	850.03	6.4	1.2
糖(万吨)	1102.90	1187	179.78	173.51	16.3	14.6
卷烟(万箱)	23752.60	24474	3573.78	3649.91	15.0	14.9

全省历年生产总值、三次产业增加值和人均生产总值

年份	生产总值（亿元）	第一产业	第二产业	工业	建筑业	第三产业	人均生产总值（元）
1978	69.05	29.46	27.58	20.91	6.67	12.01	226
1979	76.83	32.38	30.50	23.56	6.94	13.95	247
1980	84.27	35.89	33.98	25.86	8.12	14.40	267
1981	94.13	41.23	35.80	28.62	7.18	17.10	294
1982	110.12	47.04	42.39	34.21	8.18	20.69	339
1983	120.07	49.33	47.28	39.08	8.20	23.46	363
1984	139.58	57.33	54.38	44.14	10.24	27.87	417
1985	164.96	66.07	65.41	52.51	12.90	33.48	486
1986	182.28	71.32	70.83	61.09	9.74	40.13	529
1987	229.03	84.06	84.30	73.30	11.00	60.67	653
1988	301.09	103.47	112.40	99.19	13.21	85.22	845
1989	363.05	119.01	138.06	124.73	13.33	105.98	1003
1990	451.67	168.13	157.80	142.77	15.03	125.74	1224
1991	517.41	169.48	179.56	162.32	17.24	168.37	1377
1992	618.69	186.8	219.03	193.90	25.13	212.86	1625
1993	783.27	191.45	325.57	284.65	40.92	266.25	2030
1994	983.78	236.25	428.68	383.91	44.77	318.85	2515
1995	1222.15	302.69	534.78	480.95	53.83	384.68	3083
1996	1517.69	360.48	669.06	599.82	69.24	488.15	3779

年份	生产总值（亿元）	第一产业	第二产业	工业	建筑业	第三产业	人均生产总值（元）
1997	1676.17	387.02	743.82	657.05	86.77	545.33	4121
1998	1831.33	403.43	818.26	705.55	112.71	609.64	4446
1999	1899.82	406.87	811.90	686.09	125.81	681.05	4558
2000	2011.19	431.8	833.25	704.00	129.25	746.14	4770
2001	2138.31	444.42	868.06	730.81	137.25	825.83	5015
2002	2312.82	463.44	934.88	788.44	146.44	914.5	5366
2003	2556.02	494.6	1047.66	882.08	165.58	1013.76	5870
2004	3081.91	593.59	1281.63	1 066.41	215.22	1206.69	7012
2005	3462.73	661.69	1426.42	1 168.68	257.74	1374.62	7809
2006	3988.14	724.4	1705.83	1 401.57	304.26	1557.91	8929
2007	4772.52	837.35	2038.39	1 696.29	342.10	1896.78	10609
2008	5692.12	1020.56	2452.75	2 051.73	401.02	2218.81	12570
2009	6169.75	1067.6	2582.53	2 088.17	494.36	2519.62	13539
2010	7224.18	1108.38	3223.49	2604.07	619.42	2892.31	15752
2011	8893.12	1411.01	3780.32	2994.30	786.02	3701.79	19265

注：本表数据按当年价格计算。

全省历年生产总值、三次产业增加值和人均生产总值指数

（上年=100）

年份	生产总值指数（%）	第一产业	第二产业	工业	建筑业	第三产业	人均生产总值指数（%）
1978	121.7	113.7	129.0	128.3	132.6	119.2	119.0
1979	103.1	93.0	105.8	106.3	103.2	114.8	101.3
1980	108.5	109.8	110.1	109.4	113.9	102.5	107.1
1981	107.8	109.3	103.3	105.7	91.5	117.2	106.3
1982	115.5	112.8	115.1	115.7	111.6	120.4	113.6
1983	108.4	104.2	108.9	110.3	100.2	113.3	106.6
1984	114.5	113.7	112.9	111.8	120.0	118.9	113.0
1985	113.0	106.8	113.6	112.6	119.3	119.6	111.5
1986	104.3	97.7	106.6	106.6	106.7	107.1	102.7
1987	112.3	107.7	110.4	110.3	111.0	120.7	110.4
1988	116.0	107.8	118.5	118.1	120.8	119.0	114.2
1989	105.8	103.2	103.9	104.5	100.4	111.3	104.1
1990	108.7	108.5	109.8	110.1	107.9	107.1	106.7

年份	生产总值指数（%）	第一产业	第二产业	工业	建筑业	第三产业	人均生产总值指数（%）
1991	106.6	101.1	108.9	109.3	105.5	111.0	104.7
1992	110.9	103.0	116.8	115.2	133.5	113.4	109.5
1993	111.1	102.5	113.7	113.2	117.8	117.0	109.6
1994	112.2	103.0	117.3	117.7	114.0	114.7	110.7
1995	111.7	105.0	113.5	114.2	107.1	115.2	110.3
1996	111.1	105.2	111.5	112.0	106.6	115.1	109.7
1997	109.7	104.6	110.6	109.6	120.4	112.3	108.3
1998	108.1	103.0	109.2	107.2	126.6	110.3	106.7
1999	107.3	104.5	107.0	106.5	110.9	109.3	106.0
2000	107.5	105.6	105.8	107.0	97.2	110.4	106.2
2001	106.8	103.9	103.9	103.9	104.2	111.7	105.6
2002	109.0	103.8	109.3	110.0	105.8	111.4	107.8
2003	108.8	105.5	110.1	110.2	109.7	109.1	107.7
2004	111.3	105.3	112.7	111.8	117.8	112.8	110.3
2005	108.9	104.8	107.5	106.4	113.6	111.7	107.9
2006	111.6	105.5	116.8	116.5	118.2	109.0	110.7
2007	112.2	104.2	115.2	117.0	107.2	112.5	111.4
2008	110.6	106.3	112.1	113.4	105.5	110.7	109.8
2009	112.1	105.2	113.6	111.2	126.3	113.1	111.4
2010	112.3	104.2	115.8	114.6	121.1	111.5	111.6
2011	113.7	106.0	117.9	117.6	119.4	112.0	113.0

注：本表指数均按可比价格计算。

全省历年工农业总产值

(按当年价格计算)

单位：万元

年份	工农业总产值	农业总产值	工业总产值	轻工业总产值	重工业总产值
1949	102 500	83 000	19 500	12 480	7 020
1952	134 127	96 000	38 127	22 991	15 136
1957	277 533	165 600	111 933	63 578	48 355
1960	411 006	133 274	277 732	95 818	181 914
1962	332 928	188 280	144 648	63 934	80 714
1965	431 402	228 306	203 096	89 768	113 328
1970	557 125	248 918	308 207	102 325	205 882

年份	工农业总产值	农业总产值	工业总产值	轻工业总产值	重工业总产值
1971	615 612	288 135	327 477	127 716	199 761
1972	697 536	328 105	369 431	146 295	223 136
1973	768 814	355 521	413 293	166 144	247 149
1974	745 037	329 113	415 924	182 591	233 333
1975	777 341	354 034	423 307	186 255	237 052
1976	665 206	339 163	326 043	165 630	160 413
1977	796 903	334 745	462 158	216 752	245 406
1978	954 547	400 225	554 322	238 358	315 964
1979	1 070 921	447 083	623 838	262 636	361 202
1980	1 135 544	482 029	653 515	295 389	358 126
1981	1 277 445	552 010	725 435	351 836	373 599
1982	1 454 407	618 381	836 026	412 997	423 029
1983	1 607 918	656 790	951 128	473 662	477 466
1984	1 896 300	773 552	1 122 748	551 269	571 479
1985	2 251 410	888 826	1 362 584	659 277	703 307
1986	2 430 325	960 149	1 470 176	677 101	793 075
1987	2 930 947	1 112 497	1 818 450	855 253	963 197
1988	3 800 173	1 353 906	2 446 267	1 216 368	1 229 899
1989	4 575 929	1 526 820	3 049 109	1 546 107	1 503 002
1990	5 569 820	2 117 233	3 452 587	1 811 436	1 641 151
1991	6 165 571	2 229 305	3 936 266	2 038 510	1 897 756
1992	7 274 242	2 503 535	4 770 707	2 408 461	2 362 246
1993	9 712 867	2 812 100	6 900 767	3 332 846	3 567 921
1994	13 054 849	3 567 761	9 487 088	5 146 859	4 340 229
1995	17 044 717	4 744 641	12 300 076	6 565 984	5 734 092
1996	18 588 947	5 675 149	12 913 798	6 955 577	5 958 221
1997	20 521 244	6 120 148	14 401 096	7 511 543	6 889 553
1998	21 232 596	6 200 248	15 032 348	7 747 162	7 285 186
1999	22 035 572	6 424 748	15 610 824	7 938 783	7 672 041
2000	22 702 182	6 808 567	15 893 615	8 027 044	7 866 571
2001	23 786 392	7 035 331	16 751 061	8 637 582	8 113 479
2002	25 880 114	7 375 491	18 504 623	9 542 729	8 961 894
2003	29 757 250	7 993 267	21 763 983	10 147 043	11 616 940
2004	34 442 963	9 652 238	24 790 725	9 172 079	15 618 646

年份	工农业总产值	农业总产值	工业总产值	轻工业总产值	重工业总产值
2005	43 184 173	10 685 800	32 498 373	11 204 660	21 293 713
2006	53 200 062	12 097 600	41 102 462	12 696 331	28 406 131
2007	65 521 000	14 148 000	51 373 000	18 301 600	33 071 400
2008	73 802 700	16 414 600	57 388 100	14 478 000	42 910 100
2009	79 679 353	17 061 880	62 617 473	19 308 801	43 308 671
2010	96 912 300	18 105 300	78 807 036	23 179 490	55 627 546
2011	119 016 435	23 064 900	95 951 535	27 794 965	68 156 570

注：村及村以下办工业产值包括在工业总产值中。

全省历年工农业总产值及轻重工业产值构成

(按当年价格计算)

单位：%

年份	工农业总产值	农业总产值	工业总产值	工业总产值	轻工业总产值	重工业总产值
1949	100.0	81.0	19.0	100.0	64.0	36.0
1952	100.0	71.6	28.4	100.0	60.3	39.7
1960	100.0	32.4	67.6	100.0	34.5	65.5
1962	100.0	56.6	43.4	100.0	44.2	55.8
1965	100.0	52.9	47.1	100.0	44.2	55.8
1970	100.0	44.7	55.3	100.0	33.2	66.8
1971	100.0	46.8	53.2	100.0	39.0	61.0
1972	100.0	47.0	53.0	100.0	39.6	60.4
1973	100.0	46.2	53.8	100.0	40.2	59.8
1974	100.0	44.2	55.8	100.0	43.9	56.1
1975	100.0	45.5	54.5	100.0	44.0	56.0
1976	100.0	51.0	49.0	100.0	50.8	49.2
1977	100.0	42.0	58.0	100.0	46.9	53.1
1978	100.0	41.9	58.1	100.0	43.0	57.0
1979	100.0	41.7	58.3	100.0	42.1	57.9
1980	100.0	42.4	57.6	100.0	45.2	54.8
1981	100.0	43.2	56.8	100.0	48.5	51.5
1982	100.0	42.5	57.5	100.0	49.4	50.6
1983	100.0	40.8	59.2	100.0	49.8	50.2
1984	100.0	40.8	59.2	100.0	49.1	50.9
1985	100.0	39.5	60.5	100.0	48.4	51.6
1986	100.0	39.5	60.5	100.0	46.1	53.9

年份	工农业总产值	农业总产值	工业总产值	工业总产值	轻工业总产值	重工业总产值
1987	100.0	38.0	62.0	100.0	47.0	53.0
1988	100.0	35.6	64.4	100.0	49.7	50.3
1989	100.0	33.4	66.6	100.0	50.7	49.3
1990	100.0	38.0	62.0	100.0	52.5	47.5
1991	100.0	36.2	63.8	100.0	51.8	48.2
1992	100.0	34.4	65.6	100.0	50.5	49.5
1993	100.0	29.0	71.0	100.0	48.3	51.7
1994	100.0	27.3	72.7	100.0	54.3	45.7
1995	100.0	27.8	72.2	100.0	53.4	46.6
1996	100.0	30.5	69.5	100.0	53.9	46.1
1997	100.0	29.8	70.2	100.0	52.2	47.8
1998	100.0	29.2	70.8	100.0	51.5	48.5
1999	100.0	29.2	70.8	100.0	50.9	49.1
2000	100.0	30.0	70.0	100.0	50.5	49.5
2001	100.0	29.6	70.4	100.0	51.6	48.4
2002	100.0	28.5	71.5	100.0	51.6	48.4
2003	100.0	26.9	73.1	100.0	46.6	53.4
2004	100.0	28.0	72.0	100.0	37.0	63.0
2005	100.0	24.7	75.3	100.0	34.5	65.5
2006	100.0	22.7	77.3	100.0	30.9	69.1
2007	100.0	21.6	78.4	100.0	35.6	64.4
2008	100.0	22.2	77.8	100.0	25.2	74.8
2009	100.0	21.4	78.6	100.0	30.8	69.2
2010	100.0	18.7	81.3	100.0	29.4	70.6
2011	100.0	19.4	80.6	100.0	29.0	71.0

注：村及村以下办工业产值包括在工业总产值中。

全省全社会固定资产投资

单位:亿元

指　　标	2010 年	2011 年	2011 年比 2010 年增长(±)(%)
投资总额	5528.71	6185.3	11.88
按登记注册类型分			
国有经济	2623.07	2463.63	-6.08
集体经济	107.41	99.35	-7.50
其他经济	2553.86	3587.07	40.46
个体经济	244.37	35.25	-85.58

按行业划分的全社会固定资产投资

行　　业	2010 年	2011 年
合　计	**5528. 71**	**6185.30**
农、林、牧、渔业	176. 82	153.16
采矿业	251. 33	262.42
制造业	757. 7	895.50
电力、燃气及水的生产和供应业	756. 77	792.61
建筑业	6. 79	6.13
交通运输、仓储和邮政业	977. 55	842.80
信息传输、计算机服务和软件业	51. 85	48.64
批发和零售业	119. 63	253.87
住宿和餐饮业	64. 16	97.55
金融业	4. 92	4.10
房地产业	1077. 32	1482.11
租赁和商务服务业	14. 5	21.49
科学研究、技术服务和地质勘查业	7. 77	33.28
水利、环境和公共设施管理业	632. 18	597.18
居民服务和其他服务业	4. 51	14.46
教　育	181. 2	126.05
卫生、社会保障和社会福利业	67. 1	81.54
文化、体育和娱乐业	50. 84	98.63
公共管理和社会组织	105. 97	115.49

注：本表不含房地产开发投资和农村私人投资，所列行业门类不全，故各行业数加总不等于合计数。

全省主要年份城镇居民家庭生活基本情况

年份	平均每户家庭人口（人）	平均每户就业人口（人）	平均每户就业面（%）	负担人数（人）	人均年可支配收入（元）	人均年消费性支出（元）	食品
1978	4.45	2.15	48.30	2.07	327.70	303.12	190.94
1979	4.39	2.16	19.30	2.03	362.40	342.60	214.56
1980	4.34	2.14	19.40	2.03	420.45	380.64	236.66
1981	4.28	2.20	51.40	1.95	446.41	411.57	247.19
1982	4.24	2.27	53.50	1.87	492.51	455.92	273.26
1983	4.21	2.29	54.40	1.83	532.54	480.13	285.94
1984	4.13	2.27	55.00	1.82	608.23	527.27	311.02
1985	3.85	2.03	52.70	1.89	752.29	703.56	360.39
1986	3.80	2.03	53.40	1.88	871.75	813.92	423.93
1987	3.77	2.01	53.30	1.88	989.37	883.52	481.85
1988	3.69	1.92	52.00	1.93	1156.49	1143.29	553.70
1989	3.67	1.92	52.30	1.91	1305.15	1140.71	621.33
1990	3.57	1.93	54.10	1.85	1514.81	1272.09	679.18
1991	3.48	1.91	54.90	1.82	1703.16	1428.28	763.42
1992	3.37	1.91	56.70	1.76	2061.74	1704.15	861.60
1993	3.30	1.87	56.70	1.76	2639.07	2186.29	1066.99
1994	3.20	1.83	57.10	1.75	3433.93	2843.69	1441.93
1995	3.17	1.84	57.80	1.73	4064.93	3448.27	1808.71
1996	3.13	1.86	59.40	1.68	4977.95	4007.48	1971.54
1997	3.12	1.88	60.30	1.66	5558.29	4537.08	2109.53
1998	3.05	1.83	60.00	1.67	6042.78	5023.67	2222.58
1999	3.05	1.80	59.00	1.69	6178.68	4941.26	2194.25
2000	3.12	1.77	56.70	1.76	6324.64	5185.31	2091.70
2001	3.04	1.60	52.60	1.90	6797.71	5252.60	2105.66
2002	3.00	1.56	52.00	1.92	7628.30（老口径） 7240.65（新口径）	5828.06	2423.43
2003	2.99	1.55	51.80	1.93	7643.57	6023.56	2506.62
2004	2.96	1.41	47.64	2.10	8870.88	6837.01	2895.60
2005	2.96	1.33	44.93	2.22	9265.90	6996.90	2997.06
2006	2.95	1.37	46.44	2.15	10069.87	7379.81	3102.46

年份	平均每户家庭人口（人）	平均每户就业人口（人）	平均每户就业面（%）	负担人数（人）	人均年可支配收入（元）	人均年消费性支出（元）	#食品
2007	2.88	1.39	48.26	2.07	11496.11	7921.83	3562.33
2008	2.87	1.4	48.78	2.05	13250.22	9076.61	4272.29
2009	2.85	1.4	49.12	2.04	14423.93	10201.81	4460.58
2010	2.86	1.42	49.65	2.01	16064.54	11074.08	4593.49
2011	2.88	1.47	51.04	1.96	18575.62	12248.03	4802.26

注：城镇居民人均可支配收入2002年及以后按新口径计算。

全省主要年份农村居民家庭生活基本情况

年份	平均每户常住人口(人)	平均每户整半劳动力(人)	平均每个劳动力负担人口(人)	平均每人全年纯收入（元）	平均每人全年生活消费支出（元）	食品	平均每人年末居住面积（平方米）
1978	6.28	3.03	2.10	130.60	113.40	84.00	7.69
1979	6.01	2.83	2.12	125.21	111.50	81.00	8.37
1980	5.98	2.90	2.06	147.70	122.63	86.21	8.96
1981	5.93	2.92	2.03	178.08	137.75	91.83	9.10
1982	5.95	2.99	1.99	231.83	185.80	124.30	9.50
1983	6.04	3.37	1.79	266.66	223.81	144.63	11.68
1984	5.93	3.38	1.75	310.43	260.62	160.25	14.08
1985	5.83	3.31	1.76	325.74	267.01	177.91	14.92
1986	5.76	3.22	1.79	338.14	304.99	205.19	15.45
1987	5.68	3.20	1.77	364.57	325.65	217.26	15.86
1988	5.58	3.19	1.75	427.72	389.20	240.49	16.31
1989	5.50	3.20	1.72	477.89	436.18	269.18	16.56
1990	5.42	3.16	1.72	489.75	453.03	274.73	16.96
1991	5.20	3.02	1.72	572.58	501.36	315.10	18.02
1992	5.18	3.05	1.70	617.98	536.06	324.96	18.07
1993	5.10	3.11	1.64	674.79	625.19	382.60	20.12
1994	5.01	3.07	1.62	802.95	764.91	458.43	18.68
1995	4.94	3.12	1.59	1010.97	981.10	602.92	19.78
1996	4.90	3.15	1.56	1229.28	1209.16	743.33	19.80
1997	4.82	3.10	1.55	1375.50	1318.07	818.51	20.42
1998	4.68	3.05	1.53	1387.25	1312.31	801.99	20.64
1999	4.59	2.96	1.55	1437.63	1269.33	815.67	21.37
2000	4.56	2.85	1.60	1478.60	1270.83	749.22	22.18

年份	平均每户常住人口(人)	平均每户整半劳动力(人)	平均每个劳动力负担人口(人)	平均每人全年纯收入（元）	平均每人全年生活消费支出（元）	食品	平均每人年末居住面积（平方米）
2001	4.49	2.83	1.59	1533.76	1422.85	811.71	22.42
2002	4.48	2.87	1.57	1608.77	1381.54	772.61	23.72
2003	4.45	2.86	1.56	1697.12	1405.70	744.58	23.45
2004	4.41	2.88	1.53	1864.19	1569.98	847.24	23.53
2005	4.33	2.79	1.56	2041.79	1789.00	975.72	25.24
2006	4.35	2.85	1.53	2250.46	2195.64	1071.13	25.79
2007	4.32	2.85	1.52	2634.09	2637.18	1226.09	26.73
2008	4.32	2.86	1.51	3102.60	2990.61	1483.16	27.44
2009	4.30	2.87	1.50	3369.34	2924.85	1410.00	28.67
2010	4.28	2.87	1.49	3952.03	3398.33	1604.50	28.97
2011	4.17	2.80	1.49	4722.00	3999.87	1883.95	30.88

全省主要年份农村基本情况

指　标	单位	2000年	2002年	2003年	2004年	2005年	2008年	2009年	2010年	2011年
一、农村基层组织情况										
乡镇个数	个	1564	1419	1406	1402	1296	1206	1188	1188	1181
#镇个数	个	462	477	467	469	459	476	492	497	506
村委会个数	个	13433	13380	13308	13198	12940	13099	13034	12927	12911
二、乡村户数、人口、从业人员										
乡村户数	万户	830	845	885	866	877	915	928	947	961
乡村人口数	万人	3450	3490	3511	3538	3568	3640	3671	3711	3741
乡村劳动力	万人	2016	2081	2099	2131	2160				
#乡村就业人员	万人	1949	1990	2003	2030	2051	2113	2137	2167	2191
三、耕地总资源	千公顷	4198.8	6298.9	6187.2	6119.5	6094.4	6077.8			423.01
#常用耕地	千公顷		4140.8	4057.6	4179.3	4191.8	4185.5			
#水田	千公顷	1325.7	1304.4	1370.4	1356.6	1354.7	1360.2			
四、水库总数	座	5179	5267	5296	5324	5368	5474	5514	5555	5590

指标	单位	2000年	2002年	2003年	2004年	2005年	2008年	2009年	2010年	2011年
水库库容量	亿立方米	87.0	94.1	95.9	97.0	98.87	106.98	108.3	111.0	114.2
五、农业现代化										
农业机械总动力	万千瓦	1301	1460	1543	1608	1666	2014	2159	2411	2628
有效灌溉面积	千公顷	1403.0	1442.1	1457.0	1469.4	1485.4	1536.9	1562.1	1588.4	1634.24
化肥施用量（含量100%）	万吨	112.0	125.0	129.2	137.2	142.7	167.67	171.39	184.58	200.47
乡、村水电站装机容量	万千瓦	26.6	25.0	25.3	23.8	23.3	28.99	33.36	41.26	44.29
农村用电量	亿千瓦小时	31.7	34.8	37.1	40.3	41.7	50.44	54.41	61.67	66.78

注：1、乡村总人口是按1984年老口径统计，故本表数据大于总人口中乡村总人口。

2、从2001年起，乡镇个数中不包括城关镇。

3、从2003年开始，按新国民经济行业分类标准，“交通运输和邮电通讯业从业人员”改为交通运输、仓储和邮电业从业人员”；“批发、零售、餐饮、金融、保险业从业人员”改为“批发与零售业从业人员”。2003年以前为老口径。

全省农林牧渔业总产值和指数

年份	农林牧渔业总产值（亿元）	农业	林业	牧业	渔业	农林牧渔业总产值指数(1952=100)	农业	林业	牧业	渔业
1949	8.30	7.13	0.00	1.17	0.00	86.4	86.2	0.0	88.4	0.0
1950	8.52	7.28	0.01	1.23	0.00	88.8	88.1	91.4	93.2	0.0
1951	8.95	7.65	0.01	1.29	0.00	93.2	92.6	94.2	96.6	0.0
1952	9.60	8.27	0.01	1.32	0.00	100.0	100.0	100.0	100.0	100.0
1953	11.71	9.83	0.01	1.87	0.00	114.5	111.7	95.0	132.7	64.1
1954	13.09	10.69	0.03	2.37	0.00	129.6	123.0	225.9	170.8	53.8
1955	13.80	11.35	0.03	2.42	0.00	140.0	133.9	163.3	178.3	66.7
1956	15.33	12.74	0.06	2.53	0.00	154.9	149.4	494.2	186.5	97.4
1957	16.56	13.58	0.35	2.63	0.00	151.9	144.5	2428.8	176.3	225.6
1958	13.67	10.89	0.63	2.11	0.04	132.9	122.9	4707.8	149.6	1223.5
1959	13.25	10.97	0.50	1.73	0.05	124.9	119.9	3643.9	118.9	1253.6
1960	13.33	11.23	0.47	1.60	0.03	119.9	117.5	3215.8	104.9	621.8

年份	农林牧渔业总产值（亿元）	农业	林业	牧业	渔业	农林牧渔业总产值指数(1952=100)	农业	林业	牧业	渔业
1961	15.21	13.29	0.23	1.66	0.03	124.6	126.6	1469.4	98.2	702.0
1962	18.83	15.63	0.30	2.86	0.04	137.8	132.8	1642.5	153.6	819.8
1963	20.03	15.96	0.46	3.57	0.04	145.1	134.2	2570.1	189.0	915.1
1964	22.52	17.63	0.67	4.17	0.05	164.0	149.0	3823.3	221.7	897.5
1965	22.83	17.43	0.73	4.62	0.05	166.1	147.2	4105.9	245.1	920.1
1966	24.04	18.69	0.75	4.55	0.05	174.9	157.7	4238.7	241.1	1163.3
1967	24.25	18.92	0.75	4.53	0.05	176.5	159.7	4238.7	240.4	930.1
1968	23.17	17.80	0.76	4.56	0.05	168.6	150.3	4238.7	241.7	930.1
1969	24.64	19.26	0.76	4.57	0.05	179.3	162.4	4309.3	243.0	1045.5
1970	24.89	18.39	0.77	4.69	0.05	178.1	160.8	4263.4	245.0	1002.8
1971	28.81	23.93	0.92	3.93	0.03	189.5	175.2	5097.0	231.0	749.6
1972	32.81	25.26	1.31	6.21	0.03	211.1	180.8	7168.2	358.5	806.7
1973	35.55	27.26	1.46	6.79	0.04	228.2	194.6	8026.2	391.6	720.1
1974	32.91	24.91	1.45	6.48	0.07	217.1	182.9	8156.2	383.2	1377.3
1975	35.40	27.41	1.73	6.19	0.07	235.5	202.5	9917.4	369.4	1627.1
1976	33.92	26.32	1.36	6.17	0.07	225.5	194.8	7708.3	367.6	1099.9
1977	33.47	25.27	1.84	6.29	0.07	221.7	186.4	10327.5	374.8	1139.2
1978	40.02	30.35	2.48	7.11	0.08	249.2	210.4	13119.8	397.1	1296.6
1979	44.71	33.15	3.17	8.30	0.09	235.2	193.9	14288.8	391.7	1619.3
1980	48.20	34.82	2.94	10.25	0.19	251.2	209.1	14938.3	404.9	1759.0
1981	55.20	40.48	3.77	10.75	0.20	273.6	229.9	16118.2	425.4	1886.9
1982	61.84	44.96	3.86	12.81	0.21	302.9	250.8	16885.3	507.6	1946.7
1983	65.68	46.85	4.73	13.86	0.24	319.7	259.7	19622.1	549.3	2225.7
1984	77.36	55.31	5.97	15.81	0.27	368.3	295.8	25504.0	624.0	2500.9
1985	88.88	60.23	7.90	20.35	0.40	391.8	309.2	29241.5	676.4	3058.1
1986	96.01	61.73	7.40	26.16	0.72	382.6	301.8	25449.1	693.5	3599.1
1987	111.25	72.02	8.85	29.44	0.94	406.0	327.3	24428.5	714.2	4402.0
1988	135.39	86.75	10.05	37.03	1.56	432.8	349.9	25935.5	755.5	4771.3
1989	152.68	96.08	12.97	41.70	1.93	445.3	356.3	27366.2	794.0	5091.1
1990	211.72	138.03	18.27	54.03	1.39	474.5	377.3	29995.2	853.2	5318.0
1991	222.93	147.17	18.69	55.70	1.37	501.1	400.5	30756.4	898.2	5702.4
1992	250.35	163.93	22.84	61.56	2.02	523.0	415.2	33893.6	935.7	6181.4

年份	农林牧渔业总产值（亿元）	农业	林业	牧业	渔业	农林牧渔业总产值指数(1952=100)	农业	林业	牧业	渔业
1993	281.21	179.39	25.39	72.89	3.54	538.8	422.1	40280.4	991.9	7462.5
1994	356.78	228.99	30.41	92.13	5.25	555.4	426.3	42959.2	1050.2	9256.1
1995	474.46	299.48	40.53	127.19	7.26	591.2	457.0	43946.1	1112.7	11177.8
1996	567.51	369.36	43.21	146.03	8.91	634.9	490.8	46714.7	1195.0	13223.3
1997	612.01	397.09	40.40	163.93	10.59	686.9	530.1	49941.7	1303.4	14728.1
1998	620.02	381.26	41.77	184.83	12.16	718.1	533.2	52506.4	1467.9	18282.1
1999	642.48	394.96	45.60	188.82	13.10	753.7	555.6	53943.5	1571.6	20274.7
2000	680.86	416.36	49.75	201.49	13.26	802.7	589.3	56155.9	1705.5	20850.3
2001	703.53	431.31	47.21	210.63	14.38	831.5	611.7	54154.9	1800.6	22289.4
2002	737.55	445.35	53.52	223.49	15.19	870.0	633.3	59030.7	1892.0	24368.0
2002（新口径）	743.75	414.89	59.27	223.49	15.19					
2003	799.33	433.91	73.17	242.53	16.56	927.8	663.1	67532.6	2027.4	27693.8
2004	965.22	516.92	86.40	305.42	19.14	990.9	703.6	70036.2	2203.8	30316.1
2005	1068.58	559.32	105.53	339.68	22.97	1059.3	733.9	76199.4	2430.8	33772.1
2006	1209.76	630.19	142.59	362.90	26.30	1148.3	791.1	86257.7	2846.5	36946.7
2007	1414.80	707.20	156.30	459.60	35.70	1241.3	848.7	94797.2	3057.1	44927.2
2008	1641.46	790.87	183.60	570.01	38.12	1329.7	899.8	105521.9	3016.3	47278.1
2009	1706.19	850.65	196.13	557.76	41.96	1407.2	938.0	112529.3	3255.4	52293.3
2010	1810.53	925.58	184.23	588.81	48.06	1472.9	972.1	119348.5	3440.4	57204.7
2011	2306.49	1124.72	245.67	808.20	55.93	1562.2	1038.5	133935.2	3527.5	62460.7

注：本表绝对数按当年价格计算，指数按可比价格计算。

全省主要年份主要农产品产量

单位：万吨

年份	粮食	油料	烤烟	甘蔗	茶叶	水果	猪牛羊肉	禽蛋	水产品
1952	450.70	3.37	0.57	30.13	0.36				
1957	583.20	8.01	2.82	66.60	0.84	6.07			0.50
1962	534.50	3.53	2.55	42.25	0.63				0.75
1965	586.95	8.75	4.65	107.35	0.89		24.58		0.80
1970	698.45	4.77	3.25	88.32	1.05	8.78			0.92
1975	798.90	6.97	9.72	133.31	1.64	12.93	28.56		1.40
1978	864.05	5.51	12.26	160.01	1.78	11.62	29.23		1.12
1980	865.55	6.48	10.32	184.45	1.78	11.63	30.91		1.52
1985	935.00	11.81	41.00	479.77	3.11	21.18	56.82	3.90	2.65
1990	1061.21	13.31	43.60	661.88	4.48	31.97	74.74	4.90	4.60
1995	1188.91	19.58	76.07	1055.92	6.40	55.71	120.45	6.85	8.44
1996	1246.30	18.81	88.39	1143.08	6.82	59.01	133.37	7.41	10.20
1997	1271.90	17.43	109.28	1434.92	7.08	66.02	148.95	8.51	11.89
1998	1319.50	17.46	56.37	1597.71	7.75	68.07	166.21	8.70	13.84
1999	1399.25	20.62	60.95	1526.53	7.51	73.83	180.35	9.83	15.53
2000	1467.80	26.98	64.61	1420.29	7.94	76.95	191.51	10.63	16.62
2001	1486.30	27.66	60.08	1481.10	8.07	79.29	203.84	11.80	18.02
2002	1424.74	27.52	66.15	1733.36	8.36	85.63	218.74	13.16	19.26
2003	1471.01	29.70	63.68	1694.96	8.59	96.53	234.53	14.39	20.43
2004	1509.50	33.41	69.24	1688.49	9.51	115.52	257.10	16.49	22.05
2005	1514.93	36.22	77.22	1415.50	11.59	136.63	277.32	19.00	23.85
2006	1542.21	39.01	75.78	1678.73	13.82	162.56	296.13	16.90	29.24
2007	1546.68	36.70	76.70	1938.70	17.00	202.40	306.80	18.00	33.40
2008	1518.59	40.38	83.97	1898.75	17.15	266.18	257.18	19.41	39.37
2009	1576.92	50.16	88.03	1761.31	18.29	342.74	270.88	20.75	43.06
2010	1650.00	34.23	95.40	1750.92	20.73	397.91	474.83	37.78	48.17
2011	1755.60	60.75	101.82	1898.78	23.83	476.43	517.44	40.98	54.88

主要年份运输线路长度

(年底数) 单位：千米

年　份	铁路营运里程	公路通车里程	内河航道里程	民用航空航线里程
1978	1705	41816	2809	1009
1980	1682	44149	1006	1009
1985	1679	49541	1042	22720
1987	1638	49879	1042	22089
1988	1626	52534	1072	23682
1989	1694	54732	1072	22682
1990	1695	56536	1130	26639
1991	1684	58123	1130	30773
1992	1651	60045	1130	47322
1993	1644	63086	1130	45132
1994	1642	65578	1324	64220
1995	1644	68236	1324	51638
1996	1644	70279	1324	70610
1997	2023	73821	1324	89781
1998	1991	76957	1324	128685
1999	2015	102405	1530	133105
2000	2015	163604	1580	119702
2001	2015	163953	1824	135114
2002	2016	164852	1824	148114
2003	1984	166133	1810	145498
2004	1925	167050	2549	137800
2005	1925	194495	2764	135448
2006	1925	198496	2764	136785
2007	1925	200333	2764	129879
2008	1924	203753	2764	112120
2009	1924	206028	2764	152041
2010	1924	209231	2893	182841
2011	2142	214524	3174	185643

全省主要年份客运量

单位：万人

年份	客运量	铁路	公路	水运	民用航空
1978	3941	1267	2534	31	9
1980	5250	1528	3612	93	17
1985	9393	1509	7735	126	23
1990	10702	1016	9475	177	34
1995	21697	1257	20095	134	211
2000	33704	1532	31586	241	345
2007	46290	2106	42913	599	672
2008	34827	2432	31157	639	599
2009	36590	2436	32775	658	721
2010	40423	2708	36230	731	754
2011	45964	2969	41394	842	759

全省主要年份旅客周转量

单位：亿人千米

年份	客运周转量	铁路	公路	水运	民用航空
1978	24.25	9.92	13.89	0.12	0.32
1980	33.74	12.86	20.30	0.26	0.32
1985	72.84	19.56	52.53	0.32	0.43
1990	87.67	17.22	65.77	0.46	4.22
1995	137.93	23.03	93.10	0.35	21.45
2000	237.94	31.35	171.20	0.78	34.57
2007	393.40	52.63	265.80	1.21	73.76
2008	411.89	66.61	272.98	1.54	70.76
2009	448.45	63.37	302.22	1.55	81.31
2010	523.64	80.73	352.10	1.78	89.03
2011	610.78	91.91	424.53	1.96	92.34

全省主要年份货运量

单位：万吨

年份	货运量	铁路	公路	水运	民用航空
1978	4994	1929	2972	93	0. 16
1980	4758	2106	2587	65	0. 22
1985	20044	2022	17970	52	0. 40
1990	38327	2567	35656	104	0. 43
1995	38400	2829	35446	123	2. 40
2000	52452	3521	48789	134	7. 82
2007	71829	6021	65537	262	8. 74
2008	45570	6104	39119	339	7. 56
2009	47455	5945	40765	345	7. 74
2010	52775	6268	45665	402	8. 74
2011	61402	6351	54186	439	6. 79

全省主要年份货运周转量

单位：亿吨千米

年份	货运周转量	铁路	公路	水运	民用航空
1978	62.34	43.52	18.57	0.24	0.01
1980	68.76	50.59	17.84	0.32	0.01
1985	154.11	64.83	88.73	0.50	0.05
1990	260.67	93.91	166.10	0.59	0.07
1995	307.71	114.24	192.10	1.06	0.31
2000	479.52	180.76	296.65	0.98	1.13
2007	770.96	314.23	450.83	4.59	1.31
2008	811.15	336.20	468.63	5.16	1.16
2009	904.27	340.95	496.14	5.42	1.16
2010	990.50	358.31	548.53	6.91	1.29
2011	1070.11	369.70	617.27	8.19	1.04

全省历年主要工业产品产量

年份	纱（万吨）	布（亿米）	机制纸及纸板（万吨）	原盐（万吨）	成品糖（万吨）	卷烟（万箱）	合成洗涤剂（万吨）	原煤（万吨）	发电量（亿千瓦小时）
1978	2.20	1.05	5.12	27.30	13.49	63.30	0.62	1483.00	52.51
1980	2.92	1.32	6.46	23.90	16.87	89.00	0.80	1174.00	56.20
1985	3.57	1.52	10.16	29.15	32.83	206.30	1.92	1638.00	75.45
1988	4.22	1.78	14.49	34.90	55.52	354.90	4.55	2054.00	102.26
1989	4.05	1.79	15.22	38.32	46.39	407.40	4.53	2181.00	114.12
1990	4.03	1.80	15.43	32.45	51.01	448.25	4.96	2227.00	125.78
1991	4.17	1.73	17.46	28.01	60.02	437.49	4.88	2194.00	140.85
1992	4.33	1.79	19.43	29.82	83.66	466.17	5.41	2379.00	155.75
1993	3.89	1.72	21.82	41.40	89.98	532.02	6.25	2402.00	172.07
1994	3.54	1.33	32.03	40.71	80.85	611.09	8.22	2597.00	203.43
1995	3.57	1.40	30.41	42.98	94.21	680.45	7.10	2803.00	228.42
1996	3.16	1.28	39.42	44.03	83.65	656.38	8.37	3072.00	253.65
1997	2.67	1.12	38.51	46.59	112.12	624.80	9.06	3296.67	253.14
1998	1.99	0.73	28.51	47.44	125.59	632.99	7.54	3090.67	264.62
1999	2.13	0.61	23.90	42.13	162.52	603.97	3.97	2663.63	298.20
2000	2.27	0.59	22.32	49.43	152.25	612.77	3.30	2215.61	317.46
2001	1.95	0.49	22.81	49.83	125.49	599.49	4.93	2394.12	359.53
2002	1.93	0.42	22.86	51.78	146.98	610.31	6.40	3066.25	426.99
2003	1.37	0.26	26.30	47.79	191.12	614.70	3.58	4059.78	474.80
2004	1.42	0.21	30.08	60.80	195.26	621.38	1.09	5316.61	543.78
2005	1.44	0.14	28.88	67.78	153.57	631.47	1.86	6462.14	624.20
2006	1.22	0.10	33.26	79.55	140.31	648.10	2.02	7339.08	753.64
2007	0.99	0.06	37.72	82.87	188.04	670.26	2.14	7755.19	904.51
2008	1.04	0.04	42.79	93.33	211.02	679.55	1.40	8657.43	743.44
2009	0.67	0.04	46.02	89.19	223.91	691.58	1.1204	8921.02	1173.82
2010	0.54	0.04	44.87	123.76	179.78	714.76	1.9007	9763.38	1364.85
2011	0.47	0.04	49.12	100.76	173.51	729.98	1.584	9957.41	1555.13
1978	48.94	35.12	25.59	7.48	131.23	46.08	42.05	0.79	1084
1980	50.03	46.33	29.46	9.92	163.00	26.29	46.40	0.27	1313
1985	69.28	56.16	45.96	14.98	307.76	87.42	60.20	1.16	5455
1988	99.53	68.26	57.33	18.21	443.05	106.29	72.61	1.85	13555
1989	106.91	72.22	61.85	20.00	452.42	138.44	81.12	1.73	9906

年份	纱（万吨）	布（亿米）	机制纸及纸板（万吨）	原盐（万吨）	成品糖（万吨）	卷烟（万箱）	合成洗涤剂（万吨）	原煤（万吨）	发电量（亿千瓦小时）
1990	119.81	80.15	68.97	21.73	470.73	120.17	90.32	1.85	6131
1991	123.98	93.62	83.77	24.69	565.19	128.32	95.72	2.23	9582
1992	126.82	103.02	97.18	27.78	663.87	157.00	96.79	2.34	16431
1993	166.89	116.63	113.07	29.13	732.25	131.57	94.06	2.28	25115
1994	172.41	134.89	139.35	34.20	865.26	166.85	105.09	1.83	25942
1995	180.75	140.50	144.34	40.67	996.93	165.88	121.46	2.47	19009
1996	181.17	161.83	171.71	44.45	1152.28	155.65	133.93	3.05	11867
1997	213.57	184.00	185.78	47.48	1341.26	110.50	144.31	3.35	11432
1998	205.33	176.22	184.12	51.36	1558.66	259.97	163.39	1.81	10940
1999	234.90	178.72	182.01	64.51	1622.77	302.56	177.78	1.51	10931
2000	309.42	189.41	183.71	74.85	1642.80	289.84	197.22	1.48	22110
2001	337.95	222.02	186.20	83.58	1640.86	293.48	208.66	1.14	26949
2002	414.20	274.74	210.34	89.57	1841.04	311.74	240.03	1.26	38571
2003	512.38	294.75	286.54	96.96	2052.79	336.43	260.58	1.72	44156
2004	689.17	349.31	350.55	129.42	2312.63	313.34	262.67	1.61	51248
2005	845.92	513.41	486.93	147.44	2832.62	270.15	265.84	2.10	62879
2006	935.10	635.38	588.06	207.33	3305.97	302.50	305.04	2.65	37477
2007	1202.77	883.85	789.99	233.77	3568.53	329.79	317.64	3.20	47085
2008	1180.52	901.31	836.62	216.75	4011.98	335.38	338.27	3.16	43112
2009	1294.30	1049.05	973.30	215.80	5046.45	501.49	356.73	3.20	72692
2010	1337.31	1293.77	1214.99	240.34	5786.16	736.08	363.97	3.27	101873
2011	1350.01	1323.23	1351.85	270.79	6788.88	850.03	326.96	3.54	97174

全省财政、金融、保险业主要指标

单位：亿元

指　　标	2010 年	2011 年	指　　标	2010 年	2011 年
一、地方财政一般预算收入	871.19	1111.16	七、保费收入	235.68	241.10
二、地方财政一般预算支出	2285.72	2929.60	#财产险	98.96	7.23
			机动车辆保险	75.24	86.24
三、金融机构存款年末余额	13411.49	15356.86	人寿险	136.73	106.52
#企业存款	4462.42	7998.71	意外伤害险	5.18	6.22
四、金融机构贷款年末余额	10568.78	12114.59	健康险	14.14	13.89
#中长期贷款	7724.47	8877.45	八、各项赔款及给付	66.31	79.89
五、金融机构现金收入	19913.94		#财产险	1.98	2.06
金融机构现金支出	20092.62		机动车辆保险	31.00	39.77
			人寿险	17.39	20.09
六、居民储蓄存款余额	5719.55	6654.87	健康险	7.32	8.68
#定期储蓄	2825.10	1343.49	意外伤害险	1.19	1.29

全省就业情况与职工工资收入情况

单位：万人

指　　标	2010 年	2011 年	指　　标	工资总额（亿元）		平均工资（元）	
				2010 年	2011 年	2010 年	2011 年
就业人员合计	2765.9	2857.2	全部职工	903.72	111.38	30177	35387
一、城镇就业人员	599.1	666.3	按企事业机关划分				
城镇在岗职工人数	303.7	317.2	企　业	504.08	645.44	29255	34772
#国有经济单位	181.3	175.8	事　业	262.40	313.98	30537	36336
企　业	54.1	47.2	机　关	137.16	151.70	33279	36149
事　业	85.8	86.3	按单位所有制划分				
机　关	41.4	42.3	1.国有经济单位	619.53	709.16	34330	40379
城镇集体经济单位	9.8	9.7	2.城镇集体经济单位	24.46	32.64	25137	34019
其他各种经济单位	112.60	131.7	3.其他各种经济单位	259.73	369.76	23768	28686
二、乡村就业人员	2166.8	2190.9					

全省主要年份各种价格指数

（以上年为 100）

年份	居民消费价格指数	城镇	农村	商品零售价格指数	城镇	农村	服务项目价格指数	农业生产资料价格指数生产者出厂价格指数	工业生产者出厂价格指数	工业生产者购进价格指数	固定资产投资价格指数
1978	100.2	100.0	100.3	100.1	100.0	100.2	100.0	100.0			
1979	101.1	100.8	101.2	100.7	100.8	100.6	99.9	98.3			
1980	104.7	108.1	103.7	105.7	108.6	103.3	100.0	99.0			
1981	101.2	100.8	101.3	101.2	100.8	101.4	100.4	102.0			
1982	101.8	101.7	101.8	101.9	101.8	101.9	100.1	102.4			
1983	101.0	100.6	101.1	101.0	100.5	101.5	100.6	102.8			
1984	101.9	102.6	101.4	102.7	102.4	103.0	102.9	106.0			
1985	108.2	111.9	105.7	108.0	112.7	104.9	106.5	103.8			
1986	106.1	104.8	106.4	105.0	104.6	105.3	108.5	102.4			
1987	107.0	107.4	106.6	106.6	107.3	106.1	109.1	105.5			
1988	119.8	121.1	118.8	119.6	122.5	118.0	108.6	113.9			
1989	118.6	117.9	119.0	119.3	118.5	119.6	112.1	120.4			
1990	102.8	101.6	103.4	102.1	100.2	102.9	111.6	103.5			
1991	103.1	103.8	102.7	103.7	103.1	103.9	105.6	109.4	106.3	108.2	112.1
1992	108.9	110.4	108.8	107.7	109.0	107.4	115.3	105.2	103.8	111.9	117.6
1993	121.3	118.8	123.3	118.9	116.3	120.2	148.0	121.4	125.0	138.1	138.4
1994	119.2	117.3	119.9	115.8	113.8	117.4	119.9	114.6	116.7	110.3	107.8
1995	121.3	120.3	121.8	118.1	116.3	120.1	120.3	125.5	110.2	113.2	104.0
1996	108.7	108.2	108.8	106.6	105.0	108.4	111.2	113.3	101.3	111.3	104.3
1997	104.3	104.6	103.9	102.3	101.6	103.2	114.9	102.4	100.7	103.1	105.4
1998	101.7	102.4	101.1	99.2	98.8	99.6	118.4	96.5	97.2	100.7	101.8
1999	99.7	98.8	100.7	98.3	97.4	99.3	108.4	98.7	98.2	98.8	100.7
2000	97.9	97.6	98.4	97.6	97.0	98.4	103.8	98.9	101.2	101.5	101.6
2001	99.1	98.1	100.6	98.4	98.0	98.7	105.4	96.6	99.9	99.4	101.0
2002	99.8	99.3	100.5	98.1	97.5	98.9	102.3	100.4	98.2	97.6	100.0
2003	101.2	101.3	101.0	99.9	100.5	99.3	105.5	101.9	101.4	102.7	102.2
2004	106.0	106.1	105.9	104.7	104.5	105.0	104.3	106.3	108.8	109.6	108.0
2005	101.4	101.7	101.0	100.1	100.4	99.8	106.3	105.9	104.5	106.5	104.6

年份	居民消费价格指数	城镇	农村	商品零售价格指数	城镇	农村农村	服务项目价格指数	农业生产资料价格指数产者出厂价格指数	工业生产者出厂价格指数	工业生产者购进价格指数	固定资产投资价格指数
2006	101.9	101.9	101.8	100.8	100.0	101.7	104.9	102.8	104.6	107.6	101.8
2007	105.9	105.9	105.9	104.6	103.8	105.1	103.8	107.0	105.7	108.2	104.2
2008	105.7	105.4	106.0	106.1	105.3	107.0	101.7	116.6	105.8	111.6	107.4
2009	100.4	100.5	100.2	100.1	99.9	100.4	99.5	99.3	91.5	95.0	98.1
2010	103.7	103.8	103.6	103.6	103.5	103.7	102.0	101.4	108.8	109.0	102.7
2011	104.9	104.8	104.9	105.1	104.9	105.3	103.0	108.3	104.7	108.0	104.6

全省流通业基本情况

指　标	2000年	2003年	2004年	2005年	2008年	2009年	2010年	2011年
全省限额以上法人企业（个）	**931**	**827**		**1699**	**2004**	**2017**	**2445**	**2798**
批发零售贸易业	893	763		1121	1518	1512	1842	2098
住宿业	38	64		77	359	373	423	479
餐饮业				501	127	132	180	221
全省限额以上企业从业人员（人）	**114101**	**98665**		**161041**	**201244**	**216383**	**262103**	**314889**
批发零售贸易业	108310	88076		104087	140368	147160	173938	215974
住宿业	5791	10589		10540	46676	52153	59676	62005
餐饮业				46414	14200	17070	28489	36910
全省批发零售贸易业（亿元）								
商品购进总额	988	1042		1894.18	2727.88	2662.38	3677.09	4715.39
商品销售总额	1646	1968		2867.46	4699.22	4847.27	6229.16	5240.31
商品库存总额	214	161		265.34	469.74	562.87	700.06	618.28
全省社会消费品零售总额（亿元）	**583.17**	**782.46**	**915.31**	**1034.40**	**1718.54**	**2051.06**	**2542.44**	**3000.41**
按销售单位所在地分								
城镇	448.36	605.75	710.20	809.19	1387.01	1622.74	2183.32	2602.61
#城区	309.28	425.26	498.96	568.30	985.53	1255.02	1664.65	1950.22
乡村	134.81	176.71	205.11	232.10	377.73	428.32	359.12	397.53
按国民经济行业分								

指　　标	2000年	2003年	2004年	2005年	2008年	2009年	2010年	2011年
批发零售贸易业	376.49	635.42	732.07	823.83	1314.12	1555.85	2023.54	2390.50
住宿和餐饮业	74.87	124.63	134.55	155.44	298.22	381.43	362.82	437.21
其它	14.77	22.41	48.69	55.13	106.20	113.78	113.78	
按经济成份分								
公有制经济	2294.11			1876.81	2979.19	335.24	475.35	564.64
#国有经济	1485.30			1168.00	1931.75	223.62	359.11	473.40
非公有制经济	3537.59			8467.21	14206.18	1715.82	2067.10	2435.50
#私有经济	2539.15			6602.22	11756.28	1440.72	1843.61	2168.09

注：1. 批发零售贸易业购进总额和库存总额仅为限额以上批发零售贸易业数。
2. 从2003年开始批零贸易业零售额与往年口径不一致。

全省主要年份进出口贸易总额

单位：万美元

年　　份	进出口总额	出口总额	进口总额
1980	11037	9601	1436
1985	20953	12901	8052
1990	54842	43449	11393
1991	55051	40097	14954
1992	67056	46653	20403
1993	84008	52291	31717
1994	134406	91016	43390
1995	189609	121548	68061
1996	192220	109631	82589
1997	193698	117224	76474
1998	190329	117376	72953
1999	165967	103443	62524
2000	181283	117516	63767
2001	198906	124412	74494
2002	222635	142965	79670
2003	266767	167658	99109
2004	374776	223882	150894
2005	473822	264158	209664
2006	623174	339143	284031
2007	877975	473612	404363
2008	959936	498696	461240

年　　份	进出口总额	出口总额	进口总额
2009	801912	451402	350510
2010	1336795	760568	576227
2011	1605271	947277	657994

注：本表数据 1998 年以前为外贸业务数，且不含边境贸易统计数据。1999 年后为海关进出口统计数。

全省主要年份边境贸易进出口总额

单位：万美元

年　　份	总　　额	出口额	进口额
1996	13645	4537	9108
1997	7413	4201	3212
1998	13091	8902	4189
1999	28778	23183	5594
2000	35624	27803	7821
2001	34594	23010	11584
2002	36803	23095	13708
2003	41927	25278	16649
2004	52412	30875	21537
2005	65486	38558	26908
2006	77649	46538	31111
2007	101101	56774	44327
2008	120110	57247	62864
2009	126128	70742	55386
2010	173558	98843	74715
2011	200457	121630	78827

注：本表根据昆明海关数折算。

全省利用外商投资和旅游事业发展情况

指　　标	2000年	2004年	2005年	2006年	2008年	2009年	2010年	2011年
一、利用外商投资情况								
签订协议项目（个）	110	167	152	204	228	190	163	163
合同外资（万美元）	73149	31818	43623	79771	168576	168249	151755	215378
实际利用外商直接投资（万美元）	12812	14152	17352	30234	77688	91010	132902	173754
二、对外经济技术合作								
对外承包工程及设计咨询合同金额（万美元）	29635	31581	53362	60364	77983	92403	97130	112125
对外承包工程及设计咨询完成营业额（万美元）	15256	33588	38731	43333	61678	73755	98464	114468
三、旅游事业发展情况								
接待国内外旅游者（万人次）	3941.1	6120.7	7011.3	7901	10500	12307	14166	16727
#海外旅游者	100.1	110.1	150.3	181	250	284	329	395
国内旅游者	3841.0	6010.6	6861	7720	10250	12023	13837	16332
旅游业总收入（亿元）	211.4	369.3	430.1	499.8	663.3	810.7	1816.8	1300.3
#旅游外汇收入（万美元）	33902	42245	52801	65844	100755	117221	132365	140135
国内旅游收入（亿元）	183.2	334.1	386.2	447.1	594.7	730.7	1006.8	1195.7

2011 年全省各州、市、县（市、区）主要经济指标

州、市、县	总人口（万人）	生产总值（亿元）	人均生产总值（元/人）	工农业总产值（亿元）	农业总产值（亿元）	规模以上工业总产值（亿元）	国有经济固定资产投资（亿元）	地方财政一般预算收入（亿元）	地方财政一般预算支出（亿元）	社会消费品零售总额（亿元）	农民人均收入（元/人）	职工年平均工资（元/人）
全省合计	**4 631.0**	**8 893.12**	**19 265**	**11 901.64**	**2 306.49**	**7 780.83**	**2 463.63**	**1 111.16**	**2 929.60**	**3 000.14**	**4 722**	**3.54**
昆明市	**648.6**	**2 509.58**	**38 831**	**2 828.80**	**225.07**	**2 603.74**	**1 874.74**	**317.69**	**441.73**	**1 271.73**	**6 985**	**4.16**
呈贡区	31.7	84.77	26 988	137.27	9.80	127.47	180.94	7.49	11.01	19.03	9 146	4.36
五华区	86.2	608.17	70 784	768.19	2.72	765.47	300.41	25.42	25.50	378.45	8 822	4.29
盘龙区	81.6	301.85	37 110	156.29	3.21	153.07	220.77	22.01	25.10	239.53	8 660	4.02
官渡区	86.0	549.23	64 073	461.96	12.36	449.60	397.28	32.18	35.74	238.05	10 598	3.98
西山区	76.2	288.06	37 977	143.31	4.86	138.45	265.14	22.00	25.13	240.43	9 697	3.45
东川区	27.4	56.07	20 532	148.77	8.08	140.69	47.15	5.44	19.59	11.94	3 760	3.09
晋宁县	28.5	67.36	23 668	113.29	22.55	90.74	66.23	8.43	15.41	16.54	7 522	3.50
富民县	14.7	34.03	23 246	42.05	11.05	31.00	18.88	2.68	7.99	9.13	6 858	3.35
宜良县	42.3	107.25	25 463	102.98	45.78	57.20	44.98	4.52	11.64	21.64	7 087	2.88
石林县	24.8	44.65	18 053	41.38	21.65	19.73	59.92	4.73	11.18	18.05	7 011	3.45
嵩明县	28.9	51.89	18 004	88.31	20.34	67.97	69.31	5.86	15.93	15.72	6 502	3.03
禄劝县	40.0	38.69	9 715	35.71	23.84	11.87	50.31	3.58	13.97	14.76	3 808	3.42
寻甸县	46.0	45.61	9 942	69.33	23.84	45.50	46.00	4.59	16.43	14.93	4 130	3.57
安宁市	34.4	167.77	48 956	519.96	14.98	504.99	107.44	21.40	25.34	33.52	8 104	4.03
曲靖市	**589.9**	**1 209.93**	**20 588**	**1 580.43**	**376.89**	**1 203.54**	**670.54**	**88.31**	**222.19**	**280.76**	**5 035**	**3.59**

州、市、县	总人口（万人）	生产总值（亿元）	人均生产总值（元/人）	工农业总产值（亿元）	农业总产值（亿元）	规模以上工业总产值（亿元）	国有经济固定资产投资（亿元）	地方财政一般预算收入（亿元）	地方财政一般预算支出（亿元）	社会消费品零售总额（亿元）	农民人均收入（元/人）	职工年平均工资（元/人）
麒麟区	75.0	370.11	49 639	488.20	29.86	458.34	188.02	12.84	22.31	85.98	6 747	4.58
马龙县	18.7	27.50	14 794	61.59	10.93	50.66	24.66	3.00	9.70	5.96	4 467	3.53
陆良县	62.5	115.10	18 454	140.87	67.33	73.54	47.63	4.53	19.20	23.58	5 960	3.22
师宗县	39.5	62.20	15 804	74.77	33.34	41.43	40.30	3.70	14.84	9.08	4 676	3.08
罗平县	55.4	92.96	16 853	97.88	48.13	49.75	34.24	4.05	16.27	23.83	5 450	4.09
富源县	72.8	133.69	18 437	202.88	36.12	166.76	83.14	10.30	25.59	23.88	5 210	3.16
会泽县	91.3	112.93	12 399	122.79	47.63	75.16	55.09	7.02	26.10	19.36	3 252	3.60
沾益县	43.8	117.25	26 998	231.34	39.68	191.65	79.90	6.36	15.24	15.57	5 715	3.33
宣威市	131.0	178.18	13 638	160.11	63.87	96.24	117.56	10.50	37.95	73.53	4 697	3.26
玉溪市	**231.8**	**876.55**	**37 913**	**1 252.67**	**141.82**	**1 110.86**	**229.54**	**77.25**	**139.65**	**168.36**	**6 616**	**3.82**
红塔区	49.8	511.85	103 071	781.26	19.64	761.62	79.67	11.22	17.33	80.56	7 917	4.58
江川县	28.2	43.07	15 305	37.15	16.89	20.26	17.56	2.89	9.54	11.74	6 374	3.15
澄江县	17.1	44.05	25 762	38.83	12.06	26.77	25.19	3.31	7.58	10.15	7 005	3.63
通海县	30.4	55.95	18 501	69.48	18.06	51.42	13.12	3.03	10.20	15.69	7 436	3.31
华宁县	21.6	40.04	18 595	28.46	17.74	10.72	9.07	2.27	8.24	9.31	6 668	3.49
易门县	17.8	38.57	21 754	57.06	13.13	43.93	25.71	2.80	8.74	9.30	6 003	2.70
峨山县	16.4	37.92	23 244	54.03	9.95	44.08	19.97	3.04	8.14	8.10	6 089	3.16
新平县	28.7	71.99	25 153	155.27	17.25	138.02	26.66	7.06	17.68	10.90	5 667	3.54
元江县	21.9	36.04	16 497	31.13	17.09	14.04	12.59	2.10	9.05	12.63	5 900	3.70
保山市	**252.5**	**323.24**	**12 847**	**313.71**	**160.64**	**153.06**	**162.61**	**28.20**	**106.43**	**101.47**	**4 439**	**2.77**

州、市、县	总人口（万人）	生产总值（亿元）	人均生产总值（元/人）	工农业总产值（亿元）	农业总产值（亿元）	规模以上工业总产值（亿元）	国有经济固定资产投资（亿元）	地方财政一般预算收入（亿元）	地方财政一般预算支出（亿元）	社会消费品零售总额（亿元）	农民人均收入（元/人）	职工年平均工资（元/人）
隆阳区	94.3	128.05	13 635	114.21	55.06	59.14	38.75	7.41	24.99	51.97	4 850	2.82
施甸县	30.8	28.71	9 374	30.64	20.17	10.47	7.25	1.95	12.37	8.55	3 922	3.00
腾冲县	65.0	87.46	13 513	75.63	35.91	39.72	78.06	9.26	30.55	22.25	5 018	2.58
龙陵县	27.9	35.92	12 899	41.84	17.60	24.24	24.19	2.00	12.69	7.74	4 044	2.91
昌宁县	34.6	46.73	13 553	51.39	31.91	19.48	14.36	4.17	15.03	10.96	4 563	2.63
昭通市	**525.9**	**465.03**	**8 877**	**406.96**	**142.95**	**264.01**	**312.43**	**32.59**	**178.28**	**126.83**	**3 294**	**3.40**
昭阳区	79.5	147.99	18 688	116.60	25.46	91.14	50.59	6.41	24.07	51.15	3 786	3.91
鲁甸县	39.4	30.95	7 884	39.77	10.52	29.25	25.32	2.04	14.12	5.50	3 046	2.71
巧家县	52.0	33.01	6 366	31.50	20.70	10.80	17.06	1.40	14.81	8.17	3 164	3.14
盐津县	37.3	26.14	7 033	21.69	8.92	12.78	20.51	1.14	11.25	5.41	3 290	2.98
大关县	26.6	14.90	5 632	9.94	6.30	3.65	9.68	0.67	8.81	4.23	3 002	2.96
永善县	39.8	32.14	8 111	15.06	11.30	3.75	8.36	1.85	12.71	6.99	3 183	2.97
绥江县	15.5	14.92	9 692	8.56	4.52	4.04	19.71	1.48	8.27	4.15	3 416	3.42
镇雄县	134.0	67.78	5 077	79.71	27.77	51.95	38.30	3.80	33.19	20.37	3 040	3.60
彝良县	52.6	38.13	7 271	35.07	17.47	17.60	24.09	2.07	17.14	9.40	3 192	3.26
威信县	38.9	24.77	6 388	16.78	7.70	9.08	26.98	1.62	11.52	6.34	3 331	3.03
水富县	10.3	30.95	30 137	32.26	2.29	29.98	17.37	1.78	5.90	5.12	3 886	3.49
丽江市	**125.4**	**178.50**	**14 279**	**148.96**	**53.01**	**95.94**	**224.17**	**26.26**	**81.49**	**55.67**	**4 270**	**3.25**
古城区	21.3	62.68	29 553	26.51	6.45	20.06	67.79	7.25	12.77	26.59	7 012	3.26
玉龙县	21.6	27.33	12 675	19.28	12.73	6.55	36.26	3.00	12.16	5.88	4 413	3.40

州、市、县	总人口（万人）	生产总值（亿元）	人均生产总值（元/人）	工农业总产值（亿元）	农业总产值（亿元）	规模以上工业总产值（亿元）	国有经济固定资产投资（亿元）	地方财政一般预算收入（亿元）	地方财政一般预算支出（亿元）	社会消费品零售总额（亿元）	农民人均收入（元/人）	职工年平均工资（元/人）
永胜县	39.5	37.00	9 395	39.89	17.78	22.11	15.53	2.02	15.19	9.41	4 054	3.49
华坪县	16.9	34.35	20 359	49.80	8.55	41.24	17.61	4.04	12.62	8.26	5 134	3.08
宁蒗县	26.1	19.22	7 392	13.48	7.50	5.97	21.55	1.43	13.68	5.53	2 962	3.08
普洱市	**256.1**	**301.19**	**11 795**	273.57	**148.75**	**124.82**	**254.12**	**39.29**	**145.75**	**86.22**	**4 338**	**2.62**
思茅区	30.2	64.44	21 531	40.58	11.18	29.39	94.28	5.22	13.47	26.97	4 802	2.54
宁洱县	18.7	25.90	13 886	25.18	10.40	14.78	18.30	1.71	8.31	6.46	4 196	2.73
墨江县	36.2	28.71	7 941	25.73	14.04	11.69	31.25	2.18	12.48	6.54	3 249	3.04
景东县	36.1	34.60	9 595	36.41	24.55	11.86	8.20	2.54	12.36	8.41	4 171	2.47
景谷县	29.3	51.34	17 564	59.36	33.74	25.62	19.36	3.32	13.72	11.20	4 762	2.83
镇沅县	21.0	22.19	10 590	20.81	15.72	5.09	6.02	1.56	9.99	6.06	3 993	2.84
江城县	12.3	15.14	12 347	17.37	8.17	9.20	12.42	0.80	7.68	4.49	3 325	2.62
孟连县	13.7	12.99	9 512	11.91	9.20	2.71	3.06	0.70	8.39	5.12	3 356	2.16
澜沧县	49.5	34.81	7 055	32.48	18.90	13.58	50.34	3.11	23.26	9.76	2 618	2.81
西盟县	9.2	5.29	5 795	3.73	2.84	0.90	3.27	0.37	7.52	1.48	2 550	2.15
临沧市	**244.8**	**272.43**	**11 166**	**265.82**	**144.55**	**121.28**	**203.30**	**21.39**	**128.79**	**87.10**	**4 284**	**3.02**
临翔区	32.6	42.83	13 191	27.79	16.09	11.70	38.72	2.69	15.43	25.50	4 347	3.39
凤庆县	46.1	52.93	11 507	47.94	25.95	21.99	28.97	3.22	16.33	13.86	4 526	2.93
云县	45.3	53.27	11 803	60.02	28.53	31.49	32.00	3.01	15.39	14.20	4 795	2.67
永德县	37.2	28.49	7 674	24.85	16.11	8.73	31.31	1.61	15.01	9.39	4 150	2.72
镇康县	17.8	21.49	12 272	25.59	10.83	14.76	20.10	1.68	11.32	4.58	3 790	3.33

州、市、县	总人口（万人）	生产总值（亿元）	人均生产总值（元/人）	工农业总产值（亿元）	农业总产值（亿元）	规模以上工业总产值（亿元）	国有经济固定资产投资（亿元）	地方财政一般预算收入（亿元）	地方财政一般预算支出（亿元）	社会消费品零售总额（亿元）	农民人均收入（元/人）	职工年平均工资（元/人）
双江县	17.8	18.27	10 306	18.73	10.03	8.70	14.53	1.01	11.08	4.35	3 934	2.69
耿马县	29.9	44.31	14 841	41.46	26.04	15.43	18.77	1.94	16.14	9.82	4 591	2.95
沧源县	18.2	17.41	9 591	19.45	10.98	8.47	18.91	1.21	11.37	5.40	3 780	3.09
楚雄州	**270.4**	**482.50**	**17 899**	**543.96**	**181.29**	**362.68**	**262.87**	**37.58**	**126.76**	**158.32**	**4 627**	**3.35**
楚雄市	59.1	194.42	32 935	209.46	30.14	179.32	91.45	11.60	21.60	64.06	5 145	3.65
双柏县	16.0	16.41	10 245	19.68	12.06	7.62	8.40	1.14	7.35	2.82	3 814	3.07
牟定县	21.1	25.78	12 265	18.71	12.30	6.42	15.50	1.30	8.66	6.40	3 986	3.26
南华县	23.8	26.74	11 265	31.53	15.94	15.59	13.79	1.71	9.02	9.92	4 228	3.11
姚安县	20.1	24.51	11 794	17.57	15.33	2.24	10.52	1.01	7.61	7.27	4 376	3.30
大姚县	27.5	34.61	12 238	43.32	19.62	23.70	21.74	2.22	11.87	10.17	4 117	3.51
永仁县	11.0	14.41	13 171	12.23	8.69	3.54	12.89	1.14	6.69	2.48	3 915	3.04
元谋县	21.6	26.34	12 211	25.98	16.88	9.10	9.86	1.00	8.38	6.30	5 602	2.94
武定县	27.5	29.44	10 758	27.67	19.28	8.39	18.91	2.76	10.88	7.57	3 856	3.00
禄丰县	42.7	100.05	23 425	137.81	31.05	106.76	46.93	5.40	15.01	27.23	5 293	3.19
红河州	**453.5**	**780.64**	**17 270**	**1 082.50**	**207.56**	**874.94**	**441.31**	**72.79**	**213.19**	**184.21**	**4 650**	**3.22**
蒙自市	42.0	88.34	21 088	193.83	22.65	171.18	53.28	9.05	17.24	24.16	4 876	3.27
个旧市	46.3	147.34	31 927	328.59	13.86	314.72	53.20	8.62	23.17	36.98	6 781	3.50
开远市	32.5	108.68	33 574	121.49	18.01	103.48	53.27	7.01	15.80	23.48	6 438	3.71
屏边县	15.5	14.53	9 392	12.44	6.44	6.00	9.00	0.63	7.09	5.51	2 472	3.21
建水县	53.5	75.20	14 097	64.58	27.70	36.88	60.28	6.00	16.43	20.18	4 836	2.97

州、市、县	总人口（万人）	生产总值（亿元）	人均生产总值（元/人）	工农业总产值（亿元）	农业总产值（亿元）	规模以上工业总产值（亿元）	国有经济固定资产投资（亿元）	地方财政一般预算收入（亿元）	地方财政一般预算支出（亿元）	社会消费品零售总额（亿元）	农民人均收入（元/人）	职工年平均工资（元/人）
石屏县	30.1	31.86	10 578	35.80	26.65	9.15	19.51	2.30	11.60	12.70	4 251	2.78
弥勒县	54.4	167.95	30 981	199.60	26.55	173.05	53.13	8.08	17.91	20.37	4 785	3.15
泸西县	40.4	45.20	11 227	49.11	17.15	31.96	32.94	4.01	14.02	16.59	4 060	3.01
元阳县	40.0	24.32	6 096	16.44	11.66	4.78	13.54	1.40	11.55	6.56	2 867	3.14
红河县	29.9	16.65	5 589	12.81	10.82	1.99	10.56	0.63	11.44	4.75	2 555	2.68
金平县	35.9	23.45	6 550	25.85	9.69	16.17	15.89	1.91	13.30	5.25	2 556	3.31
绿春县	22.4	14.37	6 436	11.86	8.68	3.18	11.77	1.00	10.07	4.47	2 505	2.59
河口县	10.5	22.56	21 490	10.10	7.71	2.39	11.53	1.19	7.60	3.23	4 019	2.45
文山州	**354.2**	**401.40**	**11 364**	**386.91**	**151.71**	**235.20**	**207.25**	**27.45**	**143.79**	**173.13**	**3 864**	**3.01**
文山县	48.7	120.51	24 884	114.76	20.40	94.36	74.47	8.60	20.08	54.19	4 691	3.30
砚山县	46.7	63.28	13 602	76.13	19.94	56.19	31.45	3.41	15.65	21.01	3 860	2.92
西畴县	25.7	16.20	6 332	10.27	9.45	0.82	10.41	0.71	10.91	6.40	3 523	2.88
麻栗坡县	28.0	31.03	11 126	26.36	11.91	14.46	14.76	2.50	13.02	10.60	3 680	2.63
马关县	37.0	43.00	11 653	48.78	16.96	31.82	12.68	3.51	14.53	17.66	4 055	3.35
丘北县	48.1	32.98	6 880	31.00	23.50	7.50	21.47	2.21	16.70	12.43	3 732	2.66
广南县	79.2	52.39	6 631	48.70	31.73	16.97	21.74	2.00	20.91	27.61	3 655	2.85
富宁县	41.0	41.11	10 046	30.91	17.82	13.09	20.27	2.32	16.61	23.23	3 793	2.88
西双版纳	**114.2**	**197.59**	**17 357**	**151.54**	**97.63**	**53.91**	**120.47**	**17.60**	**67.12**	**60.70**	**5 327**	**2.87**
景洪市	52.4	105.27	20 158	65.94	44.16	21.78	93.08	8.09	26.31	37.72	6 397	3.20
勐海县	33.4	48.01	14 405	44.16	19.91	24.25	11.06	1.85	15.34	10.53	4 560	2.49

州、市、县	总人口（万人）	生产总值（亿元）	人均生产总值（元/人）	工农业总产值（亿元）	农业总产值（亿元）	规模以上工业总产值（亿元）	国有经济固定资产投资（亿元）	地方财政一般预算收入（亿元）	地方财政一般预算支出（亿元）	社会消费品零售总额（亿元）	农民人均收入（元/人）	职工年平均工资（元/人）
勐腊县	28.4	47.34	16 728	41.44	33.57	7.87	16.33	2.63	13.84	12.46	4 415	2.41
大理州	**347.8**	**568.10**	**16 376**	**653.51**	**234.82**	**418.69**	**307.84**	**45.95**	**159.62**	**170.50**	**4 733**	**3.41**
大理市	65.7	216.32	33 026	218.55	28.20	190.35	125.06	17.10	28.15	70.75	6 430	3.56
漾濞县	10.3	12.81	12 447	14.26	5.86	8.40	8.61	0.91	5.81	3.44	4 238	3.55
祥云县	45.9	77.82	16 516	121.84	31.26	90.59	20.58	4.11	14.80	21.86	4 857	3.21
宾川县	35.1	57.24	16 191	59.62	47.23	12.38	29.65	2.19	11.96	12.71	4 918	3.50
弥渡县	31.5	28.47	9 060	25.27	18.21	7.06	10.58	1.74	10.83	11.77	3 755	3.13
南涧县	21.3	21.49	9 682	27.33	13.80	13.53	5.58	2.09	8.76	7.62	3 539	3.18
巍山县	30.6	27.69	9 068	28.61	17.65	10.97	9.41	1.87	10.56	9.24	3 398	3.27
永平县	17.6	21.12	11 792	16.92	13.44	3.48	8.85	1.62	8.19	5.57	4 138	3.20
云龙县	20.1	24.65	12 292	20.60	14.50	6.11	32.90	1.51	11.49	6.19	3 189	3.38
洱源县	27.0	31.32	11 631	52.09	22.45	29.64	15.26	1.45	10.70	8.74	4 266	3.24
剑川县	17.1	16.07	9 404	20.70	7.59	13.10	8.24	1.31	7.77	5.14	3 199	3.17
鹤庆县	25.7	34.87	13 609	47.72	14.64	33.08	33.11	2.27	10.26	7.48	4 365	3.45
德宏州	**122.1**	**172.32**	**14 157**	**164.88**	**71.45**	**93.43**	**116.83**	**18.91**	**92.30**	**65.28**	**4 096**	**2.86**
芒　市	39.3	53.85	13 743	55.64	19.79	35.84	43.00	4.46	16.66	22.06	4 197	3.09
瑞丽市	18.4	35.24	19 279	14.80	10.03	4.77	32.38	5.12	13.94	18.40	4 824	2.31
梁河县	15.5	12.05	7 803	12.54	6.60	5.94	6.91	0.96	7.98	3.63	3 108	3.17
盈江县	30.7	49.12	16 040	51.62	20.75	30.87	26.69	4.33	28.86	16.39	4 712	3.23
陇川县	18.2	22.36	12 283	30.29	14.29	16.00	7.84	1.27	10.40	4.79	3 433	2.52

州、市、县	总人口（万人）	生产总值（亿元）	人均生产总值（元/人）	工农业总产值（亿元）	农业总产值（亿元）	规模以上工业总产值（亿元）	国有经济固定资产投资（亿元）	地方财政一般预算收入（亿元）	地方财政一般预算支出（亿元）	社会消费品零售总额（亿元）	农民人均收入（元/人）	职工年平均工资（元/人）
怒江州	**53.6**	**64.63**	**11 968**	**44.29**	**12.48**	**31.80**	**47.10**	**6.66**	**42.68**	**17.65**	**2 362**	**3.32**
泸水县	18.5	22.14	12 302	18.60	4.49	14.12	16.40	1.46	9.52	8.00	2 645	3.28
福贡县	9.9	6.10	6 111	2.12	1.93	0.18	6.72	0.34	6.90	2.03	1 832	2.57
贡山县	3.8	4.60	12 105	2.27	1.62	0.65	5.38	0.32	6.81	1.53	1 886	3.07
兰坪县	21.4	26.87	12 597	21.30	4.44	16.86	18.60	3.10	11.35	6.09	2 556	3.68
迪庆州	**40.3**	**96.39**	**23 996**	**46.13**	**13.20**	**32.94**	**124.07**	**8.60**	**66.11**	**25.34**	**4 105**	**4.24**
香格里拉县	17.4	59.76	34 402	29.84	5.05	24.80	62.54	2.75	23.49	18.36	4 078	4.29
德钦县	6.7	14.49	21 692	8.12	1.88	6.24	26.48	1.00	15.49	3.05	4 222	5.12
维西县	16.2	22.29	13 821	8.17	6.27	1.90	35.05	1.45	11.55	3.93	3 995	3.45

注：1．本部分资料中部分指标数据为年快报数，资料来自省及各州、市、县统计部门，因此，县级数相加不一定等于州、市级数，各州、市级数相加也不一定等于全省总计。

2．省、州（市）、县（区、市）年末总人口为常驻人口，人均指标均按常住人口计算。

3．工、农业总产值按当年价格计算。

4．各州、市、县农民人均纯收入由各地上报，省调查总队审定。全省农民人均纯收入由国家统计局云南调查总队提供。

2011年西部12个省、市、区主要经济指标

项　目	单位	内蒙古	广西	重庆	四川	贵州	云南	西藏	陕西	甘肃	青海	宁夏	新疆
年末人口	万人	2481.71	4645.00	2919.00	8050.00	3468.72	4631.00	303.30	3742.60	2564.19	568.17	639.45	2208.71
生产总值(当年价)	亿元	14246.11	11714.35	10011.13	21026.68	5701.84	8893.12	605.83	12391.30	5000.47	1634.72	2060.79	6474.54
第一产业	亿元	1304.91	2047.30	844.52	2983.45	726.22	1411.01	74.35	1220.90	678.22	155.44	184.13	1139.02
第二产业	亿元	8092.07	5736.78	5542.80	11027.94	2334.02	3780.32	209.54	6836.27	2524.25	939.10	1076.00	3289.84
#工业	亿元	7158.94	4914.37	4690.46	9491.04	1969.73	2994.30	48.93	5727.76	2071.31	775.65	836.94	2764.14
第三产业	亿元	4849.13	3930.27	3623.81	7015.29	2641.60	3701.79	321.94	4334.13	1798.00	540.18	800.66	2045.68
农林牧渔业总产值	亿元	2204.51	3323.37	1265.33	4932.73	1165.46	2306.49	109.37	2058.60	1187.76	230.82	354.68	1955.39
主要农业产品产量													
粮　食	万吨	2387.51	1429.93	1126.90	3291.60	876.90	1755.60	93.73	1194.70	1014.60	103.36	358.95	1224.70
油　料	万吨	133.88	50.14	46.51	278.45	78.85	60.75	6.35	58.97	63.52	33.29	18.41	66.76
蔬　菜	万吨	1440.17	2246.40	1407.97	3573.65	1250.05	1340.00	60.07	1432.50	1320.60	144.61	438.71	1866.15
水　果	万吨	301.45	1222.98	261.13	776.64	128.03	476.43	1.35	1587.14	519.08	4.44	237.28	1035.96
肉　类	万吨	237.42	391.08	196.28	651.17	179.97	324.36	26.14	99.60	83.75	28.84	25.24	119.98
猪牛羊肉	万吨	208.26	257.27	157.81	537.63	163.66	287.58	24.76	91.39	77.38	27.80	22.65	102.70
奶　类	万吨	931.44	8.88	8.00	71.72	4.85	56.62	29.82	182.37	37.69	28.45	96.00	133.91
主要工业产品产量													
生铁	万吨	1431.10	955.60	559.40	1715.00	482.40	1344.20	0.00	732.00	769.30	114.60	91.90	1058.10
粗钢	万吨	1669.70	1212.15	630.60	1729.18	434.00	1323.20	0.00	766.00	819.80	139.50	28.76	892.99
成品钢材	万吨	1417.30	1766.38	950.04	2237.69	462.88	1351.88	0.00	1038.24	812.80	141.97	76.50	985.11
汽车产量	万辆	3.65	142.35	166.64	12.86	1.28	9.72	0.00	55.67	2.06	0.00	0.00	0.11

项　目	单位	内蒙古	广西	重庆	四川	贵州	云南	西藏	陕西	甘肃	青海	宁夏	新疆
发电量	亿千瓦小时	2972.83	1038.99	582.17	1980.69	1379.26	1555.68	27.17	1222.47	1027.90	463.13	939.30	875.18
水　泥	万吨	6396.50	8640.10	4935.20	14501.10	5000.20	6457.40	232.80	6430.60	2746.80	1043.00	1455.50	2993.60
农用化学肥料	万吨	126.10	97.98	175.94	507.14	367.45	326.93	0.00	92.76	74.12	288.24	92.80	233.60
运输邮电													
货运周转量	亿吨千米	5422.33	3478.23	2528.71	2016.17	1060.69	1024.40	40.02	2824.67	2037.18	486.38	933.03	1475.22
旅客周转量	亿人千米	410.45	973.00	536.00	1198.35	552.91	521.99	32.88	868.80	629.48	105.44	113.86	488.53
全社会固定资产投资	亿元	10403.88	7973.65	7472.57	14239.77	3943.53	6185.26	516.31	9445.81	3961.71	1435.65	1639.07	4632.14
房地产开发投资	亿元	1650.02	1500.46	2015.09	2836.71	878.67	1272.72	5.13	1420.53	362.88	144.77	330.55	518.26
社会消费品零售总额	亿元	3991.71	3908.23	3487.80	8044.58	1751.63	3000.14	218.99	3789.99	1648.01	410.45	477.58	1616.29
进出口贸易总额	亿美元	119.44	233.49	292.18	477.85	48.84	160.50	13.58	146.23	87.38	9.24	22.86	228.22
出口	亿美元	46.87	124.58	198.38	290.46	29.85	94.73	11.83	70.11	21.59	6.62	15.99	168.29
进口	亿美元	72.57	108.90	93.80	187.39	18.99	65.80	1.76	76.13	65.80	2.62	6.86	59.93
居民消费价格指数	%	105.6	105.9	105.3	105.3	105.1	104.9	105.0	105.7	105.9	106.1	106.3	105.9
城镇居民人均可支配收入	元	20407.6	18854.1	20249.7	17899.1	16495.0	18575.6	16195.6	18245.2	14988.7	15603.3	17578.9	15513.6
农民人均纯收入	元	6641.6	5231.3	6480.4	6128.6	4145.4	4722.0	4904.3	5027.9	3909.4	4608.5	5410.0	5442.2

注：资料来源于各省统计公报和国家2008年统计摘要，若有出入，以各省统计年鉴数据为准。

表彰·奖励

Honor & Rewards

国家和省级科技奖励名单

2011 年度国家科技奖励

主持完成项目

1. 防潮型刨花板研发及工业化生产技术
   国家科技进步二等奖
   获奖人员　杜官本 张建军 储键基 李学新 廖兆明 李　宁 李　君 雷　洪
   获奖单位　西南林业大学
   昆明新飞林人造板有限公司
   昆明人造板机器厂
   昆明美林科技有限公司
2. 云南中低品位胶磷矿选矿技术开发与产业化
   国家科技进步二等奖
   获奖人员　张文学 李耀基 柏中能 刘丽芬 罗昆义
   获奖单位　云南磷化集团有限公司
3. 重大水利水电工程施工实时控制关键技术及其工程应用
   国家科技进步二等奖
   获奖人员　马洪琪 张宗亮 艾永平 刘兴国 洪　坤
   获奖单位　华能澜沧江水电有限公司
   中国水电顾问集团昆明勘测设计研究院
4. XX 型声诱饵（专用项目）
   国家科技进步二等奖
   获奖人员　刘春跃 朱忠荣 廖明宪 徐宗利 杨　毅 周春明 李　姗 张亚琴
   获奖单位　中国船舶重工集团公司七五〇试验场

参与完成项目

1. 银杏等工业原料林树种资源高效利用技术体系创新集成及产业化
   国家科技进步二等奖
   获奖人员　段琼芬
   获奖单位　中国林业科学研究院资源昆虫研究所
2. 南方砂梨种质创新及优质高效栽培关键技术
   国家科技进步二等奖
   获奖人员　舒　群
   获奖单位　云南省农业科学院园艺作物研究所
   云南红梨科技开发有限公司
3. 主要商品盆花新品种选育及产业化关键技术与应用
   国家科技进步二等奖
   获奖人员　张长芹 李奋勇
   获奖单位　中国科学院昆明植物研究所
   云南远益园林工程有限公司
4. 核桃增产潜势技术创新体系
   国家科技进步二等奖
   获奖人员　陆　斌
   获奖单位　云南省林业科学院
5. 十字花科蔬菜主要害虫灾变机理及其持续控制关键技术
   获奖单位　云南省农业科学院农业环境资源研究所
6. 水稻丰产定量栽培技术及其应用
   获奖单位　云南省农业科学院粮食作物研究所

2011 年度社会力量设立科学技术奖的集体和个人

2011 年度何梁何利基金科学与技术奖

李文昌　资源环保技术奖
高立志　青年创新奖
彭金辉　产业创新奖

第五届中国技术市场协会金桥奖的集体和个人

先进集体　昆明理工大学
全国新技术新产品西南展销中心
先进个人　宋毅勤　昆明市技术合同认定登记站

2010 年度生产力促进（企业进步）奖

昆明安泰得软件科技有限公司
昆明理工恒达科技有限公司

2011年度云南省科学技术奖励项目(人)名单

杰出贡献奖(1人)

华能澜沧江水电有限公司　马洪琪

自然科学奖(29项)

特等奖(1项)

1. 早期动物辐射与演化——澄江化石系统生物学研究
   侯先光 马晓娅 刘　煜

一等奖(4项)

1. 长大隧道施工地质灾害发生机理
   徐则民 黄润秋 唐正光 范柱国 王甦达 陈颖辉
2. 特色微生物次生代谢产物多样性和生物功能研究
   张克勤 董锦艳 李国红 刘亚君 李蕾
3. 双星演化与特殊恒星形成
   陈雪飞 孟祥存 吕国梁
4. 纵向岭谷区“通道-阻隔”作用规律与生态系统多样性维持机制
   何大明 吴绍洪 彭　华 张亚平 叶　辉 陈毅峰 欧晓昆

二等奖(9项)

1. 软件过程建模与验证研究
   李　彤 王黎霞 王　炜 柳　青 郁　湧
2. 云南民族植物学研究
   裴盛基 龙春林 淮虎银
3. 云南热带森林植被与植物区系研究
   朱　华
4. Stokes光谱反演太阳矢量磁场的技术研究及应用
   梁红飞 高朋鑫 冯　雯 陈　娥 张皓晶
5. 生物统计的理论与方法研究
   唐年胜 王学仁 邓文礼 李会琼 陈雪东
6. 肉孢子虫生物学研究
   杨照青 张亚平 向　征　李玛琳 左仰贤
7. 超声多普勒动脉管壁血流信息及相关特征提取研究
   张榆锋 施心陵 陈建华 李海燕 章克信
8. 联合培养内皮细胞与脂肪干细胞制备仿生组织工程骨基础及应用研究
   刘　流 王福科 李彦林 何晓光 赵德萍
9. Hint1调控人原发性肝癌及结肠癌细胞增殖的分子机制研究
   王　琳 张　捷 谭　晶 张小文 朱　红

三等奖(15项)

1. 云南设施农业土壤质量演变机理研究
   张乃明 史　静 秦太峰
2. 云南晚疫病菌有性生殖及遗传多样性研究
   赵志坚 曹继芬
3. 云南本土植物吸收积累土壤重金属的特征、机理及营养调控研究
   祖艳群 李　元 湛方栋
4. 云南省植原体病害种类调查与分子鉴定
   陈海如 蔡　红 刘　涛
5. 中国西部地区野生中蜂形态学、系统发生学和资源学
   谭　垦
6. 图的结构理论、组合优化问题与算法研究
   李建平 朱娟萍 黄承兴
7. 红壤区人工放牧地土壤磷素有效性特征与施肥模型的构建
   文亦芾 赵俊权 罗富成
8. 金属及其化合物纳米材料构建传感器测定肿瘤标记物等物质的研究
   杨云慧 沈国励 阳明辉
9. 介质球冲击下纳米结构铝化物涂层形成机理的研究
   詹肇麟 赵昆渝 刘建雄
10. 生物医学实验动物精子超低温冷冻保存的研究
    司　维 季维智　李亚辉
11. 树鼩脑缺血后适应对海马微环境及线粒体应激作用机制的研究
    李树清 李　凡 张颖
12. 轮状病毒全基因组及蛋白表达研究
    陈元鼎 曹志亮 赵庆欢
13. 骨形成因子复合涂层诱导种植体表面成骨的动物实验研究
    丁仲鹍 谢志刚 牛　涛
14. 女性控尿机制的形态学研究
    方克伟 徐鸿毅 王家平

15. 生长激素对胃癌 GH/IGF 轴和机体骨髓的影响及其受体的表达
陈嘉勇 梁道明 张 毅

技术发明奖（6项）

一等奖（2项）

1. 黄磷尾气催化净化关键技术
宁 平 侯永胜 彭金辉 田森林 王学谦 王先厚 唐晓龙 易红宏 郜华萍
2. 系列化汉麻鲜茎皮秆分离设备研制与应用
刘雪强 张建春 张 华 李 军 唐凤平 郝新敏 董学成 李永航

二等奖（2项）

1. 高导电、抗干扰特种合金粉末及导电涂料开发
谢 明 杨有才 赵 玲 陈藜莉 黎玉盛 张健康 何 洁
2. 广适抗病软米两系杂交稻云光 17 号的选育
卢义宣 刘晓利 郭咏梅 涂 建 辜琼瑶 徐开荣 吴云龙

三等奖（2项）

1. 铝电解槽焙烧新方法
张春生 苏其军 杨万章 杨金星 杨军龙
2. 提质降害新型滤嘴及其工艺技术与设备研发
杨伟祖 罗丽莉 沈靖轩 尧珍玉 马 涛

科学技术进步奖（157项）

特等奖（1项）

1. 低纬高原地区（云南）天然药物资源野外调查及研究开发
云南省药物研究所
朱兆云 高 丽 赵 毅 戚育芳 王京昆 邱 斌 符德欢 李学芳 张志清 任永福 陶德定 周培军 邵震伟 赵 仁 李 霞 刘长国 游 燕 牛云壮 王作祥 崔 涛 徐榕雪 范孝开 朱永林 王 丽 张晓南 苏 钛 王红彬 靳 涛 孙 敏 杨东海

一等奖（13项）

1. 抗穗粒腐病热带高油玉米云瑞 8 号的选育
云南省农业科学院粮食作物研究所
云南田瑞种业有限公司
陆良县种子公司
云县种子管理站
建水县种子管理站
弥勒县农业技术推广中心
云南省德宏傣族景颇族自治州农业科学研究所
文山壮族苗族自治州农业科学研究所
大理白族自治州种子管理站
番兴明 郭琼华 谭 静 田俊明 陈洪梅 严富民 施泽海 黄云霄 汪燕芬 徐春霞 罗黎明
2. 热带亚热带高产优质抗病杂交玉米新品种选育和推广
云南农业大学
昆明耕源玉米育种有限责任公司
昆明金耕种子有限公司
纪韵祚 谢世清 傅 扬 傅敬东 王海宁 何霞红 朱书生 梁 泉 李 炎 胡开红 沈兆鹏
3. 云南高端卷烟原料差异化的研发与应用
云南中烟工业有限责任公司
红云红河烟草（集团）有限责任公司
红塔烟草（集团）有限责任公司
云南省农业科学院农业环境资源研究所
云南省农产品质量安全检验测试综合中心
昆明金沙烟草数据设备有限公司
马剑雄 王绍坤 罗华元 王洪云 王 毅 常寿荣 常 剑 李云贵 李 军 李金平 陈 初
4. 云南特色杜鹃花种质资源利用及产业化关键技术与应用
中国科学院昆明植物研究所
云南远益园林工程有限公司
张长芹 李奋勇 刘国强 高连明 张敬丽 马永鹏 皮秋霞 钱小江 王 年 田 伟 申 敏
5. 斜窄流重力快速分离过程与单元集成设备的研发及应用
昆明冶研新材料股份有限公司
昆明冶金研究院
王文潜 王喜良 黄云平 许锦康 周兴龙 陈家栋 万小金 韩晓熠 廖 佳
6. 大型磷复肥装置国产化技术集成
云南云天化国际化工股份有限公司
云南三环中化化肥有限公司
吕庆胜 明大增 吴向东 李崇贵 王 煜 杨建中 李志祥 赵剑波 杨跃华 资学民 陈建军

7. HRB500E 高强度抗震钢筋关键技术研发及产业化
武钢集团昆明钢铁股份有限公司
昆明理工大学
严锡九 赵 宇 施 哲 陈 伟 庾郁梅
张卫强 和智君 王佩文 王志雄 宾石涵
李金柱

8. 云南省招生考试信息化管理与服务平台
昆明理工大学
云南省招生考试院
余正涛 朱华山 毛存礼 杨 永 杨嘉华
余泽鸿 张志坤 胡 雷 郭剑毅 付浦剑
线岩团

9. 大型水电站进水口分层取水研究
中国水电顾问集团昆明勘测设计研究院
华能澜沧江水电有限公司
天津大学
中国水利水电科学研究院
河海大学
张宗亮 董绍尧 艾永平 刘兴宁 张社荣
高学平 张士杰 张建华 吴 敏 刘晓青
孙怀昆

10. 九种生化诊断关键试剂临床研究与应用
成都军区昆明总医院
中生北控生物科技股份有限公司
王惠萱 吴乐斌 贾雄飞 滕 毅 佘文婕
唐建国 陈忠明 阳 红 李雪梅 周 洁
夏正武

11. 消化内镜微创诊疗技术在云南省的建立及应用
云南省第一人民医院
郭 强 万 苹 唐 慧 范 红 栗 蕴
梁志松 张 超

12. RNAi、IFN 抗重大传染病 HBV/HCV 等技术创建与应用
成都军区昆明总医院
复旦大学
边中启 郑兆鑫 严维耀 刘明秋 左国营
马世武 孙璐璐 肖 安 崔志磊 殷水泽

13. 高原山区路网均衡性研究与应用
云南省交通科学研究所
长安大学
张长生 马荣国 陈勤彦 刘学华 徐绍能
梁国华 蒙 奕 邓亚娟 和永军
欧阳学兵 吴 焱

二等奖（29 项）

1. 复杂难选高铁锌锡铜多金属矿选矿技术集成及产业化
昆明冶金研究院
云南华联锌铟股份有限公司
昆明理工大学
何庆浪 李晓阳 兰希雄 白荣林 简胜
朱国山 梁溢强 张旭东 童 雄

2. 粮饲兼用白粒玉米云单 14 号选育及应用
云南省农业科学院粮食作物研究所
云南金瑞种业有限公司
云南珍禾丰种业有限公司
高祥扩 杨克昌 赵自仙 钱成明 范正华
白文睿 黄清梅 李广平 胡明成

3. 云南省水稻高产节本增效精确定量栽培技术研究与示范
云南省农业科学院粮食作物研究所
南京农业大学农学院
云南省农业技术推广总站
永胜县农业局
保山市隆阳区农业技术推广所
昆明市植保植检站
西双版纳傣族自治州农业科学研究所
杨从党 李刚华 刘友林 陈 书 张朝钟
李贵勇 吴叔康 张兆麟 祁 春

4. 高产广适系列大麦品种的选育与应用
云南省农业科学院粮食作物研究所
保山市农业科学研究所
楚雄彝族自治州农业科学研究推广所
大理白族自治州农业科学研究所
于亚雄 郑家文 杨金华 邹 萍 李国强
刘猛道 陈朝良 尹开庆 程加省

5. 云南烤烟土、水、肥综合调控技术研究与应用
云南省烟草农业科学研究院
云南省烟草公司玉溪市公司
云南省烟草公司楚雄州公司
云南省烟草公司大理州公司
云南省烟草公司文山州公司
云南省烟草公司丽江市公司
云南省烟草公司红河州公司
张晓海 李向阳 蔡寒玉 夏玉珍 杨宇虹
邵 丽 高家合 黄成江 王树会

6. 云南重要自然保护区综合科学考察成果集成及应用
西南林业大学
杨宇明 杜 凡 田 昆 王 娟 周 伟

和世钧 陈宝昆 徐正会 陆树刚

7. 猪口蹄疫“O”型灭活疫苗免疫效果评估与生产工艺改进

云南省畜牧兽医科学院
云南省保山疫苗厂
云南省动物疫病防制控制中心
李华春 李 乐 王继华 张应国 廖德芳 苗海生 朱明旺 信爱国 高华峰

8. 卷烟烟气主要有害成分分析公共服务平台的建设和应用

云南烟草科学研究院
缪明明 张承明 施红林 陈永宽 陈章玉 刘 巍 贺 兵 曹 航 王 璐

9. FMS柔性制造系统研究开发

沈机集团昆明机床股份有限公司
朱 祥 寸花英 赵建华 邱 红 张晓毅 严江云 许昆平 张 韬 孙 薇

10. 选择性降低红塔集团卷烟产品危害性指标化合物的综合技术研究

红塔烟草（集团）有限责任公司
云南烟草科学研究院
牟定荣 向能军 董 伟 孟昭宇 刘志华 杨 柳 王 凯 王 笛 龚为民

11. 云南电网低频振荡安全预警及辅助决策系统

云南电力调度控制中心
国网电力科学研究院电网稳定控制技术研究所
李文云 吴 琛 张 杰 王 凯 李玲芳 程 旻 赵 斌 张 丹 徐泰山

12. 基于体系结构的软件开发方法及其支撑环境

云南大学
周 华 孙兴平 康洪炜 梁志宏 段 清 刘俊晖 廖 赟 杨胜林 沈 勇

13. 磷渣硅酸盐水泥及用于水泥中的粒化电炉磷渣系列专业标准的制定

云南省建筑材料科学研究设计院
中国建筑材料科学研究总院水泥科学与新型建筑材料研究院
颜碧兰 王 昕 缪 沾 吴秀俊 刘 晨 王梅易 张正益 张万春 谭桂蓉

14. 云南省利用水泥回转窑处理危险废物技术研究与示范

云南省环境科学研究院
清华大学
昆明宏熙水泥有限公司
吴学勇 金宜英 张 涛 聂永丰 李英南 王 宏 胡玉洪 刘富强 刘建国

15. 云南省精细化天气预报技术研究

云南省气象科学研究所
云南省气象台
段 旭 许美玲 张 杰 王 曼 张腾飞 张万诚 陶 云 刘建宇 丁 圣

16. 滇重楼优势种源繁育及三段栽培法研究与应用示范

云南省农业科学院药用植物研究所
丽江云鑫绿色生物开发有限公司
云南省农业科学院高山经济植物研究所
杨丽英 李绍平 杨 斌 李林玉 王 馨 严世武 陈 翠 董志渊 徐中志

17. 冻干AC群流脑结合疫苗产业化技术研究及应用

玉溪沃森生物技术有限公司
云南沃森生物技术股份有限公司
黄 镇 刘红岩 施 競 马 波 周红军 钱 雯 陈 燕 袁 琳 王云学

18. 骨髓干细胞移植治疗肝、肾损伤疾病的研究

成都军区昆明总医院
云南农业大学
庞荣清 潘兴华 肖丽佳 张永云 余月明 曹礼应 王惠萱

19. 腕关节解剖和生物力学研究及其临床应用

成都军区昆明总医院
南方医科大学临床解剖学研究所
徐永清 朱跃良 陆 声 李 军 钟世镇 齐保闯 丁 晶 陈 斌 覃励明

20. 心衰患者心肌NHE1mRNA表达与内皮素及心肌胶原的相关性研究及其临床意义

成都军区昆明总医院
魏 玲 肖力屏 朱姿英 李雪梅 王 连 卢国良 马 玲 付 莉 石家冲

21. 中西医结合治疗股骨头缺血性坏死临床研究

成都军区昆明总医院
宁亚功 李峻辉 彭仲杰 叶建红 吴亚玲 栾晓文 杨璐璐 李富强 罗志红

22. 双心室起搏兼顾房室结优先改进心衰治疗效果的研究

昆明医学院第一附属医院
昆明市第一人民医院
云南省玉溪市人民医院
保山市人民医院
云南省文山壮族苗族自治州人民医院
郭　涛 张丽梅 田　青 骆志玲 郝应禄
柳永华 孙小军 赵　玲 杨　军

23. 云南省眼病流行病学调查
昆明医学院第一附属医院
袁援生 钟　华 蔡　宁 罗廷浩 荼雪萍
孙　鹏 旦艾华 唐天德 亢　俊

24. 全麻下腹腔镜胆囊切除术对机体生理功能影响的临床研究
成都军区昆明总医院
麻伟青 杨云丽 董发团 李　棋 魏辉明
张承华 于　涛 王慧明 李文锋

25. ARD1 基因的原核表达、抗体制备及其在临床肿瘤病理诊断中的应用研究
云南省第一人民医院
云南大学
李　琳 杨　慧 余　敏 谭德勇 龚军丽
许哲源 赖建华 王泽华 黄　超

26. 云南省中长期科学和技术发展战略综合研究与规划实施
云南省科学技术情报研究院
赖于民 马敏象 孙　静 普万里 王泽华
李　群 尚朝秋 彭靖里 王小李

27. 云南省三石产业发展研究
云南省政协研究室
马孝初 陈　昕 郑志辉 陆建辉 杨绍林
张树义 谭亚原 曾　军 曾　杰

28. 桥梁预应力管道注浆效果检测技术研究
云南省公路开发投资有限责任公司
云南航天工程物探检测股份有限公司
彭赛恒 谢凤禹 姚　勇 杨　强 赵永贵
刘　浩 曹　阳 刘　昌 尹忠文

29. 云南省公路水路交通运输人力资源平台建设研究与应用
云南省交通科学研究所
云南省交通运输厅人事劳动处
重庆南华中天信息技术有限公司
张长生 苏永忠 段明磊 李永奇 马晓军
沈剑锋 马志坚 蒙奕 杨临涧

三等奖（114 项）

1. 云南澜沧银铅锌多金属矿床立体定位预测与增储研究
云南澜沧铅矿有限公司
昆明理工大学
云南省有色地质局
中国科学院地球化学研究所
高建国 石增龙 崔银亮 黄智龙 蒋绍平
王瑞雪 李建兵

2. 甘蔗地下害虫综合防治技术研究与应用
云南省农业科学院甘蔗研究所
德宏傣族景颇族自治州甘蔗科学研究所
云南德宏英茂糖业有限公司
黄应昆 张永港 杨世常 李文凤 罗志明
于　厚 康　宁

3. 蚕豆高产新良种凤豆十一号选育及推广应用
大理白族自治州农业科学研究所
陈国琛 陈爱娜 尹雪芬 董开居 李秀培
段杰珠 李玉泉

4. 优质软米品种双多 6 号选育及示范推广
德宏傣族景颇族自治州农业科学研究所
董保柱 宋雨发 黄廷祥 江宗宽 侯　跃
杨恩谦 李　然

5. 云南甘蔗新良种产业化繁育与推广
云南省农业科学院甘蔗研究所
云南云蔗科技开发有限公司
杨洪昌 尹兴祥 李　俊 赵　俊 赵培方
薛　晶 董有波

6. 油菜高效生产技术集成创新与应用
云南省农业科学院经济作物研究所
罗平县种子管理站
德宏傣族景颇族自治州农业技术推广中心
保山市隆阳区农业技术推广所
文山壮族苗族自治州农业科学研究所
符明联 李根泽 杨玉珠 雷元宽 魏生广
余绍伟 文和明

7. 马铃薯贮藏技术研究及应用
云南省农业科学院生物技术与种质资源研究所
云南省农业科学院农业环境资源研究所
宣威市农业技术推广中心
昆明市农业技术推广站
寻甸县农业局农业技术推广工作站
孙茂林 李树莲 展　康 周晓罡 丁玉梅
滕龙斌 董绿凤

8. 云南主栽鲜切花新品种选育及高效生产技术集成应用
云南锦苑花卉产业股份有限公司

云南锦科花卉工程研究中心有限公司
云南省农业科学院花卉研究所
曹荣根 李淑斌 李绅崇 倪 功 李飞鹏
张艺萍 李 涵

9. 利用微生物提高云南普洱茶品质
云南农业大学
昆明云普茶厂
周红杰 李亚莉 龚加顺 袁文侠 郭睿南
秘 鸣 单治国

10. 云南野生兰花遗传资源研究及利用
云南农业大学
李枝林 何月秋 王玉英 郑思乡 关文灵
赵 燕 余朝秀

11. 特色烟叶原料工业验证与应用研究
红云红河烟草（集团）有限责任公司
云南省烟草公司昆明市公司
云南烟草科学研究院
武 怡 王 超 杨晓安 李 斌 曾晓鹰
杨应明 罗华元

12. 杂交玉米新品种“金峰一号”选育
玉溪市种子管理站
施德林 李元章 董云武 周仕荣 褚惠琼
邓丽萍 秦 婧

13. 烤烟“黑秆症”致病原及综合防治技术研究与应用
云南省烟草公司保山市公司
何 伟 杨中义 杨继洪 苏仕开 郭应成
胡定邦 段燕平

14. 云南烟草主要病虫害综合治理技术集成应用研究
云南省烟草农业科学研究院
云南省烟草公司楚雄州公司
云南省烟草公司文山州公司
云南省烟草公司普洱市公司
云南省烟草公司曲靖市公司
余 清 方敦煌 宋春满 高家合 布云虹
刘月静 张如阳

15. 彩色马蹄莲优质种球周年繁育关键技术研究
元江县臧健花卉科技开发有限公司
臧 健 谷海龙 徐立虹 王 华 张军云
何 林 叶兰荣

16. 云南省森林火灾监测预报及应急处置管理集成应用平台
西南林业大学
周汝良 杨 斌 黄晓园 邓忠坚 叶江霞
龙晓敏 赵 璠

17. 西双版纳地区橡胶树胶乳的生理诊断
云南省热带作物科学研究所
云南省天然橡胶产业股份有限公司橄榄坝橡胶分公司
云南省天然橡胶产业股份有限公司东风橡胶分公司
云南省天然橡胶产业股份有限公司景洪橡胶分公司
云南省天然橡胶产业股份有限公司勐醒橡胶分公司
肖再云 李明谦 何长贵 宁连云 刘忠亮
伍雪梅 和丽岗

18. 热带优良竹浆（材）竹种的筛选与繁殖关键技术研究
云南勐象竹业有限公司
中国科学院西双版纳热带植物园
景洪市林业局
杨 清 李 荣 向明欢 马迎松 苏光荣
刀定伟 易国南

19. 云油茶 3 号等 5 个油茶品种的选育
云南省林业科学院广南研究站
广南县林业局
富宁县林业局
云南云岭山茶油有限公司
陈 福 范志远 贾代顺 张全文 张林涛
王成林 陆玉洪

20. 高美古 2.4 米望远镜光机检测
中国科学院云南天文台
金振宇 范玉峰 许 骏 陈 东 李 志
楼 柯 林 京

21. 滇撒猪配套系特色养猪产业化生产
云南农业大学
楚雄彝族自治州动物疫病预防控制中心
楚雄州种猪种鸡场
连林生 鲁绍雄 杨培昌 施运科 严达伟
苟 潇 赵中保

22. 滇池金线鲃的人工驯养繁殖研究
中国科学院昆明动物研究所
杨君兴 潘晓赋 李再云 陈小勇 崔桂华
张汝斌

23. 优质环保复合预混合饲料研制开发及产业化
云南邦格农业集团有限公司
计乔平 李志刚 施 方 汤凤莲 倪 坚
赵玉莲 龙永兴

24. 云南野生鸭茅诱导同源四倍体杂交利用研究
云南省草地动物科学研究院
钟　声 黄梅芬 黄必志 薛世明 徐　驰
余　梅 吴文荣
25. 红层地下水勘查开发的理论及方法
云南省地质调查局
云南地质工程第二勘察院
王　宇 朱春林 李　燕 饶春富 李丽辉
杨广珠 王明荣
26. 三段旋流器开路短流程的开发与提高磷矿资源利用率的方法
云南磷化集团有限公司
昆明基元科技有限公司
张文学 李耀基 刘　伟 魏立军 台国光
沈宏伟 杜长东
27. 打造云烟高端产品综合开发技术研究
红云红河烟草（集团）有限责任公司
云南瑞升烟草技术（集团）有限公司
云南正邦生物技术有限公司
中国科学院昆明植物研究所
武　怡 詹建波 张天栋 李　赓 胡巍耀
曾晓鹰 杨　玺
28. 30万吨/年尿素关键设备开发制造
云南大为化工装备制造有限公司
杨　勇 谢梅生 杨　兴 翁　宇 胡明辅
孔令维 戎加富
29. 三（乙酰丙酮）合铱（III）合成的新技术及应用
昆明贵金属研究所
贵研铂业股份有限公司
常桥稳 胡昌义 叶青松 陈　力 贺小塘
魏　燕 陈家林
30. 废弃烟叶、烟梗、烟末综合利用及产业化
云南中烟昆船瑞升科技有限公司
云南瑞升烟草技术（集团）有限公司
刘维涓 杨伟祖 唐自文 周　瑾 王保兴
孙　毅 段　孟
31. 高效能预焙阳极生产技术开发与应用
云南铝业股份有限公司
刘志祥 杨光德 叶松波 钟文辉 王进录
邱哲生 邹嘉华
32. 锌窑渣综合回收关键技术及其产业化
云南云铜锌业股份有限公司
张　放 戴兴征 黎　江 杨美彦 黄　江
曾　鹏 张会林
33. 铜火法精炼燃煤回转式阳极炉工艺技术
云南铜业股份有限公司
史谊峰 王　勇 张建坤 刘大方 熊振昆
代红坤 张邦琪
34. 箱式变电站产业化开发
云南通变电器有限公司
文天福 刘振林 冯民权 罗剑峰 旃乔锋
解德荣 师尚疆
35. 出口型洋蓟高端食品深加工及产业化开发
昆明王国食品集团有限公司
杨剑平 何　波 岳　康 赵素留 赵若文
李忠录 孙　正
36. TK6926数控落地铣镗床研究开发
沈机集团昆明机床股份有限公司
朱　祥 寸花英 严江云 赵建华 王全宝
周亚雄 彭梁锋
37. 新型系列卷烟纸产品的产业化开发
云南红塔蓝鹰纸业有限公司
昆明翔昊科技有限公司
朱自忠 胡　群 鲁红昌 张立新 张红国
胡　琳 张福兴
38. 卷烟产品异地多点生产均质化技术研究
红云红河烟草（集团）有限责任公司
云南瑞升烟草技术（集团）有限公司
曾晓鹰 曲　洁 冯洪涛 何　华 资文华
周桂园 朱　勇
39. 多功能自动配送系统研发与应用示范
昆明昆船物流系统产业有限公司
方　泳 周志坚 闵定勇 张　艳 徐清华
岳　华 张晓昆
40. 三维空间曲面的精密测量技术研究及应用
红塔烟草（集团）有限责任公司
李存华 夏开元 张建华 马云参 祁跃东
李　健 何　晓
41. 35kV超导限流器的研制和挂网运行
云南电网公司昆明供电局
北京云电英纳超导电缆有限公司
云南电力试验研究院（集团）有限公司电力研究院
天津百利机电控股集团有限公司
邹立峰 信　赢 秦继承 龚伟志 周　海
洪　辉 字美荣
42. 云南电网高压输电线路综合运行工况在

线监测系统研究与建设
云南电力试验研究院（集团）有限公司电力研究院
云南电网公司
云南电网公司技术中心
曹　敏 魏　杰 文　华 曹昆南 陈　鹏 张志生 高尚飞

43. 输电线路覆冰综合治理研究
云南省电力设计院
肖　玲 倪海云 段　然 刘长征 冯　涛 陈　黎 罗志恒

44. ZF32-126 气体绝缘金属封闭开关设备的研发
云南云开电气股份有限公司
杨晓明 赵　炘 赵永福 蔡家碧 徐　毅 任世云 史燕波

45. JZL 系列交直流电流校准装置研制
云南省计量测试技术研究院
陈万才 张自长 朱自科 苏　红 陈世荣 曾舒帆 李亚娟

46. 曲靖卷烟厂制造执行系统（MES）开发应用
红云红河烟草（集团）有限责任公司曲靖卷烟厂
黄木忠 李　林 彭　江 丁　恒 谭华卫 李建平 朱松周

47. 基于构件的公路工程项目施工管理系统
昆明安泰得软件科技有限公司
张芦川 张自震 李志平 谢如新 丘林木 陈绍林 崔　勇

48. 非惯性智能化烟叶烟丝定量装箱技术成果产业化
昆明豪原特自控有限公司
罗放明 姚　刚 谢程刚 杨建民 刘小波 王　慧 刘亚斌

49. 铁矿数字化矿山监控调度系统
昆明有色冶金设计研究院股份公司
赵立群 郭朝晖 李振寰 资　伟 杨　安 梁　刚 朱　明

50. 基于 RFID 的供应链管理系统
云南昆船数码科技有限公司
张智勇 秦　颖 彭支光 蒋　俊 胡仁选 张元鲁 杨　旭

51. 云南移动网络投诉综合处理平台
中国移动通信集团云南有限公司网管中心
刘莉红 王　凌 缪洪剑 陈立民 张　剑 潘雪琴 李焰峰

52. 云南农村省级广播电视节目无线覆盖工程
云南省广播电视局事业技术管理中心
韩正强 尹学功 张　雷 张　琦 周志钢 高亚娟 查朝云

53. 大型工程安全监测自动化系统通讯、组网及多系统集成技术研究
中国水电顾问集团昆明勘测设计研究院
王国进 赵志勇 张礼兵 胡灵芝 邹　青 谭志伟 陈荣高

54. 糯扎渡水电站机电厂房三维协同设计研究及应用
中国水电顾问集团昆明勘测设计研究院
杨加明 王晓龙 刘兴宁 曹以南 王　娜 邹茂娟 许立飞

55. 高压喷射及振冲法在病险水库处理中的应用研究
云南省水利水电科学研究院
卢晓鹏 李成金 白树明 黄　英 韦耀东 马显莹 戚　娜

56. 云南省用水定额标准制定研究
云南省水利水电勘测设计研究院
云南省节能技术服务中心
云南省工程建设技术经济室
云南省渔政总队
张玉蓉 顾世祥 谢　波 安建伟 张德康 沈　碧 郭兴文

57. 特高拱坝坝肩复杂地质抗力体加固处理施工技术
中国水利水电第十四工程局有限公司
蒋　济 王海云 曾　垒 李四金 李绍平 张宽宝 李秀龙

58. 弱风化玄武岩作为金安桥大坝混凝土骨料的研究及应用
中国水电顾问集团昆明勘测设计研究院
武汉大学
董　标 向　弘 董艳萍 陈利刚 洪永文 解　敏 陈及新

59. 时频分析方法在水电工程上的研究与应用
中国水电顾问集团昆明勘测设计研究院
中南大学
高才坤 汤井田 肖长安 王宗兰 王时平 何世聪 肖　晓

60. 昆钢节水减排、废水资源化再利用技术项目
昆明钢铁控股有限公司
陈昆宁 李克邹映 李中华 沈祚昌
邹丽华 张国庆 周庆华

61. 云南省风电开发对鸟类的影响研究
云南省环境工程评估中心
杨永宏 杨美临 崔怀峰 韩方虎 李增加
孙宇红 施　择

62. 云南省第一次污染源调查及研究
云南省环境监测中心站
云南省农业环境保护监测站
云南省环境科学研究院
赵维钧 王志芸 张　兴 陶祖盛 孙治旭
杨　良 王　健

63. 动力模式产品在云南短期气候预测的释用研究
云南省气候中心
王学锋 黄　玮 郑建萌 刘　瑜 孙　丹
陶　云

64. 溪洛渡水电站坝区及向家坝水电站库区局地气候环境本底监测与分析
云南省气象科技服务中心
金沙江水文气象中心
云南省昭通市气象局
云南省昆明市气象局
秦　剑 杨　飞 邓　勇 刘尧成 居志刚
赵　刚 朱保林

65. 口服固体速释制剂技术研究及产品开发
成都军区昆明总医院
云南植物药业有限公司
徐贵丽 周　敏 贺建昌 张　青 黄春球
冯恩富 董丽春

66. Clara 细胞及蛋白与支气管哮喘的试验和临床研究
成都军区昆明总医院
刘　翱 杨伟康 樊满齐 李　丽 李少莹
龚　倩 曾宪升

67. 肝胆外科特殊病人护理风险管理的研究与应用
成都军区昆明总医院
张　静 罗　丁 商艳霞 靳杭红 杨顺秋
普雪琼 王泽姣

68. 严重创伤后急性呼吸功能障碍的发病机制及防治措施研究
成都军区昆明总医院
郝　江 雷　鸣 边革元 罗积慎 江　岩
刘　军 翁　奇

69. 1764 例儿童手足口病的临床诊治特点及病原学研究
昆明市儿童医院
杜曾庆 吴　茜 王美芬 李凌媛 刘晓梅
廖亚彬 王艳春

70. 进展期中低位直肠癌术前放化同期治疗的临床研究
昆明医学院第三附属医院
李云峰 李　强 杨之斌 高　屹 熊　伟
秦继勇 栗　明

71. 溴代呋喃酮对胸心外科生物材料表面细菌生物膜形成的影响研究
昆明医学院第三附属医院
昆明医学院第二附属医院
叶联华 黄云超 杨达宽 许　赓 李高峰
赵光强 雷玉洁

72. 云南省昭通市 3221 名男性学生外生殖器流行病学调查研究
云南省昭通市第一人民医院
李　伟 施宗伟 邹利文 陈晓竹 周　权
王国昆 段丽娟

73. CDH1 蛋白表达及其基因异常甲基化与肺癌的相关应用研究
昆明医学院第一附属医院
段　勇 黄　韬 杨兰辉 袁育林 李　娅
王玉明 张　林

74. 灯盏花素对糖尿病大鼠肾脏氧化应激和细胞凋亡影响的研究
昆明医学院第一附属医院
杨秋萍 肖　桦 宋滇平 刘　华 赵　川
赵　燕 白云凯

75. 慢性应激、D 型人格、A 型行为与冠心病的关系的基础与临床研究
昆明医学院第一附属医院
许秀峰 李　娜 赵兴蓉 白俊云 徐　治
乐发国 王　红

76. 乙型肝炎病毒（HBV）复制与宿主 T 淋巴细胞免疫实验及临床研究
昆明医学院第一附属医院
游　晶 董　坚 庄　林 陈红英 冯　霞
杨微波 黄俊华

77. 吗啡、甲基苯丙胺滥用神经毒理病理损害与依赖性机制
昆明医学院

云南公安刑事科学技术研究所
李利华 洪仕君 邢豫明 朱 华 张冬先
赵永娜 张丽华

78. 云南省首次 O139 霍乱暴发的调查、控制与研究
玉溪市疾病预防控制中心
王树坤 吴 强 杨汝松 姚颖波 刘红雁
张洪军 李六九

79. DMD、SMA 等遗传病基因诊断技术平台搭建及临床应用研究
云南省第一人民医院
朱宝生 贺 静 李 利 苏 洁 陈 红
唐新华 章锦曼

80. STK33 在肺癌细胞系及人体肺组织中的表达研究
云南省第一人民医院
王 平 许哲源 吕东津 杨 慧 李 琳
彭 浩 熊 健

81. 膀胱排尿功率理论的研究以及临床应用
云南省第一人民医院
昆明市第一人民医院
杨小华 肖民辉 李 岗 李 伟 余闫宏
黄 杰 王 田

82. 补体旁路活化血小板对主动脉壁细胞生物学特性影响的研究
云南省第一人民医院
中山大学中山医学院
撒亚莲 严新民 黄守坚 王锦群 高建梅
邹云莲 罗 华

83. 超声引导肾活检在儿科肾脏疾病的应用研究
云南省第一人民医院
刘 雁 李 利 李 平 汤春辉 秦 黎
杨景晖 方文娇

84. 护士长及护士工作手册的创新设计与应用管理研究
云南省第一人民医院
成都军区昆明总医院
昆明医学院第一附属医院
云南省结石病医院
冯 雁 杨顺秋 侯绍芬 宋建华 李晓珠
凌云霞 金丽芬

85. 昆明地区汉族人 GPIbα 和 vWF 基因多态性与脑梗死的相关性研究
云南省第一人民医院
翟 明 张 芹 欧阳红梅 刘 江
张 蕾 董曼丽 赵 忠

86. 腔镜辅助切取背阔肌肌瓣在乳腺癌保乳术中的临床研究
云南省第一人民医院
刘春生 熊亮发 孙建伟 贾 玲 陈居敏
赖明华 李 莉

87. 腔镜微创技术颈前小切口在甲状腺肿瘤手术中的应用研究
云南省第一人民医院
贾 玲 杨静渝 杨昆宪 熊亮发 牛 恒
吴 迪 王建军

88. 依那普利在 COPD 患者的应用及其对气道炎症因子和蛋白组表达的影响
云南省第一人民医院
昆明医学院神经科学研究所
张云辉 袁 兵 谭 燕 王盛兰 赵 珊
冯海萍 岳倩宇

89. 老年人 T2DM、IGT、IFG 患者血管内皮功能与血小板膜糖蛋白的研究
昆明市延安医院
金醒昉 杨 莉 何 燕 魏云鸿 陈 明
邱 红 邓 洁

90. 桥接组合式内固定系统治疗骨折的实验研究
昆明市延安医院
李群辉 熊 鹰 陆继鹏 赵 烽 张 武
杨宏锟 任云峰

91. 云南省 4 种人体肠道蠕虫病流行及其防治对策研究
云南省寄生虫病防治所
杜尊伟 董 莹 汪丽波 姜进勇 王学忠
张再兴 郭晓芳

92. DE-MRI 急性心梗基础研究及对冠心病不良事件的预测价值
昆明医学院第二附属医院
赵新湘 袁曙光 朱 萍 杨达宽 闫 东
孙 林 尚芸芸

93. 大型手术后早期血浆白蛋白降低机制、检测方法及临床防治
昆明医学院第二附属医院
徐鹏远 岑云云 许青文 李树民 李奕俊
戚宇星 孙岩波

94. 腹腔镜技术在泌尿生殖系肿瘤手术中的应用研究及临床推广
昆明医学院第二附属医院
李炯明 刘建和 陈 戬 张劲松 姜永明

闫永吉 王 光

95. 急性脑梗死再灌注损伤机制及药物干预治疗的研究

昆明医学院第二附属医院
首都医科大学宣武医院
朱榆红 吉训明 李 燕 罗玉敏 李春艳
段丽芬 韩剑虹

96. 通过抑制脑星形胶质细胞肿胀改善肝衰竭脑水肿的系列研究

昆明医学院第二附属医院
杨晋辉 陈学平 唐映梅 尤丽英 张 燕
杨 婧

97. 选择性超深低温断血流复苏的脑保护机制研究

昆明医学院第二附属医院
蒲 军 徐 蔚 牛小群 赵新湘 方绍龙
付国平 高永军

98. 中国人散发性结肠癌 PIK3CA 基因突变的临床研究及快速诊断方法的建立

文山州人民医院
陆兴热 高仕萍 刘孝文 樊晓东 和润泞
资云菊 袁 雕

99. 家鼠鼠疫疫源地鼠疫菌质粒图谱及 PYC 质粒分子特征的研究

云南省地方病防治所
董兴齐 张洪英 龙应欢 何 电 吴明寿
叶 枫 王 鹏

100. 安 01 类错合正畸疗效稳定性及影响因素的相关研究

云南省第二人民医院
杨 鹂 刘晓君 姚 霜 周 治
杨 苹 周 新

101. 云南汉族人群 VEGF 基因多态性和血浆 VEGF 水平与糖尿病视网膜病变的相关性研究

云南省第二人民医院
上海交通大学医学院附属瑞金医院
杨 莹 张 瑛 李显丽 杨 克
李奕平 徐 凡 陶文玉

102. 云南预防艾滋病母婴传播监督评估体系建立和应用研究

云南省妇幼保健院
开远市妇幼保健院
隆阳区妇幼保健院
保山市妇幼保健院
腾冲县妇幼保健院
张 燕 郭光萍 王兴田 蔡 睿
汪永忠 王 琼 周 红

103. 云南农业新型经济组织的模式选择及发展研究

云南省科学技术发展研究院
王泽华 朱 立 罗 靖 王 贤
刘妮妮 孙向前 朱俊琳

104. 区域绿色 GDP 核算方法体系研究与实践

昆明市统计局
徐晓青 李兴绪 吕 志 袁 勤
黄海风 白雄文 刘俐俐

105. 中国（云南）——东盟电力走廊建设和电力产业合作研究

云南省人民政府发展研究中心
聂元飞 董 曦 马国胜 杨升金
聂元昆 叶 玲 郭志宏

106. 超长桩灌注桩承载性能试验研究

云南昆安高速公路建设指挥部
云南省公路科学技术研究院
云南省交通规划设计研究院
唐 江 谭晓琦 申俊昕 陈绍辉
赵 薇 陈金彪 但路昭

107. 公路隧道太阳能照明系统研究

云南省交通规划设计研究院
云南小磨高速公路建设指挥部
交通运输部公路科学研究院
杨 延 杜绍福 呼六福 张发春
房 锐 亢若伏 李治江

108. 双向交通隧道运营通风、照明与安全技术研究

云南祥临公路建设指挥部
长安大学
云南云岭高速公路桥梁工程有限公司
中交第一公路勘察设计研究院有限公司
孙锡民 谢永利 王亚琼 王金宝
杨晓华 梅庆斌 李云峰

109. 昆明福海立交桥钢箱梁现场吊装与焊接施工技术研究

中铁八局集团昆明铁路建设有限公司
栾宏源 闫生平 吴治勐 夏发宝
晋荣志 胡学龙 陶 炼

110. 云南省农村公路建设投资控制及造价管理体系研究

云南省交通运输厅工程造价管理局
交通运输部规划研究院

云南省交通运输厅基本建设管理处
曲靖市交通局
刘成志 王宝基 赵光曾 宋胜利
晋 敏 张春华 刘廷旺

111. 云南永武高速公路沥青路面施工动态质量控制技术
云南永武高速公路建设指挥部
长安大学
徐建国 杨人凤 陈炳云 韩 波
岳大浩 段春泉 王 高

112. 山区高速公路工程风险分析与控制对策研究
云南省交通规划设计研究院
同济大学
水麻高速公路工程建设指挥部
大连海事大学
张发春 黄宏伟 周建昆 李 阳
薛亚东 李志厚 房 锐

113. 云南省道路运输 GPS 监控管理系统
云南省公路运输管理局
昆明网阔信息技术有限公司
赵学聪 江志勇 翟荐麟 谭少平
刘 倩 赵怀亮 字 劲

114.《小康农村科技文库》
昆明市技术合同认定登记站
昆明市生产力促进中心
李国全 沈 涛 李永松 高 霞
余静娟 张丽娟 杨 杨

第三届（2011）云南省全国敬业奉献模范

杨善洲

生前系中共云南省保山地委书记

邓前堆

云南省怒江州福贡县石月亮乡拉马底村乡村医生

第三届（2011）全国道德模范提名奖

铁飞燕　杨洪彬　宋卫东　代普芝　玉的么　周天伟　陈亚忠

2010年云南省全国劳动模范

（五年一届）

1　李新萍（女）　昆明公交集团有限责任公司新巴公司北部营运公司十三车队驾驶员

2　何　金　云南省楚雄交通运输集团有限公司客运分公司驾驶员

3　段煜芬（女）　泸西县电力有限责任公司技师

4　兰平春（彝族）　云南景谷林业股份有限公司林板生产部制胶车间车间主任

5　徐　珍（女）　云南省南涧县环境卫生工作站组长

6　李　魁（纳西族）　迪庆藏族自治州香格里拉县林业局三坝国有林场高级工

7　钟照阳　云南省昆明铁路局开远机务段工长

8　尼玛拉木（女，藏族）　迪庆藏族自治州德钦县云岭乡邮政所邮递员

9　张昆华　红云红河烟草（集团）有限责任公司昆明卷烟厂生产二部六车间机电维修组组长

10　依　波（女，傣族）　云南农垦集团公司勐醒农场三分场二队割胶工

11　徐成东　云南驰宏锌锗股份有限司曲靖粗铅厂艾萨炉二工序工序长

12　李天永（彝族）　云南云铜锌业股份有限公司焙烧分厂焙烧工区二班班长

13　务志明　云南锡业集团（控股）有限责任公司松树脚分矿工人

14　龙金平　云南东源煤电股份有限公司羊场煤矿杨家矿井采煤五队队长

15　张兴旺　昆明钢铁集团有限责任公司罗茨车队队长

16　子建华　昆明云内动力股份有限公司生产技术部主任

17　罗笔晖（女）　一汽通用红塔云南汽车制造有限公司技术部工艺设计室科长

18　白俊文（彝族）　云南开远市明威有限公司助理工程师

19　张文泽　云南文山电力股份有限公司电力工程分公司技师

20　李建刚　云南省交通规划设计院第三设计处处长

21　徐志勇　云南建工水利水电建设有限公司第五项目部项目经理

22　迟广俊　云南玉溪水松纸厂总工艺师

23 李宗良 中央储备粮昆明直属库副主任
24 谢力明 华能澜沧江水电有限公司副总工程师
25 李德辉（藏族） 中国移动通信集团云南有限公司迪庆分公司网络部经理
26 李穗明 云南红塔烟草（集团）有限责任公司总裁
27 廖泽龙 云南电网公司总经理、党组副书记
28 邓廷铎 国家开发银行股份有限公司云南省分行党委书记、行长
29 董　华 云天化集团有限责任公司董事长、党委书记
30 刘　明 云南机场集团有限责任公司总裁、党委副书记、副董事长
31 阮鸿献 云南鸿翔一心堂药业（集团）股份有限公司董事长
32 焦家良 云南龙润集团有限公司董事局主席
33 徐永芬（女） 楚雄州武定县田心乡田心村农民
35 张宽才 云南省梁河县河西乡芒陇村委会永海自然村（合作社）农民
36 王忠良（白族） 怒江傈僳族自治州泸水县上江乡蛮英村主任
37 石兴海 临沧市云县茶房乡响水村党支部委员
38 徐四清 玉溪市江川县江城镇明星村党总支书记、主任
39 郭炳光（彝族） 普洱市宁洱县宁洱镇太达村党总支书记、主任
40 岩　帕（傣族） 勐海县勐遮镇曼恩村党总支书记、主任
41 黄金强 保山市腾冲县腾越镇玉璧村党总支书记、主任
42 杨贵喜 昆明市公安局官渡分局昆明站地区社会环境综合整治执法队保安
43 周益群（女族） 昭通市永善县溪洛渡镇新华社区居民委员会副主任
44 赵华标 大理市第一建设工程有限责任公司钢筋组组长
45 张石明 曲靖市马龙县福明洗矿厂厂长
46 马竹选（回族） 文山华博贸易有限责任公司董事长

2011年度共青团系统受国家级表彰人员名单

2011年度全国青年岗位能手

王　黎 昆明铁路局昆明车辆段检修车间车辆电工
李晓松 中国南方电网有限责任公司云南电网公司昆明供电局职工
孙显国 云南昆钢煤焦化有限公司安宁分公司炼焦车间主任助理
周春梅（女） 云天化集团云南盐化股份有限公司财务管道工程技术员
施学江 云南中烟工业有限责任公司红云红河集团昆明卷烟厂物流信息部系统维护员
董学友 云南省第二建筑工程公司工程师

2011年度全国优秀共青团员

兰　芝（女，彝族） 云南民族大学管理学院会计学专业2008级学生
胡盛美（女，普米族） 云南省怒江傈僳族自治州民族歌舞团演员
杨仲林 云南省威信县第一中学教师
张　晰（女） 云南省陆良县政府办公室信息科干部

2011年度全国优秀共青团干部

何春莲（女） 云南省西双版纳大兴有限责任公司勐腊大兴量贩超市团总支书记

朱　芳（女）　云南省昆明市西山区金碧街道办事处团工委专职副书记

王树乾（壮族）　共青团云南省丘北县委书记

张　翔　云南省昭通卫生学校团委书记

2011年云南省荣获全国城乡妇女岗位建功先进集体名单（55个）

1. 昆明市公安局交通警察支队六大队检审办
2. 云南省公路开发投资有限责任公司大理管理处大理收费站
3. 云南佳路达酒店餐饮部宴会服务组
4. 云南教育对外交流中心
5. 昆明医学院女工委员会
6. 云南省大理州大理市国家税务局
7. 云南省女检察官协会
8. 曲靖市地方税务局开发区分局办税服务厅
9. 曲靖市工商局行政管理局 12315 消费者申述举报指挥中心
10. 云南省保山市旅游局
11. 云南省反腐倡廉警示教育基地办公室
12. 云南大学图书馆
13. 昆明理工大学外国语言文化学院
14. 云南师范大学工会女职工委员会
15. 云南省第一人民医院
16. 昆明医学院第一附属医院
17. 昭通市中级人民法院未成年人案件审判庭
18. 云南省红河州蒙自市邮政局女子投递班
19. 云南省广播电视局安全播出监测中心
20. 昆明医学院第二附属医院重症医学科
21. 云南省第二人民医院
22. 云南师范大学附属小学
23. 云南昆钢集团公司动力能源分公司制氧车间配电班
24. 普洱市思茅区农村信用合作联社营业部
25. 云南锡业股份有限公司冶炼分公司质监督部化验三组
26. 云南机场集团有限责任公司
27. 交通银行云南省分行官南支行
28. 昆明饭店管家部
29. 昆明市公安局交通警察支队三大队检察岗
30. 昆明市职业介绍服务中心
31. 昆明公交集团信息部收银中心
32. 昆明市盘龙区人民法院立案庭
33. 云南宏丰元茶业股份有限公司
34. 昭通市水富县国家税务局办税服务厅
35. 云南省曲靖市麒麟区地税局
36. 云南曲靖宣威市来宾烟站
37. 建设银行玉溪市分行建设支行
38. 云南省玉溪市地方税务局高新技术开发区分局
39. 云南省楚雄州卫生局卫生监督所
40. 云南省楚雄州楚雄市鹿城幼儿园
41. 红河州州级机关事务管理局会务科
42. 红河州蒙自市机关幼儿园
43. 文山电力股份有限公司女职工委员会
44. 文山州公安局出入境管理处
45. 普洱市景东彝族自治县农村信用合作联社
46. 云南省普洱市思茅供电有限公司
47. 西双版纳州公安局出入境管理处
48. 大理市医疗保险管理中心
49. 大理州妇幼保健院
50. 保山市昌宁检察院女子公诉科
51. 丽江市公安局交通警察支队城市交通警察大队“女警示范岗”
52. 云南省陇川县第二小学
53. 怒江锦盟大酒店
54. 迪庆州委党校
55. 临沧市临翔区人民检察院

云南2011年荣获全国城乡妇女岗位建功先进个人名单（12人）

1. 李玛琳　云南中医学院院长
2. 蒋立虹　云南省昆明市延安医院党委书记兼院长
3. 韩世华　云南省交通规划设计研究院副院长
4. 罗丽云　云南省邮政工会基层部、权益部部长、女职工委员会主任
5. 吕　卉　云南省女企业家协会副会长、云南汇丰达投资有限公司董事长
6. 詹亚平　云南宏丰元茶业股份有限公司董事.
7. 江红玲　马龙县天欣物资有限公司董事长兼总经理
8. 杜琼珍　玉溪市巾帼汽车服务有限公司总经理
9. 陈丽芬　云南省楚雄开发区瑞源工贸发展有限公司瑞源洗化分公司总经理
10. 沙翠梅　楚雄汇通古镇文化旅游开发有限公司副总经理
11. 耿　梅　云南省保山市中共昌宁县县委书记
12. 曹德翠　云南省保山市腾冲县新华乡黄梨坡生态普洱茶公司董事长

2011年荣获全国巾帼建功活动先进工作者（4人）

1. 李鸿文　云南省国家税务局党组书记、局长
2. 陈朝龙　中国银联云南分公司副总经理
3. 张剑平　云南省大理州永平县人民政府县长、县委副书记
4. 马琼仙　云南省玉溪市妇女联合会主席

2011年云南省全国双拥模范城（县）

昆明市　大理市　玉溪市　香格里拉县　富宁县　开远市　蒙自市　芒市　临沧市　楚雄市

2011年云南省公安机关受全国表彰集体和个人名单

一、全国优秀公安局

孟连傣族拉祜族佤族自治县公安局

巍山彝族回族自治县公安局

昌宁县公安局

二、国务院授予“模范戒毒所”荣誉称号

开远市公安局强制隔离戒毒所

三、全国公安机关爱民模范集体

昆明市公安局西山分局金碧派出所

昭通市公安局交通警察支队水昭高速（高等级）公路交巡警大队四中队

丽江市公安消防支队古城中队

昆明铁路公安局昆明公安处乘警支队

四、全国优秀公安基层单位

昆明市公安局车辆管理所

河口瑶族自治县公安局出入境管理大队

曲靖市公安局交通警察支队江召高等级公路交巡警大队

江川县公安局刑事侦查大队

武定县公安局国内安全保卫大队

文山市公安局卧龙派出所

普洱市公安局思茅分局六顺派出所

景洪市公安局嘎洒派出所

宾川县公安局刑事侦查大队

瑞丽市公安局瑞宏派出所

丽江市公安局古城分局古城派出所

怒江傈僳族自治州公安局禁毒支队

香格里拉县公安局尼旺宗派出所
凤庆县公安局凤山派出所
威信县公安局法制大队
大理州森林公安局祥云分局清华洞林区派出所
云南省公安边防总队怒江支队丙中洛边防派出所

五、"任长霞式优秀公安局长"和全国优秀人民警察

杨亚林　孟连傣族拉祜族佤族自治县公安局局长

六、全国公安机关爱民模范和全国优秀人民警察

余　钰　昆明市公安局盘龙分局金星派出所社区中队中队长
段才凤（女）　盐津县公安局豆沙派出所副所长
杨兆虎　昌宁县公安局温泉派出所教导员
院
杜跃镛　宾川县公安局钟英派出所所长
宋丽娜（女）　开远市公安局强制隔离戒毒所所长
董永山　曲靖市公安消防支队宣威中队中队长助理
杜　融　云南省公安边防总队保山支队案件侦查队队长

七、全国特级优秀人民警察

徐文祺　昆明市公安局交通警察支队特勤大队教导员
马兴旺　鲁甸县公安局文屏派出所民警
次里丁主　德钦县公安局副局长
谢家乔　景洪市公安局禁毒大队大队长
钱小汉　玉溪市公安消防支队司令部作战指挥中心主任
陈久如　昆明铁路公安局昆明公安处禁毒支队重案大队大队长

2011年度云南省享受政府特殊津贴人员名单

（100名）

1　闵定勇　昆明船舶设备集团有限公司
2　周云满　省地矿局云南黄金矿业集团
3　杨永宏　省环境工程评估中心
4　安　建　昆明钢铁集团有限责任公司
5　李家盛　省有色地质局地质地球物理化学勘查院
6　陈　力　云南锡业集团（控股）有限公司
7　朱自科　省计量测试技术研究院
8　陈文敏　省城乡规划设计研究院
9　黄晓林　省地矿局中心实验室
10　张　虹　云南电网公司
11　刘成志　省交通运输厅工程造价管理局
12　李志祥　云天化国际化工股份有限公司
13　韩　明　省航测遥感信息院
14　叶建庆　省地震局
15　宁升功　十四冶建设集团有限公司
16　王外全　省地质调查局
17　章正军　省国土资源厅国土规划整理中心
18　朱远高　省水文水资源局
19　周琼芳　昆明电器科学研究所
20　王运正　云南文山斗南锰业股份有限公司
21　耿家盛　云南冶金昆明重工有限公司
22　王永成　红河州水利水电勘察设计研究院
23　梁名志　省农业科学院茶叶研究所
24　邓菊芬　省草山饲料工作站
25　李　乐　省畜牧兽医科学院
26　李国华　省热带作物科学研究所
27　王　龙　云南农垦陇川农场
28　刘云彩　省林业科学院
29　施泽柱　临沧市种子管理站
30　杨彝华　楚雄州林业科学研究所
31　安正云　玉溪市农业科学院
32　罗朝光　省普洱茶树良种场
33　陈文学　文山州农业科学研究所
34　高　莹　文山州砚山县农技推广中心
35　李荣琼　昆明市农业科学研究院
36　郭　华　迪庆州林业科学研究所
37　闵　康　迪庆州农业科学研究所
38　黄庆宇　丽江市永胜县农业局涛源农技站
39　周振桓　丽江市畜牧兽医站
40　汤守锟　德宏州芒市畜牧站
41　石安宪　昭通市植保植检站
42　陈明洪　曲靖市会泽县金钟镇农业技术推广站
43　孙　文　红河州建水县植保植检站
44　陈　青　大理州园艺工作站

45 余伟才 大理州祥云县农技推广中心
46 李永昆 云南大学
47 饶 远 云南师范大学
48 司民真 楚雄师范学院
49 何 斌 红河学院
50 景 强 昆明医学院
51 张丽华 云南财经大学
52 杨旭康 云南艺术学院
53 高士争 云南农业大学
54 曾粤兴 昆明理工大学
55 袁子荣 昆明理工大学
56 安学斌 云南民族大学
57 施 洪 德宏师范高等专科学校
58 伍建榕 西南林业大学
59 郑 进 云南中医学院
60 张宁仙 保山市隆阳区第一中学
61 高家余 临沧市第一中学
62 周一朴 普洱卫生学校
63 胡晋明 昆明市第三中学
64 张和林 昭通第一中学
65 杨晓琼 西双版纳职业技术学院
66 李 猛 红河州蒙自高级中学
67 黎学锋 下关第一中学
68 史克倩 省第一人民医院
69 贾曼红 省疾病预防控制中心
70 丁仲鹃 昆明医学院附属口腔医院
71 邵建林 昆明医学院第一附属医院
72 谢忠平 中国医学科学院医学生物学研究所
73 李桂良 临沧市第二人民医院
74 童宗武 玉溪市人民医院
75 杨华智 普洱市疾病预防控制中心
76 李广文 文山州中医医院
77 金醒窸 昆明市延安医院
78 李文静 昭通市第一人民医院
79 罗云支 西双版纳州妇幼保健院
80 陈卫文 曲靖市第一人民医院
81 周建华 大理州人民医院
82 葛树蓉 省民族艺术研究院
83 万 里 省文化创作中心
84 孙学敏 昆明报业传媒集团
85 刘卫平 云南日报报业集团
86 毛炳宇 中国科学院昆明动物研究所
87 张一平 中国科学院西双版纳热带植物园
88 刘 强 红塔烟草（集团）有限责任公司
89 李 凯 昆明物理研究所
90 尚朝秋 省科学技术情报研究院
91 杨士杰 省社会科学院
92 谢沫华 云南民族博物馆
93 朱绍武 贵研铂业股份有限公司
94 马 娟 临沧市文物管理所
95 王 静 楚雄州民族艺术剧院
96 王 刚 昆明市官渡区文化馆
97 万小散 德宏州傣剧团
98 赵重合 丽江市广播电视台
99 何劲松 红河日报社
100 郭贤明 西双版纳州国家级自然保护区科研所

2011年第三届“云南青年创业省长奖”省长奖获得者名单

张跃进 男 白族 1970年9月生 群众 大学文化
云南广泰生物科技开发有限公司董事长

张天雄 男 汉族 1971年12月生
中共党员 初中文化
泸西康利面粉厂、红河山珍菌业开发有限公司总经理

闫泰丞 男 汉族 1976年2月生 群众 本科在读
云南中原实业集团有限公司董事长兼总经理

杨红卫 女 汉族 1966年12月生
中国民主促进会会员 硕士
云南经济管理职业学院董事长

沈琼芬 女 汉族 1976年12月生 群众 中专文化
马龙县红石农业科技开发有限公司董事长

帅云洪 男 彝族 1984年7月生

共青团员　大学文化
昆明风岚科技有限责任公司及四个下属企业法人

李卫红　女　汉族　1973 年 10 月生
中共党员　大专文化
安宁市温泉镇木羊缘农家乐总经理

李志坚　男　汉族　1968 年 12 月生
中共党员　中专文化
晋宁聚顺通货运有限公司董事长

周　颖　女　汉族　1971 年 10 月生　群众
大专文化

周文曙　男　纳西族　1968 年 2 月生　群众
博士　欣晨光律师事务所（原滇西律师事务所）
云南卓一食品有限公司董事长

夏蓝宁　男　汉族　1983 年 2 月生
中共预备党员　大学文化
绥江县新滩镇天宝山龙李专业合作社
绥江县世通农副特产开发有限公司总经理

2011 年第三届“云南青年创业省长奖”提名奖获得者

杨奇志　男　回族　1967 年 2 月生　群众
大学文化
昆明明星电脑公司、昆明艾博科技有限公司董事长

唐正红　男　汉族　1972 年 1 月生　群众
大学文化
弥勒县唐氏特种养殖有限责任公司董事长

丁相恒　男　回族　1985 年 10 月生
中共党员　双学士学位
临沧市家核美新工艺开发有限公司总经理

李志刚　男　汉族　1967 年 7 月生
中共党员　大学文化
云南邦格农业集团有限公司董事长

马　波　男　汉族　1973 年 2 月生
中国国民党革命委员会会员
工程硕士
玉溪沃森生物技术有限公司董事兼副总经理

吕燕琼　女　汉族　1979 年 12 月生
中共党员　大专文化
会泽县新月幼教集团董事长

伍元东　男　回族　1976 年 9 月生
中共党员　大学文化
永仁天彝苴却砚文化开发有限公司董事长

沐晓伟　男　汉族　1983 年 8 月生　群众
高中文化
云南鸣丰鹅业科技开发有限公司总经理
云南明靖律师事务所主任（法人代表）

马本初　男　回族　1970 年 5 月生　群众
初中文化
个旧市和群有色金属有限公司总经理

王吉财　男　汉族　1970 年 12 月生
中共党员　高中文化
云南鸿泰博化工股份有限公司董事长

方庆九　男　汉族　1969 年 4 月生
中国民主建国会会员　大专文化
开远市阳光经贸有限责任公司董事长

吕尔周　男　汉族　1974 年 7 月生
中共党员　高中文化
宣威市虹桥生态旅游开发有限公司法人代表兼总经理

刘业品　男　汉族　1972 年 4 月生
中共党员　大学文化
黎明化工有限责任公司董事长

李　强　男　汉族　1969 年 1 月生　群众
大专文化
云南省腾冲县林瑞木制品有限责任公司法人代表、董事长、党支部书记

李咏梅　女　汉族　1970 年 8 月生　群众
大学文化
昆明禹璘花艺有限公司总经理

肖桂英　女　汉族　1973 年 1 月生
中共党员　大专文化

富源仁和医院院长兼党支部书记

陈　洁　女　汉族　1966年5月生
中共党员　硕士
昆明颜之灵精美数码印刷有限责任公司董事长兼总经理

陈泊名　男　汉族　1970年10月生
中共党员　硕士
云南吉成投资有限责任公司董事长

和正文　男　纳西族　1976年6月生
中共党员　初中文化
维西腊普土鸡养殖合作社社长

人　物

Figures

2011年入选第十一批省技术创新人才培养对象名单

（52人）

贵研铂业股份有限公司
方　卫
武钢集团昆明钢铁股份有限公司技术中心
陈　伟
云南云铝润鑫铝业有限公司
苏其军
云南西仪工业股份有限公司
董绍杰
云南白药集团股份有限公司
陈　真
沈机集团昆明机床股份有限公司
张　韬　朱　祥　寸花英　赵建华
北方夜视科技集团有限公司
李晓峰
云南解化清洁能源开发有限公司
王　磊
云南永昌硅业股份有限公司
张安福
云南文山斗南锰业股份有限公司
王运正
云南省水利水电勘测设计研究院
顾世祥
昆明贵金属研究所
汪云华
云南省机械研究设计院
秦　忠
昆明冶金研究院
简　胜　包崇军
云南省林业科学院
杨德军　李贵祥
中国林业科学研究院资源昆虫研究所
陈又清　苏建荣
云南省热带作物科学研究所
纪开萍
云南省食品药品检验所
胡旭佳　张赟华

云南瑞升烟草技术（集团）有限公司
李　军
中国医学科学院医学生物研究所
孙强明
云南省药物研究所
任永福
云南省农业科学院
杨从党　杨树明　刘光华　赵自仙
符明联　杨长楷　杨　久　顾　坚
龙会英　黄家雄　刘本英
云南植物药业有限公司
李　文
昆明物理研究所
李　煜
昆明制药集团股份有限公司
普俊学
云南省计量测试技术研究院
陈万才
玉溪市农业科学院
杨进成
曲靖市农业科学研究所
唐永生
丽江市农业科学研究所
和立宣
大理白族自治州经济作物科学研究所
朱　炫
云南省临沧市农业技术推广站
李学智
保山市农业科学研究所
钏兴宽
保山市林业技术推广总站
黄佳聪
西双版纳州农业科学研究所
孙　涛
云南省腾冲制药厂
邵维在

2011年入选第十四批省中青年学术和技术带头人后备人才名单

（57人）

云南大学

李铭刚　谢明进　何　垚　杨汉春

张俊华　李志农　方盛举　卢光盛

昆明理工大学

杨世华　李　玮　杨　波　刘殿文

田国才　左小清　卿　山　贺建峰

吴建德　杨红娟

云南师范大学

邓书康　赵富坤　杨顺清　魏　红

云南农业大学

冷　静　蔡　红　李凌飞

云南财经大学

周　文

云南民族大学

杨丽娟　赵世林

西南林业大学

陈奇伯　雷　洪

昆明医学院

杨为民

大理学院

李忠木　范朋飞

楚雄师范学院

何　萍

曲靖师范学院

荀关玉

云南省农业科学院

刘宏程　刘　丽

云南省畜牧兽医科学院

信爱国

云南省社会科学院

李永祥

云南省第二人民医院

杨　莹

昆明医学院第一附属医院

李玉叶　曾　仲　孟照辉

昆明医学院第二附属医院

李永霞

成都军区昆明总医院

庞荣清

云南省地方病防治所

张云智

中科院昆明植物研究所

伊廷双　普建新　许　敏

中科院昆明动物研究所

牛昱宇　王瑞武　王睿睿

中科院西双版纳热带植物园

彭艳琼

中国医学科学院医学生物学研究所

杨昭庆

中科院云南天文台

张奉辉

昆明物理研究所

姚立斌

云南省科学技术情报研究院

尚朝秋

长期在滇工作的“两院”院士名单

姓　名	性别	所 在 单 位	备注
吴征镒	男	昆明植物研究所	中国科学院院士
周　俊	男	昆明植物研究所	中国科学院院士
黄润乾	男	云南天文台	中国科学院院士
孙汉董	男	昆明植物研究所	中国科学院院士
张亚平	男	昆明动物研究所	中国科学院院士
苏君红	男	昆明物理研究所	中国工程院院士
陈　景	男	云南大学	中国工程院院士
戴永年	男	昆明理工大学	中国工程院院士
马洪琪	男	云南澜沧水电开发公司	中国工程院院士
徐德民	男	昆明海威机电技术研究所	中国工程院院士
朱有勇	男	云南农业大学	中国工程院院士

大中型企业选介

Brief Introduction of Selective Large and Medium–sized Enterprises

云南铜业（集团）有限公司

一、企业概况

云南铜业（集团）有限公司（以下简称“云铜集团”）成立于1996年，是以铜、锌金属采选冶为主，综合回收金、银等稀贵金属、稀散金属、黑色金属，集地质勘探、科技开发、铜材加工、物流、磷化工、期货经纪、房地产开发等相关多元发展的大型国有有色金属企业集团。截至2011年12月末，云铜集团拥有全资和控股二级企业31户、直接参股企业13户，总资产483亿元，净资产181亿元，从业人员22504人。拥1个系列、180余种产品。公司主产品“铁峰”牌高纯阴极铜在伦敦金属交易所注册交易，荣获“中国名牌”、“云南名牌”称号。“铁峰”牌黄金、白银在伦敦金银市场协会及上海黄金交易所注册交易，享誉海外。

二、生产经营情况

（一）产品产量完成计划任务

2011年，完成矿山自产铜金属9.59万吨、生产精炼铜43.74万吨、锌产品9.82万吨、黄金6176千克、白银477.10吨、硫酸160.31万吨、铁精矿97.32万吨。

（二）经营目标全面实现

2011年实现销售收入401.1亿元，总资产483亿元，净资产181亿元。

三、企业管理改革创新迈上新台阶

（一）运营转型稳步推进

经过15年的发展，云铜集团各项管理工作都有了非常大的进步，但与同行业相比，云铜的基础管理、专业管理、盈利能力、竞争能力还有一定差距。云铜集团要走好、走远，要做强、做大，必须抓好基础管理。运营转型是强化基础管理的重要抓手，通过实施运营转型，可以有效促进云铜集团的管理提升。自2011年6月份开始，云铜集团在所属的四户企业启动运营转型试点工作，按照“试点先行、典型带动、总结推广、全面推进”的工作思路，采用“外部专家与内部专家”相结合的形式，以点带面，点面结合，循序渐进推进运营转型工作，截至2011年底，全集团有10户企业启动了运营转型工作。各试点企业运营转型实施效果良好，保证了运营转型与生产经营两不误、两促进，在成本控制、质量管理、生产效率、员工增收、文化培育等方面亮点突出、成效显著。各企业通过实施运营转型，运营管理正在由粗放型向精益型，经验化向科学化，低效率向高效率，低质量向高质量转变。

（二）风控体系初步构建

为梳理优化企业内部流程和制度，制定并落实重大风险的管理策略和解决方案，有效提升企业管理水平，2011年7月8日，云铜集团全面风险管理体系建设工作启动。历时40余天，圆满完成了云铜集团的全面风险管理构建工作，取得了较好的成绩。此次全面风险管理工作，共完成了风险识别、风险评价、风险控制自评估、重大风险分析及管理策略应对四个阶段的工作任务，初步形成云铜集团的风险事件库和风险分类框架，共识别风险事件276条，评价出风险数量72个，重大风险（高级）13个，中级风险22个，低级风险37个，找到控制缺陷54个，编制重大风险分析及管理策略报告11份，全面风险管理报告和内部控制自评估报告各1份，编印了《云南铜业（集团）有限公司全面风险管理体系建设成果汇编》。

（三）总部建设迈上台阶

云铜集团机关总部是公司生产经营和改革发展的指挥中心，是服务上下、沟通左右、联结内外的协调中心，是公司治理和运转的管控中心，总部工作事关公司生产经营、改革发展的全局和成败。2011年，公司领导班子审时度势，作出了加强总部建设、建设“六型”（效率型、责任型、学习型、创新型、廉洁型、和谐型）总部的工作部署，出台并实施云铜集团“六型”总部建设方案，切实提升工作能力、工作效率、工作作风，增强责任感、危机强、使命感，通过抓队伍素质建设，抓职能管理建设，抓规范运作建设，抓考核绩效建设，抓督查督办工作，促进基层听指挥、总部树权威，上下齐心联动，营造团结干事氛围，进一步提高集团管控能力。

（四）“双控三改”深入实施

“双控三改”是2011年云铜集团深化管理改革创新、强化人力资源管理的重点工作。云铜集团将“双控”列为红线、高压线，超控制目标以外的工资不追加、人员不认可，并追究相关责任，职工人数和工资总额得到了有效控制，实现了并表单位全部劳动关系人员与2010年相比减少了500余人。职工工资总额使用计划，严格计提，从严考核，全年发放职工工资12.6亿元与中铝下达的基数比增长了 19.8%，与 2010 年相比增长了 12%，实现了公司生产经营任务完成与职工收入同步增长的目标。以干部人事制度改革为契机，全力推动了云铜集团机关和各基层企业机关的全员竞聘上岗工作。本轮改革，全司中层管理人员同比减少 3.83%，管理机构同比减少 17.9%，一般管理人员同比减少 13.74%，实现了职能优化、机构压缩、人员精简、分配完善、提升管理的改革目标。把想干事、能干事、干成事、不出事的干部选到了合适岗位，进一步激发了广大干部职工的激情和责任，全司树立起了“在状态、有激情、强本领、敢担当”的工作氛围。

（五）信息化建设取得突破

云铜集团所属的云铜股份 ERP（企业资源计划）一期项目于 2011 年 4 月份实现甩账运行，结束了SAP系统与用友财务系统并行21个月的局面，完成了 7 大类历史数据的清理，梳理了 21 条业务流程，拟定了7个业务部门日清日结规范，制定了 3 个日清日结考核方案和制度等。ERP 项目的成功实施，开创了国内有色金属冶炼企业实施 ERP+MES 信息化的先河，其实施范围之广、实施时间之短、实施系统之复杂在中国企业历史上均属罕见，“铜、金、银”的拆分是有色企业信息化大胆尝试并成功的先驱；云铜集团被列为全国重点产业振兴和技术改造重点项目的 4S1P 项目于 2011 年 6 月 13 日正式启动，截至 2011 年年底，已完成了六大系统（人力资源管理、财务管理、投资管理、健康安全环保、矿山资源管理、生产管理）和企业门户的需求调研、蓝图设计、系统开发、配置、培训、测试和数据收集、试点上线等进度工作。OA（办公自动化）办公平台继续推广普及，云铜集团所属楚雄矿冶、滇中有色、稀贵公司、西科工贸、云铜钛业、赤峰云铜继云铜总部机关之后，实现了无纸化办公。此外，云铜集团、云铜股份外网通过中国互联网信息中心监督评定与认可，分别被授予中国“可信网站示范单位”荣誉称号。2011 年 5 月，云铜集团被工业和信息化部信息化推进司授予“2011 工业信息化运行形势样本企业”称号。2011 年 10 月 14 日，云南铜业股份有限公司 MES 信息化项目已被工信部列为首批“两化融合”促进节能减排重点推进示范项目。

（六）投资管理更趋规范

云铜集团以 2008 年 6 月为时间节点，彻底对在建项目进行了认真清理，下发了《项目规范管理工作情况通报》，全面揭示了各个项目存在的问题和整改要求；开展了工程项目合同专项检查工作，采取自查、抽查和现场调研的方式，抽查了 24 户企业 771 份工程合同中的 307 份，对 11 户单位进行了现场检查调研，提出了下一步的工作要求。成立了“工程质量督查组”和“有色云铜质监站”，成功搭建起云铜集团首支有色质量监督工程师团队，为下一步建立长效机制，提升竞争实力奠定了坚实的基础。

（七）安全管理落在实处

2011 年，云铜集团深入开展“违章行为综合治理年”活动，共查处管理违章 132 条，现场违章 5658 条，并严格进行整改。全面深入推行安全生产标准化建设，截至 2011 年 12 月 31 日，共有 10 家矿山、8 座尾矿库通过了国家安全标准化矿山外部评审；及时启动了班组标准化建设。狠抓外协队伍整治，召开了经验交流会，全面开展为期一个月的安全生产检查督查及执法行动，对 68 家外来采掘施工队伍专项整治工作进行亮牌，其中：亮“绿牌”23 家、“黄牌”39 家、“红牌”取缔 6 家。认真组织了“回头看”活动，进一步夯实安全环保基础管理，形成了《公司安全环保管理制度、记录、台账、档案》，2011 年实现了安全环保“六为零”目标。

四、结构调整深入推进

（一）管理层级压缩成效明显

按照持续改进的管理要求，云铜集团不断加大管理层级整合的工作力度和深度，对效益不佳、非主业企业进行清理，彻底优化云铜管理结构。截至 2011 年 12 月 31 日，共完成 35 户公司的清理整合，计划完成率为 94.59%，其中：减少了 12 家四级公司，16 家三级公司。

（二）区域管理整合效果初显

实行区域、同行业整合，缩短管理半径、增强竞争力。将弥渡九顶山矿业有限公司、大理红蜘蛛矿业有限公司生产经营管理权限进行合并，统一调配人、财、物；将洪鑫矿业有限责任公司管理权划归云南迪庆有色金属有限公司管理，缩短管理半径；将中国有色金属工业昆明勘察设计研究院、云南铜业矿产资源勘查开发公司施行“一套人马、两块牌子”，优化资源配置；将西科公司生产经营权划归云铜股份冶炼加工总厂管理，优化延伸了产业链。

五、资本运作取得突破

2011 年，完成云铜股份非公开发行，募集资金 29.77 亿。本次募集资金用于购买云铜集团持有的云南达亚有色金属有限公司等四家标的公司股权、投资大红山铜矿 3 万 t/a 精矿含铜—西部矿段采矿工程建设项目；募集资金项目的实施将较大幅度减少上市公司的关联交易，并提高云铜集团矿山资源储备及原料自给率；海外资本运作取得重大突破，云铜澳洲上市公司融入资本金约 1312.7 万澳元，超过了 1000 万澳元的融资计划额；短期融资券发行工作取得实效，云铜股份 2011 年实现 10 亿元短期融资券的发行，节约财务费用 1190 万元，云铜集团完成 15 亿元短期融资券的发行，有力地缓解了集团的资金压力。

六、科技创新提升企业创效能力

深入实施科技兴企战略，着力提高科技贡献率，科技创新工作成效显著。

（一）以项目为载体，加大科技投入

2011 年实施浮选柱流程改造提高难选资源选矿指标应用研究、大平掌铜多金属矿成矿规律研究及找矿预测、窑渣中有价金属回收工艺研究等科技项目 124 项，其中重点项目 33 项，完成年度科技经费总投入 1.6 亿元。

（二）创新体系建设稳步推进

专家委员会进一步发挥作用，“四院二所”（矿山研究院、云铜设计院、冶金研究院、地质与岩土工程研究院、材料研究所、锌铟研究所）建设步伐加快，云铜地质与岩土工程研究院、锌铟研究所正式成立。冶金研究院调整充实了领导班子，完成火法冶金实验室、湿法冶金实验室、机电实验室和铜深加工实验室建设方案，牵头开展了“冶炼工业污水零排放工艺研究与改造”等 4 个重点项目和“烟气治理”等 2 个探索性项目研究。云铜设计院设计合同金额超过 2000 万元。矿山研究院 Dimine 三维软件在大红山、迪庆矿业、凉山拉拉等矿山开展推广应用。

（三）科技创效效果明显

2011 年，云铜集团实现科技创效 1.24 亿元、争取外部科技资金 1631 万元。在科技创效活动中，云铜股份冶炼加工总厂开展降低渣含铜科技攻关，由 0.87%下降到了 0.746%，年创效 2200 万元；云铜锌业开展“窑渣中有价金属回收工艺研究”，创效 4500 万元；迪庆矿业公司应用浮选柱等措施，创效 2690 万元；思远公司“电铜厂浸碴再选”，项目创效 1572 万元。

（四）知识产权工作有新进展

2011 年，云铜集团申请专利 18 项、获得专利授权 9 项，获得省部级科技成果二等奖 3 项、三等奖 3 项。2011 年云铜集团被评为中国有色金属工业“十一五”科技工作先进单位、云南省“十一五”科技计划管理先进集体、中铝公司“十一五”科技工作先进单位、优秀科技创新团队。

七、节能减排成效明显

2011 年，云铜集团能源消费总量为 39.64 万吨标准煤，可比价产值能耗节能为 15253 吨标准煤。工业废水排放达标率、工业废气处理率、工业废气排放达标率、厂界噪声达标率、主要污染物排放达标率均达 100%。云铜集团荣获云南省 2010 年节能减排先进单位，云铜股份荣获云南省“十一五”期间节能减排先进单位荣誉称号。

八、和谐企业建设

云铜集团积极履行社会责任，建设和谐企业，实现社区和企业合作发展、互利共赢。2011 年，云铜集团在做好企业内部扶贫济困工作，关注、关心好困难职工、家属生产生活的同时，结合云南省机关企事业单位定点挂钩扶贫工作的要求，以“统一指导、重点落实、分片负责”的工作原则，认真推动了全集团年度扶贫工作的开展。

（一）有序开展助医、助学、济困帮扶活动。2011 年云铜集团“云铜甘露资金”共计特困救助 1462 人，医困救助 147 人，寒窗助学 157 人，补助金额达 136.9 万元。组织职工参加第七期职工医疗互助活动，补助人数 3317 人，补助金额达到 181.6 万元，公司先后有 147 名干部与困难职工结成帮扶对象，对 3933 户困难职工家庭开展送钱、送粮、送油、送衣被、送信息的“五送”帮扶活动。确保了“四不让”（不让一个职工生活在社会最低保障线下，不让一个职工因生活困难看不起病，不让一个职工子女因家庭困难上不起学，不让云铜出现一户零就业家庭）目标在云铜的实现，维护了企业的和谐、稳定发展。

（二）创造就业。云铜集团通过开设新厂、扩大产能等方式，积极提供就业岗位，促进地方经济和社会发展。2011 年通过技术改造、扩大产能等，提供就业岗位 1000 多个，为缓解地方就业压力、维护稳定起到了一定的促进作用。

（三）云铜集团及所属企业 2011 年度共拨付、使用扶贫资金 239 万元（其中，云南省内拨付、使用扶贫资金 185 万元，不含村建公路施工、生态造林等项目建设），积极履行了国有企业支持扶贫事业发展的责任。

（四）云铜集团积极在社区文化建设、和谐社区建设、警民军民共建、教育事业、见义勇为、环保绿化、文化扶贫等多个专项活动中对相关活动的开展给予物质和资金支持。2011 年，云铜集团共支付各类捐赠、公益活动费用 139.34 万元，支持云南盈江地震灾后重建 110 万元，支持义务植树 1000 余株。

（张劲锋　黄绕生）

云南冶金集团股份有限公司

【综述】 2011年，面对复杂多变的内外部环境和非常繁重的改革发展任务，云南冶金集团股份有限公司全体干部职工凝心聚力，攻坚克难，实现了“十二五”发展良好开局。全年生产金属总产量107.08万吨，其中铝53.06万吨、锌16.38万吨、铅9.72万吨、铁合金22.54万吨、工业硅近3.6万吨；实现工业增加值42.6亿元、营业收入200.82亿元、利润5.01亿元，生产经营保持增长，发展规模迈上新台阶。集团连续10年入围中国企业500强，综合实力位居中国有色金属行业和云南省属企业前列。

【产业项目建设】 项目建设继续推进，战略布局取得较大进展，从转型升级、结构调整、产业链延伸等方面继续提升集团可持续竞争力。全年累计完成固定资产投资超过85亿元，完成省政府和省国资委考核目标。云南文山铝业有限公司80万吨氧化铝、云南云铝润鑫铝业有限公司10万吨铝合金棒材、云南云铝涌鑫铝业有限公司30万吨铝项目；云南驰宏锌锗股份有限公司会泽16万吨铅锌及渣综合利用项目、呼伦贝尔20万吨铅锌冶炼项目进展顺利。云南建水锰矿有限责任公司20万吨锰系铁合金节能减排技改工程建成投产。云南新立有色金属有限公司8万吨高钛渣项目运行良好，1万吨海绵钛、6万吨钛白粉项目顺利推进，被列为国家重点支持的3个钒钛资源综合利用产业基地之一。昆明冶研新材料股份有限公司3000吨多晶硅项目建成投产，部分产品达到电子级标准，成为国内第一批取得多晶硅行业准入条件的企业。

【资源保障】 资源掌控成绩显著，支撑产业可持续发展获得新保障。驰宏公司在黑龙江、西藏和俄罗斯等地取得一批重要矿权，逐步从传统铅锌产业向多金属产业转变。云南铝业股份有限公司老挝铝土矿资源开发项目进展顺利。文山铝业公司新增铝土矿储量近7000万吨。鹤庆溢鑫铝业有限公司整合重组科鑫公司，以铝土矿资源为依托，推进石油压裂支撑剂项目建设。云南文山斗南锰业股份有限公司筹备设立南非公司，积极推进南非锰矿资源基地建设。此外，玻利维亚、马达加斯加、澳大利亚等境外资源项目前期工作积极推进。

【深化改革】 深化改革步伐加快，整体发展活力有提升。驰宏公司收购澜沧公司、永昌铅锌公司、大兴安岭云冶公司股权，集团内部产业整合、消除同业竞争取得新进展；成立北方驰宏光电公司，着力打造锗产业；荣获中国证券金紫荆奖，被香港《大公报》评为“十二五”期间最具投资价值上市公司。积极培育发展服务业，探索调整盈利结构，设立集团投资公司，参与发起云南盈川新材料产业创业投资基金，参股诚泰财产保险公司，创立正达矿业小额贷款公司。云南冶金集团财务有限公司不断提升金融服务规模和水平，有力支持企业稳定运行。全年集团直接融资超过30亿元，新增其他债务融资近90亿元，基本保证资金需求和安全。此外，昆明冶金高等专科学校安宁校区成功启用，国家高职示范院校建设顺利通过验收；云南冶金技工学校晋升为国家重点技工学校。

【科技创新】 科技工作持续加强，创新发展再添新成果。“高品质海绵钛生产关键技术研发”“铝工业烟气脱硫及资源化利用”等5项获国家立项、省级立项6项，共获专项资金近8000万元。全年申请专利158项，其中发明专利63项；获授权专利28项，其中发明专利13项。获5项云南省自主创新产品，2项云南名牌产品；3个中国驰名商标，实现零的突破并一举成为我省中国驰名商标大户。新增国家高新技术企业3家、云南省企业技术中心1个，获省创新型试点企业2家、省质量效益型先进企业5家。集团和云铝公司、驰宏公司获中国有色金属工业科技工作先进单位称号。

【基础管理及管控探索】 积极创建安全生产标准化企业，全年较大以上事故为零，安全生产形势整体较平稳。驰宏公司、云铝公司被列为全国第一批“资源节约型、环境友好型”试点企业，集团获“‘十一五’全省节能工作先进单位”称号。集团管控探索创新，整体运转效率有改进。开展管理水平提升年工作，内控规范建设试点进入体系建立阶段；调整优化集团本部职能设置，增强现代企业管控职能，探索提升营销管控能力，启动营销管控咨询项目并进入调研访谈阶段；与昆明泛亚黑色金属交易所签署战略合作协议，搭建产品营销新平台。建立完善激励机制，新出台直接融资、工程建设、资源勘探、科技研发等单项奖励办法。投资超过1亿元的集团数字化生产集成管理系统通过国家发改委、工信部核准。驰宏公司系统研究总部机构改革方案，建成以财务成本为核心，产供销及科研一体化的管理信息化。云铝公司加强母子公司协同效应，推行试点“阳光采购”系统，取得较好效果。

【党的建设与和谐企业建设】 全面加强党的建设，和谐发展氛围浓厚。进一步加强干部人才队伍建设，18人分别被列为省委联系专家、省贴专家和省、市技术创新人才；集团本部首次面向社会公开招聘管理人员首批录用37名，进一步优化总部职工结构。省属企业创先争优活动测评集团位居前列，基层党员职工满意度80%以上。加强党风廉政建设，确保运作规范和发展安全，集团被评为2010年度云南省惩治和预防腐败体系建设暨党风廉政建设优秀单位。深入开展企业文化建设年活动，集团和驰宏公司分别获中国企业文化建设优秀案例奖和优秀成果奖。加强信访维稳工作，省内第一家试行重大事项社会稳定风险评估机制。全年用于慰问职工、帮贫济困、捐助公益基金等近370万元。集团被省政府授予2010年度社会扶贫先进集体称号。2011年，集团获省五一劳动奖状1家、全国工人先锋号1个、全国模范劳动关系和谐企业1家；全国五一劳动奖章1人，全国五一巾帼标兵1人，省劳动模范4人，集团再次被评为全国有色金属行业AAA级信用企业。

（范瑶瑶　赵　月）

云南物流产业集团

【综述】 2011年，云南物流产业集团（以下简称“集团”）科学制定“十二五”发展规划，明确“1654”战略布局，加快推进“转方式、调结构”，着力打造五大核心业务板块，积极推进贸易规模化、物流网络化、产业链延伸化、服务链增值化、管理科学化的运营模式，加快构建现代物流服务体系，各项工作稳步有序开展，运营管理创出新模式，经营规模再上新台阶，为顺利实现集团“十二五”发展规划和目标奠定了坚实的基础。

2006—2011年，集团连续六年跻身中国服务业企业500强，2011年排名214位，同比上升5位；列全国物流、仓储、运输、配送服务业50强第10位；列云南省100强企业第17位；2011年被评为全国先进物流企业，位列全国物流百强企业第15位；被中国物流与采购联合会评为“生产资料（商贸）流通创新型企业”；集团发展现代物流信息产业的“产业整合模式”被评为“2011年云南最具潜力商业模式”；鑫盛公司、机电公司、新储公司、云燃公司、危险品公司被评为“西部物流百强企业”。

【定战略、谋规划】 2011年是集团全面实施“十二五”规划的第一年，根据行业发展形势和自身发展要求，集团会同云南省政府研究室、云南财经大学共同组成课题组，围绕“桥头堡”建设，对集团发展的内外部环境、发展机会和挑战、企业优劣势等进行了全面解析，提出了2011—2020年集团中长期发展战略目标和主要措施，并在此基础上科学制定了“十二五”发展战略规划。集团“十二五”规划围绕“1654”战略布局，即：以昆明为中心，打通六条通道（一是以广西为出海通道，形成连接两广，通过北部湾，通江达海的我省临海物流通道；二是以大理、瑞丽口岸为节点，沿泛亚铁路西线，连接缅甸，辐射南亚和印度洋各国的物流通道；三是以磨憨口岸为节点，沿泛亚铁路中线和昆曼公路，辐射东南亚各国的物流通道；四是以蒙自、河口口岸为节点，沿泛亚铁路东线，形成连接越南，辐射东南亚各国的物流通道；五是以曲靖、贵州兴义为节点，形成辐射西南的物流通道；六是以昭通为节点，形成连接川渝，辐射全国的物流通道），做强“商贸流通、物流服务、物流金融、信息服务、资产经营”五大核心业务板块，实现“商流、物流、资金流、信息流”四流融合，提出力争到2015年进入中国企业500强、中国服务业企业百强和云南省企业十强的目标。课题研究成果获得省国资委“转方式调结构科学发展重大课题研究”二等奖。

【经营规模破百亿】集团积极探索转方式、调结构的新思路和新途径，继2010年组建云南东盟公共物流信息有限公司后，2011年又新组建云南物流产业集团进出口股份有限公司、云南物流产业投融资担保有限公司、云南物流产业集团商贸物流有限公司，将原有的“物流、贸易、资本运营”三大业务板块延伸至“商贸流通、物流服务、物流金融、信息服务、资产经营”五大核心业务板块，初步形成“主业优强、多元发展、互相促进、不断创新”的发展格局。各成员企业按照“上控资源、中联物流、下建网络”的运营模式，继续创新商业模式、服务模式和盈利模式，集团子企业间逐步形成业务协同，五大业务板块实现规模效益的同步增长。2011年集团实现营业收入109.46亿元，同比增长45.71%，提前一年实现打造“百亿集团”的目标，成为我省首家营业收入超百亿元的商贸物流企业集团，实现物流总额373亿元，实现利税总额1.47亿元。

2011年12月30日和2012年1月10日，省政府、省国资委分别给集团发来贺电，祝贺集团营业收入突破100亿。

主要贸易品种销售完成情况

	2011 年累计完成额	2010 年同期完成额	比 2010 年同期增减额	同比增减
煤炭（万吨）	93	135	–42	–31%
钢材（万吨）	162	122	40	33%
有色金属（吨）	436	834	–398	–48%
白糖(万吨)	12	14	–2	–14%
黄磷(吨)	19533	11530	8003	69%
化肥(吨)	36097	3780	32317	855%
塑料（吨）	10172	7041	3131	44%
汽车（辆）	11928	18734	–6806	–36%
工程机械（辆）	442	416	26	6%
铝塑板（平方米）	270000	674570	–404570	–60%
二手车交易量（辆）	30067	24817	5250	21%
回收报废车（辆）	7738	8123	–385	–5%

【完善支撑“桥头堡”建设的物流服务体系】 集团按照建设“两台两网一体系”（建设专业物流平台和物流信息平台，拓展实体经营网点和物流信息网络，形成上下贯通、纵横交错的现代物流服务体系）的发展要求，重点推进安宁国际物流园、云南新储物流配送中心、晋宁新钢综合物流园、大理国际物流园、昭通物流商贸城、磨憨口岸国际物流园、红河综合保税区、瑞丽口岸国际物流园、兴义威红煤炭物流中心、楚雄再生资源循环利用综合交易中心和云南东盟公共物流信息港等一批重大物流项目建设，项目规划用地面积 5570 亩，总投资超过 100 亿元，预计可拉动全省物流总额 2000 亿元。截至目前，已有两个项目列入国家物流业调整振兴规划国债贴息项目，有一个项目列入国家“十二五”科技支撑计划，有五个项目列入云南省 2011 年“三个一百”重点新建、在建、拟建项目，其中：大理国际物流园项目已于 2011 年 12 月 26 日开工建设。集团引入战略合作伙伴出资 1.2 亿元完成了 6 个项目公司的组建。截至 2011 年 12 月已累计支付土地款 3.43 亿元，取得土地 765.65 亩，投入项目前期费用 1134 万元。

【创新融资模式、扩宽融资渠道】 面对复杂多变的宏观经济形势，集团主动调整思路，坚持以市场运作为导向，创新融资模式、扩宽融资渠道、破解融资瓶颈。一是变更会计政策，真实反映集团资产状况，提升融资能力。对投资性房地产的核算方法由成本计量变更为公允价值计量后，截至 2011 年 12 月 31 日，集团资产总额 77.99 亿元，同比增长 85.85%；所有者权益 21.67 亿元，同比增长 231.99%。二是进一步加强银企合作，通过与华夏银行、富滇银行、招商银行、民生银行、中国银行、中信银行、光大银行、农发行、国开行等多家银行的战略合作，集团的意向综合授信额度达到 186 亿元。三是积极推进集团发债工作，现已完成审计评估，进入外部评级阶段，根据集团净资产规模，预计可发行中长期企业债券和短期融资券 13 亿元，争取债券融资规模突破 10 亿元，为集团可持续发展提供有力的资金保障。四是加大对外合作力度，2011 年共引入战略合作伙伴资金 1.43 亿元。

【推进人才强企战略】 针对经营管理人才匮乏，尤其是高层次的物流人才稀缺的现状，集团进一步创新选人、育人和用人方式，采取外部引进、内部培养、校企合作、产学研结合等多种方式加以解决。2011 年集团制定了《集团选人用人自检自查工作实施方案》《诫勉谈话、警示谈话、函询暂行办法》《集团中层管理人员问责办法》《集团本部工作人员问责办法》《2011 年度企业负责人经营业绩考核财务指标及考核办法》等一系列管理制度，不断加强对综合管理人才、专业技术人才、党务工作人才的考核、培养和使用。

集团2011年共组织20多场专题培训，提高员工职业化素养，培训内容涉及物流知识、项目管理、内控与风险防范、投融资、财务管理、党团管理、办公自动化、入职培训等相关知识，参加人数共计1711人次；2011年集团共有22名高中层管理人员取得云南省第一批国家高级物流师执业资格，其中3人还同时取得了高级职业经理人的执业资格，填补了我省缺乏物流产业高端人才的不足。集团2011年继续面向社会公开招聘优秀人才，经过层层考核、筛选，从818名应聘者当中优选聘用了22人，其中中层管理人员9人，集团本部工作人员13人，具有硕士以上学历者占30%，招聘岗位与应聘者人数的比例达1:37。

【加强企业文化建设】 集团积极推进具有物流行业特点的企业文化建设，大力弘扬“发展物流、服务社会、创造价值”的核心价值观，始终坚持以人为本，在集团发展的同时，提高员工收入、完善公司福利和健全激励制度，实现个人利益和企业利益的和谐统一，创建和谐企业。2011年集团在岗职工人均收入达4.93万元，同比增长12.1%；截至2011年12月，集团共有16户企业的743名职工参加了集团企业年金计划，共归集资金683.12万元；推进职工医疗互助活动，在职职工参加率达到95%，2011年申请住院补助742次，发放补助金21.9万元；制定了《关于建立和完善帮困送温暖长效机制的若干意见》，在“七一”“春节”前夕由集团领导对困难党员、职工、老领导进行慰问；为10家成员企业缴纳115名离休干部2011年度医疗统筹费、参照补贴、干部陪护费等608.35万元。

集团认真履行社会责任，为创建和谐社会做贡献。2011年集团共新增就业岗位210个，提供扶贫帮困助学资金105万元，其中：捐赠云南财经大学30万元，专项用于研究生教育创新联合培养基地二期建设及双方合作办学前期工作；向云南省慈善总会“关爱社会弱势群体”文艺晚会捐款20万元，捐赠昆明市见义勇为基金会2.6万元，支持河口县边疆党建长廊建设10万元，征订2012年度《云南日报》110份捐赠给我省部分国家级贫困县及“兴边富民”工程县实施文化扶贫，集团本部中层以上管理人员捐助巧家县大寨镇困难学生6000余元，集团干部员工为盈江地震灾区捐款捐物25万元。集团组织专家服务团赴临沧云县考察调研，并于11月16日签订《省委联系专家服务团云县服务协议》及《云南物流产业集团 云县人民政府战略合作协议》，支持贫困地区县域经济发展。2011年，集团荣膺“全国先进物流企业公益事业奖”，被省委、省政府授予“社会扶贫先进集体”荣誉称号，被省教育厅、云南教育基金会授予“支教助学”突出贡献奖。

（李艳梅）

中国太平洋人寿保险股份有限公司云南分公司

【综述】 2011年，是太平洋寿险云南分公司发展进程中具有历史意义的一年。这一年，太平洋保险迎来了太保建司二十周年暨产、寿险分业经营十周年。太平洋寿险云南分公司在集团公司、总公司的领导下，以实现业务价值可持续增长为目标，以加快推动客户需求为导向的战略转型为主线，聚焦营销、聚焦期缴，通过全辖干部员工齐心协力，扎实工作，在外部资本市场持续低迷和紧缩货币政策的消极影响下，1–12月实现标准保费15.07亿元，同比增长9.46%。截至12月31日在云南11家寿险公司中位列前三，市场份额11.48%。为分公司十年的发展历程画上了圆满的句号,翻开新的篇章。2011年，太平洋保险荣登美国《财富》世界500强企业，排名466位；英国《金融时报》全球500强，排名289位；美国《福布斯》全球前500强企业，排名289位。

【业务稳步发展】 2011年太平洋寿险云南分公司认真贯彻落实全保会、集团公司、总公司、全省保险工作会议精神，在集团公司、总公司的正确领导下，在云南保监局的监管下，加强条线专业化管理，优化营运流程，改善资源配置，强化内控管理，在经营管理的各个方面均取得了较好成绩。其中意外险保费收入2.15亿元，同比增长15.58%，市场份额34.55%，继续保持了行业第一的位置。安贷宝在云南保监局的推荐下，荣获昆明市2010年度金融创新与发展成果奖;个险业务抓实基础管理，落实产能提升和人力增长双轮驱动，实现标准保费7.79亿元，年标保增长14.97%;银保业务和银保期缴成功实现年度达成率、保费增长率双双跑赢大盘。银保标保3.37亿元，年度达成率系统内排名第5位，市场排名第三位;电销业务在3月份启动以来，年化标保1.69亿元，达成率270%，全国排名第三，荣获总公司授予的最高奖“2011年上海电销中心优秀落地服务奖”。营销续期累计计划达成率102.99%，累计13个月继续率同比提升0.36个百分点；累计25个月继续率同比提升2.95个百分点。

【优化资源配置】 2011年，分公司坚持将资源配置持续向业务一线、向核心业务倾斜，进一步深化落实固定费用和变动费用分开管理模式，将固定费用和人力发展费用集中到分公司统筹管理使用，突出条线经营管理职责，在预算执行过程中既坚持预算的严肃性，又有适度的灵活性，资源配置模式更加合理化。分公司预算管理严格按照分渠道核算和权责发生制原则，持续不断地强化对预算基础数据质量的准确性要求，确保分渠道核算经营数据的及时性、真实性和准确性；同时按照总、分公司要求，及时上报经营预测报表，不断增强对公司经营的预测支持能力。同时，为实施对重大项目的投入产出效能的有效评估，分公司对年内重大资源投入项目进行专项评估和事后分析工作，增强业务条线的投入产出意识。

【加强机构建设】 在2010年机构基础建设的基础上，分公司进一步强化市场引领机制，落实中心支公司差异化市场策略。2011年，云南分公司通过对标市场，加强中心支公司重点区域发展，实施四级机构加减法经营策略。根据区域市场发展情况，将昆明、曲靖等中支列为重点区域，在资源配置、业务支持等方面给予重点支持和关注。对四级机构实施加减法经营策略，以经营等级评定为主导，推动业务发展态势良好的机构增收，对经营状况持续低迷的机构采取禁止新保的做法，确保资源配置的有效性。分公司始终坚持坚持能者上、平者让、庸者下的干部任用机制，为锻炼干部和干部成长搭建了良好的平台机制。2011年通过不同方式的选拔、晋升渠道提拔中层干部正职6人，调整充实了部分中心支公司领导班子。

【创新发展举措】 类似“人生四季，有保障，真幸福”的保险创新产品，随着太平洋保险“以客户需求为导向”的战略方针的实施，越来越多地涌现出来。以保障外来劳工人员为例，太平洋寿险云南分公司积极参与高危行业从业人员人身安全保障体系的构建，为矿区、非矿区的高危行业从业人员提供意外身故、残疾保障。此外，太平洋保险还开发了一系列针对农村低收入家庭的小额保险产品，不仅仅涵盖意外伤害身故和残疾保障，甚至细化到投保人身故或者全残的债务偿还风险事宜。大量创新产品的推出，使得抗风险能力较弱且以往一直流离于保险业务的群体得到了保障，共享了现代金融提供的红利，不仅为群体本身，更为社会稳定与和谐提供了“安全垫”。

【风险与合规管理】 2011年，分公司根据外部监管形势的变化，结合公司“以客户需求为导向”的战略转型需要，及时修订了包括《全面风险管理规定》、人力资源管理、预算管理及财务基础管理、条线基本法、营运管理等一系列内控制度，进一步完善了内控体系，内控制度更趋合理。特别是在财务基础管理方面，得到了总公司的好评，会计达标工作取得了“AA”的好成绩。针对公司存在的主要风险和重点环节，分公司加强和改进合规检查工作，加强服务能力，推动合规与风险管理条线的增值服务。以制度建设为牵引，不断加强内控优化，深入推进缺陷整改工作，不断提升执行有效性。通过强化培训教育，分公司采取现场和视频培训相结合的办法，先后举办了合规管理基础知识、全面风险管理知识、反洗钱工作、治理商业贿赂、保险业监管形势等一系列的专项培训工作，转发了多份廉洁教育资料。促进公司合规文化的建设。2011年度，总公司对分公司合规经营情况考核分达到96.97分。

【提升服务品质】 太平洋寿险云南分公司以“满足客户需求、增加客户价值、全面推进客户需求导向的战略转型”为工作主线，以队伍建设为核心，以提升服务能力为重点，以解决内外部客户需求为导向，继续锁定“效率、质量、风险、成本”四项管理目标，营运管理集中，营运体系建设初见成效，两核、契约、柜面及电话服务作业已初步实现集约化。理赔服务方面继续深入开展年度的“理赔服务年”品牌活动，持续强化理赔制度建设；开放特定业务理赔系统，完善调查基础管理，提升理赔调查工作绩效；举行突发公共事件应急演练，提升理赔调查队伍应对突发事件的实战能力；落实激励措施，提升作业绩效。2011年分公司核赔时效从2010年的3.65天提升到3.02天。客户服务方面，分公司按照P10新系统要求，不断完善保全业务处理办法和规范处理流程；继续做好新保回访方言件、离司业务员保单回访、失效保单回访、理赔客户回访和保全高风险业务回访工作，更好地保障了客户利益。

11月12日晚,以“音乐至心，服务至诚”为主题的中国太平洋保险“乐行天下”全国交响乐巡演在云南昆明隆重上演，吸引了太平洋保险1600余名客户。“乐行天下”是中国太平洋保险携手具有一百多年历史的上海交响乐团倾力打造的品牌化活动，它通过交响音乐巡演及多种形式的客户服务活动，也成为今天太平洋保险服务客户的又一项增值体验。

【企业文化构建】 在“诚信天下、稳健一生、追求卓越”的企业核心观引领下，太平洋寿险云南分公司用实际行动书写做一家负责任保险公司的承诺。2011年3月10日12时58分，云南省德宏傣族景颇族自治州盈江县发生5.8级地震。截至3月31日，全辖共募集捐款102083.70元。在唐山地震35周年之际，由云南省地震局、昆明市防灾减灾局主办，太平洋寿险云南分公司承办，在昆明市金马碧鸡广场举办主题为“防震减灾•关爱生命”的科普知识宣传活动，旨在向市民普及防震、避震常识以及自救互救的基本知识，科学防范地震带来的人员伤亡和财产损失。宣传活动当天，分公司向250余名志愿者授予志愿者队旗，志愿者进行了现场宣誓。这支志愿者队伍将配合省、市、区地震部门做好防震减灾知识进社区、进学校、进单位的系列宣传活动，普及防震减灾知识。

在中国共产党建党90周年前夕，为响应胡锦涛总书记提出的学习优秀共产党员杨善洲，“自觉加强党性修养，自觉实践党的宗旨，努力做人民满意的好党员，好干部”的指示精神，云南分公司机关党支部发挥基层党组织的作用，6月3日，分公司机关党支部和保山中支党支部共同组织支部党员，前往全国优秀共产党员杨善洲同志生前生活和工作过的云南省保山市施甸县大亮山林场，开展了一次有意义的组织生活活动。

（彭　怡）

富源县新型工业化发展思考

中共富源县委副书记、县人民政府县长　陈世禹

（2012 年 3 月）

推进新型工业化，就是指通过资源的合理配置和利用，走出一条科技含量高、经济效益好、资源消耗低、环境污染少的路子，使经济与资源环境协调发展，从而有利于农村劳动力持续转移，城镇化水平不断提高，人力资源得到充分发挥。富源县如何着力推进新型工业化发展，如何实现全国能源大县、煤化工强县的发展目标，带着这个问题，本文在深入调研的基础上，就如何推进富源县新型工业化发展进行了一些探索和思考。

一、现状及问题

“十一五”以来，富源县工业经济得到较快发展和壮大，形成了以煤炭、煤电、煤化工为主的工业体系。2011 年，全县有工业企业 295 户，其中规模以上企业 99 户，全部工业总产值完成 216 亿元，实现工业增加值 74.15 亿元，工业增加值占全县生产总值的 55.46%，工业经济在全县国民经济发展中的主导地位显著增强，产业培育成效明显，工业园区初具雏形，为推进新型工业化奠定了坚实基础，创造了有利条件。但是，由于富源县工业发展起步较晚，科技含量低，人员素质不高，经营管理体制陈旧，生产经营方式落后，工业经济的发展还面临一些困难和问题。主要表现在：一是工业经济整体层次低，原材料和初级产品较多，以煤炭开采、洗选为主，煤炭加工主要是火电和煤焦，深度开发不够，下游产品少，市场竞争力不强。二是工业发展主要靠投资拉动，内生动力和活力不足，吸引外来投资项目也主要是依煤而引，工业项目单一，多是资源消耗型企业。三是资源开发与环境保护矛盾突出，因采煤导致水源枯竭、地面塌陷、房屋开裂、道路损毁等情况严重，煤电、焦化等企业对空气质量影响大，节能减排任务比较艰巨，产业结构调整较为困难。

二、机遇和优势

当前，富源县正面临国家实施新一轮西部大开发战略、中国面向西南开放重要桥头堡建设、滇中经济区加速建设、东部产业转移和央企入滇等重大机遇，为富源县加快推进新型工业化注入了新的动力和活力。同时，随着各种内外环境的不断改善，富源的新型工业化发展具有一定的比较优势。首先是矿产资源优势。全县有煤面积 1088 平方公里、占全县国土面积的 33.5%，有开采价值的矿藏资源 4 类 21 种，煤炭资源总量 191 亿吨，已探明资源 82.46 亿吨，其中已探明无烟煤储量 42.71 亿吨，县境南部老厂无烟煤矿区与贵州水城、盘县无烟煤矿区连接构成中国西南地区最大的无烟煤田。其次是交通区位优势。富源位于云南省东部，地处云贵交界，境内已建成以 2208 铁路、南昆铁路、曲胜高速公路和省道 205 线、101 线为重点的交通网络体系，通乡油路全部建成，通村油路正积极推进，沪昆高速客运专线富源段开工建设。再次是产业品牌优势。“大河乌猪”和“富源魔芋”获国家工商总局地理标志证明商标认证，成为全省第一家拥有两个地理标志证明商标县，大河乌猪为国家优质猪新品种，魔芋种植处于全国领先水平，被列为全国生猪调出大县及中央财政支持现代农业发展生猪产业县、全国重点魔芋种植基地县及重点魔芋原料加工基地县。第四是县域经济实力优势。2011 年全县生产总值达 133.7 亿元，财政总收入达 29.44 亿元，地方财政一般预算收入完成 10.3 亿元，全社会固定资产投资完成 111.2 亿元，社会消费品零售总额完成 23.9 亿元，金融机构年末存款余额达 120.4 亿元、贷款余额 89 亿元，城镇居民人均可支配收入 21255 元、农民人均纯收入 5210 元。县域经济综合竞争力跃居全国西部百强县第 45 位、与“十五”末相比上升了 52 位。

三、目标及思路

富源的发展，基础在工业，希望在工业，潜力在工业，这就决定了富源必须千方百计加快新型工业化发展。“十二五”时期，富源的新型工业化发展就是要紧紧围绕建设“能源大县、煤化工强县”目标，着力提升煤矿生产规范化、规模化、标准化水平，大力发展电力、冶金、煤化工及非煤工业，逐步形成特色化、多元化、集约化的产业发展模式，到 2015 年全部工业总产值突破 500 亿元、工业增加值突破 200 亿元，基本形

成布局合理、结构优化、主导产业突出、产业集群发展的新型工业化格局。这一目标的确立，是由富源的发展实际所决定的。一是富源的工业有自己的规模和特色，要在现有基础上有所扬弃，立足做强现有产业、壮大现有企业，实现新的提升。二是富源在技术、人才、环境等方面的优势不明显，现阶段不适宜发展高科技、信息化和高尖端工业，要扬长避短，充分发挥资源优势，立足煤、延伸煤、拓展煤、超越煤，在煤炭资源深度开发和涉煤产业上下功夫。三是富源推进新型工业化，不能就工业论工业，要跳出工业抓工业，通过工业经济的全面发展和提升，整体带动一、二、三产业的全面协调发展。四是富源推进新型工业化过程中，必须严格控制高耗能、高污染项目，不能走先污染、后治理的老路。五是推进新型工业化要注重速度与质量相统一，不能贪图总量增长乱上项目、上大项目，要充分考虑项目的资源消耗、科技水平、环境污染等问题，不能追求短期效益、忽视长远发展。六是推进新型工业化要立足于惠及富源人民，必须充分考虑扩大城乡就业、转移农村人口、改善人居环境、增加城乡居民收入、提高人民幸福指数和生活质量等，实现既“强县”又“富民”。

四、对策及措施

走新型工业化道路，是提高富源县域经济综合实力的必然选择。富源县实施“工业强县”战略，必须立足县情，把推进新型工业化放在经济社会发展的中心位置，坚持走新型工业化道路，以信息化带动工业化，以工业化促进信息化，实现工业化与信息化互动。

（一）突出抓项目建设。目前，推进富源县新型工业化发展，初步确定了100个重大建设项目，其中农产品加工项目17项，煤炭开采及洗选项目39项，煤炭深加工项目9项，能源建设项目15项，新型建材项目4项，现代物流项目7项，装备制造项目1项，新型工业化保障项目8项。这些项目投资规模大、带动能力强、具备较好前期工作基础，能否如期完成将直接关系到全县“十二五”发展目标的实现。一方面，要牢固树立“大项目带动大发展”理念，一个重大项目能造就一个大产业、撑起一方经济，工业能不能加速，成败的关键就在大项目，举全县之力抓一批重大工业项目，高度重视大项目的招引、落地、建设和服务工作，现阶段主要是云冶铝产业项目、昆钢煤炭一体化循环经济项目、华能风力发电项目和矿山机械制造项目，切实全力以赴做好工作，确保项目早日建成投产。同时，鼓励老企业加大技术改造力度并搬迁入园，新上的工业项目和新成立、新引进的工业企业均入驻工业园区。另一方面，积极培育发展一批中小企业项目。产业集群是大中小不同类型企业共生互补的生态化企业群体，没有一大批中小企业的发展，推进新型工业化就失去了依托，并且中小企业是吸纳就业和增加城乡居民收入的主体。因此，无论从工业自身发展规律、还是从惠及全县人民的要求来看，都应在充分挖掘富源中小企业发展潜力的基础上，把中小企业发展特别是有一定规模、小而新、小而精的中小企业项目摆在重要位置，做出特色、做出精品。

（二）突出抓工业园区。工业项目向园区集中，是推进新型工业化的一项重要举措，有利于工业的集群、聚集发展，也是中央、省、市的重要政策措施。曲靖市委、市政府高规格设置了工业园区管委会，提出了工业园区固定资产投资额、工业增加值、上缴税金年均增长30%以上、三年倍增、五年翻两番的发展目标。这对富源来说，既是压力，更是难得的机遇，在工业园区起步较晚的情况下，有利于高起点规划、高起点建设。推进新型工业化就必须把工业园区作为主阵地，把工业园区打造成核心增长极。工业园区的建设和发展，主要解决好以下几个问题。一是规划问题。紧紧抓住省委、省政府推进工业上山、城镇上山的重大机遇，坚持“园区向山坡布局、项目向园区集中”，按照“提升传统产业，延伸产业链条，实行产业集群化、规模化发展”的思路，在境内选择平均坡度10度以上的山地按“一园四片”的空间结构规划布局了占地63平方公里的工业园区，大力培育新型工业和生产性服务业，进一步优化工业结构。凡是落户富源的工业项目，一律入驻工业园区发展。富源的工业园区规划为一园四片区，其中：中安—后所冶金、化工片区以发展冶金、煤炭深加工、装备制造业、轻工业为主；多乐现代物流片区以现代物流业为主；老厂—黄泥河—十八连山煤电、煤化工片区以煤电、新型煤化工和粉煤灰的利用为主；生物资源加工片区以蓝莓等特色农产品的加工为主。这种定位，既考虑到现有的产业基础和配套能力，又着力延长产业链，提高聚集度，推进园区向现代化、专业化、特色化、规模化方向发展，总体上定位准确、规划合理。二是在厂区选址和建设方面。及时主动介入，综合考虑项目用地规模、科技含量、环境保护、功能布局等因素，组织国土、住建、工信、林业、环保等部门会同用地单位现场踏勘，努力避开山地中的耕地和有林地，尽量选择石漠化较为严重的山地、疏林地和未利用地作为建设用地，并结合山林植被，坚持在保护中开发的原则，高起点规划、高标准建设，打造山地园林式工厂。三是公共要素建设问题。先筑巢才能引凤，园区基础设施要一次规划、分期建设，实现园区路网、电网、水网与项目同步建设，为现有入园企业和引进新企业创造良好条件。三是管理和服务问题。在成立富源县工业园区管委会和办公室的基础上，进一步配齐配强班子和队伍，对园区机构人员实行高配和聘任制，聘用期三年，对完不成责任目标的解除聘用。

（三）突出抓技术创新。加快推进新型工业化，必须一手抓引进新上工业项目，一手抓现有企业的技术创新。从企业的层面来讲，抓技术创新是提升企业竞争力的重要途径；从产业的层面来讲，抓技术创新是提升产业层次的现实需求；从政府的层面来讲，抓技术创新是提升工业实力的有效手段。富源的技术创新主要有三个方面：一是加快技术改造步伐。围绕培植煤、电、煤化工三大支柱产业，以提高产品质量、完善生产能力、改进工艺技术、更新换代产品为重点，坚持用先进适用技术改造提升传统产业，鼓励支持引进先进适用技术、高新技术对现有企业、产业进行工业化改造。当前的重点就是煤矿技术改造工作，特别是机械化采煤的推广运用和省级煤矿安全标准化建设工作，这是煤矿科技兴安的迫切需要。二是加大技术创新力度。按照政府、企业、社会三方面系统推进的路子，组织实施技术创新工程，建立以企业为主体的技术创新体系。开展产学研结合活动，鼓励企业、个人与高校、科研院所共建科技型企业。三是抓好品牌创建工作。品牌是现代市场经济条件下企业核心竞争力的体现。因此，要把打造知名品牌作为推动工业经济发展的重要手段，走品牌经济之路。一方面，注重发挥企业的主体作用，不断推进科技创新、体制创新和管理创新，开发具有自主知识产权的产品，打造自主品牌；另一方面，就是通过行政手段去引导和推动，鼓励企业加大研发投入，消化吸收先进技术，不断提升自主品牌的竞争力和影响力。对获得驰名商标、著名商标的企业，给予奖励，营造争创名品名牌的浓厚氛围。

（四）突出抓要素保障。把要素保障建设作为推进新型工业化的重要支撑点，进一步加大投入，推进以水利、电力、交通为主的基础设施建设，完善基础设施保障体系，夯实发展基础，保障新型工业化发展的需要。在水利建设上，坚持开发与节约并重，以中小型水库、病险水库除险加固、农村安全饮水、城镇供水、灌区建设为重点，加快农田水利基础设施建设，加强水资源开发利用与保护，强化节水型社会建设，建立健全防洪减灾预警体系和水环境保护体系，最大限度地满足人民群众生产生活和工业生产的需要。在电网建设上，结合城市总体规划和产业布局，以满足地区经济社会发展为目标，突出重点，分布实施，特别在电网供电能力、供电可靠性、设备技术水平、管理运行水平等方面下功夫，在确保电能质量和供电能力的基础上，进一步扩大配电网覆盖范围，满足城乡用电和工业用电需求。在交通建设上，加强铁路、高速公路、一般公路特别是羊尾哨战略装车点等建设，发挥组合效率和整体优势，形成以铁路和国省干线公路为骨架、县道为支架、农村公路为网络，各种运输方式相互衔接和协调发展，运输结构和布局基本合理的综合交通运输体系，确保道路运输能力适应新型工业化发展的需求。

（五）突出抓人才建设。推进新型工业化，需要大量的各类人才作支撑，建立健全人才培养机制、使用机制和激励机制，把工业人才的培养作为一个重要问题来考虑，有计划有步骤地储备一批、培养一批、引进一批、使用一批。一是园区管理队伍。对各级机关特别是综合经济管理部门熟悉工业、善抓工业、成效显著的干部，优先选聘进入园区管委会，同时采取派出去学、请进来教、实践中练的方法，打造一支高素质的管理队伍。二是企业家队伍。一方面实施企业家素质提升工程，开展多种形式的教育培训，帮助企业家更新观念，提高经营管理能力；另一方面要大力引进企业经营管理人才，通过高薪聘请、目标激励等方式，引进人才、留住人才。三是技能人才队伍。充分借鉴云铝、恒鼎集团人才队伍培训模式，建立企校互动合作机制，订单式、委培式培养高技能人才队伍，培养一支适应新型工业化发展要求的技能型、智能型、专家型队伍，为推进新型工业化提供强有力的人才支撑。

（六）突出抓生态环境保护。坚持新型工业化与生态环境和谐发展，抓住国家鼓励支持循环经济发展这一有利条件，利用强有力的行政手段和优惠政策，推进节约型、循环型经济的快速发展，加快建设生态富源，营造绿色家园。一是抓好污染源排查治理。对全县主要污染源特别是焦化厂、洗煤厂等重点行业、重点企业进行全方位、拉网式检查排查，并结合实际制定落实整改方案，确保全县环境安全。二是加快推进矿村共建。按照“谁开发、谁保护，谁投资、谁受益，谁污染、谁治理，谁破坏、谁恢复”的原则，采取以煤炭企业出资为主、政府适当补助为辅、群众投工投劳等方式，从解决群众最直接、最关心、最现实的住房难、行路难、饮水难、生活难等问题入手，进一步建立矿村共享资源开发成果新机制。三是加强节能减排。在加大煤炭、炼焦等传统行业技术改造力度的基础上，进一步做好节能降耗、淘汰落后、资源综合利用等工作，坚决不上违背科学发展、破坏资源、污染环境的项目。同时，大力发展清洁安全的工业，生态建设产业化、产业发展生态化，加快推进传统资源型产业向精细化深加工方向发展，建设具有富源特色、符合富源特点的新兴工业体系，逐步走出一条资源利用效率高、环境污染少、经济效益好的新型工业化道路。

云南省中医医院

云南省中医医院的前身是始建于1947年的云南大学医学院附设医院分院，经云南省人民政府批准于1955年正式改建为云南省中医医院，迄今已有63年的建院历史，是全国建设历史较长的省级中医医院之一。

经过63年的发展，医院现在已成为人才荟萃，技术力量雄厚，科室齐全，设备先进，并形成院有专科、科有专病、病有专药、中医特色突出的大型综合性三级甲等中医医院，2007年被评为云南省中医名院。年门诊量65万人次，年出院患者1.5万人次。医院现有病床560张，有29个临床、医技科室，14个临床教研室及一个占地4000多平方米、能生产20多种剂型80多个品种的现代化的中药制剂中心；有国家级重点专科3个、国家级重点学科3个、云南省中医名科8个、云南省重点专科（专病）25个；同时也是国家药物临床试验机构及国家中药现代化科技产业（云南）基地中药新药GCP中心、国家中医药国际合作基地、国家中医药管理局慢性前列腺炎补肾通利重点研究室、国家中西医结合传染病临床（云南）基地建设单位、国家中西医结合急诊临床（云南）基地建设单位，有中医内科学、针灸学2个省级重点学科，有中医内科研究中心、中西医结合男科研究中心2个省级研究中心、中医风湿病、中医脑病2个省级研究室，有8个硕士研究生学位授予点。具有独立申报国家自然科学基金项目资格，主持有国家“863”计划重大科技专项、国家自然科学基金、国家科技支撑计划、国家科技攻关计划、云南省科技计划、云南省自然科学基金等科研项目，具有开展中医临床研究工作的技术条件。现有各类专业技术人员986人，其中高级专业技术职称人员147人；有国家级和省级名中医22人；有MR、全身螺旋CT、大型数字X线机、彩超、全自动生化分析仪等医疗设备，医疗设备总值6500万元，医院固定资产总值2亿。医院还是云南中医学院的临床医学院，承担硕士研究生、本科生、专科生、成人教育等不同层次的教学工作；医院同时还是国家批准的接收外籍学员，开展中医非学历教育的进修学习单位，2008年，医院被国家中医药管理局评定为中医药国际合作基地。医院在市区内还设有8个专科和专家门诊部，开展相应的社区医疗服务。

医院同时还是集云南省90家州（市）、县（区）中医院为一体的“云南省中医医疗集团”的总医院；在风光秀丽的滇池度假区开设有云南省中医医院滇池度假区医院；新选址扩建的滇池院区一期1200张病床一期项目现已启动。

近年来，医院先后被全国妇联、全国总工会、云南省妇联、共青团云南省委授予“全国妇联先进集体”、“抗震救灾工人先锋号”、“云南省巾帼文明岗”、“云南省青年文明号”等称号，2009年11月，医院秦国政院长被授予中国医师最高奖——“第六届中国医师奖”。

医院同时也是云南省和昆明市城镇职工和城镇居民医疗保险的定点医疗机构和医疗保险定点转诊的医疗机构，是云南省新农合定点医疗机构，医院已经开通云南省内异地医疗保险持卡就医系统。

附　　录

Attachment

2011年全省重点督查的20个重大建设项目

一、牛栏江—滇池补水工程和“滇中引水”工程项目。①牛栏江—滇池补水工程。完成项目可行性研究报告审批和征地补偿、移民搬迁安置工作，全面加快推进工程建设。②抓好牛栏江上游水环境保护和改善工作。牛栏江—滇池补水工程完成投资20亿元。③“滇中引水”工程。加快推进项目前期工作，争取纳入国家“十二五”水利专项规划。

二、润滇工程项目。加快2008至2009年开工在建的20件“润滇工程”建设进度，实现部分项目主体工程完工。加快推进2010年开工的42件骨干水源工程，确保大部分项目进入主体工程建设。力争新开工40件左右骨干水源工程。建设40万件“五小水利”工程。完成100座以上小㈠型病险水库除险加固任务。完成投资100亿元左右。

三、中低产田（地）改造项目。①中低产田（地）改造。完成投资30亿元，实施中低产田地改造255.5万亩。其中，省发展改革委10万亩，省国土资源厅56万亩，省水利厅10万亩，省农业厅29.5万亩，省农发办50万亩，省烟草公司100万亩。②“兴地睦边”农田整治工程。完成投资20亿元，实施农田整治76万亩，新增耕地5.7万亩。共完成投资50亿元。

四、滇池污染治理项目。①截污治污工程。完成投资25.56亿元，其中：滇池北岸水环境综合治理工程完成投资7亿元。主城雨污分流管网工程完成投资5.5亿元。市政排水管网改造完善工程完成投资10.6亿元。滇池西岸截污完善工程完成投资2.46亿元。②湖滨生态修复建设。实施滇池外海环湖湿地建设，完成投资20亿元。③继续实施入湖河道综合整治工程。④底泥疏浚工程。实施滇池外海北部及主要入湖河口湖区区域底泥疏浚，完成40%以上工程量，完成投资2.19亿元。共完成投资47.75亿元。

五、城镇污水生活垃圾处理设施建设项目。确保2008、2009年度开工的项目全部建成投运，2010年度开工的项目完成60%以上实物工程量。全省城镇污水处理率达到75%以上、生活垃圾无害化处理率达到80%以上，完成投资80亿元以上。

六、城镇保障性住房建设项目。建设各类城镇保障性住房20万套（户）。确保2010年开工的城镇保障性住房项目上半年建成并投入使用，完成投资74.63亿元以上。

七、农村保障性安居工程项目。争取中央补助和省级投入18.98亿元。完成农村保障性住房30万户。其中，拆除重建20万套，加固改造10万套。

八、烟草业建设项目。①加强烟叶生产基础设施建设。力争完成投资25亿元，建设14万件烟田基础设施项目，受益面积达到110万亩以上。②继续推进红云红河集团、红塔集团企业技术改造项目，力争完成投资12亿元。完成投资37亿元。

九、重大工业建设项目。加快推进18个重大工业项目建设。其中，重大基地建设项目5个（中国石油天然气集团公司油气管道和炼化基地建设、一汽集团轻型车合作项目、武钢昆钢调整钢品种结构异地搬迁技改、重庆长安汽车股份有限公司云南生产基地、上汽昆明整车生产基地项目），重化工延伸产业链项目5个（云南解化褐煤洁净化利用试验示范工程、冶金集团60万吨/年阳极碳素电解铝配套项目、中铝云铜铜材加工、冶金集团驰宏锌锗铅锌冶炼、云南磷化中低品位磷矿利用项目），装备制造业项目4个（沈机昆机机床制造及铸造基地建设、力神重工重型装备研发制造基地建设、昆明中铁产业基地二期配套项目、昆船民用机场物流装备研发及产业化基地建设项目），轻工业龙头项目1个（云景林纸制浆技改项目），新兴产业项目3个（昆明云锗锗产业建设、昆明冶研新材料公司多晶硅原料深加工、云南蓝晶科技公司衬底片产业化项目），完成投资220亿元以上。

十、省级工业园区建设项目。①继续推进40个省级重点工业园区基础设施建设，完成投资60亿元。对省级重点工业园区进行认定，开展园区发展综合考核评价。推进边境加工贸易园区建设。②建成100万平方米标准厂房，完成投资12亿元，共完成投资72亿元。

十一、机场建设项目。①昆明新机场建设完成投资30亿元以上，确保12月31日前转场运营。②争取开工建设泸沽湖、红河蒙自机场，完成投资 10 亿元以上。加快推进沧源、澜沧、怒江机场等前期工作，共完成投资 40 亿元以上。

十二、公路建设项目。①高速公路重点项目。磨黑—思茅、石林—锁龙寺高速公路确保在年底前通车，武定—昆明、大理—丽江、昆明绕城西北段和保山—腾冲高速公路力争完成 50%以上工程量。②52 条在建二级公路建设。确保上半年全面建成，年内完成锁定债务、取消收费报审认定准备工作。③继续推进农村公路建设。新建和改建农村公路 10000 公里，其中油路 3000 公里，共完成投资 400 亿元。

十三、铁路建设项目。加快玉蒙、沾六二线、昆广复线、大瑞（大保段）、蒙河、昆明铁路枢纽扩能改造、昆明铁路枢纽东南环线、昆玉铁路扩能改造、云桂、沪昆客运专线长沙至昆明段 10 项重点在建项目建设。新开工建设玉溪至磨憨铁路、成都至昆明铁路扩能改造工程，完成投资 200 亿元，力争完成投资 220 亿元。

十四、电力开发项目。①加快溪洛渡、向家坝、功果桥、金安桥等在建水电站项目建设。加快滇东北火电项目和镇雄、威信电厂建设。②完成重点水电建设项目年度移民安置任务，完成投资 530 亿元。

十五、电网工程项目。加快全省骨干电网及农网改造升级工程和无电地区电力建设，争取国家再核准一批 500 千伏及以下骨干电网和城乡电网升级改造、无电地区电力建设工程，完成投资 170 亿元。

十六、煤炭基地建设项目。①继续推进煤炭基地项目建设，全面实施恩洪、老厂、镇雄、先锋 4 个矿区资源整合工作。②继续推进小龙潭矿务局五期扩建工程建设和布沼坝露天煤矿边坡治理。加快滇东能源公司白龙山煤矿、雨汪煤矿等在建项目建设，完成投资 50 亿元。

十七、高校搬迁建设项目。呈贡新校区和教职工住宅新开工面积 40 万平方米。力争云南师范大学附属中学和小学、云南大学附属中学和小学竣工交付使用，完成投资 25 亿元。

十八、重大标志性文化设施建设项目。①省博物馆新馆完成投资 2 亿元，云南文化艺术中心完成投资 3.46 亿元，亚广传媒中心（演播区和产业区）力争完成投资 3 亿元，云南文苑完成投资 2 亿元。②推进滇西抗战博物馆、云报传媒广场、东盟国际图书城、西南国际民族文化艺术交流中心、云南少数民族和东南亚广播影视译制中心、省科技馆新馆等省级重大标志性文化设施建设，共完成投资 10.46 亿元。

十九、城乡市场建设和扩大消费项目。①乡镇农贸（集贸）市场项目。建设改造 100 个乡镇农贸（集贸）市场和特色专业批发市场。省级投资 3000 万元，拉动投资 5 亿元。②万村千乡市场工程。建设改造农家店 3500 个、配送中心 50 个。省级投资 2350 万元，拉动投资 5 亿元。③昆明螺蛳湾国际商贸城（三期）。完成建筑面积 400 万平方米，完成投资 177.6 亿元，共完成投资 187.6 亿元。

二十、重大旅游开发项目。加快推进旅游精品区改造提升、旅游度假设施建设等 80 个旅游重大项目建设，启动建设 50 个旅游特色村，力争完成投资 120 亿元以上。

2011年全省重点督查的20项重要工作

一、推进新农村建设和农业产业化。①解决200万农村人口的饮水安全问题。②新建农村户用沼气池15万口、农村节柴改灶10万户，推广农村太阳能热水器10万台。③实施500个自然村村容村貌整治。④继续实施百亿斤粮食增产计划，开展600片粮油作物高产创建、4000万亩间套种和1000万亩地膜覆盖，力争粮食播种面积稳定在6500万亩左右，粮食总产达1650万吨以上。⑤培育亿元以上龙头企业10户，扶持100户农民专业合作组织。建设100个优势特色作物高产标准示范园区、500个生猪标准化规模养殖场和65个优质水产品基地。⑥实施中低产林改造400万亩，其中，完成中幼林抚育100万亩，完成中低产林改造300万亩。完成核桃、油茶、澳洲坚果等木本油料基地建设450万亩，其中，核桃400万亩，油茶、澳洲坚果等50万亩。⑦深化集体林权制度改革，搞好森林防火工作，加快“森林云南”建设。

二、继续实施兴边富民工程，推进扶贫开发攻坚。①启动实施《兴边富民工程“十二五”规划》，安排部署新一轮兴边富民工程。②解决50万农村贫困人口的温饱问题。③继续实施20个乡扶贫开发整乡推进试点，实施1万个贫困自然村整村推进，扶持50个人口较少民族聚居村委会发展特色产业。④培训农村劳动力转移100万人，新增转移就业50万人。

三、完善基本公共服务，推进城乡社会保障体系建设。①实施更加积极的就业政策。扶持7万人自主创业。扶持400户劳动密集型小企业。发展一批中小型家庭服务示范企业。实现城镇新增就业24万人，帮助6万人以上就业困难人员实现就业。城镇登记失业率控制在4.6%以内。确保零就业家庭至少1人实现就业。②做好社会保险扩面、提高保障待遇工作。全省享有城镇职工基本养老、城镇职工基本医疗、城镇居民基本医疗、失业、工伤、生育保险人数合计达到1870万人次。新型农村社会养老保险参保人数达到500万人以上。16个州市全面实施城镇居民基本医疗保险门诊统筹，城镇居民医疗保险住院平均报销比例提高到60%，最高支付限额达城镇居民人均可支配收入的6倍左右。工伤保险待遇水平平均提高10%。③继续完善城乡低保制度。符合条件的城市贫困居民以家庭为单位实现应保尽保。全省农村低保对象达到400万人左右。④抓好城乡医疗救助。按每人30元的参合标准，全额补助全省农村低保、五保对象和边境一线以行政村为单位的农村居民个人缴纳的参合资金。资助符合条件的城镇困难居民参加城镇居民基本医疗保险。对符合条件的城乡困难群众实施门诊和住院医疗救助。全面实施城乡医疗救助“一站式”即时结算办法。⑤推进养老服务体系建设。新建和改扩建50所农村敬老院，五保对象集中供养率提高3个百分点。对80岁、100岁以上老年人分别按标准发放高龄津贴。建设150个城乡社区老年服务等一站式综合服务中心。

四、加快经济结构战略性调整，继续实施建设创新型云南行动计划。①组织实施30项重大科技攻关项目，突破50项关键核心技术，研究开发50个具有自主知识产权的重大新产品。认定高新技术企业40户，培育2户高新企业上市。遴选30户左右企业开展创新型企业试点。认定20个以上省级重点实验室或省级工程技术研究中心。②实施“企业技术创新与产品质量提升”工程。组织实施20个重大技术创新项目，认定20个省级企业技术中心，培育10个工业产品质量控制和技术评价实验室。

五、继续实施“质量兴省”战略。在95%以上的县（市、区）开展“质量兴县”活动，启动重点行业的“质量兴业”活动，启动500家企业的“质量兴企”活动。力争完成20项以上我省主导或参与制定的国家标准和行业标准。开展政府质量管理奖评选工作。

六、继续推进三年地质找矿行动。加强地质找矿工作，实施第二批整装勘查项目，力争地质找矿取得新突破。

七、加大改革攻坚力度，推进重点领域改革。①推进金融改革发展。创新金融产品，加大直接融资力度，设立股权投资基金。支持小额贷款公司提升融资能力。开展农村资金互助社试点，健全农村金融服务体系。积极推进“走出去”战略，进一步扩大跨境人民币贸易结算规模。②深化乡镇机构改革，力争上半年完成改革任务。③深化国有企业改革。推进省级经营性国有资产全面、分类监管。推进省属企业转方式调结构，加快引进战略合作伙伴、股份制改革工作。力争省属企业资产达到5000亿元，营业收入达到2600亿元，直接融资超过180亿元。加快中小企业和非公经济发展，力争以中小企业为主体的非公经济实现增加值占全省GDP的42%以上。

八、保持固定资产投资适度增长。力争全社会固定资产投资比2010年增长20%。

九、加快城乡建设步伐。①加快推进城乡规划工作。省域城镇体系规划纲要力争年内上报国家审批。滇西、滇东北城镇群规划和省历史文化名城保护体系规划方案完成报批。滇南、滇东南城市群规划初步方案完成编制。完成30个特色小镇和6万个村庄的规划编制。②加快建筑业、房地产业发展。建筑业完成总产值1500亿元，房地产业完成开发投资900亿元。

十、加强防灾减灾工作。①加强地质灾害防治。筹措资金10亿元，启动地质灾害防治重点项目建设，全面推进地质灾害调查、监测预警和应急体系建设。为500个多灾重灾乡镇配发救灾装备，强化应急救灾能力。②继续推进防震减灾10大能力建设。③实施防灾应急“三小”工程。对352万个家庭发放防灾应急小册子、应急小背包，开展防灾应急小型演习。

十一、坚持优先发展教育。①深化教育改革，全面推进省级政府教育统筹综合改革等国家教育体制改革试点项目建设工作。②落实义务教育经费投入责任。各州（市）、县（市、区）政府全面落实“三个增长”教育经费和教育费附加，确保农村税费改革转移支付资金用于教育的比例不低于50%。③大力发展职业教育。加快12个区域性中等职业教育中心建设，力争全省中等职业教育招生人数达25万人、在校生达68万人。加快技工院校发展，完成职业技能培训40万人次，取得职业资格证书35万人。④加快推进部分在昆高校老校区资产处置工作。

十二、推进医疗卫生事业发展。①深化医药卫生体制改革，实施基本医疗保障制度建设、实施国家基本药物制度、健全基层医疗卫生服务体系、促进基本公共卫生服务逐步均等化、推进公立医院改革试点等改革工作。②做好食品安全工作。完善食品安全综合协调机构，健全食品安全法规和标准体系，健全风险评估预警机制，建立信息共享平台，深入开展食品安全整顿工作。

十三、推进公共文化设施建设。①完成244个“农文网培学校”建设。②建设5327个农家书屋，实现农家书屋全省行政村全覆盖。

十四、做好央企入滇工作。①完成11家以上中央企业入滇投资工作。推动中国石油天然气集团公司石油管道和炼化基地建设项目、重庆长安汽车股份有限公司云南长安汽车生产基地、哈尔滨电机厂（昆明）有限责任公司西南水电制造基地建设项目和中广核风电场等项目顺利实施。②做好引进外企、民企入滇工作。提高利用外资规模和外资引进的质量和水平，做好重点区域特色产业和优势项目的包装推介，增强各类园区对外资的积极吸引效应，引导和鼓励外资更多地投向高新技术产业、外向型农业和现代物流业等第三产业。

十五、加强节能减排工作。①做好节能降耗工作。确保完成单位GDP能耗下降的年度节能目标。以工业为重点全面推进重点领域的节能降耗。加快推进重点节能示范项目建设。加强节能基础管理工作，推行合同能源管理。②做好污染减排工作。按照国家核定我省污染减排考核指标要求，完成化学需氧量（COD）、二氧化硫（SO_2）、氨氮（NH_3-N）和氮氧化物（NOx）4项约束性指标的污染减排任务。③按照一湖一策的治理思路，做好九大高原湖泊水污染综合防治工作。

十六、启动新一轮禁毒和防艾人民战争，加快云南反恐训练基地建设。①启动新一轮禁毒人民战争。毒品基本知识知晓率各类在校学生达100%、公共娱乐服务场所达95%以上。进一步严密堵源截流防控体系和完善查缉制度，组织开展涉毒问题突出地区重点整治，推进境外罂粟替代发展项目建设。②启动新一轮防治艾滋病人民战争。艾滋病防治知识知晓率城乡居民分别达95%和90%以上。娱乐场所高危人群干预覆盖率达90%以上。对20万婚前保健人群、50万孕产妇免费HIV检测，实施母婴传播阻断98%以上。对符合治疗条件的艾滋病病毒感染者和病人免费抗病毒治疗达90%以上。③建设云南反恐暨民警训练基地。确保基地建设2011年初具规模，2012年底前完成并投入使用。

十七、加快旅游“二次创业”步伐，继续推进旅游综合改革发展工作。继续推进4个旅游产业综合改革发展试点地区、40个旅游重点县（市）、60个旅游小镇建设。力争全年接待海外旅游者和国内旅游者人次增长10%以上，实现旅游业总收入增长11%以上。

十八、确保农产品有效供给，稳定市场物价

水平。①做好重要物资储备工作。完成 2000 万公斤食用植物油地方储备计划，完成 1 亿公斤省级粮食动态储备计划。加强猪肉、成品油等重要商品储备基地（承储企业）建设。落实“米袋子”省长负责制和“菜篮子”市长负责制，确保主要农产品供给安全。②实施“流通活省”战略。加强市场流通体系建设，加快大型商贸流通企业培育和特色商品市场、区域性综合批发市场建设。发展现代物流业，加快培育大型物流企业集团。③继续组织实施“家电下乡”工程，落实摩托车下乡政策。④发展餐饮业和酒产业。培育品牌滇菜餐饮龙头企业，推动滇菜企业走出去发展。打造云酒品牌，推动云酒产业发展。

十九、推进桥头堡建设，进一步提高对外开放水平。①贯彻国家将要出台的桥头堡建设的指导意见，将其逐项分解落实。完成桥头堡建设专项规划，争取国家发展改革委批复下发。②提升沿边开发开放水平。大力推进瑞丽重点开发开放试验区建设。努力推进在中越、中老、中缅边境有条件的地区建立边境经济合作区和跨境经济作区工作。③办好第十九届昆交会、第四届南亚国家商品展、大湄公河次区域（GMS）经济走廊活动周、第六届中国—南亚商务论坛、第九届东盟华商投资西南项目推介会暨亚太华商论坛等系列活动。继续推进“南亚展”更名为“南博会”工作。④加强口岸建设和通关便利化。争取上报《国家“十二五”口岸发展规划》的口岸列入开放规划。建设和完善国家一、二类口岸查验设施。推进昆河经济走廊口岸通关便利化和昆曼大通道运输贸易便利化。推进边民互市场所建设。

二十、加强企业安全生产工作。开展高层建筑消防安全、煤矿、非煤矿山、危险化学品、特种设备、道路交通、建筑施工等行业（领域）专项整治。落实企业安全生产主体责任，做好开展企业安全标准化建设，强制推行安全技术装备、实行企业负责人现场带班规定等工作。严格落实安全生产监管五项制度，加强重点建设项目安全监管，努力遏制重特大事故的发生。

2011 年云南名牌产品名单

编号	申报产品名称		注册商标名称	申报企业名称
1	卷烟辅料	醋酸纤维滤棒※	汇龙	云南玉溪卷烟厂滤嘴棒分厂
2	制药及生物制品	参麦注射液	锡城	云南个旧生物药业有限公司
3		复方甘草片		昆明制药集团股份有限公司
4		尼群地平片	振华制药	昆明振华制药厂有限公司
5		三七总皂苷		云南植物药业有限公司
6		肿痛气雾剂※	金品	云南省药物研究所制药厂
7		痛舒胶囊※		
8		依达拉奉注射液	积华尤敏	昆明积大制药有限公司
9		注射用还原型谷胱甘肽钠※	松泰斯	
10		注射用头孢拉定※	雷丁诺 RADIN	
11		注射用脑蛋白水解物※	珍肽、捷疗素	云南盟生药业有限公司
12		血塞通软胶囊※	理洫王	昆明圣火药业（集团）有限公司
13		口服脊髓灰质减毒活疫苗※		中国医学科学院医学生物学研究所
14		冻干甲型肝炎减毒活疫苗※	维赛瑞吉	
15		甲型肝炎灭活疫苗※	维赛瑞安	

编号	申报产品名称		注册商标名称	申报企业名称
16	制药及生物制品	板蓝清热颗粒※	云昆	昆明中药厂有限公司
17		生力胶囊※	龙润	云南龙润药业有限公司
18		注射用灯盏花素※	龙津	昆明龙津药业有限公司
19		龙血竭胶囊※	云杉	云南云河药业有限公司
20	冶金	工业硅		云南永昌硅业股份有限公司
21		碳素结构钢热轧厚钢板和钢带※	昆钢	武钢集团昆明钢铁股份有限公司
22		焊管		
23		锡基无铅焊料	云锡牌	云南锡业锡材有限公司
24		锡球		
25		硫醇甲基锡※	云锡	云南锡业集团（控股）有限公司
26		氯化亚锡※		
27		铝及铝合金轧制板带材※	云铝、云海	云南铝业股份有限公司
28		电工圆铝杆※	云铝	
29		银锭	金沙	云南驰宏锌锗股份有限公司
30		银锭※	铁峰	云南铜业股份有限公司
31		金锭※		
32	机械	耐腐蚀耐磨蚀耐高温化工泵系列产品	嘉和	昆明嘉和科技股份有限公司
33		数控卧式车床※	CY	云南 CY 集团有限公司
34		QXZ、HGX 型系列甘蔗压榨机※		昆明克林轻工机械有限责任公司
35		干式变压器※	赛格迈	昆明赛格迈电气有限公司
36		中、高水头水力发电机组※	KEM 电工	昆明电机有限责任公司
37	化工	工业硫酸※	铁峰	云南铜业股份有限公司
38		聚氯乙烯※	红云	
39		工业盐	白象牌	云南盐化股份有限公司
40		工业碳酸钠※	珠源	云南云维股份有限公司
41		季戊四醇※	云天化	云南云天化股份有限公司
42		甲酸钠		
43		聚氯乙烯树脂	金云岭	云南南磷集团电化有限公司
44		工业高锰酸钾	朝阳楼	云南群星化工有限公司
45		工业高锰酸钾	迎晖	云南建水锰矿有限责任公司
46		炭黑		曲靖众一精细化工股份有限公司
47	轻工塑料管材	电力、电工、排水用硬聚氯乙烯（PVC）管材、管件；冷热水用聚丙烯（PP-R）管材※	创辉	昆明创辉塑胶科技有限公司
48		电工、排水用硬聚氯乙烯（PVC）管材、管件；给水用低密度聚乙烯（LDPE）管材※	云山	昆明金连山塑胶化工工贸有限责任公司
49		电力，电工，给、排水用硬聚氯乙烯（PVC）管材、管件；冷热水用聚丙烯（PP-R）管材，管件；给水，埋地用聚乙烯（PE）管材、管件	金恒、宁塑	云南金恒实业有限公司

编号	申报产品名称		注册商标名称	申报企业名称
50	轻工塑料管材	埋地用聚乙烯（PE）缠绕管	普顿	昆明普尔顿管业有限公司
51		家用太阳能热水系统、平板型太阳能集热器※	一通	云南一通太阳能科技有限公司
52		太阳能电池※	天达	云南天达光伏科技股份有限公司
53		浸渍胶膜纸饰面人造板※	飞林	昆明新飞林人造板有限公司
54		刨花板※		
55		斑铜工艺品※	孔雀	昆明市斑铜厂
56		普通型双向拉伸聚丙烯薄膜※	红塑	云南红塔塑胶有限公司
57		农业用聚乙烯吹塑棚膜※	旭日	玉溪市旭日塑料有限责任公司
58		漂白硫酸盐木浆※	三针	云南云景林纸股份有限公司
59		针织服装※	金花	云南金花针织有限公司
60		农业用聚乙烯吹塑棚膜	阿诗玛	云南曲靖塑料（集团）有限公司
61		家用太阳能热水系统	太标	云南省玉溪市太标太阳能设备有限公司
62	食品	普洱茶※	七彩云南	昆明七彩云南庆沣祥茶业股份有限公司
63		普洱茶※	老同志	安宁海湾茶业有限责任公司
64		普洱茶※	普秀	云南普洱茶（集团）有限公司
65		普洱茶※	滇雪	玉溪滇雪粮油食品工业有限公司
66		菜籽油※		香格里拉县圣宝食品进出口有限责任公司
67		松茸罐头系列产品（清水松茸、调味松茸）※	雅波	中甸野生食品进出口有限责任公司
68		松茸罐头系列产品（清水松茸、调味松茸）※	下关	云南下关沱茶（集团）股份有限公司
69		沱茶	洱宝	云南大理洱宝实业有限公司
70		话梅		
71		果糕系列产品（青梅糕、木瓜糕）	猫哆哩	云南省玉溪市甜馨食品有限责任公司
72		果糕系列产品（酸角糕、西番莲糕）	白象牌	云南盐化股份有限公司
73	农产品	食用盐	奉氏	元谋利明脱水蔬菜有限责任公司
74		脱水香葱	足丰	云南足丰种业有限公司
75		路单 8 号杂交玉米品种	宣黄单	宣威市种子公司
76		宣黄单 4 号杂交玉米品种	石丰路单	云南石丰种业有限公司
77		路单 12 号杂交玉米品种	元绿	元谋县蔬菜有限责任公司
78		蒙自石榴	蒙生	蒙自市蒙生石榴产销专业合作社
79	鲜切花	无公害蔬菜（洋葱、番茄、菜豆）※	丽都	通海丽都玫瑰花有限公司
80		玫瑰鲜切花※		云南瑞园花卉产业有限公司
81		洋桔梗鲜切花	锦苑	云南锦苑花卉产业股份有限公司
82		洋桔梗鲜切花		
83		菊花种苗	虹华园艺	昆明虹之华园艺有限公司
84	建材	预应力混凝土空心方桩※	中管	云南中技管桩有限公司

主题索引

说　明

1．索引采用主题索引法，是按照书籍的内容依次分类，通过它直接查找到书籍的有关内容及论点，由标引词（主题词、标题）、页码参照项所组成。索引范围包括全书的篇目、类目、分目、条目。

2．索引按主题词首字汉语拼音字母顺序排列，同音字按声调顺序排列，首字相同者按第二字音序排列，以此类推。主题词后面的数字表示内容所在的页码，数字后面的字母（a、b）表示栏别（即版面的1、2栏）。

3．篇目、类目、分目名称直接作主题词时以黑体字标明，其余用宋体字排印。

4．同一主题的内容在文中多处出现的，在其款目后用不同的页码标明。

汉语拼音主题索引

非音序排列

A

B

C

D

E

F

G

H

J

K

L

M

N

P

Q

R

S

T

W

X

Y